Umwandlungsrecht

TEXT- UND DOKUMENTATIONSBAND

Umwandlungsrecht

Gesetz zur Bereinigung des Umwandlungsrechts (UmwBerG)

mit Praxishinweisen und Vertragsmustern von Dr. Peter Limmer

- Gesetzestext
- Amtliche Begründung
- Beschlußempfehlung des Rechts- und des Vermittlungsausschusses

Verlag für die Rechts- und Anwaltspraxis
Herne/Berlin

Die Deutsche Bibliothek – CIP-Einheitsaufnahme

Umwandlungsrecht : Gesetz zur Bereinigung des Umwandlungsrechts (UmwBerG) ; Gesetzestext ; amtliche Begründung ; Beschlussempfehlung des Rechts- und Vermittlungsausschusses / mit Praxishinweisen und Vertragsmustern von Peter Limmer. – Herne ; Berlin : Verl. für die Rechts- und Anwaltspraxis, 1995
(Text- und Dokumentationsband)
ISBN 3-927935-62-X
NE: Limmer, Peter

ISBN 3-927935-62-X

Druck: Griebsch & Rochol Druck GmbH, 59069 Hamm

Vorwort

Nach einem kontroversen Gesetzgebungsverfahren ist das Gesetz zur Bereinigung des Umwandlungsrechts, das bereits am 3. 8. 1988 vom Bundesministerium der Justiz als Diskussionsentwurf der Fachöffentlichkeit vorgestellt wurde, verabschiedet worden und wird am 1. 1. 1995 in Kraft treten. Insbesondere die Problematik der Mitbestimmung führte zu einer heftigen Diskussion sowohl in der Fachöffentlichkeit als auch in der Parteipolitik und schließlich auch zur Anrufung des Vermittlungsausschusses, der in letzter Minute einen von allen Seiten akzeptierten Vorschlag hinsichtlich der Mitbestimmung vorlegte. Dieser Vorschlag wurde schließlich vom Bundestag und dann auch vom Bundesrat angenommen.

Das neue Umwandlungsrecht schließt eine bereits 1861 mit dem ADHGB begonnene Entwicklung der schrittweisen Einführung einzelner Umwandlungs- und Formwechslungsarten mit einer einheitlichen und umfassenden Kodifikation ab. Daß es sich hierbei um eine große gesetzgeberische Leistung handelt, die angesichts der immer häufiger werdenden nicht immer dogmatisch durchdachten kurzfristigen Gesetzgebungsvorhaben mit zahlreichen Änderungsgesetzen keineswegs selbstverständlich ist, ist offensichtlich. Dem Gesetzgeber ist es gelungen mit dem Umwandlungsgesetz eine in sich geschlossene Kodifikation vorzulegen, die das Recht der Veränderung der Unternehmensform einheitlichen Prinzipien und Wertungen unterwirft.

Für die Praxis enthält das Umwandlungsrecht eine Reihe von bedeutungsvollen Neuerungen, hier ist nicht zuletzt die generelle Einführung des neuen Rechtsinstituts der Spaltung zu nennen, die in der Praxis sicherlich bald große Anwendung finden wird. Die Änderung der Organisation von Unternehmen hat für ihre wirtschaftliche Entwicklung zunehmend an Bedeutung gewonnen. Insbesondere die letzten Jahre als Zeiten tiefgreifenden Strukturwandels zwangen die Unternehmen zu einschneidenden Änderungen der Unternehmensstrategie und der Unternehmensstruktur. Es ist daher zu begrüßen, daß für diese betriebswirtschaftlichen Anforderungen nunmehr auch in vielen Bereichen das rechtliche Instrumentarium zur Verfügung steht, um die notwendigen Umstrukturierungen flexibel, unbürokratisch und mit geringen Kosten durchzuführen.

Die nachfolgende Einführung und Zusammenstellung der Materialien soll dazu dienen, dem Praktiker die ersten wichtigen Informationen zu dem neuen Gesetz zu geben. So werden die einzelnen Schritte – von der Abfassung der notwendigen Verträge bis hin zur Handelsregistereintragung –, die bei einer Verschmelzung, bei einer Spaltung und bei einer Umwandlung zu beachten sind, dargestellt. Auf diese Weise soll der Leser in die Lage versetzt werden, das neue Gesetz sofort in die Praxis umzusetzen.

Würzburg, im Dezember 1994 Peter Limmer

Inhaltsübersicht

Vorwort V
Inhaltsübersicht VII
Inhaltsverzeichnis VIII
Literaturverzeichnis XIV
Abkürzungsverzeichnis XVII

Teil 1: Praxishinweise 1
A. Einführung 1
B. Zielsetzung und Grundfragen des neuen Umwandlungsrechts 10
C. Verschmelzung 27
D. Spaltung von Rechtsträgern 44
E. Formwechsel 61

Teil 2: Vertragsmuster 71

Teil 3: Gesetzestexte 88

Teil 4: Dokumentation und Materialien 197

Stichwortverzeichnis 537

Inhaltsverzeichnis

Vorwort V

Inhaltsübersicht VII

Literaturverzeichnis XIV

Abkürzungsverzeichnis XVII

Teil 1: Praxishinweise

A. Einführung 1

I. Der betriebswirtschaftliche Hintergrund der Umwandlung 1

1. Die betriebswirtschaftliche Bedeutung der Unternehmensorganisation 1
2. Die wirtschaftlichen Anforderungen an ein modernes Umwandlungsrecht 2
3. Das Umwandlungsrecht als Bindeglied zwischen der Vielfalt der Gesellschaftsformen 3

II. Funktion des Umwandlungsrechts 4

III. Zur geschichtlichen Entwicklung des deutschen Umwandlungsrechts 5

1. Historischer Rückblick 5
2. Sonderregelungen des Wiedervereinigungsrechts 6
3. Europäische Vorgaben des Umwandlungsrechts 6

IV. Die gesetzgeberische Entwicklung des Umwandlungsbereinigungsgesetzes 8

1. Diskussionsentwurf eines Gesetzes zur Bereinigung des Umwandlungsrechts 8
2. Referentenentwurf des Gesetzes zur Bereinigung des Umwandlungsrechts 9
3. Der Gang des Gesetzgebungsverfahrens seit dem Regierungsentwurf. 9

B. Zielsetzung und Grundfragen des neuen Umwandlungsrechts 10

I. Grundfragen des Umwandlungsrechts 10

1. Die Dogmatik der Umwandlung 11
   a) Die bisherige Rechtslage 11
   b) Die Neuregelung im Umwandlungsbereinigungsgesetz 12
2. Universalsukzession durch Rechtsgeschäft 12
3. Schutzprobleme des Umwandlungsrechts 13
   a) Gläubigerschutz 13
      aa) Grundsatz 13
      bb) Anwendung des Gründungsrechts 14

cc) Schadensersatzhaftung der Organe ... 14
dd) Erhaltung der Haftungsmasse ... 15
ee) Sicherheitsleistung ... 15
b) Minderheitenschutz ... 15
aa) Grundsatz ... 15
bb) Information der Anteilseigner ... 16
cc) Beschlußmehrheiten ... 17
dd) Ausscheiden und Abfindung ... 17
ee) Verbesserung des Umtauschverhältnisses und Spruchverfahren 17
ff) Die Klage gegen die Wirksamkeit des Umwandlungsbeschlusses ... 18
c) Schutz der Arbeitnehmer ... 19
aa) Amtsdauer von Aufsichtsratsmitgliedern ... 19
bb) Übergangsmandat für Betriebsrat ... 19
cc) Perpetuierung der kündigungsrechtlichen Stellung ... 20
dd) Geltung des § 613a BGB ... 20
ee) Unterrichtung der Arbeitnehmer ... 20
ff) Haftung bei Betriebsaufspaltung ... 20
gg) Unternehmensmitbestimmung ... 21
II. Ziele des Umwandlungsbereinigungsgesetzes ... 21
1. Rechtsbereinigung ... 21
2. Erweiterung des Anwendungsbereichs ... 21
3. Generelle Einführung des Rechtsinstituts der Spaltung ... 22
4. Erweiterung und Vereinheitlichung der Schutzmechanismen ... 22
III. Systematik und Regelungsgegenstände des Umwandlungsgesetzes ... 22
IV. Numerus clausus der Umwandlung ... 23
V. Überblick über die einzelnen Umwandlungsformen ... 24
1. Verschmelzung ... 24
2. Spaltung ... 24
a) Aufspaltung ... 24
b) Abspaltung ... 24
c) Ausgliederung ... 24
3. Vermögensübertragung ... 24
4. Formwechsel ... 25
VI. Überblick über den Ablauf der Umwandlung ... 25
1. Die Vorbereitungsphase ... 25

a) Rechtsgeschäftliche Grundlage . . . 25
b) Umwandlungsbericht . . . 26
c) Umwandlungsprüfung . . . 26
2. Umwandlungsbeschluß . . . 27
3. Anmeldung und Eintragung der Umwandlung . . . 27

C. Verschmelzung . . . 27
I. Die Vorschriften über die Verschmelzung als allgemeiner Teil des Umwandlungsrechts . . . 27
1. Grundsatz . . . 27
2. Begriff und Wesenselemente der Verschmelzung . . . 28
II. Verschmelzungsfähige Rechtsträger . . . 29
III. Ablauf des Verschmelzungsverfahrens . . . 29
1. Checkliste . . . 29
2. Vorbereitung zur Verschmelzung . . . 30
3. Verschmelzungsvertrag . . . 30
a) Parteien und Vertretung . . . 30
b) Wesen und Form des Verschmelzungsvertrags . . . 31
c) Zeitpunkt des Vertragsabschlusses . . . 31
d) Inhalt des Verschmelzungsvertrags . . . 32
e) Weitere Regelungen . . . 35
4. Zuleitung an den Betriebsrat . . . 35
5. Gründung der neuen Gesellschaft bei der Verschmelzung zur Neugründung . . . 35
a) Allgemeines . . . 36
b) Gesellschaftsvertrag . . . 36
c) Organbestellung . . . 36
6. Verschmelzungsbericht . . . 36
a) Allgemeines . . . 36
b) Inhalt . . . 37
7. Verschmelzungsprüfung . . . 37
8. Vorbereitung der Gesellschafter- bzw. Hauptversammlung . . . 38
9. Zustimmungsbeschlüsse . . . 39
a) Allgemeines . . . 39
b) Beschlußfassung . . . 39
c) Zustimmung von Vorzugs- und Sonderrechtsinhabern . . . 40

d) Form 40
e) Sachliche Beschlußkontrolle 40
10. Kapitalerhöhung bei dem übernehmenden Rechtsträger bei der Verschmelzung zur Aufnahme 40
a) Erleichterte Kapitalerhöhung 40
b) Kapitalerhöhungsverbot 41
11. Sachgründungsbericht bei Verschmelzung durch Neugründung 42
12. Handelsregisteranmeldung 42
13. Eintragung 43
14. Aktienumtausch 43
IV. Wirkung der Verschmelzung 43

D. Spaltung von Rechtsträgern 44
I. Allgemeines 44
1. Zur Bedeutung der Spaltung 44
2. Bisherige Rechtslage 45
II. Die Spaltung nach dem UmwG 46
1. Die Grundkonzeption der Spaltung 46
2. Besondere Problembereiche 47
a) Parteiautonomie im Spaltungsrecht 47
b) Gläubigerschutz bei der Spaltung 48
c) Minderheitenschutz und nichtverhältniswahrende Spaltung 49
III. Spaltungsfähige Rechtsträger 49
IV. Ablauf des Spaltungsverfahrens 50
1. Checkliste 50
2. Die Vorbereitung der Spaltung 50
3. Der Spaltungs- und Übernahmevertrag 51
a) Vertretung 51
b) Form 51
c) Zeitpunkt 52
d) Inhalt des Spaltungs- und Übernahmevertrags 52
e) Weitere Regelungen 55
4. Gründung der neuen Gesellschaften bei der Spaltung zur Neugründung 55
5. Spaltungsbericht (§ 127) 56
6. Spaltungsprüfung 56

7. Vorbereitung der Gesellschafter- bzw. Hauptversammlung 57
8. Zustimmungsbeschlüsse 57
9. Kapitalerhöhung bei der übernehmenden Gesellschaft 58
10. Kapitalherabsetzung bei der übertragenden Gesellschaft 58
11. Sachgründungsbericht 58
12. Handelsregisteranmeldung 59
13. Eintragung 60
V. Wirkung der Spaltung 60

E. Formwechsel 61
I. Grundlagen 61
1. Einführung 61
2. Zur Bedeutung der Gesamtrechtsnachfolge 62
3. Gesetzessystematik 62
II. Formwechselungsfähige Rechtsträger 63
III. Ablauf des Formwechsels 64
1. Checkliste 64
2. Umwandlungsbericht und Vermögensaufstellung 64
3. Entwurf des Umwandlungsbeschlusses 65
4. Vermögensaufstellung 65
5. Umwandlungsbeschluß 66
a) Unterrichtungspflichten 66
b) Umwandlungsbeschluß 67
c) Zustimmungspflichten 67
d) Inhalt des Umwandlungsbeschlusses 67
6. Feststellung der Satzung bzw. Gesellschaftsvertrag des neuen Rechtsträgers 69
7. Anmeldung des Formwechsels 69
8. Eintragung 70

Teil 2: Vertragsmuster

A. Verschmelzung zweier GmbH 71
I. Verschmelzungsvertrag 71
II. Zustimmungen der Gesellschafterversammlungen zur Verschmelzung ... 74

1. Zustimmung der übernehmenden Gesellschaft . . . 74
2. Zustimmungsbeschluß der übertragenden Gesellschaft . . . 75
III. Handelsregisteranmeldungen . . . 77
1. Anmeldung der Kapitalerhöhung bei der übernehmenden Gesellschaft 77
2. Anmeldung der Verschmelzung zum Handelsregister der übertragenden Gesellschaft . . . 77
3. Anmeldung der Verschmelzung zum Handelsregister der übernehmenden Gesellschaft . . . 78

B. Spaltung einer GmbH durch Neugründung in Form der Abspaltung . . 80
I. Spaltungsplan . . . 80
II. Zustimmungsbeschluß zur Spaltung . . . 83
III. Anmeldung der Spaltung . . . 85
1. Anmeldung der neugebildeten Gesellschaft . . . 85
2. Anmeldung der Spaltung bei der übertragenden Gesellschaft . . . 85

Teil 3: Gesetzestexte

I. Umwandlungsgesetz – UmwG (Art. 1 UmwBerG) . . . 88
II. Sonstige Vorschriften (Art. 2—20 UmwBerG) . . . 187

Teil 4: Dokumentation und Materialien

I. Gesetzentwurf der Bundesregierung zur Bereinigung des Umwandlungsrechts - RegE (BR-Drucks. 75/94 v. 4. 2. 1994) . . . 197
II. Stellungnahme des Bundesrates (BT-Drucks. 12/7265 v. 14. 4. 1994) . . . 378
III. Gegenäußerung der Bundesregierung (BT-Drucks. 12/7265 v. 14. 4. 1994) 384
IV. Beschlußempfehlung und Bericht des Rechtsausschusses (BT-Drucks. 12/7850 v. 13. 6. 1994) . . . 387
V. Ablehnung durch den Bundesrat (BT-Drucks. 12/8275 v. 13. 7. 1994) . . . 533
VI. Anrufung des Vermittlungsausschusses durch die Bundesregierung (BT-Drucks. 12/8318 v. 21. 7. 1994) . . . 534
VII. Beschlußempfehlung des Vermittlungsausschusses (BT-Drucks. 12/8415 v. 2. 9. 1994) . . . 535

Stichwortverzeichnis . . . 537

Literaturverzeichnis

Bartodziey, Reform des Umwandlungsrechts und Mitbestimmung, ZIP 1994, 580
Bergemann/Steding, Landwirtschaftsanpassungsgesetz und Umwandlung der Landwirtschaftlichen Produktionsgenossenschaften, ZAP-DDR, F. 15, S. 119 ff.
Bork, Beschlußverfahren und Beschlußkontrolle nach dem Referentenentwurf eines Gesetzes zur Bereinigung des Umwandlungsrechts, ZGR 1993, 343 ff.
Bühner, Organisationslehre, 4. Aufl., Oldenburg 1989
ders., Strategische Führung im Bereich der Hochtechnologie durch rechtliche Verselbständigung von Unternehmensteilbereichen, DB 1986, 2341 ff.
ders., Strategisches Personalmanagement für neue Produktionstechnologien, BFuP 1987, 249 ff.
ders., Management-Holding, Unternehmensstruktur der Zukunft, Landsberg 1992, 2. Aufl.
ders., Strategie und Organisation, ZfO 1989, 233 f.
ders., Gestaltungsmöglichkeiten und rechtliche Aspekte einer Managementholding, ZfO 1990, 299 f.
Dehmer, Auf dem Weg zur Reform des Umwandlungsrechts: Die Entwürfe zur Bereinigung des Umwandlungsrechts und zur Änderung des Umwandlungssteuerrechts, WiB 1994, 307
Engels, Betriebsverfassungsrechtliche Aspekte des Spaltungsgesetzes, DB 1991, 966
Europäische Gemeinschaften, Weißbuch über die Vollendung des Binnenmarktes im Jahre 1992, Ziff. VI, S. 33, Doc-KOM (85) 310
Frenz, Der Formwechsel nach dem Regierungsentwurf zum Umwandlungsbereinigungsgesetz, WPrax 5/94 S. 4
Frenz/Limmer, Regierungsentwurf zur Bereinigung des Umwandlungsrechts, WPrax 3/94 S. 3
Feddersen/Kiem, Die Ausgliederung zwischen „Holzmüller" und neuem Umwandlungsrecht, ZIP 1994, 1078
Fritz, Die Spaltung von Kapitalgesellschaften, Köln, 1991
Gäbelein, Die Unternehmensspaltung, BB 1989, 1420
Ganske, Spaltung der Treuhandunternehmen, DB 1991, 791
ders., Umwandlung von Unternehmen, DB 1992, 125
ders., Der Weg vom Diskussionsentwurf zum Referentenentwurf eines Gesetzes zur Bereinigung des Umwandlungsrechts, in: Reform des Umwandlungsrechts, Institut der Wirtschaftsprüfer 1993, S. 15
ders., Reform des Umwandlungsrechts, Ein Bericht, WM 1993, 1117
ders., Berufsrelevante Regelungen für Wirtschaftsprüfer im neuen Umwandlungsrecht, WPG 1994, 157
Großfeld, Unternehmens- und Anteilsbewertung im Gesellschaftsrecht, Köln, 1993, 3. Aufl.
Hahn, Führung und Führungsorganisation, ZfbF 40 (1980), 112 ff.
Hanau, Arbeitsrecht und Mitbestimmung in Umwandlung und Fusion, ZGR 1990, 548
Heckschen, Verschmelzung von Kapitalgesellschaften unter Berücksichtigung des Entwurfs zum Umwandlungsgesetz, MittRhNotK 1989, 71 ff., 1014
ders., Auslandsbeurkundung und Richtigkeitsgewähr, DB 1990, 161 ff.
ders., Verschmelzung von Schwestergesellschaften, Anmerkung zum Beschluß des BayObLG vom 24. 5. 1989 - BReg. 3 Z 20/89, DB 1989, 1561
Heiss, Gläubigerschutz bei Unternehmensspaltung, WiR 1993, 165
Heme, Die „zweistufige" Konzernverschmelzung, AG 1993, 341
Hennrichs, Wirkungen der Spaltung, AG 1993, 508
Herzig/Ott, Das Steuerrecht als Umwandlungs- und Spaltungsbremse, DB 1989, 2033
Hirte, Genußscheine und Kapitalherabsetzung, Anmerkung zum Klöckner-Urteil des OLG Düsseldorf vom 10. 5. 1991, ZIP 1991, 1461

Hörger, Spaltung von Kapitalgesellschaften, EWS 1992, 125
Hoffmann/Becking, Der materielle Gesellschaftsschutz: Abfindung und Spruchverfahren, ZGR 1990, 481
Hommelhoff, Minderheitenschutz bei Umstrukturierungen, ZGR 1993, 452 ff.
ders., Zur Kontrolle strukturändernder Gesellschafterbeschlüsse, ZGR 1990, 447
ders., Zum vorläufigen Bestand fehlerhafter Strukturänderungen in Kapitalgesellschaften, ZHR 158 (1994) 11
Hügel, Verschmelzung und Einbringung, Köln 1991
Immenga, Unternehmensfusion und Aktionärsrechte, BB 1970, 631 ff.
Issing/Thiel, Erfahrungen mit dem Spaltungsgesetz, DB 1991, 2021 ff.
Jakob, Unternehmensorganisation, Stuttgart 1980
Kasten, Rechtsformwechsel von Unternehmen, DStR 1992, 871
Kiehm, Die Eintragung der angefochtenen Verschmelzung, Köln/Berlin/Bonn 1991
Kleindiek, Vertragsfreiheit und Gläubigerschutz im künftigen Spaltungsrecht nach dem Referentenentwurf, ZGR 1992, 513 ff.
Kramer, Wahrt das Spaltungsgesetz die Rechte der Arbeitnehmer, DStR 1992, 1246
Krieger, Der Konzern in Fusion und Umwandlung, ZGR 1990, 522
Kuhn, Führungsstrukturen von Großunternehmen, ZfB 57 (1987), 457 f.
Limmer, Die Spaltung von Kapitalgesellschaften nach dem Entwurf zur Bereinigung des Umwandlungsrechts, WPrax 4/94, 4
Lutter, Zur Reform von Umwandlung und Fusion, ZGR 1990, 395
Lutter/Hommelhoff, GmbHG, 13. Aufl., Köln
Mayer, Zweifelsfragen bei der Spaltung der Treuhandunternehmen, DB 1991, 1609
ders., Zivilrechtliche Möglichkeiten und Haftungsrisiken bei der Spaltung einer GmbH, DStR 1992, 129 ff.
Mertens, Zur Universalsukzession in einem neuen Umwandlungsrecht, AG 1994, 66
Neye, in Rädler/Raubach/Bezzenberger (Hrsg.), Vermögen in der ehemaligen DDR, Herne/Berlin, 1991, Teil 3 B I (Loseblatt)
ders., Der Regierungsentwurf zur Reform des Umwandlungsrechts, ZIP 1994, 165
ders., Umwandlungsrecht, WPrax 1/94, 10
ders., Der Regierungsentwurf zur Reform des Umwandlungsrechts, ZIP 1994, 165
ders., Die Reform des Umwandlungsrechts, DB 1994, 2069
ders., Das neue Umwandlungsrecht vor der Verabschiedung im Bundestag, ZIP 1994, 917
ders., Vorschlag des Vermittlungsausschusses zum Umwandlungsrecht, WPrax 17/94, 10
Niederleithinger, Auf dem Wege zu einem neuen deutschen Umwandlungsrecht, ZIP 1991, 205 ff.
Priester, in: Reform des Umwandlungsrechts, IDW 1992, 196 ff.
ders., Der Beschluß und seine Kontrolle, ZGR 1990, 420
ders., Das neue Verschmelzungsrecht, NJW 1983, 1459
Rowedder/Zimmermann, GmbHG, München 1990, 2. Aufl.
Rühli, Zeitgemäße Konzernführung und -gestaltung, ZfO 1990, 310 ff.
Rümker, Anmerkungen zum Gläubigerschutz nach dem RegE eines UmwG, WM Festgabe 1994, 73
Schmidt, K., Konzeption des neuen Umwandlungsgesetzes, ZGR 1990, 580
ders., Gesetzliche Gestaltung und dogmatisches Konzept eines neuen Umwandlungsgesetzes, ZGR 1990, 580
ders., Anforderungen an die Reform des Umwandlungsrechts, in: IDW, Reform des Umwandlungsrechts, 1993, 40 ff.
ders., Universalsukzession kraft Rechtsgeschäfts, AcP 191 (1991)
ders., Gläubigerschutz bei Umstrukturierungen, ZGR 1993, 366 ff.

Steinmann/Schreyögg, Management, Wiesbaden 1990

Teichmann, Die Spaltung von Rechtsträgern als Akt der Vermögensübertragung, ZGR 1993, 396 ff.

von Werder, Konzernstruktur und Matrixorganisation, ZfbF 38 (1986) 586 ff.

ders., Organisation und Recht, ZfO 1988, 104 ff.

Wiedemann, Gesellschaftsrecht, München 1980

Wiesen, Der materielle Gesellschaftsschutz, Abfindung und Spruchverfahren, ZGR 1990, 503 ff.

Zimme, Umwandlung von Personengesellschaften in Kapitalgesellschaften, DStR 1991, 651

Zöllner, Bemerkungen zu allgemeinen Fragen des Referentenentwurfs eines Umwandlungsgesetzes, ZGR 1993, 334

Abkürzungsverzeichnis

AblEG	Amtsblatt der EG
AcP	Archiv der civilistischen Praxis (Zs.)
ADHGB	Allgemeines Deutsches Handelsgesetzbuch
AG	Die Aktiengesellschaft (Zs.)
AktG	Aktiengesetz
BB	Betriebs-Berater (Zs.)
Betr.VerfG	Betriebsverfassungsgesetz (auch BetrVG)
BGBl	Bundesgesetzblatt
BGHZ	Entscheidungen des Bundesgerichtshofs in Zivilsachen
BR-Drucks.	Bundesratsdrucksache (auch BR-Drs.)
BT-Drucks.	Bundestagsdrucksache (auch BT-Drs.)
DAV	Deutscher Anwalts-Verein
DB	Der Betrieb (Zs.)
DStR	Deutsches Steuerrecht (Zs.)
GBO	Grundbuchordnung
GenG	Genossenschaftsgesetz
GmbHR	GmbH-Rundschau (Zs.)
IDW	Institut der Wirtschaftsprüfer
JherJ	Jherings Jahrbücher für die Dogmatik des bürgerlichen Rechts
KapErhG	Steuerliches Kapitalerhöhungsgesetz (auch KapErhStG)
MittRhNotK	Mitteilungen der Rheinischen Notarkammer
NJW-RR	Rechtsprechungsreport der Neuen Juristischen Wochenschrift (Zs.)
RegE	Regierungsentwurf
SpTrUG	Gesetz über die Spaltung der von der Treuhand verwalteten Unternehmen (auch SpTrG)
UmwBerG	Umwandlungsbereinigungsgesetz
UmwG	Umwandlungsgesetz
VAG	Versicherungsaufsichtsgesetz
VEB	Volkseigener Betrieb
VVaG	Versicherungsverein auf Gegenseitigkeit
WIB	Wirtschaftliche Beratung (Zs.)
WIR	Wirtschaftsrecht (Zs.)
WM	Wertpapiermitteilungen (Zs.)
WPG	Die Wirtschaftsprüfung (Zs.)
WPrax	Wirtschaftsrecht und Praxis (Zs.)
ZfB	Zeitschrift für Betriebswirtschaft
ZfbF	Schmalenbachs Zeitschrift für betriebswirtschaftliche Forschung
ZfO	Zeitschrift für Organisation (Zs.)
ZGR	Zeitschrift für Unternehmens- und Gesellschaftsrecht
ZIP	Zeitschrift für Wirtschaftsrecht und Insolvenzpraxis

Teil 1:
Praxishinweise

A. Einführung

I. Der betriebswirtschaftliche Hintergrund der Umwandlung

1. Die betriebswirtschaftliche Bedeutung der Unternehmensorganisation

Die Aufgabe der betriebswirtschaftlichen Organisationslehre wird vor allem darin gesehen, die komplexen Zusammenhänge unternehmerischen Wirkens durch Bildung von Organisationseinheiten, d. h. die Zusammenfassung von personellen und sächlichen Mitteln eines Teils des Unternehmens zu einer abgegrenzten Einheit, nach rationalen Kriterien aufzuspalten, so daß sich die Aufgabenerfüllung als arbeitsteiliger, optimaler Prozeß darstellt.[1] Während man in früheren Jahren davon ausging, daß die Organisation eines Unternehmens von großer Dauerhaftigkeit, ja von Ewigkeit sein kann, haben die Erkenntnisse der letzten Jahre gezeigt, daß eine aktive Unternehmensführung ein ständiges organisatorisches Anpassen voraussetzt. Wie verschiedene betriebswirtschaftliche Untersuchungen gezeigt haben, hängt die Effizienz der Unternehmensorganisation von den jeweiligen Markt- und Umweltbedingungen ab. Jede Änderung dieser Umweltbedingungen bedarf daher zumindest einer Überprüfung hinsichtlich ihrer Auswirkungen auf die Organisationsstruktur. Insbesondere die letzten Jahre als Zeiten tiefgreifenden Strukturwandels der deutschen Industrie zwangen die Unternehmen zu einschneidenden Änderungen der Unternehmensstrategie und der Unternehmensstruktur.[2] Im betriebswirtschaftlichen Schrifttum wurde daher auf die ständige Notwendigkeit einer strategischen und organisatorischen Änderung aufmerksam gemacht, die insbesondere auch der Einsatz neuer Technologien erfordert.[3] Als Merkmal technologieorientierter Unternehmen wird die ständige Suche nach Fortschrittsfeldern und eine fortwährende Anpassung an neue Marktbedürfnisse und technische Entwicklungen gesehen. Eine solche strategische Flexibilität setzt Unternehmensstrukturen voraus, die diesem Wandel folgen können, also strukturelle Flexibilität.[4]

Die Betriebswirtschaftslehre fordert also die ständige Anpassung des Unternehmens an gewandelte wirtschaftliche Bedürfnisse, insbesondere an sich verändernde Umweltbedingungen. Durch die Beschleunigung des Wettbewerbs und Verkürzung der Produk-

1 Vgl. zu diesen Aufgaben der Umschreibung der Organisationslehre Bühner, Organisationslehre, S. 91 ff.; Jakob, Unternehmensorganisation, 1980, S. 106 ff.; Steinmann/Schreyögg, Management, 1990, S. 363 ff.

2 Vgl. Kuhn, ZfB 57 (1987) 457 f.

3 So Bühner, Strategische Führung im Bereich der Hochtechnologie durch rechtliche Verselbständigung von Unternehmensteilbereichen, DB 1986, 2341 ff.; ders., Strategisches Personalmanagement für neue Produktionstechnologien, BFuP 1987, 249 ff.; ders., Management-Holding, Unternehmensstruktur der Zukunft, 2. Aufl. 1992.

4 Vgl. Bühner, DB 1986, 234; ders., ZfO 1989, 233 f.; ders., ZfO 1990, 299 f.; vgl. auch Hahn, ZfbF 40 (1988) 112, 115; Rühli, ZfO 1990, 310, 313.

tionszyklen läßt sich die Unternehmensorganisation nicht mehr als festes Datum verstehen, sondern die Organisation verlangt nach einer ständigen Gestaltungsaufgabe. Die betriebswirtschaftliche Organisationslehre hat daher insbesondere in den letzten Jahrzehnten eine Vielzahl von Organisationsmodellen und Gestaltungsmodellen entwickelt, die den unterschiedlichen Bedürfnissen der Unternehmen Rechnung tragen sollen und die durch eine hohe Flexibilität gekennzeichnet sind. Flexibilität bezeichnet die Fähigkeit, schnell auf veränderte Umweltbedingungen reagieren zu können. Flexibilität schafft die Voraussetzung, um wirtschaftliche Chancen wahrnehmen zu können und Risiken zu vermeiden. Die letzten Jahre waren daher ohne Zweifel von teilweise grundsätzlich unterschiedlichen Organisationsentwicklungen der Wirtschaft gekennzeichnet.

In den 80er Jahren sprach man von einer „Fusionswelle". Die Unternehmen gingen dazu über, eine Vielzahl von unterschiedlichen Produktionsbereichen zu betreiben, und erwarben zu diesem Zweck Gesellschaften. Zur Organisation dieser Mischkonzerne wurde die sogenannte Geschäftsbereichsorganisation eingeführt. Unternehmen wie die Siemens AG oder die AEG sind beispielhaft für diesen Trend zu immer größer werdenden Unternehmen. Dies war der Trend zu einem teilweise unkritischen Streben nach Größen- und Synergievorteilen. Im Gegensatz hierzu fand insbesondere in den ausgehenden 80ern und Anfang der 90er Jahre eine grundlegende Umorientierung der Organisation hin zu kleinen Einheiten statt. Mit einer weltweiten Verschärfung des Wettbewerbs war auch eine grundlegende Neuausrichtung der Unternehmensstrategie und -organisation notwendig. In der betriebswirtschaftlichen Wissenschaft wurden daher moderne Organisationsformen wie die „Management-Holding"[5] oder auch „Lean-Production" entwickelt, die zeigen, daß im Organisationsbereich der Trend zu flexibleren kleineren Einheiten anhielt. Mittlerweile haben eine Vielzahl von Großunternehmen die ursprünglich stark hierarchisch und bürokratisch eingerichtete Unternehmensstruktur durch flexible Formen wie die Management-Holding ersetzt, die zu wirtschaftlich kleineren, rechtlich selbständigen Einheiten führte.

2. Die wirtschaftlichen Anforderungen an ein modernes Umwandlungsrecht

Die Organisationsentwicklung der deutschen Industrie zeigt, daß ein erheblicher Bedarf besteht, Unternehmen ohne große bürokratische Hemmnisse grundlegend umzustrukturieren. In den letzten Jahren wurden darüber hinaus auch die Zusammenhänge zwischen rechtlicher Unternehmensorganisation und betriebswirtschaftlicher Organisation herausgearbeitet. Insbesondere Untersuchungen der letzten Jahre haben gezeigt, daß die betriebswirtschaftliche Organisationsstruktur und die rechtliche Unternehmensstruktur keineswegs selbständig nebeneinander bestehen. Im Gegenteil, es bestehen vielfältige Interdependenzen, ohne deren Beachtung eine sinnvolle Gestaltung des Unternehmens gar nicht möglich ist.[6]

5 Vor allem Bühner, Management-Holding, Unternehmensstruktur der Zukunft, 2. Aufl. 1992.

6 Vgl. Bleicher, ZfO 1979, 243; von Werder, ZfbF 38 (1986) 586 ff.; ders., ZfO 1988, 104 ff.

Das Beispiel, auf welche Weise eine Management-Holding gestaltet werden kann, zeigt, welche Bedeutung hierbei das Umwandlungsrecht hat.[7] So werden etwa in einem Einheitsunternehmen oder Stammhauskonzern die Geschäfte zur Einführung einer Mangement-Holding meist grundlegend neu geordnet. Hierfür sind Maßnahmen notwendig, die gleichartige Geschäfte zusammenfassen und die Selbständigkeit der Geschäftsbereiche erhöhen. *Bühner* weist darauf hin, daß der Weg vom Einheitsunternehmen oder Stammhauskonzern mit gewachsener Geschäftsbereichsorganisation zur Mangement-Holding über gesellschaftsrechtliche Maßnahmen führt. Dabei gehe es um eine Neuordnung der im Unternehmensverbund vorhandenen und neu zu erwerbenden Ressourcen. Die Neuordung erfordert unter Beachtung der unternehmensstrategischen und organisatorischen Ziele eine oder mehrere der folgenden Maßnahmen:

- Ausgliederung operativer Unternehmensteilbereiche,
- Ausgründung der Obergesellschaft,
- Neuordung der unternehmerischen Teilbereiche und,
- Unternehmenskauf.

Daß hier dem Umwandlungsrecht, als dem Recht der Unternehmensneuorganisation eine große Bedeutung zukommt, ist offensichtlich. In vielen Fällen läßt sich eine grundlegende Neuorganisation des Unternehmens nur erreichen, wenn auch eine rechtliche Umstrukturierung stattfindet, etwa durch Ausgliederung und rechtliche Verselbständigung bestimmter Teilbereiche, Verschmelzung anderer zu einheitlichen Unternehmensbereichen etc.

Das Umwandlungsrecht stellt daher ohne Zweifel ein wichtiges Gestaltungselement der unternehmerischen Organisationsgestaltung dar und sollte demgemäß möglichst flexibel, unbürokratisch und kostenminimierend einsetzbar sein.

3. Das Umwandlungsrecht als Bindeglied zwischen der Vielfalt der Gesellschaftsformen

Das deutsche Gesellschaftsrecht bietet eine Vielfalt von unterschiedlichen Rechtsformen für Unternehmen an, die sich durch grundlegende Unterschiede kennzeichnen. Es herrscht ein numerus clausus der Gesellschaftsformen. Zulässig sind nur die Rechtsformen, die der Gesetzgeber den Unternehmen zur Verfügung stellt. Diese unterschiedlichen Rechtsformen haben auch unterschiedliche wirtschaftliche Bedeutung. Während etwa die Personengesellschaften in erster Linie für Unternehmer geeignet sind, bei denen das personenbezogene Element im Vordergrund steht, ist die Aktiengesellschaft nach ihrem Modell für Unternehmen geeignet, in denen der kapitalistische Aspekt im Vordergrund steht und bei denen es in erster Linie auf die Möglichkeit der Sammlung von Fremdkapital ankommt. Selbstverständlich gibt es eine Reihe von Grundtypenvermischungen, etwa kapitalistische Personengesellschaften oder personalistische Aktiengesellschaften. Dennoch stellen die rechtlich vorgegebenen Rahmenbedingungen eine

7 Vgl. hierzu Bühner, Die Management-Holding, S. 81 ff.

Grenze dar, die innerhalb der einzelnen Gesellschaftsformen nur schwer zu überschreiten ist. Es entsteht daher im Laufe der Entwicklung eines Unternehmens unabhängig von der oben dargestellten Anpassung der betriebswirtschaftlichen Organisationsstruktur immer die Frage einer grundlegenden rechtlichen Neuorientierung des Unternehmens. Insbesondere im Zuge des internen Wachstums des Unternehmens kann etwa bei einer Personengesellschaft das Bedürfnis bestehen, dem Unternehmen eine körperschaftsrechtliche Organisation zu geben, wie sie nur die Kapitalgesellschaft bietet. Die Gründe hierfür können höchst unterschiedlich sein: etwa Generationenwechsel, die Notwendigkeit der Aufnahme neuer Gesellschafter etc. Als weitere Gründe für einen Wechsel der Rechtsform sind auch die unterschiedlichen rechtlichen Rahmenbedingungen entscheidend, etwa die Frage der Haftungsbeschränkung, die Möglichkeit, Kapital über die Börse zu beschaffen etc. Auch diesen rechtlichen Entwicklungsmöglichkeiten muß durch ein Umwandlungsrecht Rechnung getragen werden.

II. Die Funktion des Umwandlungsrechts

Diese relative Vielzahl der Rechtsformen für Unternehmen und die immer größer werdende Notwendigkeit, diese Rechtsform im Laufe der Unternehmensentwicklung mehrmals zu wechseln, macht die Aufgabe des Umwandlungsrechts deutlich. Da der Wechsel innerhalb der Gesellschaftsform beschränkt ist, bliebe, das Fehlen eines Umwandlungsrechts unterstellt, im Einzelfall immer nur die Liquidation der bisherigen Gesellschaft und anschließende Neugründung der gewünschten Gesellschaftsform. Daß dieser Weg der Liquidation und Neugründung kosten- und zeitaufwendig ist, ist offensichtlich. Nach dem Grundsatz der Einzelübertragung müßte jeder Vermögensgegenstand auf die neue Gesellschaft übertragen werden, was zum Beispiel im Bereich der §§ 414 ff. BGB grundsätzlich auch die Zustimmung der Gläubiger voraussetzt. Steuerrechtlich führt die Liquidation zur Auflösung stiller Reserven, wodurch im Einzelfall sogar die Existenz des Unternehmens beeinträchtigt werden kann. Die grundlegende Aufgabe des Umwandlungsrechts besteht also darin, den Unternehmen die Möglichkeit zu geben, ohne diese Nachteile der Einzelübertragung die Rechtsform für Unternehmen flexibel und unbürokratisch zu ändern. Umwandlungsrecht kann daher auch als Rechtsformänderungsrecht bezeichnet werden. *K. Schmidt*[8] fand in Jherings Jahrbüchern den Stoßseufzer eines Geheimjustizrates namens Johannes Junck, der in einem Beitrag zur Umwandlung schrieb: „Aber darüber sollte Einigkeit zu erzielen sein, daß unser Recht in der Frage der Umwandlung von Gesellschaften unvollkommen ist." *Junck* vermißte ein allgemeines Institut der liquidationsersparenden Umwandlung, das „etwa in einem allgemeinen Teil des Gesellschaftsrechts zur Erscheinung gelangen müßte."[9]

8 In: Reform des Umwandlungsrechts, Institut der Wirtschaftsprüfer, 1993, S. 36.

9 JherJ 77 (1927) 297, 391.

III. Zur geschichtlichen Entwicklung des deutschen Umwandlungsrechts

1. Historischer Rückblick

Der Blick auf die geschichtliche Entwicklung des deutschen Umwandlungsrechts zeigt, daß seit dem ADHGB von 1861 das deutsche Umwandlungsrecht nicht durch eine geschlossene Kodifikation, sondern eine schrittweise Einführung einzelner Umwandlungs- und Formwechslungsarten gekennzeichnet ist.[10] Das ADHGB von 1861 enthielt nur Vorschriften über die Verschmelzung von Aktiengesellschaften. Die Novelle des ADHGB von 1884 ließ erstmals die Umwandlung einer KG auf Aktien in eine AG zu. Das GmbHG von 1892 regelte erstmals die Umwandlung einer AG in eine GmbH durch Universalsukzession des Vermögens der AG auf die GmbH. Das AktG von 1937 ließ dann umfänglich die formwechselnde Umwandlung von Kapitalgesellschaften in andere Kapitalgesellschaften zu. Das Gesetz über die Umwandlung von Kapitalgesellschaften von 1934 schuf erstmals die Möglichkeit, eine Kapitalgesellschaft auch in eine Personengesellschaft umzuwandeln. Das Umwandlungsgesetz von 1956[11] führte zu einer Erweiterung der Umwandlungsformen, indem es die übertragende Umwandlung von Kapitalgesellschaften und bergrechtlichen Gewerkschaften auf eine Personengesellschaft oder auf einen Gesellschafter vorsah. Im Umwandlungsgesetz von 1969[12] wurde dann die Möglichkeit der Umwandlung durch Übertragung von der Personengesellschaft oder vom Einzelkaufmann auf eine Kapitalgesellschaft, durch die GmbH-Novelle von 1980 die Ein-Mann-Gründung einer GmbH und die Umwandlung des Unternehmens eines Einzelkaufmanns durch Übertragung des Vermögens auf eine GmbH eingeführt.[13] Das Verschmelzungsrichtliniengesetz von 1982 schließlich[14] diente in erster Linie der Umsetzung der Sechsten EG-Verschmelzungsrichtlinie.

Die Folge dieser schrittweisen Entwicklung des Umwandlungsrechts im deutschen Gesellschaftsrecht ist eine starke Zersplitterung und Unübersichtlichkeit des Umwandlungsrechts. Die Regelungen waren auf fünf Gesetze verteilt:

- Umwandlungsgesetz,
- Aktiengesetz,
- Gesetz über die Kapitalerhöhung aus Gesellschaftsmitteln und über die Verschmelzung von Gesellschaften mit beschränkter Haftung vom 23. 12. 1959,
- § 93a ff. Genossenschaftsgesetz,
- § 44a Versicherungsaufsichtsgesetz.

10 Vgl. zur historischen Entwicklung auch K. Schmidt, Gesellschaftsrecht, 2. Aufl. 1993, S. 296; Dehmer, WiB 1994, 307; Hügel, Verschmelzung und Einbringung, 1991, S. 75 ff.

11 BGBl. 1956 I, S. 844.

12 BGBl. 1969 I, S. 2081.

13 BGBl. 1980 I, S. 1425.

14 BGBl. 1982 I, S. 1425.

2. Die Sonderregelungen des Wiedervereinigungsrechts

Die deutsche Wiedervereinigung hat schließlich die Zersplitterung des deutschen Umwandlungsrechts weiter fortgeführt. Bedingt durch die Notwendigkeit, die spezifischen Unternehmensformen der sozialistischen Rechtsordnung in die Rechtsordnungen der Bundesrepublik Deutschland überzuführen, war die Einführung einer Reihe von spezialgesetzlicher Umwandlungs- und Formwechselvorschriften notwendig. Der erste Versuch, die Rechtsformen des DDR-Staates umzuwandeln, wurde durch die sog. Umwandlungsverordnung vom 1. 3. 1990[15] unternommen, in der noch eine rechtsgeschäftliche Umwandlung der VEB und Kombinate in die Gesellschaftsformen der Bundesrepublik Deutschland vorgesehen wurde. Eine Reihe von Gesellschaften wurden auf der Grundlage der Umwandlungsverordnung umgewandelt. Eine weitere Umwandlungsmöglichkeit brachte die „Verordnung über die Gründung, Tätigkeit und Umwandlung von Produktionsgenossenschaften des Handwerks v. 8. 3. 1990.[16]

Mit Erlaß des Treuhandgesetzes schließlich wurde eine gesetzliche Umwandlung in § 11 Abs. 2 Treuhandgesetz vorgeschrieben.

Im Bereich der landwirtschaftlichen Produktionsgenossenschaften eröffnete das Landwirtschaftsanpassungsgesetz in der Fassung der Bekanntmachung v. 3. 7. 1991[17] die Möglichkeit der Umwandlung, aber auch der Spaltung von landwirtschaftlichen Produktionsgenossenschaften. Generell für die Rechtsformen der DDR wurde die Spaltung zur Neugründung in dem „Gesetz über die Spaltung der von der Treuhandanstalt verwalteten Unternehmen“ (SpTrUG) v. 5. 4. 1991 eingeführt.[18]

Diese einigungbedingten Gesetze, die die Grundlage von vielen Tausenden Umwandlungen und Spaltungen in den neuen Bundesländern waren, haben dazu geführt, daß Umwandlungsfragen in der Praxis der letzten Jahre eine große Rolle gespielt haben. Man wird daher auch bei der Anwendung des neuen Umwandlungsrechts auf die umfangreichen Erfahrungen der letzten Jahre zurückgreifen können; insbesondere im Bereich der Spaltung stellten die einigungsrechtlichen Vorschriften die erste Bewährungsprobe für dieses im deutschen Recht neuartige Rechtsinstitut dar.

3. Europäische Vorgaben des Umwandlungsrechts

Gesellschaftsrechtliche Gesetze müssen heute immer vor dem europäischen Hintergrund gesehen werden. Auf der Grundlage von Art. 54 EWG-Vertrag hat die europäische Gemeinschaft eine Reihe von Harmonisierungsmaßnahmen im Bereich des Gesellschaftsrechts erlassen, die das Ziel haben, im Rahmen der Gesamtaufgabe – der Schaffung eines gemeinsamen Binnenmarktes – bei der Gestaltung dieses Wirtschaftsraums einen geeigneten gesellschaftsrechtlichen Rahmen zu schaffen, der den Unter-

15 GBl. DDR I S. 107.

16 GBl. DDR I, S. 164.

17 BGBl. 1991 I, S. 14.

18 BGBl. 1991 I, S. 854; vgl. hierzu Engels, DB 1991, 966; Ganske, DB 1991, 791; Grosser, WIR 1991, 338; Issing/Thiel, DB 1991, 2021, 2082; Mayer, DB 1991, 1609; Neye, in: Rädler/Raupach/Bezzenberger, Vermögen in der ehemaligen DDR, Teil 3 B I; Niederleithinger, ZIP 1991, 205 ff.

nehmen die grenzüberschreitende Zusammenarbeit und Tätigkeit erleichtert.[19] Die Angleichungsbemühungen im Bereich des Formwechselrechts dienen der Umstrukturierung der Märkte und der grenzüberschreitenden Zusammenarbeit. Dieses Ziel ist bisher durch drei gesellschaftsrechtliche Richtlinien des Rates der EG verwirklicht worden:

- Dritte gesellschaftsrechtliche Richtlinie des Rates v. 9. 10. 1978 betreffend die innerstaatliche Verschmelzung von Aktiengesellschaften (Fusionsrichtlinie, 78/855/EWG, ABlEG Nr. L 295 v. 20. 10. 1978, S. 36);

- Sechste gesellschaftsrechtliche Richtlinie über die Spaltung von Aktiengesellschaften v. 17. 12. 1982 (Spaltungsrichtlinie, 82/891/EWG, ABlEG Nr. L 378, S. 5);

- Art. 13 der Zweiten gesellschaftsrechtlichen Richtlinie v. 13. 12. 1976 (Kapitalschutzrichtlinie, Nr. 827891/EWG, ABlEG Nr. L 378 v. 31. 12. 1982, S. 47 ff.).

Die Fusionsrichtlinie und die Spaltungsrichtlinie sollen die Vorschriften für Verschmelzung und Spaltung innerhalb eines Mitgliedstaates angleichen. Beide Vorschriften beziehen sich nur auf die Aktiengesellschaft. Die Fusionsrichtlinie wurde durch das Verschmelzungsrichtliniengesetz v. 25. 10. 1982 in innerstaatliches Recht umgesetzt.[20] Schwerpunkt dieser Regelung war die Änderung der §§ 340a bis 340d AktG. Die Spaltungsrichtlinie demgegenüber hatte keinen unbedingten Umsetzungsauftrag an den nationalen Gesetzgeber. Die Umsetzungsverpflichtung bestand nur bei den Mitgliedstaaten, die die Spaltung von Aktiengesellschaften in ihrem Recht bereits vorsahen. Im Rahmen des Umwandlungsbereinigungsgesetzes ist nunmehr die generelle Umsetzung dieser Richtlinie vorgesehen. Die Spaltungsrichtlinie unterscheidet zwischen Spaltung im Wege der Übernahme durch mindestens zwei andere Gesellschaften und der Spaltung durch die Gründung einer neuen Gesellschaft. Die Richtlinie erfordert die Erstellung eines Spaltungsplanes, eines Spaltungsberichtes, regelt Informationsrechte der einzelnen Aktionäre und die erforderliche Mehrheit aller Hauptversammlungen für den Spaltungsbeschluß sowie eine Prüfung des Spaltungsplanes durch unabhängige Prüfer mit dem Zweck, den notwendigen Minderheiten- und Gläubigerschutz europaweit zu vereinheitlichen.

Art. 13 der Kapitalschutzrichtlinie sah für die Form wechselnder Umwandlungen vor, daß die für die Gründung einer Aktiengesellschaft festgelegte Garantien auch im Falle eines Formwechsels zu beachten sind.

Im Gegensatz zu diesen das nationale Recht betreffenden Vorschriften konnte die internationale Fusionsrichtlinie, zu der ein Vorschlag vorliegt,[21] bisher noch nicht verwirk-

19 Vgl. Weißbuch über die Vollendung des Binnenmarktes im Jahre 1992, Ziff. VI, S. 33, Doc.-KOM (85) 310.

20 BGBl. 1982 I, S. 1425.

21 Vorschlag einer Zehnten gesellschaftsrechtlichen Richtlinie über die internationale Fusion von Aktiengesellschaften v. 8. 1. 1985, ABlEG Nr. C 23 v. 25. 1. 1985, S. 11 ff.

licht werden. Auch im Rahmen der EU-Verordnung über das Statut einer europäischen Aktiengesellschaft ist die Möglichkeit der grenzüberschreitenden Umwandlung vorgesehen.[22]

Zur Beseitigung der steuerlichen Hindernisse wurde am 23. 7. 1990 die Fusionsrichtlinie[23], die die Besteuerung des Fusionsvorganges regelt, sowie die Mutter-/Tochterrichtlinie[24] verabschiedet.

Inwieweit insbesondere die internationale Fusionsrichtlinie überhaupt noch Chancen hat, verabschiedet zu werden, bleibt fraglich. Die Kommission der Europäischen Gemeinschaften untersucht derzeit, ob die Problematik grenzüberschreitender Zusammenarbeit innerhalb der Europäischen Gemeinschaft durch eine Richtlinie über grenzüberschreitende Sitzverlegung geregelt werden kann.

IV. Die gesetzgeberische Entwicklung des Umwandlungsbereinigungsgesetzes

Der gesetzgeberische Weg des Umwandlungsbereinigungsgesetzes war im Vergleich zu manch anderen Gesetzgebungsvorhaben der letzten Jahre ein ungewöhnlicher.

1. Diskussionsentwurf eines Gesetzes zur Bereinigung des Umwandlungsrechts

Bereits am 3. 8. 1988 wurde vom Bundesministerium der Justiz ein Diskussionsentwurf eines Gesetzes zur Bereinigung des Umwandlungsrechts vorgelegt (veröffentlicht als Beilage Nr. 214a zum Bundesanzeiger v. 15. 11. 1988).

In einer breiten Diskussion wurde dieser Entwurf von Rechtswissenschaftlern und Praktikern des Gesellschaftsrechts ausführlich diskutiert.[25] In der Wissenschaft wurde das Konzept des Entwurfs, die Strukturmaßnahmen Umwandlung, Fusion und Spaltung des Unternehmens in einem Gesetzeswerk zusammenzufassen und ähnlichen Regeln zu unterwerfen, einhellig begrüßt. Eine Reihe von Einzelfragen und die teilweise mühselige Verweisungstechnik wurden allerdings kritisiert.[26]

---

22 ABlEG Nr. C 263 v. 16. 10. 1989.

23 Richtlinie über das gemeinsame Steuersystem für Fusionen, Spaltungen und die Einbringung von Unternehmensanteilen und den Austausch von Anteilen, die Gesellschaften verschiedener Mitgliedstaaten betreffen, v. 23. 7. 1990 (90/434/EWG), ABlEG Nr. 225 v. 20. 8. 1990, S. 1 ff.

24 Richtlinie über das gemeinsame Steuersystem der Mutter- und Tochtergesellschaft von verschiedenen Mitgliedstaaten v. 23. 7. 1990 (90/435/EWG), ABlEG Nr. L 225 v. 20. 8. 1990, S. 6 ff.

25 Vgl. 7. Symposium der ZGR, ZGR 1990, 391 ff. mit Beiträgen von Lutter, Priester, Hommelhoff, Hoffmann/Becking, Wieser, Krieger, Hanau, Widmann, K. Schmidt; vgl. weiter Gäbelein, BB 1989, 1420; Ganske, DB 1992, 125; Hahn, GmbHR 1991, 242; Herzig/Ott, DB 1989, 2033; Hirte, ZIP 1991, 1461; ders., AG 1990, 373; Niederleithinger, DStR 1991, 879.

26 Vgl. vor allem K. Schmidt, ZGR 1990, 580.

2. Referentenentwurf des Gesetzes zur Bereinigung des Umwandlungsrechts

Am 15. 4. 1992 wurde schließlich vom Bundesministerium der Justiz der Referentenentwurf eines Gesetzes zur Bereinigung des Umwandlungsrechts vorgelegt.[27]

Neben einer inhaltlichen Straffung enthielt der Referentenentwurf vor allem zahlreiche Änderungen, die Ergebnisse der eingehenden Diskussion nach dem Diskussionsentwurf waren. Das Sechste Buch des Diskussionsentwurfs über die Verpflichtung zur Vermögensübertragung sowie das Achte Buch „Umwandlung im Konzern" wurden ersatzlos gestrichen. Erleichterungen für die Umwandlung im Konzern wurden vielmehr in die allgemeinen Umwandlungsvorschriften integriert.[28] Auch der Referentenentwurf war Gegenstand zahlreicher Erörterungen in Wissenschaft und Praxis.[29]

3. Der Gang des Gesetzgebungsverfahrens seit dem Regierungsentwurf

Am 26. 1. 1994 schließlich hatte die Bundesregierung den Entwurf eines Gesetzes zur Bereinigung des Umwandlungsrechts beschlossen.[30] Der Regierungsentwurf entsprach weitgehend dem Referentenentwurf, sowohl im Aufbau also auch in den Einzelfragen. Lediglich in Detailfragen wurden Änderungen aufgenommen, die auf die Diskussion des Referentenentwurfes zurückgingen.[31] Die wesentlichen Änderungen betrafen zum einen § 16 UmwG, dessen Ziel die Bekämpfung mißbräuchlicher Anfechtungsklagen ist. Im Regierungsentwurf wurde die Möglichkeit, die Registersperre aufzuheben, erweitert. Außerdem wurde das Gesetz an die Regelung des Nachhaftungsbegrenzungsgesetzes angepaßt. Schließlich wurden die kritisierten Vorschriften über die Ausgliederung gestrichen[32] und das Verbot der Spaltung der Übertragung nur eines Gegenstandes aufgehoben. Auch eine Reihe arbeitsrechtlicher Vorschriften wurden im Regierungsentwurf hinzugefügt.

Das Gesetzgebungsverfahren und das Umwandlungsrecht unterlag insbesondere im Hinblick auf die Problematik der Mitbestimmung bei Umwandlungsfällen einigen Kontroversen zwischen den Parteien.[33]

---

27 Beilage Nr. 112a zum Bundesanzeiger v. 20. 7. 1992.

28 Vgl. im einzelnen zu den Unterschieden zwischen Diskussionsentwurf und Referentenentwurf Ganske, Der Weg vom Diskussionsentwurf zum Referententwurf eines Gesetzes zur Bereinigung des Umwandlungsrechts, in: Reform des Umwandlungsrechts, Institut der Wirtschaftsprüfer 1993, S. 15 ff.; ders., Reform des Umwandlungsrechts, Ein Bericht, WM 1993, 1117.

29 Vgl. das IDW-Umwandlungssymposium, Reform des Umwandlungsrechts, 1993 mit zahlreichen Beiträgen; vgl. die Vorschläge des Arbeitskreises Umwandlungsrecht, ZGR 1993, 321 ff. m. zahlreichen Beiträgen zum Referentenentwurf.

30 Vgl. BR-Drs. 75/94 v. 4. 2. 1994, hierzu Neye, Der Regierungsentwurf zur Reform des Umwandlungsrechts, ZIP 1994, 165; ders., WPrax 1/94, 10; Ganske, WPG 1994, 157; Frenz/Limmer, WPrax 3/94, S. 3; Dehmer, WIB 1994, 307.

31 Vgl. zu den wesentlichen Änderungen im Regierungsentwurf Neye, ZIP 1994, 167.

32 Vgl. Zöllner, ZGR 1993, 321, 338.

33 Vgl. zum Gang des Gesetzgebungsverfahrens im einzelnen Neye, Die Reform des Umwandlungsrechts, DB 1994, 2069; ders., Das neue Umwandlungsrecht vor der Verabschiedung im Bundestag, ZIP 1994, 917; ders., Vorschlag des Vermittlungsausschusses zum Umwandlungsrecht, WPrax 17/94, S. 10.

Die Stellungnahme des Bundesrates zum Regierungsentwurf betraf im wesentlichen daher auch die Fragen der Mitbestimmung auf Unternehmensebene.[34] Der Bundesrat war der Auffassung, daß der Regierungsentwurf die Flucht aus der Unternehmensmitbestimmung fördere und daher durch eine Beibehaltungsregelung sichergestellt werden müsse, daß sich der bestehende Mitbestimmungsstatus durch Unternehmensumwandlung nicht verschlechtern kann.

Der Rechtsausschuß und schließlich auch die Mehrheit des Bundestages lehnte diese mitbestimmungssichernden Regelungen im Ergebnis ab. Darüber hinaus übernahm der Rechtsausschuß einige der Empfehlungen des Bundesrates und schlug weitere Änderungen vor.[35]

Die kontroverse Diskussion um die Mitbestimmung führte schließlich auch zur Anrufung des Vermittlungsausschusses, der einen neuen § 325 „Mitbestimmungsbeibehaltung“ vorschlug. Gegenstand der Regelung war, daß, wenn durch Abspaltung oder Ausgliederung bei einem übertragenen Rechtsträger die Mitbestimmung entfallen würde, die vor der Spaltung geltenden Vorschriften noch für einen Zeitraum von fünf Jahren weiterhin Anwendung finden, so daß auch weiterhin dieses Unternehmen der Mitbestimmung wie vor der Spaltung unterliegt. Im Bereich der betrieblichen Mitbestimmung wurde vorgeschlagen, daß, wenn die Spaltung dazu führt, daß Rechte oder Beteiligungsrechte des Betriebsrates entfallen würden, die Fortgeltung dieser Rechte durch Betriebsvereinbarung oder Tarifvertrag vereinbart werden kann. Dieser Vorschlag des Vermittlungsausschusses wurde schließlich vom Bundestag und dann auch vom Bundesrat angenommen.

B. Zielsetzung und Grundfragen des neuen Umwandlungsrechts

I. Grundfragen des Umwandlungsrechts

Das Umwandlungsrecht stellt sich zunächst als technische Materie dar, durch die Gesellschaften und sonstigen Rechtsformen die Möglichkeit gegeben werden soll, im Wege der Gesamtrechtsnachfolge die Rechtsform zu ändern. Es hat daher in erster Linie eine dienende Funktion und soll den Rechtsrahmen vorgeben, innerhalb dessen die Änderung der Rechtsform möglich ist. Dieser technische Aspekt der Umwandlung darf allerdings nicht den Blick auf die rechtlichen Grundfragen verstellen, die bei der Umwandlung eine erhebliche Rolle spielen und demgemäß auch im Gesetz geregelt werden mußten.

34 Vgl. BT-Drs. 12/7265.

35 Vgl. die Übersicht bei Neye, DB 1994, 2069.

1. Die Dogmatik der Umwandlung[36]

a) Die bisherige Rechtslage

Das bisherige Umwandlungsrecht war gekennzeichnet durch eine Dreiteilung der Umwandlungsarten:

- die gesetzliche Umwandlung,
- die formwechselnde Umwandlung,
- die übertragende Umwandlung.

Im Recht der Personengesellschaft ist darüber hinaus der identitätswahrende Wechsel zwischen den Rechtsformen der BGB-Gesellschaft, der OHG und der KG zu nennen. Es handelt sich hierbei, im Gegensatz zur Umwandlung im engeren Sinn, um eine gesetzliche Umwandlung, die eintritt, wenn die bestimmten Voraussetzungen für die Rechtsform nicht mehr vorliegen. Eine derartige gesetzliche Umwandlung findet etwa statt, wenn bei der OHG das vollkaufmännische Gewerbe auf ein minderkaufmännisches herabsinkt. Die Folge ist, daß die OHG automatisch zur BGB-Gesellschaft wird.[37] Ebenfalls in den Bereich der gesetzlichen Umwandlung fällt die Umwandlung einer Personengesellschaft in eine Einzelperson, wenn alle Gesellschafter bis auf einen aus der Gesellschaft austreten.

Diese gesetzlichen Änderungen des Rechtskleides einer Gesellschaft können allerdings auch bewußt zur Vertragsgestaltung eingesetzt werden. Vor allem die Umwandlung einer GmbH & Co. KG auf ihre Komplementär-GmbH wird im Wege des sog. Anwachsungsmodells vorgenommen. Um Umwandlungen im engeren Sinn handelte es sich jedoch bei diesen Änderungen nicht. Hierunter werden in erster Linie solche Umwandlungen verstanden, die aufgrund eines rechtsgeschäftlichen Aktes entstehen. Die Dogmatik des bisherigen Umwandlungsrechts war insbesondere gekennzeichnet durch die Zweiteilung zwischen formwechselnder und übertragender Umwandlung.[38]

Als Umwandlung im technischen Sinn wurde die Veränderung der Rechtsform eines Unternehmens ohne Liquidation und ohne Einzelübertragung, d. h. im Wege der Universalsukzession des Vermögens verstanden.

Bei einer formwechselnden Umwandlung ändert sich allein die äußere Form der Gesellschaft, die Identität der Gesellschaft als Verband bleibt unberührt. Von der übertragenden Umwandlung unterscheidet sich diese Form der Umwandlung dadurch, daß kein Rechtsträgerwechsel und auch keine Vermögensübertragung stattfindet, die Gesellschaft ändert nur bei gleichbleibender Identität ihre Rechtsform. Eine derartige form-

---

36 Vgl. K. Schmidt, Gesetzliche Gestaltung und dogmatisches Konzept eines neuen Umwandlungsgesetzes, ZGR 1990, 580; ders., Anforderungen an die Reform des Umwandlungsrechts, in: IDW, Reform des Umwandlungsrechts, 1992, S. 42 ff.; ders., Universalsukzession kraft Rechtsgeschäfts AcP 191 (1991) 495; Zöllner, Bemerkungen zu allgemeinen Fragen des Referentenentwurfs eines Umwandlungsgesetzes, ZGR 1993, 334; Lutter, Zur Reform von Umwandlung und Fusion, ZGR 1990, 392; Mertens, Zur Universalsukzession in einem neuen Umwandlungsrecht, AG 1994, 66.

37 Vgl. zu dieser gesetzlichen Umwandlung K. Schmidt, Gesellschaftsrecht, § 58 II 1 b.

38 Vgl. K. Schmidt, Gesellschaftsrecht, 2. Aufl., S. 292 ff.; Dehmer, Umwandlungsrecht, Umwandlungsteuerrecht, 1994, Einführung Umwandlungsgesetz, Anm. 5; Widmann/Mayer, Einführung Umwandlungsgesetz, Rz. 2 ff.

wechselnde Umwandlung ist etwa bei der Umwandlung einer AG in eine GmbH (§ 372 AktG) oder einer GmbH in eine AG (§ 381 AktG) gegeben. Das bisherige Gesetz hat diese formwechselnde Umwandlung nur da zugelassen, wo alte und neue Rechtsform strukturähnlich sind.

Bei der übertragenden Umwandlung wird die übertragende Gesellschaft liquidiert und das Vermögen auf eine neue Gesellschaft übertragen, aber nicht im Wege der Einzelrechtsnachfolge, sondern im Wege der Gesamtrechtsnachfolge. Die Besonderheit der errichtenden Umwandlung ist weiter, daß auf die Liquidation der Altgesellschaft verzichtet wird. Das bisherige Umwandlungsrecht unterschied weiter zwischen der sog. errichtenden Umwandlung, bei der der neue Rechtsträger, auf den umgewandelt wird, erst mit der Umwandlung gegründet wird, und der verschmelzenden Umwandlung, bei der das Vermögen der umzuwandelnden Gesellschaft auf eine bereits bestehende Gesellschaft übertragen wird. Die Besonderheit dieser übertragenden Umwandlung ist, daß es sich im Grunde hierbei um eine vereinfachte Form der Sachgründung (errichtende Umwandlung) oder Sachkapitalerhöhung (verschmelzende Umwandlung) handelt. Deshalb waren auch bei dieser Form der Umwandlung die Gründungsvorschriften für den neuen Rechtsträger einzuhalten.

b) Die Neuregelung im Umwandlungsbereinigungsgesetz

K. Schmidt bezeichnete den identitätswahrenden Formwechsel als die reifste, technisch perfekte Lösung des Umwandlungsrechts.[39] Wie dargelegt, war allerdings nach dem bisherigen Recht die formwechselnde Umwandlung nur zwischen strukturähnlichen Gesellschaftsrechtsformen erlaubt. Das Umwandlungsbereinigungsgesetz hat die frühere Zweiteilung nunmehr aufgegeben und einheitlich in § 202 Abs. 1 Ziff. 1 geregelt:

> „Der formwechselnde Rechtsträger besteht in der in dem Umwandlungsbeschluß bestehenden Rechtsform weiter."

Das Umwandlungsbereinigungsgesetz verzichtet damit, die übertragende Umwandlung zwischen Personen- und Kapitalgesellschaften aufrechtzuerhalten, und ersetzt diese durch einen einheitlichen Ansatz: Die formwechselnde Umwandlung, mit der im Ergebnis auf die grundsätzliche Zweiteilung des deutschen Gesellschaftsrechts in juristische Person und Gesamthandsgemeinschaften für den Bereich des Umwandlungsrechts verzichtet wird.[40]

Die Umwandlung nach dem Umwandlungsbereinigungsgesetz ist somit einheitlich für alle Rechtsformen – Kapitalgesellschaften und Personengesellschaften – identitätswahrend.

2. Universalsukzession durch Rechtsgeschäft

Wie bereits dargelegt, ist es die wichtigste Aufgabe des Umwandlungsrechtes, die Veränderung der Rechtsform und die Übertragung des vorhandenen Gesellschaftsvermö-

39 ZGR 1990, 594.

40 So Lutter, ZGR 1990, 395; K. Schmidt, ZGR 1990, 595; ders. AcP 191 (1991) 506 f.

gens zu erleichtern. Wichtigstes Instrument des Umwandlungsrechts stellt die Gesamtrechtsnachfolge dar. Im bisherigen Recht war diese Gesamtrechtsnachfolge nur für den Fall der übertragenden Umwandlung und der Verschmelzung vorgesehen und im Teilbereich des Spaltungsrechts der neuen Bundesländer. Im Bereich der identitätswahrenden Umwandlung ist wegen der Beibehaltung der Rechtszuständigkeit grundsätzlich keine Vermögensübertragung notwendig und damit auch keine Gesamtrechtsnachfolge. Demgemäß ist durch den Wegfall der errichtenden Umwandlung die Frage der Gesamtsrechtsnachfolge nur noch für die Fälle von Bedeutung, in denen der bisherige Unternehmensträger neben der neuen Gesellschaft fortbestehen soll.

Durch die Einführung der Spaltung hat der Gesetzgeber der Universalsukzession aber einen erheblich weiteren Anwendungsbereich eröffnet. Die Besonderheit der Gesamtrechtsnachfolge bei der Spaltung ist, daß es sich um eine partielle Gesamtrechtsnachfolge handelt, die bisher nur in Teilbereichen verwirklicht war[41].

Kennzeichen einer Universalsukzession ist der Verzicht auf die Einhaltung der Vorschriften der Einzelübertragung, wobei in der Tendenz eine Vermögensgesamtheit oder zumindest ein Vermögensteil übertragen wird. Der letzte Teil der Definition wird allerdings durch die Möglichkeit im Spaltungsrecht eingeschränkt, da auch die Übertragung eines einzelnen Gegenstandes zugelassen wird.

3. Schutzprobleme des Umwandlungsrechts

Insbesondere die Diskussion um das neue Umwandlungsrecht hat gezeigt, daß eine Reihe von zentralen Schutzanliegen berücksichtigt werden muß. Im wesentlichen handelt es sich um folgende Aspekte:

- Gläubigerschutz,
- Minderheitenschutz,
- Schutz der Arbeitnehmer.

a) Gläubigerschutz

aa) Grundsatz

Unter Gläubigerschutz versteht man im Gesellschaftsrecht den Interessenschutz derjenigen Personen, die der Gesellschaft Kredit gewähren oder denen der Verband aus besonderen Gründen zur Leistung verpflichtet ist.[42] Der Gläubigerschutz verlangt, daß die Haftungs- und Vermögensstruktur der Gesellschaft so eingerichtet ist, daß ein angemessener Interessenschutz gewährleistet ist. Gläubigerschutz gehört zu den Grundprinzipien des deutschen Gesellschaftsrechts und findet sich in den verschiedensten Ausformungen verwirklicht.

Da bei den einzelnen unterschiedlichen Gesellschaftsformen der Gläubigerschutz unterschiedlich ausgestaltet ist, können sich bei der Umwandlung Probleme ergeben. Ins-

41 z. B. § 58 UmwG.

42 Vgl. Wiedemann, Gesellschaftsrecht, Bd. 1, 1980, S. 514 f.

besondere bei den Personengesellschaften ist der Gläubigerschutz in erster Linie durch eine persönliche Haftung gewährleistet, während dieser bei Kapitalgesellschaften durch Grundsätze der Kapitalaufbringung und Kapitalerhaltung garantiert wird. Es ist einsichtig, daß der Wechsel innerhalb der Gesellschaftsformen zu Friktionen mit dem Gläubigerschutz führen kann. Aufgabe eines Umwandlungsrechtes ist es daher, diese unterschiedlichen Gläubigerschutzbestimmungen im Umwandlungsvorgang angemessen zu berücksichtigen und einen Ausgleich vorzunehmen.

Eines der Grundanliegen des Umwandlungsbereinigungsgesetzes war demgemäß auch der Gläubigerschutz.[43] Das Umwandlungsbereinigungsgesetz sichert den Gläubigerschutz durch eine Reihe unterschiedlicher Instrumente:

bb) Anwendung des Gründungsrechts

In den Fällen, in denen es zur Neugründung von Gesellschaften kommt, ist zusätzlich zu den speziellen Umwandlungsvorschriften das individuelle Gründungsrecht des zu gründenden Rechtsträgers anzuwenden. Das UmwG stellt dies durch eine Reihe von Verweisungsvorschriften sicher:

- § 36 Abs. 2: Verschmelzung durch Neugründung,
- § 135 Abs. 2: Spaltung zur Neugründung,
- § 197: Formwechsel.

Durch diese Gesamtverweisung wird erreicht, daß die gesamten Kapitalschutzvorschriften des Gründungsrechtes der jeweiligen Gesellschaft anzuwenden sind.

Der Gesetzgeber hat damit die bisher unterschiedliche Regelung bei den verschiedenen Umwandlungsformen durch eine Pauschalverweisung auf das jeweilige Gründungsrecht vereinheitlicht.[44] Auch wenn bei einzelnen Umwandlungsformen im bisherigen Recht lediglich einige der Gründungsvorschriften anwendbar waren,[45] so wurde in der Praxis doch weitgehend das gesamte Gründungsrecht beachtet. Bei der Gründung einer neuen Gesellschaft im Wege der Umwandlung, d. h. im Wege der Verschmelzung, Spaltung oder des Formwechsels handelt es sich um eine Sachgründung durch Leistung von Sacheinlagen, wobei die Sacheinlage das Vermögen der übertragenden Gesellschaft darstellt. Es sind daher insbesondere die Vorschriften über die Sachgründung zu berücksichtigen.

cc) Schadensersatzhaftung der Organe

Das Kapitalschutzrecht des Gründungsrechts wird flankiert durch eine Schadensersatzhaftung der Verwaltungsträger der übertragenden Rechtsträger:

---

43 Vgl. Niederleithinger, Auf dem Weg zu einem neuen deutschen Umwandlungsrecht, DStR 1991, 879, 881; K. Schmidt, in: Reform des Umwandlungsrechts, IDW 1992, S. 47 f.; Ganske, Reform des Umwandlungsrechts, WM 1993, 1117, 1125; K. Schmidt, Gläubigerschutz bei Umstrukturierungen, ZGR 1993, 366 ff.

44 Vgl. bisher z. B. § 41 Abs. 2, § 47 Abs. 2, § 51 Abs. 1 UmwG.

45 vgl. etwa § 353 Abs. 4 AktG, § 32 Abs. 3 KapErhG.

- § 25 ff.: Verschmelzung,
- § 125: Spaltung,
- §§ 205 f.: Formwechsel.

dd) Erhaltung der Haftungsmasse

Beim Bereich des Formwechsels und der Verschmelzung wird allein durch die Gesamtrechtsnachfolge, die auch die Verbindlichkeiten erfaßt, gewährleistet, daß die ursprüngliche Haftungsmasse den Gläubigern erhalten bleibt. Da dies bei der Spaltung nicht möglich ist, waren besondere Schutzvorschriften im Bereich der Spaltung notwendig.[46] Der Gesetzgeber hat sich hierbei in § 133 für eine gesamtschuldnerische Haftung ausgesprochen. Für die Verbindlichkeiten des übertragenden Rechtsträgers, die vor dem Wirksamwerden der Spaltung begründet worden sind, haften die an der Spaltung beteiligten Rechtsträger als Gesamtschuldner.

Durch diese gesamtschuldnerische Haftung soll Mißbräuchen des neuen Rechtsinstituts der Spaltung, etwa durch Zuweisung der Aktiva an einen und der Passiva an einen anderen übernehmenden Rechtsträger, vorgebeugt werden. Darüber hinaus wird mit dieser Regelung zugleich die volle Parallele zur Verschmelzung hergestellt, bei der der übernehmende Rechtsträger auch kraft Gesamtrechtsnachfolge für Verbindlichkeiten der übertragenen Rechtsträger einzustehen hat.

ee) Sicherheitsleistung

Ergänzt wird schließlich der Gläubigerschutz durch das Institut der Sicherheitsleistung:

- § 22: Verschmelzung,
- §§ 125, 133 Abs. 1, 22: Spaltung,
- §§ 304, 22: Formwechsel.

Nach der Grundvorschrift des § 22 ist den Altgläubigern der an der Umwandlung beteiligten Rechtsträger Sicherheit zu leisten, sofern sie innerhalb von 6 Monaten nach dem Wirksamwerden der Umwandlung ihren Anspruch anmelden und glaubhaft machen, daß durch den Formwechsel die Erfüllung ihrer Forderung gefährdet wird.

Die Vorschriften über Sicherheitsleistung sind in § 347 AktG a. F. nachgebildet, wobei allerdings nicht mehr der Nachweis, sondern nur noch die Glaubhaftmachung der Gefährdung des Anspruchs notwendig ist.

b) Minderheitenschutz

aa) Grundsatz

Auch der Minderheitenschutz ist eines der Grundprinzipien des deutschen Gesellschaftsrechts.[47] Der Minderheitenschutz wird vor allem als Gegenstück zum Grundsatz

46 Vgl. hierzu Kleindiek, ZGR 1992, 513 ff.; Teichmann, ZGR 1993, 396, 403 ff.; K. Schmidt, ZGR 1993, 383 ff.

47 Vgl. Wiedemann, Gesellschaftsrecht, Bd. 1 1980, S. 404 ff.; Roitzsch, Der Minderheitenschutz im Verbandsrecht 1981; K. Schmidt, Gesellschaftsrecht, 2. Aufl., § 16 III.

der Mehrheitsherrschaft im Gesellschaftsrecht angesehen. Im Grunde geht es um die Fragen der Begrenzung formaler Herrschaftsmacht in der Gesellschaft. Ebenso wie der Gläubigerschutz kann allerdings der Minderheitenschutz lediglich als allgemeiner Programmsatz des Gesellschaftsrechts verstanden werden, konkrete Ableitungen lassen sich aus diesem allgemeinen Grundsatz nicht finden. Das deutsche Gesellschaftsrecht ist vielmehr dadurch gekennzeichnet, daß es eine Vielzahl unterschiedlicher Instrumentarien zum Schutz der Minderheit vorsieht. Umwandlung, Verschmelzung und Spaltung sind Strukturmaßnahmen der Gesellschaft, die die Interessen der Gesellschafter durchaus erheblich beeinträchtigen können. Es ist für einen Gesellschafter von großem Interesse, ob er an einer Personen- oder Kapitalgesellschaft beteiligt ist, denn die Mitbestimmungs- und Minderheitenrechte unterscheiden sich teilweise erheblich. Die Änderung der Rechtsform kann daher einen qualitativen Verlust an Rechten für Minderheitsgesellschafter zur Folge haben. Eine weitere Zielsetzung des Umwandlungsrechts ist es daher, durch ein Geflecht von unterschiedlichen Maßnahmen den notwendigen Minderheitenschutz zu gewährleisten. Der Gesetzgeber hatte bei der Bereinigung des Umwandlungsrechts aber auch die umgekehrte Problematik vor Augen: Ein zu weit getriebener Minderheitenschutz kann die Umwandlung verhindern oder erschweren,[48] insbesondere die Frage der mißbräuchlichen Anfechtungsklage macht die Problematik deutlich. Auch hier hat der Gesetzgeber durch ein Geflecht unterschiedlicher Instrumente versucht, diesen Interessengegensatz zwischen Minderheitenschutz und Effektivität des Umwandlungsrechts zu lösen.

bb) Information der Anteilseigner

Zur Vorbereitung und Information der Gesellschafter ist in allen Fällen die Vorlage eines Berichtes vorgesehen. Die Vorschriften verlangen, daß die Leitungsorgane der an der Umwandlung beteiligten Rechtsträger ausführlich einen Bericht über die Umwandlung zu erstatten haben:

- § 8: Verschmelzungsbericht,
- § 127: Spaltungsbericht,
- § 162: Ausgliederungsbericht,
- §§ 175, 176: Übertragungsbericht,
- § 192: Umwandlungsbericht.

Ergänzt wird diese Pflicht zur Aufstellung eines Umwandlungsberichts durch die Pflicht zur Information der Anteilsinhaber. Je nach Art der Gesellschafter sind entweder der Umwandlungsvertrag oder der Umwandlungsbericht zuzusenden oder zumindest Umwandlungsvertrag, Umwandlungsbericht und gegebenenfalls Prüfungsbericht in den Geschäftsräumen und später auch in der Hauptversammlung zur Einsichtnahme auszulegen und zu Beginn der Versammlung mündlich zu erläutern.

48 Zu Recht Niederleithinger, DStR 1991, 879, 881.

cc) Beschlußmehrheiten

Der Formwechsel bedarf in allen Fällen eines Beschlusses der Gesellschafter der beteiligten Rechtsträger. Die Mehrheiten sind allerdings nicht generell festgelegt, sondern unterschiedlich geregelt:

- Bei Personengesellschaften bedarf es eines einstimmigen Beschlusses.
- Bei den Kapitalgesellschaften beträgt die Untergrenze eine $^3/_4$ Mehrheit.

Im bestimmten Fällen schreibt das Gesetz darüber hinaus die Zustimmung bestimmter einzelner Gesellschafter vor, so z. B. wenn die Abtretung der Anteile eines übertragenden Rechtsträgers von der Zustimmung bestimmter Anteilsinhaber abhängt (§ 13 Abs. 2).

dd) Ausscheiden und Abfindung

Die Minderheitenrechte werden ergänzt durch das Recht jedes Gesellschafters aus der Gesellschaft gegen Abfindung auszuscheiden. Ein solcher Anspruch auf Barabfindung entsteht, wenn sich infolge der Umwandlung die Rechtsform ändert und damit das Beteiligungsrecht verändert wird. Ein solches Recht zum Ausscheiden ist vorgesehen bei:

- Verschmelzung in andere Rechtsformen (§§ 29 ff.),
- Spaltung auf einen Rechtsträger anderer Rechtsform (§ 125 i. V. m. §§ 29 ff.),
- Barabfindung bei Formwechsel (§ 207).

Voraussetzung für den Anspruch auf Abfindung ist, daß der Anteilsinhaber gegen den Umwandlungsbeschluß Widerspruch zur Niederschrift der Versammlung erklärt hat.

Das Abfindungsangebot muß bereits im Verschmelzungsvertrag, Spaltungsvertrag bzw. -plan vorgesehen sein. Die Angemessenheit der Abfindung wird auch geprüft und unterliegt ebenfalls der gerichtlichen Nachprüfung im Spruchverfahren.

ee) Verbesserung des Umtauschverhältnisses und Spruchverfahren

Die Gesellschafter des übertragenen Rechtsträgers haben die Möglichkeit, das Umtauschverhältnis der Anteile auf die Angemessenheit hin überprüfen zu lassen:

- § 15: bare Zuzahlung bei Verschmelzung,
- § 125 i. V. m. § 15: bare Zuzahlung bei Spaltung,
- § 176 i. V. m. § 15: bare Zuzahlung bei Vermögensübertragung,
- § 196: bare Zuzahlung bei Umwandlung.

Das Spruchverfahren richtet sich einheitlich nach den §§ 305 ff. Der Antrag auf gerichtliche Entscheidung ist binnen einer Frist von zwei Monaten nach dem Bekanntwerden der Umwandlung zu stellen, über ihn entscheidet das Landgericht am Sitz des Rechtsträgers im Verfahren der freiwilligen Gerichtsbarkeit.

In diesem Spruchverfahren, das aus dem geltenden Umwandlungsrecht übernommen worden ist (§§ 325c AktG, 31a KapErhG, 30 ff. UmwG) kann geltend gemacht werden, daß das Umtauschverhältnis nicht angemessen bzw. eine höhere Barabfindung zu zahlen ist. Wegen dieser Mängel kann dann eine Klage gegen den Umwandlungsbeschluß nicht erhoben werden (§ 14 Abs. 2).[49]

ff) Die Klage gegen die Wirksamkeit des Umwandlungsbeschlusses

Alle Umwandlungsmaßnahmen bedürfen zu ihrer Wirksamkeit der konstitutiven Eintragung im Handelsregister. Voraussetzung der Eintragung ist jeweils ein Beschluß der Gesellschafter- oder Hauptversammlung.

Die Möglichkeit der Anfechtung dieses Beschlusses hat im bisherigen Recht zu Mißbräuchen geführt. Nach § 345 Abs. 2 Satz 1 AktG a. F. und § 34 Abs. 2 KapErhG a. F. hatte der Vorstand eine Negativerklärung abzugeben, nach der der Verschmelzungsbeschluß nicht angefochten worden ist. Nach herrschender Meinung handelt es sich bei dieser Erklärung der Nichtanfechtung um eine echte Eintragungsvoraussetzung, so daß solange eine Anfechtungsklage anhängig ist, keine Eintragung vorgenommen werden kann.[50] Angesichts der teilweise langen Dauer von Anfechtungsklagen wird deutlich, welches Mißbrauchspotential in der Anfechtung derartiger Strukturänderungsbeschlüsse besteht.[51] Der BGH hat allerdings in der Entscheidung v. 2. 7. 1990[52] anerkannt, daß die zweifelsfrei ohne Erfolgsaussicht erhobene Anfechtungsklage gegen einen Verschmelzungsbeschluß das Registergericht ausnahmsweise nicht hindert, nach § 345 Abs. 2 Satz 1 AktG die Verschmelzung bereits vor der rechtskräftigen Beendigung des Anfechtungsverfahrens in das Handelsregister einzutragen.

Das Umwandlungsbereinigungsgesetz hat in § 16 Abs. 2 an der grundsätzlichen Registersperre bei Anfechtung des Umwandlungsbeschlusses festgehalten. In § 16 Abs. 3 versucht allerdings der Gesetzgeber das Problem mißbräuchlicher Anfechtungsklagen zu lösen, indem der vom BGH entwickelte Grundsatz der Eintragung bei offensichtlich erfolgloser Anfechtungsklage gesetzlich fortgeschrieben wird. Es besteht nunmehr die Möglichkeit, die Registersperre dadurch aufzuheben, daß das zuständige Prozeßgericht durch rechtskräftigen Beschluß feststellt, daß die Erhebung der Klage der Eintragung nicht entgegensteht. In Anlehnung an die BGH-Rechtsprechung darf dieser Beschluß nur ergehen, wenn die Klage gegen die Wirksamkeit des Verschmelzungsbeschlusses unzulässig oder offensichtlich unbegründet ist[53] oder – und insofern findet sich eine Fortschreibung des BGH-Grundsatzes – wenn das alsbaldige Wirksamwerden der Verschmelzung nach freier Überzeugung des Gerichts unter Berücksichtigung der Schwere der mit der Klage geltend gemachten Rechtsverletzung zur Anwendung der von der Gesellschaft dargelegten wesentlichen Nachteile vorrangig erscheint. Dieses Verfahren ist einem Verfahren in der einstweiligen Verfügung nach § 945 ZPO nachgebildet.

---

49 Vgl. zum Spruchverfahren Wieser, ZGR 1990, 503, 505; Bork, ZGR 1993, 343, 353.

50 So BGH , WM 1990, 1372; OLG Frankfurt AG 1990, 263.

51 Vgl. zum Ganzen Kiehm, Die Eintragung der angefochtenen Verschmelzung, 1991.

52 BGHZ 112, 9.

53 Vgl. zur bisherigen Rechtsprechung BGHZ 107, 296; BGH NJW-RR 1990, 350; BGH, ZIP 1990, 1560.

Die dritte Möglichkeit, die eine Interessenabwägung eröffnet, war im Referentenentwurf v. 15. 4. 1992 noch nicht enthalten und wurde auf Anregung des Bundesgerichtshofes in das Gesetz aufgenommen. Dem Gericht soll es dadurch möglich sein, in bestimmten Fällen für die Frage der Eintragungsfähigkeit der Verschmelzung zwischen dem Interesse des Klägers auf der einen Seite und dem Interesse der an der Verschmelzung beteiligten Rechtsträger und ihrer Anteilsinhaber auf der anderen Seite eine Abwägung zu treffen. Hierbei sind sowohl die wirtschaftlichen Gesichtspunkte als auch die geltend gemachten Rechtsverletzungen gegeneinander abzuwägen. Dabei ist auf der Seite des Klägers die Schwere der von ihm behaupteten Rechtsverletzung ausschlaggebend. Für die übrigen Anteilseigner werden, wie für die beteiligten Rechtsträger, die wirtschaftlichen Gesichtspunkte im Vordergrund stehen. Die Festlegung, in welchen Fällen der behaupteten Rechtsverletzung nur ein geringes Gewicht beizumessen ist, soll der Einzelfallentscheidung der Rechtsprechung überlassen bleiben. Für die Abwägung der widerstreitenden Interessen soll dem Gericht größtmögliche Entscheidungsfreiheit eingeräumt werden.

c) Schutz der Arbeitnehmer

Wie bereits dargelegt, bilden die arbeitsrechtlichen Fragen eine erhebliche Rolle bei der Verabschiedung des Gesetzes. Bis zum Schluß waren eine Reihe von Regelungen, die wieder dem Arbeitnehmerschutz dienen, innerhalb der Parteien sehr umstritten und verhinderten fast die Verabschiedung des Gesetzes. Aufgrund der eingehenden Beratungen in den Gesetzgebungsgremien wurden schließlich eine Reihe von Arbeitnehmerschutzvorschriften in das Gesetz aufgenommen:

aa) Amtsdauer von Aufsichtsratsmitgliedern

Bereits der Referentenentwurf sah in § 203 eine Vorschrift hinsichtlich der Amtsdauer von Aufsichtsratsmitgliedern vor. Bei einem Formwechsel soll die Amtszeit für die bisherigen Mitglieder in einem mitbestimmten Aufsichtsrat in dem Rechtsträger neuer Rechtsform bis zum Ablauf ihrer ursprünglichen Wahlperiode verlängert werden. Durch diese Vorschrift soll der wirtschaftlichen und rechtlichen Kontinuität eines formwechselnden Rechtsträgers auch für das Amt der Aufsichtsratmitglieder Rechnung getragen werden, soweit sich durch den Formwechsel das auf die Bildung und Zusammensetzung des Aufsichtsrats anwendbare Recht nicht ändert.

bb) Übergangsmandat für Betriebsrat

In § 321 wurde eine Vorschrift aus dem SpTrUG für die Spaltung übernommen. Da bei einer Spaltung des Rechtsträgers die Gegenstände seines Vermögens dem übernehmenden oder neuen Rechtsträger nach Belieben zugewiesen werden können, ist die Spaltung eines Betriebes möglich. Dadurch können Betriebsräte wegfallen, so daß die Belegschaft gerade in der für sie besonders kritischen Übergangsphase nach der Spaltung ohne den Schutz der Beteiligungsrechte des Betriebsrats ist. Deshalb wurde in § 321 das Institut des Übergangsmandats geschaffen.

cc) Perpetuierung der kündigungsrechtlichen Stellung

§ 323 schreibt die kündigungsrechtliche Stellung für eine Übergangszeit von einem Jahr nach dem Wirksamwerden der Spaltung fest. Die Vorschrift garantiert, daß sich die kündigungsrechtliche Stellung des Arbeitnehmers durch die Spaltung nicht verschlechtert, auch dann, wenn in dem neuen, ihn beschäftigenden Rechtsträger die für die Anwendbarkeit kündigungsrechtlicher Regelungen notwendige Beschäftigtenzahl nicht erreicht wird.

dd) Geltung des § 613a BGB

Durch § 324 wird klargestellt, daß auch der Übergang eines Betriebes in Folge einer übertragenden Umwandlung unter § 613a BGB fällt.

ee) Unterrichtung der Arbeitnehmer

In den Vorschriften über den Inhalt des Verschmelzungsvertrages (§ 5 Abs. 1 Ziff. 9 und § 126 Abs. 1 Ziff. 11) wird vorgeschrieben, daß der Organisationsvertrag Angaben enthalten muß über die Folgen der Verschmelzung für die Arbeitnehmer und ihre Vertretungen sowie über die insoweit vorgesehenen Maßnahmen. Es sind daher auch in diesem Organisationsvertrag die durch die Umwandlung eintretenden individual- und kollektivarbeitsrechtlichen Änderungen aufzuzeigen, da die Umwandlung auch die Interessen der Arbeitnehmer und ihrer Vertretungen berührt. Hierdurch soll insbesondere den Arbeitnehmervertretungen eine frühzeitige Information über die Verschmelzung und die durch sie bewirkten Folgen für die Arbeitnehmer zur Verfügung gegeben werden, um bereits im Vorfeld der Umwandlung seine möglichst sozialverträgliche Durchführung zu erleichtern.

Diese Vorschriften werden flankiert durch eine Verpflichtung, den Organisationsakt den zuständigen Betriebsräten zuzuleiten (§ 5 Abs. 3). Die Erfüllung dieser Pflicht wird sogar durch das Registergericht bei Eintragung geprüft (§ 17).

ff) Haftung bei Betriebsaufspaltung

§ 134 regelt die Haftung für bestimmte Arbeitnehmeransprüche bei Betriebsaufspaltungen. Diese Vorschrift ergänzt die gesamtschuldnerische Haftung in § 133. Der Gesetzgeber geht davon aus, daß die gesamtschuldnerische Haftung den Arbeitnehmern als Gläubigern nicht in allen Spaltungsfällen gerecht wird. Wird nämlich ein Rechtsträger in Anlage- und Betriebsgesellschaft im Wege der Betriebsaufspaltung gespalten, so führt diese insbesondere aus steuerlichen Gründen vorteilhafte Spaltung zu erheblichen Nachteilen für die bei der Betriebsgesellschaft beschäftigten Arbeitnehmer. In diesem Fall haftet die Anlagegesellschaft auch für die Forderungen der Arbeitnehmer der Betriebsgesellschaft als Gesamtschuldner, die binnen fünf Jahren nach dem Wirksamwerden der Spaltung z. B. aufgrund von Sozialplänen oder aufgrund einer Versorgungszusage nach den §§ 111 bis 113 BetrVerfG begründet werden.

gg) Unternehmensmitbestimmung

Besonders kontrovers diskutiert war die Frage, ob das Umwandlungsgesetz unternehmensmitbestimmungssichernde Vorschriften enthalten sollte.[54] Die Bundesregierung war bis zuletzt der Auffassung, daß entsprechende Vorschriften entbehrlich seien, da den Fallgestaltungen, die mittelbar zu einer Minderung der Mitbestimmungsrechte von Arbeitnehmern führen können, zahlreiche neue Umwandlungsmöglichkeiten gegenüberstünden, die zu einer Einführung der Mitbestimmung oder zu einem Mehr an Mitbestimmung für die Arbeitnehmer der beteiligten Unternehmensträger führen können. Demgegenüber forderte der Bundesrat die Aufnahme von Vorschriften zur Sicherung der Mitbestimmung bei Umwandlungsfällen.[55]

Auf Vorschlag des Vermittlungsausschusses kam es schließlich zu einer Kompromißlösung in § 325 UmwG.[56]

§ 325 Abs. 1 sieht nunmehr vor, daß auf fünf Jahre befristet die Beibehaltung der Mitbestimmung gesetzlich angeordnet wird. Durch diese Vorschrift soll erreicht werden, daß bei mitbestimmten Unternehmen, bei denen durch Abspaltung oder Ausgliederung die Mitbestimmungsgrenzen unterschritten werden, entgegen der gesetzlichen Regelung eine Mitbestimmungsperpetuierung erreicht wird.

II. Ziele des Umwandlungsbereinigungsgesetzes

1. Rechtsbereinigung

Wie bei jeder anderen zusammenfassenden Kodifikation hat das Umwandlungsbereinigungsgesetz zunächst die Aufgabe, die erhebliche Rechtszersplitterung im Umwandlungsrecht aufzuheben und die Institute der Verschmelzung, Spaltung, Umwandlung und Vermögensübertragung einer einheitlichen und systematischen Regelung zuzuführen. Hierdurch soll nicht nur die Rechtsanwendung vereinheitlicht und damit auch rechtssicher gemacht werden, sondern auch gleichartige Sachverhalte gleichartig geregelt werden. Dem Gesetzgeber war daher die Möglichkeit eröffnet, das bisher teilweise unterschiedliche Verfahren zu vereinheitlichen und systematisch abzustimmen, die Schutzbedürfnisse der betroffenen Rechtskreise anzugleichen und damit eine Wertungseinheit im Bereich der Umwandlung zu erreichen. Die Abweichungen zwischen den einzelnen Umwandlungsvorschriften der verschiedenen Gesetze beruhen wohl weniger „auf sachlichen Gründen als auf dem unterschiedlichen Zeitraum der letzten grundlegenden Verfassung des betreffenden Gesetzes."[57]

2. Erweiterung des Anwendungsbereichs

Ein Ergebnis der Systematisierung und Vereinheitlichung des Umwandlungsrechts ist, daß der Anwendungsbereich des Verschmelzungs- und Umwandlungsrechts erheblich

---

54 Vgl. etwa Bartodziey, Reform des Umwandlungsrechts und Mitbestimmung, ZIP 1994, 580.

55 Vgl. BT-Drs. 12/7265.

56 Vgl. zur Entwicklung im einzelnen Neye, Die Reform des Umwandlungsrechts, DB 1994, 2069.

57 So zu Recht Niederleithinger, DStR 1991, 880.

erweitert wurde. Zusätzlich zu den bereits bestehenden 44 Möglichkeiten nach dem alten Umwandlungsrecht kommen 75 weitere Möglichkeiten hinzu, die Struktur des Unternehmens zu ändern.[58] Auch hier befanden sich im Umwandlungsrecht bisher sachlich kaum zu rechtfertigende Anwendungslücken, die nunmehr durch das Umwandlungsbereinigungsgesetz geschlossen werden. Eine Erweiterung haben insbesondere die bisher nicht zugelassene Verschmelzung von Personenhandelsgesellschaften miteinander und mit Kapitalgesellschaften, die Verschmelzung einer eingetragenen Genossenschaft mit Rechtsträgern anderer Rechtsform, die Vermögensübertragung unter Unternehmensträgern dieser Rechtsform sowie die Umwandlung von Vereinen und Stiftungen erfahren.[59]

3. Generelle Einführung des Rechtsinstituts der Spaltung

Die bedeutenste Neuerung betrifft den Bereich der Spaltung. Der Gesetzgeber hat mit dieser Neuregelung in einem breiten Anwendungsbereich für alle Rechtsträger sowohl in dogmatischer als auch in praktischer Hinsicht eine neuartige Form der Rechtsnachfolge eröffnet.

4. Erweiterung und Vereinheitlichung der Schutzmechanismen

Schließlich wurde das Umwandlungsbereinigungsgesetz dazu genutzt, den Schutz der Anteilsinhaber, insbesondere der Minderheitsgesellschafter und der Gläubiger, zu vereinheitlichen und auch zu erweitern. Insbesondere die Verstärkung der Informations- und Prüfungsrechte dient diesem Ziel.

III. Systematik und Regelungsgegenstände des Umwandlungsgesetzes

Das Gesetz ist gegliedert in acht Bücher. Das Erste Buch umfaßt nur § 1, der die verschiedenen Möglichkeiten der Umwandlung aufzählt: Verschmelzung, Spaltung, Vermögensübertragung und Formwechsel. Die nachfolgenden Bücher behandeln jeweils die einzelnen Formen der Umwandlung:

- Zweites Buch: Verschmelzung,
- Drittes Buch: Spaltung,
- Viertes Buch: Vermögensübertragung,
- Fünftes Buch: Formwechsel.

Die einzelnen Bücher mit den jeweiligen Umwandlungsformen sind wiederum gegliedert in allgemeine und besondere Vorschriften. In den allgemeinen Teil sind, gleichsam vor die Klammer gezogen, die Vorschriften aufgenommen, die für alle Fälle der jewei-

58 Vgl. Neye, WPrax 1/94, S. 10; Ganske, WM 1993, 117.
59 Vgl. Ganske, WM 1993, 117.

ligen Umwandlungsart gelten. In dem besonderen Teil finden sich dann Sonderregelungen, die vor allem aus der Rechtsform der jeweils beteiligten Unternehmen resultieren.

Besondere Bedeutung hat in diesem Zusammenhang das Zweite Buch, das die Verschmelzung behandelt, da es eine Art allgemeines Modell der Umwandlung darstellt, das für alle nachfolgenden Umwandlungsarten Vorbild ist. Demgemäß wird in den nachfolgenden Büchern drei, vier und fünf (Spaltung, Vermögensübertragung, Formwechsel) in vielen Fällen auf die Vorschriften des Verschmelzungsrechts verwiesen.

Das Sechste Buch regelt das Spruchverfahren, durch das die besonderen Vorschriften über die bare Zuzahlung ergänzt werden, das Siebte Buch schließlich Strafvorschriften und Zwangsgelder, das Achte Buch Übergangs- und Schlußvorschriften.

Die einzelnen Bücher sind – worauf K. Schmidt zu Recht hinweist[60] – nach dem Prinzip einer Checkliste aufgebaut, mit dem Ziel, Fehler in der Kautelar- und Registerpraxis zu vermeiden. Bei der Rechtsanwendung sind daher drei Ebenen zu beachten:

- der allgemeine Teil des Verschmelzungsrechts, der im Wege der Verweisung in vielen Fällen anwendbar ist;
- das allgemeine Recht des jeweiligen Umwandlungsvorgangs;
- die besonderen Vorschriften für die einzelnen Gesellschaften und Rechtsformen.

Alle drei Ebenen wird man daher bei der Rechtsanwendung im konkreten Falles heranziehen müssen.

IV. Numerus clausus der Umwandlung

Das Umwandlungsbereinigungsgesetz ist, wie das gesamte Gesellschaftsrecht, nach dem Prinzip des numerus clausus aufgebaut. Nur die im Gesetz genannten Umwandlungsfälle sind möglich, es ist nicht analogiefähig. Die im Gesetz enthaltene Aufzählung der Umwandlungsvarianten ist abschließend. Diese Ausschließlichkeitsklausel definiert § 1 Abs. 2:

> „Eine Umwandlung im Sinne des Abs. 1 ist außer in den in diesem Gesetz geregelten Fällen nur möglich, wenn sie durch ein anderes Bundesgesetz oder ein Landesgesetz ausdrücklich vorgesehen ist."

Der Gesetzgeber hat damit an die bisherige Dogmatik angeknüpft, nach der das Umwandlungsrecht nicht analogiefähig ist.[61]

§ 3 formt dieses Prinzip des numerus clausus aus, indem er abschließend die verschmelzungsfähigen Rechtsträger nennt. Entgegen mancher Kritik in der Literatur[62] hat es der Gesetzgeber abgelehnt, z. B. die Gesellschaft bürgerlichen Rechts als verschmelzungs-

---

60 ZGR 1990, 583; ders., in: Reform des Umwandlungsrechts, IDW 1992, S. 40.

61 Vgl. etwa Rowedder/Zimmermann, GmbHG, 2. Aufl. 1990, Anh. § 77 Rz. 10; K. Schmidt, ZGR 1990, 590.

62 Vgl. K. Schmidt, ZGR 1990, 591.

fähigen Rechtsträger zu qualifizieren, auch wenn die Praxis zeigt, daß in sehr vielen Fällen Gesellschaften bürgerlichen Rechts als bedeutsame Rechtsträger der Wirtschaft fungieren. Zu nennen sind hierfür etwa Grundstücksverwaltungsgesellschaften, die Fälle der Betriebsaufspaltung etc. Es ist bedauerlich, daß diese teilweise wichtige Rechtsform nicht in das Gesetz aufgenommen wurde.

V. Überblick über die einzelnen Umwandlungsformen

1. Verschmelzung

§ 2 definiert die Verschmelzung. Es handelt sich hierbei um die Übertragung des gesamten Vermögens eines Rechtsträgers oder mehrerer Rechtsträger auf einen anderen schon bestehenden (Verschmelzung durch Aufnahme) oder neu neugegründeten (Verschmelzung durch Neugründung) Rechtsträger im Wege der Gesamtrechtsnachfolge unter Auflösung ohne Liquidation, wobei den Anteilsinhabern des übertragenen Rechtsträgers im Wege der Anteilstausches Anteile an dem übernehmenden oder neuen Rechtsträger gewährt werden.

2. Spaltung

In § 123 werden verschiedene Arten der Spaltung legal definiert:

a) Aufspaltung

Der übertragende Rechtsträger wird aufgelöst, ohne daß eine Liquidation notwendig ist, das Vermögen wird auf die Rechtsträger der partiellen Gesamtrechtsnachfolge gegen Gewährung von Anteilen an die Anteilsinhaber des übertragenden Rechtsträgers übertragen.

b) Abspaltung

Der übertragende Rechtsträger spaltet nur einen Teil seines Vermögens auf den anderen erwerbenden Rechtsträger ab, besteht aber daneben weiter. Die Anteilsinhaber sind dann an beiden Rechtsträgern direkt beteiligt.

c) Ausgliederung

Der Rechtsträger kann auch Teile seines Vermögens auf eine Tochtergesellschaft ausgliedern, d. h. die Anteile einer Tochtergesellschaft werden nicht in das Vermögen der Eigenanteilsinhaber übertragen, sondern bleiben im vermögensübertragenden Rechtsträger. Es entsteht also hierdurch ein Konzernverhältnis.

3. Vermögensübertragung

Die Vermögensübertragung ist als Vollübertragung (§ 174 Abs. 1) oder Teilübertragung (§ 174 Abs. 2) zugelassen. Vermögensübertragung ist in der jeweiligen Ausgestaltung entweder mit der Verschmelzung oder der Spaltung vergleichbar. Der entscheidende Unterschied zu diesen Übertragungsvorgängen besteht darin, daß nicht als Gegenleistung an die Anteilsinhaber des übertragenden Rechtsträgers Anteile an der übernehmenden Gesellschaft, sondern eine Gegenleistung anderer Art gewährt wird.

4. Formwechsel

Der Formwechsel (§ 190) entspricht der bisherigen Umwandlung.

VI. Überblick über den Ablauf der Umwandlung

Aufgrund der Vereinheitlichung ist anders als im bisherigen Recht der Verfahrensablauf der Umwandlung für Verschmelzung, Spaltung, Vermögensübertragung und Formwechsel weitgehend einheitlich. Der Ablauf der Umwandlung läßt sich in drei Hauptschritte einteilen.[63]

1. Die Vorbereitungsphase

a) Rechtsgeschäftliche Grundlage

In Anlehnung an die bisherigen Vorschriften des Verschmelzungsrechts ist bei allen Arten der Umwandlung eine rechtsgeschäftliche Grundlage notwendig:

- Verschmelzung: Verschmelzungsvertrag (§§ 4 ff.);
- Spaltung: Spaltungs- und Übernahmevertrag (§ 126) oder Spaltungsplan bei der Spaltung zur Neugründung (§ 136);
- Vermögensübertragung: Übertragungsvertrag (§§ 176, 177);
- Für den Formwechsel ist eine derartige rechtsgeschäftliche Grundlage allerdings nicht notwendig.

Diese rechtsgeschäftlichen Erklärungen bilden die Grundlage für den Vermögensübergang. Sie müssen daher einen bestimmten Mindestinhalt haben, der in Form einer Checkliste im Gesetz genannt ist:

- § 5: Inhalt des Verschmelzungsvertrages,
- § 126: Inhalt des Spaltungs- und Übernahmevertrags.

Als Inhalt dieser Erklärungen sind im wesentlichen folgende Angaben notwendig:

- die beteiligten Rechtsträger,
- die betroffenen Vermögenswerte, die von dem einen Rechtsträger auf den anderen im Wege der Rechtsnachfolge gegen Gewährung einer Gegenleistung übergehen sollen,
- das Umtauschverhältnis der Anteile und gegebenenfalls die Höhe der baren Zuzahlung oder Angaben über die Mitgliedschaft bei dem übernehmenden Rechtsträger,
- die Einzelheiten über die Übertragung der Anteile des übernehmenden Rechtsträgers und der Erwerb der Mitgliedschaft bei dem übernehmenden Rechtsträger,

---

63 Vgl. auch die Übersichten bei Ganske, WM 1993, 1117, 1121; Neye, ZIP 1994, 166; ders., DB 1994, 2071, Dehmer, WIB 1994, 307, 309; Frenz/Limmer, WPrax 3/94, S. 3 ff.

- der Zeitpunkt des Gewinnanspruchs,
- der Stichtag für die Verschmelzung, Spaltung, Übertragung,
- Ausgleichsrechte für die einzelnen Rechtsinhaber,
- besondere Vorteile für Mitglieder eines Vertretungs- oder Aufsichtsorgans, einen Abschluß- oder Verschmelzungsprüfer,
- die Folgen der Verschmelzung für die Arbeitnehmer und ihre Vertretungen sowie die insoweit vorgesehenen Maßnahmen.

Der Vertrag oder Plan bedarf in allen Fällen der notariellen Beurkundung.

b) Umwandlungsbericht

Die Vertretungsorgane der beteiligten Rechtsträger haben einen ausführlichen Bericht zu erstatten, in dem die Umwandlung, der Umwandlungsvertrag oder sein Entwurf im einzelnen und insbesondere das Umtauschverhältnis der Anteile oder die Angaben über die Mitgliedschaft bei dem übernehmenden Rechtsträger sowie die Höhe einer anzubietenden Barabfindung rechtlich und wirtschaftlich erläutert und begründet werden. Ziel dieser Berichtspflicht ist die möglichst vollständige Unterrichtung der Anteilsinhaber über die rechtliche und wirtschaftliche Bedeutung der Umwandlung. Die Vorschriften über den Umwandlungsbericht sind nach dem Vorbild des Verschmelzungsberichts ausgeformt, auf die Erkenntnisse zu § 340a AktG kann daher im wesentlichen zurückgegriffen werden:

- Verschmelzungsbericht: § 8;
- Spaltungsbericht: § 127;
- Vermögensübertragungsbericht: §§ 176, 177;
- Umwandlungsbericht: § 192.

Tatsachen, die geeignet sind, einem der beteiligten Rechtsträger oder einem mit ihm verbundenen Unternehmen nicht unerhebliche Nachteile zuzufügen, müssen nicht aufgenommen werden. Allerdings sollen in diesem Fall die Gründe, aus denen die Tatsachen nicht aufgenommen wurden, dargelegt werden. Ein Bericht ist nicht erforderlich, wenn alle Anteilsinhaber auf eine Erstattung verzichten. Der Verzicht muß notariell beurkundet werden.

c) Umwandlungsprüfung

Bei den einzelnen Umwandlungsfällen ist eine Prüfung des Umwandlungsvertrages bzw. -plans vorgesehen.[64] Das Gesetz normiert allerdings die Umwandlungsprüfung nicht in allen Fällen, sondern nur in besonderen Fällen. Es regelt allerdings in § 9 Abs. 1 die Prüfung als gesetzliches Institut, der Gesetzesbefehl, der die Prüfung anordnet und

64 Vgl. im einzelnen zur Bedeutung der Umwandlungsprüfung Priester, in: Reform des Umwandlungsrechts, IDW 1992, S. 196 ff.

erforderlichenfalls besondere Voraussetzungen vorsieht, ist jedoch jeweils in den Abschnitten des zweiten Teils des Buchs enthalten. Danach ist eine Prüfung stets vorgesehen:

- Für die AG und KGaA (§§ 60, 78).
- Bei der GmbH auf Verlangen eines Gesellschafter (§ 48).
- Bei Personenhandelsgesellschaften bei einer Mehrheitsentscheidung auf Verlangen eines Gesellschafters (§ 44).

Die Prüfer haben über das Ergebnis schriftlich zu berichten und den Bericht mit einer Erklärung abzuschließen, ob das Umtauschverhältnis angemessen ist. Im Zentrum der Verschmelzungsprüfung wird also auch wie bisher (§ 340 b AktG) die Frage der Angemessenheit des Umtauschverhältnisses stehen.

2. Umwandlungsbeschluß

Der Umwandlungsvertrag bzw. -plan bedarf zu seiner Wirksamkeit bei allen Umwandlungsformen eines zustimmenden Beschlusses der Anteilsinhaber aller beteiligten Rechtsträger. Zur Beschlußvorbereitung ist regelmäßig der Entwurf der rechtsgeschäftlichen Grundlage einen Monat vorher der Beschlußversammlung zuzuleiten. In einzelnen Fällen sind darüber hinaus auch der Umwandlungsbericht und der Prüfungsbericht den Anteilsinhabern zu übermitteln. Für den Zustimmungsbeschluß genügen regelmäßig die Mehrheitserfordernisse, die für die Satzungsänderung vorgesehen sind.

Sowohl der Umwandlungsbeschluß als auch die Zustimmungserklärung einzelner Anteilsinhaber bedürfen der notariellen Beurkundung.

3. Anmeldung und Eintragung der Umwandlung

Die Vertretungsorgane jedes der an der Umwandlung beteiligten Rechtsträger haben die Umwandlung zum Handelsregister des jeweiligen Rechtsträgersitzes anzumelden. Der Anmeldung sind die erforderlichen Unterlagen, vor allem also der Umwandlungsvertrag bzw. -plan, der Zustimmungsbeschluß, der Umwandlungsbericht sowie der Prüfungsbericht, außerdem ein Nachweis über die rechtzeitige Zuleitung des Vertrages bzw. seines Entwurfes an den zuständigen Betriebsrat beizufügen.

Die Eintragung wird wirksam mit der Eintragung im zuständigen Register. Mängel werden durch die Registereintragung geheilt.

C. Verschmelzung

I. Die Vorschriften über die Verschmelzung als allgemeiner Teil des Umwandlungsrechts

1. Grundsatz

Wie bereits dargelegt, folgt das Gesetz dem Prinzip vom Allgemeinen zum Besonderen. Demgemäß sind die Bücher über die einzelnen Umwandlungsarten aufgeteilt in einen allgemeinen Teil und einen besonderen Teil. In dem allgemeinen Teil sind, wie wir dies aus dem Bürgerlichen Recht kennen, gleichsam vor die Klammer gezogen allgemeine Vorschriften enthalten, die für alle Rechtsträger gelten, während im besonderen Teil dann die für die einzelnen Gesellschaftsformen und Rechtsträger spezifischen Regelungen enthalten sind. Den Vorschriften über die Verschmelzung kommt hierbei eine besondere Funktion zu. Sie sind gleichsam der allgemeine Teil des Umwandlungsrechts. Hier ist eine Reihe von für jede Umwandlung grundlegenden Rechtsfragen geregelt, auf die dann bei den anderen Umwandlungsarten verwiesen wird: z. B. die Frage der Anfechtung der Verschmelzung (§ 16), die Frage der Vertretung beim Umwandlungsvertrag oder -plan (§ 4) etc.

2. Begriff und Wesenselemente der Verschmelzung

§ 2 definiert in Einklang mit den bisherigen Verschmelzungsvorschriften den Begriff der Verschmelzung (vgl. vorher § 339 AktG, § 19 KapErhG, §§ 93a, 93s GenG, § 44a Abs. 1 VAG). Folgende Elemente sind die Strukturmerkmale der Verschmelzung:[65]

- Übertragung des Vermögens der übertragenen Gesellschaft im Wege der Gesamtrechtsnachfolge auf die übernehmende Gesellschaft;
- Liquidationslose Vollbeendigung der übertragenen Gesellschaft;
- Abfindung der Gesellschafter der übertragenen Gesellschaft durch Anteile an der übernehmenden Gesellschaft.

Wie im bisherigen Recht unterscheidet § 2 die Verschmelzung durch Aufnahme (§ 2 Nr. 1) und die Verschmelzung durch Neubildung (§ 2 Nr. 2). Bei der Verschmelzung durch Aufnahme erfolgt die Übertragung des Vermögens eines Rechtsträgers als Ganzes auf einen anderen Rechtsträger gegen Gewährung von Anteilen dieses Rechtsträgers. Die Übertragerin geht als Rechtsperson unter, die Mitgliedschaften erlöschen und das Vermögen einschließlich der Verbindlichkeiten geht im Weg der Gesamtrechtsnachfolge auf die Übernehmerin über. Im alten Recht war die Verschmelzung zur Übertragung allerdings unterschiedlich definiert.[66] Bei der GmbH war umstritten, ob die Verschmelzung zur Übertragung die Beteiligung von mehr als einer Übertragerin zuläßt.[67] § 2 lehnt sich eng an die bisherige Definition in § 339 AktG an, nach der eine Verschmelzung im Wege der Aufnahme auch durch Übertragung des Vermögens mehrerer Rechtsträger auf einen anderen Rechtsträger erfolgen kann.

Die zweite vom Gesetz vorgesehene Variante ist die Möglichkeit einer Verschmelzung durch Neubildung. Durch diese Art der Verschmelzung gehen die übertragenden Rechtsträger als Rechtspersonen unter. Mitgliedschaftsrechte an ihnen erlöschen, ihr Vermögen einschließlich Verbindlichkeiten geht im Wege der Gesamtrechtsnachfolge auf die

65 Vgl. hierzu eingehend Hügel, Verschmelzung und Einbringung, 1991, S. 28 ff.; Dehmer, Umwandlungsrecht, Umwandlungssteuerrecht 1994, § 19 KapErhG, Anm. 2; Widmann/Mayer, Einführung Umwandlungsrecht, Rz. 13 ff.; OLG Celle WM 1988, 1375; BayObLG NJW 1984, 1693; Kölner Kommentar zum Aktiengesetz/Kraft, 2. Aufl., § 339 Rz. 46 ff.

66 Vgl. einerseits § 19 KapErhG, andererseits § 339 AktG.

67 Vgl. Röllenberg, DNotZ 1988, 643; Lutter/Hommelhoff, 13. Aufl. GmbHG, § 19 KaptErhG, Rz. 9.

neu gebildete Gesellschaft über. Beteiligt sein können an der Verschmelzung durch Neubildung, bei der eine neue Gesellschaft gegründet wird, mehrere Rechtsträger.

II. Verschmelzungsfähige Rechtsträger

Da nach § 1 Abs. 2 Verschmelzungen nur in den gesetzlich genannten Fällen zulässig sind, mußten in § 3 Abs. 1 und 2 die verschmelzungsfähigen Rechtsträger abschließend aufgezählt werden. Darüber hinaus können Rechtsträger, insbesondere BGB-Gesellschaften, nicht an einer Verschmelzung beteiligt sein. Im Vergleich zum bisherigen Recht wird der Kreis der Rechtsträger, die an einer Verschmelzung beteiligt sein können, erheblich erweitert. Während bisher in erster Linie Kapitalgesellschaften, Genossenschaften und Versicherungsvereine auf Gegenseitigkeit verschmolzen werden konnten, dehnt § 3 die Verschmelzungsregelungen nunmehr auf Personenhandelsgesellschaften und eingetragene Vereine aus. Folgende Rechtsträger können auf allen Seiten der Verschmelzung beteiligten sein.

- Personenhandelsgesellschaften: OHG, KG;
- Kapitalgesellschaften: GmbH, AG, KGaA;
- eingetragene Genossenschaften;
- eingetragene Vereine;
- genossenschaftliche Prüfungsverbände;
- Versicherungsvereine auf Gegenseitigkeit.

Nach § 3 Abs. 2 können ferner wirtschaftliche Vereine (§ 22 BGB) als übertragende Rechtsträger sowie natürliche Personen als Alleingesellschafter einer Kapitalgesellschaft deren Vermögen übernehmen.

Wie im bisherigen Aktienrecht regelt § 3 Abs. 3 die Frage der Verschmelzung aufgelöster Rechtsträger. Die Verschmelzung bei aufgelösten Gesellschaften ist zulässig, wenn die Fortsetzung beschlossen werden könnte.

III. Ablauf des Verschmelzungsverfahrens

1. Checkliste

Eine Checkliste zum Ablauf des Verschmelzungsverfahrens müßte folgende Punkte enthalten:

- Verschmelzungsvertrag (§§ 4 bis 6),
- Verschmelzungsbericht (§ 8),
- Verschmelzungsprüfung (§§ 9 bis 12),
- Verschmelzungsbeschluß aller Beschlußorgane der beteiligten Rechtsträger (§ 13),
- Kapitalerhöhung, soweit erforderlich (§§ 54, 55, 68, 69),

- Anmeldung zum Handelsregister bei der übertragenen Gesellschaft und bei der übernehmenden Gesellschaft (§§ 16, 17),
- Eintragung der Kapitalerhöhung,
- Eintragung der Verschmelzung, zunächst in das Register des Sitzes jedes der übertragenen Rechtsträger, sodann in das Register des Sitzes des übernehmenden Rechtsträgers. Die Eintragung im Register des übertragenen Rechtsträgers ist mit dem Vermerk zu versehen, daß die Verschmelzung erst mit der Eintragung im Register des übernehmenden wirksam wird (§§ 19,20),
- Bei AG Aktienumtausch (§ 72).

2. Vorbereitung der Verschmelzung

Bei der Vorbereitung der Verschmelzung sind eine Reihe von Fragen zu klären.[68] Festzulegen ist, ob die Verschmelzung durch Aufnahme oder als Verschmelzung durch Neugründung erfolgen soll. Hierbei ist die Frage zu klären, welche Gesellschaft als übertragende und welche als übernehmende auftritt. *Heckschen*[69] weist zu Recht darauf hin, daß hier eine Rolle spielt, welche Gesellschaft über den größeren good-will verfügt. Entscheidend ist auch, welche Gesellschaft die größere Bilanzsumme ausweist. Diese wird regelmäßig bereits aus Kostengründen die Übernehmerin sein. Ebenfalls zu berücksichtigen ist, daß zukünftig die verschmolzene Gesellschaft nur einen Firmensitz haben kann. Eine erfahrungsgemäß ebenfalls in der Praxis Probleme bereitende und zu Streit führende Frage ist die Festlegung des Umtauschverhältnisses der Anteile bei der Verschmelzung. Hierbei sind nicht nur die schwierigen Bewertungsfragen zu lösen, sondern auch Wertrelationen der Anteile der übertragenen Gesellschaft zu denen der aufnehmenden Gesellschaft zu bilden. In der Praxis können gerade diese Wertfestlegungen regelmäßig Anfechtungsklagen nach sich ziehen. Es sollten frühzeitig notwendige Wirtschaftsprüfungsgesellschaften eingeschaltet werden und dies auch zwischen den beteiligten Gesellschaften abgestimmt werden.

Weiterhin ist rechtzeitig die Hauptversammlung oder Gesellschafterversammlung, die über die Zustimmung zur Verschmelzung entscheidet, vorzubereiten.

3. Verschmelzungsvertrag

a) Parteien und Vertretung

Nach § 4 Abs. 1 wird der Verschmelzungsvertrag zwischen den beteiligten Rechtsträgern geschlossen, die von den jeweils zuständigen Vertretungsorganen vertreten werden, bei der AG also vom Vorstand der an der Verschmelzung beteiligten Gesellschaften, bei der GmbH von den Geschäftsführern, bei Personengesellschaften von den vertretungsberechtigten Gesellschaftern. Diese müssen in vertretungsberechtigter Zahl handeln. Die Vertretung durch den Prokuristen reicht für den Abschluß des Verschmel-

68 Vgl. hierzu Heckschen, MittRhNotK 1989, 71 f.

69 a.a.O.

zungsvertrages nicht aus, da der Abschluß eines Verschmelzungsvertrags nicht zu den Rechtshandlungen oder Geschäften gehört, die der Betrieb eines Handelsgewerbes mit sich bringt (§ 49 Abs. 1 HGB).[70] Zulässig ist die Beteiligung eines Prokuristen im Rahmen unechter Gesamtvertretung.

b) Wesen und Form des Verschmelzungsvertrages

Beim Verschmelzungsvertrag handelt es sich nach herrschender Meinung um einen körperschaftsrechtlichen Organisationsakt, der ebenso wie eine Satzungsänderung die Grundlagen der Gesellschaft verändert.[71] Daneben enthält der Verschmelzungsvertrag aber auch schuldrechtliche Elemente eines Verpflichtungsgeschäftes, das wechselseitige Leistungsverpflichtungen begründet, sowie auch dingliche Elemente eines Verfügungsgeschäfts. Er begründet nicht nur die Verpflichtung zur Gewährung des Austauschs von Anteilen und zur Übertragung des Vermögens der übertragenen Gesellschaft, sondern bewirkt auch unmittelbar – allerdings erst durch die Eintragung im Handelsregister – eine Vermögensübertragung.

Wegen dieser bedeutenden organisationsrechtlichen Grundlagen bedarf der Verschmelzungsvertrag nach § 6 der notariellen Beurkundung. Grund hierfür ist nicht nur der Gesichtspunkt der Umgehung (vgl. Begründung zum Regierungsentwurf BR-Drs. 75/74, S. 83), sondern insbesondere auch die Belehrungssicherung bei einem derartig bedeutenden Rechtsgeschäft. Insbesondere der letzte Aspekt läßt die Beurkundung des Verschmelzungsvertrages im Ausland als problematisch erscheinen.[72]

c) Zeitpunkt des Vertragsabschlusses

§ 4 Abs. 2 sieht ebenso wie das geltende Verschmelzungsrecht die für die Praxis notwendige Möglichkeit vor, den an der Verschmelzung beteiligten Gesellschaftern bzw. Aktionären lediglich den Entwurf des Verschmelzungsvertrages vorzulegen, so daß der Verschmelzungsvertrag sowohl vor als auch nach den gem. § 13 erforderlichen Zustimmungsbeschlüssen der Anteilsinhaber geschlossen werden kann. Die besondere Verpflichtung zur Vorlage eines schriftlichen Vertragsentwurfs soll sicherstellen, daß die Anteilsinhaber aller beteiligten Rechtsträger und Gesellschaften vor ihrer Beschlußfassung eine vollständige Grundlage für ihre Entschließung zur Verfügung haben, wenn der Vertrag erst nach den Beschlüssen abgeschlossen wird. Bei Abschluß nach Zustimmungsbeschluß ist mit besonderer Sorgfalt darauf zu achten, daß Vertrag und Entwurf völlig identisch sind.

---

70 Vgl. Dehmer, Umwandlungsrecht, Umwandlungssteuerrecht, § 21 KapErhG, Anm. 15; Widmann/Mayer, Rn. 2001.

71 Zur Rechtsnatur des Verschmelzungsvertrages vgl. Dehmer, Umwandlungsrecht, Umwandlungssteuerrecht, § 21 KapErhG Anm. 3 ff.; Hügel, Verschmelzung und Einbringung 1991, S. 159 ff.; Lutter/Hommelhoff, GmbHG, Anh. Verschmelzung § 21 KapErhG, Rz. 2; Widmann/Mayer, Rz. 193.

72 Vgl. Heckschen, DB 1990, 161 ff.; OLG Hamm NJW 1974, 1057, 1058; OLG Hamburg; die Gegenansicht beruft sich allerdings auf die Entscheidung BGH NJW 1981, 1160.

d) Inhalt des Verschmelzungsvertrages

§ 5 legt nach dem Vorbild des bisherigen Verschmelzungsrechts den Mindestinhalt des Verschmelzungsvertrages fest. § 5 ist in Form einer Checkliste formuliert, die verhindern soll, daß entscheidende Elemente für die Verschmelzung im Vertrag fehlen könnten:[73]

- *Name oder Firma und Sitz der an der Verschmelzung beteiligten Gesellschaften:*

Nach § 3 Abs. 3 können an der Verschmelzung auf allen Seiten auch aufgelöste Gesellschaften beteiligt sein, sofern diese noch nicht liquidiert worden sind.

- *Die Vereinbarung über die Übertragung des Vermögens jedes übertragenden Rechtsträgers als Ganzes gegen Gewährung von Anteilen oder Mitgliedschaften an dem übernehmenden Rechtsträger:*

Diese Regelung macht zum einen deutlich, daß es sich um eine Form der Gesamtrechtsnachfolge handelt („Übertragung des Vermögens ... als Ganzes") und nicht um einen Einzelübertragungsakt. Weiter wird deutlich, daß die Übertragung des gesamten Vermögens unter Ausschluß der Liquidation erfolgt und als Gegenleistung Gesellschaftsanteile der neuen Gesellschaft vereinbart werden. Im Gegensatz zur Spaltung können einzelne Gegenstände nicht von der Verschmelzung ausgenommen werden.

- *Das Umtauschverhältnis der Anteile und gegebenenfalls die Höhe der baren Zuzahlung oder Angaben über die Mitgliedschaft bei dem übernehmenden Rechtsträger:*

In dieser Regelung wird der schuldrechtliche Aspekt des Verschmelzungsvertrages deutlich; das Umtauschverhältnis gibt an, wieviele Anteile der übernehmenden Gesellschaft die umtauschberechtigten Anteilseigner der übertragenen Gesellschaft als Gegenleistung erhalten. Grundsätzlich richtet sich dieses Verhältnis nach dem inneren Wert der umzutauschenden Anteile und dem inneren Wert der als Gegenleistung zu gewährenden Anteile der übernehmenden Gesellschaft, hängt aber letztlich von dem Ergebnis der Verhandlungen zwischen den beteiligten Gesellschaften ab.[74] Alle an der Verschmelzung beteiligten Unternehmen sind daher zu bewerten. Schwierigkeiten bestehen allerdings im einzelnen bei der Unternehmensbewertung, da eine Vielzahl unterschiedlicher Bewertungsmethoden zur Verfügung stehen.[75] Auch das neue Umwandlungsgesetz enthält keine Regelung, die sich unmittelbar auf die Festlegung des inneren Wertes der verschmelzenden Gesellschaften beziehen. In der Mehrzahl der Verschmelzungfälle werden verschiedene Formen der sog. Ertragswertmethode der Unternehmensbewertung zugrundegelegt.[76] Auch die Höhe der baren Zuzahlung muß im Verschmelzungsvertrag vereinbart werden. Nach §§ 54 Abs. 4, 68 Abs. 3 darf die bare Zuzahlung nur

73 Vgl. zum Prinzip der Checkliste K. Schmidt, ZGR 1990, 583; Ganske, WM 1993, 1121.

74 Vgl. Kölner Kommentar/Kraft, § 340 Rz. 15; Lutter/Hommelhoff, GmbHG, 13. Aufl., Verschmelzung, § 21 KapErhG Rz. 6.

75 Vgl. Großfeld, Unternehmens- und Anteilsbewertung im Gesellschaftsrecht, 3. Aufl. 1993.

76 Vgl. OLG Celle, AG 1971, 230; Großfeld, a.a.O.; OLG Düsseldorf WM 1988, 1052; LG Mannheim, ZIP 1988, 773, alle zum Umtauschverhältnis bei Verschmelzung.

bis zu 10 % des Gesamtnennbetrags der gewährten Geschäftsanteile bzw. Aktien der übernehmenden Gesellschaft erreichen.

Die Regelung stellt weiter klar, daß Rechtsträger verschiedener Rechtsformen miteinander verschmolzen werden können; diesen Fällen muß Rechnung getragen werden, indem es nicht zu einem Umtausch von Anteilen an Gesellschaften, sondern zu dem Erlöschen einer Mitgliedschaft und dem gleichzeitigen Erwerb einer neuen Mitgliedschaft kommt, wie dies z. B. bei Genossenschaften und Vereinen der Fall ist.

Ausnahmen von der Pflicht, Anteile zu gewähren, liegen vor, wenn eine 100%ige Tochtergesellschaft auf die Mutter verschmolzen wird (BayObLG, BB 1984, 285). Ob bei einer Verschmelzung von Schwestergesellschaften auf eine Anteilsgewährung verzichtet werden kann, war bisher umstritten. Die Rechtsprechung ging von einer zwingenden Anteilsgewährungspflicht aus.[77] Die herrschende Lehre hingegen hatte sich gegen eine zwingende Anteilsgewährungspflicht ausgesprochen.[78] Der Gesetzgeber hat in § 54 entgegen einer Anregung durch die Vertreter von Großunternehmen bei Schwesterverschmelzungen nicht auf das Erfordernis einer Kapitalerhöhung verzichtet.[79] Man wird daher davon ausgehen müssen, daß der Gesetzgeber der Rechtsprechung gefolgt ist und die Anteilsgewährung auch bei Schwesterverschmelzungen zwingend ist.

- *Die Einzelheiten für die Übertragung der Anteile des übernehmenden Rechtsträger oder über den Erwerb der Mitgliedschaft bei dem übernehmenden Rechtsträger:*

Die Einzelregelungen, die für die Übertragung der Gesellschaftsanteile notwendig sind, sind an dieser Stelle im Verschmelzungsvertrag zu regeln. Durch die verschiedenen an der Verschmelzung beteiligten Rechtsträger kann es notwendig werden, die Frage der Ausgabe neuer Aktien und die Bildung von neuen Geschäftsanteilen zu regeln. Hier sind die bei der Verschmelzung von Aktiengesellschaften zu bestellenden Treuhänder (§ 71) und die Einzelheiten der Übergabe der Aktien und der baren Zuzahlung an den Treuhänder zu regeln.[80]

- *Den Zeitpunkt, von dem an diese Anteile oder die Mitgliedschaften einen Anspruch auf einen Anteil am Bilanzgewinn gewähren sowie alle Besonderheiten in Bezug auf diesen Anspruch:*

Es geht hier um die Bestimmung des Stichtages für die Dividenden oder die Gewinnberechtigung. Regelmäßig wird der Beginn der Gewinnberechtigung aus Gründen der Vereinfachung in der Praxis auf dem Beginn des laufenden Geschäftsjahres gelegt. Es sind jedoch auch abweichende Vertragsgestaltungen denkbar.[81] Teilweise wird in der Praxis im Hinblick auf eventuelle Unsicherheiten über die Wirksamkeit der Zustimmungsbeschlüsse zum Verschmelzungsvertrag insbesondere bei Anfechtungsklagen geraten, den Verschmelzungsvertrag von der Bedingung der Eintragung bis zu einem

77 OLG Hamm, DB 1988, 1538; BayObLG DB 1989, 558.

78 Dehmer, Umwandlungsrecht, Umwandlungssteuerrecht, § 19 KapErhG, Anm. 7; Krieger, ZGR 1990, 522; Heckschen DB 1989, 1561; a. A. allerdings Lutter/Hommelhoff, § 23 KapErhG, Rz. 2.

79 Vgl. Begründung zum Regierungsentwurf BR-Drs. 75/94, S. 101.

80 Vgl. im einzelnen Kölner Kommentar/Kraft, § 346 Rz. 44 ff.

81 Vgl. hierzu Barz, AG 1972, 1, 3; Hoffmann/Becking, Festschrift für Fleck, ZGR-Sonderheft 7, 1988, S. 105, 110.

bestimmten Datum abhängig zu machen, um zu vermeiden, daß Aktien mit Dividendenberechtigung für ein bereits abgelaufenes Geschäftsjahr ausgestattet werden.[82]

- *Den Zeitpunkt, von dem an die Handlungen der übertragenen Rechtsträger als für Rechnung des übernehmenden Rechtsträgers vorgenommen gelten (Verschmelzungsstichtag):*

Zum obligatorischen Inhalt des Verschmelzungsvertrages gehört die vorbeschriebene Angabe über den Verschmelzungsstichtag. Nach der herrschenden Meinung ist Zweck dieser Stichtagsregelung die Abgrenzung der Rechnungslegung; von dem Zeitpunkt ab, von dem an die Geschäfte der übertragenen Gesellschaft als für Rechnung der Übernehmerin vorgenommen gelten, beginnt die Rechnungslegung über diese Geschäfte durch die Übernehmerin.[83]

- *Die Rechte, die der übernehmende Rechtsträger einzelnen Anteilsinhabern sowie den Inhabern besonderer Rechte, wie Anteile ohne Stimmrecht, Vorzugsaktien, Mehrstimmrechtsaktien, Schuldverschreibungen und Genußrechte gewährt, oder die für diese Personen vorgesehenen Maßnahmen:*

Besondere Rechte sollen offengelegt werden. Das Gesetz strebt daher eine Verstärkung des Schutzes der Gesellschafter an. Umstritten ist bei der AG, ob Stammaktionäre mit stimmrechtslosen Vorzugsaktien oder umgekehrt Vorzugsaktionäre mit Stammaktien befriedigt werden können.[84]

- *Jeden besonderen Vorteil, der einem Mitglied eines Vertretungsorgans oder eines Aufsichtsorgans der an der Verschmelzung beteiligten Rechtsträger, einem geschäftsführenden Gesellschafter, einem Abschlußprüfer oder einem Verschmelzungprüfer gewährt wird:*

Auch die Pflicht zur Offenlegung von Sondervorteilen, der einem Mitglied des Vorstandes des Aufsichtsrats oder einem Verschmelzungsprüfer gewährt wird, dient dem Aktionärsschutz. Sachverständigenhonorare werden hiervon nicht erfaßt.

- *Die Folgen der Verschmelzung für die Arbeitnehmer und ihre Vertretungen sowie die insoweit vorgesehenen Maßnahmen:*

Nach dieser Vorschrift sind die durch die Verschmelzung eintretenden individual- und kollektivarbeitsrechtlichen Änderungen im Verschmelzungsvertrag aufzuzeigen, da die Verschmelzung auch die Interessen der Arbeitnehmer und ihrer Vertretungen in den an der Verschmelzung beteiligten Gesellschaften berührt. Hierdurch soll insbesondere den Arbeitnehmervertretungen eine frühzeitige Information über die Verschmelzung und die durch sie bewirkten Folgen für die Arbeitnehmer zur Verfügung gestellt werden, um bereits im Vorfeld des Verschmelzungsvorgangs seine möglichst sozialverträgliche Durchführung zu erleichtern.

---

82 Vgl. Heckschen, MittRhNotK 1989, 73; Hoffmann/Becking, a.a.O., S. 116; Martens, AG 1986, 56; Kölner Kommentar/Kraft, § 340 Rz. 23.

83 Vgl. Kölner Kommentar/Kraft, § 340 Rz. 30; Hoffmann/Becking, a.a.O., S. 112; Heckschen, MittRhNotK 1989, 73.

84 Vgl. Kölner Kommentar/Kraft, § 340 Rz. 31; Heckschen, MittRhNotK 1989, 73.

§ 5 Abs. 2 gewährt Erleichterungen für eine Konzernverschmelzung, d. h. für eine Verschmelzung durch Aufnahme einer 100%igen Tochtergesellschaft. In diesem Fall kann auf die Angaben der Nummern 2–5 verzichtet werden.

e) Weitere Regelungen

Selbstverständlich kann insbesondere aus Zweckmäßigkeitsgründen der Verschmelzungsvertrag über den gesetzlich vorgeschriebenen Mindestinhalt hinausgehende Vereinbarungen enthalten. Dies kann nicht nur zweckmäßig, sondern im Einzelfall auch geboten sein, da der Verschmelzungsvertrag den grundlegenden Austauschvertrag zu den zu übertragenden Vermögensteilen dargestellt. Er wird daher in vielen Fällen mit grundbuchtechnischen Anträgen, wie Vollzugsanträgen etc., gefüllt sein. Weitere notwendige Regelungen können Bestimmungen über etwaige Satzungsänderungen bei der Verschmelzung zur Aufnahme bei der aufnehmenden Gesellschaft und auch eine Kostenregelung für den Fall des Scheiterns der Verschmelzung sein.[85] Sinnvoll ist etwa das Setzen einer Frist für eine eventuelle Erhöhung des Grundkapitals bei der Übernehmerin oder, wenn eine Kapitalerhöhung zur Schaffung neuer Geschäftsanteile notwendig ist, die Aufnahme dieser Kapitalerhöhung, um die Verpflichtung der Gesellschafter der übernehmenden Gesellschaft, einen Kapitalerhöhungsbeschluß durchzuführen, klarzustellen;[86] oder auch die Aufnahme eines vertraglichen Kündigungs- oder Rücktrittsrechts für den Fall der Nichteinhaltung von vereinbarten Fristen oder aus sonstigen Gründen, etwa bei Erhebung einer Anfechtungsklage gegen den Verschmelzungs- oder Kapitalerhöhungsbeschluß. Zum Bereich des schuldrechtlichen Austauschs gehören auch Erkärungen und Garantien über den Umfang und Wert des übernommenen Vermögens.

4. Zuleitung an den Betriebsrat

Nach § 5 Abs. 3 ist der Vertrag oder sein Entwurf spätestens einen Monat vor dem Tag der Gesellschafterversammlung oder Hauptversammlung jeder beteiligten Gesellschaft, die ihre Zustimmung zum Verschmelzungsvertrag erteilen muß, dem zuständigen Betriebsrat der jeweiligen Gesellschaft zuzuleiten. Durch diese Vorschrift soll insbesondere die Information des Betriebsrates sichergestellt werden.

5. Gründung der neuen Gesellschaft bei der Verschmelzung zur Neugründung

Bei der Verschmelzung zur Neugründung wird die aufnehmende Gesellschaft erst mit der Verschmelzung errichtet, wobei das Vermögen der verschmelzenden Rechtsträger auf die neue Gesellschaft übergeht. § 36 Abs. 2 bestimmt daher, daß auf die Gründung des neuen Rechtsträgers die für dessen Rechtsform geltenden Gründungsvorschriften anzuwenden sind. Anders als im bisherigen Verschmelzungsrecht, in dem auf einzelne Vorschriften des jeweiligen Gründungsrechts verwiesen wird, hat der Gesetzgeber aller-

85 Vgl. zu den weiteren Vereinbarungen Kölner Kommentar/Kraft, § 340, 33; Heckschen, MittRhNotK 1989, 73.

86 Vgl. Dehmer, Umwandlungsrecht, Umwandlungssteuerrecht, § 21 KapErhG, Anm. 7; Lutter/Hommelhoff, § 21 KapErhG, Rz. 4.

dings in § 36 Abs. 2 eine Gesamtverweisung auf das Gründungsrecht vorgenommen. Soweit nicht die Besonderheiten des Verschmelzungsrechts etwas anderes ergeben, ist somit neben dem Verschmelzungsrecht das gesamte Gründungsrecht des neuen Rechtsträgers anzuwenden.[87]

a) Allgemeines

Für die Verschmelzung zur Neugründung müßte daher neben dem Verschmelzungsvertrag und den Zustimmungsbeschlüssen auch die Satzung festgestellt werden, die ebenfalls der Zustimmung der jeweiligen Gesellschafter bedarf.

b) Gesellschaftsvertrag

Im alten Recht war umstritten, ob der Gesellschaftsvertrag zum notwendigen Inhalt des Verschmelzungsvertrages zählt.[88] In § 37 ist diese Frage nunmehr dahingehend geregelt, daß in dem Verschmelzungsvertrag der Gesellschaftsvertrag, die Satzung oder das Statut des neuen Rechtsträgers enthalten sein oder festgestellt werden muß. Hiermit ist nunmehr klargestellt, daß die Satzung Teil des Verschmelzungsvertrages ist und damit auch durch die Vorstände bzw. Geschäftsführer der verschmelzenden Gesellschaften festgestellt wird. Da die Satzung der neuen Gesellschaft Bestandteil des Verschmelzungsvertrages ist, bedarf sie ebenso wie dieser der notariellen Beurkundung. Dabei genügt es, wenn die Vertretungsorgane der beteiligten Gesellschaften zunächst den schriftlichen Entwurf eines Verschmelzungsvertrages mit dem Entwurf einer Satzung anfertigen, über den dann die Gesellschafterversammlung oder Hauptversammlung der beteiligten Gesellschaften entscheidet. Sodann können Verschmelzungsvertrag und Satzung notariell beurkundet werden.[89] Bei der Abfassung des Gesellschaftsvertrages ist darauf zu achten, daß es sich bei der Verschmelzung zur Neugründung um eine Sachgründung handelt, so daß das Stammkapital durch das eingebrachte Vermögen der verschmelzenden Gesellschaft erbracht wird. Dies ist in der Satzung auszuweisen.

c) Organbestellung

Zweckmäßigerweise wird darüber hinaus auch gleichzeitig die Bestellung der ersten Geschäftsführer der neu gegründeten Gesellschaft vorgenommen. Da die Anmeldung zur Eintragung der neu gegründeten Gesellschaft in das Handelsregister auch durch die Geschäftsführer der sich vereinigenden Gesellschaften erfolgt, benötigt man allerdings zu diesem Zeitpunkt nicht schon einen Geschäftsführer.

5. Verschmelzungsbericht

a) Allgemeines

Nach § 8 haben die Vertretungsorgane jedes der an der Verschmelzung beteiligten Rechtsträger einen ausführlichen schriftlichen Bericht zu erstatten, in dem die Ver-

---

87 Vgl. die Begründung zum Regierungsentwurf BR-Drs. 75/94, S. 96.

88 Vgl. den Streitstand bei Lutter/Hommelhoff, § 32 KapErhG, Rz. 5; Dehmer, Umwandlungsrecht, § 32 KapErhG, Anm. 6 c; Kölner Kommentar/Kraft, § 353 Rz. 10.

89 So zum bisherigen Aktienrecht Kölner Kommentar/Kraft, § 353 Rz. 10.

schmelzung, der Verschmelzungsvertrag oder sein Entwurf im einzelnen und insbesondere das Umtauschverhältnis der Anteile oder die Angaben über die Mitgliedschaft bei dem übernehmenden Rechtsträger sowie die Höhe einer anzubietenden Barabfindung rechtlich und wirtschaftlich erläutert und begründet werden. Der Bericht kann auch für beide Gesellschaften gemeinsam erstattet werden.

b) Inhalt

Diese Vorschrift ist § 340a AktG nachgebildet, wobei allerdings der Inhalt zur Erhöhung der Rechtssicherheit im Hinblick auf die Rechtsprechung präzisiert worden ist. Ziel des Verschmelzungsberichtes ist der Schutz der Anteilsinhaber; diese sollen ausführlich vor der Zustimmung zur Verschmelzung unterrichtet werden. Im Hinblick auf die Regelung des Bezugsrechts in § 186 Abs. 4 AktG wurde die Berichtspflicht erweitert. Die Leitungsorgane sollen auch darlegen, welche rechtlichen und wirtschaftlichen Gründe die Verschmelzung als das geeignete Mittel zur Verfolgung des Unternehmenszweckes erscheinen lassen. Sinn des Verschmelzungsberichtes ist die möglichst umfassende Information der Gesellschafter, damit diese eine sachgerechte Entscheidung treffen können. Zur Konfliktsituation zwischen Informationsinteresse und Geheimhaltungsinteresse der beteiligten Gesellschaften hat die Rechtsprechung in einer Vielzahl von Urteilen entschieden. Ausreichend ist allerdings, wenn die Gesellschafter aufgrund des Berichtes eine Plausibilitätskontrolle durchführen können. Andererseits hat der BGH entschieden, daß ein Bericht, in dem zur Feststellung des Unternehmenswertes und der darauf beruhenden Festsetzung des Umtauschverhältnisses der Gesellschaftsanteile nur die Grundsätze erläutert werden, nach denen Unternehmenswerte und Umtauschverhältnisse ermittelt worden sind, nicht den Anforderungen des Gesetzes entspricht.[90] Der Bericht muß die Aktionäre umfassend in Kenntnis über alle entscheidungsrelevanten Umstände setzen. Im Zentrum der Streitigkeiten um den Verschmelzungsbericht steht i. d. R. das Umtauschverhältnis.

c) Ausnahme

Nach § 8 Abs. 3 ist der Bericht nicht erforderlich, wenn entweder alle Anteilsinhaber in notariell beurkundeter Verzichtserklärung auf die Erstellung verzichtet haben oder sich alle Anteile des übertragenen Rechtsträgers in der Hand des übernehmenden Rechtsträgers befinden.

7. Verschmelzungsprüfung

§ 9 sieht die Prüfung des Verschmelzungsvertrages vor. Nach § 12 Abs. 2 ist dabei insbesondere das Umtauschverhältnis zu prüfen, die Bewertungsmethode und auch die Frage, welches Umtauschverhältnis sich bei der Anwendung verschiedener Bewertungsmethoden ergeben würde.

Gesetzestechnisch hat der Gesetzgeber allerdings nicht für alle Fälle die Verschmelzungsprüfung vorgesehen, sondern nur für bestimmte Gesellschaften und Rechtsträger.

---

90 Vgl. BGH, NJW 1989, 2689; NJW-RR 1991, 359.

Das Rechtsinstitut der Prüfung wird allgemein in den §§ 8 ff. erläutert, die Verpflichtung zur Prüfung ergibt sich jedoch jeweils im besonderen Teil bei den einzelnen Gesellschaften und Rechtsträgern. Danach sind prüfungspflichtig:

- Verschmelzungen von Aktiengesellschaften und KGaA (§ 60, 78);
- Verschmelzungen von wirtschaftlichen Vereinen (§ 100);
- bei der GmbH auf Verlangen eines Gesellschafters (§ 48);
- bei Personenhandelsgesellschaften ist eine Prüfung vorzunehmen, wenn ein Mehrheitsbeschluß vorlag und ein Gesellschafter die Prüfung verlangt (§ 44);
- bei eingetragenen Vereinen auf Verlangen von 10 % der Mitglieder (§ 100);
- bei eingetragenen Genossenschaften wird die Umwandlungsprüfung ersetzt durch die Prüfung des genossenschaftlichen Prüfungsverbandes (§ 81);
- nach § 29 hat bei der Verschmelzung eines Rechtsträgers im Wege der Aufnahme durch einen anderen der übernehmende Rechtsträger im Verschmelzungsvertrag oder seinem Entwurf jedem seiner Anteilsinhaber, der gegen den Verschmelzungsbeschluß Widerspruch zur Niederschrift erklärt, eine angemessene Barabfindung anzubieten.

Nach § 9 Abs. 3 i. V. m. § 8 Abs. 3 ist allerdings auf die Prüfung zu verzichten, wenn alle Anteilsinhaber durch notariell beurkundete Verzichtserklärung dies erklären oder sich alle Anteile des übertragenden Rechtsträgers in der Hand des übernehmenden Rechtsträgers befinden (Konzernverschmelzung).

8. Vorbereitung der Gesellschafter- bzw. Hauptversammlung

Bei den jeweiligen Vorschriften über die einzelnen Gesellschafts- und Rechtsträgerformen ist vorgesehen, daß vor der Gesellschafter- oder Hauptversammlung die Gesellschafter zu unterrichten sind.

Nach § 42 sind bei Personenhandelsgesellschaften der Verschmelzungsvertrag oder sein Entwurf und der Verschmelzungsbericht den Gesellschaftern, die von der Geschäftsführung ausgeschlossen sind, spätestens zusammen mit der Einberufung der Gesellschafterversammlung zu übersenden. Bei der GmbH hat dies nach § 47 mit der Einberufung der Gesellschafterversammlung zu erfolgen. Bei der AG ist nach § 51 der Verschmelzungsvertrag oder sein Entwurf vor der Einberufung der Hauptversammlung zum Register einzureichen. Das Gericht hat in den Gesellschaftsblättern einen Hinweis darauf bekannt zu machen. Darüber hinaus sind nach § 63 in dem Geschäftsraum der Gesellschaft zur Einsicht der Aktionäre der Gesellschaftsvertrag oder sein Entwurf, die Jahrenabschlüsse und die Lageberichte der an der Verschmelzung beteiligten Rechtsträger für die letzten drei Geschäftsjahre, die Verschmelzungsberichte sowie die Prüfungsberichte von der Einberufung der Hauptversammmlung an auszulegen. Bei der Genossenschaft wird dies durch § 82 geregelt, bei den Vereinen durch § 102.

Bei der GmbH sind nach § 49 Abs. 2 von der Einberufung an in dem Geschäftsraum der Gesellschaft die Jahresabschlüsse und die Lageberichte der an der Verschmelzung beteiligten Rechtsträger für die letzten drei Geschäftsjahre zur Einsicht für die Gesellschafter auszulegen.

9. Zustimmungsbeschlüsse

a) Allgemeines

Nach § 13 Abs. 1 bedarf der Verschmelzungsvertrag zu seiner Wirksamkeit der Zustimmung der Anteilsinhaber der beteiligten Rechtsträger durch Beschluß (Verschmelzungsbeschluß). Der Beschluß kann nur in einer Gesellschafter- oder Hauptversammlung oder sonstigen Versammlung der Anteilsinhaber gefaßt werden. Die Vorschrift schreibt also das zwingende Beschlußerfordernis bei Übertragerin und Übernehmerin vor. Der Verschmelzungsbeschluß stellt die Billigung des Verschmelzungsvertrages durch die Gesellschafter dar. Die Zustimmung kann sowohl in der Form der Einwilligung vor, als auch durch Genehmigung nach Abschluß des Verschmelzungsvertrages erfolgen. Im ersten Fall genügt als Beschlußgrundlage der vollständige, aber noch nicht beurkundete Vertragsentwurf. Nicht möglich ist allerdings die Ermächtigung der Geschäftsführer zum Abschluß eines Verschmelzungsvertrages nach eigenem Ermessen.[91]

b) Beschlußfassung

Sie erfolgt nach § 13 Abs. 1 Satz 2 in einer Versammlung der Anteilsinhaber. Die Einberufung und Abhaltung richtet sich nach allgemeinen Regeln des jeweiligen Rechtsträgers.

Die Beschlußmehrheiten sind im jeweiligen besonderen Teil geregelt:

- Personenhandelsgesellschaft (§ 43): Zustimmung aller Gesellschafter, auch die der nicht Erschienenen; der Gesellschaftsvertrag kann allerdings eine Mehrheitsentscheidung von mindestens drei Vierteln der Gesellschafter vorsehen;
- GmbH (§ 50): $^3/_4$-Mehrheit der abgegebenen Stimmen;
- AG (§ 65): $^3/_4$-Mehrheit des bei der Beschlußfassung vertretenen Grundkapitals;
- Genossenschaft (§ 84): $^3/_4$-Mehrheit der abgegebenen Stimmen;
- rechtsfähige Vereine (§ 103): $^3/_4$-Mehrheit der erschienenen Mitglieder;
- VVaG (§ 112 Abs. 3): $^3/_4$-Mehrheit der abgegebenen Stimmen.

In den meisten Fällen kann die Satzung eine größere Kapitalmehrheit oder Stimmenmehrheit vorsehen, aber nicht die Verschmelzung ausschließen. Eine entsprechende Satzungsbestimmung wäre nichtig. Erleichterungen in der Satzung sind ebenfalls nicht möglich. Die Beteiligung einer der verschmelzenden Gesellschaften an der anderen steht der Mitwirkung bei der Beschlußfassung nicht entgegen. Der Stimmrechtsausschluß nach § 47 Abs. 4 GmbH ist nach herrschender Meinung nicht anwendbar.[92]

---

91 Lutter/Hommelhoff, § 20 KapErhG Rz. 2.

92 So Lutter/Hommelhof, § 20 KapErhG Rz. 7; Timm, AG 1982, 93, 102; Heckschen, WM 1990, 384; Rowedder/Zimmermann, GmbHG, § 20 KapErhG Rz. 408.

c) Zustimmung von Vorzugs- und Sonderrechtsinhabern

Das Gesetz sieht bei den einzelnen Rechtsträgern besondere Zustimmungserfordernisse vor, wenn einem oder mehreren Gesellschaftern der übertragenden Gesellschaft Vorzugs- oder Sonderrechte eingeräumt sind. Das Erfordernis der Zustimmung eines Sonderrechtsinhabers ergibt sich aus dem Umstand, daß mit Abschluß der Verschmelzung der übertragende Rechtsträger erlischt, damit also auch die besonderen Rechte untergehen (zur GmbH § 50 Abs. 2). Darüber hinaus sieht § 13 Abs. 2 die Zustimmung einzelner Anteilsinhaber vor, wenn die Abtretung der Anteile des übertragenen Rechtsträgers von deren Zustimmung abhängt. Auch diese Vorschrift ist Ausdruck des allgemeinen Rechtsgedankens, daß Sonderrechte eines Anteilsinhabers nicht ohne dessen Zustimmung beeinträchtigt werden dürfen.

In Sonderfällen verlangt das Gesetz darüber hinaus die Zustimmung aller Gesellschafter der übertragenden Gesellschaft, wenn bei der übernehmenden Gesellschaft noch nicht alle Einlagen in voller Höhe bewirkt sind. Ist in diesen Fällen der übertragende Rechtsträger eine Personengesellschaft oder eine GmbH, so ist auch die Zustimmung der nicht erschienenen Gesellschafter notwendig (§ 51 bei der GmbH).

d) Form

Nach § 13 Abs. 3 bedürfen der Verschmelzungsbeschluß und etwaige erforderliche Zustimmungserklärungen der notariellen Beurkundung. Der Vertrag oder sein Entwurf ist dem Beschluß als Anlage beizufügen.

e) Sachliche Beschlußkontrolle

Das Gesetz hat die Frage einer materiellen Beschlußkontrolle nicht geregelt, sondern diese Frage bewußt offengelassen.[93] Es bleibt auch hier weiterhin die Entwicklung in der Rechtsprechung und Literatur abzuwarten. Bekanntlich ist streitig, ob die Wirksamkeit von Beschlüssen, die die grundlegende Strukturänderung von Gesellschaften zum Gegenstand haben, nicht nur davon abhängt, daß die erforderliche Mehrheit zugestimmt hat, sondern ob darüber hinaus eine materielle Kontrolle notwendig ist, d. h. ob die Strukturänderung auch einer sachlichen Rechtfertigung bedarf.[94]

10. Kapitalerhöhung bei dem übernehmenden Rechtsträger bei der Verschmelzung zur Aufnahme

a) Erleichterte Kapitalerhöhung

Eines der Merkmale der Verschmelzung ist die Gewährung von Geschäftsanteilen an der übernehmenden Gesellschaft an die Anteilsinhaber der übertragenen Gesellschaft. Die übernehmende Gesellschaft muß zwar nicht zwangsläufig eine Kapitalerhöhung durchführen, hält sie jedoch keine eigenen Geschäftsanteile oder Aktien, die sie den Anteilsinhabern der übertragenen Gesellschaft im Austausch übertragen kann, so wird

93 Vgl. Begründung zum Regierungsentwurf BT-Drs. 75/94, S. 86.

94 Vgl. etwa Hommelhoff, ZGR 1993, 452, 458.

im Regelfall der zu leistende Geschäftsanteil im Wege der Kapitalerhöhung bei der Verschmelzung zur Aufnahme geschaffen werden müssen. Dieses Problem stellt sich allerdings nur bei Kapitalgesellschaften, nicht hingegen bei Personengesellschaften.

§ 53 sieht daher für die GmbH, § 66 für die AG vor, daß im Falle der Kapitalerhöhung die Verschmelzung erst eingetragen werden darf, nachdem die Durchführung der Kapitalerhöhung im Handelsregister eingetragen worden ist.

Wie bei der Verschmelzung nach bisherigem Recht sieht das Gesetz ein vereinfachtes Verfahren zur Erhöhung des Stammkapitals vor: § 55 für die GmbH, § 69 für die AG. Bei der Kapitalerhöhung nach diesen Vorschriften handelt es sich um eine Kapitalerhöhung gegen Sacheinlage, die Einlagepflicht wird erfüllt durch Übertragung des Vermögens des übertragenen Rechtsträgers. Die Kapitalerhöhung kann daher nur im Zusammenhang mit der Verschmelzung durchgeführt werden.[95]

In der Literatur ist allerdings umstritten, ob der Kapitalerhöhungsbeschluß den Zustimmungsbeschlüssen vorauszugehen hat, die in der Praxis allerdings i. d. R. zusammenfallen.[96]

Die erleichterte Kapitalerhöhung nach §§ 55, 69 richtet sich nach den allgemeinen Vorschriften über die Kapitalerhöhung gegen Sacheinlagen, insbesondere sei ein gesonderter Beschluß erforderlich. Die Vorschriften erklären jedoch einige Vorschriften des Kapitalerhöhungsrechts für nicht anwendbar.

b) Kapitalerhöhungsverbot

Wie im bisherigen Recht (§ 23 KapErhG, § 344 Abs. 1 AktG) sind für bestimmte Fälle Kapitalerhöhungsverbote vorgesehen (§ 54 für die GmbH, § 68 für die AG). Eine Kapitalerhöhung ist nicht zulässig, soweit die Gesellschaft Anteile eines übertragenen Rechtsträgers inne hat, der übertragene Rechtsträger eigene Anteile innehat oder ein übertragender Rechtsträger Geschäftsanteile dieser Gesellschaft innehat, auf welche die Einlagen nicht in voller Höhe bewirkt sind.

Darüber hinaus lassen die Vorschriften ein Erhöhungswahlrecht zu, soweit die übernehmende Gesellschaft eigene Geschäftsanteile innehat oder ein übertragender Rechtsträger Geschäftsanteile dieser Gesellschaft innehat, auf welche die Einlagen bereits in voller Höhe bewirkt sind.

Insbesondere die erste Alternative des Kapitalerhöhungsverbotes betrifft die sog. Konzerngesellschaft, also die Verschmelzung der 100%igen Tochter auf die Mutter.[97]

Der Gesetzgeber hat den in der Literatur bisher umstrittenen Fall, wenn zwei 100%ige Töchter miteinander verschmolzen werden, ausdrücklich nicht dem Kapitalerhöhungsverbot unterworfen, so daß man mit der bisherigen herrschenden Rechtsprechung davon

95 Vgl. Dehmer, Umwandlungsrecht, Umwandlungssteuerrecht, § 22 KapErhG Anm. 3; Lutter/Hommelhoff, § 22 KapErhG, Anm. 1.

96 Vgl. Lutter/Hommelhoff, § 22 KapErhG Rz. 1; Kölner Kommentar/Kraft, § 343 Rz. 3.

97 Vgl. BayObLG DB 1984, 285.

ausgehen muß, daß in diesen Fällen eine Kapitalerhöhung notwendig ist.[98] Der Gesetzgeber hat dies insbesondere mit dem Hinweis auf den Kapitalschutz abgelehnt.[99]

11. Sachgründungsbericht bei Verschmelzung durch Neugründung

Das Gesetz hat in § 58 für die GmbH und in § 75 für die AG die Frage geregelt, daß bei der Sachgründung im Wege der Verschmelzung stets auch ein Sachgründungsbericht (GmbH) bzw. ein Gründungsbericht und eine Gründungsprüfung nach §§ 32, 33 AktG von dem neuen Rechtsträger erstellt werden muß. Nach § 58 Abs. 2 bzw. § 75 Abs. 2 kann auf den Sachgründungsbericht allerdings verzichtet werden, soweit eine Kapitalgesellschaft oder eine eingetragene Genossenschaft übertragender Rechtsträger ist. Das Gesetz versucht durch diese Regelungen eine Angleichung der Kapitalsicherungsvorschriften zu erreichen, wenn im jeweiligen Organisationsrecht des übertragenen Rechtsträgers eine Kapitalsicherung im Wege der Prüfung durch Sachverständige oder Gerichte nicht vorgesehen ist. Denn bei der Übernahme des Vermögens dieser Rechtsträger als Sacheinlage in die neue Gesellschaft steht der Wert dieser Sacheinlage nicht fest. Insbesondere bei der Verschmelzung von Personengesellschaften wird daher ein Sachgründungsbericht notwendig sein.

12. Handelsregisteranmeldung

Liegen die notwendigen Zustimmungs- und gegebenfalls Kapitalerhöhungsbeschlüsse vor, so ist die Verschmelzung beim Handelsregister anzumelden. Die Verschmelzung ist durch den Vorstand bzw. Geschäftsführer jedes an der Verschmelzung beteiligten Rechtsträgers zur Eintragung in das Register des jeweiligen Sitzes anzumelden (§ 16 Abs. 1). Nach § 16 Abs. 1 Satz 2 ist das Vertretungsorgan des übernehmenden Rechtsträgers auch berechtigt, die Verschmelzung zur Eintragung in das Register des Sitzes jedes der übertragenen Rechtsträger anzumelden.

Bei der Anmeldung haben die Vertretungsorgane zu erklären, daß eine Klage gegen die Wirksamkeit eines Verschmelzungsbeschlusses nicht oder nicht fristgemäß erhoben oder eine solche Klage rechtskräftig abgewiesen oder zurückgenommen worden ist (Negativerklärung). Zu berücksichtigen ist, daß wenn bei der Übernehmerin eine Kapitalerhöhung stattgefunden hat, alle Geschäftsführer anzumelden haben (§ 78 GmbHG)

Beizufügen sind der Anmeldung (§ 17):

- Der Verschmelzungsvertrag in Ausfertigung oder öffentlich beglaubigter Abschrift;
- notariell beglaubigte Abschriften der Niederschrift über die Gesellschafterversammlung, in denen die Zustimmungserklärungen beschlossen wurden;
- notariell beglaubigte Abschriften notwendiger Zustimmungserklärungen nicht erschienener Gesellschafter;
- Urschrift oder Abschrift des Verschmelzungsberichtes;

98 Vgl. zur bisherigen Rechtsprechung OLG Hamm 1988, 1125; BayObLG WM 1989, 1930; ebenso Lutter/Hommelhoff, § 23 KapErhG Rz. 2; a. A. Kreger, ZGR 1990, 522; Heckschen, DB 1989, 1561.

99 Vgl. Begründung zum Regierungsentwurf BT-Drs. 75/74, S. 101.

- Urschrift oder Abschrift des Prüfungsberichtes oder notariell beglaubigte Verzichtserklärung;
- Schlußbilanz des übertragenden Rechtsträgers, der nicht früher als acht Monate vor der Anmeldung aufgestellt worden sein darf;
- Nachweis über die rechtzeitige Zuleitung des Verschmelzungsvertrages oder seines Entwurfes an den zuständigen Betriebsrat, etwa durch Vorlage des Übersendungsschreibens oder der Empfangsbestätigung des Vorsitzenden des jeweiligen Betriebsrats;
- soweit staatliche Genehmigungen notwendig sind, die Genehmigungsurkunde.

Bei der Verschmelzung zur Neugründung ist darüber hinaus die Anmeldung der neuen Gesellschaft vorzunehmen; soweit Geschäftsführer bestellt sind, sind auch diese beim Handelsregister anzumelden. Der Anmeldung ist weiter der Sachgründungsbericht beizufügen.

Bei der übernehmenden Gesellschaft sind schließlich miteinzureichen, soweit eine Kapitalerhöhung erforderlich war: Beglaubigte Abschriften des Kapitalerhöhungsbeschlusses bzw. der entsprechenden Änderung des Gesellschaftsvertrages.

13. Eintragung

Die Eintragungsreihenfolge ergibt sich aus § 19. Zunächst ist die Verschmelzung im Register des Sitzes jedes der übertragenden Rechtsträger einzutragen, sodann darf sie in das Register des Sitzes des übernehmenden Rechtsträgers eingetragen werden. Die Eintragung im Register des Sitzes jedes der übertragenden Rechtsträger ist mit dem Vermerk zu versehen, daß die Verschmelzung erst mit der Eintragung im Register des Sitzes des übernehmenden Rechtsträgers wirksam wird.

14. Aktienumtausch

Nach § 72 schließlich ist in einem weiteren Schritt der Aktienumtausch vom Treuhänder zu vollziehen.[100]

IV. Wirkung der Verschmelzung

Die Verschmelzung ist mit der Eintragung in das Register des Sitzes des übernehmenden Rechtsträgers wirksam. Folgende Wirkungen verbinden sich hiermit: Das Vermögen der übertragenden Rechtsträger geht einschließlich der Verbindlichkeiten auf den übernehmenden Rechtsträger über. In § 20 Abs 1 Ziff. 1 wird das Prinzip der Gesamtrechtsnachfolge als Hauptinhalt der Verschmelzung geregelt. Das Vermögen geht nicht durch Einzelübertragung, sondern im Wege der Gesamtrechtsnachfolge auf den neuen Rechtsträger über. Ausdrücklich erwähnt ist auch die Überleitung der Verbindlichkeiten, die keiner Zustimmung nach §§ 414, 415 BGB bedürfen.

100 Vgl. zu diesem Verfahren, Kölner Kommentar/Kraft, § 346 rz. 17 ff.

Das Grundbuch und andere Register sind nach § 22 GBO lediglich zu berichtigen. Für gegenseitige Verträge trifft § 21 eine Sonderregelung. Weiterhin ist in § 20 Abs. 1 Satz 2 geregelt, daß der übertragende Rechtsträger ohne Liquidation erlischt. Mit der Eintragung der Verschmelzung ins Handelsregister bei der übertragenden Gesellschaft geht diese unter, ohne daß es dazu noch einer Löschung bedarf. Damit erlöschen auch Geschäftsanteile sowie sämtliche Organstellungen.

§ 20 Abs. 1 Ziff. 3 regelt schließlich, daß die Anteilsinhaber der übertragenen Rechtsträger Anteilsinhaber des übernehmenden Rechtsträgers werden. Die Gesellschafter der übertragenen Gesellschaft erwerben kraft Gesetzes die Anteile an der übernehmenden Gesellschaft. Jeder Gesellschafter erwirbt mit der Eintragung ein selbständiges Mitgliedschaftsrecht an der übernehmenden Gesellschaft. Die Übertragung erfolgt entsprechend den Festsetzungen im Verschmelzungsvertrag.

Schließlich regelt § 20 Abs. 4, daß Mängel der notariellen Beurkundung geheilt werden.

D. Spaltung von Rechtsträgern

I. Allgemeines

1. Zur Bedeutung der Spaltung

Der in seinen wirtschaftlichen Auswirkungen wohl bedeutendste Teilbereich der Reform des Umwandlungsrechts betrifft die Spaltung von Rechtsträgern. Der Gesetzgeber hat mit dieser Neuregelung in einem breiten Anwendungsbereich eine sowohl in dogmatischer als auch praktischer Hinsicht neuartige Form der Rechtsnachfolge eröffnet. In einem Teilbereich allerdings wurde durch das Gesetz über die Spaltung der von der Treuhandanstalt verwalteten Unternehmen v. 5. 4. 1991[101] zur Unterstützung der Privatisierung in den neuen Bundesländern die Spaltung bereits eröffnet.[102] Darüber hinaus konnten erste Erfahrungen mit der Realteilung von Unternehmen im Wege der Gesamtrechtsnachfolge auch durch das Landwirtschaftsanpassungsgesetz gesammelt werden, das in den § 4 bis 13 die Aufspaltung von landwirtschaftlichen Produktionsgenossenschaften regelte.[103] Auch das Vermögensgesetz sieht in § 6b Regelungen zur Teilung - das Gesetz spricht von Entflechtung – von Unternehmen zur Erfüllung von Rückgabeansprüchen vor. Man wird bei der Auslegung des „großen“ Spaltungsrechtes auf die Erfahrungen mit diesen spezialgesetzlichen Regelungen zurückgreifen müssen.

Die Begründung zum Regierungsentwurf beschreibt die Spaltung als eine Strukturmaßnahme, die sich spiegelbildlich zur Verschmelzung verhält.[104] Ziel einer Spaltung ist im Gegensatz zur Verschmelzung die vollständige oder teilweise Aufteilung des Gesellschaftsvermögens auf eine oder mehrere andere Gesellschaften. Daß dies bereits heute

101 BGBl. I, S. 854.

102 Sog. kleines Spaltungsgesetz (SpTrUG), vgl. hierzu Neye, in: Rädler/Raupach/Bezzenberger, Vermögen in der ehemaligen DDR, Teil 3 B I.

103 Vgl. hierzu Bergemann/Steding, ZAP-DDR F. 15, S. 119 ff.

104 BR-Drs. 75/94, S. 115.

im Wege der Einzelrechtsnachfolge durch Neugründung oder Kapitalerhöhung bei einer Gesellschaft geschehen kann, wurde bereits im vorhergehenden Kapitel beschrieben. Das wesentlich Neue an der geplanten gesetzlichen Regelung ist die Übertragung der abzuspaltenden Vermögensteile im Wege der Sonderrechtsnachfolge, die oft auch als „partielle Gesamtrechtsnachfolge“ bezeichnet wird, und bei der die Notwendigkeit von Einzelübertragungsakten entfällt. Als Gegenleistung für diesen Gesamtübertragungsakt erhalten die einzelnen Gesellschafter bei der Aufspaltung bzw. die Gesellschaft bei der Ausgliederung Anteile an der übernehmenden Gesellschaft. Die umständliche Auskehrung der erworbenen Anteile, wie es bisher bei dem Einzelübertragungsmodell notwendig war, entfällt hiermit.

Die Spaltung kann den verschiedensten wirtschaftlichen Zielen dienen, die Begründung zum Regierungsentwurf hat die wichtigsten aufgezählt: Schaffung kleinerer, am Markt selbständig auftretender Einheiten; Vorbereitung der Veräußerung von Unternehmensteilen; Isolierung von Haftungsrisiken; Betriebsaufspaltungen, Holding-Konstruktionen; Trennung von operativen und nicht betriebsnotwendigen Vermögen; Auseinandersetzung von Familienstämmen; Erbauseinandersetzungen; Umgliederungen von Konzernen; Rückgängigmachung von fehlerhaften Verschmelzungen; Entflechtungsmaßnahmen etc.[105] Während man in den 90er Jahren von einer Fusionswelle sprechen konnte, ist in der letzten Zeit eine Umkehr von dieser Entwicklung zu erkennen: Dekonzentrationsmaßnahmen und der Trend zu kleineren, überschaubaren am Markt tätigen Einheiten halten an. Die Spaltung ist hierzu das notwendige Gestaltungsmittel.

Rechtstechnisch hat das Gesetz in vielen Fällen auf die Vorschriften des Verschmelzungsrechts verwiesen, die sich daher gleichsam als ein allgemeiner Teil des Formwechselrechts verstehen. Dies ist sachgerecht, da es sich bei Verschmelzung und Spaltung in der Tat um spiegelbildliche Vorgänge handelt, die umgekehrten wirtschaftlichen Zielen dienen. Weit wichtiger ist aber die Tatsache, daß es sich gesellschaftsrechtlich um wesensgleiche Vorgänge handelt, die die Verweisung möglich machen. Spaltung und Verschmelzung sind Vermögensübertragungen im Wege der Gesamtsrechtsnachfolge gegen die Leistung von Anteilsrechten an der aufnehmenden Gesellschaft. Organisationsrechtlich gesehen sind Spaltung und Verschmelzung strukturändernde Maßnahmen, die in ihren Auswirkungen auf Minderheitsgesellschafter, Gläubiger und sonstige Beteiligte vergleichbare Wirkungen haben und daher vergleichbare Regelungen notwendig machen. Bei der Durchführung einer Spaltung sind daher immer auch die Vorschriften des Verschmelzungsrechts anzuwenden, soweit nicht eine Sonderregelung des Spaltungsrechts getroffen wurde.

2. Bisherige Rechtslage

Abgesehen von den oben genannten Sondertatbeständen kann bisher in der Mehrzahl der Fälle das wirtschaftliche Ziel der Abspaltung bestimmter Teilbetriebe oder einzelner Vermögensmassen nur in einem relativ aufwendigen Verfahren gestaltet werden, das sich grundlegend von der geplanten Neuregelung unterscheidet, da es auf dem Prinzip

105 BR-Drs. 75/94, S. 74.

der Einzelübertragung der Vermögensgegenstände beruht. Der Regierungsentwurf macht allerdings deutlich, daß diese bisher praktizierte „Einbringungslösung" auch weiterhin eröffnet bleibt, wie dies auch in allen anderen Fällen der Umwandlung oder Verschmelzung möglich ist. Für die Spaltung wurde in der Praxis nach derzeitigem Recht der umständliche Weg einer Sachgründung des neuen Rechtsträgers mit anschließender Einbringung der abzuspaltenden Vermögensmassen vorgenommen.[106] Dieses Verfahren der Sachgründung konnte zwar beschleunigt werden durch die sog. Stufengründung, bei der der neue Rechtsträger zunächst im Wege der Bargründung geschaffen wird und anschließend die abzuspaltenden Vermögensteile im Wege der Sachkapitalerhöhung eingebracht werden. Problematisch war bei dieser Lösung aber vor allem die anschließende Frage, auf welche Weise die Anteile an der neuen durch die Abspaltung geschaffenen Gesellschaft an die Anteilseigner ausgekehrt werden können. Anders als bei der Ausgliederung sollte in den „echten" Spaltungsfällen auch der Gesellschafterkreis getrennt werden. Durch die zunächst vorgenommene Sachgründung aber war die abspaltende Gesellschaft Inhaber der Anteile an der neuen Gesellschaft. Die Praxis hat auch diesbezüglich verschiedene Wege eingeschlagen:[107]

Zum einen wird die *Tauschlösung* praktiziert, d. h. die abspaltende Gesellschaft tauscht die Anteile der Gesellschafter, die an der neuen Gesellschaft beteiligt werden sollen, mit diesen gegen ihre eigenen Anteile an der neuen Gesellschaft. Die abspaltende Gesellschaft erwirbt dabei eigene Anteile. Eine andere Möglichkeit liegt darin, daß die Anteile an der abspaltenden Gesellschaft eingezogen werden. Als Gegenleistung für die Zustimmung zur Einziehung werden den ausscheidenden Gesellschaftern die Anteile an der neuen Gesellschaft übertragen. Als dritte Möglichkeit schließlich kann auch eine Kapitalherabsetzung vorgenommen werden, in deren Folge die Anteile an der neuen Gesellschaft anstelle der Geldauszahlung an die Gesellschafter, die ausscheiden sollen, übertragen werden. Dieser letzte Weg ist allerdings wegen des zu beachtenden Sperrjahres sehr langwierig. Daß die Einbringungsspaltung, wie soeben beschrieben, in vielen Fällen erhebliche Probleme bereiten oder gar scheitern kann, liegt an der Tatsache, daß es sich hierbei um einen Einzelübertragungsakt handelt. Für jeden Vermögensgegenstand, der in den abzuspaltenden Rechtsträger eingebracht werden soll, muß die entsprechende Einzelübertragung nach den einschlägigen Vorschriften vorgenommen werden. Darüber hinaus – hier bestehen oft Probleme – müssen auch entsprechende vertragliche Verhältnisse übernommen werden, was nach § 415 BGB nur mit Zustimmung der jeweiligen Gläubiger möglich ist.

II. Die Spaltung nach dem UmwG

1. Die Grundkonzeption der Spaltung

Das UmwG schafft hier Abhilfe: Ebenso wie bei dem Treuhandspaltungsgesetz (vgl. Fn. 102) wird erstmals im deutschen Recht das Rechtsinstitut der partiellen Ge-

106 Vgl. hierzu Mayer, DStR 1992, 129 ff.; Gäbelein, BB 1989, 1420 ff.

107 Vgl. auch weitere Gestaltungsalternativen: Fritz, Die Spaltung von Kapitalgesellschaften, 1991, 73 ff.

samtrechtsnachfolge im Gesetz eröffnet.[108] Die Nachteile der Einzelrechtsnachfolge werden hierdurch vermieden, die Gesellschafter können durch einen Gesamtakt Abspaltung bzw. Aufspaltung und Neugründung der neuen Rechtsträger bewirken. Auch der geschilderte schwierige Akt der Auskehrung der Anteile an die Anteilseigner entfällt, da bei der Spaltung als Gesamtrechtsnachfolge die Anteilsinhaber des übertragenen Rechtsträgers als Gegenleistung für die Übertragung direkt die Anteile am neuen Rechtsträger erwerben.[109]

In § 123 werden die verschiedenen Arten der Spaltung legal definiert:

- *Aufspaltung:*

Der übertragende Rechtsträger wird aufgelöst, ohne daß eine Liquidation notwendig ist, das Vermögen wird auf die neuen Rechtsträger im Wege der partiellen Gesamtsrechtsnachfolge gegen Gewährung von Anteilen an die Anteilsinhaber des übertragenden Rechtsträgers übertragen.

- *Abspaltung:*

Der übertragende Rechtsträger spaltet nur einen Teil seines Vermögens auf den anderen erwerbenden Rechtsträger ab, besteht aber daneben weiter. Die Anteilsinhaber sind dann an beiden Rechtsträgern direkt beteiligt.

- *Ausgliederung*

Der Rechtsträger kann auch Teile seines Vermögens auf eine Tochtergesellschaft ausgliedern, d. h. die Anteile an der Tochtergesellschaft werden nicht in das Vermögen der eigenen Anteilsinhaber übertragen, sondern bleiben im Vermögen des übertragenden Rechtsträgers. Es entsteht also hierdurch ein Konzernverhältnis.

Aufspaltung, Abspaltung und Ausgliederung können sowohl auf einen bestehenden Rechtsträger erfolgen oder auch, was in der Praxis wohl häufig der Fall ist, auf einen erst durch die Abspaltung neu zu gründenden (Sachgründung) Rechtsträger.

2. Besondere Problembereiche

Die dogmatischen und rechtstechnischen Einzelfragen der Spaltung sind, wie auch die Diskussion um das Treuhandspaltungsgesetz und die praktischen Erfahrungen gezeigt haben, vielfältig; nachfolgend sollen daher nur einige wichtige Problembereiche behandelt werden, die in der Diskussion zum Diskussionsentwurf und Referentenentwurf eine wichtige Rolle gespielt haben.[110]

a) Parteiautonomie im Spaltungsrecht

Das Herzstück der Spaltung ist der in § 126 geregelte Spaltungs- und Übernahmevertrag, der dem Verschmelzungsvertrag nachgestaltet ist. Ziff. 9 bestimmt, daß im Spal-

108 Vgl. allerdings § 58 UmwG, wo bei der Umwandlung eines Einzelkaufmanns funktional eine partielle Gesamtrechtsnachfolge stattfindet.

109 Vgl. Definition § 123 RegE.

110 Vgl. auch hierzu: Institut der Wirtschaftsprüfer, Reform des Umwandlungsrechts, 1993.

tungsvertrag die Gegenstände des Aktiv- und Passivvermögens, die an jeden der übernehmenden Rechtsträger übertragen werden, sowie die übergehenden Betriebe und Betriebsteile unter Zuordnung zu den übernehmenden Rechtsträgern genau bezeichnet und aufgeteilt werden müssen. Anders als der Referentenentwurf v. 15. 4. 1992, der als § 123 Abs. 5 noch die Einschränkung vorsah, daß die Spaltung nicht zulässig ist, wenn im wesentlichen nur ein einzelner Gegenstand übertragen oder eine einzelne Verbindlichkeit übergeleitet werden soll, sieht das Gesetz nun keinerlei gesetzliche Beschränkung der Parteiautonomie bei der Ausgestaltung der Übertragung mehr vor. Im Grundsatz ist dies zu begrüßen, da die Beschränkung auf einen einzelnen Gegenstand nicht unbedingt eine sachlich sinnvolle Grenze darstellte, da oft ein einzelner Gegenstand auch einen großen Teil des Vermögens, wenn nicht gar den wesentlichen Teil des Unternehmens, ausmachen kann. Bei der Betriebsaufspaltung kann bekanntlich im steuerrechtlichen Sinn bereits ein einzelnes Grundstück eine wesentliche Betriebsgrundlage darstellen.

Daß mit einer so weitgehenden Vertragsfreiheit allerdings auch Probleme des Gläubigerschutzes verbunden sein können, wurde in der Literatur bereits ausführlich nachgewiesen.[111] Es bleibt abzuwarten, ob die Rechtsprechung in Einzelfällen der umfassenden Vertragsfreiheit unter Hinweis auf allgemeine Prinzipien des Vertragsrechts engere Grenzen als der Gesetzgeber setzt. Allgemeingültige Aussagen hierzu sind derzeit noch schwierig. Es läßt sich aber wohl vorhersagen, daß die teilweise am Institutionenschutz ausgerichtete Rechtsprechung des zweiten Senats des BGH einer grenzenlosen Vertragsfreiheit auch im Gesellschaftsrecht skeptisch gegenüber steht.

b) Gläubigerschutz bei der Spaltung

Der eng mit der Vertragsfreiheit im o. g. Sinne zusammenhängende Problemkreis des Gläubigerschutzes bei der Spaltung soll vor allem durch eine gesamtschuldnerische Haftung in § 133 geregelt werden. Für die Verbindlichkeiten des übertragenden Rechtsträgers, die vor dem Wirksamwerden der Spaltung begründet worden sind, sollen die an der Spaltung beteiligten Rechtsträger als Gesamtschuldner haften. Ergänzt wird dies durch die Verweisung auf § 22 durch einen Anspruch der Gläubiger auf Sicherheitsleistung, wobei zur Sicherheitsleistung nur der an der Spaltung beteiligte Rechtsträger verpflichtet ist, gegen den sich der Anspruch richtet. Die gesamtschuldnerische Haftung wird allerdings auf einen Fünf-Jahres-Zeitraum für den Rechtsträger begrenzt, der nach dem Spaltungsplan nicht der originäre Gläubiger sein soll. Diese zeitliche Haftungsbegrenzung ist an das Nachhaftungsbegrenzungsgesetz angelehnt, das für den gesamten Bereich des Gesellschaftsrechts die Frage der Nachhaftung regelt.

In der Literatur wurde die Frage, auf welche Weise am sachgerechtesten der Gläubigerschutz angesichts der umfänglichen Vertragsfreiheit bei der Verteilung des Aktiv- und Passiv-Vermögens ausgestaltet werden soll, bereits eingehend diskutiert.[112] Das Gesetz schaffte hier im Vergleich zum vorgehenden Referentenentwurf oder gar zum

111 Vgl. Kleindiek, ZGR 1992, 513 ff.; Teichmann, ZGR 1993, 396, 403 ff.

112 Vgl. vor allem Kleindiek, ZGR 1992, 512 ff.

Diskussionsentwurf eine wesentliche Verbesserung der Gläubigerstellung. Während der Diskussionsentwurf Gläubigerschutz durch Sicherheitsleistung erreichen wollte, ergänzte der Referentenentwurf dies durch eine gesamtschuldnerische Haftung, allerdings begrenzt für Verbindlichkeiten, die vor dem Wirksamwerden der Spaltung entstanden und fällig geworden sind. Die Beschränkung auf fällige Forderungen aber stellte eine kaum zu rechtfertigende Schlechterstellung von Gläubigern unter Anknüpfung an das zufällige Element der Fälligkeit dar. Im Gesetz ist dies zu Recht nunmehr gestrichen. Die gesamtschuldnerische Haftung tritt für alle Verbindlichkeiten ein, sofern sie vor dem Wirksamwerden der Spaltung begründet worden sind.

c) Minderheitenschutz und nichtverhältniswahrende Spaltung

Die im Spaltungsvertrag eröffnete Vertragsfreiheit betrifft nicht nur die Aufteilung des Aktiv- und Passiv-Vermögens, sondern auch die Aufteilung der Anteile oder Mitgliedschaften jedes der übernehmenden Rechtsträger auf die Anteilsinhaber des übertragenden Rechtsträgers sowie den Maßstab für die Aufteilung (§ 126 Abs. 1 Ziff. 10). Die hierdurch eröffnete Möglichkeit jedenfalls im Bereich der Kapitalgesellschaften, die Spaltung durch einen Mehrheitsbeschluß zu erreichen (GmbH, AG: §§ 50, 65, $^3/_4$ Mehrheit), weist auf den Problembereich des Minderheitenschutzes hin: Die Mehrheit könnte die Minderheit im Wege der Abspaltung mit minderwertigen Vermögensgegenständen abfinden. In § 128 wird diesem Problem durch eine Zustimmungspflicht aller Anteilsinhaber des übertragenden Rechtsträgers und die auch der nicht Erschienenen (§ 13 Abs. 3) geregelt. Eine „Hinausdrängung“ der Minderheitsgesellschafter wird hierdurch verhindert. Dennoch können auch durch verhältniswahrende Spaltungen die Interessen der Gesellschafter empfindlich beeinträchtigt werden, dies wurde durch die *Holzmüller*-Entscheidung[113] und das *Opel*-Urteil[114] deutlich. Diese Frage wurde allerdings vom Gesetz nicht aufgegriffen, sondern soll der weiteren Entwicklung in der Rechtsprechung überlassen bleiben. Die Überlegungen zur Sachkontrolle von strukturändernden Beschlüssen, wie sie die Rechtsprechung und Literatur entwickelt hat, wird man daher bei jeder Spaltung im Auge haben müssen.

III. Spaltungsfähige Rechtsträger

Auch der Kreis der spaltungsfähigen Rechtsträger ist in § 124 erfreulich weit gehalten. Nach § 124 Abs. 1 i. V. m. § 3 Abs. 1 können bei einer Aufspaltung oder einer Abspaltung sowohl als übertragende, übernehmende oder neue Rechtsträger beteiligt sein:

- Personenhandelsgesellschaften: OHG, KG,
- Kapitalgesellschaften: GmbH, AG, KGaA,
- Eingetragene Genossenschaften,
- Eingetragene Vereine,
- Genossenschaftliche Prüfungsverbände,

113 BGHZ 83, 122.

114 BGHZ 106, 54.

- Versicherungsvereine auf Gegenseitigkeit,
- Wirtschaftliche Vereine nur als übertragende Rechtsträger.

An einer Ausgliederung können darüber hinaus als übertragende Rechtsträger beteiligt sein:

- Einzelkaufleute,
- Stiftungen,
- Gebietskörperschaften oder Zusammenschlüsse von Gebietskörperschaften, die nicht Gebietskörperschaften sind.

Hinsichtlich der Möglichkeit der Spaltung aufgelöster Rechtsträger verweist § 124 auf § 3 Abs. 3. Die Spaltung bei aufgelösten Rechtsträgern ist zulässig, wenn die Fortsetzung beschlossen werden könnte.

IV. Ablauf des Spaltungsverfahrens

1. Checkliste

Eine Checkliste zum Ablauf des Spaltungsverfahrens müßte folgende Punkte enthalten:

- Spaltungs- und Übernahmevertrag (§ 126),
- Gründung der neuen Gesellschaft bei der Spaltung zur Neugründung (§ 135 Abs. 2),
- Spaltungsbericht (§ 127),
- Spaltungsprüfung (§ 125 i. V. m. § 9),
- Vorbereitung der Gesellschafter- bzw. Hauptversammlung,
- Zustimmungsbeschlüsse (§§ 125 i. V. m. § 13, § 128),
- Kapitalerhöhung bei der übernehmenden Gesellschaft,
- Kapitalherabsetzung bei der übertragenden Gesellschaft,
- Anmeldung zum Handelsregister (§ 16 i. V. m. § 125),
- Eintragung der Spaltung zunächst in die Register des Sitzes jedes der übernehmenden Rechtsträger, sodann in das Register des Sitzes des übertragenden Rechtsträgers (§ 130).

2. Die Vorbereitung der Spaltung

Die Geschäftsleitungen der betroffenen Gesellschaften müssen zunächst festlegen, welche Vermögensgegenstände abgespalten werden sollen und mit welcher Form der Spaltung dies geschehen soll. Daß hier bereits die ersten Interessengegensätze ausgehandelt werden müssen, ist einsichtig. Denn entscheidend für den Erfolg des abgespaltenen Unternehmensteils wird seine Ausstattung mit Kapital und Betriebsmitteln sein. Dient etwa eine Spaltung der Trennung von Anteilseignern, dann kommt der sachgerechten Zuordnung der Vermögensgegenstände eine erhebliche Bedeutung zu. Neben den rein rechtlichen Vorgaben, werden hier insbesondere betriebswirtschaftliche Überlegungen die größte Rolle spielen: Welche sächlichen und personellen Mittel sind notwendig, um ein bestimmtes Produkt zu produzieren? Welche steuerliche Gestaltung soll hierbei gewählt werden? Soll der übertragende Rechtsträger fortbestehen oder aufgelöst werden? Welche Rechtsform soll der neue Rechtsträger erhalten? Im Einzelfall könnte es sich empfehlen, bei widerstreitenden Interessen diese Vorphase in einem verbindlichen Vorvertrag oder zumindest einem letter of intent festzulegen.

Eine erfahrungsgemäß ebenfalls in der Praxis Probleme bereitende und zu Streit führende Frage ist die Festlegung des Umtauschverhältnisses der Anteile bei Aufspaltung und Abspaltung. Hierbei sind nicht nur schwierige Bewertungsfragen zu lösen, sondern auch bei der Spaltung zur Aufnahme Wertrelationen der Anteile der übertragenden Gesellschaft zu denen der aufnehmenden Gesellschaft zu bilden. Daß in der Praxis gerade diese Wertfestlegung regelmäßig Anfechtungsklagen nach sich ziehen kann, macht die Problematik deutlich. Es sollten daher frühzeitig die notwendigen Wirtschaftsprüfungsmaßnahmen getroffen und auch zwischen den beteiligten Gesellschaftern abgestimmt werden.

3. Der Spaltungs- und Übernahmevertrag

a) Vertretung

Nach § 125 i. V. m. § 4 wird der Spaltungs- und Übernahmevertrag bei der Aktiengesellschaft vom Vorstand der an der Spaltung beteiligten Gesellschafter bei der GmbH von den Geschäftsführern abgeschlossen. Diese müssen in vertretungsberechtigter Zahl handeln. Prokura ermächtigt nicht zum Abschluß.

Bei der Spaltung zur Neugründung tritt an die Stelle des Spaltungsvertrages der sog. Spaltungsplan (§ 136). Inhaltlich allerdings unterscheiden sich beide nicht. Der Spaltungsplan ist im Gegensatz zum Spaltungsvertrag lediglich ein einseitiges nicht empfangsbedürftiges Rechtsgeschäft, auf das aber die Vorschriften über Rechtsgeschäfte anzuwenden sein dürften.[115]

b) Form

Nach § 125 i. V. m. § 6 bedürfen sowohl der Spaltungsvertrag als auch der Spaltungsplan der notariellen Beurkundung. Angesichts der Bedeutung dieser Rechtsgeschäfte für die Gesellschaft und auch die beteiligten Gesellschafter und Gläubiger ist der mit der notariellen Beurkundung bezweckte Schutz von großer Bedeutung. Bei dem Spaltungsvertrag bzw. Spaltungsplan handelt es sich nach wohl herrschender Meinung um einen körperschaftsrechtlichen Organisationsakt, der ebenso wie eine Satzungsänderung die Grundlagen der Gesellschaft verändert.[116] Daß dieser auch Austauschelemente enthalten kann, sollte allerdings nicht dazu verleiten, ihn in erster Linie als Austauschvertrag anzusehen.[117] Entscheidendes Wesensmerkmal ist wie bei einem Unternehmensvertrag der Eingriff in grundlegende Strukturen der Gesellschaft. Dieses Element

115 Vgl. Widmann/Mayer/Kössinger, Umwandlungsrecht, SpTrUG, § 2 Rz. 2936.

116 Scholz/Priester, Anhang Umwandlungsgesetz, § 21 KapErhG, Rz. 1.

117 So aber Immenga, BB 1970, 631 f.

sollte auch für die Qualifikation herangezogen werden. Da er aber auch ein Element eines Austauschverhältnisses enthält, kann allerdings auch im Einzelfall überlegt werden, die Vorschriften über Austauschverhältnisse des Schuldrechts anzuwenden.

c) Zeitpunkt

Die Regelung im Gesetz sieht die für die Praxis notwendige Möglichkeit vor, den an der Spaltung beteiligten Gesellschaftern bzw. Hauptversammlungen lediglich den Entwurf des Spaltungsvertrages vorzulegen (§ 126 Abs. 1, § 4 Abs. 2). Während dies früher bei der Verschmelzung umstritten war, so hatte bereits der Gesetzgeber durch das Verschmelzungsrichtliniengesetz 1982 diese Frage im Anschluß an die Entscheidung des BGH geregelt.[118] Bei Abschluß nach Zustimmungsbeschluß ist daher mit besonderer Sorgfalt darauf zu achten, daß Vertrag und Entwurf völlig identisch sind.

d) Inhalt des Spaltungs- und Übernahmevertrages

§ 126 Abs. 1 stellt in Form einer „Checkliste" den Mindestinhalt eines Spaltungs- und Übernahmevertrages dar. Allerdings können einzelne Vorschriften aus sachlichen Gründen überflüssig sein. So betreffen etwa die Nummern 3, 4 und 10 nur Aufspaltung und Abspaltung, weil es nur bei diesen Arten der Spaltung zu einem Anteilstausch kommt. Wie die Begründung zum Regierungsentwurf deutlich macht, sind die zentralen Ziffern 9 und 10, da hier die entscheidenden Elemente einer Spaltung liegen.[119]

- *Name oder Firma und Sitz der an der Spaltung beteiligten Gesellschaften;*
- *Die Vereinbarung über die Übertragung der Teile des Vermögens des übertragenden Rechtsträgers jeweils als Gesamtheit gegen Gewährung von Anteilen oder Mitgliedschaften an den übernehmenden Rechtsträgern:*

Diese Regelung soll deutlich machen, daß es sich um eine Form der Gesamtrechtsnachfolge handelt und nicht um einen Einzelübertragungsakt. Regelungsgegenstand eines Spaltungsvertrages ist ebenso wie bei einem Verschmelzungsvertrag die Übertragung des abzuspaltenden Teils des Vermögens der übertragenden Gesellschaft auf eine andere Gesellschaft als Ganzes unter Ausschluß der Liquidation gegen Gewährung von Geschäftsanteilen an der aufnehmenden Gesellschaft.[120]

Die Aufteilung der einzelnen Gegenstände ist in Ziffer 9 nochmals ausdrücklich geregelt.

- *Bei Aufspaltung und Abspaltung das Umtauschverhältnis der Anteile und gegebenenfalls die Höhe der baren Zuzahlung oder Angaben über die Mitgliedschaft bei den übernehmenden Rechtsträgern:*

Wie bereits angesprochen, stellt erfahrungsgemäß die Bestimmung des Umtauschverhältnisses das Hauptproblem einer Verschmelzung dar und wird wohl auch bei der

118 Vgl. BGHZ 82, 188.

119 Vgl. BR-Drs. 75/94, S. 117.

120 Vgl. etwa Dehmer, Umwandlungsrecht 1993, Kapitalerhöhungsgesetz, § 21, Anm. 12a; Scholz/Priester, GmbHG, Anh. Umwandlung, § 21 KapErhG Rn. 3.

Spaltung zur Aufnahme, u. U. auch bei der Spaltung zur Neugründung, Probleme bereiten.[121] Nach §§ 54 Abs. 4, 68 Abs. 3 i. V. m. § 125 dürfen bei GmbH und AG die im Spaltungsvertrag festgesetzten baren Zuzahlungen nur 10 % des Gesamtnennbetrages der gewährten Aktien bzw. Gesellschaftsanteile erreichen.

- *Bei Aufspaltung und Abspaltung die Einzelheiten für die Übertragung der Anteile der übernehmenden Gesellschaft oder über den Erwerb der Mitgliedschaft bei den übernehmenden Gesellschaften:*

Die Einzelregelungen, die für die Übertragung der Gesellschaftsanteile notwendig sind, sind an dieser Stelle im Spaltungs- und Übernahmevertrag zu regeln. Durch die verschiedenen an der Spaltung beteiligten Rechtsträger kann es notwendig werden, die Fragen der Ausgabe neuer Aktien oder Bildung von Geschäftsanteilen zu regeln.

- *Den Zeitpunkt, von dem ab diese Anteile oder die Mitgliedschaft einen Anspruch auf einen Anteil am Bilanzgewinn gewähren, sowie alle Besonderheiten in bezug auf diesen Anspruch:*

Es geht hier um die Bestimmung des Stichtages für die Dividenden oder die Gewinnberechtigung. Regelmäßig wird aus Gründen der Vereinfachung in der Praxis das Gewinnbezugsrecht auf den Beginn des laufenden Geschäftsjahres gelegt. Teilweise wird in der Praxis im Hinblick auf die Unsicherheit über die Wirksamkeit der Zustimmungsbeschlüsse zum Verschmelzungsvertrag geraten, den Verschmelzungsvertrag von der Bedingung der Eintragung bis zu einem bestimmten Datum abhängig zu machen, um zu vermeiden, daß Aktien mit Dividendenberechtigung für ein bereits abgelaufenes Geschäftsjahr ausgestattet werden.[122]

- *Den Zeitpunkt, von dem an die Handlungen des übertragenden Rechtsträgers als für Rechnung jedes der übernehmenden Rechtsträger vorgenommen gelten (Spaltungsstichtag):*

Sowohl beim Stichtag für den Bilanzgewinn als auch bei dem Spaltungsstichtag geht die wohl überwiegende Meinung davon aus, daß es sich um Interna der beteiligten Gesellschaften handelt, die daher frei gewählt werden und in die Vergangenheit gelegt werden können.[123]

Unklar ist, ob der Spaltungsstichtag ebenso wie der Verschmelzungsstichtag ausschließlich für die Rechnungslegung Bedeutung hat, oder ob er auch die Gewinnverteilung beeinflussen kann.[124] In der Praxis wird es sich empfehlen, den Spaltungsstichtag, den Gewinnbezugsstichtag und den Stichtag der Schlußbilanz einheitlich zu handhaben. Durch die Verweisung auf § 17 Abs. 2 kann der Stichtag der Schlußbilanz bis zu 8 Monaten vor der Anmeldung liegen.

---

121 Vgl. Großfeld, Unternehmens- und Anteilsbewertung im Gesellschaftsrecht, 3. Aufl. 1993; OLG Düsseldorf, WM 1988, 1052; LG Mannheim, ZIP 1988, 773, alle zum Umtauschverhältnis bei der Verschmelzung.

122 Vgl. Heckschen, MittRhNotk. 1989, 73; Hoffmann/Becking, ZGR Sonderheft 7 ff.; FS f. Fleck, 1988, S. 105, 116.

123 Ganske, DB 1991, 792, Fn. 24; Neye in: Rädler/Raupach/Bezzenberger, Vermögen in der ehemaligen DDR, Teil 3 B I, § 2 SpTrUG Rz. 8.

124 Vgl. Priester, NJW 1983, 1459; Heckschen, MittRhNotk. 1989, 73.

- *Die Rechte, welche die übernehmenden Gesellschaften einzelnen Gesellschaftern sowie den Inhabern besonderer Rechte, wie Anteile ohne Stimmrecht, Vorzugsaktien, Mehrstimmrechtsaktien, Schuldverschreibungen und Genußrechte, gewähren, oder die für diese Personen vorgesehenen Maßnahmen:*

Sonderrechte sollen offengelegt werden. Das Gesetz strebt daher eine Verstärkung des Aktionärsschutzes an. Umstritten ist hierbei, ob Stammaktionäre mit stimmrechtslosen Vorzugsaktien oder umgekehrt befriedigt werden können.[125]

- *Jeden besonderen Vorteil, der einem Mitglied eines Vertretungsorgans oder eines Aufsichtsorgans der an der Spaltung beteiligten Gesellschaften, einem geschäftsführenden Gesellschafter, einem Abschlußprüfer oder einem Spaltungsprüfer gewährt wird:*

Die Pflicht zur Offenlegung von Sondervorteilen dient ebenfalls dem Schutz der Gesellschafter, besonders der Minderheitsgesellschafter.

- *Genaue Bezeichnung der Aufstellung der Gegenstände des Aktiv- und Passivvermögens, die an jeden der übernehmenden Rechtsträger übertragen werden, sowie der übergehenden Betriebe und Betriebsteile unter Zuordnung zu den übernehmenden Rechtsträgern:*

Diese Vorschrift dürfte die größte Bedeutung im Spaltungs- und Übernahmevertrag haben; sie wird ergänzt durch § 126 Abs. 2. Wie die Begründung zum Regierungsentwurf deutlich macht, ist hier eine zivilrechtliche und nicht bilanzielle Betrachtungsweise angebracht. Auf die Aktivierungs- oder Passivierungsfähigkeit des Gegenstandes oder der Verbindlichkeit kommt es nicht an.[126] Es sind daher die sachenrechtlichen Bestimmtheitsgrundsätze einzuhalten. § 126 Abs. 2 Satz 2 verweist darüber hinaus auf § 28 GBO. Im übrigen kann auf Urkunden wie Bilanz und Inventar Bezug genommen werden, deren Inhalt eine Zuweisung des einzelnen Gegenstandes ermöglicht. Die Urkunden sind dann im Spaltungs- und Übernahmevertrag als Anlagen beizufügen und auch mitzubeurkunden.

Das Gesetz gewährt bei der Vertragsgestaltung vollständige Gestaltungsfreiheit. Während der Referentenentwurf hier noch engere Grenzen ziehen und zumindest die Übertragung von einzelnen Vermögensgegenständen verhindern wollte, ist diese Beschränkung nunmehr ersatzlos entfallen. Gegenstand der Spaltung kann daher auch ein einzelner Vermögensgegenstand, wie etwa ein Grundstück sein. Der Spaltungs- und Übernahmevertrag ermöglicht daher die parteiautonome unbeschränkte Gestaltung der partiellen Gesamtrechtsnachfolge. Bis auf Einzelfälle wie bei der Umwandlung des Geschäfts eines Einzelkaufmanns in den §§ 50 ff. UmwG ist diese Parteiautonomie im Zusammenhang mit Gesamtrechtsnachfolge etwas Neuartiges.[127] Das Problem des Gläubigerschutzes in diesem Zusammenhang wird durch eine gesamtschuldnerische Haftung aller Gesellschaften in § 133 geregelt.

125 Vgl. Kölner Kommentar zum Aktiengesetz/Kraft, § 339 Rz. 41.

126 BR-Drs. 75/94, S. 118.

127 Zu den Problemen vgl. Teichmann, ZGR 1993, 398 f.

- *Bei Aufspaltung und Abspaltung die Aufteilung der Anteile oder Mitgliedschaften jedes der übernehmenden Rechtsträger auf die Anteilsinhaber des übertragenden Rechtsträgers sowie den Maßstab für die Aufteilung:*

Durch diese Regelung wird nicht nur die verhältniswahrende Spaltung eröffnet, sondern auch die nichtverhältniswahrende. Abgesichert wird auch diese erhebliche Gestaltungsfreiheit durch das Einstimmigkeitserfordernis nach § 128, das den Schutz der Minderheitsgesellschafter bei der nichtverhältniswahrenden Aufteilung ermöglicht.

- *Die Folgen der Spaltung für die Arbeitnehmer und ihren Vertretungen sowie die insoweit vorgesehenen Maßnahmen:*

§ 126 Abs. 3 bestimmt schließlich, daß der Vertrag oder sein Entwurf spätestens einen Monat vor der Gesellschafter- oder Hauptversammlung dem zuständigen Betriebsrat des Rechtsträgers zuzuleiten ist. Anders als § 5 Abs. 2 bei der Verschmelzung enthält § 126 für den Mindestinhalt des Spaltungs- und Übernahmevertrages keine Erleichterung für den Fall, daß den übernehmenden Gesellschaftern oder einem von ihnen alle Anteile an der übertragenden Gesellschaft gehören. Die Begründung zum Regierungsentwurf weist darauf hin, daß die Angaben über die Aufteilung der Anteile und deren Umtausch bei der Aufspaltung und bei der Abspaltung niemals entbehrlich sind, weil es stets zum Anteilstausch kommt.[128]

Ziff. 9 gilt auch für den Übergang von Dauerschuldverhältnissen, insbesondere die Arbeitsverhältnisse. Auch sie müssen im Spaltungsplan hinreichend bestimmbar bezeichnet werden.[129]

e) Weitere Regelungen

Selbstverständlich kann der Spaltungs- und Übertragungsvertrag über diesen Mindestinhalt hinausgehende Regelungen enthalten. Dies kann nicht nur zweckmäßig, sondern im Einzelfall auch geboten sein, da der Spaltungs- und Übertragungsvertrag den grundlegenden Austauschvertrag zur Übertragung der Vermögensteile darstellt. Er wird daher in vielen Fällen mit reinen grundbuchtechnischen Anträgen, wie Vollzugsanträgen etc. gefüllt sein. Weitere notwendige Regelungen können Bestimmungen über etwaige Satzungsänderungen bei der Spaltung zur Aufnahme bei der aufnehmenden Gesellschaft und auch eine Kostenregelung für den Fall des Scheiterns der Spaltung sein.

4. Gründung der neuen Gesellschaften bei der Spaltung zur Neugründung

Bei der Spaltung zur Neugründung werden die aufnehmenden Gesellschaften erst mit der Spaltung errichtet, wobei gleichzeitig die abzuspaltenden Vermögensteile auf den neugegründeten Rechtsträger übergehen. § 135 Abs. 2 bestimmt, daß auf die Gründung der neuen Gesellschaft die Gründungsvorschriften anzuwenden sind, soweit das Spaltungsrecht keine Sonderregelungen trifft. Dies ist sachgerecht, da es sich bei der Spal-

128 BR-Drs. 75/94, S. 119.

129 Vgl. zum Spaltungstreuhandgesetz, Neye, a.a.O. (Fn. 123), § 2 Rz. 20; Mayer DB 1991, 1609, 1612.

tung zur Neugründung im Grunde um eine Sachgründung handelt. § 37 i. V. m. § 125 tragen der bisherigen Praxis Rechnung und bestimmen, daß im Spaltungsplan bei der Spaltung zur Neugründung der Gesellschaftsvertrag, die Satzung oder das Statut des neuen Rechtsträgers enthalten sein oder festgestellt werden muß. Dem Spaltungsplan ist daher auch i. d. R. als Anlage der Gesellschaftsvertrag bzw. die Satzung der neu entstehenden Gesellschaft beigefügt. Zweckmäßigerweise wird darüber hinaus auch gleichzeitig die Bestellung der ersten Geschäftsführer der neu gegründeten Gesellschaft im Spaltungsplan vorgenommen. Bei der Abfassung des Gesellschaftsvertrages ist darauf zu achten, daß es sich bei der Spaltung zur Neugründung um eine Sachgründung handelt, so daß das Stammkapital durch das eingebrachte Vermögen der abspaltenden Gesellschaft erbracht wird. Dies ist in der Satzung auszuweisen. § 2 Abs. 3 SpTrUG sah noch vor, daß der notariell beurkundete Spaltungsplan beim Handelsregister am Sitz der übertragenen Gesellschaft eingereicht werden mußte. Auf diese Publizität des Spaltungsplans zum Zwecke des Gläubigerschutzes hat bereits der Regierungsentwurf verzichtet. Nach § 46 Abs. 1 i. V. m. § 125 hat der Spaltungsvertrag zusätzlich für jeden Anteilsinhaber der übertragenen Gesellschaft den Nennbetrag des Geschäftsanteils zu bestimmen, den die übernehmende GmbH ihm zu gewähren hat. Die bloße Angabe des Umtauschverhältnisses wie bei der Aktiengesellschaft genügt daher bei der GmbH nicht. Zweckmäßigerweise sollte auch eine namentliche Zuordnung der Geschäftsanteile erfolgen.

5. Spaltungsbericht (§ 127)

Die Vertretungsorgane jeder der an der Spaltung beteiligten Gesellschaften haben einen ausführlichen schriftlichen Bericht zu erstatten, in dem die Spaltung, der Vertrag oder sein Entwurf im einzelnen und bei Aufspaltung und Abspaltung insbesondere das Umtauschverhältnis der Anteile, der Maßstab für die Aufteilung sowie die Höhe einer anzubietenden Barabfindung rechtlich und wirtschaftlich erläutert werden (Spaltungsbericht). Nach § 8 Abs. 3 i. V. m. § 125 ist der Bericht allerdings nicht erforderlich, wenn alle Gesellschafter der beteiligten Gesellschaften in notariell beurkundeten Verzichtserklärungen auf die Erstellung verzichtet haben. Sinn des Spaltungsberichtes ist wie beim Verschmelzungsbericht die möglichst umfassende Information der Gesellschafter, damit diese eine sachgerechte Entscheidung über die Spaltung treffen können.[130] Zur Konfliktsituation zwischen Informationsinteresse und Geheimhaltungsinteresse der beteiligten Gesellschaften hat die Rechtsprechung in einer Vielzahl von Urteilen entschieden. Ausreichend ist allerdings, wenn die Gesellschafter aufgrund des Berichtes eine Plausibilitätskontrolle durchführen können.[131] Im Zentrum der Streitigkeiten um den Verschmelzungsbericht stand i. d. R. das Umtauschverhältnis.[132]

6. Spaltungsprüfung

Nach § 9 Abs. 1 i. V. m. § 125 ist der Spaltungsvertrag oder sein Entwurf durch einen oder mehrere sachverständige Prüfer zu prüfen. Die Ausnahme des § 9 Abs. 2 (Verzicht

130 Vgl. zum Verschmelzungsbericht BGH WM 1990, 2073.

131 Vgl. OLG Karlsruhe WM 1989, 1134; OLG Hamm DB 1989, 1616.

132 Vgl. BGH WM 1990, 2073; WM 1990, 140.

bei Anteilsvereinigung in der Hand des übernehmenden Rechtsträgers) gilt ausdrücklich nach § 125 nicht für die Spaltung, da es bei Aufspaltung und Abspaltung stets zu einem Anteilstausch kommt, der eine Prüfung durch Sachverständige erforderlich machen kann.[133] Bei GmbH ist allerdings nur auf Verlangen eines Gesellschafters eine Prüfung durchzuführen (§ 48 i. V. m. § 125). Auch auf die Verschmelzungsprüfung kann durch notarielle Zustimmungserklärung einstimmig verzichtet werden. Der Prüfungsbericht ist schriftlich zu erstatten und mit einem Prüfungsvermerk zu versehen (§ 12 i. V. m. § 125).

7. Vorbereitung der Gesellschafter- bzw. Hauptversammlung

Nach § 49 haben die Geschäftsführer einer GmbH in der Einberufung der Gesellschafterversammlung, die über die Zustimmung zum Spaltungsvertrag beschließen soll, die Spaltung als Gegenstand der Beschlußfassung anzukündigen. Darüber hinaus sind von der Einberufung an in den Geschäftsräumen der Gesellschaft die Jahresabschlüsse und Jahresberichte der an der Verschmelzung beteiligten Gesellschaften für die letzten drei Jahre zur Einsicht auszulegen. Auf Verlangen haben die Geschäftsführer jedem Gesellschafter Auskünfte über alle wesentlichen Angelegenheiten zu geben. § 63 i. V. m. § 125 trifft noch strengere Regelungen für die Vorbereitung der Hauptversammlung, die über die Zustimmung zum Spaltungsvertrag beschließen soll.

8. Zustimmungsbeschlüsse

Die Gesellschafter aller beteiligten Gesellschaften müssen dem Spaltungs- und Übertragungsvertrag zustimmen, nur dann wird er wirksam (§ 13 Abs. 1 i. V. m. § 125). Der Beschluß ist in einer Gesellschafter- oder Hauptversammlung zu fassen. Der Zustimmungsbeschluß bei der GmbH bedarf einer $^3/_4$-Mehrheit der abgegebenen Stimmen (§ 50 Abs. 1). Bei der Gesellschaftsneugründung wird der Gesellschaftsvertrag der neuen Gesellschaft nach § 59 nur wirksam, wenn die Gesellschafter jeder der übertragenen Gesellschaften mit der entsprechenden Mehrheit zustimmen.

Bei Aktiengesellschaften bedarf der Zustimmungsbeschluß einer Mehrheit von mindestens $^3/_4$ des bei der Beschlußfassung vertretenen Grundkapitals (§ 65 Abs. 2 i. V. m. § 125). Die übertragende AG darf die Spaltung erst beschließen, wenn sie und jede andere übertagende AG bereits zwei Jahre im Register eingetragen sind (§ 76 Abs. 1).

Zum Schutz der Minderheitsgesellschafter bestimmt § 128 allerdings bei der nichtverhältniswahrenden Spaltung die Zustimmungspflicht aller Gesellschafter der übertragenden Gesellschaft. Nicht erschienene Gesellschafter können nach § 13 Abs. 3 durch notarielle Zustimmungserklärung nachträglich zustimmen.

Der Zustimmungsbeschluß bedarf nach § 13 Abs. 3 der notariellen Beurkundung. Der Vertrag oder sein Entwurf ist dem Beschluß als Anlage beizufügen.

Das Gesetz hat bewußt die Fragen einer materiellen Beschlußkontrolle nicht geregelt, so daß hier auch weiterhin die Entwicklung in der Rechtsprechung und Literatur abzu-

133 BT-Drs. 75/94, S. 117.

warten bleibt. Bekanntlich ist streitig, ob die Wirksamkeit von Beschlüssen, die die grundlegende Strukturänderung von Gesellschaften zum Gegenstand haben, nicht nur davon abhängt, daß die erforderliche Mehrheit zugestimmt hat, sondern ob darüber hinaus eine materielle Kontrolle notwendig ist, d. h. ob die Strukturänderung auch einer sachlichen Rechtfertigung bedarf.[134]

9. Kapitalerhöhung bei der übernehmenden Gesellschaft

Eines der Hauptmerkmale der Spaltung ist, wie gezeigt, die Gewährung von Geschäftsanteilen an der übernehmenden Gesellschaft an die Anteilsinhaber der übertragenden Gesellschaft. Die übernehmende Gesellschaft muß zwar nicht zwangsläufig eine Kapitalerhöhung durchführen, hält sie jedoch keine eigenen Geschäftsanteile oder Aktien, die sie den Anteilsinhabern der übertragenden Gesellschaft im Austausch übertragen kann, so wird im Regelfall der zu leistende Geschäftsanteil im Wege der Kapitalerhöhung bei der Spaltung zur Aufnahme geschaffen werden müssen. Wie bei der Verschmelzung nach bisherigem Recht sieht das Gesetz ein vereinfachtes Verfahren zur Erhöhung des Stammkapitals vor (§ 55 für die GmbH, § 69 für die AG). Bei der Kapitalerhöhung nach diesen Vorschriften handelt es sich immer um eine Kapitalerhöhung gegen Sacheinlage, die Einlagepflicht wird erfüllt durch Übertragung des abzuspaltenden Vermögens der übertragenden Gesellschaft. Diese Kapitalerhöhung kann daher nur im Zusammenhang mit der Spaltung durchgeführt werden.[135] Neben dem Zustimmungsbeschluß bedarf es daher bei der aufnehmenden Gesellschaft eines Kapitalerhöhungsbeschlusses. Umstritten ist allerdings, ob der Kapitalerhöhungsbeschluß den Zustimmungsbeschlüssen vorauszugehen hat.[136]

10. Kapitalherabsetzung bei der übertragenden Gesellschaft

Bei der abspaltenden Gesellschaft kann die Abspaltung eine Herabsetzung des Stammkapitals erfordern. § 139 geht davon aus, daß bei der GmbH die Bestimmungen über die Kapitalherabsetzung grundsätzlich Anwendung finden müssen, um dem Gläubiger ausreichend Schutz zu bieten. Die Vorschrift sieht allerdings vor, daß die Kapitalherabsetzung auch in vereinfachter Form nach den §§ 58a ff. GmbHG möglich sein wird, welche durch die Insolvenzrechtsreform in das GmbHG eingeführt werden. § 145 trifft eine gleichlautende Vorschrift für die Kapitalherabsetzung bei der AG. Wird das Kapital herabgesetzt, so darf die Abspaltung oder Ausgliederung erst eingetragen werden, nachdem die Herabsetzung des Stammkapitals im Register eingetragen worden ist (§ 139 Satz 2, § 145 Satz 2).

11. Sachgründungsbericht

§ 138 bestimmt, daß bei der Spaltung oder Beteiligung von GmbH ein Sachgründungsbericht stets erforderlich ist. Der Sachgründungsbericht ist von den Sachgründern, also

---

134 Vgl. Hommelhoff, ZGR 1993, 452, 458.

135 Vgl. Dehmer, Umwandlungsrecht, Umwandlungsteuerrecht, S. 513 zur vergleichbaren Situation bei der Verschmelzung.

136 Vgl. Heckschen, MittRhNotk. 1989, 76.

von den Vertretungsorganen der übertragenen Gesellschaft zu erstellen und hat die Werthaltigkeit der Sacheinlage, d. h. die Deckung des Stammkapitals bzw. des Kapitalerhöhungsbetrages durch die infolge der Auf- bzw. Abspaltung übergehenden Vermögensgegenstände zu erläutern.

12. Handelsregisteranmeldung

Liegen die notwendigen Zustimmungs- und gegebenenfalls Kapitalerhöhungs- bzw. Kapitalherabsetzungsbeschlüsse vor, so ist die Spaltung beim Handelsregister anzumelden. Die Spaltung ist durch den Vorstand bzw. die Geschäftsführung jedes der an der Spaltung beteiligten Rechtsträger zur Eintragung in das Register des jeweiligen Sitzes anzumelden (§ 16 Abs. 1 i. V. m. § 125). Nach § 129 ist auch zur Anmeldung der Spaltung das Vertretungsorgan jedes der übernehmenden Rechtsträger berechtigt.

Bei der Anmeldung haben die Vertretungsorgane zu erklären, daß eine Klage gegen die Wirksamkeit des Spaltungsbeschlusses nicht oder nicht fristgemäß erhoben oder eine solche Klage rechtskräftig abgewiesen oder zurückgenommen worden ist (§ 16 Abs. 2).

Beizufügen sind der Anmeldung:

- der Spaltungsvertrag in Ausfertigung oder öffentlich beglaubigter Abschrift;
- notariell beglaubigte Abschriften der Niederschriften über die Gesellschafterversammlungen, in denen die Zustimmungserklärungen beschlossen wurden;
- notariell beglaubigte Abschriften notwendiger Zustimmungserklärungen nicht erschienener Gesellschafter;
- Abschrift des Spaltungsberichtes;
- Abschrift des Prüfungsberichtes oder notariell beglaubigte Verzichtserklärungen;
- Schlußbilanz des übertragenden Rechtsträgers (§ 17 Abs. 2)
- Nachweis über die rechtzeitige Zuleitung des Verschmelzungsvertrages oder seines Entwurfes an den zuständigen Betriebsrat etwa durch Vorlage des Übersendungsschreibens oder der Empfangsbestätigung des Vorsitzenden des jeweiligen Betriebsrats.[137]

Bei der Spaltung zur Neugründung ist darüber hinaus die Gründung der neuen Gesellschaft zusammen mit den neu bestellten Geschäftsführern bzw. Vorstandsmitgliedern dieser Gesellschaft bei dem für diese jeweils zuständigen Register anzumelden. Dieser Anmeldung ist auch der Sachgründungsbericht nach § 138 beizufügen.

Ist zur Durchführung der Abspaltung oder der Ausgliederung eine Kapitalherabsetzung notwendig, so darf die Abspaltung oder die Ausgliederung erst eingetragen werden, nachdem die Herabsetzung des Stammkapitals im Register der übertragenden Gesellschaft eingetragen worden ist (§ 139 für die GmbH, § 145 für die AG).

137 BR-Drs. 75/94, S. 90.

Bei der übernehmenden Gesellschaft sind schließlich evtl. notariell beglaubigte Abschriften des Kapitalerhöhungsbeschlusses und der entsprechenden Änderung des Gesellschaftsvertrages mit einzureichen (§ 53 für die GmbH, § 66 für die AG jeweils i. V. m. § 125). Bei der Abspaltung oder der Ausgliederung haben die Geschäftsführer bei der Anmeldung zur Eintragung bei der übertragenden Gesellschaft zu erklären, daß die durch Gesetz und Satzung vorgesehene Voraussetzungen für die Gründung der übertragenden Gesellschaft auch unter Berücksichtigung der Abspaltung oder Ausgliederung vorliegen, insbesondere das Stammkapital der Gesellschaft durch den Vermögensübergang nicht unterschritten wird. Hierdurch soll sichergestellt werden, daß insbesondere das Stammkapital auch nach der Abspaltung erhalten bleibt. Auch diese Erklärung ist strafbewehrt und soll eine erneute Gründungsprüfung entbehrlich machen (für die AG vgl. § 146).

13. Eintragung

Die Eintragungsreihenfolge ergibt sich aus § 130. Zunächst ist die Spaltung bei den übernehmenden Gesellschaften und soweit notwendig die Kapitalerhöhung einzutragen. Danach erfolgt die Eintragung der Spaltung bei der übertragenden Gesellschaft. Wirksam wird die Spaltung erst mit Eintragung im Register der übertragenden Gesellschaft.

V. Wirkungen der Spaltung

Die Spaltung ist mit der Eintragung der Spaltung in das Handelsregister des Sitzes der übertragenden Gesellschaft wirksam. Wesentliche Rechtsfolge und Charakteristikum der Spaltung ist die partielle Gesamtrechtsnachfolge. Wichtigste Wirkung ist nach § 131 Abs. 1 Ziff. 1 der gesetzliche Übergang der im Spaltungs- und Übernahmevertrag aufgeführten Gegenstände und Verbindlichkeiten. Einer Einzelübertragung der Vermögensgegenstände bedarf es daher nicht. Im Grundbuch ist daher bei den Grundstücken und grundstücksgleichen Rechten lediglich eine Grundbuchberichtigung gemäß § 22 GBO unter Vorlage eines beglaubigten Auszuges des Handelsregisters der neuen Gesellschaft und einer beglaubigten Abschrift des Spaltungsplanes notwendig. Für andere Register gilt dasselbe. § 132 stellt allerdings klar, daß die allgemeinen Vorschriften des Zivilrechts für Unübertragbarkeit von Gegenständen auch bei der Spaltung gelten. Auch das Erfordernis einer staatlichen Genehmigung für die Übertragung eines bestimmten Gegenstands bleibt bei der Übertragung im Wege der Spaltung aufrechterhalten.[138] Auch die schuldrechtlich vereinbarte Unübertragbarkeit von Forderungen nach § 399 wirkt gegenüber einer Spaltung, mit Ausnahme der Aufspaltung (vgl. § 131 Satz 2). Dauerschuldverhältnisse gehen ohne weiteres auf die neuen Gesellschaften über. Allein die eingetretene Gesamtrechtsnachfolge dürfte eine Kündigung nicht rechtfertigen.

Nach § 131 Abs. 1 Ziff. 2 erlischt bei der Aufspaltung der übertragende Rechtsträger. Einer besonderen Löschung bedarf es nicht. Mit dem Erlöschen der Gesellschaft enden

138 Vgl. BR-Drs. 75/94, S. 121.

auch die Ämter der bestellten Organe. Der bezüglich der Gegenleistung eingetretene Anteilsübergang der Anteile an der aufnehmenden Gesellschaft auf die Gesellschafter der übertragenden Gesellschaft ist durch § 131 Abs. 1 Ziff. 3 geregelt. Die Gesellschafter der übertragenden Gesellschaft werden mit dem Wirksamwerden der Spaltung Gesellschafter der übernehmenden Gesellschaft entsprechend dem im Spaltungsvertrag festgesetzten Anteilsverhältnis. Auch diese Verteilung wird also durch die Regelung im Spaltungsvertrag bestimmt, wobei allerdings der Übergang kraft Gesetzes stattfindet.

E. Formwechsel

I. Grundlagen

1. Einführung

Das bisherige Recht der Umwandlung, das im Aktienrecht und UmwG geregelt war, unterschied, wie dargelegt, zwischen der sog. errichtenden Umwandlung und der formwechselnden Umwandlung. Das Konzept der formwechselnden Umwandlung war auf wenige Fälle beschränkt, in denen eine Strukturgleichheit zwischen den zu wechselnden Unternehmen bestand, etwa die Umwandlung einer AG in eine GmbH (§ 369 ff. AktG) oder eine GmbH in eine AG (§§ 376 ff. AktG) oder die Umwandlung einer Genossenschaft in eine Aktiengesellschaft (§ 385 ff. AktG) etc.[139] Diese grundlegende Zweiteilung des deutschen Gesellschaftsrechts soll nunmehr insbesondere im Anschluß an moderne Theorien der Umwandlung zugunsten einer einheitlichen Regelung über den Formwechsel aufgegeben werden. Insbesondere *K. Schmidt* hat die formwechselnde Umwandlung als „das lupenreine, dogmatisch konsequente Umwandlungsmodell" bezeichnet.[140] Das neue Recht des Formwechsels kennt also das Prinzip der übertragenden Umwandlung nicht mehr, der Formwechsel wird einheitlich als formwechselnde Umwandlung bezeichnet, bei der die Identität der Gesellschaft als Verband unberührt bleibt und allein ihre äußere Form sich ändert; dies auch, wenn eine Strukturgleichheit zwischen den umzuwandelnden Gesellschaften nicht mehr besteht.

Die grundlegende Vorschrift, die diese Einheitlichkeit des Formwechsels ausdrückt, ist in § 190 Abs. 1 geregelt, wonach ein Rechtsträger durch Formwechsel eine andere Rechtsform erhalten kann. Sie betont den identitätswahrenden Charakter des Formwechsels.[141] Der Formwechsel identitätswahrender Art findet nach der Neuregelung somit auch bei der Umwandlung einer Personengesellschaft in eine Kapitalgesellschaft und umgekehrt einer Kapitalgesellschaft in eine Personengesellschaft statt.

Die Begründung zum Regierungsentwurf weist darauf hin, daß der wesentliche Unterschied des Formwechsels gegenüber den anderen Arten der Umwandlung in der wirtschaftlichen Kontinuität des Rechtsträgers vor und nach dem Formwechsel liege. Diese

139 Vgl. die Übersicht bei K. Schmidt, ZGR 1990, 594.

140 Vgl. K. Schmidt, Gesellschaftsrecht, 2. Aufl., S. 294; ders., ZGR 1990, 594, der die übertragende Umwandlung als ein Relikt einer überholten Gesamthandslehre bezeichnet.

141 Vgl. Begründung zum Regierungsentwurf, BR-Drs. 75/94, S. 137.

Kontinuität beruht zum einen auf einer fast ausnahmslosen Identität des Personenkreises und in der Tatsache, daß der Vermögensbestand des Rechtsträgers vor und nach dem Formwechsel gleichbleibt. Durch den Formwechsel soll sich lediglich allein die rechtliche Organisation des Unternehmensträgers, dem vor und nach der Umwandlung dasselbe Vermögen zugeordnet wird, ändern. Deshalb müsse der wirtschaftlichen Identität auch die rechtliche Identität entsprechen.[142]

Die neuen Vorschriften des Formwechsels sind daher in erster Linie mit den bisherigen Vorschriften der identitätswahrenden Umwandlung vergleichbar, auf deren Auslegungsergebnis man auch bei der Auslegung der neuen Vorschriften zurückgreifen kann.

2. Zur Bedeutung der Gesamtrechtsnachfolge

Anders als bei den vorhergehenden Umwandlungsformen der Verschmelzung und Spaltung ist für das Rechtsinstitut der Gesamtrechtsnachfolge beim Formwechsel kein großer Anwendungsbereich mehr gegeben. Nach der Konzeption der formwechselnden Umwandlung bleibt die Identität der Gesellschaft und auch ihres Vermögens unberührt, allein das äußere „Rechtskleid" ändert sich. Die Rechtszuständigkeit wird nicht betroffen, die Übertragung des Vermögens im Wege der Gesamtrechtsnachfolge ist nicht notwendig. Nur der Rechtsträger wechselt seine Rechtsform, alle Aktiven und Passiven werden von demselben Rechtsträger in neuer Rechtsform fortgeführt.[143] Dieser Grundsatz wird auch in § 202 Abs. 1 Ziff. 1 ausgedrückt:

> *„Der formwechselnde Rechtsträger besteht in der in dem Umwandlungsbeschluß bestimmten Rechtsform weiter."*

Auch diese Formulierung macht deutlich, daß bei einem Formwechsel die Identität und auch die Rechtszuständigkeit des Rechtsträgers erhalten bleiben. Dogmatisch kann daher beim Formwechsel nicht mehr von einer Gesamtrechtsnachfolge gesprochen werden.

In der Literatur hat diese Neuorientierung des Gesetzes weitgehend Zustimmung gefunden.[144]

3. Gesetzessystematik

Entsprechend der Systematik der anderen Bücher des Umwandlungsgesetzes gliedert sich auch das fünfte Buch in zwei Teile: Der erste Teil enthält die allgemeinen Vorschriften, die grundsätzlich für alle Fälle des Formwechsels gelten, der zweite Teil Sonderregelungen für Einzelfälle, die bei Formwechsel von Kapitalgesellschaften wiederum in einen allgemeinen Teil und verschiedene besondere Teile untergliedert sind. Angesichts des Strukturunterschieds zwischen dem Formwechsel und den anderen Möglichkeiten einer Umwandlung wird im Interesse einer besseren Handhabung des

142 Vgl. Begründung zum Regierungsentwurf, BR-Drs. 75/94, S. 136.

143 Vgl. auch K. Schmidt, ZGR 1990, 594; ders., Gesellschaftsrecht, 2. Aufl., S. 316.

144 So Lutter, ZGR 1990, 392, 395; K. Schmidt, Gesellschaftsrecht, S. 316; ders., ZGR 1990, 594 f.; kritisch allerdings Kallmeyer, GmbHR 1993, 461, 463.

Gesetzes weniger als in den Büchern drei und vier auf das zweite Buch der Verschmelzung als Grundregelungstyp verwiesen; stattdessen werden eigenständige Regelungen formuliert.

II. Formwechselungsfähige Rechtsträger

§ 191 zählt abschließend die formwechselnden Rechtsträger auf:

- Personenhandelsgesellschaften (OHG, KG),
- Kapitalgesellschaften (GmbH, AG, KGaA),
- Eingetragene Genossenschaften,
- Eingetragene Vereine,
- Versicherungsvereine auf Gegenseitigkeit,
- Körperschaften und Anstalten des öffentlichen Rechts.

§ 191 Abs. 2 schließlich definiert die Unternehmensformen, die für einen formwechselnden Rechtsträger als neue Rechtsform in Betracht kommen können:

- BGB-Gesellschaften,
- Personenhandelsgesellschaften,
- Kapitalgesellschaften,
- Eingetragene Genossenschaften.

Die in § 191 Abs. 1 genannten Rechtsträger konnten auch nach bisherigem Recht umgewandelt werden. Neu ist allerdings die allgemeine Möglichkeit des Formwechsels für rechtsfähige Vereine. Bisher bestand nur für wirtschaftliche Vereine unter weiteren Voraussetzungen die Möglichkeit einer übertragenden Umwandlung in eine AG.

§ 191 steht allerdings unter dem Vorbehalt der besonderen Vorschriften für die einzelnen Gesellschaften und Rechtsträger. Die Aufzählung bedeutet nämlich nicht, daß jedem der dort genannten umwandlungsfähigen Rechtsträger als neue Rechtsform jede der in Absatz 2 genannten Unternehmensformen zur Verfügung stünde. Das Gesetz geht davon aus, daß insoweit rechtsformspezifische Besonderheiten zu beachten sind, so daß die zulässigen Kombinationsmöglichkeiten sich erst unter Heranziehung der besonderen Vorschriften des zweiten Teils ergeben.

Danach können folgende Formwechsel vorgenommen werden:

- Personenhandelsgesellschaft in Kapitalgesellschaft oder eingetragene Genossenschaft (§ 214),
- Kapitalgesellschaft in BGB-Gesellschaft, Personenhandelsgesellschaft, eine andere Kapitalgesellschaft oder eingetragene Genossenschaft (§ 226),
- Eingetragene Genossenschaft nur in Kapitalgesellschaft (§ 258),

- Rechtsfähiger Verein nur in Kapitalgesellschaft oder eingetragene Genossenschaft (§ 272),
- Körperschaft oder Anstalt des öffentlichen Rechts nur in Kapitalgesellschaft (§ 301).

III. Ablauf des Formwechsels

1. Checkliste

Eine Checkliste zum Ablauf des Formwechsels müßte folgende Punkte umfassen:

- Vorbereitung des Formwechselbeschlusses durch einen Entwurf des Umwandlungsbeschlusses (§ 192 Abs. 2),
- Umwandlungsbericht (§ 192 Abs. 1),
- Vermögensaufstellung (§ 192 Abs. 2),
- Prüfung des Formwechsels bei Personenhandelsgesellschaft auf Verlangen eines Gesellschafters (§ 225), bei Genossenschaft durch Prüfungsverband (§ 259),
- Unterrichtung der Anteilsinhaber durch schriftliche Ankündigung des Formwechselbeschlusses einschließlich Abfindungsangebot: Personenhandelsgesellschaft (§ 216), Kapitalgesellschaft (§§ 230, 239) und Verein (§ 278),
- Umwandlungsbeschluß (§ 193),
- Einhaltung der Gründungsvorschriften des neuen Rechtsträgers (§ 197),
- Anmeldung des Formwechsels (§§ 198, 199),
- Eintragung des Formwechsels (§ 202).

2. Umwandlungsbericht

Die Notwendigkeit eines Umwandlungsberichtes, der mit dem Verschmelzungsbericht vergleichbar ist, findet sich im alten Recht nur in den §§ 385d Abs. 2 Satz 2 und 385m AktG nur für den Fall der Umwandlung von Versicherungsvereinen und Genossenschaften. Der Umwandlungsbericht ist im neuen Recht nunmehr für alle Umwandlungsfälle vorgeschrieben. Er hat ebenso wie der Verschmelzungs- und Spaltungsbericht die Aufgabe, den Formwechsel und insbesondere die künftige Beteiligung der Anteilsinhaber rechtlich und wirtschaftlich zu erläutern.

Nach § 192 Abs. 3 ist ein Umwandlungsbericht allerdings nicht erforderlich, wenn es sich um eine Einmann-Gesellschaft handelt oder wenn alle Anteilsinhaber in notariell beurkundeter Verzichtserklärung auf die Berichterstattung verzichten. Wie diese Ausnahmeregelung deutlich macht, geht es in erster Linie um Gesellschaften und Rechtsträger, bei denen eine größere Anzahl von Anteilsinhabern beteiligt sind, die ein besonderes Interesse an einer ausführlichen Vorabinformation haben.

Wegen des Inhalts verweist die Vorschrift auf den Verschmelzungsbericht (§ 8 Abs. 1 Satz 2 bis 4), d. h. der Bericht hat auch Angaben über alle für den Formwechsel wesentlichen Angelegenheiten der mit formwechselnden Rechtsträger verbundenen Unternehmen zu enthalten. Ferner sollen die Folgen des Formwechsels für die Anteilsinhaber erläutert werden, auch wenn mit der Umwandlung keine Änderung der Beteiligungsquote verbunden ist, denn der Formwechsel führt jedenfalls zu einer qualitativen Veränderung der Anteile oder sonstiger Mitgliedschaftsrechte. Man wird sich also insgesamt am Verschmelzungsbericht orientieren müssen. Auch hier bezweckt das Gesetz die Möglichkeit einer sorgfältigen Vorbereitung der Aktionäre auf die bevorstehende Beschlußfassung durch eine umfassende Inkenntnissetzung aller entscheidungsrelevanten Umstände. Der Umwandlungsbericht muß alle relevanten Tatsachen mitteilen und darf keine beurteilungserheblichen Informationen vorenthalten, er muß die Gesellschafter in die Lage versetzen, die erwarteten Vorteile und möglicherweise bestehende Risiken der Umwandlung zu erkennen und diese gegeneinander abzuwägen.

Berichtspflichtig ist das Vertretungsorgan, d. h. die Geschäftsführer oder der Vorstand.

3. Entwurf des Umwandlungsbeschlusses

Nach § 129 Abs. 1 Satz 3 muß der Umwandlungsbericht auch einen Entwurf des Umwandlungsbeschlusses enthalten. Auch hier soll die bisher nur für formwechselnde Versicherungsvereine auf Gegenseitigkeit und für formwechselnde Genossenschaften geltende Regelung, daß das Vertretungsorgan mit der Tagesordnung auch einen Vorschlag für den Umwandlungsbeschluß mitzuteilen hat, verallgemeinert und dahin gehend erweitert werden, daß in den Umwandlungsbericht der Entwurf des Umwandlungsbeschlusses bereits aufzunehmen ist. Der Entwurf hat insoweit dieselbe Funktion wie bei der Verschmelzung der Entwurf eines Verschmelzungsvertrages.

4. Vermögensaufstellung

Nach bisherigem Recht war bei der Umwandlung eine Umwandlungsbilanz aufzustellen, die entweder den Gesellschaftern zugeleitet oder zumindest bei der Anmeldung im Handelsregister eingereicht werden mußte (vgl. §§ 4, 43, 49 UmwG, 362 Abs. 3 AktG).

Die Aufgaben dieser Umwandlungsbilanz waren je nach Art der Umwandlung unterschiedlich. Zum einen diente sie der Information der Gesellschafter und auch der Gläubiger, zum anderen aber, insbesondere bei der Umwandlung in eine Kapitalgesellschaft, hatte sie auch die Funktion, dem Registergericht die Prüfung zu erleichtern, ob das Grundkapital der zu errichtenden Kapitalgesellschaft durch das Reinvermögen der Personenhandelsgesellschaft gedeckt ist.[145]

Auch nach bisher herrschender Meinung handelte es sich bei der Umwandlungsbilanz nicht um eine Erfolgsbilanz, die den allgemeinen handelsrechtlichen Bilanzierungsgrundsätzen unterlag, sondern um eine reine Vermögensbilanz.[146]

Der Gesetzgeber hat mittlerweile auf die Bilanz insgesamt verzichtet und verlangt lediglich eine Vermögensaufstellung, die eine detaillierte Prüfung der Vermögenslage

145 Vgl. etwa Dehmer, § 43 UmwG, Anm. 11; Widmann/Mayer, Rz. 863, Scholz/Priester, Anhang Umwandlungsgesetz, § 49 Rz. 5.

146 Vgl. Dehmer, Umwandlungsrecht, § 4 UmwG, Anm. 7; Widmann/Mayer, Rn. 148.

ermöglicht. Auch bei der bisherigen Vermögensbilanz stand der Zweck der Unterrichtung der Anteilsinhaber im Vordergrund, so daß der wirkliche Wert (Buchwerte unter Hinzurechnung der stillen Rücklagen und der stillen Lasten) anzusetzen war.

Auf diese Vermögensbilanz kann allerdings nach § 29 Abs. 3 ebenfalls verzichtet werden. Die Möglichkeit des Verzichtes auf die Vermögensaufstellung erscheint im Hinblick auf die Registerprüfung bei der Umwandlung in eine Kapitalgesellschaft problematisch. In der Diskussion um das Umwandlungsbereinigungsgesetz wurde die Tatsache der Vermögensübersicht, in der die stillen Reserven aufzudecken sind, kritisiert.[147] Diese Kritik ist erfolglos geblieben. Für die Fälle des Formwechsels können die damit verbundenen, teilweise auch kostenrechtlichen Folgen nur dadurch vermieden werden, daß in notarieller Form auf die Erstellung des Berichtes verzichtet wird. Bei dem Formwechsel einer Personenhandelsgesellschaft in eine Kapitalgesellschaft ist darüber hinaus ein Bericht nicht erforderlich, wenn alle Gesellschafter geschäftsführungsbefugt sind (§ 215).

5. Umwandlungsbeschluß

a) Unterrichtungspflichten

Bei den einzelnen Gesellschaftsformen und Rechtsträgern sind jeweils unterschiedliche Regelungen der Unterrichtungspflichten der Anteilsinhaber und Gesellschafter vor der Beschlußfassung vorgesehen.

- *Personenhandelsgesellschaften* (§ 216): Das Vertretungsorgan hat allen von der Geschäftsführung ausgeschlossenen Gesellschaftern spätestens mit der Einberufung der Gesellschafterversammlung den Formwechsel als Gegenstand der Beschlußfassung schriftlich anzukündigen, den erforderlichen Umwandlungsbericht sowie ein Abfindungsgebot nach § 207 zu übersenden.

- *Kapitalgesellschaften* (§§ 230, 231): Die Geschäftsführer der formwechselnden GmbH haben allen Gesellschaftern spätestens zusammen mit der Einberufung der Gesellschafterversammlung den Formwechsel als Gegenstand der Beschlußfassung schriftlich anzukündigen und den Umwandlungsbericht zu übersenden; der Umwandlungsbericht einer AG oder KGaA ist von der Einberufung der Hauptversammlung an in den Geschäftsräumen der Gesellschaft zur Einsicht auszulegen. Auf Verlangen ist jedem Aktionär kostenlos eine Abschrift des Umwandlungsberichtes zu erteilen. Darüber hinaus ist ein Abfindungsgebot nach § 207 zu übersenden oder im Bundesanzeiger oder in sonst bestimmten Gesellschaftsblättern bekannt zu machen. Nach § 232 ist der Umwandlungsbericht innerhalb der Versammlung auszulegen.

- Bei *Genossenschaften* gilt nach §§ 260, 261, bei *Vereinen* nach § 274 Vergleichbares:

147 Vgl. Handelsrechtsausschuß der DAV, WM 1993, Sonderbeilage 2, S. 21; Kallmeyer, GmbHR 1993, 463.

b) Umwandlungsbeschluß

Nach § 193 Abs. 1 ist für den Formwechsel ein Umwandlungsbeschluß erforderlich, der nur in einer Versammlung der Anteilsinhaber gefaßt werden kann.

Nach § 193 Abs. 3 bedarf der Umwandlungsbeschluß der notariellen Beurkundung. Angesichts der Bedeutung dieses Rechtsgeschäfts für die Gesellschaften auf die beteiligten Gesellschafter und Gläubiger ist der mit der notariellen Beurkundung bezweckte Schutz von großer Bedeutung. Der Beschluß ist vergleichbar mit einer Satzungsänderung, so daß die notarielle Beurkundung aus Schutzzwecken gerechtfertigt ist.

Die für den Umwandlungsbeschluß erforderlichen Mehrheiten orientieren sich an den für die Änderungen von Gesellschaftsvertrag, Satzung oder Statut geltenden Vorschriften:

- *Personenhandelsgesellschaften* (§ 217): Zustimmung aller anwesenden Gesellschafter zuzüglich Zustimmung nicht erschienener Gesellschafter; der Gesellschaftsvertrag kann allerdings eine Mehrheitsentscheidung vorsehen, mindestens $^3/_4$-Mehrheit.
- *Kapitalgesellschaft:* Nach § 233 Abs. 1 Zustimmung aller Gesellschafter bei Umwandlung in BGB-Gesellschaft oder OHG; $^3/_4$-Mehrheit bei Umwandlung in KG, sowie nach § 240 $^3/_4$-Mehrheit bei Umwandlung in eine andere Kapitalgesellschaft.
- *Genossenschaft* (§ 262): $^3/_4$-Mehrheit der abgegebenen Stimmen mit Sondervorschriften bei Widerspruch.
- *Verein* (§ 275): Alle Vereinsmitglieder, wenn der Zweck geändert werden soll, sonst $^3/_4$-Mehrheit der erschienenen Mitglieder.

c) Zustimmungspflichten

Das Gesetz sieht weiterhin in einer Reihe von Vorschriften für Anteilsinhaber, deren Rechte individuell berührt werden oder auf die zusätzliche Risiken, wie z. B. Haftung an Nachschußpflichten zukommen, das Erfordernis individueller, notariell beurkundeter Zustimmung vor.

d) Inhalt des Umwandlungsbeschlusses

In § 194 ist in der Art einer Checkliste der Inhalt des Umwandlungsbeschlusses genannt.

In dem Umwandlungsbeschluß müssen daher mindestens bestimmt werden:

- Die Rechtsform, die der Rechtsträger durch den Formwechsel erlangen soll.
- Der Name oder die Firma des Rechtsträgers neuer Rechtsform.
- Eine Beteiligung der bisherigen Anteilsinhaber an dem Rechtsträger nach den für die neue Rechtsform geltenden Vorschriften, soweit ihre Beteiligung nicht nach diesem Buch entfällt: Mit dieser Vorschrift soll die Identität des am Umwandlungsvorgang beteiligten Personenkreises zum Ausdruck gebracht werden. Die in der Vorschrift angesprochene Ausnahmeregelung im fünften Buch betrifft das Ausscheiden von Komplementären aus einer formwechselnden Kommanditgesellschaft auf Aktien

sowie den Ausschluß bestimmter Mitglieder eines formwechselnden Versicherungsvereins auf Gegenseitigkeit von der Beteiligung an der AG.

- Zahl, Art und Umfang der Anteile oder der Mitgliedschaften, welche die Anteilsinhaber durch den Formwechsel erlangen sollen oder die einem beitretenden persönlich haftenden Gesellschafter eingeräumt werden sollen.

- Die Rechte, die einzelnen Anteilsinhabern sowie den Inhabern besonderer Rechte, wie Anteile ohne Stimmrecht, Vorzugsaktien, Mehrstimmrechtsaktien, Schuldverschreibungen und Genußrechte, in dem Rechtsträger gewährt werden sollen, oder die Maßnahmen, die für diese Personen vorgesehen sind.

Die letzten beiden genannten Regelungen bestimmen, daß die künftige Beteiligung der Gesellschafter und Anteilsinhaber an dem neuen Rechtsträger in dem Umwandlungsbeschluß qualitativ und quantitativ näher zu bestimmen sind. Soweit der Umwandlungsbeschluß nach den besonderen Vorschriften des zweiten Teils auch den künftigen Wortlaut des Gesellschaftsvertrags, der Satzung oder des Statuts enthalten muß, soll es bei der näheren Bestimmung der Anteile oder sonstigen Mitgliedschaftsrechte an dem Rechtsträger neuer Rechtsform möglich sein, hierauf Bezug zu nehmen. Die Formulierung läßt offen, ob mit qualifizierter Mehrheit der Gesellschafter im Einzelfall durch die Umwandlung die Beteiligungsverhältnisse grundlegend verändert werden können, oder ob nur eine beteiligungswahrende Umwandlung zulässig ist. Nach § 195 Abs. 2 kann eine Klage gegen die Wirksamkeit des Umwandlungsbeschlusses nicht darauf gestützt werden, daß die Beteiligungsverhältnisse für den einzelnen Gesellschafter zu niedrig bemessen sind. Ihm verbleibt dann das Spruchstellenverfahren nach § 196 i. V. m. § 315 ff. Die Begründung zu § 195 weist darauf hin, daß der Kreis der Anteilsinhaber bei Formwechsel im allgemeinen der gleiche bleibt, daß aber die Umwandlung der einzelnen Anteile oder sonstigen Mitgliedschaftsrechte in Beteiligungen neuer Art schwierig sein könne, so daß auch beim Formwechsel die Wirksamkeit des Umwandlungsbeschlusses nicht mit der Begründung in Frage gestellt werden könne, daß der umgewandelte Anteil zu niedrig oder die neue Mitgliedschaft kein ausreichender Gegenwert für die bisherige Beteiligung am Rechtsträger sei.[148]

Diese gesetzliche Regelung wird man aber wohl dahin gehend interpretieren müssen, daß nur eine annähernd verhältniswahrende Umwandlung zulässig ist und daß die Mehrheit nicht die Möglichkeit hat, eine grundlegende Neuordnung der Anteilsverhältnisse zu beschließen. Entgegen § 194 Abs. 2 dürfte eine Klage gegen einen Beschluß, die eine grundlegende Veränderung der Anteilsverhältnisse beschließt, zulässig sein. Das Spruchstellenverfahren wird man nur bezüglich der notwendigen Angleichungen im Spitzenbereich für zulässig erachten können. Die Umwandlung darf anders als die Verschmelzung aber nicht die Möglichkeit bieten, unliebsame Gesellschafter in ihrer Beteiligung herabzusetzen.

- Ein Abfindungsgebot nach § 207, sofern nicht der Umwandlungsbeschluß für seine Wirksamkeit der Zustimmung aller Anteilsinhaber bedarf oder an dem formwechselnden Rechtsträger nur ein Anteilsinhaber beteiligt ist. Der Gesetzgeber hat eine Anregung, auf das Abfindungsgebot ebenfalls zu verzichten, wenn alle Gesellschafter der Umwandlung zustimmen, nicht aufgegriffen. Man wird aber wohl die Möglichkeit zulassen müssen, daß im Falle der Zustimmung aller ein Abfindungsangebot entbehrlich ist.

- Die Folgen des Formwechsels für die Arbeitnehmer und ihre Vertretungen sowie die insoweit vorgesehenen Maßnahmen.

148 Vgl. BR-Drs. 75/94, S. 140.

Ebenso wie der Verschmelzungsbeschluß ist nach § 194 Abs. 2 der Entwurf des Umwandlungsbeschlusses spätestens einen Monat vor dem Tag der Versammlung der Anteilsinhaber dem zuständigen Betriebsrat zuzuleiten.

6. Feststellung der Satzung bzw. Gesellschaftsvertrag des neuen Rechtsträgers

Nach § 197 sind auf den Formwechsel die für den neuen Rechtsträger geltenden Gründungsvorschriften anzuwenden, soweit sich nichts anderes aus den besonderen Vorschriften des Umwandlungsgesetzes ergibt. Die Vorschriften über die einzelnen Gesellschaften und Rechtsträger sehen demgemäß vor, daß in dem Umwandlungsbeschluß neben den im § 194 genannten Bestimmungen auch der Gesellschaftsvertrag oder die Satzung oder das Statut des neuen Rechtsträgers festgestellt werden muß:

- Personenhandelsgesellschaften (§ 218 Abs. 1),
- Kapitalgesellschaft in Kapitalgesellschaft (§ 243),
- Kapitalgesellschaft in Genossenschaft (§ 253),
- Formwechsel der Genossenschaft (§ 263 Abs. 1),
- Formwechsel des Vereins (§ 276 Abs. 1).

Darüber hinaus sind auch die weiteren Vorschriften des Gründungsrechts nach § 197 anzuwenden. Hierdurch soll insbesondere ein Wertungswiderspruch vermieden werden, wenn das für den Rechtsträger neuer Rechtsform maßgebende Gründungsrecht schärfere Anforderungen stellt, als sie für die Gründung des formwechselnden Rechtsträgers bestanden haben (so z. B. beim Formwechsel einer Personengesellschaft in eine Kapitalgesellschaft). Somit werden vor allem die für Kapitalgesellschaften wichtigen Vorschriften über die Gründungsprüfung und die Verantwortlichkeit der Gründer in das Umwandlungsrecht einbezogen. Nach § 220 Abs. 2 sind in dem Sachgründungsbericht beim Formwechsel in eine GmbH und in dem Gründungsbericht beim Formwechsel in eine AG auch der bisherige Geschäftsverlauf und die Lage der formwechselnden Gesellschaft darzulegen.

7. Anmeldung des Formwechsels

Nach § 198 ist die neue Rechtsform des Rechtsträgers zur Eintragung in das Register, in das der formwechselnde Rechtsträger eingetragen ist, anzumelden. Gegenstand der Anmeldung ist abweichend vom geltenden Recht nicht der Umwandlungsbeschluß, sondern die neue Rechtsform des Rechtsträgers. Die Niederschrift des Umwandlungsbeschlusses, der nach geltendem Recht den Gegenstand der anzumeldenden Eintragung bildet, soll der Anmeldung nur noch als Anlage beigefügt werden.

Die Bestimmung der Personen, welche die Anmeldung zu bewirken haben, ergibt sich aus den besonderen Vorschriften bei den einzelnen Rechtsformen:

- *Personenhandelsgesellschaften* (§ 222): Alle Mitglieder des künftigen Vertretungsorgans sowie eventueller Aufsichtsratsmitglieder

- *Kapitalgesellschaft*
  - in Personengesellschaft: Durch Vertretungsorgan der formwechselnden Gesellschaft (§ 235);
  - in eine Kapitalgesellschaft anderer Rechtsform: Durch das Vertretungsorgan der formwechselnden Rechtsgesellschaft, zugleich mit der neuen Rechtsform sind die Geschäftsführer der GmbH, die Vorstandsmitglieder der AG anzumelden.
- Formwechsel *in eine Genossenschaft*: Anmeldung einschließlich Statut der Genossenschaft durch das Vertretungsorgan der formwechselnden Gesellschaft, zugleich Anmeldung der Vorstandsmitglieder (§ 254).
- Formwechsel *der Genossenschaft* (§ 265).
- *Verein* (§ 278 i. V. m. § 222)

Folgende Anlagen sind der Anmeldung beizufügen:

- Ausfertigung oder beglaubigte Abschrift der Niederschrift des Umwandlungsbeschlusses,
- Ausfertigung oder beglaubigte Abschrift der erforderlichen Zustimmungserklärungen einzelner Anteilsinhaber bzw. nicht erschienener Anteilsinhaber,
- Urschrift oder Abschrift des Umwandlungsberichtes,
- Beglaubigte Abschrift oder Ausfertigung der notariellen Erklärungen über den Verzicht auf seine Erstellung,
- Nachweis über die Zuleitung an den Betriebsrat,
- Genehmigungsurkunden.

8. Eintragung

Die Wirkungen der Eintragung sind in § 202 geregelt: Der formwechselnde Rechtsträger besteht in neuer Rechtsform weiter. Die Anteilsinhaber erhalten ihre neuen Beteiligungen nach den für die neue Rechtsform geltenden Vorschriften und nach Maßgabe des Umwandlungsbeschlusses. Der Mangel an der notariellen Beurkundung des Umwandlungsbeschlusses und erforderlicher Zustimmungs- und Verzichtserklärungen wird durch die Eintragung geheilt.

Teil 2:

Vertragsmuster

A. Verschmelzung zweier GmbH

I. Verschmelzungsvertrag

Heute, den
erschienen vor mir, . . ., Notar in . . ., an meiner Amtsstelle in . . .,

1. Kaufmann Peter Müller, wohnhaft in
2. Ingenieur Gerhard Meier, wohnhaft in
3. Kaufmann Franz Schmidt, wohnhaft in

alle Beteiligten sind dem Notar persönlich bekannt.

Die Beteiligten zu 1. und 2. handeln als gemeinsam vertretungsberechtigte Geschäftsführer der A-GmbH mit Sitz in München. Hierzu bescheinige ich, der amtierende Notar, aufgrund Einsicht in das Handelsregister des Amtsgerichts München vom . . ., daß dort unter HRB Nr. . . ., die A-GmbH im Handelsregister eingetragen ist und die Beteiligten zu 1. und 2. gemeinsam zur Vertretung der Gesellschaft berechtigt sind.

Der Beteiligte zu 3. erklärt, als alleinvertretungsberechtigter Geschäftsführer der B-GmbH für diese zu handeln.

Ich, der amtierende Notar, bescheinige aufgrund meiner Einsicht in das Handelsregister des Amtsgerichts München vom . . ., daß dort unter HRB Nr. . . . die B-GmbH eingetragen ist und der Beteiligte zu 3. alleinvertretungsberechtigt ist.

Auf Antrag der Erschienenen beurkunde ich aufgrund der vor mir mündlich abgegebenen Erklärungen folgenden

Verschmelzungsvertrag

Die Firma A-GmbH, mit Sitz in München,
– im folgenden „übertragende Gesellschaft" genannt,
wird mit der Firma B-GmbH, mit Sitz in München,
– im folgenden „übernehmende Gesellschaft" genannt,
ohne Abwicklung verschmolzen.

§ 1 Übertragung des Vermögens der A-GmbH

Die Verschmelzung erfolgt in der Weise, daß die übertragende Gesellschaft ihr Vermögen als Ganzes mit allen Rechten und Pflichten unter Ausschluß der Abwicklung gemäß §§ 2, 46 UmwG auf die übernehmende Gesellschaft gegen Gewährung von Geschäftsanteilen dieser Gesellschaft überträgt (Verschmelzung durch Aufnahme).

Der Verschmelzung wird die von Wirtschaftsprüfer W. in München erstellte Bilanz der übertragenden Gesellschaft zum 31. 12. 19. . . als Schlußbilanz zugrunde gelegt.

§ 2 Gegenleistung der übernehmenden Gesellschaft

1. Da das Stammkapital der A-GmbH 50 000 DM beträgt, an dem X. und Y. je mit Geschäftsanteilen zu 25 000 DM beteiligt sind, und das der B-GmbH ebenfalls 50 000 DM, gewährt die B-GmbH jeweils den Gesellschaftern der A-GmbH für ihre Geschäftsanteile jeweils in Höhe von 25 000 DM einen Geschäftsanteil von ebenfalls 25 000 DM an der B-GmbH, die durch Kapitalerhöhung bei der B-GmbH neu geschaffen werden. Nach den Bilanzen beider Gesellschaften zum 31. 12. 19. . und der Vermögens- und Ertragslage bewerten die Vertragsteile das Verhältnis der Geschäftsanteile der übertragenden Gesellschaft mit den Geschäftsanteilen der übernehmenden Gesellschaft mit 1:1.

   Eine bare Zuzahlung findet nicht statt.
2. Diese Geschäftsanteile sind mit den gleichen Rechten und Pflichten ausgestattet wie die übrigen Geschäftsanteile an der übernehmenden Gesellschaft.
3. Die Geschäftsanteile an der übernehmenden Gesellschaft, die als Gegenleistung gewährt werden, sind ab 1. 1. 19. . gewinnbezugsberechtigt.
4. Besondere Rechte für Geschäftsführer, Gesellschafter oder Verschmelzungsprüfer werden nicht gewährt.

§ 3 Kapitalerhöhung

Zur Durchführung der Verschmelzung wird das Stammkapital der übernehmenden Gesellschaft von bisher 50 000 DM

um 50 000 DM

auf 100 000 DM

erhöht, und zwar durch Bildung zweier Geschäftsanteile im Nennbetrag von je 25 000 DM.

Diese sind gewinnbezugsberechtigt ab 1. 1. 19. .

§ 4 Verschmelzungsstichtag

Der Übergang des Vermögens erfolgt im Innenverhältnis mit Wirkung vom 1. 1. 19. ., wobei der Gewinnverteilungsbeschluß der B-GmbH für das Geschäftsjahr 19. . für die Übernehmerin bindend ist. Ab diesem Zeitpunkt gelten Handlungen der übertragenden Gesellschaft als für Rechnung der übernehmenden Gesellschaft vorgenommen.

§ 5 Zustimmungen und Bedingungen

Dieser Vertrag bedarf der Zustimmung der Gesellschafterversammlung der A-GmbH und der B-GmbH. Wird die Verschmelzung nicht bis zum . . . von der Versammlung beider Gesellschaften beschlossen, so wird der Verschmelzungsvertrag unwirksam. Er wird ebenfalls unwirksam, wenn die Verschmelzung nicht bis zum . . . in das Handelsregister eingetragen ist. Die Geschäftsführer beider Gesellschaften sind verpflichtet, die Anmeldung unverzüglich vorzunehmen.

§ 6 Kosten und Steuern

Die durch diesen Vertrag und seine Ausführung entstehenden Kosten und Steuern trägt die übernehmende Gesellschaft. Bei Scheitern der Gesellschaft sind die Kosten hälftig zu teilen.

§ 7 Abschriften

Von diesen Urkunden erhalten die Beteiligten je zwei Ausfertigungen, die beteiligten Registergerichte und das Grundbuchamt je eine beglaubigte Abschrift.

§ 8 Gläubigersicherheit

Den Gläubigern der an der Verschmelzung beteiligten Gesellschaften ist, wenn sie binnen sechs Monaten nach dem Tag, an dem die Eintragung der Verschmelzung ihrer Gesellschaft als bekanntgemacht gilt, ihren Anspruch nach Grund und Höhe schriftlich angemeldet haben, Sicherheit zu leisten, soweit sie nicht Befriedigung verlangen können und glaubhaft machen, daß durch die Verschmelzung die Erfüllung ihrer Forderung gefährdet wird.

§ 9 Abfindungsangebot und Prüfung

Ein Abfindungsangebot entfällt, da übertragender und aufnehmender Rechtsträger dieselbe Rechtsform haben (§ 29 UmwG).

Sollte einer der Gesellschafter der Gesellschaften eine Verschmelzungsprüfung verlangen, werden die Geschäftsführer umgehend einen Prüfer bestellen (§ 48 i. V. mit §§ 9–12 UmwG).

§ 10 Grundbuchberichtigung

Die übertragende Gesellschaft ist Eigentümerin des im Grundbuch von München, Band . . ., Blatt . . ., eingetragenen Grundbesitzes. Die Beteiligten beantragen und die übertragende Gesellschaft bewilligt die Berichtigung des Grundbuchs durch Eintragung der übernehmenden Gesellschaft als Eigentümerin. Der Nachweis der Unrichtigkeit ist durch einen beglaubigten Handelsregisterauszug nach Eintragung der Verschmelzung zu führen.

§ 11 Arbeitsrechtliche Folgen der Verschmelzung

Die Beteiligten beschreiben die Folgen der Verschmelzung für die Arbeitnehmer und ihre Vertretungen sowie die insoweit vorgesehenen Maßnahmen wie folgt. . . .

Die vorliegende Niederschrift ist den Erschienenen vom Notar vorgelesen, von ihnen genehmigt und wie folgt eigenhändig unterschrieben worden:

II. Zustimmungen der Gesellschafterversammlungen zur Verschmelzung

1. Zustimmung bei der übernehmenden Gesellschaft

Niederschrift über eine Gesellschafterversammlung

Heute, den . . ., erschienen vor mir, dem unterzeichnenden Notar . . ., mit dem Amtssitz in . . ., an der Amtsstelle in . . ., . . .:

1. Herr W., Kaufmann, wohnhaft in . . .
2. Herr Z., Kaufmann, wohnhaft in . . .

Beide Beteiligten sind mir, Notar, persönlich bekannt.

Auf Antrag beurkunde ich den vor mir abgegebenen Erklärungen gemäß folgendes:

Die Erschienenen sind Gesellschafter der B-GmbH, eingetragen im Handelsregister des Amtsgerichts München unter HRB . . ., mit einem Stammkapital von 50 000 DM.

Herr W. hält einen Geschäftsanteil in Höhe von 25 000 DM.

Herr Z. hält einen Geschäftsanteil in Höhe von 25 000 DM.

Die vorgenannten Gesellschafter halten unter Verzicht auf alle Frist- und Formvorschriften eine Gesellschafterversammlung ab und stellen fest, daß die Gesellschafterversammlung als Vollversammlung beschlußfähig ist.

Die Gesellschafter beschließen mit allen Stimmen was folgt:

§ 1 Zustimmung zum Verschmelzungsvertrag

Dem Verschmelzungsvertrag, Urkunde des Notars . . ., in . . ., vom . . ., UR-Nr. . . ., wird mit allen Stimmen vorbehaltlos zugestimmt. Er ist dieser Niederschrift als Anlage beigefügt und wurde den Beteiligten vorgelesen und von diesen genehmigt.

§ 2 Kapitalerhöhung

1. Das Stammkapital der Gesellschaft in Höhe
   von 50 000 DM wird
   um 50 000 DM
   auf 100 000 DM

   zur Durchführung der Verschmelzung gemäß § 55 UmwG erhöht. Die Kapitalerhöhung erfolgt zum Zweck der Durchführung der unter § 1 beschlossenen Verschmelzung.
2. Es werden zwei Stammeinlagen in Höhe von je 25 000 DM gebildet. Zur Übernahme dieser Stammeinlagen werden jeweils Herr X. und Herr Y., bisherige Gesellschafter der übertragenden GmbH, zugelassen.
3. Sie leisten ihre Stammeinlage durch die Übertragung des Vermögens der A-GmbH nach Maßgabe des unter § 1 genannten Verschmelzungsvertrags. Der Übertragung des Vermögens liegt die dieser Urkunde als Anlage 2 beigefügte Verschmelzungsbilanz der B-GmbH zum 31. 12. 19. . zugrunde.

4. Die neuen Geschäftsanteile sind ab 1. 1. 19. . gewinnbezugsberechtigt.
5. Mit der Durchführung der Verschmelzung sind die neuen Stammeinlagen in voller Höhe bewirkt.

§ 3 Satzungsänderung

Der Gesellschaftsvertrag der B-GmbH wird in § 3 (Stammkapital) wie folgt geändert:

„Das Stammkapital der Gesellschaft beträgt 100 000 DM (in Worten: einhunderttausend Deutsche Mark)."

§ 4 Sonstiges

Alle Gesellschafter verzichten auf eine Prüfung der Verschmelzung.

Alle Gesellschafter erklären, daß der Verschmelzungsvertrag ihnen spätestens zusammen mit der Einberufung der Gesellschafterversammlung übersendet wurde.

Der beurkundende Notar wies die Gesellschafter darauf hin, daß jeder von ihnen die Erteilung einer Abschrift der Niederschrift über diese Gesellschafterversammlung und des Verschmelzungsvertrags verlangen kann und daß ihnen ein Anspruch gegen die Geschäftsführer auf Auskunft auch über alle für die Verschmelzung wesentlichen Angelegenheiten der anderen beteiligten Gesellschafter verlangen kann.

§ 5 Kosten, Abschriften

Die Kosten und etwaigen Verkehrssteuern der Kapitalerhöhung einschließlich der Durchführung trägt die übernehmende Gesellschaft als Aufwand.

Die dieser Urkunde beigefügte Anlage bildet einen wesentlichen Bestandteil dieser Urkunde.

Samt Anlage vorgelesen vom Notar, von dem Erschienenen genehmigt und eigenhändig unterschrieben.

2. Zustimmungsbeschluß der übertragenden Gesellschaft

Niederschrift über eine Gesellschafterversammlung

Heute, den . . .

erschienen vor mir, dem unterzeichnenden Notar . . ., mit Amtssitz in . . ., an der Amtsstelle in . . ., . . .

1. Herr X., Kaufmann, wohnhaft in . . .
2. Herr Y., Kaufmann, wohnhaft in . . .

Die Beteiligten sind mir, Notar . . . , persönlich bekannt.

Auf Antrag beurkunde ich der vor mir abgegebenen Erklärung gemäß folgendes:

Im Handelsregister des Amtsgerichts . . ., ist in Abteilung B unter Nr. . . . die Firma A-GmbH mit Sitz in . . . eingetragen.

Gesellschafter dieser Gesellschaft sind nach Angabe:

Herr X., mit einem Gesellschaftsanteil in Höhe von 25 000 DM
Herr Y., mit einem Gesellschaftsanteil in Höhe von 25 000 DM.

Das Stammkapital der Gesellschaft beträgt 50 000 DM.

Die vorgenannten Gesellschafter halten eine Gesellschafterversammlung der vorgenannten Gesellschaft unter Verzicht auf alle Frist- und Formvorschriften ab und stellen fest, daß die Gesellschafterversammlung als Vollversammlung beschlußfähig ist.

Die Gesellschafter beschließen mit allen Stimmen was folgt:

§ 1 Zustimmung zum Verschmelzungsvertrag

Dem Verschmelzungsvertrag vom . . ., UR-Nr. . . . des amtierenden Notars wird mit allen Stimmen vorbehaltlos zugestimmt.

Der Verschmelzungsvertrag ist dieser Urkunde als Anlage 1 beigefügt und wurde mitverlesen und genehmigt.

§ 2 Feststellung der Verschmelzungsbilanz

Die dieser Urkunde als Anlage 2 beigefügte Schlußbilanz (Verschmelzungsbilanz) zum 31. 12. 19. . wird festgestellt.

§ 3 Kosten, Abschriften

Die Kosten dieser Urkunden trägt die Gesellschaft.

§ 4 Sonstiges

Alle Gesellschafter verzichten auf eine Prüfung der Verschmelzung.

Alle Gesellschafter erklären, daß der Verschmelzungsvertrag ihnen spätestens zusammen mit der Einberufung der Gesellschafterversammlung übersandt wurde.

Der beurkundende Notar wies die Gesellschafter darauf hin, daß jeder von ihnen die Erteilung einer Abschrift der Niederschrift über diese Gesellschafterversammlung und des Verschmelzungsvertrags verlangen kann und daß ihnen ein Anspruch gegen die Geschäftsführer auf Auskunft auch über alle für die Verschmelzung wesentlichen Angelegenheiten der anderen beteiligten Gesellschaften zusteht.

Sämtliche Anlagen bilden wesentliche Bestandteile dieser Urkunde und wurden mitverlesen und genehmigt.

Samt Anlagen vorgelesen vom Notar, von den Erschienenen genehmigt und eigenhändig unterschrieben.

III. Handelsregisteranmeldungen

1. Anmeldung der Kapitalerhöhung bei der übernehmenden Gesellschaft

An das
Amtsgericht . . .
– Handelsregister –

B-GmbH
HRB . . .

Zur Eintragung in das Handelsregister wird angemeldet:

Das Stammkapital der B-GmbH ist zum Zwecke der Durchführung der Verschmelzung durch Beschluß der Gesellschafterversammlung vom . . . von 50 000 DM um 50 000 DM auf 100 000 DM erhöht. Die Erhöhung erfolgt durch Ausgabe zweier neuer Geschäftsanteile im Nennbetrag von je 25 000 DM.

Der Gesellschaftsvertrag ist in § 3 (Stammkapital) geändert.

Wir überreichen als Anlage:

- notariell beglaubigte Abschrift des Verschmelzungsvertrages
- notariell beglaubigte Abschrift der Niederschrift über die Gesellschafterversammlung der A-GmbH
- notariell beglaubigte Abschrift der Niederschrift über die Gesellschafterversammlung der B-GmbH
- Schlußbilanz der B-GmbH zum 31. 12. 19. .
- bescheinigte Neufassung der Satzung gemäß § 54 GmbHG
- Liste der Übernehmer der neuen Stammeinlagen
- eine neue Liste, aus der sich alle Gesellschafter der Gesellschaft und ihre Stammeinlagen ergeben.

2. Anmeldung der Verschmelzung zum Handelsregister der übertragenden Gesellschaft

An das Amtsgericht . . .
– Handelsregister –

A-GmbH
HRB . . .

Zur Eintragung in das Handelsregister wird angemeldet:
Die Firma A-GmbH mit Sitz in . . ., ist aufgrund des Verschmelzungsvertrags vom . . ., UR-Nr. . . . des beglaubigenden Notars und den zustimmenden Gesellschafterbeschlüssen vom . . ., UR-Nr. . . . des beglaubigenden Notars mit der Firma B-GmbH mit Sitz in . . ., unter Ausschluß der Abwicklung gemäß § 2 i. V. mit § 46 UmwG verschmolzen.

Die Gesellschaft ist erloschen.

Wir erklären, daß eine Klage gegen die Wirksamkeit der Verschmelzungsbeschlüsse beider Gesellschaften innerhalb der Anfechtungsfrist nicht erhoben worden ist.

Wir erklären weiter, daß bei den an der Verschmelzung beteiligten Gesellschaften alle zu leistenden Einlagen auf die Geschäftsanteile in voller Höhe bewirkt sind (§§ 51, 52 UmwG).

Als Anlagen überreichen wir:

- beglaubigte Abschrift des Verschmelzungsvertrages
- beglaubigte Abschrift der Niederschrift über die Gesellschafterversammlung der übertragenden Gesellschaft
- beglaubigte Abschrift der Niederschrift über die Gesellschafterversammlung der übernehmenden Gesellschaft
- einfache Abschrift des Verschmelzungsberichts
- Nachweis über die rechtzeitige Zuleitung des Verschmelzungsvertrags an den zuständigen Betriebsrat
- die Schlußbilanz der übertragenden Gesellschaft
- beglaubigten Handelsregisterauszug der B-GmbH, aus dem sich ergibt, daß die Durchführung der Erhöhung des Grundkapitals im Handelsregister eingetragen ist (§ 53 UmwG).
- (Ort), den ......

....	....
(Unterschrift mit Beglaubigungsvermerk)	(Unterschrift)

3. Anmeldung der Verschmelzung zum Handelsregister der übernehmenden Gesellschaft

An das
Amtsgericht ...
– Handelsregister –

B-GmbH
HRB ...

Zur Eintragung in das Handelsregister wird angemeldet:

Die Firma A-GmbH mit Sitz in München ist aufgrund des Verschmelzungsvertrags vom ..., UR-Nr. ... des beglaubigenden Notars und der zustimmenden Gesellschafterbeschlüsse vom ..., UR-Nr. ..., jenes beglaubigenden Notars mit der Firma B-GmbH mit dem Sitz in München unter Ausschluß der Abwicklung gemäß § 2 i. V. mit § 46 UmwG verschmolzen.

Ich erkläre, daß die Verschmelzungsbeschlüsse innerhalb der Anfechtungsfrist nicht angefochten worden sind.

Ich erkläre weiter, daß bei den an der Verschmelzung beteiligten Gesellschaften alle zu leistenden Einlagen auf die Geschäftsanteile in voller Höhe bewirkt sind (§§ 51, 52 UmwG).

Es wird versichert, daß nach unserer Kenntnis seit dem Stichtag der zugrunde gelegten Bilanz bis zum Tag der Anmeldung keine Vermögensänderung eingetreten ist, die der Verschmelzung entgegenstünde, wenn sie am Tag der Anmeldung beschlossen worden wäre.

Als Anlagen füge ich bei:

- beglaubigte Abschrift des Verschmelzungsvertrags
- beglaubigte Abschrift der Niederschrift für die Gesellschafterversammlung der übertragenden Gesellschaft
- beglaubigte Abschrift der Niederschrift über die Gesellschafterversammlung der übernehmenden Gesellschaft
- eine neue, von den Geschäftsführern unterschriebene Liste, aus der sich alle Gesellschafter der Gesellschaft und ihrer Stammeinlagen ergeben,
- einen Nachweis über die rechtzeitige Zuleitung des Verschmelzungsvertrags an den zuständigen Betriebsrat
- beglaubigtes Handelsregister der A-GmbH, aus dem sich ergibt, daß die Verschmelzung in das Handelsregister des Sitzes der A-GmbH eingetragen worden ist.

(Ort), den ....

....
Unterschrift mit Beglaubigungsvermerk

B. Spaltung einer GmbH durch Neugründung in Form der Abspaltung

I. Spaltungsplan

Heute, den
erschienen vor mir, dem unterzeichnenden Notar . . .
mit Amtssitz in . . .,
an der Amtsstelle in . . ., . . .

1. Herr X., Kaufmann, wohnhaft in . . .
2. Herr Y., Ingenieur, wohnhaft in . . .

Die Erschienenen sind mir, Notar, persönlich bekannt.

Die Beteiligten handeln hier nicht im eigenen Namen, sondern für die Firma A-GmbH mit Sitz in München
– nachstehend übertragende Gesellschaft genannt –
als deren gemeinsam vertretungsberechtigte Geschäftsführer.

Hierzu bescheinige ich, Notar . . ., aufgrund Einsicht in das Handelsregister des Amtsgerichts . . ., vom . . ., daß dort unter HRB-Nr. . . . die A-GmbH eingetragen ist und die Beteiligten gemeinsam zur Vertretung der genannten Gesellschaft berechtigt sind.

Auf Antrag beurkunde ich aufgrund der vor mir mündlich abgegebenen Erklärungen folgenden

Spaltungsplan

§ 1 Firma und Sitz der an der Spaltung beteiligten Rechtsträger

Als übertragende Gesellschaft ist an der Spaltung die A-GmbH mit Sitz in . . . beteiligt.

Durch die Abspaltung zur Neugründung entsteht die Firma B-GmbH mit Sitz in . . . (nachfolgend „übernehmende Gesellschaft"). Der Gesellschaftsvertrag der B-GmbH ist in Anlage 1 dieser Urkunde beigefügt.

Vorbehaltlich der Genehmigung durch die Gesellschafterversammlung der übertragenden Gesellschaft stellen wir den Gesellschaftsvertrag der neugebildeten Gesellschaft wie in Anlage 1 aufgenommen fest.

§ 2 Vereinbarung über die Vermögensübertragung

Die A-GmbH überträgt die in der Anlage 2 aufgeführten Teile ihres Vermögens samt den aufgeführten Verbindlichkeiten als Gesamtheit mit allen Rechten und Pflichten gegen Gewährung von Geschäftsanteilen auf die B-GmbH. Die Spaltung erfolgt gemäß §§ 123 ff. UmwG.

§ 3 Gegenleistung der übernehmenden Gesellschaft

1. Die übernehmende Gesellschaft gewährt den Gesellschaftern A und B der übertragenden Gesellschaft als Gegenleistung für die Übertragung des vorstehend beschrie-

benen Vermögens der übertragenden Gesellschaft je einen Geschäftsanteil an der übernehmenden Gesellschaft, und zwar je einen Geschäftsanteil je im Nennbetrag von 25 000 DM.
2. Bare Zuzahlungen sind nicht zu leisten.
3. Besondere Rechte für einzelne Gesellschafter oder besondere Vorteile für Geschäftsführer oder evtl. Abschlußprüfer werden nicht gewährt.
4. Diese Anteile gewähren ab dem 1. 1. 19. . einen Anspruch auf den Bilanzgewinn der neuen Gesellschaft.
5. Die Aufteilung der Anteile erfolgt verhältniswahrend entsprechend den Beteiligungen der Gesellschafter an der A-GmbH.

§ 4 Spaltungsstichtag

Die Spaltung erfolgt aufgrund der Schlußbilanz der A-GmbH zum 31. 12. 19. . . Ab 1. 1. 19. . gelten Handlungen der A-GmbH, soweit sie sich auf Vermögensgegenstände und Verbindlichkeiten beziehen, die Gegenstand der Spaltung sind, als für Rechnung der B-GmbH vorgenommen.

§ 5 Sicherheitsleistung

Den Gläubigern der an der Spaltung beteiligten Gesellschafter ist, wenn sie binnen sechs Monaten nach der Bekanntmachung der Eintragung der Spaltung in das Handelsregister des Sitzes dieser Gesellschaft, dessen Gläubiger sie sind, ihren Anspruch nach Grund und Höhe schriftlich anmelden, Sicherheit zu leisten, soweit sie nicht Befriedigung verlangen können und glaubhaft machen, daß durch die Verschmelzung die Erfüllung ihrer Forderung gefährdet wird. Zur Sicherheitsleistung ist allerdings nur die an der Spaltung beteiligte Gesellschaft verpflichtet, gegen die sich der Anspruch richtet.

§ 6 Grundbuchberichtigung

Die übertragende Gesellschaft ist Eigentümerin des im Grundbuch von . . ., Band . ., Blatt . . . eingetragenen Grundbesitzes, der auf die übernehmende Gesellschaft übergehen soll.

Grundbuchberichtigung wird bewilligt und beantragt.

§ 7 Folgen der Spaltung für die Arbeitnehmer und ihre Vertretungen

Die Folgen der Spaltung für die Arbeitnehmer und ihre Vertretungen sowie die insoweit vorgesehenen Maßnahmen werden wie folgt beschrieben . . .

§ 8 Kosten, Steuern

Die Kosten dieses Vertrags und seines Vollzugs sowie die jeweils anfallenden Verkehrssteuern trägt die übertragende Gesellschaft.

§ 9 Ausfertigung und Abschriften

Von dieser Urkunde erhalten Ausfertigungen die beteiligten Gesellschaften (zweifach).

Beglaubigte Abschriften erhalten die Registergerichte der übertragenden Gesellschaft und der übernehmenden Gesellschaft, das Grundbuchamt, der Betriebsrat der übertragenden Gesellschaft.

§ 10 Geschäftsführerbestellung der B-GmbH

Die Gesellschafterin der übernehmenden Gesellschaft hält eine erste Gesellschafterversammlung und beschließt folgendes:

Vorbehaltlich der Genehmigung durch die Gesellschafterversammlung der A-GmbH werden zu ersten Geschäftsführern der B-GmbH bestellt:

Herr W., Kaufmann, wohnhaft in . . .
Herr Z., Kaufmann, wohnhaft in . . .

Die beiden Geschäftsführer vertreten die Gesellschaft je einzeln. Sie sind von den Beschränkungen des § 181 BGB befreit.

Diese Niederschrift wurde samt Anlagen vorgelesen vom Notar, von den Beteiligten genehmigt und eigenhändig wie folgt unterschrieben. . .

Anlage 1: Gesellschaftsvertrag
Anlage 2: Übersicht über das zu übertragende Vermögen

Die genaue Bezeichnung und Aufteilung der Gegenstände des Aktiv- und Passivermögens der A-GmbH, die auf die B-GmbH im Wege der Gesamtrechtsnachfolge übertragen werden, ergibt sich aus nachfolgender Aufstellung:

1. Grundstücke
   Bezeichnung nach Band und Blattstelle.
2. Sonstige Vermögensgegenstände des Anlagevermögens.
3. Sonstige Vermögensgegenstände des Umlaufvermögens.
4. Alle zu übernehmenden Verträge, insbesondere Miet- und Pachtverträge etc.
5. Bezeichnung der zu übernehmenden Verbindlichkeiten.
6. Bezeichnung der übergehenden Betriebe und Betriebsteile, gegebenenfalls der deklaratorischen Bezeichnung der nach § 613a BGB übergehenden Arbeitsverhältnisse. Wird kein Betrieb oder Betriebsteil übertragen, sind die Arbeitsverhältnisse aufzuführen.

II. Zustimmungsbeschluß zur Spaltung

Niederschrift über eine Gesellschafterversammlung

Heute, den
erschienen vor mir, dem unterzeichnenden Notar ...
mit Amtssitz in ... an der Amtsstelle in ..., ...

1. Herr A., Kaufmann, wohhaft in ...
2. Herr B., Ingenieur, wohnhaft in ...

Die Erschienenen sind dem Notar persönlich bekannt.

Auf Antrag beurkunde ich den vor mir abgegebenen Erklärungen gemäß folgendes:

Im Handelsregister des Amtsgerichts München ist unter HRB ... die Firma A-GmbH mit Sitz in ... eingetragen.

Gesellschafter dieser Gesellschaft sind nach Angabe

Herr A. mit einem Geschäftsanteil im Nennbetrag von 25 000 DM,

Herr B. mit einem Geschäftsanteil im Nennbetrag von 25 000 DM.

Die vorgenannten Gesellschafter halten eine Gesellschafterversammlung der vorgenannten Gesellschaft unter Verzicht auf alle Frist- und Formvorschriften ab und stellen fest, daß die Gesellschafterversammlung als Vollversammlung beschlußfähig ist.

Die Gesellschafter erklären, daß sie den Spaltungsplan rechtzeitig mit der Einberufung der Gesellschafterversammlung erhalten haben.

Sodann beschließen die Gesellschafter mit allen Stimmen folgendes:

§ 1 Zustimmung zum Spaltungsplan

Dem Spaltungsplan vom ..., UR-Nr. ... des amtierenden Notars wird mit allen Stimmen vorbehaltlos zugestimmt. Der Spaltungsplan ist der Urkunde als Anlage beigefügt.

§ 2 Zustimmung zum Gesellschaftsvertrag und zur Geschäftsführerbestellung

Dem in Spaltungsplan enthaltenen Gesellschaftsvertrag wird ebenfalls mit allen Stimmen vorbehaltlos zugestinmmt.

Weiter wird den im Spaltungsplan vorgenommenen Geschäftsführerbestellungen Herren W. und Z. mit allen Stimmen vorbehaltlos zugestimmt.

§ 3 Sonstiges

Die Gesellschafter stellen fest, daß eine Kapitalherabsetzung zur Durchführung der Abspaltung nicht erforderlich ist.

Alle Gesellschafter verzichten auf eine Prüfung der Spaltung.

Der beurkundende Notar wies die Gesellschafter darauf hin, daß jeder von ihnen die Erteilung einer Abschrift der Niederschrift über diese Gesellschafterversammlung verlangen kann und daß ihnen ein Anspruch gegen die Geschäftsführer auf Auskunft über alle wesentlichen Angelegenheiten der anderen beteiligten Gesellschaft zusteht.

§ 4 Kosten, Abschriften

Die Kosten dieser Urkunde trägt die übertragende Gesellschaft.

Von dieser Urkunde erhalten

Ausfertigungen: die Gesellschafter, die übertragende Gesellschaft, die übernehmende Gesellschaft,

beglaubigte Abschriften: die Amtsgerichte, Registergerichte, das Grundbuchamt.

Sämtliche Anlagen bilden wesentliche Bestandteile dieser Urkunde. Auf sie wird verwiesen.

Samt Anlagen vorgelesen vom Notar, von dem Erschienenen genehmigt und eigenhändig unterschrieben.

III. Anmeldung der Spaltung

1. Anmeldung der neugebildeten Gesellschaft

An das
Amtsgericht
– Handelsregister –
HRB-Nr. . . .

Als vertretungsberechtigte Geschäftsführer der übertragenden A-GmbH mit Sitz in . . . melden wir die durch die Spaltung gemäß den §§ 123 ff. UmwG entstehende neugegründete B-GmbH mit Sitz in München an:

1. Firma der Gesellschaft: B-GmbH
2. Sitz der Gesellschaft: München
3. Geschäftsführer der neugegründeten GmbH und konkrete Vertretungsbefugnisse

Zum ersten Geschäftsführer der neuen Gesellschaft wurden bestellt:
Herr W., Kaufmann, wohnhaft in . . .
Herr Z., Kaufmann, wohnhaft in . . .

Die Geschäftsführer sind je berechtigt, die Gesellschaft stets einzeln zu vertreten. Die Geschäftsführer sind in allen Fällen von den Beschränkungen des § 181 BGB befreit.

4. Die Vertretungsbefugnis ist abstrakt wie folgt geregelt:

Die Gesellschaft hat einen oder mehrere Geschäftsführer. Ist nur ein Geschäftsführer bestellt, so vertritt er die Gesellschaft einzeln. Sind mehrere Geschäftsführer bestellt, so wird die Gesellschaft durch zwei Geschäftsführer gemeinschaftlich oder durch einen Geschäftsführer und einen Prokuristen gemeinschaftlich vertreten. Die Gesellschafterversammlung kann unabhängig von der Zahl der bestellten Geschäftsführer jederzeit einem, mehreren oder allen Geschäftsführern Einzelvertretungsbefugnis erteilen.

Die Unterschrift der Geschäftsführer der neugegründeten GmbH wird zur Aufbewahrung bei Gericht wie folgt gezeichnet:

Die Geschäftsräume der Gesellschaft befinden sich in:

Die Geschäftsführer versichern, daß sie weder wegen einer Straftat nach den §§ 283–283d StGB verurteilt worden sind, noch daß ihnen durch gerichtliches Urteil oder nicht vollziehbare Entscheidung einer Verwaltungsbehörde die Ausübung eines Berufs, Berufszweigs, Gewerbes oder Gewerbezweigs untersagt worden ist.

Die Geschäftsführer versichern, vom unterschriftsbeglaubigenden Notar nach § 53 Abs. 2 des Gesetzes über das Zentralregister belehrt worden zu sein.

Die neubestellten Geschäftsführer der neugegründeten GmbH versichern, daß die Stammeinlagen in Höhe von 50 000 DM durch die Einbringung der im Wege der Spaltung übergehenden Vermögensgegenstände erbracht wurden und sich diese endgültig in der freien Verfügung der Geschäftsführung der durch die Spaltung entstehenden Gesellschaft befinden.

In der Anlage überreichen wir:

- beglaubigte Abschrift des Spaltungsplans
- beglaubigte Abschrift der Niederschrift über die Gesellschafterversammlung der übertragenden Gesellschaft
- Liste der Gesellschafter und der übernommenen Stammeinlagen
- Sachgründungsbericht
- Schlußbilanz der A-GmbH zum 31. 12. 19. .

(Ort), den . . .

Unterschriften der Geschäftsführer der übertragenden Gesellschaft, Beglaubigung der Unterschriften einschließlich der Namenszeichnung der neubestellten Geschäftsführer.

2. Anmeldung der Spaltung bei der übertragenden Gesellschaft

An das
Amtsgericht
– Handelsregister –
Firma A-GmbH mit Sitz in München
HRB-Nr. . . .

Als vertretungsberechtigte Geschäftsführer der A-GmbH mit Sitz in München melden wir nachfolgend die Spaltung zur Eintragung in das Handelsregister an:

Im Wege der Abspaltung ist ein Teil des Vermögens der Gesellschaft als Ganzes ohne Abwicklung gemäß §§ 123 ff. UmwG nach Maßgabe des in der Anlage befindlichen Spaltungsplans auf die B-GmbH mit Sitz in . . . übertragen worden.

Wir versichern, daß die durch Gesetz- und Gesellschaftsvertrag vorgesehenen Voraussetzungen für die Gründung der A-GmbH insbesondere im Hinblick auf das Stammkapital auch unter Berücksichtigung der Abspaltung im Zeitpunkt der Anmeldung weiterhin erfüllt sind.

Wir versichern weiter, daß eine Klage gegen die Wirksamkeit des Spaltungsbeschlusses nicht innerhalb der Anfechtungsfrist erhoben worden ist.

In der Anlage überreichen wir (oder Verweis auf Handelsregisterunterlagen bei gleichem Handelsregister)

- beglaubigte Abschrift des Spaltungsplans,
- beglaubigte Abschrift der Niederschrift über die Gesellschafterversammlung der übertragenden Gesellschaft.
- Verzichtserklärung auf die Spaltungsprüfung ist in der Niederschrift über die Gesellschafterversammlung enthalten.

- Nachweis über die rechtzeitige Zuleitung des Spaltungsplans an den zuständigen Betriebsrat.
- Schlußbilanz zum 31. 12. 19.

(Ort), den . . .

Unterschriften und Beglaubigung

Teil 3: Gesetzestexte

Text des Gesetzes zur Bereinigung des Umwandlungsrechts (UmwBerG) vom 28. 10. 1994 (BGBl I S. 3210; ber. BGBl 1995 I)*

I. Umwandlungsgesetz – UmwG (Art. 1 UmwBerG)**)[1]

Inhaltsübersicht

	§§
Erstes Buch: Möglichkeiten von Umwandlungen	1
Zweites Buch: Verschmelzung	2 bis 122
Erster Teil: Allgemeine Vorschriften	2 bis 38
Erster Abschnitt: Möglichkeit der Verschmelzung	2 und 3
Zweiter Abschnitt: Verschmelzung durch Aufnahme	4 bis 35
Dritter Abschnitt: Verschmelzung durch Neugründung	36 bis 38
Zweiter Teil: Besondere Vorschriften	39 bis 122
Erster Abschnitt: Verschmelzung unter Beteiligung von Personenhandelsgesellschaften	39 bis 45
Zweiter Abschnitt: Verschmelzung unter Beteiligung von Gesellschaften mit beschränkter Haftung	46 bis 59
Erster Unterabschnitt: Verschmelzung durch Aufnahme	46 bis 55
Zweiter Unterabschnitt: Verschmelzung durch Neugründung	56 bis 59
Dritter Abschnitt: Verschmelzung unter Beteiligung von Aktiengesellschaften	60 bis 77
Erster Unterabschnitt: Verschmelzung durch Aufnahme	60 bis 72
Zweiter Unterabschnitt: Verschmelzung durch Neugründung	73 bis 77
Vierter Abschnitt: Verschmelzung unter Beteiligung von Kommanditgesellschaften auf Aktien	78

*) *Anm. der Redaktion:* Der vorliegende Text ist in der berichtigten Fassung abgedruckt. Zum Zeitpunkt der Drucklegung stand die Fundstelle im BGBl 1995 I noch nicht fest.

) **Amtl. Anm.: Artikel 1 dieses Gesetzes dient, soweit er Regelungen über Umwandlungen unter Beteiligung von Aktiengesellschaften enthält, der Umsetzung folgender Richtlinien der Europäischen Gemeinschaft: 1. Artikel 13 der Zweiten Richtlinie (77/91/EWG) des Rates vom 13. Dezember 1976 zur Koordinierung der Schutzbestimmungen, die in den Mitgliedstaaten den Gesellschaften im Sinne des Artikels 58 Abs. 2 des Vertrages im Interesse der Gesellschafter sowie Dritter für die Gründung der Aktiengesellschaft sowie für die Erhaltung und Änderung ihres Kapitals vorgeschrieben sind, um diese Bestimmungen gleichwertig zu gestalten (ABl. EG Nr. L 26 S. 1 vom 31. Januar 1977); 2. Dritte Richtlinie (78/855/EWG) des Rates vom 9. Oktober 1978 gemäß Artikel 54 Abs. 3 Buchstabe g des Vertrages betreffend die Verschmelzung von Aktiengesellschaften (ABl. EG Nr. L 295 S. 36 vom 20. Oktober 1978); 3. Sechste Richtlinie (82/891/EWG) des Rates vom 17. Dezember 1982 gemäß Artikel 54 Abs. 3 Buchstabe g des Vertrages betreffend die Spaltung von Aktiengesellschaften (ABl. EG Nr. L 378 S. 47 vom 31. Dezember 1982).

1 Gem. Art. 20 des Gesetzes zur Bereinigung des Umwandlungsrechts v. 28. 10. 1994 (BGBl I S. 3210) tritt das Umwandlungsgesetz am 1. 1. 1995 in Kraft.

§§

Fünfter Abschnitt: Verschmelzung unter Beteiligung eingetragener Genossenschaften ... 79 bis 98

Erster Unterabschnitt: Verschmelzung durch Aufnahme ... 79 bis 95

Zweiter Unterabschnitt: Verschmelzung durch Neugründung ... 96 bis 98

Sechster Abschnitt: Verschmelzung unter Beteiligung rechtsfähiger Vereine ... 99 bis 104a

Siebenter Abschnitt: Verschmelzung genossenschaftlicher Prüfungsverbände ... 105 bis 108

Achter Abschnitt: Verschmelzung von Versicherungsvereinen auf Gegenseitigkeit ... 109 bis 119

Erster Unterabschnitt: Möglichkeit der Verschmelzung ... 109

Zweiter Unterabschnitt: Verschmelzung durch Aufnahme ... 110 bis 113

Dritter Unterabschnitt: Verschmelzung durch Neugründung ... 114 bis 117

Vierter Unterabschnitt: Verschmelzung kleinerer Vereine ... 118 und 119

Neunter Abschnitt: Verschmelzung von Kapitalgesellschaften mit dem Vermögen eines Alleingesellschafters ... 120 bis 122

Drittes Buch: Spaltung ... 123 bis 173

Erster Teil: Allgemeine Vorschriften ... 123 bis 137

Erster Abschnitt: Möglichkeit der Spaltung ... 123 bis 125

Zweiter Abschnitt: Spaltung zur Aufnahme ... 126 bis 134

Dritter Abschnitt: Spaltung zur Neugründung ... 135 bis 137

Zweiter Teil: Besondere Vorschriften ... 138 bis 173

Erster Abschnitt: Spaltung unter Beteiligung von Gesellschaften mit beschränkter Haftung ... 138 bis 140

Zweiter Abschnitt: Spaltung unter Beteiligung von Aktiengesellschaften und Kommanditgesellschaften auf Aktien ... 141 bis 146

Dritter Abschnitt: Spaltung unter Beteiligung eingetragener Genossenschaften ... 147 und 148

Vierter Abschnitt: Spaltung unter Beteiligung rechtsfähiger Vereine ... 149

Fünfter Abschnitt: Spaltung unter Beteiligung genossenschaftlicher Prüfungsverbände ... 150

Sechster Abschnitt: Spaltung unter Beteiligung von Versicherungsvereinen auf Gegenseitigkeit ... 151

Siebenter Abschnitt: Ausgliederung aus dem Vermögen eines Einzelkaufmanns ... 152 bis 160

Erster Unterabschnitt: Möglichkeit der Ausgliederung ... 152

Zweiter Unterabschnitt: Ausgliederung zur Aufnahme ... 153 bis 157

Dritter Unterabschnitt: Ausgliederung zur Neugründung ... 158 bis 160

Achter Abschnitt: Ausgliederung aus dem Vermögen rechtsfähiger Stiftungen ... 161 bis 167

Neunter Abschnitt: Ausgliederung aus dem Vermögen von Gebietskörperschaften oder Zusammenschlüssen von Gebietskörperschaften ... 168 bis 173

§§

Viertes Buch: Vermögensübertragung ... 174 bis 189

Erster Teil: Möglichkeit der Vermögensübertragung ... 174 und 175

Zweiter Teil: Übertragung des Vermögens oder von Vermögensteilen einer Kapitalgesellschaft auf die öffentliche Hand ... 176 und 177

Erster Abschnitt: Vollübertragung ... 176

Zweiter Abschnitt: Teilübertragung ... 177

Dritter Teil: Vermögensübertragung unter Versicherungsunternehmen ... 178 bis 189

Erster Abschnitt: Übertragung des Vermögens einer Aktiengesellschaft auf Versicherungsvereine auf Gegenseitigkeit oder öffentlich-rechtliche Versicherungsunternehmen ... 178 und 179

Erster Unterabschnitt: Vollübertragung ... 178

Zweiter Unterabschnitt: Teilübertragung ... 179

Zweiter Abschnitt: Übertragung des Vermögens eines Versicherungsvereins auf Gegenseitigkeit auf Aktiengesellschaften oder öffentlich-rechtliche Versicherungsunternehmen ... 180 bis 184

Erster Unterabschnitt: Vollübertragung ... 180 bis 183

Zweiter Unterabschnitt: Teilübertragung ... 184

Dritter Abschnitt: Übertragung des Vermögens eines kleineren Versicherungsvereins auf Gegenseitigkeit auf eine Aktiengesellschaft oder auf ein öffentlich-rechtliches Versicherungsunternehmen ... 185 bis 187

Vierter Abschnitt: Übertragung des Vermögens eines öffentlich-rechtlichen Versicherungsunternehmens auf Aktiengesellschaften oder Versicherungsvereine auf Gegenseitigkeit ... 188 und 189

Erster Unterabschnitt: Vollübertragung ... 188

Zweiter Unterabschnitt: Teilübertragung ... 189

Fünftes Buch: Formwechsel ... 190 bis 304

Erster Teil: Allgemeine Vorschriften ... 190 bis 213

Zweiter Teil: Besondere Vorschriften ... 214 bis 304

Erster Abschnitt: Formwechsel von Personenhandelsgesellschaften ... 214 bis 225

Zweiter Abschnitt: Formwechsel von Kapitalgesellschaften ... 226 bis 257

Erster Unterabschnitt: Allgemeine Vorschriften ... 226 und 227

Zweiter Unterabschnitt: Formwechsel in eine Personengesellschaft ... 228 bis 237

Dritter Unterabschnitt: Formwechsel in eine Kapitalgesellschaft anderer Rechtsform ... 238 bis 250

Vierter Unterabschnitt: Formwechsel in eine eingetragene Genossenschaft . 251 bis 257

Dritter Abschnitt: Formwechsel eingetragener Genossenschaften ... 258 bis 271

Vierter Abschnitt: Formwechsel rechtsfähiger Vereine ... 272 bis 290

Erster Unterabschnitt: Allgemeine Vorschriften ... 272

Zweiter Unterabschnitt: Formwechsel in eine Kapitalgesellschaft ... 273 bis 282

§§

Dritter Unterabschnitt: Formwechsel in eine eingetragene Genossenschaft ..... 283 bis 290

Fünfter Abschnitt: Formwechsel von Versicherungsvereinen auf Gegenseitigkeit ..... 291 bis 300

Sechster Abschnitt: Formwechsel von Körperschaften und Anstalten des öffentlichen Rechts ..... 301 bis 304

Sechstes Buch: Spruchverfahren ..... 305 bis 312

Siebentes Buch: Strafvorschriften und Zwangsgelder ..... 313 bis 316

Achtes Buch: Übergangs- und Schlußvorschriften ..... 317 bis 325

Erstes Buch: Möglichkeiten von Umwandlungen

§ 1 Arten der Umwandlung; gesetzliche Beschränkungen

(1) Rechtsträger mit Sitz im Inland können umgewandelt werden

1. durch Verschmelzung;
2. durch Spaltung (Aufspaltung, Abspaltung, Ausgliederung);
3. durch Vermögensübertragung;
4. durch Formwechsel.

(2) Eine Umwandlung im Sinne des Absatzes 1 ist außer in den in diesem Gesetz geregelten Fällen nur möglich, wenn sie durch ein anderes Bundesgesetz oder ein Landesgesetz ausdrücklich vorgesehen ist.

(3) Von den Vorschriften dieses Gesetzes kann nur abgewichen werden, wenn dies ausdrücklich zugelassen ist. Ergänzende Bestimmungen in Verträgen, Satzungen, Statuten oder Willenserklärungen sind zulässig, es sei denn, daß dieses Gesetz eine abschließende Regelung enthält.

Zweites Buch: Verschmelzung

Erster Teil: Allgemeine Vorschriften

Erster Abschnitt: Möglichkeit der Verschmelzung

§ 2 Arten der Verschmelzung

Rechtsträger können unter Auflösung ohne Abwicklung verschmolzen werden

1. im Wege der Aufnahme durch Übertragung des Vermögens eines Rechtsträgers oder mehrerer Rechtsträger (übertragende Rechtsträger) als Ganzes auf einen anderen bestehenden Rechtsträger (übernehmender Rechtsträger) oder

2. im Wege der Neugründung durch Übertragung der Vermögen zweier oder mehrerer Rechtsträger (übertragende Rechtsträger) jeweils als Ganzes auf einen neuen, von ihnen dadurch gegründeten Rechtsträger

gegen Gewährung von Anteilen oder Mitgliedschaften des übernehmenden oder neuen Rechtsträgers an die Anteilsinhaber (Gesellschafter, Aktionäre, Genossen oder Mitglieder) der übertragenden Rechtsträger.

§ 3 Verschmelzungsfähige Rechtsträger

(1) An Verschmelzungen können als übertragende, übernehmende oder neue Rechtsträger beteiligt sein:

1. Personenhandelsgesellschaften (offene Handelsgesellschaften, Kommanditgesellschaften);
2. Kapitalgesellschaften (Gesellschaften mit beschränkter Haftung, Aktiengesellschaften, Kommanditgesellschaften auf Aktien);
3. eingetragene Genossenschaften;
4. eingetragene Vereine (§ 21 des Bürgerlichen Gesetzbuchs);
5. genossenschaftliche Prüfungsverbände;
6. Versicherungsvereine auf Gegenseitigkeit.

(2) An einer Verschmelzung können ferner beteiligt sein:

1. wirtschaftliche Vereine (§ 22 des Bürgerlichen Gesetzbuchs), soweit sie übertragender Rechtsträger sind;
2. natürliche Personen, die als Alleingesellschafter einer Kapitalgesellschaft deren Vermögen übernehmen.

(3) An der Verschmelzung können als übertragende Rechtsträger auch aufgelöste Rechtsträger beteiligt sein, wenn die Fortsetzung dieser Rechtsträger beschlossen werden könnte.

(4) Die Verschmelzung kann sowohl unter gleichzeitiger Beteiligung von Rechtsträgern derselben Rechtsform als auch von Rechtsträgern unterschiedlicher Rechtsform erfolgen, soweit nicht etwas anderes bestimmt ist.

Zweiter Abschnitt: Verschmelzung durch Aufnahme

§ 4 Verschmelzungsvertrag

(1) Die Vertretungsorgane der an der Verschmelzung beteiligten Rechtsträger schließen einen Verschmelzungsvertrag. § 310 des Bürgerlichen Gesetzbuchs gilt für ihn nicht.

(2) Soll der Vertrag nach einem der nach § 13 erforderlichen Beschlüsse geschlossen werden, so ist vor diesem Beschluß ein schriftlicher Entwurf des Vertrags aufzustellen.

§ 5 Inhalt des Verschmelzungsvertrags

(1) Der Vertrag oder sein Entwurf muß mindestens folgende Angaben enthalten:

1. den Namen oder die Firma und den Sitz der an der Verschmelzung beteiligten Rechtsträger;
2. die Vereinbarung über die Übertragung des Vermögens jedes übertragenden Rechtsträgers als Ganzes gegen Gewährung von Anteilen oder Mitgliedschaften an dem übernehmenden Rechtsträger;
3. das Umtauschverhältnis der Anteile und gegebenenfalls die Höhe der baren Zuzahlung oder Angaben über die Mitgliedschaft bei dem übernehmenden Rechtsträger;
4. die Einzelheiten für die Übertragung der Anteile des übernehmenden Rechtsträgers oder über den Erwerb der Mitgliedschaft bei dem übernehmenden Rechtsträger;
5. den Zeitpunkt, von dem an diese Anteile oder die Mitgliedschaften einen Anspruch auf einen Anteil am Bilanzgewinn gewähren, sowie alle Besonderheiten in bezug auf diesen Anspruch;
6. den Zeitpunkt, von dem an die Handlungen der übertragenden Rechtsträger als für Rechnung des übernehmenden Rechtsträgers vorgenommen gelten (Verschmelzungsstichtag);
7. die Rechte, die der übernehmende Rechtsträger einzelnen Anteilsinhabern sowie den Inhabern besonderer Rechte wie Anteile ohne Stimmrecht, Vorzugsaktien, Mehrstimmrechtsaktien, Schuldverschreibungen und Genußrechte gewährt, oder die für diese Personen vorgesehenen Maßnahmen;
8. jeden besonderen Vorteil, der einem Mitglied eines Vertretungsorgans oder eines Aufsichtsorgans der an der Verschmelzung beteiligten Rechtsträger, einem geschäftsführenden Gesellschafter, einem Abschlußprüfer oder einem Verschmelzungsprüfer gewährt wird;
9. die Folgen der Verschmelzung für die Arbeitnehmer und ihre Vertretungen sowie die insoweit vorgesehenen Maßnahmen.

(2) Befinden sich alle Anteile eines übertragenden Rechtsträgers in der Hand des übernehmenden Rechtsträgers, so entfallen die Angaben über den Umtausch der Anteile (Absatz 1 Nr. 2 bis 5), soweit sie die Aufnahme dieses Rechtsträgers betreffen.

(3) Der Vertrag oder sein Entwurf ist spätestens einen Monat vor dem Tage der Versammlung der Anteilsinhaber jedes beteiligten Rechtsträgers, die gemäß § 13 Abs. 1 über die Zustimmung zum Verschmelzungsvertrag beschließen soll, dem zuständigen Betriebsrat dieses Rechtsträgers zuzuleiten.

§ 6 Form des Verschmelzungsvertrags

Der Verschmelzungsvertrag muß notariell beurkundet werden.

§ 7 Kündigung des Verschmelzungsvertrags

Ist der Verschmelzungsvertrag unter einer Bedingung geschlossen worden und ist diese binnen fünf Jahren nach Abschluß des Vertrags nicht eingetreten, so kann jeder Teil den Vertrag nach fünf Jahren mit halbjähriger Frist kündigen; im Verschmelzungsvertrag kann eine kürzere Zeit als fünf Jahre vereinbart werden. Die Kündigung kann stets nur für den Schluß des Geschäftsjahres des Rechtsträgers, demgegenüber sie erklärt wird, ausgesprochen werden.

§ 8 Verschmelzungsbericht

(1) Die Vertretungsorgane jedes der an der Verschmelzung beteiligten Rechtsträger haben einen ausführlichen schriftlichen Bericht zu erstatten, in dem die Verschmelzung, der Verschmelzungsvertrag oder sein Entwurf im einzelnen und insbesondere das Umtauschverhältnis der Anteile oder die Angaben über die Mitgliedschaft bei dem übernehmenden Rechtsträger sowie die Höhe einer anzubietenden Barabfindung rechtlich und wirtschaftlich erläutert und begründet werden (Verschmelzungsbericht); der Bericht kann von den Vertretungsorganen auch gemeinsam erstattet werden. Auf besondere Schwierigkeiten bei der Bewertung der Rechtsträger sowie auf die Folgen für die Beteiligung der Anteilsinhaber ist hinzuweisen. Ist ein an der Verschmelzung beteiligter Rechtsträger ein verbundenes Unternehmen im Sinne des § 15 des Aktiengesetzes, so sind in dem Bericht auch Angaben über alle für die Verschmelzung wesentlichen Angelegenheiten der anderen verbundenen Unternehmen zu machen. Auskunftspflichten der Vertretungsorgane erstrecken sich auch auf diese Angelegenheiten.

(2) In den Bericht brauchen Tatsachen nicht aufgenommen zu werden, deren Bekanntwerden geeignet ist, einem der beteiligten Rechtsträger oder einem verbundenen Unternehmen einen nicht unerheblichen Nachteil zuzufügen. In diesem Falle sind in dem Bericht die Gründe, aus denen die Tatsachen nicht aufgenommen worden sind, darzulegen.

(3) Der Bericht ist nicht erforderlich, wenn alle Anteilsinhaber aller beteiligten Rechtsträger auf seine Erstattung verzichten oder sich alle Anteile des übertragenden Rechtsträgers in der Hand des übernehmenden Rechtsträgers befinden. Die Verzichtserklärungen sind notariell zu beurkunden.

§ 9 Prüfung der Verschmelzung

(1) Soweit in diesem Gesetz vorgeschrieben, ist der Verschmelzungsvertrag oder sein Entwurf durch einen oder mehrere sachverständige Prüfer (Verschmelzungsprüfer) zu prüfen.

(2) Befinden sich alle Anteile eines übertragenden Rechtsträgers in der Hand des übernehmenden Rechtsträgers, so ist eine Verschmelzungsprüfung nach Absatz 1 nicht erforderlich, soweit sie die Aufnahme dieses Rechtsträgers betrifft.

(3) § 8 Abs. 3 ist entsprechend anzuwenden.

§ 10 Bestellung der Verschmelzungsprüfer

(1) Die Verschmelzungsprüfer werden von dem Vertretungsorgan oder auf dessen Antrag vom Gericht bestellt. Sie können für mehrere oder alle beteiligten Rechtsträger gemeinsam bestellt werden. Für den Ersatz von Auslagen und für die Vergütung der vom Gericht bestellten Prüfer gilt § 318 Abs. 5 des Handelsgesetzbuchs.

(2) Zuständig ist jedes Landgericht, in dessen Bezirk ein übertragender Rechtsträger seinen Sitz hat. Ist bei dem Landgericht eine Kammer für Handelssachen gebildet, so entscheidet deren Vorsitzender an Stelle der Zivilkammer.

(3) § 306 Abs. 3, § 307 Abs. 1 sowie § 309 gelten entsprechend.

§ 11 Stellung und Verantwortlichkeit der Verschmelzungsprüfer

(1) Für die Auswahl und das Auskunftsrecht der Verschmelzungsprüfer gelten § 319 Abs. 1 bis 3, § 320 Abs. 1 Satz 2 und Abs. 2 Satz 1 und 2 des Handelsgesetzbuchs entsprechend. Soweit Rechtsträger betroffen sind, für die keine Pflicht zur Prüfung des Jahresabschlusses besteht, gilt Satz 1 entsprechend. Dabei findet § 267 Abs. 1 bis 3 des Handelsgesetzbuchs für die Umschreibung der Größenklassen entsprechende Anwendung. Das Auskunftsrecht besteht gegenüber allen an der Verschmelzung beteiligten Rechtsträgern und gegenüber einem Konzernunternehmen sowie einem abhängigen und einem herrschenden Unternehmen.

(2) Für die Verantwortlichkeit der Verschmelzungsprüfer, ihrer Gehilfen und der bei der Prüfung mitwirkenden gesetzlichen Vertreter einer Prüfungsgesellschaft gilt § 323 des Handelsgesetzbuchs entsprechend. Die Verantwortlichkeit besteht gegenüber den an der Verschmelzung beteiligten Rechtsträgern und deren Anteilsinhabern.

§ 12 Prüfungsbericht

(1) Die Verschmelzungsprüfer haben über das Ergebnis der Prüfung schriftlich zu berichten. Der Prüfungsbericht kann auch gemeinsam erstattet werden.

(2) Der Prüfungsbericht ist mit einer Erklärung darüber abzuschließen, ob das vorgeschlagene Umtauschverhältnis der Anteile, gegebenenfalls die Höhe der baren Zuzahlung oder die Mitgliedschaft bei dem übernehmenden Rechtsträger als Gegenwert angemessen ist. Dabei ist anzugeben,

1. nach welchen Methoden das vorgeschlagene Umtauschverhältnis ermittelt worden ist;
2. aus welchen Gründen die Anwendung dieser Methoden angemessen ist;
3. welches Umtauschverhältnis oder welcher Gegenwert sich bei der Anwendung verschiedener Methoden, sofern mehrere angewandt worden sind,

jeweils ergeben würde; zugleich ist darzulegen, welches Gewicht den verschiedenen Methoden bei der Bestimmung des vorgeschlagenen Umtauschverhältnisses oder des Gegenwerts und der ihnen zugrundeliegenden Werte beigemessen worden ist und welche besonderen Schwierigkeiten bei der Bewertung der Rechtsträger aufgetreten sind.

(3) § 8 Abs. 2 und 3 ist entsprechend anzuwenden.

§ 13 Beschlüsse über den Verschmelzungsvertrag

(1) Der Verschmelzungsvertrag wird nur wirksam, wenn die Anteilsinhaber der beteiligten Rechtsträger ihm durch Beschluß (Verschmelzungsbeschluß) zustimmen. Der Beschluß kann nur in einer Versammlung der Anteilsinhaber gefaßt werden.

(2) Ist die Abtretung der Anteile eines übertragenden Rechtsträgers von der Genehmigung bestimmter einzelner Anteilsinhaber abhängig, so bedarf der Verschmelzungsbeschluß dieses Rechtsträgers zu seiner Wirksamkeit ihrer Zustimmung.

(3) Der Verschmelzungsbeschluß und die nach diesem Gesetz erforderlichen Zustimmungserklärungen einzelner Anteilsinhaber einschließlich der erforderlichen Zustimmungserklärungen nicht erschienener Anteilsinhaber müssen notariell beurkundet werden. Der Vertrag oder sein Entwurf ist dem Beschluß als Anlage beizufügen. Auf Verlangen hat der Rechtsträger jedem Anteilsinhaber auf dessen Kosten unverzüglich eine Abschrift des Vertrags oder seines Entwurfs und der Niederschrift des Beschlusses zu erteilen.

§ 14 Befristung und Ausschluß von Klagen gegen den Verschmelzungsbeschluß

(1) Eine Klage gegen die Wirksamkeit eines Verschmelzungsbeschlusses muß binnen eines Monats nach der Beschlußfassung erhoben werden.

(2) Eine Klage gegen die Wirksamkeit des Verschmelzungsbeschlusses eines übertragenden Rechtsträgers kann nicht darauf gestützt werden, daß das Umtauschverhältnis der Anteile zu niedrig bemessen ist oder daß die Mitgliedschaft bei dem übernehmenden Rechtsträger kein ausreichender Gegenwert für die Anteile oder die Mitgliedschaft bei dem übertragenden Rechtsträger ist.

§ 15 Verbesserung des Umtauschverhältnisses

(1) Ist das Umtauschverhältnis der Anteile zu niedrig bemessen oder ist die Mitgliedschaft bei dem übernehmenden Rechtsträger kein ausreichender Gegenwert für den Anteil oder die Mitgliedschaft bei einem übertragenden Rechtsträger, so kann jeder Anteilsinhaber dieses übertragenden Rechtsträgers, dessen Recht, gegen die Wirksamkeit des Verschmelzungsbeschlusses Klage zu erheben, nach § 14 Abs. 2 ausgeschlossen ist, von dem übernehmenden Rechtsträger einen Ausgleich durch bare Zuzahlung verlangen; die Zuzahlun-

gen können den zehnten Teil des Gesamtnennbetrags der gewährten Anteile übersteigen.

(2) Die bare Zuzahlung ist nach Ablauf des Tages, an dem die Eintragung der Verschmelzung in das Register des Sitzes des übernehmenden Rechtsträgers nach § 19 Abs. 3 als bekanntgemacht gilt, mit jährlich zwei vom Hundert über dem jeweiligen Diskontsatz der Deutschen Bundesbank zu verzinsen. Die Geltendmachung eines weiteren Schadens ist nicht ausgeschlossen.

§ 16 Anmeldung der Verschmelzung

(1) Die Vertretungsorgane jedes der an der Verschmelzung beteiligten Rechtsträger haben die Verschmelzung zur Eintragung in das Register (Handelsregister, Genossenschaftsregister oder Vereinsregister) des Sitzes ihres Rechtsträgers anzumelden. Das Vertretungsorgan des übernehmenden Rechtsträgers ist berechtigt, die Verschmelzung auch zur Eintragung in das Register des Sitzes jedes der übertragenden Rechtsträger anzumelden.

(2) Bei der Anmeldung haben die Vertretungsorgane zu erklären, daß eine Klage gegen die Wirksamkeit eines Verschmelzungsbeschlusses nicht oder nicht fristgemäß erhoben oder eine solche Klage rechtskräftig abgewiesen oder zurückgenommen worden ist; hierüber haben die Vertretungsorgane dem Registergericht auch nach der Anmeldung Mitteilung zu machen. Liegt die Erklärung nicht vor, so darf die Verschmelzung nicht eingetragen werden, es sei denn, daß die klageberechtigten Anteilsinhaber durch notariell beurkundete Verzichtserklärung auf die Klage gegen die Wirksamkeit des Verschmelzungsbeschlusses verzichten.

(3) Der Erklärung nach Absatz 2 Satz 1 steht es gleich, wenn nach Erhebung einer Klage gegen die Wirksamkeit eines Verschmelzungsbeschlusses das für diese Klage zuständige Prozeßgericht auf Antrag des Rechtsträgers, gegen dessen Verschmelzungsbeschluß sich die Klage richtet, durch rechtskräftigen Beschluß festgestellt hat, daß die Erhebung der Klage der Eintragung nicht entgegensteht. Der Beschluß nach Satz 1 darf nur ergehen, wenn die Klage gegen die Wirksamkeit des Verschmelzungsbeschlusses unzulässig oder offensichtlich unbegründet ist oder wenn das alsbaldige Wirksamwerden der Verschmelzung nach freier Überzeugung des Gerichts unter Berücksichtigung der Schwere der mit der Klage geltend gemachten Rechtsverletzungen zur Abwendung der vom Antragsteller dargelegten wesentlichen Nachteile für die an der Verschmelzung beteiligten Rechtsträger und ihre Anteilsinhaber vorrangig erscheint. Der Beschluß kann in dringenden Fällen ohne mündliche Verhandlung ergehen. Die vorgebrachten Tatsachen, aufgrund derer der Beschluß nach Satz 2 ergehen kann, sind glaubhaft zu machen. Gegen den Beschluß findet die sofortige Beschwerde statt. Erweist sich die Klage als begründet, so ist der Rechtsträger, der den Beschluß erwirkt hat, verpflichtet, dem Antragsgegner den Schaden zu ersetzen, der ihm aus einer auf dem Beschluß beruhenden Eintragung der Verschmelzung entstanden ist; als Ersatz des Schadens kann

nicht die Beseitigung der Wirkungen der Eintragung der Verschmelzung im Register des Sitzes des übernehmenden Rechtsträgers verlangt werden.

§ 17 Anlagen der Anmeldung

(1) Der Anmeldung sind in Ausfertigung oder öffentlich beglaubigter Abschrift oder, soweit sie nicht notariell zu beurkunden sind, in Urschrift oder Abschrift der Verschmelzungsvertrag, die Niederschriften der Verschmelzungsbeschlüsse, die nach diesem Gesetz erforderlichen Zustimmungserklärungen einzelner Anteilsinhaber einschließlich der Zustimmungserklärungen nicht erschienener Anteilsinhaber, der Verschmelzungsbericht, der Prüfungsbericht oder die Verzichtserklärungen nach § 8 Abs. 3, § 9 Abs. 3 oder § 12 Abs. 3, ein Nachweis über die rechtzeitige Zuleitung des Verschmelzungsvertrages oder seines Entwurfs an den zuständigen Betriebsrat sowie, wenn die Verschmelzung der staatlichen Genehmigung bedarf, die Genehmigungsurkunde beizufügen.

(2) Der Anmeldung zum Register des Sitzes jedes der übertragenden Rechtsträger ist ferner eine Bilanz dieses Rechtsträgers beizufügen (Schlußbilanz). Für diese Bilanz gelten die Vorschriften über die Jahresbilanz und deren Prüfung entsprechend. Sie braucht nicht bekanntgemacht zu werden. Das Registergericht darf die Verschmelzung nur eintragen, wenn die Bilanz auf einen höchstens acht Monate vor der Anmeldung liegenden Stichtag aufgestellt worden ist.

§ 18 Firma des übernehmenden Rechtsträgers

(1) Der übernehmende Rechtsträger darf die Firma eines der übertragenden Rechtsträger, dessen Handelsgeschäft er durch die Verschmelzung erwirbt, mit oder ohne Beifügung eines das Nachfolgeverhältnis andeutenden Zusatzes fortführen. Eine Personenhandelsgesellschaft darf eine solche Firma nur fortführen, wenn diese den Namen einer natürlichen Person enthält. Eine eingetragene Genossenschaft darf eine solche Firma nicht fortführen, soweit diese den Namen von Genossen oder anderen Personen enthält.

(2) Das Registergericht kann auf Antrag genehmigen, daß eine Personenhandelsgesellschaft, die durch die Verschmelzung das Handelsgeschäft eines übertragenden Rechtsträgers erwirbt, bei der Bildung ihrer neuen Firma den in der Firma dieses Rechtsträgers enthaltenen Namen einer natürlichen Person verwendet und insoweit von § 19 des Handelsgesetzbuchs abweicht.

(3) Ist an einem der übertragenden Rechtsträger eine natürliche Person beteiligt, die an dem übernehmenden Rechtsträger nicht beteiligt wird, so darf der übernehmende Rechtsträger den Namen dieses Anteilsinhabers nur dann in der nach Absatz 1 fortgeführten oder in der nach Absatz 2 gebildeten Firma verwenden, wenn der betroffene Anteilsinhaber oder dessen Erben ausdrücklich in die Verwendung einwilligen.

§ 19 Eintragung und Bekanntmachung der Verschmelzung

(1) Die Verschmelzung darf in das Register des Sitzes des übernehmenden Rechtsträgers erst eingetragen werden, nachdem sie im Register des Sitzes jedes der übertragenden Rechtsträger eingetragen worden ist. Die Eintragung im Register des Sitzes jedes der übertragenden Rechtsträger ist mit dem Vermerk zu versehen, daß die Verschmelzung erst mit der Eintragung im Register des Sitzes des übernehmenden Rechtsträgers wirksam wird.

(2) Das Gericht des Sitzes des übernehmenden Rechtsträgers hat von Amts wegen dem Gericht des Sitzes jedes der übertragenden Rechtsträger den Tag der Eintragung der Verschmelzung mitzuteilen. Nach Eingang der Mitteilung hat das Gericht des Sitzes jedes der übertragenden Rechtsträger von Amts wegen den Tag der Eintragung der Verschmelzung im Register des Sitzes des übernehmenden Rechtsträgers im Register des Sitzes des übertragenden Rechtsträgers zu vermerken und die bei ihm aufbewahrten Urkunden und anderen Schriftstücke dem Gericht des Sitzes des übernehmenden Rechtsträgers zur Aufbewahrung zu übersenden.

(3) Das Gericht des Sitzes jedes der an der Verschmelzung beteiligten Rechtsträger hat jeweils die von ihm vorgenommene Eintragung der Verschmelzung von Amts wegen durch den Bundesanzeiger und durch mindestens ein anderes Blatt ihrem ganzen Inhalt nach bekanntzumachen. Mit dem Ablauf des Tages, an dem jeweils das letzte der die Bekanntmachung enthaltenden Blätter erschienen ist, gilt die Bekanntmachung für diesen Rechtsträger als erfolgt.

§ 20 Wirkungen der Eintragung

(1) Die Eintragung der Verschmelzung in das Register des Sitzes des übernehmenden Rechtsträgers hat folgende Wirkungen:

1. Das Vermögen der übertragenden Rechtsträger geht einschließlich der Verbindlichkeiten auf den übernehmenden Rechtsträger über.
2. Die übertragenden Rechtsträger erlöschen. Einer besonderen Löschung bedarf es nicht.
3. Die Anteilsinhaber der übertragenden Rechtsträger werden Anteilsinhaber des übernehmenden Rechtsträgers; dies gilt nicht, soweit der übernehmende Rechtsträger oder ein Dritter, der im eigenen Namen, jedoch für Rechnung dieses Rechtsträgers handelt, Anteilsinhaber des übertragenden Rechtsträgers ist oder der übertragende Rechtsträger eigene Anteile innehat oder ein Dritter, der im eigenen Namen, jedoch für Rechnung dieses Rechtsträgers handelt, dessen Anteilsinhaber ist. Rechte Dritter an den Anteilen oder Mitgliedschaften der übertragenden Rechtsträger bestehen an den an ihre Stelle tretenden Anteilen oder Mitgliedschaften des übernehmenden Rechtsträgers weiter.

4. Der Mangel der notariellen Beurkundung des Verschmelzungsvertrags und gegebenenfalls erforderlicher Zustimmungs- oder Verzichtserklärungen einzelner Anteilsinhaber wird geheilt.

(2) Mängel der Verschmelzung lassen die Wirkungen der Eintragung nach Absatz 1 unberührt.

§ 21 Wirkung auf gegenseitige Verträge

Treffen bei einer Verschmelzung aus gegenseitigen Verträgen, die zur Zeit der Verschmelzung von keiner Seite vollständig erfüllt sind, Abnahme-, Lieferungs- oder ähnliche Verpflichtungen zusammen, die miteinander unvereinbar sind oder die beide zu erfüllen eine schwere Unbilligkeit für den übernehmenden Rechtsträger bedeuten würde, so bestimmt sich der Umfang der Verpflichtungen nach Billigkeit unter Würdigung der vertraglichen Rechte aller Beteiligten.

§ 22 Gläubigerschutz

(1) Den Gläubigern der an der Verschmelzung beteiligten Rechtsträger ist, wenn sie binnen sechs Monaten nach dem Tag, an dem die Eintragung der Verschmelzung in das Register des Sitzes desjenigen Rechtsträgers, dessen Gläubiger sie sind, nach § 19 Abs. 3 als bekanntgemacht gilt, ihren Anspruch nach Grund und Höhe schriftlich anmelden, Sicherheit zu leisten, soweit sie nicht Befriedigung verlangen können. Dieses Recht steht den Gläubigern jedoch nur zu, wenn sie glaubhaft machen, daß durch die Verschmelzung die Erfüllung ihrer Forderung gefährdet wird. Die Gläubiger sind in der Bekanntmachung der jeweiligen Eintragung auf dieses Recht hinzuweisen.

(2) Das Recht, Sicherheitsleistung zu verlangen, steht Gläubigern nicht zu, die im Falle der Insolvenz ein Recht auf vorzugsweise Befriedigung aus einer Deckungsmasse haben, die nach gesetzlicher Vorschrift zu ihrem Schutz errichtet und staatlich überwacht ist.

§ 23 Schutz der Inhaber von Sonderrechten

Den Inhabern von Rechten in einem übertragenden Rechtsträger, die kein Stimmrecht gewähren, insbesondere den Inhabern von Anteilen ohne Stimmrecht, von Wandelschuldverschreibungen, von Gewinnschuldverschreibungen und von Genußrechten, sind gleichwertige Rechte in dem übernehmenden Rechtsträger zu gewähren.

§ 24 Wertansätze des übernehmenden Rechtsträgers

In den Jahresbilanzen des übernehmenden Rechtsträgers können als Anschaffungskosten im Sinne des § 253 Abs. 1 des Handelsgesetzbuchs auch die in der Schlußbilanz eines übertragenden Rechtsträgers angesetzten Werte angesetzt werden.

§ 25 Schadenersatzpflicht der Verwaltungsträger der übertragenden Rechtsträger

(1) Die Mitglieder des Vertretungsorgans und, wenn ein Aufsichtsorgan vorhanden ist, des Aufsichtsorgans eines übertragenden Rechtsträgers sind als Gesamtschuldner zum Ersatz des Schadens verpflichtet, den dieser Rechtsträger, seine Anteilsinhaber oder seine Gläubiger durch die Verschmelzung erleiden. Mitglieder der Organe, die bei der Prüfung der Vermögenslage der Rechtsträger und beim Abschluß des Verschmelzungsvertrags ihre Sorgfaltspflicht beobachtet haben, sind von der Ersatzpflicht befreit.

(2) Für diese Ansprüche sowie weitere Ansprüche, die sich für und gegen den übertragenden Rechtsträger nach den allgemeinen Vorschriften auf Grund der Verschmelzung ergeben, gilt dieser Rechtsträger als fortbestehend. Forderungen und Verbindlichkeiten vereinigen sich insoweit durch die Verschmelzung nicht.

(3) Die Ansprüche aus Absatz 1 verjähren in fünf Jahren seit dem Tage, an dem die Eintragung der Verschmelzung in das Register des Sitzes des übernehmenden Rechtsträgers nach § 19 Abs. 3 als bekanntgemacht gilt.

§ 26 Geltendmachung des Schadenersatzanspruchs

(1) Die Ansprüche nach § 25 Abs. 1 und 2 können nur durch einen besonderen Vertreter geltend gemacht werden. Das Gericht des Sitzes eines übertragenden Rechtsträgers hat einen solchen Vertreter auf Antrag eines Anteilsinhabers oder eines Gläubigers dieses Rechtsträgers zu bestellen. Gläubiger sind nur antragsberechtigt, wenn sie von dem übernehmenden Rechtsträger keine Befriedigung erlangen können. Gegen die Entscheidung findet die sofortige Beschwerde statt.

(2) Der Vertreter hat unter Hinweis auf den Zweck seiner Bestellung die Anteilsinhaber und Gläubiger des betroffenen übertragenden Rechtsträgers aufzufordern, die Ansprüche nach § 25 Abs. 1 und 2 binnen einer angemessenen Frist, die mindestens einen Monat betragen soll, anzumelden. Die Aufforderung ist im Bundesanzeiger und, wenn der Gesellschaftsvertrag, die Satzung oder das Statut andere Blätter für die öffentlichen Bekanntmachungen des übertragenden Rechtsträgers bestimmt hatte, auch in diesen Blättern bekanntzumachen.

(3) Der Vertreter hat den Betrag, der aus der Geltendmachung der Ansprüche eines übertragenden Rechtsträgers erzielt wird, zur Befriedigung der Gläubiger dieses Rechtsträgers zu verwenden, soweit die Gläubiger nicht durch den übernehmenden Rechtsträger befriedigt oder sichergestellt sind. Für die Verteilung gelten die Vorschriften über die Verteilung, die im Falle der Abwicklung eines Rechtsträgers in der Rechtsform des übertragenden Rechtsträgers anzuwenden sind, entsprechend. Gläubiger und Anteilsinhaber, die sich nicht fristgemäß gemeldet haben, werden bei der Verteilung nicht berücksichtigt.

(4) Der Vertreter hat Anspruch auf Ersatz angemessener barer Auslagen und auf Vergütung für seine Tätigkeit. Die Auslagen und die Vergütung setzt das Gericht fest. Es bestimmt nach den gesamten Verhältnissen des einzelnen Falles nach freiem Ermessen, in welchem Umfange die Auslagen und die Vergütung von beteiligten Anteilsinhabern und Gläubigern zu tragen sind. Gegen die Entscheidung findet die sofortige Beschwerde statt; die weitere Beschwerde ist ausgeschlossen. Aus der rechtskräftigen Entscheidung findet die Zwangsvollstreckung nach der Zivilprozeßordnung statt.

§ 27 Schadenersatzpflicht der Verwaltungsträger des übernehmenden Rechtsträgers

Ansprüche auf Schadenersatz, die sich auf Grund der Verschmelzung gegen ein Mitglied des Vertretungsorgans oder, wenn ein Aufsichtsorgan vorhanden ist, des Aufsichtsorgans des übernehmenden Rechtsträgers ergeben, verjähren in fünf Jahren seit dem Tage, an dem die Eintragung der Verschmelzung in das Register des Sitzes des übernehmenden Rechtsträgers nach § 19 Abs. 3 als bekanntgemacht gilt.

§ 28 Unwirksamkeit des Verschmelzungsbeschlusses eines übertragenden Rechtsträgers

Nach Eintragung der Verschmelzung in das Register des Sitzes des übernehmenden Rechtsträgers ist eine Klage gegen die Wirksamkeit des Verschmelzungsbeschlusses eines übertragenden Rechtsträgers gegen den übernehmenden Rechtsträger zu richten.

§ 29 Abfindungsangebot im Verschmelzungsvertrag

(1) Bei der Verschmelzung eines Rechtsträgers im Wege der Aufnahme durch einen Rechtsträger anderer Rechtsform hat der übernehmende Rechtsträger im Verschmelzungsvertrag oder in seinem Entwurf jedem Anteilsinhaber, der gegen den Verschmelzungsbeschluß des übertragenden Rechtsträgers Widerspruch zur Niederschrift erklärt, den Erwerb seiner Anteile oder Mitgliedschaften gegen eine angemessene Barabfindung anzubieten; § 71 Abs. 4 Satz 2 des Aktiengesetzes ist insoweit nicht anzuwenden. Das gleiche gilt, wenn durch die Verschmelzung von Rechtsträgern derselben Rechtsform Anteile an dem übertragenden Rechtsträger durch Anteile an dem übernehmenden Rechtsträger ersetzt werden, die in dem Gesellschaftsvertrag, der Satzung oder dem Statut des übernehmenden Rechtsträgers Verfügungsbeschränkungen unterworfen sind. Kann der übernehmende Rechtsträger auf Grund seiner Rechtsform eigene Anteile oder Mitgliedschaften nicht erwerben, so ist die Barabfindung für den Fall anzubieten, daß der Anteilsinhaber sein Ausscheiden aus dem Rechtsträger erklärt. Eine erforderliche Bekanntmachung des Verschmelzungsvertrags oder seines Entwurfs als Gegenstand der Beschlußfassung muß den Wortlaut

dieses Angebots enthalten. Der übernehmende Rechtsträger hat die Kosten für eine Übertragung zu tragen.

(2) Dem Widerspruch zur Niederschrift im Sinne des Absatzes 1 steht es gleich, wenn ein nicht erschienener Anteilsinhaber zu der Versammlung der Anteilsinhaber zu Unrecht nicht zugelassen worden ist oder die Versammlung nicht ordnungsgemäß einberufen oder der Gegenstand der Beschlußfassung nicht ordnungsgemäß bekanntgemacht worden ist.

§ 30 Inhalt des Anspruchs auf Barabfindung und Prüfung der Barabfindung

(1) Die Barabfindung muß die Verhältnisse des übertragenden Rechtsträgers im Zeitpunkt der Beschlußfassung über die Verschmelzung berücksichtigen. § 15 Abs. 2 ist auf die Barabfindung entsprechend anzuwenden.

(2) Die Angemessenheit einer anzubietenden Barabfindung ist stets durch Verschmelzungsprüfer zu prüfen. Die §§ 10 bis 12 sind entsprechend anzuwenden. Die Berechtigten können auf die Prüfung oder den Prüfungsbericht verzichten; die Verzichtserklärungen sind notariell zu beurkunden.

§ 31 Annahme des Angebots

Das Angebot nach § 29 kann nur binnen zwei Monaten nach dem Tage angenommen werden, an dem die Eintragung der Verschmelzung in das Register des Sitzes des übernehmenden Rechtsträgers nach § 19 Abs. 3 als bekanntgemacht gilt. Ist nach § 34 ein Antrag auf Bestimmung der Barabfindung durch das Gericht gestellt worden, so kann das Angebot binnen zwei Monaten nach dem Tage angenommen werden, an dem die Entscheidung im Bundesanzeiger bekanntgemacht worden ist.

§ 32 Ausschluß von Klagen gegen den Verschmelzungsbeschluß

Eine Klage gegen die Wirksamkeit des Verschmelzungsbeschlusses eines übertragenden Rechtsträgers kann nicht darauf gestützt werden, daß das Angebot nach § 29 zu niedrig bemessen oder daß die Barabfindung im Verschmelzungsvertrag nicht oder nicht ordnungsgemäß angeboten worden ist.

§ 33 Anderweitige Veräußerung

Einer anderweitigen Veräußerung des Anteils durch den Anteilsinhaber binnen der in § 31 bestimmten Frist stehen Verfügungsbeschränkungen in Gesellschaftsverträgen, Satzungen oder Statuten des übertragenden Rechtsträgers nicht entgegen.

§ 34 Gerichtliche Nachprüfung der Abfindung

Macht ein Anteilsinhaber geltend, daß eine im Verschmelzungsvertrag oder in seinem Entwurf bestimmte Barabfindung, die ihm nach § 29 anzubieten war, zu niedrig bemessen sei, so hat auf seinen Antrag das Gericht die angemessene Barabfindung zu bestimmen. Das gleiche gilt, wenn die Barabfindung nicht oder nicht ordnungsgemäß angeboten worden ist.

§ 35 Bezeichnung unbekannter Aktionäre

Unbekannte Aktionäre einer übertragenden Aktiengesellschaft oder Kommanditgesellschaft auf Aktien sind im Verschmelzungsvertrag, bei Anmeldungen zur Eintragung in ein Register oder bei der Eintragung in eine Liste von Anteilsinhabern durch die Angabe ihrer Aktienurkunden sowie erforderlichenfalls des auf die Aktie entfallenden Anteils zu bezeichnen, soweit eine Benennung der Anteilsinhaber für den übernehmenden Rechtsträger gesetzlich vorgeschrieben ist. Werden solche Anteilsinhaber später bekannt, so sind Register oder Listen von Amts wegen zu berichtigen.

Dritter Abschnitt: Verschmelzung durch Neugründung

§ 36 Anzuwendende Vorschriften

(1) Auf die Verschmelzung durch Neugründung sind die Vorschriften des Zweiten Abschnitts mit Ausnahme des § 16 Abs. 1 und des § 27 entsprechend anzuwenden. An die Stelle des übernehmenden Rechtsträgers tritt der neue Rechtsträger, an die Stelle der Eintragung der Verschmelzung in das Register des Sitzes des übernehmenden Rechtsträgers tritt die Eintragung des neuen Rechtsträgers in das Register.

(2) Auf die Gründung des neuen Rechtsträgers sind die für dessen Rechtsform geltenden Gründungsvorschriften anzuwenden, soweit sich aus diesem Buch nichts anderes ergibt. Den Gründern stehen die übertragenden Rechtsträger gleich. Vorschriften, die für die Gründung eine Mindestzahl der Gründer vorschreiben, sind nicht anzuwenden.

§ 37 Inhalt des Verschmelzungsvertrags

In dem Verschmelzungsvertrag muß der Gesellschaftsvertrag, die Satzung oder das Statut des neuen Rechtsträgers enthalten sein oder festgestellt werden.

§ 38 Anmeldung der Verschmelzung und des neuen Rechtsträgers

(1) Die Vertretungsorgane jedes der übertragenden Rechtsträger haben die Verschmelzung zur Eintragung in das Register des Sitzes ihres Rechtsträgers anzumelden.

(2) Die Vertretungsorgane aller übertragenden Rechtsträger haben den neuen Rechtsträger bei dem Gericht, in dessen Bezirk er seinen Sitz haben soll, zur Eintragung in das Register anzumelden.

Zweiter Teil: Besondere Vorschriften

Erster Abschnitt: Verschmelzung unter Beteiligung von Personenhandelsgesellschaften

§ 39 Ausschluß der Verschmelzung

Eine aufgelöste Personenhandelsgesellschaft kann sich nicht als übertragender Rechtsträger an einer Verschmelzung beteiligen, wenn die Gesellschafter nach § 145 des Handelsgesetzbuchs eine andere Art der Auseinandersetzung als die Abwicklung oder als die Verschmelzung vereinbart haben.

§ 40 Inhalt des Verschmelzungsvertrags

(1) Der Verschmelzungsvertrag oder sein Entwurf hat zusätzlich für jeden Anteilsinhaber eines übertragenden Rechtsträgers zu bestimmen, ob ihm in der übernehmenden oder der neuen Personenhandelsgesellschaft die Stellung eines persönlich haftenden Gesellschafters oder eines Kommanditisten gewährt wird. Dabei ist der Betrag der Einlage jedes Gesellschafters festzusetzen.

(2) Anteilsinhabern eines übertragenden Rechtsträgers, die für dessen Verbindlichkeiten nicht als Gesamtschuldner persönlich unbeschränkt haften, ist die Stellung eines Kommanditisten zu gewähren. Abweichende Bestimmungen sind nur wirksam, wenn die betroffenen Anteilsinhaber dem Verschmelzungsbeschluß des übertragenden Rechtsträgers zustimmen.

§ 41 Verschmelzungsbericht

Ein Verschmelzungsbericht ist für eine an der Verschmelzung beteiligte Personenhandelsgesellschaft nicht erforderlich, wenn alle Gesellschafter dieser Gesellschaft zur Geschäftsführung berechtigt sind.

§ 42 Unterrichtung der Gesellschafter

Der Verschmelzungsvertrag oder sein Entwurf und der Verschmelzungsbericht sind den Gesellschaftern, die von der Geschäftsführung ausgeschlossen sind, spätestens zusammen mit der Einberufung der Gesellschafterversammlung, die gemäß § 13 Abs. 1 über die Zustimmung zum Verschmelzungsvertrag beschließen soll, zu übersenden.

§ 43 Beschluß der Gesellschafterversammlung

(1) Der Verschmelzungsbeschluß der Gesellschafterversammlung bedarf der Zustimmung aller anwesenden Gesellschafter; ihm müssen auch die nicht erschienenen Gesellschafter zustimmen.

(2) Der Gesellschaftsvertrag kann eine Mehrheitsentscheidung der Gesellschafter vorsehen. Die Mehrheit muß mindestens drei Viertel der Stimmen der Gesellschafter betragen. Widerspricht ein Anteilsinhaber eines übertragenden

Rechtsträgers, der für dessen Verbindlichkeiten persönlich unbeschränkt haftet, der Verschmelzung, so ist ihm in der übernehmenden oder der neuen Personenhandelsgesellschaft die Stellung eines Kommanditisten zu gewähren; das gleiche gilt für einen Anteilsinhaber der übernehmenden Personenhandelsgesellschaft, der für deren Verbindlichkeiten persönlich unbeschränkt haftet, wenn er der Verschmelzung widerspricht.

§ 44 Prüfung der Verschmelzung

Im Falle des § 43 Abs. 2 ist der Verschmelzungsvertrag oder sein Entwurf für eine Personenhandelsgesellschaft auf Verlangen eines ihrer Gesellschafter nach den §§ 9 bis 12 zu prüfen. Die Kosten trägt die Gesellschaft.

§ 45 Zeitliche Begrenzung der Haftung persönlich haftender Gesellschafter

(1) Überträgt eine Personenhandelsgesellschaft ihr Vermögen durch Verschmelzung auf einen Rechtsträger anderer Rechtsform, dessen Anteilsinhaber für die Verbindlichkeiten dieses Rechtsträgers nicht unbeschränkt haften, so haftet ein Gesellschafter der Personenhandelsgesellschaft für ihre Verbindlichkeiten, wenn sie vor Ablauf von fünf Jahren nach der Verschmelzung fällig und daraus Ansprüche gegen ihn gerichtlich geltend gemacht sind; bei öffentlich-rechtlichen Verbindlichkeiten genügt zur Geltendmachung der Erlaß eines Verwaltungsakts.

(2) Die Frist beginnt mit dem Tage, an dem die Eintragung der Verschmelzung in das Register des Sitzes des übernehmenden Rechtsträgers nach § 19 Abs. 3 als bekanntgemacht gilt. Die für die Verjährung geltenden §§ 203, 206, 207, 210, 212 bis 216 und 220 des Bürgerlichen Gesetzbuchs sind entsprechend anzuwenden.

(3) Einer gerichtlichen Geltendmachung bedarf es nicht, soweit der Gesellschafter den Anspruch schriftlich anerkannt hat.

(4) Die Absätze 1 bis 3 sind auch anzuwenden, wenn der Gesellschafter in dem Rechtsträger anderer Rechtsform geschäftsführend tätig wird.

Zweiter Abschnitt: Verschmelzung unter Beteiligung von Gesellschaften mit beschränkter Haftung

Erster Unterabschnitt: Verschmelzung durch Aufnahme

§ 46 Inhalt des Verschmelzungsvertrags

(1) Der Verschmelzungsvertrag oder sein Entwurf hat zusätzlich für jeden Anteilsinhaber eines übertragenden Rechtsträgers den Nennbetrag des Geschäftsanteils zu bestimmen, den die übernehmende Gesellschaft mit beschränkter Haftung ihm zu gewähren hat. Der Nennbetrag kann abweichend

von dem Nennbetrag der Aktien einer übertragenden Aktiengesellschaft oder Kommanditgesellschaft auf Aktien festgesetzt werden. Er muß mindestens fünfzig Deutsche Mark betragen und durch zehn teilbar sein.

(2) Sollen die zu gewährenden Geschäftsanteile im Wege der Kapitalerhöhung geschaffen und mit anderen Rechten und Pflichten als sonstige Geschäftsanteile der übernehmenden Gesellschaft mit beschränkter Haftung ausgestattet werden, so sind auch die Abweichungen im Verschmelzungsvertrag oder in seinem Entwurf festzusetzen.

(3) Sollen Anteilsinhaber eines übertragenden Rechtsträgers schon vorhandene Geschäftsanteile der übernehmenden Gesellschaft erhalten, so müssen die Gesellschafter und die Nennbeträge der Geschäftsanteile, die sie erhalten sollen, im Verschmelzungsvertrag oder in seinem Entwurf besonders bestimmt werden.

§ 47 Unterrichtung der Gesellschafter

Der Verschmelzungsvertrag oder sein Entwurf und der Verschmelzungsbericht sind den Gesellschaftern spätestens zusammen mit der Einberufung der Gesellschafterversammlung, die gemäß § 13 Abs. 1 über die Zustimmung beschließen soll, zu übersenden.

§ 48 Prüfung der Verschmelzung

Der Verschmelzungsvertrag oder sein Entwurf ist für eine Gesellschaft mit beschränkter Haftung auf Verlangen eines ihrer Gesellschafter nach den §§ 9 bis 12 zu prüfen. Die Kosten trägt die Gesellschaft.

§ 49 Vorbereitung der Gesellschafterversammlung

(1) Die Geschäftsführer haben in der Einberufung der Gesellschafterversammlung, die gemäß § 13 Abs. 1 über die Zustimmung zum Verschmelzungsvertrag beschließen soll, die Verschmelzung als Gegenstand der Beschlußfassung anzukündigen.

(2) Von der Einberufung an sind in dem Geschäftsraum der Gesellschaft die Jahresabschlüsse und die Lageberichte der an der Verschmelzung beteiligten Rechtsträger für die letzten drei Geschäftsjahre zur Einsicht durch die Gesellschafter auszulegen.

(3) Die Geschäftsführer haben jedem Gesellschafter auf Verlangen jederzeit Auskunft auch über alle für die Verschmelzung wesentlichen Angelegenheiten der anderen beteiligten Rechtsträger zu geben.

§ 50 Beschluß der Gesellschafterversammlung

(1) Der Verschmelzungsbeschluß der Gesellschafterversammlung bedarf einer Mehrheit von mindestens drei Vierteln der abgegebenen Stimmen. Der Gesellschaftsvertrag kann eine größere Mehrheit und weitere Erfordernisse bestimmen.

(2) Werden durch die Verschmelzung auf dem Gesellschaftsvertrag beruhende Minderheitsrechte eines einzelnen Gesellschafters einer übertragenden Gesellschaft oder die einzelnen Gesellschaftern einer solchen Gesellschaft nach dem Gesellschaftsvertrag zustehenden besonderen Rechte in der Geschäftsführung der Gesellschaft, bei der Bestellung der Geschäftsführer oder hinsichtlich eines Vorschlagsrechts für die Geschäftsführung beeinträchtigt, so bedarf der Verschmelzungsbeschluß dieser übertragenden Gesellschaft der Zustimmung dieser Gesellschafter.

§ 51 Zustimmungserfordernisse in Sonderfällen

(1) Ist an der Verschmelzung eine Gesellschaft mit beschränkter Haftung, auf deren Geschäftsanteile nicht alle zu leistenden Einlagen in voller Höhe bewirkt sind, als übernehmender Rechtsträger beteiligt, so bedarf der Verschmelzungsbeschluß eines übertragenden Rechtsträgers der Zustimmung aller bei der Beschlußfassung anwesenden Anteilsinhaber dieses Rechtsträgers. Ist der übertragende Rechtsträger eine Personenhandelsgesellschaft oder eine Gesellschaft mit beschränkter Haftung, so bedarf der Verschmelzungsbeschluß auch der Zustimmung der nicht erschienenen Gesellschafter. Die Sätze 1 und 2 gelten entsprechend, wenn eine Gesellschaft mit beschränkter Haftung, auf deren Geschäftsanteile nicht alle zu leistenden Einlagen in voller Höhe bewirkt sind, von einer Gesellschaft mit beschränkter Haftung durch Verschmelzung aufgenommen wird.

(2) Ist im Falle des § 46 Abs. 1 Satz 2 die abweichende Festsetzung des Nennbetrags nicht durch § 46 Abs. 1 Satz 3 bedingt, so bedarf sie der Zustimmung jedes Aktionärs, der sich nicht dem Gesamtnennbetrag seiner Aktien entsprechend beteiligen kann.

§ 52 Anmeldung der Verschmelzung

(1) Bei der Anmeldung der Verschmelzung zur Eintragung in das Register haben die Vertretungsorgane der an der Verschmelzung beteiligten Rechtsträger im Falle des § 51 Abs. 1 auch zu erklären, daß dem Verschmelzungsbeschluß jedes der übertragenden Rechtsträger alle bei der Beschlußfassung anwesenden Anteilsinhaber dieses Rechtsträgers und, sofern der übertragende Rechtsträger eine Personenhandelsgesellschaft oder eine Gesellschaft mit beschränkter Haftung ist, auch die nicht erschienenen Gesellschafter dieser Gesellschaft zugestimmt haben.

(2) Der Anmeldung zum Register des Sitzes der übernehmenden Gesellschaft ist eine von den Geschäftsführern dieser Gesellschaft unterschriebene berichtigte Gesellschafterliste beizufügen.

§ 53 Eintragung bei Erhöhung des Stammkapitals

Erhöht die übernehmende Gesellschaft zur Durchführung der Verschmelzung ihr Stammkapital, so darf die Verschmelzung erst eingetragen werden, nachdem die Erhöhung des Stammkapitals im Register eingetragen worden ist.

§ 54 Verschmelzung ohne Kapitalerhöhung

(1) Die übernehmende Gesellschaft darf zur Durchführung der Verschmelzung ihr Stammkapital nicht erhöhen, soweit

1. sie Anteile eines übertragenden Rechtsträgers innehat;
2. ein übertragender Rechtsträger eigene Anteile innehat oder
3. ein übertragender Rechtsträger Geschäftsanteile dieser Gesellschaft innehat, auf welche die Einlagen nicht in voller Höhe bewirkt sind.

Die übernehmende Gesellschaft braucht ihr Stammkapital nicht zu erhöhen, soweit

1. sie eigene Geschäftsanteile innehat oder
2. ein übertragender Rechtsträger Geschäftsanteile dieser Gesellschaft innehat, auf welche die Einlagen bereits in voller Höhe bewirkt sind.

(2) Absatz 1 gilt entsprechend, wenn Inhaber der dort bezeichneten Anteile ein Dritter ist, der im eigenen Namen, jedoch in einem Fall des Absatzes 1 Satz 1 Nr. 1 oder des Absatzes 1 Satz 2 Nr. 1 für Rechnung der übernehmenden Gesellschaft oder in einem der anderen Fälle des Absatzes 1 für Rechnung des übertragenden Rechtsträgers handelt.

(3) Soweit zur Durchführung der Verschmelzung Geschäftsanteile der übernehmenden Gesellschaft, die sie selbst oder ein übertragender Rechtsträger innehat, geteilt werden müssen, um sie den Anteilsinhabern eines übertragenden Rechtsträgers gewähren zu können, sind Bestimmungen des Gesellschaftsvertrags, welche die Teilung der Geschäftsanteile der übernehmenden Gesellschaft ausschließen oder erschweren, sowie § 5 Abs. 1 zweiter Halbsatz und Abs. 3 Satz 2 des Gesetzes betreffend die Gesellschaften mit beschränkter Haftung nicht anzuwenden; jedoch muß der Nennbetrag jedes Teils der Geschäftsanteile mindestens fünfzig Deutsche Mark betragen und durch zehn teilbar sein. Satz 1 gilt entsprechend, wenn Inhaber der Geschäftsanteile ein Dritter ist, der im eigenen Namen, jedoch für Rechnung der übernehmenden Gesellschaft oder eines übertragenden Rechtsträgers handelt.

(4) Im Verschmelzungsvertrag festgesetzte bare Zuzahlungen dürfen nicht den zehnten Teil des Gesamtnennbetrags der gewährten Geschäftsanteile der übernehmenden Gesellschaft übersteigen.

§ 55 Verschmelzung mit Kapitalerhöhung

(1) Erhöht die übernehmende Gesellschaft zur Durchführung der Verschmelzung ihr Stammkapital, so sind § 55 Abs. 1, §§ 56a, 57 Abs. 2, Abs. 3 Nr. 1 des Gesetzes betreffend die Gesellschaften mit beschränkter Haftung nicht anzuwenden. Auf die neuen Geschäftsanteile ist § 5 Abs. 1 zweiter Halbsatz und Abs. 3 Satz 2 des Gesetzes betreffend die Gesellschaften mit beschränkter Haftung nicht anzuwenden; jedoch muß der Betrag jeder neuen Stammeinlage mindestens fünfzig Deutsche Mark betragen und durch zehn teilbar sein.

(2) Der Anmeldung der Kapitalerhöhung zum Register sind außer den in § 57 Abs. 3 Nr. 2 und 3 des Gesetzes betreffend die Gesellschaften mit beschränkter Haftung bezeichneten Schriftstücken der Verschmelzungsvertrag und die Niederschriften der Verschmelzungsbeschlüsse in Ausfertigung oder öffentlich beglaubigter Abschrift beizufügen.

Zweiter Unterabschnitt: Verschmelzung durch Neugründung

§ 56 Anzuwendende Vorschriften

Auf die Verschmelzung durch Neugründung sind die Vorschriften des Ersten Unterabschnitts mit Ausnahme der §§ 51, 52 Abs. 1, §§ 53, 54 Abs. 1 bis 3 sowie des § 55 entsprechend anzuwenden.

§ 57 Inhalt des Gesellschaftsvertrags

In den Gesellschaftsvertrag sind Festsetzungen über Sondervorteile, Gründungsaufwand, Sacheinlagen und Sachübernahmen, die in den Gesellschaftsverträgen, Satzungen oder Statuten übertragender Rechtsträger enthalten waren, zu übernehmen.

§ 58 Sachgründungsbericht

(1) In dem Sachgründungsbericht (§ 5 Abs. 4 des Gesetzes betreffend die Gesellschaften mit beschränkter Haftung) sind auch der Geschäftsverlauf und die Lage der übertragenden Rechtsträger darzulegen.

(2) Ein Sachgründungsbericht ist nicht erforderlich, soweit eine Kapitalgesellschaft oder eine eingetragene Genossenschaft übertragender Rechtsträger ist.

§ 59 Verschmelzungsbeschlüsse

Der Gesellschaftsvertrag der neuen Gesellschaft wird nur wirksam, wenn ihm die Anteilsinhaber jedes der übertragenden Rechtsträger durch Verschmelzungsbeschluß zustimmen. Dies gilt entsprechend für die Bestellung der Mitglieder des Aufsichtsrats der neuen Gesellschaft, soweit sie von den Anteilsinhabern der übertragenden Rechtsträger zu wählen sind.

Dritter Abschnitt: Verschmelzung unter Beteiligung von Aktiengesellschaften

Erster Unterabschnitt: Verschmelzung durch Aufnahme

§ 60 Prüfung der Verschmelzung; Bestellung der Verschmelzungsprüfer

(1) Der Verschmelzungsvertrag oder sein Entwurf ist für jede Aktiengesellschaft nach den §§ 9 bis 12 zu prüfen.

(2) Für jede Aktiengesellschaft muß mindestens ein Verschmelzungsprüfer bestellt werden. Die Prüfer werden jeweils vom Vorstand der Gesellschaft bestellt.

(3) Für die Verschmelzung unter Beteiligung mehrerer Aktiengesellschaften reicht die Prüfung durch einen oder mehrere Verschmelzungsprüfer für alle beteiligten Aktiengesellschaften nur aus, wenn diese Prüfer auf gemeinsamen Antrag der Vorstände durch das Gericht bestellt werden. Gegen die Entscheidung findet die sofortige Beschwerde statt. Für den Ersatz von Auslagen und für die Vergütung der vom Gericht bestellten Prüfer gilt § 318 Abs. 5 des Handelsgesetzbuchs.

§ 61 Bekanntmachung des Verschmelzungsvertrags

Der Verschmelzungsvertrag oder sein Entwurf ist vor der Einberufung der Hauptversammlung, die gemäß § 13 Abs. 1 über die Zustimmung beschließen soll, zum Register einzureichen. Das Gericht hat in den für die Bekanntmachung seiner Eintragungen bestimmten Blättern (§ 10 des Handelsgesetzbuchs) einen Hinweis darauf bekanntzumachen, daß der Vertrag oder sein Entwurf beim Handelsregister eingereicht worden ist.

§ 62 Hauptversammlung in besonderen Fällen

(1) Befinden sich mindestens neun Zehntel des Stammkapitals oder des Grundkapitals einer übertragenden Kapitalgesellschaft in der Hand einer übernehmenden Aktiengesellschaft, so ist ein Verschmelzungsbeschluß der übernehmenden Aktiengesellschaft zur Aufnahme dieser übertragenden Gesellschaft nicht erforderlich. Eigene Anteile der übertragenden Gesellschaft und Anteile, die einem anderen für Rechnung dieser Gesellschaft gehören, sind vom Stammkapital oder Grundkapital abzusetzen.

(2) Absatz 1 gilt nicht, wenn Aktionäre der übernehmenden Gesellschaft, deren Anteile zusammen den zwanzigsten Teil des Grundkapitals dieser Gesellschaft erreichen, die Einberufung einer Hauptversammlung verlangen, in der über die Zustimmung zu der Verschmelzung beschlossen wird. Die Satzung kann das Recht, die Einberufung der Hauptversammlung zu verlangen, an den Besitz eines geringeren Teils am Grundkapital der übernehmenden Gesellschaft knüpfen.

(3) Einen Monat vor dem Tage der Gesellschafterversammlung oder der Hauptversammlung der übertragenden Gesellschaft, die gemäß § 13 Abs. 1 über die Zustimmung zum Verschmelzungsvertrag beschließen soll, sind in dem Geschäftsraum der übernehmenden Gesellschaft zur Einsicht der Aktionäre die in § 63 Abs. 1 bezeichneten Unterlagen auszulegen. Gleichzeitig hat der Vorstand der übernehmenden Gesellschaft einen Hinweis auf die bevorstehende Verschmelzung in den Gesellschaftsblättern der übernehmenden Gesellschaft bekanntzumachen und den Verschmelzungsvertrag oder seinen Entwurf zum Register der übernehmenden Gesellschaft einzureichen; § 61 Satz 2 ist entsprechend anzuwenden. Die Aktionäre sind in der Bekanntmachung nach Satz 2 erster Halbsatz auf ihr Recht nach Absatz 2 hinzuweisen. Der Anmeldung der Verschmelzung zur Eintragung in das Handelsregister ist der Nachweis der Bekanntmachung beizufügen. Der Vorstand hat bei der Anmeldung zu erklären, ob ein Antrag nach Absatz 2 gestellt worden ist. Auf Verlangen ist jedem Aktionär der übernehmenden Gesellschaft unverzüglich und kostenlos eine Abschrift der in Satz 1 bezeichneten Unterlagen zu erteilen.

§ 63 Vorbereitung der Hauptversammlung

(1) Von der Einberufung der Hauptversammlung an, die gemäß § 13 Abs. 1 über die Zustimmung zum Verschmelzungsvertrag beschließen soll, sind in dem Geschäftsraum der Gesellschaft zur Einsicht der Aktionäre auszulegen

1. der Verschmelzungsvertrag oder sein Entwurf;
2. die Jahresabschlüsse und die Lageberichte der an der Verschmelzung beteiligten Rechtsträger für die letzten drei Geschäftsjahre;
3. falls sich der letzte Jahresabschluß auf ein Geschäftsjahr bezieht, das mehr als sechs Monate vor dem Abschluß des Verschmelzungsvertrags oder der Aufstellung des Entwurfs abgelaufen ist, eine Bilanz auf einen Stichtag, der nicht vor dem ersten Tag des dritten Monats liegt, der dem Abschluß oder der Aufstellung vorausgeht (Zwischenbilanz);
4. die nach § 8 erstatteten Verschmelzungsberichte;
5. die nach § 60 in Verbindung mit § 12 erstatteten Prüfungsberichte.

(2) Die Zwischenbilanz (Absatz 1 Nr. 3) ist nach den Vorschriften aufzustellen, die auf die letzte Jahresbilanz des Rechtsträgers angewendet worden sind. Eine körperliche Bestandsaufnahme ist nicht erforderlich. Die Wertansätze der letzten Jahresbilanz dürfen übernommen werden. Dabei sind jedoch Abschreibungen, Wertberichtigungen und Rückstellungen sowie wesentliche, aus den Büchern nicht ersichtliche Veränderungen der wirklichen Werte von Vermögensgegenständen bis zum Stichtag der Zwischenbilanz zu berücksichtigen.

(3) Auf Verlangen ist jedem Aktionär unverzüglich und kostenlos eine Abschrift der in Absatz 1 bezeichneten Unterlagen zu erteilen.

§ 64 Durchführung der Hauptversammlung

(1) In der Hauptversammlung sind die in § 63 Abs. 1 bezeichneten Unterlagen auszulegen. Der Vorstand hat den Verschmelzungsvertrag oder seinen Entwurf zu Beginn der Verhandlung mündlich zu erläutern.

(2) Jedem Aktionär ist auf Verlangen in der Hauptversammlung Auskunft auch über alle für die Verschmelzung wesentlichen Angelegenheiten der anderen beteiligten Rechtsträger zu geben.

§ 65 Beschluß der Hauptversammlung

(1) Der Verschmelzungsbeschluß der Hauptversammlung bedarf einer Mehrheit, die mindestens drei Viertel des bei der Beschlußfassung vertretenen Grundkapitals umfaßt. Die Satzung kann eine größere Kapitalmehrheit und weitere Erfordernisse bestimmen.

(2) Sind mehrere Gattungen von Aktien vorhanden, so bedarf der Beschluß der Hauptversammlung zu seiner Wirksamkeit der Zustimmung der stimmberechtigten Aktionäre jeder Gattung. Über die Zustimmung haben die Aktionäre jeder Gattung einen Sonderbeschluß zu fassen. Für diesen gilt Absatz 1.

§ 66 Eintragung bei Erhöhung des Grundkapitals

Erhöht die übernehmende Gesellschaft zur Durchführung der Verschmelzung ihr Grundkapital, so darf die Verschmelzung erst eingetragen werden, nachdem die Durchführung der Erhöhung des Grundkapitals im Register eingetragen worden ist.

§ 67 Anwendung der Vorschriften über die Nachgründung

Wird der Verschmelzungsvertrag in den ersten zwei Jahren seit Eintragung der übernehmenden Gesellschaft in das Register geschlossen, so ist § 52 Abs. 3, 4, 7 bis 9 des Aktiengesetzes über die Nachgründung entsprechend anzuwenden. Dies gilt nicht, wenn der Gesamtnennbetrag der zu gewährenden Aktien den zehnten Teil des Grundkapitals dieser Gesellschaft nicht übersteigt. Wird zur Durchführung der Verschmelzung das Grundkapital erhöht, so ist der Berechnung das erhöhte Grundkapital zugrunde zu legen.

§ 68 Verschmelzung ohne Kapitalerhöhung

(1) Die übernehmende Gesellschaft darf zur Durchführung der Verschmelzung ihr Grundkapital nicht erhöhen, soweit

1. sie Anteile eines übertragenden Rechtsträgers innehat;
2. ein übertragender Rechtsträger eigene Anteile innehat oder
3. ein übertragender Rechtsträger Aktien dieser Gesellschaft besitzt, auf die der Nennbetrag oder der höhere Ausgabebetrag nicht voll geleistet ist.

Die übernehmende Gesellschaft braucht ihr Grundkapital nicht zu erhöhen, soweit

1. sie eigene Aktien besitzt oder
2. ein übertragender Rechtsträger Aktien dieser Gesellschaft besitzt, auf die der Nennbetrag oder der höhere Ausgabebetrag bereits voll geleistet ist.

(2) Absatz 1 gilt entsprechend, wenn Inhaber der dort bezeichneten Anteile ein Dritter ist, der im eigenen Namen, jedoch in einem Fall des Absatzes 1 Satz 1 Nr. 1 oder des Absatzes 1 Satz 2 Nr. 1 für Rechnung der übernehmenden Gesellschaft oder in einem der anderen Fälle des Absatzes 1 für Rechnung des übertragenden Rechtsträgers handelt.

(3) Im Verschmelzungsvertrag festgesetzte bare Zuzahlungen dürfen nicht den zehnten Teil des Gesamtnennbetrags der gewährten Aktien der übernehmenden Gesellschaft übersteigen.

§ 69 Verschmelzung mit Kapitalerhöhung

(1) Erhöht die übernehmende Gesellschaft zur Durchführung der Verschmelzung ihr Grundkapital, so sind § 182 Abs. 4, § 184 Abs. 2, §§ 185, 186, 187 Abs. 1, § 188 Abs. 2 und 3 Nr. 1 des Aktiengesetzes nicht anzuwenden; eine Prüfung der Sacheinlage nach § 183 Abs. 3 des Aktiengesetzes findet nur statt, soweit übertragende Rechtsträger die Rechtsform einer Personenhandelsgesellschaft oder eines rechtsfähigen Vereins haben, wenn Vermögensgegenstände in der Schlußbilanz eines übertragenden Rechtsträgers höher bewertet worden sind als in dessen letzter Jahresbilanz, wenn die in einer Schlußbilanz angesetzten Werte nicht als Anschaffungskosten in den Jahresbilanzen der übernehmenden Gesellschaft angesetzt werden oder wenn das Gericht Zweifel hat, ob der Wert der Sacheinlage den Nennbetrag der dafür zu gewährenden Aktien erreicht. Dies gilt auch dann, wenn das Grundkapital durch Ausgabe neuer Aktien auf Grund der Ermächtigung nach § 202 des Aktiengesetzes erhöht wird. In diesem Fall ist außerdem § 203 Abs. 3 des Aktiengesetzes nicht anzuwenden.

(2) Der Anmeldung der Kapitalerhöhung zum Register sind außer den in § 188 Abs. 3 Nr. 2 bis 4 des Aktiengesetzes bezeichneten Schriftstücken der Verschmelzungsvertrag und die Niederschriften der Verschmelzungsbeschlüsse in Ausfertigung oder öffentlich beglaubigter Abschrift beizufügen.

§ 70 Geltendmachung eines Schadenersatzanspruchs

Die Bestellung eines besonderen Vertreters nach § 26 Abs. 1 Satz 2 können nur solche Aktionäre einer übertragenden Gesellschaft beantragen, die ihre Aktien bereits gegen Anteile des übernehmenden Rechtsträgers umgetauscht haben.

§ 71 Bestellung eines Treuhänders

(1) Jeder übertragende Rechtsträger hat für den Empfang der zu gewährenden Aktien und der baren Zuzahlungen einen Treuhänder zu bestellen. Die Verschmelzung darf erst eingetragen werden, wenn der Treuhänder dem Gericht angezeigt hat, daß er im Besitz der Aktien und der im Verschmelzungsvertrag festgesetzten baren Zuzahlungen ist.

(2) § 26 Abs. 4 ist entsprechend anzuwenden.

§ 72 Umtausch von Aktien

(1) Für den Umtausch der Aktien einer übertragenden Gesellschaft gilt § 73 Abs. 1 und 2 des Aktiengesetzes, bei Zusammenlegung von Aktien dieser Gesellschaft § 226 Abs. 1 und 2 des Aktiengesetzes über die Kraftloserklärung von Aktien entsprechend. Einer Genehmigung des Gerichts bedarf es nicht.

(2) Ist der übernehmende Rechtsträger ebenfalls eine Aktiengesellschaft, so gelten ferner § 73 Abs. 3 des Aktiengesetzes sowie bei Zusammenlegung von Aktien § 73 Abs. 4 und § 226 Abs. 3 des Aktiengesetzes entsprechend.

Zweiter Unterabschnitt: Verschmelzung durch Neugründung

§ 73 Anzuwendende Vorschriften

Auf die Verschmelzung durch Neugründung sind die Vorschriften des Ersten Unterabschnitts mit Ausnahme der §§ 66, 67, 68 Abs. 1 und 2 und des § 69 entsprechend anzuwenden.

§ 74 Inhalt der Satzung

In die Satzung sind Festsetzungen über Sondervorteile, Gründungsaufwand, Sacheinlagen und Sachübernahmen, die in den Gesellschaftsverträgen, Satzungen oder Statuten übertragender Rechtsträger enthalten waren, zu übernehmen. § 26 Abs. 4 und 5 des Aktiengesetzes bleibt unberührt.

§ 75 Gründungsbericht und Gründungsprüfung

(1) In dem Gründungsbericht (§ 32 des Aktiengesetzes) sind auch der Geschäftsverlauf und die Lage der übertragenden Rechtsträger darzustellen.

(2) Ein Gründungsbericht und eine Gründungsprüfung (§ 33 Abs. 2 des Aktiengesetzes) sind nicht erforderlich, soweit eine Kapitalgesellschaft oder eine eingetragene Genossenschaft übertragender Rechtsträger ist.

§ 76 Verschmelzungsbeschlüsse

(1) Eine übertragende Aktiengesellschaft darf die Verschmelzung erst beschließen, wenn sie und jede andere übertragende Aktiengesellschaft bereits zwei Jahre im Register eingetragen sind.

(2) Die Satzung der neuen Gesellschaft wird nur wirksam, wenn ihr die Anteilsinhaber jedes der übertragenden Rechtsträger durch Verschmelzungsbeschluß zustimmen. Dies gilt entsprechend für die Bestellung der Mitglieder des Aufsichtsrats der neuen Gesellschaft, soweit diese nach § 31 des Aktiengesetzes zu wählen sind. Auf eine übertragende Aktiengesellschaft ist § 124 Abs. 2 Satz 2, Abs. 3 Satz 1 und 3 des Aktiengesetzes entsprechend anzuwenden.

§ 77 Bekanntmachung der Eintragung der neuen Gesellschaft

In die Bekanntmachung der Eintragung der neuen Gesellschaft sind außer den sonst erforderlichen Angaben die Bestimmungen des Verschmelzungsvertrags über die Zahl und, wenn mehrere Gattungen bestehen, die Gattung der Aktien, welche die neue Gesellschaft den Anteilsinhabern der übertragenden Rechtsträger gewährt, sowie über die Art und den Zeitpunkt der Zuteilung dieser Aktien aufzunehmen.

Vierter Abschnitt: Verschmelzung unter Beteiligung von Kommanditgesellschaften auf Aktien

§ 78 Anzuwendende Vorschriften

Auf Verschmelzungen unter Beteiligung von Kommanditgesellschaften auf Aktien sind die Vorschriften des Dritten Abschnitts entsprechend anzuwenden. An die Stelle der Aktiengesellschaft und ihres Vorstands treten die Kommanditgesellschaft auf Aktien und die zu ihrer Vertretung ermächtigten persönlich haftenden Gesellschafter. Der Verschmelzungsbeschluß bedarf auch der Zustimmung der persönlich haftenden Gesellschafter; die Satzung der Kommanditgesellschaft auf Aktien kann eine Mehrheitsentscheidung dieser Gesellschafter vorsehen. Im Verhältnis zueinander gelten Aktiengesellschaften und Kommanditgesellschaften auf Aktien nicht als Rechtsträger anderer Rechtsform im Sinne der §§ 29 und 34.

Fünfter Abschnitt: Verschmelzung unter Beteiligung eingetragener Genossenschaften

Erster Unterabschnitt: Verschmelzung durch Aufnahme

§ 79 Möglichkeit der Verschmelzung

Ein Rechtsträger anderer Rechtsform kann im Wege der Aufnahme mit einer eingetragenen Genossenschaft nur verschmolzen werden, wenn eine erforderliche Änderung des Statuts der übernehmenden Genossenschaft gleichzeitig mit der Verschmelzung beschlossen wird.

§ 80 Inhalt des Verschmelzungsvertrags bei Aufnahme durch eine Genossenschaft

(1) Der Verschmelzungsvertrag oder sein Entwurf hat bei Verschmelzungen im Wege der Aufnahme durch eine eingetragene Genossenschaft für die Festlegung des Umtauschverhältnisses der Anteile (§ 5 Abs. 1 Nr. 3) die Angabe zu enthalten,

1. daß jeder Genosse einer übertragenden Genossenschaft mit einem Geschäftsanteil bei der übernehmenden Genossenschaft beteiligt wird, sofern das Statut dieser Genossenschaft die Beteiligung mit mehr als einem Geschäftsanteil nicht zuläßt, oder
2. daß jeder Genosse einer übertragenden Genossenschaft mit mindestens einem und im übrigen mit so vielen Geschäftsanteilen bei der übernehmenden Genossenschaft beteiligt wird, wie durch Anrechnung seines Geschäftsguthabens bei der übertragenden Genossenschaft als voll eingezahlt anzusehen sind, sofern das Statut der übernehmenden Genossenschaft die Beteiligung eines Genossen mit mehreren Geschäftsanteilen zuläßt oder die Genossen zur Übernahme mehrerer Geschäftsanteile verpflichtet; der Verschmelzungsvertrag oder sein Entwurf kann zugunsten der Genossen einer übertragenden Genossenschaft eine andere Berechnung der Zahl der zu gewährenden Geschäftsanteile vorsehen.

Bei Verschmelzungen im Wege der Aufnahme eines Rechtsträgers anderer Rechtsform durch eine eingetragene Genossenschaft hat der Verschmelzungsvertrag oder sein Entwurf zusätzlich für jeden Anteilsinhaber eines solchen Rechtsträgers den Betrag des Geschäftsanteils und die Zahl der Geschäftsanteile anzugeben, mit denen er bei der Genossenschaft beteiligt wird.

(2) Der Verschmelzungsvertrag oder sein Entwurf hat für jede übertragende Genossenschaft den Stichtag der Schlußbilanz anzugeben.

§ 81 Gutachten des Prüfungsverbandes

(1) Vor der Einberufung der Generalversammlung, die gemäß § 13 Abs. 1 über die Zustimmung zum Verschmelzungsvertrag beschließen soll, ist für jede beteiligte Genossenschaft eine gutachtliche Äußerung des Prüfungsverbandes einzuholen, ob die Verschmelzung mit den Belangen der Genossen und der Gläubiger der Genossenschaft vereinbar ist (Prüfungsgutachten). Das Prüfungsgutachten kann für mehrere beteiligte Genossenschaften auch gemeinsam erstattet werden.

(2) Liegen die Voraussetzungen des Artikels 25 Abs. 1 des Einführungsgesetzes zum Handelsgesetzbuche in der Fassung des Artikels 21 § 5 Abs. 2 des Gesetzes vom 25. Juli 1988 (BGBl I S. 1093) vor, so kann die Prüfung der Verschmelzung (§§ 9 bis 12) für die dort bezeichneten Rechtsträger auch von dem zuständigen Prüfungsverband durchgeführt werden.

§ 82 Vorbereitung der Generalversammlung

(1) Von der Einberufung der Generalversammlung an, die gemäß § 13 Abs. 1 über die Zustimmung zum Verschmelzungsvertrag beschließen soll, sind auch in dem Geschäftsraum jeder beteiligten Genossenschaft die in § 63 Abs. 1 Nr. 1 bis 4 bezeichneten Unterlagen sowie die nach § 81 erstatteten Prüfungsgutachten zur Einsicht der Genossen auszulegen. Dazu erforderliche Zwischenbilanzen sind gemäß § 63 Abs. 2 aufzustellen.

(2) Auf Verlangen ist jedem Genossen unverzüglich und kostenlos eine Abschrift der in Absatz 1 bezeichneten Unterlagen zu erteilen.

§ 83 Durchführung der Generalversammlung

(1) In der Generalversammlung sind die in § 63 Abs. 1 Nr. 1 bis 4 bezeichneten Unterlagen sowie die nach § 81 erstatteten Prüfungsgutachten auszulegen. Der Vorstand hat den Verschmelzungsvertrag oder seinen Entwurf zu Beginn der Verhandlung mündlich zu erläutern. § 64 Abs. 2 ist entsprechend anzuwenden.

(2) Das für die beschließende Genossenschaft erstattete Prüfungsgutachten ist in der Generalversammlung zu verlesen. Der Prüfungsverband ist berechtigt, an der Generalversammlung beratend teilzunehmen.

§ 84 Beschluß der Generalversammlung

Der Verschmelzungsbeschluß der Generalversammlung bedarf einer Mehrheit von drei Vierteln der abgegebenen Stimmen. Das Statut kann eine größere Mehrheit und weitere Erfordernisse bestimmen.

§ 85 Verbesserung des Umtauschverhältnisses

(1) Bei der Verschmelzung von Genossenschaften miteinander ist § 15 nur anzuwenden, wenn und soweit das Geschäftsguthaben eines Genossen in der übernehmenden Genossenschaft niedriger als das Geschäftsguthaben in der übertragenden Genossenschaft ist.

(2) Der Anspruch nach § 15 kann auch durch Zuschreibung auf das Geschäftsguthaben erfüllt werden, soweit nicht der Gesamtbetrag der Geschäftsanteile des Genossen bei der übernehmenden Genossenschaft überschritten wird.

§ 86 Anlagen der Anmeldung

(1) Der Anmeldung der Verschmelzung ist außer den sonst erforderlichen Unterlagen auch das für die anmeldende Genossenschaft erstattete Prüfungsgutachten in Urschrift oder in öffentlich beglaubigter Abschrift beizufügen.

(2) Der Anmeldung zur Eintragung in das Register des Sitzes des übernehmenden Rechtsträgers ist ferner jedes andere für eine übertragende Genossenschaft erstattete Prüfungsgutachten in Urschrift oder in öffentlich beglaubigter Abschrift beizufügen.

§ 87 Anteilstausch

(1) Auf Grund der Verschmelzung ist jeder Genosse einer übertragenden Genossenschaft entsprechend dem Verschmelzungsvertrag an dem übernehmenden Rechtsträger beteiligt. Eine Verpflichtung, bei einer übernehmenden Genossenschaft weitere Geschäftsanteile zu übernehmen, bleibt unberührt. Rechte Dritter an den Geschäftsguthaben bei einer übertragenden Genossenschaft bestehen an den Anteilen oder Mitgliedschaften des übernehmenden Rechtsträgers anderer Rechtsform weiter, die an die Stelle der Geschäftsanteile der übertragenden Genossenschaft treten. Rechte Dritter an den Anteilen oder Mitgliedschaften des übertragenden Rechtsträgers bestehen an den bei der übernehmenden Genossenschaft erlangten Geschäftsguthaben weiter.

(2) Übersteigt das Geschäftsguthaben, das der Genosse bei einer übertragenden Genossenschaft hatte, den Gesamtbetrag der Geschäftsanteile, mit denen er nach Absatz 1 bei einer übernehmenden Genossenschaft beteiligt ist, so ist der übersteigende Betrag nach Ablauf von sechs Monaten seit dem Tage, an dem die Eintragung der Verschmelzung in das Register des Sitzes der übernehmenden Genossenschaft nach § 19 Abs. 3 als bekanntgemacht gilt, an den Genossen auszuzahlen; die Auszahlung darf jedoch nicht erfolgen, bevor die Gläubiger, die sich nach § 22 gemeldet haben, befriedigt oder sichergestellt sind. Im Verschmelzungsvertrag festgesetzte bare Zuzahlungen dürfen nicht den zehnten Teil des Gesamtnennbetrags der gewährten Geschäftsanteile der übernehmenden Genossenschaft übersteigen.

(3) Für die Berechnung des Geschäftsguthabens, das dem Genossen bei einer übertragenden Genossenschaft zugestanden hat, ist deren Schlußbilanz maßgebend.

§ 88 Geschäftsguthaben bei der Aufnahme von Kapitalgesellschaften und rechtsfähigen Vereinen

(1) Ist an der Verschmelzung eine Kapitalgesellschaft als übertragender Rechtsträger beteiligt, so ist jedem Anteilsinhaber dieser Gesellschaft als Geschäftsguthaben bei der übernehmenden Genossenschaft der Wert der Geschäftsanteile oder der Aktien gutzuschreiben, mit denen er an der übertragenden Gesellschaft beteiligt war. Für die Feststellung des Wertes dieser Beteiligung ist die Schlußbilanz der übertragenden Gesellschaft maßgebend. Übersteigt das durch die Verschmelzung erlangte Geschäftsguthaben eines Genossen den Gesamtbetrag der Geschäftsanteile, mit denen er bei der übernehmenden Genossenschaft beteiligt ist, so ist der übersteigende Betrag nach Ablauf von sechs Monaten seit dem Tage, an dem die Eintragung der Verschmelzung in das Register des Sitzes der übernehmenden Genossenschaft nach § 19 Abs. 3 als bekanntgemacht gilt, an den Genossen auszuzahlen; die Auszahlung darf jedoch nicht erfolgen, bevor die Gläubiger, die sich nach § 22 gemeldet haben, befriedigt oder sichergestellt sind.

(2) Ist an der Verschmelzung ein rechtsfähiger Verein als übertragender Rechtsträger beteiligt, so kann jedem Mitglied dieses Vereins als Geschäftsguthaben bei der übernehmenden Genossenschaft höchstens der Nennbetrag der Geschäftsanteile gutgeschrieben werden, mit denen es an der übernehmenden Genossenschaft beteiligt ist.

§ 89 Eintragung der Genossen in die Mitgliederliste; Benachrichtigung

(1) Die übernehmende Genossenschaft hat jeden neuen Genossen nach der Eintragung der Verschmelzung in das Register des Sitzes der übernehmenden Genossenschaft unverzüglich in die Mitgliederliste einzutragen und hiervon unverzüglich zu benachrichtigen. Sie hat ferner die Zahl der Geschäftsanteile des Genossen einzutragen, sofern der Genosse mit mehr als einem Geschäftsanteil beteiligt ist.

(2) Die übernehmende Genossenschaft hat jedem Anteilsinhaber eines übertragenden Rechtsträgers, bei unbekannten Aktionären dem Treuhänder der übertragenden Gesellschaft, unverzüglich schriftlich mitzuteilen:

1. den Betrag des Geschäftsguthabens bei der übernehmenden Genossenschaft;
2. den Betrag des Geschäftsanteils bei der übernehmenden Genossenschaft;
3. die Zahl der Geschäftsanteile, mit denen der Anteilsinhaber bei der übernehmenden Genossenschaft beteiligt ist;
4. den Betrag der von dem Genossen nach Anrechnung seines Geschäftsguthabens noch zu leistenden Einzahlung oder den Betrag, der ihm nach § 87 Abs. 2 oder nach § 88 Abs. 1 auszuzahlen ist, sowie
5. den Betrag der Haftsumme der übernehmenden Genossenschaft, sofern deren Genossen Nachschüsse bis zu einer Haftsumme zu leisten haben.

§ 90 Ausschlagung durch einzelne Anteilsinhaber

(1) Die §§ 29 bis 34 sind auf die Genossen einer übertragenden Genossenschaft nicht anzuwenden.

(2) Auf der Verschmelzungswirkung beruhende Anteile und Mitgliedschaften an dem übernehmenden Rechtsträger gelten als nicht erworben, wenn sie ausgeschlagen werden.

(3) Das Recht zur Ausschlagung hat jeder Genosse einer übertragenden Genossenschaft; wenn er in der Generalversammlung oder als Vertreter in der Vertreterversammlung, die gemäß § 13 Abs. 1 über die Zustimmung zum Verschmelzungsvertrag beschließen soll,

1. erscheint und gegen den Verschmelzungsbeschluß Widerspruch zur Niederschrift erklärt oder
2. nicht erscheint, sofern er zu der Versammlung zu Unrecht nicht zugelassen worden ist oder die Versammlung nicht ordnungsgemäß einberufen oder der

Gegenstand der Beschlußfassung nicht ordnungsgemäß bekanntgemacht worden ist.

Wird der Verschmelzungsbeschluß einer übertragenden Genossenschaft von einer Vertreterversammlung gefaßt, so steht das Recht zur Ausschlagung auch jedem anderen Genossen dieser Genossenschaft zu, der im Zeitpunkt der Beschlußfassung nicht Vertreter ist.

§ 91 Form und Frist der Ausschlagung

(1) Die Ausschlagung ist gegenüber dem übernehmenden Rechtsträger schriftlich zu erklären.

(2) Die Ausschlagung kann nur binnen sechs Monaten nach dem Tage erklärt werden, an dem die Eintragung der Verschmelzung in das Register des Sitzes des übernehmenden Rechtsträgers nach § 19 Abs. 3 als bekanntgemacht gilt.

(3) Die Ausschlagung kann nicht unter einer Bedingung oder einer Zeitbestimmung erklärt werden.

§ 92 Eintragung der Ausschlagung in die Mitgliederliste

(1) Die übernehmende Genossenschaft hat jede Ausschlagung unverzüglich in die Mitgliederliste einzutragen und den Genossen von der Eintragung unverzüglich zu benachrichtigen.

(2) Die Ausschlagung wird in dem Zeitpunkt wirksam, in dem die Ausschlagungserklärung dem übernehmenden Rechtsträger zugeht.

§ 93 Auseinandersetzung

(1) Mit einem früheren Genossen, dessen Beteiligung an dem übernehmenden Rechtsträger nach § 90 Abs. 2 als nicht erworben gilt, hat der übernehmende Rechtsträger sich auseinanderzusetzen. Maßgebend ist die Schlußbilanz der übertragenden Genossenschaft.

(2) Dieser Genosse kann die Auszahlung des Geschäftsguthabens, das er bei der übertragenden Genossenschaft hatte, verlangen; an den Rücklagen und dem sonstigen Vermögen der übertragenden Genossenschaft hat er vorbehaltlich des § 73 Abs. 3 des Gesetzes betreffend die Erwerbs- und Wirtschaftsgenossenschaften keinen Anteil, auch wenn sie bei der Verschmelzung den Geschäftsguthaben anderer Genossen, die von dem Recht zur Ausschlagung keinen Gebrauch machen, zugerechnet werden.

(3) Reichen die Geschäftsguthaben und die in der Schlußbilanz einer übertragenden Genossenschaft ausgewiesenen Rücklagen zur Deckung eines in dieser Bilanz ausgewiesenen Verlustes nicht aus, so kann der übernehmende Rechtsträger von dem früheren Genossen, dessen Beteiligung als nicht erworben gilt, die Zahlung des anteiligen Fehlbetrags verlangen, wenn und soweit dieser Genosse im Falle der Insolvenz Nachschüsse an die übertragende

Genossenschaft zu leisten gehabt hätte. Der anteilige Fehlbetrag wird, falls das Statut der übertragenden Genossenschaft nichts anderes bestimmt, nach der Zahl ihrer Genossen berechnet.

(4) Die Ansprüche verjähren in fünf Jahren. Die Verjährung beginnt mit dem Schluß des Kalenderjahres, in dem die Ansprüche fällig geworden sind.

§ 94 Auszahlung des Auseinandersetzungsguthabens

Ansprüche auf Auszahlung des Geschäftsguthabens nach § 93 Abs. 2 sind binnen sechs Monaten seit der Ausschlagung zu befriedigen; die Auszahlung darf jedoch nicht erfolgen, bevor die Gläubiger, die sich nach § 22 gemeldet haben, befriedigt oder sichergestellt sind, und nicht vor Ablauf von sechs Monaten seit dem Tag, an dem die Eintragung der Verschmelzung in das Register des Sitzes des übernehmenden Rechtsträgers nach § 19 Abs. 3 als bekanntgemacht gilt.

§ 95 Fortdauer der Nachschußpflicht

(1) Ist die Haftsumme bei einer übernehmenden Genossenschaft geringer, als sie bei einer übertragenden Genossenschaft war, oder haften den Gläubigern eines übernehmenden Rechtsträgers nicht alle Anteilsinhaber dieses Rechtsträgers unbeschränkt, so haben zur Befriedigung der Gläubiger der übertragenden Genossenschaft diejenigen Anteilsinhaber, die Mitglieder der übertragenden Genossenschaft waren, weitere Nachschüsse bis zur Höhe der Haftsumme bei der übertragenden Genossenschaft zu leisten, sofern die Gläubiger, die sich nach § 22 gemeldet haben, wegen ihrer Forderung Befriedigung oder Sicherstellung auch nicht aus den von den Genossen eingezogenen Nachschüssen erlangen können. Für die Einziehung der Nachschüsse gelten die §§ 105 bis 115a des Gesetzes betreffend die Erwerbs- und Wirtschaftsgenossenschaften entsprechend.

(2) Absatz 1 ist nur anzuwenden, wenn das Insolvenzverfahren über das Vermögen des übernehmenden Rechtsträgers binnen zwei Jahren nach dem Tage eröffnet wird, an dem die Eintragung der Verschmelzung in das Register des Sitzes dieses Rechtsträgers nach § 19 Abs. 3 als bekanntgemacht gilt.

Zweiter Unterabschnitt: Verschmelzung durch Neugründung

§ 96 Anzuwendende Vorschriften

Auf die Verschmelzung durch Neugründung sind die Vorschriften des Ersten Unterabschnitts entsprechend anzuwenden.

§ 97 Pflichten der Vertretungsorgane der übertragenden Rechtsträger

(1) Das Statut der neuen Genossenschaft ist durch sämtliche Mitglieder des Vertretungsorgans jedes der übertragenden Rechtsträger aufzustellen und zu unterzeichnen.

(2) Die Vertretungsorgane aller übertragenden Rechtsträger haben den ersten Aufsichtsrat der neuen Genossenschaft zu bestellen. Das gleiche gilt für die Bestellung des ersten Vorstands, sofern nicht durch das Statut der neuen Genossenschaft anstelle der Wahl durch die Generalversammlung eine andere Art der Bestellung des Vorstands festgesetzt ist.

§ 98 Verschmelzungsbeschlüsse

Das Statut der neuen Genossenschaft wird nur wirksam, wenn ihm die Anteilsinhaber jedes der übertragenden Rechtsträger durch Verschmelzungsbeschluß zustimmen. Dies gilt entsprechend für die Bestellung der Mitglieder des Vorstands und des Aufsichtsrats der neuen Genossenschaft, für die Bestellung des Vorstands jedoch nur, wenn dieser von den Vertretungsorganen aller übertragenden Rechtsträger bestellt worden ist.

Sechster Abschnitt: Verschmelzung unter Beteiligung rechtsfähiger Vereine

§ 99 Möglichkeit der Verschmelzung

(1) Ein rechtsfähiger Verein kann sich an einer Verschmelzung nur beteiligen, wenn die Satzung des Vereins oder Vorschriften des Landesrechts nicht entgegenstehen.

(2) Ein eingetragener Verein kann im Wege der Verschmelzung nur andere eingetragene Vereine aufnehmen oder mit ihnen einen eingetragenen Verein oder einen Rechtsträger anderer Rechtsform neu gründen.

§ 100 Prüfung der Verschmelzung

Der Verschmelzungsvertrag oder sein Entwurf ist für einen wirtschaftlichen Verein nach den §§ 9 bis 12 zu prüfen. Bei einem eingetragenen Verein ist diese Prüfung nur erforderlich, wenn mindestens zehn vom Hundert der Mitglieder sie schriftlich verlangen.

§ 101 Vorbereitung der Mitgliederversammlung

(1) Von der Einberufung der Mitgliederversammlung an, die gemäß § 13 Abs. 1 über die Zustimmung zum Verschmelzungsvertrag beschließen soll, sind in dem Geschäftsraum des Vereins die in § 63 Abs. 1 Nr. 1 bis 4 bezeichneten Unterlagen sowie ein nach § 100 erforderlicher Prüfungsbericht zur Einsicht der Mitglieder auszulegen. Dazu erforderliche Zwischenbilanzen sind gemäß § 63 Abs. 2 aufzustellen.

(2) Auf Verlangen ist jedem Mitglied unverzüglich und kostenlos eine Abschrift der in Absatz 1 bezeichneten Unterlagen zu erteilen.

§ 102 Durchführung der Mitgliederversammlung

In der Mitgliederversammlung sind die in § 63 Abs. 1 Nr. 1 bis 4 bezeichneten Unterlagen sowie ein nach § 100 erforderlicher Prüfungsbericht auszulegen. § 64 Abs. 1 Satz 2 und Abs. 2 ist entsprechend anzuwenden.

§ 103 Beschluß der Mitgliederversammlung

Der Verschmelzungsbeschluß der Mitgliederversammlung bedarf einer Mehrheit von drei Vierteln der erschienenen Mitglieder. Die Satzung kann eine größere Mehrheit und weitere Erfordernisse bestimmen.

§ 104 Bekanntmachung der Verschmelzung

(1) Ist ein übertragender Verein nicht in ein Handelsregister eingetragen, so hat sein Vorstand die bevorstehende Verschmelzung durch den Bundesanzeiger und durch mindestens ein anderes Blatt bekanntzumachen. Die Bekanntmachung im Bundesanzeiger tritt an die Stelle der Eintragung im Register. Sie ist mit einem Vermerk zu versehen, daß die Verschmelzung erst mit der Eintragung im Register des Sitzes des übernehmenden Rechtsträgers wirksam wird. Die §§ 16 und 17 Abs. 1 und § 19 Abs. 1 Satz 2, Abs. 2 und Abs. 3 Satz 1 sind nicht anzuwenden, soweit sie sich auf die Anmeldung und Eintragung dieses übertragenden Vereins beziehen.

(2) Die Schlußbilanz eines solchen übertragenden Vereins ist der Anmeldung zum Register des Sitzes des übernehmenden Rechtsträgers beizufügen.

§ 104a Ausschluß der Barabfindung in bestimmten Fällen

Die §§ 29 bis 34 sind auf die Verschmelzung eines eingetragenen Vereins, der nach § 5 Abs. 1 Nr. 9 des Körperschaftsteuergesetzes von der Körperschaftsteuer befreit ist, nicht anzuwenden.

Siebenter Abschnitt: Verschmelzung genossenschaftlicher Prüfungsverbände

§ 105 Möglichkeit der Verschmelzung

Genossenschaftliche Prüfungsverbände können nur im Wege der Aufnahme eines Verbandes (übertragender Verband) durch einen anderen Verband (übernehmender Verband) verschmolzen werden.

§ 106 Vorbereitung, Durchführung und Beschluß der Mitgliederversammlung

Auf die Vorbereitung, die Durchführung und den Beschluß der Mitgliederversammlung sind die § 101 bis 103 entsprechend anzuwenden.

§ 107 Pflichten der Vorstände

(1) Die Vorstände beider Verbände haben die Verschmelzung gemeinschaftlich unverzüglich zur Eintragung in die Register des Sitzes jedes Verbandes anzumelden, soweit der Verband eingetragen ist. Ist der übertragende Verband nicht eingetragen, so ist § 104 entsprechend anzuwenden.

(2) Die Vorstände haben ferner gemeinschaftlich den für die Verleihung des Prüfungsrechts zuständigen obersten Landesbehörden (§ 63 des Gesetzes betreffend die Erwerbs- und Wirtschaftsgenossenschaften) die Eintragung unverzüglich mitzuteilen.

(3) Der Vorstand des übernehmenden Verbandes hat die Mitglieder unverzüglich von der Eintragung zu benachrichtigen.

§ 108 Austritt von Mitgliedern des übertragenden Verbandes

Tritt ein ehemaliges Mitglied des übertragenden Verbandes gemäß § 39 des Bürgerlichen Gesetzbuchs aus dem übernehmenden Verband aus, so sind Bestimmungen der Satzung des übernehmenden Verbandes, die gemäß § 39 Abs. 2 des Bürgerlichen Gesetzbuchs eine längere Kündigungsfrist als zum Schlusse des Geschäftsjahres vorsehen, nicht anzuwenden.

Achter Abschnitt: Verschmelzung von Versicherungsvereinen auf Gegenseitigkeit

Erster Unterabschnitt: Möglichkeit der Verschmelzung

§ 109 Verschmelzungsfähige Rechtsträger

Versicherungsvereine auf Gegenseitigkeit können nur miteinander verschmolzen werden. Sie können ferner im Wege der Verschmelzung durch eine Aktiengesellschaft, die den Betrieb von Versicherungsgeschäften zum Gegenstand hat (Versicherungs-Aktiengesellschaft), aufgenommen werden.

Zweiter Unterabschnitt: Verschmelzung durch Aufnahme

§ 110 Inhalt des Verschmelzungsvertrags

Sind nur Versicherungsvereine auf Gegenseitigkeit an der Verschmelzung beteiligt, braucht der Verschmelzungsvertrag oder sein Entwurf die Angaben nach § 5 Abs. 1 Nr. 3 bis 5 und 7 nicht zu enthalten.

§ 111 Bekanntmachung des Verschmelzungsvertrags

Der Verschmelzungsvertrag oder sein Entwurf ist vor der Einberufung der obersten Vertretung, die gemäß § 13 Abs. 1 über die Zustimmung zum Verschmelzungsvertrag beschließen soll, zum Register einzureichen. Das Gericht hat in den für die Bekanntmachung seiner Eintragungen bestimmten Blättern (§ 10 des Handelsgesetzbuchs) einen Hinweis darauf bekanntzumachen, daß der Vertrag oder sein Entwurf beim Handelsregister eingereicht worden ist.

§ 112 Vorbereitung, Durchführung und Beschluß der Versammlung der obersten Vertretung

(1) Von der Einberufung der Versammlung der obersten Vertretung an, die gemäß § 13 Abs. 1 über die Zustimmung zum Verschmelzungsvertrag beschließen soll, sind in dem Geschäftsraum des Vereins die in § 63 Abs. 1 bezeichneten Unterlagen zur Einsicht der Mitglieder auszulegen. Dazu erforderliche Zwischenbilanzen sind gemäß § 63 Abs. 2 aufzustellen.

(2) In der Versammlung der obersten Vertretung sind die in § 63 Abs. 1 bezeichneten Unterlagen auszulegen. § 64 Abs. 1 Satz 2 und Abs. 2 ist entsprechend anzuwenden.

(3) Der Verschmelzungsbeschluß der obersten Vertretung bedarf einer Mehrheit von drei Vierteln der abgegebenen Stimmen. Die Satzung kann eine größere Mehrheit und weitere Erfordernisse bestimmen.

§ 113 Keine gerichtliche Nachprüfung

Sind nur Versicherungsvereine auf Gegenseitigkeit an der Verschmelzung beteiligt, findet eine gerichtliche Nachprüfung des Umtauschverhältnisses der Mitgliedschaften nicht statt.

Dritter Unterabschnitt: Verschmelzung durch Neugründung

§ 114 Anzuwendende Vorschriften

Auf die Verschmelzung durch Neugründung sind die Vorschriften des Zweiten Unterabschnitts entsprechend anzuwenden, soweit sich aus den folgenden Vorschriften nichts anderes ergibt.

§ 115 Bestellung der Vereinsorgane

Die Vorstände der übertragenden Vereine haben den ersten Aufsichtsrat des neuen Rechtsträgers und den Abschlußprüfer für das erste Voll- oder Rumpfgeschäftsjahr zu bestellen. Die Bestellung bedarf notarieller Beurkundung. Der Aufsichtsrat bestellt den ersten Vorstand.

§ 116 Beschlüsse der obersten Vertretungen

(1) Die Satzung des neuen Rechtsträgers und die Bestimmung seiner Aufsichtsratsmitglieder bedürfen der Zustimmung der übertragenden Vereine durch Verschmelzungsbeschlüsse. § 76 Abs. 2 und § 112 Abs. 3 sind entsprechend anzuwenden.

(2) In der Bekanntmachung der Tagesordnung eines Vereins ist der wesentliche Inhalt des Verschmelzungsvertrags bekanntzumachen. In der Bekanntmachung haben der Vorstand und der Aufsichtsrat, zur Wahl von Aufsichtsratsmitgliedern und Prüfern nur der Aufsichtsrat, Vorschläge zur Beschlußfassung zu machen. Hat der Aufsichtsrat auch aus Aufsichtsratsmitgliedern der Arbeitnehmer zu bestehen, so bedürfen Beschlüsse des Aufsichtsrats über Vorschläge zur Wahl von Aufsichtsratsmitgliedern nur der Mehrheit der Stimmen der Aufsichtsratsmitglieder der Mitglieder des Vereins.

§ 117 Entstehung und Bekanntmachung des neuen Vereins

(1) Vor der Eintragung in das Register besteht ein neuer Verein als solcher nicht. Wer vor der Eintragung des Vereins in seinem Namen handelt, haftet persönlich; handeln mehrere, so haften sie als Gesamtschuldner.

(2) In die Bekanntmachung der Eintragung eines neuen Vereins sind außer deren sonst erforderlichen Inhalt Name, Beruf und Wohnort der Mitglieder des ersten Aufsichtsrats aufzunehmen. Zugleich ist bekanntzumachen, daß die mit der Anmeldung eingereichten Schriftstücke bei dem Gericht eingesehen werden können.

Vierter Unterabschnitt: Verschmelzung kleinerer Vereine

§ 118 Anzuwendende Vorschriften

Auf die Verschmelzung kleinerer Vereine im Sinne des § 53 des Versicherungsaufsichtsgesetzes sind die Vorschriften des Zweiten und des Dritten Unterabschnitts entsprechend anzuwenden. Dabei treten bei kleineren Vereinen an die Stelle der Anmeldung zur Eintragung in das Register der Antrag an die Aufsichtsbehörde auf Genehmigung, an die Stelle der Eintragung in das Register und ihrer Bekanntmachung die Bekanntmachung im Bundesanzeiger nach § 119.

§ 119 Bekanntmachung der Verschmelzung

Sobald die Verschmelzung von allen beteiligten Aufsichtsbehörden genehmigt worden ist, macht die für den übernehmenden kleineren Verein zuständige Aufsichtsbehörde, bei einer Verschmelzung durch Neugründung eines kleineren Vereins die für den neuen Verein zuständige Aufsichtsbehörde die Verschmelzung und ihre Genehmigung im Bundesanzeiger sowie in den weiteren Blättern bekannt, die für die Bekanntmachungen der Amtsgerichte bestimmt sind, in deren Bezirken die beteiligten kleineren Vereine ihren Sitz haben.

Neunter Abschnitt: Verschmelzung von Kapitalgesellschaften mit dem Vermögen eines Alleingesellschafters

§ 120 Möglichkeit der Verschmelzung

(1) Ist eine Verschmelzung nach den Vorschriften des Ersten bis Achten Abschnittes nicht möglich, so kann eine Kapitalgesellschaft im Wege der Auf-

nahme mit dem Vermögen eines Gesellschafters oder eines Aktionärs verschmolzen werden, sofern sich alle Geschäftsanteile oder alle Aktien der Gesellschaft in der Hand des Gesellschafters oder Aktionärs befinden.

(2) Befinden sich eigene Anteile in der Hand der Kapitalgesellschaft, so werden sie bei der Feststellung der Voraussetzungen der Verschmelzung dem Gesellschafter oder Aktionär zugerechnet.

§ 121 Anzuwendende Vorschriften

Auf die Kapitalgesellschaft sind die für ihre Rechtsform geltenden Vorschriften des Ersten und Zweiten Teils anzuwenden.

§ 122 Eintragung in das Handelsregister

Ein noch nicht in das Handelsregister eingetragener Alleingesellschafter oder Alleinaktionär ist nach den Vorschriften des Handelsgesetzbuchs in das Handelsregister einzutragen; an die Stelle des § 19 des Handelsgesetzbuchs tritt § 18.

Drittes Buch: Spaltung

Erster Teil: Allgemeine Vorschriften

Erster Abschnitt: Möglichkeit der Spaltung

§ 123 Arten der Spaltung

(1) Ein Rechtsträger (übertragender Rechtsträger) kann unter Auflösung ohne Abwicklung sein Vermögen aufspalten

1. zur Aufnahme durch gleichzeitige Übertragung der Vermögensteile jeweils als Gesamtheit auf andere bestehende Rechtsträger (übernehmende Rechtsträger) oder
2. zur Neugründung durch gleichzeitige Übertragung der Vermögensteile jeweils als Gesamtheit auf andere, von ihm dadurch gegründete neue Rechtsträger

gegen Gewährung von Anteilen oder Mitgliedschaften dieser Rechtsträger an die Anteilsinhaber des übertragenden Rechtsträgers (Aufspaltung).

(2) Ein Rechtsträger (übertragender Rechtsträger) kann von seinem Vermögen einen Teil oder mehrere Teile abspalten

1. zur Aufnahme durch Übertragung dieses Teils oder dieser Teile jeweils als Gesamtheit auf einen bestehenden oder mehrere bestehende Rechtsträger (übernehmende Rechtsträger) oder

2. zur Neugründung durch Übertragung dieses Teils oder dieser Teile jeweils als Gesamtheit auf einen oder mehrere, von ihm dadurch gegründeten neuen oder gegründete neue Rechtsträger

gegen Gewährung von Anteilen oder Mitgliedschaften dieses Rechtsträgers oder dieser Rechtsträger an die Anteilsinhaber des übertragenden Rechtsträgers (Abspaltung).

(3) Ein Rechtsträger (übertragender Rechtsträger) kann aus seinem Vermögen einen Teil oder mehrere Teile ausgliedern

1. zur Aufnahme durch Übertragung dieses Teils oder dieser Teile jeweils als Gesamtheit auf einen bestehenden oder mehrere bestehende Rechtsträger (übernehmende Rechtsträger) oder
2. zur Neugründung durch Übertragung dieses Teils oder dieser Teile jeweils als Gesamtheit auf einen oder mehrere, von ihm dadurch gegründeten neuen oder gegründete neue Rechtsträger

gegen Gewährung von Anteilen oder Mitgliedschaften dieses Rechtsträgers oder dieser Rechtsträger an den übertragenden Rechtsträger (Ausgliederung).

(4) Die Spaltung kann auch durch gleichzeitige Übertragung auf bestehende und neue Rechtsträger erfolgen.

§ 124 Spaltungsfähige Rechtsträger

(1) An einer Aufspaltung oder einer Abspaltung können als übertragende, übernehmende oder neue Rechtsträger die in § 3 Abs. 1 genannten Rechtsträger sowie als übertragende Rechtsträger wirtschaftliche Vereine, an einer Ausgliederung können als übertragende, übernehmende oder neue Rechtsträger die in § 3 Abs. 1 genannten Rechtsträger sowie als übertragende Rechtsträger wirtschaftliche Vereine, Einzelkaufleute, Stiftungen sowie Gebietskörperschaften oder Zusammenschlüsse von Gebietskörperschaften, die nicht Gebietskörperschaften sind, beteiligt sein.

(2) § 3 Abs. 3 und 4 ist auf die Spaltung entsprechend anzuwenden.

§ 125 Anzuwendende Vorschriften

Auf die Spaltung sind die Vorschriften des Zweiten Buches mit Ausnahme des § 9 Abs. 2, bei Abspaltung und Ausgliederung mit Ausnahme des § 18 sowie bei Ausgliederung mit Ausnahme des § 14 Abs. 2 und der §§ 15, 29 bis 34, 54, 68 und 71 entsprechend anzuwenden, soweit sich aus diesem Buch nichts anderes ergibt. Eine Prüfung im Sinne der §§ 9 bis 12 findet bei Ausgliederung nicht statt. An die Stelle der übertragenden Rechtsträger tritt der übertragende Rechtsträger, an die Stelle des übernehmenden oder neuen Rechtsträgers treten gegebenenfalls die übernehmenden oder neuen Rechtsträger.

Zweiter Abschnitt: Spaltung zur Aufnahme

§ 126 Inhalt des Spaltungs- und Übernahmevertrags

(1) Der Spaltungs- und Übernahmevertrag oder sein Entwurf muß mindestens folgende Angaben enthalten:

1. den Namen oder die Firma und den Sitz der an der Spaltung beteiligten Rechtsträger;
2. die Vereinbarung über die Übertragung der Teile des Vermögens des übertragenden Rechtsträgers jeweils als Gesamtheit gegen Gewährung von Anteilen oder Mitgliedschaften an den übernehmenden Rechtsträgern;
3. bei Aufspaltung und Abspaltung das Umtauschverhältnis der Anteile und gegebenenfalls die Höhe der baren Zuzahlung oder Angaben über die Mitgliedschaft bei den übernehmenden Rechtsträgern;
4. bei Aufspaltung und Abspaltung die Einzelheiten für die Übertragung der Anteile der übernehmenden Rechtsträger oder über den Erwerb der Mitgliedschaft bei den übernehmenden Rechtsträgern;
5. den Zeitpunkt, von dem an diese Anteile oder die Mitgliedschaft einen Anspruch auf einen Anteil am Bilanzgewinn gewähren, sowie alle Besonderheiten in bezug auf diesen Anspruch;
6. den Zeitpunkt, von dem an die Handlungen des übertragenden Rechtsträgers als für Rechnung jedes der übernehmenden Rechtsträger vorgenommen gelten (Spaltungsstichtag);
7. die Rechte, welche die übernehmenden Rechtsträger einzelnen Anteilsinhabern sowie den Inhabern besonderer Rechte wie Anteile ohne Stimmrecht, Vorzugsaktien, Mehrstimmrechtsaktien, Schuldverschreibungen und Genußrechte gewähren, oder die für diese Personen vorgesehenen Maßnahmen;
8. jeden besonderen Vorteil, der einem Mitglied eines Vertretungsorgans oder eines Aufsichtsorgans der an der Spaltung beteiligten Rechtsträger, einem geschäftsführenden Gesellschafter, einem Abschlußprüfer oder einem Spaltungsprüfer gewährt wird;
9. die genaue Bezeichnung und Aufteilung der Gegenstände des Aktiv- und Passivvermögens, die an jeden der übernehmenden Rechtsträger übertragen werden, sowie der übergehenden Betriebe und Betriebsteile unter Zuordnung zu den übernehmenden Rechtsträgern;
10. bei Aufspaltung und Abspaltung die Aufteilung der Anteile oder Mitgliedschaften jedes der übernehmenden Rechtsträger auf die Anteilsinhaber des übertragenden Rechtsträgers sowie den Maßstab für die Aufteilung;
11. die Folgen der Spaltung für die Arbeitnehmer und ihre Vertretungen sowie die insoweit vorgesehenen Maßnahmen.

(2) Soweit für die Übertragung von Gegenständen im Falle der Einzelrechtsnachfolge in den allgemeinen Vorschriften eine besondere Art der Bezeichnung bestimmt ist, sind diese Regelungen auch für die Bezeichnung der Gegen-

stände des Aktiv- und Passivvermögens (Absatz 1 Nr. 9) anzuwenden. § 28 der Grundbuchordnung ist zu beachten. Im übrigen kann auf Urkunden wie Bilanzen und Inventare Bezug genommen werden, deren Inhalt eine Zuweisung des einzelnen Gegenstandes ermöglicht; die Urkunden sind dem Spaltungs- und Übernahmevertrag als Anlagen beizufügen.

(3) Der Vertrag oder sein Entwurf ist spätestens einen Monat vor dem Tag der Versammlung der Anteilsinhaber jedes beteiligten Rechtsträgers, die gemäß § 125 in Verbindung mit § 13 Abs. 1 über die Zustimmung zum Spaltungs- und Übernahmevertrag beschließen soll, dem zuständigen Betriebsrat dieses Rechtsträgers zuzuleiten.

§ 127 Spaltungsbericht

Die Vertretungsorgane jedes der an der Spaltung beteiligten Rechtsträger haben einen ausführlichen schriftlichen Bericht zu erstatten, in dem die Spaltung, der Vertrag oder sein Entwurf im einzelnen und bei Aufspaltung und Abspaltung insbesondere das Umtauschverhältnis der Anteile oder die Angaben über die Mitgliedschaften bei den übernehmenden Rechtsträgern, der Maßstab für ihre Aufteilung sowie die Höhe einer anzubietenden Barabfindung rechtlich und wirtschaftlich erläutert und begründet werden (Spaltungsbericht); der Bericht kann von den Vertretungsorganen auch gemeinsam erstattet werden. § 8 Abs. 1 Satz 2 bis 4, Abs. 2 und 3 ist entsprechend anzuwenden.

§ 128 Zustimmung zur Spaltung in Sonderfällen

Werden bei Aufspaltung oder Abspaltung die Anteile oder Mitgliedschaften der übernehmenden Rechtsträger den Anteilsinhabern des übertragenden Rechtsträgers nicht in dem Verhältnis zugeteilt, das ihrer Beteiligung an dem übertragenden Rechtsträger entspricht, so wird der Spaltungs- und Übernahmevertrag nur wirksam, wenn ihm alle Anteilsinhaber des übertragenden Rechtsträgers zustimmen. Bei einer Spaltung zur Aufnahme ist der Berechnung des Beteiligungsverhältnisses der jeweils zu übertragende Teil des Vermögens zugrunde zu legen.

§ 129 Anmeldung der Spaltung

Zur Anmeldung der Spaltung ist auch das Vertretungsorgan jedes der übernehmenden Rechtsträger berechtigt.

§ 130 Eintragung und Bekanntmachung der Spaltung

(1) Die Spaltung darf in das Register des Sitzes des übertragenden Rechtsträgers erst eingetragen werden, nachdem sie im Register des Sitzes jedes der übernehmenden Rechtsträger eingetragen worden ist. Die Eintragung im Register des Sitzes jedes der übernehmenden Rechtsträger ist mit dem Vermerk zu versehen, daß die Spaltung erst mit der Eintragung im Register des Sitzes des übertragenden Rechtsträgers wirksam wird.

(2) Das Gericht des Sitzes des übertragenden Rechtsträgers hat von Amts wegen dem Gericht des Sitzes jedes der übernehmenden Rechtsträger den Tag der Eintragung der Spaltung mitzuteilen sowie einen Handelsregisterauszug und eine beglaubigte Abschrift des Gesellschaftsvertrages, der Satzung oder des Statuts des übertragenden Rechtsträgers zu übersenden. Nach Eingang der Mitteilung hat das Gericht des Sitzes jedes der übernehmenden Rechtsträger von Amts wegen den Tag der Eintragung der Spaltung im Register des Sitzes des übertragenden Rechtsträgers zu vermerken.

§ 131 Wirkungen der Eintragung

(1) Die Eintragung der Spaltung in das Register des Sitzes des übertragenden Rechtsträgers hat folgende Wirkungen:

1. Das Vermögen des übertragenden Rechtsträgers, bei Abspaltung und Ausgliederung der abgespaltene oder ausgegliederte Teil oder die abgespaltenen oder ausgegliederten Teile des Vermögens einschließlich der Verbindlichkeiten gehen entsprechend der im Spaltungs- und Übernahmevertrag vorgesehenen Aufteilung jeweils als Gesamtheit auf die übernehmenden Rechtsträger über. Gegenstände, die nicht durch Rechtsgeschäft übertragen werden können, verbleiben bei Abspaltung und Ausgliederung im Eigentum oder in Inhaberschaft des übertragenden Rechtsträgers.
2. Bei der Aufspaltung erlischt der übertragende Rechtsträger. Einer besonderen Löschung bedarf es nicht.
3. Bei Aufspaltung und Abspaltung werden die Anteilsinhaber des übertragenden Rechtsträgers entsprechend der im Spaltungs- und Übernahmevertrag vorgesehenen Aufteilung Anteilsinhaber der übernehmenden Rechtsträger; dies gilt nicht, soweit der übernehmende Rechtsträger oder ein Dritter, der im eigenen Namen, jedoch für Rechnung dieses Rechtsträgers handelt, Anteilsinhaber des übertragenden Rechtsträgers ist oder der übertragende Rechtsträger eigene Anteile innehat oder ein Dritter, der im eigenen Namen, jedoch für Rechnung dieses Rechtsträgers handelt, dessen Anteilsinhaber ist. Rechte Dritter an den Anteilen oder Mitgliedschaften des übertragenden Rechtsträgers bestehen an den an ihre Stelle tretenden Anteilen oder Mitgliedschaften der übernehmenden Rechtsträger weiter. Bei Ausgliederung wird der übertragende Rechtsträger entsprechend dem Ausgliederungs- und Übernahmevertrag Anteilsinhaber der übernehmenden Rechtsträger.
4. Der Mangel der notariellen Beurkundung des Spaltungs- und Übernahmevertrags und gegebenenfalls erforderlicher Zustimmungs- oder Verzichtserklärungen einzelner Anteilsinhaber wird geheilt.

(2) Mängel der Spaltung lassen die Wirkungen der Eintragung nach Absatz 1 unberührt.

(3) Ist bei einer Aufspaltung ein Gegenstand im Vertrag keinem der übernehmenden Rechtsträger zugeteilt worden und läßt sich die Zuteilung auch nicht

durch Auslegung des Vertrags ermitteln, so geht der Gegenstand auf alle übernehmenden Rechtsträger in dem Verhältnis über, das sich aus dem Vertrag für die Aufteilung des Überschusses der Aktivseite der Schlußbilanz über deren Passivseite ergibt; ist eine Zuteilung des Gegenstandes an mehrere Rechtsträger nicht möglich, so ist sein Gegenwert in dem bezeichneten Verhältnis zu verteilen.

§ 132 Beachtung allgemeinen Rechts

Allgemeine Vorschriften, welche die Übertragbarkeit eines bestimmten Gegenstandes ausschließen oder an bestimmte Voraussetzungen knüpfen oder nach denen die Übertragung eines bestimmten Gegenstandes einer staatlichen Genehmigung bedarf, bleiben durch die Wirkungen der Eintragung nach § 131 unberührt. § 399 des Bürgerlichen Gesetzbuchs steht der Aufspaltung nicht entgegen.

§ 133 Schutz der Gläubiger und der Inhaber von Sonderrechten

(1) Für die Verbindlichkeiten des übertragenden Rechtsträgers, die vor dem Wirksamwerden der Spaltung begründet worden sind, haften die an der Spaltung beteiligten Rechtsträger als Gesamtschuldner. Die §§ 25, 26 und 28 des Handelsgesetzbuchs sowie § 125 in Verbindung mit § 22 bleiben unberührt; zur Sicherheitsleistung ist nur der an der Spaltung beteiligte Rechtsträger verpflichtet, gegen den sich der Anspruch richtet.

(2) Für die Erfüllung der Verpflichtung nach § 125 in Verbindung mit § 23 haften die an der Spaltung beteiligten Rechtsträger als Gesamtschuldner. Bei Abspaltung und Ausgliederung können die gleichwertigen Rechte im Sinne des § 125 in Verbindung mit § 23 auch in dem übertragenden Rechtsträger gewährt werden.

(3) Diejenigen Rechtsträger, denen die Verbindlichkeiten nach Absatz 1 Satz 1 im Spaltungs- und Übernahmevertrag nicht zugewiesen worden sind, haften für diese Verbindlichkeiten, wenn sie vor Ablauf von fünf Jahren nach der Spaltung fällig und daraus Ansprüche gegen sie gerichtlich geltend gemacht sind; bei öffentlich-rechtlichen Verbindlichkeiten genügt zur Geltendmachung der Erlaß eines Verwaltungsakts.

(4) Die Frist beginnt mit dem Tage, an dem die Eintragung der Spaltung in das Register des Sitzes des übertragenden Rechtsträgers nach § 125 in Verbindung mit § 19 Abs. 3 als bekanntgemacht gilt. Die für die Verjährung geltenden §§ 203, 206, 207, 210, 212 bis 216 und 220 des Bürgerlichen Gesetzbuchs sind entsprechend anzuwenden.

(5) Einer gerichtlichen Geltendmachung bedarf es nicht, soweit die in Absatz 3 bezeichneten Rechtsträger den Anspruch schriftlich anerkannt haben.

(6) Die Ansprüche nach Absatz 2 verjähren in fünf Jahren. Für den Beginn der Verjährung gilt Absatz 4 Satz 1 entsprechend.

§ 134 Schutz der Gläubiger in besonderen Fällen

(1) Spaltet ein Rechtsträger sein Vermögen in der Weise, daß die zur Führung eines Betriebes notwendigen Vermögensteile im wesentlichen auf einen übernehmenden oder mehrere übernehmende oder auf einen neuen oder mehrere neue Rechtsträger übertragen werden und die Tätigkeit dieses Rechtsträgers oder dieser Rechtsträger sich im wesentlichen auf die Verwaltung dieser Vermögensteile beschränkt (Anlagegesellschaft), während dem übertragenden Rechtsträger diese Vermögensteile bei der Führung seines Betriebes zur Nutzung überlassen werden (Betriebsgesellschaft), und sind an den an der Spaltung beteiligten Rechtsträgern im wesentlichen dieselben Personen beteiligt, so haftet die Anlagegesellschaft auch für die Forderungen der Arbeitnehmer der Betriebsgesellschaft als Gesamtschuldner, die binnen fünf Jahren nach dem Wirksamwerden der Spaltung auf Grund der §§ 111 bis 113 des Betriebsverfassungsgesetzes begründet werden. Dies gilt auch dann, wenn die Vermögensteile bei dem übertragenden Rechtsträger verbleiben und dem übernehmenden oder neuen Rechtsträger oder den übernehmenden oder neuen Rechtsträgern zur Nutzung überlassen werden.

(2) Die gesamtschuldnerische Haftung nach Absatz 1 gilt auch für vor dem Wirksamwerden der Spaltung begründete Versorgungsverpflichtungen auf Grund des Gesetzes zur Verbesserung der betrieblichen Altersversorgung.

(3) Für die Ansprüche gegen die Anlagegesellschaft nach den Absätzen 1 und 2 gilt § 133 Abs. 3 bis 5 entsprechend mit der Maßgabe, daß die Frist fünf Jahre nach dem in § 133 Abs. 4 Satz 1 bezeichneten Tage beginnt.

Dritter Abschnitt: Spaltung zur Neugründung

§ 135 Anzuwendende Vorschriften

(1) Auf die Spaltung eines Rechtsträgers zur Neugründung sind die Vorschriften des Zweiten Abschnitts entsprechend anzuwenden, jedoch mit Ausnahme der §§ 129 und 130 Abs. 2 sowie der nach § 125 entsprechend anzuwendenden §§ 4, 7, 16 Abs. 1 und des § 27. An die Stelle der übernehmenden Rechtsträger treten die neuen Rechtsträger, an die Stelle der Eintragung der Spaltung im Register des Sitzes jeder der übernehmenden Rechtsträger tritt die Eintragung jedes der neuen Rechtsträger in das Register.

(2) Auf die Gründung der neuen Rechtsträger sind die für die jeweilige Rechtsform des neuen Rechtsträgers geltenden Gründungsvorschriften anzuwenden, soweit sich aus diesem Buch nichts anderes ergibt. Den Gründern steht der übertragende Rechtsträger gleich. Vorschriften, die für die Gründung eine Mindestzahl der Gründer vorschreiben, sind nicht anzuwenden.

§ 136 Spaltungsplan

Das Vertretungsorgan des übertragenden Rechtsträgers hat einen Spaltungsplan aufzustellen. Der Spaltungsplan tritt an die Stelle des Spaltungs- und Übernahmevertrags.

§ 137 Anmeldung und Eintragung der neuen Rechtsträger und der Spaltung

(1) Das Vertretungsorgan des übertragenden Rechtsträgers hat jeden der neuen Rechtsträger bei dem Gericht, in dessen Bezirk er seinen Sitz haben soll, zur Eintragung in das Register anzumelden.

(2) Das Vertretungsorgan des übertragenden Rechtsträgers hat die Spaltung zur Eintragung in das Register des Sitzes des übertragenden Rechtsträgers anzumelden.

(3) Das Gericht des Sitzes jedes der neuen Rechtsträger hat von Amts wegen dem Gericht des Sitzes des übertragenden Rechtsträgers den Tag der Eintragung des neuen Rechtsträgers mitzuteilen. Nach Eingang der Mitteilungen für alle neuen Rechtsträger hat das Gericht des Sitzes des übertragenden Rechtsträgers die Spaltung einzutragen sowie von Amts wegen den Zeitpunkt der Eintragung den Gerichten des Sitzes jedes der neuen Rechtsträger mitzuteilen sowie ihnen einen Handelsregisterauszug und eine beglaubigte Abschrift des Gesellschaftsvertrags, der Satzung oder des Statuts des übertragenden Rechtsträgers zu übersenden. Der Zeitpunkt der Eintragung der Spaltung ist in den Registern des Sitzes jedes der neuen Rechtsträger von Amts wegen einzutragen; gesetzlich vorgesehene Bekanntmachungen über die Eintragung der neuen Rechtsträger sind erst danach zulässig.

Zweiter Teil: Besondere Vorschriften

Erster Abschnitt: Spaltung unter Beteiligung von Gesellschaften mit beschränkter Haftung

§ 138 Sachgründungsbericht

Ein Sachgründungsbericht (§ 5 Abs. 4 des Gesetzes betreffend die Gesellschaften mit beschränkter Haftung) ist stets erforderlich.

§ 139 Herabsetzung des Stammkapitals

Ist zur Durchführung der Abspaltung oder der Ausgliederung eine Herabsetzung des Stammkapitals einer übertragenden Gesellschaft mit beschränkter Haftung erforderlich, so kann diese auch in vereinfachter Form vorgenommen werden. Wird das Stammkapital herabgesetzt, so darf die Abspaltung oder die Ausgliederung erst eingetragen werden, nachdem die Herabsetzung des Stammkapitals im Register eingetragen worden ist.

§ 140 Anmeldung der Abspaltung oder der Ausgliederung

Bei der Anmeldung der Abspaltung oder der Ausgliederung zur Eintragung in das Register des Sitzes einer übertragenden Gesellschaft mit beschränkter Haftung haben deren Geschäftsführer auch zu erklären, daß die durch Gesetz und Gesellschaftsvertrag vorgesehenen Voraussetzungen für die Gründung dieser Gesellschaft unter Berücksichtigung der Abspaltung oder der Ausgliederung im Zeitpunkt der Anmeldung vorliegen.

Zweiter Abschnitt: Spaltung unter Beteiligung von Aktiengesellschaften und Kommanditgesellschaften auf Aktien

§ 141 Ausschluß der Spaltung

Eine Aktiengesellschaft oder eine Kommanditgesellschaft auf Aktien, die noch nicht zwei Jahre im Register eingetragen ist, kann nicht gespalten werden.

§ 142 Spaltung mit Kapitalerhöhung; Spaltungsbericht

(1) § 69 ist mit der Maßgabe anzuwenden, daß eine Prüfung der Sacheinlage nach § 183 Abs. 3 des Aktiengesetzes stets stattzufinden hat.

(2) In dem Spaltungsbericht ist gegebenenfalls auf den Bericht über die Prüfung von Sacheinlagen bei einer übernehmenden Aktiengesellschaft nach § 183 Abs. 3 des Aktiengesetzes sowie auf das Register, bei dem dieser Bericht zu hinterlegen ist, hinzuweisen.

§ 143 Besondere Unterrichtung über Vermögensveränderungen

Der Vorstand einer übertragenden Aktiengesellschaft oder Kommanditgesellschaft auf Aktien hat deren Aktionäre vor der Beschlußfassung über jede wesentliche Veränderung des Vermögens dieser Gesellschaft, die zwischen dem Abschluß des Vertrags oder der Aufstellung des Entwurfs und dem Zeitpunkt der Beschlußfassung eingetreten ist, zu unterrichten. Der Vorstand hat hierüber auch die Vertretungsorgane der übernehmenden Rechtsträger zu unterrichten; diese haben ihrerseits die Anteilsinhaber des von ihnen vertretenen Rechtsträgers vor der Beschlußfassung über die Spaltung zu unterrichten.

§ 144 Gründungsbericht und Gründungsprüfung

Ein Gründungsbericht (§ 32 des Aktiengesetzes) und eine Gründungsprüfung (§ 33 Abs. 2 des Aktiengesetzes) sind stets erforderlich.

§ 145 Herabsetzung des Grundkapitals

Ist zur Durchführung der Abspaltung oder der Ausgliederung eine Herabsetzung des Grundkapitals einer übertragenden Aktiengesellschaft oder Kommanditgesellschaft auf Aktien erforderlich, so kann diese auch in vereinfachter Form vorgenommen werden. Wird das Grundkapital herabgesetzt, so darf die Abspaltung oder die Ausgliederung erst eingetragen werden, nachdem die Durchführung der Herabsetzung des Grundkapitals im Register eingetragen worden ist.

§ 146 Anmeldung der Abspaltung oder der Ausgliederung

(1) Bei der Anmeldung der Abspaltung oder der Ausgliederung zur Eintragung in das Register des Sitzes einer übertragenden Aktiengesellschaft hat deren Vorstand oder einer Kommanditgesellschaft auf Aktien haben deren zu ihrer Vertretung ermächtigten persönlich haftenden Gesellschafter auch zu erklären, daß die durch Gesetz und Satzung vorgesehenen Voraussetzungen für die Gründung dieser Gesellschaft unter Berücksichtigung der Abspaltung oder der Ausgliederung im Zeitpunkt der Anmeldung vorliegen.

(2) Der Anmeldung der Abspaltung oder der Ausgliederung sind außer den sonst erforderlichen Unterlagen auch beizufügen:

1. der Spaltungsbericht nach § 127;
2. bei Abspaltung der Prüfungsbericht nach § 125 in Verbindung mit § 12.

Dritter Abschnitt: Spaltung unter Beteiligung eingetragener Genossenschaften

§ 147 Möglichkeit der Spaltung

Die Spaltung eines Rechtsträgers anderer Rechtsform zur Aufnahme von Teilen seines Vermögens durch eine eingetragene Genossenschaft kann nur erfolgen, wenn eine erforderliche Änderung des Statuts der übernehmenden Genossenschaft gleichzeitig mit der Spaltung beschlossen wird.

§ 148 Anmeldung der Abspaltung oder der Ausgliederung

(1) Bei der Anmeldung der Abspaltung oder der Ausgliederung zur Eintragung in das Register des Sitzes einer übertragenden Genossenschaft hat deren Vorstand auch zu erklären, daß die durch Gesetz und Statut vorgesehenen Voraussetzungen für die Gründung dieser Genossenschaft unter Berücksichtigung der Abspaltung oder der Ausgliederung im Zeitpunkt der Anmeldung vorliegen.

(2) Der Anmeldung der Abspaltung oder der Ausgliederung sind außer den sonst erforderlichen Unterlagen auch beizufügen:

1. der Spaltungsbericht nach § 127;
2. das Prüfungsgutachten nach § 125 in Verbindung mit § 81.

Vierter Abschnitt: Spaltung unter Beteiligung rechtsfähiger Vereine

§ 149 Möglichkeit der Spaltung

(1) Ein rechtsfähiger Verein kann sich an einer Spaltung nur beteiligen, wenn die Satzung des Vereins oder Vorschriften des Landesrechts nicht entgegenstehen.

(2) Ein eingetragener Verein kann als übernehmender Rechtsträger im Wege der Spaltung nur andere eingetragene Vereine aufnehmen oder mit ihnen einen eingetragenen Verein gründen.

Fünfter Abschnitt: Spaltung unter Beteiligung genossenschaftlicher Prüfungsverbände

§ 150 Möglichkeit der Spaltung

Die Aufspaltung genossenschaftlicher Prüfungsverbände oder die Abspaltung oder Ausgliederung von Teilen eines solchen Verbandes kann nur zur Aufnahme der Teile eines Verbandes (übertragender Verband) durch einen anderen Verband (übernehmender Verband), die Ausgliederung auch zur Aufnahme von Teilen des Verbandes durch eine oder zur Neugründung einer Kapitalgesellschaft erfolgen.

Sechster Abschnitt: Spaltung unter Beteiligung von Versicherungsvereinen auf Gegenseitigkeit

§ 151 Möglichkeit der Spaltung

Die Spaltung unter Beteiligung von Versicherungsvereinen auf Gegenseitigkeit kann nur durch Aufspaltung oder Abspaltung und nur in der Weise erfolgen, daß die Teile eines übertragenden Vereins auf andere bestehende oder neue Versicherungsvereine auf Gegenseitigkeit oder auf Versicherungs-Aktiengesellschaften übergehen. Ein Versicherungsverein auf Gegenseitigkeit kann ferner im Wege der Ausgliederung einen Vermögensteil auf eine bestehende oder neue Gesellschaft mit beschränkter Haftung übertragen, sofern damit keine Übertragung von Versicherungsverträgen verbunden ist.

Siebenter Abschnitt: Ausgliederung aus dem Vermögen eines Einzelkaufmanns

Erster Unterabschnitt: Möglichkeit der Ausgliederung

§ 152 Übernehmende oder neue Rechtsträger

Die Ausgliederung des von einem Einzelkaufmann betriebenen Unternehmens, dessen Firma im Handelsregister eingetragen ist, oder von Teilen desselben aus dem Vermögen dieses Kaufmanns kann nur zur Aufnahme dieses Unternehmens oder von Teilen dieses Unternehmens durch Personenhandelsgesellschaften, Kapitalgesellschaften oder eingetragene Genossenschaften oder zur Neugründung von Kapitalgesellschaften erfolgen. Sie kann nicht erfolgen, wenn die Verbindlichkeiten des Einzelkaufmanns sein Vermögen übersteigen.

Zweiter Unterabschnitt: Ausgliederung zur Aufnahme

§ 153 Ausgliederungsbericht

Ein Ausgliederungsbericht ist für den Einzelkaufmann nicht erforderlich.

§ 154 Eintragung der Ausgliederung

Das Gericht des Sitzes des Einzelkaufmanns hat die Eintragung der Ausgliederung auch dann abzulehnen, wenn offensichtlich ist, daß die Verbindlichkeiten des Einzelkaufmanns sein Vermögen übersteigen.

§ 155 Wirkungen der Ausgliederung

Erfaßt die Ausgliederung das gesamte Unternehmen des Einzelkaufmanns, so bewirkt die Eintragung der Ausgliederung nach § 131 das Erlöschen der von dem Einzelkaufmann geführten Firma. Das Erlöschen der Firma ist von Amts wegen in das Register einzutragen.

§ 156 Haftung des Einzelkaufmanns

Durch den Übergang der Verbindlichkeiten auf übernehmende oder neue Gesellschaften wird der Einzelkaufmann von der Haftung für die Verbindlichkeiten nicht befreit. § 418 des Bürgerlichen Gesetzbuchs ist nicht anzuwenden.

§ 157 Zeitliche Begrenzung der Haftung für übertragene Verbindlichkeiten

(1) Der Einzelkaufmann haftet für die im Ausgliederungs- und Übernahmevertrag aufgeführten Verbindlichkeiten, wenn sie vor Ablauf von fünf Jahren nach der Ausgliederung fällig und daraus Ansprüche gegen ihn gerichtlich geltend gemacht sind; bei öffentlich-rechtlichen Verbindlichkeiten genügt zur Geltendmachung der Erlaß eines Verwaltungsaktes. Eine Haftung des Einzelkaufmanns als Gesellschafter des aufnehmenden Rechtsträgers nach § 128 des Handelsgesetzbuchs bleibt unberührt.

(2) Die Frist beginnt mit dem Tage, an dem die Eintragung der Ausgliederung in das Register des Sitzes des Einzelkaufmanns nach § 125 in Verbindung mit § 19 Abs. 3 als bekanntgemacht gilt. Die für die Verjährung geltenden §§ 203, 206, 207, 210, 212 bis 216 und 220 des Bürgerlichen Gesetzbuchs sind entsprechend anzuwenden.

(3) Einer gerichtlichen Geltendmachung bedarf es nicht, soweit der Einzelkaufmann den Anspruch schriftlich anerkannt hat.

(4) Die Absätze 1 bis 3 sind auch anzuwenden, wenn der Einzelkaufmann in dem Rechtsträger anderer Rechtsform geschäftsführend tätig wird.

Dritter Unterabschnitt: Ausgliederung zur Neugründung

§ 158 Anzuwendende Vorschriften

Auf die Ausgliederung zur Neugründung sind die Vorschriften des Zweiten Unterabschnitts entsprechend anzuwenden, soweit sich aus diesem Unterabschnitt nichts anderes ergibt.

§ 159 Sachgründungsbericht, Gründungsbericht und Gründungsprüfung

(1) Auf den Sachgründungsbericht (§ 5 Abs. 4 des Gesetzes betreffend die Gesellschaften mit beschränkter Haftung) ist § 58 Abs. 1, auf den Gründungsbericht (§ 32 des Aktiengesetzes) § 75 Abs. 1 entsprechend anzuwenden.

(2) Im Falle der Gründung einer Aktiengesellschaft oder einer Kommanditgesellschaft auf Aktien haben die Prüfung durch die Mitglieder des Vorstands und des Aufsichtsrats (§ 33 Abs. 1 des Aktiengesetzes) sowie die Prüfung durch einen oder mehrere Prüfer (§ 33 Abs. 2 des Aktiengesetzes) sich auch darauf zu erstrecken, ob die Verbindlichkeiten des Einzelkaufmanns sein Vermögen übersteigen.

(3) Zur Prüfung, ob die Verbindlichkeiten des Einzelkaufmanns sein Vermögen übersteigen, hat der Einzelkaufmann den Prüfern eine Aufstellung vorzulegen, in der sein Vermögen seinen Verbindlichkeiten gegenübergestellt ist. Die Aufstellung ist zu gliedern, soweit das für die Prüfung notwendig ist. § 320 Abs. 1 Satz 2 und Abs. 2 Satz 1 des Handelsgesetzbuchs gilt entsprechend, wenn Anlaß für die Annahme besteht, daß in der Aufstellung aufgeführte Vermögensgegenstände überbewertet oder Verbindlichkeiten nicht oder nicht vollständig aufgeführt worden sind.

§ 160 Anmeldung und Eintragung

(1) Die Anmeldung nach § 137 Abs. 1 ist von dem Einzelkaufmann und den Geschäftsführern oder den Mitgliedern des Vorstands und des Aufsichtsrats einer neuen Gesellschaft vorzunehmen.

(2) Die Eintragung der Gesellschaft ist abzulehnen, wenn die Verbindlichkeiten des Einzelkaufmanns sein Vermögen übersteigen.

Achter Abschnitt: Ausgliederung aus dem Vermögen rechtsfähiger Stiftungen

§ 161 Möglichkeit der Ausgliederung

Die Ausgliederung des von einer rechtsfähigen Stiftung (§ 80 des Bürgerlichen Gesetzbuchs) betriebenen Unternehmens oder von Teilen desselben aus dem Vermögen dieser Stiftung kann nur zur Aufnahme dieses Unternehmens oder von Teilen dieses Unternehmens durch Personenhandelsgesellschaften oder Kapitalgesellschaften oder zur Neugründung von Kapitalgesellschaften erfolgen.

§ 162 Ausgliederungsbericht

(1) Ein Ausgliederungsbericht ist nur erforderlich, wenn die Ausgliederung nach § 164 Abs. 1 der staatlichen Genehmigung bedarf oder wenn sie bei Lebzeiten des Stifters von dessen Zustimmung abhängig ist.

(2) Soweit nach § 164 Abs. 1 die Ausgliederung der staatlichen Genehmigung oder der Zustimmung des Stifters bedarf, ist der Ausgliederungsbericht der zuständigen Behörde und dem Stifter zu übermitteln.

§ 163 Beschluß über den Vertrag

(1) Auf den Ausgliederungsbeschluß sind die Vorschriften des Stiftungsrechts für die Beschlußfassung über Satzungsänderungen entsprechend anzuwenden.

(2) Sofern das nach Absatz 1 anzuwendende Stiftungsrecht nicht etwas anderes bestimmt, muß der Ausgliederungsbeschluß von dem für die Beschlußfassung über Satzungsänderungen nach der Satzung zuständigen Organ oder, wenn ein solches Organ nicht bestimmt ist, vom Vorstand der Stiftung einstimmig gefaßt werden.

(3) Der Beschluß und die Zustimmung nach den Absätzen 1 und 2 müssen notariell beurkundet werden.

§ 164 Genehmigung der Ausgliederung

(1) Die Ausgliederung bedarf der staatlichen Genehmigung, sofern das Stiftungsrecht dies vorsieht.

(2) Soweit die Ausgliederung nach Absatz 1 der staatlichen Genehmigung nicht bedarf, hat das Gericht des Sitzes der Stiftung die Eintragung der Ausgliederung auch dann abzulehnen, wenn offensichtlich ist, daß die Verbindlichkeiten der Stiftung ihr Vermögen übersteigen.

§ 165 Sachgründungsbericht und Gründungsbericht

Auf den Sachgründungsbericht (§ 5 Abs. 4 des Gesetzes betreffend die Gesellschaften mit beschränkter Haftung) ist § 58 Abs. 1, auf den Gründungsbericht (§ 32 des Aktiengesetzes) § 75 Abs. 1 entsprechend anzuwenden.

§ 166 Haftung der Stiftung

Durch den Übergang der Verbindlichkeiten auf übernehmende oder neue Gesellschaften wird die Stiftung von der Haftung für die Verbindlichkeiten nicht befreit. § 418 des Bürgerlichen Gesetzbuchs ist nicht anzuwenden.

§ 167 Zeitliche Begrenzung der Haftung für übertragene Verbindlichkeiten

Auf die zeitliche Begrenzung der Haftung der Stiftung für die im Ausgliederungs- und Übernahmevertrag aufgeführten Verbindlichkeiten ist § 157 entsprechend anzuwenden.

Neunter Abschnitt: Ausgliederung aus dem Vermögen von Gebietskörperschaften oder Zusammenschlüssen von Gebietskörperschaften

§ 168 Möglichkeit der Ausgliederung

Die Ausgliederung eines Unternehmens, das von einer Gebietskörperschaft oder von einem Zusammenschluß von Gebietskörperschaften, der nicht Gebietskörperschaft ist, betrieben wird, aus dem Vermögen dieser Körperschaft oder dieses Zusammenschlusses kann nur zur Aufnahme dieses Unternehmens durch eine Personenhandelsgesellschaft, eine Kapitalgesellschaft oder eine eingetragene Genossenschaft oder zur Neugründung einer Kapitalgesellschaft oder einer eingetragenen Genossenschaft sowie nur dann erfolgen, wenn das für die Körperschaft oder den Zusammenschluß maßgebende Bundes- oder Landesrecht einer Ausgliederung nicht entgegensteht.

§ 169 Ausgliederungsbericht; Ausgliederungsbeschluß

Ein Ausgliederungsbericht ist für die Körperschaft oder den Zusammenschluß nicht erforderlich. Das Organisationsrecht der Körperschaft oder des Zusammenschlusses bestimmt, ob und unter welchen Voraussetzungen ein Ausgliederungsbeschluß erforderlich ist.

§ 170 Sachgründungsbericht und Gründungsbericht

Auf den Sachgründungsbericht (§ 5 Abs. 4 des Gesetzes betreffend die Gesellschaften mit beschränkter Haftung) ist § 58 Abs. I, auf den Gründungsbericht (§ 32 des Aktiengesetzes) § 75 Abs. 1 entsprechend anzuwenden.

§ 171 Wirksamwerden der Ausgliederung

Die Wirkungen der Ausgliederung nach § 131 treten mit deren Eintragung in das Register des Sitzes des übernehmenden Rechtsträgers oder mit der Eintragung des neuen Rechtsträgers ein.

§ 172 Haftung der Körperschaft oder des Zusammenschlusses

Durch den Übergang der Verbindlichkeiten auf den übernehmenden oder neuen Rechtsträger wird die Körperschaft oder der Zusammenschluß von der Haftung für die Verbindlichkeiten nicht befreit. § 418 des Bürgerlichen Gesetzbuchs ist nicht anzuwenden.

§ 173 Zeitliche Begrenzung der Haftung für übertragene Verbindlichkeiten

Auf die zeitliche Begrenzung der Haftung für die im Ausgliederungs- und Übernahmevertrag aufgeführten Verbindlichkeiten ist § 157 entsprechend anzuwenden.

Viertes Buch: Vermögensübertragung

Erster Teil: Möglichkeit der Vermögensübertragung

§ 174 Arten der Vermögensübertragung

(1) Ein Rechtsträger (übertragender Rechtsträger) kann unter Auflösung ohne Abwicklung sein Vermögen als Ganzes auf einen anderen bestehenden Rechtsträger (übernehmender Rechtsträger) gegen Gewährung einer Gegenleistung an die Anteilsinhaber des übertragenden Rechtsträgers, die nicht in Anteilen oder Mitgliedschaften besteht, übertragen (Vollübertragung).

(2) Ein Rechtsträger (übertragender Rechtsträger) kann

1. unter Auflösung ohne Abwicklung sein Vermögen aufspalten durch gleichzeitige Übertragung der Vermögensteile jeweils als Gesamtheit auf andere bestehende Rechtsträger,
2. von seinem Vermögen einen Teil oder mehrere Teile abspalten durch Übertragung dieses Teils oder dieser Teile jeweils als Gesamtheit auf einen oder mehrere bestehende Rechtsträger oder
3. aus seinem Vermögen einen Teil oder mehrere Teile ausgliedern durch Übertragung dieses Teils oder dieser Teile jeweils als Gesamtheit auf einen oder mehrere bestehende Rechtsträger

gegen Gewährung der in Absatz 1 bezeichneten Gegenleistung in den Fällen der Nummern 1 oder 2 an die Anteilsinhaber des übertragenden Rechtsträgers, im Falle der Nummer 3 an den übertragenden Rechtsträger (Teilübertragung).

§ 175 Beteiligte Rechtsträger

Eine Vollübertragung ist oder Teilübertragungen sind jeweils nur möglich

1. von einer Kapitalgesellschaft auf den Bund, ein Land, eine Gebietskörperschaft oder einen Zusammenschluß von Gebietskörperschaften;
2. a) von einer Versicherungs-Aktiengesellschaft auf Versicherungsvereine auf Gegenseitigkeit oder auf öffentlich-rechtliche Versicherungsunternehmen;
   b) von einem Versicherungsverein auf Gegenseitigkeit auf Versicherungs-Aktiengesellschaften oder auf öffentlich-rechtliche Versicherungsunternehmen;
   c) von einem öffentlich-rechtlichen Versicherungsunternehmen auf Versicherungs-Aktiengesellschaften oder auf Versicherungsvereine auf Gegenseitigkeit.

Zweiter Teil: Übertragung des Vermögens oder von Vermögensteilen einer Kapitalgesellschaft auf die öffentliche Hand

Erster Abschnitt: Vollübertragung

§ 176 Anwendung der Verschmelzungsvorschriften

(1) Bei einer Vollübertragung nach § 175 Nr. 1 sind auf die übertragende Kapitalgesellschaft die für die Verschmelzung durch Aufnahme einer solchen übertragenden Gesellschaft jeweils geltenden Vorschriften des Zweiten Buches entsprechend anzuwenden, soweit sich aus den folgenden Vorschriften nichts anderes ergibt.

(2) Die Angaben im Übertragungsvertrag nach § 5 Abs. 1 Nr. 4, 5 und 7 entfallen. An die Stelle des Registers des Sitzes des übernehmenden Rechtsträgers tritt das Register des Sitzes der übertragenden Gesellschaft. An die Stelle des Umtauschverhältnisses der Anteile treten Art und Höhe der Gegenleistung. An die Stelle des Anspruchs nach § 23 tritt ein Anspruch auf Barabfindung; auf diesen sind § 29 Abs. 1, § 30 und § 34 entsprechend anzuwenden.

(3) Mit der Eintragung der Vermögensübertragung in das Handelsregister des Sitzes der übertragenden Gesellschaft geht deren Vermögen einschließlich der Verbindlichkeiten auf den übernehmenden Rechtsträger über. Die übertragende Gesellschaft erlischt; einer besonderen Löschung bedarf es nicht.

(4) Die Beteiligung des übernehmenden Rechtsträgers an der Vermögensübertragung richtet sich nach den für ihn geltenden Vorschriften.

Zweiter Abschnitt: Teilübertragung

§ 177 Anwendung der Spaltungsvorschriften

(1) Bei einer Teilübertragung nach § 175 Nr. 1 sind auf die übertragende Kapitalgesellschaft die für die Aufspaltung, Abspaltung oder Ausgliederung zur Aufnahme von Teilen einer solchen übertragenden Gesellschaft geltenden Vorschriften des Dritten Buches sowie die dort für entsprechend anwendbar erklärten Vorschriften des Zweiten Buches auf den vergleichbaren Vorgang entsprechend anzuwenden, soweit sich aus den folgenden Vorschriften nichts anderes ergibt.

(2) § 176 Abs. 2 bis 4 ist entsprechend anzuwenden. An die Stelle des § 5 Abs. 1 Nr. 4, 5 und 7 tritt § 126 Abs. 1 Nr. 4, 5, 7 und 10.

Dritter Teil: Vermögensübertragung unter Versicherungsunternehmen

Erster Abschnitt: Übertragung des Vermögens einer Aktiengesellschaft auf Versicherungsvereine auf Gegenseitigkeit oder öffentlich-rechtliche Versicherungsunternehmen

Erster Unterabschnitt: Vollübertragung

§ 178 Anwendung der Verschmelzungsvorschriften

(1) Bei einer Vollübertragung nach § 175 Nr. 2 Buchstabe a sind auf die beteiligten Rechtsträger die für die Verschmelzung durch Aufnahme einer Aktiengesellschaft und die für einen übernehmenden Versicherungsverein im Falle der Verschmelzung jeweils geltenden Vorschriften des Zweiten Buches entsprechend anzuwenden, soweit sich aus den folgenden Vorschriften nichts anderes ergibt.

(2) § 176 Abs. 2 bis 4 ist entsprechend anzuwenden.

(3) Das für ein übernehmendes öffentlich-rechtliches Versicherungsunternehmen maßgebende Bundes- oder Landesrecht bestimmt, ob der Vertrag über die Vermögensübertragung zu seiner Wirksamkeit auch der Zustimmung eines anderen als des zur Vertretung befugten Organs des öffentlich-rechtlichen Versicherungsunternehmens oder einer anderen Stelle und welcher Erfordernisse die Zustimmung bedarf.

Zweiter Unterabschnitt: Teilübertragung

§ 179 Anwendung der Spaltungsvorschriften

(1) Bei einer Teilübertragung nach § 175 Nr. 2 Buchstabe a sind auf die beteiligten Rechtsträger die für die Aufspaltung, Abspaltung oder Ausgliederung zur Aufnahme von Teilen einer Aktiengesellschaft und die für übernehmende Versicherungsvereine auf Gegenseitigkeit im Falle der Aufspaltung, Abspaltung oder Ausgliederung von Vermögensteilen geltenden Vorschriften des Dritten Buches und die dort für entsprechend anwendbar erklärten Vorschriften des Zweiten Buches auf den vergleichbaren Vorgang entsprechend anzuwenden, soweit sich aus den folgenden Vorschriften nichts anderes ergibt.

(2) § 176 Abs. 2 bis 4 sowie § 178 Abs. 3 sind entsprechend anzuwenden.

Zweiter Abschnitt: Übertragung des Vermögens eines Versicherungsvereins auf Gegenseitigkeit auf Aktiengesellschaften oder öffentlich-rechtliche Versicherungsunternehmen

Erster Unterabschnitt: Vollübertragung

§ 180 Anwendung der Verschmelzungsvorschriften

(1) Bei einer Vollübertragung nach § 175 Nr. 2 Buchstabe b sind auf die beteiligten Rechtsträger die für die Verschmelzung durch Aufnahme eines Versicherungsvereins und die für eine übernehmende Aktiengesellschaft im Falle der Verschmelzung jeweils geltenden Vorschriften des Zweiten Buches entsprechend anzuwenden, soweit sich aus den folgenden Vorschriften nichts anderes ergibt.

(2) § 176 Abs. 2 bis 4 sowie § 178 Abs. 3 sind entsprechend anzuwenden.

(3) Hat ein Mitglied oder ein Dritter nach der Satzung des Vereins ein unentziehbares Recht auf den Abwicklungsüberschuß oder einen Teil davon, so bedarf der Beschluß über die Vermögensübertragung der Zustimmung des Mitglieds oder des Dritten; die Zustimmung muß notariell beurkundet werden.

§ 181 Gewährung der Gegenleistung

(1) Der übernehmende Rechtsträger ist zur Gewährung einer angemessenen Gegenleistung verpflichtet, wenn dies unter Berücksichtigung der Vermögens- und Ertragslage des übertragenden Vereins im Zeitpunkt der Beschlußfassung der obersten Vertretung gerechtfertigt ist.

(2) In dem Beschluß, durch den dem Übertragungsvertrag zugestimmt wird, ist zu bestimmen, daß bei der Verteilung der Gegenleistung jedes Mitglied zu berücksichtigen ist, das dem Verein seit mindestens drei Monaten vor dem

Beschluß angehört hat. Ferner sind in dem Beschluß die Maßstäbe festzusetzen, nach denen die Gegenleistung auf die Mitglieder zu verteilen ist.

(3) Jedes berechtigte Mitglied erhält eine Gegenleistung in gleicher Höhe. Eine andere Verteilung kann nur nach einem oder mehreren der folgenden Maßstäbe festgesetzt werden:

1. die Höhe der Versicherungssumme,
2. die Höhe der Beiträge,
3. die Höhe der Deckungsrückstellung in der Lebensversicherung,
4. der in der Satzung des Vereins bestimmte Maßstab für die Verteilung des Überschusses,
5. der in der Satzung des Vereins bestimmte Maßstab für die Verteilung des Vermögens,
7. die Dauer der Mitgliedschaft.

(4) Ist eine Gegenleistung entgegen Absatz 1 nicht vereinbart worden, so ist sie auf Antrag vom Gericht zu bestimmen; § 30 Abs. 1 und § 34 sind entsprechend anzuwenden.

§ 182 Unterrichtung

Sobald die Vermögensübertragung wirksam geworden ist, hat das Vertretungsorgan des übernehmenden Rechtsträgers allen Mitgliedern, die dem Verein seit mindestens drei Monaten vor dem Beschluß der obersten Vertretung über die Vermögensübertragung angehört haben, den Wortlaut des Vertrags schriftlich mitzuteilen. In der Mitteilung ist auf die Möglichkeit hinzuweisen, die gerichtliche Bestimmung der angemessenen Gegenleistung zu verlangen.

§ 183 Bestellung eines Treuhänders

(1) Ist für die Vermögensübertragung eine Gegenleistung vereinbart worden, so hat der übertragende Verein einen Treuhänder für deren Empfang zu bestellen. Die Vermögensübertragung darf erst eingetragen werden, wenn der Treuhänder dem Gericht angezeigt hat, daß er im Besitz der Gegenleistung ist.

(2) Bestimmt das Gericht nach § 181 Abs. 4 die Gegenleistung, so hat es von Amts wegen einen Treuhänder für deren Empfang zu bestellen. Die Gegenleistung steht zu gleichen Teilen den Mitgliedern zu, die dem Verein seit mindestens drei Monaten vor dem Beschluß der obersten Vertretung über die Vermögensübertragung angehört haben. § 26 Abs. 4 ist entsprechend anzuwenden.

Zweiter Unterabschnitt: Teilübertragung

§ 184 Anwendung der Spaltungsvorschriften

(1) Bei einer Teilübertragung nach § 175 Nr. 2 Buchstabe b sind auf die beteiligten Rechtsträger die für die Aufspaltung, Abspaltung oder Ausgliederung zur

Aufnahme von Teilen eines Versicherungsvereins auf Gegenseitigkeit und die für übernehmende Aktiengesellschaften im Falle der Aufspaltung, Abspaltung oder Ausgliederung geltenden Vorschriften des Dritten Buches und die dort für entsprechend anwendbar erklärten Vorschriften des Zweiten Buches auf den vergleichbaren Vorgang entsprechend anzuwenden, soweit sich aus den folgenden Vorschriften nichts anderes ergibt.

(2) § 176 Abs. 2 bis 4 sowie § 178 Abs. 3 sind entsprechend anzuwenden.

Dritter Abschnitt: Übertragung des Vermögens eines kleineren Versicherungsvereins auf Gegenseitigkeit auf eine Aktiengesellschaft oder auf ein öffentlich-rechtliches Versicherungsunternehmen

§ 185 Möglichkeit der Vermögensübertragung

Ein kleinerer Versicherungsverein auf Gegenseitigkeit kann sein Vermögen nur im Wege der Vollübertragung auf eine Versicherungs-Aktiengesellschaft oder auf ein öffentlich-rechtliches Versicherungsunternehmen übertragen.

§ 186 Anzuwendende Vorschriften

Auf die Vermögensübertragung sind die Vorschriften des Zweiten Abschnitts entsprechend anzuwenden. Dabei treten bei kleineren Vereinen an die Stelle der Anmeldung zur Eintragung in das Register der Antrag an die Aufsichtsbehörde auf Genehmigung, an die Stelle der Eintragung in das Register und ihrer Bekanntmachung die Bekanntmachung im Bundesanzeiger nach § 187.

§ 187 Bekanntmachung der Vermögensübertragung

Sobald die Vermögensübertragung von allen beteiligten Aufsichtsbehörden genehmigt worden ist, macht bei einer Vermögensübertragung auf ein öffentlich-rechtliches Versicherungsunternehmen die für den übertragenden kleineren Verein zuständige Aufsichtsbehörde die Vermögensübertragung und ihre Genehmigung im Bundesanzeiger sowie in den weiteren Blättern bekannt, die für die Bekanntmachungen des Amtsgerichts bestimmt sind, in dessen Bezirk der übertragende kleinere Verein seinen Sitz hat.

Vierter Abschnitt: Übertragung des Vermögens eines öffentlich-rechtlichen Versicherungsunternehmens auf Aktiengesellschaften oder Versicherungsvereine auf Gegenseitigkeit

Erster Unterabschnitt: Vollübertragung

§ 188 Anwendung der Verschmelzungsvorschriften

(1) Bei einer Vollübertragung nach § 175 Nr. 2 Buchstabe c sind auf die übernehmenden Rechtsträger die für die Verschmelzung durch Aufnahme geltenden

Vorschriften des Zweiten Buches sowie auf das übertragende Versicherungsunternehmen § 176 Abs. 3 entsprechend anzuwenden, soweit sich aus den folgenden Vorschriften nichts anderes ergibt.

(2) § 176 Abs. 2 und 4 sowie § 178 Abs. 3 sind entsprechend anzuwenden.

(3) An die Stelle der Anmeldung zur Eintragung in das Register treten bei den öffentlich-rechtlichen Versicherungsunternehmen der Antrag an die Aufsichtsbehörde auf Genehmigung, an die Stelle der Eintragung in das Register und ihrer Bekanntmachung die Bekanntmachung nach Satz 2. Die für das öffentlich-rechtliche Versicherungsunternehmen zuständige Aufsichtsbehörde macht, sobald die Vermögensübertragung von allen beteiligten Aufsichtsbehörden genehmigt worden ist, die Übertragung und ihre Genehmigung im Bundesanzeiger sowie in den weiteren Blättern bekannt, die für die Bekanntmachungen des Amtsgerichts bestimmt sind, in dessen Bezirk das übertragende Versicherungsunternehmen seinen Sitz hat.

Zweiter Unterabschnitt: Teilübertragung

§ 189 Anwendung der Spaltungsvorschriften

(1) Bei einer Teilübertragung nach § 175 Nr. 2 Buchstabe c sind auf die übernehmenden Rechtsträger die für die Aufspaltung, Abspaltung oder Ausgliederung zur Aufnahme geltenden Vorschriften des Dritten Buches und die dort für entsprechend anwendbar erklärten Vorschriften des Zweiten Buches auf den vergleichbaren Vorgang sowie auf das übertragende Versicherungsunternehmen § 176 Abs. 3 entsprechend anzuwenden, soweit sich aus den folgenden Vorschriften nichts anderes ergibt.

(2) § 176 Abs. 2 und 4, § 178 Abs. 3 sowie § 188 Abs. 3 sind entsprechend anzuwenden.

Fünftes Buch: Formwechsel

Erster Teil: Allgemeine Vorschriften

§ 190 Allgemeiner Anwendungsbereich

(1) Ein Rechtsträger kann durch Formwechsel eine andere Rechtsform erhalten.

(2) Soweit nicht in diesem Buch etwas anderes bestimmt ist, gelten die Vorschriften über den Formwechsel nicht für Änderungen der Rechtsform, die in anderen Gesetzen vorgesehen oder zugelassen sind.

§ 191 Einbezogene Rechtsträger

(1) Formwechselnde Rechtsträger können sein:

1. Personenhandelsgesellschaften (§ 3 Abs. 1 Nr. 1);
2. Kapitalgesellschaften (§ 3 Abs. 1 Nr. 2);
3. eingetragene Genossenschaften;
4. rechtsfähige Vereine;
5. Versicherungsvereine auf Gegenseitigkeit;
6. Körperschaften und Anstalten des öffentlichen Rechts.

(2) Rechtsträger neuer Rechtsform können sein:

1. Gesellschaften des bürgerlichen Rechts;
2. Personenhandelsgesellschaften;
3. Kapitalgesellschaften;
4. eingetragene Genossenschaften.

(3) Der Formwechsel ist auch bei aufgelösten Rechtsträgern möglich, wenn ihre Fortsetzung in der bisherigen Rechtsform beschlossen werden könnte.

§ 192 Umwandlungsbericht

(1) Das Vertretungsorgan des formwechselnden Rechtsträgers hat einen ausführlichen schriftlichen Bericht zu erstatten, in dem der Formwechsel und insbesondere die künftige Beteiligung der Anteilsinhaber an dem Rechtsträger rechtlich und wirtschaftlich erläutert und begründet werden (Umwandlungsbericht). § 8 Abs. 1 Satz 2 bis 4 und Abs. 2 ist entsprechend anzuwenden. Der Umwandlungsbericht muß einen Entwurf des Umwandlungsbeschlusses enthalten.

(2) Dem Bericht ist eine Vermögensaufstellung beizufügen, in der die Gegenstände und Verbindlichkeiten des formwechselnden Rechtsträgers mit dem wirklichen Wert anzusetzen sind, der ihnen am Tage der Erstellung des Berichts beizulegen ist. Die Aufstellung ist Bestandteil des Berichts.

(3) Ein Umwandlungsbericht ist nicht erforderlich, wenn an dem formwechselnden Rechtsträger nur ein Anteilsinhaber beteiligt ist oder wenn alle Anteilsinhaber auf seine Erstattung verzichten. Die Verzichtserklärungen sind notariell zu beurkunden.

§ 193 Umwandlungsbeschluß

(1) Für den Formwechsel ist ein Beschluß der Anteilsinhaber des formwechselnden Rechtsträgers (Umwandlungsbeschluß) erforderlich. Der Beschluß kann nur in einer Versammlung der Anteilsinhaber gefaßt werden.

(2) Ist die Abtretung der Anteile des formwechselnden Rechtsträgers von der Genehmigung einzelner Anteilsinhaber abhängig, so bedarf der Umwandlungsbeschluß zu seiner Wirksamkeit ihrer Zustimmung.

(3) Der Umwandlungsbeschluß und die nach diesem Gesetz erforderlichen Zustimmungserklärungen einzelner Anteilsinhaber einschließlich der erforderlichen Zustimmungserklärungen nicht erschienener Anteilsinhaber müssen notariell beurkundet werden. Auf Verlangen ist jedem Anteilsinhaber auf seine Kosten unverzüglich eine Abschrift der Niederschrift des Beschlusses zu erteilen.

§ 194 Inhalt des Umwandlungsbeschlusses

(1) In dem Umwandlungsbeschluß müssen mindestens bestimmt werden:

1. die Rechtsform, die der Rechtsträger durch den Formwechsel erlangen soll;
2. der Name oder die Firma des Rechtsträgers neuer Rechtsform;
3. eine Beteiligung der bisherigen Anteilsinhaber an dem Rechtsträger nach den für die neue Rechtsform geltenden Vorschriften, soweit ihre Beteiligung nicht nach diesem Buch entfällt;
4. Zahl, Art und Umfang der Anteile oder der Mitgliedschaften, welche die Anteilsinhaber durch den Formwechsel erlangen sollen oder die einem beitretenden persönlich haftenden Gesellschafter eingeräumt werden sollen;
5. die Rechte, die einzelnen Anteilsinhabern sowie den Inhabern besonderer Rechte wie Anteile ohne Stimmrecht, Vorzugsaktien, Mehrstimmrechtsaktien, Schuldverschreibungen und Genußrechte in dem Rechtsträger gewährt werden sollen, oder die Maßnahmen, die für diese Personen vorgesehen sind;
6. ein Abfindungsangebot nach § 207, sofern nicht der Umwandlungsbeschluß zu seiner Wirksamkeit der Zustimmung aller Anteilsinhaber bedarf oder an dem formwechselnden Rechtsträger nur ein Anteilsinhaber beteiligt ist;
7. die Folgen des Formwechsels für die Arbeitnehmer und ihre Vertretungen sowie die insoweit vorgesehenen Maßnahmen.

(2) Der Entwurf des Umwandlungsbeschlusses ist spätestens einen Monat vor dem Tage der Versammlung der Anteilsinhaber, die den Formwechsel beschließen soll, dem zuständigen Betriebsrat des formwechselnden Rechtsträgers zuzuleiten.

§ 195 Befristung und Ausschluß von Klagen gegen den Umwandlungsbeschluß

(1) Eine Klage gegen die Wirksamkeit des Umwandlungsbeschlusses muß binnen eines Monats nach der Beschlußfassung erhoben werden.

(2) Eine Klage gegen die Wirksamkeit des Umwandlungsbeschlusses kann nicht darauf gestützt werden, daß die in dem Beschluß bestimmten Anteile an dem Rechtsträger neuer Rechtsform zu niedrig bemessen sind oder daß die Mitgliedschaft kein ausreichender Gegenwert für die Anteile oder die Mitgliedschaft bei dem formwechselnden Rechtsträger ist.

§ 196 Verbesserung des Beteiligungsverhältnisses

Sind die in dem Umwandlungsbeschluß bestimmten Anteile an dem Rechtsträger neuer Rechtsform zu niedrig bemessen oder ist die Mitgliedschaft bei diesem kein ausreichender Gegenwert für die Anteile oder die Mitgliedschaft bei dem formwechselnden Rechtsträger, so kann jeder Anteilsinhaber, dessen Recht, gegen die Wirksamkeit des Umwandlungsbeschlusses Klage zu erheben, nach § 195 Abs. 2 ausgeschlossen ist, von dem Rechtsträger einen Ausgleich durch bare Zuzahlung verlangen. § 15 Abs. 2 ist entsprechend anzuwenden.

§ 197 Anzuwendende Gründungsvorschriften

Auf den Formwechsel sind die für die neue Rechtsform geltenden Gründungsvorschriften anzuwenden, soweit sich aus diesem Buch nichts anderes ergibt. Vorschriften, die für die Gründung eine Mindestzahl der Gründer vorschreiben, sowie die Vorschriften über die Bildung und Zusammensetzung des ersten Aufsichtsrats sind nicht anzuwenden.

§ 198 Anmeldung des Formwechsels

(1) Die neue Rechtsform des Rechtsträgers ist zur Eintragung in das Register, in dem der formwechselnde Rechtsträger eingetragen ist, anzumelden.

(2) Ist der formwechselnde Rechtsträger nicht in einem Register eingetragen, so ist der Rechtsträger neuer Rechtsform bei dem zuständigen Gericht zur Eintragung in das für die neue Rechtsform maßgebende Register anzumelden. Das gleiche gilt, wenn sich durch den Formwechsel die Art des für den Rechtsträger maßgebenden Registers ändert oder durch eine mit dem Formwechsel verbundene Sitzverlegung die Zuständigkeit eines anderen Registergerichts begründet wird. Im Falle des Satzes 2 ist die Umwandlung auch zur Eintragung in das Register anzumelden, in dem der formwechselnde Rechtsträger eingetragen ist. Diese Eintragung ist mit dem Vermerk zu versehen, daß die Umwandlung erst mit der Eintragung des Rechtsträgers neuer Rechtsform in das für diese maßgebende Register wirksam wird. Der Rechtsträger neuer Rechtsform darf erst eingetragen werden, nachdem die Umwandlung nach den Sätzen 3 und 4 eingetragen worden ist.

(3) § 16 Abs. 2 und 3 ist entsprechend anzuwenden.

§ 199 Anlagen der Anmeldung

Der Anmeldung der neuen Rechtsform oder des Rechtsträgers neuer Rechtsform sind in Ausfertigung oder öffentlich beglaubigter Abschrift oder, soweit sie nicht notariell zu beurkunden sind, in Urschrift oder Abschrift außer den sonst erforderlichen Unterlagen auch die Niederschrift des Umwandlungsbeschlusses, die nach diesem Gesetz erforderlichen Zustimmungserklärungen einzelner Anteilsinhaber einschließlich der Zustimmungserklärungen nicht erschienener

Anteilsinhaber, der Umwandlungsbericht oder die Erklärungen über den Verzicht auf seine Erstellung, ein Nachweis über die Zuleitung nach § 194 Abs. 2 sowie, wenn der Formwechsel der staatlichen Genehmigung bedarf, die Genehmigungsurkunde beizufügen.

§ 200 Firma des Rechtsträgers

(1) Der Rechtsträger neuer Rechtsform darf seine bisher geführte Firma beibehalten, soweit sich aus diesem Buch nichts anderes ergibt. § 18 Abs. 1 Satz 2 und 3 ist entsprechend anzuwenden. Zusätzliche Bezeichnungen, die auf die Rechtsform der formwechselnden Gesellschaft hinweisen, dürfen auch dann nicht verwendet werden, wenn der Rechtsträger die bisher geführte Firma beibehält.

(2) Auf eine nach dem Formwechsel beibehaltene Firma ist § 4 Abs. 2 des Gesetzes betreffend die Gesellschaften mit beschränkter Haftung, § 4 Abs. 2 oder § 279 Abs. 2 des Aktiengesetzes entsprechend anzuwenden. § 3 Abs. 2 Satz 1 des Gesetzes betreffend die Erwerbs- und Wirtschaftsgenossenschaften ist auf die Firma der Genossenschaft auch dann anzuwenden, wenn der Rechtsträger seine bisher geführte Firma beibehält.

(3) Das Registergericht kann auf Antrag genehmigen, daß eine Personenhandelsgesellschaft, die ein bisher betriebenes Handelsgeschäft weiterführt, bei der Bildung ihrer neuen Firma den in der bisher geführten Firma enthaltenen Namen einer natürlichen Person verwendet und insoweit von § 19 des Handelsgesetzbuchs abweicht.

(4) War an dem formwechselnden Rechtsträger eine natürliche Person beteiligt, deren Beteiligung an dem Rechtsträger neuer Rechtsform entfällt, so darf der Name dieses Anteilsinhabers nur dann in der beibehaltenen bisherigen oder in der neu gebildeten Firma verwendet werden, wenn der betroffene Anteilsinhaber oder dessen Erben ausdrücklich in die Verwendung des Namens einwilligen.

(5) Durch den Formwechsel in eine Gesellschaft des bürgerlichen Rechts erlischt die Firma der formwechselnden Gesellschaft.

§ 201 Bekanntmachung des Formwechsels

Das für die Anmeldung der neuen Rechtsform oder des Rechtsträgers neuer Rechtsform zuständige Gericht hat die Eintragung der neuen Rechtsform oder des Rechtsträgers neuer Rechtsform durch den Bundesanzeiger und durch mindestens ein anderes Blatt ihrem ganzen Inhalt nach bekanntzumachen. Mit dem Ablauf des Tages, an dem das letzte der die Bekanntmachung enthaltenden Blätter erschienen ist, gilt die Bekanntmachung als erfolgt.

§ 202 Wirkungen der Eintragung

(1) Die Eintragung der neuen Rechtsform in das Register hat folgende Wirkungen:

1. Der formwechselnde Rechtsträger besteht in der in dem Umwandlungsbeschluß bestimmten Rechtsform weiter.
2. Die Anteilsinhaber des formwechselnden Rechtsträgers sind an dem Rechtsträger nach den für die neue Rechtsform geltenden Vorschriften beteiligt, soweit ihre Beteiligung nicht nach diesem Buch entfällt. Rechte Dritter an den Anteilen oder Mitgliedschaften des formwechselnden Rechtsträgers bestehen an den an ihre Stelle tretenden Anteilen oder Mitgliedschaften des Rechtsträgers neuer Rechtsform weiter.
3. Der Mangel der notariellen Beurkundung des Umwandlungsbeschlusses und gegebenenfalls erforderlicher Zustimmungs- oder Verzichtserklärungen einzelner Anteilsinhaber wird geheilt.

(2) Die in Absatz 1 bestimmten Wirkungen treten in den Fällen des § 198 Abs. 2 mit der Eintragung des Rechtsträgers neuer Rechtsform in das Register ein.

(3) Mängel des Formwechsels lassen die Wirkungen der Eintragung der neuen Rechtsform oder des Rechtsträgers neuer Rechtsform in das Register unberührt.

§ 203 Amtsdauer von Aufsichtsratsmitgliedern

Wird bei einem Formwechsel bei dem Rechtsträger neuer Rechtsform in gleicher Weise wie bei dem formwechselnden Rechtsträger ein Aufsichtsrat gebildet und zusammengesetzt, so bleiben die Mitglieder des Aufsichtsrats für den Rest ihrer Wahlzeit als Mitglieder des Aufsichtsrats des Rechtsträgers neuer Rechtsform im Amt. Die Anteilsinhaber des formwechselnden Rechtsträgers können im Umwandlungsbeschluß für ihre Aufsichtsratsmitglieder die Beendigung des Amtes bestimmen.

§ 204 Schutz der Gläubiger und der Inhaber von Sonderrechten

Auf den Schutz der Gläubiger ist § 22, auf den Schutz der Inhaber von Sonderrechten § 23 entsprechend anzuwenden.

§ 205 Schadenersatzpflicht der Verwaltungsträger des formwechselnden Rechtsträgers

(1) Die Mitglieder des Vertretungsorgans und, wenn ein Aufsichtsorgan vorhanden ist, des Aufsichtsorgans des formwechselnden Rechtsträgers sind als Gesamtschuldner zum Ersatz des Schadens verpflichtet, den der Rechtsträger, seine Anteilsinhaber oder seine Gläubiger durch den Formwechsel erleiden. § 25 Abs. 1 Satz 2 ist entsprechend anzuwenden.

(2) Die Ansprüche nach Absatz 1 verjähren in fünf Jahren seit dem Tage, an dem die anzumeldende Eintragung der neuen Rechtsform oder des Rechtsträgers neuer Rechtsform in das Register nach § 201 Satz 2 als bekanntgemacht gilt.

§ 206 Geltendmachung des Schadenersatzanspruchs

Die Ansprüche nach § 205 Abs. 1 können nur durch einen besonderen Vertreter geltend gemacht werden. Das Gericht des Sitzes des Rechtsträgers neuer Rechtsform hat einen solchen Vertreter auf Antrag eines Anteilsinhabers oder eines Gläubigers des formwechselnden Rechtsträgers zu bestellen. § 26 Abs. 1 Satz 3 und 4, Abs. 2, Abs. 3 Satz 2 und 3 und Abs. 4 ist entsprechend anzuwenden; an die Stelle der Blätter für die öffentlichen Bekanntmachungen des übertragenden Rechtsträgers treten die entsprechenden Blätter des Rechtsträgers neuer Rechtsform.

§ 207 Angebot der Barabfindung

(1) Der formwechselnde Rechtsträger hat jedem Anteilsinhaber, der gegen den Umwandlungsbeschluß Widerspruch zur Niederschrift erklärt, den Erwerb seiner umgewandelten Anteile oder Mitgliedschaften gegen eine angemessene Barabfindung anzubieten; § 71 Abs. 4 Satz 2 des Aktiengesetzes ist insoweit nicht anzuwenden. Kann der Rechtsträger auf Grund seiner neuen Rechtsform eigene Anteile oder Mitgliedschaften nicht erwerben, so ist die Barabfindung für den Fall anzubieten, daß der Anteilsinhaber sein Ausscheiden aus dem Rechtsträger erklärt. Der Rechtsträger hat die Kosten für eine Übertragung zu tragen.

(2) § 29 Abs. 2 ist entsprechend anzuwenden.

§ 208 Inhalt des Anspruchs auf Barabfindung und Prüfung der Barabfindung

Auf den Anspruch auf Barabfindung ist § 30 entsprechend anzuwenden.

§ 209 Annahme des Angebots

Das Angebot nach § 207 kann nur binnen zwei Monaten nach dem Tage angenommen werden, an dem die Eintragung der neuen Rechtsform oder des Rechtsträgers neuer Rechtsform in das Register nach § 201 Satz 2 als bekanntgemacht gilt. Ist nach § 212 ein Antrag auf Bestimmung der Barabfindung durch das Gericht gestellt worden, so kann das Angebot binnen zwei Monaten nach dem Tage angenommen werden, an dem die Entscheidung im Bundesanzeiger bekanntgemacht worden ist.

§ 210 Ausschluß von Klagen gegen den Umwandlungsbeschluß

Eine Klage gegen die Wirksamkeit des Umwandlungsbeschlusses kann nicht darauf gestützt werden, daß das Angebot nach § 207 zu niedrig bemessen oder daß die Barabfindung im Umwandlungsbeschluß nicht oder nicht ordnungsgemäß angeboten worden ist.

§ 211 Anderweitige Veräußerung

Einer anderweitigen Veräußerung des Anteils durch den Anteilsinhaber innerhalb der in § 209 bestimmten Frist stehen Verfügungsbeschränkungen im Gesellschaftsvertrag, in der Satzung oder im Statut des Rechtsträgers neuer Rechtsform nicht entgegen.

§ 212 Gerichtliche Nachprüfung der Abfindung

Macht ein Anteilsinhaber geltend, daß eine im Umwandlungsbeschluß bestimmte Barabfindung, die ihm nach § 207 Abs. 1 anzubieten war, zu niedrig bemessen sei, so hat auf seinen Antrag das Gericht die angemessene Barabfindung zu bestimmen. Das gleiche gilt, wenn die Barabfindung nicht oder nicht ordnungsgemäß angeboten worden ist.

§ 213 Bezeichnung unbekannter Aktionäre

Auf die Bezeichnung unbekannter Aktionäre ist § 35 entsprechend anzuwenden.

Zweiter Teil: Besondere Vorschriften

Erster Abschnitt: Formwechsel von Personenhandelsgesellschaften

§ 214 Möglichkeit des Formwechsels

(1) Eine Personenhandelsgesellschaft kann auf Grund eines Umwandlungsbeschlusses nach diesem Gesetz nur die Rechtsform einer Kapitalgesellschaft oder einer eingetragenen Genossenschaft erlangen.

(2) Eine aufgelöste Personenhandelsgesellschaft kann die Rechtsform nicht wechseln, wenn die Gesellschafter nach § 145 des Handelsgesetzbuchs eine andere Art der Auseinandersetzung als die Abwicklung oder als den Formwechsel vereinbart haben.

§ 215 Umwandlungsbericht

Ein Umwandlungsbericht ist nicht erforderlich, wenn alle Gesellschafter der formwechselnden Gesellschaft zur Geschäftsführung berechtigt sind.

§ 216 Unterrichtung der Gesellschafter

Das Vertretungsorgan der formwechselnden Gesellschaft hat allen von der Geschäftsführung ausgeschlossenen Gesellschaftern spätestens zusammen mit der Einberufung der Gesellschafterversammlung, die den Formwechsel beschließen soll, diesen Formwechsel als Gegenstand der Beschlußfassung schriftlich anzukündigen und einen nach diesem Buch erforderlichen Umwandlungsbericht sowie ein Abfindungsangebot nach § 207 zu übersenden.

§ 217 Beschluß der Gesellschafterversammlung

(1) Der Umwandlungsbeschluß der Gesellschafterversammlung bedarf der Zustimmung aller anwesenden Gesellschafter; ihm müssen auch die nicht erschienenen Gesellschafter zustimmen. Der Gesellschaftsvertrag der formwechselnden Gesellschaft kann eine Mehrheitsentscheidung der Gesellschafter vorsehen. Die Mehrheit muß mindestens drei Viertel der Stimmen der Gesellschafter betragen.

(2) Die Gesellschafter, die im Falle einer Mehrheitsentscheidung für den Formwechsel gestimmt haben, sind in der Niederschrift über den Umwandlungsbeschluß namentlich aufzuführen.

(3) Dem Formwechsel in eine Kommanditgesellschaft auf Aktien müssen alle Gesellschafter zustimmen, die in dieser Gesellschaft die Stellung eines persönlich haftenden Gesellschafters haben sollen.

§ 218 Inhalt des Umwandlungsbeschlusses

(1) In dem Umwandlungsbeschluß muß auch der Gesellschaftsvertrag der Gesellschaft mit beschränkter Haftung oder das Statut der Genossenschaft enthalten sein oder die Satzung der Aktiengesellschaft oder der Kommanditgesellschaft auf Aktien festgestellt werden. Eine Unterzeichnung des Statuts durch die Genossen ist nicht erforderlich.

(2) Der Beschluß zur Umwandlung in eine Kommanditgesellschaft auf Aktien muß vorsehen, daß sich an dieser Gesellschaft mindestens ein Gesellschafter der formwechselnden Gesellschaft als persönlich haftender Gesellschafter beteiligt oder daß der Gesellschaft mindestens ein persönlich haftender Gesellschafter beitritt.

(3) Der Beschluß zur Umwandlung in eine Genossenschaft muß die Beteiligung jedes Genossen mit mindestens einem Geschäftsanteil vorsehen. In dem Beschluß kann auch bestimmt werden, daß jeder Genosse bei der Genossenschaft mit mindestens einem und im übrigen mit so vielen Geschäftsanteilen, wie sie durch Anrechnung seines Geschäftsguthabens bei dieser Genossenschaft als voll eingezahlt anzusehen sind, beteiligt wird.

§ 219 Rechtsstellung als Gründer

Bei der Anwendung der Gründungsvorschriften stehen den Gründern die Gesellschafter der formwechselnden Gesellschaft gleich. Im Falle einer Mehrheitsentscheidung treten an die Stelle der Gründer die Gesellschafter, die für den Formwechsel gestimmt haben, sowie beim Formwechsel in eine Kommanditgesellschaft auf Aktien auch beitretende persönlich haftende Gesellschafter.

§ 220 Kapitalschutz

(1) Der Nennbetrag des Stammkapitals einer Gesellschaft mit beschränkter Haftung oder des Grundkapitals einer Aktiengesellschaft oder einer Kommanditgesellschaft auf Aktien darf das nach Abzug der Schulden verbleibende Vermögen der formwechselnden Gesellschaft nicht übersteigen.

(2) In dem Sachgründungsbericht beim Formwechsel in eine Gesellschaft mit beschränkter Haftung oder in dem Gründungsbericht beim Formwechsel in eine Aktiengesellschaft oder in eine Kommanditgesellschaft auf Aktien sind auch der bisherige Geschäftsverlauf und die Lage der formwechselnden Gesellschaft darzulegen.

(3) Beim Formwechsel in eine Aktiengesellschaft oder in eine Kommanditgesellschaft auf Aktien hat die Gründungsprüfung durch einen oder mehrere Prüfer (§ 33 Abs. 2 des Aktiengesetzes) in jedem Fall stattzufinden. Die für Nachgründungen in § 52 Abs. 1 des Aktiengesetzes bestimmte Frist von zwei Jahren beginnt mit dem Wirksamwerden des Formwechsels.

§ 221 Beitritt persönlich haftender Gesellschafter

Der in einem Beschluß zur Umwandlung in eine Kommanditgesellschaft auf Aktien vorgesehene Beitritt eines Gesellschafters, welcher der formwechselnden Gesellschaft nicht angehört hat, muß notariell beurkundet werden. Die Satzung der Kommanditgesellschaft auf Aktien ist von jedem beitretenden persönlich haftenden Gesellschafter zu genehmigen.

§ 222 Anmeldung des Formwechsels

(1) Die Anmeldung nach § 198 einschließlich der Anmeldung des Statuts der Genossenschaft ist durch alle Mitglieder des künftigen Vertretungsorgans sowie, wenn der Rechtsträger nach den für die neue Rechtsform geltenden Vorschriften einen Aufsichtsrat haben muß, auch durch alle Mitglieder dieses Aufsichtsrats vorzunehmen. Zugleich mit der Genossenschaft sind die Mitglieder ihres Vorstandes zur Eintragung in das Register anzumelden.

(2) Ist der Rechtsträger neuer Rechtsform eine Aktiengesellschaft oder eine Kommanditgesellschaft auf Aktien, so haben die Anmeldung nach Absatz 1 auch alle Gesellschafter vorzunehmen, die nach § 219 den Gründern dieser Gesellschaft gleichstehen.

(3) Die Anmeldung der Umwandlung zur Eintragung in das Register nach § 198 Abs. 2 Satz 3 kann auch von den zur Vertretung der formwechselnden Gesellschaft ermächtigten Gesellschaftern vorgenommen werden.

§ 223 Anlagen der Anmeldung

Der Anmeldung der neuen Rechtsform oder des Rechtsträgers neuer Rechtsform sind beim Formwechsel in eine Kommanditgesellschaft auf Aktien außer den sonst erforderlichen Unterlagen auch die Urkunden über den Beitritt aller beitretenden persönlich haftenden Gesellschafter in Ausfertigung oder öffentlich beglaubigter Abschrift beizufügen.

§ 224 Fortdauer und zeitliche Begrenzung der persönlichen Haftung

(1) Der Formwechsel berührt nicht die Ansprüche der Gläubiger der Gesellschaft gegen einen ihrer Gesellschafter aus Verbindlichkeiten der formwechselnden Gesellschaft, für die dieser im Zeitpunkt des Formwechsels nach § 128 des Handelsgesetzbuchs persönlich haftet.

(2) Der Gesellschafter haftet für diese Verbindlichkeiten, wenn sie vor Ablauf von fünf Jahren nach dem Formwechsel fällig und daraus Ansprüche gegen ihn gerichtlich geltend gemacht sind; bei öffentlich-rechtlichen Verbindlichkeiten genügt zur Geltendmachung der Erlaß eines Verwaltungsakts.

(3) Die Frist beginnt mit dem Tage, an dem die Eintragung der neuen Rechtsform oder des Rechtsträgers neuer Rechtsform in das Register nach § 201 Satz 2 als bekanntgemacht gilt. Die für die Verjährung geltenden §§ 203, 206, 207, 210, 212 bis 216 und 220 des Bürgerlichen Gesetzbuchs sind entsprechend anzuwenden.

(4) Einer gerichtlichen Geltendmachung bedarf es nicht, soweit der Gesellschafter den Anspruch schriftlich anerkannt hat.

(5) Die Absätze 1 bis 4 sind auch anzuwenden, wenn der Gesellschafter in dem Rechtsträger anderer Rechtsform geschäftsführend tätig wird.

§ 225 Prüfung des Abfindungsangebots

Im Falle des § 217 Abs. 1 Satz 2 ist die Angemessenheit der angebotenen Barabfindung nach § 208 in Verbindung mit § 30 Abs. 2 nur auf Verlangen eines Gesellschafters zu prüfen. Die Kosten trägt die Gesellschaft.

Zweiter Abschnitt: Formwechsel von Kapitalgesellschaften

Erster Unterabschnitt: Allgemeine Vorschriften

§ 226 Möglichkeit des Formwechsels

Eine Kapitalgesellschaft kann auf Grund eines Umwandlungsbeschlusses nach diesem Gesetz nur die Rechtsform einer Gesellschaft des bürgerlichen Rechts, einer Personenhandelsgesellschaft, einer anderen Kapitalgesellschaft oder einer eingetragenen Genossenschaft erlangen.

§ 227 Nicht anzuwendende Vorschriften

Die §§ 207 bis 212 sind beim Formwechsel einer Kommanditgesellschaft auf Aktien nicht auf deren persönlich haftende Gesellschafter anzuwenden.

Zweiter Unterabschnitt: Formwechsel in eine Personengesellschaft

§ 228 Maßgeblichkeit des Unternehmensgegenstandes

(1) Durch den Formwechsel kann eine Kapitalgesellschaft die Rechtsform einer Personenhandelsgesellschaft nur erlangen, wenn der Unternehmensgegenstand im Zeitpunkt des Wirksamwerdens des Formwechsels den Vorschriften über die Gründung einer offenen Handelsgesellschaft (§ 105 Abs. 1 und § 4 Abs. 1 des Handelsgesetzbuchs) genügt.

(2) Genügt der Gegenstand des Unternehmens diesen Vorschriften nicht, kann durch den Umwandlungsbeschluß bestimmt werden, daß die formwechselnde Gesellschaft die Rechtsform einer Gesellschaft des bürgerlichen Rechts erlangen soll.

§ 229 Vermögensaufstellung

Beim Formwechsel einer Kommanditgesellschaft auf Aktien ist die Vermögensaufstellung nach § 192 Abs. 2, soweit erforderlich, nach den Grundsätzen aufzustellen, die für die Auseinandersetzung mit den persönlich haftenden Gesellschaftern vorgesehen sind. Soll für die Auseinandersetzung ein Stichtag maßgebend sein, der vor dem Tage der Einberufung der Hauptversammlung liegt, so kann die Vermögensaufstellung auf diesen Stichtag aufgestellt werden.

§ 230 Vorbereitung der Versammlung der Anteilsinhaber

(1) Die Geschäftsführer einer formwechselnden Gesellschaft mit beschränkter Haftung haben allen Gesellschaftern spätestens zusammen mit der Einberufung der Gesellschafterversammlung, die den Formwechsel beschließen soll, diesen Formwechsel als Gegenstand der Beschlußfassung schriftlich anzukündigen und den Umwandlungsbericht zu übersenden.

(2) Der Umwandlungsbericht einer Aktiengesellschaft oder einer Kommanditgesellschaft auf Aktien ist von der Einberufung der Hauptversammlung an, die den Formwechsel beschließen soll, in dem Geschäftsraum der Gesellschaft zur Einsicht der Aktionäre auszulegen. Auf Verlangen ist jedem Aktionär und jedem von der Geschäftsführung ausgeschlossenen persönlich haftenden Gesellschafter unverzüglich und kostenlos eine Abschrift des Umwandlungsberichts zu erteilen.

§ 231 Mitteilung des Abfindungsangebots

Das Vertretungsorgan der formwechselnden Gesellschaft hat den Gesellschaftern oder Aktionären spätestens zusammen mit der Einberufung der Gesellschafterversammlung oder der Hauptversammlung, die den Formwechsel beschließen soll, das Abfindungsangebot nach § 207 zu übersenden. Der Übersendung steht es gleich, wenn das Abfindungsangebot im Bundesanzeiger und den sonst bestimmten Gesellschaftsblättern bekanntgemacht wird.

§ 232 Durchführung der Versammlung der Anteilsinhaber

(1) In der Gesellschafterversammlung oder in der Hauptversammlung, die den Formwechsel beschließen soll, ist der Umwandlungsbericht auszulegen.

(2) Der Entwurf des Umwandlungsbeschlusses einer Aktiengesellschaft oder einer Kommanditgesellschaft auf Aktien ist von deren Vertretungsorgan zu Beginn der Verhandlung mündlich zu erläutern.

§ 233 Beschluß der Versammlung der Anteilsinhaber

(1) Der Umwandlungsbeschluß der Gesellschafterversammlung oder der Hauptversammlung bedarf, wenn die formwechselnde Gesellschaft die Rechtsform einer Gesellschaft des bürgerlichen Rechts oder einer offenen Handelsgesellschaft erlangen soll, der Zustimmung aller anwesenden Gesellschafter oder Aktionäre; ihm müssen auch die nicht erschienenen Anteilsinhaber zustimmen.

(2) Soll die formwechselnde Gesellschaft in eine Kommanditgesellschaft umgewandelt werden, so bedarf der Umwandlungsbeschluß einer Mehrheit von mindestens drei Vierteln der bei der Gesellschafterversammlung einer Gesellschaft mit beschränkter Haftung abgegebenen Stimmen oder des bei der Beschlußfassung einer Aktiengesellschaft oder einer Kommanditgesellschaft auf Aktien vertretenen Grundkapitals; § 50 Abs. 2 und § 65 Abs. 2 sind entsprechend anzuwenden. Der Gesellschaftsvertrag oder die Satzung der formwechselnden Gesellschaft kann eine größere Mehrheit und weitere Erfordernisse bestimmen. Dem Formwechsel müssen alle Gesellschafter oder Aktionäre zustimmen, die in der Kommanditgesellschaft die Stellung eines persönlich haftenden Gesellschafters haben sollen.

(3) Dem Formwechsel einer Kommanditgesellschaft auf Aktien müssen ferner deren persönlich haftende Gesellschafter zustimmen. Die Satzung der formwechselnden Gesellschaft kann für den Fall des Formwechsels in eine Kommanditgesellschaft eine Mehrheitsentscheidung dieser Gesellschafter vorsehen. Jeder dieser Gesellschafter kann sein Ausscheiden aus dem Rechtsträger für den Zeitpunkt erklären, in dem der Formwechsel wirksam wird.

§ 234 Inhalt des Umwandlungsbeschlusses

In dem Umwandlungsbeschluß müssen auch enthalten sein:

1. die Bestimmung des Sitzes der Personengesellschaft;
2. beim Formwechsel in eine Kommanditgesellschaft die Angabe der Kommanditisten sowie des Betrages der Einlage eines jeden von ihnen.

§ 235 Anmeldung des Formwechsels

(1) Beim Formwechsel in eine Gesellschaft des bürgerlichen Rechts ist statt der neuen Rechtsform die Umwandlung der Gesellschaft zur Eintragung in das Register, in dem die formwechselnde Gesellschaft eingetragen ist, anzumelden. § 198 Abs. 2 ist nicht anzuwenden.

(2) Die Anmeldung nach Absatz 1 oder nach § 198 ist durch das Vertretungsorgan der formwechselnden Gesellschaft vorzunehmen.

§ 236 Wirkungen des Formwechsels

Mit dem Wirksamwerden des Formwechsels einer Kommanditgesellschaft auf Aktien scheiden persönlich haftende Gesellschafter, die nach § 233 Abs. 3 Satz 3 ihr Ausscheiden aus dem Rechtsträger erklärt haben, aus der Gesellschaft aus.

§ 237 Fortdauer und zeitliche Begrenzung der persönlichen Haftung

Erlangt ein persönlich haftender Gesellschafter einer formwechselnden Kommanditgesellschaft auf Aktien beim Formwechsel in eine Kommanditgesellschaft die Rechtsstellung eines Kommanditisten, so ist auf seine Haftung für die im Zeitpunkt des Formwechsels begründeten Verbindlichkeiten der formwechselnden Gesellschaft § 224 entsprechend anzuwenden.

Dritter Unterabschnitt: Formwechsel in eine Kapitalgesellschaft anderer Rechtsform

§ 238 Vorbereitung der Versammlung der Anteilsinhaber

Auf die Vorbereitung der Gesellschafterversammlung oder der Hauptversammlung, die den Formwechsel beschließen soll, sind die §§ 230 und 231 entsprechend anzuwenden. § 192 Abs. 2 ist nicht anzuwenden. § 192 Abs. 3 bleibt unberührt.

§ 239 Durchführung der Versammlung der Anteilsinhaber

(1) In der Gesellschafterversammlung oder in der Hauptversammlung, die den Formwechsel beschließen soll, ist der Umwandlungsbericht auszulegen.

(2) Der Entwurf des Umwandlungsbeschlusses einer Aktiengesellschaft oder einer Kommanditgesellschaft auf Aktien ist von deren Vertretungsorgan zu Beginn der Verhandlung mündlich zu erläutern.

§ 240 Beschluß der Versammlung der Anteilsinhaber

(1) Der Umwandlungsbeschluß bedarf einer Mehrheit von mindestens drei Vierteln der bei der Gesellschafterversammlung einer Gesellschaft mit beschränkter Haftung abgegebenen Stimmen oder des bei der Beschlußfassung einer Akti-

engesellschaft oder einer Kommanditgesellschaft auf Aktien vertretenen Grundkapitals; § 65 Abs. 2 ist entsprechend anzuwenden. Der Gesellschaftsvertrag oder die Satzung der formwechselnden Gesellschaft kann eine größere Mehrheit und weitere Erfordernisse, beim Formwechsel einer Kommanditgesellschaft auf Aktien in eine Aktiengesellschaft auch eine geringere Mehrheit bestimmen.

(2) Dem Formwechsel einer Gesellschaft mit beschränkter Haftung oder einer Aktiengesellschaft in eine Kommanditgesellschaft auf Aktien müssen alle Gesellschafter oder Aktionäre zustimmen, die in der Gesellschaft neuer Rechtsform die Stellung eines persönlich haftenden Gesellschafters haben sollen. Auf den Beitritt persönlich haftender Gesellschafter ist § 221 entsprechend anzuwenden.

(3) Dem Formwechsel einer Kommanditgesellschaft auf Aktien müssen ferner deren persönlich haftende Gesellschafter zustimmen. Die Satzung der formwechselnden Gesellschaft kann eine Mehrheitsentscheidung dieser Gesellschafter vorsehen.

§ 241 Zustimmungserfordernisse beim Formwechsel einer Gesellschaft mit beschränkter Haftung

(1) Wird durch den Umwandlungsbeschluß einer formwechselnden Gesellschaft mit beschränkter Haftung der Nennbetrag der Aktien in der Satzung der Aktiengesellschaft oder der Kommanditgesellschaft auf Aktien auf einen höheren Betrag als fünfzig Deutsche Mark und abweichend vom Nennbetrag der Geschäftsanteile der formwechselnden Gesellschaft festgesetzt, so muß der Festsetzung jeder Gesellschafter zustimmen, der sich nicht dem Gesamtnennbetrag seiner Geschäftsanteile entsprechend beteiligen kann. § 17 Abs. 6 des Gesetzes betreffend die Gesellschaften mit beschränkter Haftung gilt insoweit nicht.

(2) Auf das Erfordernis der Zustimmung einzelner Gesellschafter ist ferner § 50 Abs. 2 entsprechend anzuwenden.

(3) Sind einzelnen Gesellschaftern außer der Leistung von Kapitaleinlagen noch andere Verpflichtungen gegenüber der Gesellschaft auferlegt und können diese wegen der einschränkenden Bestimmung des § 55 des Aktiengesetzes bei dem Formwechsel nicht aufrechterhalten werden, so bedarf der Formwechsel auch der Zustimmung dieser Gesellschafter.

§ 242 Zustimmungserfordernis beim Formwechsel einer Aktiengesellschaft oder einer Kommanditgesellschaft auf Aktien

Wird durch den Umwandlungsbeschluß einer formwechselnden Aktiengesellschaft oder Kommanditgesellschaft auf Aktien der Nennbetrag der Geschäftsanteile in dem Gesellschaftsvertrag der Gesellschaft mit beschränkter Haftung abweichend vom Nennbetrag der Aktien festgesetzt und ist dies nicht durch

§ 243 Abs. 3 Satz 2 bedingt, so muß der Festsetzung jeder Aktionär zustimmen, der sich nicht dem Gesamtnennbetrag seiner Aktien entsprechend beteiligen kann.

§ 243 Inhalt des Umwandlungsbeschlusses

(1) Auf den Umwandlungsbeschluß ist § 218 entsprechend anzuwenden. Festsetzungen über Sondervorteile, Gründungsaufwand, Sacheinlagen und Sachübernahmen, die in dem Gesellschaftsvertrag oder in der Satzung der formwechselnden Gesellschaft enthalten sind, sind in den Gesellschaftsvertrag oder in die Satzung der Gesellschaft neuer Rechtsform zu übernehmen. § 26 Abs. 4 und 5 des Aktiengesetzes bleibt unberührt.

(2) Vorschriften anderer Gesetze über die Änderung des Stammkapitals oder des Grundkapitals bleiben unberührt.

(3) In dem Gesellschaftsvertrag oder in der Satzung der Gesellschaft neuer Rechtsform kann der Nennbetrag der Anteile abweichend vom Nennbetrag der Anteile der formwechselnden Gesellschaft festgesetzt werden. Er muß in jedem Fall mindestens fünfzig Deutsche Mark betragen und durch zehn teilbar sein.

§ 244 Niederschrift über den Umwandlungsbeschluß; Gesellschaftsvertrag

(1) In der Niederschrift über den Umwandlungsbeschluß sind die Personen, die nach § 245 Abs. 1 bis 3 den Gründern der Gesellschaft gleichstehen, namentlich aufzuführen.

(2) Beim Formwechsel einer Aktiengesellschaft oder einer Kommanditgesellschaft auf Aktien in eine Gesellschaft mit beschränkter Haftung braucht der Gesellschaftsvertrag von den Gesellschaftern nicht unterzeichnet zu werden.

§ 245 Rechtsstellung als Gründer; Kapitalschutz

(1) Bei einem Formwechsel einer Gesellschaft mit beschränkter Haftung in eine Aktiengesellschaft oder in eine Kommanditgesellschaft auf Aktien treten bei der Anwendung der Gründungsvorschriften des Aktiengesetzes an die Stelle der Gründer die Gesellschafter, die für den Formwechsel gestimmt haben, sowie beim Formwechsel einer Gesellschaft mit beschränkter Haftung in eine Kommanditgesellschaft auf Aktien auch beitretende persönlich haftende Gesellschafter. § 220 ist entsprechend anzuwenden.

(2) Beim Formwechsel einer Aktiengesellschaft in eine Kommanditgesellschaft auf Aktien treten bei der Anwendung der Gründungsvorschriften des Aktiengesetzes an die Stelle der Gründer die persönlich haftenden Gesellschafter der Gesellschaft neuer Rechtsform. § 220 ist entsprechend anzuwenden.

(3) Beim Formwechsel einer Kommanditgesellschaft auf Aktien in eine Aktiengesellschaft treten bei der Anwendung der Gründungsvorschriften des Aktien-

gesetzes an die Stelle der Gründer die persönlich haftenden Gesellschafter der formwechselnden Gesellschaft. § 220 ist entsprechend anzuwenden.

(4) Beim Formwechsel einer Aktiengesellschaft oder einer Kommanditgesellschaft auf Aktien in eine Gesellschaft mit beschränkter Haftung ist ein Sachgründungsbericht nicht erforderlich.

§ 246 Anmeldung des Formwechsels

(1) Die Anmeldung nach § 198 ist durch das Vertretungsorgan der formwechselnden Gesellschaft vorzunehmen.

(2) Zugleich mit der neuen Rechtsform oder mit dem Rechtsträger neuer Rechtsform sind die Geschäftsführer der Gesellschaft mit beschränkter Haftung, die Vorstandsmitglieder der Aktiengesellschaft oder die persönlich haftenden Gesellschafter der Kommanditgesellschaft auf Aktien zur Eintragung in das Register anzumelden.

(3) § 8 Abs. 2 des Gesetzes betreffend die Gesellschaften mit beschränkter Haftung und § 37 Abs. 1 des Aktiengesetzes sind auf die Anmeldung nach § 198 nicht anzuwenden.

§ 247 Wirkungen des Formwechsels

(1) Durch den Formwechsel wird das bisherige Stammkapital einer formwechselnden Gesellschaft mit beschränkter Haftung zum Grundkapital der Gesellschaft neuer Rechtsform oder das bisherige Grundkapital einer formwechselnden Aktiengesellschaft oder Kommanditgesellschaft auf Aktien zum Stammkapital der Gesellschaft neuer Rechtsform.

(2) Eine vereinfachte Kapitalherabsetzung nach dem Formwechsel kann in der Jahresbilanz auch dann rückwirkend berücksichtigt werden, wenn diese Bilanz das letzte vor dem Formwechsel abgelaufene Geschäftsjahr einer formwechselnden Gesellschaft mit beschränkter Haftung betrifft.

(3) Durch den Formwechsel einer Kommanditgesellschaft auf Aktien scheiden deren persönlich haftende Gesellschafter als solche aus der Gesellschaft aus.

§ 248 Umtausch der Anteile

(1) Auf den Umtausch der Geschäftsanteile einer formwechselnden Gesellschaft mit beschränkter Haftung gegen Aktien ist § 73 des Aktiengesetzes, bei Zusammenlegung von Geschäftsanteilen § 226 des Aktiengesetzes über die Kraftloserklärung von Aktien entsprechend anzuwenden.

(2) Auf den Umtausch der Aktien einer formwechselnden Aktiengesellschaft oder Kommanditgesellschaft auf Aktien gegen Geschäftsanteile einer Gesellschaft mit beschränkter Haftung ist § 73 Abs. 1 und 2 des Aktiengesetzes, bei Zusammenlegung von Aktien § 226 Abs. 1 und 2 des Aktiengesetzes über die Kraftloserklärung von Aktien entsprechend anzuwenden.

(3) Einer Genehmigung des Gerichts bedarf es nicht.

§ 249 Gläubigerschutz

Auf den Formwechsel einer Kommanditgesellschaft auf Aktien in eine Gesellschaft mit beschränkter Haftung oder in eine Aktiengesellschaft ist auch § 224 entsprechend anzuwenden.

§ 250 Nicht anzuwendende Vorschriften

Die §§ 207 bis 212 sind auf den Formwechsel einer Aktiengesellschaft in eine Kommanditgesellschaft auf Aktien oder einer Kommanditgesellschaft auf Aktien in eine Aktiengesellschaft nicht anzuwenden.

Vierter Unterabschnitt: Formwechsel in eine eingetragene Genossenschaft

§ 251 Vorbereitung und Durchführung der Versammlung der Anteilsinhaber

(1) Auf die Vorbereitung der Gesellschafterversammlung oder der Hauptversammlung, die den Formwechsel beschließen soll, sind die §§ 229 bis 231 entsprechend anzuwenden. § 192 Abs. 3 bleibt unberührt.

(2) Auf die Gesellschafterversammlung oder die Hauptversammlung, die den Formwechsel beschließen soll, ist § 239 Abs. 1, auf die Hauptversammlung auch § 239 Abs. 2 entsprechend anzuwenden.

§ 252 Beschluß der Versammlung der Anteilsinhaber

(1) Der Umwandlungsbeschluß der Gesellschafterversammlung oder der Hauptversammlung bedarf, wenn das Statut der Genossenschaft eine Verpflichtung der Genossen zur Leistung von Nachschüssen vorsieht, der Zustimmung aller anwesenden Gesellschafter oder Aktionäre; ihm müssen auch die nicht erschienenen Anteilsinhaber zustimmen.

(2) Sollen die Genossen nicht zur Leistung von Nachschüssen verpflichtet werden, so bedarf der Umwandlungsbeschluß einer Mehrheit von mindestens drei Vierteln der bei der Gesellschafterversammlung einer Gesellschaft mit beschränkter Haftung abgegebenen Stimmen oder des bei der Beschlußfassung einer Aktiengesellschaft oder einer Kommanditgesellschaft auf Aktien vertretenen Grundkapitals; § 50 Abs. 2 und § 65 Abs. 2 sind entsprechend anzuwenden. Der Gesellschaftsvertrag oder die Satzung der formwechselnden Gesellschaft kann eine größere Mehrheit und weitere Erfordernisse bestimmen.

(3) Auf den Formwechsel einer Kommanditgesellschaft auf Aktien ist § 240 Abs. 3 entsprechend anzuwenden.

§ 253 Inhalt des Umwandlungsbeschlusses

(1) In dem Umwandlungsbeschluß muß auch das Statut der Genossenschaft enthalten sein. Eine Unterzeichnung des Statuts durch die Genossen ist nicht erforderlich.

(2) Der Umwandlungsbeschluß muß die Beteiligung jedes Genossen mit mindestens einem Geschäftsanteil vorsehen. In dem Beschluß kann auch bestimmt werden, daß jeder Genosse bei der Genossenschaft mit mindestens einem und im übrigen mit so vielen Geschäftsanteilen, wie sie durch Anrechnung seines Geschäftsguthabens bei dieser Genossenschaft als voll eingezahlt anzusehen sind, beteiligt wird.

§ 254 Anmeldung des Formwechsels

(1) Die Anmeldung nach § 198 einschließlich der Anmeldung des Statuts der Genossenschaft ist durch das Vertretungsorgan der formwechselnden Gesellschaft vorzunehmen.

(2) Zugleich mit der Genossenschaft sind die Mitglieder ihres Vorstandes zur Eintragung in das Register anzumelden.

§ 255 Wirkungen des Formwechsels

(1) Jeder Anteilsinhaber, der die Rechtsstellung eines Genossen erlangt, ist bei der Genossenschaft nach Maßgabe des Umwandlungsbeschlusses beteiligt. Eine Verpflichtung zur Übernahme weiterer Geschäftsanteile bleibt unberührt. § 202 Abs. 1 Nr. 2 Satz 2 ist mit der Maßgabe anzuwenden, daß die an den bisherigen Anteilen bestehenden Rechte Dritter an den durch den Formwechsel erlangten Geschäftsguthaben weiterbestehen.

(2) Das Gericht darf eine Auflösung der Genossenschaft von Amts wegen nach § 80 des Gesetzes betreffend die Erwerbs- und Wirtschaftsgenossenschaften nicht vor Ablauf eines Jahres seit dem Wirksamwerden des Formwechsels aussprechen.

(3) Durch den Formwechsel einer Kommanditgesellschaft auf Aktien scheiden deren persönlich haftende Gesellschafter als solche aus dem Rechtsträger aus.

§ 256 Geschäftsguthaben; Benachrichtigung der Genossen

(1) Jedem Genossen ist als Geschäftsguthaben der Wert der Geschäftsanteile oder der Aktien gutzuschreiben, mit denen er an der formwechselnden Gesellschaft beteiligt war.

(2) Übersteigt das durch den Formwechsel erlangte Geschäftsguthaben eines Genossen den Gesamtbetrag der Geschäftsanteile, mit denen er bei der Genossenschaft beteiligt ist, so ist der übersteigende Betrag nach Ablauf von sechs Monaten seit dem Tage, an dem die Eintragung der Genossenschaft in das Register nach § 201 Satz 2 als bekanntgemacht gilt, an den Genossen aus-

zuzahlen. Die Auszahlung darf jedoch nicht erfolgen, bevor die Gläubiger, die sich nach § 204 in Verbindung mit § 22 gemeldet haben, befriedigt oder sichergestellt sind.

(3) Die Genossenschaft hat jedem Genossen unverzüglich nach der Bekanntmachung der Eintragung der Genossenschaft in das Register schriftlich mitzuteilen:

1. den Betrag seines Geschäftsguthabens;
2. den Betrag und die Zahl der Geschäftsanteile, mit denen er bei der Genossenschaft beteiligt ist;
3. den Betrag der von dem Genossen nach Anrechnung seines Geschäftsguthabens noch zu leistenden Einzahlung oder den Betrag, der nach Absatz 2 an ihn auszuzahlen ist;
4. den Betrag der Haftsumme der Genossenschaft, sofern die Genossen Nachschüsse bis zu einer Haftsumme zu leisten haben.

§ 257 Gläubigerschutz

Auf den Formwechsel einer Kommanditgesellschaft auf Aktien ist auch § 224 entsprechend anzuwenden.

Dritter Abschnitt: Formwechsel eingetragener Genossenschaften

§ 258 Möglichkeit des Formwechsels

(1) Eine eingetragene Genossenschaft kann auf Grund eines Umwandlungsbeschlusses nach diesem Gesetz nur die Rechtsform einer Kapitalgesellschaft erlangen.

(2) Der Formwechsel ist nur möglich, wenn auf jeden Genossen, der an der Gesellschaft neuer Rechtsform beteiligt wird, als beschränkt haftender Gesellschafter ein durch zehn teilbarer Geschäftsanteil von mindestens fünfzig Deutschen Mark oder als Aktionär mindestens ein Teilrecht im Nennbetrag von zehn Deutschen Mark entfällt.

§ 259 Gutachten des Prüfungsverbandes

Vor der Einberufung der Generalversammlung, die den Formwechsel beschließen soll, ist eine gutachtliche Äußerung des Prüfungsverbandes einzuholen, ob der Formwechsel mit den Belangen der Genossen und der Gläubiger der Genossenschaft vereinbar ist, insbesondere ob bei der Festsetzung des Stammkapitals oder des Grundkapitals § 263 Abs. 2 Satz 2 und § 264 Abs. 1 beachtet sind (Prüfungsgutachten).

§ 260 Vorbereitung der Generalversammlung

(1) Der Vorstand der formwechselnden Genossenschaft hat allen Genossen spätestens zusammen mit der Einberufung der Generalversammlung, die den Formwechsel beschließen soll, diesen Formwechsel als Gegenstand der Beschlußfassung schriftlich anzukündigen. In der Ankündigung ist auf die für die Beschlußfassung nach § 262 Abs. 1 erforderlichen Mehrheiten sowie auf die Möglichkeit der Erhebung eines Widerspruchs und die sich daraus ergebenden Rechte hinzuweisen.

(2) Auf die Vorbereitung der Generalversammlung sind die §§ 229, 230 Abs. 2 und § 231 Satz 1 entsprechend anzuwenden. § 192 Abs. 3 bleibt unberührt.

(3) In dem Geschäftsraum der formwechselnden Genossenschaft ist außer den sonst erforderlichen Unterlagen auch das nach § 259 erstattete Prüfungsgutachten zur Einsicht der Genossen auszulegen. Auf Verlangen ist jedem Genossen unverzüglich und kostenlos eine Abschrift dieses Prüfungsgutachtens zu erteilen.

§ 261 Durchführung der Generalversammlung

(1) In der Generalversammlung, die den Formwechsel beschließen soll, ist der Umwandlungsbericht, sofern er nach diesem Buch erforderlich ist, und das nach § 259 erstattete Prüfungsgutachten auszulegen. Der Vorstand hat den Umwandlungsbeschluß zu Beginn der Verhandlung mündlich zu erläutern.

(2) Das Prüfungsgutachten ist in der Generalversammlung zu verlesen. Der Prüfungsverband ist berechtigt, an der Generalversammlung beratend teilzunehmen.

§ 262 Beschluß der Generalversammlung

(1) Der Umwandlungsbeschluß der Generalversammlung bedarf einer Mehrheit von mindestens drei Vierteln der abgegebenen Stimmen. Er bedarf einer Mehrheit von neun Zehnteln der abgegebenen Stimmen, wenn spätestens bis zum Ablauf des dritten Tages vor der Generalversammlung wenigstens hundert Genossen, bei Genossenschaften mit weniger als tausend Genossen ein Zehntel der Genossen, durch eingeschriebenen Brief Widerspruch gegen den Formwechsel erhoben haben. Das Statut kann größere Mehrheiten und weitere Erfordernisse bestimmen.

(2) Auf den Formwechsel in eine Kommanditgesellschaft auf Aktien ist § 240 Abs. 2 entsprechend anzuwenden.

§ 263 Inhalt des Umwandlungsbeschlusses

(1) Auf den Umwandlungsbeschluß sind auch die §§ 218, 243 Abs. 3 und § 244 Abs. 2 entsprechend anzuwenden.

(2) In dem Beschluß ist bei der Festlegung von Zahl, Art und Umfang der Anteile (§ 194 Abs. 1 Nr. 4) zu bestimmen, daß an dem Stammkapital oder an dem Grundkapital der Gesellschaft neuer Rechtsform jeder Genosse, der die Rechtsstellung eines beschränkt haftenden Gesellschafters oder eines Aktionärs erlangt, in dem Verhältnis beteiligt wird, in dem am Ende des letzten vor der Beschlußfassung über den Formwechsel abgelaufenen Geschäftsjahres sein Geschäftsguthaben zur Summe der Geschäftsguthaben aller Genossen gestanden hat, die durch den Formwechsel Gesellschafter oder Aktionäre geworden sind. Der Nennbetrag des Stammkapitals oder des Grundkapitals ist so zu bemessen, daß auf jeden Genossen möglichst ein voller Geschäftsanteil oder eine volle Aktie oder ein möglichst hoher Teil eines Geschäftsanteils oder einer Aktie (Teilrecht) entfällt.

(3) Die Geschäftsanteile einer Gesellschaft mit beschränkter Haftung sollen auf einen höheren Nennbetrag als fünfhundert Deutsche Mark nur gestellt werden, soweit auf die Genossen der formwechselnden Genossenschaft volle Geschäftsanteile mit dem höheren Nennbetrag entfallen. Aktien können auf einen höheren Nennbetrag als fünfzig Deutsche Mark nur gestellt werden, soweit volle Aktien mit dem höheren Nennbetrag auf die Genossen entfallen. Wird das Vertretungsorgan der Aktiengesellschaft oder der Kommanditgesellschaft auf Aktien in der Satzung ermächtigt, das Grundkapital bis zu einem bestimmten Nennbetrag durch Ausgabe neuer Aktien gegen Einlagen zu erhöhen, so darf die Ermächtigung nicht vorsehen, daß das Vertretungsorgan über den Ausschluß des Bezugsrechts entscheidet.

§ 264 Kapitalschutz

(1) Der Nennbetrag des Stammkapitals einer Gesellschaft mit beschränkter Haftung oder des Grundkapitals einer Aktiengesellschaft oder einer Kommanditgesellschaft auf Aktien darf das nach Abzug der Schulden verbleibende Vermögen der formwechselnden Genossenschaft nicht übersteigen.

(2) Beim Formwechsel in eine Gesellschaft mit beschränkter Haftung sind die Genossen der formwechselnden Genossenschaft nicht verpflichtet, einen Sachgründungsbericht zu erstatten.

(3) Beim Formwechsel in eine Aktiengesellschaft oder in eine Kommanditgesellschaft auf Aktien hat die Gründungsprüfung durch einen oder mehrere Prüfer (§ 33 Abs. 2 des Aktiengesetzes) in jedem Fall stattzufinden. Jedoch sind die Genossen der formwechselnden Genossenschaft nicht verpflichtet, einen Gründungsbericht zu erstatten; die §§ 32, 35 Abs. 1 und 2 und § 46 des Aktiengesetzes sind nicht anzuwenden. Die für Nachgründungen in § 52 Abs. 1 des Aktiengesetzes bestimmte Frist von zwei Jahren beginnt mit dem Wirksamwerden des Formwechsels.

§ 265 Anmeldung des Formwechsels

Auf die Anmeldung nach § 198 ist § 222 Abs. 1 Satz 1 und Abs. 3 entsprechend anzuwenden. Der Anmeldung ist das nach § 259 erstattete Prüfungsgutachten in Urschrift oder in öffentlich beglaubigter Abschrift beizufügen.

§ 266 Wirkungen des Formwechsels

(1) Durch den Formwechsel werden die bisherigen Geschäftsanteile zu Anteilen an der Gesellschaft neuer Rechtsform und zu Teilrechten. § 202 Abs. 1 Nr. 2 Satz 2 ist mit der Maßgabe anzuwenden, daß die an den bisherigen Geschäftsguthaben bestehenden Rechte Dritter an den durch den Formwechsel erlangten Anteilen und Teilrechten weiterbestehen.

(2) Teilrechte, die durch den Formwechsel entstehen, sind selbständig veräußerlich und vererblich.

(3) Die Rechte aus einer Aktie einschließlich des Anspruchs auf Ausstellung einer Aktienurkunde können nur ausgeübt werden, wenn Teilrechte, die zusammen eine volle Aktie ergeben, in einer Hand vereinigt sind oder wenn mehrere Berechtigte, deren Teilrechte zusammen eine volle Aktie ergeben, sich zur Ausübung der Rechte zusammenschließen. Der Rechtsträger soll die Zusammenführung von Teilrechten zu vollen Aktien vermitteln.

§ 267 Benachrichtigung der Anteilsinhaber

(1) Das Vertretungsorgan der Gesellschaft neuer Rechtsform hat jedem Anteilsinhaber unverzüglich nach der Bekanntmachung der Eintragung der Gesellschaft in das Register deren Inhalt sowie die Zahl und den Nennbetrag der Anteile und des Teilrechts, die auf ihn entfallen sind, schriftlich mitzuteilen. Dabei soll auf die Vorschriften über Teilrechte in § 266 hingewiesen werden.

(2) Zugleich mit der schriftlichen Mitteilung ist deren wesentlicher Inhalt in den Gesellschaftsblättern bekanntzumachen. Der Hinweis nach Absatz 1 Satz 2 braucht in die Bekanntmachung nicht aufgenommen zu werden.

§ 268 Aufforderung an die Aktionäre; Veräußerung von Aktien

(1) In der Mitteilung nach § 267 sind Aktionäre aufzufordern, die ihnen zustehenden Aktien abzuholen. Dabei ist darauf hinzuweisen, daß die Gesellschaft berechtigt ist, Aktien, die nicht binnen sechs Monaten seit der Bekanntmachung der Aufforderung in den Gesellschaftsblättern abgeholt werden, nach dreimaliger Androhung für Rechnung der Beteiligten zu veräußern. Dieser Hinweis braucht nicht in die Bekanntmachung der Aufforderung in den Gesellschaftsblättern aufgenommen zu werden.

(2) Nach Ablauf von sechs Monaten seit der Bekanntmachung der Aufforderung in den Gesellschaftsblättern hat die Gesellschaft neuer Rechtsform die Veräußerung der nicht abgeholten Aktien anzudrohen. Die Androhung ist dreimal in Abständen von mindestens einem Monat in den Gesellschaftsblättern bekannt-

zumachen. Die letzte Bekanntmachung muß vor dem Ablauf von einem Jahr seit der Bekanntmachung der Aufforderung ergehen.

(3) Nach Ablauf von sechs Monaten seit der letzten Bekanntmachung der Androhung hat die Gesellschaft die nicht abgeholten Aktien für Rechnung der Beteiligten zum amtlichen Börsenpreis durch Vermittlung eines Kursmaklers und beim Fehlen eines Börsenpreises durch öffentliche Versteigerung zu veräußern. § 226 Abs. 3 Satz 2 bis 6 des Aktiengesetzes ist entsprechend anzuwenden.

§ 269 Hauptversammlungsbeschlüsse; genehmigtes Kapital

Solange beim Formwechsel in eine Aktiengesellschaft oder in eine Kommanditgesellschaft auf Aktien die Nennbeträge der abgeholten oder nach § 268 Abs. 3 veräußerten Aktien nicht insgesamt mindestens sechs Zehntel des Grundkapitals erreichen, kann die Hauptversammlung der Gesellschaft neuer Rechtsform keine Beschlüsse fassen, die nach Gesetz oder Satzung einer Kapitalmehrheit bedürfen. Das Vertretungsorgan der Gesellschaft darf während dieses Zeitraums von einer Ermächtigung zu einer Erhöhung des Grundkapitals keinen Gebrauch machen.

§ 270 Abfindungsangebot

Das Abfindungsangebot nach § 207 Abs. 1 Satz 1 gilt auch für jeden Genossen, der dem Formwechsel bis zum Ablauf des dritten Tages vor dem Tage, an dem der Umwandlungsbeschluß gefaßt worden ist, durch eingeschriebenen Brief widersprochen hat.

§ 271 Fortdauer der Nachschußpflicht

Wird über das Vermögen der Gesellschaft neuer Rechtsform binnen zwei Jahren nach dem Tage, an dem ihre Eintragung in das Register nach § 201 Satz 2 als bekanntgemacht gilt, das Insolvenzverfahren eröffnet, so ist jeder Genosse, der durch den Formwechsel die Rechtsstellung eines beschränkt haftenden Gesellschafters oder eines Aktionärs erlangt hat, im Rahmen des Statuts der formwechselnden Genossenschaft (§ 6 Nr. 3 des Gesetzes betreffend die Erwerbs- und Wirtschaftsgenossenschaften) zu Nachschüssen verpflichtet, auch wenn er seinen Geschäftsanteil oder seine Aktie veräußert hat. Die §§ 105 bis 115a des Gesetzes betreffend die Erwerbs- und Wirtschaftsgenossenschaften sind mit der Maßgabe entsprechend anzuwenden, daß nur solche Verbindlichkeiten der Gesellschaft zu berücksichtigen sind, die bereits im Zeitpunkt des Formwechsels begründet waren.

Vierter Abschnitt: Formwechsel rechtsfähiger Vereine

Erster Unterabschnitt: Allgemeine Vorschriften

§ 272 Möglichkeit des Formwechsels

(1) Ein rechtsfähiger Verein kann auf Grund eines Umwandlungsbeschlusses nur die Rechtsform einer Kapitalgesellschaft oder einer eingetragenen Genossenschaft erlangen.

(2) Ein Verein kann die Rechtsform nur wechseln, wenn seine Satzung oder Vorschriften des Landesrechts nicht entgegenstehen.

Zweiter Unterabschnitt: Formwechsel in eine Kapitalgesellschaft

§ 273 Möglichkeit des Formwechsels

Der Formwechsel ist nur möglich, wenn auf jedes Mitglied, das an der Gesellschaft neuer Rechtsform beteiligt wird, als beschränkt haftender Gesellschafter ein durch zehn teilbarer Geschäftsanteil von mindestens fünfzig Deutschen Mark oder als Aktionär mindestens ein Teilrecht im Nennbetrag von zehn Deutschen Mark entfällt.

§ 274 Vorbereitung und Durchführung der Mitgliederversammlung

(1) Auf die Vorbereitung der Mitgliederversammlung, die den Formwechsel beschließen soll, sind die §§ 229, 230 Abs. 2, § 231 Satz 1 und § 260 Abs. 1 entsprechend anzuwenden. § 192 Abs. 3 bleibt unberührt.

(2) Auf die Mitgliederversammlung, die den Formwechsel beschließen soll, ist § 239 entsprechend anzuwenden.

§ 275 Beschluß der Mitgliederversammlung

(1) Der Umwandlungsbeschluß der Mitgliederversammlung bedarf, wenn der Zweck des Rechtsträgers geändert werden soll (§ 33 Abs. 1 Satz 2 des Bürgerlichen Gesetzbuchs), der Zustimmung aller anwesenden Mitglieder; ihm müssen auch die nicht erschienenen Mitglieder zustimmen.

(2) In anderen Fällen bedarf der Umwandlungsbeschluß einer Mehrheit von mindestens drei Vierteln der erschienenen Mitglieder. Er bedarf einer Mehrheit von mindestens neun Zehnteln der erschienenen Mitglieder, wenn spätestens bis zum Ablauf des dritten Tages vor der Mitgliederversammlung wenigstens hundert Mitglieder, bei Vereinen mit weniger als tausend Mitgliedern ein Zehntel der Mitglieder, durch eingeschriebenen Brief Widerspruch gegen den Formwechsel erhoben haben. Die Satzung kann größere Mehrheiten und weitere Erfordernisse bestimmen.

(3) Auf den Formwechsel in eine Kommanditgesellschaft auf Aktien ist § 240 Abs. 2 entsprechend anzuwenden.

§ 276 Inhalt des Umwandlungsbeschlusses

(1) Auf den Umwandlungsbeschluß sind auch die §§ 218, 243 Abs. 3, § 244 Abs. 2 und § 263 Abs. 2 Satz 2, Abs. 3 entsprechend anzuwenden.

(2) Die Beteiligung der Mitglieder am Stammkapital oder am Grundkapital der Gesellschaft neuer Rechtsform darf, wenn nicht alle Mitglieder einen gleich hohen Anteil erhalten sollen, nur nach einem oder mehreren der folgenden Maßstäbe festgesetzt werden:

1. bei Vereinen, deren Vermögen in übertragbare Anteile zerlegt ist, der Nennbetrag oder der Wert dieser Anteile;
2. die Höhe der Beiträge;
3. bei Vereinen, die zu ihren Mitgliedern oder einem Teil der Mitglieder in vertraglichen Geschäftsbeziehungen stehen, der Umfang der Inanspruchnahme von Leistungen des Vereins durch die Mitglieder oder der Umfang der Inanspruchnahme von Leistungen der Mitglieder durch den Verein;
4. ein in der Satzung bestimmter Maßstab für die Verteilung des Überschusses;
5. ein in der Satzung bestimmter Maßstab für die Verteilung des Vermögens;
6. die Dauer der Mitgliedschaft.

Soll die Beteiligung nur für einen Teil des Stammkapitals oder des Grundkapitals in gleich hohen Anteilen festgesetzt werden, so muß der gleich hohe Anteil ein Teilrecht im Nennbetrag von zehn Deutschen Mark sein.

§ 277 Kapitalschutz

Bei der Anwendung der für die neue Rechtsform maßgebenden Gründungsvorschriften ist auch § 264 entsprechend anzuwenden.

§ 278 Anmeldung des Formwechsels

(1) Auf die Anmeldung nach § 198 ist § 222 Abs. 1 und 3 entsprechend anzuwenden.

(2) Ist der formwechselnde Verein nicht in ein Handelsregister eingetragen, so hat sein Vorstand den bevorstehenden Formwechsel durch das in der Vereinssatzung für Veröffentlichungen bestimmte Blatt, in Ermangelung eines solchen durch dasjenige Blatt bekanntzumachen, das für Bekanntmachungen des Amtsgerichts bestimmt ist, in dessen Bezirk der formwechselnde Verein seinen Sitz hat. Die Bekanntmachung tritt an die Stelle der Eintragung der Umwandlung in das Register nach § 198 Abs. 2 Satz 3. § 50 Abs. 1 Satz 4 des Bürgerlichen Gesetzbuchs ist entsprechend anzuwenden.

§ 279 Bekanntmachung des Formwechsels

In der Bekanntmachung nach § 201 Satz 1 ist auch anzugeben, nach welchen Maßstäben die Mitglieder des formwechselnden Vereins an der Gesellschaft neuer Rechtsform beteiligt sind.

§ 280 Wirkungen des Formwechsels

Durch den Formwechsel werden die bisherigen Mitgliedschaften zu Anteilen an der Gesellschaft neuer Rechtsform und zu Teilrechten. § 266 Abs. 1 Satz 2, Abs. 2 und 3 ist entsprechend anzuwenden.

§ 281 Benachrichtigung der Anteilsinhaber, Veräußerung von Aktien; Hauptversammlungsbeschlüsse

(1) Auf die Benachrichtigung der Anteilsinhaber durch die Gesellschaft, auf die Aufforderung von Aktionären zur Abholung der ihnen zustehenden Aktien und auf die Veräußerung nicht abgeholter Aktien sind die §§ 267 und 268 entsprechend anzuwenden.

(2) Auf Beschlüsse der Hauptversammlung der Gesellschaft neuer Rechtsform sowie auf eine Ermächtigung des Vertretungsorgans zur Erhöhung des Grundkapitals ist § 269 entsprechend anzuwenden.

§ 282 Abfindungsangebot

(1) Auf das Abfindungsangebot nach § 207 Abs. 1 Satz 1 ist § 270 entsprechend anzuwenden.

(2) Absatz 1 und die §§ 207 bis 212 sind auf den Formwechsel eines eingetragenen Vereins, der nach § 5 Abs. 1 Nr. 9 des Körperschaftsteuergesetzes von der Körperschaftsteuer befreit ist, nicht anzuwenden.

Dritter Unterabschnitt: Formwechsel in eine eingetragene Genossenschaft

§ 283 Vorbereitung und Durchführung der Mitgliederversammlung

(1) Auf die Vorbereitung der Mitgliederversammlung, die den Formwechsel beschließen soll, sind §§ 229, 230 Abs. 2, § 231 Satz 1 und § 260 Abs. 1 entsprechend anzuwenden. § 192 Abs. 3 bleibt unberührt.

(2) Auf die Mitgliederversammlung, die den Formwechsel beschließen soll, ist § 239 entsprechend anzuwenden.

§ 284 Beschluß der Mitgliederversammlung

Der Umwandlungsbeschluß der Mitgliederversammlung bedarf, wenn der Zweck des Rechtsträgers geändert werden soll (§ 33 Abs. 1 Satz 2 des Bürgerlichen Gesetzbuchs) oder wenn das Statut der Genossenschaft eine Verpflichtung der Genossen zur Leistung von Nachschüssen vorsieht, der Zustimmung aller anwesenden Mitglieder; ihm müssen auch die nicht erschienenen Mitglieder zustimmen. Im übrigen ist § 275 Abs. 2 entsprechend anzuwenden.

§ 285 Inhalt des Umwandlungsbeschlusses

(1) Auf den Umwandlungsbeschluß ist auch § 253 Abs. 1, Abs. 2 Satz 1 entsprechend anzuwenden.

(2) Sollen bei der Genossenschaft nicht alle Mitglieder mit der gleichen Zahl von Geschäftsanteilen beteiligt werden, so darf die unterschiedlich hohe Beteiligung nur nach einem oder mehreren der in § 276 Abs. 2 Satz 1 bezeichneten Maßstäbe festgesetzt werden.

§ 286 Anmeldung des Formwechsels

Auf die Anmeldung nach § 198 sind die §§ 254 und 278 Abs. 2 entsprechend anzuwenden.

§ 287 Bekanntmachung des Formwechsels

In der Bekanntmachung nach § 201 Satz 1 ist auch anzugeben, nach welchen Maßstäben die Mitglieder des formwechselnden Vereins an der Genossenschaft beteiligt sind.

§ 288 Wirkungen des Formwechsels

(1) Jedes Mitglied, das die Rechtsstellung eines Genossen erlangt, ist bei der Genossenschaft nach Maßgabe des Umwandlungsbeschlusses beteiligt. Eine Verpflichtung zur Übernahme weiterer Geschäftsanteile bleibt unberührt. § 255 Abs. 1 Satz 3 ist entsprechend anzuwenden.

(2) Das Gericht darf eine Auflösung der Genossenschaft von Amts wegen nach § 80 des Gesetzes betreffend die Erwerbs- und Wirtschaftsgenossenschaften nicht vor Ablauf eines Jahres seit dem Wirksamwerden des Formwechsels aussprechen.

§ 289 Geschäftsguthaben; Benachrichtigung der Genossen

(1) Jedem Genossen kann als Geschäftsguthaben auf Grund des Formwechsels höchstens der Nennbetrag der Geschäftsanteile gutgeschrieben werden, mit denen er bei der Genossenschaft beteiligt ist.

(2) § 256 Abs. 3 ist entsprechend anzuwenden.

§ 290 Abfindungsangebot

Auf das Abfindungsangebot nach § 207 Abs. 1 Satz 2 sind § 270 sowie § 282 Abs. 2 entsprechend anzuwenden.

Fünfter Abschnitt: Formwechsel von Versicherungsvereinen auf Gegenseitigkeit

§ 291 Möglichkeit des Formwechsels

(1) Ein Versicherungsverein auf Gegenseitigkeit, der kein kleinerer Verein im Sinne des § 53 des Versicherungsaufsichtsgesetzes ist, kann auf Grund eines Umwandlungsbeschlusses nur die Rechtsform einer Aktiengesellschaft erlangen.

(2) Der Formwechsel ist nur möglich, wenn auf jedes Mitglied des Vereins, das an der Aktiengesellschaft beteiligt wird, mindestens ein Teilrecht im Nennbetrag von zehn Deutschen Mark entfällt.

§ 292 Vorbereitung und Durchführung der Versammlung der obersten Vertretung

(1) Auf die Vorbereitung der Versammlung der obersten Vertretung, die den Formwechsel beschließen soll, sind die §§ 229, 230 Abs. 2, § 231 Satz 1 und § 260 Abs. 1 entsprechend anzuwenden.

(2) Auf die Durchführung der Versammlung der obersten Vertretung, die den Formwechsel beschließen soll, ist § 239 entsprechend anzuwenden.

§ 293 Beschluß der obersten Vertretung

Der Umwandlungsbeschluß der obersten Vertretung bedarf einer Mehrheit von mindestens drei Vierteln der abgegebenen Stimmen. Er bedarf einer Mehrheit von neun Zehnteln der abgegebenen Stimmen, wenn spätestens bis zum Ablauf des dritten Tages vor der Versammlung der obersten Vertretung wenigstens hundert Mitglieder des Vereins durch eingeschriebenen Brief Widerspruch gegen den Formwechsel erhoben haben. Die Satzung kann größere Mehrheiten und weitere Erfordernisse bestimmen.

§ 294 Inhalt des Umwandlungsbeschlusses

(1) Auf den Umwandlungsbeschluß sind auch § 218 Abs. 1 und § 263 Abs. 3 Satz 2 und 3 entsprechend anzuwenden. In dem Umwandlungsbeschluß kann bestimmt werden, daß Mitglieder, die dem formwechselnden Verein weniger als drei Jahre vor der Beschlußfassung über den Formwechsel angehören, von der Beteiligung an der Aktiengesellschaft ausgeschlossen sind.

(2) Das Grundkapital der Aktiengesellschaft ist in der Höhe des Grundkapitals vergleichbarer Versicherungsunternehmen in der Rechtsform der Aktiengesellschaft festzusetzen. Würde die Aufsichtsbehörde einer neu zu gründenden Versicherungsaktiengesellschaft die Erlaubnis zum Geschäftsbetrieb nur bei Festsetzung eines höheren Grundkapitals erteilen, so ist das Grundkapital auf diesen Betrag festzusetzen, soweit dies nach den Vermögensverhältnissen des formwechselnden Vereins möglich ist. Ist eine solche Festsetzung nach den

Vermögensverhältnissen des Vereins nicht möglich, so ist der Nennbetrag des Grundkapitals so zu bemessen, daß auf jedes Mitglied, das die Rechtsstellung eines Aktionärs erlangt, möglichst eine volle Aktie oder ein möglichst hohes Teilrecht entfällt.

(3) Die Beteiligung der Mitglieder am Grundkapital der Aktiengesellschaft darf, wenn nicht alle Mitglieder einen gleich hohen Anteil erhalten sollen, nur nach einem oder mehreren der folgenden Maßstäbe festgesetzt werden:

1. die Höhe der Versicherungssumme;
2. die Höhe der Beiträge;
3. die Höhe der Deckungsrückstellung in der Lebensversicherung;
4. der in der Satzung bestimmte Maßstab für die Verteilung des Überschusses;
5. ein in der Satzung bestimmter Maßstab für die Verteilung des Vermögens;
6. die Dauer der Mitgliedschaft.

§ 276 Abs. 2 Satz 2 ist entsprechend anzuwenden.

§ 295 Kapitalschutz

Bei der Anwendung der Gründungsvorschriften des Aktiengesetzes ist auch § 264 Abs. 1 und 3 entsprechend anzuwenden.

§ 296 Anmeldung des Formwechsels

Auf die Anmeldung nach § 198 ist § 246 Abs. 1 und 2 entsprechend anzuwenden.

§ 297 Bekanntmachung des Formwechsels

In der Bekanntmachung nach § 201 Satz 1 ist auch anzugeben, nach welchen Maßstäben die Mitglieder des formwechselnden Vereins an der Aktiengesellschaft beteiligt sind.

§ 298 Wirkungen des Formwechsels

Durch den Formwechsel werden die bisherigen Mitgliedschaften zu Aktien und Teilrechten. § 266 Abs. 1 Satz 2, Abs. 2 und 3 ist entsprechend anzuwenden.

§ 299 Benachrichtigung der Aktionäre; Veräußerung von Aktien; Hauptversammlungsbeschlüsse

(1) Auf die Benachrichtigung der Aktionäre durch die Gesellschaft ist § 267, auf die Aufforderung zur Abholung der ihnen zustehenden Aktien und auf die Veräußerung nicht abgeholter Aktien ist § 268 entsprechend anzuwenden.

(2) Auf Beschlüsse der Hauptversammlung der Aktiengesellschaft sowie auf eine Ermächtigung des Vorstandes zur Erhöhung des Grundkapitals ist § 269 entsprechend anzuwenden. Die Aufsichtsbehörde kann Ausnahmen von der

entsprechenden Anwendung des § 269 Satz 1 zulassen, wenn dies erforderlich ist, um zu verhindern, daß der Aktiengesellschaft erhebliche Nachteile entstehen.

§ 300 Abfindungsangebot

Auf das Abfindungsangebot nach § 207 Abs. 1 Satz 1 ist § 270 entsprechend anzuwenden.

Sechster Abschnitt: Formwechsel von Körperschaften und Anstalten des öffentlichen Rechts

§ 301 Möglichkeit des Formwechsels

(1) Soweit gesetzlich nichts anderes bestimmt ist, kann eine Körperschaft oder Anstalt des öffentlichen Rechts durch Formwechsel nur die Rechtsform einer Kapitalgesellschaft erlangen.

(2) Der Formwechsel ist nur möglich, wenn die Körperschaft oder Anstalt rechtsfähig ist und das für sie maßgebende Bundes- oder Landesrecht einen Formwechsel vorsieht oder zuläßt.

§ 302 Anzuwendende Vorschriften

Die Vorschriften des Ersten Teils sind auf den Formwechsel nur anzuwenden, soweit sich aus dem für die formwechselnde Körperschaft oder Anstalt maßgebenden Bundes- oder Landesrecht nichts anderes ergibt. Nach diesem Recht richtet es sich insbesondere, auf welche Weise der Gesellschaftsvertrag oder die Satzung der Gesellschaft neuer Rechtsform abgeschlossen oder festgestellt wird, wer an dieser Gesellschaft als Anteilsinhaber beteiligt wird und welche Person oder welche Personen den Gründern der Gesellschaft gleichstehen; die §§ 28 und 29 des Aktiengesetzes sind nicht anzuwenden.

§ 303 Kapitalschutz; Zustimmungserfordernisse

(1) Außer den für die neue Rechtsform maßgebenden Gründungsvorschriften ist auch § 220 entsprechend anzuwenden.

(2) Ein Formwechsel in eine Kommanditgesellschaft auf Aktien bedarf der Zustimmung aller Anteilsinhaber, die in dieser Gesellschaft die Stellung eines persönlich haftenden Gesellschafters haben sollen. Auf den Beitritt persönlich haftender Gesellschafter ist § 221 entsprechend anzuwenden.

§ 304 Wirksamwerden des Formwechsels

Der Formwechsel wird mit der Eintragung der Kapitalgesellschaft in das Handelsregister wirksam. Mängel des Formwechsels lassen die Wirkungen der Eintragung unberührt.

Sechstes Buch: Spruchverfahren

§ 305 Antragsfrist

Ein Antrag auf gerichtliche Entscheidung nach den §§ 15, 34, 176 bis 181, 184, 186, 196 oder 212 kann nur binnen zwei Monaten nach dem Tage gestellt werden, an dem die Eintragung der Umwandlung nach den Vorschriften dieses Gesetzes als bekanntgemacht gilt.

§ 306 Gerichtliche Zuständigkeit

(1) Zuständig ist das Landgericht, in dessen Bezirk der Rechtsträger, dessen Anteilsinhaber antragsberechtigt sind, seinen Sitz hat.

(2) Ist bei dem Landgericht eine Kammer für Handelssachen gebildet, so entscheidet diese an Stelle der Zivilkammer. Der Vorsitzende einer Kammer für Handelssachen entscheidet

1. über die Abgabe von Verfahren;
2. im Zusammenhang mit öffentlichen Bekanntmachungen;
3. über Fragen, welche die Zulässigkeit des Antrags betreffen;
4. über alle vorbereitenden Maßnahmen für die Beweisaufnahme;
5. in den Fällen des § 308;
6. über Geschäftswert, Kosten, Gebühren und Auslagen;
7. über die einstweilige Einstellung der Zwangsvollstreckung.

Im Einverständnis der Beteiligten kann der Vorsitzende auch im übrigen an Stelle der Kammer entscheiden.

(3) Die Landesregierung kann die Entscheidung durch Rechtsverordnung für die Bezirke mehrerer Landgerichte einem der Landgerichte übertragen, wenn dies der Sicherung einer einheitlichen Rechtsprechung dient. Die Landesregierung kann die Ermächtigung auf die Landesjustizverwaltung übertragen.

§ 307 Gerichtliches Verfahren

(1) Auf das Verfahren ist das Gesetz über die Angelegenheiten der freiwilligen Gerichtsbarkeit anzuwenden, soweit in den folgenden Vorschriften nichts anderes bestimmt ist.

(2) Der Antrag ist gegen die übernehmenden oder neuen Rechtsträger oder gegen den Rechtsträger neuer Rechtsform, im Falle einer Gesellschaft des bürgerlichen Rechts gegen deren Gesellschafter zu richten.

(3) Das Landgericht hat den Antrag im Bundesanzeiger und, wenn der Gesellschaftsvertrag, die Satzung oder das Statut andere Blätter für die öffentlichen Bekanntmachungen eines übertragenden oder formwechselnden Rechtsträgers bestimmt hatte, auch in diesen Blättern bekanntzumachen. Andere Antragsberechtigte können noch binnen zwei Monaten nach dieser Bekanntmachung

eigene Anträge stellen. Auf dieses Recht ist in der Bekanntmachung hinzuweisen. Nach Ablauf dieser Frist sind Anträge unzulässig.

(4) Das Landgericht hat jeden verpflichteten Rechtsträger zu hören.

(5) Das Landgericht entscheidet durch einen mit Gründen versehenen Beschluß. Es hat seine Entscheidung den Beteiligten zuzustellen.

§ 308 Gemeinsamer Vertreter

(1) Das Landgericht hat den außenstehenden Anteilsinhabern, die nicht selbst Antragsteller sind, zur Wahrung ihrer Rechte einen gemeinsamen Vertreter zu bestellen. Dieser hat die Stellung eines gesetzlichen Vertreters. Werden die Festsetzung eines Ausgleichs durch bare Zuzahlung oder die Festsetzung der angemessenen Barabfindung beantragt, so ist für jeden Antrag ein gemeinsamer Vertreter zu bestellen. Die Bestellung kann unterbleiben, wenn die Wahrung der Rechte der Anteilsinhaber auf andere Weise sichergestellt ist. Die Bestellung des gemeinsamen Vertreters hat das Landgericht nach § 307 Abs. 3 Satz 1 bekanntzumachen.

(2) Der Vertreter kann von jedem Rechtsträger, der Antragsgegner ist, den Ersatz angemessener barer Auslagen und eine Vergütung für seine Tätigkeit verlangen; mehrere Rechtsträger haften als Gesamtschuldner. Die Auslagen und die Vergütung setzt das Gericht fest. Es kann den Rechtsträgern auf Verlangen des Vertreters die Zahlung von Vorschüssen aufgeben. Aus der Festsetzung findet die Zwangsvollstreckung nach der Zivilprozeßordnung statt.

(3) Der gemeinsame Vertreter kann das Verfahren auch nach Rücknahme eines Antrages weiterführen. Er steht in diesem Falle einem Antragsteller gleich.

§ 309 Rechtsmittel

(1) Gegen die Entscheidung nach § 307 Abs. 5 findet die sofortige Beschwerde statt. Sie kann nur durch Einreichung einer von einem Rechtsanwalt unterzeichneten Beschwerdeschrift eingelegt werden.

(2) Über die Beschwerde entscheidet das Oberlandesgericht. § 28 Abs. 2 und 3 des Gesetzes über die Angelegenheiten der freiwilligen Gerichtsbarkeit gilt entsprechend. Die weitere Beschwerde ist ausgeschlossen.

(3) Die Landesregierung kann die Entscheidung über die Beschwerde durch Rechtsverordnung für die Bezirke mehrerer Oberlandesgerichte einem der Oberlandesgerichte oder dem obersten Landesgericht übertragen, wenn dies der Sicherung einer einheitlichen Rechtsprechung dient. Die Landesregierung kann die Ermächtigung auf die Landesjustizverwaltung übertragen.

§ 310 Bekanntmachung der Entscheidung

Die gesetzlichen Vertreter jedes übernehmenden oder neuen Rechtsträgers oder des Rechtsträgers neuer Rechtsform haben die rechtskräftige Entscheidung ohne Gründe gemäß § 307 Abs. 3 Satz 1 bekanntzumachen.

§ 311 Wirkung der Entscheidung

Die Entscheidung wird erst mit der Rechtskraft wirksam. Sie wirkt für und gegen alle.

§ 312 Kosten des Verfahrens

(1) Für die Kosten des Verfahrens gilt die Kostenordnung.

(2) Für das Verfahren des ersten Rechtszugs wird das Doppelte der vollen Gebühr erhoben. Für den zweiten Rechtszug wird die gleiche Gebühr erhoben; dies gilt auch dann, wenn die Beschwerde Erfolg hat. Wird der Antrag oder die Beschwerde zurückgenommen, bevor es zu einer Entscheidung kommt, so ermäßigt sich die Gebühr auf die Hälfte.

(3) Der Geschäftswert ist von Amts wegen festzusetzen. Er bestimmt sich nach § 30 Abs. 1 der Kostenordnung.

(4) Schuldner der Kosten sind die übernehmenden oder neuen Rechtsträger oder der Rechtsträger neuer Rechtsform. Die Kosten können jedoch ganz oder zum Teil einem anderen Beteiligten auferlegt werden, wenn dies der Billigkeit entspricht.

Siebentes Buch: Strafvorschriften und Zwangsgelder

§ 313 Unrichtige Darstellung

(1) Mit Freiheitsstrafe bis zu drei Jahren oder mit Geldstrafe wird bestraft, wer als Mitglied eines Vertretungsorgans, als vertretungsberechtigter Gesellschafter, als Mitglied eines Aufsichtsrats oder als Abwickler eines an einer Umwandlung beteiligten Rechtsträgers bei dieser Umwandlung

1. die Verhältnisse des Rechtsträgers einschließlich seiner Beziehungen zu verbundenen Unternehmen in einem in diesem Gesetz vorgesehenen Bericht (Verschmelzungsbericht, Spaltungsbericht, Übertragungsbericht, Umwandlungsbericht), in Darstellungen oder Übersichten über den Vermögensstand, in Vorträgen oder Auskünften in der Versammlung der Anteilsinhaber unrichtig wiedergibt oder verschleiert, wenn die Tat nicht in § 331 Nr. 1 des Handelsgesetzbuchs mit Strafe bedroht ist, oder
2. in Aufklärungen und Nachweisen, die nach den Vorschriften dieses Gesetzes einem Verschmelzungs-, Spaltungs- oder Übertragungsprüfer zu geben sind, unrichtige Angaben macht oder die Verhältnisse des Rechtsträgers ein-

schließlich seiner Beziehungen zu verbundenen Unternehmen unrichtig wiedergibt oder verschleiert.

(2) Ebenso wird bestraft, wer als Geschäftsführer einer Gesellschaft mit beschränkter Haftung, als Mitglied des Vorstands einer Aktiengesellschaft, als zur Vertretung ermächtigter persönlich haftender Gesellschafter einer Kommanditgesellschaft auf Aktien oder als Abwickler einer solchen Gesellschaft in einer Erklärung nach § 52 Abs. 1 über die Zustimmung der Anteilsinhaber dieses Rechtsträgers oder in einer Erklärung nach § 140 oder § 146 Abs. 1 über die Deckung des Stammkapitals oder Grundkapitals der übertragenden Gesellschaft unrichtige Angaben macht oder seiner Erklärung zugrunde legt.

§ 314 Verletzung der Berichtspflicht

(1) Mit Freiheitsstrafe bis zu drei Jahren oder mit Geldstrafe wird bestraft, wer als Verschmelzungs-, Spaltungs- oder Übertragungsprüfer oder als Gehilfe eines solchen Prüfers über das Ergebnis einer aus Anlaß einer Umwandlung erforderlichen Prüfung falsch berichtet oder erhebliche Umstände in dem Prüfungsbericht verschweigt.

(2) Handelt der Täter gegen Entgelt oder in der Absicht, sich oder einen anderen zu bereichern oder einen anderen zu schädigen, so ist die Strafe Freiheitsstrafe bis zu fünf Jahren oder Geldstrafe.

§ 315 Verletzung der Geheimhaltungspflicht

(1) Mit Freiheitsstrafe bis zu einem Jahr oder mit Geldstrafe wird bestraft, wer ein Geheimnis eines an einer Umwandlung beteiligten Rechtsträgers, namentlich ein Betriebs- oder Geschäftsgeheimnis, das ihm in seiner Eigenschaft als

1. Mitglied des Vertretungsorgans, vertretungsberechtigter Gesellschafter, Mitglied eines Aufsichtsrats oder Abwickler dieses oder eines anderen an der Umwandlung beteiligten Rechtsträgers,
2. Verschmelzungs-, Spaltungs- oder Übertragungsprüfer oder Gehilfe eines solchen Prüfers

bekannt geworden ist, unbefugt offenbart, wenn die Tat im Falle der Nummer 1 nicht in § 85 des Gesetzes betreffend die Gesellschaften mit beschränkter Haftung, § 404 des Aktiengesetzes, § 151 des Gesetzes betreffend die Erwerbs- und Wirtschaftsgenossenschaften oder § 138 des Versicherungsaufsichtsgesetzes, im Falle der Nummer 2 nicht in § 333 des Handelsgesetzbuchs mit Strafe bedroht ist.

(2) Handelt der Täter gegen Entgelt oder in der Absicht, sich oder einen anderen zu bereichern oder einen anderen zu schädigen, so ist die Strafe Freiheitsstrafe bis zu zwei Jahren oder Geldstrafe. Ebenso wird bestraft, wer ein Geheimnis der in Absatz 1 bezeichneten Art, namentlich ein Betriebs- oder Geschäftsgeheimnis, das ihm unter den Voraussetzungen des Absatzes 1 bekannt geworden ist, unbefugt verwertet.

(3) Die Tat wird nur auf Antrag eines der an der Umwandlung beteiligten Rechtsträger verfolgt. Hat ein Mitglied eines Vertretungsorgans, ein vertretungsberechtigter Gesellschafter oder ein Abwickler die Tat begangen, so sind auch ein Aufsichtsrat oder ein nicht vertretungsberechtigter Gesellschafter antragsberechtigt. Hat ein Mitglied eines Aufsichtsrats die Tat begangen, sind auch die Mitglieder des Vorstands, die vertretungsberechtigten Gesellschafter oder die Abwickler antragsberechtigt.

§ 316 Zwangsgelder

(1) Mitglieder eines Vertretungsorgans, vertretungsberechtigte Gesellschafter oder Abwickler, die § 13 Abs. 3 Satz 3 sowie § 125 Satz 1, § 176 Abs. 1, § 177 Abs. 1, § 178 Abs. 1, § 179 Abs. 1, § 180 Abs. 1, § 184 Abs. 1, § 186 Satz 1, § 188 Abs. 1 und § 189 Abs. 1, jeweils in Verbindung mit § 13 Abs. 3 Satz 3, sowie § 193 Abs. 3 Satz 2 nicht befolgen, sind hierzu von dem zuständigen Registergericht durch Festsetzung von Zwangsgeld anzuhalten; § 14 des Handelsgesetzbuchs bleibt unberührt. Das einzelne Zwangsgeld darf den Betrag von zehntausend Deutschen Mark nicht übersteigen.

(2) Die Anmeldungen einer Umwandlung zu dem zuständigen Register nach § 16 Abs. 1, §§ 38, 129 und 137 Abs. 1 und 2, § 176 Abs. 1, § 177 Abs. 1, § 178 Abs. 1, § 179 Abs. 1, § 180 Abs. 1, § 184 Abs. 1, §§ 186, 188 Abs. 1, § 189 Abs. 1, §§ 198, 222, 235, 246, 254, 265, 278 Abs. 1, §§ 286 und 296 werden durch Festsetzung von Zwangsgeld nicht erzwungen.

Achtes Buch: Übergangs- und Schlußvorschriften

§ 317 Umwandlung alter juristischer Personen

Eine juristische Person im Sinne des Artikels 163 des Einführungsgesetzes zum Bürgerlichen Gesetzbuche kann nach den für wirtschaftliche Vereine geltenden Vorschriften dieses Gesetzes umgewandelt werden. Hat eine solche juristische Person keine Mitglieder, so kann sie nach den für Stiftungen geltenden Vorschriften dieses Gesetzes umgewandelt werden.

§ 318 Eingeleitete Umwandlungen

Die Vorschriften dieses Gesetzes sind nicht auf solche Umwandlungen anzuwenden, zu deren Vorbereitung bereits vor dem 1. Januar 1995 ein Vertrag oder eine Erklärung beurkundet oder notariell beglaubigt oder eine Versammlung der Anteilsinhaber einberufen worden ist. Für diese Umwandlungen bleibt es bei der Anwendung der bis zu diesem Tage geltenden Vorschriften.

§ 319 Enthaftung bei Altverbindlichkeiten

Die §§ 45, 133 Abs. 1, 3 bis 5, §§ 157, 167, 173, 224, 237, 249 und 257 sind auch auf vor dem 1. Januar 1995 entstandene Verbindlichkeiten anzuwenden, wenn

1. die Umwandlung danach in das Register eingetragen wird und
2. die Verbindlichkeiten nicht später als vier Jahre nach dem Zeitpunkt, an dem die Eintragung der Umwandlung in das Register als bekanntgemacht gilt, fällig werden oder nach Inkrafttreten des Gesetzes zur zeitlichen Begrenzung der Nachhaftung von Gesellschaftern vom 18. März 1994 (BGBl. I S. 560) begründet worden sind.

Auf später fällig werdende und vor Inkrafttreten des Gesetzes zur zeitlichen Begrenzung der Nachhaftung von Gesellschaftern vom 18. März 1994 (BGBl. I S. 560) entstandene Verbindlichkeiten sind die §§ 45, 49 Abs. 4, §§ 56, 56f Abs. 2, § 57 Abs. 2 und § 58 Abs. 2 des Umwandlungsgesetzes in der durch Artikel 10 Abs. 8 des Gesetzes vom 19. Dezember 1985 (BGBl. I S. 2355) geänderten Fassung der Bekanntmachung vom 6. November 1969 (BGBl. I S. 2081) mit der Maßgabe anwendbar, daß die Verjährungsfrist ein Jahr beträgt. In den Fällen, in denen das bisher geltende Recht eine Umwandlungsmöglichkeit nicht vorsah, verjähren die in Satz 2 genannten Verbindlichkeiten entsprechend den dort genannten Vorschriften.

§ 320 Aufhebung des Umwandlungsgesetzes 1969

Das Umwandlungsgesetz in der Fassung der Bekanntmachung vom 6. November 1969 (BGBl. I S. 2081), zuletzt geändert durch Artikel 2 des Gesetzes vom 18. März 1994 (BGBl. I S. 560), wird aufgehoben.

§ 321 Übergangsmandat des Betriebsrats bei Betriebsspaltung

(1) Hat die Spaltung oder die Teilübertragung eines Rechtsträgers nach dem Dritten oder Vierten Buch die Spaltung eines Betriebs zur Folge, so bleibt dessen Betriebsrat im Amt und führt die Geschäfte für die ihm bislang zugeordneten Betriebsteile weiter, soweit sie über die in § 1 des Betriebsverfassungsgesetzes genannte Arbeitnehmerzahl verfügen und nicht in einen Betrieb eingegliedert werden, in dem ein Betriebsrat besteht. Der Betriebsrat hat insbesondere unverzüglich Wahlvorstände zu bestellen. Das Übergangsmandat endet, sobald in den Betriebsteilen ein neuer Betriebsrat gewählt und das Wahlergebnis bekanntgegeben ist, spätestens jedoch sechs Monate nach Wirksamwerden der Spaltung oder der Teilübertragung des Rechtsträgers.

(2) Werden Betriebsteile, die bislang verschiedenen Betrieben zugeordnet waren, zu einem Betrieb zusammengefaßt, so nimmt der Betriebsrat, dem der nach der Zahl der wahlberechtigten Arbeitnehmer größte Betriebsteil zugeordnet war, das Übergangsmandat wahr. Satz 1 gilt entsprechend, wenn Betriebe zu einem neuen Betrieb zusammengefaßt werden.

§ 322 Gemeinsamer Betrieb

(1) Wird im Falle des § 321 Abs. 1 Satz 1 die Organisation des gespaltenen Betriebes nicht geändert, so wird für die Anwendung des Betriebsverfassungs-

gesetzes vermutet, daß dieser Betrieb von den an der Spaltung beteiligten Rechtsträgern gemeinsam geführt wird.

(2) Führen an einer Spaltung oder an einer Teilübertragung nach dem Dritten oder Vierten Buch beteiligte Rechtsträger nach dem Wirksamwerden der Spaltung oder der Teilübertragung einen Betrieb gemeinsam, gilt dieser als Betrieb im Sinne des Kündigungsschutzrechts.

§ 323 Kündigungsrechtliche Stellung

(1) Die kündigungsrechtliche Stellung eines Arbeitnehmers, der vor dem Wirksamwerden einer Spaltung oder Teilübertragung nach dem Dritten oder Vierten Buch zu dem übertragenden Rechtsträger in einem Arbeitsverhältnis steht, verschlechtert sich auf Grund der Spaltung oder Teilübertragung für die Dauer von zwei Jahren ab dem Zeitpunkt ihres Wirksamwerdens nicht.

(2) Kommt bei einer Verschmelzung, Spaltung oder Vermögensübertragung ein Interessenausgleich zustande, in dem diejenigen Arbeitnehmer namentlich bezeichnet werden, die nach der Umwandlung einem bestimmten Betrieb oder Betriebsteil zugeordnet werden, so kann die Zuordnung der Arbeitnehmer durch das Arbeitsgericht nur auf grobe Fehlerhaftigkeit überprüft werden.

§ 324 Rechte und Pflichten bei Betriebsübergang

§ 613a Abs. 1 und 4 des Bürgerlichen Gesetzbuchs bleibt durch die Wirkungen der Eintragung einer Verschmelzung, Spaltung oder Vermögensübertragung unberührt.

§ 325 Mitbestimmungsbeibehaltung

(1) Entfallen durch Abspaltung oder Ausgliederung im Sinne des § 123 Abs. 2 und 3 bei einem übertragenden Rechtsträger die gesetzlichen Voraussetzungen für die Beteiligung der Arbeitnehmer im Aufsichtsrat, so finden die vor der Spaltung geltenden Vorschriften noch für einen Zeitraum von fünf Jahren nach dem Wirksamwerden der Abspaltung oder Ausgliederung Anwendung. Dies gilt nicht, wenn die betreffenden Vorschriften eine Mindestzahl von Arbeitnehmern voraussetzen und die danach berechnete Zahl der Arbeitnehmer des übertragenden Rechtsträgers auf weniger als in der Regel ein Viertel dieser Mindestzahl sinkt.

(2) Hat die Spaltung oder Teilübertragung eines Rechtsträgers die Spaltung eines Betriebes zur Folge und entfallen für die aus der Spaltung hervorgegangenen Betriebe Rechte oder Beteiligungsrechte des Betriebsrats, so kann durch Betriebsvereinbarung oder Tarifvertrag die Fortgeltung dieser Rechte und Beteiligungsrechte vereinbart werden. Die §§ 9 und 27 des Betriebsverfassungsgesetzes bleiben unberührt.

II. Sonstige Vorschriften (Art. 2–20 UmwBerG)

Artikel 2

Änderung des Bürgerlichen Gesetzbuchs

§ 613a Abs. 3 des Bürgerlichen Gesetzbuchs in der im Bundesgesetzblatt Teil III, Gliederungsnummer 400-2, veröffentlichten bereinigten Fassung, das zuletzt durch Artikel 33 des Gesetzes vom 5. Oktober 1994 (BGBl. I S. 2911) geändert worden ist, wird wie folgt gefaßt:

„(3) Absatz 2 gilt nicht, wenn eine juristische Person oder eine Personenhandelsgesellschaft durch Umwandlung erlischt."

Artikel 3

Änderung des Handelsgesetzbuchs

In § 267 Abs. 4 Satz 2 des Handelsgesetzbuchs in der im Bundesgesetzblatt Teil III, Gliederungsnummer 4100-1, veröffentlichten bereinigten Fassung, das zuletzt durch Artikel 40 des Gesetzes vom 5. Oktober 1994 (BGBl. I S. 2911) geändert worden ist, wird zu Beginn des Satzes sowie am Ende des Satzes jeweils die Angabe „Verschmelzung," gestrichen.

Artikel 4

Änderung des Gesetzes betreffend die Gesellschaften mit beschränkter Haftung

Das Gesetz betreffend die Gesellschaften mit beschränkter Haftung in der im Bundesgesetzblatt Teil III, Gliederungsnummer 4123-1, veröffentlichten bereinigten Fassung, zuletzt geändert durch Artikel 48 des Gesetzes vom 5. Oktober 1994 (BGBl. I S. 2911), wird wie folgt geändert:

1. § 33 erhält folgenden neuen Absatz 3:

   „(3) Der Erwerb eigener Geschäftsanteile ist ferner zulässig zur Abfindung von Gesellschaftern nach § 29 Abs. 1, § 125 Satz 1 in Verbindung mit § 29 Abs. 1, § 207 Abs. 1 Satz 1 des Umwandlungsgesetzes, sofern der Erwerb binnen sechs Monaten nach dem Wirksamwerden der Umwandlung oder nach der Rechtskraft der gerichtlichen Entscheidung erfolgt und die Gesellschaft die nach § 272 Abs. 4 des Handelsgesetzbuchs vorgeschriebene Rücklage für eigene Anteile bilden kann, ohne das Stammkapital oder eine nach dem Gesellschaftsvertrag zu bildende Rücklage zu mindern, die nicht zu Zahlungen an die Gesellschafter verwandt werden darf."

2. Nach § 57b werden folgende §§ 57c bis 57o eingefügt:

„§ 57c

(1) Das Stammkapital kann durch Umwandlung von Rücklagen in Stammkapital erhöht werden (Kapitalerhöhung aus Gesellschaftsmitteln).

(2) Die Erhöhung des Stammkapitals kann erst beschlossen werden, nachdem der Jahresabschluß für das letzte vor der Beschlußfassung über die Kapitalerhöhung abgelaufene Geschäftsjahr (letzter Jahresabschluß) festgestellt und über die Ergebnisverwendung Beschluß gefaßt worden ist.

(3) Dem Beschluß über die Erhöhung des Stammkapitals ist eine Bilanz zugrunde zu legen.

(4) Neben den §§ 53 und 54 über die Abänderung des Gesellschaftsvertrags gelten die §§ 57d bis 57o.

§ 57d

(1) Die Kapital- und Gewinnrücklagen, die in Stammkapital umgewandelt werden sollen, müssen in der letzten Jahresbilanz und, wenn dem Beschluß eine andere Bilanz zugrunde gelegt wird, auch in dieser Bilanz unter „Kapitalrücklage" oder „Gewinnrücklagen" oder im letzten Beschluß über die Verwendung des Jahresergebnisses als Zuführung zu diesen Rücklagen ausgewiesen sein.

(2) Die Rücklagen können nicht umgewandelt werden, soweit in der zugrunde gelegten Bilanz ein Verlust, einschließlich eines Verlustvortrags, ausgewiesen ist.

(3) Andere Gewinnrücklagen, die einem bestimmten Zweck zu dienen bestimmt sind, dürfen nur umgewandelt werden, soweit dies mit ihrer Zweckbestimmung vereinbar ist.

§ 57e

(1) Dem Beschluß kann die letzte Jahresbilanz zugrunde gelegt werden, wenn die Jahresbilanz geprüft und die festgestellte Jahresbilanz mit dem uneingeschränkten Bestätigungsvermerk der Abschlußprüfer versehen ist und wenn ihr Stichtag höchstens acht Monate vor der Anmeldung des Beschlusses zur Eintragung in das Handelsregister liegt.

(2) Bei Gesellschaften, die nicht große im Sinne des § 267 Abs. 3 des Handelsgesetzbuchs sind, kann die Prüfung auch durch vereidigte Buchprüfer erfolgen; die Abschlußprüfer müssen von der Versammlung der Gesellschafter gewählt sein.

§ 57f

(1) Wird dem Beschluß nicht die letzte Jahresbilanz zugrunde gelegt, so muß die Bilanz den Vorschriften über die Gliederung der Jahresbilanz und über die Wertansätze in der Jahresbilanz entsprechen. Der Stichtag der Bilanz darf höchstens acht Monate vor der Anmeldung des Beschlusses zur Eintragung in das Handelsregister liegen.

(2) Die Bilanz ist, bevor über die Erhöhung des Stammkapitals Beschluß gefaßt wird, durch einen oder mehrere Prüfer darauf zu prüfen, ob sie dem Absatz 1 entspricht. Sind nach dem abschließenden Ergebnis der Prüfung keine Einwendungen zu erheben, so haben die Prüfer dies durch einen Vermerk zu bestätigen. Die Erhöhung des Stammkapitals kann nicht ohne diese Bestätigung der Prüfer beschlossen werden.

(3) Die Prüfer werden von den Gesellschaftern gewählt; falls nicht andere Prüfer gewählt werden, gelten die Prüfer als gewählt, die für die Prüfung des letzten Jahresabschlusses von den Gesellschaftern gewählt oder vom Gericht bestellt worden sind. Im übrigen sind, soweit sich aus der Besonderheit des Prüfungsauftrags nichts anderes ergibt, § 318 Abs. 1 Satz 2, § 319 Abs. 1 bis 3, § 320 Abs. 1 Satz 2 und die §§ 321 und 323 des Handelsgesetzbuchs anzuwenden. Bei Gesellschaften, die nicht große im Sinne des § 267 Abs. 3 des Handelsgesetzbuchs sind, können auch vereidigte Buchprüfer zu Prüfern bestellt werden.

§ 57g

Die Bestimmungen des Gesellschaftsvertrags über die vorherige Bekanntgabe des Jahresabschlusses an die Gesellschafter sind in den Fällen des § 57 entsprechend anzuwenden.

§ 57h

(1) Die Kapitalerhöhung kann vorbehaltlich des § 57l Abs. 2 durch Bildung neuer Geschäftsanteile oder durch Erhöhung des Nennbetrags der Geschäftsanteile ausgeführt werden. Die neuen Geschäftsanteile und die Geschäftsanteile, deren Nennbetrag erhöht wird, können auf jeden durch zehn teilbaren Betrag, müssen jedoch auf mindestens fünfzig Deutsche Mark gestellt werden.

(2) Der Beschluß über die Erhöhung des Stammkapitals muß die Art der Erhöhung angeben. Soweit die Kapitalerhöhung durch Erhöhung des Nennbetrags der Geschäftsanteile ausgeführt werden soll, ist sie so zu bemessen, daß durch sie auf keinen Geschäftsanteil, dessen Nennbetrag erhöht wird, Beträge entfallen, die durch die Erhöhung des Nennbetrags des Geschäftsanteils nicht gedeckt werden können.

§ 57i

(1) Der Anmeldung des Beschlusses über die Erhöhung des Stammkapitals zur Eintragung in das Handelsregister ist die der Kapitalerhöhung zugrunde gelegte, mit dem Bestätigungsvermerk der Prüfer versehene Bilanz, in den Fällen des § 57f außerdem die letzte Jahresbilanz, sofern sie noch nicht eingereicht ist, beizufügen. Die Anmeldenden haben dem Registergericht gegenüber zu erklären, daß nach ihrer Kenntnis seit dem Stichtag der zugrunde gelegten Bilanz bis zum Tag der Anmeldung keine Vermögensminderung eingetreten ist, die der Kapitalerhöhung entgegenstünde, wenn sie am Tag der Anmeldung beschlossen worden wäre.

(2) Das Registergericht darf den Beschluß nur eintragen, wenn die der Kapitalerhöhung zugrunde gelegte Bilanz für einen höchstens acht Monate vor der Anmeldung liegenden Zeitpunkt aufgestellt und eine Erklärung nach Absatz 1 Satz 2 abgegeben worden ist.

(3) Zu der Prüfung, ob die Bilanzen den gesetzlichen Vorschriften entsprechen, ist das Gericht nicht verpflichtet.

(4) Bei der Eintragung des Beschlusses ist anzugeben, daß es sich um eine Kapitalerhöhung aus Gesellschaftsmitteln handelt.

§ 57j

Die neuen Geschäftsanteile stehen den Gesellschaftern im Verhältnis ihrer bisherigen Geschäftsanteile zu. Ein entgegenstehender Beschluß der Gesellschafter ist nichtig.

§ 57k

(1) Führt die Kapitalerhöhung dazu, daß auf einen Geschäftsanteil nur ein Teil eines neuen Geschäftsanteils entfällt, so ist dieses Teilrecht selbständig veräußerlich und vererblich.

(2) Die Rechte aus einem neuen Geschäftsanteil, einschließlich des Anspruchs auf Ausstellung einer Urkunde über den neuen Geschäftsanteil, können nur ausgeübt werden, wenn Teilrechte, die zusammen einen vollen Geschäftsanteil ergeben, in einer Hand vereinigt sind oder wenn sich mehrere Berechtigte, deren Teilrechte zusammen einen vollen Geschäftsanteil ergeben, zur Ausübung der Rechte (§ 18) zusammenschließen.

§ 57l

(1) Eigene Geschäftsanteile nehmen an der Erhöhung des Stammkapitals teil.

(2) Teileingezahlte Geschäftsanteile nehmen entsprechend ihrem Nennbetrag an der Erhöhung des Stammkapitals teil. Bei ihnen kann die Kapitalerhöhung nur durch Erhöhung des Nennbetrags der Geschäftsanteile ausgeführt werden. Sind neben teileingezahlten Geschäftsanteilen vollständig eingezahlte Geschäftsanteile vorhanden, so kann bei diesen die Kapitalerhöhung durch Erhöhung des Nennbetrags der Geschäftsanteile und durch Bildung neuer Geschäftsanteile ausgeführt werden. Die Geschäftsanteile, deren Nennbetrag erhöht wird, können auf jeden durch fünf teilbaren Betrag gestellt werden.

§ 57m

(1) Das Verhältnis der mit den Geschäftsanteilen verbundenen Rechte zueinander wird durch die Kapitalerhöhung nicht berührt.

(2) Soweit sich einzelne Rechte teileingezahlter Geschäftsanteile, insbesondere die Beteiligung am Gewinn oder das Stimmrecht, nach der je Geschäftsanteil geleisteten Einlage bestimmen, stehen diese Rechte den Gesellschaftern bis zur Leistung der noch ausstehenden Einlagen nur nach der Höhe der geleisteten Einlage, erhöht um den auf den Nennbetrag des Stammkapitals berechneten Hundertsatz der Erhöhung des Stammkapitals, zu. Werden weitere Einzahlungen geleistet, so erweitern sich diese Rechte entsprechend.

(3) Der wirtschaftliche Inhalt vertraglicher Beziehungen der Gesellschaft zu Dritten, die von der Gewinnausschüttung der Gesellschaft, dem Nennbetrag oder Wert ihrer Geschäftsanteile oder ihres Stammkapitals oder in sonstiger Weise von den bisherigen Kapital- oder Gewinnverhältnissen abhängen, wird durch die Kapitalerhöhung nicht berührt.

§ 57n

(1) Die neuen Geschäftsanteile nehmen, wenn nichts anderes bestimmt ist, am Gewinn des ganzen Ge-

schäftsjahres teil, in dem die Erhöhung des Stammkapitals beschlossen worden ist.

(2) Im Beschluß über die Erhöhung des Stammkapitals kann bestimmt werden, daß die neuen Geschäftsanteile bereits am Gewinn des letzten vor der Beschlußfassung über die Kapitalerhöhung abgelaufenen Geschäftsjahrs teilnehmen. In diesem Fall ist die Erhöhung des Stammkapitals abweichend von § 57c Abs. 2 zu beschließen, bevor über die Ergebnisverwendung für das letzte vor der Beschlußfassung abgelaufene Geschäftsjahr Beschluß gefaßt worden ist. Der Beschluß über die Ergebnisverwendung für das letzte vor der Beschlußfassung über die Kapitalerhöhung abgelaufene Geschäftsjahr wird erst wirksam, wenn das Stammkapital erhöht worden ist. Der Beschluß über die Erhöhung des Stammkapitals und der Beschluß über die Ergebnisverwendung für das letzte vor der Beschlußfassung über die Kapitalerhöhung abgelaufene Geschäftsjahr sind nichtig, wenn der Beschluß über die Kapitalerhöhung nicht binnen drei Monaten nach der Beschlußfassung in das Handelsregister eingetragen worden ist; der Lauf der Frist ist gehemmt, solange eine Anfechtungs- oder Nichtigkeitsklage rechtshängig ist oder eine zur Kapitalerhöhung beantragte staatliche Genehmigung noch nicht erteilt worden ist.

§ 57o

Als Anschaffungskosten der vor der Erhöhung des Stammkapitals erworbenen Geschäftsanteile und der auf sie entfallenden neuen Geschäftsanteile gelten die Beträge, die sich für die einzelnen Geschäftsanteile ergeben, wenn die Anschaffungskosten der vor der Erhöhung des Stammkapitals erworbenen Geschäftsanteile auf diese und auf die auf sie entfallenden neuen Geschäftsanteile nach dem Verhältnis der Nennbeträge verteilt werden. Der Zuwachs an Geschäftsanteilen ist nicht als Zugang auszuweisen."

3. Nach § 58 werden die folgenden §§ 58a bis 58f eingefügt:

„§ 58a

(1) Eine Herabsetzung des Stammkapitals, die dazu dienen soll, Wertminderungen auszugleichen oder sonstige Verluste zu decken, kann als vereinfachte Kapitalherabsetzung vorgenommen werden.

(2) Die vereinfachte Kapitalherabsetzung ist nur zulässig, nachdem der Teil der Kapital- und Gewinnrücklagen, der zusammen über zehn vom Hundert des nach der Herabsetzung verbleibenden Stammkapitals hinausgeht, vorweg aufgelöst ist. Sie ist nicht zulässig, solange ein Gewinnvortrag vorhanden ist.

(3) Im Beschluß über die vereinfachte Kapitalherabsetzung sind die Nennbeträge der Geschäftsanteile dem herabgesetzten Stammkapital anzupassen. Die Geschäftsanteile können auf jeden durch zehn teilbaren Betrag, müssen jedoch auf mindestens fünfzig Deutsche Mark gestellt werden. Geschäftsanteile, deren Nennbetrag durch die Herabsetzung unter fünfzig Deutsche Mark sinken würde, sind von den Geschäftsführern zu gemeinschaftlichen Geschäftsanteilen zu vereinigen, wenn die Einlagen auf die Geschäftsanteile voll geleistet, die Geschäftsanteile nicht mit einer Nachschußpflicht oder mit Rechten Dritter belastet und nach dem Gesellschaftsvertrag nicht mit verschiedenen Rechten und Pflichten ausgestattet sind. Die Erklärung über die Vereinigung der Geschäftsanteile bedarf der notariellen Beurkundung. Die Vereinigung wird mit der Eintragung des Beschlusses über die Kapitalherabsetzung in das Handelsregister wirksam.

(4) Das Stammkapital kann unter den in § 5 Abs. 1 bestimmten Mindestnennbetrag herabgesetzt werden, wenn dieser durch eine Kapitalerhöhung wieder erreicht wird, die zugleich mit der Kapitalherabsetzung beschlossen ist und bei der Sacheinlagen nicht festgesetzt sind. Die Beschlüsse sind nichtig, wenn sie nicht binnen drei Monaten nach der Beschlußfassung in das Handelsregister eingetragen worden sind. Der Lauf der Frist ist gehemmt, solange eine Anfechtungs- oder Nichtigkeitsklage rechtshängig ist oder eine zur Kapitalherabsetzung oder Kapitalerhöhung beantragte staatliche Genehmigung noch nicht erteilt ist. Die Beschlüsse sollen nur zusammen in das Handelsregister eingetragen werden.

(5) Neben den §§ 53 und 54 über die Abänderung des Gesellschaftsvertrags gelten die §§ 58b bis 58f.

§ 58b

(1) Die Beträge, die aus der Auflösung der Kapital- oder Gewinnrücklagen und aus der Kapitalherabsetzung gewonnen werden, dürfen nur verwandt werden, um Wertminderungen auszugleichen und sonstige Verluste zu decken.

(2) Daneben dürfen die gewonnenen Beträge in die Kapitalrücklage eingestellt werden, soweit diese zehn vom Hundert des Stammkapitals nicht übersteigt. Als Stammkapital gilt dabei der Nennbetrag, der sich durch die Herabsetzung ergibt, mindestens aber der nach § 5 Abs. 1 zulässige Mindestnennbetrag.

(3) Ein Betrag, der auf Grund des Absatzes 2 in die Kapitalrücklage eingestellt worden ist, darf vor Ablauf des fünften nach der Beschlußfassung über die Kapitalherabsetzung beginnenden Geschäftsjahrs nur verwandt werden

1. zum Ausgleich eines Jahresfehlbetrags, soweit er nicht durch einen Gewinnvortrag aus dem Vorjahr gedeckt ist und nicht durch Auflösung von Gewinnrücklagen ausgeglichen werden kann;
2. zum Ausgleich eines Verlustvortrags aus dem Vorjahr, soweit er nicht durch einen Jahresüberschuß gedeckt ist und nicht durch Auflösung von Gewinnrücklagen ausgeglichen werden kann;
3. zur Kapitalerhöhung aus Gesellschaftsmitteln.

§ 58c

Ergibt sich bei Aufstellung der Jahresbilanz für das Geschäftsjahr, in dem der Beschluß über die Kapitalherabsetzung gefaßt wurde, oder für eines der beiden folgenden Geschäftsjahre, daß Wertminderungen und sonstige Verluste in der bei der Beschlußfassung angenommenen Höhe tatsächlich nicht eingetreten oder ausgeglichen waren, so ist der Unterschiedsbetrag in die Kapitalrücklage einzustellen. Für einen nach Satz 1 in die Kapitalrücklage eingestellten Betrag gilt § 58b Abs. 3 sinngemäß.

§ 58d

(1) Gewinn darf vor Ablauf des fünften nach der Beschlußfassung über die Kapitalherabsetzung beginnenden Geschäftsjahrs nur ausgeschüttet werden, wenn die Kapital- und Gewinnrücklagen zusammen zehn vom Hundert des Stammkapitals erreichen. Als

Stammkapital gilt dabei der Nennbetrag, der sich durch die Herabsetzung ergibt, mindestens aber der nach § 5 Abs. 1 zulässige Mindestnennbetrag.

(2) Die Zahlung eines Gewinnanteils von mehr als vier vom Hundert ist erst für ein Geschäftsjahr zulässig, das später als zwei Jahre nach der Beschlußfassung über die Kapitalherabsetzung beginnt. Dies gilt nicht, wenn die Gläubiger, deren Forderungen vor der Bekanntmachung der Eintragung des Beschlusses begründet worden waren, befriedigt oder sichergestellt sind, soweit sie sich binnen sechs Monaten nach der Bekanntmachung des Jahresabschlusses, auf Grund dessen die Gewinnverteilung beschlossen ist, zu diesem Zweck gemeldet haben. Einer Sicherstellung der Gläubiger bedarf es nicht, die im Fall des Insolvenzverfahrens ein Recht auf vorzugsweise Befriedigung aus einer Deckungsmasse haben, die nach gesetzlicher Vorschrift zu ihrem Schutz errichtet und staatlich überwacht ist. Die Gläubiger sind in der Bekanntmachung nach § 325 Abs. 1 Satz 2 oder Abs. 2 Satz 1 des Handelsgesetzbuchs auf die Befriedigung oder Sicherstellung hinzuweisen.

§ 58e

(1) Im Jahresabschluß für das letzte vor der Beschlußfassung über die Kapitalherabsetzung abgelaufene Geschäftsjahr können das Stammkapital sowie die Kapital- und Gewinnrücklagen in der Höhe ausgewiesen werden, in der sie nach der Kapitalherabsetzung bestehen sollen. Dies gilt nicht, wenn der Jahresabschluß anders als durch Beschluß der Gesellschafter festgestellt wird.

(2) Der Beschluß über die Feststellung des Jahresabschlusses soll zugleich mit dem Beschluß über die Kapitalherabsetzung gefaßt werden.

(3) Die Beschlüsse sind nichtig, wenn der Beschluß über die Kapitalherabsetzung nicht binnen drei Monaten nach der Beschlußfassung in das Handelsregister eingetragen worden ist. Der Lauf der Frist ist gehemmt, solange eine Anfechtungs- oder Nichtigkeitsklage rechtshängig ist oder eine zur Kapitalherabsetzung beantragte staatliche Genehmigung noch nicht erteilt ist.

(4) Der Jahresabschluß darf nach § 325 des Handelsgesetzbuchs erst nach Eintragung des Beschlusses über die Kapitalherabsetzung offengelegt werden.

§ 58f

(1) Wird im Fall des § 58e zugleich mit der Kapitalherabsetzung eine Erhöhung des Stammkapitals beschlossen, so kann auch die Kapitalerhöhung in dem Jahresabschluß als vollzogen berücksichtigt werden. Die Beschlußfassung ist nur zulässig, wenn die neuen Stammeinlagen übernommen, keine Sacheinlagen festgesetzt sind und wenn auf jede neue Stammeinlage die Einzahlung geleistet ist, die nach § 56a zur Zeit der Anmeldung der Kapitalerhöhung bewirkt sein muß. Die Übernahme und die Einzahlung sind dem Notar nachzuweisen, der den Beschluß über die Erhöhung des Stammkapitals beurkundet.

(2) Sämtliche Beschlüsse sind nichtig, wenn die Beschlüsse über die Kapitalherabsetzung und die Kapitalerhöhung nicht binnen drei Monaten nach der Beschlußfassung in das Handelsregister eingetragen worden sind. Der Lauf der Frist ist gehemmt, solange eine Anfechtungs- oder Nichtigkeitsklage rechtshängig ist oder eine zur Kapitalherabsetzung oder Kapitalerhöhung beantragte staatliche Genehmigung noch nicht erteilt worden ist. Die Beschlüsse sollen nur zusammen in das Handelsregister eingetragen werden.

(3) Der Jahresabschluß darf nach § 325 des Handelsgesetzbuchs erst offengelegt werden, nachdem die Beschlüsse über die Kapitalherabsetzung und Kapitalerhöhung eingetragen worden sind."

4. In § 78 wird nach der Verweisung auf „§ 57 Abs. 1," die Verweisung auf „§ 57i Abs. 1," eingefügt.

5. § 82 Abs. 1 wird wie folgt geändert:

   a) In Nummer 3 wird am Ende das Wort „oder" durch ein Komma ersetzt.

   b) Folgende neue Nummer 4 wird eingefügt:

      „4. als Geschäftsführer in der in § 57i Abs. 1 Satz 2 vorgeschriebenen Erklärung oder".

   c) Die bisherige Nummer 4 wird Nummer 5.

Artikel 5
Aufhebung des Kapitalerhöhungsgesetzes

Das Gesetz über die Kapitalerhöhung aus Gesellschaftsmitteln und über die Verschmelzung von Gesellschaften mit beschränkter Haftung in der im Bundesgesetzblatt Teil III, Gliederungsnummer 4120-2, veröffentlichten bereinigten Fassung, zuletzt geändert durch Artikel 44 des Gesetzes vom 5. Oktober 1994 (BGBl. I S. 2911), wird aufgehoben.

Artikel 6
Änderung des Aktiengesetzes

Das Aktiengesetz vom 6. September 1965 (BGBl. I S. 1089), zuletzt geändert durch Artikel 47 des Gesetzes vom 5. Oktober 1994 (BGBl. I S. 2911), wird wie folgt geändert:

1. § 71 Abs. 1 Nr. 3 wird wie folgt gefaßt:

   „3. wenn der Erwerb geschieht, um Aktionäre nach § 305 Abs. 2, § 320b oder nach § 29 Abs. 1, § 125 Satz 1 in Verbindung mit § 29 Abs. 1, § 207 Abs. 1 Satz 1 des Umwandlungsgesetzes abzufinden,".

2. § 99 Abs. 6 wird wie folgt geändert:

   a) Satz 7 wird aufgehoben.

   b) Die bisherigen Sätze 8 bis 10 werden die Sätze 7 bis 9.

3. Nach § 179 wird folgende neue Vorschrift eingefügt:

„§ 179a

Verpflichtung zur Übertragung des ganzen Gesellschaftsvermögens

(1) Ein Vertrag, durch den sich eine Aktiengesellschaft zur Übertragung des ganzen Gesellschaftsvermögens verpflichtet, ohne daß die Übertragung unter die Vorschriften des Umwandlungsgesetzes fällt, bedarf auch dann eines Beschlusses der Hauptversammlung nach § 179, wenn damit nicht eine Änderung des Unternehmensgegenstandes verbunden ist.

Die Satzung kann nur eine größere Kapitalmehrheit bestimmen.

(2) Der Vertrag ist von der Einberufung der Hauptversammlung an, die über die Zustimmung beschließen soll, in dem Geschäftsraum der Gesellschaft zur Einsicht der Aktionäre auszulegen. Auf Verlangen ist jedem Aktionär unverzüglich eine Abschrift zu erteilen. In der Hauptversammlung ist der Vertrag auszulegen. Der Vorstand hat ihn zu Beginn der Verhandlung zu erläutern. Der Niederschrift ist er als Anlage beizufügen.

(3) Wird aus Anlaß der Übertragung des Gesellschaftsvermögens die Gesellschaft aufgelöst, so ist der Anmeldung der Auflösung der Vertrag in Ausfertigung oder öffentlich beglaubigter Abschrift beizufügen."

4. § 211 Abs. 2 wird aufgehoben.

5. § 293 Abs. 3 Satz 2 bis 6 und Abs. 4 wird aufgehoben.

6. Nach § 293 werden folgende neue Vorschriften eingefügt:

„§ 293a

Bericht über den Unternehmensvertrag

(1) Der Vorstand jeder an einem Unternehmensvertrag beteiligten Aktiengesellschaft oder Kommanditgesellschaft auf Aktien hat, soweit die Zustimmung der Hauptversammlung nach § 293 erforderlich ist, einen ausführlichen schriftlichen Bericht zu erstatten, in dem der Abschluß des Unternehmensvertrags, der Vertrag im einzelnen und insbesondere Art und Höhe des Ausgleichs nach § 304 und der Abfindung nach § 305 rechtlich und wirtschaftlich erläutert und begründet werden; der Bericht kann von den Vorständen auch gemeinsam erstattet werden. Auf besondere Schwierigkeiten bei der Bewertung der vertragschließenden Unternehmen sowie auf die Folgen für die Beteiligungen der Aktionäre ist hinzuweisen.

(2) In den Bericht brauchen Tatsachen nicht aufgenommen zu werden, deren Bekanntwerden geeignet ist, einem der vertragschließenden Unternehmen oder einem verbundenen Unternehmen einen nicht unerheblichen Nachteil zuzufügen. In diesem Falle sind in dem Bericht die Gründe, aus denen die Tatsachen nicht aufgenommen worden sind, darzulegen.

(3) Der Bericht ist nicht erforderlich, wenn alle Anteilsinhaber aller beteiligten Unternehmen auf seine Erstattung durch öffentlich beglaubigte Erklärung verzichten.

§ 293b

Prüfung des Unternehmensvertrags

(1) Der Unternehmensvertrag ist für jede vertragschließende Aktiengesellschaft oder Kommanditgesellschaft auf Aktien durch sachverständige Prüfer (Vertragsprüfer) zu prüfen, es sei denn, daß sich alle Aktien der abhängigen Gesellschaft in der Hand des herrschenden Unternehmens befinden.

(2) § 293a Abs. 3 ist entsprechend anzuwenden.

§ 293c

Bestellung der Vertragsprüfer

(1) Die Vertragsprüfer werden von dem Vorstand der abhängigen Gesellschaft oder auf dessen Antrag vom Gericht bestellt. Zuständig ist das Landgericht, in dessen Bezirk die abhängige Gesellschaft ihren Sitz hat. Ist bei dem Landgericht eine Kammer für Handelssachen gebildet, so entscheidet diese an Stelle der Zivilkammer. Für den Ersatz von Auslagen und für die Vergütung der vom Gericht bestellten Prüfer gilt § 318 Abs. 5 des Handelsgesetzbuchs.

(2) Die Landesregierung kann die Entscheidung durch Rechtsverordnung für die Bezirke mehrerer Landgerichte einem der Landgerichte übertragen, wenn dies der Sicherung einer einheitlichen Rechtsprechung dient. Die Landesregierung kann die Ermächtigung auf die Landesjustizverwaltung übertragen.

§ 293d

Auswahl, Stellung und Verantwortlichkeit der Vertragsprüfer

(1) Für die Auswahl und das Auskunftsrecht der Vertragsprüfer gelten § 319 Abs. 1 bis 3, § 320 Abs. 1 Satz 2 und Abs. 2 Satz 1 und 2 des Handelsgesetzbuchs entsprechend. Das Auskunftsrecht besteht gegenüber den vertragschließenden Unternehmen und gegenüber einem Konzernunternehmen sowie einem abhängigen und einem herrschenden Unternehmen.

(2) Für die Verantwortlichkeit der Vertragsprüfer, ihrer Gehilfen und der bei der Prüfung mitwirkenden gesetzlichen Vertreter einer Prüfungsgesellschaft gilt § 323 des Handelsgesetzbuchs entsprechend. Die Verantwortlichkeit besteht gegenüber den vertragschließenden Unternehmen und deren Anteilsinhabern.

§ 293e

Prüfungsbericht

(1) Die Vertragsprüfer haben über das Ergebnis der Prüfung schriftlich zu berichten. Der Prüfungsbericht ist mit einer Erklärung darüber abzuschließen, ob der vorgeschlagene Ausgleich oder die vorgeschlagene Abfindung angemessen ist. Dabei ist anzugeben,

1. nach welchen Methoden Ausgleich und Abfindung ermittelt worden sind;
2. aus welchen Gründen die Anwendung dieser Methoden angemessen ist;
3. welcher Ausgleich oder welche Abfindung sich bei der Anwendung verschiedener Methoden, sofern mehrere angewandt worden sind, jeweils ergeben würde; zugleich ist darzulegen, welches Gewicht den verschiedenen Methoden bei der Bestimmung des vorgeschlagenen Ausgleichs oder der vorgeschlagenen Abfindung und der ihnen zugrunde liegenden Werte beigemessen worden ist und welche besonderen Schwierigkeiten bei der Bewertung der vertragschließenden Unternehmen aufgetreten sind.

(2) § 293a Abs. 2 und 3 ist entsprechend anzuwenden.

§ 293f

Vorbereitung der Hauptversammlung

(1) Von der Einberufung der Hauptversammlung an, die über die Zustimmung zu dem Unternehmensvertrag beschließen soll, sind in dem Geschäftsraum jeder der beteiligten Aktiengesellschaften oder Kommanditgesellschaften auf Aktien zur Einsicht der Aktionäre auszulegen

1. der Unternehmensvertrag;
2. die Jahresabschlüsse und die Lageberichte der vertragschließenden Unternehmen für die letzten drei Geschäftsjahre;
3. die nach § 293a erstatteten Berichte der Vorstände und die nach § 293e erstatteten Berichte der Vertragsprüfer.

(2) Auf Verlangen ist jedem Aktionär unverzüglich und kostenlos eine Abschrift der in Absatz 1 bezeichneten Unterlagen zu erteilen.

§ 293g

Durchführung der Hauptversammlung

(1) In der Hauptversammlung sind die in § 293f Abs. 1 bezeichneten Unterlagen auszulegen.

(2) Der Vorstand hat den Unternehmensvertrag zu Beginn der Verhandlung mündlich zu erläutern. Er ist der Niederschrift als Anlage beizufügen.

(3) Jedem Aktionär ist auf Verlangen in der Hauptversammlung Auskunft auch über alle für den Vertragschluß wesentlichen Angelegenheiten des anderen Vertragsteils zu geben."

7. In § 295 Abs. 1 Satz 2 wird das Komma durch das Wort „bis" ersetzt.

8. § 305 Abs. 3 wird wie folgt geändert:
   a) In Satz 2 werden die Worte „Vermögens- und Ertragslage" durch das Wort „Verhältnisse" ersetzt.
   b) Folgender Satz wird angefügt:

      „Sie ist nach Ablauf des Tages, an dem der Beherrschungs- oder Gewinnabführungsvertrag wirksam geworden ist, mit jährlich zwei vom Hundert über dem jeweiligen Diskontsatz der Deutschen Bundesbank zu verzinsen; die Geltendmachung eines weiteren Schadens ist nicht ausgeschlossen."

9. § 306 wird wie folgt geändert:
   a) Absatz 1 Satz 2 wird wie folgt gefaßt:

      „§ 132 Abs. 1 Satz 2 bis 4 sowie § 306 Abs. 2 Satz 2 und 3 des Umwandlungsgesetzes sind anzuwenden."
   b) In Absatz 4 wird folgender Satz angefügt:

      „§ 308 Abs. 3 des Umwandlungsgesetzes ist anzuwenden."
   c) In Absatz 7 wird Satz 7 aufgehoben; die bisherigen Sätze 8 und 9 werden die Sätze 7 und 8.

10. § 319 wird wie folgt geändert:
   a) Absatz 2 Satz 5 wird aufgehoben.
   b) Absatz 3 wird wie folgt gefaßt:

      „(3) Von der Einberufung der Hauptversammlung der zukünftigen Hauptgesellschaft an, die über die Zustimmung zur Eingliederung beschließen soll, sind in dem Geschäftsraum dieser Gesellschaft zur Einsicht der Aktionäre auszulegen

      1. der Entwurf des Eingliederungsbeschlusses;
      2. die Jahresabschlüsse und die Lageberichte der beteiligten Gesellschaften für die letzten drei Geschäftsjahre;
      3. ein ausführlicher schriftlicher Bericht des Vorstands der zukünftigen Hauptgesellschaft, in dem die Eingliederung rechtlich und wirtschaftlich erläutert und begründet wird (Eingliederungsbericht).

      Auf Verlangen ist jedem Aktionär der zukünftigen Hauptgesellschaft unverzüglich und kostenlos eine Abschrift der in Satz 1 bezeichneten Unterlagen zu erteilen. In der Hauptversammlung sind diese Unterlagen auszulegen. Jedem Aktionär ist in der Hauptversammlung auf Verlangen Auskunft auch über alle im Zusammenhang mit der Eingliederung wesentlichen Angelegenheiten der einzugliedernden Gesellschaft zu geben."
   c) Nach Absatz 3 werden die folgenden neuen Absätze 4 bis 6 eingefügt:

      „(4) Der Vorstand der einzugliedernden Gesellschaft hat die Eingliederung und die Firma der Hauptgesellschaft zur Eintragung in das Handelsregister anzumelden. Der Anmeldung sind die Niederschriften der Hauptversammlungsbeschlüsse und ihre Anlagen in Ausfertigung oder öffentlich beglaubigter Abschrift beizufügen.

      (5) Bei der Anmeldung nach Absatz 4 hat der Vorstand zu erklären, daß eine Klage gegen die Wirksamkeit eines Hauptversammlungsbeschlusses nicht oder nicht fristgemäß erhoben oder eine solche Klage rechtskräftig abgewiesen oder zurückgenommen worden ist; hierüber hat der Vorstand dem Registergericht auch nach der Anmeldung Mitteilung zu machen. Liegt die Erklärung nicht vor, so darf die Eingliederung nicht eingetragen werden, es sei denn, daß die klageberechtigten Aktionäre durch notariell beurkundete Verzichtserklärung auf die Klage gegen die Wirksamkeit des Hauptversammlungsbeschlusses verzichten.

      (6) Der Erklärung nach Absatz 5 Satz 1 steht es gleich, wenn nach Erhebung einer Klage gegen die Wirksamkeit eines Hauptversammlungsbeschlusses das für diese Klage zuständige Landgericht auf Antrag der Gesellschaft, gegen deren Hauptversammlungsbeschluß sich die Klage richtet, durch rechtskräftigen Beschluß festgestellt hat, daß die Erhebung der Klage der Eintragung nicht entgegensteht. Der Beschluß nach Satz 1 darf nur ergehen, wenn die Klage gegen die Wirksamkeit des Hauptversammlungsbeschlusses unzulässig oder offensichtlich unbegründet ist oder wenn das alsbaldige Wirksamwerden der Eingliederung nach freier Überzeugung des Gerichts unter Berücksichtigung der Schwere der mit der Klage geltend gemachten Rechtsverletzungen zur Abwendung der vom Antragsteller dargelegten wesentlichen Nachteile für die Gesellschaft und ihre Aktionäre vorrangig erscheint. Der Beschluß kann in dringenden Fällen ohne mündliche Verhandlung ergehen. Die vorgebrachten Tatsachen, aufgrund derer der Beschluß nach Satz 2 ergehen kann, sind glaubhaft zu machen. Gegen den Beschluß findet die sofortige Beschwerde statt. Erweist sich die Klage als begründet, so ist die Gesellschaft, die den Beschluß erwirkt hat, verpflichtet, dem Antragsgegner den Schaden zu ersetzen, der ihm aus einer auf dem Beschluß beruhenden Eintragung der Eingliederung entstanden ist."
   d) Der bisherige Absatz 4 wird Absatz 7.

11. § 320 wird wie folgt geändert:

    a) In Absatz 1 Satz 3 wird die Angabe „4" durch die Angabe „7" und die Angabe „7" durch die Angabe „4" ersetzt.

    b) In Absatz 2 Nr. 2 wird die Angabe „Absatzes 5 Satz 3" durch die Angabe „§ 320b Abs. 1 Satz 3" ersetzt.

    c) Nach Absatz 2 werden folgende neue Absätze angefügt:

    „(3) Die Eingliederung ist durch sachverständige Prüfer (Eingliederungsprüfer) zu prüfen. Diese werden von dem Vorstand der zukünftigen Hauptgesellschaft bestellt. § 293a Abs. 3, §§ 293c bis 293e sind sinngemäß anzuwenden.

    (4) Die in § 319 Abs. 3 Satz 1 bezeichneten Unterlagen sowie der Prüfungsbericht nach Absatz 3 sind jeweils von der Einberufung der Hauptversammlung an, die über die Zustimmung zur Eingliederung beschließen soll, in dem Geschäftsraum der einzugliedernden Gesellschaft und der Hauptgesellschaft zur Einsicht der Aktionäre auszulegen. In dem Eingliederungsbericht sind auch Art und Höhe der Abfindung nach § 320b rechtlich und wirtschaftlich zu erläutern und zu begründen; auf besondere Schwierigkeiten bei der Bewertung der beteiligten Gesellschaften sowie auf die Folgen für die Beteiligungen der Aktionäre ist hinzuweisen. § 319 Abs. 3 Satz 2 bis 4 gilt sinngemäß für die Aktionäre beider Gesellschaften."

    d) Die Absätze 3 bis 7 werden aufgehoben.

12. Nach § 320 werden die folgenden Vorschriften eingefügt:

„§ 320a

Wirkungen der Eingliederung

Mit der Eintragung der Eingliederung in das Handelsregister gehen alle Aktien, die sich nicht in der Hand der Hauptgesellschaft befinden, auf diese über. Sind über diese Aktien Aktienurkunden ausgegeben, so verbriefen sie bis zu ihrer Aushändigung an die Hauptgesellschaft nur den Anspruch auf Abfindung.

§ 320b

Abfindung der ausgeschiedenen Aktionäre

(1) Die ausgeschiedenen Aktionäre der eingegliederten Gesellschaft haben Anspruch auf angemessene Abfindung. Als Abfindung sind ihnen eigene Aktien der Hauptgesellschaft zu gewähren. Ist die Hauptgesellschaft eine abhängige Gesellschaft, so sind den ausgeschiedenen Aktionären nach deren Wahl eigene Aktien der Hauptgesellschaft oder eine angemessene Barabfindung zu gewähren. Werden als Abfindung Aktien der Hauptgesellschaft gewährt, so ist die Abfindung als angemessen anzusehen, wenn die Aktien in dem Verhältnis gewährt werden, in dem bei einer Verschmelzung auf eine Aktie der Gesellschaft Aktien der Hauptgesellschaft zu gewähren wären, wobei Spitzenbeträge durch bare Zuzahlungen ausgeglichen werden können. Die Barabfindung muß die Verhältnisse der Gesellschaft im Zeitpunkt der Beschlußfassung ihrer Hauptversammlung über die Eingliederung berücksichtigen. Die Barabfindung sowie bare Zuzahlungen sind von der Bekanntmachung der Eintragung der Eingliederung an mit jährlich zwei vom Hundert über dem jeweiligen Diskontsatz der Deutschen Bundesbank zu verzinsen; die Geltendmachung eines weiteren Schadens ist nicht ausgeschlossen.

(2) Die Anfechtung des Beschlusses, durch den die Hauptversammlung der eingegliederten Gesellschaft die Eingliederung der Gesellschaft beschlossen hat, kann nicht auf § 243 Abs. 2 oder darauf gestützt werden, daß die von der Hauptgesellschaft nach § 320 Abs. 2 Nr. 2 angebotene Abfindung nicht angemessen ist. Ist die angebotene Abfindung nicht angemessen, so hat das in § 306 bestimmte Gericht auf Antrag die angemessene Abfindung zu bestimmen. Das gleiche gilt, wenn die Hauptgesellschaft eine Abfindung nicht oder nicht ordnungsgemäß angeboten hat und eine hierauf gestützte Anfechtungsklage innerhalb der Anfechtungsfrist nicht erhoben oder zurückgenommen oder rechtskräftig abgewiesen worden ist.

(3) Antragsberechtigt ist jeder ausgeschiedene Aktionär. Der Antrag kann nur binnen zwei Monaten nach dem Tage gestellt werden, an dem die Eintragung der Eingliederung in das Handelsregister nach § 10 des Handelsgesetzbuchs als bekanntgemacht gilt. Für das Verfahren gilt § 306 sinngemäß."

13. Das Vierte Buch wird aufgehoben.

14. Das Fünfte Buch erhält die Überschrift „Viertes Buch".

15. In § 399 Abs. 2 werden die Worte „oder als Mitglied des Vorstands zum Zweck der Eintragung einer Umwandlung der Gesellschaft in eine Gesellschaft mit beschränkter Haftung die in § 371 Abs. 2 Satz 1 oder 2 oder Abs. 3 Satz 1 vorgeschriebene Erklärung" gestrichen.

16. § 407 wird wie folgt geändert:

    a) In Absatz 1 Satz 1 erster Halbsatz wird nach der Angabe „§§ 175," die Angabe „179a Abs. 2 Satz 1 und 2," eingefügt und die Angabe „§ 293 Abs. 3 Satz 2 und 3" durch die Angabe „§§ 293f, 293g Abs. 1" ersetzt; die Angabe „, § 340d Abs. 2 und 4, § 361 Abs. 2 Satz 1 und 2" wird gestrichen.

    b) In Absatz 2 Satz 1 wird die Angabe „, § 345 Abs. 1, § 353 Abs. 5, §§ 364, 367, 371, 379, 390" gestrichen.

Artikel 7
Änderung des Genossenschaftsgesetzes

Das Gesetz betreffend die Erwerbs- und Wirtschaftsgenossenschaften in der Fassung der Bekanntmachung vom 19. August 1994 (BGBl. I S. 2202), geändert durch Artikel 49 des Gesetzes vom 5. Oktober 1994 (BGBl. I S. 2911), wird wie folgt geändert:

1. Die §§ 63e bis 63i, 93a bis 93s werden aufgehoben.

2. In § 156 Abs. 1 Satz 2 wird nach der Angabe „§ 82 Abs. 1" das Komma durch das Wort „und" ersetzt; die Worte „und der Verschmelzung und Umwandlung von Genossenschaften" werden gestrichen.

Artikel 8
Änderung des Versicherungsaufsichtsgesetzes

Das Versicherungsaufsichtsgesetz in der Fassung der Bekanntmachung vom 17. Dezember 1992 (BGBl. 1993 I S. 2), zuletzt geändert durch Artikel 87 des Gesetzes vom 5. Oktober 1994 (BGBl. I S. 2911), wird wie folgt geändert:

1. Nach § 14 wird folgende Vorschrift eingefügt:

„§ 14a

Jede Umwandlung eines Versicherungsunternehmens nach § 1 des Umwandlungsgesetzes bedarf der Genehmigung der Aufsichtsbehörde. § 14 Abs. 1 Satz 2 bis 4 gilt entsprechend. Die Genehmigung kann auch versagt werden, wenn die Vorschriften über die Umwandlung nicht beachtet worden sind."

2. Die §§ 44a bis 44c, 53a werden aufgehoben.

3. § 157a Abs. 3 wird wie folgt geändert:
   a) Die Angabe „, der §§ 37 und 53a" wird durch die Angabe „und des § 37" ersetzt.
   b) Der Punkt wird durch einen Strichpunkt ersetzt.
   c) Folgender neuer Halbsatz wird angefügt:

   „eine Umwandlung nach dem Umwandlungsgesetz ist nicht zulässig."

Artikel 9
Änderung des Publizitätsgesetzes

In § 2 Abs. 1 Satz 2 des Gesetzes über die Rechnungslegung von bestimmten Unternehmen und Konzernen vom 15. August 1969 (BGBl. I S. 1189, 1970 I S. 1113), das zuletzt durch Artikel 3 des Gesetzes vom 24. Juni 1994 (BGBl. I S. 1377) geändert worden ist, wird die Angabe „Verschmelzung," gestrichen.

Artikel 10
Änderung des Kreditwesengesetzes

§ 40 Abs. 1 des Gesetzes über das Kreditwesen in der Fassung der Bekanntmachung vom 30. Juni 1993 (BGBl. I S. 1082), das zuletzt durch Artikel 79 des Gesetzes vom 5. Oktober 1994 (BGBl. I S. 2911) geändert worden ist, wird wie folgt geändert:

1. Am Ende der Nummer 2 wird der Punkt durch einen Strichpunkt ersetzt.

2. Nach Nummer 2 wird folgende neue Nummer 3 angefügt:

   „3. Unternehmen, die durch Umwandlung der in Nummer 2 bezeichneten Unternehmen neu gegründet werden, solange sie aufgrund ihrer Satzung besondere Merkmale, insbesondere eine am Gemeinwohl orientierte Aufgabenstellung und eine Beschränkung der wesentlichen Geschäftstätigkeit auf den Wirtschaftsraum, in dem das Unternehmen seinen Sitz hat, in dem Umfang wie vor der Umwandlung aufweisen."

Artikel 11
Änderung des Gesetzes gegen Wettbewerbsbeschränkungen

Das Gesetz gegen Wettbewerbsbeschränkungen in der Fassung der Bekanntmachung vom 20. Februar 1990 (BGBl. I S. 235), zuletzt geändert durch Artikel 12 Abs. 47 des Gesetzes vom 14. September 1994 (BGBl. I S. 2325), wird wie folgt geändert:

1. § 23 wird wie folgt geändert:
   a) In Absatz 2 Satz 1 Nr. 1 wird die Angabe „Verschmelzung," gestrichen.
   b) In Absatz 4 Nr. 1 werden die Worte „Verschmelzung oder" gestrichen; ferner wird das Wort „neugebildeten" durch das Wort „neugegründeten" ersetzt.

2. In § 24 Abs. 2 Satz 4 dritter Halbsatz und in Absatz 7 Nr. 3 zweiter Halbsatz wird jeweils die Angabe „Verschmelzung," gestrichen; ferner werden jeweils die Worte „Handelsregister oder in das Genossenschaftsregister" durch die Worte „zuständige Register" ersetzt.

3. § 24a wird wie folgt geändert:
   a) In Absatz 1 Satz 3 werden die Worte „Verschmelzung oder" gestrichen.
   b) In Absatz 4 Satz 1 dritter Halbsatz wird die Angabe „Verschmelzung," gestrichen; ferner werden die Worte „Handelsregister oder in das Genossenschaftsregister" durch die Worte „zuständige Register" ersetzt.

Artikel 12
Änderung von Mitbestimmungsgesetzen

In § 15 Abs. 1 Satz 1 des Gesetzes zur Ergänzung des Gesetzes über die Mitbestimmung der Arbeitnehmer in den Aufsichtsräten und Vorständen der Unternehmen des Bergbaus und der Eisen und Stahl erzeugenden Industrie – Mitbestimmungsergänzungsgesetz – in der im Bundesgesetzblatt Teil III, Gliederungsnummer 801-3, veröffentlichten bereinigten Fassung, das zuletzt durch Artikel 3 des Gesetzes vom 20. Dezember 1988 (BGBl. I S. 2312) geändert worden ist, sowie in § 32 Abs. 1 Satz 1 des Gesetzes über die Mitbestimmung der Arbeitnehmer vom 4. Mai 1976 (BGBl. I S. 1153), das durch Artikel 5 des Gesetzes vom 26. Juni 1990 (BGBl. I S. 1206) geändert worden ist, wird jeweils die Angabe „, Verschmelzung" gestrichen.

Artikel 13
Änderung des Betriebsverfassungsgesetzes

Das Betriebsverfassungsgesetz in der Fassung der Bekanntmachung vom 23. Dezember 1988 (BGBl. 1989 I S. 1, 902), zuletzt geändert durch Artikel 12 Abs. 68 des Gesetzes vom 14. September 1994 (BGBl. I S. 2325), wird wie folgt geändert:

1. § 106 Abs. 3 Nr. 8 wird wie folgt gefaßt:

   „8. der Zusammenschluß oder die Spaltung von Unternehmen oder Betrieben;".

2. § 111 Nr. 3 wird wie folgt gefaßt:

„3. Zusammenschluß mit anderen Betrieben oder die Spaltung von Betrieben,".

Artikel 14

Änderung des Gerichtsverfassungsgesetzes

Das Gerichtsverfassungsgesetz in der Fassung der Bekanntmachung vom 9. Mai 1975 (BGBl. I S. 1077), zuletzt geändert durch Artikel 8 des Gesetzes vom 28. Oktober 1994 (BGBl. I S. 3186), wird wie folgt geändert:

1. In § 74c Abs. 1 Nr. 1 wird hinter der Angabe „dem Gesetz zur Ausführung der EWG-Verordnung über die Europäische wirtschaftliche Interessenvereinigung" das Wort „und" durch ein Komma ersetzt; ferner wird hinter dem Wort „Genossenschaftsgesetz" die Angabe „und dem Umwandlungsgesetz" eingefügt.

2. In § 95 Abs. 2 wird nach dem Wort „Aktiengesetzes" die Angabe „sowie nach § 10 und § 306 des Umwandlungsgesetzes" eingefügt.

Artikel 15

Änderung des Rechtspflegergesetzes

§ 17 Nr. 1 Buchstabe c des Rechtspflegergesetzes vom 5. November 1969 (BGBl. I S. 2065), das zuletzt durch Artikel 8 des Gesetzes vom 25. Oktober 1994 (BGBl. I S. 3082) geändert worden ist, erhält folgende Fassung:

„c) auf Eintragung der Eingliederung oder der Umwandlung,".

Artikel 16

Änderung des Gesetzes über die Angelegenheiten der freiwilligen Gerichtsbarkeit

Das Gesetz über die Angelegenheiten der freiwilligen Gerichtsbarkeit in der im Bundesgesetzblatt Teil III, Gliederungsnummer 315-1, veröffentlichten bereinigten Fassung, zuletzt geändert durch Artikel 23 des Gesetzes vom 5. Oktober 1994 (BGBl. I S. 2911), wird wie folgt geändert:

1. In § 132 Abs. 1 Satz 1 wird die Angabe „§ 37 Abs. 1 des Gesetzes über die Kapitalerhöhung aus Gesellschaftsmitteln und über die Verschmelzung von Gesellschaften mit beschränkter Haftung" durch die Angabe „§ 316 des Umwandlungsgesetzes" ersetzt.

2. In § 145 Abs. 1 Satz 1 werden die Angaben „§ 340b Abs. 2, § 350 Abs. 1 und 4" und „die nach § 29 Abs. 1 und 4 des Gesetzes über die Kapitalerhöhung aus Gesellschaftsmitteln und über die Verschmelzung von Gesellschaften mit beschränkter Haftung," gestrichen und nach dem Wort „Aktiengesetzes" die Angabe „die nach § 26 Abs. 1 und 4, § 206 Satz 2 und 3 des Umwandlungsgesetzes," eingefügt.

Artikel 17

Änderung des Gerichtskostengesetzes

Das Gerichtskostengesetz in der Fassung der Bekanntmachung vom 15. Dezember 1975 (BGBl. I S. 3047), zuletzt geändert durch Artikel 29 des Gesetzes vom 5. Oktober 1994 (BGBl. I S. 2911), wird wie folgt geändert:

1. § 20 wird wie folgt geändert:

   a) In der Überschrift wird der Punkt durch ein Komma ersetzt und die Worte „Verfahren nach § 319 Abs. 6 des Aktiengesetzes oder § 16 Abs. 3 des Umwandlungsgesetzes" angefügt.

   b) Nach Absatz 3 wird folgender neuer Absatz 4 angefügt:

   „(4) In Verfahren nach § 319 Abs. 6 des Aktiengesetzes oder § 16 Abs. 3 des Umwandlungsgesetzes bestimmt sich der Wert nach § 3 der Zivilprozeßordnung. Er darf jedoch ein Zehntel des Grundkapitals oder Stammkapitals des übertragenden oder formwechselnden Rechtsträgers oder, falls der übertragende oder formwechselnde Rechtsträger ein Grundkapital oder Stammkapital nicht hat, ein Zehntel des Vermögens dieses Rechtsträgers, höchstens jedoch eine Million Deutsche Mark nur insoweit übersteigen, als die Bedeutung der Sache für die Parteien höher zu bewerten ist."

2. Nach Nummer 1645 des Kostenverzeichnisses wird folgende Nummer 1650 eingefügt:

„1650	Verfahren nach § 319 Abs. 6 AktG oder § 16 Abs. 3 UmwG	1,0."

Artikel 18

Änderung der Bundesgebührenordnung für Rechtsanwälte

Nach § 41 der Bundesgebührenordnung für Rechtsanwälte in der im Bundesgesetzblatt Teil III, Gliederungsnummer 368-1, veröffentlichten bereinigten Fassung, die zuletzt durch Artikel 11 des Gesetzes vom 25. Oktober 1994 (BGBl. I S. 3082) geändert worden ist, wird folgender § 42 eingefügt:

„§ 42

Verfahren nach § 319 Abs. 6 des Aktiengesetzes oder § 16 Abs. 3 des Umwandlungsgesetzes

In Verfahren nach § 319 Abs. 6 des Aktiengesetzes oder § 16 Abs. 3 des Umwandlungsgesetzes erhält der Rechtsanwalt die Hälfte der in § 31 bestimmten Gebühren."

Artikel 19

Änderung des Landwirtschaftsanpassungsgesetzes

Nach § 38 des Landwirtschaftsanpassungsgesetzes in der Fassung der Bekanntmachung vom 3. Juli 1991

(BGBl. I S. 1418), das zuletzt durch Artikel 2 § 9 des Gesetzes vom 21. September 1994 (BGBl. I S. 2457) geändert worden ist, wird folgender § 38a eingefügt:

„§ 38a
Umwandlung
eingetragener Genossenschaften

Eine eingetragene Genossenschaft, die durch formwechselnde Umwandlung einer LPG entstanden ist, kann durch erneuten Formwechsel in eine Personengesellschaft umgewandelt werden; für die Umwandlung gelten die Vorschriften dieses Abschnitts entsprechend."

Artikel 20
Inkrafttreten

Dieses Gesetz tritt am 1. Januar 1995 in Kraft.

Teil 4: Dokumentation und Materialien

I. Gesetzentwurf der Bundesregierung zur Bereinigung des Umwandlungsrechts - RegE (BR-Drucks. 75/94 v. 4. 2. 1994)

A. Zielsetzung

Die im gegenwärtigen Recht nur unzulänglich, unübersichtlich und unvollständig geregelten Möglichkeiten für Unternehmen, sich in erleichterter Form umzustrukturieren, sollen in einem Gesetz zusammengefaßt, systematisiert und erweitert werden.

B. Lösung

Die schon bestehenden gesetzlichen Möglichkeiten zur Umwandlung eines Unternehmens durch Übertragung seines Vermögens im Wege der Gesamtrechtsnachfolge oder durch Wechsel seiner Rechtsform sollen mit dem Ziel der Rechtsbereinigung aus fünf verschiedenen Gesetzen (Umwandlungsgesetz 1969; Aktiengesetz; Kapitalerhöhungsgesetz; Genossenschaftsgesetz; Versicherungsaufsichtsgesetz) herausgelöst, für gleichgelagerte Sachverhalte aneinander angeglichen und in einem Gesetz zusammengefaßt werden. Die vorhandenen Lücken des gegenwärtigen Rechts sollen durch Schaffung zahlreicher neuer Möglichkeiten der Umwandlung von Unternehmen geschlossen werden. Gleichzeitig soll sichergestellt werden, daß bei Umwandlungen die eigenverantwortliche Entscheidungsbefugnis der Anteilsinhaber der Unternehmen gestärkt wird und die Interessen der betroffenen Arbeitnehmer gewahrt bleiben.

C. Alternativen

Keine

D. Kosten

Durch das Gesetz werden die Haushalte des Bundes und der Gemeinden nicht mit Kosten belastet. Zusätzlicher Personal- und Sachaufwand bei den Handelsregistern wird gering sein und durch Gebühren ausgeglichen werden, so daß eine nennenswerte Belastung der Haushalte der Länder nicht zu erwarten ist. Infolge möglicher zusätzlicher finanzieller Aufwendungen für Beurkundungen durch Notare und für Prüfungen durch Sachverständige können Auswirkungen auf Einzelpreise und auf das Preisniveau, besonders auf das Verbraucherpreisniveau, nicht ausgeschlossen werden; diese lassen sich aber im voraus nicht bestimmen.

1. Text des Regierungentwurfs zum UmwBerG

Artikel 1 **Umwandlungsgesetz**

Artikel 2 **Änderung des Bürgerlichen Gesetzbuchs**

Artikel 3 **Änderung des Handelsgesetzbuchs**

Artikel 4 **Änderung des Gesetzes betreffend die Gesellschaften mit beschränkter Haftung**

Artikel 5 **Aufhebung des Kapitalerhöhungsgesetzes**

Artikel 6 **Änderung des Aktiengesetzes**

Artikel 7 **Änderung des Genossenschaftsgesetzes**

Artikel 8 **Änderung des Versicherungsaufsichtsgesetzes**

Artikel 9 **Änderung des Publizitätsgesetzes**

Artikel 10 **Änderung des Kreditwesengesetzes**

Artikel 11 **Änderung des Gesetzes gegen Wettbewerbsbeschränkungen**

Artikel 12 **Änderung von Mitbestimmungsgesetzen**

Artikel 13 **Änderung des Betriebsverfassungsgesetzes**

Artikel 14 **Änderung des Gerichtsverfassungsgesetzes**

Artikel 15 **Änderung des Rechtspflegergesetzes**

Artikel 16 **Änderung des Gesetzes über die Angelegenheiten der freiwilligen Gerichtsbarkeit**

Artikel 17 **Änderung des Gerichtskostengesetzes**

Artikel 18 **Änderung der Bundesgebührenordnung für Rechtsanwälte**

Artikel 19 **Inkrafttreten**

Der Bundestag hat mit Zustimmung des Bundesrates das folgende Gesetz beschlossen:

Artikel 1
Umwandlungsgesetz (UmwG)*)

Inhaltsübersicht

ERSTES BUCH

Möglichkeiten von Umwandlungen

§ 1

ZWEITES BUCH

Verschmelzung

§§ 2 bis 122

ERSTER TEIL

Allgemeine Vorschriften

§§ 2 bis 38

ERSTER ABSCHNITT

Möglichkeit der Verschmelzung

§§ 2 und 3

ZWEITER ABSCHNITT

Verschmelzung durch Aufnahme

§§ 4 bis 35

---

*) Artikel 1 dieses Gesetzes dient, soweit er Regelungen über Umwandlungen unter Beteiligung von Aktiengesellschaften enthält, der Umsetzung folgender Richtlinien der Europäischen Gemeinschaft:
1. Artikel 13 der Zweiten Richtlinie (77/91/EWG) des Rates vom 13. Dezember 1976 zur Koordinierung der Schutzbestimmungen, die in den Mitgliedstaaten den Gesellschaften im Sinne des Artikels 58 Absatz 2 des Vertrages im Interesse der Gesellschafter sowie Dritter für die Gründung der Aktiengesellschaft sowie für die Erhaltung und Änderung ihres Kapitals vorgeschrieben sind, um diese Bestimmungen gleichwertig zu gestalten (ABl. EG Nr. L 26 S. 1 vom 31. Januar 1977);
2. Dritte Richtlinie (78/855/EWG) des Rates vom 9. Oktober 1978 gemäß Artikel 54 Absatz 3 Buchstabe g) des Vertrages betreffend die Verschmelzung von Aktiengesellschaften (ABl. EG Nr. L 295 S. 36 vom 20. Oktober 1978);
3. Sechste Richtlinie (82/891/EWG) des Rates vom 17. Dezember 1982 gemäß Artikel 54 Absatz 3 Buchstabe g) des Vertrages betreffend die Spaltung von Aktiengesellschaften (ABl. EG Nr. L 378 S. 47 vom 31. Dezember 1982).

DRITTER ABSCHNITT

Verschmelzung durch Neugründung

§§ 36 bis 38

ZWEITER TEIL

Besondere Vorschriften

§§ 39 bis 122

ERSTER ABSCHNITT

Verschmelzung unter Beteiligung von Personenhandelsgesellschaften

§§ 39 bis 45

ZWEITER ABSCHNITT

Verschmelzung unter Beteiligung von Gesellschaften mit beschränkter Haftung

§§ 46 bis 59

ERSTER UNTERABSCHNITT

Verschmelzung durch Aufnahme

§§ 46 bis 55

ZWEITER UNTERABSCHNITT

Verschmelzung durch Neugründung

§§ 56 bis 59

DRITTER ABSCHNITT

Verschmelzung unter Beteiligung von Aktiengesellschaften

§§ 60 bis 77

ERSTER UNTERABSCHNITT

Verschmelzung durch Aufnahme

§§ 60 bis 72

ZWEITER UNTERABSCHNITT

Verschmelzung durch Neugründung

§§ 73 bis 77

VIERTER ABSCHNITT

Verschmelzung unter Beteiligung von Kommanditgesellschaften auf Aktien

§ 78

FÜNFTER ABSCHNITT

Verschmelzung unter Beteiligung eingetragener Genossenschaften

§§ 79 bis 98

ERSTER UNTERABSCHNITT

Verschmelzung durch Aufnahme

§§ 79 bis 95

ZWEITER UNTERABSCHNITT

Verschmelzung durch Neugründung

§§ 96 bis 98

SECHSTER ABSCHNITT

Verschmelzung unter Beteiligung rechtsfähiger Vereine

§§ 99 bis 104

SIEBENTER ABSCHNITT

Verschmelzung genossenschaftlicher Prüfungsverbände

§§ 105 bis 108

ACHTER ABSCHNITT

Verschmelzung von Versicherungsvereinen auf Gegenseitigkeit

§§ 109 bis 119

ERSTER UNTERABSCHNITT

Möglichkeit der Verschmelzung

§ 109

ZWEITER UNTERABSCHNITT

Verschmelzung durch Aufnahme

§§ 110 bis 113

DRITTER UNTERABSCHNITT

Verschmelzung durch Neugründung

§§ 114 bis 117

VIERTER UNTERABSCHNITT

Verschmelzung kleinerer Vereine

§§ 118 und 119

NEUNTER ABSCHNITT

Verschmelzung von Kapitalgesellschaften mit dem Vermögen eines Alleingesellschafters

§§ 120 bis 122

DRITTES BUCH

Spaltung

§§ 123 bis 173

ERSTER TEIL

Allgemeine Vorschriften

§§ 123 bis 137

ERSTER ABSCHNITT

Möglichkeit der Spaltung

§§ 123 bis 125

ZWEITER ABSCHNITT

Spaltung zur Aufnahme

§§ 126 bis 134

DRITTER ABSCHNITT

Spaltung zur Neugründung

§§ 135 bis 137

ZWEITER TEIL

Besondere Vorschriften

§§ 138 bis 173

ERSTER ABSCHNITT

Spaltung unter Beteiligung von Gesellschaften mit beschränkter Haftung

§§ 138 bis 140

ZWEITER ABSCHNITT

Spaltung unter Beteiligung von Aktiengesellschaften und Kommanditgesellschaften auf Aktien

§§ 141 bis 146

DRITTER ABSCHNITT

Spaltung unter Beteiligung eingetragener Genossenschaften

§§ 147 und 148

VIERTER ABSCHNITT

Spaltung unter Beteiligung rechtsfähiger Vereine

§ 149

FÜNFTER ABSCHNITT

Spaltung unter Beteiligung genossenschaftlicher Prüfungsverbände

§ 150

SECHSTER ABSCHNITT

Spaltung unter Beteiligung von Versicherungsvereinen auf Gegenseitigkeit

§ 151

SIEBENTER ABSCHNITT

Ausgliederung aus dem Vermögen eines Einzelkaufmanns

§§ 152 bis 160

ERSTER UNTERABSCHNITT

Möglichkeit der Ausgliederung

§ 152

ZWEITER UNTERABSCHNITT

Ausgliederung zur Aufnahme

§§ 153 bis 157

DRITTER UNTERABSCHNITT

Ausgliederung zur Neugründung

§§ 158 bis 160

ACHTER ABSCHNITT

Ausgliederung aus dem Vermögen rechtsfähiger Stiftungen

§§ 161 bis 167

NEUNTER ABSCHNITT

Ausgliederung aus dem Vermögen von Gebietskörperschaften oder Zusammenschlüssen von Gebietskörperschaften

§§ 168 bis 173

VIERTES BUCH

Vermögensübertragung

§§ 174 bis 189

ERSTER TEIL

Möglichkeit der Vermögensübertragung

§§ 174 und 175

ZWEITER TEIL

Übertragung des Vermögens oder von Vermögensteilen einer Kapitalgesellschaft auf die öffentliche Hand

§§ 176 und 177

ERSTER ABSCHNITT

Vollübertragung

§ 176

ZWEITER ABSCHNITT

Teilübertragung

§ 177

DRITTER TEIL

Vermögensübertragung unter Versicherungsunternehmen

§§ 178 bis 189

ERSTER ABSCHNITT

Übertragung des Vermögens einer Aktiengesellschaft auf Versicherungsvereine auf Gegenseitigkeit oder öffentlich-rechtliche Versicherungsunternehmen

§§ 178 und 179

ERSTER UNTERABSCHNITT

Vollübertragung

§ 178

ZWEITER UNTERABSCHNITT

Teilübertragung

§ 179

ZWEITER ABSCHNITT

Übertragung des Vermögens eines Versicherungsvereins auf Gegenseitigkeit auf Aktiengesellschaften oder öffentlich-rechtliche Versicherungsunternehmen

§§ 180 bis 184

ERSTER UNTERABSCHNITT

Vollübertragung

§§ 180 bis 183

ZWEITER UNTERABSCHNITT

Teilübertragung

§ 184

DRITTER ABSCHNITT

Übertragung des Vermögens eines kleineren Versicherungsvereins auf Gegenseitigkeit auf eine Aktiengesellschaft oder auf ein öffentlich-rechtliches Versicherungsunternehmen

§§ 185 bis 187

VIERTER ABSCHNITT

Übertragung des Vermögens eines öffentlich-rechtlichen Versicherungsunternehmens auf Aktiengesellschaften oder Versicherungsvereine auf Gegenseitigkeit

§§ 188 und 189

ERSTER UNTERABSCHNITT

Vollübertragung

§ 188

ZWEITER UNTERABSCHNITT

Teilübertragung

§ 189

FÜNFTES BUCH

Formwechsel

§§ 190 bis 304

ERSTER TEIL

Allgemeine Vorschriften

§§ 190 bis 213

ZWEITER TEIL

Besondere Vorschriften

§§ 214 bis 304

ERSTER ABSCHNITT

Formwechsel von Personenhandelsgesellschaften

§§ 214 bis 225

ZWEITER ABSCHNITT

Formwechsel von Kapitalgesellschaften

§§ 226 bis 257

ERSTER UNTERABSCHNITT

Allgemeine Vorschriften

§§ 226 und 227

ZWEITER UNTERABSCHNITT

Formwechsel in eine Personengesellschaft

§§ 228 bis 237

DRITTER UNTERABSCHNITT

Formwechsel in eine Kapitalgesellschaft anderer Rechtsform

§§ 238 bis 250

VIERTER UNTERABSCHNITT

Formwechsel in eine eingetragene Genossenschaft

§§ 251 bis 257

DRITTER ABSCHNITT

Formwechsel eingetragener Genossenschaften

§§ 258 bis 271

VIERTER ABSCHNITT

Formwechsel rechtsfähiger Vereine

§§ 272 bis 290

ERSTER UNTERABSCHNITT

Allgemeine Vorschriften

§ 272

ZWEITER UNTERABSCHNITT

Formwechsel in eine Kapitalgesellschaft

§§ 273 bis 282

DRITTER UNTERABSCHNITT

Formwechsel in eine eingetragene Genossenschaft

§§ 283 bis 290

FÜNFTER ABSCHNITT

Formwechsel von Versicherungsvereinen auf Gegenseitigkeit

§§ 291 bis 300

SECHSTER ABSCHNITT

Formwechsel von Körperschaften und Anstalten des öffentlichen Rechts

§§ 301 bis 304

SECHSTES BUCH

Spruchverfahren

§§ 305 bis 312

SIEBENTES BUCH

Strafvorschriften und Zwangsgelder

§§ 313 bis 316

ACHTES BUCH

Übergangs- und Schlußvorschriften

§§ 317 bis 324

ERSTES BUCH

Möglichkeiten von Umwandlungen

§ 1

Arten der Umwandlung; gesetzliche Beschränkungen

(1) Rechtsträger mit Sitz im Inland können umgewandelt werden

1. durch Verschmelzung;
2. durch Spaltung (Aufspaltung, Abspaltung, Ausgliederung);
3. durch Vermögensübertragung;
4. durch Formwechsel.

(2) Eine Umwandlung im Sinne des Absatzes 1 ist außer in den in diesem Gesetz geregelten Fällen nur möglich, wenn sie durch ein anderes Bundesgesetz oder ein Landesgesetz ausdrücklich vorgesehen ist.

(3) Von den Vorschriften dieses Gesetzes kann nur abgewichen werden, wenn dies ausdrücklich zugelassen ist. Ergänzende Bestimmungen in Verträgen, Satzungen, Statuten oder Willenserklärungen sind zulässig, es sei denn, daß dieses Gesetz eine abschließende Regelung enthält.

ZWEITES BUCH

Verschmelzung

ERSTER TEIL

Allgemeine Vorschriften

ERSTER ABSCHNITT

Möglichkeit der Verschmelzung

§ 2

Arten der Verschmelzung

Rechtsträger können unter Auflösung ohne Abwicklung verschmolzen werden

1. im Wege der Aufnahme durch Übertragung des Vermögens eines Rechtsträgers oder mehrerer Rechtsträger (übertragende Rechtsträger) als Ganzes auf einen anderen bestehenden Rechtsträger (übernehmender Rechtsträger) oder
2. im Wege der Neugründung durch Übertragung der Vermögen zweier oder mehrerer Rechtsträger (übertragende Rechtsträger) jeweils als Ganzes auf einen neuen, von ihnen dadurch gegründeten Rechtsträger

gegen Gewährung von Anteilen oder Mitgliedschaften des übernehmenden oder neuen Rechtsträgers an die Anteilsinhaber (Gesellschafter, Aktionäre, Genossen oder Mitglieder) der übertragenden Rechtsträger.

§ 3

Verschmelzungsfähige Rechtsträger

(1) An Verschmelzungen können als übertragende, übernehmende oder neue Rechtsträger beteiligt sein:

1. Personenhandelsgesellschaften (offene Handelsgesellschaften, Kommanditgesellschaften);
2. Kapitalgesellschaften (Gesellschaften mit beschränkter Haftung, Aktiengesellschaften, Kommanditgesellschaften auf Aktien);
3. eingetragene Genossenschaften;
4. eingetragene Vereine (§ 21 des Bürgerlichen Gesetzbuchs);
5. genossenschaftliche Prüfungsverbände;
6. Versicherungsvereine auf Gegenseitigkeit.

(2) An einer Verschmelzung können ferner beteiligt sein:

1. wirtschaftliche Vereine (§ 22 des Bürgerlichen Gesetzbuchs), soweit sie übertragender Rechtsträger sind;
2. natürliche Personen, die als Alleingesellschafter einer Kapitalgesellschaft deren Vermögen übernehmen.

(3) An der Verschmelzung können als übertragende Rechtsträger auch aufgelöste Rechtsträger beteiligt sein, wenn die Fortsetzung dieser Rechtsträger beschlossen werden könnte.

(4) Die Verschmelzung kann sowohl unter gleichzeitiger Beteiligung von Rechtsträgern derselben Rechtsform als auch von Rechtsträgern unterschiedlicher Rechtsform erfolgen, soweit nicht etwas anderes bestimmt ist.

ZWEITER ABSCHNITT

Verschmelzung durch Aufnahme

§ 4

Verschmelzungsvertrag

(1) Die Vertretungsorgane der an der Verschmelzung beteiligten Rechtsträger schließen einen Verschmelzungsvertrag. § 310 des Bürgerlichen Gesetzbuchs gilt für ihn nicht.

(2) Soll der Vertrag nach einem der nach § 13 erforderlichen Beschlüsse geschlossen werden, so ist vor diesem Beschluß ein schriftlicher Entwurf des Vertrags aufzustellen.

§ 5

Inhalt des Verschmelzungsvertrags

(1) Der Vertrag oder sein Entwurf muß mindestens folgende Angaben enthalten:

1. den Namen oder die Firma und den Sitz der an der Verschmelzung beteiligten Rechtsträger;

2. die Vereinbarung über die Übertragung des Vermögens jedes übertragenden Rechtsträgers als Ganzes gegen Gewährung von Anteilen oder Mitgliedschaften an dem übernehmenden Rechtsträger;

3. das Umtauschverhältnis der Anteile und gegebenenfalls die Höhe der baren Zuzahlung oder Angaben über die Mitgliedschaft bei dem übernehmenden Rechtsträger;

4. die Einzelheiten für die Übertragung der Anteile des übernehmenden Rechtsträgers oder über den Erwerb der Mitgliedschaft bei dem übernehmenden Rechtsträger;

5. den Zeitpunkt, von dem an diese Anteile oder die Mitgliedschaften einen Anspruch auf einen Anteil am Bilanzgewinn gewähren, sowie alle Besonderheiten in bezug auf diesen Anspruch;

6. den Zeitpunkt, von dem an die Handlungen der übertragenden Rechtsträger als für Rechnung des übernehmenden Rechtsträgers vorgenommen gelten (Verschmelzungsstichtag);

7. die Rechte, die der übernehmende Rechtsträger einzelnen Anteilsinhabern sowie den Inhabern besonderer Rechte wie Anteile ohne Stimmrecht, Vorzugsaktien, Mehrstimmrechtsaktien, Schuldverschreibungen und Genußrechte gewährt, oder die für diese Personen vorgesehenen Maßnahmen;

8. jeden besonderen Vorteil, der einem Mitglied eines Vertretungsorgans oder eines Aufsichtsorgans der an der Verschmelzung beteiligten Rechtsträger, einem geschäftsführenden Gesellschafter, einem Abschlußprüfer oder einem Verschmelzungsprüfer gewährt wird;

9. die Folgen der Verschmelzung für die Arbeitnehmer und ihre Vertretungen sowie die insoweit vorgesehenen Maßnahmen.

(2) Befinden sich alle Anteile eines übertragenden Rechtsträgers in der Hand des übernehmenden Rechtsträgers, so entfallen die Angaben über den Umtausch der Anteile (Absatz 1 Nr. 2 bis 5), soweit sie die Aufnahme dieses Rechtsträgers betreffen.

(3) Der Vertrag oder sein Entwurf ist spätestens einen Monat vor dem Tage der Versammlung der Anteilsinhaber jedes beteiligten Rechtsträgers, die gemäß § 13 Abs. 1 über die Zustimmung zum Verschmelzungsvertrag beschließen soll, dem zuständigen Betriebsrat dieses Rechtsträgers zuzuleiten.

§ 6

Form des Verschmelzungsvertrags

Der Verschmelzungsvertrag muß notariell beurkundet werden.

§ 7

Kündigung des Verschmelzungsvertrags

Ist der Verschmelzungsvertrag unter einer Bedingung geschlossen worden und ist diese binnen fünf Jahren nach Abschluß des Vertrags nicht eingetreten, so kann jeder Teil den Vertrag nach fünf Jahren mit halbjähriger Frist kündigen; im Verschmelzungsvertrag kann eine kürzere Zeit als fünf Jahre vereinbart werden. Die Kündigung kann stets nur für den Schluß des Geschäftsjahres des Rechtsträgers, demgegenüber sie erklärt wird, ausgesprochen werden.

§ 8

Verschmelzungsbericht

(1) Die Vertretungsorgane jedes der an der Verschmelzung beteiligten Rechtsträger haben einen ausführlichen schriftlichen Bericht zu erstatten, in dem die Verschmelzung, der Verschmelzungsvertrag oder sein Entwurf im einzelnen und insbesondere das Umtauschverhältnis der Anteile oder die Angaben über die Mitgliedschaft bei dem übernehmenden Rechtsträger sowie die Höhe einer anzubietenden Barabfindung rechtlich und wirtschaftlich erläutert und begründet werden (Verschmelzungsbericht); der Bericht kann von den Vertretungsorganen auch gemeinsam erstattet werden. Auf besondere Schwierigkeiten bei der Bewertung der Rechtsträger sowie auf die Folgen für die Beteiligung der Anteilsinhaber ist hinzuweisen. Ist ein an der Verschmelzung beteiligter Rechtsträger ein verbundenes Unternehmen im Sinne des § 15 des Aktiengesetzes, so sind in dem Bericht auch Angaben über alle für die Verschmelzung wesentlichen Angelegenheiten der anderen verbundenen Unternehmen zu machen. Auskunftspflichten der Vertretungsorgane erstrecken sich auch auf diese Angelegenheiten.

(2) In den Bericht brauchen Tatsachen nicht aufgenommen zu werden, deren Bekanntwerden geeignet ist, einem der beteiligten Rechtsträger oder einem verbundenen Unternehmen einen nicht unerheblichen Nachteil zuzufügen. In diesem Falle sind in dem Bericht die Gründe, aus denen die Tatsachen nicht aufgenommen worden sind, darzulegen.

(3) Der Bericht ist nicht erforderlich, wenn alle Anteilsinhaber aller beteiligten Rechtsträger auf seine Erstattung verzichten. Die Verzichtserklärungen sind notariell zu beurkunden.

§ 9

Prüfung der Verschmelzung

(1) Soweit in diesem Gesetz vorgeschrieben, ist der Verschmelzungsvertrag oder sein Entwurf durch einen oder mehrere sachverständige Prüfer (Verschmelzungsprüfer) zu prüfen.

(2) Befinden sich alle Anteile eines übertragenden Rechtsträgers in der Hand des übernehmenden Rechtsträgers, so ist eine Verschmelzungsprüfung nach Absatz 1 nicht erforderlich, soweit sie die Aufnahme dieses Rechtsträgers betrifft.

(3) § 8 Abs. 3 ist entsprechend anzuwenden.

§ 10

Bestellung der Verschmelzungsprüfer

(1) Die Verschmelzungsprüfer werden von dem Vertretungsorgan oder auf dessen Antrag vom Gericht bestellt. Sie können für mehrere oder alle beteiligten Rechtsträger gemeinsam bestellt werden. Für den Ersatz von Auslagen und für die Vergütung der vom Gericht bestellten Prüfer gilt § 318 Abs. 5 des Handelsgesetzbuchs.

(2) Zuständig ist jedes Landgericht, in dessen Bezirk ein übertragender Rechtsträger seinen Sitz hat. Ist bei dem Landgericht eine Kammer für Handelssachen gebildet, so entscheidet diese an Stelle der Zivilkammer.

(3) Die Landesregierung kann die Entscheidung durch Rechtsverordnung für die Bezirke mehrerer Landgerichte einem der Landgerichte übertragen, wenn dies der Sicherung einer einheitlichen Rechtsprechung dient. Die Landesregierung kann die Ermächtigung auf die Landesjustizverwaltung übertragen.

§ 11

Stellung und Verantwortlichkeit der Verschmelzungsprüfer

(1) Für die Auswahl und das Auskunftsrecht der Verschmelzungsprüfer gelten § 319 Abs. 1 bis 3, § 320 Abs. 1 Satz 2 und Absatz 2 Satz 1 und 2 des Handelsgesetzbuchs entsprechend. Das Auskunftsrecht besteht gegenüber allen an der Verschmelzung beteiligten Rechtsträgern und gegenüber einem Konzernunternehmen sowie einem abhängigen und einem herrschenden Unternehmen.

(2) Für die Verantwortlichkeit der Verschmelzungsprüfer, ihrer Gehilfen und der bei der Prüfung mitwirkenden gesetzlichen Vertreter einer Prüfungsgesellschaft gilt § 323 des Handelsgesetzbuchs entsprechend. Die Verantwortlichkeit besteht gegenüber den an der Verschmelzung beteiligten Rechtsträgern und deren Anteilsinhabern.

§ 12

Prüfungsbericht

(1) Die Verschmelzungsprüfer haben über das Ergebnis der Prüfung schriftlich zu berichten. Der Prüfungsbericht kann auch gemeinsam erstattet werden.

(2) Der Prüfungsbericht ist mit einer Erklärung darüber abzuschließen, ob das vorgeschlagene Umtauschverhältnis der Anteile, gegebenenfalls die Höhe der baren Zuzahlung oder die Mitgliedschaft bei dem übernehmenden Rechtsträger als Gegenwert angemessen ist. Dabei ist anzugeben,

1. nach welchen Methoden das vorgeschlagene Umtauschverhältnis ermittelt worden ist;
2. aus welchen Gründen die Anwendung dieser Methoden angemessen ist;
3. welches Umtauschverhältnis oder welcher Gegenwert sich bei der Anwendung verschiedener Methoden, sofern mehrere angewandt worden sind, jeweils ergeben würde; zugleich ist darzulegen, welches Gewicht den verschiedenen Methoden bei der Bestimmung des vorgeschlagenen Umtauschverhältnisses oder des Gegenwerts und der ihnen zugrundeliegenden Werte beigemessen worden ist und welche besonderen Schwierigkeiten bei der Bewertung der Rechtsträger aufgetreten sind.

(3) § 8 Abs. 2 und 3 ist entsprechend anzuwenden.

§ 13

Beschlüsse über den Verschmelzungsvertrag

(1) Der Verschmelzungsvertrag wird nur wirksam, wenn die Anteilsinhaber der beteiligten Rechtsträger ihm durch Beschluß (Verschmelzungsbeschluß) zustimmen. Der Beschluß kann nur in einer Versammlung der Anteilsinhaber gefaßt werden.

(2) Ist die Abtretung der Anteile eines übertragenden Rechtsträgers von der Genehmigung bestimmter einzelner Anteilsinhaber abhängig, so bedarf der Verschmelzungsbeschluß dieses Rechtsträgers zu seiner Wirksamkeit ihrer Zustimmung.

(3) Der Verschmelzungsbeschluß und die nach diesem Gesetz erforderlichen Zustimmungserklärungen einzelner Anteilsinhaber einschließlich der erforderlichen Zustimmungserklärungen nicht erschienener Anteilsinhaber müssen notariell beurkundet werden. Der Vertrag oder sein Entwurf ist dem Beschluß als Anlage beizufügen. Auf Verlangen hat der Rechtsträger jedem Anteilsinhaber auf dessen Kosten unverzüglich eine Abschrift des Vertrages oder seines Entwurfs und der Niederschrift des Beschlusses zu erteilen.

§ 14

Befristung und Ausschluß von Klagen gegen den Verschmelzungsbeschluß

(1) Eine Klage gegen die Wirksamkeit eines Verschmelzungsbeschlusses muß binnen eines Monats nach der Beschlußfassung erhoben werden.

(2) Eine Klage gegen die Wirksamkeit des Verschmelzungsbeschlusses eines übertragenden Rechtsträgers kann nicht darauf gestützt werden, daß das Umtauschverhältnis der Anteile zu niedrig bemessen ist oder daß die Mitgliedschaft bei dem übernehmenden Rechtsträger kein ausreichender Gegenwert für die Anteile oder die Mitgliedschaft bei dem übertragenden Rechtsträger ist.

§ 15

Verbesserung des Umtauschverhältnisses

(1) Ist das Umtauschverhältnis der Anteile zu niedrig bemessen oder ist die Mitgliedschaft bei dem übernehmenden Rechtsträger kein ausreichender Gegenwert für den Anteil oder die Mitgliedschaft bei einem übertragenden Rechtsträger, so kann jeder Anteilsinhaber dieses übertragenden Rechtsträgers, dessen Recht, gegen die Wirksamkeit des Verschmelzungsbeschlusses Klage zu erheben, nach § 14 Abs. 2 ausgeschlossen ist, von dem übernehmenden Rechtsträger einen Ausgleich durch bare Zuzahlung verlangen; die Zuzahlungen können den zehnten Teil des Gesamtnennbetrags der gewährten Anteile übersteigen.

(2) Die bare Zuzahlung ist nach Ablauf des Tages, an dem die Eintragung der Verschmelzung in das Register des Sitzes des übernehmenden Rechtsträgers nach § 19 Abs. 3 als bekanntgemacht gilt, mit jährlich zwei vom Hundert über dem jeweiligen Diskontsatz der Deutschen Bundesbank zu verzinsen. Die Geltendmachung eines weiteren Schadens ist nicht ausgeschlossen.

§ 16

Anmeldung der Verschmelzung

(1) Die Vertretungsorgane jedes der an der Verschmelzung beteiligten Rechtsträger haben die Verschmelzung zur Eintragung in das Register (Handelsregister, Genossenschaftsregister oder Vereinsregister) des Sitzes ihres Rechtsträgers anzumelden. Das Vertretungsorgan des übernehmenden Rechtsträgers ist berechtigt, die Verschmelzung auch zur Eintragung in das Register des Sitzes jedes der übertragenden Rechtsträger anzumelden.

(2) Bei der Anmeldung haben die Vertretungsorgane zu erklären, daß eine Klage gegen die Wirksamkeit eines Verschmelzungsbeschlusses nicht oder nicht fristgemäß erhoben oder eine solche Klage rechtskräftig abgewiesen oder zurückgenommen worden ist; hierüber haben die Vertretungsorgane dem Registergericht auch nach der Anmeldung Mitteilung zu machen. Liegt die Erklärung nicht vor, so darf die Verschmelzung nicht eingetragen werden, es sei denn, daß die klageberechtigten Anteilsinhaber durch notariell beurkundete Verzichtserklärung auf die Klage gegen die Wirksamkeit des Verschmelzungsbeschlusses verzichten.

(3) Der Erklärung nach Absatz 2 Satz 1 steht es gleich, wenn nach Erhebung einer Klage gegen die Wirksamkeit eines Verschmelzungsbeschlusses das für diese Klage zuständige Prozeßgericht auf Antrag des Rechtsträgers, gegen dessen Verschmelzungsbeschluß sich die Klage richtet, durch rechtskräftigen Beschluß festgestellt hat, daß die Erhebung der Klage der Eintragung nicht entgegensteht. Der Beschluß nach Satz 1 darf nur ergehen, wenn die Klage gegen die Wirksamkeit des Verschmelzungsbeschlusses unzulässig oder offensichtlich unbegründet ist oder wenn das alsbaldige Wirksamwerden der Verschmelzung nach freier Überzeugung des Gerichts unter Berücksichtigung der Schwere der mit der Klage geltend gemachten Rechtsverletzungen zur Abwendung der vom Antragsteller dargelegten wesentlichen Nachteile für die an der Verschmelzung beteiligten Rechtsträger und ihre Anteilsinhaber vorrangig erscheint. Der Beschluß kann in dringenden Fällen ohne mündliche Verhandlung ergehen. Die vorgebrachten Tatsachen, aufgrund derer der Beschluß nach Satz 2 ergehen kann, sind glaubhaft zu machen. Gegen den Beschluß findet die sofortige Beschwerde statt. Erweist sich die Klage als begründet, so ist der Rechtsträger, der den Beschluß erwirkt hat, verpflichtet, dem Antragsgegner den Schaden zu ersetzen, der ihm aus einer auf dem Beschluß beruhenden Eintragung der Verschmelzung entstanden ist; als Ersatz des Schadens kann nicht die Beseitigung der Wirkungen der Eintragung der Verschmelzung im Register des Sitzes des übernehmenden Rechtsträgers verlangt werden.

§ 17

Anlagen der Anmeldung

(1) Der Anmeldung sind in Ausfertigung oder öffentlich beglaubigter Abschrift oder, soweit sie nicht notariell zu beurkunden sind, in Urschrift oder Abschrift der Verschmelzungsvertrag, die Niederschriften der Verschmelzungsbeschlüsse, die nach diesem Gesetz erforderlichen Zustimmungserklärungen einzelner Anteilsinhaber einschließlich der Zustimmungserklärungen nicht erschienener Anteilsinhaber, der Verschmelzungsbericht, der Prüfungsbericht oder die Verzichtserklärungen nach § 8 Abs. 3, § 9 Abs. 3 oder § 12 Abs. 3, ein Nachweis über die rechtzeitige Zuleitung des Verschmelzungsvertrages oder seines Entwurfs an den zuständigen Betriebsrat sowie, wenn die Verschmelzung der staatlichen Genehmigung bedarf, die Genehmigungsurkunde beizufügen.

(2) Der Anmeldung zum Register des Sitzes jedes der übertragenden Rechtsträger ist ferner eine Bilanz dieses Rechtsträgers beizufügen (Schlußbilanz). Für diese Bilanz gelten die Vorschriften über die Jahresbilanz und deren Prüfung entsprechend. Sie braucht

nicht bekanntgemacht zu werden. Das Registergericht darf die Verschmelzung nur eintragen, wenn die Bilanz auf einen höchstens acht Monate vor der Anmeldung liegenden Stichtag aufgestellt worden ist.

§ 18

Firma des übernehmenden Rechtsträgers

(1) Der übernehmende Rechtsträger darf die Firma eines der übertragenden Rechtsträger, dessen Handelsgeschäft er durch die Verschmelzung erwirbt, mit oder ohne Beifügung eines das Nachfolgeverhältnis andeutenden Zusatzes fortführen. Eine Personenhandelsgesellschaft darf eine solche Firma nur fortführen, wenn diese den Namen einer natürlichen Person enthält. Eine eingetragene Genossenschaft darf eine solche Firma nicht fortführen, soweit diese den Namen von Genossen oder anderen Personen enthält.

(2) Das Registergericht kann auf Antrag genehmigen, daß eine Personenhandelsgesellschaft, die durch die Verschmelzung das Handelsgeschäft eines übertragenden Rechtsträgers erwirbt, bei der Bildung ihrer neuen Firma den in der Firma dieses Rechtsträgers enthaltenen Namen einer natürlichen Person verwendet und insoweit von § 19 des Handelsgesetzbuchs abweicht.

(3) Ist an einem der übertragenden Rechtsträger eine natürliche Person beteiligt, die an dem übernehmenden Rechtsträger nicht beteiligt wird, so darf der übernehmende Rechtsträger den Namen dieses Anteilsinhabers nur dann in der nach Absatz 1 fortgeführten oder in der nach Absatz 2 gebildeten Firma verwenden, wenn der betroffene Anteilsinhaber oder dessen Erben ausdrücklich in die Verwendung einwilligen.

§ 19

Eintragung und Bekanntmachung der Verschmelzung

(1) Die Verschmelzung darf in das Register des Sitzes des übernehmenden Rechtsträgers erst eingetragen werden, nachdem sie im Register des Sitzes jedes der übertragenden Rechtsträger eingetragen worden ist. Die Eintragung im Register des Sitzes jedes der übertragenden Rechtsträger ist mit dem Vermerk zu versehen, daß die Verschmelzung erst mit der Eintragung im Register des Sitzes des übernehmenden Rechtsträgers wirksam wird.

(2) Das Gericht des Sitzes des übernehmenden Rechtsträgers hat von Amts wegen dem Gericht des Sitzes jedes der übertragenden Rechtsträger den Tag der Eintragung der Verschmelzung mitzuteilen. Nach Eingang der Mitteilung hat das Gericht des Sitzes jedes der übertragenden Rechtsträger von Amts wegen den Tag der Eintragung der Verschmelzung im Register des Sitzes des übernehmenden Rechtsträgers im Register des Sitzes des übertragenden Rechtsträgers zu vermerken und die bei ihm aufbewahrten Urkunden und anderen Schriftstücke dem Gericht des Sitzes des übernehmenden Rechtsträgers zur Aufbewahrung zu übersenden.

(3) Das Gericht des Sitzes jedes der an der Verschmelzung beteiligten Rechtsträger hat jeweils die von ihm vorgenommene Eintragung der Verschmelzung von Amts wegen durch den Bundesanzeiger und durch mindestens ein anderes Blatt ihrem ganzen Inhalt nach bekanntzumachen. Mit dem Ablauf des Tages, an dem jeweils das letzte der die Bekanntmachung enthaltenden Blätter erschienen ist, gilt die Bekanntmachung für diesen Rechtsträger als erfolgt.

§ 20

Wirkungen der Eintragung

(1) Die Eintragung der Verschmelzung in das Register des Sitzes des übernehmenden Rechtsträgers hat folgende Wirkungen:

1. Das Vermögen der übertragenden Rechtsträger geht einschließlich der Verbindlichkeiten auf den übernehmenden Rechtsträger über.
2. Die übertragenden Rechtsträger erlöschen. Einer besonderen Löschung bedarf es nicht.
3. Die Anteilsinhaber der übertragenden Rechtsträger werden Anteilsinhaber des übernehmenden Rechtsträgers; dies gilt nicht, soweit der übernehmende Rechtsträger oder ein Dritter, der im eigenen Namen, jedoch für Rechnung dieses Rechtsträgers handelt, Anteilsinhaber des übertragenden Rechtsträgers ist oder der übertragende Rechtsträger eigene Anteile innehat oder ein Dritter, der im eigenen Namen, jedoch für Rechnung dieses Rechtsträgers handelt, dessen Anteilsinhaber ist. Rechte Dritter an den Anteilen oder Mitgliedschaften der übertragenden Rechtsträger bestehen an den an ihre Stelle tretenden Anteilen oder Mitgliedschaften des übernehmenden Rechtsträgers weiter.
4. Der Mangel der notariellen Beurkundung des Verschmelzungsvertrags und gegebenenfalls erforderlicher Zustimmungs- oder Verzichtserklärungen einzelner Anteilsinhaber wird geheilt.

(2) Mängel der Verschmelzung lassen die Wirkungen der Eintragung nach Absatz 1 unberührt.

§ 21

Wirkung auf gegenseitige Verträge

Treffen bei einer Verschmelzung aus gegenseitigen Verträgen, die zur Zeit der Verschmelzung von keiner Seite vollständig erfüllt sind, Abnahme-, Lieferungs- oder ähnliche Verpflichtungen zusammen, die miteinander unvereinbar sind oder die beide zu erfüllen eine schwere Unbilligkeit für den übernehmenden Rechtsträger bedeuten würde, so bestimmt sich der Umfang der Verpflichtungen nach Billigkeit unter Würdigung der vertraglichen Rechte aller Beteiligten.

§ 22

Gläubigerschutz

(1) Den Gläubigern der an der Verschmelzung beteiligten Rechtsträger ist, wenn sie binnen sechs Monaten nach dem Tag, an dem die Eintragung der Verschmelzung in das Register des Sitzes desjenigen Rechtsträgers, dessen Gläubiger sie sind, nach § 19 Abs. 3 als bekanntgemacht gilt, ihren Anspruch nach Grund und Höhe schriftlich anmelden, Sicherheit zu leisten, soweit sie nicht Befriedigung verlangen können. Dieses Recht steht den Gläubigern jedoch nur zu, wenn sie glaubhaft machen, daß durch die Verschmelzung die Erfüllung ihrer Forderung gefährdet wird. Die Gläubiger sind in der Bekanntmachung der jeweiligen Eintragung auf dieses Recht hinzuweisen.

(2) Das Recht, Sicherheitsleistung zu verlangen, steht Gläubigern nicht zu, die im Falle der Insolvenz ein Recht auf vorzugsweise Befriedigung aus einer Deckungsmasse haben, die nach gesetzlicher Vorschrift zu ihrem Schutz errichtet und staatlich überwacht ist.

§ 23

Schutz der Inhaber von Sonderrechten

Den Inhabern von Rechten in einem übertragenden Rechtsträger, die kein Stimmrecht gewähren, insbesondere den Inhabern von Anteilen ohne Stimmrecht, von Wandelschuldverschreibungen, von Gewinnschuldverschreibungen und von Genußrechten, sind gleichwertige Rechte in dem übernehmenden Rechtsträger zu gewähren.

§ 24

Wertansätze des übernehmenden Rechtsträgers

In den Jahresbilanzen des übernehmenden Rechtsträgers können als Anschaffungskosten im Sinne des § 253 Abs. 1 des Handelsgesetzbuchs auch die in der Schlußbilanz eines übertragenden Rechtsträgers angesetzten Werte angesetzt werden.

§ 25

Schadenersatzpflicht der Verwaltungsträger der übertragenden Rechtsträger

(1) Die Mitglieder des Vertretungsorgans und, wenn ein Aufsichtsorgan vorhanden ist, des Aufsichtsorgans eines übertragenden Rechtsträgers sind als Gesamtschuldner zum Ersatz des Schadens verpflichtet, den dieser Rechtsträger, seine Anteilsinhaber oder seine Gläubiger durch die Verschmelzung erleiden. Mitglieder der Organe, die bei der Prüfung der Vermögenslage der Rechtsträger und beim Abschluß des Verschmelzungsvertrags ihre Sorgfaltspflicht beobachtet haben, sind von der Ersatzpflicht befreit.

(2) Für diese Ansprüche sowie weitere Ansprüche, die sich für und gegen den übertragenden Rechtsträger nach den allgemeinen Vorschriften auf Grund der Verschmelzung ergeben, gilt dieser Rechtsträger als fortbestehend. Forderungen und Verbindlichkeiten vereinigen sich insoweit durch die Verschmelzung nicht.

(3) Die Ansprüche aus Absatz 1 verjähren in fünf Jahren seit dem Tage, an dem die Eintragung der Verschmelzung in das Register des Sitzes des übernehmenden Rechtsträgers nach § 19 Abs. 3 als bekanntgemacht gilt.

§ 26

Geltendmachung des Schadenersatzanspruchs

(1) Die Ansprüche nach § 25 Abs. 1 und 2 können nur durch einen besonderen Vertreter geltend gemacht werden. Das Prozeßgericht des Sitzes eines übertragenden Rechtsträgers hat einen solchen Vertreter auf Antrag eines Anteilsinhabers oder eines Gläubigers dieses Rechtsträgers zu bestellen. Gläubiger sind nur antragsberechtigt, wenn sie von dem übernehmenden Rechtsträger keine Befriedigung erlangen können. Gegen die Entscheidung findet die sofortige Beschwerde statt.

(2) Der Vertreter hat unter Hinweis auf den Zweck seiner Bestellung die Anteilsinhaber und Gläubiger des betroffenen übertragenden Rechtsträgers aufzufordern, die Ansprüche nach § 25 Abs. 1 und 2 binnen einer angemessenen Frist, die mindestens einen Monat betragen soll, anzumelden. Die Aufforderung ist im Bundesanzeiger und, wenn der Gesellschaftsvertrag, die Satzung oder das Statut andere Blätter für die öffentlichen Bekanntmachungen des übertragenden Rechtsträgers bestimmt hatte, auch in diesen Blättern bekanntzumachen.

(3) Der Vertreter hat den Betrag, der aus der Geltendmachung der Ansprüche eines übertragenden Rechtsträgers erzielt wird, zur Befriedigung der Gläubiger dieses Rechtsträgers zu verwenden, soweit die Gläubiger nicht durch den übernehmenden Rechtsträger befriedigt oder sichergestellt sind. Für die Verteilung gelten die Vorschriften über die Verteilung, die im Falle der Abwicklung eines Rechtsträgers in der Rechtsform des übertragenden Rechtsträgers anzuwenden sind, entsprechend. Gläubiger und Anteilsinhaber, die sich nicht fristgemäß gemeldet haben, werden bei der Verteilung nicht berücksichtigt.

(4) Der Vertreter hat Anspruch auf Ersatz angemessener barer Auslagen und auf Vergütung für seine Tätigkeit. Die Auslagen und die Vergütung setzt das Gericht fest. Es bestimmt nach den gesamten Verhältnissen des einzelnen Falles nach freiem Ermessen, in welchem Umfange die Auslagen und die Vergütung von beteiligten Anteilsinhabern und Gläubigern zu tragen sind. Gegen die Entscheidung findet die sofortige Beschwerde statt; die weitere Beschwerde ist ausgeschlossen. Aus der rechtskräftigen Entscheidung findet die Zwangsvollstreckung nach der Zivilprozeßordnung statt.

§ 27

Schadenersatzpflicht der Verwaltungsträger des übernehmenden Rechtsträgers

Ansprüche auf Schadenersatz, die sich auf Grund der Verschmelzung gegen ein Mitglied des Vertretungsorgans oder, wenn ein Aufsichtsorgan vorhanden ist, des Aufsichtsorgans des übernehmenden Rechtsträgers ergeben, verjähren in fünf Jahren seit dem Tage, an dem die Eintragung der Verschmelzung in das Register des Sitzes des übernehmenden Rechtsträgers nach § 19 Abs. 3 als bekanntgemacht gilt.

§ 28

Unwirksamkeit des Verschmelzungsbeschlusses eines übertragenden Rechtsträgers

Nach Eintragung der Verschmelzung in das Register des Sitzes des übernehmenden Rechtsträgers ist eine Klage gegen die Wirksamkeit des Verschmelzungsbeschlusses eines übertragenden Rechtsträgers gegen den übernehmenden Rechtsträger zu richten.

§ 29

Abfindungsangebot im Verschmelzungsvertrag

(1) Bei der Verschmelzung eines Rechtsträgers im Wege der Aufnahme durch einen Rechtsträger anderer Rechtsform hat der übernehmende Rechtsträger im Verschmelzungsvertrag oder in seinem Entwurf jedem Anteilsinhaber, der gegen den Verschmelzungsbeschluß des übertragenden Rechtsträgers Widerspruch zur Niederschrift erklärt, den Erwerb seiner Anteile oder Mitgliedschaften gegen eine angemessene Barabfindung anzubieten; § 71 Abs. 4 Satz 2 des Aktiengesetzes ist insoweit nicht anzuwenden. Das gleiche gilt, wenn durch die Verschmelzung von Rechtsträgern derselben Rechtsform Anteile an dem übertragenden Rechtsträger durch Anteile an dem übernehmenden Rechtsträger ersetzt werden, die in dem Gesellschaftsvertrag, der Satzung oder dem Statut des übernehmenden Rechtsträgers Verfügungsbeschränkungen unterworfen sind. Kann der übernehmende Rechtsträger auf Grund seiner Rechtsform eigene Anteile oder Mitgliedschaften nicht erwerben, so ist die Barabfindung für den Fall anzubieten, daß der Anteilsinhaber sein Ausscheiden aus dem Rechtsträger erklärt. Eine erforderliche Bekanntmachung des Verschmelzungsvertrags oder seines Entwurfs als Gegenstand der Beschlußfassung muß den Wortlaut dieses Angebots enthalten. Der übernehmende Rechtsträger hat die Kosten für eine Übertragung zu tragen.

(2) Dem Widerspruch zur Niederschrift im Sinne des Absatzes 1 steht es gleich, wenn ein nicht erschienener Anteilsinhaber zu der Versammlung der Anteilsinhaber zu Unrecht nicht zugelassen worden ist oder die Versammlung nicht ordnungsgemäß einberufen oder der Gegenstand der Beschlußfassung nicht ordnungsgemäß bekanntgemacht worden ist.

§ 30

Inhalt des Anspruchs auf Barabfindung und Prüfung der Barabfindung

(1) Die Barabfindung muß die Verhältnisse des übertragenden Rechtsträgers im Zeitpunkt der Beschlußfassung über die Verschmelzung berücksichtigen. § 15 Abs. 2 ist auf die Barabfindung entsprechend anzuwenden.

(2) Die Angemessenheit einer anzubietenden Barabfindung ist stets durch Verschmelzungsprüfer zu prüfen. Die §§ 10 bis 12 sind entsprechend anzuwenden. Die Berechtigten können auf die Prüfung oder den Prüfungsbericht verzichten; die Verzichtserklärungen sind notariell zu beurkunden.

§ 31

Annahme des Angebots

Das Angebot nach § 29 kann nur binnen zwei Monaten nach dem Tage angenommen werden, an dem die Eintragung der Verschmelzung in das Register des Sitzes des übernehmenden Rechtsträgers nach § 19 Abs. 3 als bekanntgemacht gilt. Ist nach § 34 ein Antrag auf Bestimmung der Barabfindung durch das Gericht gestellt worden, so kann das Angebot binnen zwei Monaten nach dem Tage angenommen werden, an dem die Entscheidung im Bundesanzeiger bekanntgemacht worden ist.

§ 32

Ausschluß von Klagen gegen den Verschmelzungsbeschluß

Eine Klage gegen die Wirksamkeit des Verschmelzungsbeschlusses eines übertragenden Rechtsträgers kann nicht darauf gestützt werden, daß das Angebot nach § 29 zu niedrig bemessen oder daß die Barabfindung im Verschmelzungsvertrag nicht oder nicht ordnungsgemäß angeboten worden ist.

§ 33

Anderweitige Veräußerung

Einer anderweitigen Veräußerung des Anteils durch den Anteilsinhaber binnen der in § 31 bestimmten Frist stehen Verfügungsbeschränkungen in Gesellschaftsverträgen, Satzungen oder Statuten des übertragenden Rechtsträgers nicht entgegen.

§ 34

Gerichtliche Nachprüfung der Abfindung

Macht ein Anteilsinhaber geltend, daß eine im Verschmelzungsvertrag oder in seinem Entwurf bestimmte Barabfindung, die ihm nach § 29 anzubieten war, zu niedrig bemessen sei, so hat auf seinen Antrag das Gericht die angemessene Barabfindung zu bestimmen. Das gleiche gilt, wenn die Barabfindung nicht oder nicht ordnungsgemäß angeboten worden ist.

§ 35

Bezeichnung unbekannter Aktionäre

Unbekannte Aktionäre einer übertragenden Aktiengesellschaft oder Kommanditgesellschaft auf Aktien sind im Verschmelzungsvertrag, bei Anmeldungen zur Eintragung in ein Register oder bei der Eintragung in eine Liste von Anteilsinhabern durch die Angabe ihrer Aktienurkunden sowie erforderlichenfalls des auf die Aktie entfallenden Anteils zu bezeichnen, soweit eine Benennung der Anteilsinhaber für den übernehmenden Rechtsträger gesetzlich vorgeschrieben ist. Werden solche Anteilsinhaber später bekannt, so sind Register oder Listen von Amts wegen zu berichtigen.

DRITTER ABSCHNITT

Verschmelzung durch Neugründung

§ 36

Anzuwendende Vorschriften

(1) Auf die Verschmelzung durch Neugründung sind die Vorschriften des Zweiten Abschnitts mit Ausnahme des § 16 Abs. 1 und des § 27 entsprechend anzuwenden. An die Stelle des übernehmenden Rechtsträgers tritt der neue Rechtsträger, an die Stelle der Eintragung der Verschmelzung in das Register des Sitzes des übernehmenden Rechtsträgers tritt die Eintragung des neuen Rechtsträgers in das Register.

(2) Auf die Gründung des neuen Rechtsträgers sind die für dessen Rechtsform geltenden Gründungsvorschriften anzuwenden, soweit sich aus diesem Buch nichts anderes ergibt. Den Gründern stehen die übertragenden Rechtsträger gleich. Vorschriften, die für die Gründung eine Mindestzahl der Gründer vorschreiben, sind nicht anzuwenden.

§ 37

Inhalt des Verschmelzungsvertrags

In dem Verschmelzungsvertrag muß der Gesellschaftsvertrag, die Satzung oder das Statut des neuen Rechtsträgers enthalten sein oder festgestellt werden.

§ 38

Anmeldung der Verschmelzung und des neuen Rechtsträgers

(1) Die Vertretungsorgane jedes der übertragenden Rechtsträger haben die Verschmelzung zur Eintragung in das Register des Sitzes ihres Rechtsträgers anzumelden.

(2) Die Vertretungsorgane aller übertragenden Rechtsträger haben den neuen Rechtsträger bei dem Gericht, in dessen Bezirk er seinen Sitz haben soll, zur Eintragung in das Register anzumelden.

ZWEITER TEIL

Besondere Vorschriften

ERSTER ABSCHNITT

Verschmelzung unter Beteiligung von Personenhandelsgesellschaften

§ 39

Ausschluß der Verschmelzung

Eine aufgelöste Personenhandelsgesellschaft kann sich nicht als übertragender Rechtsträger an einer Verschmelzung beteiligen, wenn die Gesellschafter nach § 145 des Handelsgesetzbuchs eine andere Art der Auseinandersetzung als die Abwicklung oder als die Verschmelzung vereinbart haben.

§ 40

Inhalt des Verschmelzungsvertrags

(1) Der Verschmelzungsvertrag oder sein Entwurf hat zusätzlich für jeden Anteilsinhaber eines übertragenden Rechtsträgers zu bestimmen, ob ihm in der übernehmenden oder der neuen Personenhandelsgesellschaft die Stellung eines persönlich haftenden Gesellschafters oder eines Kommanditisten gewährt wird. Dabei ist der Betrag der Einlage jedes Gesellschafters festzusetzen.

(2) Anteilsinhabern eines übertragenden Rechtsträgers, die für dessen Verbindlichkeiten nicht als Gesamtschuldner persönlich unbeschränkt haften, ist die Stellung eines Kommanditisten zu gewähren. Abweichende Bestimmungen sind nur wirksam, wenn die betroffenen Anteilsinhaber dem Verschmelzungsbeschluß des übertragenden Rechtsträgers zustimmen.

§ 41

Verschmelzungsbericht

Ein Verschmelzungsbericht ist für eine an der Verschmelzung beteiligte Personenhandelsgesellschaft nicht erforderlich, wenn alle Gesellschafter dieser Gesellschaft zur Geschäftsführung berechtigt sind.

§ 42

Unterrichtung der Gesellschafter

Der Verschmelzungsvertrag oder sein Entwurf und der Verschmelzungsbericht sind den Gesellschaftern, die von der Geschäftsführung ausgeschlossen sind, spätestens zusammen mit der Einberufung der Gesellschafterversammlung, die gemäß § 13 Abs. 1 über die Zustimmung zum Verschmelzungsvertrag beschließen soll, zu übersenden.

§ 43

Beschluß der Gesellschafterversammlung

(1) Der Verschmelzungsbeschluß der Gesellschafterversammlung bedarf der Zustimmung aller anwesenden Gesellschafter; ihm müssen auch die nicht erschienenen Gesellschafter zustimmen.

(2) Der Gesellschaftsvertrag kann eine Mehrheitsentscheidung der Gesellschafter vorsehen. Die Mehrheit muß mindestens drei Viertel der Stimmen der Gesellschafter betragen. Widerspricht ein Anteilsinhaber eines übertragenden Rechtsträgers, der für dessen Verbindlichkeiten persönlich unbeschränkt haftet, der Verschmelzung, so ist ihm in der übernehmenden oder der neuen Personenhandelsgesellschaft die Stellung eines Kommanditisten zu gewähren; das gleiche gilt für einen Anteilsinhaber der übernehmenden Personenhandelsgesellschaft, der für deren Verbindlichkeiten persönlich unbeschränkt haftet, wenn er der Verschmelzung widerspricht.

§ 44

Prüfung der Verschmelzung

Im Falle des § 43 Abs. 2 ist der Verschmelzungsvertrag oder sein Entwurf für eine Personenhandelsgesellschaft auf Verlangen eines ihrer Gesellschafter nach den §§ 9 bis 12 zu prüfen. Die Kosten trägt die Gesellschaft.

§ 45

Zeitliche Begrenzung der Haftung

(1) Überträgt eine Personenhandelsgesellschaft ihr Vermögen durch Verschmelzung auf einen Rechtsträger anderer Rechtsform, dessen Anteilsinhaber für die Verbindlichkeiten dieses Rechtsträgers nicht unbeschränkt haften, so haftet ein Gesellschafter der Personenhandelsgesellschaft für ihre Verbindlichkeiten, wenn sie vor Ablauf von fünf Jahren nach der Verschmelzung fällig und daraus Ansprüche gegen ihn gerichtlich geltend gemacht sind; bei öffentlich-rechtlichen Verbindlichkeiten genügt zur Geltendmachung der Erlaß eines Verwaltungsakts.

(2) Die Frist beginnt mit dem Tage, an dem die Eintragung der Verschmelzung in das Register des Sitzes des übernehmenden Rechtsträgers nach § 19 Abs. 3 als bekanntgemacht gilt. Die für die Verjährung geltenden §§ 203, 206, 207, 210, 212 bis 216 und 220 des Bürgerlichen Gesetzbuchs sind entsprechend anzuwenden.

(3) Einer gerichtlichen Geltendmachung bedarf es nicht, soweit der Gesellschafter den Anspruch schriftlich anerkannt hat.

(4) Die Absätze 1 bis 3 sind auch anzuwenden, wenn der Gesellschafter in dem Rechtsträger anderer Rechtsform geschäftsführend tätig wird.

ZWEITER ABSCHNITT

Verschmelzung unter Beteiligung von Gesellschaften mit beschränkter Haftung

ERSTER UNTERABSCHNITT

Verschmelzung durch Aufnahme

§ 46

Inhalt des Verschmelzungsvertrags

(1) Der Verschmelzungsvertrag oder sein Entwurf hat zusätzlich für jeden Anteilsinhaber eines übertragenden Rechtsträgers den Nennbetrag des Geschäftsanteils zu bestimmen, den die übernehmende Gesellschaft mit beschränkter Haftung ihm zu gewähren hat. Der Nennbetrag kann abweichend von dem Nennbetrag der Aktien einer übertragenden Aktiengesellschaft oder Kommanditgesellschaft auf Aktien festgesetzt werden. Er muß mindestens fünfzig Deutsche Mark betragen und durch zehn teilbar sein.

(2) Sollen die zu gewährenden Geschäftsanteile im Wege der Kapitalerhöhung geschaffen und mit anderen Rechten und Pflichten als sonstige Geschäftsanteile der übernehmenden Gesellschaft mit beschränkter Haftung ausgestattet werden, so sind auch die Abweichungen im Verschmelzungsvertrag oder in seinem Entwurf festzusetzen.

(3) Sollen Anteilsinhaber eines übertragenden Rechtsträgers schon vorhandene Geschäftsanteile der übernehmenden Gesellschaft erhalten, so müssen die Gesellschafter und die Nennbeträge der Geschäftsanteile, die sie erhalten sollen, im Verschmelzungsvertrag oder in seinem Entwurf besonders bestimmt werden.

§ 47

Unterrichtung der Gesellschafter

Der Verschmelzungsvertrag oder sein Entwurf und der Verschmelzungsbericht sind den Gesellschaftern spätestens zusammen mit der Einberufung der Gesellschafterversammlung, die gemäß § 13 Abs. 1 über die Zustimmung beschließen soll, zu übersenden.

§ 48

Prüfung der Verschmelzung

Der Verschmelzungsvertrag oder sein Entwurf ist für eine Gesellschaft mit beschränkter Haftung auf Verlangen eines ihrer Gesellschafter nach den §§ 9 bis 12 zu prüfen. Die Kosten trägt die Gesellschaft.

§ 49

Vorbereitung der Gesellschafterversammlung

(1) Die Geschäftsführer haben in der Einberufung der Gesellschafterversammlung, die gemäß § 13 Abs. 1 über die Zustimmung zum Verschmelzungsvertrag beschließen soll, die Verschmelzung als Gegenstand der Beschlußfassung anzukündigen.

(2) Von der Einberufung an sind in dem Geschäftsraum der Gesellschaft die Jahresabschlüsse und die Lageberichte der an der Verschmelzung beteiligten Rechtsträger für die letzten drei Geschäftsjahre zur Einsicht durch die Gesellschafter auszulegen.

(3) Die Geschäftsführer haben jedem Gesellschafter auf Verlangen jederzeit Auskunft auch über alle für die Verschmelzung wesentlichen Angelegenheiten der anderen beteiligten Rechtsträger zu geben.

§ 50

Beschluß der Gesellschafterversammlung

(1) Der Verschmelzungsbeschluß der Gesellschafterversammlung bedarf einer Mehrheit von mindestens drei Vierteln der abgegebenen Stimmen. Der Gesellschaftsvertrag kann eine größere Mehrheit und weitere Erfordernisse bestimmen.

(2) Werden durch die Verschmelzung auf dem Gesellschaftsvertrag beruhende Minderheitsrechte eines einzelnen Gesellschafters einer übertragenden Gesellschaft oder die einzelnen Gesellschaftern einer solchen Gesellschaft nach dem Gesellschaftsvertrag zustehenden besonderen Rechte in der Geschäftsführung der Gesellschaft, bei der Bestellung der Geschäftsführer oder hinsichtlich eines Vorschlagsrechts für die Geschäftsführung beeinträchtigt, so bedarf der Verschmelzungsbeschluß dieser übertragenden Gesellschaft der Zustimmung dieser Gesellschafter.

§ 51

Zustimmungserfordernisse in Sonderfällen

(1) Ist an der Verschmelzung eine Gesellschaft mit beschränkter Haftung, auf deren Geschäftsanteile nicht alle zu leistenden Einlagen in voller Höhe bewirkt sind, als übernehmender Rechtsträger beteiligt, so bedarf der Verschmelzungsbeschluß eines übertragenden Rechtsträgers der Zustimmung aller bei der Beschlußfassung anwesenden Anteilsinhaber dieses Rechtsträgers. Ist der übertragende Rechtsträger eine Personenhandelsgesellschaft oder eine Gesellschaft mit beschränkter Haftung, so bedarf der Verschmelzungsbeschluß auch der Zustimmung der nicht erschienenen Gesellschafter. Satz 1 und 2 gelten entsprechend, wenn eine Gesellschaft mit beschränkter Haftung, auf deren Geschäftsanteile nicht alle zu leistenden Einlagen in voller Höhe bewirkt sind, von einer Gesellschaft mit beschränkter Haftung durch Verschmelzung aufgenommen wird.

(2) Ist im Falle des § 46 Abs. 1 Satz 2 die abweichende Festsetzung des Nennbetrags nicht durch § 46 Abs. 1 Satz 3 bedingt, so bedarf sie der Zustimmung jedes Aktionärs, der sich nicht dem Gesamtnennbetrag seiner Aktien entsprechend beteiligen kann.

§ 52

Anmeldung der Verschmelzung

(1) Bei der Anmeldung der Verschmelzung zur Eintragung in das Register haben die Vertretungsorgane der an der Verschmelzung beteiligten Rechtsträger im Falle des § 51 Abs. 1 auch zu erklären, daß dem Verschmelzungsbeschluß jedes der übertragenden Rechtsträger alle bei der Beschlußfassung anwesenden Anteilsinhaber dieses Rechtsträgers und, sofern der übertragende Rechtsträger eine Personenhandelsgesellschaft oder eine Gesellschaft mit beschränkter Haftung ist, auch die nicht erschienenen Gesellschafter dieser Gesellschaft zugestimmt haben.

(2) Der Anmeldung zum Register des Sitzes der übernehmenden Gesellschaft ist eine von den Geschäftsführern dieser Gesellschaft unterschriebene berichtigte Gesellschafterliste beizufügen.

§ 53

Eintragung bei Erhöhung des Stammkapitals

Erhöht die übernehmende Gesellschaft zur Durchführung der Verschmelzung ihr Stammkapital, so darf die Verschmelzung erst eingetragen werden, nachdem die Erhöhung des Stammkapitals im Register eingetragen worden ist.

§ 54

Verschmelzung ohne Kapitalerhöhung

(1) Die übernehmende Gesellschaft darf zur Durchführung der Verschmelzung ihr Stammkapital nicht erhöhen, soweit

1. sie Anteile eines übertragenden Rechtsträgers innehat;
2. ein übertragender Rechtsträger eigene Anteile innehat oder
3. ein übertragender Rechtsträger Geschäftsanteile dieser Gesellschaft innehat, auf welche die Einlagen nicht in voller Höhe bewirkt sind.

Die übernehmende Gesellschaft braucht ihr Stammkapital nicht zu erhöhen, soweit

1. sie eigene Geschäftsanteile innehat oder
2. ein übertragender Rechtsträger Geschäftsanteile dieser Gesellschaft innehat, auf welche die Einlagen bereits in voller Höhe bewirkt sind.

(2) Absatz 1 gilt entsprechend, wenn Inhaber der dort bezeichneten Anteile ein Dritter ist, der im eigenen Namen, jedoch in einem Fall des Absatzes 1

Satz 1 Nr. 1 oder des Absatzes 1 Satz 2 Nr. 1 für Rechnung der übernehmenden Gesellschaft oder in einem der anderen Fälle des Absatzes 1 für Rechnung des übertragenden Rechtsträgers handelt.

(3) Soweit zur Durchführung der Verschmelzung Geschäftsanteile der übernehmenden Gesellschaft, die sie selbst oder ein übertragender Rechtsträger innehat, geteilt werden müssen, um sie den Anteilsinhabern eines übertragenden Rechtsträgers gewähren zu können, sind Bestimmungen des Gesellschaftsvertrags, welche die Teilung der Geschäftsanteile der übernehmenden Gesellschaft ausschließen oder erschweren, sowie § 5 Abs. 1 zweiter Halbsatz und Absatz 3 Satz 2 des Gesetzes betreffend die Gesellschaften mit beschränkter Haftung nicht anzuwenden; jedoch muß der Nennbetrag jedes Teils der Geschäftsanteile mindestens fünfzig Deutsche Mark betragen und durch zehn teilbar sein. Satz 1 gilt entsprechend, wenn Inhaber der Geschäftsanteile ein Dritter ist, der im eigenen Namen, jedoch für Rechnung der übernehmenden Gesellschaft oder eines übertragenden Rechtsträgers handelt.

(4) Im Verschmelzungsvertrag festgesetzte bare Zuzahlungen dürfen nicht den zehnten Teil des Gesamtnennbetrags der gewährten Geschäftsanteile der übernehmenden Gesellschaft übersteigen.

§ 55

Verschmelzung mit Kapitalerhöhung

(1) Erhöht die übernehmende Gesellschaft zur Durchführung der Verschmelzung ihr Stammkapital, so sind § 55 Abs. 1, §§ 56 a, 57 Abs. 2, Abs. 3 Nr. 1 des Gesetzes betreffend die Gesellschaften mit beschänkter Haftung nicht anzuwenden. Auf die neuen Geschäftsanteile ist § 5 Abs. 1 zweiter Halbsatz und Abs. 3 Satz 2 des Gesetzes betreffend die Gesellschaften mit beschränkter Haftung nicht anzuwenden; jedoch muß der Betrag jeder neuen Stammeinlage mindestens fünfzig Deutsche Mark betragen und durch zehn teilbar sein.

(2) Der Anmeldung der Kapitalerhöhung zum Register sind außer den in § 57 Abs. 3 Nr. 2 und 3 des Gesetzes betreffend die Gesellschaften mit beschränkter Haftung bezeichneten Schriftstücken der Verschmelzungsvertrag und die Niederschriften der Verschmelzungsbeschlüsse in Ausfertigung oder öffentlich beglaubigter Abschrift beizufügen.

ZWEITER UNTERABSCHNITT

Verschmelzung durch Neugründung

§ 56

Anzuwendende Vorschriften

Auf die Verschmelzung durch Neugründung sind die Vorschriften des Ersten Unterabschnitts mit Ausnahme der §§ 51, 52 Abs. 1, §§ 53, 54 Abs. 1 bis 3 sowie des § 55 entsprechend anzuwenden.

§ 57

Inhalt des Gesellschaftsvertrags

In den Gesellschaftsvertrag sind Festsetzungen über Sondervorteile, Gründungsaufwand, Sacheinlagen und Sachübernahmen, die in den Gesellschaftsverträgen, Satzungen oder Statuten übertragender Rechtsträger enthalten waren, zu übernehmen.

§ 58

Sachgründungsbericht

(1) In dem Sachgründungsbericht (§ 5 Abs. 4 des Gesetzes betreffend die Gesellschaften mit beschränkter Haftung) sind auch der Geschäftsverlauf und die Lage der übertragenden Rechtsträger darzulegen.

(2) Ein Sachgründungsbericht ist nicht erforderlich, soweit eine Kapitalgesellschaft oder eine eingetragene Genossenschaft übertragender Rechtsträger ist.

§ 59

Verschmelzungsbeschlüsse

Der Gesellschaftsvertrag der neuen Gesellschaft wird nur wirksam, wenn ihm die Anteilsinhaber jedes der übertragenden Rechtsträger durch Verschmelzungsbeschluß zustimmen. Dies gilt entsprechend für die Bestellung der Mitglieder des Aufsichtsrats der neuen Gesellschaft, soweit sie von den Anteilsinhabern der übertragenden Rechtsträger zu wählen sind.

DRITTER ABSCHNITT

Verschmelzung unter Beteiligung von Aktiengesellschaften

ERSTER UNTERABSCHNITT

Verschmelzung durch Aufnahme

§ 60

Prüfung der Verschmelzung; Bestellung der Verschmelzungsprüfer

(1) Der Verschmelzungsvertrag oder sein Entwurf ist für jede Aktiengesellschaft nach den §§ 9 bis 12 zu prüfen.

(2) Für jede Aktiengesellschaft muß mindestens ein Verschmelzungsprüfer bestellt werden. Die Prüfer werden jeweils vom Vorstand der Gesellschaft bestellt.

(3) Für die Verschmelzung unter Beteiligung mehrerer Aktiengesellschaften reicht die Prüfung durch einen oder mehrere Verschmelzungsprüfer für alle beteiligten Aktiengesellschaften nur aus, wenn diese Prüfer auf gemeinsamen Antrag der Vorstände durch das Gericht bestellt werden. Gegen die Entscheidung

findet die sofortige Beschwerde statt. Für den Ersatz von Auslagen und für die Vergütung der vom Gericht bestellten Prüfer gilt § 318 Abs. 5 des Handelsgesetzbuchs.

§ 61

Bekanntmachung des Verschmelzungsvertrags

Der Verschmelzungsvertrag oder sein Entwurf ist vor der Einberufung der Hauptversammlung, die gemäß § 13 Abs. 1 über die Zustimmung beschließen soll, zum Register einzureichen. Das Gericht hat in den für die Bekanntmachung seiner Eintragungen bestimmten Blättern (§ 10 des Handelsgesetzbuchs) einen Hinweis darauf bekanntzumachen, daß der Vertrag oder sein Entwurf beim Handelsregister eingereicht worden ist.

§ 62

Hauptversammlung in besonderen Fällen

(1) Befinden sich mindestens neun Zehntel des Stammkapitals oder des Grundkapitals einer übertragenden Kapitalgesellschaft in der Hand einer übernehmenden Aktiengesellschaft und haftet die übernehmende Aktiengesellschaft als herrschendes Unternehmen (§ 17 des Aktiengesetzes) für alle Verbindlichkeiten der übertragenden Gesellschaft, so ist ein Verschmelzungsbeschluß der übernehmenden Aktiengesellschaft zur Aufnahme dieser übertragenden Gesellschaft nicht erforderlich. Eigene Anteile der übertragenden Gesellschaft und Anteile, die einem anderen für Rechnung dieser Gesellschaft gehören, sind vom Stammkapital oder Grundkapital abzusetzen.

(2) Absatz 1 gilt nicht, wenn Aktionäre der übernehmenden Gesellschaft, deren Anteile zusammen den zwanzigsten Teil des Grundkapitals dieser Gesellschaft erreichen, die Einberufung einer Hauptversammlung verlangen, in der über die Zustimmung zu der Verschmelzung beschlossen wird. Die Satzung kann das Recht, die Einberufung der Hauptversammlung zu verlangen, an den Besitz eines geringeren Teils am Grundkapital der übernehmenden Gesellschaft knüpfen.

(3) Einen Monat vor dem Tage der Gesellschafterversammlung oder der Hauptversammlung der übertragenden Gesellschaft, die gemäß § 13 Abs. 1 über die Zustimmung zum Verschmelzungsvertrag beschließen soll, sind in dem Geschäftsraum der übernehmenden Gesellschaft zur Einsicht der Aktionäre die in § 63 Abs. 1 bezeichneten Unterlagen auszulegen. Gleichzeitig hat der Vorstand der übernehmenden Gesellschaft einen Hinweis auf die bevorstehende Verschmelzung in den Gesellschaftsblättern der übernehmenden Gesellschaft bekanntzumachen und den Verschmelzungsvertrag oder seinen Entwurf zum Register der übernehmenden Gesellschaft einzureichen; § 61 Satz 2 ist entsprechend anzuwenden. Die Aktionäre sind in der Bekanntmachung nach Satz 2 erster Halbsatz auf ihr Recht nach Absatz 2 hinzuweisen. Der Anmeldung der Verschmelzung zur Eintragung in das Handelsregister ist der Nachweis der Bekanntmachung beizufügen. Der Vorstand hat bei der Anmeldung zu erklären, ob ein Antrag nach Absatz 2 gestellt worden ist. Auf Verlangen ist jedem Aktionär der übernehmenden Gesellschaft unverzüglich und kostenlos eine Abschrift der in Satz 1 bezeichneten Unterlagen zu erteilen.

§ 63

Vorbereitung der Hauptversammlung

(1) Von der Einberufung der Hauptversammlung an, die gemäß § 13 Abs. 1 über die Zustimmung zum Verschmelzungsvertrag beschließen soll, sind in dem Geschäftsraum der Gesellschaft zur Einsicht der Aktionäre auszulegen

1. der Verschmelzungsvertrag oder sein Entwurf;
2. die Jahresabschlüsse und die Lageberichte der an der Verschmelzung beteiligten Rechtsträger für die letzten drei Geschäftsjahre;
3. falls sich der letzte Jahresabschluß auf ein Geschäftsjahr bezieht, das mehr als sechs Monate vor dem Abschluß des Verschmelzungsvertrags oder der Aufstellung des Entwurfs abgelaufen ist, eine Bilanz auf einen Stichtag, der nicht vor dem ersten Tag des dritten Monats liegt, der dem Abschluß oder der Aufstellung vorausgeht (Zwischenbilanz);
4. die nach § 8 erstatteten Verschmelzungsberichte;
5. die nach § 60 in Verbindung mit § 12 erstatteten Prüfungsberichte.

(2) Die Zwischenbilanz (Absatz 1 Nr. 3) ist nach den Vorschriften aufzustellen, die auf die letzte Jahresbilanz des Rechtsträgers angewendet worden sind. Eine körperliche Bestandsaufnahme ist nicht erforderlich. Die Wertansätze der letzten Jahresbilanz dürfen übernommen werden. Dabei sind jedoch Abschreibungen, Wertberichtigungen und Rückstellungen sowie wesentliche, aus den Büchern nicht ersichtliche Veränderungen der wirklichen Werte von Vermögensgegenständen bis zum Stichtag der Zwischenbilanz zu berücksichtigen.

(3) Auf Verlangen ist jedem Aktionär unverzüglich und kostenlos eine Abschrift der in Absatz 1 bezeichneten Unterlagen zu erteilen.

§ 64

Durchführung der Hauptversammlung

(1) In der Hauptversammlung sind die in § 63 Abs. 1 bezeichneten Unterlagen auszulegen. Der Vorstand hat den Verschmelzungsvertrag oder seinen Entwurf zu Beginn der Verhandlung mündlich zu erläutern.

(2) Jedem Aktionär ist auf Verlangen in der Hauptversammlung Auskunft auch über alle für die Verschmelzung wesentlichen Angelegenheiten der anderen beteiligten Rechtsträger zu geben.

§ 65

Beschluß der Hauptversammlung

(1) Der Verschmelzungsbeschluß der Hauptversammlung bedarf einer Mehrheit, die mindestens drei Viertel des bei der Beschlußfassung vertretenen Grundkapitals umfaßt. Die Satzung kann eine größere Kapitalmehrheit und weitere Erfordernisse bestimmen.

(2) Sind mehrere Gattungen von Aktien vorhanden, so bedarf der Beschluß der Hauptversammlung zu seiner Wirksamkeit der Zustimmung der Aktionäre jeder Gattung. Über die Zustimmung haben die Aktionäre jeder Gattung einen Sonderbeschluß zu fassen. Für diesen gilt Absatz 1.

§ 66

Eintragung bei Erhöhung des Grundkapitals

Erhöht die übernehmende Gesellschaft zur Durchführung der Verschmelzung ihr Grundkapital, so darf die Verschmelzung erst eingetragen werden, nachdem die Durchführung der Erhöhung des Grundkapitals im Register eingetragen worden ist.

§ 67

Anwendung der Vorschriften über die Nachgründung

Wird der Verschmelzungsvertrag in den ersten zwei Jahren seit Eintragung der übernehmenden Gesellschaft in das Register geschlossen, so ist § 52 Abs. 3, 4, 7 bis 9 des Aktiengesetzes über die Nachgründung entsprechend anzuwenden. Dies gilt nicht, wenn der Gesamtnennbetrag der zu gewährenden Aktien den zehnten Teil des Grundkapitals dieser Gesellschaft nicht übersteigt. Wird zur Durchführung der Verschmelzung das Grundkapital erhöht, so ist der Berechnung das erhöhte Grundkapital zugrunde zu legen.

§ 68

Verschmelzung ohne Kapitalerhöhung

(1) Die übernehmende Gesellschaft darf zur Durchführung der Verschmelzung ihr Grundkapital nicht erhöhen, soweit

1. sie Anteile eines übertragenden Rechtsträgers innehat;
2. ein übertragender Rechtsträger eigene Anteile innehat oder
3. ein übertragender Rechtsträger Aktien dieser Gesellschaft besitzt, auf die der Nennbetrag oder der höhere Ausgabebetrag nicht voll geleistet ist.

Die übernehmende Gesellschaft braucht ihr Grundkapital nicht zu erhöhen, soweit

1. sie eigene Aktien besitzt oder
2. ein übertragender Rechtsträger Aktien dieser Gesellschaft besitzt, auf die der Nennbetrag oder der höhere Ausgabebetrag bereits voll geleistet ist.

(2) Absatz 1 gilt entsprechend, wenn Inhaber der dort bezeichneten Anteile ein Dritter ist, der im eigenen Namen, jedoch in einem Fall des Absatzes 1 Satz 1 Nr. 1 oder des Absatzes 1 Satz 2 Nr. 1 für Rechnung der übernehmenden Gesellschaft oder in einem der anderen Fälle des Absatzes 1 für Rechnung des übertragenden Rechtsträgers handelt.

(3) Im Verschmelzungsvertrag festgesetzte bare Zuzahlungen dürfen nicht den zehnten Teil des Gesamtnennbetrags der gewährten Aktien der übernehmenden Gesellschaft übersteigen.

§ 69

Verschmelzung mit Kapitalerhöhung

(1) Erhöht die übernehmende Gesellschaft zur Durchführung der Verschmelzung ihr Grundkapital, so sind § 182 Abs. 4, § 184 Abs. 2, §§ 185, 186, 187 Abs. 1, § 188 Abs. 2 und 3 Nr. 1 des Aktiengesetzes nicht anzuwenden; eine Prüfung der Sacheinlage nach § 183 Abs. 3 des Aktiengesetzes findet nur statt, soweit übertragende Rechtsträger die Rechtsform einer Personenhandelsgesellschaft oder eines rechtsfähigen Vereins haben, wenn Vermögensgegenstände in der Schlußbilanz eines übertragenden Rechtsträgers höher bewertet worden sind als in dessen letzter Jahresbilanz, wenn die in einer Schlußbilanz angesetzten Werte nicht als Anschaffungskosten in den Jahresbilanzen der übernehmenden Gesellschaft angesetzt werden oder wenn das Gericht Zweifel hat, ob der Wert der Sacheinlage den Nennbetrag der dafür zu gewährenden Aktien erreicht. Dies gilt auch dann, wenn das Grundkapital durch Ausgabe neuer Aktien auf Grund der Ermächtigung nach § 202 des Aktiengesetzes erhöht wird. In diesem Fall ist außerdem § 203 Abs. 3 des Aktiengesetzes nicht anzuwenden.

(2) Der Anmeldung der Kapitalerhöhung zum Register sind außer den in § 188 Abs. 3 Nr. 2 bis 4 des Aktiengesetzes bezeichneten Schriftstücken der Verschmelzungsvertrag und die Niederschriften der Verschmelzungsbeschlüsse in Ausfertigung oder öffentlich beglaubigter Abschrift beizufügen.

§ 70

Geltendmachung eines Schadenersatzanspruchs

Die Bestellung eines besonderen Vertreters nach § 26 Abs. 1 Satz 2 können nur solche Aktionäre einer übertragenden Gesellschaft beantragen, die ihre Aktien bereits gegen Anteile des übernehmenden Rechtsträgers umgetauscht haben.

§ 71

Bestellung eines Treuhänders

(1) Jeder übertragende Rechtsträger hat für den Empfang der zu gewährenden Aktien und der baren Zuzahlungen einen Treuhänder zu bestellen. Die Verschmelzung darf erst eingetragen werden, wenn der Treuhänder dem Gericht angezeigt hat, daß er im Besitz der Aktien und der im Verschmelzungsvertrag festgesetzten baren Zuzahlungen ist.

(2) § 26 Abs. 4 ist entsprechend anzuwenden.

§ 72

Umtausch von Aktien

(1) Für den Umtausch der Aktien einer übertragenden Gesellschaft gilt § 73 Abs. 1 und 2 des Aktiengesetzes, bei Zusammenlegung von Aktien dieser Gesellschaft § 226 Abs. 1 und 2 des Aktiengesetzes über die Kraftloserklärung von Aktien entsprechend. Einer Genehmigung des Gerichts bedarf es nicht.

(2) Ist der übernehmende Rechtsträger ebenfalls eine Aktiengesellschaft, so gelten ferner § 73 Abs. 3 des Aktiengesetzes sowie bei Zusammenlegung von Aktien § 73 Abs. 4 und § 226 Abs. 3 des Aktiengesetzes entsprechend.

ZWEITER UNTERABSCHNITT

Verschmelzung durch Neugründung

§ 73

Anzuwendende Vorschriften

Auf die Verschmelzung durch Neugründung sind die Vorschriften des Ersten Unterabschnitts mit Ausnahme der §§ 66, 67, 68 Abs. 1 und 2 und des § 69 entsprechend anzuwenden.

§ 74

Inhalt der Satzung

In die Satzung sind Festsetzungen über Sondervorteile, Gründungsaufwand, Sacheinlagen und Sachübernahmen, die in den Gesellschaftsverträgen, Satzungen oder Statuten übertragender Rechtsträger enthalten waren, zu übernehmen. § 26 Abs. 4 und 5 des Aktiengesetzes bleibt unberührt.

§ 75

Gründungsbericht und Gründungsprüfung

(1) In dem Gründungsbericht (§ 32 des Aktiengesetzes) sind auch der Geschäftsverlauf und die Lage der übertragenden Rechtsträger darzustellen.

(2) Ein Gründungsbericht und eine Gründungsprüfung (§ 33 Abs. 2 des Aktiengesetzes) sind nicht erforderlich, soweit eine Kapitalgesellschaft oder eine eingetragene Genossenschaft übertragender Rechtsträger ist.

§ 76

Verschmelzungsbeschlüsse

(1) Eine übertragende Aktiengesellschaft darf die Verschmelzung erst beschließen, wenn sie und jede andere übertragende Aktiengesellschaft bereits zwei Jahre im Register eingetragen sind.

(2) Die Satzung der neuen Gesellschaft wird nur wirksam, wenn ihr die Anteilsinhaber jedes der übertragenden Rechtsträger durch Verschmelzungsbeschluß zustimmen. Dies gilt entsprechend für die Bestellung der Mitglieder des Aufsichtsrats der neuen Gesellschaft, soweit diese nach § 31 des Aktiengesetzes zu wählen sind. Auf eine übertragende Aktiengesellschaft ist § 124 Abs. 2 Satz 2, Abs. 3 Satz 1 und 3 des Aktiengesetzes entsprechend anzuwenden.

§ 77

Bekanntmachung der Eintragung der neuen Gesellschaft

In die Bekanntmachung der Eintragung der neuen Gesellschaft sind außer den sonst erforderlichen Angaben die Bestimmungen des Verschmelzungsvertrags über die Zahl und, wenn mehrere Gattungen bestehen, die Gattung der Aktien, welche die neue Gesellschaft den Anteilsinhabern der übertragenden Rechtsträger gewährt, sowie über die Art und den Zeitpunkt der Zuteilung dieser Aktien aufzunehmen.

VIERTER ABSCHNITT

Verschmelzung unter Beteiligung von Kommanditgesellschaften auf Aktien

§ 78

Anzuwendende Vorschriften

Auf Verschmelzungen unter Beteiligung von Kommanditgesellschaften auf Aktien sind die Vorschriften des Dritten Abschnitts entsprechend anzuwenden. An die Stelle der Aktiengesellschaft und ihres Vorstands treten die Kommanditgesellschaft auf Aktien und die zu ihrer Vertretung ermächtigten persönlich haftenden Gesellschafter. Der Verschmelzungsbeschluß bedarf auch der Zustimmung der persönlich haftenden Gesellschafter; die Satzung der Kommanditgesellschaft auf Aktien kann eine Mehrheitsentscheidung dieser Gesellschafter vorsehen. Im Verhältnis zueinander gelten Aktiengesellschaften und Kommanditgesellschaften auf Aktien nicht als Rechtsträger anderer Rechtsform im Sinne der §§ 29 und 34.

FÜNFTER ABSCHNITT

Verschmelzung unter Beteiligung eingetragener Genossenschaften

ERSTER UNTERABSCHNITT

Verschmelzung durch Aufnahme

§ 79

Möglichkeit der Verschmelzung

Ein Rechtsträger anderer Rechtsform kann im Wege der Aufnahme mit einer eingetragenen Genossenschaft nur verschmolzen werden, wenn eine erforderliche Änderung des Statuts der übernehmenden Genossenschaft gleichzeitig mit der Verschmelzung beschlossen wird.

§ 80

Inhalt des Verschmelzungsvertrags bei Aufnahme durch eine Genossenschaft

(1) Der Verschmelzungsvertrag oder sein Entwurf hat bei Verschmelzungen im Wege der Aufnahme durch eine eingetragene Genossenschaft für die Festlegung des Umtauschverhältnisses der Anteile (§ 5 Abs. 1 Nr. 3) die Angabe zu enthalten,

1. daß jeder Genosse einer übertragenden Genossenschaft mit einem Geschäftsanteil bei der übernehmenden Genossenschaft beteiligt wird, sofern das Statut dieser Genossenschaft die Beteiligung mit mehr als einem Geschäftsanteil nicht zuläßt, oder
2. daß jeder Genosse einer übertragenden Genossenschaft mit mindestens einem und im übrigen mit so vielen Geschäftsanteilen bei der übernehmenden Genossenschaft beteiligt wird, wie durch Anrechnung seines Geschäftsguthabens bei der übertragenden Genossenschaft als voll eingezahlt anzusehen sind, sofern das Statut der übernehmenden Genossenschaft die Beteiligung eines Genossen mit mehreren Geschäftsanteilen zuläßt oder die Genossen zur Übernahme mehrerer Geschäftsanteile verpflichtet; der Verschmelzungsvertrag oder sein Entwurf kann zugunsten der Genossen einer übertragenden Genossenschaft eine andere Berechnung der Zahl der zu gewährenden Geschäftsanteile vorsehen.

Bei Verschmelzungen im Wege der Aufnahme eines Rechtsträgers anderer Rechtsform durch eine eingetragene Genossenschaft hat der Verschmelzungsvertrag oder sein Entwurf zusätzlich für jeden Anteilsinhaber eines solchen Rechtsträgers den Betrag des Geschäftsanteils und die Zahl der Geschäftsanteile anzugeben, mit denen er bei der neuen Genossenschaft beteiligt wird.

(2) Der Verschmelzungsvertrag oder sein Entwurf hat für jede übertragende Genossenschaft den Stichtag der Schlußbilanz anzugeben.

§ 81

Gutachten des Prüfungsverbandes

(1) Vor der Einberufung der Generalversammlung, die gemäß § 13 Abs. 1 über die Zustimmung zum Verschmelzungsvertrag beschließen soll, ist für jede beteiligte Genossenschaft eine gutachtliche Äußerung des Prüfungsverbandes einzuholen, ob die Verschmelzung mit den Belangen der Genossen und der Gläubiger der Genossenschaft vereinbar ist (Prüfungsgutachten). Das Prüfungsgutachten kann für mehrere beteiligte Genossenschaften auch gemeinsam erstattet werden.

(2) Liegen die Voraussetzungen des Artikels 25 Abs. 1 des Einführungsgesetzes zum Handelsgesetzbuch in der Fassung des Artikels 21 § 5 Abs. 2 des Gesetzes vom 25. Juli 1988 (BGBl. I S. 1093) vor, so kann die Prüfung der Verschmelzung (§§ 9 bis 12) für die dort bezeichneten Rechtsträger auch von dem zuständigen Prüfungsverband durchgeführt werden.

§ 82

Vorbereitung der Generalversammlung

(1) Von der Einberufung der Generalversammlung an, die gemäß § 13 Abs. 1 über die Zustimmung zum Verschmelzungsvertrag beschließen soll, sind auch in dem Geschäftsraum jeder beteiligten Genossenschaft die in § 63 Abs. 1 Nr. 1 bis 4 bezeichneten Unterlagen sowie die nach § 81 erstatteten Prüfungsgutachten zur Einsicht der Genossen auszulegen. Dazu erforderliche Zwischenbilanzen sind gemäß § 63 Abs. 2 aufzustellen.

(2) Auf Verlangen ist jedem Genossen unverzüglich und kostenlos eine Abschrift der in Absatz 1 bezeichneten Unterlagen zu erteilen.

§ 83

Durchführung der Generalversammlung

(1) In der Generalversammlung sind die in § 63 Abs. 1 Nr. 1 bis 4 bezeichneten Unterlagen sowie die nach § 81 erstatteten Prüfungsgutachten auszulegen. Der Vorstand hat den Verschmelzungsvertrag oder seinen Entwurf zu Beginn der Verhandlung mündlich zu erläutern. § 64 Abs. 2 ist entsprechend anzuwenden.

(2) Das für die beschließende Genossenschaft erstattete Prüfungsgutachten ist in der Generalversammlung zu verlesen. Der Prüfungsverband ist berechtigt, an der Generalversammlung beratend teilzunehmen.

§ 84

Beschluß der Generalversammlung

Der Verschmelzungsbeschluß der Generalversammlung bedarf einer Mehrheit von drei Vierteln der abgegebenen Stimmen. Das Statut kann eine größere Mehrheit und weitere Erfordernisse bestimmen.

§ 85

Verbesserung des Umtauschverhältnisses

(1) Bei der Verschmelzung von Genossenschaften miteinander ist § 15 nur anzuwenden, wenn und soweit das Geschäftsguthaben eines Genossen in der übernehmenden Genossenschaft niedriger als das Geschäftsguthaben in der übertragenden Genossenschaft ist.

(2) Der Anspruch nach § 15 kann auch durch Zuschreibung auf das Geschäftsguthaben erfüllt werden, soweit nicht der Gesamtbetrag der Geschäftsanteile des Genossen bei der übernehmenden Genossenschaft überschritten wird.

§ 86

Anlagen der Anmeldung

(1) Der Anmeldung der Verschmelzung ist außer den sonst erforderlichen Unterlagen auch das für die anmeldende Genossenschaft erstattete Prüfungsgutachten in Urschrift oder in öffentlich beglaubigter Abschrift beizufügen.

(2) Der Anmeldung zur Eintragung in das Register des Sitzes des übernehmenden Rechtsträgers ist ferner jedes andere für eine übertragende Genossenschaft erstattete Prüfungsgutachten in Urschrift oder in öffentlich beglaubigter Abschrift beizufügen.

§ 87

Anteilstausch

(1) Auf Grund der Verschmelzung ist jeder Genosse einer übertragenden Genossenschaft entsprechend dem Verschmelzungsvertrag an dem übernehmenden Rechtsträger beteiligt. Eine Verpflichtung, bei einer übernehmenden Genossenschaft weitere Geschäftsanteile zu übernehmen, bleibt unberührt. Rechte Dritter an den Geschäftsguthaben bei einer übertragenden Genossenschaft bestehen an den Anteilen oder Mitgliedschaften des übernehmenden Rechtsträgers anderer Rechtsform weiter, die an die Stelle der Geschäftsanteile der übertragenden Genossenschaft treten. Rechte Dritter an den Anteilen oder Mitgliedschaften des übertragenden Rechtsträgers bestehen an den bei der übernehmenden Genossenschaft erlangten Geschäftsguthaben weiter.

(2) Übersteigt das Geschäftsguthaben, das der Genosse bei einer übertragenden Genossenschaft hatte, den Gesamtbetrag der Geschäftsanteile, mit denen er nach Absatz 1 bei einer übernehmenden Genossenschaft beteiligt ist, so ist der übersteigende Betrag nach Ablauf von sechs Monaten seit dem Tage, an dem die Eintragung der Verschmelzung in das Register des Sitzes der übernehmenden Genossenschaft nach § 19 Abs. 3 als bekanntgemacht gilt, an den Genossen auszuzahlen; die Auszahlung darf jedoch nicht erfolgen, bevor die Gläubiger, die sich nach § 22 gemeldet haben, befriedigt oder sichergestellt sind. Im Verschmelzungsvertrag festgesetzte bare Zuzahlungen dürfen nicht den zehnten Teil des Gesamtnennbetrags der gewährten Geschäftsanteile der übernehmenden Genossenschaft übersteigen.

(3) Für die Berechnung des Geschäftsguthabens, das dem Genossen bei einer übertragenden Genossenschaft zugestanden hat, ist deren Schlußbilanz maßgebend.

§ 88

Geschäftsguthaben bei der Aufnahme von Kapitalgesellschaften und rechtsfähigen Vereinen

(1) Ist an der Verschmelzung eine Kapitalgesellschaft als übertragender Rechtsträger beteiligt, so ist jedem Anteilsinhaber dieser Gesellschaft als Geschäftsguthaben bei der übernehmenden Genossenschaft der Wert der Geschäftsanteile oder der Aktien gutzuschreiben, mit denen er an der übertragenden Gesellschaft beteiligt war. Für die Feststellung des Wertes dieser Beteiligung ist die Schlußbilanz der übertragenden Gesellschaft maßgebend. Übersteigt das durch die Verschmelzung erlangte Geschäftsguthaben eines Genossen den Gesamtbetrag der Geschäftsanteile, mit denen er bei der übernehmenden Genossenschaft beteiligt ist, so ist der übersteigende Betrag nach Ablauf von sechs Monaten seit dem Tage, an dem die Eintragung der Verschmelzung in das Register des Sitzes der übernehmenden Genossenschaft nach § 19 Abs. 3 als bekanntgemacht gilt, an den Genossen auszuzahlen; die Auszahlung darf jedoch nicht erfolgen, bevor die Gläubiger, die sich nach § 22 gemeldet haben, befriedigt oder sichergestellt sind.

(2) Ist an der Verschmelzung ein rechtsfähiger Verein als übertragender Rechtsträger beteiligt, so kann jedem Mitglied dieses Vereins als Geschäftsguthaben bei der übernehmenden Genossenschaft höchstens der Nennbetrag der Geschäftsanteile gutgeschrieben werden, mit denen es an der übernehmenden Genossenschaft beteiligt ist.

§ 89

Eintragung der Genossen in die Mitgliederliste; Benachrichtigung

(1) Die übernehmende Genossenschaft hat jeden neuen Genossen nach der Eintragung der Verschmelzung in das Register des Sitzes der übernehmenden Genossenschaft unverzüglich in die Mitgliederliste einzutragen und hiervon unverzüglich zu benachrichtigen. Sie hat ferner die Zahl der Geschäftsanteile des

Genossen einzutragen, sofern der Genosse mit mehr als einem Geschäftsanteil beteiligt ist.

(2) Die übernehmende Genossenschaft hat jedem Anteilsinhaber eines übertragenden Rechtsträgers, bei unbekannten Aktionären dem Treuhänder der übertragenden Gesellschaft, unverzüglich schriftlich mitzuteilen:

1. den Betrag des Geschäftsguthabens bei der übernehmenden Genossenschaft;
2. den Betrag des Geschäftsanteils bei der übernehmenden Genossenschaft;
3. die Zahl der Geschäftsanteile, mit denen der Anteilsinhaber bei der übernehmenden Genossenschaft beteiligt ist;
4. den Betrag der von dem Genossen nach Anrechnung seines Geschäftsguthabens noch zu leistenden Einzahlung oder den Betrag, der ihm nach § 87 Abs. 2 oder nach § 88 Abs. 1 auszuzahlen ist, sowie
5. den Betrag der Haftsumme der übernehmenden Genossenschaft, sofern deren Genossen Nachschüsse bis zu einer Haftsumme zu leisten haben.

§ 90

Ausschlagung durch einzelne Anteilsinhaber

(1) Die §§ 29 bis 34 sind auf die Genossen einer übertragenden Genossenschaft nicht anzuwenden.

(2) Auf der Verschmelzungswirkung beruhende Anteile und Mitgliedschaften an dem übernehmenden Rechtsträger gelten als nicht erworben, wenn sie ausgeschlagen werden.

(3) Das Recht zur Ausschlagung hat jeder Genosse einer übertragenden Genossenschaft, wenn er in der Generalversammlung oder als Vertreter in der Vertreterversammlung, die gemäß § 13 Abs. 1 über die Zustimmung zum Verschmelzungsvertrag beschließen soll,

1. erscheint und gegen den Verschmelzungsbeschluß Widerspruch zur Niederschrift erklärt oder
2. nicht erscheint, sofern er zu der Versammlung zu Unrecht nicht zugelassen worden ist oder die Versammlung nicht ordnungsgemäß einberufen oder der Gegenstand der Beschlußfassung nicht ordnungsgemäß bekanntgemacht worden ist.

Wird der Verschmelzungsbeschluß einer übertragenden Genossenschaft von einer Vertreterversammlung gefaßt, so steht das Recht zur Ausschlagung auch jedem anderen Genossen dieser Genossenschaft zu, der im Zeitpunkt der Beschlußfassung nicht Vertreter ist.

§ 91

Form und Frist der Ausschlagung

(1) Die Ausschlagung ist gegenüber dem übernehmenden Rechtsträger schriftlich zu erklären.

(2) Die Ausschlagung kann nur binnen sechs Monaten nach dem Tage erklärt werden, an dem die Eintragung der Verschmelzung in das Register des Sitzes des übernehmenden Rechtsträgers nach § 19 Abs. 3 als bekanntgemacht gilt.

(3) Die Ausschlagung kann nicht unter einer Bedingung oder einer Zeitbestimmung erklärt werden.

§ 92

Eintragung der Ausschlagung in die Mitgliederliste

(1) Die übernehmende Genossenschaft hat jede Ausschlagung unverzüglich in die Mitgliederliste einzutragen und den Genossen von der Eintragung unverzüglich zu benachrichtigen.

(2) Die Ausschlagung wird in dem Zeitpunkt wirksam, in dem die Ausschlagungserklärung dem übernehmenden Rechtsträger zugeht.

§ 93

Auseinandersetzung

(1) Mit einem früheren Genossen, dessen Beteiligung an dem übernehmenden Rechtsträger nach § 90 Abs. 2 als nicht erworben gilt, hat der übernehmende Rechtsträger sich auseinanderzusetzen. Maßgebend ist die Schlußbilanz der übertragenden Genossenschaft.

(2) Dieser Genosse kann die Auszahlung des Geschäftsguthabens, das er bei der übertragenden Genossenschaft hatte, verlangen; an den Rücklagen und dem sonstigen Vermögen der übertragenden Genossenschaft hat er vorbehaltlich des § 73 Abs. 3 des Gesetzes betreffend die Erwerbs- und Wirtschaftsgenossenschaften keinen Anteil, auch wenn sie bei der Verschmelzung den Geschäftsguthaben anderer Genossen, die von dem Recht zur Ausschlagung keinen Gebrauch machen, zugerechnet werden.

(3) Reichen die Geschäftsguthaben und die in der Schlußbilanz einer übertragenden Genossenschaft ausgewiesenen Rücklagen zur Deckung eines in dieser Bilanz ausgewiesenen Verlustes nicht aus, so kann der übernehmende Rechtsträger von dem früheren Genossen, dessen Beteiligung als nicht erworben gilt, die Zahlung des anteiligen Fehlbetrags verlangen, wenn und soweit dieser Genosse im Falle der Insolvenz Nachschüsse an die übertragende Genossenschaft zu leisten gehabt hätte. Der anteilige Fehlbetrag wird, falls das Statut der übertragenden Genossenschaft nichts anderes bestimmt, nach der Zahl ihrer Genossen berechnet.

(4) Die Ansprüche verjähren in fünf Jahren. Die Verjährung beginnt mit dem Schluß des Kalenderjahres, in dem die Ansprüche fällig geworden sind.

§ 94

Auszahlung des Auseinandersetzungsguthabens

Ansprüche auf Auszahlung des Geschäftsguthabens nach § 93 Abs. 2 sind binnen sechs Monaten seit der Ausschlagung zu befriedigen; die Auszahlung darf jedoch nicht erfolgen, bevor die Gläubiger, die sich nach § 22 gemeldet haben, befriedigt oder sichergestellt sind, und nicht vor Ablauf von sechs Monaten seit dem Tag, an dem die Eintragung der Verschmelzung in das Register des Sitzes des übernehmenden Rechtsträgers nach § 19 Abs. 3 als bekanntgemacht gilt.

§ 95

Fortdauer der Nachschußpflicht

(1) Ist die Haftsumme bei einer übernehmenden Genossenschaft geringer, als sie bei einer übertragenden Genossenschaft war, oder haften den Gläubigern eines übernehmenden Rechtsträgers nicht alle Anteilsinhaber dieses Rechtsträgers unbeschränkt, so haben zur Befriedigung der Gläubiger der übertragenden Genossenschaft diejenigen Anteilsinhaber, die Mitglieder der übertragenden Genossenschaft waren, weitere Nachschüsse bis zur Höhe der Haftsumme bei der übertragenden Genossenschaft zu leisten, sofern die Gläubiger, die sich nach § 22 gemeldet haben, wegen ihrer Forderung Befriedigung oder Sicherstellung auch nicht aus den von den Genossen eingezogenen Nachschüssen erlangen können. Für die Einziehung der Nachschüsse gelten die §§ 105 bis 115 a des Gesetzes betreffend die Erwerbs- und Wirtschaftsgenossenschaften entsprechend.

(2) Absatz 1 ist nur anzuwenden, wenn das Insolvenzverfahren über das Vermögen des übernehmenden Rechtsträgers binnen zwei Jahren nach dem Tage eröffnet wird, an dem die Eintragung der Verschmelzung in das Register des Sitzes dieses Rechtsträgers nach § 19 Abs. 3 als bekanntgemacht gilt.

ZWEITER UNTERABSCHNITT

Verschmelzung durch Neugründung

§ 96

Anzuwendende Vorschriften

Auf die Verschmelzung durch Neugründung sind die Vorschriften des Ersten Unterabschnitts entsprechend anzuwenden.

§ 97

Pflichten der Vertretungsorgane der übertragenden Rechtsträger

(1) Das Statut der neuen Genossenschaft ist durch sämtliche Mitglieder des Vertretungsorgans jedes der übertragenden Rechtsträger aufzustellen und zu unterzeichnen.

(2) Die Vertretungsorgane aller übertragenden Rechtsträger haben den ersten Aufsichtsrat der neuen Genossenschaft zu bestellen. Das gleiche gilt für die Bestellung des ersten Vorstands, sofern nicht durch das Statut der neuen Genossenschaft anstelle der Wahl durch die Generalversammlung eine andere Art der Bestellung des Vorstands festgesetzt ist.

§ 98

Verschmelzungsbeschlüsse

Das Statut der neuen Genossenschaft wird nur wirksam, wenn ihm die Anteilsinhaber jedes der übertragenden Rechtsträger durch Verschmelzungsbeschluß zustimmen. Dies gilt entsprechend für die Bestellung der Mitglieder des Vorstands und des Aufsichtsrats der neuen Genossenschaft, für die Bestellung des Vorstands jedoch nur, wenn dieser von den Vertretungsorganen aller übertragenden Rechtsträger bestellt worden ist.

SECHSTER ABSCHNITT

Verschmelzung unter Beteiligung rechtsfähiger Vereine

§ 99

Möglichkeit der Verschmelzung

(1) Ein rechtsfähiger Verein kann sich an einer Verschmelzung nur beteiligen, wenn die Satzung des Vereins oder Vorschriften des Landesrechts nicht entgegenstehen.

(2) Ein eingetragener Verein kann im Wege der Verschmelzung nur andere eingetragene Vereine aufnehmen oder mit ihnen einen eingetragenen Verein oder einen Rechtsträger anderer Rechtsform neu gründen.

§ 100

Prüfung der Verschmelzung

Der Verschmelzungsvertrag oder sein Entwurf ist für einen wirtschaftlichen Verein nach den §§ 9 bis 12 zu prüfen. Bei einem eingetragenen Verein ist diese Prüfung nur erforderlich, wenn mindestens zehn vom Hundert der Mitglieder sie schriftlich verlangen.

§ 101

Vorbereitung der Mitgliederversammlung

(1) Von der Einberufung der Mitgliederversammlung an, die gemäß § 13 Abs. 1 über die Zustimmung zum Verschmelzungsvertrag beschließen soll, sind in dem Geschäftsraum des Vereins die in § 63 Abs. 1 Nr. 1 bis 4 bezeichneten Unterlagen sowie ein nach § 100 erforderlicher Prüfungsbericht zur Einsicht der Mitglieder auszulegen. Dazu erforderliche Zwischenbilanzen sind gemäß § 63 Abs. 2 aufzustellen.

(2) Auf Verlangen ist jedem Mitglied unverzüglich und kostenlos eine Abschrift der in Absatz 1 bezeichneten Unterlagen zu erteilen.

§ 102

Durchführung der Mitgliederversammlung

In der Mitgliederversammlung sind die in § 63 Abs. 1 Nr. 1 bis 4 bezeichneten Unterlagen sowie ein nach § 100 erforderlicher Prüfungsbericht auszulegen. § 64 Abs. 1 Satz 2 und Abs. 2 ist entsprechend anzuwenden.

§ 103

Beschluß der Mitgliederversammlung

Der Verschmelzungsbeschluß der Mitgliederversammlung bedarf einer Mehrheit von drei Vierteln der erschienenen Mitglieder. Die Satzung kann eine größere Mehrheit und weitere Erfordernisse bestimmen.

§ 104

Bekanntmachung der Verschmelzung

(1) Ist ein übertragender Verein nicht in ein Handelsregister eingetragen, so hat sein Vorstand die bevorstehende Verschmelzung durch den Bundesanzeiger und durch mindestens ein anderes Blatt bekanntzumachen. Die Bekanntmachung im Bundesanzeiger tritt an die Stelle der Eintragung im Register. Sie ist mit einem Vermerk zu versehen, daß die Verschmelzung erst mit der Eintragung im Register des Sitzes des übernehmenden Rechtsträgers wirksam wird. Die §§ 16, 17 Abs. 1, § 19 Abs. 1 Satz 2, Abs. 2 und Abs. 3 Satz 1 sind nicht anzuwenden, soweit sie sich auf die Anmeldung und Eintragung dieses übertragenden Vereins beziehen.

(2) Die Schlußbilanz eines solchen übertragenden Vereins ist der Anmeldung zum Register des Sitzes des übernehmenden Rechtsträgers beizufügen.

SIEBENTER ABSCHNITT

Verschmelzung genossenschaftlicher Prüfungsverbände

§ 105

Möglichkeit der Verschmelzung

Genossenschaftliche Prüfungsverbände können nur im Wege der Aufnahme eines Verbandes (übertragender Verband) durch einen anderen Verband (übernehmender Verband) verschmolzen werden.

§ 106

Vorbereitung, Durchführung und Beschluß der Mitgliederversammlung

Auf die Vorbereitung, die Durchführung und den Beschluß der Mitgliederversammlung sind die §§ 101 bis 103 entsprechend anzuwenden.

§ 107

Pflichten der Vorstände

(1) Die Vorstände beider Verbände haben die Verschmelzung gemeinschaftlich unverzüglich zur Eintragung in die Register des Sitzes jedes Verbandes anzumelden, soweit der Verband eingetragen ist. Ist der übertragende Verband nicht eingetragen, so ist § 104 entsprechend anzuwenden.

(2) Die Vorstände haben ferner gemeinschaftlich den für die Verleihung des Prüfungsrechts zuständigen obersten Landesbehörden (§ 63 des Gesetzes betreffend die Erwerbs- und Wirtschaftsgenossenschaften) die Eintragung unverzüglich mitzuteilen.

(3) Der Vorstand des übernehmenden Verbandes hat die Mitglieder unverzüglich von der Eintragung zu benachrichtigen.

§ 108

Austritt von Mitgliedern des übertragenden Verbandes

Tritt ein ehemaliges Mitglied des übertragenden Verbandes gemäß § 39 des Bürgerlichen Gesetzbuchs aus dem übernehmenden Verband aus, so sind Bestimmungen der Satzung des übernehmenden Verbandes, die gemäß § 39 Abs. 2 des Bürgerlichen Gesetzbuchs eine längere Kündigungsfrist als zum Schlusse des Geschäftsjahres vorsehen, nicht anzuwenden.

ACHTER ABSCHNITT

Verschmelzung von Versicherungsvereinen auf Gegenseitigkeit

ERSTER UNTERABSCHNITT

Möglichkeit der Verschmelzung

§ 109

Verschmelzungsfähige Rechtsträger

Versicherungsvereine auf Gegenseitigkeit können nur miteinander verschmolzen werden. Sie können ferner im Wege der Verschmelzung durch eine Aktiengesellschaft, die den Betrieb von Versicherungsgeschäften zum Gegenstand hat (Versicherungs-Aktiengesellschaft), aufgenommen werden.

ZWEITER UNTERABSCHNITT

Verschmelzung durch Aufnahme

§ 110

Inhalt des Verschmelzungsvertrags

Sind nur Versicherungsvereine auf Gegenseitigkeit an der Verschmelzung beteiligt, braucht der Verschmelzungsvertrag oder sein Entwurf die Angaben nach § 5 Abs. 1 Nr. 3 bis 5 und 7 nicht zu enthalten.

§ 111

Bekanntmachung des Verschmelzungsvertrags

Der Verschmelzungsvertrag oder sein Entwurf ist vor der Einberufung der obersten Vertretung, die gemäß § 13 Abs. 1 über die Zustimmung zum Verschmelzungsvertrag beschließen soll, zum Register einzureichen. Das Gericht hat in den für die Bekanntmachung seiner Eintragungen bestimmten Blättern (§ 10 des Handelsgesetzbuchs) einen Hinweis darauf bekanntzumachen, daß der Vertrag oder sein Entwurf beim Handelsregister eingereicht worden ist.

§ 112

Vorbereitung, Durchführung und Beschluß der Versammlung der obersten Vertretung

(1) Von der Einberufung der Versammlung der obersten Vertretung an, die gemäß § 13 Abs. 1 über die Zustimmung zum Verschmelzungsvertrag beschließen soll, sind in dem Geschäftsraum des Vereins die in § 63 Abs. 1 bezeichneten Unterlagen zur Einsicht der Mitglieder auszulegen. Dazu erforderliche Zwischenbilanzen sind gemäß § 63 Abs. 2 aufzustellen.

(2) In der Versammlung der obersten Vertretung sind die in § 63 Abs. 1 bezeichneten Unterlagen auszulegen. § 64 Abs. 1 Satz 2 und Abs. 2 ist entsprechend anzuwenden.

(3) Der Verschmelzungsbeschluß der obersten Vertretung bedarf einer Mehrheit von drei Vierteln der abgegebenen Stimmen. Die Satzung kann eine größere Mehrheit und weitere Erfordernisse bestimmen.

§ 113

Keine gerichtliche Nachprüfung

Sind nur Versicherungsvereine auf Gegenseitigkeit an der Verschmelzung beteiligt, findet eine gerichtliche Nachprüfung des Umtauschverhältnisses der Mitgliedschaften nicht statt.

DRITTER UNTERABSCHNITT

Verschmelzung durch Neugründung

§ 114

Anzuwendende Vorschriften

Auf die Verschmelzung durch Neugründung sind die Vorschriften des Zweiten Unterabschnitts entsprechend anzuwenden, soweit sich aus den folgenden Vorschriften nichts anderes ergibt

§ 115

Bestellung der Vereinsorgane

Die Vorstände der übertragenden Vereine haben den ersten Aufsichtsrat des neuen Rechtsträgers und den Abschlußprüfer für das erste Voll- oder Rumpfgeschäftsjahr zu bestellen. Die Bestellung bedarf notarieller Beurkundung. Der Aufsichtsrat bestellt den ersten Vorstand.

§ 116

Beschlüsse der obersten Vertretungen

(1) Die Satzung des neuen Rechtsträgers und die Bestellung seiner Aufsichtsratsmitglieder bedürfen der Zustimmung der übertragenden Vereine durch Verschmelzungsbeschlüsse. § 76 Abs. 2 und § 112 Abs. 3 sind entsprechend anzuwenden.

(2) In der Bekanntmachung der Tagesordnung eines Vereins ist der wesentliche Inhalt des Verschmelzungsvertrags bekanntzumachen. In der Bekanntmachung haben der Vorstand und der Aufsichtsrat, zur Wahl von Aufsichtsratsmitgliedern und Prüfern nur der Aufsichtsrat, Vorschläge zur Beschlußfassung zu machen. Hat der Aufsichtsrat auch aus Aufsichtsratsmitgliedern der Arbeitnehmer zu bestehen, so bedürfen Beschlüsse des Aufsichtsrats über Vorschläge zur Wahl von Aufsichtsratsmitgliedern nur der Mehrheit der Stimmen der Aufsichtsratsmitglieder der Mitglieder des Vereins.

§ 117

Entstehung und Bekanntmachung des neuen Vereins

(1) Vor der Eintragung in das Register besteht ein neuer Verein als solcher nicht. Wer vor der Eintragung des Vereins in seinem Namen handelt, haftet persönlich; handeln mehrere, so haften sie als Gesamtschuldner.

(2) In die Bekanntmachung der Eintragung eines neuen Vereins sind außer deren sonst erforderlichen Inhalt Name, Beruf und Wohnort der Mitglieder des ersten Aufsichtsrats aufzunehmen. Zugleich ist bekanntzumachen, daß die mit der Anmeldung eingereichten Schriftstücke bei dem Gericht eingesehen werden können.

VIERTER UNTERABSCHNITT

Verschmelzung kleinerer Vereine

§ 118

Anzuwendende Vorschriften

Auf die Verschmelzung kleinerer Vereine im Sinne des § 53 des Versicherungsaufsichtsgesetzes sind die Vorschriften des Zweiten und des Dritten Unterabschnitts entsprechend anzuwenden. Dabei treten bei kleineren Vereinen an die Stelle der Anmeldung zur Eintragung in das Register der Antrag an die Aufsichtsbehörde auf Genehmigung, an die Stelle der Eintragung in das Register und ihrer Bekanntmachung die Bekanntmachung im Bundesanzeiger nach § 119.

§ 119

Bekanntmachung der Verschmelzung

Sobald die Verschmelzung von allen beteiligten Aufsichtsbehörden genehmigt worden ist, macht die für den übernehmenden kleineren Verein zuständige Aufsichtsbehörde, bei einer Verschmelzung durch Neugründung eines kleineren Vereins die für den neuen Verein zuständige Aufsichtsbehörde die Verschmelzung und ihre Genehmigung im Bundesanzeiger sowie in den weiteren Blättern bekannt, die für die Bekanntmachungen der Amtsgerichte bestimmt sind, in deren Bezirken die beteiligten kleineren Vereine ihren Sitz haben.

NEUNTER ABSCHNITT

Verschmelzung von Kapitalgesellschaften mit dem Vermögen eines Alleingesellschafters

§ 120

Möglichkeit der Verschmelzung

(1) Ist eine Verschmelzung nach den Vorschriften des Ersten bis Achten Abschnittes nicht möglich, so kann eine Kapitalgesellschaft im Wege der Aufnahme mit dem Vermögen eines Gesellschafters oder eines Aktionärs verschmolzen werden, sofern sich alle Geschäftsanteile oder alle Aktien der Gesellschaft in der Hand des Gesellschafters oder Aktionärs befinden.

(2) Befinden sich eigene Anteile in der Hand der Kapitalgesellschaft, so werden sie bei der Feststellung der Voraussetzungen der Verschmelzung dem Gesellschafter oder Aktionär zugerechnet.

§ 121

Anzuwendende Vorschriften

Auf die Kapitalgesellschaft sind die für ihre Rechtsform geltenden Vorschriften des Ersten und Zweiten Teils anzuwenden.

§ 122

Eintragung in das Handelsregister

Ein noch nicht in das Handelsregister eingetragener Alleingesellschafter oder Alleinaktionär ist nach den Vorschriften des Handelsgesetzbuchs in das Handelsregister einzutragen; an die Stelle des § 19 des Handelsgesetzbuchs tritt § 18.

DRITTES BUCH

Spaltung

ERSTER TEIL

Allgemeine Vorschriften

ERSTER ABSCHNITT

Möglichkeit der Spaltung

§ 123

Arten der Spaltung

(1) Ein Rechtsträger (übertragender Rechtsträger) kann unter Auflösung ohne Abwicklung sein Vermögen aufspalten

1. zur Aufnahme durch gleichzeitige Übertragung der Vermögensteile jeweils als Gesamtheit auf andere bestehende Rechtsträger (übernehmende Rechtsträger) oder
2. zur Neugründung durch gleichzeitige Übertragung der Vermögensteile jeweils als Gesamtheit auf andere, von ihm dadurch gegründete neue Rechtsträger

gegen Gewährung von Anteilen oder Mitgliedschaften dieser Rechtsträger an die Anteilsinhaber des übertragenden Rechtsträgers (Aufspaltung).

(2) Ein Rechtsträger (übertragender Rechtsträger) kann von seinem Vermögen einen Teil oder mehrere Teile abspalten

1. zur Aufnahme durch Übertragung dieses Teils oder dieser Teile jeweils als Gesamtheit auf einen bestehenden oder mehrere bestehende Rechtsträger (übernehmende Rechtsträger) oder
2. zur Neugründung durch Übertragung dieses Teils oder dieser Teile jeweils als Gesamtheit auf einen oder mehrere, von ihm dadurch gegründeten neuen oder gegründete neue Rechtsträger

gegen Gewährung von Anteilen oder Mitgliedschaften dieses Rechtsträgers oder dieser Rechtsträger an die Anteilsinhaber des übertragenden Rechtsträgers (Abspaltung).

(3) Ein Rechtsträger (übertragender Rechtsträger) kann aus seinem Vermögen einen Teil oder mehrere Teile ausgliedern

1. zur Aufnahme durch Übertragung dieses Teils oder dieser Teile jeweils als Gesamtheit auf einen bestehenden oder mehrere bestehende Rechtsträger (übernehmende Rechtsträger) oder
2. zur Neugründung durch Übertragung dieses Teils oder dieser Teile jeweils als Gesamtheit auf einen oder mehrere, von ihm dadurch gegründeten neuen oder gegründete neue Rechtsträger

gegen Gewährung von Anteilen oder Mitgliedschaften dieses Rechtsträgers oder dieser Rechtsträger an den übertragenden Rechtsträger (Ausgliederung).

(4) Die Spaltung kann auch durch gleichzeitige Übertragung auf bestehende und neue Rechtsträger erfolgen.

§ 124

Spaltungsfähige Rechtsträger

(1) An einer Aufspaltung oder einer Abspaltung können als übertragende, übernehmende oder neue Rechtsträger die in § 3 Abs. 1 genannten Rechtsträger sowie als übertragende Rechtsträger wirtschaftliche Vereine, an einer Ausgliederung können als übertragende, übernehmende oder neue Rechtsträger die in § 3 Abs. 1 genannten Rechtsträger sowie als übertragende Rechtsträger wirtschaftliche Vereine, Einzelkaufleute, Stiftungen sowie Gebietskörperschaften oder Zusammenschlüsse von Gebietskörperschaften, die nicht Gebietskörperschaften sind, beteiligt sein.

(2) § 3 Abs. 3 und 4 ist auf die Spaltung entsprechend anzuwenden.

§ 125

Anzuwendende Vorschriften

Auf die Spaltung sind die Vorschriften des Zweiten Buches mit Ausnahme des § 9 Abs. 2, bei Abspaltung und Ausgliederung mit Ausnahme des § 18 sowie bei Ausgliederung mit Ausnahme des § 14 Abs. 2 und der §§ 15, 29 bis 34, 54, 68 und 71 entsprechend anzuwenden, soweit sich aus diesem Buch nichts anderes ergibt. Eine Prüfung im Sinne der §§ 9 bis 12 findet bei Ausgliederung nicht statt. An die Stelle der übertragenden Rechtsträger tritt der übertragende Rechtsträger, an die Stelle des übernehmenden oder neuen Rechtsträgers treten gegebenenfalls die übernehmenden oder neuen Rechtsträger.

ZWEITER ABSCHNITT

Spaltung zur Aufnahme

§ 126

Inhalt des Spaltungs- und Übernahmevertrags

(1) Der Spaltungs- und Übernahmevertrag oder sein Entwurf muß mindestens folgende Angaben enthalten:

1. den Namen oder die Firma und den Sitz der an der Spaltung beteiligten Rechtsträger;
2. die Vereinbarung über die Übertragung der Teile des Vermögens des übertragenden Rechtsträgers jeweils als Gesamtheit gegen Gewährung von Anteilen oder Mitgliedschaften an den übernehmenden Rechtsträgern;
3. bei Aufspaltung und Abspaltung das Umtauschverhältnis der Anteile und gegebenenfalls die Höhe der baren Zuzahlung oder Angaben über die Mitgliedschaft bei den übernehmenden Rechtsträgern;
4. bei Aufspaltung und Abspaltung die Einzelheiten für die Übertragung der Anteile der übernehmenden Rechtsträger oder über den Erwerb der Mitgliedschaft bei den übernehmenden Rechtsträgern;
5. den Zeitpunkt, von dem an diese Anteile oder die Mitgliedschaft einen Anspruch auf einen Anteil am Bilanzgewinn gewähren, sowie alle Besonderheiten in bezug auf diesen Anspruch;
6. den Zeitpunkt, von dem an die Handlungen des übertragenden Rechtsträgers als für Rechnung jedes der übernehmenden Rechtsträger vorgenommen gelten (Spaltungsstichtag);
7. die Rechte, welche die übernehmenden Rechtsträger einzelnen Anteilsinhabern sowie den Inhabern besonderer Rechte wie Anteile ohne Stimmrecht, Vorzugsaktien, Mehrstimmrechtsaktien, Schuldverschreibungen und Genußrechte gewähren, oder die für diese Personen vorgesehenen Maßnahmen;
8. jeden besonderen Vorteil, der einem Mitglied eines Vertretungsorgans oder eines Aufsichtsorgans der an der Spaltung beteiligten Rechtsträger, einem geschäftsführenden Gesellschafter, einem Abschlußprüfer oder einem Spaltungsprüfer gewährt wird;
9. die genaue Bezeichnung und Aufteilung der Gegenstände des Aktiv- und Passivvermögens, die an jeden der übernehmenden Rechtsträger übertragen werden, sowie der übergehenden Betriebe und Betriebsteile unter Zuordnung zu den übernehmenden Rechtsträgern;

10. bei Aufspaltung und Abspaltung die Aufteilung der Anteile oder Mitgliedschaften jedes der übernehmenden Rechtsträger auf die Anteilsinhaber des übertragenden Rechtsträgers sowie den Maßstab für die Aufteilung;
11. die Folgen der Spaltung für die Arbeitnehmer und ihre Vertretungen sowie die insoweit vorgesehenen Maßnahmen.

(2) Soweit für die Übertragung von Gegenständen im Falle der Einzelrechtsnachfolge in den allgemeinen Vorschriften eine besondere Art der Bezeichnung bestimmt ist, sind diese Regelungen auch für die Bezeichnung der Gegenstände des Aktiv- und Passivvermögens (Absatz 1 Nr. 9) anzuwenden. § 28 der Grundbuchordnung ist zu beachten. Im übrigen kann auf Urkunden wie Bilanzen und Inventare Bezug genommen werden, deren Inhalt eine Zuweisung des einzelnen Gegenstandes ermöglicht; die Urkunden sind dem Spaltungs- und Übernahmevertrag als Anlagen beizufügen.

(3) Der Vertrag oder sein Entwurf ist spätestens einen Monat vor dem Tage der Versammlung der Anteilsinhaber jedes beteiligten Rechtsträgers, die gemäß § 125 in Verbindung mit § 13 Abs. 1 über die Zustimmung zum Spaltungs- und Übernahmevertrag beschließen soll, dem zuständigen Betriebsrat dieses Rechtsträgers zuzuleiten.

§ 127

Spaltungsbericht

Die Vertretungsorgane jedes der an der Spaltung beteiligten Rechtsträger haben einen ausführlichen schriftlichen Bericht zu erstatten, in dem die Spaltung, der Vertrag oder sein Entwurf im einzelnen und bei Aufspaltung und Abspaltung insbesondere das Umtauschverhältnis der Anteile oder die Angaben über die Mitgliedschaften bei den übernehmenden Rechtsträgern, der Maßstab für ihre Aufteilung sowie die Höhe einer anzubietenden Barabfindung rechtlich und wirtschaftlich erläutert und begründet werden (Spaltungsbericht); der Bericht kann von den Vertretungsorganen auch gemeinsam erstattet werden. § 8 Abs. 1 Satz 2 bis 4, Abs. 2 und 3 ist entsprechend anzuwenden.

§ 128

Zustimmung zur Spaltung in Sonderfällen

Werden bei Aufspaltung oder Abspaltung die Anteile oder Mitgliedschaften der übernehmenden Rechtsträger den Anteilsinhabern des übertragenden Rechtsträgers nicht in dem Verhältnis zugeteilt, das ihrer Beteiligung an dem übertragenden Rechtsträger entspricht, so wird der Spaltungs- und Übernahmevertrag nur wirksam, wenn ihm alle Anteilsinhaber des übertragenden Rechtsträgers zustimmen. Bei einer Spaltung zur Aufnahme ist der Berechnung des Beteiligungsverhältnisses der jeweils zu übertragende Teil des Vermögens zugrunde zu legen.

§ 129

Anmeldung der Spaltung

Zur Anmeldung der Spaltung ist auch das Vertretungsorgan jedes der übernehmenden Rechtsträger berechtigt.

§ 130

Eintragung und Bekanntmachung der Spaltung

(1) Die Spaltung darf in das Register des Sitzes des übertragenden Rechtsträgers erst eingetragen werden, nachdem sie im Register des Sitzes jedes der übernehmenden Rechtsträger eingetragen worden ist. Die Eintragung im Register des Sitzes jedes der übernehmenden Rechtsträger ist mit dem Vermerk zu versehen, daß die Spaltung erst mit der Eintragung im Register des Sitzes des übertragenden Rechtsträgers wirksam wird.

(2) Das Gericht des Sitzes des übertragenden Rechtsträgers hat von Amts wegen dem Gericht des Sitzes jedes der übernehmenden Rechtsträger den Tag der Eintragung der Spaltung mitzuteilen sowie einen Handelsregisterauszug und eine beglaubigte Abschrift des Gesellschaftsvertrages, der Satzung oder des Statuts des übertragenden Rechtsträgers zu übersenden. Nach Eingang der Mitteilung hat das Gericht des Sitzes jedes der übernehmenden Rechtsträger von Amts wegen den Tag der Eintragung der Spaltung im Register des Sitzes des übertragenden Rechtsträgers zu vermerken.

§ 131

Wirkungen der Eintragung

(1) Die Eintragung der Spaltung in das Register des Sitzes des übertragenden Rechtsträgers hat folgende Wirkungen:

1. Das Vermögen des übertragenden Rechtsträgers, bei Abspaltung und Ausgliederung der abgespaltene oder ausgegliederte Teil oder die abgespaltenen oder ausgegliederten Teile des Vermögens einschließlich der Verbindlichkeiten gehen entsprechend der im Spaltungs- und Übernahmevertrag vorgesehenen Aufteilung jeweils als Gesamtheit auf die übernehmenden Rechtsträger über. Gegenstände, die nicht durch Rechtsgeschäft übertragen werden können, verbleiben bei Abspaltung und Ausgliederung in Eigentum oder Inhaberschaft des übertragenden Rechtsträgers.
2. Bei der Aufspaltung erlischt der übertragende Rechtsträger. Einer besonderen Löschung bedarf es nicht.
3. Bei Aufspaltung und Abspaltung werden die Anteilsinhaber des übertragenden Rechtsträgers entsprechend der im Spaltungs- und Übernahmevertrag vorgesehenen Aufteilung Anteilsinhaber der übernehmenden Rechtsträger; dies gilt nicht, soweit der übernehmende Rechtsträger oder ein

Dritter, der im eigenen Namen, jedoch für Rechnung dieses Rechtsträgers handelt, Anteilsinhaber des übertragenden Rechtsträgers ist oder der übertragende Rechtsträger eigene Anteile innehat oder ein Dritter, der im eigenen Namen, jedoch für Rechnung dieses Rechtsträgers handelt, dessen Anteilsinhaber ist. Rechte Dritter an den Anteilen oder Mitgliedschaften des übertragenden Rechtsträgers bestehen an den an ihre Stelle tretenden Anteilen oder Mitgliedschaften der übernehmenden Rechtsträger weiter. Bei Ausgliederung wird der übertragende Rechtsträger entsprechend dem Ausgliederungs- und Übernahmevertrag Anteilsinhaber der übernehmenden Rechtsträger.

4. Der Mangel der notariellen Beurkundung des Spaltungs- und Übernahmevertrags und gegebenenfalls erforderlicher Zustimmungs- oder Verzichtserklärungen einzelner Anteilsinhaber wird geheilt.

(2) Mängel der Spaltung lassen die Wirkungen der Eintragung nach Absatz 1 unberührt.

(3) Ist bei einer Aufspaltung ein Gegenstand im Vertrag keinem der übernehmenden Rechtsträger zugeteilt worden und läßt sich die Zuteilung auch nicht durch Auslegung des Vertrags ermitteln, so geht der Gegenstand auf alle übernehmenden Rechtsträger in dem Verhältnis über, das sich aus dem Vertrag für die Aufteilung des Überschusses der Aktivseite der Schlußbilanz über deren Passivseite ergibt; ist eine Zuteilung des Gegenstandes an mehrere Rechtsträger nicht möglich, so ist sein Gegenwert in dem bezeichneten Verhältnis zu verteilen.

§ 132

Beachtung allgemeinen Rechts

Allgemeine Vorschriften, welche die Übertragbarkeit eines bestimmten Gegenstandes ausschließen oder an bestimmte Voraussetzungen knüpfen oder nach denen die Übertragung eines bestimmten Gegenstandes einer staatlichen Genehmigung bedarf, sowie § 613a Abs. 1 Satz 1 des Bürgerlichen Gesetzbuchs bleiben durch die Wirkungen der Eintragung nach § 131 unberührt. § 399 des Bürgerlichen Gesetzbuchs steht der Aufspaltung nicht entgegen.

§ 133

Schutz der Gläubiger und der Inhaber von Sonderrechten

(1) Für die Verbindlichkeiten des übertragenden Rechtsträgers, die vor dem Wirksamwerden der Spaltung begründet worden sind, haften die an der Spaltung beteiligten Rechtsträger als Gesamtschuldner. Die §§ 25, 26 und 28 des Handelsgesetzbuchs sowie § 125 in Verbindung mit § 22 bleiben unberührt; zur Sicherheitsleistung ist nur der an der Spaltung beteiligte Rechtsträger verpflichtet, gegen den sich der Anspruch richtet.

(2) Für die Erfüllung der Verpflichtung nach § 125 in Verbindung mit § 23 haften die an der Spaltung beteiligten Rechtsträger als Gesamtschuldner. Bei Abspaltung und Ausgliederung können die gleichwertigen Rechte im Sinne des § 125 in Verbindung mit § 23 Satz 1 auch in dem übertragenden Rechtsträger gewährt werden.

(3) Diejenigen Rechtsträger, denen die Verbindlichkeiten nach Absatz 1 Satz 1 im Spaltungs- und Übernahmevertrag nicht zugewiesen worden sind, haften für diese Verbindlichkeiten, wenn sie vor Ablauf von fünf Jahren nach der Spaltung fällig und daraus Ansprüche gegen sie gerichtlich geltend gemacht sind; bei öffentlich-rechtlichen Verbindlichkeiten genügt zur Geltendmachung der Erlaß eines Verwaltungsakts.

(4) Die Frist beginnt mit dem Tage, an dem die Eintragung der Spaltung in das Register des Sitzes des übertragenden Rechtsträgers nach § 125 in Verbindung mit § 19 Abs. 3 als bekanntgemacht gilt. Die für die Verjährung geltenden §§ 203, 206, 207, 210, 212 bis 216 und 220 des Bürgerlichen Gesetzbuchs sind entsprechend anzuwenden.

(5) Einer gerichtlichen Geltendmachung bedarf es nicht, soweit die in Absatz 3 bezeichneten Rechtsträger den Anspruch schriftlich anerkannt haben.

(6) Die Ansprüche nach Absatz 2 verjähren in fünf Jahren. Für den Beginn der Verjährung gilt Absatz 4 Satz 1 entsprechend.

§ 134

Schutz der Gläubiger in besonderen Fällen

(1) Spaltet ein Rechtsträger sein Vermögen in der Weise, daß die zur Führung eines Betriebes notwendigen Vermögensteile im wesentlichen auf einen übernehmenden oder mehrere übernehmende oder auf einen neuen oder mehrere neue Rechtsträger übertragen werden und die Tätigkeit dieses Rechtsträgers oder dieser Rechtsträger sich im wesentlichen auf die Verwaltung dieser Vermögensteile beschränkt (Anlagegesellschaft), während dem übertragenden Rechtsträger diese Vermögensteile bei der Führung seines Betriebes zur Nutzung überlassen werden (Betriebsgesellschaft), und sind an den an der Spaltung beteiligten Rechtsträgern im wesentlichen dieselben Personen beteiligt, so haftet die Anlagegesellschaft auch für die Forderungen der Arbeitnehmer der Betriebsgesellschaft als Gesamtschuldner, die binnen fünf Jahren nach dem Wirksamwerden der Spaltung aufgrund der §§ 111 bis 113 des Betriebsverfassungsgesetzes oder aufgrund des Gesetzes zur Verbesserung der betrieblichen Altersversorgung begründet werden. Dies gilt auch dann, wenn die Vermögensteile bei dem übertragenden Rechtsträger verbleiben und dem übernehmenden oder neuen Rechtsträger oder den übernehmenden oder neuen Rechtsträgern zur Nutzung überlassen werden. Die Haftung erstreckt sich nicht auf vertragliche Änderungen und Neubegründungen betrieblicher Versorgungszusagen, die erst nach dem Wirksamwerden der Spaltung erfolgt sind.

(2) Die Ansprüche nach Absatz 1 verjähren in fünf Jahren, falls die Verjährung nach allgemeinen Vorschriften nicht schon früher eintritt.

DRITTER ABSCHNITT

Spaltung zur Neugründung

§ 135

Anzuwendende Vorschriften

(1) Auf die Spaltung eines Rechtsträgers zur Neugründung sind die Vorschriften des Zweiten Abschnitts entsprechend anzuwenden, jedoch mit Ausnahme der §§ 129, 130 Abs. 2 sowie der nach § 125 entsprechend anzuwendenden §§ 4, 7, 16 Abs. 1 und des § 27. An die Stelle der übernehmenden Rechtsträger treten die neuen Rechtsträger, an die Stelle der Eintragung der Spaltung im Register des Sitzes jeder der übernehmenden Rechtsträger tritt die Eintragung jedes der neuen Rechtsträger in das Register.

(2) Auf die Gründung der neuen Rechtsträger sind die für die jeweilige Rechtsform des neuen Rechtsträgers geltenden Gründungsvorschriften anzuwenden, soweit sich aus diesem Buch nichts anderes ergibt. Den Gründern steht der übertragende Rechtsträger gleich. Vorschriften, die für die Gründung eine Mindestzahl der Gründer vorschreiben, sind nicht anzuwenden.

§ 136

Spaltungsplan

Das Vertretungsorgan des übertragenden Rechtsträgers hat einen Spaltungsplan aufzustellen. Der Spaltungsplan tritt an die Stelle des Spaltungs- und Übernahmevertrags.

§ 137

Anmeldung und Eintragung der neuen Rechtsträger und der Spaltung

(1) Das Vertretungsorgan des übertragenden Rechtsträgers hat jeden der neuen Rechtsträger bei dem Gericht, in dessen Bezirk er seinen Sitz haben soll, zur Eintragung in das Register anzumelden.

(2) Das Vertretungsorgan des übertragenden Rechtsträgers hat die Spaltung zur Eintragung in das Register des Sitzes des übertragenden Rechtsträgers anzumelden.

(3) Das Gericht des Sitzes jedes der neuen Rechtsträger hat von Amts wegen dem Gericht des Sitzes des übertragenden Rechtsträgers den Tag der Eintragung des neuen Rechtsträgers mitzuteilen. Nach Eingang der Mitteilungen für alle neuen Rechtsträger hat das Gericht des Sitzes des übertragenden Rechtsträgers die Spaltung einzutragen sowie von Amts wegen den Zeitpunkt der Eintragung den Gerichten des Sitzes jedes der neuen Rechtsträger mitzuteilen sowie ihnen einen Handelsregisterauszug und eine beglaubigte Abschrift des Gesellschaftsvertrages, der Satzung oder des Statuts des übertragenden Rechtsträgers zu übersenden. Der Zeitpunkt der Eintragung der Spaltung ist in den Registern des Sitzes jedes der neuen Rechtsträger von Amts wegen einzutragen; gesetzlich vorgesehene Bekanntmachungen über die Eintragung der neuen Rechtsträger sind erst danach zulässig.

ZWEITER TEIL

Besondere Vorschriften

ERSTER ABSCHNITT

Spaltung unter Beteiligung von Gesellschaften mit beschränkter Haftung

§ 138

Sachgründungsbericht

Ein Sachgründungsbericht (§ 5 Abs. 4 des Gesetzes betreffend die Gesellschaften mit beschränkter Haftung) ist stets erforderlich.

§ 139

Herabsetzung des Stammkapitals

Ist zur Durchführung der Abspaltung oder der Ausgliederung eine Herabsetzung des Stammkapitals einer übertragenden Gesellschaft mit beschränkter Haftung erforderlich, so kann diese auch in vereinfachter Form vorgenommen werden. Wird das Stammkapital herabgesetzt, so darf die Abspaltung oder die Ausgliederung erst eingetragen werden, nachdem die Herabsetzung des Stammkapitals im Register eingetragen worden ist.

§ 140

Anmeldung der Abspaltung oder der Ausgliederung

Bei der Anmeldung der Abspaltung oder der Ausgliederung zur Eintragung in das Register des Sitzes einer übertragenden Gesellschaft mit beschränkter Haftung haben deren Geschäftsführer auch zu erklären, daß die durch Gesetz und Gesellschaftsvertrag vorgesehenen Voraussetzungen für die Gründung dieser Gesellschaft unter Berücksichtigung der Abspaltung oder der Ausgliederung im Zeitpunkt der Anmeldung vorliegen.

ZWEITER ABSCHNITT

Spaltung unter Beteiligung von Aktiengesellschaften und Kommanditgesellschaften auf Aktien

§ 141

Ausschluß der Spaltung

Eine Aktiengesellschaft oder eine Kommanditgesellschaft auf Aktien, die noch nicht zwei Jahre im Register eingetragen ist, kann nicht gespalten werden.

§ 142

Spaltung mit Kapitalerhöhung; Spaltungsbericht

(1) § 69 ist mit der Maßgabe anzuwenden, daß eine Prüfung der Sacheinlage nach § 183 Abs. 3 des Aktiengesetzes stets stattzufinden hat.

(2) In dem Spaltungsbericht ist gegebenenfalls auf den Bericht über die Prüfung von Sacheinlagen bei einer übernehmenden Aktiengesellschaft nach § 183 Abs. 3 des Aktiengesetzes sowie auf das Register, bei dem dieser Bericht zu hinterlegen ist, hinzuweisen.

§ 143

Besondere Unterrichtung über Vermögensveränderungen

Der Vorstand einer übertragenden Aktiengesellschaft oder Kommanditgesellschaft auf Aktien hat deren Aktionäre vor der Beschlußfassung über jede wesentliche Veränderung des Vermögens dieser Gesellschaft, die zwischen dem Abschluß des Vertrags oder der Aufstellung des Entwurfs und dem Zeitpunkt der Beschlußfassung eingetreten ist, zu unterrichten. Der Vorstand hat hierüber auch die Vertretungsorgane der übernehmenden Rechtsträger zu unterrichten; diese haben ihrerseits die Anteilsinhaber des von ihnen vertretenen Rechtsträgers vor der Beschlußfassung über die Spaltung zu unterrichten.

§ 144

Gründungsbericht und Gründungsprüfung

Ein Gründungsbericht (§ 32 des Aktiengesetzes) und eine Gründungsprüfung (§ 33 Abs. 2 des Aktiengesetzes) sind stets erforderlich.

§ 145

Herabsetzung des Grundkapitals

Ist zur Durchführung der Abspaltung oder der Ausgliederung eine Herabsetzung des Grundkapitals einer übertragenden Aktiengesellschaft oder Kommanditgesellschaft auf Aktien erforderlich, so kann diese auch in vereinfachter Form vorgenommen werden. Wird das Grundkapital herabgesetzt, so darf die Abspaltung oder die Ausgliederung erst eingetragen werden, nachdem die Durchführung der Herabsetzung des Grundkapitals im Register eingetragen worden ist.

§ 146

Anmeldung der Abspaltung oder der Ausgliederung

(1) Bei der Anmeldung der Abspaltung oder der Ausgliederung zur Eintragung in das Register des Sitzes einer übertragenden Aktiengesellschaft hat deren Vorstand oder einer Kommanditgesellschaft auf Aktien haben deren zu ihrer Vertretung ermächtigten persönlich haftenden Gesellschafter auch zu erklären, daß die durch Gesetz und Satzung vorgesehenen Voraussetzungen für die Gründung dieser Gesellschaft unter Berücksichtigung der Abspaltung oder der Ausgliederung im Zeitpunkt der Anmeldung vorliegen.

(2) Der Anmeldung der Abspaltung oder der Ausgliederung sind außer den sonst erforderlichen Unterlagen auch beizufügen:

1. der Spaltungsbericht nach § 127;
2. bei Abspaltung der Prüfungsbericht nach § 125 in Verbindung mit § 12.

DRITTER ABSCHNITT

Spaltung unter Beteiligung eingetragener Genossenschaften

§ 147

Möglichkeit der Spaltung

Die Spaltung eines Rechtsträgers anderer Rechtsform zur Aufnahme von Teilen seines Vermögens durch eine eingetragene Genossenschaft kann nur erfolgen, wenn eine erforderliche Änderung des Statuts der übernehmenden Genossenschaft gleichzeitig mit der Spaltung beschlossen wird.

§ 148

Anmeldung der Abspaltung oder der Ausgliederung

(1) Bei der Anmeldung der Abspaltung oder der Ausgliederung zur Eintragung in das Register des Sitzes einer übertragenden Genossenschaft hat deren Vorstand auch zu erklären, daß die durch Gesetz und Statut vorgesehenen Voraussetzungen für die Gründung dieser Genossenschaft unter Berücksichtigung der Abspaltung oder der Ausgliederung im Zeitpunkt der Anmeldung vorliegen.

(2) Der Anmeldung der Abspaltung oder der Ausgliederung sind außer den sonst erforderlichen Unterlagen auch beizufügen:

1. der Spaltungsbericht nach § 127;

2. das Prüfungsgutachten nach § 125 in Verbindung mit § 81.

VIERTER ABSCHNITT

Spaltung unter Beteiligung rechtsfähiger Vereine

§ 149

Möglichkeit der Spaltung

(1) Ein rechtsfähiger Verein kann sich an einer Spaltung nur beteiligen, wenn die Satzung des Vereins oder Vorschriften des Landesrechts nicht entgegenstehen.

(2) Ein eingetragener Verein kann als übernehmender Rechtsträger im Wege der Spaltung nur andere eingetragene Vereine aufnehmen oder mit ihnen einen eingetragenen Verein gründen.

FÜNFTER ABSCHNITT

Spaltung unter Beteiligung genossenschaftlicher Prüfungsverbände

§ 150

Möglichkeit der Spaltung

Die Aufspaltung genossenschaftlicher Prüfungsverbände oder die Abspaltung oder Ausgliederung von Teilen eines solchen Verbandes kann nur zur Aufnahme der Teile eines Verbandes (übertragender Verband) durch einen anderen Verband (übernehmender Verband), die Ausgliederung auch zur Aufnahme von Teilen des Verbandes durch eine oder zur Neugründung einer Kapitalgesellschaft erfolgen.

SECHSTER ABSCHNITT

Spaltung unter Beteiligung von Versicherungsvereinen auf Gegenseitigkeit

§ 151

Möglichkeit der Spaltung

Die Spaltung unter Beteiligung von Versicherungsvereinen auf Gegenseitigkeit kann nur durch Aufspaltung oder Abspaltung und nur in der Weise erfolgen, daß die Teile eines übertragenden Vereins auf andere bestehende oder neue Versicherungsvereine auf Gegenseitigkeit oder auf Aktiengesellschaften, die den Betrieb von Versicherungsgeschäften zum Gegenstand haben, übergehen. Ein Versicherungsverein auf Gegenseitigkeit kann ferner im Wege der Ausgliederung einen Vermögensteil auf eine bestehende oder neue Gesellschaft mit beschränkter Haftung übertragen, sofern damit keine Übertragung von Versicherungsverträgen verbunden ist.

SIEBENTER ABSCHNITT

Ausgliederung aus dem Vermögen eines Einzelkaufmanns

ERSTER UNTERABSCHNITT

Möglichkeit der Ausgliederung

§ 152

Übernehmende oder neue Rechtsträger

Die Ausgliederung des von einem Einzelkaufmann betriebenen Unternehmens, dessen Firma im Handelsregister eingetragen ist, oder von Teilen desselben aus dem Vermögen dieses Kaufmanns kann nur zur Aufnahme dieses Unternehmens oder von Teilen dieses Unternehmens durch Personenhandelsgesellschaften, Kapitalgesellschaften oder eingetragene Genossenschaften oder zur Neugründung von Kapitalgesellschaften erfolgen. Sie kann nicht erfolgen, wenn die Verbindlichkeiten des Einzelkaufmanns sein Vermögen übersteigen.

ZWEITER UNTERABSCHNITT

Ausgliederung zur Aufnahme

§ 153

Ausgliederungsbericht

Ein Ausgliederungsbericht ist für den Einzelkaufmann nicht erforderlich.

§ 154

Eintragung der Ausgliederung

Das Gericht des Sitzes des Einzelkaufmanns hat die Eintragung der Ausgliederung auch dann abzulehnen, wenn offensichtlich ist, daß die Verbindlichkeiten des Einzelkaufmanns sein Vermögen übersteigen.

§ 155

Wirkungen der Ausgliederung

Erfaßt die Ausgliederung das gesamte Unternehmen des Einzelkaufmanns, so bewirkt die Eintragung der Ausgliederung nach § 131 das Erlöschen der von dem Einzelkaufmann geführten Firma. Das Erlöschen der Firma ist von Amts wegen in das Register einzutragen.

§ 156

Haftung des Einzelkaufmanns

Durch den Übergang der Verbindlichkeiten auf übernehmende oder neue Gesellschaften wird der Einzelkaufmann von der Haftung für die Verbindlichkeiten nicht befreit. § 418 des Bürgerlichen Gesetzbuchs ist nicht anzuwenden.

§ 157

Zeitliche Begrenzung der Haftung für übertragene Verbindlichkeiten

(1) Der Einzelkaufmann haftet für die im Ausgliederungs- und Übernahmevertrag aufgeführten Verbindlichkeiten, wenn sie vor Ablauf von fünf Jahren nach der Ausgliederung fällig und daraus Ansprüche gegen ihn gerichtlich geltend gemacht sind; bei öffentlich-rechtlichen Verbindlichkeiten genügt zur Geltendmachung der Erlaß eines Verwaltungsaktes. Eine Haftung des Einzelkaufmanns als Gesellschafter des aufnehmenden Rechtsträgers nach § 128 des Handelsgesetzbuchs bleibt unberührt.

(2) Die Frist beginnt mit dem Tage, an dem die Eintragung der Ausgliederung in das Register des Sitzes des Einzelkaufmanns nach § 125 in Verbindung mit § 19 Abs. 3 als bekanntgemacht gilt. Die für die Verjährung geltenden §§ 203, 206, 207, 210, 212 bis 216 und 220 des Bürgerlichen Gesetzbuchs sind entsprechend anzuwenden.

(3) Einer gerichtlichen Geltendmachung bedarf es nicht, soweit der Einzelkaufmann den Anspruch schriftlich anerkannt hat.

(4) Die Absätze 1 bis 3 sind auch anzuwenden, wenn der Einzelkaufmann in dem Rechtsträger anderer Rechtsform geschäftsführend tätig wird.

DRITTER UNTERABSCHNITT

Ausgliederung zur Neugründung

§ 158

Anzuwendende Vorschriften

Auf die Ausgliederung zur Neugründung sind die Vorschriften des Zweiten Unterabschnitts entsprechend anzuwenden, soweit sich aus diesem Unterabschnitt nichts anderes ergibt.

§ 159

Sachgründungsbericht, Gründungsbericht und Gründungsprüfung

(1) Auf den Sachgründungsbericht (§ 5 Abs. 4 des Gesetzes betreffend die Gesellschaften mit beschränkter Haftung) ist § 58 Abs. 1, auf den Gründungsbericht (§ 32 des Aktiengesetzes) § 75 Abs. 1 entsprechend anzuwenden.

(2) Im Falle der Gründung einer Aktiengesellschaft oder einer Kommanditgesellschaft auf Aktien haben die Prüfung durch die Mitglieder des Vorstands und des Aufsichtsrats (§ 33 Abs. 1 des Aktiengesetzes) sowie die Prüfung durch einen oder mehrere Prüfer (§ 33 Abs. 2 des Aktiengesetzes) sich auch darauf zu erstrecken, ob die Verbindlichkeiten des Einzelkaufmanns sein Vermögen übersteigen.

(3) Zur Prüfung, ob die Verbindlichkeiten des Einzelkaufmanns sein Vermögen übersteigen, hat der Einzelkaufmann den Prüfern eine Aufstellung vorzulegen, in der sein Vermögen seinen Verbindlichkeiten gegenübergestellt ist. Die Aufstellung ist zu gliedern, soweit das für die Prüfung notwendig ist. § 320 Abs. 1 Satz 2 und Abs. 2 Satz 1 des Handelsgesetzbuchs gilt entsprechend, wenn Anlaß für die Annahme besteht, daß in der Aufstellung aufgeführte Vermögensgegenstände überbewertet oder Verbindlichkeiten nicht oder nicht vollständig aufgeführt worden sind.

§ 160

Anmeldung und Eintragung

(1) Die Anmeldung nach § 137 Abs. 1 ist von dem Einzelkaufmann und den Geschäftsführern oder den Mitgliedern des Vorstands und des Aufsichtsrats einer neuen Gesellschaft vorzunehmen.

(2) Die Eintragung der Gesellschaft ist abzulehnen, wenn die Verbindlichkeiten des Einzelkaufmanns sein Vermögen übersteigen.

ACHTER ABSCHNITT

Ausgliederung aus dem Vermögen rechtsfähiger Stiftungen

§ 161

Möglichkeit der Ausgliederung

Die Ausgliederung des von einer rechtsfähigen Stiftung (§ 80 des Bürgerlichen Gesetzbuchs) betriebenen Unternehmens oder von Teilen desselben aus dem Vermögen dieser Stiftung kann nur zur Aufnahme dieses Unternehmens oder von Teilen dieses Unternehmens durch Personenhandelsgesellschaften oder Kapitalgesellschaften oder zur Neugründung von Kapitalgesellschaften erfolgen.

§ 162

Ausgliederungsbericht

(1) Ein Ausgliederungsbericht ist nur erforderlich, wenn das Stiftungsrecht die staatliche Genehmigung der Änderung der Satzung oder des Zweckes der Stiftung oder bei Lebzeiten des Stifters dessen Zustimmung hierzu vorsieht.

(2) Soweit nach Absatz 1 die Ausgliederung der staatlichen Genehmigung oder der Zustimmung des Stifters bedarf, ist der Ausgliederungsbericht der zuständigen Behörde und dem Stifter zu übermitteln. Er muß von sämtlichen Mitgliedern des Vorstands und, wenn ein Aufsichtsrat, ein Beirat oder ein anderes Aufsichtsorgan vorhanden ist, von dem Vorsitzenden dieses Organs unterzeichnet sein.

§ 163

Beschluß über den Vertrag

(1) Auf den Ausgliederungsbeschluß sind die Vorschriften des Stiftungsrechts für die Beschlußfassung über Satzungsänderungen entsprechend anzuwenden.

(2) Sofern das nach Absatz 1 anzuwendende Stiftungsrecht nicht etwas anderes bestimmt, muß der Ausgliederungsbeschluß von dem für die Beschlußfassung über Satzungsänderungen nach der Satzung zuständigen Organ oder, wenn ein solches Organ nicht bestimmt ist, vom Vorstand der Stiftung einstimmig gefaßt werden.

(3) Der Beschluß und die Zustimmungen nach Absatz 1 und 2 müssen notariell beurkundet werden.

§ 164

Genehmigung der Ausgliederung

(1) Die Ausgliederung bedarf der staatlichen Genehmigung, sofern das Stiftungsrecht die staatliche Genehmigung einer Änderung der Satzung oder des Zweckes der Stiftung vorsieht.

(2) Im Falle des Absatzes 1 soll die zuständige Behörde die Ausgliederung nur genehmigen, wenn dies wegen einer wesentlichen Veränderung der wirtschaftlichen Verhältnisse gegenüber den im Zeitpunkt der Entstehung der Stiftung bestehenden Verhältnissen angebracht ist. § 87 Abs. 2 Satz 1 des Bürgerlichen Gesetzbuchs ist entsprechend anzuwenden.

(3) Soweit die Ausgliederung nach Absatz 1 der staatlichen Genehmigung nicht bedarf, hat das Gericht des Sitzes der Stiftung die Eintragung der Ausgliederung auch dann abzulehnen, wenn offensichtlich ist, daß die Verbindlichkeiten der Stiftung ihr Vermögen übersteigen.

§ 165

Sachgründungsbericht und Gründungsbericht

Auf den Sachgründungsbericht (§ 5 Abs. 4 des Gesetzes betreffend die Gesellschaften mit beschränkter Haftung) ist § 58 Abs. 1, auf den Gründungsbericht (§ 32 des Aktiengesetzes) § 75 Abs. 1 entsprechend anzuwenden.

§ 166

Haftung der Stiftung

Durch den Übergang der Verbindlichkeiten auf übernehmende oder neue Gesellschaften wird die Stiftung von der Haftung für die Verbindlichkeiten nicht befreit. § 418 des Bürgerlichen Gesetzbuchs ist nicht anzuwenden.

§ 167

Zeitliche Begrenzung der Haftung für übertragene Verbindlichkeiten

Auf die zeitliche Begrenzung der Haftung der Stiftung für die im Ausgliederungs- und Übernahmevertrag aufgeführten Verbindlichkeiten ist § 157 entsprechend anzuwenden.

NEUNTER ABSCHNITT

Ausgliederung aus dem Vermögen von Gebietskörperschaften oder Zusammenschlüssen von Gebietskörperschaften

§ 168

Möglichkeit der Ausgliederung

Die Ausgliederung eines Unternehmens, das von einer Gebietskörperschaft oder von einem Zusammenschluß von Gebietskörperschaften, der nicht Gebietskörperschaft ist, betrieben wird, aus dem Vermögen dieser Körperschaft oder dieses Zusammenschlusses kann nur zur Aufnahme dieses Unternehmens durch eine Personenhandelsgesellschaft, eine Kapitalgesellschaft oder eine eingetragene Genossenschaft oder zur Neugründung einer Kapitalgesellschaft oder einer eingetragenen Genossenschaft sowie nur dann erfolgen, wenn das für die Körperschaft oder den Zusammenschluß maßgebende Bundes- oder Landesrecht einer Ausgliederung nicht entgegensteht.

§ 169

Ausgliederungsbericht; Ausgliederungsbeschluß

Ein Ausgliederungsbericht ist für die Körperschaft oder den Zusammenschluß nicht erforderlich. Das Organisationsrecht der Körperschaft oder des Zusammenschlusses bestimmt, ob und unter welchen Voraussetzungen ein Ausgliederungsbeschluß erforderlich ist.

§ 170

Sachgründungsbericht und Gründungsbericht

Auf den Sachgründungsbericht (§ 5 Abs. 4 des Gesetzes betreffend die Gesellschaften mit beschränkter Haftung) ist § 58 Abs. 1, auf den Gründungsbericht (§ 32 des Aktiengesetzes) § 75 Abs. 1 entsprechend anzuwenden.

§ 171

Wirksamwerden der Ausgliederung

Die Wirkungen der Ausgliederung nach § 131 treten mit deren Eintragung in das Register des Sitzes des übernehmenden Rechtsträgers oder mit der Eintragung des neuen Rechtsträgers ein.

§ 172

Haftung der Körperschaft oder des Zusammenschlusses

Durch den Übergang der Verbindlichkeiten auf den übernehmenden oder neuen Rechtsträger wird die Körperschaft oder der Zusammenschluß von der Haftung für die Verbindlichkeiten nicht befreit. § 418 des Bürgerlichen Gesetzbuchs ist nicht anzuwenden.

§ 173

Zeitliche Begrenzung der Haftung für übertragene Verbindlichkeiten

Auf die zeitliche Begrenzung der Haftung für die im Ausgliederungs- und Übernahmevertrag aufgeführten Verbindlichkeiten ist § 157 entsprechend anzuwenden.

VIERTES BUCH

Vermögensübertragung

ERSTER TEIL

Möglichkeit der Vermögensübertragung

§ 174

Arten der Vermögensübertragung

(1) Ein Rechtsträger (übertragender Rechtsträger) kann unter Auflösung ohne Abwicklung sein Vermögen als Ganzes auf einen anderen bestehenden Rechtsträger (übernehmender Rechtsträger) gegen Gewährung einer Gegenleistung an die Anteilsinhaber des übertragenden Rechtsträgers, die nicht in Anteilen oder Mitgliedschaften besteht, übertragen (Vollübertragung).

(2) Ein Rechtsträger (übertragender Rechtsträger) kann

1. unter Auflösung ohne Abwicklung sein Vermögen aufspalten durch gleichzeitige Übertragung der Vermögensteile jeweils als Gesamtheit auf andere bestehende Rechtsträger,
2. von seinem Vermögen einen Teil oder mehrere Teile abspalten durch Übertragung dieses Teils oder dieser Teile jeweils als Gesamtheit auf einen oder mehrere bestehende Rechtsträger oder
3. aus seinem Vermögen einen Teil oder mehrere Teile ausgliedern durch Übertragung dieses Teils oder dieser Teile jeweils als Gesamtheit auf einen oder mehrere bestehende Rechtsträger

gegen Gewährung der in Absatz 1 bezeichneten Gegenleistung in den Fällen der Nummern 1 oder 2 an die Anteilsinhaber des übertragenden Rechtsträgers, im Falle der Nummer 3 an den übertragenden Rechtsträger (Teilübertragung).

§ 175

Beteiligte Rechtsträger

Eine Vollübertragung ist oder Teilübertragungen sind jeweils nur möglich

1. von einer Kapitalgesellschaft auf den Bund, ein Land, eine Gebietskörperschaft oder einen Zusammenschluß von Gebietskörperschaften;
2. a) von einer Aktiengesellschaft, die den Betrieb von Versicherungsgeschäften zum Gegenstand hat, auf Versicherungsvereine auf Gegenseitigkeit oder auf öffentlich-rechtliche Versicherungsunternehmen;
   b) von einem Versicherungsverein auf Gegenseitigkeit auf Aktiengesellschaften, die den Betrieb von Versicherungsgeschäften zum Gegenstand haben, oder auf öffentlich-rechtliche Versicherungsunternehmen;
   c) von einem öffentlich-rechtlichen Versicherungsunternehmen auf Aktiengesellschaften im Sinne der Buchstaben a und b oder auf Versicherungsvereine auf Gegenseitigkeit.

ZWEITER TEIL

Übertragung des Vermögens oder von Vermögensteilen einer Kapitalgesellschaft auf die öffentliche Hand

ERSTER ABSCHNITT

Vollübertragung

§ 176

Anwendung der Verschmelzungsvorschriften

(1) Bei einer Vollübertragung nach § 175 Nr. 1 sind auf die übertragende Kapitalgesellschaft die für die Verschmelzung durch Aufnahme einer solchen übertragenden Gesellschaft jeweils geltenden Vorschriften des Zweiten Buches entsprechend anzuwenden, soweit sich aus den folgenden Vorschriften nichts anderes ergibt.

(2) Die Angaben im Übertragungsvertrag nach § 5 Abs. 1 Nr. 4, 5 und 7 entfallen. An die Stelle des Registers des Sitzes des übernehmenden Rechtsträgers tritt das Register des Sitzes der übertragenden Gesellschaft. An die Stelle des Umtauschverhältnisses der Anteile treten Art und Höhe der Gegenleistung. An die Stelle des Anspruchs nach § 23 tritt ein Anspruch auf Barabfindung; auf diesen sind § 29 Abs. 1, § 30 und § 34 entsprechend anzuwenden.

(3) Mit der Eintragung der Vermögensübertragung in das Handelsregister des Sitzes der übertragenden Gesellschaft geht deren Vermögen einschließlich der Verbindlichkeiten auf den übernehmenden Rechtsträger über. Die übertragende Gesellschaft erlischt; einer besonderen Löschung bedarf es nicht.

(4) Die Beteiligung des übernehmenden Rechtsträgers an der Vermögensübertragung richtet sich nach den für ihn geltenden Vorschriften.

ZWEITER ABSCHNITT

Teilübertragung

§ 177

Anwendung der Spaltungsvorschriften

(1) Bei einer Teilübertragung nach § 175 Nr. 1 sind auf die übertragende Kapitalgesellschaft die für die Aufspaltung, Abspaltung oder Ausgliederung zur Aufnahme von Teilen einer solchen übertragenden Gesellschaft geltenden Vorschriften des Dritten Buches sowie die dort für entsprechend anwendbar erklärten Vorschriften des Zweiten Buches auf den vergleichbaren Vorgang entsprechend anzuwenden, soweit sich aus den folgenden Vorschriften nichts anderes ergibt.

(2) § 176 Abs. 2 bis 4 ist entsprechend anzuwenden. An die Stelle des § 5 Abs. 1 Nr. 4, 5 und 7 tritt § 126 Abs. 1 Nr. 4, 5, 7 und 10.

DRITTER TEIL

Vermögensübertragung unter Versicherungsunternehmen

ERSTER ABSCHNITT

Übertragung des Vermögens einer Aktiengesellschaft auf Versicherungsvereine auf Gegenseitigkeit oder öffentlich-rechtliche Versicherungsunternehmen

ERSTER UNTERABSCHNITT

Vollübertragung

§ 178

Anwendung der Verschmelzungsvorschriften

(1) Bei einer Vollübertragung nach § 175 Nr. 2 Buchstabe a sind auf die beteiligten Rechtsträger die für die Verschmelzung durch Aufnahme einer Aktiengesellschaft und die für einen übernehmenden Versicherungsverein im Falle der Verschmelzung jeweils geltenden Vorschriften des Zweiten Buches entsprechend anzuwenden, soweit sich aus den folgenden Vorschriften nichts anderes ergibt.

(2) § 176 Abs. 2 bis 4 ist entsprechend anzuwenden.

(3) Das für ein übernehmendes öffentlich-rechtliches Versicherungsunternehmen maßgebende Bundes- oder Landesrecht bestimmt, ob der Vertrag über die Vermögensübertragung zu seiner Wirksamkeit auch der Zustimmung eines anderen als des zur Vertretung befugten Organs des öffentlich-rechtlichen Versicherungsunternehmens oder einer anderen Stelle und welcher Erfordernisse die Zustimmung bedarf.

ZWEITER UNTERABSCHNITT

Teilübertragung

§ 179

Anwendung der Spaltungsvorschriften

(1) Bei einer Teilübertragung nach § 175 Nr. 2 Buchstabe a sind auf die beteiligten Rechtsträger die für die Aufspaltung, Abspaltung oder Ausgliederung zur Aufnahme von Teilen einer Aktiengesellschaft und die für übernehmende Versicherungsvereine auf Gegenseitigkeit im Falle der Aufspaltung, Abspaltung oder Ausgliederung von Vermögensteilen geltenden Vorschriften des Dritten Buches und die dort für entsprechend anwendbar erklärten Vorschriften des Zweiten Buches auf den vergleichbaren Vorgang entsprechend anzuwenden, soweit sich aus den folgenden Vorschriften nichts anderes ergibt.

(2) § 176 Abs. 2 bis 4 sowie § 178 Abs. 3 sind entsprechend anzuwenden.

ZWEITER ABSCHNITT

Übertragung des Vermögens eines Versicherungsvereins auf Gegenseitigkeit auf Aktiengesellschaften oder öffentlich-rechtliche Versicherungsunternehmen

ERSTER UNTERABSCHNITT

Vollübertragung

§ 180

Anwendung der Verschmelzungsvorschriften

(1) Bei einer Vollübertragung nach § 175 Nr. 2 Buchstabe b sind auf die beteiligten Rechtsträger die für die Verschmelzung durch Aufnahme eines Versicherungsvereins und die für eine übernehmende Aktiengesellschaft im Falle der Verschmelzung jeweils geltenden Vorschriften des Zweiten Buches entsprechend anzuwenden, soweit sich aus den folgenden Vorschriften nichts anderes ergibt.

(2) § 176 Abs. 2 bis 4 sowie § 178 Abs. 3 sind entsprechend anzuwenden.

(3) Hat ein Mitglied oder ein Dritter nach der Satzung des Vereins ein unentziehbares Recht auf den Abwicklungsüberschuß oder einen Teil davon, so bedarf der Beschluß über die Vermögensübertragung der Zustimmung des Mitglieds oder des Dritten; die Zustimmung muß notariell beurkundet werden.

§ 181

Gewährung der Gegenleistung

(1) Der übernehmende Rechtsträger ist zur Gewährung einer angemessenen Gegenleistung verpflichtet, wenn dies unter Berücksichtigung der Vermögens- und Ertragslage des übertragenden Vereins im Zeitpunkt der Beschlußfassung der obersten Vertretung gerechtfertigt ist.

(2) In dem Beschluß, durch den dem Übertragungsvertrag zugestimmt wird, ist zu bestimmen, daß bei der Verteilung der Gegenleistung jedes Mitglied zu berücksichtigen ist, das dem Verein seit mindestens drei Monaten vor dem Beschluß angehört hat. Ferner sind in dem Beschluß die Maßstäbe festzusetzen, nach denen die Gegenleistung auf die Mitglieder zu verteilen ist.

(3) Jedes berechtigte Mitglied erhält eine Gegenleistung in gleicher Höhe. Eine andere Verteilung kann nur nach einem oder mehreren der folgenden Maßstäbe festgesetzt werden:

1. die Höhe der Versicherungssumme,
2. die Höhe der Beiträge,
3. die Höhe der Deckungsrückstellung in der Lebensversicherung,
4. der in der Satzung des Vereins bestimmte Maßstab für die Verteilung des Überschusses,
5. der in der Satzung des Vereins bestimmte Maßstab für die Verteilung des Vermögens,
6. die Dauer der Mitgliedschaft.

(4) Ist eine Gegenleistung entgegen Absatz 1 nicht vereinbart worden, so ist sie auf Antrag vom Gericht zu bestimmen; § 30 Abs. 1 und § 34 sind ensprechend anzuwenden.

§ 182

Unterrichtung der Mitglieder

Sobald die Vermögensübertragung wirksam geworden ist, hat das Vertretungsorgan des übernehmenden Rechtsträgers allen Mitgliedern, die dem Verein seit mindestens drei Monaten vor dem Beschluß der obersten Vertretung über die Vermögensübertragung angehört haben, den Wortlaut des Vertrags schriftlich mitzuteilen. In der Mitteilung ist auf die Möglichkeit hinzuweisen, die gerichtliche Bestimmung der angemessenen Gegenleistung zu verlangen.

§ 183

Bestellung eines Treuhänders

(1) Ist für die Vermögensübertragung eine Gegenleistung vereinbart worden, so hat der übertragende Verein einen Treuhänder für deren Empfang zu bestellen. Die Vermögensübertragung darf erst eingetragen werden, wenn der Treuhänder dem Gericht angezeigt hat, daß er im Besitz der Gegenleistung ist.

(2) Bestimmt das Gericht nach § 181 Abs. 4 die Gegenleistung, so hat es von Amts wegen einen Treuhänder für deren Empfang zu bestellen. Die Gegenleistung steht zu gleichen Teilen den Mitgliedern zu, die dem Verein seit mindestens drei Monaten vor dem Beschluß der obersten Vertretung über die Vermögensübertragung angehört haben. § 26 Abs. 4 ist entsprechend anzuwenden.

ZWEITER UNTERABSCHNITT

Teilübertragung

§ 184

Anwendung der Spaltungsvorschriften

(1) Bei einer Teilübertragung nach § 175 Nr. 2 Buchstabe b sind auf die beteiligten Rechtsträger die für die Aufspaltung, Abspaltung oder Ausgliederung zur Aufnahme von Teilen eines Versicherungsvereins auf Gegenseitigkeit und die für übernehmende Aktiengesellschaften im Falle der Aufspaltung, Abspaltung oder Ausgliederung geltenden Vorschriften des Dritten Buches und die dort für entsprechend anwendbar erklärten Vorschriften des Zweiten Buches auf den vergleichbaren Vorgang entsprechend anzuwenden, soweit sich aus den folgenden Vorschriften nichts anderes ergibt.

(2) § 176 Abs. 2 bis 4 sowie § 178 Abs. 3 sind entsprechend anzuwenden.

DRITTER ABSCHNITT

Übertragung des Vermögens eines kleineren Versicherungsvereins auf Gegenseitigkeit auf eine Aktiengesellschaft oder auf ein öffentlich-rechtliches Versicherungsunternehmen

§ 185

Möglichkeit der Vermögensübertragung

Ein kleinerer Versicherungsverein auf Gegenseitigkeit kann sein Vermögen nur im Wege der Vollübertragung auf eine Aktiengesellschaft, die den Betrieb von Versicherungsgeschäften zum Gegenstand hat, oder auf ein öffentlich-rechtliches Versicherungsunternehmen übertragen.

§ 186

Anzuwendende Vorschriften

Auf die Vermögensübertragung sind die Vorschriften des Zweiten Abschnitts entsprechend anzuwenden. Dabei treten bei kleineren Vereinen an die Stelle der Anmeldung zur Eintragung in das Register der Antrag an die Aufsichtsbehörde auf Genehmigung, an die Stelle der Eintragung in das Register und ihrer

Bekanntmachung die Bekanntmachung im Bundesanzeiger nach § 187.

§ 187

Bekanntmachung der Vermögensübertragung

Sobald die Vermögensübertragung von allen beteiligten Aufsichtsbehörden genehmigt worden ist, macht bei einer Vermögensübertragung auf ein öffentlich-rechtliches Versicherungsunternehmen die für den übertragenden kleineren Verein zuständige Aufsichtsbehörde die Vermögensübertragung und ihre Genehmigung im Bundesanzeiger sowie in den weiteren Blättern bekannt, die für die Bekanntmachungen des Amtsgerichts bestimmt sind, in dessen Bezirk der übertragende kleinere Verein seinen Sitz hat.

VIERTER ABSCHNITT

Übertragung des Vermögens eines öffentlich-rechtlichen Versicherungsunternehmens auf Aktiengesellschaften oder Versicherungsvereine auf Gegenseitigkeit

ERSTER UNTERABSCHNITT

Vollübertragung

§ 188

Anwendung der Verschmelzungsvorschriften

(1) Bei einer Vollübertragung nach § 175 Nr. 2 Buchstabe c sind auf die übernehmenden Rechtsträger die für die Verschmelzung durch Aufnahme geltenden Vorschriften des Zweiten Buches sowie auf das übertragende Versicherungsunternehmen § 176 Abs. 3 entsprechend anzuwenden, soweit sich aus den folgenden Vorschriften nichts anderes ergibt.

(2) § 176 Abs. 2 und 4 sowie § 178 Abs. 3 sind entsprechend anzuwenden.

(3) An die Stelle der Anmeldung zur Eintragung in das Register treten bei den öffentlich-rechtlichen Versicherungsunternehmen der Antrag an die Aufsichtsbehörde auf Genehmigung, an die Stelle der Eintragung in das Register und ihrer Bekanntmachung die Bekanntmachung nach Satz 2. Die für das öffentlich-rechtliche Versicherungsunternehmen zuständige Aufsichtsbehörde macht, sobald die Vermögensübertragung von allen beteiligten Aufsichtsbehörden genehmigt worden ist, die Übertragung und ihre Genehmigung im Bundesanzeiger sowie in den weiteren Blättern bekannt, die für die Bekanntmachungen des Amtsgerichts bestimmt sind, in dessen Bezirk das übertragende Versicherungsunternehmen seinen Sitz hat.

ZWEITER UNTERABSCHNITT

Teilübertragung

§ 189

Anwendung der Spaltungsvorschriften

(1) Bei einer Teilübertragung nach § 175 Nr. 2 Buchstabe c sind auf die übernehmenden Rechtsträger die für die Aufspaltung, Abspaltung oder Ausgliederung zur Aufnahme geltenden Vorschriften des Dritten Buches und die dort für entsprechend anwendbar erklärten Vorschriften des Zweiten Buches auf den vergleichbaren Vorgang sowie auf das übertragende Versicherungsunternehmen § 176 Abs. 3 entsprechend anzuwenden, soweit sich aus den folgenden Vorschriften nichts anderes ergibt.

(2) § 176 Abs. 2 und 4, § 178 Abs. 3 sowie § 188 Abs. 3 sind entsprechend anzuwenden.

FÜNFTES BUCH

Formwechsel

ERSTER TEIL

Allgemeine Vorschriften

§ 190

Allgemeiner Anwendungsbereich

(1) Ein Rechtsträger kann durch Formwechsel eine andere Rechtsform erhalten.

(2) Soweit nicht in diesem Buch etwas anderes bestimmt ist, gelten die Vorschriften über den Formwechsel nicht für Änderungen der Rechtsform, die in anderen Gesetzen vorgesehen oder zugelassen sind.

§ 191

Einbezogene Rechtsträger

(1) Formwechselnde Rechtsträger können sein:

1. Personenhandelsgesellschaften (§ 3 Abs. 1 Nr. 1);
2. Kapitalgesellschaften (§ 3 Abs. 1 Nr. 2);
3. eingetragene Genossenschaften;
4. rechtsfähige Vereine;
5. Versicherungsvereine auf Gegenseitigkeit;
6. Körperschaften und Anstalten des öffentlichen Rechts.

(2) Rechtsträger neuer Rechtsform können sein:

1. Gesellschaften des bürgerlichen Rechts;
2. Personenhandelsgesellschaften;
3. Kapitalgesellschaften;
4. eingetragene Genossenschaften.

(3) Der Formwechsel ist auch bei aufgelösten Rechtsträgern möglich, wenn ihre Fortsetzung in der bisherigen Rechtsform beschlossen werden könnte.

§ 192

Umwandlungsbericht

(1) Das Vertretungsorgan des formwechselnden Rechtsträgers hat einen ausführlichen schriftlichen Bericht zu erstatten, in dem der Formwechsel und insbesondere die künftige Beteiligung der Anteilsinhaber an dem Rechtsträger rechtlich und wirtschaftlich erläutert und begründet werden (Umwandlungsbericht). § 8 Abs. 1 Satz 2 bis 4 und Abs. 2 ist entsprechend anzuwenden. Der Umwandlungsbericht muß einen Entwurf des Umwandlungsbeschlusses enthalten.

(2) Dem Bericht ist eine Vermögensaufstellung beizufügen, in der die Gegenstände und Verbindlichkeiten des formwechselnden Rechtsträgers mit dem wirklichen Wert anzusetzen sind, der ihnen am Tage der Erstellung des Berichts beizulegen ist. Die Aufstellung ist Bestandteil des Berichts.

(3) Ein Umwandlungsbericht ist nicht erforderlich, wenn an dem formwechselnden Rechtsträger nur ein Anteilsinhaber beteiligt ist oder wenn alle Anteilsinhaber auf seine Erstattung verzichten. Die Verzichtserklärungen sind notariell zu beurkunden.

§ 193

Umwandlungsbeschluß

(1) Für den Formwechsel ist ein Beschluß der Anteilsinhaber des formwechselnden Rechtsträgers (Umwandlungsbeschluß) erforderlich. Der Beschluß kann nur in einer Versammlung der Anteilsinhaber gefaßt werden.

(2) Ist die Abtretung der Anteile des formwechselnden Rechtsträgers von der Genehmigung einzelner Anteilsinhaber abhängig, so bedarf der Umwandlungsbeschluß zu seiner Wirksamkeit ihrer Zustimmung.

(3) Der Umwandlungsbeschluß und die nach diesem Gesetz erforderlichen Zustimmungserklärungen einzelner Anteilsinhaber einschließlich der erforderlichen Zustimmungserklärungen nicht erschienener Anteilsinhaber müssen notariell beurkundet werden. Auf Verlangen ist jedem Anteilsinhaber auf seine Kosten unverzüglich eine Abschrift der Niederschrift des Beschlusses zu erteilen.

§ 194

Inhalt des Umwandlungsbeschlusses

(1) In dem Umwandlungsbeschluß müssen mindestens bestimmt werden:

1. die Rechtsform, die der Rechtsträger durch den Formwechsel erlangen soll;
2. der Name oder die Firma des Rechtsträgers neuer Rechtsform;
3. eine Beteiligung der bisherigen Anteilsinhaber an dem Rechtsträger nach den für die neue Rechtsform geltenden Vorschriften, soweit ihre Beteiligung nicht nach diesem Buch entfällt;
4. Zahl, Art und Umfang der Anteile oder der Mitgliedschaften, welche die Anteilsinhaber durch den Formwechsel erlangen sollen oder die einem beitretenden persönlich haftenden Gesellschafter eingeräumt werden sollen;
5. die Rechte, die einzelnen Anteilsinhabern sowie den Inhabern besonderer Rechte wie Anteile ohne Stimmrecht, Vorzugsaktien, Mehrstimmrechtsaktien, Schuldverschreibungen und Genußrechte in dem Rechtsträger gewährt werden sollen, oder die Maßnahmen, die für diese Personen vorgesehen sind;
6. ein Abfindungsangebot nach § 207, sofern nicht der Umwandlungsbeschluß zu seiner Wirksamkeit der Zustimmung aller Anteilsinhaber bedarf oder an dem formwechselnden Rechtsträger nur ein Anteilsinhaber beteiligt ist;
7. die Folgen des Formwechsels für die Arbeitnehmer und ihre Vertretungen sowie die insoweit vorgesehenen Maßnahmen.

(2) Der Entwurf des Umwandlungsbeschlusses ist spätestens einen Monat vor dem Tage der Versammlung der Anteilsinhaber, die den Formwechsel beschließen soll, dem zuständigen Betriebsrat des formwechselnden Rechtsträgers zuzuleiten.

§ 195

Befristung und Ausschluß von Klagen gegen den Umwandlungsbeschluß

(1) Eine Klage gegen die Wirksamkeit des Umwandlungsbeschlusses muß binnen eines Monats nach der Beschlußfassung erhoben werden.

(2) Eine Klage gegen die Wirksamkeit des Umwandlungsbeschlusses kann nicht darauf gestützt werden, daß die in dem Beschluß bestimmten Anteile an dem Rechtsträger neuer Rechtsform zu niedrig bemessen sind oder daß die Mitgliedschaft kein ausreichender Gegenwert für die Anteile oder die Mitgliedschaft bei dem formwechselnden Rechtsträger ist.

§ 196

Verbesserung des Beteiligungsverhältnisses

Sind die in dem Umwandlungsbeschluß bestimmten Anteile an dem Rechtsträger neuer Rechtsform zu niedrig bemessen oder ist die Mitgliedschaft bei diesem kein ausreichender Gegenwert für die Anteile oder die Mitgliedschaft bei dem formwechselnden Rechtsträger, so kann jeder Anteilsinhaber, dessen Recht, gegen die Wirksamkeit des Umwandlungsbeschlusses Klage zu erheben, nach § 195 Abs. 2 ausgeschlossen ist, von dem Rechtsträger einen Ausgleich durch bare Zuzahlung verlangen. § 15 Abs. 2 ist entsprechend anzuwenden.

§ 197

Anzuwendende Gründungsvorschriften

Auf den Formwechsel sind die für die neue Rechtsform geltenden Gründungsvorschriften anzuwenden, soweit sich aus diesem Buch nichts anderes ergibt. Vorschriften, die für die Gründung eine Mindestzahl der Gründer vorschreiben, sowie die Vorschriften über die Bildung und Zusammensetzung des ersten Aufsichtsrats sind nicht anzuwenden.

§ 198

Anmeldung des Formwechsels

(1) Die neue Rechtsform des Rechtsträgers ist zur Eintragung in das Register, in dem der formwechselnde Rechtsträger eingetragen ist, anzumelden.

(2) Ist der formwechselnde Rechtsträger nicht in einem Register eingetragen, so ist der Rechtsträger neuer Rechtsform bei dem zuständigen Gericht zur Eintragung in das für die neue Rechtsform maßgebende Register anzumelden. Das gleiche gilt, wenn sich durch den Formwechsel die Art des für den Rechtsträger maßgebenden Registers ändert oder durch eine mit dem Formwechsel verbundene Sitzverlegung die Zuständigkeit eines anderen Registergerichts begründet wird. Im Falle des Satzes 2 ist die Umwandlung auch zur Eintragung in das Register anzumelden, in dem der formwechselnde Rechtsträger eingetragen ist. Diese Eintragung ist mit dem Vermerk zu versehen, daß die Umwandlung erst mit der Eintragung des Rechtsträgers neuer Rechtsform in das für diese maßgebende Register wirksam wird. Der Rechtsträger neuer Rechtsform darf erst eingetragen werden, nachdem die Umwandlung nach Satz 3 und 4 eingetragen worden ist.

(3) § 16 Abs. 2 und 3 ist entsprechend anzuwenden.

§ 199

Anlagen der Anmeldung

Der Anmeldung der neuen Rechtsform oder des Rechtsträgers neuer Rechtsform sind in Ausfertigung oder öffentlich beglaubigter Abschrift oder, soweit sie nicht notariell zu beurkunden sind, in Urschrift oder Abschrift außer den sonst erforderlichen Unterlagen auch die Niederschrift des Umwandlungsbeschlusses, die nach diesem Gesetz erforderlichen Zustimmungserklärungen einzelner Anteilsinhaber einschließlich der Zustimmungserklärungen nicht erschienener Anteilsinhaber, der Umwandlungsbericht oder die Erklärungen über den Verzicht auf seine Erstellung, ein Nachweis über die Zuleitung nach § 194 Abs. 2 sowie, wenn der Formwechsel der staatlichen Genehmigung bedarf, die Genehmigungsurkunde beizufügen.

§ 200

Firma des Rechtsträgers

(1) Der Rechtsträger neuer Rechtsform darf seine bisher geführte Firma beibehalten, soweit sich aus diesem Buch nichts anderes ergibt. § 18 Abs. 1 Satz 2 und 3 ist entsprechend anzuwenden. Zusätzliche Bezeichnungen, die auf die Rechtsform der formwechselnden Gesellschaft hinweisen, dürfen auch dann nicht verwendet werden, wenn der Rechtsträger die bisher geführte Firma beibehält.

(2) Auf eine nach dem Formwechsel beibehaltene Firma ist § 4 Abs. 2 des Gesetzes betreffend die Gesellschaften mit beschränkter Haftung, § 4 Abs. 2 oder § 279 Abs. 2 des Aktiengesetzes entsprechend anzuwenden. § 3 Abs. 2 Satz 1 des Gesetzes betreffend die Erwerbs- und Wirtschaftsgenossenschaften ist auf die Firma der Genossenschaft auch dann anzuwenden, wenn der Rechtsträger seine bisher geführte Firma beibehält.

(3) Das Registergericht kann auf Antrag genehmigen, daß eine Personenhandelsgesellschaft, die ein bisher betriebenes Handelsgeschäft weiterführt, bei der Bildung ihrer neuen Firma den in der bisher geführten Firma enthaltenen Namen einer natürlichen Person verwendet und insoweit von § 19 des Handelsgesetzbuchs abweicht.

(4) War an dem formwechselnden Rechtsträger eine natürliche Person beteiligt, deren Beteiligung an dem Rechtsträger neuer Rechtsform entfällt, so darf der Name dieses Anteilsinhabers nur dann in der beibehaltenen bisherigen oder in der neu gebildeten Firma verwendet werden, wenn der betroffene Anteilsinhaber oder dessen Erben ausdrücklich in die Verwendung des Namens einwilligen.

(5) Durch den Formwechsel in eine Gesellschaft des bürgerlichen Rechts erlischt die Firma der formwechselnden Gesellschaft.

§ 201

Bekanntmachung des Formwechsels

Das für die Anmeldung der neuen Rechtsform oder des Rechtsträgers neuer Rechtsform zuständige Gericht hat die Eintragung der neuen Rechtsform oder des Rechtsträgers neuer Rechtsform durch den Bundesanzeiger und durch mindestens ein anderes Blatt ihrem ganzen Inhalt nach bekanntzumachen. Mit dem Ablauf des Tages, an dem das letzte der die Bekanntmachung enthaltenden Blätter erschienen ist, gilt die Bekanntmachung als erfolgt.

§ 202

Wirkungen der Eintragung

(1) Die Eintragung der neuen Rechtsform in das Register hat folgende Wirkungen:

1. Der formwechselnde Rechtsträger besteht in der in dem Umwandlungsbeschluß bestimmten Rechtsform weiter.

2. Die Anteilsinhaber des formwechselnden Rechtsträgers sind an dem Rechtsträger nach den für die neue Rechtsform geltenden Vorschriften beteiligt, soweit ihre Beteiligung nicht nach diesem Buch entfällt. Rechte Dritter an den Anteilen oder Mitgliedschaften des formwechselnden Rechtsträgers bestehen an den an ihre Stelle tretenden Anteilen oder Mitgliedschaften des Rechtsträgers neuer Rechtsform weiter.

3. Der Mangel der notariellen Beurkundung des Umwandlungsbeschlusses und gegebenenfalls erforderlicher Zustimmungs- oder Verzichtserklärungen einzelner Anteilsinhaber wird geheilt.

(2) Die in Absatz 1 bestimmten Wirkungen treten in den Fällen des § 198 Abs. 2 mit der Eintragung des Rechtsträgers neuer Rechtsform in das Register ein.

(3) Mängel des Formwechsels lassen die Wirkungen der Eintragung der neuen Rechtsform oder des Rechtsträgers neuer Rechtsform in das Register unberührt.

§ 203

Amtsdauer von Aufsichtsratsmitgliedern

Wird bei einem Formwechsel bei dem Rechtsträger neuer Rechtsform in gleicher Weise wie bei dem formwechselnden Rechtsträger ein Aufsichtsrat gebildet und zusammengesetzt, so bleiben die Mitglieder des Aufsichtsrats für den Rest ihrer Wahlzeit als Mitglieder des Aufsichtsrats des Rechtsträgers neuer Rechtsform im Amt. Die Anteilsinhaber des formwechselnden Rechtsträgers können im Umwandlungsbeschluß für ihre Aufsichtsratsmitglieder die Beendigung des Amtes bestimmen.

§ 204

Schutz der Gläubiger und der Inhaber von Sonderrechten

Auf den Schutz der Gläubiger ist § 22, auf den Schutz der Inhaber von Sonderrechten § 23 entsprechend anzuwenden.

§ 205

Schadenersatzpflicht der Verwaltungsträger des formwechselnden Rechtsträgers

(1) Die Mitglieder des Vertretungsorgans und, wenn ein Aufsichtsorgan vorhanden ist, des Aufsichtsorgans des formwechselnden Rechtsträgers sind als Gesamtschuldner zum Ersatz des Schadens verpflichtet, den der Rechtsträger, seine Anteilsinhaber oder seine Gläubiger durch den Formwechsel erleiden. § 25 Abs. 1 Satz 2 ist entsprechend anzuwenden.

(2) Die Ansprüche nach Absatz 1 verjähren in fünf Jahren seit dem Tage, an dem die anzumeldende Eintragung der neuen Rechtsform oder des Rechtsträgers neuer Rechtsform in das Register nach § 201 Satz 2 als bekanntgemacht gilt.

§ 206

Geltendmachung des Schadenersatzanspruchs

Die Ansprüche nach § 205 Abs. 1 können nur durch einen besonderen Vertreter geltend gemacht werden. Das Gericht des Sitzes des Rechtsträgers neuer Rechtsform hat einen solchen Vertreter auf Antrag eines Anteilsinhabers oder eines Gläubigers des formwechselnden Rechtsträgers zu bestellen. § 26 Abs. 1 Satz 3 und 4, Abs. 2, Abs. 3 Satz 2 und 3 und Abs. 4 ist entsprechend anzuwenden; an die Stelle der Blätter für die öffentlichen Bekanntmachungen des übertragenden Rechtsträgers treten die entsprechenden Blätter des Rechtsträgers neuer Rechtsform.

§ 207

Angebot der Barabfindung

(1) Der formwechselnde Rechtsträger hat jedem Anteilsinhaber, der gegen den Umwandlungsbeschluß Widerspruch zur Niederschrift erklärt, den Erwerb seiner umgewandelten Anteile oder Mitgliedschaften gegen eine angemessene Barabfindung anzubieten; § 71 Abs. 4 Satz 2 des Aktiengesetzes ist insoweit nicht anzuwenden. Kann der Rechtsträger auf Grund seiner neuen Rechtsform eigene Anteile oder Mitgliedschaften nicht erwerben, so ist die Barabfindung für den Fall anzubieten, daß der Anteilsinhaber sein Ausscheiden aus dem Rechtsträger erklärt. Der Rechtsträger hat die Kosten für eine Übertragung zu tragen.

(2) § 29 Abs. 2 ist entsprechend anzuwenden.

§ 208

Inhalt des Anspruchs auf Barabfindung und Prüfung der Barabfindung

Auf den Anspruch auf Barabfindung ist § 30 entsprechend anzuwenden.

§ 209

Annahme des Angebots

Das Angebot nach § 207 kann nur binnen zwei Monaten nach dem Tage angenommen werden, an dem die Eintragung der neuen Rechtsform oder des Rechtsträgers neuer Rechtsform in das Register nach § 201 Satz 2 als bekanntgemacht gilt. Ist nach § 212 ein Antrag auf Bestimmung der Barabfindung durch das Gericht gestellt worden, so kann das Angebot binnen zwei Monaten nach dem Tage angenommen werden, an dem die Entscheidung im Bundesanzeiger bekanntgemacht worden ist.

§ 210

Ausschluß von Klagen gegen den Umwandlungsbeschluß

Eine Klage gegen die Wirksamkeit des Umwandlungsbeschlusses kann nicht darauf gestützt werden, daß das Angebot nach § 207 zu niedrig bemessen oder daß die Barabfindung im Umwandlungsbeschluß nicht oder nicht ordnungsgemäß angeboten worden ist.

§ 211

Anderweitige Veräußerung

Einer anderweitigen Veräußerung des Anteils durch den Anteilsinhaber innerhalb der in § 209 bestimmten Frist stehen Verfügungsbeschränkungen im Gesellschaftsvertrag, in der Satzung oder im Statut des Rechtsträgers neuer Rechtsform nicht entgegen.

§ 212

Gerichtliche Nachprüfung der Abfindung

Macht ein Anteilsinhaber geltend, daß eine im Umwandlungsbeschluß bestimmte Barabfindung, die ihm nach § 207 Abs. 1 anzubieten war, zu niedrig bemessen sei, so hat auf seinen Antrag das Gericht die angemessene Barabfindung zu bestimmen. Das gleiche gilt, wenn die Barabfindung nicht oder nicht ordnungsgemäß angeboten worden ist.

§ 213

Bezeichnung unbekannter Aktionäre

Auf die Bezeichnung unbekannter Aktionäre ist § 35 entsprechend anzuwenden.

ZWEITER TEIL

Besondere Vorschriften

ERSTER ABSCHNITT

Formwechsel von Personenhandelsgesellschaften

§ 214

Möglichkeit des Formwechsels

(1) Eine Personenhandelsgesellschaft kann auf Grund eines Umwandlungsbeschlusses nach diesem Gesetz nur die Rechtsform einer Kapitalgesellschaft oder einer eingetragenen Genossenschaft erlangen.

(2) Eine aufgelöste Personenhandelsgesellschaft kann die Rechtsform nicht wechseln, wenn die Gesellschafter nach § 145 des Handelsgesetzbuchs eine andere Art der Auseinandersetzung als die Abwicklung oder als den Formwechsel vereinbart haben.

§ 215

Umwandlungsbericht

Ein Umwandlungsbericht ist nicht erforderlich, wenn alle Gesellschafter der formwechselnden Gesellschaft zur Geschäftsführung berechtigt sind.

§ 216

Unterrichtung der Gesellschafter

Das Vertretungsorgan der formwechselnden Gesellschaft hat allen von der Geschäftsführung ausgeschlossenen Gesellschaftern spätestens zusammen mit der Einberufung der Gesellschafterversammlung, die den Formwechsel beschließen soll, diesen Formwechsel als Gegenstand der Beschlußfassung schriftlich anzukündigen und einen nach diesem Buch erforderlichen Umwandlungsbericht sowie ein Abfindungsangebot nach § 207 zu übersenden.

§ 217

Beschluß der Gesellschafterversammlung

(1) Der Umwandlungsbeschluß der Gesellschafterversammlung bedarf der Zustimmung aller anwesenden Gesellschafter; ihm müssen auch die nicht erschienenen Gesellschafter zustimmen. Der Gesellschaftsvertrag der formwechselnden Gesellschaft kann eine Mehrheitsentscheidung der Gesellschafter vorsehen. Die Mehrheit muß mindestens drei Viertel der Stimmen der Gesellschafter betragen.

(2) Die Gesellschafter, die im Falle einer Mehrheitsentscheidung für den Formwechsel gestimmt haben, sind in der Niederschrift über den Umwandlungsbeschluß namentlich aufzuführen.

(3) Dem Formwechsel in eine Kommanditgesellschaft auf Aktien müssen alle Gesellschafter zustimmen, die in dieser Gesellschaft die Stellung eines persönlich haftenden Gesellschafters haben sollen.

§ 218

Inhalt des Umwandlungsbeschlusses

(1) In dem Umwandlungsbeschluß muß auch der Gesellschaftsvertrag der Gesellschaft mit beschränkter Haftung oder das Statut der Genossenschaft enthalten sein oder die Satzung der Aktiengesellschaft oder der Kommanditgesellschaft auf Aktien festgestellt werden. Eine Unterzeichnung des Statuts durch die Genossen ist nicht erforderlich.

(2) Der Beschluß zur Umwandlung in eine Kommanditgesellschaft auf Aktien muß vorsehen, daß sich an

dieser Gesellschaft mindestens ein Gesellschafter der formwechselnden Gesellschaft als persönlich haftender Gesellschafter beteiligt oder daß der Gesellschaft mindestens ein persönlich haftender Gesellschafter beitritt.

(3) Der Beschluß zur Umwandlung in eine Genossenschaft muß die Beteiligung jedes Genossen mit mindestens einem Geschäftsanteil vorsehen. In dem Beschluß kann auch bestimmt werden, daß jeder Genosse bei der Genossenschaft mit mindestens einem und im übrigen mit so vielen Geschäftsanteilen, wie sie durch Anrechnung seines Geschäftsguthabens bei dieser Genossenschaft als voll eingezahlt anzusehen sind, beteiligt wird.

§ 219

Rechtsstellung als Gründer

Bei der Anwendung der Gründungsvorschriften stehen den Gründern die Gesellschafter der formwechselnden Gesellschaft gleich. Im Falle einer Mehrheitsentscheidung treten an die Stelle der Gründer die Gesellschafter, die für den Formwechsel gestimmt haben, sowie beim Formwechsel in eine Kommanditgesellschaft auf Aktien auch beitretende persönlich haftende Gesellschafter.

§ 220

Kapitalschutz

(1) Der Nennbetrag des Stammkapitals einer Gesellschaft mit beschränkter Haftung oder des Grundkapitals einer Aktiengesellschaft oder einer Kommanditgesellschaft auf Aktien darf das nach Abzug der Schulden verbleibende Vermögen der formwechselnden Gesellschaft nicht übersteigen.

(2) In dem Sachgründungsbericht beim Formwechsel in eine Gesellschaft mit beschränkter Haftung oder in dem Gründungsbericht beim Formwechsel in eine Aktiengesellschaft oder in eine Kommanditgesellschaft auf Aktien sind auch der bisherige Geschäftsverlauf und die Lage der formwechselnden Gesellschaft darzulegen.

(3) Beim Formwechsel in eine Aktiengesellschaft oder in eine Kommanditgesellschaft auf Aktien hat die Gründungsprüfung durch einen oder mehrere Prüfer (§ 33 Abs. 2 des Aktiengesetzes) in jedem Fall stattzufinden. Die für Nachgründungen in § 52 Abs. 1 des Aktiengesetzes bestimmte Frist von zwei Jahren beginnt mit dem Wirksamwerden des Formwechsels.

§ 221

Beitritt persönlich haftender Gesellschafter

Der in einem Beschluß zur Umwandlung in eine Kommanditgesellschaft auf Aktien vorgesehene Beitritt eines Gesellschafters, welcher der formwechselnden Gesellschaft nicht angehört hat, muß notariell beurkundet werden. Die Satzung der Kommanditgesellschaft auf Aktien ist von jedem beitretenden persönlich haftenden Gesellschafter zu genehmigen.

§ 222

Anmeldung des Formwechsels

(1) Die Anmeldung nach § 198 einschließlich der Anmeldung des Statuts der Genossenschaft ist durch alle Mitglieder des künftigen Vertretungsorgans sowie, wenn der Rechtsträger nach den für die neue Rechtsform geltenden Vorschriften einen Aufsichtsrat haben muß, auch durch alle Mitglieder dieses Aufsichtsrats vorzunehmen. Zugleich mit der Genossenschaft sind die Mitglieder ihres Vorstandes zur Eintragung in das Register anzumelden.

(2) Ist der Rechtsträger neuer Rechtsform eine Aktiengesellschaft oder eine Kommanditgesellschaft auf Aktien, so haben die Anmeldung nach Absatz 1 auch alle Gesellschafter vorzunehmen, die nach § 219 den Gründern dieser Gesellschaft gleichstehen.

(3) Die Anmeldung der Umwandlung zur Eintragung in das Register nach § 198 Abs. 2 Satz 3 kann auch von den zur Vertretung der formwechselnden Gesellschaft ermächtigten Gesellschaftern vorgenommen werden.

§ 223

Anlagen der Anmeldung

Der Anmeldung der neuen Rechtsform oder des Rechtsträgers neuer Rechtsform sind beim Formwechsel in eine Kommanditgesellschaft auf Aktien außer den sonst erforderlichen Unterlagen auch die Urkunden über den Beitritt aller beitretenden persönlich haftenden Gesellschafter in Ausfertigung oder öffentlich beglaubigter Abschrift beizufügen.

§ 224

Fortdauer und zeitliche Begrenzung der persönlichen Haftung

(1) Der Formwechsel berührt nicht die Ansprüche der Gläubiger der Gesellschaft gegen einen ihrer Gesellschafter aus Verbindlichkeiten der formwechselnden Gesellschaft, für die dieser im Zeitpunkt des Formwechsels nach § 128 des Handelsgesetzbuchs persönlich haftet.

(2) Der Gesellschafter haftet für diese Verbindlichkeiten, wenn sie vor Ablauf von fünf Jahren nach dem Formwechsel fällig und daraus Ansprüche gegen ihn gerichtlich geltend gemacht sind; bei öffentlich-rechtlichen Verbindlichkeiten genügt zur Geltendmachung der Erlaß eines Verwaltungsakts.

(3) Die Frist beginnt mit dem Tage, an dem die Eintragung der neuen Rechtsform oder des Rechtsträgers neuer Rechtsform in das Register nach § 201 Satz 2 als bekanntgemacht gilt. Die für die Verjährung geltenden §§ 203, 206, 207, 210, 212 bis 216 und 220

des Bürgerlichen Gesetzbuchs sind entsprechend anzuwenden.

(4) Einer gerichtlichen Geltendmachung bedarf es nicht, soweit der Gesellschafter den Anspruch schriftlich anerkannt hat.

(5) Die Absätze 1 bis 4 sind auch anzuwenden, wenn der Gesellschafter in dem Rechtsträger anderer Rechtsform geschäftsführend tätig wird.

§ 225

Prüfung des Abfindungsangebots

Im Falle des § 217 Abs. 1 Satz 2 ist die Angemessenheit der angebotenen Barabfindung nach § 208 in Verbindung mit § 30 Abs. 2 nur auf Verlangen eines Gesellschafters zu prüfen. Die Kosten trägt die Gesellschaft.

ZWEITER ABSCHNITT

Formwechsel von Kapitalgesellschaften

ERSTER UNTERABSCHNITT

Allgemeine Vorschriften

§ 226

Möglichkeit des Formwechsels

Eine Kapitalgesellschaft kann auf Grund eines Umwandlungsbeschlusses nach diesem Gesetz nur die Rechtsform einer Gesellschaft des bürgerlichen Rechts, einer Personenhandelsgesellschaft, einer anderen Kapitalgesellschaft oder einer eingetragenen Genossenschaft erlangen.

§ 227

Nicht anzuwendende Vorschriften

Die §§ 207 bis 212 sind beim Formwechsel einer Kommanditgesellschaft auf Aktien nicht auf deren persönlich haftende Gesellschafter anzuwenden.

ZWEITER UNTERABSCHNITT

Formwechsel
in eine Personengesellschaft

§ 228

Maßgeblichkeit des Unternehmensgegenstandes

(1) Durch den Formwechsel kann eine Kapitalgesellschaft die Rechtsform einer Personenhandelsgesellschaft nur erlangen, wenn der Unternehmensgegenstand im Zeitpunkt des Wirksamwerdens des Formwechsels den Vorschriften über die Gründung einer offenen Handelsgesellschaft (§ 105 Abs. 1 und § 4 Abs. 1 des Handelsgesetzbuchs) genügt.

(2) Genügt der Gegenstand des Unternehmens diesen Vorschriften nicht, kann durch den Umwandlungsbeschluß bestimmt werden, daß die formwechselnde Gesellschaft die Rechtsform einer Gesellschaft des bürgerlichen Rechts erlangen soll.

§ 229

Vermögensaufstellung

Beim Formwechsel einer Kommanditgesellschaft auf Aktien ist die Vermögensaufstellung nach § 192 Abs. 2, soweit erforderlich, nach den Grundsätzen aufzustellen, die für die Auseinandersetzung mit den persönlich haftenden Gesellschaftern vorgesehen sind. Soll für die Auseinandersetzung ein Stichtag maßgebend sein, der vor dem Tage der Einberufung der Hauptversammlung liegt, so kann die Vermögensaufstellung auf diesen Stichtag aufgestellt werden.

§ 230

Vorbereitung der Versammlung der Anteilsinhaber

(1) Die Geschäftsführer einer formwechselnden Gesellschaft mit beschränkter Haftung haben allen Gesellschaftern spätestens zusammen mit der Einberufung der Gesellschafterversammlung, die den Formwechsel beschließen soll, diesen Formwechsel als Gegenstand der Beschlußfassung schriftlich anzukündigen und den Umwandlungsbericht zu übersenden.

(2) Der Umwandlungsbericht einer Aktiengesellschaft oder einer Kommanditgesellschaft auf Aktien ist von der Einberufung der Hauptversammlung an, die den Formwechsel beschließen soll, in dem Geschäftsraum der Gesellschaft zur Einsicht der Aktionäre auszulegen. Auf Verlangen ist jedem Aktionär und jedem von der Geschäftsführung ausgeschlossenen persönlich haftenden Gesellschafter unverzüglich und kostenlos eine Abschrift des Umwandlungsberichts zu erteilen.

§ 231

Mitteilung des Abfindungsangebots

Das Vertretungsorgan der formwechselnden Gesellschaft hat den Gesellschaftern oder Aktionären spätestens zusammen mit der Einberufung der Gesellschafterversammlung oder der Hauptversammlung, die den Formwechsel beschließen soll, das Abfindungsangebot nach § 207 zu übersenden. Der Übersendung steht es gleich, wenn das Abfindungsangebot im Bundesanzeiger und den sonst bestimmten Gesellschaftsblättern bekanntgemacht wird.

§ 232

Durchführung der Versammlung der Anteilsinhaber

(1) In der Gesellschafterversammlung oder in der Hauptversammlung, die den Formwechsel beschließen soll, ist der Umwandlungsbericht auszulegen.

(2) Der Entwurf des Umwandlungsbeschlusses einer Aktiengesellschaft oder einer Kommanditgesellschaft auf Aktien ist von deren Vertretungsorgan zu Beginn der Verhandlung mündlich zu erläutern.

§ 233

Beschluß der Versammlung der Anteilsinhaber

(1) Der Umwandlungsbeschluß der Gesellschafterversammlung oder der Hauptversammlung bedarf, wenn die formwechselnde Gesellschaft die Rechtsform einer Gesellschaft des bürgerlichen Rechts oder einer offenen Handelsgesellschaft erlangen soll, der Zustimmung aller anwesenden Gesellschafter oder Aktionäre; ihm müssen auch die nicht erschienenen Anteilsinhaber zustimmen.

(2) Soll die formwechselnde Gesellschaft in eine Kommanditgesellschaft umgewandelt werden, so bedarf der Umwandlungsbeschluß einer Mehrheit von mindestens drei Vierteln der bei der Gesellschafterversammlung einer Gesellschaft mit beschränkter Haftung abgegebenen Stimmen oder des bei der Beschlußfassung einer Aktiengesellschaft oder einer Kommanditgesellschaft auf Aktien vertretenen Grundkapitals; § 50 Abs. 2 und § 65 Abs. 2 sind entsprechend anzuwenden. Der Gesellschaftsvertrag oder die Satzung der formwechselnden Gesellschaft kann eine größere Mehrheit und weitere Erfordernisse bestimmen. Dem Formwechsel müssen alle Gesellschafter oder Aktionäre zustimmen, die in der Kommanditgesellschaft die Stellung eines persönlich haftenden Gesellschafters haben sollen.

(3) Dem Formwechsel einer Kommanditgesellschaft auf Aktien müssen ferner deren persönlich haftende Gesellschafter zustimmen. Die Satzung der formwechselnden Gesellschaft kann für den Fall des Formwechsels in eine Kommanditgesellschaft eine Mehrheitsentscheidung dieser Gesellschafter vorsehen. Jeder dieser Gesellschafter kann sein Ausscheiden aus dem Rechtsträger für den Zeitpunkt erklären, in dem der Formwechsel wirksam wird.

§ 234

Inhalt des Umwandlungsbeschlusses

In dem Umwandlungsbeschluß müssen auch enthalten sein:

1. die Bestimmung des Sitzes der Personengesellschaft;
2. beim Formwechsel in eine Kommanditgesellschaft die Angabe der Kommanditisten sowie des Betrages der Einlage eines jeden von ihnen.

§ 235

Anmeldung des Formwechsels

(1) Beim Formwechsel in eine Gesellschaft des bürgerlichen Rechts ist statt der neuen Rechtsform die Umwandlung der Gesellschaft zur Eintragung in das Register, in dem die formwechselnde Gesellschaft eingetragen ist, anzumelden. § 198 Abs. 2 ist nicht anzuwenden.

(2) Die Anmeldung nach Absatz 1 oder nach § 198 ist durch das Vertretungsorgan der formwechselnden Gesellschaft vorzunehmen.

§ 236

Wirkungen des Formwechsels

Mit dem Wirksamwerden des Formwechsels einer Kommanditgesellschaft auf Aktien scheiden persönlich haftende Gesellschafter, die nach § 233 Abs. 3 Satz 3 ihr Ausscheiden aus dem Rechtsträger erklärt haben, aus der Gesellschaft aus.

§ 237

Fortdauer und zeitliche Begrenzung der persönlichen Haftung

Erlangt ein persönlich haftender Gesellschafter einer formwechselnden Kommanditgesellschaft auf Aktien beim Formwechsel in eine Kommanditgesellschaft die Rechtsstellung eines Kommanditisten, so ist auf seine Haftung für die im Zeitpunkt des Formwechsels begründeten Verbindlichkeiten der formwechselnden Gesellschaft § 224 entsprechend anzuwenden.

DRITTER UNTERABSCHNITT

Formwechsel in eine Kapitalgesellschaft anderer Rechtsform

§ 238

Vorbereitung der Versammlung der Anteilsinhaber

Auf die Vorbereitung der Gesellschafterversammlung oder der Hauptversammlung, die den Formwechsel beschließen soll, sind die §§ 229 bis 231 entsprechend anzuwenden. § 192 Abs. 3 bleibt unberührt.

§ 239

Durchführung der Versammlung der Anteilsinhaber

(1) In der Gesellschafterversammlung oder in der Hauptversammlung, die den Formwechsel beschließen soll, ist der Umwandlungsbericht auszulegen.

(2) Der Entwurf des Umwandlungsbeschlusses einer Aktiengesellschaft oder einer Kommanditgesellschaft auf Aktien ist von deren Vertretungsorgan zu Beginn der Verhandlung mündlich zu erläutern.

§ 240

Beschluß der Versammlung der Anteilsinhaber

(1) Der Umwandlungsbeschluß bedarf einer Mehrheit von mindestens drei Vierteln der bei der Gesellschafterversammlung einer Gesellschaft mit beschränkter Haftung abgegebenen Stimmen oder des bei der Beschlußfassung einer Aktiengesellschaft oder einer Kommanditgesellschaft auf Aktien vertretenen Grundkapitals; § 65 Abs. 2 ist entsprechend anzuwenden. Der Gesellschaftsvertrag oder die Satzung der formwechselnden Gesellschaft kann eine größere Mehrheit und weitere Erfordernisse, beim Formwechsel einer Kommanditgesellschaft auf Aktien in eine Aktiengesellschaft auch eine geringere Mehrheit bestimmen.

(2) Dem Formwechsel einer Gesellschaft mit beschränkter Haftung oder einer Aktiengesellschaft in eine Kommanditgesellschaft auf Aktien müssen alle Gesellschafter oder Aktionäre zustimmen, die in der Gesellschaft neuer Rechtsform die Stellung eines persönlich haftenden Gesellschafters haben sollen. Auf den Beitritt persönlich haftender Gesellschafter ist § 221 entsprechend anzuwenden.

(3) Dem Formwechsel einer Kommanditgesellschaft auf Aktien müssen ferner deren persönlich haftende Gesellschafter zustimmen. Die Satzung der formwechselnden Gesellschaft kann eine Mehrheitsentscheidung dieser Gesellschafter vorsehen.

§ 241

Zustimmungserfordernisse beim Formwechsel einer Gesellschaft mit beschränkter Haftung

(1) Wird durch den Umwandlungsbeschluß einer formwechselnden Gesellschaft mit beschränkter Haftung der Nennbetrag der Aktien in der Satzung der Aktiengesellschaft oder der Kommanditgesellschaft auf Aktien auf einen höheren Betrag als fünfzig Deutsche Mark und abweichend vom Nennbetrag der Geschäftsanteile der formwechselnden Gesellschaft festgesetzt, so muß der Festsetzung jeder Gesellschafter zustimmen, der sich nicht dem Gesamtnennbetrag seiner Geschäftsanteile entsprechend beteiligen kann. § 17 Abs. 6 des Gesetzes betreffend die Gesellschaften mit beschränkter Haftung gilt insoweit nicht.

(2) Auf das Erfordernis der Zustimmung einzelner Gesellschafter ist ferner § 50 Abs. 2 entsprechend anzuwenden.

(3) Sind einzelnen Gesellschaftern außer der Leistung von Kapitaleinlagen noch andere Verpflichtungen gegenüber der Gesellschaft auferlegt und können diese wegen der einschränkenden Bestimmung des § 55 des Aktiengesetzes bei dem Formwechsel nicht aufrechterhalten werden, so bedarf der Formwechsel auch der Zustimmung dieser Gesellschafter.

§ 242

Zustimmungserfordernis beim Formwechsel einer Aktiengesellschaft oder einer Kommanditgesellschaft auf Aktien

Wird durch den Umwandlungsbeschluß einer formwechselnden Aktiengesellschaft oder Kommanditgesellschaft auf Aktien der Nennbetrag der Geschäftsanteile in dem Gesellschaftsvertrag der Gesellschaft mit beschränkter Haftung abweichend vom Nennbetrag der Aktien festgesetzt und ist dies nicht durch § 243 Abs. 3 Satz 2 bedingt, so muß der Festsetzung jeder Aktionär zustimmen, der sich nicht dem Gesamtnennbetrag seiner Aktien entsprechend beteiligen kann.

§ 243

Inhalt des Umwandlungsbeschlusses

(1) Auf den Umwandlungsbeschluß ist § 218 entsprechend anzuwenden. Festsetzungen über Sondervorteile, Gründungsaufwand, Sacheinlagen und Sachübernahmen, die in dem Gesellschaftsvertrag oder in der Satzung der formwechselnden Gesellschaft enthalten sind, sind in den Gesellschaftsvertrag oder in die Satzung der Gesellschaft neuer Rechtsform zu übernehmen. § 26 Abs. 4 und 5 des Aktiengesetzes bleibt unberührt.

(2) Vorschriften anderer Gesetze über die Änderung des Stammkapitals oder des Grundkapitals bleiben unberührt.

(3) In dem Gesellschaftsvertrag oder in der Satzung der Gesellschaft neuer Rechtsform kann der Nennbetrag der Anteile abweichend vom Nennbetrag der Anteile der formwechselnden Gesellschaft festgesetzt werden. Er muß in jedem Fall mindestens fünfzig Deutsche Mark betragen und durch zehn teilbar sein.

§ 244

Niederschrift über den Umwandlungsbeschluß; Gesellschaftsvertrag

(1) In der Niederschrift über den Umwandlungsbeschluß sind die Personen, die nach § 245 Abs. 1 bis 3 den Gründern der Gesellschaft gleichstehen, namentlich aufzuführen.

(2) Beim Formwechsel einer Aktiengesellschaft oder einer Kommanditgesellschaft auf Aktien in eine Gesellschaft mit beschränkter Haftung braucht der Gesellschaftsvertrag von den Gesellschaftern nicht unterzeichnet zu werden.

§ 245
Rechtsstellung als Gründer; Kapitalschutz

(1) Bei einem Formwechsel einer Gesellschaft mit beschänkter Haftung in eine Aktiengesellschaft oder in eine Kommanditgesellschaft auf Aktien treten bei der Anwendung der Gründungsvorschriften des Aktiengesetzes an die Stelle der Gründer die Gesellschafter, die für den Formwechsel gestimmt haben, sowie beim Formwechsel einer Gesellschaft mit beschränkter Haftung in eine Kommanditgesellschaft auf Aktien auch beitretende persönlich haftende Gesellschafter. § 220 ist entsprechend anzuwenden.

(2) Beim Formwechsel einer Aktiengesellschaft in eine Kommanditgesellschaft auf Aktien treten bei der Anwendung der Gründungsvorschriften des Aktiengesetzes an die Stelle der Gründer die persönlich haftenden Gesellschafter der Gesellschaft neuer Rechtsform. § 220 ist entsprechend anzuwenden.

(3) Beim Formwechsel einer Kommanditgesellschaft auf Aktien in eine Aktiengesellschaft treten bei der Anwendung der Gründungsvorschriften des Aktiengesetzes an die Stelle der Gründer die persönlich haftenden Gesellschafter der formwechselnden Gesellschaft. § 220 ist entsprechend anzuwenden.

(4) Beim Formwechsel einer Aktiengesellschaft oder einer Kommanditgesellschaft auf Aktien in eine Gesellschaft mit beschränkter Haftung ist ein Sachgründungsbericht nicht erforderlich.

§ 246
Anmeldung des Formwechsels

(1) Die Anmeldung nach § 198 ist durch das Vertretungsorgan der formwechselnden Gesellschaft vorzunehmen.

(2) Zugleich mit der neuen Rechtsform oder mit dem Rechtsträger neuer Rechtsform sind die Geschäftsführer der Gesellschaft mit beschränkter Haftung, die Vorstandsmitglieder der Aktiengesellschaft oder die persönlich haftenden Gesellschafter der Kommanditgesellschaft auf Aktien zur Eintragung in das Register anzumelden.

(3) § 8 Abs. 2 des Gesetzes betreffend die Gesellschaften mit beschränkter Haftung und § 37 Abs. 1 des Aktiengesetzes sind auf die Anmeldung nach § 198 nicht anzuwenden.

§ 247
Wirkungen des Formwechsels

(1) Durch den Formwechsel wird das bisherige Stammkapital einer formwechselnden Gesellschaft mit beschränkter Haftung zum Grundkapital der Gesellschaft neuer Rechtsform oder das bisherige Grundkapital einer formwechselnden Aktiengesellschaft oder Kommanditgesellschaft auf Aktien zum Stammkapital der Gesellschaft neuer Rechtsform.

(2) Eine vereinfachte Kapitalherabsetzung nach dem Formwechsel kann in der Jahresbilanz auch dann rückwirkend berücksichtigt werden, wenn diese Bilanz das letzte vor dem Formwechsel abgelaufene Geschäftsjahr einer formwechselnden Gesellschaft mit beschränkter Haftung betrifft.

(3) Durch den Formwechsel einer Kommanditgesellschaft auf Aktien scheiden deren persönlich haftende Gesellschafter als solche aus der Gesellschaft aus.

§ 248
Umtausch der Anteile

(1) Auf den Umtausch der Geschäftsanteile einer formwechselnden Gesellschaft mit beschränkter Haftung gegen Aktien ist § 73 des Aktiengesetzes, bei Zusammenlegung von Geschäftsanteilen § 226 des Aktiengesetzes über die Kraftloserklärung von Aktien entsprechend anzuwenden.

(2) Auf den Umtausch der Aktien einer formwechselnden Aktiengesellschaft oder Kommanditgesellschaft auf Aktien gegen Geschäftsanteile einer Gesellschaft mit beschränkter Haftung ist § 73 Abs. 1 und 2 des Aktiengesetzes, bei Zusammenlegung von Aktien § 226 Abs. 1 und 2 des Aktiengesetzes über die Kraftloserklärung von Aktien entsprechend anzuwenden.

(3) Einer Genehmigung des Gerichts bedarf es nicht.

§ 249
Gläubigerschutz

Auf den Formwechsel einer Kommanditgesellschaft auf Aktien in eine Gesellschaft mit beschränkter Haftung oder in eine Aktiengesellschaft ist auch § 224 entsprechend anzuwenden.

§ 250
Nicht anzuwendende Vorschriften

Die §§ 207 bis 212 sind auf den Formwechsel einer Aktiengesellschaft in eine Kommanditgesellschaft auf Aktien oder einer Kommanditgesellschaft auf Aktien in eine Aktiengesellschaft nicht anzuwenden.

VIERTER UNTERABSCHNITT

Formwechsel
in eine eingetragene Genossenschaft

§ 251

Vorbereitung und Durchführung der Versammlung der Anteilsinhaber

(1) Auf die Vorbereitung der Gesellschafterversammlung oder der Hauptversammlung, die den Formwechsel beschließen soll, sind die §§ 229 bis 231 entsprechend anzuwenden. § 192 Abs. 3 bleibt unberührt.

(2) Auf die Gesellschafterversammlung oder die Hauptversammlung, die den Formwechsel beschließen soll, ist § 239 Abs. 1, auf die Hauptversammlung auch § 239 Abs. 2 entsprechend anzuwenden.

§ 252

Beschluß der Versammlung der Anteilsinhaber

(1) Der Umwandlungsbeschluß der Gesellschafterversammlung oder der Hauptversammlung bedarf, wenn das Statut der Genossenschaft eine Verpflichtung der Genossen zur Leistung von Nachschüssen vorsieht, der Zustimmung aller anwesenden Gesellschafter oder Aktionäre; ihm müssen auch die nicht erschienenen Anteilsinhaber zustimmen.

(2) Sollen die Genossen nicht zur Leistung von Nachschüssen verpflichtet werden, so bedarf der Umwandlungsbeschluß einer Mehrheit von mindestens drei Vierteln der bei der Gesellschafterversammlung einer Gesellschaft mit beschränkter Haftung abgegebenen Stimmen oder des bei der Beschlußfassung einer Aktiengesellschaft oder einer Kommanditgesellschaft auf Aktien vertretenen Grundkapitals; § 50 Abs. 2 und § 65 Abs. 2 sind entsprechend anzuwenden. Der Gesellschaftsvertrag oder die Satzung der formwechselnden Gesellschaft kann eine größere Mehrheit und weitere Erfordernisse bestimmen.

(3) Auf den Formwechsel einer Kommanditgesellschaft auf Aktien ist § 240 Abs. 3 entsprechend anzuwenden.

§ 253

Inhalt des Umwandlungsbeschlusses

(1) In dem Umwandlungsbeschluß muß auch das Statut der Genossenschaft enthalten sein. Eine Unterzeichnung des Statuts durch die Genossen ist nicht erforderlich.

(2) Der Umwandlungsbeschluß muß die Beteiligung jedes Genossen mit mindestens einem Geschäftsanteil vorsehen. In dem Beschluß kann auch bestimmt werden, daß jeder Genosse bei der Genossenschaft mit mindestens einem und im übrigen mit so vielen Geschäftsanteilen, wie sie durch Anrechnung seines Geschäftsguthabens bei dieser Genossenschaft als voll eingezahlt anzusehen sind, beteiligt wird.

§ 254

Anmeldung des Formwechsels

(1) Die Anmeldung nach § 198 einschließlich der Anmeldung des Statuts der Genossenschaft ist durch das Vertretungsorgan der formwechselnden Gesellschaft vorzunehmen.

(2) Zugleich mit der Genossenschaft sind die Mitglieder ihres Vorstandes zur Eintragung in das Register anzumelden.

§ 255

Wirkungen des Formwechsels

(1) Jeder Anteilsinhaber, der die Rechtsstellung eines Genossen erlangt, ist bei der Genossenschaft nach Maßgabe des Umwandlungsbeschlusses beteiligt. Eine Verpflichtung zur Übernahme weiterer Geschäftsanteile bleibt unberührt. § 202 Abs. 1 Nr. 2 Satz 2 ist mit der Maßgabe anzuwenden, daß die an den bisherigen Anteilen bestehenden Rechte Dritter an den durch den Formwechsel erlangten Geschäftsguthaben weiterbestehen.

(2) Das Gericht darf eine Auflösung der Genossenschaft von Amts wegen nach § 80 des Gesetzes betreffend die Erwerbs- und Wirtschaftsgenossenschaften nicht vor Ablauf eines Jahres seit dem Wirksamwerden des Formwechsels aussprechen.

(3) Durch den Formwechsel einer Kommanditgesellschaft auf Aktien scheiden deren persönlich haftende Gesellschafter als solche aus dem Rechtsträger aus.

§ 256

Geschäftsguthaben; Benachrichtigung der Genossen

(1) Jedem Genossen ist als Geschäftsguthaben der Wert der Geschäftsanteile oder der Aktien gutzuschreiben, mit denen er an der formwechselnden Gesellschaft beteiligt war.

(2) Übersteigt das durch den Formwechsel erlangte Geschäftsguthaben eines Genossen den Gesamtbetrag der Geschäftsanteile, mit denen er bei der Genossenschaft beteiligt ist, so ist der übersteigende Betrag nach Ablauf von sechs Monaten seit dem Tage, an dem die Eintragung der Genossenschaft in das Register nach § 201 Satz 2 als bekanntgemacht gilt, an den Genossen auszuzahlen. Die Auszahlung darf jedoch nicht erfolgen, bevor die Gläubiger, die sich nach § 204 in Verbindung mit § 22 gemeldet haben, befriedigt oder sichergestellt sind.

(3) Die Genossenschaft hat jedem Genossen unverzüglich nach der Bekanntmachung der Eintragung

der Genossenschaft in das Register schriftlich mitzuteilen:

1. den Betrag seines Geschäftsguthabens;
2. den Betrag und die Zahl der Geschäftsanteile, mit denen er bei der Genossenschaft beteiligt ist;
3. den Betrag der von dem Genossen nach Anrechnung seines Geschäftsguthabens noch zu leistenden Einzahlung oder den Betrag, der nach Absatz 2 an ihn auszuzahlen ist;
4. den Betrag der Haftsumme der Genossenschaft, sofern die Genossen Nachschüsse bis zu einer Haftsumme zu leisten haben.

§ 257

Gläubigerschutz

Auf den Formwechsel einer Kommanditgesellschaft auf Aktien ist auch § 224 entsprechend anzuwenden.

DRITTER ABSCHNITT

Formwechsel eingetragener Genossenschaften

§ 258

Möglichkeit des Formwechsels

(1) Eine eingetragene Genossenschaft kann auf Grund eines Umwandlungsbeschlusses nach diesem Gesetz nur die Rechtsform einer Kapitalgesellschaft erlangen.

(2) Der Formwechsel ist nur möglich, wenn auf jeden Genossen, der an der Gesellschaft neuer Rechtsform beteiligt wird, als beschränkt haftender Gesellschafter ein durch zehn teilbarer Geschäftsanteil von mindestens fünfzig Deutsche Mark oder als Aktionär mindestens ein Teilrecht im Nennbetrag von zehn Deutschen Mark entfällt.

§ 259

Gutachten des Prüfungsverbandes

Vor der Einberufung der Generalversammlung, die den Formwechsel beschließen soll, ist eine gutachtliche Äußerung des Prüfungsverbandes einzuholen, ob der Formwechsel mit den Belangen der Genossen und der Gläubiger der Genossenschaft vereinbar ist, insbesondere ob bei der Festsetzung des Stammkapitals oder des Grundkapitals § 263 Abs. 2 Satz 2 und § 264 Abs. 1 beachtet sind (Prüfungsgutachten).

§ 260

Vorbereitung der Generalversammlung

(1) Der Vorstand der formwechselnden Genossenschaft hat allen Genossen spätestens zusammen mit der Einberufung der Generalversammlung, die den Formwechsel beschließen soll, diesen Formwechsel als Gegenstand der Beschlußfassung schriftlich anzukündigen. In der Ankündigung ist auf die für die Beschlußfassung nach § 262 Abs. 1 erforderlichen Mehrheiten sowie auf die Möglichkeit der Erhebung eines Widerspruchs und die sich daraus ergebenden Rechte hinzuweisen.

(2) Auf die Vorbereitung der Generalversammlung sind §§ 229, 230 Abs. 2 und § 231 Satz 1 entsprechend anzuwenden. § 192 Abs. 3 bleibt unberührt.

(3) In dem Geschäftsraum der formwechselnden Genossenschaft ist außer den sonst erforderlichen Unterlagen auch das nach § 259 erstattete Prüfungsgutachten zur Einsicht der Genossen auszulegen. Auf Verlangen ist jedem Genossen unverzüglich und kostenlos eine Abschrift dieses Prüfungsgutachtens zu erteilen.

§ 261

Durchführung der Generalversammlung

(1) In der Generalversammlung, die den Formwechsel beschließen soll, ist der Umwandlungsbericht, sofern er nach diesem Buch erforderlich ist, und das nach § 259 erstattete Prüfungsgutachten auszulegen. Der Vorstand hat den Umwandlungsbeschluß zu Beginn der Verhandlung mündlich zu erläutern.

(2) Das Prüfungsgutachten ist in der Generalversammlung zu verlesen. Der Prüfungsverband ist berechtigt, an der Generalversammlung beratend teilzunehmen.

§ 262

Beschluß der Generalversammlung

(1) Der Umwandlungsbeschluß der Generalversammlung bedarf einer Mehrheit von mindestens drei Vierteln der abgegebenen Stimmen. Er bedarf einer Mehrheit von neun Zehnteln der abgegebenen Stimmen, wenn spätestens bis zum Ablauf des dritten Tages vor der Generalversammlung wenigstens hundert Genossen, bei Genossenschaften mit weniger als tausend Genossen ein Zehntel der Genossen, durch eingeschriebenen Brief Widerspruch gegen den Formwechsel erhoben haben. Das Statut kann größere Mehrheiten und weitere Erfordernisse bestimmen.

(2) Auf den Formwechsel in eine Kommanditgesellschaft auf Aktien ist § 240 Abs. 2 entsprechend anzuwenden.

§ 263

Inhalt des Umwandlungsbeschlusses

(1) Auf den Umwandlungsbeschluß sind auch die §§ 218, 243 Abs. 3 und § 244 Abs. 2 entsprechend anzuwenden.

(2) In dem Beschluß ist bei der Festlegung von Zahl, Art und Umfang der Anteile (§ 194 Abs. 1 Nr. 4) zu bestimmen, daß an dem Stammkapital oder an dem Grundkapital der Gesellschaft neuer Rechtsform jeder Genosse, der die Rechtsstellung eines beschränkt haftenden Gesellschafters oder eines Aktionärs erlangt, in dem Verhältnis beteiligt wird, in dem am Ende des letzten vor der Beschlußfassung über den Formwechsel abgelaufenen Geschäftsjahres sein Geschäftsguthaben zur Summe der Geschäftsguthaben aller Genossen gestanden hat, die durch den Formwechsel Gesellschafter oder Aktionäre geworden sind. Der Nennbetrag des Stammkapitals oder des Grundkapitals ist so zu bemessen, daß auf jeden Genossen möglichst ein voller Geschäftsanteil oder eine volle Aktie oder ein möglichst hoher Teil eines Geschäftsanteils oder einer Aktie (Teilrecht) entfällt.

(3) Die Geschäftsanteile einer Gesellschaft mit beschränkter Haftung sollen auf einen höheren Nennbetrag als fünfhundert Deutsche Mark nur gestellt werden, soweit auf die Genossen der formwechselnden Genossenschaft volle Geschäftsanteile mit dem höheren Nennbetrag entfallen. Aktien können auf einen höheren Nennbetrag als fünfzig Deutsche Mark nur gestellt werden, soweit volle Aktien mit dem höheren Nennbetrag auf die Genossen entfallen. Wird das Vertretungsorgan der Aktiengesellschaft oder der Kommanditgesellschaft auf Aktien in der Satzung ermächtigt, das Grundkapital bis zu einem bestimmten Nennbetrag durch Ausgabe neuer Aktien gegen Einlagen zu erhöhen, so darf die Ermächtigung nicht vorsehen, daß das Vertretungsorgan über den Ausschluß des Bezugsrechts entscheidet.

§ 264

Kapitalschutz

(1) Der Nennbetrag des Stammkapitals einer Gesellschaft mit beschränkter Haftung oder des Grundkapitals einer Aktiengesellschaft oder einer Kommanditgesellschaft auf Aktien darf das nach Abzug der Schulden verbleibende Vermögen der formwechselnden Genossenschaft nicht übersteigen.

(2) Beim Formwechsel in eine Gesellschaft mit beschränkter Haftung sind die Genossen der formwechselnden Genossenschaft nicht verpflichtet, einen Sachgründungsbericht zu erstatten.

(3) Beim Formwechsel in eine Aktiengesellschaft oder in eine Kommanditgesellschaft auf Aktien hat die Gründungsprüfung durch einen oder mehrere Prüfer (§ 33 Abs. 2 des Aktiengesetzes) in jedem Fall stattzufinden. Jedoch sind die Genossen der formwechselnden Genossenschaft nicht verpflichtet, einen Gründungsbericht zu erstatten; die §§ 32, 35 Abs. 1 und 2 und § 46 des Aktiengesetzes sind nicht anzuwenden. Die für Nachgründungen in § 52 Abs. 1 des Aktiengesetzes bestimmte Frist von zwei Jahren beginnt mit dem Wirksamwerden des Formwechsels.

§ 265

Anmeldung des Formwechsels

Auf die Anmeldung nach § 198 ist § 222 Abs. 1 Satz 1 und Abs. 3 entsprechend anzuwenden. Der Anmeldung ist das nach § 259 erstattete Prüfungsgutachten in Urschrift oder in öffentlich beglaubigter Abschrift beizufügen.

§ 266

Wirkungen des Formwechsels

(1) Durch den Formwechsel werden die bisherigen Geschäftsanteile zu Anteilen an der Gesellschaft neuer Rechtsform und zu Teilrechten. § 202 Abs. 1 Nr. 2 Satz 2 ist mit der Maßgabe anzuwenden, daß die an den bisherigen Geschäftsguthaben bestehenden Rechte Dritter an den durch den Formwechsel erlangten Anteilen und Teilrechten weiterbestehen.

(2) Teilrechte, die durch den Formwechsel entstehen, sind selbständig veräußerlich und vererblich.

(3) Die Rechte aus einer Aktie einschließlich des Anspruchs auf Ausstellung einer Aktienurkunde können nur ausgeübt werden, wenn Teilrechte, die zusammen eine volle Aktie ergeben, in einer Hand vereinigt sind oder wenn mehrere Berechtigte, deren Teilrechte zusammen eine volle Aktie ergeben, sich zur Ausübung der Rechte zusammenschließen. Der Rechtsträger soll die Zusammenführung von Teilrechten zu vollen Aktien vermitteln.

§ 267

Benachrichtigung der Anteilsinhaber

(1) Das Vertretungsorgan der Gesellschaft neuer Rechtsform hat jedem Anteilsinhaber unverzüglich nach der Bekanntmachung der Eintragung der Gesellschaft in das Register deren Inhalt sowie die Zahl und den Nennbetrag der Anteile und des Teilrechts, die auf ihn entfallen sind, schriftlich mitzuteilen. Dabei soll auf die Vorschriften über Teilrechte in § 266 hingewiesen werden.

(2) Zugleich mit der schriftlichen Mitteilung ist deren wesentlicher Inhalt in den Gesellschaftsblättern bekanntzumachen. Der Hinweis nach Absatz 1 Satz 2 braucht in die Bekanntmachung nicht aufgenommen zu werden.

§ 268

Aufforderung an die Aktionäre; Veräußerung von Aktien

(1) In der Mitteilung nach § 267 sind Aktionäre aufzufordern, die ihnen zustehenden Aktien abzuholen. Dabei ist darauf hinzuweisen, daß die Gesellschaft berechtigt ist, Aktien, die nicht binnen sechs Monaten seit der Bekanntmachung der Aufforderung in den Gesellschaftsblättern abgeholt werden, nach dreimaliger Androhung für Rechnung der Beteiligten zu veräußern. Dieser Hinweis braucht nicht in die Bekanntmachung der Aufforderung in den Gesellschaftsblättern aufgenommen zu werden.

(2) Nach Ablauf von sechs Monaten seit der Bekanntmachung der Aufforderung in den Gesellschaftsblättern hat die Gesellschaft neuer Rechtsform die Veräußerung der nicht abgeholten Aktien anzudrohen. Die Androhung ist dreimal in Abständen von mindestens einem Monat in den Gesellschaftsblättern bekanntzumachen. Die letzte Bekanntmachung muß vor dem Ablauf von einem Jahr seit der Bekanntmachung der Aufforderung ergehen.

(3) Nach Ablauf von sechs Monaten seit der letzten Bekanntmachung der Androhung hat die Gesellschaft die nicht abgeholten Aktien für Rechnung der Beteiligten zum amtlichen Börsenpreis durch Vermittlung eines Kursmaklers und beim Fehlen eines Börsenpreises durch öffentliche Versteigerung zu veräußern. § 226 Abs. 3 Satz 2 bis 6 des Aktiengesetzes ist entsprechend anzuwenden.

§ 269

Hauptversammlungsbeschlüsse; genehmigtes Kapital

Solange beim Formwechsel in eine Aktiengesellschaft oder in eine Kommanditgesellschaft auf Aktien die Nennbeträge der abgeholten oder nach § 268 Abs. 3 veräußerten Aktien nicht insgesamt mindestens sechs Zehntel des Grundkapitals erreichen, kann die Hauptversammlung der Gesellschaft neuer Rechtsform keine Beschlüsse fassen, die nach Gesetz oder Satzung einer Kapitalmehrheit bedürfen. Das Vertretungsorgan der Gesellschaft darf während dieses Zeitraums von einer Ermächtigung zu einer Erhöhung des Grundkapitals keinen Gebrauch machen.

§ 270

Abfindungsangebot

Das Abfindungsangebot nach § 207 Abs. 1 Satz 1 gilt auch für jeden Genossen, der dem Formwechsel bis zum Ablauf des dritten Tages vor dem Tage, an dem der Umwandlungsbeschluß gefaßt worden ist, durch eingeschriebenen Brief widersprochen hat.

§ 271

Fortdauer der Nachschußpflicht

Wird über das Vermögen der Gesellschaft neuer Rechtsform binnen zwei Jahren nach dem Tage, an dem ihre Eintragung in das Register nach § 201 Satz 2 als bekanntgemacht gilt, das Insolvenzverfahren eröffnet, so ist jeder Genosse, der durch den Formwechsel die Rechtsstellung eines beschränkt haftenden Gesellschafters oder eines Aktionärs erlangt hat, im Rahmen des Statuts der formwechselnden Genossenschaft (§ 6 Nr. 3 des Gesetzes betreffend die Erwerbs- und Wirtschaftsgenossenschaften) zu Nachschüssen verpflichtet, auch wenn er seinen Geschäftsanteil oder seine Aktie veräußert hat. Die §§ 105 bis 115 a des Gesetzes betreffend die Erwerbs- und Wirtschaftsgenossenschaften sind mit der Maßgabe entsprechend anzuwenden, daß nur solche Verbindlichkeiten der Gesellschaft zu berücksichtigen sind, die bereits im Zeitpunkt des Formwechsels begründet waren.

VIERTER ABSCHNITT

Formwechsel rechtsfähiger Vereine

ERSTER UNTERABSCHNITT

Allgemeine Vorschriften

§ 272

Möglichkeit des Formwechsels

(1) Ein rechtsfähiger Verein kann auf Grund eines Umwandlungsbeschlusses nur die Rechtsform einer Kapitalgesellschaft oder einer eingetragenen Genossenschaft erlangen.

(2) Ein Verein kann die Rechtsform nur wechseln, wenn seine Satzung oder Vorschriften des Landesrechts nicht entgegenstehen.

ZWEITER UNTERABSCHNITT

Formwechsel in eine Kapitalgesellschaft

§ 273

Möglichkeit des Formwechsels

Der Formwechsel ist nur möglich, wenn auf jedes Mitglied, das an der Gesellschaft neuer Rechtsform beteiligt wird, als beschränkt haftender Gesellschafter ein durch zehn teilbarer Geschäftsanteil von mindestens fünfzig Deutsche Mark oder als Aktionär mindestens ein Teilrecht im Nennbetrag von zehn Deutschen Mark entfällt.

§ 274

Vorbereitung und Durchführung der Mitgliederversammlung

(1) Auf die Vorbereitung der Mitgliederversammlung, die den Formwechsel beschließen soll, sind §§ 229, 230 Abs. 2, § 231 Satz 1 und § 260 Abs. 1 entsprechend anzuwenden. § 192 Abs. 3 bleibt unberührt.

(2) Auf die Mitgliederversammlung, die den Formwechsel beschließen soll, ist § 239 entsprechend anzuwenden.

§ 275

Beschluß der Mitgliederversammlung

(1) Der Umwandlungsbeschluß der Mitgliederversammlung bedarf, wenn der Zweck des Rechtsträgers geändert werden soll (§ 33 Abs. 1 Satz 2 des Bürgerlichen Gesetzbuchs), der Zustimmung aller anwesenden Mitglieder; ihm müssen auch die nicht erschienenen Mitglieder zustimmen.

(2) In anderen Fällen bedarf der Umwandlungsbeschluß einer Mehrheit von mindestens drei Vierteln der erschienenen Mitglieder. Er bedarf einer Mehrheit von mindestens neun Zehnteln der erschienenen Mitglieder, wenn spätestens bis zum Ablauf des dritten Tages vor der Mitgliederversammlung wenigstens hundert Mitglieder, bei Vereinen mit weniger als tausend Mitgliedern ein Zehntel der Mitglieder, durch eingeschriebenen Brief Widerspruch gegen den Formwechsel erhoben haben. Die Satzung kann größere Mehrheiten und weitere Erfordernisse bestimmen.

(3) Auf den Formwechsel in eine Kommanditgesellschaft auf Aktien ist § 240 Abs. 2 entsprechend anzuwenden.

§ 276

Inhalt des Umwandlungsbeschlusses

(1) Auf den Umwandlungsbeschluß sind auch die §§ 218, 243 Abs. 3, § 244 Abs. 2 und § 263 Abs. 2 Satz 2, Abs. 3 entsprechend anzuwenden.

(2) Die Beteiligung der Mitglieder am Stammkapital oder am Grundkapital der Gesellschaft neuer Rechtsform darf, wenn nicht alle Mitglieder einen gleich hohen Anteil erhalten sollen, nur nach einem oder mehreren der folgenden Maßstäbe festgesetzt werden:

1. bei Vereinen, deren Vermögen in übertragbare Anteile zerlegt ist, der Nennbetrag oder der Wert dieser Anteile;
2. die Höhe der Beiträge;
3. bei Vereinen, die zu ihren Mitgliedern oder einem Teil der Mitglieder in vertraglichen Geschäftsbeziehungen stehen, der Umfang der Inanspruchnahme von Leistungen des Vereins durch die Mitglieder oder der Umfang der in Anspruchnahme von Leistungen der Mitglieder durch den Verein;
4. ein in der Satzung bestimmter Maßstab für die Verteilung des Überschusses;
5. ein in der Satzung bestimmter Maßstab für die Verteilung des Vermögens;
6. die Dauer der Mitgliedschaft.

Soll die Beteiligung nur für einen Teil des Stammkapitals oder des Grundkapitals in gleich hohen Anteilen festgesetzt werden, so muß der gleich hohe Anteil ein Teilrecht im Nennbetrag von zehn Deutschen Mark sein.

§ 277

Kapitalschutz

Bei der Anwendung der für die neue Rechtsform maßgebenden Gründungsvorschriften ist auch § 264 entsprechend anzuwenden.

§ 278

Anmeldung des Formwechsels

(1) Auf die Anmeldung nach § 198 ist § 222 Abs. 1 und 3 entsprechend anzuwenden.

(2) Ist der formwechselnde Verein nicht in ein Handelsregister eingetragen, so hat sein Vorstand den bevorstehenden Formwechsel durch das in der Vereinssatzung für Veröffentlichungen bestimmte Blatt, in Ermangelung eines solchen durch dasjenige Blatt bekanntzumachen, das für Bekanntmachungen des Amtsgerichts bestimmt ist, in dessen Bezirk der formwechselnde Verein seinen Sitz hat. Die Bekanntmachung tritt an die Stelle der Eintragung der Umwandlung in das Register nach § 198 Abs. 2 Satz 3. § 50 Abs. 1 Satz 4 des Bürgerlichen Gesetzbuchs ist entsprechend anzuwenden.

§ 279

Bekanntmachung des Formwechsels

In der Bekanntmachung nach § 201 Satz 1 ist auch anzugeben, nach welchen Maßstäben die Mitglieder des formwechselnden Vereins an der Gesellschaft neuer Rechtsform beteiligt sind.

§ 280

Wirkungen des Formwechsels

Durch den Formwechsel werden die bisherigen Mitgliedschaften zu Anteilen an der Gesellschaft neuer Rechtsform und zu Teilrechten. § 266 Abs. 1 Satz 2, Abs. 2 und 3 ist entsprechend anzuwenden.

§ 281

Benachrichtigung der Anteilsinhaber; Veräußerung von Aktien; Hauptversammlungsbeschlüsse

(1) Auf die Benachrichtigung der Anteilsinhaber durch die Gesellschaft, auf die Aufforderung von Aktionären zur Abholung der ihnen zustehenden Aktien und auf die Veräußerung nicht abgeholter Aktien sind die §§ 267 und 268 entsprechend anzuwenden.

(2) Auf Beschlüsse der Hauptversammlung der Gesellschaft neuer Rechtsform sowie auf eine Ermächtigung des Vertretungsorgans zur Erhöhung des Grundkapitals ist § 269 entsprechend anzuwenden.

§ 282

Abfindungsangebot

Auf das Abfindungsangebot nach § 207 Abs. 1 Satz 1 ist § 270 entsprechend anzuwenden.

DRITTER UNTERABSCHNITT

Formwechsel in eine eingetragene Genossenschaft

§ 283

Vorbereitung und Durchführung der Mitgliederversammlung

(1) Auf die Vorbereitung der Mitgliederversammlung, die den Formwechsel beschließen soll, sind §§ 229, 230 Abs. 2, § 231 Satz 1 und § 260 Abs. 1 entsprechend anzuwenden. § 192 Abs. 3 bleibt unberührt.

(2) Auf die Mitgliederversammlung, die den Formwechsel beschließen soll, ist § 239 entsprechend anzuwenden.

§ 284

Beschluß der Mitgliederversammlung

Der Umwandlungsbeschluß der Mitgliederversammlung bedarf, wenn der Zweck des Rechtsträgers geändert werden soll (§ 33 Abs. 1 Satz 2 des Bürgerlichen Gesetzbuchs) oder wenn das Statut der Genossenschaft eine Verpflichtung der Genossen zur Leistung von Nachschüssen vorsieht, der Zustimmung aller anwesenden Mitglieder; ihm müssen auch die nicht erschienenen Mitglieder zustimmen. Im übrigen ist § 275 Abs. 2 entsprechend anzuwenden.

§ 285

Inhalt des Umwandlungsbeschlusses

(1) Auf den Umwandlungsbeschluß ist auch § 253 Abs. 1, Abs. 2 Satz 1 entsprechend anzuwenden.

(2) Sollen bei der Genossenschaft nicht alle Mitglieder mit der gleichen Zahl von Geschäftsanteilen beteiligt werden, so darf die unterschiedlich hohe Beteiligung nur nach einem oder mehreren der in § 276 Abs. 2 Satz 1 bezeichneten Maßstäbe festgesetzt werden.

§ 286

Anmeldung des Formwechsels

Auf die Anmeldung nach § 198 sind die §§ 254, 278 Abs. 2 entsprechend anzuwenden.

§ 287

Bekanntmachung des Formwechsels

In der Bekanntmachung nach § 201 Satz 1 ist auch anzugeben, nach welchen Maßstäben die Mitglieder des formwechselnden Vereins an der Genossenschaft beteiligt sind.

§ 288

Wirkungen des Formwechsels

(1) Jedes Mitglied, das die Rechtsstellung eines Genossen erlangt, ist bei der Genossenschaft nach Maßgabe des Umwandlungsbeschlusses beteiligt. Eine Verpflichtung zur Übernahme weiterer Geschäftsanteile bleibt unberührt. § 255 Abs. 1 Satz 3 ist entsprechend anzuwenden.

(2) Das Gericht darf eine Auflösung der Genossenschaft von Amts wegen nach § 80 des Gesetzes betreffend die Erwerbs- und Wirtschaftsgenossenschaften nicht vor Ablauf eines Jahres seit dem Wirksamwerden des Formwechsels aussprechen.

§ 289

Geschäftsguthaben; Benachrichtigung der Genossen

(1) Jedem Genossen kann als Geschäftsguthaben auf Grund des Formwechsels höchstens der Nennbetrag der Geschäftsanteile gutgeschrieben werden, mit denen er bei der Genossenschaft beteiligt ist.

(2) § 256 Abs. 3 ist entsprechend anzuwenden.

§ 290

Abfindungsangebot

Auf das Abfindungsangebot nach § 207 Abs. 1 Satz 2 ist § 270 entsprechend anzuwenden.

FÜNFTER ABSCHNITT

Formwechsel von Versicherungsvereinen auf Gegenseitigkeit

§ 291

Möglichkeit des Formwechsels

(1) Ein Versicherungsverein auf Gegenseitigkeit, der kein kleinerer Verein im Sinne des § 53 des Versicherungsaufsichtsgesetzes ist, kann auf Grund eines Umwandlungsbeschlusses nur die Rechtsform einer Aktiengesellschaft erlangen.

(2) Der Formwechsel ist nur möglich, wenn auf jedes Mitglied des Vereins, das an der Aktiengesellschaft beteiligt wird, mindestens ein Teilrecht im Nennbetrag von zehn Deutschen Mark entfällt.

§ 292

Vorbereitung und Durchführung der Versammlung der obersten Vertretung

(1) Auf die Vorbereitung der Versammlung der obersten Vertretung, die den Formwechsel beschließen soll, sind §§ 229, 230 Abs. 2, § 231 Satz 1 und § 260 Abs. 1 entsprechend anzuwenden.

(2) Auf die Durchführung der Versammlung der obersten Vertretung, die den Formwechsel beschließen soll, ist § 239 entsprechend anzuwenden.

§ 293

Beschluß der obersten Vertretung

Der Umwandlungsbeschluß der obersten Vertretung bedarf einer Mehrheit von mindestens drei Vierteln der abgegebenen Stimmen. Er bedarf einer Mehrheit von neun Zehnteln der abgegebenen Stimmen, wenn spätestens bis zum Ablauf des dritten Tages vor der Versammlung der obersten Vertretung wenigstens hundert Mitglieder des Vereins durch eingeschriebenen Brief Widerspruch gegen den Formwechsel erhoben haben. Die Satzung kann größere Mehrheiten und weitere Erfordernisse bestimmen.

§ 294

Inhalt des Umwandlungsbeschlusses

(1) Auf den Umwandlungsbeschluß sind auch § 218 Abs. 1 und § 263 Abs. 3 Satz 2 und 3 entsprechend anzuwenden. In dem Umwandlungsbeschluß kann bestimmt werden, daß Mitglieder, die dem formwechselnden Verein weniger als drei Jahre vor der Beschlußfassung über den Formwechsel angehören, von der Beteiligung an der Aktiengesellschaft ausgeschlossen sind.

(2) Das Grundkapital der Aktiengesellschaft ist in der Höhe des Grundkapitals vergleichbarer Versicherungsunternehmen in der Rechtsform der Aktiengesellschaft festzusetzen. Würde die Aufsichtsbehörde einer neu zu gründenden Versicherungsaktiengesellschaft die Erlaubnis zum Geschäftsbetrieb nur bei Festsetzung eines höheren Grundkapitals erteilen, so ist das Grundkapital auf diesen Betrag festzusetzen, soweit dies nach den Vermögensverhältnissen des formwechselnden Vereins möglich ist. Ist eine solche Festsetzung nach den Vermögensverhältnissen des Vereins nicht möglich, so ist der Nennbetrag des Grundkapitals so zu bemessen, daß auf jedes Mitglied, das die Rechtsstellung eines Aktionärs erlangt, möglichst eine volle Aktie oder ein möglichst hohes Teilrecht entfällt.

(3) Die Beteiligung der Mitglieder am Grundkapital der Aktiengesellschaft darf, wenn nicht alle Mitglieder einen gleich hohen Anteil erhalten sollen, nur nach einem oder mehreren der folgenden Maßstäbe festgesetzt werden:

1. die Höhe der Versicherungssumme;
2. die Höhe der Beiträge;
3. die Höhe der Deckungsrückstellung in der Lebensversicherung;
4. der in der Satzung bestimmte Maßstab für die Verteilung des Überschusses;
5. ein in der Satzung bestimmter Maßstab für die Verteilung des Vermögens;
6. die Dauer der Mitgliedschaft.

§ 276 Abs. 2 Satz 2 ist entsprechend anzuwenden.

§ 295

Kapitalschutz

Bei der Anwendung der Gründungsvorschriften des Aktiengesetzes ist auch § 264 Abs. 1 und 3 entsprechend anzuwenden.

§ 296

Anmeldung des Formwechsels

Auf die Anmeldung nach § 198 ist § 246 Abs. 1 und 2 entsprechend anzuwenden.

§ 297

Bekanntmachung des Formwechsels

In der Bekanntmachung nach § 201 Satz 1 ist auch anzugeben, nach welchen Maßstäben die Mitglieder des formwechselnden Vereins an der Aktiengesellschaft beteiligt sind.

§ 298

Wirkungen des Formwechsels

Durch den Formwechsel werden die bisherigen Mitgliedschaften zu Aktien und Teilrechten. § 266 Abs. 1 Satz 2, Abs. 2 und 3 ist entsprechend anzuwenden.

§ 299

Benachrichtigung der Aktionäre; Veräußerung von Aktien; Hauptversammlungsbeschlüsse

(1) Auf die Benachrichtigung der Aktionäre durch die Gesellschaft ist § 267, auf die Aufforderung zur Abholung der ihnen zustehenden Aktien und auf die Veräußerung nicht abgeholter Aktien ist § 268 entsprechend anzuwenden.

(2) Auf Beschlüsse der Hauptversammlung der Aktiengesellschaft sowie auf eine Ermächtigung des Vorstandes zur Erhöhung des Grundkapitals ist § 269 entsprechend anzuwenden. Die Aufsichtsbehörde kann Ausnahmen von der entsprechenden Anwendung des § 269 Satz 1 zulassen, wenn dies erforderlich ist, um zu verhindern, daß der Aktiengesellschaft erhebliche Nachteile entstehen.

§ 300

Abfindungsangebot

Auf das Abfindungsangebot nach § 207 Abs. 1 Satz 1 ist § 270 entsprechend anzuwenden.

SECHSTER ABSCHNITT

Formwechsel von Körperschaften und Anstalten des öffentlichen Rechts

§ 301

Möglichkeit des Formwechsels

(1) Eine Körperschaft oder Anstalt des öffentlichen Rechts kann durch Formwechsel nur die Rechtsform einer Kapitalgesellschaft erlangen.

(2) Der Formwechsel ist nur möglich, wenn die Körperschaft oder Anstalt rechtsfähig ist und das für sie maßgebende Bundes- oder Landesrecht einen Formwechsel vorsieht oder zuläßt.

§ 302

Anzuwendende Vorschriften

Die Vorschriften des Ersten Teils sind auf den Formwechsel nur anzuwenden, soweit sich aus dem für die formwechselnde Körperschaft oder Anstalt maßgebenden Bundes- oder Landesrecht nichts anderes ergibt. Nach diesem Recht richtet es sich insbesondere, auf welche Weise der Gesellschaftsvertrag oder die Satzung der Gesellschaft neuer Rechtsform abgeschlossen oder festgestellt wird, wer an dieser Gesellschaft als Anteilsinhaber beteiligt wird und welche Person oder welche Personen den Gründern der Gesellschaft gleichstehen; die §§ 28 und 29 des Aktiengesetzes sind nicht anzuwenden.

§ 303

Kapitalschutz; Zustimmungserfordernisse

(1) Außer den für die neue Rechtsform maßgebenden Gründungsvorschriften ist auch § 220 entsprechend anzuwenden.

(2) Ein Formwechsel in eine Kommanditgesellschaft auf Aktien bedarf der Zustimmung aller Anteilsinhaber, die in dieser Gesellschaft die Stellung eines persönlich haftenden Gesellschafters haben sollen. Auf den Beitritt persönlich haftender Gesellschafter ist § 221 entsprechend anzuwenden.

§ 304

Wirksamwerden des Formwechsels

Der Formwechsel wird mit der Eintragung der Kapitalgesellschaft in das Handelsregister wirksam. Mängel des Formwechsels lassen die Wirkungen der Eintragung unberührt.

SECHSTES BUCH

Spruchverfahren

§ 305

Antragsfrist

Ein Antrag auf gerichtliche Entscheidung nach den §§ 15, 34, 176 bis 181, 184, 186, 196 oder 212 kann nur binnen zwei Monaten nach dem Tage gestellt werden, an dem die Eintragung der Umwandlung nach den Vorschriften dieses Gesetzes als bekanntgemacht gilt.

§ 306

Gerichtliche Zuständigkeit

(1) Zuständig ist das Landgericht, in dessen Bezirk der Rechtsträger, dessen Anteilsinhaber antragsberechtigt sind, seinen Sitz hat.

(2) Ist bei dem Landgericht eine Kammer für Handelssachen gebildet, so entscheidet diese an Stelle der Zivilkammer.

(3) Die Landesregierung kann die Entscheidung durch Rechtsverordnung für die Bezirke mehrerer Landgerichte einem der Landgerichte übertragen, wenn dies der Sicherung einer einheitlichen Rechtsprechung dient. Die Landesregierung kann die Ermächtigung auf die Landesjustizverwaltung übertragen.

§ 307

Gerichtliches Verfahren

(1) Auf das Verfahren ist das Gesetz über die Angelegenheiten der freiwilligen Gerichtsbarkeit anzuwenden, soweit in den folgenden Vorschriften nichts anderes bestimmt ist.

(2) Der Antrag ist gegen die übernehmenden oder neuen Rechtsträger oder gegen den Rechtsträger neuer Rechtsform, im Falle einer Gesellschaft des bürgerlichen Rechts gegen deren Gesellschafter zu richten.

(3) Das Landgericht hat den Antrag im Bundesanzeiger und, wenn der Gesellschaftsvertrag, die Satzung oder das Statut andere Blätter für die öffentlichen Bekanntmachungen eines übertragenden oder formwechselnden Rechtsträgers bestimmt hatte, auch in diesen Blättern bekanntzumachen. Andere Antragsberechtigte können noch binnen zwei Monaten nach dieser Bekanntmachung eigene Anträge stellen. Auf dieses Recht ist in der Bekanntmachung hinzuweisen. Nach Ablauf dieser Frist sind Anträge unzulässig.

(4) Das Landgericht hat jeden verpflichteten Rechtsträger zu hören.

(5) Das Landgericht entscheidet durch einen mit Gründen versehenen Beschluß. Es hat seine Entscheidung den Beteiligten zuzustellen.

§ 308

Gemeinsamer Vertreter

(1) Das Landgericht hat den außenstehenden Anteilsinhabern, die nicht selbst Antragsteller sind, zur Wahrung ihrer Rechte einen gemeinsamen Vertreter zu bestellen. Dieser hat die Stellung eines gesetzlichen Vertreters. Werden die Festsetzung eines Ausgleichs durch bare Zuzahlung oder die Festsetzung der angemessenen Barabfindung beantragt, so ist für jeden Antrag ein gemeinsamer Vertreter zu bestellen. Die Bestellung kann unterbleiben, wenn die Wahrung der Rechte der Anteilsinhaber auf andere Weise sichergestellt ist. Die Bestellung des gemeinsamen Vertreters hat das Landgericht nach § 307 Abs. 3 Satz 1 bekanntzumachen.

(2) Der Vertreter kann von jedem Rechtsträger, der Antragsgegner ist, den Ersatz angemessener barer Auslagen und eine Vergütung für seine Tätigkeit verlangen; mehrere Rechtsträger haften als Gesamtschuldner. Die Auslagen und die Vergütung setzt das Gericht fest. Es kann den Rechtsträgern auf Verlangen des Vertreters die Zahlung von Vorschüssen aufgeben. Aus der Festsetzung findet die Zwangsvollstrekkung nach der Zivilprozeßordnung statt.

(3) Der gemeinsame Vertreter kann das Verfahren auch nach Rücknahme eines Antrages weiterführen. Er steht in diesem Falle einem Antragsteller gleich.

§ 309

Rechtsmittel

(1) Gegen die Entscheidung nach § 307 Abs. 5 findet die sofortige Beschwerde statt. Sie kann nur durch Einreichung einer von einem Rechtsanwalt unterzeichneten Beschwerdeschrift eingelegt werden.

(2) Über die Beschwerde entscheidet das Oberlandesgericht. § 28 Abs. 2 und 3 des Gesetzes über die Angelegenheiten der freiwilligen Gerichtsbarkeit gilt entsprechend. Die weitere Beschwerde ist ausgeschlossen.

(3) Die Landesregierung kann die Entscheidung über die Beschwerde durch Rechtsverordnung für die Bezirke mehrerer Oberlandesgerichte einem der Oberlandesgerichte oder dem obersten Landesgericht übertragen, wenn dies der Sicherung einer einheitlichen Rechtsprechung dient. Die Landesregierung kann die Ermächtigung auf die Landesjustizverwaltung übertragen.

§ 310

Bekanntmachung der Entscheidung

Die gesetzlichen Vertreter jedes übernehmenden oder neuen Rechtsträgers oder des Rechtsträgers neuer Rechtsform haben die rechtskräftige Entscheidung ohne Gründe gemäß § 307 Abs. 3 Satz 1 bekanntzumachen.

§ 311

Wirkung der Entscheidung

Die Entscheidung wird erst mit der Rechtskraft wirksam. Sie wirkt für und gegen alle.

§ 312

Kosten des Verfahrens

(1) Für die Kosten des Verfahrens gilt die Kostenordnung.

(2) Für das Verfahren des ersten Rechtszugs wird das Doppelte der vollen Gebühr erhoben. Für den zweiten Rechtszug wird die gleiche Gebühr erhoben; dies gilt auch dann, wenn die Beschwerde Erfolg hat. Wird der Antrag oder die Beschwerde zurückgenommen, bevor es zu einer Entscheidung kommt, so ermäßigt sich die Gebühr auf die Hälfte.

(3) Der Geschäftswert ist von Amts wegen festzusetzen. Er bestimmt sich nach § 30 Abs. 1 der Kostenordnung.

(4) Schuldner der Kosten sind die übernehmenden oder neuen Rechtsträger oder der Rechtsträger neuer Rechtsform. Die Kosten können jedoch ganz oder zum Teil einem anderen Beteiligten auferlegt werden, wenn dies der Billigkeit entspricht.

SIEBENTES BUCH

Strafvorschriften und Zwangsgelder

§ 313

Unrichtige Darstellung

(1) Mit Freiheitsstrafe bis zu drei Jahren oder mit Geldstrafe wird bestraft, wer als Mitglied eines Vertretungsorgans, als vertretungsberechtigter Gesellschafter, als Mitglied eines Aufsichtsrats oder als Abwickler eines an einer Umwandlung beteiligten Rechtsträgers bei dieser Umwandlung

1. die Verhältnisse des Rechtsträgers einschließlich seiner Beziehungen zu verbundenen Unternehmen in einem in diesem Gesetz vorgesehenen Bericht (Verschmelzungsbericht, Spaltungsbericht, Übertragungsbericht, Umwandlungsbericht), in Darstellungen oder Übersichten über den Vermögensstand, in Vorträgen oder Auskünften in der Versammlung der Anteilsinhaber unrichtig wiedergibt oder verschleiert, wenn die Tat nicht in § 331 Nr. 1 des Handelsgesetzbuchs mit Strafe bedroht ist, oder

2. in Aufklärungen und Nachweisen, die nach den Vorschriften dieses Gesetzes einem Verschmelzungs-, Spaltungs- oder Übertragungsprüfer zu geben sind, unrichtige Angaben macht oder die Verhältnisse des Rechtsträgers einschließlich seiner Beziehungen zu verbundenen Unternehmen unrichtig wiedergibt oder verschleiert.

(2) Ebenso wird bestraft, wer als Geschäftsführer einer Gesellschaft mit beschränkter Haftung, als Mitglied des Vorstands einer Aktiengesellschaft, als zur Vertretung ermächtigter persönlich haftender Gesellschafter einer Kommanditgesellschaft auf Aktien oder als Abwickler einer solchen Gesellschaft in einer Erklärung nach § 52 Abs. 1 über die Zustimmung der Anteilsinhaber dieses Rechtsträgers oder in einer Erklärung nach § 140 oder § 146 Abs. 1 über die Deckung des Stammkapitals oder Grundkapitals der übertragenden Gesellschaft unrichtige Angaben macht oder seiner Erklärung zugrunde legt.

§ 314

Verletzung der Berichtspflicht

(1) Mit Freiheitsstrafe bis zu drei Jahren oder mit Geldstrafe wird bestraft, wer als Verschmelzungs-, Spaltungs- oder Übertragungsprüfer oder als Gehilfe eines solchen Prüfers über das Ergebnis einer aus Anlaß einer Umwandlung erforderlichen Prüfung falsch berichtet oder erhebliche Umstände in dem Prüfungsbericht verschweigt.

(2) Handelt der Täter gegen Entgelt oder in der Absicht, sich oder einen anderen zu bereichern oder einen anderen zu schädigen, so ist die Strafe Freiheitsstrafe bis zu fünf Jahren oder Geldstrafe.

§ 315

Verletzung der Geheimhaltungspflicht

(1) Mit Freiheitsstrafe bis zu einem Jahr oder mit Geldstrafe wird bestraft, wer ein Geheimnis eines an einer Umwandlung beteiligten Rechtsträgers, namentlich ein Betriebs- oder Geschäftsgeheimnis, das ihm in seiner Eigenschaft als

1. Mitglied des Vertretungsorgans, vertretungsberechtigter Gesellschafter, Mitglied eines Aufsichtsrats oder Abwickler dieses oder eines anderen an der Umwandlung beteiligten Rechtsträgers,

2. Verschmelzungs-, Spaltungs- oder Übertragungsprüfer oder Gehilfe eines solchen Prüfers

bekannt geworden ist, unbefugt offenbart, wenn die Tat im Falle der Nummer 1 nicht in § 85 des Gesetzes betreffend die Gesellschaften mit beschränkter Haftung, § 404 des Aktiengesetzes, § 151 des Gesetzes betreffend die Erwerbs- und Wirtschaftsgenossenschaften oder § 138 des Versicherungsaufsichtsgesetzes, im Falle der Nummer 2 nicht in § 333 des Handelsgesetzbuchs mit Strafe bedroht ist.

(2) Handelt der Täter gegen Entgelt oder in der Absicht, sich oder einen anderen zu bereichern oder einen anderen zu schädigen, so ist die Strafe Freiheitsstrafe bis zu zwei Jahren oder Geldstrafe. Ebenso wird bestraft, wer ein Geheimnis der in Absatz 1 bezeichneten Art, namentlich ein Betriebs- oder Geschäftsgeheimnis, das ihm unter den Voraussetzungen des Absatzes 1 bekannt geworden ist, unbefugt verwertet.

(3) Die Tat wird nur auf Antrag eines der an der Umwandlung beteiligten Rechtsträger verfolgt. Hat ein Mitglied eines Vertretungsorgans, ein vertretungsberechtigter Gesellschafter oder ein Abwickler die Tat begangen, so sind auch ein Aufsichtsrat oder ein nicht vertretungsberechtigter Gesellschafter antragsberechtigt. Hat ein Mitglied eines Aufsichtsrats die Tat begangen, sind auch die Mitglieder des Vorstands, die vertretungsberechtigten Gesellschafter oder die Abwickler antragsberechtigt.

§ 316

Zwangsgelder

(1) Mitglieder eines Vertretungsorgans, vertretungsberechtigte Gesellschafter oder Abwickler, die § 13 Abs. 3 Satz 3 sowie § 125 Satz 1, § 176 Abs. 1, § 177 Abs. 1, § 178 Abs. 1, § 179 Abs. 1, § 180 Abs. 1, § 184 Abs. 1, § 186 Satz 1, § 188 Abs. 1 und § 189 Abs. 1, jeweils in Verbindung mit § 13 Abs. 3 Satz 3, sowie § 193 Abs. 3 Satz 2 nicht befolgen, sind hierzu von dem zuständigen Registergericht durch Festsetzung von Zwangsgeld anzuhalten; § 14 des Handelsgesetzbuchs bleibt unberührt. Das einzelne Zwangsgeld darf den Betrag von zehntausend Deutsche Mark nicht übersteigen.

(2) Die Anmeldungen einer Umwandlung zu dem zuständigen Register nach § 16 Abs. 1, §§ 38, 129, 137 Abs. 1 und 2, § 176 Abs. 1, § 177 Abs. 1, § 178 Abs. 1,

§ 179 Abs. 1, § 180 Abs. 1, § 184 Abs. 1, §§ 186, 188 Abs. 1, § 189 Abs. 1, §§ 198, 222, 235, 246, 254, 265, 278 Abs. 1, §§ 286 und 296 werden durch Festsetzung von Zwangsgeld nicht erzwungen.

ACHTES BUCH

Übergangs- und Schlußvorschriften

§ 317

Umwandlung alter juristischer Personen

Eine juristische Person im Sinne des Artikels 163 des Einführungsgesetzes zum Bürgerlichen Gesetzbuch kann nach den für wirtschaftliche Vereine geltenden Vorschriften dieses Gesetzes umgewandelt werden. Hat eine solche juristische Person keine Mitglieder, so kann sie nach den für Stiftungen geltenden Vorschriften dieses Gesetzes umgewandelt werden.

§ 318

Eingeleitete Umwandlungen

Die Vorschriften dieses Gesetzes sind nicht auf solche Umwandlungen anzuwenden, zu deren Vorbereitung bereits vor dem [einsetzen: Datum des Inkrafttretens dieses Gesetzes] ein Vertrag oder eine Erklärung beurkundet oder notariell beglaubigt oder eine Versammlung der Anteilsinhaber einberufen worden ist. Für diese Umwandlungen bleibt es bei der Anwendung der bis zu diesem Tage geltenden Vorschriften.

§ 319

Enthaftung bei Altverbindlichkeiten

§§ 45, 133 Abs. 1, 3 bis 5, §§ 157, 167, 173, 224, 237, 249 und 257 sind auch auf vor dem [einsetzen: Datum des Inkrafttretens des Gesetzes] entstandene Verbindlichkeiten anzuwenden, wenn

1. die Umwandlung danach in das Register eingetragen wird und
2. die Verbindlichkeiten nicht später als vier Jahre nach dem Zeitpunkt, an dem die Eintragung der Umwandlung in das Register als bekanntgemacht gilt, fällig werden oder nach Inkrafttreten des Gesetzes zur zeitlichen Begrenzung der Nachhaftung von Gesellschaftern (BGBl. I ... S. ....) begründet worden sind.

Auf später fällig werdende und vor Inkrafttreten des Gesetzes zur zeitlichen Begrenzung der Nachhaftung von Gesellschaftern (BGBl. I .... S. ....) entstandene Verbindlichkeiten sind §§ 45, 49 Abs. 4, §§ 56, 56f Abs. 2, § 57 Abs. 2 und § 58 Abs. 2 des Umwandlungsgesetzes in der durch Artikel 10 Abs. 8 des Gesetzes vom 19. Dezember 1985 (BGBl. I S. 2355) geänderten Fassung der Bekanntmachung vom 6. November 1969 (BGBl. I S. 2081) mit der Maßgabe anwendbar, daß die Verjährungsfrist ein Jahr beträgt. In den Fällen, in denen das bisher geltende Recht eine Umwandlungsmöglichkeit nicht vorsah, verjähren die in Satz 2 genannten Verbindlichkeiten entsprechend den dort genannten Vorschriften.

§ 320

Aufhebung des Umwandlungsgesetzes 1969

Das Umwandlungsgesetz in der Fassung der Bekanntmachung vom 6. November 1969 (BGBl. I S. 2081), zuletzt geändert durch Artikel 10 Abs. 8 des Gesetzes vom 19. Dezember 1985 (BGBl. I S. 2355), wird aufgehoben.

§ 321

Übergangsmandat des Betriebsrats bei Betriebsspaltung

(1) Hat die Spaltung oder die Teilübertragung eines Rechtsträgers nach dem Dritten oder Vierten Buch die Spaltung eines Betriebs zur Folge, so bleibt dessen Betriebsrat im Amt und führt die Geschäfte für die ihm bislang zugeordneten Betriebsteile weiter, soweit sie über die in § 1 des Betriebsverfassungsgesetzes genannte Arbeitnehmerzahl verfügen und nicht in einen Betrieb eingegliedert werden, in dem ein Betriebsrat besteht. Das Übergangsmandat endet, sobald in den Betriebsteilen ein neuer Betriebsrat gewählt und das Wahlergebnis bekanntgegeben ist, spätestens jedoch drei Monate nach Wirksamwerden der Spaltung oder der Teilübertragung des Rechtsträgers.

(2) Werden Betriebsteile, die bislang verschiedenen Betrieben zugeordnet waren, zu einem Betrieb zusammengefaßt, so nimmt der Betriebsrat, dem der nach der Zahl der wahlberechtigten Arbeitnehmer größte Betriebsteil zugeordnet war, das Übergangsmandat wahr. Satz 1 gilt entsprechend, wenn Betriebe zu einem neuen Betrieb zusammengefaßt werden.

(3) Stehen die an der Spaltung oder an der Teilübertragung beteiligten Rechtsträger im Wettbewerb zueinander, so sind in den Fällen der Absätze 1 und 2 die Vorschriften über die Beteiligungsrechte des Betriebsrats nicht anzuwenden, soweit sie Angelegenheiten betreffen, die den Wettbewerb zwischen diesen Gesellschaften beeinflussen können.

§ 322

Gemeinsamer Betrieb

(1) Wird im Falle des § 321 Abs. 1 Satz 1 die Organisation des gespaltenen Betriebes nicht geändert, so wird für die Anwendung des Betriebsverfassungsgesetzes vermutet, daß dieser Betrieb von den an der Spaltung beteiligten Rechtsträgern gemeinsam geführt wird.

(2) Führen an einer Spaltung oder an einer Teilübertragung nach dem Dritten oder Vierten Buch beteiligte Rechtsträger nach dem Wirksamwerden der Spaltung oder der Teilübertragung einen Betrieb ge-

meinsam, gilt dieser als Betrieb im Sinne des Kündigungsschutzrechts.

§ 323

Kündigungsrechtliche Stellung

Die kündigungsrechtliche Stellung eines Arbeitnehmers, der vor dem Wirksamwerden einer Spaltung oder Teilübertragung nach dem Dritten oder Vierten Buch zu dem übertragenden Rechtsträger in einem Arbeitsverhältnis steht, darf sich aufgrund der Spaltung oder Teilübertragung für die Dauer von zwei Jahren ab dem Zeitpunkt ihres Wirksamwerdens nicht verschlechtern.

§ 324

Inkrafttreten

Dieses Gesetz tritt am 1. Januar 19. . in Kraft.

Artikel 2

Änderung des Bürgerlichen Gesetzbuchs

§ 613a Abs. 3 des Bürgerlichen Gesetzbuchs in der im Bundesgesetzblatt Teil III, Gliederungsnummer 400-2, veröffentlichten bereinigten Fassung, das zuletzt durch Artikel 10 des Gesetzes vom 20. Dezember 1993 (BGBl. I S. 2182) geändert worden ist, wird wie folgt gefaßt:

„(3) Absatz 2 gilt nicht, wenn eine juristische Person oder eine Personenhandelsgesellschaft durch Umwandlung erlischt."

Artikel 3

Änderung des Handelsgesetzbuchs

In § 267 Abs. 4 Satz 2 des Handelsgesetzbuchs in der im Bundesgesetzblatt Teil III, Gliederungsnummer 4100-1, veröffentlichten bereinigten Fassung, das zuletzt durch Artikel 6 Abs. 42 des Gesetzes vom 27. Dezember 1993 (BGBl. I S. 2378) geändert worden ist, wird zu Beginn des Satzes sowie am Ende des Satzes jeweils die Angabe „Verschmelzung," gestrichen.

Artikel 4

Änderung des Gesetzes betreffend die Gesellschaften mit beschränkter Haftung

Das Gesetz betreffend die Gesellschaften mit beschränkter Haftung in der im Bundesgesetzblatt Teil III, Gliederungsnummer 4123-1, veröffentlichten bereinigten Fassung, das zuletzt durch Artikel 2 des Gesetzes vom 22. Juli 1993 (BGBl. I S. 1282) geändert worden ist, wird wie folgt geändert:

1. § 33 erhält folgenden neuen Absatz 3:

   „(3) Der Erwerb eigener Geschäftsanteile ist ferner zulässig zur Abfindung von Gesellschaftern nach § 29 Abs. 1, § 125 Satz 1 in Verbindung mit § 29 Abs. 1, § 207 Abs. 1 Satz 1 des Umwandlungsgesetzes, sofern der Erwerb binnen sechs Monaten nach dem Wirksamwerden der Umwandlung oder nach der Rechtskraft der gerichtlichen Entscheidung erfolgt und die Gesellschaft die nach § 272 Abs. 4 des Handelsgesetzbuchs vorgeschriebene Rücklage für eigene Anteile bilden kann, ohne das Stammkapital oder eine nach dem Gesellschaftsvertrag zu bildende Rücklage zu mindern, die nicht zu Zahlungen an die Gesellschafter verwandt werden darf."

2. Nach § 57b werden folgende §§ 57c bis 57o eingefügt:

„§ 57c

(1) Das Stammkapital kann durch Umwandlung von Rücklagen in Stammkapital erhöht werden (Kapitalerhöhung aus Gesellschaftsmitteln).

(2) Die Erhöhung des Stammkapitals kann erst beschlossen werden, nachdem der Jahresabschluß für das letzte vor der Beschlußfassung über die Kapitalerhöhung abgelaufene Geschäftsjahr (letzter Jahresabschluß) festgestellt und über die Ergebnisverwendung Beschluß gefaßt worden ist.

(3) Dem Beschluß über die Erhöhung des Stammkapitals ist eine Bilanz zugrunde zu legen.

(4) Neben den §§ 53 und 54 über die Abänderung des Gesellschaftvertrags gelten die §§ 57d bis 57o.

§ 57d

(1) Die Kapital- und Gewinnrücklagen, die in Stammkapital umgewandelt werden sollen, müssen in der letzten Jahresbilanz und, wenn dem Beschluß eine andere Bilanz zugrunde gelegt wird, auch in dieser Bilanz unter „Kapitalrücklage" oder „Gewinnrücklagen" oder im letzten Beschluß über die Verwendung des Jahresergebnisses als Zuführung zu diesen Rücklagen ausgewiesen sein.

(2) Die Rücklagen können nicht umgewandelt werden, soweit in der zugrunde gelegten Bilanz ein Verlust, einschließlich eines Verlustvortrags, ausgewiesen ist.

(3) Andere Gewinnrücklagen, die einem bestimmten Zweck zu dienen bestimmt sind, dürfen nur umgewandelt werden, soweit dies mit ihrer Zweckbestimmung vereinbar ist.

§ 57e

(1) Dem Beschluß kann die letzte Jahresbilanz zugrunde gelegt werden, wenn die Jahresbilanz geprüft und die festgestellte Jahresbilanz mit dem uneingeschränkten Bestätigungsvermerk der Abschlußprüfer versehen ist und wenn ihr Stichtag höchstens acht Monate vor der Anmeldung des

Beschlusses zur Eintragung in das Handelsregister liegt.

(2) Bei Gesellschaften, die nicht große im Sinne des § 267 Abs. 3 des Handelsgesetzbuchs sind, kann die Prüfung auch durch vereidigte Buchprüfer erfolgen; die Abschlußprüfer müssen von der Versammlung der Gesellschafter gewählt sein.

§ 57f

(1) Wird dem Beschluß nicht die letzte Jahresbilanz zugrunde gelegt, so muß die Bilanz den Vorschriften über die Gliederung der Jahresbilanz und über die Wertansätze in der Jahresbilanz entsprechen. Der Stichtag der Bilanz darf höchstens acht Monate vor der Anmeldung des Beschlusses zur Eintragung in das Handelsregister liegen.

(2) Die Bilanz ist, bevor über die Erhöhung des Stammkapitals Beschluß gefaßt wird, durch einen oder mehrere Prüfer darauf zu prüfen, ob sie dem Absatz 1 entspricht. Sind nach dem abschließenden Ergebnis der Prüfung keine Einwendungen zu erheben, so haben die Prüfer dies durch einen Vermerk zu bestätigen. Die Erhöhung des Stammkapitals kann nicht ohne diese Bestätigung der Prüfer beschlossen werden.

(3) Die Prüfer werden von den Gesellschaftern gewählt; falls nicht andere Prüfer gewählt werden, gelten die Prüfer als gewählt, die für die Prüfung des letzten Jahresabschlusses von den Gesellschaftern gewählt oder vom Gericht bestellt worden sind. Im übrigen sind, soweit sich aus der Besonderheit des Prüfungsauftrags nichts anderes ergibt, § 318 Abs. 1 Satz 2, § 319 Abs. 1 bis 3, § 320 Abs. 1 Satz 2, §§ 321, 323 des Handelsgesetzbuchs anzuwenden. Bei Gesellschaften, die nicht große im Sinne des § 267 Abs. 3 des Handelsgesetzbuchs sind, können auch vereidigte Buchprüfer zu Prüfern bestellt werden.

§ 57g

Die Bestimmungen des Gesellschaftsvertrags über die vorherige Bekanntgabe des Jahresabschlusses an die Gesellschafter sind in den Fällen des § 57f entsprechend anzuwenden.

§ 57h

(1) Die Kapitalerhöhung kann vorbehaltlich des § 57l Abs. 2 durch Bildung neuer Geschäftsanteile oder durch Erhöhung des Nennbetrags der Geschäftsanteile ausgeführt werden. Die neuen Geschäftsanteile und die Geschäftsanteile, deren Nennbetrag erhöht wird, können auf jeden durch zehn teilbaren Betrag, müssen jedoch auf mindestens fünfzig Deutsche Mark gestellt werden.

(2) Der Beschluß über die Erhöhung des Stammkapitals muß die Art der Erhöhung angeben. Soweit die Kapitalerhöhung durch Erhöhung des Nennbetrags der Geschäftsanteile ausgeführt werden soll, ist sie so zu bemessen, daß durch sie auf keinen Geschäftsanteil, dessen Nennbetrag erhöht wird, Beträge entfallen, die durch die Erhöhung des Nennbetrags des Geschäftsanteils nicht gedeckt werden können.

§ 57i

(1) Der Anmeldung des Beschlusses über die Erhöhung des Stammkapitals zur Eintragung in das Handelsregister ist die der Kapitalerhöhung zugrunde gelegte, mit dem Bestätigungsvermerk der Prüfer versehene Bilanz, in den Fällen des § 57f außerdem die letzte Jahresbilanz, sofern sie noch nicht eingereicht ist, beizufügen. Die Anmeldenden haben dem Registergericht gegenüber zu erklären, daß nach ihrer Kenntnis seit dem Stichtag der zugrunde gelegten Bilanz bis zum Tag der Anmeldung keine Vermögensminderung eingetreten ist, die der Kapitalerhöhung entgegenstünde, wenn sie am Tag der Anmeldung beschlossen worden wäre.

(2) Das Registergericht darf den Beschluß nur eintragen, wenn die der Kapitalerhöhung zugrunde gelegte Bilanz für einen höchstens acht Monate vor der Anmeldung liegenden Zeitpunkt aufgestellt und eine Erklärung nach Absatz 1 Satz 2 abgegeben worden ist.

(3) Zu der Prüfung, ob die Bilanzen den gesetzlichen Vorschriften entsprechen, ist das Gericht nicht verpflichtet.

(4) Bei der Eintragung des Beschlusses ist anzugeben, daß es sich um eine Kapitalerhöhung aus Gesellschaftsmitteln handelt.

§ 57j

Die neuen Geschäftsanteile stehen den Gesellschaftern im Verhältnis ihrer bisherigen Geschäftsanteile zu. Ein entgegenstehender Beschluß der Gesellschafter ist nichtig.

§ 57k

(1) Führt die Kapitalerhöhung dazu, daß auf einen Geschäftsanteil nur ein Teil eines neuen Geschäftsanteils entfällt, so ist dieses Teilrecht selbständig veräußerlich und vererblich.

(2) Die Rechte aus einem neuen Geschäftsanteil, einschließlich des Anspruchs auf Ausstellung einer Urkunde über den neuen Geschäftsanteil, können nur ausgeübt werden, wenn Teilrechte, die zusammen einen vollen Geschäftsanteil ergeben, in einer Hand vereinigt sind oder wenn sich mehrere Berechtigte, deren Teilrechte zusammen einen vollen Geschäftsanteil ergeben, zur Ausübung der Rechte (§ 18) zusammenschließen.

§ 57l

(1) Eigene Geschäftsanteile nehmen an der Erhöhung des Stammkapitals teil.

(2) Teileingezahlte Geschäftsanteile nehmen entsprechend ihrem Nennbetrag an der Erhöhung des Stammkapitals teil. Bei ihnen kann die Kapitalerhöhung nur durch Erhöhung des Nennbetrags der Geschäftsanteile ausgeführt werden. Sind neben teileingezahlten Geschäftsanteilen vollständig eingezahlte Geschäftsanteile vorhanden, so kann bei diesen die Kapitalerhöhung durch Erhö-

hung des Nennbetrags der Geschäftsanteile und durch Bildung neuer Geschäftsanteile ausgeführt werden. Die Geschäftsanteile, deren Nennbetrag erhöht wird, können auf jeden durch fünf teilbaren Betrag gestellt werden.

§ 57m

(1) Das Verhältnis der mit den Geschäftsanteilen verbundenen Rechte zueinander wird durch die Kapitalerhöhung nicht berührt.

(2) Soweit sich einzelne Rechte teileingezahlter Geschäftsanteile, insbesondere die Beteiligung am Gewinn oder das Stimmrecht, nach der je Geschäftsanteil geleisteten Einlage bestimmen, stehen diese Rechte den Gesellschaftern bis zur Leistung der noch ausstehenden Einlagen nur nach der Höhe der geleisteten Einlage, erhöht um den auf den Nennbetrag des Stammkapitals berechneten Hundertsatz der Erhöhung des Stammkapitals, zu. Werden weitere Einzahlungen geleistet, so erweitern sich diese Rechte entsprechend.

(3) Der wirtschaftliche Inhalt vertraglicher Beziehungen der Gesellschaft zu Dritten, die von der Gewinnausschüttung der Gesellschaft, dem Nennbetrag oder Wert ihrer Geschäftsanteile oder ihres Stammkapitals oder in sonstiger Weise von den bisherigen Kapital- oder Gewinnverhältnissen abhängen, wird durch die Kapitalerhöhung nicht berührt.

§ 57n

(1) Die neuen Geschäftsanteile nehmen, wenn nichts anderes bestimmt ist, am Gewinn des ganzen Geschäftsjahres teil, in dem die Erhöhung des Stammkapitals beschlossen worden ist.

(2) Im Beschluß über die Erhöhung des Stammkapitals kann bestimmt werden, daß die neuen Geschäftsanteile bereits am Gewinn des letzten vor der Beschlußfassung über die Kapitalerhöhung abgelaufenen Geschäftsjahrs teilnehmen. In diesem Fall ist die Erhöhung des Stammkapitals abweichend von § 57c Abs. 2 zu beschließen, bevor über die Ergebnisverwendung für das letzte vor der Beschlußfassung abgelaufene Geschäftsjahr Beschluß gefaßt worden ist. Der Beschluß über die Ergebnisverwendung für das letzte vor der Beschlußfassung über die Kapitalerhöhung abgelaufene Geschäftsjahr wird erst wirksam, wenn das Stammkapital erhöht worden ist. Der Beschluß über die Erhöhung des Stammkapitals und der Beschluß über die Ergebnisverwendung für das letzte vor der Beschlußfassung über die Kapitalerhöhung abgelaufene Geschäftsjahr sind nichtig, wenn der Beschluß über die Kapitalerhöhung nicht binnen drei Monaten nach der Beschlußfassung in das Handelsregister eingetragen worden ist; der Lauf der Frist ist gehemmt, solange eine Anfechtungs- oder Nichtigkeitsklage rechtshängig ist oder eine zur Kapitalerhöhung beantragte staatliche Genehmigung noch nicht erteilt worden ist.

§ 57o

Als Anschaffungskosten der vor der Erhöhung des Stammkapitals erworbenen Geschäftsanteile und der auf sie entfallenden neuen Geschäftsanteile gelten die Beträge, die sich für die einzelnen Geschäftsanteile ergeben, wenn die Anschaffungskosten der vor der Erhöhung des Stammkapitals erworbenen Geschäftsanteile auf diese und auf die auf sie entfallenden neuen Geschäftsanteile nach dem Verhältnis der Nennbeträge verteilt werden. Der Zuwachs an Geschäftsanteilen ist nicht als Zugang auszuweisen."

3. In § 78 wird nach der Verweisung auf „§ 57 Abs. 1," die Verweisung auf „§ 57i Abs. 1," eingefügt.

4. § 82 Abs. 1 wird wie folgt geändert:

   a) In Nummer 3 wird am Ende das Wort „oder" durch ein Komma ersetzt.

   b) Folgende neue Nummer 4 wird eingefügt:

      „4. als Geschäftsführer in der in § 57i Abs. 1 Satz 2 vorgeschriebenen Erklärung oder".

   c) Die bisherige Nummer 4 wird Nummer 5.

Artikel 5

Aufhebung des Kapitalerhöhungsgesetzes

Das Gesetz über die Kapitalerhöhung aus Gesellschaftsmitteln und über die Verschmelzung von Gesellschaften mit beschränkter Haftung in der im Bundesgesetzblatt Teil III, Gliederungsnummer 4120-2, veröffentlichten bereinigten Fassung, zuletzt geändert durch Artikel 10 Abs. 9 des Gesetzes vom 19. Dezember 1985 (BGBl. I S. 2355), wird aufgehoben.

Artikel 6

Änderung des Aktiengesetzes

Das Aktiengesetz vom 6. September 1965 (BGBl. I S. 1089), zuletzt geändert durch Artikel 3 des Gesetzes vom 22. Juli 1993 (BGBl. I S. 1282), wird wie folgt geändert:

1. § 71 Abs. 1 Nr. 3 wird wie folgt gefaßt:

   „3. wenn der Erwerb geschieht, um Aktionäre nach § 305 Abs. 2, § 320b oder nach § 29 Abs. 1, § 125 Satz 1 in Verbindung mit § 29 Abs. 1, § 207 Abs. 1 Satz 1 des Umwandlungsgesetzes abzufinden,".

2. § 99 Abs. 6 wird wie folgt geändert:

   a) Satz 7 wird aufgehoben.

   b) Die bisherigen Sätze 8 bis 10 werden die Sätze 7 bis 9.

3. Nach § 179 wird folgende neue Vorschrift eingefügt:

„§ 179a

Verpflichtung zur Übertragung des ganzen Gesellschaftsvermögens

(1) Ein Vertrag, durch den sich eine Aktiengesellschaft zur Übertragung des ganzen Gesellschaftsvermögens verpflichtet, ohne daß die Übertragung unter die Vorschriften des Umwandlungsgesetzes fällt, bedarf auch dann eines Beschlusses der Hauptversammlung nach § 179, wenn damit nicht eine Änderung des Unternehmensgegenstandes verbunden ist. Die Satzung kann nur eine größere Kapitalmehrheit bestimmen.

(2) Der Vertrag ist von der Einberufung der Hauptversammlung an, die über die Zustimmung beschließen soll, in dem Geschäftsraum der Gesellschaft zur Einsicht der Aktionäre auszulegen. Auf Verlangen ist jedem Aktionär unverzüglich eine Abschrift zu erteilen. In der Hauptversammlung ist der Vertrag auszulegen. Der Vorstand hat ihn zu Beginn der Verhandlung zu erläutern. Der Niederschrift ist er als Anlage beizufügen.

(3) Wird aus Anlaß der Übertragung des Gesellschaftsvermögens die Gesellschaft aufgelöst, so ist der Anmeldung der Auflösung der Vertrag in Ausfertigung oder öffentlich beglaubigter Abschrift beizufügen."

4. § 211 Abs. 2 wird aufgehoben.

5. § 293 Abs. 3 Satz 2 bis 5 und Abs. 4 werden aufgehoben.

6. Nach § 293 werden folgende neue Vorschriften eingefügt:

„§ 293a

Bericht über den Unternehmensvertrag

(1) Der Vorstand jeder an einem Unternehmensvertrag beteiligten Aktiengesellschaft oder Kommanditgesellschaft auf Aktien hat, soweit die Zustimmung der Hauptversammlung nach § 293 erforderlich ist, einen ausführlichen schriftlichen Bericht zu erstatten, in dem der Abschluß des Unternehmensvertrags, der Vertrag im einzelnen und insbesondere Art und Höhe des Ausgleichs nach § 304 und der Abfindung nach § 305 rechtlich und wirtschaftlich erläutert und begründet werden; der Bericht kann von den Vorständen auch gemeinsam erstattet werden. Auf besondere Schwierigkeiten bei der Bewertung der vertragschließenden Unternehmen sowie auf die Folgen für die Beteiligungen der Aktionäre ist hinzuweisen.

(2) In den Bericht brauchen Tatsachen nicht aufgenommen zu werden, deren Bekanntwerden geeignet ist, einem der vertragschließenden Unternehmen oder einem verbundenen Unternehmen einen nicht unerheblichen Nachteil zuzufügen. In diesem Falle sind in dem Bericht die Gründe, aus denen die Tatsachen nicht aufgenommen worden sind, darzulegen.

(3) Der Bericht ist nicht erforderlich, wenn alle Anteilsinhaber aller beteiligten Unternehmen auf seine Erstattung durch öffentlich beglaubigte Erklärung verzichten.

§ 293b

Prüfung des Unternehmensvertrags

(1) Der Unternehmensvertrag ist für jede vertragschließende Aktiengesellschaft oder Kommanditgesellschaft auf Aktien durch sachverständige Prüfer (Vertragsprüfer) zu prüfen, es sei denn, daß sich alle Aktien der abhängigen Gesellschaft in der Hand des herrschenden Unternehmens befinden.

(2) § 293a Abs. 3 ist entsprechend anzuwenden.

§ 293c

Bestellung der Vertragsprüfer

(1) Die Vertragsprüfer werden von dem Vorstand der abhängigen Gesellschaft oder auf dessen Antrag vom Gericht bestellt. Zuständig ist das Landgericht, in dessen Bezirk die abhängige Gesellschaft ihren Sitz hat. Ist bei dem Landgericht eine Kammer für Handelssachen gebildet, so entscheidet diese an Stelle der Zivilkammer. Für den Ersatz von Auslagen und für die Vergütung der vom Gericht bestellten Prüfer gilt § 318 Abs. 5 des Handelsgesetzbuchs.

(2) Die Landesregierung kann die Entscheidung durch Rechtsverordnung für die Bezirke mehrerer Landgerichte einem der Landgerichte übertragen, wenn dies der Sicherung einer einheitlichen Rechtsprechung dient. Die Landesregierung kann die Ermächtigung auf die Landesjustizverwaltung übertragen.

§ 293d

Auswahl, Stellung und Verantwortlichkeit der Vertragsprüfer

(1) Für die Auswahl und das Auskunftsrecht der Vertragsprüfer gelten § 319 Abs. 1 bis 3, § 320 Abs. 1 Satz 2 und Abs. 2 Satz 1 und 2 des Handelsgesetzbuchs entsprechend. Das Auskunftsrecht besteht gegenüber den vertragschließenden Unternehmen und gegenüber einem Konzernunternehmen sowie einem abhängigen und einem herrschenden Unternehmen.

(2) Für die Verantwortlichkeit der Vertragsprüfer, ihrer Gehilfen und der bei der Prüfung mitwirkenden gesetzlichen Vertreter einer Prüfungsgesellschaft gilt § 323 des Handelsgesetzbuchs entsprechend. Die Verantwortlichkeit besteht gegenüber den vertragschließenden Unternehmen und deren Anteilsinhabern.

§ 293e

Prüfungsbericht

(1) Die Vertragsprüfer haben über das Ergebnis der Prüfung schriftlich zu berichten. Der Prüfungsbericht ist mit einer Erklärung darüber abzuschließen, ob der vorgeschlagene Ausgleich oder

die vorgeschlagene Abfindung angemessen ist. Dabei ist anzugeben,

1. nach welchen Methoden Ausgleich und Abfindung ermittelt worden sind;

2. aus welchen Gründen die Anwendung dieser Methoden angemessen ist;

3. welcher Ausgleich oder welche Abfindung sich bei der Anwendung verschiedener Methoden, sofern mehrere angewandt worden sind, jeweils ergeben würde; zugleich ist darzulegen, welches Gewicht den verschiedenen Methoden bei der Bestimmung des vorgeschlagenen Ausgleichs oder der vorgeschlagenen Abfindung und der ihnen zugrunde liegenden Werte beigemessen worden ist und welche besonderen Schwierigkeiten bei der Bewertung der vertragschließenden Unternehmen aufgetreten sind.

(2) § 293a Abs. 2 ist entsprechend anzuwenden.

§ 293f

Vorbereitung der Hauptversammlung

(1) Von der Einberufung der Hauptversammlung an, die über die Zustimmung zu dem Unternehmensvertrag beschließen soll, sind in dem Geschäftsraum jeder der beteiligten Aktiengesellschaften oder Kommanditgesellschaften auf Aktien zur Einsicht der Aktionäre auszulegen

1. der Unternehmensvertrag;

2. die Jahresabschlüsse und die Lageberichte der vertragschließenden Unternehmen für die letzten drei Geschäftsjahre;

3. die nach § 293a erstatteten Berichte der Vorstände und die nach § 293e erstatteten Berichte der Vertragsprüfer.

(2) Auf Verlangen ist jedem Aktionär unverzüglich und kostenlos eine Abschrift der in Absatz 1 bezeichneten Unterlagen zu erteilen.

§ 293g

Durchführung der Hauptversammlung

(1) In der Hauptversammlung sind die in § 293f Abs. 1 bezeichneten Unterlagen auszulegen.

(2) Der Vorstand hat den Unternehmensvertrag zu Beginn der Verhandlung mündlich zu erläutern. Er ist der Niederschrift als Anlage beizufügen.

(3) Jedem Aktionär ist auf Verlangen in der Hauptversammlung Auskunft auch über alle für den Vertragschluß wesentlichen Angelegenheiten des anderen Vertragsteils zu geben."

7. § 305 Abs. 3 wird wie folgt geändert:

a) In Satz 2 werden die Worte „Vermögens- und Ertragslage" durch das Wort „Verhältnisse" ersetzt.

b) Folgender Satz wird angefügt:

„Sie ist nach Ablauf des Tages, an dem der Beherrschungs- oder Gewinnabführungsvertrag wirksam geworden ist, mit jährlich zwei vom Hundert über dem jeweiligen Diskontsatz der Deutschen Bundesbank zu verzinsen; die Geltendmachung eines weiteren Schadens ist nicht ausgeschlossen."

8. § 306 Abs. 7 wird wie folgt geändert:

a) Satz 7 wird aufgehoben.

b) Die bisherigen Sätze 8 und 9 werden die Sätze 7 und 8.

9. § 319 wird wie folgt geändert:

a) Absatz 2 Satz 5 wird aufgehoben.

b) Absatz 3 wird wie folgt gefaßt:

„(3) Von der Einberufung der Hauptversammlung der zukünftigen Hauptgesellschaft an, die über die Zustimmung zur Eingliederung beschließen soll, sind in dem Geschäftsraum dieser Gesellschaft zur Einsicht der Aktionäre auszulegen

1. der Entwurf des Eingliederungsbeschlusses;

2. die Jahresabschlüsse und die Lageberichte der beteiligten Gesellschaften für die letzten drei Geschäftsjahre;

3. ein ausführlicher schriftlicher Bericht des Vorstands der zukünftigen Hauptgesellschaft, in dem die Eingliederung rechtlich und wirtschaftlich erläutert und begründet wird (Eingliederungsbericht).

Auf Verlangen ist jedem Aktionär der zukünftigen Hauptgesellschaft unverzüglich und kostenlos eine Abschrift der in Satz 1 bezeichneten Unterlagen zu erteilen. In der Hauptversammlung sind diese Unterlagen auszulegen. Jedem Aktionär ist in der Hauptversammlung auf Verlangen Auskunft auch über alle im Zusammenhang mit der Eingliederung wesentlichen Angelegenheiten der einzugliedernden Gesellschaft zu geben."

c) Nach Absatz 3 werden die folgenden neuen Absätze 4 bis 6 eingefügt:

„(4) Der Vorstand der einzugliedernden Gesellschaft hat die Eingliederung und die Firma der Hauptgesellschaft zur Eintragung in das Handelsregister anzumelden. Der Anmeldung sind die Niederschriften der Hauptversammlungsbeschlüsse und ihre Anlagen in Ausfertigung oder öffentlich beglaubigter Abschrift beizufügen.

(5) Bei der Anmeldung nach Absatz 4 hat der Vorstand zu erklären, daß eine Klage gegen die Wirksamkeit eines Hauptversammlungsbeschlusses nicht oder nicht fristgemäß erhoben oder eine solche Klage rechtskräftig abgewiesen oder zurückgenommen worden ist; hierüber hat der Vorstand dem Registergericht auch nach der Anmeldung Mitteilung zu

machen. Liegt die Erklärung nicht vor, so darf die Eingliederung nicht eingetragen werden, es sei denn, daß die klageberechtigen Aktionäre durch notariell beurkundete Verzichtserklärung auf die Klage gegen die Wirksamkeit des Hauptversammlungsbeschlusses verzichten.

(6) Der Erklärung nach Absatz 5 Satz 1 steht es gleich, wenn nach Erhebung einer Klage gegen die Wirksamkeit eines Hauptversammlungsbeschlusses das für diese Klage zuständige Landgericht auf Antrag der Gesellschaft, gegen deren Hauptversammlungsbeschluß sich die Klage richtet, durch rechtskräftigen Beschluß festgestellt hat, daß die Erhebung der Klage der Eintragung nicht entgegensteht. Der Beschluß nach Satz 1 darf nur ergehen, wenn die Klage gegen die Wirksamkeit des Hauptversammlungsbeschlusses unzulässig oder offensichtlich unbegründet ist oder wenn das alsbaldige Wirksamwerden der Eingliederung nach freier Überzeugung des Gerichts unter Berücksichtigung der Schwere der mit der Klage geltend gemachten Rechtsverletzungen zur Abwendung der vom Antragsteller dargelegten wesentlichen Nachteile für die Gesellschaft und ihre Aktionäre vorrangig erscheint. Der Beschluß kann in dringenden Fällen ohne mündliche Verhandlung ergehen. Die vorgebrachten Tatsachen, aufgrund derer der Beschluß nach Satz 2 ergehen kann, sind glaubhaft zu machen. Gegen den Beschluß findet die sofortige Beschwerde statt. Erweist sich die Klage als begründet, so ist die Gesellschaft, die den Beschluß erwirkt hat, verpflichtet, dem Antragsgegner den Schaden zu ersetzen, der ihm aus einer auf dem Beschluß beruhenden Eintragung der Eingliederung entstanden ist."

d) Der bisherige Absatz 4 wird Absatz 7.

10. § 320 wird wie folgt geändert:

a) In Absatz 1 Satz 3 wird die Angabe „4" durch die Angabe „7" ersetzt.

b) Nach Absatz 2 werden folgende neue Absätze angefügt:

„(3) Die Eingliederung ist durch sachverständige Prüfer (Eingliederungsprüfer) zu prüfen. Diese werden von dem Vorstand der zukünftigen Hauptgesellschaft bestellt. § 293a Abs. 3, §§ 293c bis 293e sind sinngemäß anzuwenden.

(4) Die in § 319 Abs. 3 Satz 1 bezeichneten Unterlagen sowie der Prüfungsbericht nach Absatz 3 sind jeweils von der Einberufung der Hauptversammlung an, die über die Zustimmung zur Eingliederung beschließen soll, in dem Geschäftsraum der einzugliedernden Gesellschaft und der Hauptgesellschaft zur Einsicht der Aktionäre auszulegen. In dem Eingliederungsbericht sind auch Art und Höhe der Abfindung nach § 320b rechtlich und wirtschaftlich zu erläutern und zu begründen; auf besondere Schwierigkeiten bei der Bewertung der beteiligten Gesellschaften sowie auf die Folgen für die Beteiligungen der Aktionäre ist hinzuweisen. § 319 Abs. 3 Satz 2 bis 4 gilt sinngemäß für die Aktionäre beider Gesellschaften."

c) Die Absätze 3 bis 7 werden aufgehoben.

11. Nach § 320 werden die folgenden Vorschriften eingefügt:

„§ 320a

Wirkungen der Eingliederung

Mit der Eintragung der Eingliederung in das Handelsregister gehen alle Aktien, die sich nicht in der Hand der Hauptgesellschaft befinden, auf diese über. Sind über diese Aktien Aktienurkunden ausgegeben, so verbriefen sie bis zu ihrer Aushändigung an die Hauptgesellschaft nur den Anspruch auf Abfindung.

§ 320b

Abfindung der ausgeschiedenen Aktionäre

(1) Die ausgeschiedenen Aktionäre der eingegliederten Gesellschaft haben Anspruch auf angemessene Abfindung. Als Abfindung sind ihnen eigene Aktien der Hauptgesellschaft zu gewähren. Ist die Hauptgesellschaft eine abhängige Gesellschaft, so sind den ausgeschiedenen Aktionären nach deren Wahl eigene Aktien der Hauptgesellschaft oder eine angemessene Barabfindung zu gewähren. Werden als Abfindung Aktien der Hauptgesellschaft gewährt, so ist die Abfindung als angemessen anzusehen, wenn die Aktien in dem Verhältnis gewährt werden, in dem bei einer Verschmelzung auf eine Aktie der Gesellschaft Aktien der Hauptgesellschaft zu gewähren wären, wobei Spitzenbeträge durch bare Zuzahlungen ausgeglichen werden können. Die Barabfindung muß die Verhältnisse der Gesellschaft im Zeitpunkt der Beschlußfassung ihrer Hauptversammlung über die Eingliederung berücksichtigen. Die Barabfindung sowie bare Zuzahlungen sind von der Bekanntmachung der Eintragung der Eingliederung an mit jährlich zwei vom Hundert über dem jeweiligen Diskontsatz der Deutschen Bundesbank zu verzinsen; die Geltendmachung eines weiteren Schadens ist nicht ausgeschlossen.

(2) Die Anfechtung des Beschlusses, durch den die Hauptversammlung der eingegliederten Gesellschaft die Eingliederung der Gesellschaft beschlossen hat, kann nicht auf § 243 Abs. 2 oder darauf gestützt werden, daß die von der Hauptgesellschaft nach § 320 Abs. 2 Nr. 2 angebotene Abfindung nicht angemessen ist. Ist die angebotene Abfindung nicht angemessen, so hat das in § 306 bestimmte Gericht auf Antrag die angemessene Abfindung zu bestimmen. Das gleiche gilt, wenn die Hauptgesellschaft eine Abfindung nicht oder nicht ordnungsgemäß angeboten hat und eine hierauf gestützte Anfechtungsklage innerhalb der Anfechtungsfrist nicht erhoben oder

zurückgenommen oder rechtskräftig abgewiesen worden ist.

(3) Antragsberechtigt ist jeder ausgeschiedene Aktionär. Der Antrag kann nur binnen zwei Monaten nach dem Tage gestellt werden, an dem die Eintragung der Eingliederung in das Handelsregister nach § 10 des Handelsgesetzbuchs als bekanntgemacht gilt. Für das Verfahren gilt § 306 sinngemäß."

12. Das Vierte Buch wird aufgehoben.

13. Das Fünfte Buch erhält die Überschrift „Viertes Buch".

14. In § 399 Abs. 2 werden die Worte „oder als Mitglied des Vorstands zum Zweck der Eintragung einer Umwandlung der Gesellschaft in eine Gesellschaft mit beschränkter Haftung die in § 371 Abs. 2 Satz 1 oder 2 oder Abs. 3 Satz 1 vorgeschriebene Erklärung" gestrichen.

15. § 407 wird wie folgt geändert:

    a) In Absatz 1 Satz 1 erster Halbsatz wird die Angabe „§ 293 Abs. 3 Satz 2 und 3" durch die Angabe „§§ 293 f, 293 g Abs. 1" ersetzt; die Angabe „, § 340d Abs. 2 und 4, § 361 Abs. 2 Satz 1 und 2" wird gestrichen.

    b) In Absatz 2 Satz 1 wird die Angabe „, § 345 Abs. 1, § 353 Abs. 5, §§ 364, 367, 371, 379, 390" gestrichen.

Artikel 7

Änderung des Genossenschaftsgesetzes

Das Gesetz betreffend die Erwerbs- und Wirtschaftsgenossenschaften in der im Bundesgesetzblatt Teil III, Gliederungsnummer 4125-1, veröffentlichten bereinigten Fassung, zuletzt geändert durch Artikel 7 des Gesetzes vom 20. Dezember 1993 (BGBl. I S. 2182), wird wie folgt geändert:

1. Die §§ 63e bis 63i, 93a bis 93s werden aufgehoben.

2. In § 156 Abs. 1 Satz 2 wird nach der Angabe „§ 82 Abs. 1" das Komma durch das Wort „und" ersetzt; die Worte „und der Verschmelzung und Umwandlung von Genossenschaften" werden gestrichen.

Artikel 8

Änderung des Versicherungsaufsichtsgesetzes

Das Versicherungsaufsichtsgesetz in der Fassung der Bekanntmachung vom 13. Oktober 1983 (BGBl. I S. 1261), zuletzt geändert durch Artikel 6 Abs. 84 des Gesetzes vom 27. Dezember 1993 (BGBl. I S. 2378), wird wie folgt geändert:

1. Nach § 14 wird folgende Vorschrift eingefügt:

„§ 14a

Jede Umwandlung eines Versicherungsunternehmens nach § 1 des Umwandlungsgesetzes bedarf der Genehmigung der Aufsichtsbehörde. § 14 Abs. 1 Satz 2, 3 und 5 gilt entsprechend. Die Genehmigung kann auch versagt werden, wenn die Vorschriften über die Umwandlung nicht beachtet worden sind."

2. Die §§ 44a bis 44c, 53a werden aufgehoben.

3. § 157a Abs. 3 wird wie folgt geändert:

    a) Die Angabe „, der §§ 37 und 53a" wird durch die Angabe „und des § 37" ersetzt.

    b) Der Punkt wird durch einen Strichpunkt ersetzt.

    c) Folgender neuer Halbsatz wird angefügt:

    „eine Umwandlung nach dem Umwandlungsgesetz ist nicht zulässig."

Artikel 9

Änderung des Publizitätsgesetzes

In § 2 Abs. 1 Satz 2 des Gesetzes über die Rechnungslegung von bestimmten Unternehmen und Konzernen vom 15. August 1969 (BGBl. I S. 1189, 1970 I S. 1113), das zuletzt durch Artikel 4 des Gesetzes vom 30. November 1990 (BGBl. I S. 2570) geändert worden ist, wird die Angabe „Verschmelzung," gestrichen.

Artikel 10

Änderung des Kreditwesengesetzes

§ 40 Abs. 1 des Gesetzes über das Kreditwesen in der Fassung der Bekanntmachung vom 30. Juni 1993 (BGBl. I S. 1082), das zuletzt durch Artikel 4 des Gesetzes vom 25. Oktober 1993 (BGBl. I S. 1770) geändert worden ist, wird wie folgt geändert:

1. Am Ende der Nummer 2 wird der Punkt durch einen Strichpunkt ersetzt.

2. Nach Nummer 2 wird folgende neue Nummer 3 angefügt:

    „3. Unternehmen, die durch Umwandlung der in Nummer 2 bezeichneten Unternehmen neu gegründet wurden."

Artikel 11

Änderung des Gesetzes gegen Wettbewerbsbeschränkungen

Das Gesetz gegen Wettbewerbsbeschränkungen in der Fassung der Bekanntmachung vom 20. Februar 1990 (BGBl. I S. 235), zuletzt geändert durch Artikel 6

Abs. 64 des Gesetzes vom 27. Dezember 1993 (BGBl. I S. 2378), wird wie folgt geändert:

1. § 23 wird wie folgt geändert:

   a) In Absatz 2 Satz 1 Nr. 1 wird die Angabe „Verschmelzung," gestrichen.

   b) In Absatz 4 Nr. 1 werden die Worte „Verschmelzung oder" gestrichen; ferner wird das Wort „neugebildeten" durch das Wort „neugegründeten" ersetzt.

2. In § 24 Abs. 2 Satz 4 dritter Halbsatz und in Absatz 7 Nr. 3 zweiter Halbsatz wird jeweils die Angabe „Verschmelzung," gestrichen; ferner werden jeweils die Worte „Handelsregister oder in das Genossenschaftsregister" durch die Worte „zuständige Register" ersetzt.

3. § 24a wird wie folgt geändert:

   a) In Absatz 1 Satz 3 werden die Worte „Verschmelzung oder" gestrichen.

   b) In Absatz 4 Satz 1 dritter Halbsatz wird die Angabe „Verschmelzung," gestrichen; ferner werden die Worte „Handelsregister oder in das Genossenschaftsregister" durch die Worte „zuständige Register" ersetzt.

Artikel 12

Änderung von Mitbestimmungsgesetzen

In § 15 Abs. 1 Satz 1 des Gesetzes zur Ergänzung des Gesetzes über die Mitbestimmung der Arbeitnehmer in den Aufsichtsräten und Vorständen der Unternehmen des Bergbaus und der Eisen und Stahl erzeugenden Industrie — Mitbestimmungsergänzungsgesetz — in der im Bundesgesetzblatt Teil III, Gliederungsnummer 801-3, veröffentlichten bereinigten Fassung, das zuletzt durch Artikel 3 des Gesetzes vom 20. Dezember 1988 (BGBl. I S. 2312) geändert worden ist, sowie in § 32 Abs. 1 Satz 1 des Gesetzes über die Mitbestimmung der Arbeitnehmer vom 4. Mai 1976 (BGBl. I S. 1153), das durch Artikel 5 des Gesetzes vom 26. Juni 1990 (BGBl. I S. 1206) geändert worden ist, wird jeweils die Angabe „, Verschmelzung" gestrichen.

Artikel 13

Änderung des Betriebsverfassungsgesetzes

Das Betriebsverfassungsgesetz in der Fassung der Bekanntmachung vom 23. Dezember 1988 (BGBl. 1989 I S. 1, 902), zuletzt geändert durch Artikel 34 des Gesetzes vom 18. Dezember 1989 (BGBl. I S. 2261), wird wie folgt geändert:

1. § 106 Abs. 3 Nr. 8 wird wie folgt gefaßt:

   „8. der Zusammenschluß oder die Spaltung von Unternehmen oder Betrieben;".

2. § 111 Nr. 3 wird wie folgt gefaßt:

   „3. Zusammenschluß mit anderen Betrieben oder die Spaltung von Betrieben,".

Artikel 14

Änderung des Gerichtsverfassungsgesetzes

Das Gerichtsverfassungsgesetz in der Fassung der Bekanntmachung vom 9. Mai 1975 (BGBl. I S. 1077), zuletzt geändert durch Artikel 3 des Gesetzes vom 11. Januar 1993 (BGBl. I S. 50), wird wie folgt geändert:

1. In § 74c Abs. 1 Nr. 1 wird hinter der Angabe „dem Gesetz zur Ausführung der EWG-Verordnung über die Europäische wirtschaftliche Interessenvereinigung" das Wort „und" durch ein Komma ersetzt; ferner wird hinter dem Wort „Genossenschaftsgesetz" die Angabe „und dem Umwandlungsgesetz" eingefügt.

2. In § 95 Abs. 2 wird nach dem Wort „Aktiengesetzes" die Angabe „sowie nach § 10 und § 306 des Umwandlungsgesetzes" eingefügt.

Artikel 15

Änderung des Rechtspflegergesetzes

§ 17 Nr. 1 Buchstabe c des Rechtspflegergesetzes vom 5. November 1969 (BGBl. I S. 2065), das zuletzt durch Artikel 4 des Gesetzes vom 16. Dezember 1993 (BGBl. I S. 2054) geändert worden ist, erhält folgende Fassung:

„c) auf Eintragung der Eingliederung oder der Umwandlung,".

Artikel 16

Änderung des Gesetzes über die Angelegenheiten der freiwilligen Gerichtsbarkeit

Das Gesetz über die Angelegenheiten der freiwilligen Gerichtsbarkeit in der im Bundesgesetzblatt Teil III, Gliederungsnummer 315-1, veröffentlichten bereinigten Fassung, zuletzt geändert durch Artikel 6 des Gesetzes vom 20. Dezember 1993 (BGBl. I S. 2182), wird wie folgt geändert:

1. In § 132 Abs. 1 Satz 1 wird die Angabe „§ 37 Abs. 1 des Gesetzes über die Kapitalerhöhung aus Gesellschaftsmitteln und über die Verschmelzung von Gesellschaften mit beschränkter Haftung" durch die Angabe „§ 316 des Umwandlungsgesetzes" ersetzt.

2. In § 145 Abs. 1 Satz 1 werden die Angaben „§ 340 b Abs. 2, § 350 Abs. 1 und 4" und „die nach § 29 Abs. 1 und 4 des Gesetzes über die Kapitalerhöhung aus Gesellschaftsmitteln und über die Verschmelzung von Gesellschaften mit beschränkter Haftung" gestrichen.

Artikel 17

Änderung des Gerichtskostengesetzes

Das Gerichtskostengesetz in der Fassung der Bekanntmachung vom 15. Dezember 1975 (BGBl. I S. 3047), zuletzt geändert durch Artikel 6 Abs. 39 des Gesetzes vom 27. Dezember 1993 (BGBl. I S. 2378), wird wie folgt geändert:

1. § 20 wird wie folgt geändert:

   a) In der Überschrift wird der Punkt durch ein Komma ersetzt und die Worte „Verfahren nach § 319 Abs. 6 des Aktiengesetzes oder § 16 Abs. 3 des Umwandlungsgesetzes" angefügt.

   b) Nach Absatz 3 wird folgender neuer Absatz 4 angefügt:

      „(4) In Verfahren nach § 319 Abs. 6 des Aktiengesetzes oder § 16 Abs. 3 des Umwandlungsgesetzes bestimmt sich der Wert nach § 3 der Zivilprozeßordnung. Er darf jedoch ein Zehntel des Grundkapitals oder Stammkapitals des übertragenden oder formwechselnden Rechtsträgers oder, falls der übertragende oder formwechselnde Rechtsträger ein Grundkapital oder Stammkapital nicht hat, ein Zehntel des Vermögens dieses Rechtsträgers, höchstens jedoch eine Million Deutsche Mark nur insoweit übersteigen, als die Bedeutung der Sache für die Parteien höher zu bewerten ist."

2. Nach Nummer 1140 des Kostenverzeichnisses wird folgende Nummer 1141 eingefügt:

   „1141 Verfahren nach § 319 Abs. 6 AktG oder § 16 Abs. 3 UmwG . . . 1."

Artikel 18

Änderung der Bundesgebührenordnung für Rechtsanwälte

Nach § 41 der Bundesgebührenordnung für Rechtsanwälte in der im Bundesgesetzblatt Teil III, Gliederungsnummer 368-1, veröffentlichten bereinigten Fassung, zuletzt geändert durch Artikel 11 Nr. 2 des Gesetzes vom 11. Januar 1993 (BGBl. I S. 50), wird folgender § 42 eingefügt:

„§ 42

Verfahren nach § 319 Abs. 6 des Aktiengesetzes oder § 16 Abs. 3 des Umwandlungsgesetzes

In Verfahren nach § 319 Abs. 6 des Aktiengesetzes oder § 16 Abs. 3 des Umwandlungsgesetzes erhält der Rechtsanwalt die Hälfte der in § 31 bestimmten Gebühren."

Artikel 19

Inkrafttreten

Dieses Gesetz tritt am 1. Januar 19. . in Kraft.

2. Allgemeine Begründung zum Regierungsentwurf

I.

Der Gesetzentwurf verfolgt mehrere Ziele.

1. Er soll zunächst die schon bestehenden Möglichkeiten zur Veränderung (Umstrukturierung, Reorganisation) von Unternehmen zusammenfassen und systematisieren. Insofern dient er der *Rechtsbereinigung.*

2. Der Entwurf soll ferner *Lücken* der gesetzlichen Regelungen *schließen* und damit den Rechtsträgern deutscher Unternehmen zahlreiche neue Möglichkeiten eröffnen, ihre rechtlichen Strukturen jeweils den veränderten Umständen des Wirtschaftslebens anzupassen. Insofern dient der Entwurf dazu, die rechtlichen Rahmenbedingungen für die Tätigkeit deutscher Unternehmen zu verbessern.

3. Schließlich muß dabei der *Schutz von Anlegern, insbesondere von Minderheitsbeteiligungen, und von Gläubigern* in angemessener Weise berücksichtigt werden. Insofern sollen die Beteiligung an den Rechtsträgern deutscher Unternehmen und der Rechtsverkehr mit ihnen für die Öffentlichkeit sicherer, transparenter und damit interessanter gemacht werden.

II.

Regelungsgegenstand des Entwurfs sind die verschiedenen Arten der Umwandlung von Unternehmensträgern. Dabei wird der Begriff „Unternehmen" nicht verwendet, weil es nach dem Entwurf in nahezu allen Fällen der Umwandlung nicht darauf ankommt, ob ein Rechtsträger ein Unternehmen im betriebswirtschaftlichen und rechtlichen Sinne betreibt. Entscheidend ist vielmehr wie im geltenden Recht, das jeweils an die im Einzelfall betroffene Rechtsform anknüpft, ob eine im Rechtsverkehr auftretende juristische Einheit an einem Umwandlungsvorgang beteiligt ist. Der Entwurf verwendet deshalb für diese juristische Einheit den Begriff „Rechtsträger". Soweit es in besonderen Fällen darauf ankommt, daß ein Rechtsträger tatsächlich ein Unternehmen betreibt, wird dies im Gesetzestext besonders hervorgehoben.

Unter „Rechtsträger" wird dabei wie bisher im Recht der Bundesrepublik Deutschland der Vollinhaber eines Rechts verstanden. Der Begriff knüpft also nicht an die juristische Terminologie der früheren DDR an.

Bei der Umwandlung handelt es sich um folgende Rechtsinstitute:

1. Verschmelzung (einschließlich der verschmelzenden Umwandlung)

Darunter ist zu verstehen die Übertragung des gesamten Vermögens eines Rechtsträgers auf einen anderen, entweder schon bestehenden oder neu gegründeten Rechtsträger im Wege der Gesamtrechtsnachfolge unter Auflösung ohne Abwicklung, wobei den Anteilsinhabern des übertragenden und erlöschenden Rechtsträgers im Wege des Anteilstauschs eine Beteiligung an dem übernehmenden oder neuen Rechtsträger gewährt wird. Die Verschmelzung ist im deutschen Recht für mehrere Unternehmensformen geregelt.

2. Spaltung

Dieser in Praxis und Schrifttum und insbesondere im Steuerrecht oft auch als Realteilung bezeichnete Vorgang ist eine Art Gegenstück zur Verschmelzung. Er kann in drei Arten vorkommen.

a) Zunächst ist er als *Aufspaltung* bekannt. Bei dieser teilt ein übertragender Rechtsträger unter Auflösung ohne Abwicklung sein gesamtes Vermögen auf und überträgt im Wege der Sonderrechtsnachfolge („teilweise Gesamtrechtsnachfolge", „partielle Universalsukzession", „Spezialsukzession") die Vermögensteile auf mindestens zwei andere, entweder schon bestehende oder neu gegründete Rechtsträger, und zwar wie bei der Verschmelzung gegen Gewährung von Anteilen der übernehmenden oder neuen Rechtsträger an die Anteilsinhaber des übertragenden Rechtsträgers. Dieser Vorgang war vor der Vereinigung der beiden deutschen Staaten im deutschen Gesellschaftsrecht bisher nicht geregelt, jedoch anderen Rechtsordnungen bekannt. Der Vorgang hat jedoch als „Teilung" landwirtschaftlicher Produktionsgenossenschaften in den §§ 4 bis 12 des Landwirtschaftsanpassungsgesetzes in der Fassung der Bekanntmachung vom 3. Juli 1991 (BGBl. I S. 14, 18) sowie als Aufspaltung zur Neugründung in dem Gesetz über die Spaltung der von der Treuhandanstalt verwalteten Unternehmen (SpTrUG) vom 5. April 1991 (BGBl. I S. 854) für bestimmte Rechtsträger bereits Eingang in das deutsche Recht gefunden.

b) Neben der Aufspaltung steht die wirtschaftlich bedeutsamere, weil häufiger vorkommende *Abspaltung.* Bei dieser bleibt der übertragende Rechtsträger bestehen und überträgt nur einen Teil seines Vermögens, in der Regel einen Betrieb oder mehrere Betriebe auf einen oder mehrere andere, bereits bestehende oder neue Rechtsträger, und zwar wiederum gegen Gewährung von Anteilen der übernehmenden oder neuen Rechtsträger an die Anteilsinhaber des übertragenden Rechtsträgers. Auch für diesen Vorgang fehlte bis zur deutschen Einigung im deutschen Gesellschaftsrecht eine Regelung. Als Abspaltung zur Neugründung ist jedoch auch dieser Vorgang in dem zu a) genannten Gesetz vom 5. April 1991 zugelassen worden.

c) Schließlich kennen andere Rechtsordnungen noch die *Ausgliederung*, bei der ebenso wie bei der Abspaltung nur ein Teil oder Teile des Vermögens eines Rechtsträgers auf andere Rechtsträger übergehen, jedoch die als Gegenwert gewährten Anteile der übernehmenden oder neuen Rechtsträger in das Vermögen des übertragenden Rechtsträgers selbst gelangen; die Beteiligungen an diesem übertragenden Rechtsträger werden also nicht unmittelbar berührt. Auch dieser Vorgang hat erhebliche praktische Bedeutung, insbesondere als Ausgliederung zur Neugründung eines Tochterunternehmens (Ausgründung).

3. Formwechselnde Umwandlung

Diese Art der Umwandlung beschränkt sich auf die Änderung der Rechtsform nur eines Rechtsträgers unter Wahrung seiner rechtlichen Identität, und zwar grundsätzlich auch unter Beibehaltung des bisherigen Kreises der Anteilsinhaber. Das deutsche Recht regelt einige Fälle des Formwechsels, enthält jedoch erhebliche Lücken.

4. Errichtende Umwandlung

Dabei handelt es sich um die Gründung eines neuen Rechtsträgers durch einen bestehenden Rechtsträger, der sein gesamtes Vermögen im Wege der Gesamtrechtsnachfolge auf den neuen Rechtsträger überträgt, wobei ein Anteilstausch unter Beibehaltung des bisherigen Kreises der Anteilsinhaber stattfindet. Die errichtende Umwandlung ist eine Hilfskonstruktion des geltenden Rechts für die Fälle, in denen es einen Rechtsformwechsel nicht zuläßt, insbesondere für die Fälle, in denen eine Personenhandelsgesellschaft, die nicht eine juristische Person ist, in eine Kapitalgesellschaft umgewandelt werden soll.

5. Vermögensübertragung

Hierbei handelt es sich wiederum um den Übergang des gesamten Vermögens eines Rechtsträgers im Wege der Gesamtrechtsnachfolge unter Auflösung ohne Abwicklung auf einen anderen Rechtsträger. Jedoch wird den Anteilsinhabern des übertragenden Rechtsträgers keine Beteiligung an dem übernehmenden Rechtsträger, sondern eine Gegenleistung (Entgelt, Entschädigung) in anderer Form gewährt. Diese Art der Vermögensübertragung dient in der Regel als Auffangtatbestand für Sonderfälle. Sie kann auch als Übertragung nur eines Vermögensteils, also als Parallele zur Spaltung Bedeutung haben.

Den unter den Nummern 1, 2, 4 und 5 genannten Arten der Umwandlung ist gemeinsam, daß die einzelnen Vermögensgegenstände und die einzelnen Verbindlichkeiten der übertragenden Rechtsträger nicht — wie sonst im deutschen Recht zwingend vorgesehen — durch Einzelübertragung an die übernehmenden und neuen Rechtsträger übertragen werden, sondern daß eine Gesamtrechtsnachfolge oder eine entsprechende Sonderrechtsnachfolge stattfindet, die den Vermögensübergang erheblich erleichtert, in vielen Fällen einen solchen Vorgang überhaupt erst möglich macht.

6. Verpflichtung zur Vermögensübertragung

Verträge, in denen sich ein oder mehrere Rechtsträger zur Übertragung ihres Vermögens oder von Teilen ihres Vermögens an einen oder mehrere andere Rechtsträger lediglich verpflichten, ohne daß es zu einer Gesamtrechtsnachfolge oder einer Sonderrechtsnachfolge, also zu einem Übergang von Gegenständen oder zu einem Anteilstausch kommt, sind im geltenden Recht bisher nur durch § 361 des Aktiengesetzes erfaßt. Dabei handelt es sich jedoch nicht um einen Fall der Umwandlung. Deshalb soll der bisherige Inhalt des § 361 AktG an anderer Stelle im Aktiengesetz beibehalten werden (vgl. Artikel 6 Nr. 3).

III.

1. a) Die *Rechtsbereinigung* für die unter II. 1., 3. bis 5. genannten Möglichkeiten der Umstrukturierung von Rechtsträgern geht auf einen *Auftrag des Deutschen Bundestages* zurück. Dessen Rechtsausschuß hat schon in seinem vom Plenum einstimmig angenommenen Bericht zur GmbH-Novelle 1980 (Gesetz zur Änderung des GmbH-Gesetzes und anderer handelsrechtlicher Vorschriften vom 4. Juli 1980 — BGBl. 1980 I S. 836) als Ergebnis der Beratungen über die Verschmelzungsvorschriften jenes Entwurfs unter anderem folgendes ausgeführt (Bundestags-Drucksache 8/3908, S. 77 zu Artikel 1 Nr. 27): „... der Rechtsausschuß hält es außerdem für erforderlich, die Verschmelzung und Umwandlung aller in Betracht kommenden Unternehmensformen in einem Gesetz zu regeln und bei dieser Gelegenheit inhaltlich und formal zu überprüfen."

   Nachdem der Gesetzgeber durch die Verabschiedung des Bilanzrichtlinien-Gesetzes (Gesetz vom 19. Dezember 1985 — BGBl. I S. 2355) für die Publizitätspflicht von Unternehmen endgültige Wertungen getroffen und damit gleichzeitig für den Wechsel von einer Unternehmensform in eine andere allgemeine Leitlinien gegeben hat, soll dieser Auftrag des Deutschen Bundestages erfüllt werden.

   b) Der Auftrag des Deutschen Bundestages beruht einmal auf der *starken Zersplitterung und Unübersichtlichkeit* des Umwandlungsrechts. Die Regelungen sind zur Zeit auf fünf Gesetze verteilt, nämlich das Umwandlungsgesetz vom 6. November 1969 (UmwG), das Aktiengesetz

(AktG), das Gesetz über die Kapitalerhöhung aus Gesellschaftsmitteln und über die Verschmelzung von Gesellschaften mit beschränkter Haftung vom 23. Dezember 1959 mit der Ergänzung durch die GmbH-Novelle 1980 (KapErhG), das Genossenschaftsgesetz (GenG) und das Versicherungsaufsichtsgesetz (VAG). Hinzu treten die Sonderregeln für die Umwandlung landwirtschaftlicher Produktionsgenossenschaften im oben erwähnten Landwirtschaftsanpassungsgesetz sowie die Möglichkeiten der Spaltung nach dem Gesetz vom 5. April 1991. Da die verschiedenen Regelungen zum Teil aus unterschiedlichem Anlaß und mit verschiedenen Zielen eingeführt worden sind, ist es trotz gleichgelagerter Interessen der vom Umwandlungsvorgang Betroffenen zu sachlich voneinander abweichenden gesetzlichen Lösungen gekommen, deren Unterschiedlichkeit häufig nicht zu rechtfertigen ist. Da die Rechtsmaterie „Umwandlung" in vier der genannten Gesetze jeweils an eine bestimmte Unternehmensform anknüpft und deren Besonderheiten Rechnung trägt, sind allgemeine Grundsätze bisher gesetzlich nicht formuliert worden, obwohl diese durchaus vorhanden sind. Dieser Rechtszustand ist unübersichtlich und für die Betroffenen unbefriedigend. Er ist deshalb auf erhebliche Kritik aus Praxis und Wissenschaft gestoßen.

c) Die *unterschiedliche Gesetzestechnik* bringt zusätzliche Schwierigkeiten für die Rechtsanwendung mit sich. Während die Regelungen für Aktiengesellschaften im Aktiengesetz, für Gesellschaften mit beschränkter Haftung im Kapitalerhöhungsgesetz und für Genossenschaften und genossenschaftliche Prüfungsverbände im Genossenschaftsgesetz ausformuliert sind, wird im Versicherungsaufsichtsgesetz für Versicherungsvereine auf Gegenseitigkeit auf die Vorschriften des Aktiengesetzes verwiesen. Diese Verweisungstechnik führt gelegentlich zu Unklarheiten. — Wenngleich sich auch im vorliegenden Entwurf zur Einsparung von Vorschriften Verweisungen nicht vermeiden lassen, so versucht der Entwurf doch, ihre Zahl möglichst einzuschränken.

d) Im Rahmen der Behebung dieser Mängel sollen *obsolete Regelungen* beseitigt werden. So sind z. B. Vorschriften für die Verschmelzung von Kolonialgesellschaften und bergrechtlichen Gewerkschaften inzwischen überflüssig geworden.

2. Auf der anderen Seite hat sich ein nachhaltiges Bedürfnis in der Praxis der Unternehmen dafür ergeben, einige vorhandene *Lücken* des Umwandlungsrechts zu *schließen.*

a) Dies gilt zunächst für die *Eröffnung* der Umwandlung *für Rechtsformen,* die bisher gar nicht oder nicht allgemein in die abgeschlossene Zahl (numerus clausus) von Umwandlungsmöglichkeiten aufgenommen waren, obwohl für ihren Ausschluß außer der historischen Entwicklung Gründe nicht ersichtlich sind. Die Praxis hat sich häufig mit Hilfslösungen zufrieden geben müssen, die meistens komplizierter, zeitraubender und in der Regel auch wesentlich kostenaufwendiger sind als die unter II. dargestellten Umwandlungsarten.

Deshalb sollen für Handelsgesellschaften untereinander grundsätzlich alle Arten der Umwandlung eröffnet und für Unternehmensträger in anderen Rechtsformen zahlreiche neue Möglichkeiten geschaffen werden.

In erster Linie betrifft dies Personenhandelsgesellschaften (offene Handelsgesellschaften, Kommanditgesellschaften). Bisher ist die Umwandlung für diese Rechtsformen nur in eingeschränktem Maße nach dem Umwandlungsgesetz möglich. Diese Gesellschaften haben, insbesondere in ihrer Ausgestaltung als GmbH & Co., im Wirtschaftsleben immer größere Bedeutung erlangt. Ihre Umwandlung z. B. in Kapitalgesellschaften soll daher zugelassen werden. Ebenso soll der umgekehrte Vorgang möglich sein.

Ferner ist seit längerer Zeit ein dringendes Bedürfnis geltend gemacht worden, die Umwandlung von Aktiengesellschaften in Genossenschaften als Formwechsel zuzulassen. Nachdem nunmehr der Gesetzgeber seit dem 1. Januar 1986 durch das Bilanzrichtlinien-Gesetz eine endgültige und abschließende Regelung für die Rechnungslegungspflicht aller Unternehmensträger getroffen hat, kann auf dieser Wertung auch hier aufgebaut werden, weil die Unterschiede in der Strenge dieser Pflichten gewollt sind und deshalb nicht mehr als Hindernis für die Zulassung weiterer Umwandlungsmöglichkeiten angesehen werden können.

Ein Bedürfnis hat sich auch gezeigt, die Umwandlung von rechtsfähigen Vereinen in Kapitalgesellschaften und Genossenschaften sowie von Stiftungen in Kapitalgesellschaften zu ermöglichen. Dieses Bedürfnis ist besonders bei den sogenannten Freien Sparkassen hervorgetreten, die überwiegend wirtschaftliche Vereine und Stiftungen sind, weil diesen Kreditinstituten die Möglichkeiten zur Beschaffung von Eigenkapital fehlen, die anderen Rechtsformen zur Verfügung stehen. — Auch bei wirtschaftlichen Vereinen mit besonderen Aufgaben, wie z. B. den Postsparvereinen, hat sich ein Bedürfnis für eine formwechselnde Umwandlung ergeben.

Schließlich hat sich ein Bedürfnis für eine Umwandlung auch bei Idealvereinen gezeigt. Dies gilt in besonderem Maße für solche Vereine, die sich im Laufe der Zeit zu einem wirtschaftlichen Verein entwickelt haben, die sich teilen oder eine nach wirtschaftlichen Grundsätzen betriebene Abteilung ausgliedern möchten, wie dies in der Öffentlichkeit z. B. für die Lizenzspielerabteilung eines Fußballvereins nach ausländischen Vorbildern immer häufiger erörtert und verlangt wird.

b) Ein nachhaltiges Bedürfnis hat sich aber auch für die *Eröffnung* neuer Arten der Umwandlung ergeben, die im deutschen Gesellschaftsrecht bisher nicht oder nur für besondere Fälle vorgesehen sind, nämlich für die drei Arten der *Spaltung*, wie sie oben unter II. 2. dargestellt worden sind.

Der Rechtsausschuß des Deutschen Bundestages hat schon im Jahre 1972 in seinem Bericht zu dem Vorschlag der Kommission der Europäischen Gemeinschaften für eine Dritte gesellschaftsrechtliche Richtlinie betreffend die (innerstaatliche) Verschmelzung von Aktiengesellschaften (Bundestags-Drucksache VI/3071 S. 2) bemerkt, der Vorgang der Spaltung passe zwar nicht in diese Dritte Richtlinie. Der deutsche Gesetzgeber werde jedoch diesen Fall im Auge behalten müssen, weil wegen der praktischen Bedeutung dieses Vorganges ein Bedürfnis für eine gesetzliche Regelung in naher Zukunft durchaus auftreten könne.

Seit dieser Zeit haben sich in der westdeutschen Praxis neben zwei Unternehmensspaltungen größeren Ausmaßes zahlreiche Fälle ereignet, in denen Unternehmen mit Hilfe juristischer Hilfskonstruktionen geteilt worden sind.

Nach der politischen Wende in der ehemaligen DDR ist — wie oben erwähnt — zunächst für deren Gebiet die Aufspaltung landwirtschaftlicher Produktionsgenossenschaften gesetzlich ermöglicht worden.

Dem immer häufiger aufgetretenen Bedürfnis gerade im Bereich der mittelständischen Unternehmen hat das westdeutsche Steuerrecht nach und nach Rechnung getragen. Nachdem schon die Spaltung (Realteilung) von Personengesellschaften auf der Grundlage höchstrichterlicher Rechtsprechung steuerneutral durchgeführt werden konnte, ist auch für die Ausgliederung des Warengeschäfts einer gemischtwirtschaftlichen Genossenschaft durch Erlaß des Finanzministeriums NordrheinWestfalen vom 19. Februar 1980 (S 1978 b-2-V B 4 —, abgedruckt im Betriebsberater 1980 S. 355) im Einvernehmen mit den Finanzverwaltungen des Bundes und der anderen Länder eine Lösung ermöglicht worden.

Schließlich hat der Bundesminister der Finanzen durch Schreiben vom 9. Januar 1992 — IV B 7-S 1978-37/91 — (vgl. BStBl. I 1992, 47) im Einvernehmen mit den Finanzverwaltungen der Länder eine ertragsteuerliche Begünstigung der Spaltung von Körperschaften zugelassen.

Da jedoch der steuerrechtlich anerkannte Vorgang zivilrechtlich mit zahlreichen Unklarheiten behaftet ist, hat sich auch aus der Sicht der Steuerverwaltung ein Bedürfnis für eine gesellschaftsrechtliche Regelung der Spaltung ergeben, an die alsdann eine steuerrechtliche gesetzliche Regelung anknüpfen kann.

Als Anlässe für solche Spaltungen werden in der Unternehmenspraxis und im Schrifttum u. a. folgende Fälle angeführt:

— Schaffung kleinerer, am Markt selbständig auftretender Einheiten, insbesondere von Tochterunternehmen, als Kooperationspartner zur Bildung von Gemeinschaftsunternehmen oder als Vorstufe für eine Teilfusion mit anderen Unternehmen,

— Vorbereitung der Veräußerung von Unternehmensteilen, vor allem in Sanierungsfällen oder bei Änderung des Leistungsprogramms eines Unternehmens,

— Isolierung von Haftungsrisiken, insbesondere von Risiken bei der Entwicklung neuer Produkte,

— Betriebsaufspaltungen,

— Umwandlung eines gewerblichen Unternehmens in eine Holding oder in eine Teilholding,

— Trennung von operativem und nicht betriebsnotwendigem Vermögen,

— Auseinandersetzung unter Mitinhabern wie Aktionärsgruppen oder Familienstämmen,

— Vorwegnahme oder Vorbereitung von Erbauseinandersetzungen,

— Einpassung von Teilen einer Konzern-Untergesellschaft oder eines Teilkonzerns in die Spartenorganisation der Konzern-Obergesellschaft,

— Rückgängigmachung fehlerhafter oder erfolgloser Verschmelzungen,

— Auflösung vollzogener Unternehmenszusammenschlüsse nach § 24 Abs. 2, 6 des Gesetzes gegen Wettbewerbsbeschränkungen,

— Entflechtungsmaßnahmen (vgl. das Hauptgutachten III der Monopolkommission 1978/1979 S. 25ff., S. 178ff.).

In allen derartigen Fällen muß die Praxis mit gesellschaftsrechtlichen Hilfskonstruktionen auskommen, weil das deutsche Zivilrecht beim Übergang von Rechten und Verbindlichkeiten von der Einzelrechtsnachfolge ausgeht (vgl. die §§ 398ff., 873ff., 925, 929ff. BGB) und die Gesamtrechtsnachfolge oder Sonderrechtsnachfolge nur zuläßt, wenn das Gesetz sie ausdrücklich vorsieht (vgl. § 1922 BGB, § 346 Abs. 3 Satz 1 AktG, § 25 Abs. 2 Satz 1 KapErhG, §§ 5, 55 Abs. 1 Satz 2 UmwG). Da beim Übergang von Verbindlichkeiten für den Wechsel des Schuldners jeweils die Zustimmung des Gläubigers erforderlich ist (vgl. §§ 414ff. BGB), können wirtschaftlich notwendige Umwandlungen und damit auch Spaltungen scheitern. Dies gilt in verstärktem Maße für Unternehmen mit einer großen Zahl von Gläubigern, insbesondere also für Kreditinstitute und Versicherungsunternehmen. Hier kann nur die Zulassung der

Spaltung im Wege der Sonderrechtsnachfolge Abhilfe schaffen.

Die Einführung eines solchen Rechtsinstituts in das deutsche Gesellschaftsrecht drängt sich aber auch aus der Sicht der Rechtsvergleichung auf. Andere Mitgliedstaaten der Europäischen Gemeinschaft wie Frankreich und das Vereinigte Königreich Großbritannien und Nordirland haben bereits entsprechende Regelungen. Die Europäische Gemeinschaft hat mit der Sechsten gesellschaftsrechtlichen Richtlinie vom 17. Dezember 1982 betreffend die Spaltung von Aktiengesellschaften (Richtlinie 82/891/EWG — Amtsblatt der EG Nr. L 378 vom 31. Dezember 1982 S. 47 ff.) dieser Erscheinung des Wirtschaftslebens für die (innerstaatliche) Aufspaltung von Aktiengesellschaften bereits Rechnung getragen, wenn auch die Mitgliedstaaten nicht zu einer Regelung verpflichtet. Es ist aber zu erwarten, daß weitere Mitgliedstaaten derartige Regelungen erlassen werden, soweit sie nicht schon Vorschriften haben. Deshalb sollen nunmehr auch den Trägern deutscher Unternehmen die notwendigen Mittel des Gesellschaftsrechts zur Verfügung gestellt werden, um ihre rechtlichen Strukturen allen Erfordernissen des Wirtschaftslebens anpassen zu können.

Schließlich spricht für die Einführung einer umfassenden Spaltungsregelung der Gesichtspunkt, daß den Möglichkeiten der Konzentration von Unternehmen durch Vereinigung von Rechtsträgern auch Möglichkeiten einer freiwilligen, auf Entscheidungen der Anteilsinhaber beruhenden Dekonzentration gegenüberstehen sollten.

Der Entwurf schlägt deshalb vor, die oben unter II. 2. dargestellten drei Arten der Spaltung (Aufspaltung, Abspaltung, Ausgliederung) in das deutsche Recht einzuführen.

c) Insgesamt sollen gegenüber 44 schon jetzt bestehenden Möglichkeiten der Umwandlung 75 neue eröffnet werden, und zwar bei der Verschmelzung 19, bei der Spaltung 34, bei der Vermögensübertragung 12 und beim Formwechsel 10.

IV.

Ein hoher Prozentsatz der Umwandlungen findet innerhalb von *Unternehmensverbindungen* statt. Der Entwurf trägt dem Rechnung, indem er solche Umwandlungen einerseits erleichtert (vgl. z. B. § 5 Abs. 2, § 8 Abs. 3, § 9 Abs. 3 sowie die ihnen entsprechenden Vorschriften in den anderen Büchern), andererseits zusätzliche Unterrichtungspflichten festlegt (vgl. z. B. § 8 Abs. 1 Satz 3 und 4).

Dagegen soll im gegenwärtigen Zeitpunkt darauf verzichtet werden, besondere Regeln für den Minderheitenschutz bei Umwandlungen in Unternehmensverbindungen zu schaffen. Die Entwicklung in Rechtsprechung und Schrifttum ist im Fluß, jedoch noch nicht soweit gediehen, daß sich bereits für diesen besonderen Fragenkreis des Konzernrechts eine abschließende Regelung treffen ließe, die insbesondere auch den sogenannten faktischen Konzern erfassen würde. Eine solche Teilregelung kann erst getroffen werden, wenn eine allgemeine Lösung für die im Konzernrecht auftretenden Fragen gefunden worden ist.

V.

Im Bereich der *Sozialpolitik* ergeben sich bei Umwandlungen vier Fragenkreise.

1. a) Die *Mitbestimmung im Unternehmen*, d. h. die Beteiligung der Arbeitnehmer in den Leitungs- und Aufsichtsorganen von Unternehmen, die im Betriebsverfassungsgesetz 1952, im Mitbestimmungsgesetz 1976, im Montanmitbestimmungsgesetz und im Mitbestimmungsergänzungsgesetz geregelt ist, soll durch das neue Umwandlungsgesetz nicht geändert werden. Die einschlägigen Vorschriften dieser Gesetze werden durch Artikel 12 des Entwurfs lediglich auf die neu eröffneten Möglichkeiten der Umwandlung ausgedehnt. Formal hat der Gesetzentwurf also keine Folgen für die Mitbestimmung der Arbeitnehmer in den Unternehmensorganen.

b) Zu einer *mittelbaren Beeinträchtigung der Mitbestimmungsrechte* von Arbeitnehmern im Aufsichtsrat eines Unternehmensträgers könnte es allerdings in Einzelfällen bei Arten der Umwandlung kommen, die bisher im Umwandlungsrecht nicht vorgesehen sind oder in denen die Umwandlung gegenüber dem geltenden Recht erleichtert wird.

Zur ersten Gruppe gehört die Verschmelzung von Kapitalgesellschaften mit Personenhandelsgesellschaften und Genossenschaften. Übernimmt eine offene Handelsgesellschaft oder eine Kommanditgesellschaft im Wege der Verschmelzung eine Aktiengesellschaft, eine Kommanditgesellschaft auf Aktien oder eine Gesellschaft mit beschränkter Haftung, so entfällt der Aufsichtsrat dieser Kapitalgesellschaften und mit ihm die Vertretung der Arbeitnehmer, sofern bei dem übertragenden Rechtsträger ein Aufsichtsrat mit Vertretern der Arbeitnehmer gesetzlich vorgesehen ist. Entsprechendes gilt für eine so gestaltete Verschmelzung durch Neugründung.

Vergleichbares trifft zu für den Wechsel der Rechtsform von einer Kapitalgesellschaft in eine Personenhandelsgesellschaft.

Wird eine GmbH oder eine Genossenschaft von Aktiengesellschaften oder Kommanditgesellschaften auf Aktien durch Verschmelzung neu gegründet und hat der übernehmende oder neue Rechtsträger nach der Verschmelzung weniger als 500 Arbeitnehmer, so entfällt die Mitbestimmung ebenfalls.

Bei den drei Arten der Spaltung können die für die Mitbestimmung entscheidenden Grenzen der Arbeitnehmerzahl — 500 oder 2 000 Arbeitnehmer — durch die Teilung unterschritten werden, so daß es zum Wegfall der Mitbestimmung oder zu einer geringeren Vertretung im Aufsichtsrat eines Rechtsträgers kommt, wenngleich dies für die Anwendung des Mitbestimmungsgesetzes 1976 wegen der Zurechnung der Arbeitnehmer von Tochterunternehmen auf Grund der Konzernklausel in § 5 dieses Gesetzes nur selten Bedeutung haben wird.

Die zweite Gruppe der Fälle — Erleichterung bestehender Umwandlungsmöglichkeiten — betrifft die Verschmelzung einer Aktiengesellschaft mit einer GmbH und den Formwechsel „AG in GmbH", bei denen die Erfordernisse für die Mehrheit bei der Beschlußfassung herabgesetzt werden sollen. Hat die GmbH nach der Umwandlung weniger als 500 Arbeitnehmer, so kann auch hier die Mitbestimmung entfallen.

Allen diesen Fällen ist gemeinsam, daß die Beeinträchtigung der Mitbestimmung nur eine mittelbare ist und daß es auf die Ausgestaltung des einzelnen Falles ankommt.

Die erste Gruppe der Fälle ist im wesentlichen nur eine Erweiterung bereits bestehender Möglichkeiten. In Konzernen können nach dem Umwandlungsgesetz schon jetzt Kapitalgesellschaften von Personenhandelsgesellschaften aufgenommen werden. Der Entwurf erweitert diese Möglichkeit auf Rechtsträger, die nicht voneinander abhängig sind. Damit sollen im Interesse der Gleichbehandlung der Rechtsträger die Erleichterungen, die für Umstrukturierungen im Konzern gelten, auch selbständigen Rechtsträgern eröffnet werden. — Die Möglichkeit der Verschmelzung einer AG auf eine Genossenschaft oder durch Neugründung einer Genossenschaft unter Beteiligung einer übertragenden AG oder KGaA ist ein Sonderfall, der nicht häufig sein dürfte, für den sich jedoch in der Praxis gelegentlich ein Bedürfnis gezeigt hat. Die Umwandlung einer GmbH in eine Genossenschaft ist wegen der für beide geltenden Grenze der Zahl von 500 Arbeitnehmern ohnehin mitbestimmungsneutral.

Der Formwechsel „Kapitalgesellschaft in Personenhandelsgesellschaft" ist als errichtende Umwandlung nach dem Umwandlungsgesetz möglich; es werden lediglich die Voraussetzungen für die Beschlußfassung erleichtert und die rechtliche Konstruktion verändert.

Die Verschmelzung einer Aktiengesellschaft im Wege der Aufnahme durch eine GmbH wird nur selten dazu führen, daß die übernehmende GmbH weniger als 500 Arbeitnehmer hat.

Die Spaltung wird, wenn sie von Rechtsträgern im Wege der Einzelübertragung von Rechten und der Einzelübernahme von Verbindlichkeiten durchgeführt wird, schon jetzt steuerlich wie eine Verschmelzung begünstigt. Damit ist aber der entscheidende Anreiz für Unternehmensteilungen bereits gegeben; die gesellschaftsrechtliche Zulassung schafft nur die erforderliche rechtliche Klarheit für diese Vorgänge.

Für die zweite Fallgruppe — Erleichterung bereits bestehender Umwandlungsmöglichkeiten — gilt ebenfalls die Erwägung, daß auch voneinander unabhängigen Kapitalgesellschaften die Möglichkeiten eröffnet werden sollen, die bei einer hohen Beteiligung an der übertragenden oder formwechselnden Aktiengesellschaft, also innerhalb von Konzernen, bereits bestehen.

Diesen Fallgestaltungen, die mittelbar zu einer Minderung der Mitwirkungsrechte von Arbeitnehmern führen können, stehen zahlreiche neue Umwandlungsmöglichkeiten gegenüber, die zu einer Einführung der Mitbestimmung oder zu einem Mehr an Mitbestimmung für die Arbeitnehmer der beteiligten Unternehmensträger führen.

Hier sind zunächst die sich ständig häufenden Fälle des sogenannten „going public" zu nennen, in denen ein Unternehmen sich von der Rechtsform der Personenhandelsgesellschaft über die GmbH bis zur — letztlich börsennotierten — Aktiengesellschaft wandelt. Ferner ist an die Aufnahme von Personenhandelsgesellschaften sowie nicht mitbestimmter GmbH oder Genossenschaften durch AG oder KommanditAG zu denken. Die ebenfalls neu eröffnete Verschmelzung solcher GmbH und Genossenschaften kann dazu führen, daß die Zahl der Arbeitnehmer die Grenze von 500 oder 2 000 überschreitet.

Hinzu treten die Umwandlungen von nicht mitbestimmten Vereinen und Stiftungen in mitbestimmte Kapitalgesellschaften oder Genossenschaften.

Unter Abwägung der möglichen mittelbaren Folgen einer Umwandlung bei einer nicht abstrakten, sondern auf den einzelnen Unternehmensträger bezogenen Betrachtung wird vorgeschlagen, diese Folgen sowohl bei mitbestimmungsminderndem als auch bei mitbestimmungsmehrendem Ergebnis im Einzelfall hinzunehmen. Diese im Einzelfall möglichen mittelbaren Folgen dürfen schon aus gesamtwirtschaftlichem Interesse nicht dazu führen, daß deutschen Unternehmen und Unternehmensverbindungen die bestmögliche Gestaltung ihrer Struktur nach wirtschaftlichen Notwendigkeiten verwehrt bleibt, obwohl diese Gestaltungsmöglichkeiten den Unternehmen anderer Staaten, insbesondere der Mitgliedstaaten der Europäischen Gemeinschaft, zur Verfügung stehen.

c) Von besonderen gesetzlichen *Regelungen über die Bildung und Zusammensetzung des Aufsichtsrats* bei Rechtsträgern, die von einer Umstrukturierung betroffen werden, sieht der Entwurf aus folgenden Gründen ab:

Zur Sicherung der gesetzlich vorgeschriebenen Zusammensetzung des Aufsichtsrats einer Aktiengesellschaft sehen die §§ 97 bis 99 AktG vor, daß es der Vorstand in den Gesellschaftsblättern und gleichzeitig durch Aushang in sämtlichen Betrieben der Gesellschaft und ihrer Konzernunternehmen bekanntmachen muß, wenn die Zusammensetzung des Aufsichtsrats nach Ansicht des Vorstands nicht mehr den maßgebenden gesetzlichen Vorschriften entspricht; bei Streitigkeiten hierüber ist ein gerichtliches Verfahren der freiwilligen Gerichtsbarkeit vorgesehen. Eine entsprechende Regelung findet sich für Kommanditgesellschaften auf Aktien über § 278 Abs. 3 AktG, für Gesellschaften mit beschränkter Haftung und bergrechtliche Gewerkschaften in § 27 des Einführungsgesetzes zum AktG, für Genossenschaften in § 77 Abs. 3 Satz 1 des Betriebsverfassungsgesetzes 1952 und für Versicherungsvereine auf Gegenseitigkeit über § 35 Abs. 3 VAG.

Da bei einer Umwandlung durch Wechsel der Rechtsform die Möglichkeit besteht, daß sich die Zusammensetzung des Aufsichtsrats ändert, enthält das geltende Recht in den §§ 363, 366, 370, 377, 384, 385f, 385m, 386, 389, 393 AktG besondere Vorschriften für eine Bekanntmachung über die Zusammensetzung des Aufsichtsrats. Für die Verschmelzung einer Aktiengesellschaft mit einer GmbH enthält § 33 Abs. 3 des Kapitalerhöhungsgesetzes in Verbindung mit § 370 AktG eine vergleichbare Regelung, während das Gesetz im umgekehrten Fall (Verschmelzung einer GmbH mit einer AG, vgl. § 355 AktG) schweigt, obwohl sich die Frage in ähnlicher Weise stellt. Die genannten Regelungen sind allerdings nur als unvollkommene Normen (leges imperfectae) ausgestaltet. Schon für diese konstruktiv verhältnismäßig einfachen Fälle der formwechselnden Umwandlung und der Verschmelzung entstehen jedoch aus den genannten Sondervorschriften mehr Probleme, als sie zu lösen in der Lage sind. Dies beruht nicht zuletzt darauf, daß diese Vorschriften auf dem Stande der Mitbestimmungsregelungen von 1965 aufbauen, während zu den damaligen Mitbestimmungsmodellen inzwischen die Mitbestimmung nach dem Mitbestimmungsgesetz 1976 hinzugetreten ist.

In allen Fällen kann sich aus den genannten Vorschriften ergeben, daß zunächst ein Aufsichtsrat gebildet und in bestimmter Weise zusammengesetzt werden muß, daß dieser Aufsichtsrat aber nach Abschluß eines nachgeholten Bekanntmachungsverfahrens oder nach gerichtlicher Klärung wieder entfällt oder anders zusammenzusetzen ist. Die genannten besonderen Verfahren wären aber nur hilfreich, wenn sie sicherstellen würden, daß der Aufsichtsrat des umgewandelten Rechtsträgers von vornherein entsprechend dem materiellen Recht richtig gebildet und zusammengesetzt wird. Dies vermögen diese Verfahren jedoch schon nach geltendem Recht nicht zu leisten.

Der Sinn dieser besonderen Verfahren wird unter anderem darin gesehen, im Zuge der Umwandlung generell eine Überprüfung der Zusammensetzung des Aufsichtsrats zu erzwingen. Wenn es jedoch nach den allgemeinen Vorschriften (vgl. § 96 Abs. 2, §§ 97ff. AktG) ausschließlich den interessierten Beteiligten überlassen wird, bei Veränderung der Umstände die danach materiell richtige Bildung oder Zusammensetzung des Aufsichtsrats zu betreiben, so ist es nur folgerichtig, die Initiative für die richtige Bildung oder Zusammensetzung eines Aufsichtsrats aufgrund der allgemeinen Regelungen den interessierten Beteiligten auch bei einer Umwandlung zu überlassen. Betroffene Rechtsträger, Gewerkschaften und Arbeitnehmer sind im übrigen inzwischen mit den Mitbestimmungsgesetzen so vertraut, daß es nicht mehr eines besonderen gesetzlichen Anstoßes zur Überprüfung der Zusammensetzung des Aufsichtsrats bedarf.

In allen neuen Fällen kann über das geltende Recht hinaus die Bildung oder Zusammensetzung eines Aufsichtsrats bei übertragenden, übernehmenden, neuen oder bei Rechtsträgern neuer Rechtsform in Frage stehen. Besondere Vorschriften, die eine Bildung oder Zusammensetzung eines Aufsichtsrats im Zusammenhang mit der Umwandlung gewährleisten, sind jedoch auch für diese neuen Möglichkeiten einer Umstrukturierung weder erforderlich, noch wären sie hilfreich.

Wenn bei bereits mitbestimmten übertragenden Rechtsträgern, soweit sie bei der Umwandlung bestehen bleiben, fraglich wird, ob und wie sie nach anderen als den bisher angewandten Vorschriften einer Mitbestimmung unterliegen, kann dies in den Verfahren geklärt werden, die allgemein bei Veränderung der Umstände zur Verfügung stehen. Gleiches gilt für eine etwa erforderliche Bildung oder Änderung der Zusammensetzung eines Aufsichtsrats bei übernehmenden Rechtsträgern. Bei neuen Rechtsträgern unterliegt die Gründung den allgemeinen Gründungsvorschriften, durch die — wie auch sonst bei einer Sachgründung mit Einbringung eines Unternehmens — beantwortet wird, ob und gegebenenfalls wie ein Aufsichtsrat zu bilden und zusammenzusetzen ist (für die AG vgl. § 31 AktG). Bei Rechtsträgern neuer Rechtsformen entscheiden zunächst die für die neue Rechtsform geltenden Organisationsregelungen darüber, ob überhaupt ein Aufsichtsrat gebildet werden muß. Sofern er für die in Frage stehende Rechtsform stets zu bilden ist, kann, wenn eine Zusammensetzung auch mit Aufsichtsratsmitgliedern der Arbeitnehmer in Frage steht, in den allgemeinen Verfahren nach den §§ 97ff. AktG entschieden werden, wie der Aufsichtsrat zusammenzusetzen ist. Gleiches gilt, wenn die Pflicht zur Bildung eines Aufsichtsrats nicht allein von der Rechtsform des Unternehmensträgers, sondern darüber hinaus von bestimmten weiteren Voraussetzungen, so der Zahl der Arbeitnehmer, abhängt. In diesen

Fällen kann nicht nur die Zusammensetzung des Aufsichtsrats, sondern auch die Pflicht zur Bildung des Aufsichtsrats selbst nach den allgemeinen Regeln der §§ 97ff. AktG geklärt werden.

Bei diesen allgemeinen Regeln soll es auch deshalb verbleiben, weil für die im Entwurf vorgesehenen bereits bestehenden und zahlreichen neuen Möglichkeiten der Umstrukturierung im Hinblick auf die vielfältigen und unterschiedlichen Mitbestimmungsregelungen eine den §§ 363, 366, 370, 377, 384, 385f, 385m, 386, 389, 393 AktG, § 33 Abs. 3 KapErhG entsprechende Sonderregelung einerseits nur schwer auf eine einheitliche, gemeinsam für alle Umstrukturierungsmöglichkeiten geltende Regelung eingegrenzt werden könnte und andererseits je auf die verschiedenen Umstrukturierungsmöglichkeiten bezogene Einzelregelungen einen unverhältnismäßig großen Regelungsaufwand erfordern würden, ohne den ohnehin begrenzten Nutzen dieser Regelungen vermehren zu können.

Mit dieser Lösung soll ein weiterer Beitrag zur Rechtsbereinigung geleistet werden.

Für die Amtsdauer von Aufsichtsratsmitgliedern im Falle des Formwechsels enthält der Entwurf eine Übergangsvorschrift.

2. Im Bereich des *Betriebsverfassungsrechts* soll zunächst die rechtzeitige Unterrichtung der zuständigen Arbeitnehmervertretungen sichergestellt werden (vgl. Artikel 1 §§ 5, 126 und 194 sowie Artikel 13). Im übrigen haben sich bisher im Recht der Umwandlung keine Schwierigkeiten ergeben, weil es bei den bisherigen Möglichkeiten nicht zu einer Zerschlagung von Betrieben kommen kann. Dies kann sich jedoch durch die Einführung der neuen Rechtsinstitute der Spaltung und Teilübertragung nach dem Dritten und Vierten Buch des Umwandlungsgesetzes ändern. Nach dem Vorbild des „kleinen Spaltungsgesetzes" vom 5. April 1991 sieht der Entwurf deshalb zum einen in Artikel 1 § 321 ein Übergangsmandat für den Betriebsrat vor. Daneben soll nach einer Spaltung oder Teilübertragung die gemeinsame Führung eines gespaltenen Betriebes sowie die kündigungsrechtliche Stellung der Arbeitnehmer eine ausdrückliche Regelung erhalten (vgl. Artikel 1 §§ 322 und 323).

3. Umwandlungen, insbesondere Spaltungen, können gelegentlich zu Folgen im *Tarifvertragsrecht* führen, die für die betroffenen Arbeitnehmer ungünstig sind. Zu denken ist auch an den Fall, daß durch Abspaltung oder Ausgliederung eines Betriebes oder Betriebsteils dessen Arbeitnehmer unter den Geltungsbereich eines anderen Tarifvertrages fallen, so z. B. bei der Ausgliederung eines Restaurationsbetriebes aus einem Kaufhausbetrieb.

   Diese Fälle werden einmal durch die unter V. 2. erwähnte Verbesserung der Informationsrechte und durch das Übergangsmandat des Betriebsrats erfaßt; damit wird eine Vertretung der betroffenen Arbeitnehmerinteressen sichergestellt.

   Zum anderen vollziehen sich derartige Vorgänge schon heute im Wege der Ausgründung durch Einzelübertragung; sie können auch in Zukunft auf diese Weise durchgeführt werden.

   Im übrigen wird die Weitergeltung von Tarifverträgen durch § 613a Abs. 1 Satz 2 BGB geregelt.

   Der Entwurf sieht deshalb davon ab, eine Änderung des Tarifvertragsrechts vorzuschlagen.

4. Für das Recht des *einzelnen Arbeitsverhältnisses* gilt § 613a BGB (vgl. Artikel 1 § 132 sowie die Begründung zu Artikel 1 § 126 Abs. 1 Nr. 9 und § 132), der im übrigen lediglich einer formalen Änderung bedarf (vgl. Artikel 2).

VI.

Zur Bereinigung des Umwandlungsrechts löst der Entwurf die Regelungen aus den jeweils im wesentlichen auf eine Rechtsform bezogenen Sondergesetzen (AktG, KapErhG, GenG, VAG) heraus und faßt die zum Teil sehr langen Paragraphen in einer Neufassung des Umwandlungsgesetzes rechtsformübergreifend zusammen (Artikel 1 des Entwurfs). Damit werden in diesen Spezialgesetzen auch zahlreiche später eingefügte „a-Paragraphen" überflüssig. Das Kapitalerhöhungsgesetz soll gänzlich beseitigt, sein Verschmelzungsteil in das Umwandlungsgesetz, sein Kapitalerhöhungsteil in das GmbH-Gesetz eingestellt werden. Mit diesen Maßnahmen wird in erheblichem Maße zur Bereinigung der Gesetzeslage beigetragen. Die erforderlichen Anpassungen der betroffenen Gesetze sind in den Artikeln 2 bis 8 des Entwurfs enthalten.

Die Sonderregelungen für landwirtschaftliche Produktionsgenossenschaften sind am 31. Dezember 1991 außer Kraft getreten; die Vorschriften für die von der Treuhandanstalt verwalteten Kapitalgesellschaften nach dem Gesetz vom 5. April 1991 sollen dagegen bestehen bleiben, weil sie für eine Übergangszeit noch benötigt werden.

Redaktionell bemüht sich der Entwurf darum, die einzelnen Vorschriften kürzer zu fassen und moderner zu formulieren, sofern nicht der technische Charakter einer Vorschrift diesem Bemühen Grenzen zieht. Sehr lange Vorschriften, so z. B. § 353 AktG mit neun Absätzen, werden aufgeteilt. Damit soll die Lesbarkeit des Gesetzes verbessert werden, ein Ziel, dem bei einer so speziellen Rechtsmaterie wie dem Umwandlungsrecht besondere Aufmerksamkeit zu widmen ist.

Zur besseren Übersichtlichkeit und Anwendbarkeit der Umwandlungsvorschriften werden für jede Umwandlungsart zunächst die allen Rechtsformen gemeinsamen Vorschriften in einem Allgemeinen Teil zusammengefaßt, während die abweichenden oder ergänzenden Bestimmungen, die nur einzelne Rechtsformen betreffen, jeweils in einem Besonderen Teil enthalten sind. Diese Rechtstechnik hat bei einem Vorgang, an dem Rechtsträger verschiedener Rechtsformen beteiligt sind, zur Folge, daß neben den Vorschriften des Allgemeinen Teils die für jede Rechtsform geltenden Bestimmungen des Besonderen Teils nebeneinander anzuwenden sind. Durch diese „Baukasten"-Technik werden ansonsten aufwendigere Regelungen für Vorgänge unter Beteiligung von Rechtsträgern verschiedener Rechtsformen vermieden; hierdurch konnte der Entwurf gegenüber dem bislang geltenden Recht vereinfacht werden.

Der Regierungsentwurf ist bereits durch einen vom Bundesministerium der Justiz am 3. August 1988 der Öffentlichkeit vorgelegten „Diskussionsentwurf eines Gesetzes zur Bereinigung des Umwandlungsrechts" sowie den Referentenentwurf gleichen Titels vom 15. April 1992 vorbereitet worden. Beide Entwürfe sind bei den beteiligten Kreisen und in der Rechtswissenschaft eingehend erörtert worden. Sie haben in ihren Grundzügen und den meisten Einzelregelungen nahezu einmütige Zustimmung gefunden. Die zu ihnen vorgebrachten Verbesserungsvorschläge insbesondere der Unternehmenspraxis sind weitgehend berücksichtigt worden. Einzelne Abschnitte des Diskussionsentwurfs haben bei den gesetzgeberischen Arbeiten nach der Wende in der ehemaligen DDR als Vorbild gedient (so insbesondere bei der Umwandlung der landwirtschaftlichen Produktionsgenossenschaften) oder zu notwendigen Teilregelungen bei der Umgestaltung der staatseigenen Wirtschaft geführt (so das „kleine Spaltungsgesetz" vom 5. April 1991). Der jetzige Entwurf berücksichtigt auch die dabei gemachten Erfahrungen.

VII.

Bund und Gemeinden werden durch die Ausführung des Gesetzes nicht mit Kosten belastet. Durch die Eintragung neu eröffneter Formen der Umwandlung von Rechtsträgern in öffentliche Register kann es zu zusätzlichem Personal- und Sachaufwand für die Haushalte der Länder kommen. Dieser Aufwand dürfte jedoch nicht allzu groß sein, da Unternehmensumwandlungen keine alltäglichen Vorgänge sind. Für die Tätigkeit der Gerichte und Behörden werden die schon jetzt für Umwandlungen vorgesehenen Gebühren erhoben. Der Umfang dieser zusätzlichen Gebühren dürfte, gemessen an den Gesamtkosten der einzelnen Umwandlung, jedoch nicht so erheblich sein, daß Auswirkungen auf Einzelpreise und das Preisniveau, insbesondere das Verbraucherpreisniveau, davon zu erwarten sind.

Sofern zusätzliche Aufwendungen insbesondere in den neu eröffneten Fällen der Umwandlung für Beurkundungen durch Notare oder für Prüfungen durch Sachverständige erforderlich werden, können diese Kosten erheblich sein. Insofern sind Auswirkungen auf Einzelpreise und das Verbraucherpreisniveau nicht auszuschließen; sie lassen sich aber im voraus nicht bestimmen. Auswirkungen auf das Preisniveau sind dagegen vom Umfang her nicht zu erwarten.

3. Einzelbegründung zum Regierungsentwurf

Zu Artikel 1 — Änderung des Umwandlungsgesetzes

Durch Artikel 1 wird das Umwandlungsgesetz vom 6. November 1969 inhaltlich neu gestaltet und insgesamt neu gefaßt. Nach dem alle Umwandlungsarten betreffenden Ersten Buch werden in den folgenden vier Büchern Verschmelzung, Spaltung (als Aufspaltung, Abspaltung und Ausgliederung), Vermögensübertragung und Rechtsformwechsel geregelt, und zwar soweit möglich jeweils mit einem Allgemeinen Teil und einem Besonderen Teil, der besondere Vorschriften für die betroffenen Unternehmensformen enthält. Das Sechste Buch regelt ein Verfahren zur Entschädigung von Anteilsinhabern betroffener Rechtsträger (sogenanntes Spruchverfahren). Das Siebente Buch betrifft Sanktionen gegen Gesetzesverstöße. Das Achte Buch faßt die erforderlichen Übergangsvorschriften und die Schlußbestimmungen zusammen.

Innerhalb des Zweiten bis Fünften Buches wird in dem jeweiligen Besonderen Teil der Aufbau eingehalten, dem auch das Bilanzrichtlinien-Gesetz gefolgt ist: Es wird mit der Umwandlung der einfacher strukturierten Rechtsträger wie der offenen Handelsgesellschaft und der Kommanditgesellschaft begonnen, die weniger strenge Regeln erfordern als die Umwandlung von Gesellschaften mit beschränkter Haftung, von Aktiengesellschaften und von Kommanditgesellschaften auf Aktien.

Hieran schließen sich jeweils Vorschriften über die Umwandlung von Genossenschaften und von Vereinen und deren Spezialformen an. Ein Aufbau dieser Art ist anläßlich der dritten Lesung des Bilanzrichtlinien-Gesetzes im Deutschen Bundestag von den Sprechern der an den Ausschußberatungen seinerzeit besonders beteiligten drei Fraktionen des Deutschen Bundestages als wünschenswert hervorgehoben worden.

In sachlicher Hinsicht geht der Entwurf von der Eigenverantwortlichkeit der Anteilsinhaber, also der Gesellschafter, Aktionäre, Genossen und Mitglieder der beteiligten Rechtsträger, aus. Er unterwirft jeden Umwandlungsvorgang ihrer freien Entscheidung. Staatliche Aufsicht und behördliche Genehmigungen werden auf das unvermeidliche Maß beschränkt. Die Meinungsbildung der Anteilsinhaber wird durch umfassende Unterrichtungs- und Aufklärungspflichten der Unternehmensleitungen erleichtert. Soweit erforderlich, müssen der Umwandlungsvorgang und seine Folgen für die Anteilsinhaber von unabhängigen Sachverständigen beurteilt werden. Nachteile einer Umwandlung können in einem gerichtlichen Verfahren ausgeglichen werden. In bestimmten Fällen wird dieser Schutz durch Austrittsrechte und Ausgleichsansprüche der betroffenen Minderheitsgesellschafter ergänzt.

Diese umfassenden Schutzmaßnahmen ermöglichen es auf der anderen Seite, einmal wirksam gewordene Umwandlungen davor zu sichern, daß sie rückgängig gemacht werden. Damit wird die erforderliche Rechtssicherheit für die Unternehmenspolitik und den Rechtsverkehr gewährleistet.

Der Entwurf setzt die Geltung der zivil- und gesellschaftsrechtlichen Gesetze, welche die verschiedenen Rechtsformen der Unternehmensträger regeln, voraus. Die Vorschriften des Entwurfs stehen daher in diesem System der Organisationsnormen. Der Entwurf bemüht sich darum, diese Normen möglichst wenig und nur dort anzutasten, wo die besonderen Erfordernisse der verschiedenen Umwandlungsvorgänge dies unumgänglich machen oder geboten erscheinen lassen.

Zum Ersten Buch — Möglichkeiten von Umwandlungen

Das Erste Buch regelt grundlegend, inwieweit Umwandlungen von Rechtsträgern überhaupt möglich sind.

Zu § 1

Die Vorschrift zählt in *Absatz 1* die verschiedenen Arten der Umwandlung auf, die nach diesem Gesetz möglich sind.

Die Beschränkung der Umwandlungsmöglichkeiten auf Rechtsträger mit Sitz im Inland entspricht in fast allen Fällen dem geltenden Recht. Angesichts der Bemühungen der Europäischen Gemeinschaften um eine Regelung grenzüberschreitender Vorgänge, insbesondere der internationalen Fusion, sollte eine Regelung dieses Komplexes zurückgestellt werden. Überdies würde die Ausdehnung des Gesetzes auf internationale Fälle politisch wie rechtstechnisch erhebliche Probleme aufwerfen.

Entsprechend dem im Gesellschaftsrecht geltenden Typenzwang ist die Aufzählung der Umwandlungsarten abschließend; andere Arten der Umwandlung sind nur dann zulässig, wenn sie in anderen Bundes- oder Landesgesetzen zugelassen oder angeordnet sind *(Absatz 2)*.

Dieser schon bisher bestehende geschlossene Kreis (numerus clausus) der Umwandlungsmöglichkeiten betrifft nur die in diesem Gesetz definierten Arten der Umwandlung, wie der Wortlaut des Absatzes 2 ausdrücklich hervorhebt. Bisher schon bestehende andere Methoden, die Struktur eines Unternehmensträgers zu verändern, wie z. B. die Anwachsung nach § 105 Abs. 2 HGB in Verbindung mit § 738 BGB oder andere Arten der Umstrukturierung öffentlich-rechtlicher Anstalten, wie die Verschmelzung von Sparkassen aufgrund Landesrechts, bleiben erhalten.

Die von dem neuen Umwandlungsgesetz eröffneten Möglichkeiten der Umwandlung in allen ihren Formen treten also neben die nach allgemeinem Zivil- und Handelsrecht schon jetzt möglichen Methoden, die Vereinigung, Realteilung oder Umgründung von Rechtsträgern durchzuführen. Die zwingenden Vorschriften des Umwandlungsgesetzes müssen demnach nur dann beachtet werden, wenn sich die beteiligten Rechtsträger der Vorteile bedienen wollen, die das Gesetz und die mit ihm verbundenen steuerrechtlichen Regelungen mit sich bringen.

Dies ist insbesondere für die neuen Umwandlungsarten der Spaltung (Aufspaltung, Abspaltung, Ausgliederung — vgl. das Dritte Buch) und dort besonders für die Ausgliederung von Bedeutung. Die bisher schon möglichen Methoden, eine Ausgliederung von Unternehmensteilen im Wege der Übertragung der einzelnen Gegenstände und der Überleitung einzelner Verbindlichkeiten herbeizuführen, bleiben erhalten. Dies ist insbesondere für Sacheinlage und Sachgründung und ihr Verhältnis zu dem neuen Rechtsinstitut der Ausgliederung wichtig.

Absatz 3 stellt klar, daß die Vorschriften des Umwandlungsgesetzes zwingendes Recht enthalten. Der Wortlaut ist an § 23 Abs. 5 AktG angelehnt. Für Personenhandelsgesellschaften und Gesellschaften mit beschränkter Haftung ist eine solche Vorschrift neu. Diese Einschränkung der Parteiautonomie ist bei so einmaligen und für die betroffenen Unternehmen einschneidenden Vorgängen, wie es Umwandlungen sind, im Interesse der Klarheit und Sicherheit der Regelung erforderlich. Sie führt auch nicht zu einer unangemessenen Starrheit der Regelung, weil sie im wesentlichen nur die Mehrheitserfordernisse bei der Beschlußfassung über die Umwandlung betrifft und weil durch Einzelregelungen die erforderliche und vertretbare Flexibilität sichergestellt wird.

Zum Zweiten Buch — Verschmelzung

Das Zweite Buch des Gesetzes regelt die Verschmelzung im engeren Sinne, wie sie aus dem geltenden Recht bekannt ist (vgl. §§ 339 bis 358 AktG, §§ 19 bis 34 KapErhG, §§ 63e bis 63i, 93a bis 93s GenG, §§ 44 a, 53a VAG). Einbezogen in diese Regelung werden diejenigen Fälle der verschmelzenden Umwandlung, die bisher im Umwandlungsgesetz geregelt sind (vgl. §§ 1 bis 15, 20 Satz 1, §§ 23, 24 UmwG).

Der Begriff der Verschmelzung wird sachlich unverändert aus dem geltenden Recht übernommen. Es handelt sich um den Vorgang, bei dem ein oder mehrere Rechtsträger ihr Vermögen als Ganzes unter Auflösung ohne Abwicklung auf einen anderen bestehenden oder neuen Rechtsträger gegen Gewährung von Anteilen oder Mitgliedschaften dieses Rechtsträgers an die Anteilsinhaber der übertragenden Rechtsträger übertragen.

Bei der Zusammenfassung der zahlreichen Vorschriften des geltenden Rechts ist der Dritten gesellschaftsrechtlichen Richtlinie des Rates der Europäischen Gemeinschaften vom 9. Oktober 1978 betreffend die Verschmelzung von Aktiengesellschaften (Verschmelzungsrichtlinie) — Amtsblatt der EG Nr. L 295 vom 20. Oktober 1978 S. 36ff. — Rechnung zu tragen, die durch Gesetz vom 25. Oktober 1982 (BGBl. I S. 1425) — Verschmelzungsrichtlinie-Gesetz — in deutsches Recht umgesetzt worden ist.

Im Zweiten Buch sollen, soweit möglich, nach einer Begriffsbestimmung (§ 2) und einer Aufzählung der verschmelzungsfähigen Rechtsträger (§ 3) in einem Ersten Teil diejenigen Vorschriften zusammengefaßt werden, die grundsätzlich für die Verschmelzung aller Rechtsträger gelten sollen. Ein Zweiter Teil soll Besondere Vorschriften für verschiedene Rechtsformen enthalten.

Soweit Vorschriften des geltenden Rechts sachlich unverändert übernommen werden, beschränkt sich die Begründung in der Regel auf einen Hinweis unter Anführung der Paragraphen. Zugleich werden die zu beachtenden Bestimmungen der Dritten Richtlinie genannt.

Zum Ersten Teil — Allgemeine Vorschriften

Im Ersten Teil des Zweiten Buches sollen die Vorschriften zusammengefaßt werden, die für alle Fälle der Verschmelzung gelten, und zwar ohne Rücksicht darauf, welche Rechtsform die beteiligten Rechtsträger haben.

Der Entwurf übernimmt in Aufbau und Inhalt grundsätzlich die Regelungen, die in Durchführung der Dritten gesellschaftsrechtlichen Richtlinie durch das Verschmelzungsrichtlinie-Gesetz getroffen worden sind. Diese Regelungen gelten schon heute für Aktiengesellschaften, Kommanditgesellschaften auf Aktien und Versicherungsvereine auf Gegenseitigkeit. Sie sollen auch für andere Unternehmensformen, insbesondere für Gesellschaften mit beschränkter Haftung und Genossenschaften gelten, soweit nicht die unterschiedlichen Strukturen dieser Rechtsträger andere Lösungen, vor allem Erleichterungen erforderlich machen oder zweckmäßig erscheinen lassen.

Zum Ersten Abschnitt — Möglichkeit der Verschmelzung

Der Erste Abschnitt definiert die beiden Arten der Verschmelzung und legt fest, welche Rechtsträger grundsätzlich an einer dieser beiden Arten beteiligt sein können.

Zu § 2

(Vgl. § 339 AktG, § 19 KapErhG, §§ 93a, 93s GenG, § 44a Abs. 1 VAG; Artikel 3 Abs. 1, Artikel 4 Abs. 1 der Dritten Richtlinie).

§ 2 übernimmt sachlich die aus dem geltenden Recht bekannten Begriffsbestimmungen der beiden Arten der Verschmelzung. Die Begriffsbestimmung für den zweiten Fall, also für die Verschmelzung durch Neugründung, ist dabei an Artikel 4 der Dritten gesellschaftsrechtlichen Richtlinie und die entsprechenden Vorschriften in den Gesellschaftsrechten der anderen EG-Mitgliedstaaten angepaßt worden. Außerdem wird durch diese redaktionelle Änderung die Parallele zur Verschmelzung durch Aufnahme besser hervorgehoben.

Die Definitionen werden ergänzt um die Fälle, in denen kein Anteilsumtausch, sondern ein Wechsel der Mitgliedschaft stattfindet, wie dies z. B. bei der Verschmelzung von Genossenschaften und von Versicherungsvereinen auf Gegenseitigkeit vorkommt.

Dem Aktiengesetz folgend, unterscheidet der Entwurf im Aufbau zwischen Verschmelzung durch Aufnahme (Zweiter Abschnitt) und Verschmelzung durch Neugründung (Dritter Abschnitt), wie dies auch die Dritte EG-Richtlinie tut.

§ 2 definiert am Ende in der Klammer zugleich für die Anwendung des Gesetzes den Begriff des Anteilsinhabers; er umfaßt neben Gesellschaftern und Aktionären auch die Mitglieder von Genossenschaften, genossenschaftlichen Prüfungsverbänden, Versicherungsvereinen auf Gegenseitigkeit und rechtsfähigen Vereinen.

Zu § 3

(Vgl. § 1 Abs. 2 Satz 1 UmwG; § 339 Abs. 2 AktG, § 19 Abs. 2 KapErhG, § 93a Abs. 2 GenG, § 44a Abs. 3, 4 VAG, § 2 UmwG; § 358a AktG; Artikel 1, 2, 3 Abs. 2, Artikel 4 Abs. 2 der Dritten Richtlinie).

Nach § 1 Abs. 2 sind Verschmelzungen nur in den gesetzlich genannten Fällen zulässig. § 3 *Abs. 1 und 2* zählt die verschmelzungsfähigen Unternehmensformen abschließend auf.

Die Fälle, in denen eine Verschmelzung stattfinden kann, werden gegenüber dem geltenden Recht erheblich erweitert, um interessierten Rechtsträgern wirtschaftlich erforderliche Neustrukturierungen der verschiedensten Arten zu ermöglichen.

Nach *Absatz 2 Nr. 1* kann ein wirtschaftlicher Verein nicht andere Rechtsträger durch eine Verschmelzung aufnehmen oder aus einer Fusion als neuer Unternehmensträger entstehen. Der Verein ist als Träger eines Unternehmens nur ausnahmsweise geeignet. Seine Vergrößerung oder Neugründung im Wege der Verschmelzung soll daher wie bisher nicht zugelassen werden. Dagegen spricht die Tatsache, daß wirtschaftliche Vereine sich von den anderen Unternehmensträgern, insbesondere den Gesellschaften nach Handelsrecht, in ganz wesentlichen Punkten unterscheiden. Solche Vereine sind einmal nur nach dem Publizitätsgesetz (Gesetz über die Rechnungslegung von bestimmten Unternehmen und Konzernen vom 15. August 1969 — BGBl. I S. 1189), nicht aber allgemein zur Rechnungslegung verpflichtet. Zum zweiten enthält das Vereinsrecht keinerlei Vorschriften über die Aufbringung und Erhaltung eines Kapitals, obwohl auch den Gläubigern des Vereins nur dessen Vermögen haftet; insofern besteht ein grundlegender Unterschied zu den Kapitalgesellschaften. Ferner ist die Kontrolle des Vereinsvorstands in seiner Geschäftsführung durch die Mitglieder gesetzlich schwächer ausgebildet als bei den Unternehmensträgern nach dem Gesellschaftsrecht. Schließlich unterliegen wirtschaftliche Vereine selbst dann, wenn sie eine große Zahl von Arbeitnehmern beschäftigen, nicht den Vorschriften über die Mitbestimmung der Arbeitnehmer.

Die Aufnahme von Vereinen durch Handelsgesellschaften soll zugleich dem Abbau staatlicher Aufsichtsbefugnisse und dadurch auch der Verwaltungsvereinfachung dienen.

Absatz 2 Nr. 2 erwähnt einen Sonderfall der Konzernverschmelzung, der bisher im Umwandlungsgesetz geregelt ist.

Absatz 3 des § 3 erklärt wie das geltende Recht (vgl. § 339 Abs. 2 AktG, § 19 Abs. 2 KapErhG, § 93a Abs. 2 GenG, § 44a Abs. 3, 4 VAG, § 2 UmwG) auch die Verschmelzung bereits aufgelöster übertragender Rechtsträger für zulässig, wenn deren Fortsetzung beschlossen werden könnte. Mit dieser Regelung sollen vor allem Sanierungsfusionen erleichtert werden.

Voraussetzung dafür ist unter anderem, daß noch nicht mit der Verteilung des Vermögens an die Anteilsinhaber begonnen worden ist. Damit wird zugleich das Erfordernis in Artikel 3 Abs. 2 der Dritten Richtlinie erfüllt, daß noch nicht mit der Verteilung des Vermögens an die Anteilsinhaber begonnen worden sein darf (vgl. § 274 Abs. 1 AktG, § 79a GenG).

Absatz 4 läßt neben der Verschmelzung von Rechtsträgern derselben Rechtsform nach dem Vorbild des § 358a AktG auch die Beteiligung von Rechtsträgern unterschiedlicher Rechtsform an demselben Verschmelzungsvorgang zu, um eine möglichst große Bewegungsfreiheit in das Recht der Umstrukturierung einzuführen.

Soweit die Besonderheiten einer Rechtsform auch für die Möglichkeit von Verschmelzungen Sondervorschriften erfordern, sind diese im Zweiten Teil des Zweiten Buches jeweils bei den einzelnen Rechtsformen enthalten.

Zum Zweiten Abschnitt — Verschmelzung durch Aufnahme

Zu § 4

(Vgl. § 340 Abs. 1, § 341 Abs. 1 Satz 2 AktG, § 21 Abs. 4 Satz 2 KapErhG, § 44a Abs. 3 VAG; Artikel 5 Abs. 1 der Dritten Richlinie).

Absatz 1 Satz 1 erfordert wie das geltende Recht den Abschluß eines Verschmelzungsvertrages.

Dies ist neu für die Fälle der verschmelzenden Umwandlung, die im Umwandlungsgesetz geregelt sind (vgl. § 3 letzter Halbsatz UmwG). Es entspricht jedoch allgemeinen Grundsätzen des bürgerlichen und des Handelsrechts, daß ein Vermögensübergang auf einem Vertrag beruht.

Satz 1 weist die Zuständigkeit für den Abschluß des Verschmelzungsvertrags den Vertretungsorganen der Rechtsträger, also Vorständen, Geschäftsführern und vertretungsberechtigten Gesellschaftern, zu.

Absatz 1 *Satz 2* übernimmt unverändert die Regelung des § 341 Abs. 1 Satz 2 AktG und des § 21 Abs. 4 Satz 2 KapErhG.

Absatz 2 setzt entsprechend der bestehenden Rechtslage voraus, daß der Verschmelzungsvertrag sowohl vor als auch nach den gemäß § 13 erforderlichen Beschlüssen der Anteilsinhaber geschlossen werden kann, wie dies auch bei den Unternehmensverträgen des Konzernrechts der Fall ist.

Die besondere Verpflichtung zur Vorlage eines schriftlichen Vertragsentwurfs soll sicherstellen, daß die Anteilsinhaber aller beteiligten Rechtsträger vor ihrer Beschlußfassung auch dann eine vollständige Grundlage für ihre Entschließung zur Verfügung haben, wenn der Vertrag erst nach einem oder mehreren der erforderlichen Beschlüsse abgeschlossen wird. Dies ist für Aktiengesellschaften durch die Dritte gesellschaftsrechtliche EG-Richtlinie vorgeschrieben, ist aber auch für alle anderen Rechtsformen zum Schutze der Anteilsinhaber zweckmäßig.

Zu § 5

(Vgl. § 340 Abs. 2 AktG, § 21 KapErhG, § 44a Abs. 3 VAG; § 352b Abs. 2 AktG; Artikel 5 Abs. 2, Artikel 24 der Dritten Richtlinie).

Nach dem Vorbild des Verschmelzungsrichtlinie-Gesetzes legt *Absatz 1* des § 5 den Mindestinhalt des Verschmelzungsvertrags fest.

Da es nach dem Entwurf möglich sein soll, Rechtsträger verschiedener Rechtsformen miteinander zu verschmelzen, muß auch den Fällen Rechnung getragen werden, in denen es nicht zu einem Umtausch von Anteilen an Gesellschaften, sondern zu dem Erlöschen einer Mitgliedschaft und dem gleichzeitigen Erwerb einer neuen Mitgliedschaft kommt, wie dies z. B. bei Genossenschaften und Vereinen der Fall ist. Hierauf beruhen die beiden Alternativen in den *Nummern 3 und 4*. Sie decken auch die Fälle ab, in denen es zu einem Ersatz eines Anteils durch eine Mitgliedschaft oder umgekehrt kommt.

Die Zeitpunkte nach den *Nummern 5 und 6* können wie schon nach geltendem Recht von den Beteiligten frei bestimmt werden.

Nach *Nummer 8* ist — über § 340 Abs. 2 Nr. 8 AktG hinaus — auch ein besonderer Vorteil zu erwähnen, der einem Abschlußprüfer gewährt wird. Dies erscheint zweckmäßig, weil insbesondere im Bereich prüfungspflichtiger Gesellschaften mit beschränkter Haftung bei deren Erlöschen auf Grund einer Fusion des öfteren Prüfer, die längere Zeit für eine solche Gesellschaft tätig waren, aus Verträgen entlassen und entschädigt werden müssen. Berufsrechtliche Regelungen werden diesen Fall selten sein lassen.

Nach *Nummer 9* sind auch die durch die Verschmelzung eintretenden individual- und kollektivarbeitsrechtlichen Änderungen im Verschmelzungsvertrag aufzuzeigen, da die Verschmelzung auch die Interessen der Arbeitnehmer und ihrer Vertretungen in den an der Verschmelzung beteiligten Rechtsträgern berührt. Hierdurch soll insbesondere den Arbeitnehmervertretungen (vgl. Absatz 3) eine frühzeitige Information über die Verschmelzung und die durch sie bewirkten Folgen für die Arbeitnehmer zur Verfügung gestellt werden, um bereits im Vorfeld des Verschmelzungsvorgangs seine möglichst sozialverträgliche Durchführung zu erleichtern. Die Regelung dient somit auch dem sozialen Frieden.

Absatz 2 gewährt eine Erleichterung für die Verschmelzung durch die Aufnahme eines 100%igen Tochterunternehmens, wie sie bisher in § 352b Abs. 2 AktG für Aktiengesellschaften enthalten ist.

Um die Gewährleistung der oben zu Absatz 1 Nr. 9 beschriebenen Ziele sicherzustellen, sieht *Absatz* 3 in Anlehnung an § 2 Abs. 4 SpTrUG die nachweisbare (vgl. § 17 Abs. 1) Zuleitung des Verschmelzungsvertrags oder seines Entwurfs an den jeweils zuständigen Betriebsrat der an der Verschmelzung beteiligten Rechtsträger vor. Die Frage, welcher Betriebsrat jeweils zuständig ist, richtet sich nach den Vorschriften des Betriebsverfassungsrechts (vgl. §§ 50, 58 BetrVG).

Zu § 6

(Vgl. § 341 Abs. 1 Satz 1 AktG, § 21 Abs. 4 Satz 1 KapErhG, § 63e Abs. 2, § 93c GenG, § 44a Abs. 3 VAG).

Der Grundsatz des § 311 BGB, daß Verträge über die Übertragung des Vermögens notariell beurkundet werden müssen, soll auch für den Verschmelzungsvertrag gelten, wie dies bisher auch schon in den meisten Fällen vorgesehen ist.

Die Ausnahmen, die für die Verschmelzung von Genossenschaften (§ 93c GenG) und genossenschaftlichen Prüfungsverbänden in der Rechtsform des eingetragenen Vereins (§ 63e Abs. 2 GenG) miteinander die Schriftform ausreichen lassen, sollen entfallen. Zum einen finden sich heute unter den fusionswilligen Genossenschaften und Verbänden eher größere Unternehmen, denen die Kostenbelastung durch die Notargebühr bei einem so seltenen Vorgang wie einer Verschmelzung zugemutet werden kann. Zum anderen soll bei Verschmelzungen von Rechtsträgern verschiedener Rechtsformen unter Beteiligung von Genossenschaften eindeutig sein, welche Form des Vertrags vorgeschrieben ist. Schließlich kann bei Spaltungen, für die auf das Recht der Verschmelzung verwiesen wird (vgl. § 125), in keinem Fall auf die notarielle Beurkundung verzichtet werden, weil sonst mit Hilfe des handelsrechtlichen Instruments die zwingenden Formvorschriften des bürgerlichen Rechts bei der Einzelübertragung umgangen werden könnten.

Die Abweichung des Wortlauts von § 341 Abs. 1 Satz 1 AktG hat nur redaktionelle Bedeutung; sie soll dem veränderten Sprachgebrauch Rechnung tragen.

Zu § 7

(Vgl. § 341 Abs. 2 AktG, § 21 Abs. 5 KapErhG, § 44a Abs. 3 VAG).

Die Vorschrift übernimmt zum Teil geltendes Recht, soweit es praktische Bedeutung hat. Nach übereinstimmenden Äußerungen aus der Praxis der Unternehmen, des Notariats und der Anwaltschaft kommen Verschmelzungsverträge, deren Wirkung erst nach zehn Jahren eintreten soll, nicht vor. Deshalb soll Satz 1 der bisherigen Regelung entfallen.

Dagegen sind Verträge unter einer aufschiebenden Bedingung *(Satz 1)* nicht selten (vgl. Satz 2 der bisherigen Regelung). Allerdings wird die Sperrfrist für die Kündigung von bisher zehn Jahren allgemein als zu lang erachtet. Sie soll deshalb auf fünf Jahre verkürzt werden.

Der zweite Halbsatz des Satzes 1 ermöglicht es den Parteien des Verschmelzungsvertrages, einen kürzeren Zeitpunkt als fünf Jahre für den Beginn der Kündigungsmöglichkeit festzulegen.

Für den Beginn der Fünfjahresfrist in Satz 1 soll abweichend von der bisher herrschenden Meinung auf den Zeitpunkt des Vertragsabschlusses und nicht auf den Zeitpunkt des letzten Verschmelzungsbeschlusses abgestellt werden, weil bei Verschmelzungen unter Beteiligung von mehr als zwei Rechtsträgern eher Umstände eintreten können, die den Eintritt der Bindungswirkung des Verschmelzungsvertrags hinauszögern und damit die sachlich gebotene Kündigungsmöglichkeit einengen, obwohl sich die Verhältnisse, die das Umtauschverhältnis der Anteile bestimmen, in demselben Maße geändert haben können.

Zu § 8

(Vgl. §§ 340a, § 340b Abs. 4 Satz 5, 354 Abs. 2, § 355 Abs. 2, § 356 Abs. 2 AktG; Artikel 9 der Dritten Richtlinie).

Ein Verschmelzungsbericht der Leitungsorgane von Rechtsträgern, die an der Fusion beteiligt sind, ist nach den §§ 340a, 354 Abs. 2, § 355 Abs. 2, § 356 Abs. 2 AktG im geltenden Recht nur für Aktiengesellschaften, Kommanditgesellschaften auf Aktien und für solche Gesellschaften mit beschränkter Haftung erforderlich, die mit einer AG oder mit einer KGaA verschmolzen werden sollen. An einer ausführlichen Vorabinformation haben jedoch die Anteilsinhaber eines jeden Rechtsträgers ohne Rücksicht auf dessen Rechtsform ein berechtigtes Interesse. Ein solches formalisiertes Informationsrecht hat einen größeren Wert als die allgemeinen Unterrichtungs- und Einsichtsrechte. Dies gilt besonders für Unternehmensträger mit großem Gesellschafter- oder Mitgliederkreis. Deshalb soll dieses Recht als allgemeines Erfordernis für alle fusionswilligen Rechtsträger vorgesehen werden *(Absatz 1)*.

Anknüpfend an die Regelung des § 186 Abs. 4 Satz 2 AktG soll die Berichtspflicht erweitert werden. Die Leitungsorgane sollen auch darlegen, welche rechtlichen und wirtschaftlichen Gründe die Verschmelzung als das geeignete Mittel zur Verfolgung des Unternehmenszwecks erscheinen lassen. Daneben sollen die Bestimmungen des Verschmelzungsvertrags im einzelnen erläutert werden *(Satz 1)*. Die Folgen, die sich aus der Verschmelzung für die Beteiligungen der Anteilseigner ergeben können, sollen ebenfalls dargelegt werden *(Satz 2)*, weil mit einer Verschmelzung in der Regel eine Änderung der Beteiligungsquote verbunden ist. Dies ist insbesondere für Minderheiten von großer Bedeutung.

Die Begründungspflicht soll sich auch auf die Höhe einer Barabfindung erstrecken, falls eine solche nach § 29 anzubieten ist. Damit soll den Verschmelzungsprüfern auch für diese zusätzliche Prüfung (vgl. § 30 Abs. 2) eine Unterlage an die Hand gegeben werden.

Für die Offenlegung des Verschmelzungsberichts wird je nach Rechtsform im Besonderen Teil des Zweiten Buches eine differenzierende Lösung vorgeschlagen.

Der zweite Halbsatz des Satzes 1 stellt klar, daß der Berichtspflicht auch durch einen gemeinsamen Bericht der Vertretungsorgane genügt werden kann, wie dies von der Praxis angeregt worden ist.

Satz 3 und 4 erweitern für den Fall verbundener Unternehmen (vgl. § 15 AktG) die Berichtspflichten im Verschmelzungsbericht sowie die Auskunftspflichten in den Versammlungen der Anteilsinhaber. Sie sollen es den Anteilsinhabern vor ihrer Beschlußfassung über die Verschmelzung ermöglichen, sich auch über diejenigen Angelegenheiten verbundener Rechtsträger zu unterrichten, die für die Verschmelzung wesentlich sind.

In der Rechtsprechung haben sich Zweifel ergeben, ob auch den Rechtsträgern schädliche Informationen in den Bericht aufgenommen werden müssen. *Absatz* 2 stellt klar, daß dies nicht der Fall ist. Er knüpft in *Satz 1* dabei an die aktienrechtliche Regelung des Auskunftsverweigerungsrechts (§ 131 Abs. 3 Nr. 1 AktG) an und berücksichtigt in *Satz 2* die hierzu ergangene höchstrichterliche Rechtsprechung hinsichtlich der Darlegung der Verweigerungsgründe (vgl. BGHZ 107, 296, 305f.; BGH, Urteil vom 18. Dezember 1989, ZIP 1990 S. 168, 169; Urteil vom 29. Oktober 1990, ZIP 1990 S. 1560, 1561).

Der Verschmelzungsbericht dient ausschließlich dem Schutz der Anteilsinhaber; denn seine Hauptfunktion ist deren Unterrichtung, damit sie sich vor ihrer Entscheidung ein ausreichendes Bild über die tatsächlichen Grundlagen für die Ermittlung des angemessenen Umtauschverhältnisses machen können. Der Bericht ist deshalb für den Fortgang der Verschmelzung ohne Belang, wenn sämtliche Anteilsinhaber auf ihn verzichten. *Absatz 3* des § 8 eröffnet diese Verzichtsmöglichkeit *(Satz 1)*.

Zum Schutze der Anteilsinhaber sollen nach *Satz 2* die Verzichtserklärungen notariell beurkundet werden, um dem Registergericht eine sichere Nachprüfung zu ermöglichen (vgl. § 17 Abs. 1). Zugleich hat die Beurkundung die ihr auch sonst eigene Warnfunktion.

Zu § 9

(Vgl. § 340b Abs. 1, § 352b Abs. 2, § 355 Abs. 2 Satz 1, 2 zweiter Halbsatz AktG; Artikel 10 Abs. 1 der Dritten Richtlinie).

In der Praxis der deutschen Aktiengesellschaften hatte es sich schon vor der Verabschiedung der Dritten gesellschaftsrechtlichen EG-Richtlinie eingebürgert, den Aktionären vor der Beschlußfassung über die Verschmelzung ein Sachverständigengutachten über die Angemessenheit des Umtauschverhältnisses der Aktien zur Verfügung zu stellen. Dieser Präventivschutz durch verbesserte Information ist also insoweit durch Artikel 10 Abs. 1 der Dritten Richtlinie und durch § 340b Abs. 1 AktG, der durch das Verschmelzungsrichtlinie-Gesetz aufgrund dieser Richtlinie in das deutsche Recht eingefügt worden ist, nur als gesetzliche Pflicht ausgestaltet worden. Seine Übernahme für die Mischverschmelzung einer GmbH mit einer AG ist von den Betroffenen ebenfalls angenommen worden.

Die Interessenlage der betroffenen Anteilsinhaber ist aber im Grundsatz bei jeder anderen Ausgestaltung der Verschmelzung, also unabhängig von der Rechtsform der beteiligten Rechtsträger, dieselbe. Die Anteilsinhaber können stets ein Interesse daran haben, daß insbesondere das Umtauschverhältnis der Anteile und dessen Angemessenheit von unabhängigen Sachverständigen geprüft und gegebenenfalls bestätigt wird.

Die Frage, ob die Verschmelzung in jedem Fall geprüft werden muß oder ob dies nur auf Verlangen einer Minderheit oder eines einzelnen Anteilsinhabers geschehen muß, kann jedoch nicht für alle Rechtsformen verschmelzungsfähiger Rechtsträger einheitlich beantwortet werden, weil Rechtsstellung, Einsichtsrechte und Einflußmöglichkeiten der verschiedenen Arten von Anteilsinhabern sehr unterschiedlich sind und weil für bestimmte Rechtsformen schon andere Prüfungsinstanzen existieren.

Deshalb soll im Allgemeinen Teil des Gesetzes zwar die Prüfung der Verschmelzung als gesetzliches Institut geregelt werden (§ 9 *Abs. 1)*. Der Gesetzesbefehl, der die Prüfung anordnet und erforderlichenfalls besondere Voraussetzungen vorsieht, ist jedoch jeweils in den Abschnitten des Zweiten Teils des Zweiten Buches enthalten (vgl. die §§ 44, 48, 60, 100).

Eine Prüfung der Verschmelzung, die das Umtauschverhältnis bewerten soll, ist entbehrlich, wenn es nicht zu einem Umtausch von Anteilen kommt. Dies wird in *Absatz* 2 des § 9 berücksichtigt.

Absatz 3 eröffnet die Möglichkeit, durch notarielle Erklärungen sämtlicher Anteilsinhaber auf die Prüfung zu verzichten. Die zu § 8 Abs. 3 angeführten Gründe treffen auch hier zu.

Zu § 10

(Vgl. § 340b Abs. 2, § 355 Abs. 2 Satz 1 AktG).

Die Vorschrift stellt in *Absatz 1 Satz 1* wie das geltende Recht klar, daß die Bestellung der Verschmelzungsprüfer grundsätzlich Sache des Vertretungsorgans jedes Rechtsträgers ist. Die Zahl der Prüfer steht im Ermessen des Vertretungsorgans. Es kann sich mit den Vertretungsorganen der anderen beteiligten Rechtsträger auf einen oder mehrere Prüfer einigen *(Satz 2)*, sofern nicht — wie bei Aktiengesellschaften — im Besonderen Teil eine abweichende Regelung getroffen ist.

Auf Anregungen aus der Praxis hin soll neben der Bestellung der Verschmelzungsprüfer unmittelbar durch die Vertretungsorgane selbst auch die Bestellung durch ein Gericht vorgesehen werden. Die Erfahrung im sogenannten Spruchverfahren bei der Nachprüfung von Abfindungen im Konzernrecht (vgl. §§ 304 ff. AktG) haben gezeigt, daß sich die Beteiligten mit dem Gutachten eines gerichtlich bestellten Sachverständigen eher zufrieden geben als mit dem eines von einer privaten Stelle bestellten Prüfers. Die Möglichkeit, einen Verschmelzungsprüfer durch das Gericht bestellen zu lassen, kann also der Vermeidung späterer Streitigkeiten über den Prüfungsbericht (vgl. § 12) und die vom Prüfer attestierte Angemessenheit des Umtauschverhältnisses dienen.

Satz 2 des Absatzes 1 stellt klar, daß sowohl die Vertretungsorgane der beteiligten Rechtsträger als auch das Gericht den oder die Verschmelzungsprüfer für mehrere oder alle beteiligten Rechtsträger gemeinsam bestellen können.

Die Regelung in *Satz 3* entspricht dem geltenden Recht.

Aus verfahrensökonomischen Gründen soll nach *Absatz 2* dasjenige Gericht für die Bestellung der Verschmelzungsprüfer zuständig sein, das in einem sich etwa an die Verschmelzung anschließenden Spruchverfahren die Angemessenheit des Umtauschverhältnisses der Anteile nachprüfen muß (vgl. die Vorschriften des Sechsten Buches). Damit können nach den bisher im Konzernrecht gemachten Erfahrungen häufig die Bestellung eines Obergutachters und eine erhebliche Verzögerung des Spruchverfahrens vermieden werden.

Die Ermächtigung der Landesregierungen zur Konzentration der Bestellungsverfahren *(Absatz 3)* beruht ebenfalls auf den Erfahrungen, die im konzernrechtlichen Spruchverfahren mit der dort geltenden Regelung gemacht worden sind (vgl. § 306 Abs. 1 Satz 2 in Verbindung mit § 132 Abs. 1 Satz 3 und 4 AktG).

Eine gerichtliche Ersatzbestellung von Prüfern vorzusehen ist nicht erforderlich, weil das gerichtliche Spruchverfahren (vgl. das Sechste Buch) eine ausreichende Sicherheit für diejenigen Anteilsinhaber bietet, die mit der Bewertung des Umtauschverhältnisses durch die Prüfer nicht einverstanden sind.

Zu § 11

(Vgl. § 340b Abs. 3 und 5, § 355 Abs. 2 Satz 1 AktG).

Für die Auswahl, das Auskunftsrecht und die Verantwortlichkeit von Verschmelzungsprüfern soll die Regelung der aktienrechtlichen Verschmelzungsvorschriften übernommen werden. Die Vorschrift ist gegenüber dem geltenden Recht nur geringfügig redaktionell geändert worden.

Für eingetragene Genossenschaften und deren Tochterunternehmen gilt nach § 81 eine Sonderregelung.

Zu § 12

(Vgl. § 340b Abs. 4, § 355 Abs. 2 Satz 1 AktG).

Auch diese Vorschrift entspricht nahezu wörtlich dem geltenden Recht.

Absatz 2 ist ergänzt worden, um die Fälle der Verschmelzung von Rechtsträgern unterschiedlicher Rechtsform zu erfassen.

Absatz 3 entbindet durch Verweisung auf § 8 Abs. 2 die Prüfer von der Pflicht, unternehmensschädliche Tatsachen offenzulegen. Die Verweisung auf § 8 Abs. 3 stellt klar, daß auch auf die Erstellung des Prüfungsberichts verzichtet werden kann. Dies kann selbständige Bedeutung erlangen, wenn die Anteilsinhaber nach Durchführung der Prüfung deren Ergebnis nach mündlicher Erörterung für richtig und den häufig kostenaufwendigen Bericht nicht mehr für erforderlich halten.

Zu § 13

(Vgl. § 340c Abs. 1 AktG, § 20 Abs. 1 KapErhG, § 93b Abs. 1 Satz 1 GenG, § 44a Abs. 2 VAG; § 35 BGB, § 376 Abs. 2 Satz 2 AktG; § 24 Abs. 1 Satz 2, § 42 Abs. 1, § 48 Abs. 1 UmwG; Artikel 7, 25 der Dritten Richtlinie; § 130 Abs. 1 Satz 1, § 355 Abs. 3 Satz 3 AktG, § 20 Abs. 3 Satz 1, § 33 Abs. 2 Satz 1 KapErhG; § 42 Abs. 1 Satz 2, § 48 Abs. 1 Satz 2 UmwG; § 36 Satz 1 VAG in Verbindung mit § 130 Abs. 1 Satz 1 AktG, § 53a Abs. 2 Satz 2 VAG; § 340d Abs. 5 Satz 3 AktG, § 20 Abs. 3 Satz 2, Abs. 4 KapErhG, § 44a Abs. 3 VAG).

Absatz 1 Satz 1 legt wie das geltende Recht fest, daß der Verschmelzungsvertrag der Zustimmung der Anteilsinhaber bedarf.

Die Vorschrift erstreckt diesen Grundsatz auch auf die Fälle, für die eine Möglichkeit zur Verschmelzung erst durch dieses Gesetz geschaffen werden soll.

Nach *Satz 2* muß der Verschmelzungsbeschluß stets in einer Versammlung der Anteilsinhaber gefaßt werden. Dies entspricht dem geltenden Recht und ergibt sich für die meisten Unternehmensformen bereits aus den Vorschriften über die Versammlung der Anteilsinhaber. Es soll jedoch im Interesse der Klarheit als allgemeiner Grundsatz ausdrücklich geregelt werden.

Eine Ausnahmeregelung zu § 13 Abs. 1 enthält § 62.

Absatz 2 ist Ausdruck des allgemeinen Rechtsgedankens, daß Sonderrechte eines Anteilsinhabers nicht ohne dessen Zustimmung beeinträchtigt werden dürfen (vgl. § 35 BGB). Im Recht der Umwandlung findet sich die Ausprägung dieses Grundsatzes bisher nur in § 376 Abs. 2 Satz 2 AktG bei der formwechselnden Umwandlung einer GmbH in eine AG oder KGaA. Da die Interessenlage dieser Anteilsinhaber bei der Verschmelzung jedoch dieselbe ist, soll dieser Grundsatz auch in das Verschmelzungsrecht aufgenommen werden. Er geht über den Schutz des § 23 hinaus, weil er die Wirksamkeit des Verschmelzungsbeschlusses von der Zustimmung der berechtigten Anteilsinhaber abhängig macht. — Die Vorschrift gilt jedoch nicht, wenn die Abtretung der Anteile von der Zustimmung des Rechtsträgers selbst abhängig ist (vgl. z. B. § 68 Abs. 2 AktG für vinkulierte Namensaktien).

Dagegen empfiehlt es sich nicht, die Regelung in Satz 3 des § 376 Abs. 2 AktG in das allgemeine Verschmelzungsrecht zu übernehmen, weil die Schuldner der dort genannten Verpflichtungen für den Verlust des Gegenwerts dieser Verpflichtungen im Rahmen der Bestimmung des Umtauschverhältnisses angemessen entschädigt werden können.

Ebensowenig ist eine Übernahme der Rechtsgedanken, die in § 180 Abs. 1 AktG (Auferlegung von Nebenverpflichtungen) und in § 53 Abs. 3 GmbHG (Vermehrung obliegender Leistungen) enthalten sind, zweckmäßig, weil dadurch Verschmelzungen häufig verhindert würden. Diesen Besonderheiten kann ebenfalls bei der Bestimmung des Umtauschverhältnisses und bei dessen gerichtlicher Nachprüfung Rechnung getragen werden.

Der Entwurf übernimmt auch nicht die Vorstellungen, die von Rechtsprechung und Schrifttum für eine materielle Kontrolle wichtiger Hauptversammlungsbeschlüsse von Aktiengesellschaften dahin entwikkelt worden sind, daß der Beschluß im Interesse der Gesellschaft liegen, zur Verfolgung des Unternehmensgegenstandes erforderlich und das angemessene Mittel sein müsse. Ist schon zweifelhaft, ob sich diese bisher nur zur Kapitalerhöhung unter Bezugsrechtsausschluß entwickelten Grundsätze ohne weiteres auf Verschmelzungsbeschlüsse übertragen lassen, so erscheint es ausgeschlossen, dieses Grundsatzproblem des Gesellschaftsrechts nur für den besonderen Fall der Verschmelzung, also nicht allgemein für wichtige Beschlüsse von Anteilseignern zu regeln.

Die in *Absatz 3 Satz 1* vorgesehene notarielle Beurkundung des Verschmelzungsbeschlusses dient der Rechtssicherheit durch die Kontrolle des Notars, der die Verantwortung dafür übernimmt, daß die Versammlung der Anteilsinhaber ordnungsgemäß abgewickelt wird. Die Regelung entspricht dem geltenden Recht mit drei Ausnahmen: Beschlüsse der Generalversammlung einer Genossenschaft sowie der Mitgliederversammlung wirtschaftlicher Vereine und genossenschaftlicher Prüfungsverbände müssen bisher nicht notariell beurkundet werden.

Der Verschmelzungsbeschluß ist jedoch ein wirtschaftlich und rechtlich sehr bedeutsamer Vorgang. Bei übertragenden Rechtsträgern führt er zur Auflösung, bei übernehmenden Rechtsträgern zur Übernahme von unter Umständen erheblichen Verbindlichkeiten. Deshalb ist seine Überwachung durch den Notar schon allgemein wünschenswert.

Für die drei genannten Ausnahmefälle gelten zusätzliche Erwägungen: Bei dem Formwechsel von einer Genossenschaft in eine Aktiengesellschaft ist schon jetzt (vgl. § 385m Abs. 2 Satz 6 AktG) die notarielle Beurkundung nötig. Diesem Vorgang entsprechen im Bereich der Verschmelzung und Spaltung diejenigen, jetzt neu zugelassenen Fälle, in denen eine Genossenschaft ihr ganzes Vermögen oder einen Teil desselben in einen Rechtsträger anderer Rechtsform einbringt. Die Befreiung von der notariellen Form könnte also allenfalls für die reine Genossenschaftsverschmelzung aufrechterhalten werden. Der Schutzzweck, der mit dem Beurkundungszwang verfolgt wird, trifft jedoch auch auf sie zu.

Für die genossenschaftlichen Prüfungsverbände werden zwar über das geltende Recht hinaus nur die Fälle der Spaltung neu zugelassen, so daß die zur Genossenschaft für die Beurkundungspflicht dargelegten Gründe nicht zutreffen. Die mit ihr verbundene Kostenbelastung, die letztlich allein gegen diesen Formzwang spricht, kann jedoch bei einem so seltenen Vorgang, wie ihn die Umwandlung darstellt, hingenommen werden.

Diese Erwägung trifft auch für die Verschmelzungsbeschlüsse von Vereinen zu.

Bei der in besonderen Fällen nötigen Zustimmungserklärung einzelner Anteilsinhaber (vgl. z. B. § 13 Abs. 2, § 40 Abs. 2 Satz 2, § 50 Abs. 2, § 51), die nach § 13 Abs. 3 Satz 1 ebenfalls notariell beurkundet werden muß, übernimmt die zum Teil auch jetzt schon nötige notarielle Form zusätzlich die ihr auch sonst im Zivilrecht eigene Warnfunktion. Diese verstärkt den Schutz der Anteilsinhaber. Ferner wird dem Registerrichter, dem die Zustimmungserklärungen nach § 17 Abs. 1 des Entwurfs vorzulegen sind, die Prüfung erleichtert, ob alle Erfordernisse der Umwandlung erfüllt sind. Dies ist wie bei den Verschmelzungsbeschlüssen um so notwendiger, als nach der Eintragung der Verschmelzung deren Wirksamkeit nicht mehr angegriffen werden kann, der Schutz der Beteiligten und des Rechtsverkehrs also vor dem Zeitpunkt der Eintragung verstärkt werden muß.

Der Entwurf folgt nicht der Anregung, auch die Zustimmung einer Minderheit von Anteilsinhabern, die eine Sperrminorität nicht bilden können, zur Voraussetzung für die Wirksamkeit des Vertrages zu machen; denn damit würden Verschmelzungen in vielen Fällen erschwert, wenn nicht sogar verhindert.

Nach *Satz 2* des § 13 Abs. 3 soll bei allen Formen der beteiligten Rechtsträger der Vertrag dem Verschmelzungsbeschluß als Anlage beigefügt werden. Dies entspricht für Aktiengesellschaften, Gesellschaften mit beschränkter Haftung und Versicherungsvereine auf Gegenseitigkeit dem geltenden Recht (vgl. § 340d Abs. 5 Satz 3 AktG, § 20 Abs. 3 Satz 2 KapErhG, § 44a Abs. 3 VAG). Diese förmliche Absicherung des Verschmelzungsvorgangs ist auch für die neu zugelassenen Vorgänge zweckmäßig.

Nach *Satz 3* soll jedem Anteilsinhaber eine Abschrift des Verschmelzungsvertrags und der Niederschrift des Verschmelzungsbeschlusses seines Rechtsträgers erteilt werden, damit er die für ihn nötigen Unterlagen hat. Dies geht zwar für AG und VVaG über das geltende Recht hinaus (vgl. § 130 Abs. 5 AktG, § 36 Satz 1 VAG), belastet jedoch die Unternehmen nicht mit Kosten, denn diese trägt der Anteilsinhaber.

Zu § 14

(Vgl. § 246 Abs. 1 AktG, § 51 Abs. 1 Satz 1 GenG, § 36 VAG; § 352c Abs. 1 Satz 1 AktG, § 31a Abs. 1 Satz 1 KapErhG).

In § 14 wird entsprechend dem in den §§ 305, 306, 352c Abs. 1 Satz 1 AktG, §§ 15, 12, 13, 30 UmwG enthaltenen allgemeinen Gedanken vorgesehen, daß eine Klage gegen die Wirksamkeit des Beschlusses über die Verschmelzung bei dem übertragenden Rechtsträger nicht auf eine zu niedrige Bemessung der Abfindung — in der Regel in Gestalt eines unangemessenen Umtauschverhältnisses — gestützt werden kann *(Absatz 2)*. Damit soll einem Streit über die Wirksamkeit der Verschmelzung mit dieser Begründung der Boden entzogen werden. Als Ausgleich für den Verlust des Anfechtungsrechts haben die Anteilsinhaber des übertragenden Unternehmens das Recht, die Angemessenheit ihrer Abfindung in einem Spruchverfahren gerichtlich nachprüfen zu lassen (vgl. die Vorschriften des Sechsten Buches).

§ 14 erfaßt nicht nur die Fälle der Anfechtung eines Verschmelzungsbeschlusses bei Kapitalgesellschaften, Genossenschaften und Versicherungsvereinen auf Gegenseitigkeit, sondern auch Klagen gegen die Wirksamkeit von Beschlüssen übertragender Personenhandelsgesellschaften und Vereine. Die herrschende Meinung in Rechtsprechung und Schrifttum sieht solche Klagen nicht als Anfechtungsklagen im Sinne des Rechts der Kapitalgesellschaften an. Deshalb muß eine Fassung des § 14 gewählt werden, die alle Klagetypen erfaßt, mit denen die Nichtigkeit, Unwirksamkeit oder Anfechtbarkeit eines Beschlusses der Anteilsinhaber geltend gemacht werden kann; denn eine Beschränkung auf Anfechtungsklagen würde beim gegenwärtigen Stand der Meinungen Personenhandelsgesellschaften und Vereine nicht erfassen. Andererseits ist es nicht möglich, für diese Rechtsformen nur für Beschlüsse über Verschmelzungen und andere Umwandlungsarten eine Anfechtungsklage nach dem Vorbild etwa des Aktiengesetzes einzuführen; dieser Fragenkreis kann nur allgemein für alle Beschlüsse von Anteilsinhabern gesetzlich geregelt werden.

Eine Frist für die Erhebung einer solchen Klage ist bisher im deutschen Recht nicht allgemein vorgesehen. Nur § 246 Abs. 1 AktG legt für Anfechtungsklagen gegen den Hauptversammlungsbeschluß einer Aktiengesellschaft eine Ausschlußfrist von einem Monat fest. Die Rechtsprechung hat dies für Anfechtungsklagen gegen Gesellschafterbeschlüsse einer GmbH übernommen.

Da § 16 Abs. 2 des Entwurfs an die Erhebung der Klage gegen die Wirksamkeit des Verschmelzungsbeschlusses aller Rechtsträger erhebliche Folgen in Gestalt einer Sperre gegen die Eintragung der Verschmelzung im Register knüpft, muß für alle Arten solcher Klagen und für alle Rechtsformen der Unternehmensträger eine Ausschlußfrist vorgesehen werden, weil sonst die Eintragung und damit das Wirksamwerden der Verschmelzung auf unbestimmte Zeit hinausgeschoben würde. Dies sieht *Absatz 1* des § 14 vor, der sachlich und redaktionell an § 246 Abs. 1 AktG anknüpft.

Absatz 1 betrifft die Verschmelzungsbeschlüsse sowohl übertragender als auch übernehmender Rechtsträger, während Absatz 2 nur für Beschlüsse übertragender Rechtsträger gilt.

Es ist angeregt worden, die Anfechtung des Verschmelzungsbeschlusses auch bei dem übernehmenden Rechtsträger auszuschließen und dessen Anteilsinhaber für einen Ausgleich auf das Spruchverfahren nach § 15 zu verweisen. Der Entwurf greift diese Anregung nicht auf. Sie entspringt im wesentlichen der Befürchtung, die Verschmelzung werde durch die Erhebung solcher gelegentlich auch mißbräuchlicher Klagen verzögert oder gar verhindert. Dieser Befürchtung soll jedoch durch die in § 16 Abs. 3 vorgesehene Regelung begegnet werden. Völlig ausräumen ließe sich diese Befürchtung bei der Verschmelzung von Kapitalgesellschaften aber nur dann, wenn auch Klagen gegen die Wirksamkeit eines Beschlusses zur Kapitalerhöhung bei der übernehmenden Gesellschaft ausgeschlossen würden. Dies wäre jedoch ein zu tiefer Eingriff in das allgemeine Gesellschaftsrecht.

Ferner würden sich bei einem Barausgleich zugunsten der Aktionäre einer übernehmenden Aktiengesellschaft Probleme wegen des Verbots der Rückgewähr von Einlagen (§ 57 Abs. 1 AktG) ergeben können, in geringerem Maße möglicherweise auch bei einer übernehmenden GmbH (vgl. § 30 Abs. 1 GmbHG). Schließlich könnte auch die Bereitstellung der für die Verschmelzung erforderlichen Mittel schwierig werden, wenn auch sämtlichen Anteilsinhabern des übernehmenden Rechtsträgers ein Nachbesserungsanspruch gewährt würde.

Zu § 15

(Vgl. § 352c AktG, § 31a KapErhG, §§ 15, 12, 13, 30 bis 37 UmwG).

§ 14 Abs. 2 schließt die Klage gegen einen Verschmelzungsbeschluß wegen zu niedriger Bemessung des Gegenwerts für die bisherige Beteiligung aus. § 15 *Abs. 1* gewährt als Ausgleich dafür nach dem Vorbild des § 352c AktG, des § 31a KapErhG und der §§ 15, 12, 13 UmwG einen Anspruch auf Verbesserung des Umtauschverhältnisses durch bare Zuzahlungen.

Die Regelung soll auf alle Fälle der Verschmelzung ausgedehnt werden, bei denen es zu einem Tausch der Anteile oder zu einem Wechsel der Mitgliedschaft kommen kann, weil die Interessenlage in allen Fällen dieselbe ist *(Absatz 1)*.

Wie bei der Regelung des Umwandlungsgesetzes und des aktienrechtlichen Konzernrechts (vgl. §§ 305, 306 AktG), jedoch abweichend von § 352c AktG und § 31a KapErhG, soll der Ausgleich nicht auf diejenigen Anteilsinhaber eines übertragenden Rechtsträgers beschränkt werden, die sich der Verschmelzung widersetzt, also dem Verschmelzungsbeschluß widersprochen haben; denn das Erfordernis eines Widerspruchs könnte zur Folge haben, daß Anteilsinhaber, die an sich die Verschmelzung befürworten, gegen sie stimmen und Widerspruch einlegen, um sich ihren Nachbesserungsanspruch zu sichern. Dadurch könnten notwendige Fusionen verhindert werden.

Das Spruchverfahren, in dem der Anspruch geltend gemacht werden muß, ist im Sechsten Buch des Entwurfs geregelt.

Um zu verhindern, daß ein Spruchverfahren von dem zur baren Zuzahlung verpflichteten Rechtsträger verzögert wird, muß für die Zuzahlung eine angemessene Verzinsung gewährt werden *(Absatz 2)*. Ein fester Zinssatz hat sich in dem vergleichbaren Falle der Abfindung im aktienrechtlichen Vertragskonzern nicht bewährt, weil er infolge der Zinsschwankungen auf dem Kapitalmarkt häufig zu niedrig ist, aber auch zu hoch sein kann. Nach dem Vorbild des § 11 Abs. 1 des Verbraucherkreditgesetzes vom 17. Dezember 1990 (BGBl. I S. 2840) soll die Verzinsung deshalb an den jeweiligen Diskontsatz der Deutschen Bundesbank angeknüpft werden. Der Zinsfuß von 2% über diesem Diskontsatz erscheint der Lage der Beteiligten angemessen. Wie auch sonst üblich (vgl. z. B. § 288 Abs. 2 BGB, § 320 Abs. 5 Satz 6 zweiter Halbsatz AktG), soll die Geltendmachung eines weiteren Schadens möglich sein.

Zu den §§ 16 und 17

(Vgl. § 345 AktG, § 24 KapErhG, §§ 93d, 63f GenG, § 44a Abs. 3 VAG).

Auch diese Vorschriften übernehmen weitgehend Regelungen des geltenden Rechts. Sie trennen allerdings zur besseren Lesbarkeit die Bestimmungen über die Anmeldung und die dabei abzugebenden Erklärungen (§ 16) von denjenigen über die erforderlichen Anlagen (§ 17).

Zu § 16

(Vgl. § 345 Abs. 1, 2 Satz 1 AktG, 24 Abs. 1, 2 Satz 1 KapErhG, § 63f Abs. 1 Satz 1, § 93d Abs. 1 GenG, § 44a Abs. 3 VAG, § 4 Abs. 1 Satz 1 UmwG; Artikel 18 Abs. 2 der Dritten Richtlinie).

Absatz 1 Satz 2, der auf Artikel 18 Abs. 2 der Dritten Richtlinie beruht und bisher nur im Aktiengesetz enthalten ist, soll auf die übrigen Fälle ausgedehnt werden, weil das Vertretungsorgan des übernehmenden Rechtsträgers stets ein Interesse daran hat, daß die Verschmelzung so schnell wie möglich in die Register eingetragen und damit wirksam wird.

Die weite Fassung des *Absatzes 2 Satz 1* erfaßt nicht nur die Anfechtungsklagen des Rechts der Kapitalgesellschaften, sondern wie § 14 alle Klagetypen, mit denen Mängel eines Verschmelzungsbeschlusses geltend gemacht werden können.

Absatz 2 Satz 1 verlangt wie bisher die sogenannte Negativerklärung. Die zusätzliche Pflicht, das Registergericht auch nach der Anmeldung über die Erhebung einer Klage zu unterrichten, geht auf Anregungen aus der Praxis zurück. Damit soll die Stellung etwaiger Kläger gestärkt werden.

Absatz 2 Satz 2 stellt nunmehr ausdrücklich klar, daß ein Fehlen der Negativerklärung nach Satz 1 die Eintragung der Verschmelzung hindert. Diese früher umstrittene Frage ist zwar durch die neuere höchstrichterliche Rechtsprechung bereits in dem vorgesehenen Sinne geklärt worden (vgl. BGHZ 112,9); jedoch ist es zweckmäßig, diese Regelung ausdrücklich im Gesetzestext zu treffen, um auch in der Zukunft grundsätzlich eine Eintragung der Verschmelzung trotz anhängiger Klage gegen die Wirksamkeit des Verschmelzungsbeschlusses und damit den Eintritt nicht mehr rückgängig zu machender wirtschaftlicher Folgen zu verhindern.

Die Eintragung der Verschmelzung soll jedoch möglich sein, wenn alle klageberechtigten Anteilsinhaber durch notarielle Erklärung auf die Klage gegen die Wirksamkeit des Verschmelzungsbeschlusses verzichtet haben, und zwar auch schon vor Ablauf der Klagefrist. Dies kann die Verschmelzung von Rechtsträgern mit einem nur kleinen Kreis von Anteilsinhabern beschleunigen.

Mit dem neuen *Absatz 3* soll eine wichtige Ausnahme von dem Grundsatz des Absatzes 2 Satz 2 ausdrücklich geregelt werden. In letzter Zeit hat sich zunehmend die Auffassung durchgesetzt, daß es wirtschaftlich unvertretbar sein kann, dem beklagten Rechtsträger zuzumuten, vor dem Vollzug der Verschmelzung erst den rechtskräftigen Abschluß des erfahrungsgemäß langen Rechtsstreits über die Wirksamkeit des Verschmelzungsbeschlusses abzuwarten; anderenfalls würde der wirtschaftliche Erfolg der Verschmelzung stets verzögert oder gar vereitelt, ohne daß dies in einigen Fällen zu rechtfertigen wäre.

Schon nach bislang geltendem Recht hatte daher die neuere höchstrichterliche Rechtsprechung die Möglichkeit bejaht, daß das Registergericht die Verschmelzung trotz einer anhängigen Klage im Handelsregister eintragen kann, wenn die Klage offensichtlich keine Aussicht auf Erfolg hat (vgl. BGHZ 112,9). Dieser richtige Grundsatz soll mit der Regelung von Absatz 3 fortgeführt und erweitert werden.

Die Regelung des Absatzes 3 will zunächst die verfahrensrechtlichen Nachteile, die sich aus der bisherigen Rechtslage ergeben, beseitigen. Die Entscheidung über die trotz anhängiger Klage vorzunehmende Eintragung obliegt bislang ausschließlich dem Registergericht, das die Frage zudem stets von Amts wegen zu prüfen hat. Hierdurch kann es bei der Beurteilung der Unzulässigkeit oder der Unbegründetheit der Klage zu voneinander abweichenden Entscheidungen durch das Registergericht und durch das für die Klage zuständige Prozeßgericht kommen. Außerdem ist es dem klagenden Anteilsinhaber nicht möglich, gegen den die Eintragung trotz anhängiger Klage betreibenden Rechtsträger Schadenersatzansprüche geltend zu machen, falls sich die Klage im Ergebnis doch als erfolgreich erweist.

Um diese Nachteile zu vermeiden, sieht Absatz 3 für den beklagten Rechtsträger einen eigenständigen Rechtsbehelf vor. Nach *Satz 1* kann die Frage, ob die Verschmelzung trotz einer erhobenen Klage eingetragen werden kann, nur noch das für diese Klage zuständige Prozeßgericht in einem gesonderten Verfahren entscheiden.

Dieses Verfahren setzt einen Antrag des beklagten Rechtsträgers voraus, der sich gegen den klagenden Anteilsinhaber in dem Rechtsstreit um die Wirksamkeit des Verschmelzungsbeschlusses richtet und erst nach Klageerhebung (vgl. § 253 Abs. 1, § 261 Abs. 1 der Zivilprozeßordnung) statthaft ist. Durch den einleitenden Wortlaut von Satz 1 wird sichergestellt, daß eine rechtskräftige Entscheidung des Prozeßgerichts in diesem Beschlußverfahren das Registergericht bindet, dieses also die Eintragung nicht mehr mit dem Hinweis auf die erhobene Klage oder das Fehlen der Negativerklärung ablehnen darf; die Zuständigkeit des Registergerichts zur Prüfung der sonstigen Eintragungsvoraussetzungen bleibt hiervon jedoch unberührt.

Satz 2 legt die sachlichen Voraussetzungen für den Beschluß des Prozeßgerichts abschließend fest. Danach soll in Anlehnung an die bisherige höchstrichterliche Rechtsprechung zur Registersperre ein Beschluß zunächst dann möglich sein, wenn die anhängige Klage unzulässig oder offensichtlich unbegründet ist. Wie bislang schon ist eine Klage vor allem dann als unbegründet anzusehen, wenn sie rechtsmißbräuchlich im Sinne der hierzu ergangenen höchstrichterlichen Entscheidungen (vgl. BGHZ 107, 296; BGH NJW-RR 1990 S. 350; BGH ZIP 1990 S. 1560) erhoben worden ist. Die Entscheidung darüber, wann eine Klage „offensichtlich" unbegründet ist, soll der weiteren Rechtsprechung überlassen bleiben.

Neu ist die dritte Möglichkeit für den Erlaß eines Beschlusses. Sie berücksichtigt die Kritik, die gegen die bestehende Rechtslage und den diese lediglich verfahrensrechtlich verbessernden Regelungsvorschlag im Referentenentwurf vom 15. April 1992 insbesondere von seiten des Bundesgerichtshofes vorgetragen worden ist.

Die Fälle, in denen das Prozeßgericht ohne aufwendige Beweiserhebungen eine Unzulässigkeit oder offensichtliche Unbegründetheit der anhängigen Klage feststellen kann, dürften nach den bisherigen Erfahrungen selten sein; zudem bedarf es zur Bejahung dieser Voraussetzungen für den Erlaß eines Beschlusses nach Satz 1 Wertungen, die das Gericht in einem beschleunigten Verfahren nur schwer vornehmen kann. Häufig werden von dem jeweiligen Kläger Rechtsverletzungen behauptet, deren Rüge nicht von vorneherein als unzulässig oder offensichtlich unbegründet bewertet werden kann, die aber, ihr Vorliegen unterstellt, im Verhältnis zu der durch die Klage bewirkten Verzögerung der Verschmelzung nicht als so schwerwiegend erscheinen, daß es wegen dieser behaupteten Rechtsverletzungen gerechtfertigt wäre, den Eintritt der durch die beabsichtigte Verschmelzung zu erzielenden wirtschaftlichen Vorteile (z. B. Synergieeffekte) aufzuschieben. Oft handelt der klagende Anteilseigner eben gerade nicht auch im Interesse aller übrigen Anteilseigner, sondern in Wirklichkeit zu deren Schaden. Während § 127 FGG immerhin eine Abwägung der Nachteile zuläßt, kennt das geltende Recht für die Fälle der Registersperre keine Regelung, durch die es möglich wäre, trotz der Geringfügigkeit der behaupteten Rechtsverletzungen die Verschmelzung im Register eintragen zu lassen und dadurch vollziehen zu können. Dies soll aber künftig möglich sein. In solchen Fällen sind die Interessen des Klägers durch den in Satz 6 geregelten Schadenersatzanspruch ausreichend gewahrt.

Dem Gericht soll es daher möglich sein, in bestimmten Fällen für die Frage der Eintragungsfähigkeit der Verschmelzung zwischen dem Interesse des Klägers auf der einen Seite und dem Interesse der an der Verschmelzung beteiligten Rechtsträger und ihrer Anteilsinhaber auf der anderen Seite eine Abwägung zu treffen. Hierbei sind sowohl die wirtschaftlichen Gesichtspunkte als auch die geltend gemachten Rechtsverletzungen gegeneinander abzuwägen. Dabei ist auf der Seite des Klägers die Schwere der von ihm behaupteten Rechtsverletzungen ausschlaggebend. Für die übrigen Anteilseigner werden wie für die beteiligten Rechtsträger die wirtschaftlichen Gesichtspunkte im Vordergrund stehen.

Die Festlegung, in welchen Fällen den behaupteten Rechtsverletzungen nur ein geringes Gewicht beizumessen ist, soll der Einzelfallentscheidung der Rechtsprechung überlassen bleiben;dabei wird es entscheidend darauf ankommen, inwieweit das Individualinteresse des Klägers auch anderweitig gewahrt ist. So kann etwa die in der Vergangenheit bei Klagen häufig geltend gemachte Behauptung, das Umtauschverhältnis sei nicht ausreichend begründet und erläutert worden, im Einzelfall als geringfügig angesehen werden.

Dem so bewerteten Interesse des klagenden Anteilsinhabers sind auf der anderen Seite die Nachteile gegenüberzustellen, die nach Darlegung des antragstellenden Rechtsträgers eine Verzögerung der Verschmelzung für alle an der Verschmelzung beteiligten Rechtsträger und deren Anteilsinhaber haben wird. Dabei soll in der Abwägung nicht auf jeden noch so geringfügigen Nachteil abgestellt werden, sondern nur auf die Nachteile, die „wesentlich" sind, also nur auf solche, denen im Hinblick auf die durch die Verschmelzung beabsichtigten wirtschaftlichen Vorteile einiges Gewicht zukommt. Die Formulierung stellt sicher, daß für diese Nachteile nicht nur die wirtschaftlichen Überlegungen der jeweiligen Unternehmensleitung, sondern auch die Auswirkungen der Verzögerung der Verschmelzung auf die Anteilsinhaber maßgebend sind. Diese Nachteile sind in die Abwägung nur dann einzubeziehen, wenn sie unter

Beachtung der in Satz 4 vorgesehenen Beweisregelung zur Überzeugung des Gerichts (vgl. § 286 der Zivilprozeßordnung) feststehen.

Für die Abwägung zwischen den so festgelegten widerstreitenden Interessen soll dem Gericht größtmögliche Entscheidungsfreiheit eingeräumt werden. Es soll daher nach seiner freien Überzeugung entscheiden können.

In den überwiegenden Fällen setzt das Verfahren nach Absatz 3 eine mündliche Verhandlung voraus; jedoch soll es möglich sein, daß das Gericht in wohl nur selten vorliegenden dringenden Fällen auch im schriftlichen Verfahren entscheiden kann *(Satz 3)*.

Satz 4 trägt dem Bedürfnis nach besonderer Beschleunigung des Verfahrens Rechnung. Es reicht daher die Glaubhaftmachung (§ 294 Abs. 1 der Zivilprozeßordnung) aus; dadurch wird außerdem erreicht, daß eine Beweisaufnahme, die nicht sofort erfolgen kann, unstatthaft ist (§ 294 Abs. 2 der Zivilprozeßordnung).

Mit *Satz 5* soll dem Beschleunigungsgrundsatz dadurch Rechnung getragen werden, daß gegen den Beschluß nur die sofortige Beschwerde (§ 577 der Zivilprozeßordnung) statthaft ist.

Durch den Beschluß nach Satz 1 wird das anhängige Klageverfahren nicht berührt, da Streitgegenstand des besonderen Rechtsbehelfs nach Absatz 3 nur das Bestehen oder Nichtbestehen einer registerverfahrensrechtlichen Voraussetzung ist, nämlich die Frage, ob die anhängige Klage der Eintragung entgegensteht; demgegenüber betrifft die anhängige Klage nicht die Eintragungsfähigkeit der Verschmelzung, sondern die Wirksamkeit des Verschmelzungsbeschlusses. Es ist daher denkbar, daß sich die Klage später trotz der Eintragung und des Vollzugs der Verschmelzung als begründet erweist. In diesem Fall soll es dem Kläger möglich sein, sein durch die Klage verfolgtes Individualinteresse als Schadenersatzanspruch weiterzuverfolgen *(Satz 6 erster Halbsatz)*. Durch § 25 Abs. 2 ist sichergestellt, daß für den Fall, daß der Beschluß nach Satz 1 von einem der übertragenden Rechtsträger erwirkt worden ist, der Anspruch nach Satz 6 auch noch nach dem Wirksamwerden der Verschmelzung geltend gemacht werden kann. Der *zweite Halbsatz von Satz 6* schließt jedoch die auf eine Beseitigung der Wirkungen der Eintragung der Verschmelzung im Register des Sitzes des übernehmenden Rechtsträgers (vgl. § 20 Abs. 1) gerichtete Rückgängigmachung der Verschmelzung aus, da die Herstellung eines status quo ante schon tatsächlich nicht möglich ist und eine Spaltung zwar grundsätzlich denkbar wäre, jedoch dem Interesse der übrigen Anteilsinhaber regelmäßig zuwiderlaufen dürfte.

Im übrigen sind auf das Verfahren nach Absatz 3 aufgrund der allgemeinen Grundsätze die Vorschriften der Zivilprozeßordnung anwendbar, da es sich um ein Verfahren der ordentlichen Gerichtsbarkeit (§ 13 des Gerichtsverfassungsgesetzes) handelt, das nicht ausdrücklich dem Verfahren der freiwilligen Gerichtsbarkeit unterworfen wird (vgl. § 1 des Gesetzes über die Angelegenheiten der freiwilligen Gerichtsbarkeit).

Um der Eigenständigkeit des neuen Rechtsbehelfs Rechnung zu tragen, sieht das Bereinigungsgesetz in Artikel 17 und Artikel 18 neue Gebührentatbestände für den besonderen Rechtsbehelf durch entsprechende Änderungen des Gerichtskostengesetzes und der Bundesgebührenordnung für Rechtsanwälte vor.

Zu § 17

(Vgl. § 345 Abs. 2 Satz 2, Abs. 3 AktG, § 24 Abs. 2 Satz 3, Abs. 3 KapErhG, § 93d Abs. 2, 3 GenG, § 44a Abs. 3 VAG, vgl. auch § 4 Abs. 1 Satz 2, Abs. 2 UmwG).

In *Absatz 1* ist neben der bisherigen Regelung auch vorgesehen, daß Zustimmungserklärungen einzelner Anteilsinhaber, die in besonderen Fällen nach diesem Gesetz erforderlich sind, sowie die nach § 8 Abs. 3, § 9 Abs. 3 und § 12 Abs. 3 möglichen Verzichtserklärungen der Anmeldung beigefügt werden müssen. Damit soll dem Registergericht die Prüfung erleichtert werden, ob alle Voraussetzungen für die Eintragung erfüllt sind. Gleichzeitig soll der Schutz der Anteilsinhaber verstärkt werden.

Wie der erforderliche formalisierte Nachweis der Zuleitung des Verschmelzungsvertrages oder seines Entwurfs an den jeweils zuständigen Betriebsrat erbracht wird, soll der Praxis überlassen bleiben; in Betracht kommt etwa die Vorlage des Übersendungsschreibens oder der Empfangsbestätigung des Vorsitzenden des jeweiligen Betriebsrats.

Die Frist für das Alter der Schlußbilanz nach *Absatz 2* soll einheitlich für alle Rechtsformen auf acht Monate festgelegt werden, also abweichend von § 4 Abs. 2 UmwG und § 93d Abs. 3 GenG. Die für Aktiengesellschaften, Gesellschaften mit beschränkter Haftung und Versicherungsvereine auf Gegenseitigkeit maßgebenden Erwägungen für die Länge dieser Zeitspanne treffen auch auf die übrigen Fälle zu: sie ermöglicht es, die Bilanz des letzten Geschäftsjahres als Schlußbilanz zu verwenden. Die Regelung soll auch für alle Rechtsformen zwingend sein.

Zu § 18

Das Recht der übertragenden Umwandlung enthält in den §§ 6, 9 Abs. 2, §§ 14, 15, 16 Satz 2, § 17 Abs. 3, § 19 Abs. 3, §§ 20, 21 Abs. 2, § 22 Abs. 2, §§ 23, 24, 25, 42 Abs. 3, § 48 Abs. 3, § 52 Abs. 3, § 56c Abs. 3 Satz 1 UmwG (teilweise durch Verweisungen) firmenrechtliche Vorschriften, welche im wesentlichen die Fortführung einer Firma durch einen übernehmenden oder neuen Rechtsträger betreffen.

Die Möglichkeit, die Firma eines übertragenden Rechtsträgers bei Fortführung des von diesem betriebenen Handelsgeschäfts weiter zu verwenden, ist bisher im Verschmelzungsrecht nicht vorgesehen. Dafür kann jedoch ein Bedürfnis bestehen, wenn ohne diese Möglichkeit ein traditionsreicher Firmenname untergehen würde oder seine weitere Verwendung mit Schwierigkeiten verbunden wäre. Dieses Bedürfnis wird nunmehr dadurch verstärkt, daß zahlreiche neue Verschmelzungsmöglichkeiten eröffnet werden, an denen Rechtsträger verschiedener Rechtsformen beteiligt sein können, für die jeweils andere Grundsätze für die Firmenbildung gelten. Deshalb soll die Fortführung der Firma unter den in § 22 Abs. 1 HGB genannten Voraussetzungen, nämlich Existenz einer Firma bei einem übertragenden Rechtsträger und Erwerb des Handelsgeschäfts durch den übernehmenden Rechtsträger, allgemein für Verschmelzungen zugelassen werden *(Absatz 1 Satz 1)*. Jedoch soll es abweichend von § 22 Abs. 1 HGB nicht auf die Einwilligung des betroffenen übertragenden Rechtsträgers ankommen, weil dieser durch die Verschmelzung aufgelöst und voll beendigt wird und also kein Interesse mehr daran haben kann, daß sein Name nicht weiter verwendet wird.

Satz 2 des Absatzes 1 enthält im Interesse der Firmenwahrheit für Personenhandelsgesellschaften eine Einschränkung dieser Regelung in Gestalt des Verbots der Sachfirmen für Personenhandelsgesellschaften (vgl. § 6 Abs. 3 Satz 1, § 14 UmwG). *Satz 3* soll das in § 3 Abs. 1 Satz 2 GenG enthaltene Verbot, den Namen natürlicher Personen in der Firma einer Genossenschaft zu verwenden, aufrechterhalten.

In *Absatz 2* ist eine dem bisherigen Recht entsprechende Erleichterung vorgesehen (vgl. § 6 Abs. 3 Satz 2 UmwG).

Absatz 3 trägt wie das geltende Recht dem Interesse natürlicher Personen Rechnung, daß ihr Name grundsätzlich nur mit ihrer oder ihrer Erben Einwilligung verwendet werden darf.

Für die Verschmelzung durch Neugründung ergibt sich dieselbe Lösung für den neuen Rechtsträger über die Verweisung in § 36 Abs. 2 auf die Gründungsvorschriften, die auch das jeweils für die Rechtsform geltende Firmenrecht erfassen, und aus der Verweisung in § 36 Abs. 1 auf § 18.

Zu § 19

(Vgl. § 346 Abs. 1 Satz 1 und 3, Abs. 6 AktG, § 25 Abs. 1 Satz 1, Abs. 5 KapErhG, § 93e Abs. 4 GenG, § 44a Abs. 3 VAG; Artikel 17, 18 der Dritten Richtlinie; § 10 HGB).

Das Verschmelzungsrichtlinie-Gesetz hat in Durchführung der Dritten Richtlinie die Verschmelzung durch gleichzeitige Aufnahme mehrerer übertragender Gesellschaften in das Aktiengesetz eingefügt. Dies machte eine Änderung des Eintragungssystems in § 346 AktG erforderlich.

Da nunmehr die gleichzeitige Aufnahme mehrerer Rechtsträger in einem Verschmelzungsvorgang für alle erfaßten Rechtsformen zugelassen werden soll, muß dieses System der Registereintragung allgemein gelten.

§ 19 faßt die reinen Verfahrensregeln für die verschiedenen Registergerichte in einer Vorschrift zusammen.

Absatz 1 und 2 betreffen die Eintragung.

Absatz 3 enthält anstelle einer Verweisung auf § 10 HGB eine selbständige Regel. Diese ist für die Handelsgesellschaften nur eine Wiederholung des ohnehin geltenden Rechts (vgl. § 10 HGB), hat jedoch Bedeutung für Genossenschaften und Vereine. Mit der Aufnahme des Absatzes 3 soll die Regelung in sich verständlich gemacht und eine Verweisung auf andere Gesetze hier vermieden werden.

Zu § 20

(Vgl. § 346 Abs. 3 bis 5 AktG, § 25 Abs. 2 bis 4 KapErhG, § 93e Abs. 1 Satz 1, Abs. 2, 3, § 93h Abs. 1, § 63f Abs. 2, § 63g Abs. 1 GenG, § 44a Abs. 3 VAG, § 5 UmwG; Artikel 17, 19 Abs. 1, 2 der Dritten Richtlinie; § 352a AktG; Artikel 22 der Dritten Richtlinie).

§ 20 regelt in *Absatz 1* die Wirkungen der Eintragung. Diese Materie soll von den Verfahrensvorschriften in § 19 zur besseren Übersichtlichkeit getrennt, die Fassung soll vereinfacht werden. Die *Nummern 1 und 2* entsprechen dem geltenden Recht.

Dies gilt im Grundsatz auch für *Nummer 3*. Nach Aktienrecht (§ 346 Abs. 4 Satz 3 zweiter Halbsatz AktG; vgl. auch Artikel 19 Abs. 2 der Dritten Richtlinie) findet durch eine Verschmelzung ein Umtausch von Aktien jedoch nicht statt, soweit dadurch eigene Aktien entstehen können. Der Anwendungsbereich dieses Grundsatzes wird durch *Satz 1* der Nummer 3 zunächst auf die Fälle der Mischverschmelzung ausgedehnt, weil es nicht darauf ankommen kann, in welchen Fällen es zur Entstehung eigener Aktien kommen könnte.

Auch wenn im GmbH-Recht im Gegensatz zum Aktienrecht der Erwerb eigener Geschäftsanteile nicht grundsätzlich verboten ist, so soll diesem rechtspolitisch unerwünschten Vorgang, durch den das Stammkapital der GmbH ausgehöhlt wird, jedenfalls durch eine Verschmelzung nicht Vorschub geleistet werden. Deshalb soll auch in Fällen, in denen durch den Anteilstausch aufgrund einer Verschmelzung eigene Geschäftsanteile entstehen könnten, wie im Aktienrecht der Wechsel der Gesellschafterstellung ausgeschlossen werden.

Schließlich müssen auch die Fälle erfaßt werden, in denen es zu vergleichbaren Gefährdungen des Eigenkapitals eines Rechtsträgers kommen könnte, wenngleich solche anderen Fälle selten sein dürften.

Auch Nummer 3 *Satz 2* beruht auf geltendem Recht. Er gibt einen allgemeinen Grundsatz zum Schutze von Gläubigern der Anteilsinhaber des übertragenden Rechtsträgers wieder, der bisher in § 44 Abs. 2, § 49 Abs. 3 UmwG und in § 372 Satz 3 und § 381 Satz 3 AktG enthalten ist.

Die Einschränkung der Nichtigkeit von Verschmelzungen durch *Absatz 2* beruht auf einer allgemeinen Tendenz, gesellschaftsrechtliche Akte möglichst zu erhalten. Zudem ist eine „Entschmelzung" im Sinne einer Rückübertragung jedes einzelnen Vermögensgegenstandes praktisch nicht möglich. Die durch das Verschmelzungsrichtlinie-Gesetz eingeführte Vorschrift des § 352a AktG soll deshalb für alle Verschmelzungen gelten. Dieser Einschränkung der Nichtigkeit entspricht es, die Stellung der Anteilsinhaber vor dem Wirksamwerden der Verschmelzung durch Unterrichtungs- und Prüfungsrechte zu verstärken.

Als Möglichkeit für die wirtschaftliche Rückabwicklung einer Fusion, die sich nachträglich als unzweckmäßig erweist, steht die Spaltung nach dem Dritten Buch dieses Gesetzes zur Verfügung.

Zu § 21

(Vgl. § 346 Abs. 3 Satz 2 AktG, § 25 Abs. 2 Satz 2 KapErhG, § 44a Abs. 3 VAG).

Die Vorschrift soll den Sonderfall, der als materielle Vorschrift in § 346 Abs. 3 Satz 2 AktG und den entsprechenden anderen Vorschriften in einer Verfahrensbestimmung enthalten war, selbständig regeln.

Zu § 22

(Vgl. § 347 AktG, § 26 KapErhG, § 93f GenG, § 44a Abs. 3 VAG, §§ 7, 8 UmwG; Artikel 13, 14 der Dritten Richtlinie).

Die Vorschrift über den Schutz der Gläubiger bei Verschmelzungen ist wie im geltenden Recht als Anspruch auf Sicherheitsleistung ausgestaltet. Sie hindert nicht das Wirksamwerden einer Verschmelzung.

Nach dem Vorbild des § 347 AktG in der Fassung des Verschmelzungsrichtlinie-Gesetzes, der auf Artikel 13 der Dritten gesellschaftsrechtlichen Richtlinie beruht, soll der Schutz auf die Gläubiger des übernehmenden Rechtsträgers ausgedehnt werden, weil es häufig von nicht zu kontrollierenden Erwägungen wie z. B. Sitzvorteil, Firma und Arbeitsmarkt abhängt, welcher der beteiligten Rechtsträger welche Rolle bei einer Verschmelzung übernimmt.

In *Absatz 1 Satz 1* soll, einer Anregung aus der Praxis entsprechend, verlangt werden, daß der Gläubiger seinen Anspruch nach Grund und Höhe schriftlich präzisiert, wie dies offenbar schon jetzt fast stets geschieht. Damit wird auch dem Vertretungsorgan des Rechtsträgers die weitere wirtschaftliche Behandlung erleichtert.

Absatz 1 Satz 2 weicht in zweierlei Hinsicht vom geltenden Recht ab. Zum einen wird von den Gläubigern abweichend von § 347 AktG nicht mehr der Nachweis, sondern nur noch die Glaubhaftmachung der Gefährdung ihres Anspruchs verlangt, weil der Nachweis der Gefährdung häufig schwer zu führen ist. Artikel 13 der Dritten gesellschaftsrechtlichen Richtlinie steht dieser Regelung nicht entgegen. Zum anderen sollen auch die Gläubiger der übertragenden Rechtsträger Sicherheit nur im Falle der Gefährdung ihres Anspruches verlangen können, da sie nicht stärker schutzbedürftig erscheinen als die Gläubiger des übernehmenden Rechtsträgers.

Neben dem Individualschutz des § 22 schien es nicht erforderlich, das System der gesonderten Vermögensverwaltung (vgl. § 8 UmwG) als allgemeine Regelung zu übernehmen; es ist im allgemeinen Recht der Verschmelzung schon früher als zu schwerfällig und wenig praktikabel aufgegeben worden.

Absatz 2 übernimmt die bereits im geltenden Verschmelzungsrecht des Aktiengesetzes (vgl. § 347 Abs. 2 AktG) vorgesehene Regelung für eine Ausnahme vom Anspruch auf Sicherheitsleistung und führt sie als allgemeine Vorschrift für alle Verschmelzungsvorgänge fort.

Der Regelung liegt der Gedanke zugrunde, daß es eines Anspruchs auf Sicherheitsleistung stets dann nicht bedarf, wenn der Gläubiger bereits anderweitig ausreichend gesichert ist.

Auf diesen Gedanken war auch die Einführung der parallelen Vorschrift bei Kapitalherabsetzungen in § 178 Abs. 1 Satz 3 des Aktiengesetzes von 1937, dem wortgleich nunmehr § 225 Abs. 1 Satz 3 AktG entspricht, gestützt worden (vgl. die Amtliche Begründung zu § 178 des Aktiengesetzes von 1937, in: Deutscher Reichsanzeiger und Preußischer Staatsanzeiger 1937 Nr. 28 vom 4. Februar 1937). Bei Erlaß dieser Vorschrift hatte der Gesetzgeber ursprünglich nur die dinglichen Sicherheiten nach § 35 HypBankG, § 35 SchiffsbankG und die §§ 77 und 79 VAG im Auge, bei denen es sich zum damaligen Zeitpunkt um die einzigen Fälle handelte, die eine besondere Sicherung der Gläubiger im Falle des Konkurses vorsahen. Der Grundgedanke der Regelung kann jedoch über die drei vorgenannten Fälle hinaus für alle Ansprüche verallgemeinert werden, bei denen Gläubiger bereits anderweitig für den Fall der Insolvenz des übertragenden Rechtsträgers gesichert sind, sofern diese Sicherheiten nach gesetzlicher Vorschrift bestehen und staatlich überwacht werden. Absatz 2 ist daher auch auf die von dem besonderen Insolvenzschutz durch den Pensionssicherungsverein nach den §§ 7ff. des Gesetzes zur Verbesserung der betrieblichen Altersversorgung vom 19. Dezember 1974 (BGBl. I S. 3610), zuletzt geändert durch Artikel 34 des Gesetzes vom 25. Februar 1992 (BGBl. I S. 297), erfaßten Versorgungsansprüche und unverfallbaren Versorgungsanwartschaften der Arbeitnehmer, die sich aus einer unmittelbaren Versorgungszusage des Arbeitgebers ergeben, anwendbar, wie dies von der herrschenden Meinung im Schrifttum bereits zu der jetzt geltenden Regelung zu Recht angenommen wird.

Zu § 23

(Vgl. § 347a AktG; Artikel 15 der Dritten Richtlinie).

Nach dieser Vorschrift soll der sogenannte Verwässerungsschutz, wie er in § 347a AktG aufgrund des Artikels 15 der Dritten Richtlinie eingeführt worden ist, für die Verschmelzung von Rechtsträgern aller Rechtsformen gelten, weil er Ausdruck eines allgemeinen Rechtsgedankens ist. Dieser Schutz ist auch erforderlich, weil die Rechtsstellung der „Inhaber von Rechten in einem Rechtsträger" einerseits über die nur schuldrechtliche Gläubigereigenschaft hinausgeht, andererseits den hier genannten Rechtsinhabern die Möglichkeit fehlt, durch Ausübung des Stimmrechts auf die Verschmelzung Einfluß zu nehmen.

Der Anspruch kann auch durch Gewährung eines höherwertigen Rechts erfüllt werden.

Die Fassung des § 23 ist gegenüber § 347a AktG vereinfacht worden.

Zu § 24

(Vgl. § 348 Abs. 1 AktG, § 27 Abs. 1 KapErhG, § 93g GenG, § 44a Abs. 3 VAG).

§ 348 Abs. 1 AktG, § 27 Abs. 1 KapErhG, § 93g GenG und § 44a Abs. 3 VAG schreiben für die Verschmelzung durch Aufnahme vor, daß die in der Schlußbilanz eines übertragenden Rechtsträgers angesetzten Werte für die Jahresbilanzen des übernehmenden Rechtsträgers als Anschaffungskosten im Sinne des § 253 Abs. 1 HGB gelten. Die Regelung schließt den Ansatz der von dem übernehmenden Rechtsträger übernommenen Vermögensgegenstände und Schulden (Wirtschaftsgüter) mit den Anschaffungskosten aus, die dem übernehmenden Rechtsträger durch Gewährung von Anteilen oder Mitgliedschaften entstehen, sofern diese Anschaffungskosten von den Buchwerten abweichen; damit wird das Prinzip des § 253 Abs. 1 HGB durchbrochen. Enthalten die übernommenen Vermögensgegenstände erhebliche stille Reserven, so können beim übernehmenden Rechtsträger Verluste entstehen, die den Wert der Anteile der bisherigen Gesellschafter des übernehmenden Rechtsträgers mindern, obwohl wirtschaftlich eine Wertminderung nicht eingetreten ist. Der in bestimmten Fällen nach § 348 Abs. 2 AktG und § 27 Abs. 2 KapErhG zulässige Ausgleichsposten löst dieses Problem nicht, weil es sich nur um eine Bilanzierungshilfe durch einen Posten handelt, der im Grundsatz in nicht mehr als fünf Jahren aufzulösen ist.

Die Fortführung der strikten Buchwertverknüpfung und ihre Ausdehnung auf alle verschmelzungsfähigen Rechtsformen wäre deshalb nur vertretbar, wenn sich, wirtschaftlich betrachtet, für die Beteiligten keine substantiellen Änderungen ergäben. Dies wäre nur der Fall, wenn die Gesellschafter der übertragenden Gesellschaft ihre Anteile gegen gleichwertige Anteile an der übernehmenden Gesellschaft tauschten. Wenn jedoch bei zwei beteiligten Rechtsträgern stille Reserven in unterschiedlichem Umfange bestehen, so kann dies zu Übernahmeverlusten führen, die nicht nur das Unternehmen belasten, sondern auch den Wert der Anteile der Altgesellschaft mindern. Diese Nachteile werden vermieden, wenn auf das Anschaffungswertprinzip übergegangen und die Buchwertverknüpfung jedenfalls teilweise aufgegeben wird. Es müssen dann nur diejenigen stillen Reserven aufgelöst werden, die beim übertragenden Rechtsträger, dessen Vermögen angeschafft wird, entstanden und vom übernehmenden Rechtsträger „bezahlt" worden sind.

Deshalb soll die Methode der strikten Buchwertverknüpfung abgemildert und durch ein Wahlrecht ersetzt werden. Dieser Übergang auf eine durch das Anschaffungswertprinzip modifizierte Buchwertfortführung hat nicht nur den Vorteil, daß wirtschaftlich nicht gerechtfertigte Nachteile vermieden werden können. Gleichzeitig werden auch alle Zweifel ausgeräumt, inwieweit die strenge Buchwertfortführung mit den Grundsätzen der Vierten und Siebenten gesellschaftsrechtlichen EG-Richtlinie (Bilanzrichtlinien) vereinbar ist.

Die neue Lösung hat zugleich den Vorteil, daß die besonderen Vorschriften des § 348 Abs. 2 AktG und § 27 Abs. 2 KapErhG über den Wertansatz bei Kapitalerhöhungen entfallen können.

Rechtstechnisch kann sich die Ausgestaltung der Buchwertverknüpfung als Wahlrecht darauf beschränken, in § 24 die Fortführung der Buchwerte als zulässig zu bezeichnen. Damit wird zugleich die Geltung des Grundsatzes in § 253 Abs. 1 HGB (Anschaffungswertprinzip) hergestellt.

Die erforderlichen Kapitalschutzvorschriften für Aktiengesellschaften sind in § 69 Abs. 1 des Entwurfs enthalten.

Zu § 25

(Vgl. § 349 AktG, § 28 KapErhG, § 93n GenG, § 44a Abs. 3 VAG; Artikel 20 der Dritten Richtlinie).

§ 25 entspricht ebenfalls dem geltenden Recht. Er soll als allgemeine Vorschrift auch diejenigen Fälle erfassen, in denen eine Verschmelzung bisher nicht möglich war oder die im Umwandlungsgesetz geregelt sind.

Die Verweisung auf § 19 Abs. 3 entspricht den Verweisungen auf § 10 HGB im geltenden Recht.

Zu § 26

(Vgl. § 350 AktG, § 29 KapErhG, § 44a Abs. 3 VAG).

Die Vorschrift über die Geltendmachung von Schadenersatzansprüchen soll ebenfalls auf alle Rechtsformen ausgedehnt werden, weil bei jeder Rechtsform die Gefahr besteht, daß die Verwaltungsträger des übertragenden Rechtsträgers mit zahlreichen Prozessen überzogen werden, in denen voneinander abweichende Entscheidungen über ihr Verschulden ergehen können. Ferner könnte es ohne eine gesetzliche Regelung auch hier zu einem Wettlauf der Berechtigten mit der Folge unterschiedlicher Befriedigung kommen.

Zu § 27

(Vgl. § 351 AktG, § 30 KapErhG, § 93o GenG, § 44a Abs. 3 VAG).

Mit der Bestimmung einer einheitlichen Verjährungsfrist von fünf Jahren für die hier genannten Schadenersatzansprüche und mit der Anknüpfung des Fristbeginns an die Bekanntmachung der Verschmelzung werden nunmehr auch die Fälle des Umwandlungsgesetzes erfaßt.

Für die Dauer der Verjährung ergibt sich sachlich gegenüber dem geltenden Recht kein Unterschied.

Zu § 28

(Vgl. § 352 AktG, § 31 KapErhG, § 93q GenG, § 44a Abs. 3 VAG).

Die Regelung entspricht dem geltenden Recht, soll jedoch auf alle Klagen im Sinne des § 14 ausgedehnt werden und für alle Rechtsformen gelten.

Zu § 29

(Vgl. § 33 Abs. 3 KapErhG in Verbindung mit § 369 Abs. 4, § 375 Abs. 1 Satz 1, Abs. 2 Satz 1 AktG).

§ 29 *Abs. 1* übernimmt den Schutz der Aktionäre, der für die Verschmelzung einer AG oder KommanditAG mit einer GmbH gilt, und dehnt ihn auf alle anderen Fälle der Mischverschmelzung aus, weil auch bei ihnen der Grund für diesen besonderen Schutz in Form eines Anspruchs auf Barabfindung gegeben ist.

Voraussetzung für die Pflicht, ein Abfindungsangebot zu machen, ist, daß der Anteilsinhaber sich durch Widerspruch gegen die Verschmelzung gewehrt hat oder sich nicht wehren konnte (§ 29 *Abs. 2)*.

Die Pflicht zur Abgabe des Abfindungsangebots gegen Erwerb der Anteile oder Mitgliedschaften besteht bei einer übernehmenden Aktiengesellschaft oder Kommanditgesellschaft auf Aktien auch dann, wenn durch die Annahme aller Angebote Verpflichtungen zum Erwerb eigener Aktien entstehen würden, die den Bestand an eigenen Aktien der übernehmenden AG oder KGaA entgegen § 71 Abs. 2 AktG über die Grenze von 10 % des Grundkapitals hinaus ansteigen lassen würden. Dem Schutz widersprechender oder am Widerspruch gehinderter Anteilsinhaber der übertragenden Rechtsträger soll hier der Vorrang eingeräumt werden, um Verschmelzungen nicht zu erschweren. Dies entspricht auch der in Artikel 6 Nr. 1 des Entwurfs vorgesehenen Erweiterung des § 71 Abs. 1 Nr. 3 AktG, die den Erwerb eigener Aktien zur Durchführung von Umwandlungen erleichtern soll. Überdies wird es bei den Mehrheitsregelungen für Verschmelzungen nur selten dazu kommen, daß bei einer AG oder KGaA ein überhöhter Bestand an eigenen Aktien entsteht, weil nur in Ausnahmefällen alle Anteilsinhaber der übertragenden Rechtsträger, die der Verschmelzung nicht zustimmen wollen, auch Widerspruch zur Niederschrift bei der Beschlußfassung ihres übertragenden Rechtsträgers anmelden oder zu Unrecht hieran gehindert worden sind und damit die förmliche Voraussetzung für den Abfindungsanspruch erfüllen.

Ist der Erwerb eigener Aktien bei Erfüllung eines Abfindungsanspruchs aber zulässig, muß die in § 71 Abs. 4 Satz 2 AktG vorgesehene Sanktion, nämlich die Nichtigkeit des schuldrechtlichen Grundgeschäfts über diesen Erwerb ausgeschlossen werden. Dies tut der zweite Halbsatz in Absatz 1 *Satz 1*.

Nach *Satz 2* des Absatzes 1 soll die Verpflichtung zur Abfindung auch dann entstehen, wenn aus einem frei veräußerbaren Anteil ein vinkulierter Anteil wird. Der Hauptfall dürfte eine Verschmelzung sein, bei der eine AG mit Inhaberaktien von einer AG mit vinkulierten Namensaktien aufgenommen wird. Bei derartigen Vorgängen wird ebenfalls in die Verfügungsbefugnis des Anteilsinhabers in so erheblichem Maße eingegriffen, daß ihm der Austritt aus dem Unternehmen ermöglicht werden muß.

Satz 3 verpflichtet zur Abgabe eines Abfindungsangebots in den Fällen, in denen die Rechtsform und damit die Struktur des übernehmenden Rechtsträgers den Erwerb eigener Anteile oder Mitgliedschaftsrechte ausschließt, wie dies bei Personenhandelsgesellschaften, Vereinen und eingetragenen Genossenschaften der Fall ist. Hier steht der Abfindung als „Gegenleistung" das Ausscheiden aus dem übernehmenden Rechtsträger gegenüber.

Die Vorschrift über die Bekanntmachung (Absatz 1 *Satz 4)* gilt, wie die Verwendung des unbestimmten Artikels am Anfang ergibt, nur dann, wenn die für die betreffende Rechtsform geltenden Vorschriften eine Bekanntmachung vorsehen, wie dies z. B. nach § 124 Abs. 2 Satz 2 AktG bei Aktiengesellschaften und Kommanditgesellschaften auf Aktien der Fall ist.

Die Kostenregelung in Absatz 1 *Satz 5* geht auf eine vergleichbare Lösung im Recht des Formwechsels zurück (vgl. § 375 Abs. 1 Satz 4, § 388 AktG). Sie entspricht der Interessenlage.

Dem widersprechenden Anteilsinhaber muß derjenige gleichgestellt werden, der zu einem Widerspruch ohne eigenes Verschulden nicht in der Lage war *(Absatz 2)*. Dies entspricht einem allgemeinen Grundsatz des Anfechtungsrechts, der hier auf das Spruchverfahren übertragen werden muß (vgl. § 51 Abs. 2 Satz 1, § 93k Abs. 1 Nr. 2 GenG).

Zu § 30

(Vgl. § 375 Abs. 1 Satz 1 zweiter Halbsatz in Verbindung mit § 320 Abs. 5 Satz 5, 6 AktG; § 15 Abs. 1 Satz 1 in Verbindung mit § 12 Abs. 1 UmwG).

§ 30 übernimmt in *Absatz 1* aus dem Umwandlungsgesetz die Regelung über die Angemessenheit einer Barabfindung. Entsprechende Vorschriften finden sich auch in § 305 Abs. 3 Satz 2, § 320 Abs. 5 Satz 5, 6, § 375 Abs. 1 Satz 1 AktG. Weil es sich danach um einen allgemeinen Grundsatz für die Bemessung einer Barabfindung handelt, soll dieser in die allgemeinen Vorschriften über die Verschmelzung eingestellt werden. Allerdings soll nicht mehr wie im geltenden Recht die Berücksichtigung bestimmter Bewertungsmethoden vorgeschrieben werden. Dies hat sich nicht bewährt, weil die Berücksichtigung und die Gewichtung der verschiedenen Methoden je nach Natur und Gegenstand des Unternehmens verschieden sein kann. Deshalb beschränkt sich die Vorschrift darauf, den für die Bemessung der Barabfindung entscheidenden Zeitpunkt festzulegen.

Die Barabfindung soll wie die bare Zuzahlung angemessen verzinst werden *(Satz 2)*.

Eine Verjährungsvorschrift wie in § 12 Abs. 2 UmwG ist bei dem System der §§ 29ff. nicht erforderlich.

Die Barabfindung ist für austrittsberechtigte Anteilsinhaber von ebenso großer Bedeutung wie das Umtauschverhältnis für die im Unternehmen verbleibenden Anteilsinhaber. Deshalb soll die Barabfindung ebenfalls einer Prüfung durch unabhängige Sachverständige unterworfen werden *(Absatz 2 Satz 1 und 2)*. Diese Prüfung soll jedoch, anders als die nicht immer erforderliche Prüfung des Umtauschverhältnisses, stets stattfinden, weil der Austritt aus einem Unternehmen ein für den Anteilsinhaber besonders schwerwiegender Vorgang ist.

Für die Verzichtserklärung *(Satz 3)* soll es jedoch anders als bei Verschmelzungsbericht und Verschmelzungsprüfung nur auf den Willen der Berechtigten, also derjenigen ankommen, die aus dem Unternehmen ausscheiden wollen, weil die quotenmäßige Beteiligung anderer Anteilsinhaber am Rechtsträger durch das Ausscheiden nicht vermindert werden kann.

Zu § 31

§ 31 weicht von § 375 Abs. 1 Satz 3 AktG nur redaktionell ab; die Abweichung soll besser deutlich machen, daß die zweite Frist auch erst nach Ablauf der ersten Frist beginnen kann.

Zu § 32

Die Vorschrift entspricht § 14.

Zu § 33

(vgl. § 375 Abs. 4, § 388 AktG).

Das Aktiengesetz enthält für die formwechselnde Umwandlung einer AG in eine GmbH und einer KommanditAG in eine GmbH Vorschriften, welche die freie Veräußerung eines Anteils trotz entgegenstehender Satzungsbestimmungen ermöglichen, wenn der Anteilsinhaber ein Austrittsrecht hat. Der tragende Gedanke dieser Vorschriften trifft auch für die Verschmelzung zu. § 33 enthält deshalb eine entsprechende Regelung für alle betroffenen Rechtsformen.

Die Frage, ob eine Beteiligung überhaupt veräußert werden kann und welche Vorschriften bejahendenfalls dabei zu beachten sind, ist nach dem Recht der jeweiligen Unternehmensform zu beantworten.

Zu § 34

(Vgl. § 33 Abs. 3 KapErhG in Verbindung mit § 375 Abs. 1 Satz 3, Abs. 2, 3 AktG).

Die Vorschrift betrifft, anders als § 29, den Fall, daß dem Anteilsinhaber des übertragenden Unternehmens das Angebot der Barabfindung zu niedrig erscheint, er es also nicht annehmen will. Hier steht ihm innerhalb derselben Frist, die er für die Annahme des Angebots hatte (vgl. § 31), der Antrag auf gerichtliche Bestimmung der angemessenen Barabfindung offen (§ 305). Dem Anteilsinhaber, der gegen den Verschmelzungsbeschluß Widerspruch erklärt hat, ist es zuzumuten, sich innerhalb der zwei Monate, die dem Wirksamwerden der Verschmelzung folgen, zu entscheiden, ob er das Angebot annehmen oder sich an das Gericht wenden will. Die jetzige Regelung in § 375 Abs. 1 Satz 3 AktG, der über § 33 Abs. 3 KapErhG anzuwenden ist, enthält Unklarheiten, ohne dem berechtigten Aktionär wesentliche Vorteile zu bringen.

Diese Erwägungen gelten um so mehr, als der a-priori-Schutz der betroffenen Anteilsinhaber durch die Einführung und nähere Ausgestaltung des schriftlichen Verschmelzungsberichts beträchtlich verstärkt worden ist.

Das Verfahren ist im Sechsten Buch des Entwurfs geregelt.

Zu § 35

(Vgl. § 33 Abs. 2 Satz 3 KapErhG).

Bei der Verschmelzung einer AG oder KommanditAG auf einen Rechtsträger anderer Rechtsform kann es erforderlich werden, im Verschmelzungsvertrag bei der Anmeldung zur Eintragung in das zuständige Register (Handelsregister, Genossenschaftsregister) oder bei der Eintragung in eine Liste von Anteilsinhabern (GmbH-Gesellschafter, Genossen) auch Aktionäre zu bezeichnen, die unbekannt sind. Damit die Verschmelzung in solchen Fällen nicht an einem derartigen technischen Hindernis scheitert, sieht § 35 entsprechend dem § 33 Abs. 2 Satz 3 KapErhG vor, daß die unbekannten Aktionäre durch Angabe ihrer Aktienurkunden bezeichnet werden müssen. Bei der Aufnahme der AG oder KommanditAG durch die GmbH oder eine eingetragene Genossenschaft ist in die Liste der Gesellschafter oder der Genossen zugleich der auf die Aktie entfallende Geschäftsanteil zu bezeichnen *(Satz 1)*. Bei späterem Bekanntwerden sollen Register oder Liste berichtigt werden *(Satz 2)*.

Es ist angeregt worden, im Gesetz eine Vorschrift über den Ausschluß solcher unbekannter Aktionäre vorzusehen. Dagegen spricht zunächst, daß sich diese Personen nach der Verschmelzung noch melden können. Dagegen spricht weiter, daß der Anlaß für die Veränderung der Rechtsstellung nicht von dem Aktionär, sondern von dem Rechtsträger ausgeht, an dem die Beteiligung besteht. Ferner könnte eine Regelung dieser Frage nicht an die frühere Rechtsstellung als Aktionär, sondern müßte an die neue Rechtsstellung als Gesellschafter einer Personenhandelsgesellschaft oder einer GmbH oder als Genosse einer eingetragenen Genossenschaft anknüpfen, also zu einem Eingriff in die allgemeinen Normen für diese verschiedenen Rechtsformen führen. Schließlich sind Vorschriften, die zu dem zwangsweisen Ausschluß von Anteilsinhabern aus einem Rechtsträger führen, nur in ganz seltenen Ausnahmefällen und kaum mit rechtstechnischen Schwierigkeiten zu rechtfertigen.

Zum Dritten Abschnitt — Verschmelzung durch Neugründung

(Vgl. § 353 AktG, § 32 KapErhG, § 93s GenG, § 44a Abs. 4 VAG).

Die Möglichkeit einer Verschmelzung durch Neugründung soll durch Aufnahme in die Allgemeinen Vorschriften grundsätzlich für alle im Gesetz genannten Rechtsformen eröffnet werden. Die Regelung lehnt sich ebenfalls eng an das geltende Recht an. Redaktionell ergibt sich eine Kürzung der langen Vorschriften des geltenden Rechts — § 353 AktG hat z. B. neun Absätze — schon dadurch, daß ihr Inhalt auf die Allgemeinen Vorschriften (Erster Teil) und die Besonderen Vorschriften für die einzelnen Rechtsformen (Zweiter Teil) aufgeteilt wird.

Zu § 36

(Vgl. § 353 Abs. 1, 4 Satz 1 AktG, § 32 Abs. 1, 3 Satz 1 KapErhG, § 93s Abs. 3 Satz 6 GenG, § 44a Abs. 4 VAG; Artikel 4, 23 der Dritten Richtlinie).

Wie bisher sollen nach *Absatz 1* für diese zweite Art der Verschmelzung die Vorschriften über die Verschmelzung durch Aufnahme, also die im Zweiten Abschnitt zusammengefaßten Allgemeinen Vorschriften der §§ 4 bis 35, entsprechend gelten. Insbesondere soll die Eintragung des neuen Rechtsträgers bei der Verschmelzung durch Neugründung dieselben Wirkungen haben wie die Eintragung der Verschmelzung bei der Verschmelzung durch Aufnahme.

Besondere Vorschriften für die einzelnen Rechtsformen sind auch für diese Verschmelzungsart im Zweiten Teil des Zweiten Buches enthalten.

Die in *Satz 1* vorgesehenen Ausnahmen der entsprechenden Anwendung betreffen Fälle, die im folgenden anders geregelt werden oder bei einer Verschmelzung durch Neugründung nicht auftreten können.

Gesetzestechnisch soll auf die Vorschriften des Zweiten Abschnitts insgesamt verwiesen werden, weil deren weitaus größter Teil entsprechend gelten soll. Die erforderlichen Ausnahmen werden jeweils ausdrücklich genannt. Diese Technik soll auch bei den Besonderen Vorschriften beibehalten werden.

Für die Beachtung der Gründungsvorschriften bei Umwandlungsvorgängen verschiedener Art, die zur Gründung neuer Rechtsträger führen, finden sich im Recht der Umwandlung gesetzestechnisch verschiedene Methoden. Für die Verschmelzung wird in § 353 Abs. 4 Satz 1 AktG, in § 32 Abs. 3 Satz 1 KapErhG und in § 44a Abs. 4 VAG (durch Verweisung auf § 353 Abs. 4 Satz 1 AktG) auf einzelne Vorschriften des jeweiligen Gründungsrechts der betroffenen Rechtsform verwiesen. Bei der errichtenden Umwandlung finden sich dagegen Pauschalverweisungen auf das jeweilige Gründungsrecht (vgl. z. B. § 41 Abs. 2, § 47 Abs. 2, § 51 Abs. 2, § 56b Abs. 2, § 57 Abs. 2, § 58 Abs. 2, § 59 Abs. 4, § 60 Abs. 1 Satz 3, § 61 Abs. 1 Satz 3 UmwG). Beim Rechtsformwechsel finden sich beide Gesetzesmethoden nebeneinander (vgl. einerseits § 362 Abs. 4, §§ 378, 385g, 385m Abs. 5, § 388 AktG, andererseits § 385a Abs. 4 AktG).

Da nunmehr sämtliche Arten der Umwandlung in einem Gesetz zusammengefaßt werden sollen, muß eine einheitliche Methode gewählt werden.

Die im Verschmelzungsrecht bisher üblichen Einzelverweisungen auf Gründungsvorschriften, die methodisch noch aus dem Aktiengesetz 1937 stammen und weder bei der Aktienrechtsreform 1965 noch bei der GmbH-Novelle 1980 überprüft worden sind, haben sich nicht bewährt. Nach herrschender Meinung sind neben den jeweils ausdrücklich für anwendbar erklärten Vorschriften eine größere Zahl weiterer Vorschriften des jeweiligen Gründungsrechts anzuwenden, weil es sonst zu erheblichen Lücken bei den Gründungsvorgängen käme. Im einzelnen ist manches streitig. Die Praxis der Unternehmen beachtet daher die Gründungsvorschriften auch jeweils in vollem Umfang, soweit nicht bestimmte Erfordernisse ausgeschlossen oder, wie z. B. die Gründungsprüfung bei der Verschmelzung durch Neugründung einer Aktiengesellschaft, durch andere Erfordernisse des Verschmelzungsrechts ersetzt sind.

Deshalb soll die im Umwandlungsgesetz befolgte Methode der allgemeinen Verweisung auf die Gründungsvorschriften bei den jeweils betroffenen Rechtsformen gewählt werden, die sich z. B. im Genossenschaftsrecht bewährt hat. Diese Verweisung ist in *Absatz 2 Satz 1* des § 36 enthalten. Ihr sind dann allerdings jeweils im Besonderen Teil Ausnahmen anzuschließen, um Umwandlungsvorgänge nicht unnötig zu erschweren.

Satz 2 legt fest, von wem die erforderlichen Gründungsmaßnahmen vorzunehmen sind; die Vorschrift dient der Verfahrenserleichterung.

Satz 3 ersetzt allgemein das Erfordernis einer höheren Gründerzahl durch die Zahl der übertragenden Unternehmen.

Zu § 37

In der Praxis wird der Gesellschaftsvertrag, die Satzung oder das Statut eines neuen Rechtsträgers stets in den notariell beurkundeten Verschmelzungsvertrag aufgenommen oder ihm als sein Bestandteil beigefügt und mitbeurkundet. Damit soll die Streitfrage umgangen werden, ob im Falle der Verschmelzung durch Neugründung ein solcher Akt notariell beurkundet werden muß oder ob dies entbehrlich ist. § 37 klärt diese Frage im Sinne der Praxis und der herrschenden Meinung dahin, daß der Akt mitzubeurkunden ist (vgl. auch § 9 Abs. 1 Satz 2 des Beurkundungsgesetzes).

Zu § 38

(Vgl. § 353 Abs. 5 Satz 1, Abs. 8 AktG, § 32 Abs. 4 Satz 1, Abs. 7 KapErhG, § 93s Abs. 3 Satz 1 GenG, § 44a Abs. 4 VAG).

Für das registergerichtliche Verfahren kann überwiegend auf die für die erforderlichen Eintragungen bei einer Verschmelzung durch Aufnahme vorgesehenen Bestimmungen (vgl. § 19) verwiesen werden (vgl. § 36 Abs. 1 Satz 1). Der Schwerpunkt der Regelung liegt somit auf der Eintragung des neuen Rechtsträgers. Dies entspricht im Ergebnis dem bisherigen bewährten System der Verschmelzung durch Neugründung. Einer von den für die Verschmelzung durch Aufnahme abweichenden Regelung bedarf es daher nur für die Frage, von wem die erforderlichen Anmeldungen vorzunehmen sind.

Zum Zweiten Teil — Besondere Vorschriften

Der Zweite Teil enthält besondere Vorschriften, die jeweils auf einen an der Verschmelzung beteiligten Rechtsträger einer bestimmten Rechtsform anzuwenden sind. Das Gesetz folgt, da es nahezu allen Rechtsformen von Unternehmen die Verschmelzung ermöglichen soll, damit einer anderen Systematik als das geltende Recht. Dieses geht von der Verschmelzung von Rechtsträgern derselben Rechtsform miteinander aus und schließt hieran Verweisungsvorschriften für sogenannte Mischverschmelzungen an. Die neue Systematik entspricht für Handelsgesellschaften der des französischen Rechts.

Wie schon einleitend ausgeführt, wird innerhalb des Zweiten Teils der Aufbau eingehalten, dem auch das Bilanzrichtlinien-Gesetz folgt: Es wird mit der Verschmelzung einfacher strukturierter Rechtsträger wie offene Handelsgesellschaft und Kommanditgesellschaft (Erster Abschnitt) begonnen, die weniger strenge Regeln erfordern als die Verschmelzung von Gesellschaften mit beschränkter Haftung (Zweiter Abschnitt), Aktiengesellschaften (Dritter Abschnitt) und Kommanditgesellschaften auf Aktien (Vierter Abschnitt). Hieran anschließen sollen sich die Vorschriften über die Verschmelzung von Genossenschaften (Fünfter Abschnitt), rechtsfähigen Vereinen (Sechster Abschnitt), genossenschaftlichen Prüfungsverbänden (Siebenter Abschnitt) und Versicherungsvereinen auf Gegenseitigkeit (Achter Abschnitt).

Die jetzt im Umwandlungsgesetz geregelten Fälle der Verschmelzung durch Aufnahme einer Kapitalgesellschaft durch den Alleingesellschafter sind im Neunten Abschnitt geregelt.

Zum Ersten Abschnitt — Verschmelzung unter Beteiligung von Personenhandelsgesellschaften

Im Ersten Abschnitt sind alle zusätzlich erforderlichen Vorschriften für die Verschmelzung unter Beteiligung einer Personenhandelsgesellschaft als übertragender, übernehmender oder neuer Rechtsträger zusammengefaßt.

Wie die verschmelzende Umwandlung im Umwandlungsgesetz soll auch die neue Regelung nicht die Gesellschaft des bürgerlichen Rechts einbeziehen. Ein Bedürfnis hierfür ist zwar gelegentlich geltend gemacht, jedoch nicht näher begründet worden.

Entsprechend dem in § 3 Abs. 4 vorgesehenen System betrifft der Erste Abschnitt nicht nur die Verschmelzung von Personenhandelsgesellschaften untereinander, sondern auch alle Mischformen, sofern an der Verschmelzung eine Personenhandelsgesellschaft beteiligt ist.

Der Entwurf behält die Terminologie in § 40 Abs. 1 UmwG bei: Danach sind Personenhandelsgesellschaften die offene Handelsgesellschaft und die Kommanditgesellschaft.

Der Erste Abschnitt unterscheidet nicht wie der Allgemeine Teil und die meisten übrigen Abschnitte des Besonderen Teils zwischen Verschmelzung durch Aufnahme und Verschmelzung durch Neugründung, weil beide Fälle in den einzelnen Vorschriften hier jeweils durch eine entsprechende Formulierung erfaßt werden können und weil die geringe Zahl der Bestimmungen die sonst übliche Unterteilung entbehrlich macht.

Der Entwurf sieht bewußt davon ab, besondere Vorschriften für sogenannte Publikumsgesellschaften, die in der Regel die Form der GmbH & Co KG wählen, vorzuschlagen. Diese Art der Kommanditgesellschaft, deren Ausgestaltung in der Regel nur auf steuerlichen Gründen beruht, könnte nur insgesamt als Sonderform der KG geregelt werden, wenn man einem solchen Gedanken trotz der durch die Rechtsprechung des Bundesgerichtshofs entwickelten Grundsätze und Einzellösungen überhaupt nähertreten wollte. Eine einzelne Frage aus diesem Komplex wie die der Beteiligung an einer Umwandlung oder an einer bestimmten Umwandlungsart kann nicht für sich und unabhängig von einer Gesamtkonzeption für diese Erscheinung des Gesellschaftsrechts gelöst werden.

Zu § 39

(Vgl. § 40 Abs. 2, § 46 Satz 2 UmwG).

Für aufgelöste Personenhandelsgesellschaften wird die Möglichkeit der Verschmelzung davon abhängig gemacht, daß die Gesellschafter nicht nach § 145 HGB die mit der Auflösung an sich verbundene Abwicklung durch eine andere Art der Auseinandersetzung ersetzt haben. Damit soll — unter anderem in Übereinstimmung mit dem Grundgedanken des § 3 Abs. 3 — erreicht werden, daß nicht mehr verschmolzen werden kann, wenn den Gesellschaftern das

Vermögen der aufgelösten Gesellschaft aufgrund der anderen Art der Auseinandersetzung zufließt. Dies entspricht geltendem Recht.

Dagegen soll die Regelung in § 1 Abs. 2 Satz 1 UmwG, nach der eine Personenhandelsgesellschaft nicht mit einer Kapitalgesellschaft & Co. verschmolzen werden kann, nicht aufrechterhalten werden. Dieses Umwandlungsverbot kann in der Praxis leicht umgangen werden und hat sich als wirkungslos erwiesen.

Zu § 40

Bei Verschmelzungen, bei denen der übernehmende oder der neue Rechtsträger eine Personenhandelsgesellschaft ist, kann für Aktionäre, GmbH-Gesellschafter, Genossen und Mitglieder von Vereinen eine zusätzliche Gefährdung ihres Vermögens auftreten, wenn sie für die Verbindlichkeiten der übernehmenden oder der neuen oHG als neue Gesellschafter gemäß §§ 130, 128 HGB unbeschränkt persönlich haften sollen. Entsprechendes gilt für die Kommanditisten einer Kommanditgesellschaft.

Die Übernahme dieser Haftung kann nur mit der Zustimmung des betroffenen Anteilsinhabers zulässig sein. Dies sieht § 40 in *Absatz 2 Satz 2* vor.

Den verschmelzenden Rechtsträgern und ihren Anteilsinhabern soll jedoch eine gewisse Gestaltungsfreiheit eingeräumt werden. Deshalb wird in *Absatz 1* zugelassen, daß sich die Beteiligten auf die von ihnen gewünschte Gestaltung des neuen Rechtsträgers einigen und dies im Verschmelzungsvertrag ausdrücklich festhalten.

Die Regelung kann vor allem für Familiengesellschaften Bedeutung erlangen.

Zu § 41

Der Verschmelzungsbericht nach § 8 des Entwurfs dient der Unterrichtung derjenigen Anteilsinhaber, denen es nicht möglich ist, an der Geschäftsführung teilzunehmen und sich damit selbst über alle Vorgänge, hier insbesondere auch über den Wert der fusionsbereiten Rechtsträger, zu unterrichten. Der Bericht ist daher entbehrlich, wenn alle Gesellschafter geschäftsführungsberechtigt sind und deshalb die Möglichkeit haben, alle Unterlagen einzusehen und bei der Vorbereitung der Verschmelzung mitzuwirken.

Zu § 42

Die Vorschrift konkretisiert das Kontrollrecht der von der Geschäftsführung ausgeschlossenen Gesellschafter einer oHG (vgl. § 118 HGB). Für die Kommanditisten einer KG wird dadurch für die Fusion ein selbständiges Auskunftsrecht geschaffen (vgl. § 166 Abs. 2 HGB), das ihre Stellung stärkt und ihnen eine Grundlage für ihre Entscheidung gibt.

Da es für die Einberufung der Gesellschafterversammlung einer Personenhandelsgesellschaft keine gesetzlichen Fristen gibt, soll auch davon abgesehen werden, eine bestimmte Frist für die Übersendung der Verschmelzungsunterlagen vorzuschreiben.

Zu § 43

(Vgl. § 42 Abs. 1, § 48 Abs. 1 UmwG).

Wie bei allen grundlegenden Beschlüssen im Recht der Personenhandelsgesellschaften soll auch für den Verschmelzungsbeschluß Einstimmigkeit vorgesehen werden *(Absatz 1 Satz 1)*.

Für eine übertragende Gesellschaft entspricht dies der Regel bei der Auflösung. Für eine übernehmende Gesellschaft ist es erforderlich, weil deren Gesellschafter nunmehr auch für die Verbindlichkeiten des übertragenden Rechtsträgers haften oder doch stark davon betroffen sind. Überdies ist die Einstimmigkeit insbesondere in einer konzernverbundenen Personenhandelsgesellschaft das wirksamste, oft auch das einzig wirksame Mittel zum Schutze der Minderheitsgesellschafter.

Nach *Absatz 2 Satz 2* kann diese gesetzliche Regel im Gesellschaftsvertrag jedoch abbedungen werden, allerdings nur bis zu der in *Satz 2* genannten Mindestgrenze, die derjenigen bei den anderen Rechtsformen verschmelzungsfähiger Rechtsträger entspricht und notwendig ist, weil die Bedeutung des Vorgangs eine so qualifizierte Mehrheit erfordert. Es kommt dabei entsprechend der Vertragspraxis bei Personenhandelsgesellschaften auf die Zahl der Stimmen, nicht auf die Zahl der Gesellschafter an. Die Klausel im Gesellschaftsvertrag muß sich ausdrücklich auf den Beschluß über die Verschmelzung beziehen.

Ein bisher schon persönlich unbeschränkt haftender Anteilsinhaber eines übertragenden Rechtsträgers, der bei einer Mehrheitsentscheidung überstimmt wird, soll jedoch nicht gezwungen werden können, für die Verbindlichkeiten des übernehmenden Rechtsträgers weiterhin persönlich unbeschränkt zu haften, wenn ihm die Schuldenlast oder die Erfolgsaussichten des übernehmenden Rechtsträgers nach der Fusion bedenklich erscheinen. Deshalb muß ihm die Stellung des nur beschränkt haftenden Kommanditisten eingeräumt werden. Dies kann für die Aufnahme einer oHG, KG oder KGaA durch eine oHG oder KG Bedeutung erlangen. Wegen der vergleichbaren Risiken soll diese Regelung auch zugunsten der unbeschränkt haftenden Gesellschafter der übernehmenden Personenhandelsgesellschaft gelten.

Zu § 44

Die Möglichkeit, die Verschmelzung nach § 43 Abs. 2 auch mit Mehrheit zu beschließen, kann für die Minderheitsgesellschafter Nachteile mit sich bringen. Deshalb soll deren Information in diesen Fällen verbessert werden: Jeder Gesellschafter soll die Möglichkeit haben, die Verschmelzung und insbesondere das Umtauschverhältnis der Anteile durch unabhängige

Sachverständige prüfen zu lassen. Diese Möglichkeit soll insbesondere die Kommanditisten einer sogenannten Publikums-KG schützen, weil diese auf das Schicksal ihres Rechtsträgers in der Regel keinen Einfluß nehmen können.

Zu § 45

(Vgl. §§ 45, 49 Abs. 4 UmwG).

Wie im geltenden Recht bei der errichtenden Umwandlung muß auch bei einer Verschmelzung die Frage der Nachhaftung der persönlich haftenden Gesellschafter geregelt werden. Das Gesetz übernimmt die durch Artikel 2 des Gesetzes zur zeitlichen Begrenzung der Nachhaftung von Gesellschaftern (Nachhaftungsbegrenzungsgesetz) vom . . . (BGBl. I S. . . .) eingeführte Regelung, die sich ihrerseits an § 160 HGB in der Fassung des Artikels 1 des Nachhaftungsbegrenzungsgesetzes anlehnt. Allerdings soll der Fristbeginn nach Absatz 2 Satz 1 entsprechend dem System des Entwurfs (vgl. z. B. die §§ 25, 27) an die Bekanntmachung der Verschmelzung nach § 19 Abs. 3 angeknüpft werden, weil die Gläubiger erst durch diesen Außenakt unterrichtet werden.

Zum Zweiten Abschnitt — Verschmelzung unter Beteiligung von Gesellschaften mit beschränkter Haftung

Der Zweite Abschnitt der Besonderen Vorschriften regelt die Verschmelzung unter Beteiligung einer Gesellschaft mit beschränkter Haftung, soweit diese betroffen ist (vgl. § 3 Abs. 4). Wie der Erste Teil des Zweiten Buches unterscheidet er zwischen Verschmelzung durch Aufnahme (Erster Unterabschnitt) und Verschmelzung durch Neugründung (Zweiter Unterabschnitt).

Zum Ersten Unterabschnitt — Verschmelzung durch Aufnahme

Zu § 46

(Vgl. § 21 Abs. 1 bis 3 KapErhG und § 33 Abs. 3 KapErhG in Verbindung mit § 369 Abs. 6 Satz 1, 2 AktG).

Die Vorschrift entspricht im wesentlichen dem geltenden Recht für die Verschmelzung einer AG mit einer GmbH, berücksichtigt allerdings auch diejenigen Fälle, in denen eine GmbH einen Rechtsträger anderer Rechtsform im Wege der Verschmelzung übernimmt. Dabei werden die Erleichterungen für die Festsetzung der Geschäftsanteile (vgl. § 33 Abs. 3 KapErhG in Verbindung mit § 369 Abs. 6 Satz 1 und 2 AktG) beibehalten, die gegenüber § 5 GmbHG vorgesehen sind.

Da nach § 65 der Verschmelzungsbeschluß einer Aktiengesellschaft auch bei Übernahme durch einen Rechtsträger anderer Rechtsform (abweichend von § 33 Abs. 3 KapErhG in Verbindung mit § 369 Abs. 2, 3 AktG) mit Dreiviertel-Mehrheit gefaßt werden kann, muß in diesem Fall die Sondervorschrift über die Zustimmung aller Aktionäre (vgl. § 33 Abs. 3 KapErhG in Verbindung mit § 369 Abs. 6 Satz 3 bis 5 AktG) entfallen. Andererseits muß Vorsorge getroffen werden, daß auch unbekannte Aktionäre berücksichtigt werden; dies ist in § 35 geschehen.

Zu § 47

(Vgl. § 24 Abs. 2 UmwG).

Die Vorschrift konkretisiert das allgemeine Auskunfts- und Einsichtsrecht des GmbH-Gesellschafters (vgl. § 51 a GmbHG) für den Vorgang der Verschmelzung. Dieser ist für eine GmbH so wesentlich, daß den Gesellschaftern diejenigen Unterlagen, die für ihre Zustimmung die größte Bedeutung haben, rechtzeitig vor der Beschlußfassung nach § 13 Abs. 1 zur Verfügung gestellt werden sollen.

Die Frist für die Übersendung der Verschmelzungsunterlagen soll abweichend von § 24 Abs. 2 UmwG an die allgemeine Frist von mindestens einer Woche nach § 51 Abs. 1 GmbHG angepaßt werden. Die längere Frist des Umwandlungsrechts trägt der Konzernverbundenheit der GmbH im Falle des § 24 UmwG Rechnung. Dies ist im allgemeinen Verschmelzungsrecht (vgl. das KapErhG) nicht erforderlich. Außerdem wäre eine längere Frist als bei der Verschmelzung von Genossenschaften (eine Woche, vgl. § 46 Abs. 1 GenG) angesichts der größeren Unternehmensnähe von GmbH-Gesellschaftern kaum zu rechtfertigen.

Zu § 48

(Vgl. § 355 Abs. 2 Satz 1, 2 zweiter Halbsatz i.V.m. § 340 b Abs. 1, § 352 b Abs. 2 AktG):

Für die Verschmelzung einer GmbH mit einer Aktiengesellschaft ist in § 355 Abs. 2 Satz 2 AktG vorgesehen, daß der Verschmelzungsvertrag und das Umtauschverhältnis der Anteile wie bei einer Verschmelzung von Aktiengesellschaften geprüft werden müssen; dabei ist aber die Bestellung eines eigenen Prüfers für die übertragende GmbH nur erforderlich, falls ein GmbH-Gesellschafter dies verlangt.

Die Interessenlage ist bei jeder anderen Ausgestaltung der Verschmelzung, also bei reinen GmbH-Verschmelzungen und bei der Beteiligung von Rechtsträgern anderer Rechtsformen, dieselbe. Der GmbH-Gesellschafter kann stets ein Interesse daran haben, daß das Umtauschverhältnis der Anteile von unabhängigen Sachverständigen geprüft wird. Dies gilt insbesondere für Gesellschaften mit einem großen Kreis von Gesellschaftern, von denen jedenfalls der größere Teil dem Geschäftsleben der GmbH fern steht und deren Unternehmenswert aus eigener Anschauung nicht beurteilen kann. Es gilt aber auch für Minderheitsgesellschafter kleiner GmbH.

Deshalb soll den Gesellschaftern allgemein das Recht eingeräumt werden, eine Prüfung der Verschmelzung nach den §§ 9 bis 12 zu verlangen, falls sie Zweifel haben, ob ihre wirtschaftliche und rechtliche Stellung angemessen berücksichtigt worden ist.

Die Kostenregelung in *Satz 2* soll dazu beitragen, daß schon bei der Vorbereitung der Verschmelzung durch den Verschmelzungsbericht der Geschäftsführer (vgl. § 8) möglichst umfassende und überzeugende Informationen gegeben werden, die eine Verschmelzungsprüfung überflüssig machen.

Zu § 49

(Vgl. § 355 Abs. 2 Satz 2 erster Halbsatz AktG, § 20 Abs. 5 KapErhG).

Die Vorschrift dient ebenfalls der rechtzeitigen und möglichst umfassenden Unterrichtung der Gesellschafter.

Absatz 1 macht es den Geschäftsführern zur Pflicht, die Verschmelzung als Gegenstand der Beschlußfassung bekanntzumachen, um die Gesellschafter ausdrücklich auf diesen wichtigen Vorgang aufmerksam zu machen.

Die in *Absatz 2* in Anlehnung an § 340d Abs. 2 Nr. 2 AktG vorgesehene Pflicht, den Gesellschaftern die drei letzten Bilanzen aller an der Verschmelzung beteiligten Rechtsträger zur Verfügung zu stellen, soll es den Gesellschaftern erleichtern, den Vorschlag der Geschäftsleitung zu beurteilen.

Absatz 3 entspricht dem geltenden Recht (vgl. § 20 Abs. 5 KapErhG).

Zu § 50

(Vgl. § 20 Abs. 2 Satz 1, 2, Abs. 3, 4, § 33 Abs. 2 Satz 1 KapErhG, § 355 Abs. 3 AktG).

Die Vorschrift lehnt sich in *Absatz 1* ebenfalls eng an das geltende Recht an. § 47 Abs. 4 GmbHG gilt für den Verschmelzungsbeschluß nicht.

Absatz 2 schützt bestimmte einzelne Gesellschafter einer übertragenden GmbH, deren Rechtsstellung durch eine Verschmelzung besonders beeinträchtigt werden kann, durch ein individuelles Zustimmungserfordernis.

Es handelt sich dabei nicht um den Schutz von Vermögensrechten wie in § 23 des Entwurfs, sondern um die Sicherung von Möglichkeiten, auf die Leitung und auf das Leben der übertragenden GmbH einzuwirken.

Erfaßt werden zwei Gruppen besonderer Rechte: Einmal Geschäftsführungssonderrechte sowie Bestellungsrechte und Vorschlagsrechte für die Geschäftsführung aufgrund des Gesellschaftsvertrages und zum anderen auf dem Gesellschaftsvertrag beruhende Minderheitsrechte. Auch hier muß es sich um Individualrechte handeln, also nicht um Rechte, die sich wie z. B. bei § 50 GmbHG erst aus einer bestimmten Beteiligungsquote ergeben, denn eine solche Quote wird durch eine Verschmelzung in der Regel vermindert. Ihre Berücksichtigung als zustimmungsbegründendes Element würde also zahlreiche Verschmelzungen verhindern. Da die Beteiligung an einer GmbH anders als die Aktie keine beliebig verwertbare Vermögensanlage ist, muß der GmbH-Gesellschafter stärker als der Aktionär geschützt werden. Diesem Gedanken trägt Absatz 2 Rechnung.

Die Abgrenzung dieser Individualrechte zu Beteiligungselementen, die bei der Bemessung des Umtauschverhältnisses zu berücksichtigen sind, wie z. B. Gewinnvorzüge, muß im einzelnen der Rechtsprechung überlassen bleiben.

Zu § 51

(Vgl. § 20 Abs. 2 Satz 3, § 33 Abs. 2 Satz 1, Abs. 3 KapErhG, § 369 Abs. 6 AktG).

Das geltende Recht schützt die Gesellschafter einer übertragenden GmbH und die Aktionäre einer übertragenden AG für den Fall einer Verschmelzung ihres Rechtsträgers mit einer GmbH, auf deren Geschäftsanteile noch nicht alle Leistungen bewirkt sind, weil mit der Verschmelzung eine Verpflichtung entsteht, die restlichen Leistungen zu erbringen. Dieser Schutz soll durch *Absatz 1 Satz 1 und 2*, soweit möglich und zweckmäßig, auf andere Fälle der Mischverschmelzung ausgedehnt werden, weil auch auf sie dieser Schutzgedanke zutrifft. Diese Vorschriften verdrängen in diesem Falle die für die übertragenden Rechtsträger nach diesem Gesetz ansonsten geltenden Vorschriften über die für die Beschlußfassung zu beachtenden Mehrheitserfordernisse.

Der Schutzgedanke soll durch *Satz 3* auf den Fall ausgedehnt werden, daß bei einer reinen GmbH-Verschmelzung die Einlageverpflichtung gegenüber der übertragenden GmbH noch nicht voll erfüllt ist; denn auch in diesem Fall greift die Ausfallhaftung nach § 24 GmbHG ein.

Absatz 2 behält den bisher schon bestehenden Schutz für Aktionäre einer übertragenden AG in dem weiteren Sonderfall bei, wenn deren neuer Geschäftsanteil nicht dem Gesamtnennbetrag ihrer Aktien entspricht.

Zu § 52

(Vgl. § 24 Abs. 2 Satz 2, Abs. 4, § 33 Abs. 2 Satz 3, 4, § 34 Abs. 2 Satz 1 KapErhG).

Die Vorschrift übernimmt geltendes Recht, soweit dies noch nicht in den allgemeinen Vorschriften enthalten ist.

Zu § 53

(Vgl. § 25 Abs. 1 Satz 2 KapErhG).

Die Vorschrift übernimmt unter redaktioneller Anpassung an § 19 Abs. 1 Satz 1 geltendes Recht.

Zu § 54

(Vgl. § 23 KapErhG, § 344 Abs. 1 Satz 4 AktG).

Die Vorschrift, welche die Entstehung eigener Geschäftsanteile ebenfalls verhindern oder erschweren soll, entspricht dem geltenden Recht, ist jedoch redaktionell vereinfacht worden.

Da nunmehr die Verschmelzung von Rechtsträgern unterschiedlicher Rechtsformen mit einer GmbH zugelassen werden soll, mußten auch die Fälle berücksichtigt werden, in denen einem übertragenden Rechtsträger anderer Rechtsform Geschäftsanteile der übernehmenden GmbH gehören.

Ferner soll durch *Absatz 2* und *Absatz 3 Satz 2*, die dem § 344 Abs. 1 Satz 4 AktG nachgebildet sind, die verdeckte Anteilsinhaberschaft jeweils der offenen gleichgestellt werden.

Im Zusammenhang mit Absatz 1 Satz 2 ist insbesondere durch Vertreter von Großunternehmen angeregt worden, bei der sogenannten Schwester-Fusion ebenfalls auf das Erfordernis einer Kapitalerhöhung zu verzichten, also in dem Fall, in dem ein Dritter, in der Regel eine Konzernobergesellschaft, 100 % der Anteile an zwei Konzernuntergesellschaften hält und diese miteinander verschmelzen will.

Während eine solche Verschmelzung in technischer Hinsicht durch den Verzicht der Muttergesellschaft auf Verschmelzungsbericht und Verschmelzungsprüfung erleichtert werden kann (vgl. § 8 Abs. 3, § 9 Abs. 3, § 12 Abs. 3), würde der Verzicht auf eine Kapitalerhöhung bei der übernehmenden GmbH zu Problemen beim Kapitalschutz führen: Würde eine GmbH mit einem verhältnismäßig niedrigen Stammkapital eine andere GmbH mit hohem Stammkapital durch Verschmelzung aufnehmen, ohne daß die übernehmende GmbH ihr niedriges Stammkapital zur Übernahme des hohen Stammkapitals erhöhte, so würde das Rückzahlungsverbot des § 30 Abs. 1 GmbHG nach der Verschmelzung nur für das alte niedrige Stammkapital der übernehmenden GmbH gelten, während die Summe des alten hohen Stammkapitals der übertragenden GmbH nicht mehr unter § 30 Abs. 1 GmbHG fiele, also für eine Auszahlung an die Gesellschafter zur Verfügung stünde und damit den Gläubigern als Haftungsmasse entzogen würde. Noch deutlicher wird die Gefahr einer Gläubigerschädigung im Falle der Aufnahme einer AG oder KommanditAG durch eine GmbH ohne Kapitalerhöhung, weil damit die wesentlich strengere Kapitalschutzvorschrift des § 57 Abs. 1 AktG (Verbot jeglicher Einlagenrückgewähr) umgangen werden könnte. Deshalb kann auf das Erfordernis einer Kapitalerhöhung bei der übernehmenden GmbH über die geltende Regelung hinaus vom Gesetz nicht verzichtet und auch ein Verzicht durch die Beteiligten nicht ermöglicht werden.

Absatz 4, der § 23 Abs. 3 KapErhG entspricht, gilt nur für bare Zuzahlungen, die schon im Verschmelzungsvertrag festgesetzt sind, also nicht für spätere Erhöhungen oder Neufestsetzungen durch das Gericht aufgrund des § 15.

Zu § 55

(Vgl. § 22 KapErhG).

Auch hier wird geltendes Recht beibehalten, das von den gesetzgebenden Körperschaften erst im Jahre 1980 geschaffen worden ist.

Zum Zweiten Unterabschnitt — Verschmelzung durch Neugründung

Zu § 56

(Vgl. § 32 Abs. 1, 3 KapErhG).

Die Vorschrift verweist wie § 32 Abs. 1 Satz 1 KapErhG auf die Vorschriften über die Verschmelzung durch Aufnahme.

Gemäß § 36 Abs. 2 Satz 1 gelten ferner die Gründungsvorschriften des GmbH-Gesetzes. Diese allgemeine Verweisung erfaßt auch § 52 GmbHG, soweit er den ersten Aufsichtsrat der neugegründeten GmbH betrifft. Damit wird eine Regelung überflüssig, die § 32 Abs. 6 Nr. 1 KapErhG entsprechen würde, weil deren Inhalt bereits durch § 52 Abs. 2 Satz 1 GmbHG in Verbindung mit § 37 Abs. 4 Nr. 3, § 40 Abs. 1 Nr. 4 AktG erfaßt ist. Die Vorschrift über die Bekanntmachungsblätter der neuen GmbH (§ 32 Abs. 6 Nr. 2 KapErhG) wird durch die Anwendung des § 10 Abs. 3 GmbHG ersetzt.

Zu § 57

(Vgl. § 32 Abs. 3 Satz 2 KapErhG).

§ 57 übernimmt die verschmelzungstypische Vorschrift des § 32 Abs. 3 Satz 2 KapErhG.

Zu § 58

Die wichtigste, weil für den Gläubigerschutz und damit den Rechtsverkehr bedeutsamste Frage ist die, ob bei der Sachgründung im Wege der Verschmelzung stets auch ein Sachgründungsbericht für den neuen Rechtsträger nach § 5 Abs. 4 Satz 2 GmbHG erstellt werden muß. Dies ist erforderlich, wenn im jeweiligen Organisationsrecht der übertragenden Rechtsträger eine Kapitalsicherung im Wege der Prüfung durch Sachverständige oder Gericht nicht vorgesehen ist; denn bei der Übernahme des Vermögens dieser Rechtsträger als Sacheinlage in die neue GmbH steht der Wert dieser Sacheinlage nicht fest; für ihn fehlen auch Anhaltspunkte zu seiner Beurteilung. Dies ist bei den zulässigen Verschmelzungsfällen nur bei der Verschmelzung durch Neugründung unter Beteiligung einer Personenhandelsgesellschaft oder eines Vereins der Fall. Deshalb soll im Interesse des Gläubigerschutzes in diesen Fällen der Sachgründungsbericht vorgeschrieben werden (vgl. § 36 Abs. 2). Dabei gehört nach dem Vorbild des geltenden Umwandlungsrechts (vgl. § 56d UmwG) zum notwendigen Inhalt dieses Berichts auch eine Darstellung des

Geschäftsverlaufs und der Lage der übertragenden Unternehmen *(Absatz 1)*.

Auf den Sachgründungsbericht kann dagegen verzichtet werden, wenn und soweit schon bei den übertragenden Rechtsträgern ein ausreichender Gläubigerschutz durch Maßnahmen sichergestellt ist, die der Aufbringung und Erhaltung des Unternehmenskapitals (Stammkapital, Grundkapital) oder des Unternehmensvermögens dienen. Dies tut auch das geltende Verschmelzungsrecht (vgl. § 353 Abs. 4 Satz 1 AktG, § 32 Abs. 3 Satz 1 KapErhG). Der Sachgründungsbericht ist daher einmal entbehrlich, wenn die übertragenden Rechtsträger Kapitalgesellschaften sind; denn bei diesen sind gesetzliche Sicherungen zur Substanzerhaltung der Sacheinlage „Vermögen des übertragenden Rechtsträgers" vorgesehen. Zum anderen findet bei Genossenschaften nach § 11 Abs. 2 Nr. 3 GenG eine Prüfung der wirtschaftlichen Verhältnisse, insbesondere der Vermögenslage der Genossenschaft, durch einen Prüfungsverband und nach § 11a Abs. 2 GenG durch das Registergericht statt.

Zu § 59

(Vgl. § 32 Abs. 2 KapErhG).

§ 59 übernimmt geltendes Recht.

Zum Dritten Abschnitt — Verschmelzung unter Beteiligung von Aktiengesellschaften

Der Dritte Abschnitt der Besonderen Vorschriften gilt für alle Verschmelzungen, an denen Aktiengesellschaften beteiligt sind. Er gilt einmal für Verschmelzungen von Aktiengesellschaften untereinander. Er gilt aber auch für die Fälle des § 3 Abs. 4, also für Verschmelzungen unter Beteiligung von Rechtsträgern anderer Rechtsform, soweit eine Aktiengesellschaft betroffen ist (vgl. § 358a AktG).

Im Ersten Unterabschnitt soll wie im Zweiten Abschnitt und wie im Aktiengesetz die Verschmelzung durch Aufnahme, im Zweiten Unterabschnitt die Verschmelzung durch Neugründung geregelt werden; dies entspricht auch dem Aufbau der Allgemeinen Vorschriften im Zweiten und Dritten Abschnitt des Ersten Teils des Zweiten Buches.

In der Begründung sind jeweils die Bestimmungen der Dritten gesellschaftsrechtlichen EG-Richtlinie angeführt, die beachtet werden müssen.

Zum Ersten Unterabschnitt — Verschmelzung durch Aufnahme

Zu § 60

(Vgl. § 340b Abs. 1 und 2, § 352b Abs. 2 AktG; Artikel 10 Abs. 1 der Dritten Richtlinie).

Die Regelung ist sachlich unverändert aus dem Aktiengesetz übernommen.

Nach ihr ist eine Verschmelzungsprüfung bei Aktiengesellschaften ohne Rücksicht darauf durchzuführen, ob ein Aktionär sie verlangt *(Absatz 1)*, sofern nicht § 9 Abs. 2 und 3 gilt.

Die *Absätze 2 und 3* geben die Besonderheiten wieder, die durch Artikel 10 Abs. 1 der Dritten Richtlinie für die Prüfung einer aktienrechtlichen Verschmelzung vorgegeben sind.

Zu § 61

(Vgl. § 340d Abs. 1 AktG; Artikel 6 der Dritten Richtlinie).

Die Pflicht zur Bekanntmachung des Verschmelzungsvertrags oder seines Entwurfs beruht auf Artikel 6 der Dritten Richtlinie in Verbindung mit Artikel 3 der Ersten gesellschaftsrechtlichen EG-Richtlinie. *Satz 1* entspricht § 340d Abs. 1 AktG. *Satz 2* sieht nunmehr die nach den EG-Richtlinien einfachste Form der Bekanntmachung durch einen Hinweis im Bundesanzeiger und den übrigen Gesellschaftsblättern vor.

Zu § 62

(Vgl. § 352b Abs. 1 AktG; Artikel 27 der Dritten Richtlinie).

Der im August 1988 vom Bundesministerium der Justiz vorgelegte Diskussionsentwurf hatte, anders als § 352b Abs. 1 AktG, eine Ausnahme vom Grundsatz des § 13 für die Hauptversammlung einer übernehmenden Aktiengesellschaft nicht vorgesehen. Die Ausnahme des § 352b Abs. 1 AktG, die vom Deutschen Bundestag auf Vorschlag seines Rechtsausschusses in den Regierungsentwurf des Verschmelzungsrichtlinie-Gesetzes eingefügt worden ist, entspricht nicht dem System des Aktienrechts, nach dem sonst überall dort, wo die Verbindlichkeiten eines anderen Rechtsträgers oder wirtschaftlich vergleichbare Pflichten von einer Aktiengesellschaft übernommen werden, die Zustimmung der Hauptversammlung mit qualifizierter Mehrheit vorgesehen ist (vgl. z. B. §§ 293, 319, 320 AktG). Sie entspricht erst recht nicht den Regelungen für andere Unternehmensformen, bei denen wichtige Entscheidungen der Unternehmensleitung der Zustimmung durch die Anteilsinhaber bedürfen.

Die Ausnahme ist an sich auch durch die Weiterentwicklung des Konzernrechts durch die Rechtsprechung überholt. In dem sogenannten Holzmüller-Urteil (BGHZ 83, 122ff.) hat der Bundesgerichtshof für den Fall der Ausgliederung des wertvollsten Teils des Betriebsvermögens einer Aktiengesellschaft auf eine zu diesem Zweck errichtete 100%ige Tochtergesellschaft entschieden, daß die Obergesellschaft jedem ihrer Aktionäre gegenüber verpflichtet ist, für Kapitalerhöhungen in der Tochtergesellschaft die Zustimmung ihrer Hauptversammlung mit der Mehrheit einzuholen, die für eine entsprechende Maßnahme in der Obergesellschaft selbst erforderlich wäre. Auf die Verschmelzung übertragen, bedeutet der tragende

Gedanke dieses Urteils, daß selbst die Hauptversammlung einer Obergesellschaft des übernehmenden Rechtsträgers der Verschmelzung zustimmen müßte.

Die Entscheidung des Bundesgerichtshofs ist im Schrifttum teilweise und von seiten großer Unternehmen uneingeschränkt auf Kritik gestoßen. Ihrer Grundtendenz, den Schutz der Anteilseigner im Konzern auch bei der Obergesellschaft zu verbessern, ist jedoch zuzustimmen. Sie soll deshalb für die an der Verschmelzung unmittelbar beteiligten Rechtsträger jedenfalls insoweit berücksichtigt werden, als durch die Verschmelzung neue wirtschaftliche Risiken für die übernehmende Aktiengesellschaft entstehen, wenn also die Haftung der übernehmenden Gesellschaft für die Verbindlichkeiten einer übertragenden Kapitalgesellschaft erst durch die Verschmelzung eintritt und nicht schon vorher, etwa aufgrund einer Eingliederung (vgl. § 322 AktG) oder aufgrund der Leitung eines qualifizierten Konzerns, bestand. Im übrigen sollen die Möglichkeiten, die Artikel 27 der Dritten gesellschaftsrechtlichen EG-Richtlinie für einen gesetzlichen Verzicht auf das Erfordernis einer Hauptversammlung bei der übernehmenden Konzernmutter eröffnet, wie in § 352b Abs. 1 AktG ausgenutzt werden *(Absatz 1 und 2)*, um den Schwierigkeiten, welche die Einberufung von Hauptversammlungen mit sich bringen kann, möglichst zu begegnen.

Die Regelung des § 352b Abs. 1 Satz 4 AktG entspricht allerdings nicht voll den Anforderungen, welche die EG-Richtlinie aufstellt, weil bei der jetzigen Regelung die Aktionäre der Konzernmutter über die bevorstehende Verschmelzung nicht unterrichtet werden und also ihr Recht, die Einberufung einer Hauptversammlung zu verlangen, in der Regel nicht ausüben können. Dieser Mangel des geltenden Rechts soll durch *Absatz 3 Satz 1, 2 und 6* beseitigt werden. Die *Sätze 3 bis 5* sollen das Recht der Aktionäre auf Einberufung der Hauptversammlung verfahrensrechtlich absichern.

Zu § 63

(Vgl. § 340d Abs. 2 bis 4 AktG; Artikel 11 der Dritten Richtlinie).

Auch § 63 entspricht unter Einbeziehung der Mischverschmelzung dem geltenden Recht.

Zu § 64

(Vgl. § 340d Abs. 5 und 6 AktG).

Auch § 64 entspricht der bisherigen Regelung. Der Entwurf greift durch *Absatz 2* nicht in die allgemeinen Vorschriften des Aktiengesetzes über das Recht der Auskunftsverweigerung nach § 131 Abs. 3 AktG ein.

Zu § 65

(Vgl. § 340c AktG, § 33 Abs. 3 KapErhG; Artikel 7 der Dritten Richtlinie).

Diese Vorschrift ergänzt die allgemeine Bestimmung des § 13 Abs. 1.

In ihr sind wie im geltenden Recht die Mehrheitserfordernisse festgelegt, die allgemein für wichtige Beschlüsse der Hauptversammlungen von Aktiengesellschaften vorgesehen sind.

Diese Vorschrift gilt ebenfalls nicht nur für die rein aktienrechtlichen Verschmelzungen, sondern für Aktiengesellschaften auch dann, wenn an dem Vorgang noch ein Unternehmensträger anderer Rechtsform beteiligt ist.

Damit werden die strengen Mehrheitserfordernisse, die in § 33 Abs. 3 KapErhG für die Verschmelzung einer Aktiengesellschaft auf eine Gesellschaft mit beschränkter Haftung vorgesehen sind, nämlich Zustimmung aller Aktionäre (§ 33 Abs. 3 KapErhG i. V. m. § 369 Abs. 2 AktG) oder Mehrheit von neun Zehnteln des Grundkapitals (§ 33 Abs. 3 KapErhG i. V. m. § 369 Abs. 3 AktG), aufgegeben. Die für diese strengen Voraussetzungen früher angeführten Gründe — geringerer Gläubigerschutz insbesondere infolge schwacher Publizitätserfordernisse und geringerer Minderheitenschutz bei der übernehmenden GmbH — treffen heute nicht mehr zu. Das Bilanzrichtlinien-Gesetz hat inzwischen die Rechnungslegung, die Publizität und damit insoweit den Gläubigerschutz nunmehr für Rechtsträger aller Rechtsformen abschließend geregelt. Der Gesetzgeber hat damit endgültige Wertungen getroffen. Diese zwingen dazu, andere Gesetze auf die Stichhaltigkeit der Regelungen zu überprüfen. Der Minderheitenschutz ist im GmbH-Recht durch die Novelle 1980 wesentlich stärker entwickelt worden. Schließlich ist im Verschmelzungsrecht selbst der Schutz des einzelnen Aktionärs durch das Verschmelzungsrichtlinie-Gesetz erheblich verstärkt worden (Einführung des schriftlichen Verschmelzungsberichts, der Verschmelzungsprüfung und des Spruchverfahrens). Dies rechtfertigt es, starre Sonderregelungen aufzugeben und den Unternehmen in der Rechtsform der Aktiengesellschaft die Umstrukturierung auch in diesen Fällen zu erleichtern.

Das Gesetz berücksichtigt wie bisher nicht den Fall, daß durch eine Verschmelzung die Inhaber von Inhaberaktien an der übernehmenden Gesellschaft vinkulierte Namensaktien erhalten. § 180 Abs. 2 AktG gilt also nicht entsprechend. Es soll der Entscheidung der Aktionäre oder anderen Anteilsinhaber überlassen bleiben, ob sie der Verschmelzung zustimmen oder sich nach § 29 abfinden lassen wollen.

§ 376 Abs. 4 AktG sieht beim Wechsel der Rechtsform von einer GmbH in eine AG einen besonderen Schutz der GmbH-Gesellschafter in Form eines Zustimmungserfordernisses für den seltenen Fall vor, daß der Nennbetrag der Aktien höher als 50,— DM und abweichend vom Nennbetrag der Geschäftsanteile festgesetzt wird und der GmbH-Gesellschafter sich an der AG nicht dem Gesamtbetrag seiner Geschäftsanteile entsprechend beteiligen kann. Entsprechendes gilt nach § 369 Abs. 6 AktG für den Formwechsel von AG in GmbH.

Im Verschmelzungsrecht hat § 33 Abs. 3 KapErhG durch Verweisung auf § 369 Abs. 6 AktG für die Aufnahme einer AG durch eine GmbH diese Regel übernommen.

Die Vorschrift hat in der Praxis keinerlei Bedeutung erlangt. Sie ist im Verschmelzungsrecht auch fehl am Platze, da ihre Vorbilder, nämlich § 369 Abs. 6 und § 376 Abs. 4 AktG, die Beteiligungsquote des GmbH-Gesellschafters bei einem bloßen Wechsel der Rechtsform schützen, bei dem die Zahl der Anteilsinhaber unverändert bleibt, während sich bei einer Verschmelzung diese Quote durch die Zusammenführung der Anteilsinhaber mehrerer Rechtsträger zwangsläufig ändert. § 33 Abs. 3 KapErhG soll deshalb nicht beibehalten werden, weil durch dieses besondere Zustimmungserfordernis ohne triftigen Grund Verschmelzungen erschwert würden.

Zu § 66

(Vgl. § 346 Abs. 1 Satz 2 AktG).

Die Vorschrift übernimmt geltendes Recht.

Zu § 67

(Vgl. § 342 AktG).

Auch hier wird geltendes Recht unverändert übernommen.

Zu § 68

(Vgl. § 344 AktG).

Diese Vorschrift entspricht ebenfalls dem geltenden Recht, ist aber redaktionell zur besseren Verständlichkeit aufgegliedert worden.

Auch hier kann bei einer Verschmelzung von Schwestergesellschaften ebensowenig auf eine Kapitalerhöhung verzichtet werden wie bei Gesellschaften mit beschränkter Haftung. Auf die Begründung zu § 54 wird verwiesen.

Zu *Absatz 3* wird auf die Bemerkungen zu § 54 Abs. 4 verwiesen.

Zu § 69

(Vgl. § 343 AktG).

Die Ergänzung des geltenden Rechts durch *Absatz 1 Satz 1* zweiter Halbsatz, nach der eine Sacheinlagenprüfung bei einer Erhöhung des Grundkapitals der übernehmenden Aktiengesellschaft auch dann stattfinden muß, soweit eine Personenhandelsgesellschaft oder ein Verein aufgenommen wird oder wenn Aktivposten in der Schlußbilanz des übertragenden Rechtsträgers höher bewertet worden sind als in der vorausgegangenen Jahresbilanz, beruht auf der Erwägung, daß in diesen Fällen stets die Gefahr einer Aushöhlung des Grundkapitals und damit einer Verletzung des Verbots der Unter-pari-Emission besteht, weil das Vermögen der übertragenden Personenhandelsgesellschaft oder des Vereins erst zu prüfen ist, um seinen Wert feststellen zu können (vgl. die Begründung zu § 58), oder weil die neue Bewertung so hoch ausfallen kann, daß der reale Wert des bewerteten Teils der Sacheinlage nicht mehr dem Nennwert der für sie neu begebenen Aktien entspricht.

Die Vorschrift berücksichtigt ferner den nunmehr nach § 24 möglichen Fall, daß die übernehmende Gesellschaft die Buchwerte aus der Schlußbilanz des übertragenden Rechtsträgers nicht fortführt, sondern die übernommenen Wirtschaftsgüter neu bewertet. Auch hier muß einer zu hohen Bewertung durch eine Sacheinlagenprüfung vorgebeugt werden.

Im übrigen ist die Vorschrift gegenüber § 343 AktG redaktionell geringfügig geändert worden.

Zu § 70

(Vgl. § 350 Abs. 1 Satz 3 AktG; Artikel 20 der Dritten Richtlinie).

Die Vorschrift ergänzt unter Übernahme des geltenden Rechts den § 26 Abs. 1.

Zu § 71

(Vgl. § 346 Abs. 2 AktG).

Die Vorschrift ist in *Absatz 1* sachlich unverändert. Durch eine redaktionelle Ergänzung gegenüber dem geltenden Recht soll klargestellt werden, daß ein Spruchverfahren, in dem es zur Festsetzung weiterer barer Zuzahlungen kommen kann, die Eintragung der Verschmelzung nicht hindert.

Absatz 2 übernimmt für den Treuhänder die für den besonderen Vertreter geltende Vergütungsregelung, wie dies zweckmäßigen Anregungen aus der Praxis entspricht.

Zu § 72

(Vgl. § 346 Abs. 7 AktG; § 33 Abs. 3 KapErhG i.V.m. § 373 AktG).

Auch diese Bestimmung ist sachlich nicht verändert. Sie ist jedoch wegen der Mischverschmelzung erweitert und redaktionell umgestaltet worden.

Zum Zweiten Unterabschnitt — Verschmelzung durch Neugründung

Zu § 73

(Vgl. § 353 Abs. 1 AktG; Artikel 4, 23 der Dritten Richtlinie).

Die Vorschrift entspricht sachlich dem geltenden Recht.

Zu § 74

(Vgl. § 353 Abs. 4 Satz 2, 3 AktG).

Die Vorschrift übernimmt geltendes Recht.

Zu § 75

§ 75 ist die Parallele zu § 58. Für ihn gelten dieselben Gründe.

Zu § 76

(Vgl. § 353 Abs. 2, 3 AktG; Artikel 23 i.V.m. Artikel 7 der Dritten Richtlinie).

Auch hier wird geltendes Recht übernommen und auf die Fälle der Mischverschmelzung erweitert.

Zu § 77

(Vgl. § 353 Abs. 7 AktG).

Die Vorschrift entspricht § 353 Abs. 7 Nr. 3 AktG. Nur insoweit muß das Gründungsrecht der AG, das nach § 36 Abs. 2 Satz 1 gilt, ergänzt werden. Die übrigen nach § 353 Abs. 7 Nr. 1 und 2 AktG erforderlichen Angaben müssen bereits nach den Gründungsvorschriften gemacht werden.

Zum Vierten Abschnitt — Verschmelzung unter Beteiligung von Kommanditgesellschaften auf Aktien

In diesem Abschnitt sind die Vorschriften, die für Verschmelzungen unter Beteiligung einer Kommanditgesellschaft auf Aktien für diese Gesellschaft gelten sollen, durch eine Verweisung auf die für Aktiengesellschaften geltenden Vorschriften des Gesetzes in einer Bestimmung zusammengefaßt, wie dies auch das Aktiengesetz tut.

Zu § 78

(Vgl. § 354 Abs. 2 AktG, § 23 Satz 2 UmwG)

§ 78 *Satz 1 und 2* entspricht § 354 Abs. 2 AktG.

Die Gleichstellung der persönlich haftenden Gesellschafter der KGaA mit dem Vorstand der AG ist jedoch zur Klarstellung ausdrücklich auf die zur Vertretung ermächtigten Gesellschafter beschränkt worden (vgl. § 278 Abs. 2 AktG, § 161 Abs. 2, § 125 Abs. 1 HGB).

Das geltende Recht sieht in den Fällen des Formwechsels einer Kommanditgesellschaft auf Aktien in eine Aktiengesellschaft oder in eine Gesellschaft mit beschränkter Haftung sowie im Falle der übertragenden Umwandlung einer Kommanditgesellschaft auf Aktien auf eine Personengesellschaft oder auf einen Gesellschafter vor, daß die persönlich haftenden Gesellschafter in notarieller Form dem Vorgang zustimmen müssen (vgl. § 366 Abs. 1, § 386 Abs. 1 AktG, § 23 Satz 2 UmwG). Der Entwurf übernimmt diese Regelung allgemein für den Fall des Formwechsels einer Kommanditgesellschaft auf Aktien, erleichtert sie aber auch insofern, als die Satzung eine Mehrheitsentscheidung dieser Gesellschafter vorsehen kann (vgl. § 233 Abs. 3 Satz 1 und 2, § 240 Abs. 3, § 252 Abs. 3). Der hierin zum Ausdruck kommende Schutzgedanke trifft jedoch auch für andere Umwandlungsarten zu; er entspricht zudem dem allgemeinen Recht der Kommanditgesellschaft auf Aktien, das alle Grundlagenänderungen von der Zustimmung der persönlich haftenden Gesellschafter abhängig macht (vgl. § 285 Abs. 2 Satz 1 AktG). *Satz 3* erweitert daher das bislang nur für den Formwechsel und die übertragende Umwandlung vorgesehene besondere Zustimmungserfordernis auch auf die Fälle der Verschmelzung und über § 125 auch der Spaltung von Kommanditgesellschaften auf Aktien.

Nach den §§ 29 und 34 sowie nach Satz 1 des § 78 haben Anteilsinhaber eines übertragenden Rechtsträgers, der von einer AG oder einer KGaA im Wege der Verschmelzung aufgenommen wird, einen Anspruch auf Barabfindung gegen Übertragung ihrer neuerworbenen Aktien. Dies gilt auch für Aktionäre einer AG, die von einer KGaA aufgenommen wird, und umgekehrt. Dieser Anspruch richtet sich gegen die übernehmende AG oder KGaA und führt bei Erfüllung dazu, daß bei der übernehmenden Gesellschaft eigene Aktien entstehen. Dies ist aber grundsätzlich unerwünscht. Um es soweit vertretbar zu vermeiden, sollen Aktiengesellschaften und Kommanditgesellschaften auf Aktien nicht als Unternehmen unterschiedlicher Rechtsform im Sinne der genannten Vorschriften gelten *(Satz 4)*, der Abfindungsanspruch also insoweit ausgeschlossen sein.

Zum Fünften Abschnitt — Verschmelzung unter Beteiligung eingetragener Genossenschaften

Die Regelung der Verschmelzung unter Beteiligung eingetragener Genossenschaften soll sachlich erheblich erweitert werden.

Das gilt zunächst für die Verschmelzung von Genossenschaften untereinander. Anders als nach § 93a Abs. 1 GenG können nunmehr auch Genossenschaften verschiedener Haftart, also ohne, mit beschränkter oder mit unbeschränkter Nachschußpflicht miteinander verschmolzen werden. Daraus folgt zugleich, daß es auch auf die Höhe der Haftsumme nicht ankommt.

Daneben sollen eingetragene Genossenschaften auch im Wege der Aufnahme durch einen der in § 3 Abs. 1 genannten Rechtsträger anderer Rechtsform verschmolzen werden können. Dies entspricht einem besonders für die Verschmelzung mit Aktiengesellschaften hervorgetretenen Bedürfnis der Praxis sowie dem System des Gesetzes, das insgesamt den Rechtsträgern möglichst viele Möglichkeiten der Umstrukturierung zur Verfügung stellen soll.

Umgekehrt soll auch die Verschmelzung von Rechtsträgern anderer Rechtsform durch Aufnahme in eine bereits bestehende eingetragene Genossenschaft ermöglicht werden. Ein Bedürfnis hat sich hier insbesondere für die Rückübernahme früher ausgegliederter Tochtergesellschaften ergeben.

Ersatzlos wegfallen soll die Vorschrift des § 93e Abs. 1 Satz 2 und 3 GenG über die verschmelzungsbedingte Berichtigung von Grundbüchern und anderen öffentlichen Registern. Die Antragsberechtigung der übernehmenden Genossenschaft braucht nicht besonders geregelt zu werden, weil sie sich wie bei anderen übernehmenden Rechtsträgern aus der durch den Vermögensübergang erlangten materiellen Berechtigung ergibt. Auch erfordert der Nachweis des Vermögensübergangs keine besondere Regelung, weil er sich jedenfalls durch die Vorlage einer beglaubigten Abschrift der Eintragung der Verschmelzung im Register des Sitzes des übernehmenden Rechtsträgers unschwer führen läßt. Dies trifft auch dann zu, wenn die Verschmelzung infolge Fehlerhaftigkeit des Verschmelzungsvertrags oder eines der Verschmelzungsbeschlüsse Mängel aufweisen sollte; denn nach § 20 Abs. 2 sollen typische Verschmelzungswirkungen wie gerade auch der Vermögensübergang durch einen Mangel der Verschmelzung nicht berührt werden.

Schließlich bedarf es keiner besonderen Vorschrift, die für den Nachweis des Vermögensübergangs eine Bestätigung oder einen Auszug aus dem Genossenschaftsregister einer übertragenden Genossenschaft ausreichend sein läßt. Wie bei der Verschmelzung von Rechtsträgern anderer Rechtsform kann diese Frage der freiwilligen Gerichtsbarkeit auch künftig der Beurteilung durch die Rechtsprechung überlassen bleiben.

Zum Ersten Unterabschnitt — Verschmelzung durch Aufnahme

Zu § 79

Die Verschmelzung im Wege der Aufnahme eines Rechtsträgers anderer Rechtsform durch eine eingetragene Genossenschaft ist nach geltendem Recht nicht möglich. Sie soll in Zukunft zugelassen werden. Die Unternehmens- und Beteiligungsstrukturen vor allem von Kapitalgesellschaften werden sich allerdings von den gesetzlich vorgegebenen Strukturen einer bereits bestehenden Genossenschaft in der Regel so erheblich unterscheiden, daß eine Verschmelzung durch Aufnahme im allgemeinen eine grundlegende Umgestaltung des Statuts der übernehmenden Genossenschaft erfordert. Das gilt insbesondere dann, wenn bei einer übertragenden Kapitalgesellschaft eine größere Beteiligung besteht, während das Statut der Genossenschaft mehrere Geschäftsanteile in einer Hand nicht zuläßt.

Es war deshalb zunächst erwogen worden, die verschmelzungswilligen Rechtsträger auf die gleichwertige Möglichkeit der Verschmelzung durch Neugründung zu verweisen. Die aus der Praxis vorgetragenen Gründe haben jedoch dazu geführt, für die Verschmelzung durch Aufnahme eines Rechtsträgers anderer Rechtsform keine Einschränkungen vorzusehen.

Allerdings soll die übernehmende Genossenschaft verpflichtet werden, gleichzeitig mit der Verschmelzung eine etwa erforderlich werdende Änderung ihres Statuts durchzuführen. Bei der Übernahme 100%iger Tochtergesellschaften dürfte dies nur selten der Fall sein, weil es nicht zu einem Anteilstausch kommt. Die Verpflichtung aus § 79 hat jedoch erhebliche Bedeutung, wenn an dem übertragenden Rechtsträger andere Anteilsinhaber mit größeren Paketen beteiligt sind. Durch die gleichzeitige Änderung des Statuts soll auch für den Rechtsverkehr die erforderliche Klarheit geschaffen werden.

Zu § 80

(Vgl. § 93h Abs. 2 und 4 GenG).

Die Vorschrift konkretisiert in Ergänzung des § 5 Abs. 1 die Angaben, die der Verschmelzungsvertrag oder sein Entwurf zum Anteilstausch enthalten muß, wenn der übernehmende Rechtsträger eine eingetragene Genossenschaft ist. Es handelt sich um eine Parallelvorschrift zu § 46, der für die Verschmelzung im Wege der Aufnahme durch eine Gesellschaft mit beschränkter Haftung eine vergleichbare Regelung enthält.

Inhaltlich orientiert sich die Vorschrift an der nach geltendem Genossenschaftsrecht erforderlichen Unterscheidung zwischen einer übernehmenden Genossenschaft, deren Statut nur eine Beteiligung mit jeweils einem Geschäftsanteil zuläßt *(Absatz 1 Satz 1 Nr. 1)*, und der Aufnahme durch eine Genossenschaft, deren Statut die Beteiligung eines Genossen mit mehreren Geschäftsanteilen zuläßt oder als Pflichtbeteiligung vorschreibt *(Absatz 1 Satz 1 Nr. 2 Satz 1)*.

Für den Fall der Gewährung mehrerer Geschäftsanteile übernimmt die Vorschrift unverändert den Berechnungsmodus, der sich nach geltendem Recht aus der Regelung der Verschmelzungswirkung in § 93h Abs. 2 GenG ergibt. In Übereinstimmung mit den Vorschriften über den Anteilstausch bei Rechtsträgern anderer Rechtsform soll aber im Gesetzestext deutlicher zum Ausdruck gebracht werden, daß es sich nicht bloß um gesetzlich angeordnete Rechtsfolgen, sondern um einen wesentlichen Teil des Verschmelzungsvertrags handelt. In diesem Vertrag kann sich die übernehmende Genossenschaft auch zu weiteren Zuschreibungen auf die Geschäftsguthaben verpflichten. Dies soll wie bisher zulässig bleiben und bei der Berechnung der Zahl der Geschäftsanteile berücksichtigt werden *(Absatz 1 Satz 1 Nr. 2 zweiter Halbsatz).*

Für den Fall der Gewährung mehrerer Geschäftsanteile ist wie im geltenden Recht nicht vorgesehen, daß der Verschmelzungsvertrag für jeden Genossen einer übertragenden Genossenschaft auch schon die Zahl der Geschäftsanteile angeben muß, die dieser durch die Verschmelzung erhält; denn zum einen können die hierfür maßgeblichen Geschäftsguthaben im Einzelfall so sehr voneinander abweichen, daß vor allem bei Großgenossenschaften zu viele individuelle Angaben in den Verschmelzungsvertrag aufgenommen werden müßten. Vor allem aber kann im Hinblick auf den für die Aufstellung der Schlußbilanzen übertragender Genossenschaften nach § 17 Abs. 2 vorgegebenen zeitlichen Rahmen nicht verlangt werden, daß diese Bilanzen schon vorliegen müssen, wenn der Verschmelzungsvertrag abgeschlossen oder entworfen wird. Diese Schlußbilanzen bilden die Grundlage für die Ermittlung des Geschäftsguthabens, nach dessen Höhe vorbehaltlich einer weitergehenden Vereinbarung im Verschmelzungsvertrag die Zahl der zu gewährenden Geschäftsanteile zu berechnen ist. Im Interesse der Transparenz des Verschmelzungsvorgangs ist deshalb vorgesehen, daß im Verschmelzungsvertrag oder in dessen Entwurf für jede übertragende Genossenschaft wenigstens der Stichtag ihrer Schlußbilanz angegeben, d. h. notfalls vorherbestimmt werden muß *(Absatz 2).*

Absatz 1 Satz 2 enthält für die Mischverschmelzung eine ähnliche Regelung. Jedoch muß, wenn zur Gründung einer neuen Genossenschaft Rechtsträger anderer Rechtsform verschmolzen werden sollen, der Verschmelzungsvertrag oder dessen Entwurf in jedem Fall auch die endgültige Zahl der Geschäftsanteile bestimmen, die jedem Anteilsinhaber des übertragenden Rechtsträgers durch die Verschmelzung gewährt werden sollen. Eine solche vertragliche Festlegung ist erforderlich, weil beim Umtausch von Beteiligungen, die ihrer Art nach verschieden sind, das Umtauschverhältnis nicht in der Weise gesetzlich vorhersehbar bestimmt werden kann, daß es sich wie bei der reinen Genossenschaftsverschmelzung anhand der durch die Schlußbilanz ausgewiesenen Geschäftsguthaben errechnen läßt, sobald diese Bilanz vorliegt. Der Entwurf verzichtet deshalb hier auch darauf, das im Verschmelzungsvertrag zu bestimmende Umtauschverhältnis von der Schlußbilanz des übertragenden Rechtsträgers (§ 17 Abs. 2) abhängig zu machen; notfalls muß für diesen Rechtsträger eine Zwischenbilanz aufgestellt werden, so wie dies für Aktiengesellschaften und Genossenschaften nach § 63 Abs. 1 Nr. 3, § 82 Abs. 1 Satz 1 auch in anderem Zusammenhang erforderlich werden kann.

Zu § 81

(Vgl. § 93b Abs. 2 Satz 1 GenG).

Die Vorschrift übernimmt im *Absatz 1 Satz 1* sachlich unverändert das geltende Recht. Die Prüfung durch den Prüfungsverband ersetzt für eine an einer Verschmelzung beteiligte Genossenschaft die Prüfung durch Sachverständige nach den §§ 9 bis 12. *Satz 2* entspricht § 12 Abs. 1 Satz 2.

Für die Prüfung von Verschmelzungen im Wege der Aufnahme eines Rechtsträgers anderer Rechtsform durch eine eingetragene Genossenschaft gelten daneben für diesen Rechtsträger die §§ 9 bis 12, also auch § 11 Abs. 1 Satz 1 über die Auswahl der Prüfer.

Bei Tochterunternehmen von Genossenschaften in anderen Rechtsformen, insbesondere von Aktiengesellschaften und Gesellschaften mit beschränkter Haftung, gestattet Artikel 25 Abs. 1 EGHGB jedoch abweichend von § 319 Abs. 1 HGB, auf den § 11 Abs. 1 Satz 1 für die Auswahl der Prüfer verweist, auch den Prüfungsverbänden die Prüfung des Jahresabschlusses. Diese Regelung hat sich aufgrund der besonderen Vertrautheit der Prüfungsverbände mit den Verhältnissen der von ihnen betreuten Genossenschaften und deren Tochterunternehmen bewährt. Sie soll deshalb für die Prüfung der Verschmelzung als Alternative bei der Auswahl der Verschmelzungsprüfer übernommen werden *(Absatz 2).*

Zu § 82

Eine Genossenschaft ist von der möglichen Zahl der am Verschmelzungsbeschluß Beteiligten her einer Aktiengesellschaft vergleichbar. Vergleichbar ist auch die nur begrenzte Möglichkeit der Genossen, an der Geschäftsführung teilzunehmen oder sie zu beeinflussen. Die Stellung der Genossen bei einer Verschmelzung soll daher nach dem Vorbild des Aktienrechts verstärkt werden.

Dies gilt zunächst für die Unterrichtung der Genossen vor der Generalversammlung, in welcher der Verschmelzungsbeschluß (§ 13 Abs. 1) gefaßt werden soll. Wie nach § 63 den Aktionären einer Aktiengesellschaft sollen nach § 82 *Abs. 1 Satz 1, Abs. 2* den Genossen alle Unterlagen zur Verfügung gestellt werden, die für ihre Willensbildung von Bedeutung sein können.

Außer den bei aktienrechtlichen Verschmelzungen vorgesehenen Unterlagen sind in Absatz 1 *Satz 1* auch die bei der Verschmelzung von Genossenschaften zu erstattenden Gutachten der Prüfungsverbände (§ 81) genannt, die den Prüfungsberichten nach § 12 entsprechen.

Zu § 83

(Vgl. § 93b Abs. 2 Satz 2 und 3 GenG).

Die Stellung der Genossen, insbesondere deren Auskunftsrecht, soll auch in der Generalversammlung selbst gegenüber dem geltenden Recht verstärkt werden. Dies entspricht der nach § 64 für Aktionäre geltenden Regelung.

Zu § 84

(Vgl. § 93b Abs. 1 GenG).

§ 84 entspricht sachlich dem geltenden Recht, paßt es jedoch redaktionell den anderen Vorschriften des Entwurfs an (vgl. §§ 50, 65 Abs. 1).

Zu § 85

Die Erfüllung des Nachbesserungsanspruchs nach § 15 kann bei der Verschmelzung von Genossenschaften dazu führen, daß dem Genossen aus Anlaß der Verschmelzung eine Beteiligung an den Rücklagen und dem sonstigen Vermögen der übertragenden Genossenschaft zuwächst, die er nicht hätte, wenn er aus der Genossenschaft ausschiede (durch Kündigung gemäß den §§ 93k ff. GenG oder durch Ausschlagung gemäß den §§ 90ff. des Entwurfs — vgl. § 93m Abs. 1 Satz 3 GenG, § 93 Abs. 2 des Entwurfs), und die er auch bisher nicht hatte. Deshalb soll der Nachbesserungsanspruch für die rein genossenschaftliche Verschmelzung auf den Fall begrenzt werden, daß nach dem Verschmelzungsvertrag dem Genossen bei der übernehmenden Genossenschaft ein geringeres Geschäftsguthaben zustehen soll als bei der übertragenden Genossenschaft. Dadurch wird zugleich eine Abschmelzung des Eigenkapitals der Genossenschaft vermieden.

Die bisher schon anerkannte Möglichkeit, bei einer Verschmelzung Zuschreibungen auf das Geschäftsguthaben vorzunehmen, soll durch *Absatz 2* erhalten bleiben. Sie wird zugleich als Befugnis ausgestaltet, den Anspruch auf bare Zuzahlung, wie ihn § 15 vorsieht, durch Zuschreibung zu erfüllen.

Zu § 86

(Vgl. § 93d Abs. 2 GenG).

Die Vorschrift ergänzt § 17. Sie übernimmt in *Absatz 1* geltendes Recht. Im Hinblick auf die besonderen Probleme, die bei einer Mischverschmelzung auftreten können, wird für die konstitutive Eintragung beim Register des übernehmenden Rechtsträgers darüber hinaus die Vorlage aller im Zusammenhang mit der Verschmelzung erstatteten Prüfungsgutachten verlangt *(Absatz 2)*.

Zu § 87

(Vgl. § 93h Abs. 2 bis 4 GenG).

Die Vorschrift, die in *Absatz 1 Satz 1 und 2* in Ergänzung des § 20 Abs. 1 Nr. 3 Satz 1 zunächst den Anteilstausch beim Wechsel der Genossen einer übertragenden Genossenschaft zu einem übernehmenden Rechtsträger konkretisiert, entspricht im wesentlichen dem geltenden Recht. Redaktionell enthält sie die notwendige Anpassung an die Vorschriften des Entwurfs über die Bekanntmachung der Verschmelzung (§ 19 Abs. 3) und über den bei der Verschmelzung mit einer aufnehmenden Genossenschaft erforderlichen Inhalt des Verschmelzungsvertrags (§ 80). Sie dehnt die Regelung in Absatz 1 Satz 1 auf die Übernahme einer Genossenschaft durch einen Rechtsträger anderer Rechtsform aus.

In *Absatz 1 Satz 2* wird wie bisher klargestellt, daß Geschäftsanteile, die bei der übernehmenden Genossenschaft als Pflichtbeteiligung übernommen werden müssen, aber durch den verschmelzungsbedingten Anteilstausch nicht erworben werden können, außerhalb des Verschmelzungsvorgangs zu übernehmen sind.

Satz 3 trägt der Tatsache Rechnung, daß bei der Genossenschaft Rechte Dritter nicht an den Geschäftsanteilen, sondern an den allein übertragbaren Geschäftsguthaben bestehen (vgl. für die formwechselnde Umwandlung § 385p Abs. 1 Satz 3 AktG). *Satz 4* regelt den umgekehrten Fall nach demselben Vorbild.

Der Entwurf schließt wie das geltende Recht eine Vereinbarung im Verschmelzungsvertrag nicht aus, durch die sich die übernehmende Genossenschaft verpflichtet, neben der Abgeltung der Geschäftsguthaben eine bare Zuzahlung an die Genossen der übertragenden Genossenschaft zu leisten. Jedoch soll der Gesamtbetrag wie bei der übernehmenden GmbH (vgl. § 54 Abs. 4) und bei der übernehmenden Aktiengesellschaft (vgl. § 68 Abs. 3) der Höhe nach begrenzt werden *(Absatz 2 Satz 2)*.

Zu § 88

Die Regelung ist ebenso wie die parallelen Vorschriften beim Formwechsel (vgl. § 256 Abs. 1 und 2, § 289 Abs. 1) neu, weil das geltende Recht die Umwandlung von Rechtsträgern anderer Rechtsform in Genossenschaften bisher weder als Verschmelzung noch als formwechselnde Umwandlung zuläßt.

Ist der übertragende Rechtsträger keine Genossenschaft, so können die Geschäftsguthaben bei der übernehmenden Genossenschaft nicht wie bei einer Verschmelzung, an der nur Genossenschaften beteiligt sind, nach der Höhe früherer Geschäftsguthaben bestimmt werden. Um sicherzustellen, daß die Anteilsinhaber einer übertragenden Kapitalgesellschaft durch den Wechsel von der Kapitalbeteiligung zur genossenschaftlichen Mitgliedschaft keine Vermögenseinbußen erleiden, sieht *Absatz 1* vor, daß der Berechnung der Geschäftsguthaben in diesem Fall der Wert der bisherigen Beteiligung an der übertragenden Gesellschaft zugrunde zu legen ist, wobei es wie auch sonst bei Verschmelzungsvorgängen auf den Stichtag der Umwandlungsbilanz ankommt. Ergibt sich danach im Einzelfall ein Geschäftsguthaben, das den Gesamtbetrag der Geschäftsanteile eines Genossen übersteigt, so soll die Differenz an diesen Genossen wie nach § 87 Abs. 2 auszuzahlen sein, weil die Interessenlage insoweit nicht anders ist als bei einer Verschmelzung, an der nur Genossenschaften beteiligt sind (vgl. § 93h Abs. 3 GenG). Sowohl die Bestimmung des Geschäftsguthabens nach dem Wert der bisherigen Beteiligungen als auch die Pflicht zur Auszahlung überschießender Beträge entspricht der für den Formwechsel einer Kapitalgesellschaft in eine eingetragene Genossenschaft vorgeschlagenen Lösung (vgl. § 256 Abs. 1 und 2).

Wird ein rechtsfähiger Verein auf eine Genossenschaft verschmolzen, so soll es nach *Absatz 2* nicht möglich sein, auch ehemaligen Vereinsmitgliedern als Geschäftsguthaben bei der übernehmenden Genossenschaft Beträge gutzuschreiben, die den Gesamtbetrag der Geschäftsanteile übersteigen, mit denen sie bei der übernehmenden Genossenschaft beteiligt sind. Damit trägt der Entwurf der Tatsache Rechnung, daß die Mitgliedschaft in einem rechtsfähigen Verein im allgemeinen keine wertmäßige Beteiligung der Vereinsmitglieder an dem Vermögen dieses Vereins vermittelt. Deshalb braucht in solchen Fällen auf das im Genossenschaftsrecht auch sonst geltende Prinzip der Begrenzung des Geschäftsguthabens durch den Nennbetrag der Geschäftsanteile nicht verzichtet zu werden. Sieht ein Verschmelzungsvertrag vor, daß das gesamte Vereinsvermögen auf die bisherigen Vereinsmitglieder aufgeteilt werden soll, was vor allem bei Vereinen mit einem in übertragbare Anteile zerlegten Vermögen der Fall sein kann, so müssen die Zahl und der Betrag der jedem Vereinsmitglied zugeteilten Geschäftsanteile im Statut der übernehmenden Genossenschaft entsprechend hoch angesetzt werden. Dies wird wegen der ähnlichen Mitgliederstruktur von Vereinen und Genossenschaften im allgemeinen auch keine Schwierigkeiten bereiten. Bleibt umgekehrt die Summe der Gutschriften auf die Geschäftsguthaben der bisherigen Vereinsmitglieder bei der übernehmenden Genossenschaft hinter dem Wert des Vereinsvermögens zurück, so ist die Differenz den Rücklagen der übernehmenden Genossenschaft zuzuführen. Dies entspricht der für den Formwechsel eines rechtsfähigen Vereins in eine eingetragene Genossenschaft vorgeschlagenen Lösung (vgl. § 289 Abs. 1).

Zu § 89

(vgl. § 93i GenG).

Die Vorschrift übernimmt mit zwei Ausnahmen geltendes Recht.

Nach *Absatz 1 Satz 1* soll es für den zeitlichen Ablauf anders als bisher auf die Eintragung der Verschmelzung in das Register des Sitzes der übernehmenden Genossenschaft ankommen, weil erst damit die Verschmelzungswirkung (§ 20 Abs. 1) eintritt.

Werden den Anteilsinhabern eines übertragenden Rechtsträgers auf Grund der Verschmelzung mehrere Geschäftsanteile gewährt, so muß die übernehmende Genossenschaft die Zahl der weiteren Geschäftsanteile in ihre Mitgliederliste eintragen (vgl. § 30 Abs. 2 Nr. 2 GenG). Diese Zahl hängt bei der rein genossenschaftlichen Verschmelzung von der Höhe des durch die jeweilige Schlußbilanz ausgewiesenen Geschäftsguthabens jedes einzelnen Genossen ab.

Absatz 2 entspricht geltendem Recht, erfaßt aber dabei die Übernahme von Rechtsträgern anderer Rechtsformen und den Treuhänder für unbekannte Aktionäre einer übertragenden AG oder KommanditAG.

Zu § 90

(Vgl. §§ 93k bis 93 m, insbesondere § 93k Abs. 1 Satz 1, Abs. 2, § 93l Satz 1 GenG).

Die §§ 93k bis 93 m GenG sehen im Falle der Verschmelzung von Genossenschaften ein Sonderkündigungsrecht für Mitglieder der übertragenden Genossenschaft vor, wenn sie gegen die Verschmelzung Widerspruch erhoben haben oder wenn bei der Beschlußfassung erhebliche Verfahrensfehler unterlaufen sind. Nach § 93k Abs. 1 Satz 1 GenG kann „die durch die Verschmelzung erworbene Mitgliedschaft" mit der Folge gekündigt werden, daß sie „als nicht erworben gilt" (§ 93l Satz 1 GenG).

Der Entwurf behält diese Möglichkeit, den Anteilstausch individuell abzulehnen, in Gestalt des Rechts bei, die durch den Verschmelzungsvorgang erworbene Rechtsstellung auszuschlagen. Die Ausschlagung als Mittel zur rückwirkenden Beseitigung einer aufgedrängten Rechtsposition ist schon aus dogmatischen Gründen der Kündigung einer Mitgliedschaft vorzuziehen, die im Kündigungsfall als nicht erworben gilt. Das Recht zur außerordentlichen Kündigung muß aber vor allem deshalb durch ein Ausschlagungsrecht ersetzt werden, weil der Entwurf die Aufnahme von Genossenschaften durch eine Aktiengesellschaft zuläßt und die Mitgliedschaft eines Aktionärs nicht gekündigt werden kann.

Im einzelnen enthält der Entwurf für die Ausgestaltung der Ausschlagung, die wie die Kündigung ein einseitiger rechtsgestaltender Akt ist, dieselben Grundsätze, die bisher für das Sonderkündigungsrecht gegolten haben.

Das Ausschlagungsrecht tritt für die Genossen einer übertragenden Genossenschaft an die Stelle des Rechts auf Barabfindung. Dies stellt *Absatz 1* klar.

Die *Absätze 2 und 3* übernehmen für die tatbestandlichen Voraussetzungen des Ausschlagungsrechts und für die charakteristische Folge der Ausschlagung die gleiche Regelung, die gegenwärtig für das Sonderkündigungsrecht gilt. Dabei wird der Ausnahmecharakter der Regelung gegenüber der Verschmelzungswirkung des § 20 Abs. 1 Nr. 3 besonders hervorgehoben.

Die Vorschriften tragen ferner dem Umstand Rechnung, daß der Entwurf sowohl die gleichzeitige Aufnahme mehrerer Genossenschaften als auch eine Mischverschmelzung im Wege der Aufnahme zuläßt.

Zu § 91

(Vgl. § 93k Abs. 1 Satz 2, Abs. 3 GenG).

Wie nach geltendem Recht für die außerordentliche Kündigung soll künftig auch für die Ausschlagung die schriftliche Form erforderlich und ausreichend sein *(Absatz 1)*.

Absatz 2 sieht für die Ausschlagung eine Ausschlußfrist vor, die der Erklärungsfrist für die Ausübung des Sonderkündigungsrechts entspricht, ihr aber nur im Grundsatz nachgebildet ist. Das geltende Recht knüpft den Fristbeginn an Mitteilungen und Benachrichtigungen an, die eine übernehmende Genossenschaft voraussetzen. Da dies für den Fall der Mischverschmelzung nicht paßt, soll für die Ausschlagung eine einheitliche Frist von sechs Monaten gelten, die zu laufen beginnt, sobald die Verschmelzung nach § 19 Abs. 3 als bekanntgemacht gilt. Die Länge dieser Frist steht im Einklang mit der weiteren Regelung, daß die Auszahlung des Geschäftsguthabens an einen ausschlagenden Anteilsinhaber erst nach Ablauf dieser Frist vorgenommen werden darf (vgl. § 94 zweiter Halbsatz).

In *Absatz 3* wird klargestellt, daß eine Ausschlagung nicht anders als eine Kündigung — bedingungsfeindlich ist.

Zu § 92

(Vgl. § 93l GenG).

Der Referentenentwurf wollte es noch für den Fall der Verschmelzung von Genossenschaften miteinander bei der vor Inkrafttreten des Registerverfahrenbeschleunigungsgesetzes vom 20. Dezember 1993 (BGBl. I S. 2182) für das Sonderkündigungsrecht geltenden Regelung belassen, daß die Fiktion des Nichterwerbs der Mitgliedschaft bei der übernehmenden Genossenschaft erst durch die Eintragung der Ausschlagung (bisher: Kündigung) in die Liste der Genossen dieser Genossenschaft herbeigeführt wird, und daher auch die Modalitäten dieser Eintragung in das künftige Recht übernehmen.

Nach der Abschaffung der gerichtlich geführten Liste der Genossen und der Übertragung der Führung der Mitgliederliste auf die Genossenschaft durch das Registerverfahrenbeschleunigungsgesetz erscheint es nicht gerechtfertigt, die Wirkung der Ausschlagungserklärung bei der reinen Genossenschaftsverschmelzung an die Eintragung der Ausschlagung in der nunmehr bei der Genossenschaft geführten Mitgliederliste, bei der Verschmelzung zur Aufnahme durch einen Rechtsträger anderer Rechtsform dagegen an den Zugang der Ausschlagungserklärung beim übernehmenden Rechtsträger zu knüpfen.

Es erscheint vielmehr zweckmäßig, einheitlich auf den Zugang der Ausschlagungserklärung beim übernehmenden Rechtsträger abzuheben, da der Eintragung in die bei der Genossenschaft geführte Mitgliederliste keine konstitutive Wirkung zukommt. Dies ergibt sich auch aus § 30 Abs. 2 Satz 2 GenG n. F., wonach eine in die Mitgliederliste eingetragene Angabe bereits vorher wirksam geworden sein kann.

Zu § 93

(Vgl. § 93m Abs. 1 Satz 1 bis 3, Abs. 2, 3 GenG).

Wie das geltende Recht für den Fall der Sonderkündigung sieht der Entwurf als weitere Rechtsfolge der Ausschlagung vor, daß zwischen dem übernehmenden Rechtsträger und dem ausschlagenden Genossen einer übertragenden Genossenschaft eine Auseinandersetzung stattzufinden hat *(Absatz 1)*, wobei wie bisher die Schlußbilanz der übertragenden Genossenschaft dafür maßgeblich ist, ob der Genosse die Auszahlung seines Geschäftsguthabens verlangen kann *(Absatz 2)* oder seinerseits einen anteiligen Fehlbetrag auszugleichen hat *(Absatz 3)*.

Die Verjährungsregelung in *Absatz 4* entspricht ebenfalls dem geltenden Recht. Jedoch soll die Verjährungsfrist wie allgemein von drei auf fünf Jahre festgesetzt werden.

Zu § 94

(Vgl. § 93m Abs. 1 Satz 4).

Die Vorschrift übernimmt für die Auszahlung des Geschäftsguthabens, das der frühere Genosse bei der übertragenden Genossenschaft gehabt hat, die Sperr- und Zahlungsfristen des geltenden Rechts.

Zu § 95

(Vgl. § 93r GenG).

Die besondere Vorschrift des § 93r GenG über den Gläubigerschutz bei Insolvenz der übernehmenden Genossenschaft soll — mit der notwendigen technischen Anpassung in *Absatz 2* — im wesentlichen unverändert beibehalten werden. Jedoch soll die Frist auf zwei Jahre verlängert werden, um sie an die entsprechende Frist beim Formwechsel anzupassen (vgl. § 271 Satz 1).

Sachlich wird die Regelung auf die neuen Fälle der Verschmelzung ausgedehnt, bei denen ein Unternehmen anderer Rechtsform eine Genossenschaft übernimmt, weil die Gläubiger der übertragenden Genossenschaft ebenso schutzbedürftig sind.

Zweiter Unterabschnitt — Verschmelzung durch Neugründung

Zu § 96

(Vgl. § 93s Abs. 1 GenG).

Auch hier soll wie in § 93s GenG und in den anderen entsprechenden Vorschriften des Entwurfs auf die Vorschriften über die Verschmelzung durch Aufnahme verwiesen werden.

Zu § 97

(Vgl. § 93s Abs. 2 Nr. 1 und 2 GenG).

Die Vorschrift übernimmt unter Einbeziehung der Fälle der Mischverschmelzung geltendes Recht.

Zu § 98

(Vgl. § 93s Abs. 2 Nr. 3 GenG).

Auch in § 98 wird geltendes Recht übernommen und auf die Fälle der Mischverschmelzung ausgedehnt.

Zum Sechsten Abschnitt — Verschmelzung unter Beteiligung rechtsfähiger Vereine

Die Regelung der Verschmelzung rechtsfähiger Vereine folgt im wesentlichen derjenigen, die im Fünften Abschnitt zum Schutze der Mitglieder von Genossenschaften vorgeschlagen worden ist, weil die Stellung der Vereinsmitglieder derjenigen von Genossen ähnlich ist.

Zu § 99

(Vgl. § 62 UmwG).

Bei der Verschmelzung rechtsfähiger Vereine ist nach § 3 zu unterscheiden zwischen eingetragenen Idealvereinen (§ 3 Abs. 1 Nr. 4) und wirtschaftlichen Vereinen (§ 3 Abs. 2 Nr. 1). Eingetragenen Vereinen sollen im Grundsatz dieselben Möglichkeiten der Verschmelzung eröffnet werden wie Handelsgesellschaften.

Die Verschmelzung unter Beteiligung eines wirtschaftlichen Vereins, dessen Rechtsfähigkeit auf staatlicher Verleihung beruht (§ 22 BGB), soll dagegen nur als Verschmelzung durch Aufnahme des Vereins durch einen Rechtsträger anderer Rechtsform oder als Verschmelzung durch Neugründung eines Rechtsträgers anderer Rechtsform möglich sein. Dagegen kann der wirtschaftliche Verein nicht aufnehmender oder neuer Rechtsträger sein, weil solche Vereine als Unternehmensträger aus rechtspolitischen Gründen nicht gefördert werden sollen (vgl. die Begründung zu § 3 Abs. 2 Nr. 1).

Die Verschmelzung soll auch dann möglich sein, wenn das Vermögen des Vereins nicht in übertragbare Anteile zerlegt ist; diese Einschränkung in § 62 UmwG soll entfallen.

Es ist bei jedem Verein denkbar, daß seine Satzung der Auflösung durch Verschmelzung mit einem anderen Rechtsträger ausdrücklich oder sinngemäß entgegensteht und für eine Änderung dieser Satzungsbestimmung besondere Erfordernisse vorgesehen sind. Darum soll eine derartige Satzungsbestimmung zunächst geändert werden, bevor eine Verschmelzung möglich ist. Ferner ist denkbar, daß landesrechtliche Bestimmungen des Vereinsrechts ein Hindernis für diese Verschmelzung bilden. Da wirtschaftliche Vereine in einer staatlichen Verleihung ihre Grundlage haben, soll dem ebenfalls Rechnung getragen werden *(Absatz 1)*.

Absatz 2 sieht auch für eingetragene Vereine im Sinne des § 3 Abs. 1 Nr. 4 eine Einschränkung der Verschmelzung vor. Solche Vereine sollen Rechtsträger anderer Rechtsform nicht aufnehmen oder durch die Verschmelzung solcher Rechtsträger nicht gegründet werden können. Dafür ist ein Bedürfnis nicht aufgetreten. Dagegen kann die Vereinigung etwa von Sportvereinen mit wertvollen Anlagen wichtig werden. Ebenso ist die Zusammenlegung von Verbänden ein Beispiel für die Notwendigkeit einer Verschmelzungsregelung. Von Bedeutung kann in der Unternehmenspraxis auch die Aufnahme eines Idealvereins durch einen Rechtsträger anderer Rechtsform oder dessen Neugründung durch Verschmelzung von Vereinen werden; auch hier zeichnet sich ein Bedürfnis im Bereich der Sportvereine ab.

Von dem Erfordernis einer staatlichen Genehmigung für die Verschmelzung soll abgesehen werden, weil eine Genehmigung schon für eine etwa erforderliche Satzungsänderung eines wirtschaftlichen Vereins erteilt werden muß (vgl. § 33 Abs. 2 BGB) und für Idealvereine keine Genehmigung im Vereinsrecht vorgesehen ist.

Zu § 100

Bei Vereinen fände anders als bei Genossenschaften (vgl. § 93b Abs. 2 Satz 2 GenG) eine Prüfung der beabsichtigten Verschmelzung auf ihre Vereinbarkeit mit den Interessen der Vereinsmitglieder nicht statt. Da die Vereinsmitglieder unter Umständen eine ähnlich schwache Stellung wie Aktionäre haben, soll grundsätzlich eine Prüfung der Verschmelzung im wirtschaftlichen Interesse der Vereinsmitglieder vorgesehen werden. Diese Prüfung soll der bei Aktiengesellschaften entsprechen (vgl. § 60).

Auf dieses Erfordernis kann nach § 9 Abs. 3, § 12 Abs. 3 verzichtet werden.

Bei einem Idealverein ist die Zahl der Mitglieder in der Regel groß. Es wird daher regelmäßig schwer, wenn nicht unmöglich sein, eine Erklärung über den Verzicht auf eine Prüfung von allen Mitgliedern zu bekommen. Häufig wird an der wirtschaftlichen Seite des Vereinslebens auch nur geringes Interesse bestehen. Deshalb soll eine Prüfung des Umtauschverhältnisses nur auf Verlangen einer Minderheit von 10% der Vereinsmitglieder stattfinden müssen, damit durch das Erfordernis eines schriftlichen Verzichts die Verschmelzung nicht praktisch unmöglich gemacht wird *(Satz 2)*. Auf der anderen Seite reicht dieses Minderheitenrecht aus, um Manipulationen der Vereinsleitung, die das Vermögen des Vereins oder seiner Mitglieder schädigen könnten, zu verhindern.

Zu § 101

Die Vorschrift ist eine Parallele zu § 82 über die Vorbereitung der Generalversammlung einer fusionswilligen Genossenschaft. Wie deren Mitglieder haben auch Vereinsmitglieder in der Regel nur begrenzte Möglichkeiten, sich über Geschäftsvorgänge ihres Rechtsträgers zu unterrichten. Auch sie bedürfen deshalb bei einer Verschmelzung einer verstärkten Information.

Zu § 102

Es handelt sich um die Parallelvorschrift zu § 83.

Zu § 103

Die für die Verschmelzung erforderliche Mehrheit soll wie in § 33 Abs. 1 Satz 1 BGB bei der Satzungsänderung und in § 41 Satz 2 BGB bei der Auflösung mit drei Vierteln der erschienenen Mitglieder festgelegt werden. Satz 2 entspricht der Regelung für Genossenschaften.

Zu § 104

Da nicht alle wirtschaftlichen Vereine in das Handelsregister einzutragen sind (vgl. § 33 HGB), passen die allgemeinen Vorschriften der §§ 16 bis 19 des Entwurfs nicht, soweit ein nicht eingetragener übertragender Verein betroffen ist. § 104 enthält die für solche Vereine notwendigen Ergänzungen.

Zum Siebenten Abschnitt — Verschmelzung genossenschaftlicher Prüfungsverbände

Für die Verschmelzung genossenschaftlicher Prüfungsverbände, die nach § 3 Abs. 1 Nr. 5 des Entwurfs zu den verschmelzungsfähigen Rechtsträgern gehören, soll es im wesentlichen bei den Regelungen des geltenden Rechts verbleiben (vgl. §§ 63e bis 63 i GenG), soweit nicht die Systematik des Entwurfs Anpassungen erfordert.

Zu § 105

(Vgl. § 63e Abs. 1 Satz 1, § 63i Abs. 1 GenG).

Dies gilt zunächst für die Möglichkeit einer Verschmelzung, die nur in der Form der Verschmelzung durch Aufnahme, nicht dagegen als Verschmelzung durch Neugründung möglich ist. Ferner soll es auch dabei bleiben, daß jeweils nur ein einziger Verband aufgenommen werden kann. Ein Bedürfnis für eine weitergehende Regelung ist hier nicht hervorgetreten.

Eine ausdrückliche Erwähnung der beiden Arten von Prüfungsverbänden (eingetragene Vereine und wirtschaftliche Vereine) wie in § 63i GenG ist nicht mehr erforderlich, weil es nur noch Verbände in der Rechtsform des eingetragenen Vereins gibt.

Zu § 106

Die Regelungen entsprechen denjenigen in den §§ 82 und 101, 83 und 102 sowie 84 und 103. Es kann daher auf die Begründung zu diesen Vorschriften verwiesen werden.

Anders als bei Vereinen und Genossenschaften erscheint jedoch eine Prüfung der Verschmelzung im Interesse der Verbandsmitglieder nicht erforderlich; denn Mitglieder der Prüfungsverbände sind nur Genossenschaften oder andere Unternehmen (vgl. § 63b Abs. 2 GenG), deren Leitungsorgane selbst in der Lage sind, die Interessen der Verbandsmitglieder wahrzunehmen. Die Verweisung auf § 102 Satz 1 ist daher ohne Bedeutung, soweit die Auslage eines Prüfungsberichts vorgesehen ist.

Zu § 107

(Vgl. § 63f Abs. 1 Satz 1, Abs. 3, § 63h Abs. 1 Satz 2 GenG).

Die Vorschrift übernimmt in *Absatz 1 Satz 1* geltendes Recht. Die übrigen Erfordernisse des § 63f Abs. 1 und 2 GenG sind im Allgemeinen Teil enthalten. Wie bei wirtschaftlichen Vereinen bedarf es auch hier für das Verfahren einer Ergänzung *(Satz 2)*, damit bei der erforderlichen Publizität keine Lücke bleibt.

Absatz 2 entspricht § 63f Abs. 3 GenG.

Absatz 3 übernimmt die Regelung in § 63h Abs. 1 Satz 2 GenG.

Zu § 108

(Vgl. § 63h Abs. 2 GenG).

Wie bei der Verschmelzung von Genossenschaften (vgl. §§ 90ff.) soll auch bei der Verschmelzung von Prüfungsverbänden das Sonderkündigungsrecht nicht beibehalten, sondern zur Rechtsvereinfachung durch das allgemeine Austrittsrecht des Vereinsrechts (§ 39 BGB) ersetzt werden. Jedoch sollen auch hier satzungsmäßige Hindernisse für einen Austritt beseitigt werden.

Zum Achten Abschnitt — Verschmelzung von Versicherungsvereinen auf Gegenseitigkeit

Die Verschmelzung von Versicherungsvereinen auf Gegenseitigkeit (VVaG — vgl. §§ 44a, 53a VAG) war stets wie die Verschmelzung von Aktiengesellschaften geregelt. Daran hat auch das Verschmelzungsrichtlinie-Gesetz festgehalten, „weil Versicherungsvereine auf Gegenseitigkeit mit Versicherungs-Aktiengesellschaften am Markt konkurrieren und der Wettbewerb zwischen ihnen um so besser funktionieren wird, als es gelingt, Unterschiede in den rechtlichen Regelungen auf Punkte zu beschränken, in denen dies durch unterschiedliche Strukturen geboten erscheint“ (vgl. Bundestags-Drucksache 9/1065 S. 27). Ein Bedürfnis für eine Änderung dieses Standpunktes ist nicht hervorgetreten. Es soll daher sachlich beim geltenden Recht verbleiben.

Dies gilt auch für die Vorschriften des Aktienrechts über die Prüfung des Umtauschverhältnisses und über die gerichtliche Nachprüfung der Angemessenheit. Auch das Verschmelzungsrichtlinie-Gesetz hat diese Regelungen nicht übernommen, weil der Wechsel der Mitgliedschaft in den beteiligten Vereinen neben dem Fortbestand des Versicherungsvertrages bei der großen Zahl der Mitglieder, die keinen rechnerisch festgelegten Anteil am sogenannten freien, d. h. nicht zweckbestimmten Vereinsvermögen, sondern nur einen Anspruch auf ein Auseinandersetzungsguthaben haben, wirtschaftlich nicht ins Gewicht fällt.

Zur besseren Verständlichkeit der Regelung sollen die bisher bestehenden Verweisungen aufgelöst und die Vorschriften ausformuliert werden, soweit dies geboten erscheint.

Zum Ersten Unterabschnitt — Möglichkeit der Verschmelzung

Zu § 109

(Vgl. § 44a Abs. 1, 2 Satz 4, § 53a Abs. 1 Satz 1 Nr. 1, Satz 2 VAG).

Nach der Regelung des Versicherungsaufsichtsgesetzes ist nur die Verschmelzung von Versicherungsvereinen miteinander möglich. Es hat sich jedoch in neuerer Zeit auch ein Bedürfnis für die Einführung der sogenannten Mischverschmelzung (§ 3 Abs. 4) jedenfalls für die Aufnahme eines VVaG durch eine Versicherungs-AG ergeben. Dem stehen aus ordnungspolitischen Gründen Hindernisse nicht entgegen.

Es ist jedoch kaum vorstellbar, daß eine Aktiengesellschaft im Wege der Verschmelzung von einem VVaG aufgenommen wird, weil nach der Struktur des Vereins nur dessen Versicherungsnehmer Mitglieder werden können (vgl. § 20 Satz 2 VAG), die Aktionäre des übertragenden Rechtsträgers, insbesondere Großaktionäre, aber kaum Interesse am Abschluß eines Versicherungsvertrags haben können. Das geltende Recht hat sich deshalb auf die Zulassung einer Vermögensübertragung beschränkt (vgl. § 360 AktG).

Im umgekehrten Fall (Verschmelzung eines VVaG mit einer AG) lassen sich die Mitgliedschaftsrechte in die Aktionärsrechte überführen, und die Gläubigerstellung des Aktionärs als Versicherungsnehmer bleibt dabei erhalten.

§ 109 *Absatz 1 Satz 1* übernimmt geltendes Recht. *Satz 2* bezieht den genannten Fall der Mischverschmelzung ein. Das Erfordernis einer staatlichen Genehmigung durch die Aufsichtsbehörde, nach den §§ 81 ff. VAG also durch das Bundesaufsichtsamt für das Versicherungswesen, wird in dem neuen § 14a VAG aufrecht erhalten (vgl. Artikel 8 Nummer 1).

Die sogenannten kleineren Vereine (vgl. § 53 VAG) brauchen bei der neuen redaktionellen Konzeption des Achten Abschnitts nicht mehr besonders erwähnt zu werden. Sie sind auch ohne ausdrückliche Erwähnung — wie bisher in § 53a VAG — in die Regelung einbezogen.

Zum Zweiten Unterabschnitt — Verschmelzung durch Aufnahme

Zu § 110

(Vgl. § 44a Abs. 3 VAG).

Da ein Umtausch der Anteile bei der Verschmelzung von VVaG nicht berücksichtigt werden soll, sind die darauf bezüglichen Angaben im Verschmelzungsvertrag entbehrlich.

Zu § 111

(Vgl. § 44a Abs. 3 VAG in Verbindung mit § 340d Abs. 1 AktG).

Die Vorschrift entspricht der Regelung für Aktiengesellschaften in § 61. *Satz 2* gewährt ebenfalls die dort vorgesehene Erleichterung der Bekanntmachung.

Zu § 112

(Vgl. § 44a Abs. 2 Satz 2 und 3 VAG, § 44a Abs. 3 VAG in Verbindung mit § 340d Abs. 5 und 6 AktG).

Absatz 1 entspricht geltendem Recht. Das Recht auf Abschrifterteilung (vgl. § 63 Abs. 3, § 82 Abs. 2, § 101 Abs. 2) ist bei der Stellung der Mitglieder eines VVaG, die ihren Schwerpunkt in dem einzelnen Versicherungsvertrag hat, entbehrlich.

Auch *Absatz 2* gibt geltendes Recht wieder. Die Auslegung von Prüfungsberichten (vgl. § 63 Abs. 1 Nr. 5) kommt nur bei der Mischverschmelzung in Betracht.

Absatz 3 enthält die Parallelregelung zu § 65 Abs. 1.

Zu § 113

(Vgl. § 44a Abs. 3 VAG).

Wie in § 110 soll auch hier der Wechsel der Mitgliedschaft nicht berücksichtigt werden.

Zum Dritten Unterabschnitt — Verschmelzung durch Neugründung

Zu § 114

(Vgl. § 44a Abs. 4 VAG).

Auch diese Vorschrift entspricht dem geltenden Recht, erfaßt allerdings jetzt auch den Fall, daß unter Beteiligung eines VVaG eine Versicherungs-AG im Wege der Verschmelzung gegründet wird.

§ 44a Abs. 4 VAG verweist u. a. auf § 353 Abs. 4 Satz 1 AktG; dieser verweist für die Verschmelzung durch Neubildung auf bestimmte Gründungsvorschriften des Aktienrechts. Diese passen jedoch zum Teil nicht für die Gründung eines Versicherungsvereins, zum Teil werden sie durch vergleichbare Vorschriften des Versicherungsaufsichtsgesetzes verdrängt. Andererseits sind die Erfordernisse für die Gründung eines VVaG durch die Verweisung nicht vollständig erfaßt.

Deshalb soll auch hier auf die entsprechenden Vorschriften des Versicherungsaufsichtsgesetzes (und nicht auf die des Aktiengesetzes) verwiesen und damit zugleich die bisherige Doppelverweisung aufgelöst werden. Die maßgebliche Vorschrift ist § 36 Abs. 2 des Entwurfs.

Zu § 115

(Vgl. § 44a Abs. 4 VAG in Verbindung mit § 353 Abs. 4 Satz 1 in Verbindung mit § 30 Abs. 1, 4 AktG).

§ 115 übernimmt geltendes Recht unter Auflösung einer Doppelverweisung.

Zu § 116

(Vgl. § 44a Abs. 4 VAG in Verbindung mit § 353 Abs. 3 AktG).

§ 116 entspricht für VVaG geltendem Recht. Die Verweisung auf das Aktiengesetz, die zu einer weiteren Doppelverweisung führen würde, soll aufgelöst und an das Recht der VVaG angepaßt werden. Die Vorschrift berücksichtigt auch die Gründung einer Versicherungs-AG.

Zu § 117

(Vgl. § 44a Abs. 4 VAG in Verbindung mit § 353 Abs. 4 Satz 1 in Verbindung mit § 41 Abs. 1 AktG und § 44a Abs. 4 VAG in Verbindung mit § 353 Abs. 7 AktG).

In *Absatz 1* wird unter Übernahme des geltenden Rechts eine Doppelverweisung beseitigt.

Absatz 2 übernimmt geltendes Recht.

Zum Vierten Unterabschnitt — Verschmelzung kleinerer Vereine

Die Vorschriften behalten das geltende Recht bei, verteilen die Regelung zur besseren Lesbarkeit jedoch auf zwei Paragraphen.

Zu den §§ 118 und 119

(Vgl. § 53a Abs. 1, 3 VAG).

Beide Vorschriften übernehmen geltendes Recht.

Zum Neunten Abschnitt — Verschmelzung von Kapitalgesellschaften mit dem Vermögen eines Alleingesellschafters

Durch die Vorschriften des Neunten Abschnitts soll ein Fall der Verschmelzung erhalten werden, der jetzt als verschmelzende Umwandlung auf eine natürliche Person als Alleingesellschafter in den §§ 1, 15, 23 und 24 UmwG geregelt ist (vgl. § 3 Abs. 2 Nr. 2).

Die Möglichkeiten dieser besonderen Art der Umwandlung sollen jedoch nicht vollständig übernommen werden. Soweit es nach den §§ 1, 15, 23, 24 UmwG bisher möglich war, außenstehende Anteilsinhaber gegen eine Abfindung, aber ohne ihre Zustimmung aus der Gesellschaft hinauszudrängen, soll dies entfallen; denn es entspricht nicht den Grundsätzen des Minderheiten- und des Anlegerschutzes, eine solche Möglichkeit zuzulassen. Deshalb wird die Regelung auf die Verschmelzung durch Aufnahme durch den Alleingesellschafter oder Alleinaktionär beschränkt. Dies erlaubt zugleich eine Kürzung der Regelung.

Der Neunte Abschnitt regelt allein die Verschmelzung auf eine natürliche Person. Für die Verschmelzung auf andere Rechtsträger als natürliche Personen gelten die besonderen Vorschriften des Ersten bis Achten Abschnitts des Zweiten Teils des Zweiten Buches.

Fälle, die unter den Neunten Abschnitt fallen, werden demnach selten sein. Jedoch gibt es aus jüngerer Zeit ein Beispiel durch eine verschmelzende Umwandlung einer GmbH auf eine natürliche Person als Alleingesellschafter. Für diese Fälle kann die Regelung — etwa als Spiegelbild der Ausgliederung eines einzelkaufmännischen Unternehmens in eine neu gegründete Kapitalgesellschaft — Bedeutung haben.

Zu § 120

Entsprechend ihrem Wesen kann die Verschmelzung einer Kapitalgesellschaft auf den Alleingesellschafter nur als Verschmelzung durch Aufnahme möglich sein, weil sie die Existenz eines Gesellschafters als Rechtsträger voraussetzt. Die Verschmelzung setzt die 100 %ige Beteiligung des Gesellschafters oder Aktionärs am Stammkapital oder Grundkapital der übertragenden Gesellschaft voraus. Die Formulierung in *Absatz 1* stellt dies klar.

Absatz 2 entspricht weitgehend dem geltenden Recht (vgl. § 15 Abs. 1 Satz 1 i.V.m. § 10 UmwG).

Zu § 121

(Vgl. § 9 Abs. 1 Satz 1 zweiter Halbsatz UmwG).

Die Anwendunq der Allgemeinen und Besonderen Vorschriften bedeutet in erster Linie die Einführung des Verschmelzungsvertrags an Stelle eines bloßen Umwandlungsbeschlusses.

Da nur die Verschmelzung mit dem Vermögen einer natürlichen Person betroffen ist, sind besondere Vorschriften zu deren Schutz entbehrlich, weil ein Alleingesellschafter über hinreichend geschäftliche Erfahrung verfügt, um bei einer durch ihn allein entschiedenen Fusion seine Interessen wahrzunehmen.

Zu § 122

(Vgl. § 15 Abs. 2 UmwG).

Wie nach geltendem Recht muß eine natürliche Person, die bisher nicht Kaufmann war, in das Handelsregister eingetragen werden.

Der Vorbehalt für den bisherigen § 6 Abs. 2 und 3 UmwG kann entfallen, weil diese Bestimmungen jetzt in § 18 enthalten sind.

Zum Dritten Buch — Spaltung

Durch dieses Buch des Gesetzes soll die Möglichkeit der Spaltung für deutsche Unternehmensträger geschaffen werden, und zwar in den drei Formen der Aufspaltung, der Abspaltung und der Ausgliederung, wie sie einleitend unter II. 2. dargestellt worden sind. Auf die Allgemeine Begründung (insbesondere unter III. 2. b) wird verwiesen.

Wie bei der Verschmelzung. werden jeweils zwei Arten für jeden der drei Spaltungstypen zugelassen, nämlich die Spaltung zur Aufnahme durch bereits bestehende Rechtsträger, die auch als Teilverschmelzung bezeichnet werden kann, und die Spaltung zur Neugründung eines oder mehrerer neuer Rechtsträger.

Bei der Neuregelung sind, soweit die Aufspaltung von Aktiengesellschaften zur Aufnahme durch oder zur Neugründung von Aktiengesellschaften betroffen ist, die Bestimmungen der Sechsten gesellschaftsrechtlichen Richtlinie des Rates der Europäischen Gemeinschaften vom 17. Dezember 1982 betreffend die Spaltung von Aktiengesellschaften (Spaltungsrichtlinie — siehe oben) zu beachten; in der Begründung des Entwurfs wird auf die einschlägigen EG-Vorschriften hingewiesen.

Sachlich können sich die Regelungen an die bekannten und bewährten Vorschriften des deutschen Verschmelzungsrechts anlehnen und diese, soweit möglich und zweckmäßig, spiegelbildlich übernehmen; denn auch die Spaltung ist jedenfalls in den Formen der Aufspaltung und der Abspaltung eine Vermögensübertragung mit Anteilstausch. Ferner dienten die Bestimmungen des französischen Rechts als Vorbild, und zwar der Sektion IV (Artikel 371 ff.) des Gesetzes Nr. 66-537 vom 24. Juli 1966 und der ergänzenden Bestimmungen des Dekrets Nr. 67-236 vom 23. März 1967, beide in der Fassung nach Umsetzung der Dritten und Sechsten gesellschaftsrechtlichen Richtlinie in das französische Recht.

Rechtstechnisch soll zur Einsparung von Vorschriften im Dritten Buch des Entwurfs auf die Vorschriften des Zweiten Buches über die Verschmelzung verwiesen werden, soweit dies möglich ist und die Besonderheiten der drei Spaltungsformen nicht zu einer eigenständigen Regelung zwingen oder eine solche zweckmäßig erscheinen lassen.

Zum Ersten Teil — Allgemeine Vorschriften

Der Erste Teil folgt inhaltlich und im Aufbau dem Ersten Teil des Zweiten Buches. Er enthält die Allgemeinen Vorschriften.

Zum Ersten Abschnitt — Möglichkeit der Spaltung

Wie der Erste Abschnitt des Ersten Teils des Zweiten Buches regelt der Erste Abschnitt die drei Arten der Spaltung und legt fest, welche Rechtsträger grundsätzlich an einer Spaltung beteiligt sein können. Wegen der Ähnlichkeit mit der Verschmelzung wird darüber hinaus allgemein bestimmt, welche Vorschriften des Zweiten Buches auf eine Spaltung entsprechend anwendbar sind.

Zu § 123

(Vgl. Artikel 1, 2, 21 der Sechsten Richtlinie).

§ 123 definiert die drei Arten der Spaltung.

Die Aufspaltung *(Absatz 1)* ist gekennzeichnet durch die Auflösung eines einzigen übertragenden Rechtsträgers und den Übergang des gesamten Vermögens auf mehrere übernehmende oder neue Rechtsträger.

Die Abspaltung *(Absatz 2)* unterscheidet sich von Verschmelzung und Aufspaltung dadurch, daß der sich spaltende übertragende Rechtsträger bestehen bleibt.

Anders als bei der Aufspaltung gibt es für die Abspaltung keine Bestimmungen des Europäischen Gesellschaftsrechts. Jedoch enthält die Sechste EG-Richtlinie ebenso wie das französische Recht sachgerechte Regelungen, die im Entwurf auch für die Abspaltung berücksichtigt worden sind, soweit Parallelen zur Aufspaltung bestehen.

Die Ausgliederung *(Absatz 3)* ähnelt der Abspaltung, unterscheidet sich aber von ihr wie auch von Verschmelzung und Aufspaltung grundlegend dadurch, daß die Anteilsinhaber des ausgliedernden und übertragenden Rechtsträgers durch den Vorgang selbst rechtlich in ihrer Stellung als Gesellschafter, Aktionäre oder Mitglieder nicht berührt werden, soweit nicht Rechtsträger und Inhaber identisch sind, wie dies beim Einzelkaufmann, der Stiftung und der öffentlichen Hand der Fall ist. Der Gegenwert für die ausgegliederten Vermögenswerte gelangt vielmehr in Gestalt von Beteiligungen an dem oder den übernehmenden oder neuen Rechtsträgern in das Vermögen des übertragenden Rechtsträgers selbst, dessen Vermögenssubstanz, unter Umständen auch dessen Unternehmensgegenstand sich damit verändert.

Absatz 4 läßt neben der Spaltung zur Aufnahme oder zur Neugründung auch Mischformen beider Spaltungsarten zu, um den Unternehmensträgern möglichst viel Spielraum zu gewähren.

Der Referentenentwurf vom 15. April 1992 hatte als § 123 Abs. 5 vorgeschlagen, die Spaltung auszuschließen, wenn „im wesentlichen nur ein einzelner Gegenstand übertragen oder eine einzelne Verbindlichkeit übergeleitet werden" soll; eine Ausnahme sollte lediglich für die Spaltung von Holdinggesellschaften gelten. Dieser Vorschlag ist in den Stellungnahmen der Praxis und der Wissenschaft auf Kritik gestoßen. Wegen der großen Nähe der Spaltungsvorschriften zum Recht der Einzelübertragung (vgl. § 126 Abs. 2, § 132) erscheint die in der Begründung des Referentenentwurfs geäußerte Befürchtung, die Spaltung könne zur Umgehung der Bestimmungen für Einzelrechtsübertragungen mißbraucht werden, nicht so groß, als daß eine solche Vorschrift unverzichtbar wäre. Aus diesem Grund ist dieser Vorschlag des Referentenentwurfs nicht übernommen worden.

Zu § 124

(Vgl. Artikel 1 Abs. 1 der Sechsten Richtlinie; §§ 50, 56 a, 57, 58 UmwG).

Absatz 1 eröffnet die Möglichkeit der Spaltung zunächst allen in § 3 Abs. 1 als verschmelzungsfähig bezeichneten Rechtsträgern, d. h. Personenhandelsgesellschaften, Kapitalgesellschaften, Genossenschaften und ihren Prüfungsverbänden, Versicherungsvereinen auf Gegenseitigkeit sowie eingetragenen Vereinen (Idealvereinen). Daneben sollen auch wirtschaftliche Vereine aufgespalten werden können. Dies entspricht der Regelung für die Verschmelzung in § 3 Abs. 2 Nr. 1 des Entwurfs. Allerdings sollen wirtschaftliche Vereine auch an einer Spaltung nur als übertragende Rechtsträger beteiligt sein können, weil sie rechtspolitisch als Unternehmensträger nur ausnahmsweise in Betracht kommen, ihre Vergrößerung oder Entstehung durch einen Spaltungsvorgang also nicht begünstigt werden soll. Auf die Begründung zu § 3 wird verwiesen.

Der Kreis der Rechtsträger, die eine Aufspaltung oder eine Abspaltung vornehmen können, ist damit derselbe wie bei der Verschmelzung (vgl. § 3 Abs. 1), wenn man von dem Sonderfall der Verschmelzung auf einen Alleingesellschafter absieht.

Für eingetragene Idealvereine kann sich insbesondere für die Abspaltung ein Bedürfnis ergeben, wenn ein solcher Verein, etwa bei der Trennung von Betätigungssparten oder der Abtrennung von Berufssportabteilungen, einen Teil seines Vermögens verselbständigen oder auf gewerbliche Rechtsträger übertragen will.

Der Kreis der Rechtsträger, die Vermögensteile ausgliedern können, ist dagegen weiter gezogen als bei Aufspaltung und Abspaltung. Er erfaßt zunächst alle Unternehmensformen, die eine Aufspaltung oder eine Abspaltung vornehmen können.

Darüber hinaus sollen auch Einzelkaufleute ihr Unternehmen aus ihrem Gesamtvermögen ausgliedern und auf andere Rechtsträger übertragen können. Da dabei notwendig ein Teil des Vermögens als Privatvermögen bei dem Einzelkaufmann verbleibt und die Anteile nur ihm zufallen, handelt es sich begrifflich um eine Ausgliederung.

Ferner soll auch Stiftungen die Möglichkeit der Ausgliederung eröffnet werden. Diese Rechtsform hat als Unternehmensträger in neuerer Zeit immer größere Bedeutung erlangt. Stiftungen haben jedoch nicht die Möglichkeiten, sich im Bedarfsfall Kapital zu beschaffen, wie sie bei Kapitalgesellschaften, insbesondere Aktiengesellschaften, bestehen. Die Ausgliederung wird deshalb bei ihnen in der Regel als Umwandlung in eine Holding praktisch werden. Hierfür hat sich auch bereits ein Bedürfnis ergeben.

Dagegen sollen Stiftungen nicht die Rolle des übernehmenden Rechtsträgers übernehmen können. Der Entwurf entspricht damit nicht dem vorgebrachten Wunsch, Stiftungen auch als übernehmenden Rechtsträgern die verschiedenen Möglichkeiten der Umwandlung zu eröffnen. Diese Rechtsform war vom Gesetzgeber ursprünglich nicht als Träger von Unternehmen gedacht. Ihre Eignung hierfür begegnet den gleichen Bedenken, wie sie zu § 3 Abs. 2 Nr. 1 gegen die Berücksichtigung wirtschaftlicher Vereine als übernehmender Rechtsträger dargelegt worden sind. Bei Stiftungen tritt noch hinzu, daß eine Kontrolle der Unternehmensleitung durch Mitglieder oder vergleichbar interessierte Personen begrifflich nicht stattfinden kann, weil es diese Personen bei dieser Rechtsform nicht gibt.

Im Dritten Buch werden schließlich die Möglichkeiten für die Ausgliederung von Regiebetrieben und Eigenbetrieben der öffentlichen Hand zusammengefaßt (vgl. bisher die §§ 57, 58 UmwG).

Sachlich werden diese Möglichkeiten, die bisher als Fälle der errichtenden Umwandlung in den §§ 50, 56a, 57 und 58 UmwG in beschränktem Umfang zugelassen sind, auf andere wirtschaftlich sinnvolle Vorgänge erweitert.

Absatz 2 läßt durch die Verweisung auf § 3 Abs. 3 und 4 die Spaltung bereits aufgelöster übertragender Rechtsträger und die Übertragung auf Rechtsträger verschiedener Rechtsformen zu, wie dies der Regelung für die Verschmelzung entspricht.

Soweit die Besonderheiten einer Rechtsform auch für die Möglichkeit von Spaltungen Sondervorschriften erfordern, sind diese im Zweiten Teil des Dritten Buches jeweils bei den einzelnen Rechtsformen enthalten.

Zu § 125

§ 125 trägt der Tatsache Rechnung, daß bei einer Spaltung und der Aufnahme von Teilen eines Rechtsträgers mindestens dieselben Gefahren für Anteilsinhaber und Gläubiger der beteiligten Rechtsträger entstehen wie bei einer Verschmelzung. Wegen dieser Ähnlichkeit insbesondere der Teilverschmelzung mit einer Vollverschmelzung sollen nach *Satz 1* die Verschmelzungsvorschriften entsprechend gelten, soweit keine besonderen Regelungen getroffen werden.

§ 125 verweist auf die gesamten Verschmelzungsvorschriften, also sowohl auf den Zweiten Abschnitt des Zweiten Buches (Allgemeine Vorschriften) als auch auf dessen Dritten Abschnitt (Besondere Vorschriften). Dadurch soll eine Straffung der Regelung erreicht werden.

Die für § 9 Abs. 2 vorgesehene Ausnahme in der allgemeinen Verweisung geht darauf zurück, daß es bei Aufspaltung und Abspaltung stets zu einem Anteilstausch kommt, der eine Prüfung durch Sachverständige erforderlich machen kann.

§ 14 Abs. 2 und § 15 können für Ausgliederungen nicht gelten, da kein Anteilstausch stattfindet.

Der Ausschluß des § 18 von der Verweisung bei Abspaltung und Ausgliederung folgt daraus, daß der firmenführende Rechtsträger fortbesteht.

Die Abfindungsregelung der §§ 29 bis 34 paßt für die Ausgliederung nicht, weil es für die Anteilsinhaber keinen Wechsel in einen anderen Rechtsträger gibt. Der tragende Gesichtspunkt dieser ausgeschlossenen Vorschriften liegt in dem erzwungenen Wechsel der Inhaberschaft und ihres Charakters. Dieser Gesichtspunkt trifft jedoch bei einer Ausgliederung nicht zu, weil die Anteile des übernehmenden oder des neuen Rechtsträgers in das Vermögen der ausgliedernden Gesellschaft selbst gelangen, die Rechtsstellung der Anteilsinhaber also nicht unmittelbar berührt wird.

Satz 1 des § 125 schließt bei Ausgliederungen auch die Anwendung der Vorschriften aus, die für eine übernehmende Kapitalgesellschaft (GmbH: § 54; AG und KGaA: § 68) die Erhöhung des Stammkapitals oder Grundkapitals in bestimmten Fällen verbieten. Da es bei Ausgliederungen nicht zu einem Anteilstausch kommt, können eigene Aktien jedenfalls dadurch nicht entstehen, so daß der Zweck der §§ 54, 68 für die Ausgliederung nicht zutrifft. Ebensowenig ist die Anordnung des § 71 über die Bestellung eines Treuhänders zum Empfang der Aktien erforderlich.

Nach *Satz 2* ist eine Prüfung bei der Ausgliederung nicht erforderlich, denn bei diesem Vorgang kommt es nicht zu einem Anteilstausch. Das Leitungsorgan des ausgliedernden Rechtsträgers hat im Rahmen seiner Sorgfaltspflicht auf die Angemessenheit der Gegenleistung für die übergehenden Werte zu achten.

Satz 3 enthält eine Klarstellung. Da die Spaltung von nur einem übertragenden Rechtsträger ausgeht, der seine Vermögensteile bei der Aufspaltung auf mindestens zwei andere bestehende oder neue Rechtsträger überträgt, müssen die Rechtsstellungen dieser Rechtsträger spiegelbildlich dem Verschmelzungsrecht angepaßt werden. Die Verwendung des Wortes „gegebenenfalls" trägt der Tatsache Rechnung, daß es sich bei Abspaltung und Ausgliederung auch um nur einen übernehmenden oder neuen Rechtsträger handeln kann.

Zum Zweiten Abschnitt — Spaltung zur Aufnahme

Der Zweite Abschnitt betrifft auch hier die Spaltung zur Aufnahme.

Zu § 126

(Vgl. Artikel 3 der Sechsten Richtlinie).

Wie § 4 für die Verschmelzung setzt *Absatz 1* den Abschluß eines Vertrags zwischen dem sich spaltenden übertragenden Rechtsträger und den übernehmenden Rechtsträgern voraus. Die Zuständigkeit für diesen Abschluß liegt gemäß § 125 in Verbindung mit § 4 Abs. 1 bei den Vertretungsorganen der beteiligten Rechtsträger (vgl. Artikel 3 Abs. 1 und 2 der Sechsten Richtlinie).

Wie bei der Verschmelzung durch gleichzeitige Aufnahme mehrerer Rechtsträger wird auch für die Spaltung zur Aufnahme, bei der auf der übernehmenden Seite in der Regel, bei der Aufspaltung notwendig, mindestens zwei Rechtsträger beteiligt sind, ein einheitlicher Vertrag aller Beteiligten verlangt, weil die Anteilsinhaber bei ihrer Entscheidung den gesamten Vorgang kennen und ihrer Entscheidung zugrunde legen sollen und weil bei Aufspaltung und Abspaltung das Umtauschverhältnis nur einheitlich für den ganzen Vorgang bestimmt werden kann. Dies gilt auch für alle Mischformen der Spaltung.

Auch der Spaltungs- und Übernahmevertrag soll wie der Verschmelzungsvertrag sowohl vor als auch nach den erforderlichen Beschlüssen der Anteilsinhaber abgeschlossen werden können (vgl. § 4 Abs. 2), um den beteiligten Rechtsträgern die größtmögliche Flexibilität zu gewähren und die Parallele zum Verschmelzungsvertrag und zu den Unternehmensverträgen des Aktienrechts zu wahren.

Die Vorschrift über den Mindestinhalt des Vertrags entspricht in den *Nummern 1 bis 8* den entsprechenden Nummern in § 5 Abs. 1 für den Verschmelzungsvertrag. Sie soll hier gleichwohl ausformuliert werden, weil sie in Nummer 2 sachlich von § 5 Abs. 1 Nr. 2 abweicht, weil sie ergänzt werden muß und weil die Anwendung des Gesetzes in diesem technischen Punkt dadurch erleichtert wird. Dabei können die Nummern 3, 4 und 10 nur Aufspaltung und Abspaltung betreffen, weil es nur bei diesen beiden Arten der Spaltung zu einem Anteilstausch kommt.

Neu sind die *Nummern 9 und 10*, die für die Aufspaltung von Aktiengesellschaften auf Artikel 3 Abs. 2 Buchstaben h und i der Sechsten Richtlinie beruhen. Sie enthalten die für Spaltungen entscheidenden Regelungen.

Nummer 9 gewährt für die Aufteilung des Vermögens des sich spaltenden Rechtsträgers erhebliche Freiheit. Die Beteiligten können grundsätzlich jeden Gegenstand jedem beliebigen übernehmenden Rechtsträger zuweisen.

Eine Einschränkung erfährt diese Freiheit jedoch für die Überleitung von Arbeitsverhältnissen. Geht nämlich bei einer Spaltung ein Betrieb oder Betriebsteil auf den übernehmenden Rechtsträger über, gilt für die Überleitung der in diesem Betrieb oder Betriebsteil bestehenden Arbeitsverhältnisse zwingend die Regelung des § 613a Abs. 1 Satz 1 BGB. Zum einen folgt dies schon daraus, daß auch die Spaltung „Rechtsgeschäft" im Sinne dieser Vorschrift ist, wie sich bereits aus § 126 Abs. 1 Nr. 2 ergibt. Zum anderen ist die Anwendung des § 613a BGB auf Vorgänge übertragender Umwandlungen auch EG-rechtlich zwingend vorgeschrieben. Entgegen einer bisher zu § 613a BGB vertretenen Meinung ist nach der Richtlinie des Rates der Europäischen Gemeinschaften vom 14. Februar 1977 zur Angleichung der Rechtsvorschriften der Mitgliedstaaten über die Wahrung von Ansprüchen der Arbeitnehmer beim Übergang von Unternehmen, Betrieben oder Betriebsteilen (Richtlinie 77/187/EWG, Amtsblatt der EG Nr. L 61 vom 5. März 1977 S. 26ff.), auf der § 613a BGB beruht, nicht zwischen sachenrechtlichen Übergängen aufgrund einer Singular- oder einer Universalsukzession zu unterscheiden.

Für die Verschmelzung und Aufspaltung von Aktiengesellschaften ist darüber hinaus die Geltung des § 613a BGB auch aufgrund von Artikel 12 der Dritten Richtlinie und von Artikel 11 der Sechsten Richtlinie zwingend. Durch § 132 Abs. 1 Satz 1 soll die Geltung von § 613a Abs. 1 Satz 1 BGB auch im Gesetzestext klargestellt werden (vgl. die Begründung zu § 132).

Die Bezeichnung der übergehenden Arbeitsverhältnisse im Spaltungs- und Übernahmevertrag ist daher nur dann unverzichtbar, wenn durch die Spaltung nicht auch der Betrieb oder Betriebsteil, bei dem diese Arbeitsverhältnisse bestehen, übertragen wird. Im übrigen kommt der Bezeichnung der Arbeitsverhältnisse im Spaltungs- und Übernahmevertrag wegen der Geltung von § 613a BGB nur deklaratorische Bedeutung zu.

Der Entwurf verwendet den Begriff „Gegenstand" im zivilrechtlichen Sinne (vgl. § 90 BGB), meint also damit die einzelne Sache oder das einzelne Recht. Entsprechendes gilt auch für die Verbindlichkeiten des übertragenden Rechtsträgers. Es kommt also auf die Aktivierungs- oder Passivierungsfähigkeit des Gegenstandes oder der Verbindlichkeit nach Rechnungslegungsgrundsätzen nicht an. Mit dieser Anknüpfung an einen grundlegenden Begriff des allgemeinen Zivilrechts soll die Einheitlichkeit in der Begriffsbildung auch für das Umwandlungsrecht gewahrt werden.

Die Anknüpfung an das allgemeine Zivilrecht hat auch Bedeutung für besondere Fragen, die bei der Zuweisung einzelner Gegenstände an bestimmte übernehmende Rechtsträger auftauchen können. Die allgemeinen Grundsätze des Zivilrechts bestimmen, ob Gegenstände und die ihnen zuzuordnenden Hilfsrechte bei der Zuweisung getrennt werden können, ob etwa bestimmte Rechte bei der Spaltung erlöschen oder ob sie bei einer Abspaltung oder Ausgliederung übergeleitet werden können. Dies ist insbesondere von Bedeutung für Freistellungsansprüche, akzessorische Sicherungsrechte (vgl. § 401 BGB), Hilfsansprüche und unselbständige Folgeansprüche sowie für persönliche Rechte (vgl. § 514 BGB) und Ansprüche (vgl. § 613 BGB).

Die Sechste Richtlinie läßt den Mitgliedstaaten der EG die Möglichkeit, bei einer Aufspaltung von Aktiengesellschaften auch die Aufteilung einer einzelnen Verbindlichkeit auf verschiedene übernehmende Rechtsträger zuzulassen, zwingt die Mitgliedstaaten aber nicht dazu. Auch hier soll es deshalb bei den Grundsätzen des deutschen bürgerlichen Rechts verbleiben, die eine solche Möglichkeit der Aufteilung von Verbindlichkeiten nicht kennen.

Die weitgehende zivilrechtliche Freiheit bei der Aufteilung des Vermögens läßt die steuerrechtliche Frage unberührt, wann die vom Umwandlungssteuerrecht vorgesehenen Vorteile in einem konkreten Spaltungsfall zu gewähren sind. Dies betrifft insbesondere die Frage, ob es sich bei der Gesamtheit der einem Übernehmer zugewiesenen Gegenstände und Verbindlichkeiten um einen Betrieb oder einen Teilbetrieb handeln muß. Dieses Abgrenzungsmerkmal kann aus dem Steuerrecht schon aus praktischen Gründen nicht in das Handelsrecht übertragen werden, weil die Eigenschaft einer Vermögensmasse als Betrieb oder Teilbetrieb zweifelhaft sein kann. Damit würde aber dem Registerrichter bei der Frage, ob eine Spaltung möglich und damit eintragungsfähig ist, eine Prüfung zugemutet, die er mit den ihm zur Verfügung stehenden Mitteln nur schwer mit der gebotenen Schnelligkeit durchführen kann, so daß der Eintritt der Wirksamkeit der Spaltung stark verzögert, wenn nicht verhindert würde. Deshalb enthält der Entwurf in diesem Punkt in Übereinstimmung mit der Sechsten Richtlinie zivilrechtlich für den Parteiwillen keine Schranken. Er folgt damit auch hier dem Grundsatz der Vertragsfreiheit.

Für das rechtliche Schicksal von Gegenständen, deren Zuteilung sich auch durch Auslegung des Spaltungs- und Übernahmevertrags nicht ermitteln läßt, enthält § 131 Abs. 3 eine Sonderregelung.

Nummer 10 gewährt für die Aufteilung der Anteile an den übernehmenden Rechtsträgern auf die bisherigen Anteilsinhaber des übertragenden Rechtsträgers ebenfalls eine erhebliche Freiheit der vertraglichen Gestaltung. Die Anteile der übernehmenden Rechtsträger können also sowohl im Verhältnis der bisherigen Beteiligungen zugeteilt (verhältniswahrende Spaltung) als auch beliebig verteilt werden (nicht-verhältniswahrende Spaltung). Diese Lösung entspricht auch derjenigen in Artikel 3 Abs. 2 Buchstabe i, Artikel 5 Abs. 2 der Sechsten Richtlinie. Sie soll insbesondere die Auseinandersetzung und Trennung von Gesellschaftergruppen und Familienstämmen ermöglichen. Allerdings muß für die nicht-verhältniswahrende Spaltung ein besonderer Schutz der Anteilsinhaber vorgesehen werden (vgl. § 128).

Bei *Nummer 11* handelt es sich um die Parallelvorschrift zu § 5 Abs. 1 Nr. 9, auf dessen Begründung verwiesen wird.

Absatz 1 Nr. 9 ist in Verbindung mit dem Erfordernis der notariellen Beurkundung des Spaltungs- und Übernahmevertrags (vgl. § 125 in Verbindung mit § 6) von besonderer Bedeutung für Grundstücke. Da mit der Wirksamkeit der Spaltung die Vermögensteile einschließlich der in ihnen enthaltenen Grundstücke auf die übernehmenden Rechtsträger nach § 131 im Wege der Sonderrechtsnachfolge übergehen, wird das Grundbuch unrichtig. Es muß deshalb sichergestellt werden, daß durch diesen Rechtsübergang, der sich außerhalb des Grundbuchs vollzieht, nicht Rechtsunsicherheit eintritt. Deshalb müssen nach *Absatz 2* Grundstücke und Rechte an Grundstücken in dem notariell zu beurkundenden Vertrag so bezeichnet werden, wie dies der beurkundende Notar auch bei einer Einzelübertragung tun würde (vgl. § 28 GBO).

Dagegen kann für die Bezeichnung der anderen Gegenstände des Vermögens auf vorhandene Urkunden Bezug genommen werden, sofern sie eine hinreichende Kennzeichnung gestatten und damit die Bestimmbarkeit des Gegenstandes ermöglichen sowie dem Spaltungs- und Übernahmevertrag als Anlage beigefügt werden. Bei der Übertragung von Betrieben oder Teilbetrieben wird es häufig ausreichen, daß bei betriebswirtschaftlicher Betrachtungsweise ein Gegenstand oder eine Verbindlichkeit dem Geschäftsbetrieb eines bestimmten Unternehmensteils zuzurechnen ist. Bei Warenbeständen kann auf die bei Sicherungsübereignungen entwickelten Grundsätze zurückgegriffen werden.

Absatz 3 sieht wie § 5 Abs. 3 die Zuleitung des Spaltungs- und Übernahmevertrages an den jeweils zuständigen Betriebsrat vor. Auf die Begründung zu dieser Vorschrift wird verwiesen.

Anders als § 5 Abs. 2 enthält § 126 keine Erleichterungen für den Mindestinhalt des Spaltungs- und Übernahmevertrags für den Fall, daß den übernehmenden Rechtsträgern oder einem von ihnen alle Anteile an dem übertragenden Rechtsträger gehören. Die Angaben über die Aufteilung der Anteile und deren Umtausch sind bei der Aufspaltung und der Abspaltung niemals entbehrlich, weil es stets zu einem Anteilstausch kommt.

Aufgrund der Verweisung in § 125 gilt § 6 entsprechend (vgl. dazu Artikel 3 Abs. 1 der Sechsten Richtlinie). Für den Spaltungs- und Übernahmevertrag wird also wie für den Verschmelzungsvertrag die notarielle Form vorgesehen, weil auch hier der Rechtsgedanke des § 311 BGB aufrechterhalten werden soll. Der Spaltungsvertrag hat außerdem sachlich eine noch größere Bedeutung als der Verschmelzungsvertrag, weil sein Inhalt für die Zuweisung der Vermögensbestandteile des übertragenden Rechtsträgers an die verschiedenen übernehmenden Rechtsträger sowie für die Aufteilung der Anteile maßgebend ist. Auch deshalb sollen die Parteien des Vertrags von einem Notar beraten werden.

Von entscheidender Bedeutung ist aber, daß der Spaltungsvertrag andere Übertragungsverträge, die der notariellen Beurkundung bedürfen, ersetzt, so z. B. einen Vertrag im Sinne des § 313 BGB. Die Übertragung z. B. eines Grundstücks im Wege eines privatschriftlichen Aktes kann aber bei Spaltungen grundsätzlich nicht zugelassen werden.

Für die Kündigung des Spaltungs- und Übernahmevertrags ist gemäß § 125 der § 7 zu beachten.

Zu § 127

(Vgl. Artikel 7 Abs. 1, 2 Satz 1 der Sechsten Richtlinie).

Der Spaltungsbericht ist das Gegenstück zum Verschmelzungsbericht (vgl. § 8). Zusätzlich zu jenem ist bei Aufspaltung und Abspaltung im Spaltungsbericht auch der Maßstab für die Aufteilung der Anteile zu erläutern und zu begründen, um die Anteilsinhaber über den Umfang ihrer künftigen Beteiligung näher zu unterrichten. Wegen dieser Abweichung ist die Vorschrift ausformuliert worden.

Bei einer Ausgliederung sind Angaben über den Tausch von Anteilen oder Mitgliedschaftsrechten entbehrlich. In solchen Fällen genügen die Erläuterungen der Gründe für die Ausgliederung.

Das Rechtsinstitut der Spaltungsprüfung bei Aufspaltung und Abspaltung (§ 125 in Verbindung mit den §§ 9 bis 12) entspricht der Verschmelzungsprüfung. Auch hier finden sich die Gesetzesbefehle dafür, wann eine Prüfung stattfinden muß, durch die allgemeine Verweisung in § 125 im Besonderen Teil des Zweiten Buches. Bei einer Ausgliederung ist die Prüfung nach § 125 Satz 1 in jedem Fall entbehrlich.

Auch für die Spaltung ist nach § 125 in Verbindung mit § 13 des Entwurfs ein Beschluß (Spaltungsbeschluß) der Anteilsinhaber des übertragenden Rechtsträgers erforderlich (vgl. Artikel 5 Abs. 1 der Sechsten Richtlinie). Dessen Anfechtung richtet sich bei der Ausgliederung nach allgemeinen Vorschriften, ist also nicht eingeschränkt.

Die Vorschriften über die Anmeldung und Eintragung der Spaltung entsprechen ebenfalls der Regelung für die Verschmelzung (vgl. §§ 16 bis 21). Auf die Begründung zu jenen Vorschriften wird verwiesen.

Allerdings muß für die Reihenfolge der Eintragungen und für den Eintritt der Spaltungswirkungen den Besonderheiten dieser Umwandlungsart Rechnung getragen werden.

Zu § 128

(vg. Artikel 3 Abs. 2 Buchstabe i, Artikel 5 der Sechsten Richtlinie).

§ 128 ist eine Vorschrift zum Schutze der Anteilsinhaber bei der nicht-verhältniswahrenden Spaltung, bei der die Beteiligungsquote der Anteilsinhaber an den übernehmenden oder neuen Rechtsträgern im Spaltungsvertrag abweichend von der Beteiligungsquote an dem übertragenden Rechtsträger festgesetzt wird. Diese Art der Spaltung soll zugelassen werden (vgl. § 126 Abs. 1 Nr. 10, Artikel 3 Abs. 2 Buchstabe i der Sechsten Richtlinie), weil mit ihr die Auseinandersetzung von Gesellschaftergruppen und Familienstämmen im Wege der Sonderrechtsnachfolge ermöglicht werden kann. Dafür besteht ein Bedürfnis.

Allerdings müssen dabei sämtliche Anteilsinhaber hinreichend geschützt werden, weil es sonst möglich wäre, durch eine Mehrheitsentscheidung einzelne Anteilsinhaber oder bestimmte Gruppen von ihnen auf die Beteiligung an einem übernehmenden Rechtsträger zu verweisen, dem im Spaltungsvertrag geringere Vermögenswerte zugewiesen werden als anderen Übernehmern. Es wäre so möglich, diese Anteilsinhaber durch Mehrheitsentscheidung in ihrem Besitzstand zu beeinträchtigen.

Dies soll dadurch verhindert werden, daß bei der nichtverhältniswahrenden Spaltung alle Anteilsinhaber zustimmen müssen, um die Spaltung wirksam werden zu lassen *(Satz 1)*. Einer solchen Regelung steht auch das Recht der Europäischen Gemeinschaft nicht entgegen, weil die Bestimmung über die Mehrheit bei einem Spaltungsbeschluß (vgl. Artikel 5 Abs. 1 Satz 2 der Sechsten Richtlinie in Verbindung mit Artikel 7 Abs. 1 Satz 2 der Dritten Richtlinie) nur eine Mindestregel enthält, die strengere nationale Vorschriften zum Schutze der Aktionäre zuläßt.

Eine bloße Verweisung der gefährdeten Anteilsinhaber auf ein Austrittsrecht reicht zu deren Schutz nicht aus; denn sie würden durch eine derartige Regelung nicht der Gefahr entgehen, durch Mehrheitsentscheidung mittelbar aus dem Rechtsträger hinausgedrängt zu werden, weil die ihnen zugewiesene Beteiligung ein weiteres Verbleiben zu einem Verlustgeschäft machen würde.

Die Berechnung der Beteiligungsquote ist bei einer Spaltung zur Neugründung nicht schwierig. Bei einer Spaltung zur Aufnahme werden die Anteilsinhaber des übertragenden Rechtsträgers jedoch auch an dem bisherigen Vermögen eines übernehmenden Rechtsträgers beteiligt, erhalten also z. B. als neu hinzutretende Gesellschafter oder Aktionäre zwangsläufig eine niedrigere Beteiligungsquote am gesamten übernehmenden Rechtsträger, als sie sie an dem übertragenden Rechtsträger hatten. *Satz 2* des § 128 sieht deshalb vor, daß der Berechnung der Beteiligungsquote in diesen Fällen der übergegangene Vermögensteil zugrunde gelegt werden muß.

Die Zustimmungserklärungen nicht erschienener Anteilsinhaber müssen notariell beurkundet werden. Dies folgt aus § 13 Abs. 3 Satz 1.

Zu § 129

(Vgl. Artikel 16 Abs. 2 der Sechsten Richtlinie).

Die Vorschrift enthält eine Klarstellung zu § 16 Abs. 1 Satz 2.

Für die Anlagen der Anmeldung ist § 17 zu beachten.

Wegen der erforderlichen Abweichungen vom Verschmelzungsrecht müssen die Vorschriften über die Eintragung der Spaltung und deren Wirkungen weitgehend ausformuliert werden.

Zu § 130

Für das Wirksamwerden der Spaltung soll nach § 131 Abs. 1 die Eintragung in das Register des Sitzes des sich spaltenden, also des übertragenden Rechtsträgers maßgebend sein, weil durch die Wahl dieses Anknüpfungspunktes am einfachsten der Zeitpunkt für das Wirksamwerden des gesamten Vorgangs (Spaltung und Aufnahme der Unternehmensteile) einheitlich festgelegt werden kann, wie dies erforderlich ist.

In der technischen Vorbereitung dieser Eintragung knüpft § 130 für die Eintragung und Bekanntmachung spiegelbildlich an das System bei der Verschmelzung an.

Allerdings soll die bei der Verschmelzung vorgesehene Übersendung der Registerunterlagen (vgl. § 19 Abs. 2 Satz 2 am Ende) vom Register des übertragenden Rechtsträgers an die Register der übernehmenden Rechtsträgers nicht angeordnet werden, weil dafür eine Wahl unter den Registern der übernehmenden Rechtsträger getroffen werden und weil diese Wahl willkürlich sein müßte. An ihre Stelle soll nach *Absatz 2 Satz 1* die Übersendung eines Handelsregisterauszuges sowie beglaubigter Abschriften des Gesellschaftsvertrags, der Satzung oder des Statuts des übertragenden Rechtsträgers an alle Register der übernehmenden Rechtsträger treten, damit dort diese Unterlagen vorhanden sind.

Für die erforderlichen Bekanntmachungen gilt über die Verweisung in § 125 die Vorschrift des § 19 Abs. 3.

Zu § 131

(Vgl. Artikel 3 Abs. 3, Artikel 15 der Sechsten Richtlinie).

§ 131 *Abs. 1 und 2* regelt die Wirkungen der Spaltung entsprechend denen der Verschmelzung (vgl. § 20 Abs. 1 und 2). Dabei kommt es für den Übergang der Vermögensteile *(Absatz 1 Nr. 1)* und bei Aufspaltung und Abspaltung für den Anteilstausch (Absatz 1 *Nr. 3 Satz 1)* auf die jeweilige Zuweisung im Spaltungs- und Übernahmevertrag an.

Absatz 1 *Nr. 1 Satz 2* stellt bei Abspaltung und Ausgliederung wie § 132 klar, daß die allgemeinen Vorschriften des Zivilrechts den Übergang eines bestimmten einzelnen Gegenstandes verhindern können (vgl. insbesondere § 399 BGB).

Absatz 3 des § 131 enthält eine für jede Aufspaltung unentbehrliche Regelung über das rechtliche Schicksal von Gegenständen, deren Zuweisung an einen der übernehmenden Rechtsträger unklar geblieben ist. Entsprechend der Bestimmung in Artikel 3 Abs. 3 der Sechsten Richtlinie werden die „vergessenen" Aktiva den übernehmenden Rechtsträgern im Wertverhältnis der ihnen zugeteilten Reinvermögen zugewiesen.

Ein Auffangtatbestand für das rechtliche Schicksal von Gegenständen (Aktiva) ist dagegen bei Abspaltung und Ausgliederung nicht erforderlich. Ist ein Gegenstand im Spaltungs- und Übernahmevertrag nicht erwähnt und damit keinem der übernehmenden Rechtsträger zugewiesen, so verbleibt er beim übertragenden Rechtsträger. Entsprechendes gilt für „vergessene" Verbindlichkeiten.

Für „vergessene" Verbindlichkeiten ist nach dem System des Entwurfs eine besondere Regelung entbehrlich. Für sie wie für alle anderen Verbindlichkeiten ordnet § 133 Abs. 1 ganz allgemein die gesamtschuldnerische Haftung der an der Spaltung beteiligten Rechtsträger an, damit den Gläubigern dieser Forderungen die bisher vorhandene Haftungsmasse erhalten bleibt.

Diese gesamtschuldnerische Haftung für Altverbindlichkeiten soll uneingeschränkt gelten, weil die Möglichkeiten der Zuweisung von Verbindlichkeiten nicht eingeschränkt sind und deshalb besondere Gefahren für Gläubiger entstehen können. Deshalb soll von der Ermächtigung in Artikel 3 Abs. 3 Buchstabe b Satz 2 der Sechsten Richtlinie, die Haftung auf die übernommenen Gegenstände zu beschränken, kein Gebrauch gemacht werden. Gegen eine solche Beschränkung spricht auch, daß mit ihr zusätzlich Fragen der Substitution solcher übernommener Gegenstände aufgeworfen werden müßten.

Auch bei einer Spaltung zur Aufnahme kann es durch Teilverschmelzung zu einem Zusammentreffen unvereinbarer Verpflichtungen kommen. Über § 125 ist § 21 maßgebend.

Ferner entsprechen die Vorschriften über den Schutz Dritter den Verschmelzungsvorschriften (vgl. §§ 22 bis 27).

Zu § 132

§ 132 enthält in *Satz 1* eine klarstellende Vorschrift, die den bereits zu § 126 Abs. 1 Nr. 9 erläuterten Grundsatz, daß die allgemeinen Vorschriften des Zivilrechts über die Übertragbarkeit von Gegenständen auch bei der Spaltung gelten, ausdrücklich im Gesetzestext verankert.

Dies hat z. B. Bedeutung für die Trennung von Haupt- und Nebenrechten, für den gesetzlichen oder rechtsgeschäftlichen Ausschluß der Abtretung von Forderungen nach § 399 BGB sowie für die Übertragbarkeit eines Nießbrauchs, einer beschränkten persönlichen Dienstbarkeit oder eines dinglichen Vorkaufsrechts (vgl. die §§ 1059a, 1092, 1098 BGB). In seiner ersten Alternative betrifft Satz 1 die Übertragbarkeit, nicht den Übertragungsvorgang selbst.

Dieser ist durch die zweite Alternative angesprochen, durch die das Erfordernis einer staatlichen Genehmigung für eine Übertragung eines bestimmten Gegenstandes durch Spaltung im Einzelfall aufrechterhalten wird. Auch in diesen Fällen darf der Schutzzweck solcher Genehmigungsvorbehalte nicht durch einen gesellschaftsrechtlichen Akt unterlaufen werden. Dies ist ebenfalls vor allem für den Grundstücksverkehr von Bedeutung.

§ 126 Abs. 1 Nr. 9 gilt auch für Dauerschuldverhältnisse. Für die Rechte und Pflichten aus Arbeitsverhältnissen schränkt aber die Vorschrift des § 613a BGB die Möglichkeit der Zuweisung auf einen bestimmten übernehmenden Rechtsträger ein, wenn nicht auch der Betrieb oder der Betriebsteil, dem das Arbeitsverhältnis vor der Spaltung zuzurechnen war, auf denselben übernehmenden Rechtsträger übertragen wird (vgl. die Begründung zu § 126 Abs. 1 Nr. 9). Macht ein Arbeitnehmer von dem ihm nach der Rechtsprechung des Bundesarbeitsgerichts und des Gerichtshofs der Europäischen Gemeinschaften zustehenden Widerspruchsrecht Gebrauch, so gehen bei einer Abspaltung oder Ausgliederung die Rechte und Pflichten aus dem diesen Arbeitnehmer betreffenden Arbeitsverhältnis nicht auf den übernehmenden oder neuen Rechtsträger über, dem sie nach dem Spaltungs- und Übernahmevertrag oder nach dem Spaltungsplan zugeordnet sein sollten. Bei einer Aufspaltung ist ein Widerspruchsrecht wegen des Erlöschens des übertragenden Rechtsträgers allerdings insoweit gegenstandslos, als seine Ausübung nicht zur Fortführung des bisherigen Arbeitsverhältnisses bei dem aufgespaltenen Rechtsträger führen kann.

Da bei einer Aufspaltung der übertragende Rechtsträger aufgelöst und voll beendigt wird, kann ein Abtretungsverbot nach § 399 BGB ebensowenig wie bei einer Verschmelzung greifen. Dies stellt *Satz 2* klar.

Zu § 133

(Vgl. Artikel 12 und 13 der Sechsten Richtlinie).

Für den Schutz der Gläubiger eines sich spaltenden Rechtsträgers gibt es in den Rechtsordnungen anderer Staaten verschiedene Systeme. Diese reichen von einem Widerspruchsrecht der Gläubiger, dessen Ausübung die Spaltung nicht wirksam werden läßt, über eine gerichtliche Kontrolle und über die gesamtschuldnerische Haftung der übernehmenden Rechtsträger bis zu einem a-posteriori-Individualschutz in Gestalt eines Anspruchs auf Sicherheitsleistung für noch nicht fällige Forderungen. Die Sechste gesellschaftsrechtliche Richtlinie läßt für die Aufspaltung von Aktiengesellschaften mehrere Systeme als gleichwertig zu.

Der Entwurf überträgt durch die entsprechende Anwendung des § 22 das dem deutschen Recht auch sonst vertraute System des a-posteriori-Individualschutzes in Gestalt des Anspruchs auf Sicherheitsleistung für noch nicht fällige Forderungen aus dem geltenden Umwandlungsrecht auf die Spaltung *(Absatz 1 Satz 2)*. Dieses System hat sich in der Praxis bewährt. Es hat zunächst den Vorteil, das Wirksamwerden der Spaltung, das für die beteiligten Rechtsträger und deren Anteilsinhaber in der Regel von größter wirtschaftlicher Bedeutung ist, nicht zu hemmen. Es begegnet im Regelfall der Gefahr eines späteren Gläubigerausfalls in ausreichendem Maße, auch wenn man die besondere Gefährdung berücksichtigt, die eine willkürliche Verteilung von Aktiva und Passiva auf die übernehmenden Rechtsträger mit sich bringen kann. Der *zweite Halbsatz* von Satz 2 stellt dabei klar, gegen wen sich der Anspruch auf Sicherheitsleistung richtet. Anders als bei der Verschmelzung, bei der nur der übernehmende Rechtsträger Schuldner dieser Verpflichtung sein kann, kämen bei der Spaltung wegen deren Eigenart ansonsten mehrere Rechtsträger als Schuldner der Sicherheitsleistung in Betracht. Die Regelung beseitigt diese Unklarheit, indem sie nur den Rechtsträger zur Leistung der Sicherheit verpflichtet, gegen den sich die Forderung richtet, derentwegen Sicherheitsleistung verlangt wird.

Der oben erwähnten Gefährdung muß durch § 133 Abs. 1 jedoch in grundsätzlicher Weise begegnet werden. Nach dem Vorbild des Artikels 12 Abs. 6 Satz 1 der Sechsten Richtlinie soll als allgemeine Regel für alle Spaltungen vorgesehen werden, daß die übernehmenden Rechtsträger für Verbindlichkeiten des übertragenden Rechtsträgers als Gesamtschuldner haften *(Absatz 1 Satz 1)*. Damit soll Mißbräuchen des neuen Rechtsinstituts, etwa durch Zuweisung der Aktiva an einen und der Passiva an einen anderen übernehmenden Rechtsträger, vorgebeugt werden.

Mit dieser Regelung wird zugleich die volle Parallele zur Verschmelzung hergestellt, bei der der übernehmende Rechtsträger auch kraft Gesamtrechtsnachfolge für die Verbindlichkeiten der übertragenden Rechtsträger einzustehen hat. — In *Satz 2* wird ferner klargestellt, daß die allgemeinen Haftungsvorschriften des HGB unberührt bleiben.

Für Schadenersatzansprüche gegen Organmitglieder der beteiligten Rechtsträger sowie für die Nichtigkeit des Spaltungsbeschlusses gelten nach § 125 die §§ 25, 26 und 28 entsprechend (vgl. Artikel 18 der Sechsten Richtlinie).

Wegen der besonderen Stellung der in § 23 genannten Inhaber von Sonderrechten soll auch für diese der besondere Schutz der gesamtschuldnerischen Haftung vorgesehen werden *(Absatz 2 Satz 1)*. Dadurch wird zugleich vermieden, daß ein übernehmender Rechtsträger den Rechtsinhaber wegen der Erfüllung seines Anspruchs auf Gewährung eines wirtschaftlich gleichwertigen Rechts an einen anderen übernehmenden oder den übertragenden Rechtsträger verweist.

Satz 2 eröffnet die Möglichkeit, die gleichwertigen Rechte auch in dem übertragenden Rechtsträger zu gewähren. Diese Regelung ist erforderlich, weil ohne sie diese Berechtigten sich ohne zwingenden Grund einem Schuldnerwechsel gegenübersähen. Sie ist aber für die Umgestaltung der Rechte auch eine notwendige Ermächtigung, weil durch die Abspaltung oder die Ausgliederung eines Vermögensteils der innere Wert dieser Rechte vermindert werden kann.

Die *Absätze 3 bis 5* enthalten bezüglich der in Absatz 1 bezeichneten Ansprüche eine Haftungsbegrenzungsregelung, die dem Vorbild des § 45 entspricht.

Für die Ansprüche der Gläubiger von Sonderrechten nach Absatz 2 ist hingegen ein vergleichbares Bedürfnis nach einer Enthaftung wegen einer ansonsten drohenden „Endloshaftung" (für Dauerverbindlichkeiten) nicht erkennbar, weil es sich bei den dort geregelten Ansprüchen nicht um solche aus Dauerschuldverhältnissen handelt. *Absatz 6* sieht daher für diese Kategorie von Ansprüchen eine gesonderte fünfjährige Verjährungsfrist vor.

Zu § 134

Die mit der Spaltung des Vermögens eines Rechtsträgers verbundene Vermögensübertragung führt zu einer Veränderung der Haftungsmasse und damit zu einer Gefährdung der Gläubigerinteressen. Zum Schutz der Gläubiger und der Inhaber von Sonderrechten ordnet daher § 133 Abs. 1 die gesamtschuldnerische Haftung aller an der Spaltung beteiligten Rechtsträger für vor der Spaltung begründete Verbindlichkeiten des übertragenden Rechtsträgers an.

Dieses Haftungskonzept wird jedoch den Interessen einer bestimmten Gläubigergruppe — den Arbeitnehmern — nicht in allen Spaltungsfällen gerecht. Wird nämlich ein Rechtsträger in Anlage- und Betriebsgesellschaft gespalten (sog. Betriebsaufspaltung), so führt diese inbesondere aus steuerrechtlichen Gründen vorteilhafte Spaltung zu erheblichen Nachteilen für die bei der Betriebsgesellschaft beschäftigten Arbeitnehmer. Diese Nachteile können durch die gesamtschuldnerische Haftung nach § 133 nicht aufgefangen werden. Da Betriebs- und Besitzgesellschaft in den häufigsten Fällen verbundene Unternehmen im Sinne des § 15 AktG sein werden, sind zwar hieran anknüpfende Haftungsfolgen nicht ausgeschlossen. Diese bestehen jedoch nur im Falle eines qualifizierten Konzerns, dessen Voraussetzungen wiederum nicht stets vorliegen werden. Während die Betriebsgesellschaft aufgrund der ihr von der Anlagegesellschaft eingeräumten Nutzungsrechte den Betrieb nach dem Wirksamwerden der Spaltung nunmehr allein im wesentlichen unverändert weiterführt, ist bei ihr durch die vorgenommene Vermögensverlagerung auf die Anlagegesellschaft die bisherige Haftungsmasse geschmälert.

Anders als sonstige Gläubiger, die sich hierauf bei Eingehen eines nach der Spaltung begründeten Rechtsverhältnisses mit der Betriebsgesellschaft einstellen können, sind die Arbeitnehmer besonders schutzbedürftig, da ihre nach dem Wirksamwerden der Spaltung erst begründeten Forderungen gegen die Betriebsgesellschaft bei Zahlungsschwierigkeiten ohne einen Rückgriff auf die zur Führung des Betriebes notwendigen Vermögensteile häufig nicht mehr realisiert werden können.

Deshalb regelt *Absatz 1* für den Fall der Aufteilung in Anlage- und Betriebsgesellschaft die gesamtschuldnerische Mithaftung der Anlagegesellschaft über § 133 hinaus auch für solche Forderungen, die binnen fünf Jahren nach dem Wirksamwerden der Spaltung z. B. aufgrund von Sozialplänen oder aufgrund einer Versorgungszusage begründet werden. Eine Haftung auf anderer rechtlicher Grundlage, etwa konzernrechtlicher Art, bleibt unberührt.

Auch im Rahmen des § 134 besteht ein Bedürfnis für eine zeitliche Begrenzung der gesamtschuldnerischen Haftung des nach einer Betriebsaufspaltung als Anlagegesellschaft fungierenden Rechtsträgers. *Absatz 2* enthält daher eine entsprechende Verjährungsvorschrift.

Zum Dritten Abschnitt — Spaltung zur Neugründung

(Vgl. Artikel 21, 22 der Sechsten Richtlinie).

Die — als Aufspaltung auch in der Sechsten Richtlinie für Aktiengesellschaften vorgesehene — Spaltung zur Neugründung soll ebenfalls nach dem Vorbild der Verschmelzungsvorschriften (vgl. die §§ 36 bis 38) geregelt werden.

Zu § 135

(Vgl. Artikel 22 Abs. 1, 3 der Sechsten Richtlinie).

Die Verweisungen in § 135 *Abs. 1 Satz 1* entsprechen im wesentlichen denen in § 36 Abs. 1 Satz 1. Wegen der allgemeinen Verweisung in § 125 müssen die entsprechend geltenden Verschmelzungsvorschriften ebenfalls in die Ausnahme aufgenommen werden.

Absatz 2 ist die Parallelvorschrift zu § 36 Abs. 2.

Zu § 136

(Vgl. Artikel 22 Abs. 2 der Sechsten Richtlinie).

Der übertragende Rechtsträger kann mit den erst zu gründenden neuen Rechtsträgern einen Spaltungs- und Übernahmevertrag nicht abschließen. An seine Stelle muß ein einseitiger Akt treten. Nach dem Vorbild der Sechsten Richtlinie und des französischen Rechts soll dies der Spaltungsplan sein *(Satz 1)*.

Für ihn gelten die Vorschriften, die auf den genannten Vertrag anzuwenden sind *(Satz 2)*. Damit ist auch das Erfordernis notarieller Beurkundung des Spaltungsplans festgelegt, das seiner Bedeutung für die Spaltung entspricht.

Der Spaltungsplan wird durch die Zustimmung der Anteilsinhaber (vgl. § 135 Abs. 1 Satz 1, § 125 in Verbindung mit § 13) zur einseitigen Willenserklärung des übertragenden Rechtsträgers und damit zur Grundlage der Spaltung.

Zu § 137

Das Registerverfahren bei der Spaltung zur Neugründung entspricht weitgehend demjenigen bei der Spaltung zur Aufnahme. Es kann daher hierfür auf die Begründung zu dem über § 135 entsprechend anzuwendenden § 130 Abs. 1 verwiesen werden.

Besonderer Vorschriften bedarf es nur für die Frage, von wem die erforderlichen Anmeldungen vorzunehmen sind, und für das interne Verfahren der betroffenen Registergerichte.

Die Pflichten zur Anmeldung bei den Registern der Rechtsträger treffen das Vertretungsorgan des übertragenden Rechtsträgers als das einzige bereits vorhandene Vertretungsorgan *(Absatz 1 und 2)*.

Absatz 3 enthält die notwendigen Verfahrensvorschriften für die betroffenen Registergerichte. Die Gerichte der neuen Rechtsträger teilen die Eintragung der neuen Rechtsträger dem Gericht des sich spaltenden Rechtsträgers mit. Dieses wartet die letzte Mitteilung ab, um einen einheitlichen Zeitpunkt für den gesamten Vorgang festlegen zu können. Alsdann trägt es die Spaltung ein und teilt den Zeitpunkt dieser Eintragung unter Übersendung eines Handelsregisterauszuges sowie von beglaubigten Abschriften des Gesellschaftsvertrages, der Satzung oder des Statuts des übertragenden Rechtsträgers den Registergerichten der neuen Rechtsträger mit, die ihrerseits den Zeitpunkt des Wirksamwerdens, also der Eintragung der Spaltung im Register des übertragenden Rechtsträgers, in ihren Registern vermerken.

Durch dieses Verfahren wird für Spaltung und Eintragung der neuen Rechtsträger ein einheitlicher Zeitpunkt des Wirksamwerdens sichergestellt. Schließlich wird durch Satz 3 zweiter Halbsatz noch verhindert, daß es zu Bekanntmachungen kommt, die nur vorläufigen Charakter haben.

Zum Zweiten Teil — Besondere Vorschriften

Der Zweite Teil, der die Besonderen Vorschriften für die Spaltung verschiedener Rechtsträger enthält, weicht vom Aufbau des Zweiten Teils des Zweiten Buches etwas ab. Da die allgemeine Verweisung in § 125 auch die Besonderen Vorschriften des Zweiten Buches erfaßt, kann sich der Zweite Teil des Dritten Buches darauf beschränken, erforderliche Abweichungen zu regeln. Durch diese Gesetzestechnik werden Vorschriften eingespart. Allerdings deckt sich dadurch die Numerierung der Abschnitte nicht mit der des Zweiten Buches.

So ist die Spaltung von Personenhandelsgesellschaften schon durch § 125 erfaßt.

Für die Spaltung bereits aufgelöster Personenhandelsgesellschaften sollen dieselben Voraussetzungen gelten wie für deren Verschmelzung. Auf die Begründung zu § 39 wird verwiesen (dort Absatz 1). Die Vorschrift ergänzt § 124 Abs. 2 in Verbindung mit § 3 Abs. 3.

Die in § 40 für die Verschmelzung geregelte Frage, wie Anteilsinhaber eines übertragenden Rechtsträgers zu schützen sind, wenn der übernehmende Rechtsträger eine Personenhandelsgesellschaft ist und die Umwandlung zu einer gesamtschuldnerischen unbeschränkten Haftung dieser Anteilsinhaber führen kann, stellt sich bei einer Spaltung in vergleichbarer Weise und ist über § 125 wie im Verschmelzungsrecht gelöst.

Der Verzicht auf einen Spaltungsbericht soll wie bei der Verschmelzung (vgl. § 41) eingreifen, wenn alle

Gesellschafter der Personenhandelsgesellschaft kraft ihrer Geschäftsführungsbefugnis selbst an der Vorbereitung der Spaltung mitwirken können.

Auch die Konkretisierung des allgemeinen Kontrollrechts der Gesellschafter (vgl. § 118 HGB) folgt dem Modell des Verschmelzungsrechts (vgl. § 42).

Für den Spaltungsbeschluß der Gesellschafter soll nach § 43 Abs. 1 Satz 1 grundsätzlich ebenfalls Einstimmigkeit aus den für die Verschmelzung angeführten Gründen erforderlich sein (vgl. die Begründung zu § 43). Auch die Erleichterungen folgen dem Verschmelzungsrecht (vgl. § 43 Abs. 1 Satz 2 und 3).

Die Prüfung von Aufspaltung und Abspaltung bestimmt sich nach § 44.

Da sich das Problem der zeitlichen Begrenzung der Haftung früherer Gesellschafter der sich spaltenden Personenhandelsgesellschaft genauso stellt wie bei der Verschmelzung, soll deren Regelung (vgl. § 45) übernommen werden.

Zum Ersten Abschnitt — Spaltung unter Beteiligung von Gesellschaften mit beschränkter Haftung

Der Erste Abschnitt der Besonderen Vorschriften des Dritten Buches regelt die Spaltung unter Beteiligung einer GmbH, soweit diese betroffen ist (vgl. § 124 Abs. 2 in Verbindung mit § 3 Abs. 4).

Aufgrund der Verweisung in § 125 ergeben sich folgende Regelungen:

Den rechtstechnischen Besonderheiten, die bei einer Spaltung zur Aufnahme eines Unternehmensteils durch eine Gesellschaft mit beschränkter Haftung entstehen, soll spiegelbildlich zur Verschmelzung in gleicher Weise Rechnung getragen werden wie in § 46.

Die Unterrichtung der Gesellschafter der sich spaltenden GmbH soll der im Recht der Verschmelzung entsprechen (vgl. § 47).

Wie in § 48 bei der Verschmelzung ist eine Prüfung der Aufspaltung und der Abspaltung einer GmbH durch unabhängige Spaltungsprüfer vorgesehen, falls ein Gesellschafter der GmbH dies verlangt. Eine solche Prüfung ist hier noch notwendiger als bei der Verschmelzung, weil die Gefahren eines Spaltungsvorgangs wegen der Möglichkeit, Vermögensgegenstände willkürlich zu verteilen, größer sind.

Das Verschmelzungsrecht gilt spiegelbildlich auch für die Vorbereitung der Gesellschafterversammlung und deren Beschluß (vgl. die §§ 49 und 50).

Es ist nicht möglich, abweichend vom Recht der Verschmelzung auf die Einschaltung der Gesellschafter als Beschlußorgan zu verzichten und die Spaltung damit allgemein zu einem reinen Geschäft der Unternehmensleitung zu machen; denn die Stellung der Gesellschafter einer GmbH wird bei Aufspaltung und Abspaltung unmittelbar und nachhaltig von dem Anteilstausch aus Anlaß dieser Spaltungsarten berührt. Aber auch die Ausgliederung im Sinne des Umwandlungsgesetzes ist ein so wichtiges Geschäft, daß die Gesellschafterversammlung grundsätzlich damit befaßt werden muß.

Auch die rechtstechnischen Fragen, die durch die Vorschriften des GmbH-Rechts über die Höhe der Gesellschaftsanteile auftreten können, müssen bei der Spaltung ebenso wie bei der Verschmelzung (vgl. § 51) gelöst werden.

Die Verschmelzungsvorschriften, welche die Anmeldung und Eintragung sowie den Schutz Dritter betreffen (vgl. §§ 52 bis 55), können für die Spaltung übernommen werden, weil auch insoweit keine Unterschiede in den Interessenlagen der Beteiligten bestehen.

Daß die §§ 30, 31 GmbHG zu beachten sind, ergibt sich daraus, daß in allgemeines Organisationsrecht nicht eingegriffen wird.

Für die Spaltung zur Neugründung kann auf die Begründung für die Verschmelzung durch Neugründung verwiesen werden.

Wie schon einleitend zu § 1 bemerkt, treten die Umwandlungsarten, die dieses Gesetz eröffnet, neben die bereits nach allgemeinem Zivilrecht möglichen Methoden, ein Unternehmen umzustrukturieren. Dies gilt auch für die Ausgliederung.

Diese ist nach geltendem Recht in der Regel eine Angelegenheit des Vertretungsorgans, also bei einer ausgliedernden GmbH Sache der Geschäftsführer. Diese können sich dabei herkömmlicher Methoden, insbesondere der Einzelübertragung der Gegenstände des Gesellschaftsvermögens und der Einzelüberleitung der Verbindlichkeiten, bedienen. Sie können aber auch, wenn sie das neue Rechtsinstitut der Sonderrechtsnachfolge nutzen wollen, nach den Vorschriften dieses Gesetzes über die Ausgliederung vorgehen; in diesem Fall ist auch die Gesellschafterversammlung einzuschalten.

Im Recht der Kapitalgesellschaften, insbesondere im Aktienrecht, hat sich eine Tendenz abgezeichnet, die Einschaltung der Gesellschafterversammlung, insbesondere die der Hauptversammlung einer Aktiengesellschaft, dann zwingend vorzusehen, wenn die übertragende AG einen wesentlichen Teil ihres Vermögens auf eine andere Gesellschaft übertragen will (vgl. die Begründung zu § 62). Dabei ist streitig, welche Größenmerkmale dafür maßgebend sein sollen; es werden die unterschiedlichsten Anknüpfungsmerkmale vorgeschlagen.

Der Referentenentwurf vom 15. April 1992 hatte versucht, diese Frage auf andere Weise, nämlich durch Anknüpfung an das für GmbH und AG schon vorhandene Recht einer Minderheit von Gesellschaftern oder Aktionären zu lösen (vgl. §§ 137 und 141 des Referentenentwurfs). Hierdurch sollte jedoch die aufgrund der erwähnten Abgrenzungsmerkmale von der Rechtsprechung verlangte Einschaltung der Gesellschafter- oder Hauptversammlung bei Ausgliederungen im Wege der Einzelübertragung nicht ersetzt werden; vielmehr sollte das Minderheitenrecht zur Durchführung einer Ausgliederung nach den Vorschriften des Umwandlungsgesetzes neben diese allgemeinen Grundsätze zur Befassung der Gesellschafter- oder Hauptversammlung mit Ausgliederungen im Wege der Einzelübertragung treten. Dies ist in den Stellungnahmen zum Referentenentwurf auf Kritik gestoßen, da der Vorschlag nicht geeignet sei, die durch diese von der Rechtsprechung entwickelten allgemeinen Grundsätze aufgeworfenen Probleme, insbesondere hinsichtlich der Festlegung bestimmter Abgrenzungsmerkmale, zu beseitigen, sondern vielmehr die gängige Praxis bei der Durchführung von Ausgliederungen nur erschwere. Aufgrund dieser Kritik ist dieser Regelungsvorschlag daher in den Regierungsentwurf nicht übernommen worden.

Zu § 138

Wird eine GmbH im Wege der Spaltung neu gegründet, so können die Gläubiger dieses neuen Rechtsträgers besonders leicht gefährdet werden, wenn der übertragende Rechtsträger die weniger wertvollen Vermögensteile abstößt oder wenn deren Zusammensetzung die Ertragsaussichten des übertragenen Betriebes sinken läßt. Dem soll auch dann durch einen Sachgründungsbericht vorgebeugt werden, wenn dem übertragenden Rechtsträger wegen der Strenge der für ihn geltenden Kapitalschutzvorschriften grundsätzlich Vertrauen entgegengebracht werden kann.

Zu § 139

Gliedert eine GmbH im Wege der Abspaltung oder Ausgliederung einen Teil ihres Vermögens aus, so kann dies eine Herabsetzung des Stammkapitals erfordern. Die Kapitalherabsetzung könnte bei einer Abspaltung oder Ausgliederung auf eine Kapitalgesellschaft mit einem erheblich niedrigeren Stamm- oder Grundkapital sowie bei einer Abspaltung oder Ausgliederung auf Rechtsträger ohne ausgeprägte Kapitalschutzvorschriften dazu führen, daß unmittelbar nach Wirksamwerden der Spaltung Ausschüttungen an die Gesellschafter der übertragenden GmbH vorgenommen werden, die bei einer zu anderen Zwecken durchgeführten Kapitalherabsetzung nicht zulässig wären (vgl. § 30 GmbHG). Dadurch könnte die den Altgläubigern der übertragenden GmbH zur Verfügung stehende Zugriffsmasse verkürzt werden, auch wenn die an der Spaltung beteiligten Rechtsträger den Gläubigern gesamtschuldnerisch haften. Die Vorschriften über den Schutz der Gläubiger im Falle der Kapitalherabsetzung, bei einer GmbH also § 58 GmbHG, begegnen dieser Gefahr dadurch, daß eine Befriedigung oder Sicherstellung der Gläubiger angeordnet ist (vgl. § 58 Abs. 1 Nr. 2 GmbHG).

Andererseits nimmt eine ordentliche Kapitalherabsetzung wegen der einjährigen Sperrfrist für die Anmeldung zur Eintragung in das Handelsregister so viel Zeit in Anspruch, daß der wirtschaftliche Erfolg der Spaltung, zu deren Durchführung die Kapitalherabsetzung erforderlich sein kann, gefährdet wird. Deshalb soll nach *Satz 1* für eine Kapitalherabsetzung zur Durchführung einer Abspaltung oder einer Ausgliederung auch die vereinfachte Form nach den §§ 58a ff. GmbHG, die durch das Gesetz zur Reform des Insolvenzrechts eingeführt werden sollen, zugelassen werden. Die in diesen neuen Vorschriften enthaltenen Schutzmaßnahmen zugunsten der Altgläubiger der übertragenden GmbH, insbesondere § 58b Abs. 1 GmbHG, reichen aus, um Manipulationen zur Umgehung des § 30 GmbHG auszuschließen.

Zum Schutze des Rechtsverkehrs soll daneben durch *Satz 2* sichergestellt werden, daß die Tatsache der Kapitalherabsetzung nicht erst nach der tatsächlichen Vermögensminderung durch die Spaltung, sondern vor dieser Änderung offengelegt wird. Dies wird durch die Pflicht zur vorherigen Eintragung der Kapitalherabsetzung erreicht. Die Vorschrift ist ein Spiegelbild zu § 53, der die Eintragung bei Erhöhung des Stammkapitals einer übernehmenden GmbH regelt.

Zu § 140

Für eine übertragende GmbH muß Vorsorge getroffen werden, daß durch die Abspaltung oder die Ausgliederung ihre Kapitalausstattung nicht unter die gesetzlichen Mindesterfordernisse für die Höhe des Stammkapitals absinkt und auch sonst die gesetzlichen Voraussetzungen für die Gründung einer GmbH, so insbesondere die Vorschriften über die Mindesthöhe der Stammeinlagen, weiterhin beachtet werden. Dies ist insbesondere wegen der häufig bei der Abspaltung erforderlichen Herabsetzung des Stammkapitals nötig. Es muß aber auch sichergestellt werden, daß das im Gesellschaftsvertrag der übertragenden GmbH vorgesehene Stammkapital, das über dem gesetzlichen Mindestkapital liegen kann, durch die Aktiva weiter gedeckt ist.

Dafür sollen die Geschäftsführer durch eine Erklärung gegenüber dem Registergericht einstehen, die strafbewehrt ist (vgl. § 313 Abs. 2 Nr. 1). Dagegen erscheint es nicht erforderlich, für die übertragende GmbH eine neue Beobachtung der Gründungsvorschriften des GmbH-Gesetzes anzuordnen; dies würde den Spaltungsvorgang zu stark mit förmlichen Erfordernissen, eventuell auch mit zusätzlichen Kosten belasten.

Zum Zweiten Abschnitt — Spaltung unter Beteiligung von Aktiengesellschaften und Kommanditgesellschaften auf Aktien

Im Zweiten Abschnitt des Zweiten Teils ist die Spaltung unter Beteiligung von Aktiengesellschaften und Kommanditgesellschaften auf Aktien zusammen geregelt.

Für diesen Abschnitt sind wie für den Allgemeinen Teil (Erster Teil des Dritten Buches) die Bestimmungen der Sechsten gesellschaftsrechtlichen EG-Richtlinie (Spaltungsrichtlinie) zu beachten, soweit eine Spaltung unter Beteiligung nur von Aktiengesellschaften sowohl auf der übertragenden als auch auf der übernehmenden Seite des Vorgangs betroffen ist. Die Bestimmungen dieser Richtlinie, die jeweils in der Begründung zu den einzelnen Vorschriften des Entwurfs — soweit nicht schon im Ersten Teil geschehen — angeführt werden, enthalten jedoch sinnvolle und zweckmäßige Regelungen auch für solche Spaltungen, an denen mindestens eine Aktiengesellschaft nur auf einer Seite beteiligt ist. Sie sollen deshalb, soweit erforderlich und zweckmäßig, für alle Spaltungsvorgänge übernommen werden.

Sachlich folgt auch dieser Abschnitt dem entsprechenden Abschnitt im Verschmelzungsrecht (Dritter Abschnitt des Zweiten Teils des Zweiten Buches).

Wie im GmbH-Recht die §§ 30, 31 GmbHG bleibt im Aktiengesetz § 57 unberührt.

Für die Prüfung einer Aufspaltung ist Artikel 8 Abs. 1 Satz 1 und 3 der Sechsten Richtlinie zu beachten.

Die in § 9 Abs. 2 vorgesehene Ausnahme, daß eine Prüfung bei der Verschmelzung einer 100%igen Tochtergesellschaft entfallen kann, darf für Aufspaltung und Abspaltung auch hier nicht übernommen werden (vgl. § 125), denn selbst in einem solchen Fall kommt es zu einem Anteilstausch, so daß auf die Prüfung im Interesse der Aktionäre nicht verzichtet werden kann. Die Sechste Richtlinie enthält denn auch — anders als die Dritte Richtlinie — für diesen Fall bei der Aufspaltung keine Ausnahme.

Artikel 8 Abs. 1 Satz 2 der Sechsten Richtlinie enthält für die Spaltungsprüfer die gleichen Regeln, wie sie nach der Dritten Richtlinie für Verschmelzungsprüfer bestehen und in § 60 übernommen sind.

Durch die allgemeine Verweisung in § 125 auf den Verschmelzungsteil werden für Aufspaltung und Abspaltung die Stellung und die Verantwortlichkeit der Spaltungsprüfer sowie der Inhalt des Prüfungsberichts wie bei der Verschmelzung in den §§ 9 und 12 entsprechend den EG-Bestimmungen geregelt (vgl. Artikel 8 Abs. 2 der Sechsten Richtlinie in Verbindung mit Artikel 10 Abs. 2, 3 der Dritten Richtlinie, Artikel 18 der Sechsten Richtlinie).

Da sich ein Prüfungsverfahren und ein Prüfungsbericht durch unabhängige Sachverständige bei Verschmelzungen schon vor Erlaß der Dritten EG-Richtlinie in der Praxis der deutschen Unternehmen eingebürgert hatten, kann davon ausgegangen werden, daß dies auch bei Aufspaltungen und Abspaltungen der Fall sein wird, und zwar umso mehr, als gerade bei der willkürlichen Zuweisung von Vermögensgegenständen und Beteiligungsquoten Streitigkeiten durch eine vorherige Prüfung der Spaltung und deren Offenlegung vermieden werden können.

Über die Verweisung in § 125 wird entsprechend Artikel 4 der Sechsten Richtlinie die erforderliche Offenlegung sichergestellt (vgl. § 61).

Zu § 141

Wie in den §§ 342, 353 Abs. 2 AktG sowie in den §§ 67, 73 des Entwurfs bei der Verschmelzung muß Vorsorge dagegen getroffen werden, daß eine Aktiengesellschaft nicht schon in der sogenannten Nachgründungsperiode (vgl. § 52 AktG) durch Aufspaltung wieder erlischt oder durch Abspaltung oder Ausgliederung einen großen Teil ihres Vermögens abgibt. § 141 stellt dies sicher, indem er die Spaltung während dieser Frist für unzulässig erklärt. Die Vorschrift trägt durch ihr absolutes Verbot der besonderen Gefährdung der Aktionäre und Gläubiger dieser Gesellschaft durch den Vorgang der Spaltung Rechnung. Sie folgt damit § 353 Abs. 2 AktG.

Es ist angeregt worden, für die Ausgliederung einen solchen Ausschluß nicht vorzusehen. Der Entwurf folgt dieser Anregung nicht. Zwar werden bei der Ausgliederung die übertragenen Vermögensteile durch die als Gegenleistung an die ausgliedernde Gesellschaft gewährten Anteile an dem übernehmenden oder neuen Rechtsträger ersetzt. Ein Vermögensverlust bei der ausgliedernden Gesellschaft kann jedoch nach dem Wirksamwerden der Ausgliederung eintreten, wenn diese Anteile den übertragenen Vermögensteilen wertmäßig nicht entsprechen. Die oben erwähnte Gefährdung besteht daher auch bei der Ausgliederung.

Zu § 142

(Vgl. Artikel 7 Abs. 2 Satz 2 der Sechsten Richtlinie).

Anders als bei der Verschmelzung von Aktiengesellschaften nach der Dritten Richtlinie kann bei der Spaltung selbst bei einer Fortführung der Buchwerte auf die Prüfung der Sacheinlage „Teil des übertragenden Unternehmens" nicht verzichtet werden, weil der Gefahr einer Zuteilung nicht ausreichender Vermögensgegenstände begegnet werden muß *(Absatz 1).*

Dagegen soll es bei der Regelung in § 69 Abs. 1 Satz 1 verbleiben, daß auch bei einer Ausgliederung nach diesem Gesetz ein Bezugsrecht bei einer Kapitalerhöhung einer übernehmenden AG oder KommanditAG nach § 186 AktG nicht besteht, weil auch bei der Ausgliederung wie bei Verschmelzung, Aufspaltung und Abspaltung die Gegenleistung für die Sacheinlage in Aktien der übernehmenden AG bestehen muß.

Um die Aktionäre aller beteiligten Aktiengesellschaften vollständig zu unterrichten, soll auf den Bericht über die Prüfung von Sacheinlagen bei den übernehmenden Rechtsträgern im Spaltungsbericht nach § 127 ausdrücklich hingewiesen werden *(Absatz 2).* Die Angabe des zuständigen Handelsregisters, die für die Aufspaltung ebenfalls EG-rechtlich vorgeschrieben ist, soll die Einsichtnahme in diesen Sacheinlagenprüfungsbericht erleichtern; sie ist auch für Abspaltung und Ausgliederung sinnvoll.

Die Vorbereitung der Hauptversammlung einer an der Spaltung beteiligten Aktiengesellschaft soll dem Verschmelzungsrecht (vgl. § 63) folgen. Dies sieht Artikel 9 der Sechsten Richtlinie für die Aufspaltung vor.

Zu § 143

(Vgl. Artikel 9 Abs. 1, Artikel 7 Abs. 3 der Sechsten Richtlinie).

Der Vorschrift im Verschmelzungsrecht über die Durchführung der Hauptversammlung (vgl. § 64) soll eine zusätzliche Pflicht des Vorstands hinzugefügt werden, die für Aktiengesellschaften auf Artikel 7 Abs. 3 der Sechsten Richtlinie beruht. Diese zusätzliche Information der Aktionäre einer sich spaltenden AG und mittelbar auch der Anteilsinhaber der übernehmenden Rechtsträger soll wegen der besonderen Schwierigkeiten von Spaltungsvorgängen sicherstellen, daß Wertschwankungen der zu übertragenden Vermögensteile den Aktionären und anderen Anteilsinhabern bei ihrer Beschlußfassung bekannt sind.

Die Mehrheitserfordernisse für den Spaltungsbeschluß bei einer Spaltung sollen ebenso geregelt werden wie bei dem Verschmelzungsbeschluß einer AG (vgl. § 65). Diesem System folgen auch die beiden EG-Richtlinien (vgl. Artikel 5 Abs. 1 der Sechsten Richtlinie in Verbindung mit Artikel 7 der Dritten Richtlinie). Eine abweichende, einen zusätzlichen Schutz der Aktionäre gewährende Regelung ist für die nicht-verhältniswahrende Spaltung zu beachten (vgl. § 128).

Die Vorschriften über Anmeldung und Eintragung, Schutz Dritter, die Durchführung des Aktientauschs und die Aufnahme durch einen Rechtsträger anderer Rechtsform sind über § 125 wiederum im Verschmelzungsrecht zu finden.

Zu § 144

Entsprechend den Vorgaben der Sechsten gesellschaftsrechtlichen Richtlinie, die — anders als die Dritte Richtlinie — insoweit keine Erleichterungen des Gründungsvorgangs gestattet (vgl. Artikel 22 Abs. 4 der Sechsten Richtlinie), muß die Gründung einer Aktiengesellschaft bei der Entstehung durch eine Spaltung sämtlichen Kapitalschutzvorschriften unterworfen werden. § 144 stellt zu diesem Zweck klar, daß die in § 75 Abs. 2 vorgesehene Ausnahme von der Anwendung des Gründungsrechts bei der Spaltung nicht gilt.

Zu § 145

Die Gläubigerschutzvorschrift des § 145 entspricht § 139, auf dessen Begründung verwiesen wird.

Zu § 146

Wie in § 140 bei der GmbH soll auch das Vertretungsorgan einer Aktiengesellschaft oder einer Kommanditgesellschaft auf Aktien durch eine Erklärung gegenüber dem Registergericht die Verantwortung dafür übernehmen, daß nach der Spaltung oder der Ausgliederung nicht eine Gesellschaft besteht, die den gesetzlichen Vorschriften oder den Erfordernissen ihrer Satzung nicht mehr entspricht *(Absatz 1)*.

Darüber hinaus sollen nach *Absatz 2* dem Gericht Unterlagen zur Verfügung gestellt werden, die es ihm ermöglichen, Zweifeln an der Solidität der nach der Spaltung verbleibenden Rumpfgesellschaft nachzugehen. Dagegen erscheint es nicht erforderlich und auch zu kostspielig und zeitraubend, zusätzlich die Erstattung eines Prüfungsberichts einzuführen, der sich mit der Frage befaßt, ob das verbleibende Reinvermögen der übertragenden Aktiengesellschaft noch den Gesamtnennbetrag des verbleibenden Grundkapitals deckt. Da die Spaltung bei der übertragenden AG nicht zu einer Emission neuer Aktien führt, steht der Anlegerschutz insoweit nicht in Frage. Dem Gesichtspunkt des Gläubigerschutzes wird schon durch die Möglichkeit des Registergerichts, die verbleibenden und die übertragenen Werte zueinander und zu dem verbleibenden Grundkapital in Beziehung zu setzen, sowie durch § 146 Abs. 1 hinreichend Rechnung getragen.

Zum Dritten Abschnitt — Spaltung unter Beteiligung eingetragener Genossenschaften

Die im Dritten Abschnitt geregelte Spaltung unter Beteiligung von Genossenschaften entspricht wiederum spiegelbildlich der Verschmelzung unter Beteiligung von Genossenschaften im Fünften Abschnitt des Zweiten Buches. Auf die Begründung zu jenen Vorschriften kann daher im wesentlichen verwiesen werden.

Zu § 147

Es handelt sich für die Spaltung um die Parallelvorschrift zu § 79, auf dessen Begründung verwiesen wird.

Zu § 148

Die Vorschrift über die Anmeldung der Abspaltung oder Ausgliederung zum Register entspricht den §§ 140 und 146. Zwar hat eine Genossenschaft kein Stamm- oder Grundkapital, jedoch rechtfertigt die Verselbständigung des Vermögens auch hier die zusätzliche Pflicht des Vorstands nach *Absatz 1*.

Zum Vierten Abschnitt — Spaltung unter Beteiligung rechtsfähiger Vereine

Wie die Verschmelzung soll auch die Spaltung für rechtsfähige Vereine im Sinne des § 3 Abs. 1 Nr. 4 und Abs. 2 Nr. 1 nur eingeschränkt möglich sein.

Zu § 149

Es handelt sich für die Spaltung um die Parallelvorschrift zu § 99, auf dessen Begründung verwiesen wird.

Zum Fünften Abschnitt — Spaltung unter Beteiligung genossenschaftlicher Prüfungsverbände

Die Spaltung eines genossenschaftlichen Prüfungsverbandes dürfte zwar ein sehr seltener Vorgang sein, für den jedoch ein praktisches Bedürfnis besteht. Daher soll auch diese Möglichkeit eröffnet werden.

Zu § 150

Es handelt sich für Aufspaltung und Abspaltung um die Parallelvorschrift zu § 105, auf dessen Begründung verwiesen wird.

Wenngleich Spaltungsvorgänge auch in der Form der Ausgliederung bei genossenschaftlichen Prüfungsverbänden sehr selten sein dürften, so läßt sich doch die Notwendigkeit eines solchen Vorgangs entweder zur Beteiligung an einem anderen Verband oder zur Verselbständigung technischer Hilfsfunktionen in einer Kapitalgesellschaft durchaus vorstellen. Deshalb soll den Verbänden auch diese Möglichkeit eröffnet werden.

Zum Sechsten Abschnitt — Spaltung unter Beteiligung von Versicherungsvereinen auf Gegenseitigkeit

Auch für Versicherungsvereine auf Gegenseitigkeit soll die Spaltung zugelassen werden, damit sie dieselben Umwandlungsmöglichkeiten haben wie Aktiengesellschaften, die ein Versicherungsunternehmen betreiben (vgl. die Begründung zum Achten Abschnitt im Zweiten Teil des Zweiten Buches). Auch hier werden deshalb die Verschmelzungsvorschriften im wesentlichen übernommen.

Zu § 151

Der in § 109 enthaltene Grundsatz (vgl. dazu dessen Begründung), daß Versicherungsvereine auf Gegenseitigkeit nur miteinander verschmolzen werden können, soll bei der Spaltung dahin umgestaltet werden, daß alle an der Spaltung eines Versicherungsvereins beteiligten Rechtsträger ebenfalls Versicherungsunternehmen sein müssen *(Absatz 1 Satz 1)*, also sowohl auf der Seite des übertragenden Rechtsträgers als auch auf der Seite der übernehmenden oder neuen Rechtsträger. Dabei werden jedoch wegen der zwingenden Verbindung von Mitgliedschaft und Versicherungsverhältnis nur Aufspaltung und Abspaltung zugelassen. Ferner soll die Spaltung auf eine GmbH zugelassen werden, weil für die Übertragung von Hilfsfunktionen ein Bedürfnis bestehen kann *(Satz 2)*. Das Versicherungsgeschäft muß dabei jedoch beim VVaG verbleiben; der Vorgang unterscheidet sich also von der Bestandsübertragung nach § 14 VAG.

Das Erfordernis der Genehmigung durch die Aufsichtsbehörde findet sich ebenfalls in dem neuen § 14a VAG.

Zum Siebenten Abschnitt — Ausgliederung aus dem Vermögen eines Einzelkaufmanns

Die Vorschriften des Siebenten Abschnitts übernehmen die Regelungen, die für die sogenannte errichtende Umwandlung einer Aktiengesellschaft, einer Kommanditgesellschaft auf Aktien oder einer Gesellschaft mit beschränkter Haftung durch einen Einzelkaufmann gelten (vgl. die §§ 50 bis 56 f UmwG). Die Möglichkeiten der Umwandlung werden jedoch erweitert.

Zum Ersten Unterabschnitt — Möglichkeit der Ausgliederung

Der Erste Unterabschnitt legt fest, auf welche bestehenden oder neuen Rechtsträger der Einzelkaufmann Teile seines Vermögens ausgliedern kann, und verbietet solche Vorgänge zudem bei einer Überschuldung des Einzelkaufmanns.

Zu § 152

(Vgl. §§ 50, 56 a UmwG).

§ 152 erweitert in *Satz 1* die für einen Einzelkaufmann bestehenden Umwandlungsmöglichkeiten zunächst dahin, daß er sein Geschäftsvermögen im Wege der Ausgliederung zur Aufnahme durch Sonderrechtsnachfolge auch auf bereits bestehende Kapitalgesellschaften übertragen kann, an denen er dann die seiner Sacheinlage entsprechende Beteiligung erwirbt. Dabei handelt es sich um die sachenrechtliche Erleichterung der sogenannten Einbringung. Da dieser Vorgang bereits im Umwandlungssteuerrecht erfaßt ist, soll er auch gesellschaftsrechtlich zugelassen werden.

Daneben soll es dem Einzelkaufmann auch ermöglicht werden, in eine Personenhandelsgesellschaft einzutreten und seine Einlage in einem Akt in diese Gesellschaft zu überführen. Auch für diese Erleichterung kann sich ein Bedürfnis ergeben. Entsprechendes gilt für die Einbringung in eine Genossenschaft.

Dagegen muß die Ausgliederung zur Neugründung (Ausgründung) auf die bisher schon möglichen Fälle der Errichtung einer Kapitalgesellschaft beschränkt bleiben. Bei Personenhandelsgesellschaften ist die Gründung einer Einmann-Gesellschaft begrifflich ausgeschlossen. Ebensowenig ist die Neugründung einer Einmann-Genossenschaft vorstellbar.

Einer Anregung aus der Wissenschaft, die Ausgliederung auch dem nicht in das Handelsregister eingetragenen Minderkaufmann zu eröffnen, soll dagegen nicht gefolgt werden, weil dies weitgehende Möglichkeiten eröffnen würde, die allgemeinen zivilrechtlichen Vorschriften über die Übertragung von Gegenständen und die Überleitung von Verbindlichkeiten zu umgehen.

Satz 2 des § 152 übernimmt unter Einbeziehung der neuen Ausgliederungsfälle die jetzige Regelung, die durch das Einführungsgesetz zum Gesetz zur Reform des Insolvenzrechts vorgesehen werden soll (vgl. jeweils die Sätze 2 der §§ 50, 56 a UmwG).

Zum Zweiten Unterabschnitt — Ausgliederung zur Aufnahme

Nach § 52 Abs. 4, § 56c Abs. 3 Satz 2 UmwG hat der Einzelkaufmann seiner Umwandlungserklärung eine Vermögensübersicht beizufügen, die an das von ihm betriebene und zu übertragende Unternehmen anknüpft. Nach § 52 Abs. 4 Nr. 2 zweiter Halbsatz UmwG kann jedoch der Einzelkaufmann schon heute Gegenstände seines Privatvermögens in diese Übersicht aufnehmen und die Gegenstände dadurch dem Unternehmen widmen. Dieses Verfahren unterscheidet sich im Ergebnis nicht wesentlich von der Möglichkeit, die Vermögensgegenstände des kaufmännischen Unternehmens und des Privatvermögens nach Belieben in den Ausgliederungsvorgang einzubeziehen oder nicht, wie dies nach § 126 Abs. 1 Nr. 9 des Entwurfs anderen spaltungsfähigen Rechtsträgern möglich ist (vgl. die Begründung zu § 126 Abs. 1 Nr. 9). Entscheidend ist vielmehr, daß im Rechtsverkehr ausreichende Klarheit über die Zuordnung der einzelnen Vermögensgegenstände und Verbindlichkeiten besteht. Dies wird aber durch die genannten Vorschriften sichergestellt. Das Erfordernis der notariellen Beurkundung von Ausgliederungsvertrag oder Ausgliederungsplan schafft eine weitere Sicherung. Deshalb sollen über § 126 Abs. 1 Nr. 9 hinaus keine zusätzlichen Angaben des Einzelkaufmanns in dem Ausgliederungs- und Übernahmevertrag oder in dem Ausgliederungsplan verlangt werden. Auch für diesen Vorgang soll vielmehr die vertragliche Ausgestaltung den Beteiligten freigestellt werden.

Zu § 153

Da der Einzelkaufmann nicht über seine eigenen Gründe für die Ausgliederung unterrichtet werden muß, entfällt für ihn selbst der Ausgliederungsbericht. Davon unabhängig ist die Frage zu beantworten, ob er einen solchen Bericht für die Anteilsinhaber der übernehmenden Rechtsträger erstellen muß.

Zu § 154

(Vgl. § 54 Abs. 2, § 56e Abs. 2 UmwG).

Während die Regelungen in § 54 Abs. 1 und § 56e Abs. 1 UmwG bereits durch die allgemeinen Vorschriften über die Ausgliederung erfaßt sind, bedarf es für die besonderen Gründe, aus denen die Eintragung der Ausgliederung vom Registergericht abgelehnt werden kann, auch für die Ausgliederung zur Aufnahme einer Vorschrift. Diese übernimmt das für die errichtende Umwandlung bisher geltende Recht, jedoch mit Ausnahme des § 54 Abs. 2 Nr. 1 UmwG. Da aus den oben dargelegten Gründen die Zuweisung der Vermögensgegenstände in das Ermessen des Einzelkaufmanns gestellt werden soll, kommt es auf die Vollständigkeit des Vermögensverzeichnisses nicht mehr an.

Zu § 155

(Vgl. § 55 Abs. 1 Satz 3, 4, § 56f Abs. 1 Satz 3, 4 UmwG).

§ 155 übernimmt das geltende Recht für den Fall, daß der Einzelkaufmann sein gesamtes Unternehmen ausgliedert. Nur in diesem Fall, nicht dagegen bei einer Teilausgliederung unter teilweiser Fortführung der unternehmerischen Tätigkeit, kann das Erlöschen der Firma als Rechtsfolge der Ausgliederung angeordnet werden.

Zu § 156

(Vgl. § 55 Abs. 2, 3, § 56f Abs. 2 UmwG).

Die Vorschrift über den Gläubigerschutz entspricht geltendem Recht.

Zu § 157

(Vgl. §§ 56, 56 f Abs. 2 UmwG).

Die Vorschrift regelt die erforderliche Haftungsbegrenzung nach dem Vorbild des § 45. Haftet der Einzelkaufmann jedoch nach der Umwandlung auch als Gesellschafter des aufnehmenden Rechtsträgers (also z. B. als persönlich haftender Gesellschafter einer oHG oder als Komplementär einer KG) persönlich, so besteht kein Bedürfnis für eine zeitliche Begrenzung der Haftung. Dies stellt *Absatz 1 Satz 2* klar.

Zum Dritten Unterabschnitt — Ausgliederung zur Neugründung

Zu § 158

(Vgl. § 51 Abs. 2, § 56b Abs. 2 UmwG).

Die dem geltenden Umwandlungsrecht nachgebildeten §§ 153 bis 157 müssen auch für die Ausgliederung eines einzelkaufmännischen Unternehmens zur Neugründung gelten. Als neue Unternehmen kommen nach § 152 wie bisher nur Kapitalgesellschaften in Betracht.

Zu § 159

(Vgl. § 53 Abs. 2, 3 UmwG).

Absatz 1 regelt für den Fall der Neugründung einer Kapitalgesellschaft durch einen Einzelkaufmann den Umfang des Sachgründungsberichts der Gesellschafter und des Gründungsberichts der Organe.

Absatz 2 paßt die Regelung des geltenden Rechts (vgl. § 53 Abs. 2 UmwG) an die Systematik des Entwurfs an. Da der Einzelkaufmann sein Geschäfts- und Privatvermögen beliebig aufteilen kann (vgl. die Begründung vor § 153), entfällt ein Teil der bisher vorgesehenen Prüfung.

Absatz 3 entspricht § 53 Abs. 3 UmwG.

Zu § 160

(Vgl. §§ 54, 56 e UmwG).

Entsprechend der bisherigen Regelung im Umwandlungsgesetz sollen nach *Absatz 1* die erforderlichen Anmeldungen zur Eintragung in das oder die betroffenen Register von dem Einzelkaufmann, der sein Unternehmen überträgt, und sämtlichen Mitgliedern der Vertretungs- und Aufsichtsorgane der neuen Gesellschaften gemeinsam vorgenommen werden. Anders als nach dem Umwandlungsgesetz kann es sich hier um mehrere Register handeln, weil der Einzelkaufmann sein Unternehmen bei der Ausgliederung — ähnlich wie bei einer Aufspaltung anderer Unternehmensformen — auf mehrere neue Unternehmen aufteilen kann.

Absatz 2 übernimmt die bisher geltenden Regelungen für die Prüfungspflicht des Registergerichts und die Ablehnung der Eintragung, soweit dies erforderlich ist.

Zum Achten Abschnitt — Ausgliederung aus dem Vermögen rechtsfähiger Stiftungen

In neuerer Zeit hat sich ein Bedürfnis ergeben, die von einer rechtsfähigen Stiftung des Bürgerlichen Rechts (vgl. §§ 80 bis 88 BGB) selbst betriebenen Unternehmen auf Handelsgesellschaften zu überführen. Dieses Bedürfnis ist besonders von den sogenannten Freien Sparkassen geltend gemacht worden, die keine Möglichkeit sehen, in der Rechtsform der Stiftung mit Kreditinstituten anderer Rechtsform gleichberechtigt in Wettbewerb zu treten.

Die Überführung einer unternehmenstragenden Stiftung in die Rechtsform einer Handelsgesellschaft unter Beseitigung der bisherigen Rechtsform wird jedoch kaum einmal dem Willen des Stifters entsprechen, der als oberstes Gebot des Stiftungsrechts stets beachtet werden muß (vgl. BVerfGE Band 40 S. 347). Außerdem scheitert die Umwandlung einer Stiftung in eine der Rechtsformen des Gesellschaftsrechts durch Verschmelzung, Aufspaltung, Abspaltung oder Rechtsformwechsel schon daran, daß es bei der Stiftung keine Anteilsinhaber gibt, denen die Anteile an dem oder den übernehmenden Rechtsträgern zugewiesen werden könnten. Als Inhaber der Anteile kann nach einer Umwandlung stets nur die fortbestehende Stiftung selbst in Betracht kommen. Der Entwurf erfaßt deshalb die Umwandlung von Stiftungen in Handelsgesellschaften in den Vorschriften über die Ausgliederung. Dadurch wird es Stiftungen ermöglicht, ihr Betriebsvermögen in eine Handelsgesellschaft, in der Regel wohl eine neu zu gründende Kapitalgesellschaft, einzubringen und sich auf die Rolle einer Holding zu beschränken, die — jedenfalls zunächst — alleinige Anteilsinhaberin der neuen Gesellschaft ist. Zugleich soll ermöglicht werden, den Betrieb der Stiftung in einer dem modernen Wirtschaftsleben angepaßten Form weiterzuführen.

Wiederum sollen wie auch in anderen Abschnitten die Ausgliederung zur Aufnahme und die Ausgliederung zur Neugründung zulässig sein, hier aber zusammen geregelt werden.

Zu § 161

Die Möglichkeit der Ausgliederung wird wie bei dem Unternehmen eines Einzelkaufmanns eröffnet (vgl. § 152 Satz 1). Allerdings soll die Einbringung in eine Genossenschaft nicht möglich sein, weil dafür kein Bedürfnis besteht.

Zu § 162

Auf die interne Willensbildung einer Stiftung über die Ausgliederung von Teilen ihres Vermögens sollen grundsätzlich die jeweiligen Bestimmungen des Stiftungsrechts, insbesondere also die landesrechtlichen Vorschriften und die jeweilige Stiftungssatzung, anwendbar sein. Da die Stiftung keine Anteilsinhaber hat, bedarf es hiernach in aller Regel lediglich eines Beschlusses des Geschäftsführungs- und Vertretungsorgans der Stiftung. In diesem Fall kommt dem Ausgliederungsbericht keine Funktion mehr zu, so daß er entbehrlich ist. Etwas anderes gilt jedoch, wenn das anwendbare Stiftungsrecht die staatliche Genehmigung oder bei Lebzeiten des Stifters dessen Zustimmung zu einer Änderung der Satzung oder des Zweckes der Stiftung vorsieht. Wie auch bei Rechtsträgern anderer Rechtsform, deren Umwandlung als einer Änderung des Gesellschaftsvertrages, der Satzung oder des Statuts gleichgestellt zu erachten ist, so daß sich die Vorschriften über die Umwandlung an den für eine solche Änderung vorgesehenen Bestimmungen orientieren müssen, sind die für den Fall einer Änderung der Satzung oder des Zweckes einer Stiftung stiftungsrechtlich vorgeschriebenen Genehmigungs- und Zustimmungserfordernisse auch bei einer Ausgliederung aus dem Vermögen einer Stiftung zu beachten. In diesem Fall sind die zuständige Behörde und ein etwa noch lebender Stifter über die von dem Geschäftsführungs- und Vertretungsorgan der Stiftung vorbereitete Ausgliederung vorab ausführlich zu unterrichten. Hierzu ist ein Ausgliederungsbericht zu erstellen *(Absatz 1)* und der zuständigen Behörde oder dem noch lebenden Stifter oder beiden zu übermitteln *(Absatz 2 Satz 1)*. Damit der Vorschlag zur Ausgliederung des Betriebes der Stiftung von allen Vorstandsmitgliedern getragen wird, dadurch die wirtschaftliche Zweckmäßigkeit des Vorschlags zusätzlich sichergestellt wird und unangemessene Sondervorteile eines einzelnen Vorstandsmitglieds vermieden werden, muß der Bericht von allen Vorstandsmitgliedern unterzeichnet werden (Absatz 2 *Satz 2)*. Aus ähnlichen Gründen soll auch ein etwa durch die Satzung der Stiftung eingesetztes Aufsichtsorgan durch seinen Vorsitzenden dem Bericht zustimmen müssen. Dessen Unterschrift bedarf allerdings nicht der Zustimmung aller Mitglieder des Aufsichtsorgans; denn dies würde das Verfahren zu schwerfällig machen.

Zu § 163

Wie bereits zu § 162 ausgeführt, soll für die interne Willensbildung das jeweilige Stiftungsrecht maßgeblich sein *(Absatz 1)*.

Absatz 2 hat daher nur dann Bedeutung, wenn das nach Absatz 1 anwendbare Stiftungsrecht entsprechende Vorschriften nicht enthält. Die Vorschrift berücksichtigt dabei sowohl den Regelfall, daß mangels Anteilsinhaber der Ausgliederungsbeschluß nur von dem Geschäftsführungs- und Vertretungsorgan der Stiftung gefaßt werden kann, als auch die Besonderheit einiger Stiftungen, deren Satzungen derartige Entscheidungen, insbesondere Satzungsänderungen, einem anderen Stiftungsorgan zuweisen.

Die Pflicht zur notariellen Beurkundung *(Absatz 3)* entspricht der üblichen Regelung; auf sie kann aus den zu § 6 und § 13 Abs. 3 Satz 1 dargelegten Gründen selbst dann nicht verzichtet werden, wenn das für die Beschlußfassung nach Absatz 1 anwendbare Stiftungsrecht ein solches Formerfordernis nicht kennt. Die Beurkundungspflicht soll hier zur Klarstellung trotz § 13 Abs. 3 Satz 1 besonders angeordnet werden, weil Beschluß und Zustimmungserklärungen nicht von Anteilsinhabern ausgehen. Soweit das nach Absatz 1 anzuwendende Stiftungsrecht die Zustimmung eines vorhandenen Aufsichtsorgans und des noch lebenden Stifters vorsieht, kann aus den vorstehenden Gründen auch für diese Erklärungen auf die notarielle Form nicht verzichtet werden.

Zu § 164

Die Beantwortung der Frage, ob die Ausgliederung der staatlichen Genehmigung bedarf, soll nach *Absatz 1* dem auf die jeweilige Stiftung anwendbaren Stiftungsrecht überlassen bleiben. Da, wie zu § 162 ausgeführt, die Ausgliederung einer Satzungs- oder Zweckänderung vergleichbar ist, ist eine staatliche Genehmigung der Ausgliederung dann erforderlich, wenn auch eine solche Satzungs- oder Zweckänderung genehmigungspflichtig wäre. — Die Regelung des Absatzes 1 läßt die Frage unberührt, ob eine aufsichtsbehördliche Genehmigung aus anderen, branchenspezifischen Gründen erforderlich ist.

Soweit nach Absatz 1 eine staatliche Genehmigung erforderlich ist, ist ihr vorrangiges Ziel, die Vereinbarkeit von strukturändernden Maßnahmen mit dem in der Satzung zum Ausdruck gekommenen Willen des Stifters, an den die Organe der Stiftung und die zuständige Aufsichtsbehörde gebunden sind, zu überwachen. Die Umwandlung der Stiftung in der Form der Ausgliederung soll daher nur genehmigt werden, wenn wesentliche Umstände die Annahme nahelegen, daß der Stifter seinen Willen den veränderten Umständen angepaßt hätte, um einen gedeihlichen Fortbestand der Stiftung und eine bessere Erfüllung des Stiftungszwecks zu ermöglichen. Dieser Grundsatz kommt in *Absatz 2 Satz 1* zum Ausdruck, dessen Fassung sich an landesrechtliche Vorschriften anlehnt (vgl. § 5 Abs. 1 Nr. 3 des Stiftungsgesetzes von Schleswig-Holstein vom 13. Juli 1972 — GVOBl. 1972 S. 123).

Nach *Satz 2* ist über die entsprechende Anwendung des § 87 Abs. 2 Satz 1 BGB auch den Interessen der Begünstigten einer Stiftung Rechnung zu tragen.

Soweit eine staatliche Genehmigung erforderlich ist, ermöglicht dies auch zugleich, auf eine besondere Prüfung des Registergerichts darüber zu verzichten, ob die Stiftung für die Ausgliederung die nötigen Mittel hat, wie dies für den Einzelkaufmann § 154 des Entwurfs und § 54 Abs. 2 UmwG bestimmen. Der Verzicht auf eine solche registerrechtliche Prüfung ist jedoch dann nicht mehr möglich, wenn die Ausgliederung nach Absatz 1 einer staatlichen Genehmigung nicht bedarf. In diesem Falle ist daher nach *Absatz 3* eine § 154 entsprechende registerrechtliche Prüfung vorzunehmen.

Zu § 165

Bei der Gründung einer Kapitalgesellschaft sollen Sachgründungsbericht bei einer GmbH, Gründungsbericht und Gründungsprüfungsbericht bei einer AG stets vorgelegt werden müssen, wie dies auch bei der Aufspaltung, der Abspaltung und der Neugründung durch einen Einzelkaufmann vorgesehen ist; denn auch bei einer Stiftung hat eine vorherige Prüfung des Vermögenswertes nicht stattgefunden. Zur Sicherung des Kapitals der neuen Gesellschaft sollen im Gründungsbericht auch Geschäftsverlauf und Lage des von der Stiftung betriebenen Unternehmens dargestellt werden.

Zu § 166

Die Vorschrift entspricht derjenigen bei der Ausgliederung durch einen Einzelkaufmann (vgl. § 156 Abs. 1), weil die Lage der Gläubiger gleich ist.

Zu § 167

Für die zeitliche Begrenzung der Haftung der Stiftung soll auf § 157 verwiesen werden, weil die Sachlage auch hier die gleiche ist.

Zum Neunten Abschnitt — Ausgliederung aus dem Vermögen von Gebietskörperschaften oder Zusammenschlüssen von Gebietskörperschaften

Der Neunte Abschnitt betrifft die Privatisierung von Regiebetrieben und Eigenbetrieben der öffentlichen Hand. Er geht auf die §§ 57 und 58 UmwG zurück, paßt deren Inhalt jedoch der Systematik des Gesetzes an, die auch für die Ausgliederung durch Einzelkaufleute und durch Stiftungen vorgesehen werden soll.

Die Möglichkeiten, Unternehmen von Gebietskörperschaften und deren Zusammenschlüssen, insbesondere von Gemeindeverbänden, auszugliedern, sollen jedoch erweitert werden, um der zunehmenden Tendenz, bestimmte Dienste der Daseinsvorsorge im kommunalen Bereich auf private Rechtsträger zu übertragen, besser Rechnung tragen zu können.

Zu § 168

(Vgl. § 57 Abs. 1, § 58 Abs. 1 UmwG).

Diese Erweiterung besteht zunächst darin, daß auch die Ausgliederung zur Aufnahme durch bereits bestehende Aktiengesellschaften oder Gesellschaften mit beschränkter Haftung zugelassen werden soll; daneben können auch Kommanditgesellschaften auf Aktien, Personenhandelsgesellschaften und eingetragene Genossenschaften übernehmende Unternehmen sein. Auch für diese Form der Privatisierung kann sich ein Bedürfnis ergeben, insbesondere dann, wenn eine Körperschaft zum Zwecke der Rationalisierung und Kostenersparnis ihren Regiebetrieb oder Eigenbetrieb auf einen bereits bestehenden privatrechtlich organisierten Dienst einer anderen Körperschaft übertragen will.

Bei der Ausgründung soll über die bisherige Regelung hinaus auch die Gründung einer neuen Kommanditgesellschaft auf Aktien zulässig sein.

Alle Fälle sind davon abhängig, daß der Ausgliederung keine bundes- oder landesrechtlichen Vorschriften entgegenstehen. Anders als bisher muß aber die Ausgliederung nicht mehr ausdrücklich oder sinngemäß durch Bundes- oder Landesrecht zugelassen sein; vielmehr soll ihr nur ein gesetzliches Verbot entgegenstehen. Diese Lösung soll es überflüssig machen, im Einzelfall eine Ausgliederung gesetzlich zulassen zu müssen, um sie überhaupt erst möglich zu machen; dies wäre zu schwerfällig.

Gegenüber den Ausgliederungsmöglichkeiten, die für andere Rechtsträger im Ersten bis Achten Abschnitt zugelassen sind, ist die Regelung des Neunten Abschnitts etwas enger. Die Körperschaft oder der Zusammenschluß kann nur dann einen Vermögensteil im Wege der Ausgliederung übertragen, wenn dieser ein Unternehmen ist. Die Übertragung kann ferner dieses Unternehmen nur als Ganzes erfassen und es nur auf einen einzigen übernehmenden oder neuen Rechtsträger überleiten. Diese Einschränkung entspricht nicht nur dem insoweit bewährten geltenden Recht, sondern ist auch deshalb notwendig, weil die Wirkungen der Ausgliederung an eine Registereintragung angeknüpft werden müssen, diese aber nur bei dem übernehmenden oder neuen Rechtsträger sichergestellt ist; denn Regiebetriebe oder Eigenbetriebe müssen nicht in ein Register eingetragen werden (vgl. § 36 HGB). Die Anknüpfung an eine bloße Bekanntmachung durch die Organe des Regiebetriebes oder Eigenbetriebes, die zudem gesetzlich angeordnet werden müßte, ohne vorherige registergerichtliche Prüfung eines Eintragungsantrags entspräche nicht den Bedürfnissen der Rechtssicherheit. Die Anknüpfung etwa an die letzte Eintragung bei einer von mehreren übernehmenden oder neuen Gesellschaften oder Genossenschaften würde eine für die Praxis der Registergerichte unnötig komplizierte Regelung erfordern. Zudem ist ein Bedürfnis für die Zulassung gleichzeitiger Ausgliederungen auf mehrere übernehmende oder neue Rechtsträger jedenfalls im Bereich der öffentlichen Hand bisher nicht geltend gemacht worden.

Zu § 169

Die Vorschrift entspricht in *Satz 1* § 153 und § 162. *Satz 2* stellt klar, daß die Entscheidung über eine Ausgliederung nach den öffentlich-rechtlichen Vorschriften, die für die Gebietskörperschaft oder den Zusammenschluß gelten, zu treffen ist.

Zu § 170

Auch § 170 hat Vorbilder in den §§ 159 und 165, auf deren Begründung Bezug genommen wird.

Zu § 171

(Vgl. § 57 Abs. 2 und § 58 Abs. 2 jeweils in Verbindung mit § 55 Abs. 1 Satz 1 und 2 UmwG).

Die Wirkungen der Ausgliederung werden aus den zu § 168 dargelegten Gründen an die Eintragung der Ausgliederung bei dem übernehmenden Rechtsträger oder an die Eintragung des neuen Rechtsträgers angeknüpft. Dies entspricht für den zweiten Fall geltendem Recht.

Zu § 172

(Vgl. § 57 Abs. 2 und § 58 Abs. 2 jeweils in Verbindung mit § 55 Abs. 2 Satz 1 und 2 UmwG).

Die Vorschrift übernimmt geltendes Recht und dehnt es auf die neuen Fälle aus.

Zu § 173

(Vgl. § 57 Abs. 2 und § 58 Abs. 2 jeweils in Verbindung mit § 56 UmwG).

Diese Regelung entspricht ebenfalls dem geltenden Recht sowie derjenigen für den Einzelkaufmann und die Stiftung.

Zum Vierten Buch — Vermögensübertragung

Das Vierte Buch des Gesetzentwurfs übernimmt zunächst die Regelungen der Vermögensübertragung, die das geltende Recht in den §§ 359, 360 AktG, §§ 44 b, 44 c und 53 a VAG kennt. Hinzu sollen einmal die Fälle treten, die der Regierungsentwurf des GmbH-Gesetzes im Jahre 1971 (Bundestags-Drucksache 7/253) in den §§ 285, 286 vorgeschlagen hatte, um auch hier für Kapitalgesellschaften entsprechend den aufgetretenen Bedürfnissen eine Gleichstellung bei den Möglichkeiten einer Umwandlung zu schaffen. Eine Erweiterung ist ferner im Bereich der Versicherungsunternehmen vorgesehen.

In der Sache handelt es sich um Fälle, die der Verschmelzung entsprechen, bei denen es jedoch wegen der Struktur der beteiligten Rechtsträger nicht zu einem Umtausch von Anteilen kommen kann, und für deren Erleichterung durch Gesamt- oder Sonderrechtsnachfolge ein Bedürfnis besteht.

Auch im Vierten Buch werden die zum Teil langen Vorschriften des geltenden Rechts neu gegliedert, um, soweit möglich, die Übersichtlichkeit des Gesetzes zu verbessern.

Zum Ersten Teil — Möglichkeit der Vermögensübertragung

Ähnlich dem jeweils Ersten Abschnitt des Ersten Teils des Zweiten und Dritten Buches enthält der Erste Teil des Vierten Buches Begriffsbestimmungen der Vermögensübertragung und legt die Rechtsträger fest, die an einem solchen Vorgang beteiligt sein können.

Zu § 174

Die Definition der Vollübertragung in *Absatz 1* entspricht derjenigen in § 2 Nr. 1 für die Verschmelzung, jedoch mit zwei Unterschieden. Einmal wird — wie bereits erwähnt — der Umtausch der Anteile durch eine Gegenleistung anderer Art ersetzt. Zum zweiten wird nur die Vermögensübertragung von einem einzigen Rechtsträger auf einen anderen bereits bestehenden Rechtsträger zugelassen, wie dies dem geltenden Recht entspricht; ein weitergehendes Bedürfnis hat sich nicht gezeigt.

Beides gilt auch für die Definitionen der Teilübertragung in *Absatz 2*. Diese Rechtsfiguren sind neu. Sie entsprechen der Aufspaltung, der Abspaltung und der Ausgliederung zur Aufnahme in § 123. Teilweise bilden sie zu ihnen das Gegenstück.

Die Möglichkeit des der Ausgliederung ähnlichen, in Absatz 2 Nr. 3 erfaßten Falles wird hier zwar zum Unternehmensverkauf, weil an die Stelle der Anteile eine Gegenleistung tritt, die in der Regel in Geld bestehen wird. Auch bei einer solchen Fallgestaltung können die Anteilsinhaber des übertragenden Rechtsträgers ein Interesse daran haben, daß die Teilveräußerung des Unternehmens ihres Rechtsträgers an ihre Zustimmung gebunden wird. Auf der anderen Seite wird der Vorgang erleichtert, weil die Sonderrechtsnachfolge zugelassen wird und damit lästige Einzelübertragungen und -übernahmen entfallen, deren große Zahl einen solchen Vorgang erschweren, wenn nicht sogar verhindern könnte. Auch hier treten die Möglichkeiten des Umwandlungsgesetzes neben die sonst möglichen Übertragungsakte des allgemeinen Rechts; ein Unternehmenskauf bleibt also in der bisherigen Form zulässig.

Zu § 175

(Vgl. § 360 AktG, §§ 44 b, 44 c, 53 a VAG).

§ 175 zählt die Fälle möglicher Vermögensübertragungen abschließend auf und bezeichnet zugleich diejenigen Rechtsträger, die als übertragende oder übernehmende Rechtsträger an einem solchen Vorgang beteiligt sein können. Die Vorschrift hat die §§ 3, 124 als Vorbilder.

Zum Zweiten Teil — Übertragung des Vermögens oder von Vermögensteilen einer Kapitalgesellschaft auf die öffentliche Hand

Im Zweiten Teil des Vierten Buches sollen die Fälle der Übertragung des Vermögens einer Kapitalgesellschaft, also einer GmbH, AG oder KGaA, auf einen Träger der öffentlichen Hand zusammengefaßt werden.

Zum Ersten Abschnitt — Vollübertragung

Der Erste Abschnitt betrifft die Vollübertragung im Sinne des § 174 Abs. 1 und des § 175 Nr. 1.

Zu § 176

(Vgl. § 359 Abs. 2 Satz 1, 2, 4 AktG, § 285 Abs. 2 RegE GmbHG).

§ 176 erklärt wie die jetzige Regelung in § 359 AktG das für eine übertragende Gesellschaft geltende Recht der Verschmelzung aus dem Zweiten Buch für entsprechend anwendbar *(Absatz 1)*, soweit es für den Übertragungsvorgang paßt. Dabei wird die Technik der allgemeinen Verweisung mit Ausnahmen beibehalten, wie sie auch in den anderen Büchern des Gesetzes verwendet worden ist.

Die Ausnahmen ergeben sich aus *Absatz 2*. Sie tragen der Tatsache Rechnung, daß kein Anteilstausch stattfindet *(Satz 1 und 3)* und daß die öffentlich-rechtlichen Rechtsträger nicht in ein Register eingetragen sind *(Satz 2)*.

Satz 4 trägt der Tatsache Rechnung, daß der sogenannte Verwässerungsschutz des § 23, der den Inhabern von Sonderrechten einen Individualanspruch auf ein gleichwertiges Recht in dem übernehmenden Rechtsträger gewährt, bei der öffentlichen Hand als Übernehmer anders ausgestaltet werden muß, weil gleichwertige Sonderrechte an der öffentlichen Hand nicht denkbar sind. Der Anspruch soll daher auf eine angemessene Barabfindung gerichtet sein.

Absatz 4 enthält eine Klarstellung. Es versteht sich von selbst, daß die Maßnahmen, die nach Staats- und Verwaltungsrecht für einen öffentlich-rechtlichen Rechtsträger erforderlich sind, den dafür maßgebenden Vorschriften folgen müssen.

Zum Zweiten Abschnitt — Teilübertragung

Die in § 174 Abs. 2 Nr. 1 bis 3 und § 175 Nr. 1 definierten Teilübertragungen entsprechen den drei Vorgängen der Spaltung nach dem Dritten Buch. Sie erfassen, insbesondere in der Form der Ausgliederung, die Fälle, in denen ein gewerbliches Unternehmen Teile auf verschiedene Rechtsträger der öffentlichen Hand, etwa verschiedene Gemeinden übertragen will. Eine solche Möglichkeit kann vor allem im Bereich der Energieversorgungsunternehmen von Interesse sein.

Zu § 177

Die Vorschrift folgt der Systematik des § 176 und enthält eine entsprechende Regelung.

Für die entsprechende Anwendung der Vorschriften des Dritten und des Zweiten Buches *(Absatz 1)* kommt es darauf an, welchem Typ der Spaltung die Teilübertragung entspricht. Dies hängt einmal davon ab, ob die übertragende Kapitalgesellschaft aufgelöst wird (Aufspaltung) oder bestehen bleibt (Abspaltung, Ausgliederung), zum anderen davon, wem die Gegenleistung zufließen soll, den Gesellschaftern oder Aktionären (Aufspaltung oder Abspaltung) oder der übertragenden Gesellschaft (Ausgliederung).

Absatz 2 enthält durch Verweisung auf § 176 Abs. 2 bis 4 die auch hier erforderlichen Abweichungen. Sie entsprechen denen bei der Vollübertragung, wie dies sachgerecht ist.

Zum Dritten Teil — Vermögensübertragung unter Versicherungsunternehmen

Der Dritte Teil des Vierten Buches regelt die Vermögensübertragungen unter Versicherungsunternehmen entsprechend dem geltenden Recht sowie unter Einbeziehung der öffentlich-rechtlichen Versicherungsunternehmen.

Zum Ersten Abschnitt — Übertragung des Vermögens einer Aktiengesellschaft auf Versicherungsvereine auf Gegenseitigkeit oder öffentlich-rechtliche Versicherungsunternehmen

Dieser Abschnitt betrifft die Übertragung des Vermögens einer Versicherungs-AG auf Versicherungsvereine auf Gegenseitigkeit oder auf öffentlich-rechtliche Versicherungsunternehmen. Er ist wiederum unterteilt in die Regelung der Vollübertragung (Erster Unterabschnitt) und der Teilübertragungen (Zweiter Unterabschnitt).

Zum Ersten Unterabschnitt — Vollübertragung

Zu § 178

(Vgl. § 360 Abs. 2 bis 5 AktG, § 44c Abs. 2 Satz 2 VAG).

Die Vorschrift entspricht sachlich dem geltenden Recht und dem § 176 unter Einbeziehung der öffentlich-rechtlichen Versicherungsunternehmen. Der Begriff des Entgelts in § 360 AktG soll jedoch durch den weiteren Begriff der Gegenleistung (vgl. § 174 Abs. 1) ersetzt werden. Es soll der Praxis überlassen bleiben, welche Art der Gegenleistung gewährt wird. Für ein übernehmendes öffentlich-rechtliches Versicherungsunternehmen wird die Regelung in § 44c Abs. 2 Satz 2 VAG beibehalten. Der Genehmigungsvorbehalt für das Bundesaufsichtsamt für das Versicherungswesen wird in § 14a VAG aufgenommen.

Zum Zweiten Unterabschnitt — Teilübertragung

Zu § 179

Die Regelung für die drei Arten der Teilübertragung entspricht der in § 177.

Zum Zweiten Abschnitt — Übertragung des Vermögens eines Versicherungsvereins auf Gegenseitigkeit auf Aktiengesellschaften oder öffentlich-rechtliche Versicherungsunternehmen

Der Zweite Abschnitt regelt den umgekehrten Fall wie der Erste Abschnitt, nämlich die Vermögensübertragung von einem großen VVaG auf Versicherungs-AG sowie zusätzlich auf öffentlich-rechtliche Versicherungsunternehmen, wobei wiederum zwischen Vollübertragung und Teilübertragung in zwei Unterabschnitten unterschieden wird.

Zum Ersten Unterabschnitt — Vollübertragung

Zu § 180

(Vgl. § 44b Abs. 2, Abs. 3 Satz 1, 2, Abs. 4 Satz 4, Abs. 5, 9 § 44c Abs. 2 Satz 2 VAG).

Die Vorschriften des VAG sind im Grundsatz sachlich unverändert übernommen, jedoch neu gegliedert worden.

Das Spruchverfahren soll dem des geltenden Aktienrechts angepaßt werden.

Zu § 181

(Vgl. § 44b Abs. 4 Satz 1, 2, 3, Abs. 5 Satz 2 VAG).

Es handelt sich um die Wiedergabe geltenden Rechts. Soweit dieses allerdings auch die Gewährung von Aktien der übernehmenden Aktiengesellschaft als Entgelt ermöglicht, handelt es sich sachlich nicht um eine Vermögensübertragung im Sinne des § 174, sondern um eine Verschmelzung, die nunmehr im Zweiten Buch mit erfaßt ist.

Zu § 182

(Vgl. § 44b Abs. 3 Satz 3, 4 VAG).

Zu § 183

(Vgl. § 44b Abs. 6, 7 VAG).

Zum Zweiten Unterabschnitt — Teilübertragung

Zu § 184

Die Regelung ist neu. Sie entspricht sachlich § 179 und berücksichtigt durch Verweisung auf die Vorschriften des Ersten Unterabschnitts die Besonderheiten dieses Falles.

Zum Dritten Abschnitt — Übertragung des Vermögens eines kleineren Versicherungsvereins auf Gegenseitigkeit auf eine Aktiengesellschaft oder auf ein öffentlich-rechtliches Versicherungsunternehmen

Der Dritte Abschnitt betrifft die Vermögensübertragung durch kleinere VVaG auf eine Versicherungs-AG oder ein öffentlich-rechtliches Versicherungsunternehmen. Er folgt inhaltlich dem geltenden Recht (§ 53a VAG) und im Aufbau den Verschmelzungsregeln. Sachlich verbleibt es bei der Zulassung nur der Vollübertragung.

Zu § 185

(Vgl. § 53a Abs. 1 Satz 1 Nr. 2 VAG).

Zu § 186

(Vgl. § 53a Abs. 1 Satz 2, 3, Abs. 2 VAG).

Zu § 187

(Vgl. § 53a Abs. 3 VAG).

Da für den Fall der Übertragung auf eine Aktiengesellschaft die Bekanntmachung der Vermögensübertragung über die Verweisungen in § 186 geregelt ist, bedarf es nur noch einer Sondervorschrift für die Übertragung auf ein öffentlich-rechtliches Versicherungsunternehmen.

Zum Vierten Abschnitt — Übertragung des Vermögens eines öffentlich-rechtlichen Versicherungsunternehmens auf Aktiengesellschaften oder Versicherungsvereine auf Gegenseitigkeit

Die Regelung, die für öffentlich-rechtliche Versicherungsunternehmen sowohl die Vollübertragung (§ 188) als auch die Teilübertragung (§ 189) nach dem Vorbild der vorausgehenden Abschnitte zuläßt, ist neu. Sie entspricht inhaltlich und im Aufbau ihren Vorbildern.

Für die Herbeiführung der Wirksamkeit einer Vollübertragung muß eine besondere Regelung getroffen werden (§ 188 Abs. 3), weil das öffentlich-rechtliche Versicherungsunternehmen nicht in ein Register eingetragen ist. Entsprechendes gilt für die Teilübertragung (§ 189 Abs. 2).

Zum Fünften Buch — Formwechsel

Das Aktiengesetz und das Umwandlungsgesetz enthalten Fallgruppen der formwechselnden Umwandlung einer Kapitalgesellschaft, einer eingetragenen Genossenschaft, eines Versicherungsvereins auf Gegenseitigkeit und einer Körperschaft oder Anstalt des öffentlichen Rechts in eine Kapitalgesellschaftsform (Rechtsformwechsel im engeren Sinne) sowie der sogenannten errichtenden Umwandlung einer Kapitalgesellschaft unter gleichzeitiger Errichtung einer Personengesellschaft, der Umwandlung einer Personenhandelsgesellschaft durch Übertragung ihres Vermögens auf eine gleichzeitig gegründete Kapitalgesellschaft und der übertragenden Umwandlung eines wirtschaftlichen Altvereins in eine Aktiengesellschaft. Diese Fallgruppen sollen im Fünften Buch nach weitgehend einheitlichen Gesichtspunkten zusammengefaßt und als Formwechsel geregelt werden. Außerdem sollen weitere, gesetzlich bisher nicht vorgesehene Umwandlungsmöglichkeiten geschaffen werden, um Regelungslücken zu schließen, die in der Praxis zu

Schwierigkeiten geführt haben, und um zu einer möglichst umfassenden, in sich geschlossenen und abgerundeten Gesamtregelung zu gelangen.

Wie bei der Neuregelung der verschiedenen Arten der übertragenden Umwandlung nach dem Zweiten bis Vierten Buch des Entwurfs sollen für die verschiedenen Formen der Handelsgesellschaften untereinander alle denkbaren Möglichkeiten des Formwechsels eröffnet werden, damit auch künftigen Bedürfnissen Rechnung getragen wird. Dagegen soll die Zulassung neuer Möglichkeiten des Formwechsels bei besonderen Rechtsformen der unternehmerischen Betätigung wie eingetragenen Genossenschaften, rechtsfähigen Vereinen und Versicherungsvereinen auf Gegenseitigkeit im wesentlichen auf Fälle beschränkt werden, für die in der Praxis ein Bedürfnis geltend gemacht worden ist.

Die Zusammenfassung der genannten Umwandlungsfälle in einem besonderen Buch erscheint geboten, weil sich die zu regelnden Sachverhalte sowohl von der Verschmelzung und der Vermögensübertragung als auch von den drei Arten der Spaltung unterscheiden.

Der wesentliche Unterschied des Formwechsels gegenüber den anderen Arten der Umwandlung liegt in der wirtschaftlichen Kontinuität des Rechtsträgers vor und nach dem Formwechsel. Diese Kontinuität beruht zum einen auf einer fast ausnahmslosen Identität des Personenkreises, der vor und nach der Umwandlung an dem Rechtsträger beteiligt ist. In dem Entwurf wird diese Personenidentität nur für die Komplementäre einer Kommanditgesellschaft auf Aktien und für bestimmte Mitglieder eines formwechselnden Versicherungsvereins auf Gegenseitigkeit durchbrochen. Die persönlich haftenden Gesellschafter einer formwechselnden Kommanditgesellschaft auf Aktien können mit dem Wirksamwerden des Formwechsels als solche aus dem Rechtsträger ausscheiden oder es können einer durch den Formwechsel geschaffenen Kommanditgesellschaft auf Aktien solche Gesellschafter im Rahmen des Formwechsels als Komplementäre beitreten, auch wenn sie an dem Rechtsträger vorher nicht beteiligt waren. Ferner können Mitglieder eines formwechselnden Versicherungsvereins auf Gegenseitigkeit, die dem Verein noch keine drei Jahre angehören, von der Beteiligung an der Aktiengesellschaft ausgeschlossen werden. Im übrigen aber soll sich der Formwechsel unter Ausschluß Dritter allein im Kreise der schon bisher beteiligten Anteilsinhaber vollziehen.

Die wirtschaftliche Kontinuität, durch die sich der Formwechsel von anderen Arten der Umwandlung unterscheidet, zeigt sich auch darin, daß der Vermögensbestand des Rechtsträgers vor und nach dem Formwechsel gleich bleibt. Das Vermögen des Rechtsträgers soll weder wie bei der Verschmelzung oder Vermögensübertragung mit einem anderen Unternehmensvermögen vereinigt noch wie in den drei Fällen der Spaltung in irgendeiner Weise aufgeteilt werden. Was sich durch den Formwechsel ändern soll, ist vielmehr allein die rechtliche Organisation des Unternehmensträgers, dem vor und nach der Umwandlung dasselbe Vermögen zugeordnet wird. Deshalb muß der wirtschaftlichen Identität auch die rechtliche Identität entsprechen.

Der Entwurf orientiert sich bei der Festlegung der Voraussetzungen und der Rechtsfolgen des Formwechsels weitgehend an den bereits bestehenden Vorschriften des geltenden Rechts. Abweichend von den Vorschriften über die errichtende Umwandlung soll es für die konkrete Ausgestaltung des Formwechsels jedoch nicht darauf ankommen, ob der formwechselnde Rechtsträger durch die Umwandlung zur juristischen Person wird oder eine juristische Person durch den Formwechsel die Eigenschaft als juristische Person verliert. Der Entwurf geht vielmehr auch in diesen Fällen von der rechtlichen Identität des Rechtsträgers aus. Dies entspricht einer modernen Auffassung von der Natur der Personenhandelsgesellschaft.

Das Fünfte Buch beschränkt sich auf Umwandlungsfälle, die einer besonderen gesetzlichen Regelung bedürfen. Deshalb bleiben Änderungen der Rechtsform, die nach anderen gesetzlichen Vorschriften eintreten, unberührt. Nach geltendem Recht geht es hierbei vor allem um die Fälle der identitätswahrenden Umwandlung innerhalb der Personenhandelsgesellschaften und um den Wechsel von der Rechtsform einer Personenhandelsgesellschaft zur Rechtsform der Gesellschaft des bürgerlichen Rechts und umgekehrt. Die insoweit einschlägigen Voraussetzungen für den Eintritt des Formwechsels sind den Vorschriften des Handelsgesetzbuchs zu entnehmen.

Im Fünften Buch sollen geregelt werden der Formwechsel

— einer Personenhandelsgesellschaft in eine Kapitalgesellschaft (d. h. einer oHG oder KG in eine GmbH, AG oder KGaA) und umgekehrt (d. h. einer GmbH, AG oder KGaA in eine oHG oder KG); — hinzu tritt der seltene Fall der Umwandlung einer Kapitalgesellschaft in eine Gesellschaft des bürgerlichen Rechts sowie die Umwandlung in eine eingetragene Genossenschaft,

— einer Kapitalgesellschaft in eine andere Form der Kapitalgesellschaft (d. h. einer GmbH in eine AG oder KGaA oder einer AG in eine GmbH oder KGaA oder einer KGaA in eine GmbH oder AG),

— einer Kapitalgesellschaft in eine eingetragene Genossenschaft und umgekehrt (d. h. einer GmbH, AG oder KGaA in eine eG oder einer eG in eine GmbH, AG oder KGaA),

— eines rechtsfähigen Vereins (Idealverein nach § 21 BGB oder wirtschaftlicher Verein nach § 22 BGB) in eine Kapitalgesellschaft oder in eine eingetragene Genossenschaft (d. h. eines solchen Vereins in eine GmbH, AG, KGaA oder eG),

— eines Versicherungsvereins auf Gegenseitigkeit in eine Aktiengesellschaft und schließlich

— einer Körperschaft oder Anstalt des öffentlichen Rechts in eine Kapitalgesellschaft (d. h. einer solchen Körperschaft oder Anstalt in eine GmbH, AG oder KGaA).

Gesetzessystematisch werden im Fünften Buch wie bei den anderen Umwandlungsarten, soweit möglich, nach einer Aufzählung der umwandlungsfähigen Rechtsträger (vgl. § 191) in einem Ersten Teil diejenigen Vorschriften zusammengefaßt, die grundsätzlich für alle Arten des Formwechsels gelten sollen. Ein Zweiter Teil soll die Besonderen Vorschriften enthalten, mit denen der Unterschiedlichkeit der verschiedenen Unternehmensformen Rechnung getragen wird.

Da sich der Formwechsel von allen anderen Arten der Umwandlung erheblich unterscheidet, kann im Fünften Buch nicht allgemein auf das Verschmelzungsrecht verwiesen werden. Die rechtlichen Unterschiede zu den Übertragungsvorgängen machen es vielmehr erforderlich, die Regelungen über den Formwechsel im wesentlichen auszuformulieren, damit Mißverständnisse, die bei einer entsprechenden Anwendung auftreten könnten, vermieden werden. Nur bei erheblicher Ähnlichkeit der Sach- und Rechtslage soll in Einzelfällen die Verweisungstechnik gewählt werden. Damit soll zugleich der Praxis die Anwendung des Gesetzes erleichtert werden; das ist während der vorbereitenden Arbeiten insbesondere von den rechtsberatenden Berufen als zweckmäßig bezeichnet worden.

Zum Ersten Teil — Allgemeine Vorschriften

Der Erste Teil des Fünften Buches faßt die Vorschriften zusammen, die für alle Fälle des Formwechsels gelten sollen, und zwar ohne Rücksicht darauf, welche Rechtsform der formwechselnde Rechtsträger hat oder anstrebt.

Im Aufbau folgt die Regelung grundsätzlich den für die Verschmelzung im Ersten Teil des Zweiten Buches vorgesehenen Vorschriften, soweit sich nicht aus der Unterschiedlichkeit der beiden Umwandlungsarten die Notwendigkeit zu einer abweichenden Regelung ergibt. Solche Abweichungen sind vor allem erforderlich, weil beim Formwechsel ein Verschmelzungsvertrag fehlt.

Zu § 190

Die Vorschrift stellt in *Absatz 1* zunächst klar, daß an dem Formwechsel nur ein einziger Rechtsträger beteiligt ist und in einen Rechtsträger anderer Rechtsform umgewandelt wird. Die Zulässigkeit dieser Umwandlungsart folgt an sich schon aus § 1 Abs. 1 Nr. 4. Die Präzisierung zu Beginn des Fünften Buches dient deshalb in erster Linie der Klarstellung des Anwendungsbereichs der in diesem Buch vorgeschlagenen Regelungen.

Die Formulierung des Absatzes 1 betont zugleich den identitätswahrenden Charakter des Formwechsels.

In *Absatz 2* wird die allgemeine Regel, daß Umwandlungen nur in den gesetzlich vorgesehenen Fällen zulässig sein sollen (vgl. § 1 Abs. 2), für den Bereich des Formwechsels konkretisiert. Gesetzliche Vorschriften, die eine Änderung der Rechtsform vorsehen, sind auch die allgemeinen Regeln des bürgerlichen und des Handelsrechts, nach denen sich der Übergang von der einen Form der Personenhandelsgesellschaft in die andere richtet (d. h. Umwandlung einer oHG in eine KG oder einer KG in eine oHG) und nach denen sich der identitätswahrende Wechsel von der Rechtsform einer Personenhandelsgesellschaft zur Rechtsform der Gesellschaft des bürgerlichen Rechts und umgekehrt vollzieht (d. h. Umwandlung einer oHG/KG in eine GbR oder Umwandlung einer GbR in eine oHG/KG). Da diese Fälle einer gesetzlich zwingenden Änderung der Rechtsform durch die Vorschriften über die rechtsgeschäftliche Umwandlung nicht berührt werden sollen, schränkt Absatz 2 den Anwendungsbereich des Fünften Buches ein.

Diese Einschränkung bezieht sich allerdings nicht auf rechtsfähige Körperschaften oder Anstalten des öffentlichen Rechts, weil die Zulässigkeit des Formwechsels dieser Rechtsträger nach dem Entwurf wie nach geltendem Recht gerade davon abhängen soll, ob das jeweils maßgebende Bundes- oder Landesrecht ihn vorsieht oder zuläßt (vgl. § 301 Abs. 2).

Zu § 191

(Vgl. § 362 Abs. 1, § 366 Abs. 1, § 369 Abs. 1, § 376 Abs. 1, § 385a Abs. 1, § 385d Abs. 1 Satz 1, § 385m Abs. 1 Satz 1, § 386 Abs. 1, § 389 Abs. 1 AktG, § 1 Abs. 1, §§ 2, 40, 46, 59 Abs. 1, § 62 Satz 1 UmwG).

Nach § 1 Abs. 2 sind Umwandlungen nur in den gesetzlich vorgesehenen Fällen zulässig. § 191 enthält in *Absatz 1* eine abschließende Aufzählung der Rechtsträger, die durch Formwechsel nach dem Fünften Buch in einen Rechtsträger anderer Rechtsform umgewandelt werden können. *Absatz 2* zählt in derselben Weise die Unternehmensformen auf, die für einen formwechselnden Rechtsträger als neue Rechtsform in Betracht kommen.

Die Aufzählung bedeutet nicht, daß jedem umwandlungsfähigen Rechtsträger als neue Rechtsform jede der in Absatz 2 genannten Unternehmensformen zur Verfügung stünde. Da insoweit rechtsformspezifische Besonderheiten zu beachten sind, sollen die zulässigen Kombinationsmöglichkeiten erst in den Besonderen Vorschriften des Zweiten Teils geregelt werden. Dieser Aufbau des Gesetzes ist auch im Zweiten bis Vierten Buch gewählt worden.

Die in *Absatz 1* vorgesehene Umwandlungsfähigkeit von Personenhandelsgesellschaften, zu denen auch die Kapitalgesellschaft & Co und die Stiftung & Co gehören *(Nummer 1)*, Kapitalgesellschaften *(Nummer 2)*, eingetragenen Genossenschaften *(Nummer 3)*, Versicherungsvereinen auf Gegenseitigkeit *(Nummer 5)* und von Körperschaften und Anstalten des öffentlichen Rechts *(Nummer 6)* entspricht dem bisher geltenden Recht.

Neu ist die allgemeine Möglichkeit des Formwechsels für rechtsfähige Vereine *(Nummer 4)*. Bisher besteht nur für wirtschaftliche Vereine (vgl. § 22 BGB) die Möglichkeit einer übertragenden Umwandlung in eine Aktiengesellschaft und auch dies nur unter der weiteren Voraussetzung, daß sie ein in übertragbare

Anteile zerlegtes Vermögen haben und daß ihnen die Rechtsfähigkeit bereits vor dem Inkrafttreten des Bürgerlichen Gesetzbuchs verliehen worden ist (vgl. § 62 Satz 1 UmwG). Da auch bei anderen wirtschaftlichen Vereinen ein Bedürfnis für eine formwechselnde Umwandlung in eine Kapitalgesellschaft oder in eine eingetragene Genossenschaft auftreten kann, soll auch für sie eine solche Umwandlungsmöglichkeit geschaffen werden.

Entsprechendes gilt für scheinbare Idealvereine, die in Wahrheit wirtschaftliche Zwecke verfolgen und deshalb zu Unrecht im Vereinsregister eingetragen sind. Da sich solche Vereine nur sehr schwer von echten Idealvereinen im Sinne des § 21 BGB abgrenzen lassen, weil der Übergang zu einer auf einen wirtschaftlichen Geschäftsbetrieb gerichteten Betätigung fließend sein kann, soll die Möglichkeit, durch Formwechsel die angemessene Rechtsform anzunehmen, für Idealvereine allgemein eröffnet werden. Dies entspricht den für Verschmelzung und Spaltung vorgeschlagenen Lösungen.

Die in *Absatz 2* vorgesehenen Möglichkeiten, durch Formwechsel die Rechtsform einer Gesellschaft des bürgerlichen Rechts, einer Personenhandelsgesellschaft oder einer Kapitalgesellschaft zu erlangen *(Nummern 1 bis 3)*, entsprechen dem geltenden Recht. Neu ist die Regelung des Formwechsels zur Umwandlung in eine eingetragene Genossenschaft *(Nummer 4)*, mit der einem von den betroffenen Wirtschaftskreisen geltend gemachten Bedürfnis Rechnung getragen werden soll. Auf die Allgemeine Begründung (insbesondere unter III. 2. a) wird verwiesen.

Absatz 3 erklärt wie das geltende Recht (vgl. §§ 2, 40 Abs. 2, § 46 Satz 2 UmwG) auch den Formwechsel eines aufgelösten Rechtsträgers unter der einschränkenden Voraussetzung für möglich, daß die Fortsetzung beschlossen werden könnte. Dies entspricht der Regelung bei den Übertragungsvorgängen (vgl. § 3 Abs. 3, § 124 Abs. 2, § 176 Abs. 1, § 177 Abs. 1, § 178 Abs. 1, § 179 Abs. 1, § 180 Abs. 1).

Zu § 192

(Vgl. § 385d Abs. 2 Satz 2, § 385m Abs. 2 Satz 2 AktG; vgl ferner § 4 Abs. 1 Satz 2, § 43 Abs. 3 Satz 2 und Abs. 4, § 49 Abs. 1 Satz 2 und 3 UmwG).

Die dem Vertretungsorgan des formwechselnden Rechtsträgers in *Absatz 1* auferlegte Pflicht, den Formwechsel vor der Beschlußfassung der Anteilsinhaber durch einen schriftlichen Umwandlungsbericht in rechtlicher und wirtschaftlicher Hinsicht zu erläutern und zu begründen, entspricht der im geltenden Recht bisher für bestimmte Fälle der Verschmelzung vorgesehenen Pflicht zur Erstattung eines Verschmelzungsberichts (vgl. die Begründung zu § 8).

Dieses formalisierte Informationsrecht hat vor allem für Rechtsträger mit großem Gesellschafter- oder Mitgliederkreis Bedeutung. Sofern Anteilsinhaber nicht ihrerseits geschäftsführungsbefugt sind, haben sie ein besonderes Interesse an einer ausführlichen Vorabinformation, und zwar unabhängig von der Rechtsform, die der formwechselnde Rechtsträger aufgeben will oder die er durch den Formwechsel erlangen soll. Deshalb soll die Erstattung eines Umwandlungsberichts grundsätzlich für alle Rechtsträger vorgeschrieben werden, an denen mehrere Anteilsinhaber beteiligt sind. Dagegen soll in dem vor allem bei Kapitalgesellschaften möglichen Sonderfall, daß an dem Rechtsträger nur ein Anteilsinhaber beteiligt ist (vgl. z. B. § 1 GmbHG), oder bei notariell beurkundeter Verzichtserklärung aller Anteilsinhaber nach *Absatz 3* von der Erstattung eines Umwandlungsberichts abgesehen werden können.

In Anlehnung an die in § 8 für den Verschmelzungsbericht vorgesehene Regelung soll in dem Umwandlungsbericht auch dargelegt werden, welche rechtlichen und wirtschaftlichen Gründe den Formwechsel zweckmäßig erscheinen lassen. Ferner sollen die Folgen des Formwechsels für die Anteilsinhaber erläutert werden, auch wenn mit der Umwandlung keine Änderung der Beteiligungsquote verbunden ist; denn der Formwechsel führt jedenfalls zu einer qualitativen Veränderung der Anteile oder sonstigen Mitgliedschaftsrechte. Dies ist vor allem für Minderheiten von großer Bedeutung. Wie bei der Verschmelzung (vgl. § 8 Abs. 1 Satz 3 und 4) hat der Bericht auch Angaben über alle für den Formwechsel wesentlichen Angelegenheiten der mit dem formwechselnden Rechtsträger verbundenen Unternehmen zu enthalten. Für den Rechtsträger nachteilige Tatsachen brauchen wie im Verschmelzungsbericht (vgl. § 8 Abs. 2) nicht angegeben zu werden.

In *Satz 3* des Absatzes 1 soll die bisher nur für formwechselnde Versicherungsvereine auf Gegenseitigkeit und für formwechselnde Genossenschaften geltende Regel, daß der Vorstand mit der Tagesordnung auch einen Vorschlag für den Umwandlungsbeschluß mitzuteilen hat (vgl. § 385d Abs. 2 Satz 2, § 385m Abs. 2 Satz 2 AktG), verallgemeinert und dahingehend erweitert werden, daß in den Umwandlungsbericht der Entwurf eines Umwandlungsbeschlusses aufzunehmen ist. Der Entwurf hat insoweit dieselbe Funktion wie bei der Verschmelzung der Entwurf eines Verschmelzungsvertrags. Da aber dem Formwechsel kein Umwandlungsvertrag zugrunde liegt, kann sich der mitzuteilende Entwurf nur auf den Umwandlungsbeschluß selbst beziehen.

Nach § 4 Abs. 1 Satz 2, Abs. 2, § 43 Abs. 3 Satz 2 und Abs. 4, § 49 Abs. 1 Satz 2 und 3 UmwG ist eine Umwandlungsbilanz aufzustellen, die über die Vermögensverhältnisse des umzuwandelnden Rechtsträgers Aufschluß geben muß. Es handelt sich also um eine Vermögensbilanz.

Diese Vermögensbilanz dient der Unterrichtung der Anteilsinhaber über den wirklichen Wert (Buchwerte unter Hinzurechnung der stillen Rücklagen und der stillen Lasten) des formwechselnden Unternehmensträgers, damit die Anteilsinhaber auch diese Information ihrer Entscheidung zugrunde legen können.

Diese Unterrichtungsfunktion soll durch den Entwurf dem Umwandlungsbericht zugewiesen werden. Damit wird die Aufstellung einer vollständigen Vermögensbilanz entbehrlich. Den Anteilsinhabern soll jedoch zur vollständigen Unterrichtung eine Vermögensaufstellung zur Verfügung gestellt werden *(Ab-*

satz 2 Satz 1). Dadurch wird ihnen eine detaillierte Prüfung der Vermögenslage ermöglicht. Dies ist notwendig, weil anders als bei der Verschmelzung eine Prüfung des Anteilswechsels durch Sachverständige nicht vorgesehen werden soll, um zu hohe Kosten der Umwandlung zu vermeiden. Die Aufstellung ist Bestandteil des Umwandlungsberichts *(Absatz 2 Satz 2)*, so daß Absatz 3 auch für sie gilt.

Zu § 193

(Vgl. § 53 Abs. 2 Satz 1 GmbHG, §§ 130, 362 Abs. 2 Satz 1, § 366 Abs. 1, § 369 Abs. 1 und Abs. 6 Satz 4, § 376 Abs. 1, Abs. 2 Satz 2 und Abs. 4 Satz 2, § 385a Abs. 3, § 385d Abs. 2 Satz 1, § 385m Abs. 2 Satz 1 und 6, § 386 Abs. 1, §§ 388, 389 Abs. 2 Satz 1, § 392 AktG, § 16 Satz 1, § 19 Abs. 1 und Abs. 2 Satz 2, § 20 Satz 1, § 21 Abs. 1, §§ 22, 23, 24 Abs. 1, § 41 Abs. 1 Satz 1, § 42 Abs. 1, § 47 Abs. 1 Satz 1, § 48 Abs. 1, § 59 Abs. 3, § 62 Satz 1 in Verbindung mit § 61 Abs. 1 Satz 2 und 4 UmwG).

Absatz 1 Satz 1 legt wie das geltende Recht fest, daß für den Formwechsel ein Beschluß der Anteilsinhaber des formwechselnden Rechtsträgers erforderlich ist.

Die Vorschrift erstreckt diesen Grundsatz auch auf die Fälle, für die eine Möglichkeit zum Formwechsel erst durch dieses Gesetz geschaffen werden soll.

Sondervorschriften, die nach geltendem Recht wegen der Eigenart des formwechselnden Rechtsträgers etwas anderes vorsehen, bleiben jedoch erhalten. Nach den Besonderen Vorschriften des Zweiten Teils gilt dies für Körperschaften und Anstalten des öffentlichen Rechts, bei denen sich aus dem jeweils anzuwendenden Bundes- oder Landesrecht ergibt, wer den künftigen Gesellschaftsvertrag abzuschließen oder die künftige Satzung festzustellen hat und durch welchen Rechtsakt dies geschehen kann (vgl. § 385a Abs. 3 AktG, § 59 Abs. 3 UmwG). Wie bisher soll sich dies auch aus der für die formwechselnde Körperschaft oder Anstalt jeweils maßgeblichen öffentlich-rechtlichen Satzung als Rechtsquelle ergeben können.

Nach *Satz 2* muß der Umwandlungsbeschluß stets in einer Versammlung der Anteilsinhaber gefaßt werden. Wie § 13 Abs. 1 Satz 2 entspricht dies dem geltenden Recht und ergibt sich auch hier für die meisten Unternehmensformen bereits aus den Vorschriften über die Versammlung der Anteilsinhaber. Dieser allgemeine Grundsatz soll jedoch auch für den Formwechsel ausdrücklich festgelegt werden.

Absatz 2 ist wie § 13 Abs. 2 Ausdruck des allgemeinen Rechtsgedankens, daß Sonderrechte eines Anteilsinhabers nicht ohne dessen Zustimmung beeinträchtigt werden dürfen (vgl. § 35 BGB).

Der Entwurf übernimmt auch beim Formwechsel nicht die Vorstellungen, die von Rechtsprechung und Schrifttum für eine Sachkontrolle wichtiger Hauptversammlungsbeschlüsse entwickelt worden sind. Auf die Begründung zu § 13 wird auch hier verwiesen.

Die in *Absatz 3 Satz 1* vorgesehene notarielle Beurkundung des Umwandlungsbeschlusses (vgl. § 13 Abs. 3 Satz 1) entspricht mit zwei Ausnahmen dem geltenden Recht: Ob Beschlüsse einer Körperschaft oder Anstalt des öffentlichen Rechts beurkundet werden müssen, richtet sich nach dem für die Körperschaft oder Anstalt maßgebenden Bundes- oder Landesrecht (vgl. § 385a Abs. 3 AktG, § 59 Abs. 3 UmwG). Außerdem müssen Vereinsbeschlüsse nach allgemeinem Vereinsrecht nicht notariell beurkundet werden.

Nach den Besonderen Vorschriften des Zweiten Teils soll es für Körperschaften und Anstalten des öffentlichen Rechts bei dem bisherigen Rechtszustand bleiben. Dagegen sollen die Umwandlungsbeschlüsse formwechselnder Vereine und Versicherungsvereine auf Gegenseitigkeit der allgemeinen Formvorschrift in Absatz 3 Satz 1 unterliegen. Der Umwandlungsbeschluß ist ein wirtschaftlich und rechtlich sehr bedeutsamer Vorgang. Seine Überwachung durch den Notar erscheint deshalb auch beim Formwechsel zweckmäßig.

Daß eine in besonderen Fällen nötige Zustimmungserklärung einzelner Anteilsinhaber (vgl. § 193 Abs. 2, § 217 Abs. 3, § 233 Abs. 2 Satz 1 zweiter Halbsatz, Satz 3 und Abs. 3 Satz 1, § 240 Abs. 2 Satz 1 und Abs. 3 Satz 1, §§ 241, 242, 252 Abs. 2 Satz 1 zweiter Halbsatz und Abs. 3, § 262 Abs. 2, § 275 Abs. 3, § 303 Abs. 2 Satz 1) notariell beurkundet werden muß, entspricht ebenfalls dem Verschmelzungsrecht, auf dessen Begründung (zu § 13 Abs. 3 Satz 1) verwiesen wird.

Das Recht auf Erteilung einer Abschrift der Niederschrift des Umwandlungsbeschlusses *(Satz 2* des Absatzes 3) entspricht § 13 Abs. 3 Satz 3.

Zu § 194

(Vgl. § 362 Abs. 2 Satz 4, § 366 Abs. 2, § 369 Abs. 5, § 376 Abs. 3 Satz 1, § 385d Abs. 3, § 385m Abs. 4 Satz 1, §§ 388, 392 AktG, § 17 Abs. 2, § 19 Abs. 3, §§ 20, 21 Abs. 2, § 22 Abs. 2, § 23 Satz 1, § 24 Abs. 1 Satz 1, § 41 Abs. 1 Satz 2, § 42 Abs. 2 Satz 1, § 47 Abs. 1 Satz 2, § 48 Abs. 2, § 62 Satz 1 in Verbindung mit § 61 Abs. 1 Satz 2 UmwG).

In *Absatz 1* dieser Vorschrift, einer Parallele zu § 5 über den Mindestinhalt eines Verschmelzungsvertrags, soll der Mindestinhalt des für den Formwechsel maßgebenden Umwandlungsbeschlusses festgelegt werden, soweit es nicht wegen der Eigenart des formwechselnden Rechtsträgers einer differenzierenden Regelung in den Besonderen Vorschriften des Zweiten Teils bedarf.

Mit der in *Nummer 1* vorgesehenen Bestimmung der neuen Rechtsform hat der formwechselnde Rechtsträger den rechtlichen Rahmen festzulegen, in dem der Gesellschaftsvertrag, die Satzung oder das Statut des Rechtsträgers neuer Rechtsform gestaltet werden kann. Die Angabe ist auch ein wesentlicher Bestandteil des künftigen Inhalts dieses Gesellschaftsvertrags, dieser Satzung oder dieses Statuts.

Nach *Nummer 2* muß die Bezeichnung des Rechtsträgers neuer Rechtsform festgelegt werden.

Mit der in *Nummer 3* vorgesehenen Beteiligung der bisherigen Anteilsinhaber an dem Rechtsträger neuer

Rechtsform soll die Identität des an dem Umwandlungsvorgang beteiligten Personenkreises zum Ausdruck gebracht werden. Die in derselben Vorschrift angesprochene Ausnahmeregelung im Fünften Buch betrifft das bereits einleitend erwähnte Ausscheiden von Komplementären aus einer formwechselnden Kommanditgesellschaft auf Aktien sowie den Ausschluß bestimmter Mitglieder eines formwechselnden Versicherungsvereins auf Gegenseitigkeit von der Beteiligung an der Aktiengesellschaft.

Nach den *Nummern 4 und 5* soll es ferner erforderlich sein, die künftige Beteiligung der Anteilsinhaber in dem Umwandlungsbeschluß qualitativ und quantitativ näher zu bestimmen. Die Regelung entspricht auch insoweit dem notwendigen Mindestinhalt eines Verschmelzungsvertrags. Soweit der Umwandlungsbeschluß nach den Besonderen Vorschriften des Zweiten Teils auch den künftigen Wortlaut des Gesellschaftsvertrags, der Satzung oder des Statuts enthalten muß, soll es bei der näheren Bestimmung der Anteile oder sonstigen Mitgliedschaftsrechte an dem Rechtsträger neuer Rechtsform möglich sein, hierauf Bezug zu nehmen; einer besonderen gesetzlichen Regelung bedarf es hierfür jedoch nicht.

Nach *Nummer 6* soll ferner jeder Umwandlungsbeschluß das nach den §§ 207ff. vorgeschriebene Abfindungsangebot für die dem Formwechsel widersprechenden Anteilsinhaber enthalten, sofern nicht ein solches Angebot von vornherein ausscheidet, weil der Umwandlungsbeschluß der Zustimmung aller Anteilsinhaber bedarf oder weil an dem formwechselnden Rechtsträger nur ein Anteilsinhaber beteiligt ist. Insoweit besteht eine Parallele zu dem Mindestinhalt, der bei Mischverschmelzungen für den Verschmelzungsvertrag vorgeschrieben werden soll (vgl. § 29 Abs. 1 Satz 1 und 2).

Nummer 7 des Absatzes 1 ist wie *Absatz 2* eine Parallelvorschrift zu § 5 Abs. 1 Nr. 9, § 5 Abs. 3, § 126 Abs. 1 Nr. 11 und § 126 Abs. 3, deren Begründung auch für den Rechtsformwechsel zutrifft.

Anders als für den Verschmelzungsvertrag sieht der Entwurf für den Mindestinhalt des Umwandlungsbeschlusses beim Formwechsel keine Bestimmung über das rechtliche Schicksal des Unternehmensvermögens vor. Das entspricht dem geltenden Recht, soweit dieses einen Formwechsel durch Änderung der Satzung oder des Statuts zuläßt (so bei der formwechselnden Umwandlung einer Kapitalgesellschaft in eine Kapitalgesellschaft anderer Rechtsform, einer eingetragenen Genossenschaft in eine Aktiengesellschaft und eines Versicherungsvereins auf Gegenseitigkeit in eine Aktiengesellschaft). Es weicht vom geltenden Recht jedoch insoweit ab, als die Anteilsinhaber des formwechselnden Rechtsträgers bei einer errichtenden Umwandlung gehalten sind, auch die „Übertragung des Vermögens" auf den Rechtsträger neuer Rechtsform zu beschließen (so bei der Überführung einer Kapitalgesellschaft in die Rechtsform einer Personengesellschaft, einer Personenhandelsgesellschaft in die Rechtsform einer Kapitalgesellschaft und eines wirtschaftlichen Altvereins in die Rechtsform einer Aktiengesellschaft; vgl. § 16 Satz 1, § 19 Abs. 1, § 20 Satz 1, § 21 Abs. 1, § 22 Abs. 1, § 24 Abs. 1 Satz 1, § 41 Abs. 1 Satz 2 Nr. 2, § 47 Abs. 1 Satz 2 Nr. 2, § 62 Satz 1 in Verbindung mit § 61 Abs. 1 Satz 2 UmwG). Diesen unterschiedlichen Anforderungen des geltenden Rechts an den Inhalt eines Umwandlungsbeschlusses liegt die Auffassung zugrunde, es handele sich bei der ersten Fallgruppe um eine identitätswahrende, bei der zweiten hingegen nicht um eine identitätswahrende Umwandlung. Da der Entwurf auch die zuletzt genannten Fälle als identitätswahrenden Formwechsel behandelt, wird für alle im Fünften Buch geregelten Umwandlungsfälle darauf verzichtet, den Formwechsel von einem besonderen Beschluß über die Vermögensübertragung abhängig zu machen.

Zu § 195

Wie in § 14 Abs. 1 für die Verschmelzung soll auch für die Anfechtung eines Beschlusses über den Formwechsel für alle Rechtsformen eine einheitliche Frist eingeführt werden.

Obwohl der Kreis der Anteilsinhaber beim Formwechsel im allgemeinen gleich bleibt, kann die Umwandlung der einzelnen Anteile oder sonstigen Mitgliedschaftsrechte in Beteiligungen neuer Art schwierig sein. Das gilt vor allem für den Übergang von genossenschaftlichen oder vereinsrechtlichen zu den Unternehmensstrukturen von Kapitalgesellschaften und umgekehrt.

Wie bei der Verschmelzung (vgl. § 14 Abs. 2) soll deshalb nach *Absatz 2* auch beim Formwechsel die Wirksamkeit des Umwandlungsbeschlusses nicht mit der Begründung in Frage gestellt werden können, daß der umgewandelte Anteil zu niedrig bemessen oder die neue Mitgliedschaft kein ausreichender Gegenwert für die bisherige Beteiligung am Rechtsträger sei. Damit soll einem Streit über die Wirksamkeit des Formwechsels mit dieser Begründung der Boden entzogen werden. Als Ausgleich für den Verlust des Anfechtungsrechts wird auch hier den Anteilsinhabern des formwechselnden Rechtsträgers das Recht gewährt, die Angemessenheit der neuen Beteiligung in einem Spruchverfahren nach dem Sechsten Buch gerichtlich nachprüfen zu lassen.

Für Inhalt und Fassung der Vorschrift wird im übrigen auf die Begründung zu § 14 Abs. 2 verwiesen.

Zu § 196

§ 195 Abs. 2 schließt eine Klage gegen die Wirksamkeit des Umwandlungsbeschlusses wegen zu niedriger Bemessung oder sonst unzureichender Ausgestaltung der Beteiligung an dem Rechtsträger neuer Rechtsform aus. § 196 gewährt jedem in dieser Weise benachteiligten Anteilsinhaber nach dem Vorbild der entsprechenden verschmelzungsrechtlichen Regelung (vgl. § 15) einen Anspruch auf eine Ausgleichsleistung durch bare Zuzahlung *(Satz 1)*. Dies soll für alle Arten des Formwechsels gelten, weil die Interessenlage in allen Fällen dieselbe ist.

Satz 2 sieht die Verzinsung der baren Zuzahlung wie bei der Verschmelzung vor.

Zu § 197

(Vgl. § 362 Abs. 4, §§ 378, 385a Abs. 4, §§ 385b, 385g Satz 1, § 385m Abs. 5, § 389 Abs. 4 AktG, § 16 Satz 1, § 19 Abs. 1, § 20 Satz 1, § 21 Abs. 1, § 22 Abs. 1, § 23 Satz 1, § 24 Abs. 1 Satz 1, § 41 Abs. 1 Satz 2 Nr. 1 und Abs. 2, § 42 Abs. 2 Satz 2, § 47 Abs. 1 Satz 2 Nr. 1 und Abs. 2, § 62 Satz 1 in Verbindung mit § 61 Abs. 1 Satz 3 UmwG; Artikel 13 der Zweiten Richtlinie).

Die Möglichkeit, einen Rechtsträger durch Formwechsel umzuwandeln, soll eine sonst notwendige Liquidation und Neugründung ersparen. Schon gegenwärtig erschöpft sich dieser Vorgang aber nicht in einer bloßen Änderung des Gesellschaftsvertrags, der Satzung oder des Statuts. Er geht auch bei den im Aktiengesetz geregelten Fällen der formwechselnden Umwandlung wesentlich darüber hinaus. Mit dem Formwechsel soll sich auch das für die innere Struktur und für die Außenbeziehungen des Rechtsträgers maßgebende Normensystem ändern. Dieser Übergang in ein anderes Normensystem ist besonders dann kritisch, wenn nach den für den Rechtsträger neuer Rechtsform maßgebenden Gründungsvorschriften schärfere Anforderungen gelten, als sie für die Gründung des formwechselnden Rechtsträgers bestanden haben (so z. B. beim Formwechsel von Rechtsträgern, die keine Kapitalgesellschaften sind, in eine Kapitalgesellschaft sowie beim Formwechsel einer GmbH in eine AG oder in eine KGaA). Wenn für die Errichtung des formwechselnden Rechtsträgers mildere Gründungsvorschriften maßgeblich waren, sollen die für die neue Rechtsform geltenden strengeren Maßstäbe durch den Formwechsel nicht unterlaufen werden können. Deshalb soll in § 197 *Satz 1* als allgemeiner Grundsatz vorgesehen werden, daß die für die neue Rechtsform geltenden Gründungsvorschriften auf den Formwechsel anzuwenden sind. Damit werden vor allem die für Kapitalgesellschaften wichtigen Vorschriften über die Gründungsprüfung und über die Verantwortlichkeit der Gründer in das Umwandlungsrecht einbezogen. Für die Umwandlung in eine AG ist dies zum größten Teil gemeinschaftsrechtlich durch Artikel 13 der Zweiten gesellschaftsrechtlichen Richtlinie vorgegeben.

Die Gründungsvorschriften dürfen andererseits aber auch nicht uneingeschränkt für anwendbar erklärt werden. Dadurch würde praktisch eine Neugründung erforderlich, die durch den Formwechsel gerade vermieden werden soll. Deshalb muß der Grundsatz der Anwendbarkeit des Gründungsrechts in mehrfacher Hinsicht eingeschränkt werden. Die zur Erleichterung der Umwandlung oder wegen der Eigenart des formwechselnden Rechtsträgers gebotenen Einschränkungen des Grundsatzes sollen in erster Linie durch die Besonderen Vorschriften des Zweiten Teils geregelt werden.

Nach *Satz 2* erster Halbsatz des § 197 sollen Vorschriften, die für Unternehmensgründungen eine Mindestzahl der Gründer vorsehen, nicht anzuwenden sein, damit die in den Gründungsvorschriften des Aktien- und des Genossenschaftsrechts vorgeschriebene Zahl von fünf Personen (vgl. §§ 2 und 280 Abs. 1 Satz 1 AktG) und sieben Genossen (vgl. § 4 GenG) im Zeitpunkt des Formwechsels unterschritten werden kann. Die für die Gründung einer AG und einer KGaA vorgeschriebene Mindestzahl der Gründer wird vor allem bei der Umwandlung von Personenhandelsgesellschaften in vielen Fällen nicht erreicht werden können. Deshalb kann bei der errichtenden Umwandlung die Satzung einer AG oder einer KGaA auch schon nach geltendem Recht durch weniger als fünf Personen festgestellt werden (vgl. § 42 Abs. 2 Satz 2 UmwG). Da der Formwechsel stets einen bereits gegründeten Rechtsträger betrifft, sollte er auch in anderen Fällen nicht davon abhängig gemacht werden, daß er von einer bestimmten Zahl von Personen beschlossen wird.

Das bisherige Recht hat die Frage nicht ausdrücklich geregelt, ob auf die beim Formwechsel bislang notwendige Neubestellung des Aufsichtsrats im Rechtsträger neuer Rechtsform Vorschriften des für die neue Rechtsform geltenden Gründungsrechts über die Bildung des ersten Aufsichtsrats (vgl. etwa § 30 AktG) anzuwenden sind. Im Schrifttum wird diese Frage jedoch zu Recht verneint. Nach bisherigem Recht findet also lediglich eine Neuwahl des Aufsichtsrats statt, so daß im Anwendungsbereich der Mitbestimmungsgesetze auch die Vertretung der Arbeitnehmer im Aufsichtsrat schon zum Zeitpunkt des Wirksamwerdens des Formwechsels gesichert ist.

An dieser Rechtslage soll auch im künftigen Umwandlungsrecht festgehalten werden. Wegen der allgemeinen subsidiären Anwendung des für die neue Rechtsform geltenden Gründungsrechts bedarf es hierfür jedoch der im zweiten Halbsatz von Satz 2 vorgesehenen ausdrücklichen Regelung.

Zu § 198

(Vgl. § 364 Satz 1, § 367 Satz 1, § 371 Abs. 1 Satz 1, § 379 Satz 1, § 385g Satz 1, §§ 385 o, 388, 390 Satz 1 AktG, § 4 Abs. 1 Satz 1, § 5 Satz 2 und 3, § 16 Satz 2, § 19 Abs. 3, § 20 Satz 1, § 21 Abs. 2, § 22 Abs. 2, § 23 Satz 1, § 24 Abs. 1 Satz 1, § 43 Abs. 3 Satz 1, § 44 Abs. 1 Satz 3 und 4, § 49 Abs. 1 Satz 1 und Abs. 2 Satz 3 und 4 UmwG).

In dem Entwurf wird die Wirksamkeit der Umwandlung wie bisher für alle Fälle des Formwechsels von einer konstitutiven Registereintragung abhängig gemacht (vgl. § 202). Die insoweit maßgeblichen Eintragungen sollen entsprechend dem geltenden Recht nicht von Amts wegen, sondern auf Grund einer Anmeldung zur Eintragung in das Register vorgenommen werden. § 198 enthält hierzu allgemeine Grundsätze, die teilweise vom geltenden Recht abweichen.

In *Absatz 1* sollen das zuständige Gericht und der Inhalt der anzumeldenden Eintragung für den einfach gelagerten Fall bestimmt werden, daß der formwechselnde Rechtsträger im Handelsregister eingetragen ist und darin bleiben kann, daß sich also durch den Formwechsel weder unmittelbar noch mittelbar die Notwendigkeit ergibt, eine Eintragung in einem anderen Register vorzunehmen. Da der Rechtsträger in demselben Register eingetragen bleibt und sich nur die maßgebende Abteilung innerhalb desselben Registers ändern kann, soll es für den Formwechsel in diesem Fall ausreichen, die neue Rechtsform des Rechtsträgers zur Eintragung in dieses Register anzumelden.

Gegenstand dieser Anmeldung ist abweichend vom geltenden Recht nicht mehr der Umwandlungsbeschluß, sondern die neue Rechtsform des Rechtsträgers. Die Niederschrift des Umwandlungsbeschlusses, der nach geltendem Recht den Gegenstand der anzumeldenden Eintragung bildet, soll der Anmeldung nur noch als Anlage beigefügt werden (vgl. § 199).

Die Bestimmung der Personen, welche die Anmeldung zu bewirken haben, soll anders als bei der Verschmelzung (vgl. § 16 Abs. 1) den Besonderen Vorschriften des Zweiten Teils vorbehalten bleiben, weil insoweit Unterschiede beachtet werden müssen, die sich aus der Verschiedenheit der Umwandlungssituationen ergeben.

In den Besonderen Vorschriften soll auch der Sonderfall geregelt werden, daß eine Kapitalgesellschaft durch den Formwechsel zu einer Gesellschaft des bürgerlichen Rechts wird und als solche weder in dem bisherigen Register eingetragen bleiben noch in ein anderes Register eingetragen werden kann (vgl. § 235 Abs. 1).

Absatz 2 soll die Eintragungszuständigkeit und den Inhalt der Anmeldung für den Fall regeln, daß sich aus dem Formwechsel die Notwendigkeit ergibt, den Rechtsträger in ein anderes Register einzutragen (so z. B. bei der Umwandlung einer Kapitalgesellschaft in eine Genossenschaft und umgekehrt). Die Vorschrift soll darüber hinaus aber auch dann eingreifen, wenn mit dem Formwechsel eine Sitzverlegung verbunden wird, welche die Zuständigkeit eines neuen Registergerichts begründet. Da der formwechselnde Rechtsträger in beiden Fällen in ein anderes Register übernommen werden muß, ist hierfür eine einheitliche Regelung zweckmäßig.

Absatz 2 *Satz 1* erfaßt zunächst den besonderen Fall, daß der formwechselnde Rechtsträger bisher noch in keinem Register eingetragen war. Dies trifft bei den in dem Entwurf geregelten Fällen des Formwechsels nur auf wirtschaftliche Vereine zu, denen allgemein die Möglichkeit zur Umwandlung in Kapitalgesellschaften und eingetragene Genossenschaften eröffnet werden soll. Hier kommt, wenn der Verein nicht nach § 33 HGB in das Handelsregister eingetragen ist, schon von vornherein keine Eintragung des Formwechsels in das bisherige Register in Betracht. Deshalb soll auch in diesem Fall die künftige Kapitalgesellschaft oder Genossenschaft zur Eintragung in das für sie maßgebende Handels- oder Genossenschaftsregister angemeldet werden.

In den Fällen der Änderung der Art des Registers und einer gleichzeitigen Sitzverlegung soll die für den Formwechsel maßgebende Anmeldung nach Absatz 2 *Satz 2* abweichend von den allgemeinen Grundsätzen der Sitzverlegung (vgl. § 13h HGB, § 45 AktG) sowie in teilweiser Abweichung von umwandlungsrechtlichen Vorschriften (vgl. § 385o Satz 1 AktG, § 4 Abs. 1 Satz 1, § 43 Abs. 3 Satz 1, § 49 Abs. 1 Satz 1 UmwG), zugleich aber in Übereinstimmung mit einigen anderen umwandlungsrechtlichen Vorschriften (vgl. § 385o Satz 2 AktG, § 44 Abs. 1 Satz 1, § 49 Abs. 2 Satz 1 UmwG) in der Weise vor sich gehen, daß in diesen besonderen Fällen statt der neuen Rechtsform oder des Umwandlungsbeschlusses der Rechtsträger als solcher zur Eintragung in das für die neue Rechtsform maßgebende Register anzumelden ist. Zuständig für diese Anmeldung soll das Gericht sein, in dessen Register der Rechtsträger wegen des Formwechsels oder der damit verbundenen Sitzverlegung übernommen werden muß.

War der formwechselnde Rechtsträger schon bisher in einem Register eingetragen, so macht die Übernahme in ein anderes Register Vorschriften notwendig, welche die Eintragung in dem bisherigen Register betreffen. Die insoweit gebotene Eintragung der Umwandlung (§ 198 Abs. 2 *Satz 3)* soll vor der Eintragung des Rechtsträgers in das andere Register (§ 198 Abs. 2 *Satz 5)* vorgenommen, aber erst mit der letztgenannten Eintragung wirksam werden (§ 198 Abs. 2 *Satz 4)*. Dies entspricht den vorgesehenen Eintragungsverfahren in den Fällen der übertragenden Umwandlung durch oder zur Neugründung (vgl. §§ 38, 135 und die auf diese verweisenden Vorschriften des Vierten Buches).

Absatz 3 sieht wie § 16 Abs. 2 eine Negativerklärung zur Klage gegen den Umwandlungsbeschluß vor. Die Folgen des Fehlens der Erklärung sowie die Möglichkeit für den Rechtsträger, die Eintragung der Umwandlung herbeizuführen, sollen wie in § 16 Abs. 2 und 3 bei der Verschmelzung geregelt werden, weil die Interessenlage der Beteiligten derjenigen bei der Verschmelzung vergleichbar ist. Auf die Begründung zu § 16 Abs. 2 und 3 wird verwiesen.

Zu § 199

(Vgl. § 4 Abs. 1 Satz 2, § 16 Satz 2, § 19 Abs. 3, § 20 Satz 1, § 21 Abs. 2, § 22 Abs. 2, § 23 Satz 1, § 24 Abs. 1 Satz 1, § 43 Abs. 3 Satz 2, § 49 Abs. 1 Satz 2 UmwG).

Die Vorschrift übernimmt für den Formwechsel die in § 17 Abs. 1 für die Verschmelzung vorgesehene Regelung über die Anlagen der Anmeldung zur Eintragung in das Register.

Gegenstand der anzumeldenden Eintragung soll aus den zu § 198 dargelegten Gründen nicht mehr der Umwandlungsbeschluß als solcher sein. Jedoch soll es bei dem Erfordernis bleiben, daß die Niederschrift des Umwandlungsbeschlusses der Anmeldung als Anlage beizufügen ist (vgl. § 4 Abs. 1 Satz 2, § 43 Abs. 3 Satz 2, § 49 Abs. 1 Satz 2 UmwG).

Es ist ferner vorgesehen, daß auch die in bestimmten Fällen erforderlichen Erklärungen einzelner Anteilsinhaber der Anmeldung als Anlage beigefügt werden müssen. Damit soll dem Registergericht die Prüfung erleichtert werden, ob alle Voraussetzungen für die Eintragung erfüllt sind. Gleichzeitig soll der Schutz der Anteilsinhaber verstärkt werden. Dem dient auch die Pflicht zur Beifügung des Umwandlungsberichts oder der Erklärungen über den Verzicht auf seine Erstellung.

Zu § 200

(Vgl. § 362 Abs. 2 Satz 4, § 366 Abs. 2, § 369 Abs. 5, § 376 Abs. 3 Satz 1, § 385d Abs. 3, § 385m Abs. 4 Satz 1, §§ 388, 392 AktG, §§ 6, 14, 17 Abs. 3, § 19 Abs. 3, § 20 Satz 1, § 21 Abs. 2, § 22 Abs. 2, § 23 Satz 1, § 24 Abs. 1 Satz 1, § 42 Abs. 3, § 48 Abs. 3 UmwG).

In dieser Vorschrift sollen wie in § 18 für die Verschmelzung die allgemeinen firmenrechtlichen Grundsätze zusammengefaßt werden, die bei den verschiedenen Arten des Formwechsels zu beachten sind.

Der in *Absatz 1 Satz 1* ausgesprochene Grundsatz, daß die bisherige Firma beibehalten werden kann (Kontinuität der Firma), entspricht der für den Formwechsel charakteristischen Kontinuität des Rechtsträgers bei Mitgliedschaft und Vermögen. Die weitere, nach geltendem Recht in Fällen der errichtenden Umwandlung vorgesehene Voraussetzung, daß durch den Rechtsträger neuer Rechtsform ein von dem formwechselnden Rechtsträger betriebenes Handelsgeschäft weitergeführt wird, soll in den Entwurf nicht übernommen werden. Sie folgt gegenwärtig für die errichtende Umwandlung aus dem Konzept der Auflösung des bisherigen Rechtsträgers, des Erlöschens der alten Firma und des Vermögenserwerbs durch einen als neu entstanden vorgestellten Rechtsträger. Diese auf einem umstrittenen Vorverständnis beruhende Abgrenzung zu den im Aktiengesetz geregelten Fällen der formwechselnden Umwandlung soll nach dem Entwurf aufgegeben werden. Deshalb sollen die firmenrechtlichen Besonderheiten der errichtenden Umwandlung nur insoweit übernommen werden, als dies wegen der Unterschiede zwischen den Unternehmensformen notwendig ist.

Aus demselben Grund enthält das Fünfte Buch anders als § 18 Abs. 1 Satz 1 und abweichend von den Vorschriften des geltenden Rechts über die errichtende Umwandlung (vgl. § 6 Abs. 2 und Abs. 3 Satz 1, § 42 Abs. 3 Satz 1, § 48 Abs. 3 Satz 1 UmwG) auch keine Regelung zur Beifügung eines das „Nachfolgeverhältnis" andeutenden Zusatzes; denn ein Nachfolgeverhältnis im eigentlichen Sinne liegt wegen der Kontinuität des Rechtsträgers beim Formwechsel nicht vor.

Satz 2 des Absatzes 1 verweist im Interesse der Firmenwahrheit auf das auch bei der Verschmelzung für Personenhandelsgesellschaften vorgesehene Verbot der Fortführung einer reinen Sachfirma (vgl. § 18 Abs. 1 Satz 2) und auf das Verbot, Personennamen in der Firma einer eingetragenen Genossenschaft zu führen (vgl. § 18 Abs. 1 Satz 3).

Nach *Satz 3* des Absatzes 1 soll der Rechtsträger neuer Rechtsform gehalten sein, auf den in der Firma des formwechselnden Rechtsträgers enthaltenen Rechtsformzusatz (vgl. § 19 Abs. 1 und 2 HGB, § 4 Abs. 2 GmbHG, § 4 Abs. 1 Satz 2, § 279 Abs. 1 Satz 2 AktG, § 3 Abs. 2 Satz 1 GenG) auch dann zu verzichten und ihn gegen den für die neue Rechtsform vorgeschriebenen Zusatz auszutauschen, wenn eine Täuschung über die neue Rechtsform des Rechtsträgers durch einen Nachfolgezusatz vermieden werden könnte. Zum einen begründet der Formwechsel keine Nachfolge im allgemeinen Sinne dieses Wortes, wie dies bereits zu Satz 1 ausgeführt worden ist. Außerdem verdient gegenüber dem geltenden Recht eine Vorschrift, die den Hinweis auf die alte Rechtsform des Rechtsträgers in der Firma des Rechtsträgers neuer Rechtsform allgemein verbietet, auch wegen ihrer Einfachheit und Klarheit den Vorzug.

Absatz 2 übernimmt für den Fall der Firmenfortführung die bisher geltenden Grundsätze und berücksichtigt die Besonderheiten bei einer neuen Genossenschaft.

In *Absatz 3* ist für Personenhandelsgesellschaften eine dem bisherigen Recht entsprechende Erleichterung bei der Firmenneubildung vorgesehen (vgl. § 6 Abs. 3 Satz 2 UmwG).

Absatz 4 trägt wie das geltende Recht dem Interesse natürlicher Personen Rechnung, daß ihr Name grundsätzlich nur mit ihrer oder ihrer Erben Einwilligung verwendet werden darf (vgl. § 14 UmwG).

Absatz 5 behält die Regel des geltenden Rechts, daß mit der Umwandlung einer Kapitalgesellschaft durch Errichtung einer Personengesellschaft die Firma der umgewandelten Gesellschaft erlischt, für den Fall des Formwechsels in eine Gesellschaft des bürgerlichen Rechts bei. Da eine solche Gesellschaft nach den allgemeinen Vorschriften des Gesellschaftsrechts nicht berechtigt ist, eine Firma zu führen, kommt hier weder die Beibehaltung der bisher geführten Firma noch die Bildung einer neuen Firma in Betracht.

Zu § 201

(Vgl. § 10 HGB).

Die Vorschrift enthält wie bei der Verschmelzung (vgl. § 19 Abs. 3) anstelle einer Verweisung auf § 10 HGB eine selbständige Regel. Diese ist für Handelsgesellschaften nur eine Wiederholung des ohnehin geltenden Rechts (vgl. § 10 HGB), hat jedoch Bedeutung für den Formwechsel von Kapitalgesellschaften oder rechtsfähigen Vereinen in eingetragene Genossenschaften. Durch die Aufnahme einer solchen Vorschrift in den Entwurf soll die Regelung in sich verständlich gemacht und eine Verweisung auf andere Gesetze auch hier vermieden werden.

Zu § 202

(Vgl. § 365 Satz 1, § 368 Satz 1 und 2, §§ 372, 381, 385c, 385h, 385p, 387 Abs. 1 und Abs. 2 Satz 1, § 391 Satz 1 bis 3 AktG, § 18 Abs. 2, § 19 Abs. 3, § 20 Satz 1, § 21 Abs. 2, § 22 Abs. 2, § 23 Satz 1, § 24 Abs. 1 Satz 1, §§ 44, 49 Abs. 2 und Abs. 3, § 59 Abs. 5, § 60 Abs. 4, § 61 Abs. 5, § 61a Abs. 4, § 62 Satz 1 in Verbindung mit § 61 Abs. 1 Satz 2 und Abs. 5 UmwG).

Die Vorschrift legt die Rechtsfolgen des rechtsgeschäftlichen Formwechsels fest, die wie im geltenden

Recht durch eine konstitutive Registereintragung ausgelöst werden sollen.

Absatz 1 bestimmt die Rechtsfolgen für den Grundfall einer Eintragung der neuen Rechtsform in das Register, in dem der formwechselnde Rechtsträger bereits eingetragen ist. *Absatz 2* betrifft die besonderen Fallgestaltungen, bei denen statt der neuen Rechtsform der Rechtsträger als solcher in ein Register anderer Art oder in das Register eines anderen Gerichts einzutragen ist. Die Rechtsfolgen werden im ersten Fall mit der Eintragung der neuen Rechtsform in das bisherige Register und in den anderen Fällen mit der Eintragung des Rechtsträgers neuer Rechtsform in das andere Register verknüpft.

Nummer 1 des Absatzes 1 enthält die für jeden Formwechsel gültige Aussage, daß der Rechtsträger in der neuen Rechtsform, die in dem Umwandlungsbeschluß — zulässigerweise — bestimmt worden ist, weiterbesteht (vgl. § 194 Abs. 1 Nr. 1). Die aus dem geltenden Recht übernommene Formulierung macht deutlich, daß bei einem Formwechsel die Identität des Rechtsträgers erhalten bleibt.

Das Vermögen des formwechselnden Rechtsträgers ist nach dem Formwechsel Vermögen des Rechtsträgers neuer Rechtsform. Eine ausdrückliche Regelung ist wie bisher bei der formwechselnden Umwandlung entbehrlich.

Nummer 2 enthält allgemeine Regelungen zur Kontinuität der Mitgliedschaft in dem Rechtsträger. In *Satz 1* soll bestimmt werden, daß nach dem Formwechsel grundsätzlich jeder Anteilsinhaber des formwechselnden Rechtsträgers auch an dem Rechtsträger neuer Rechtsform beteiligt ist. Dies entspricht den Grundsätzen, die schon bisher für die im Aktiengesetz geregelten Fälle der formwechselnden Umwandlung gegolten haben. Eine Ausnahme gilt nach den Besonderen Vorschriften des Fünften Buches nur für Komplementäre einer formwechselnden Kommanditgesellschaft auf Aktien und für bestimmte Mitglieder eines formwechselnden Versicherungsvereins auf Gegenseitigkeit.

Weitere Ausnahmen sieht der Entwurf dagegen nicht vor. Das gilt auch für die bisher als errichtende Umwandlung geregelte Überführung einer Kapitalgesellschaft in die Rechtsform einer Gesellschaft des bürgerlichen Rechts oder einer Personenhandelsgesellschaft. Das geltende Recht ermöglicht in diesen Fällen eine Umwandlung auch durch Mehrheitsbeschluß mit der Folge, daß nur die zustimmenden Anteilsinhaber Gesellschafter des Rechtsträgers neuer Rechtsform werden, während alle anderen Anteilsinhaber durch die Auflösung der Kapitalgesellschaft kraft Gesetzes aus dem Rechtsträger ausscheiden (vgl. § 19 Abs. 1, § 20 Satz 1, § 22 Abs. 1, § 24 Abs. 1 Satz 1 UmwG). Diese Sonderregelung soll im Interesse einer Vereinheitlichung des Umwandlungsrechts aufgegeben werden. Sie ermöglicht zwar gegenwärtig Umwandlungen, die nach dem Entwurf an dem Erfordernis scheitern können, daß dem Formwechsel jeder beschränkt haftende Anteilsinhaber des formwechselnden Rechtsträgers zustimmen muß, der nach den für die neue Rechtsform maßgeblichen Vorschriften persönlich unbeschränkt haften soll (vgl. § 233 Abs. 1 und Abs. 2 Satz 3). Diese Einschränkung der Umwandlungsmöglichkeiten soll hingenommen werden, weil schon die Einführung dieser Regelung, die aus einer Durchführungsverordnung zu einem Reichsgesetz von 1934 in das nachkonstitutionelle Recht übernommen worden ist, keinem praktischen Bedürfnis entsprach, sondern damals mehr der Forderung nach einer „Abkehr von anonymen Kapitalformen" (so der Vorspruch zum Gesetz über die Umwandlung von Kapitalgesellschaften vom 5. Juli 1934, RGBl. I S. 569) diente. Da Umwandlungen dieser Art in der Praxis kaum vorkommen, soll nach dem Entwurf darauf verzichtet werden, eine von den allgemeinen Grundsätzen des Formwechsels abweichende Form der Umwandlung durch Mehrheitsbeschluß zuzulassen, die zudem durch den Zwang zum Ausscheiden heutigen Vorstellungen über den Schutz von Anteilsinhabern nicht mehr entspricht.

Satz 2 des § 202 Abs. 1 Nr. 2 übernimmt zum Schutz der Gläubiger von Anteilsinhabern des formwechselnden Rechtsträgers einen allgemeinen Grundsatz, der im geltenden Recht für Fälle der formwechselnden Umwandlung ebenso wie für Fälle der errichtenden Umwandlung gilt (vgl. § 372 Satz 3, § 381 Satz 3, § 385p Abs. 1 Satz 3, § 387 Abs. 1 Satz 3, § 391 Satz 3 AktG, § 44 Abs. 2, § 49 Abs. 3, § 62 Satz 1 in Verbindung mit § 61 Abs. 1 Satz 2 UmwG). Die Vorschrift entspricht § 20 Abs. 1 Nr. 3 Satz 2.

Die in *Nummer 3* vorgesehene Heilung des Mangels der notariellen Beurkundung entspricht ebenfalls der für die Verschmelzung in § 20 Abs. 1 Nr. 4 enthaltenen Regelung.

Die Einschränkung der Nichtigkeit des Formwechsels in *Absatz 3* beruht auf einer allgemeinen Tendenz, gesellschaftsrechtliche Akte möglichst zu erhalten. Nach dem Umwandlungsgesetz gilt dieser Grundsatz bisher bei der Umwandlung von eingetragenen Genossenschaften (vgl. § 385p Abs. 2 AktG), von Realgemeinden und ähnlichen Verbänden (vgl. § 60 Abs. 4 UmwG), von Kolonialgesellschaften (§ 61 Abs. 5 und § 61a Abs. 4 UmwG) und von wirtschaftlichen Altvereinen (vgl. § 62 Satz 1 in Verbindung mit § 61 Abs. 5 UmwG). Es erscheint gerechtfertigt, die Regelung auf andere Umwandlungsfälle zu erstrekken, weil die Rückabwicklung des Formwechsels bei Umwandlungsfällen aller Art mit besonderen Schwierigkeiten, insbesondere bei der Rückführung neu erlangter Strukturelemente, verbunden sein kann. Die Verallgemeinerung der Regelung entspricht der für die Verschmelzung vorgesehenen Verallgemeinerung des § 352a AktG (vgl. § 20 Abs. 2).

Zu § 203

Durch diese neue Vorschrift soll der wirtschaftlichen und rechtlichen Kontinuität eines formwechselnden Rechtsträgers auch für das Amt der Aufsichtsratsmitglieder Rechnung getragen werden, soweit sich durch den Formwechsel das auf die Bildung und Zusammensetzung des Aufsichtsrats anwendbare Recht nicht ändert.

Im bislang geltenden Recht existiert eine vergleichbare Vorschrift nur in § 65 UmwG für die Umwandlung einer bergrechtlichen Gewerkschaft mit eigener Rechtspersönlichkeit in eine GmbH. Für andere Fälle des Formwechsels kannte jedoch auch das Aktiengesetz von 1937 ähnliche Regelungen, namlich für die formwechselnde Umwandlung einer AG oder KGaA in eine GmbH (vgl. § 265 Satz 3 und § 281 Satz 3 des Aktiengesetzes vom 30. Januar 1937 [RGBl. I S. 107]). Beide Vorschriften wurden bei der Aktienrechtsreform von 1965 unter Berufung auf die unterschiedliche Behandlung von AG und GmbH im Betriebsverfassungsgesetz von 1952 wieder gestrichen (vgl. die Begründung zu § 360 des Regierungsentwurfs, Bundestags-Drucksache III/1915, S. 256).

Zwar ändern sich trotz der Wahrung der Identität des formwechselnden Rechtsträgers durch den Formwechsel häufig die äußeren rechtlichen Rahmenbedingungen für den Aufsichtsrat. Deshalb wird im gesellschaftsrechtlichen Schrifttum mit Ausnahme des in § 65 UmwG geregelten Falles im geltenden Recht für alle Vorgänge der formwechselnden Umwandlung allgemein eine Beendigung des Amtes der Aufsichtsratsmitglieder angenommen. Hieran soll auch zukünftig festgehalten werden, allerdings nur in den Fällen, in denen der Formwechsel tatsächlich eine Änderung der rechtlichen Voraussetzungen für die Bildung und Zusammensetzung des Aufsichtsrats mit sich bringt. Es sind jedoch — insbesondere im Geltungsbereich des Mitbestimmungsgesetzes — auch Fälle möglich, bei denen eine solche Änderung des rechtlichen Rahmens für den Aufsichtsrat nicht eintritt. In diesen Fällen bejaht das mitbestimmungsrechtliche Schrifttum bereits für das geltende Recht die Kontinuität des Amtes der Aufsichtsratsmitglieder. Durch § 203 soll dies nunmehr ausdrücklich geregelt werden *(Satz 1)*. Voraussetzung hierfür ist, daß der Aufsichtsrat bei dem Rechtsträger neuer Rechtsform in gleicher Weise wie beim formwechselnden Rechtsträger gebildet wird und sich die zahlenmäßige Zusammensetzung des Aufsichtsrats nicht ändert. Liegen diese beiden Voraussetzungen vor, soll es keiner Neuwahl der Aufsichtsratsmitglieder anläßlich des Formwechsels mehr bedürfen. Diese von der Unternehmenspraxis angeregte Regelung soll den Formwechsel vereinfachen und Kosten sparen.

Nach *Satz 2* sollen die Anteilsinhaber für die ihnen zuzurechnenden Aufsichtsratsmitglieder jedoch etwas anderes bestimmen können.

Zu § 204

(Vgl. §§ 7, 16 Satz 2, § 19 Abs. 3, § 20 Satz 1, § 21 Abs. 2, § 22 Abs. 2, § 23 Satz 1, § 24 Abs. 1 Satz 1 UmwG, §§ 374, 388 AktG; vgl. ferner § 347a AktG).

Die Vorschrift übernimmt die Regelung des Verschmelzungsrechts und des bisherigen Umwandlungsrechts, weil die Gläubiger und die Inhaber der Sonderrechte in vergleichbarer Weise gefährdet werden können.

Für die Gläubiger gilt dies trotz der formellen Erhaltung der Haftungsmasse, weil durch den Formwechsel die Beachtung von Kapitalschutzvorschriften (vgl. § 30 GmbHG, § 57 AktG) entfallen kann; dies kann es den Anteilsinhabern ermöglichen, dem Unternehmensträger zum Nachteil der Gläubiger durch Entnahmen Vermögen zu entziehen.

Zu § 205

(Vgl. §§ 349, 351 AktG, §§ 28, 30 KapErhG).

Diese und die folgende schadenersatzrechtliche Vorschrift ist für die im geltenden Recht als formwechselnde und als errichtende Umwandlung geregelten Umwandlungsfälle neu.

Der Rechtsträger, seine Anteilsinhaber und auch seine Gläubiger können durch pflichtwidriges Verhalten der Unternehmensorgane bei der Vorbereitung und Durchführung des Formwechsels geschädigt werden. Besondere Bedeutung erlangen Schäden dieser Art auch unter dem Gesichtspunkt, daß nach dem Entwurf etwaige Mängel des Formwechsels durch die Eintragung der neuen Rechtsform oder des Rechtsträgers neuer Rechtsform in das Register geheilt werden (vgl. § 202 Abs. 3). Die daraus folgenden besonderen Risiken lassen eine verschärfte Haftung der Leitungs- und Aufsichtsorgane des Rechtsträgers geboten erscheinen. Dazu soll die für die Verschmelzung in den §§ 25f. vorgesehene Regelung übernommen werden, soweit nicht Unterschiede der beiden Umwandlungsarten einer Übernahme entgegenstehen.

Absatz 1 Satz 1 enthält den besonderen umwandlungsrechtlichen Haftungstatbestand, der Ansprüche nach allgemeinen haftungsrechtlichen Vorschriften aber nicht ausschließen soll. In *Satz 2* wird für die Entlastungsmöglichkeit des Anspruchsgegners auf die entsprechende verschmelzungsrechtliche Vorschrift des Zweiten Buches verwiesen.

Absatz 2 übernimmt die in § 25 Abs. 3 enthaltene Sonderverjährung.

Zu § 206

(Vgl. §§ 350 AktG, § 29 KapErhG).

Um eine Vielzahl schadenersatzrechtlicher Verfahren im Zusammenhang mit dem Formwechsel zu vermeiden, soll für die Geltendmachung der Ersatzansprüche ein zusammengefaßtes Verfahren vorgesehen werden, in welchem die Ansprüche durch einen besonderen Vertreter geltend gemacht werden müssen *(Satz 1 und 2)*.

Für die Einzelheiten dieses Verfahrens wird in *Satz 3* auf die entsprechende Regelung des § 26 verwiesen, soweit nicht Unterschiede zur Verschmelzung einer Verweisung entgegenstehen.

Zu den §§ 207 bis 212

(Vgl. § 369 Abs. 4, §§ 375, 383, 385i, 385m Abs. 5, §§ 388, 392 AktG, § 11 Nr. 2, §§ 12, 13, 19 Abs. 3, § 20 Satz 1, § 22 Abs. 2, § 23 Satz 1, § 24 Abs. 1 Satz 1 und

Abs. 2 Nr. 2 Buchstabe b, § 62 Satz 1 in Verbindung mit § 61 Abs. 4 UmwG).

Die §§ 207 bis 212 regeln die Abfindung von Anteilsinhabern, die dem Formwechsel widersprechen, ihn aber nicht verhindern können, weil sie bei einer zulässigen Mehrheitsentscheidung in der Minderheit bleiben und die Wirksamkeit des Umwandlungsbeschlusses auch sonst nicht von ihrer Zustimmung abhängt.

Die Abfindungsregelung soll anders als nach geltendem Recht für alle Fallgestaltungen mit Ausnahme des Formwechsels einer AG in eine KGaA und umgekehrt sowie des Formwechsels einer Körperschaft oder Anstalt des öffentlichen Rechts einheitlich gelten, weil der Grund für den besonderen Schutz der Anteilsinhaber auf alle Unternehmensformen zutrifft. Als Grundlage für die einheitliche Abfindungsregelung soll das gegenwärtig für die formwechselnde Umwandlung einer AG oder einer KGaA in eine GmbH geltende Verfahren in den Entwurf übernommen werden (vgl. § 369 Abs. 4, §§ 375, 388 AktG).

Darüber hinaus sollen einige ergänzende Regelungen wie z. B. die Verzinsungspflicht aus den Vorschriften über die verschmelzende und die errichtende Umwandlung von Kapitalgesellschaften in Gesellschaften des bürgerlichen Rechts oder in Personenhandelsgesellschaften übernommen werden (vgl. §§ 12, 13, 19 Abs. 3, § 20 Satz 1, § 22 Abs. 2, § 23 Satz 1, § 24 Abs. 1 Satz 1 UmwG).

Dagegen kommt eine vollständige Übernahme dieser Vorschriften nicht in Betracht, weil es nach dem Entwurf keine Mehrheitsentscheidungen mehr geben soll, die dazu führen können, daß ein dem Formwechsel nicht zustimmender Anteilsinhaber zwangsläufig aus dem Rechtsträger ausscheidet, sobald die neue Rechtsform oder der Rechtsträger neuer Rechtsform in das Register eingetragen worden ist. In dem Entwurf soll dementsprechend kein Zahlungsanspruch für ausgeschiedene, sondern allein ein Zahlungsangebot an künftig ausscheidende Anteilsinhaber, die dem Formwechsel widersprochen haben, vorgesehen werden.

Nicht übernommen werden soll aus dem geltenden Recht auch das für widersprechende Gesellschafter bestehende Abandon- oder Preisgaberecht (vgl. §§ 383, 385 i, 385 m Abs. 5, § 392 AktG), das bei der formwechselnden Umwandlung von Gesellschaften mit beschränkter Haftung in Aktiengesellschaften oder in Kommanditgesellschaften auf Aktien sowie von eingetragenen Genossenschaften oder von Versicherungsvereinen auf Gegenseitigkeit in Aktiengesellschaften vorgesehen ist. Der Vorteil, daß dem Rechtsträger neuer Rechtsform die im Wege der formwechselnden Umwandlung entstandenen Aktien zur Veräußerung an Dritte angedient werden können, ist zum Schutz der bei einer Umwandlung durch Mehrheitsbeschluß überstimmten Anteilsinhaber nicht ausreichend. Vor allem für kleineren Anteilsbesitz ist der Wechsel von der bisherigen Gesellschafterstellung oder Mitgliedschaft zu einer mehr der Vermögensanlage dienenden Beteiligung eine einschneidende Veränderung. Die geltende Regelung ist im Schrifttum deshalb auch als unzureichend kritisiert worden.

Die Abfindungsregelung unterliegt den Schranken, die das Gesetz zur Erhaltung des Stammkapitals oder Grundkapitals einer Kapitalgesellschaft aufstellt. Dies folgt aus der Tatsache, daß die Anwendung der einschlägigen Vorschriften (vgl. § 30 GmbHG, § 57 AktG) nicht ausgeschlossen ist, wie dies für § 71 Abs. 4 Satz 2 AktG geschieht.

Zu § 207

(Vgl. § 369 Abs. 4, § 375 Abs. 1 Satz 1 erster Halbsatz, Satz 4 und Abs. 3 Satz 1, § 388 AktG, § 11 Nr. 2, § 24 Abs. 2 Nr. 2 Buchstabe b UmwG).

Die Vorschrift enthält die materiellen Grundlagen der einvernehmlichen Abfindung widersprechender Anteilsinhaber.

Die aktienrechtliche Sanktion für einen unzulässigen Erwerb eigener Aktien in Gestalt der Nichtigkeit des schuldrechtlichen Erwerbsgeschäfts (§ 71 Abs. 4 Satz 2 AktG) soll wie in § 29 Abs. 1 Satz 1 zweiter Halbsatz insoweit außer Kraft gesetzt werden, als sie der Erfüllung der Verpflichtung nach *Absatz 1 Satz 1* entgegenstehen könnte.

In Absatz 1 *Satz 2* wird das aktienrechtliche Abfindungskonzept (vgl. § 369 Abs. 4, §§ 375, 388 AktG) auf Fallgestaltungen erstreckt, bei denen der Rechtsträger neuer Rechtsform die Anteile oder Mitgliedschaftsrechte seiner Anteilsinhaber nicht selbst erwerben kann, weil die für die neue Rechtsform geltenden Vorschriften einen solchen Erwerb nicht zulassen (so bei Personengesellschaften und eingetragenen Genossenschaften). Hier soll das Abfindungsangebot den Anteilsinhabern für den Fall unterbreitet werden, daß sie ihre Beteiligung an dem Rechtsträger neuer Rechtsform aufgeben.

Die Kostenregelung in Absatz 1 *Satz 3* entspricht dem geltenden Recht (vgl. § 375 Abs. 1 Satz 4 und § 388 AktG).

Absatz 2 stellt dem Widerspruch nach Absatz 1 Satz 1 dessen Verhinderung gleich.

Zu § 208

(Vgl. § 375 Abs. 1 Satz 1 zweiter Halbsatz, § 388 AktG, § 12 Abs. 1 Satz 2 und 3 und Abs. 2, § 19 Abs. 3, § 20 Satz 1, § 22 Abs. 2, § 23 Satz 1, § 24 Abs. 1 Satz 1 UmwG).

Die Vorschrift verweist auf § 30 und die der dort angeführten weiteren Vorschriften. Deren Begründung trifft auch hier zu.

Zu § 209

(Vgl. § 375 Abs. 1 Satz 2 und 3, Abs. 3 Satz 2 AktG).

Die Vorschrift regelt die Annahmefristen in Anlehnung an das geltende Recht. Sie weicht von § 375 Abs. 1 Satz 2 und 3 AktG und von § 375 Abs. 3 Satz 2 AktG jedoch redaktionell ab. Die Abweichung in *Satz 1* folgt aus den in § 198 Abs. 1 und 2 aufgestellten Eintragungserfordernissen. Die Abweichung in *Satz 2* soll besser deutlich machen, daß die zweite Frist auch erst nach Ablauf der ersten Frist beginnen kann.

Zu § 210

(Vgl. § 375 Abs. 2 Satz 1 AktG, § 13 Satz 1 UmwG).

Auf Grund der weiten Fassung erfaßt die Vorschrift nicht nur die Anfechtungsklagen des Rechts der Kapitalgesellschaften, sondern wie die §§ 14 und 195 alle Klagetypen, mit denen Mängel eines Umwandlungsbeschlusses geltend gemacht werden können.

Zu § 211

(Vgl. § 375 Abs. 4, § 388 AktG).

Die für die formwechselnde Umwandlung in § 375 Abs. 4 AktG getroffene Regelung soll zur Klarstellung in den Entwurf übernommen und auf andere Arten des Formwechsels ausgedehnt werden.

Zu § 212

(Vgl. § 375 Abs. 2 Satz 2 und 3, § 388 AktG, §§ 13, 19 Abs. 3, § 20 Satz 1, § 22 Abs. 2, § 23 Satz 1, § 24 Abs. 1 Satz 1 UmwG).

Die Vorschrift enthält die materiellen Grundlagen für die gerichtliche Bestimmung der Abfindung. Sie entspricht § 34, auf dessen Begründung verwiesen wird.

Zu § 213

Die Frage, wie unbekannte Aktionäre einer formwechselnden AG oder KGaA zu bezeichnen sind, soll wie in § 35 geregelt werden, auf dessen Begründung verwiesen wird.

Zum Zweiten Teil — Besondere Vorschriften

Der Zweite Teil enthält besondere Vorschriften, die an die bisherige und an die neue Rechtsform des Rechtsträgers anknüpfen.

Die einzelnen Abschnitte gehen von der bisherigen Rechtsform des formwechselnden Rechtsträgers aus. In jeweiligen Unterabschnitten wird, soweit dies erforderlich ist, danach unterschieden, welche Rechtsform der Rechtsträger durch den Formwechsel erlangen soll.

Innerhalb des Zweiten Teils ebenso wie innerhalb der einzelnen Abschnitte dieses Teils wird auch im Fünften Buch jeweils der Aufbau eingehalten, dem auch das Bilanzrichtlinien-Gesetz folgt: Es wird mit der einfacher strukturierten Unternehmensform der Personenhandelsgesellschaft (Erster Abschnitt) begonnen, die weniger strenge Regeln erfordert als der Formwechsel einer Kapitalgesellschaft (Zweiter Abschnitt). Für diese werden im Anschluß an Allgemeine Vorschriften (*Erster* Unterabschnitt) besondere Regelungen für den Formwechsel in eine Personen- oder Personenhandelsgesellschaft (*Zweiter* Unterabschnitt), in eine Kapitalgesellschaft anderer Rechtsform (*Dritter* Unterabschnitt) oder in eine eingetragene Genossenschaft (*Vierter* Unterabschnitt) getroffen. Die Vorschriften für Gesellschaften des bürgerlichen Rechts und für Personenhandelsgesellschaften einerseits sowie für Kapitalgesellschaften andererseits sollen in den jeweiligen Abschnitten und Unterabschnitten, soweit dies durchführbar ist, als gemeinsame Regelungen zusammengefaßt werden. An die Vorschriften über den Formwechsel einer Kapitalgesellschaft sollen sich weitere Vorschriften über den Formwechsel einer eingetragenen Genossenschaft (Dritter Abschnitt), eines rechtsfähigen Vereins (Vierter Abschnitt), eines Versicherungsvereins auf Gegenseitigkeit (Fünfter Abschnitt) und einer Körperschaft oder Anstalt des öffentlichen Rechts (Sechster Abschnitt) anschließen.

Zum Ersten Abschnitt — Formwechsel von Personenhandelsgesellschaften

Im Ersten Abschnitt sind alle zusätzlich erforderlichen Vorschriften für den Formwechsel einer Personenhandelsgesellschaft zusammengefaßt.

Wie die errichtende Umwandlung im geltenden Umwandlungsgesetz soll auch die neue Regelung nicht die Gesellschaft des bürgerlichen Rechts einbeziehen. Ein Bedürfnis hierfür ist wie bei der Verschmelzung, der Vermögensübertragung und den drei Arten der Spaltung auch hier nicht näher begründet, die Zweckmäßigkeit der Einbeziehung zum Teil nachdrücklich bestritten worden. Der Entwurf sieht wie bei der Verschmelzung bewußt davon ab, besondere Vorschriften für sogenannte Publikumsgesellschaften, die in der Regel die Form der GmbH & Co KG wählen, vorzuschlagen. Auf die einleitenden Bemerkungen zum Ersten Abschnitt des Zweiten Teils des Zweiten Buches wird verwiesen.

Zu § 214

(Vgl. §§ 40, 46 UmwG).

Absatz 1 konkretisiert § 190 in Anlehnung an das geltende Recht (vgl. § 40 Abs. 1, § 46 Satz 1 UmwG) dahin, daß als neue Rechtsform für eine bestehende Personenhandelsgesellschaft nach § 194 Abs. 1 Nr. 1 in dem Umwandlungsbeschluß nur die Rechtsform einer GmbH, einer AG, einer KGaA oder einer eingetragenen Genossenschaft bestimmt werden kann. Ein weitergehendes Bedürfnis ist nicht hervorgetreten.

Die Zulässigkeit der Rechtsformbestimmung in dem Umwandlungsbeschluß ist eine wesentliche Voraussetzung für den Eintritt der in § 202 Abs. 1 Nr. 1 bestimmten Rechtsfolge, d. h. der Erlangung der in der Gesellschafterversammlung beschlossenen Rechtsform. Diese Regelung soll andere Änderungen der Unternehmensform, die sich außerhalb des Umwandlungsgesetzes nach allgemeinen gesellschaftsrechtlichen Grundsätzen vollziehen, wie z. B. den Übergang von der offenen Handelsgesellschaft zur Kommanditgesellschaft und umgekehrt, nicht ausschließen (vgl. § 190 Abs. 2 und die Begründung zu dieser Vorschrift). Jedoch ist ein Beschluß der Gesellschafter, der eine in anderen Gesetzen vorgesehene oder zugelassene Änderung der Unternehmensform zum Gegenstand hat, kein Umwandlungsbeschluß im Sinne des Entwurfs, dessen Vorschriften über den zulässigen Inhalt eines Umwandlungsbeschlusses sich insoweit nicht auswirken.

Absatz 2 beschränkt die Möglichkeit des Formwechsels für aufgelöste Personenhandelsgesellschaften, deren Auflösung nicht insolvenzbedingt ist, in Anlehnung an das geltende Recht (vgl. § 40 Abs. 2, § 46 Satz 2 UmwG) und in Übereinstimmung mit § 39 auf Fallgestaltungen, in denen ohne den Formwechsel eine Abwicklung nach § 145 Abs. 1 HGB stattfinden würde. Absatz 2 verlangt jedoch abweichend vom geltenden Recht nicht, daß „eine Liquidation stattfindet" (vgl. § 40 Abs. 2 UmwG), d. h. eine Abwicklung stattgefunden hat, und daß nur noch die Verteilung des nach der Berichtigung der Verbindlichkeiten verbleibenden Vermögens an die Gesellschafter aussteht. Dies ist nicht erforderlich; denn die Gläubiger der formwechselnden Gesellschaft werden durch die Haftung des Rechtsträgers neuer Rechtsform und durch die fünfjährige Nachhaftung der Gesellschafter des formwechselnden Rechtsträgers (vgl. § 224) hinreichend geschützt. Deshalb soll der Formwechsel nur dann nicht möglich sein, wenn die Gesellschafter nach § 145 HGB eine andere Art der Auseinandersetzung als die Abwicklung oder als den Formwechsel selbst vereinbart haben. Diese Einschränkung ist erforderlich, weil bei der im Recht der Personenhandelsgesellschaften zulässigen anderen Art der Auseinandersetzung nicht sichergestellt werden kann, daß das Vermögen der aufgelösten Personenhandelsgesellschaft im Zeitpunkt des Umwandlungsbeschlusses noch vorhanden ist.

Ist eine Personenhandelsgesellschaft durch die Eröffnung des Insolvenzverfahrens über ihr Vermögen aufgelöst worden, so soll für die Zulässigkeit ihrer Umwandlung durch Formwechsel allein § 191 Abs. 3 gelten. Der Entwurf weicht insoweit entsprechend seiner allgemeinen Tendenz, Umwandlungsvorgänge nach Möglichkeit zu erleichtern, vom geltenden Recht ab. Für den Formwechsel soll es ausreichen, wenn das Insolvenzverfahren unter den Voraussetzungen des § 144 Abs. 1 HGB aufgehoben oder eingestellt worden ist, so daß die Fortsetzung der Gesellschaft beschlossen werden könnte. Dagegen erscheint es überflüssig, daß die Gesellschaft vor dem Formwechsel zunächst ihre Fortsetzung beschließen muß.

Zu § 215

Zur Begründung dieser Parallelvorschrift zu § 41 wird auf dessen Begründung verwiesen.

Zu § 216

(Vgl. § 369 Abs. 4, § 385d Abs. 2 Satz 2, § 385m Abs. 2 Satz 2, § 388 AktG, § 11 Nr. 2, § 19 Abs. 3, § 20 Satz 1, § 22 Abs. 2, § 23 Satz 1, § 24 Abs. 1 Satz 1 und Abs. 2 UmwG).

Die Vorschrift entspricht § 42, auf dessen Begründung verwiesen wird. Sie enthält für die Vorbereitung des Formwechsels Verfahrenselemente, die im geltenden Recht für andere Unternehmensformen teilweise ausdrücklich geregelt sind, teilweise aber auch schon aus den allgemeinen Vorschriften über die Einberufung der Versammlung der Anteilsinhaber folgen.

Die schriftliche Ankündigung des Formwechsels als Gegenstand der Beschlußfassung entspricht der für eingetragene Genossenschaften und für Versicherungsvereine auf Gegenseitigkeit ausdrücklich geregelten Übersendung der Tagesordnung (vgl. § 385d Abs. 2 Satz 2, § 385m Abs. 2 Satz 2 AktG) und wird als wesentlicher Bestandteil für die Vorbereitung der Versammlung, die den Umwandlungsbeschluß fassen soll, auch in anderen umwandlungsrechtlichen Vorschriften erwähnt.(vgl. §§ 11, 24 Abs. 2 UmwG). Da der Entwurf vorsieht, daß auch der Umwandlungsbeschluß einer Personenhandelsgesellschaft nur in einer Gesellschafterversammlung gefaßt werden kann (vgl. § 193 Abs. 1 Satz 2), erscheint die für andere Unternehmensformen selbstverständliche Ankündigung des Formwechsels zusammen mit der Einberufung dieser Versammlung auch hier geboten.

Für den Fall, daß der Gesellschaftsvertrag der formwechselnden Personenhandelsgesellschaft einen Formwechsel durch Mehrheitsbeschluß zuläßt (vgl. § 217 Abs. 1 Satz 2 und 3), muß den Gesellschaftern, die dabei überstimmt werden können, ein Abfindungsangebot nach den §§ 207 ff. gemacht werden. In Anlehnung an die Vorschriften des geltenden Rechts über die Umwandlung einer Kapitalgesellschaft unter gleichzeitiger Errichtung einer Personenhandelsgesellschaft oder einer Gesellschaft des bürgerlichen Rechts soll auch dieses Abfindungsangebot den von der Geschäftsführung ausgeschlossenen Gesellschaftern spätestens in dem Zeitpunkt zugehen, in dem sie die Einberufung der Gesellschafterversammlung erhalten (vgl. § 11 Nr. 2, § 19 Abs. 3, § 20 Satz 1, § 22 Abs. 2, § 23 Satz 1, § 24 Abs. 2 Nr. 2 Buchstabe b UmwG). Das Erfordernis der Übersendung des Abfindungsangebots bedeutet, daß es den Gesellschaftern schriftlich mitzuteilen ist.

Zu § 217

(Vgl. § 376 Abs. 3 Satz 2, § 392 AktG, § 42 Abs. 1 Satz 1, § 48 Abs. 1 Satz 1 UmwG).

Absatz 1 Satz 1 schließt in Übereinstimmung mit dem geltenden Recht Umwandlungen durch Mehrheitsbeschluß kraft Gesetzes aus, weil es nach dem allgemeinen Recht der Personenhandelsgesellschaften auch sonst kraft Gesetzes keine Mehrheitsbeschlüsse gibt. Nach *Satz 2 und 3* des Absatzes 1 soll es aber möglich sein, in dem Gesellschaftsvertrag der Personenhandelsgesellschaft eine Umwandlung durch Mehrheitsbeschluß für den Fall vorzusehen, daß eine Mehrheit von mindestens drei Vierteln der Stimmen der Gesellschafter erreicht wird. Dies erscheint unbedenklich, weil in dem Gesellschaftsvertrag einer Personenhandelsgesellschaft auch für andere wesentliche Entscheidungen wie die Auflösung der Gesellschaft oder die Änderung des Gesellschaftsvertrags Mehrheitsbeschlüsse zugelassen werden können. Außerdem wird durch das in dem Entwurf verankerte Prinzip der Kontinuität der Mitgliedschaft in dem Rechtsträger (vgl. § 194 Abs. 1 Nr. 3 und § 202 Abs. 1 Nr. 2) sichergestellt, daß alle Gesellschafter, die der Personenhandelsgesellschaft im Zeitpunkt des Formwechsels angehören, Gesellschafter der Kapitalgesellschaft oder Genossen werden. Andererseits kann aber jeder widersprechende Gesellschafter gegen eine angemessene Barabfindung aus dem Rechtsträger neuer Rechtsform ausscheiden (vgl. §§ 207 ff.). Die für den Mehrheitsbeschluß in *Satz 3* bestimmte Mindestgrenze entspricht den Mehrheitserfordernissen bei anderen Umwandlungsarten (vgl. § 43 Abs. 2 Satz 2). Sie ist notwendig, weil die Bedeutung des Vorgangs eine so qualifizierte Mehrheit erfordert.

Absatz 2 sieht für den mehrheitlich beschlossenen Formwechsel in Anlehnung an geltendes Recht (vgl. § 376 Abs. 3 Satz 2, § 392 AktG) vor, daß die dem Formwechsel zustimmenden Gesellschafter in der Niederschrift des Umwandlungsbeschlusses namentlich aufzuführen sind, damit bei einer Umwandlung durch Mehrheitsbeschluß diejenigen Gesellschafter als Gründer erfaßt werden, die für den Formwechsel gestimmt haben (vgl. § 219 Satz 2).

Soll die Personenhandelsgesellschaft die Rechtsform einer KGaA erlangen, ohne daß dem Rechtsträger ein neuer Gesellschafter beitritt, so muß wenigstens einer der bisherigen Gesellschafter (Komplementär oder Kommanditist) für die Verbindlichkeiten der Gesellschaft neuer Rechtsform persönlich unbeschränkt haften (vgl. § 218 Abs. 2). Da einem Gesellschafter die Übernahme dieser Haftung ohne sein Einverständnis nicht zugemutet werden kann, soll nach *Absatz 3* die Wirksamkeit des Umwandlungsbeschlusses auch dann von der Zustimmung dieses Gesellschafters abhängen, wenn der Formwechsel nach dem Gesellschaftsvertrag mehrheitlich beschlossen werden kann.

Ein ähnliches Zustimmungserfordernis soll nach dem Entwurf auch bei Verschmelzungen eingreifen (vgl. § 40 Abs. 2 Satz 2).

Zu § 218

(Vgl. § 362 Abs. 2 Satz 1, § 389 Abs. 2 Satz 1 AktG, § 41 Abs. 1 Satz 2 Nr. 1, § 42 Abs. 2 Satz 1, § 47 Abs. 1 Satz 2 Nr. 1, § 48 Abs. 2 UmwG).

Absatz 1 Satz 1 sieht in Anlehnung an das geltende Recht vor, daß in den Umwandlungsbeschluß einer Personenhandelsgesellschaft auch der Gesellschaftsvertrag, das Statut oder die Satzung des Rechtsträgers neuer Rechtsform aufzunehmen ist (vgl. § 42 Abs. 2 Satz 1, § 48 Abs. 2 UmwG). Die erheblichen strukturellen Unterschiede zwischen einer Personenhandelsgesellschaft einerseits und einer Kapitalgesellschaft und einer Genossenschaft andererseits machen diese Einbeziehung des Gesellschaftsvertrags, des Statuts oder der Satzung in den Umwandlungsbeschluß erforderlich.

Nach § 11 Abs. 2 Nr. 1 GenG, der über § 197 Satz 1 anzuwenden ist, müßte das Statut einer Genossenschaft von allen Genossen unterzeichnet sein. Dies würde aber in vielen Fällen, insbesondere bei einem großen Kreis von Gesellschaftern, die Umwandlung sehr erschweren. Deshalb wird in *Satz 2* des Absatzes 1 auf dieses Erfordernis verzichtet.

Absatz 2 Satz 1 verlangt für den Formwechsel in eine KGaA, daß die Gesellschaft neuer Rechtsform einen persönlich unbeschränkt haftenden Gesellschafter haben muß. Dabei kann es sich entsprechend der Kontinuität des Rechtsträgers bei der Mitgliedschaft um einen der formwechselnden Gesellschaft bereits angehörenden Gesellschafter handeln.

Über das geltende Recht hinaus soll jedoch wie schon bisher bei der formwechselnden Umwandlung einer GmbH oder einer AG in eine KGaA auch zugelassen werden, daß der Personenkreis der Anteilsinhaber im Rahmen des Formwechsels ausnahmsweise durch den Beitritt persönlich unbeschränkt haftender Gesellschafter erweitert wird (vgl. § 362 Abs. 2 Satz 1, § 389 Abs. 2 Satz 1 AktG). Die vorher beigetretenen persönlich haftenden Gesellschafter erlangen diese Rechtsstellung mit dem Wirksamwerden des Formwechsels. Von diesem Zeitpunkt an haften sie den Gläubigern der Gesellschaft auch für die bereits vor dem Formwechsel begründeten Verbindlichkeiten persönlich unbeschränkt. Anders als in § 391 Satz 4 und § 365 Satz 2 AktG bei der formwechselnden Umwandlung einer GmbH oder einer AG in eine KGaA soll dies in dem Entwurf jedoch nicht besonders geregelt werden, weil es sich schon aus § 278 Abs. 2 AktG in Verbindung mit § 161 Abs. 2, §§ 128, 130 HGB ergibt. In dem Entwurf soll von diesen Grundsätzen nicht abgewichen, sondern nur eine überflüssige Doppelregelung vermieden werden.

Absatz 3 konkretisiert § 194 Abs. 1 Nr. 3. Die Mitgliedschaft in der Genossenschaft setzt die Beteiligung mit mindestens einem Geschäftsanteil voraus. Jedoch kann zur Erhaltung der Kapitalgrundlage des Rechtsträgers auch eine gestaffelte Beteiligung mit mehreren Geschäftsanteilen vorgesehen werden, die nach dem Grundsatz der Gleichbehandlung das Verhältnis berücksichtigen muß, in dem die Anteilsinhaber bisher an der formwechselnden Gesellschaft beteiligt waren. Dieser Bezug soll dadurch hergestellt werden, daß die Geschäftsguthaben der einzelnen Genossen auf der Grundlage ihrer bisherigen Beteiligung an der formwechselnden Gesellschaft zu berechnen sind.

Zu § 219

(Vgl. § 362 Abs. 4 Satz 2, § 378 Abs. 1 zweiter Halbsatz, § 389 Abs. 4 Satz 2 AktG, § 41 Abs. 2 Satz 2 UmwG).

§ 219 bestimmt unter Ergänzung des § 197, wer als Gründer anzusehen und somit nach den aktienrechtlichen Gründungsvorschriften wie ein Gründer verantwortlich ist. Nach *Satz 1* sollen dies wie bisher die Gesellschafter der formwechselnden Gesellschaft sein (vgl. § 41 Abs. 2 Satz 2 UmwG). Soweit der Entwurf jedoch eine Mehrheitsentscheidung zuläßt, sollen wie schon bisher bei der formwechselnden Umwandlung einer GmbH in eine AG oder in eine KommanditAG nur die zustimmenden Gesellschafter sowie beitretende Komplementäre nach den Gründungsvorschriften verantwortlich sein (vgl. § 378 Abs. 1 zweiter Halbsatz, § 389 Abs. 4 Satz 2 AktG).

Zu 220

(Vgl. § 378 Abs. 2 bis 4, § 385d Abs. 4 Satz 1, § 385m Abs. 4 Satz 2, § 389 Abs. 4 Satz 3, § 392 AktG, § 43 Abs. 1 und 2, § 56d UmwG; Artikel 13 der Zweiten Richtlinie).

Absatz 1 bestimmt in Übereinstimmung mit dem geltenden Recht, daß der Nennbetrag des künftigen Stamm- oder Grundkapitals durch das Reinvermögen der formwechselnden Personenhandelsgesellschaft erreicht werden muß. Bisher findet sich eine solche Kapitalschutzvorschrift nur für die formwechselnde Umwandlung einer eingetragenen Genossenschaft in eine AG (vgl. § 385m Abs. 4 Satz 2 AktG) und eines Versicherungsvereins auf Gegenseitigkeit in eine AG (vgl. § 385d Abs. 4 Satz 1 AktG). Eine ausdrückliche Regelung ist aber auch für den Formwechsel einer Personenhandelsgesellschaft erforderlich, weil zum Schutze der Gläubiger die Deckung des Stamm- oder Grundkapitals der Gesellschaft neuer Rechtsform auch hier gesichert werden muß.

Nach *Absatz 2* soll der nach den aktienrechtlichen Gründungsvorschriften erforderliche Gründungsbericht wie bisher eine Darstellung des bisherigen Geschäftsverlaufs und der Lage der sich umwandelnden Gesellschaft enthalten (vgl. § 43 Abs. 1 UmwG). Entsprechendes soll in Anlehnung an die im Umwandlungsgesetz bisher nur in § 56d UmwG vorgesehene Regelung auch für den Sachgründungsbericht gelten, der nach den Vorschriften über die Gründung einer Gesellschaft mit beschränkter Haftung zu erstatten ist; denn bei der Umwandlung einer Personenhandelsgesellschaft hat ebensowenig wie beim Einzelkaufmann schon eine Kontrolle der Kapitalaufbringung stattgefunden.

Absatz 3 übernimmt in Satz 1 für den Formwechsel in eine AG oder in eine KommanditAG das geltende Recht (vgl. § 43 Abs. 2 UmwG). *Satz 2* des Absatzes 3 stellt in Übereinstimmung mit den Vorschriften über die formwechselnde Umwandlung einer GmbH in eine AG oder in eine KGaA klar, daß die in § 52 Abs. 1 AktG für Nachgründungen bestimmte Frist von zwei Jahren mit der Wirksamkeit des Formwechsels, d. h. mit der Eintragung der neuen Rechtsform oder des Rechtsträgers neuer Rechtsform beginnt (vgl. § 378 Abs. 4, § 389 Abs. 4 Satz 3 AktG).

Zu § 221

(Vgl. § 362 Abs. 2 Satz 5 und 6, § 389 Abs. 2 Satz 2 und 3 AktG).

Die Vorschrift schreibt für den nach § 218 Abs. 2 zulässigen Beitritt eines Gesellschafters, der für die Verbindlichkeiten einer künftigen KGaA persönlich unbeschränkt haften soll, die notarielle Beurkundung vor *(Satz 1)* und macht darüber hinaus die Wirksamkeit der künftigen Satzung dieser Gesellschaft vom Einverständnis des beitretenden Gesellschafters abhängig *(Satz 2)*. Beide Bestimmungen entsprechen der Regelung, die schon bisher für die formwechselnde Umwandlung einer GmbH oder einer AG in eine KGaA gilt.

Zu § 222

(Vgl. § 7 Abs. 1, § 78 GmbHG, § 36 Abs. 1 AktG, § 41 Abs. 2 Satz 1, § 43 Abs. 3 Satz 1, § 47 Abs. 2, § 49 Abs. 1 Satz 1 UmwG).

Die Vorschrift übernimmt in modifizierter Form aus dem nach § 197 Satz 1 anzuwendenden Gründungsrecht die Grundsätze, die für die Anmeldung neu gegründeter Kapitalgesellschaften und Genossenschaften gelten.

Nach *Absatz 1 Satz 1* ist die Anmeldung deshalb von den Mitgliedern des künftigen Vertretungsorgans und, wenn ein Aufsichtsrat zu bilden ist, auch von dessen Mitgliedern vorzunehmen. *Absatz 1 Satz 2* soll sicherstellen, daß die Genossenschaft und die Mitglieder ihres Vertretungsorgans gleichzeitig zur Eintragung in das Genossenschaftsregister angemeldet werden, damit sofort Klarheit über die Vertretungsverhältnisse herrscht.

Handelt es sich bei der Gesellschaft neuer Rechtsform um eine AG oder um eine KGaA, so sollen nach *Absatz 2* entsprechend dem Rechtsgedanken des § 36 Abs. 1 AktG auch diejenigen Gesellschafter an der Anmeldung mitzuwirken haben, die nach § 219 den Gründern der Gesellschaft gleichstehen (vgl. § 43 Abs. 3 Satz 1 UmwG).

Beim Formwechsel in eine GmbH soll jedoch abweichend vom geltenden Recht (vgl. § 49 Abs. 1 Satz 1 UmwG) keine entsprechende Mitwirkung der bisherigen Gesellschafter an der Anmeldung vorgesehen werden, weil die Anmeldung einer GmbH auch sonst allein Sache der Geschäftsführer ist (vgl. § 7 Abs. 1, § 78 GmbHG). Ein Bedürfnis, hiervon nur im Zusammenhang mit der Umwandlung einer Personenhandelsgesellschaft abzuweichen, ist nicht ersichtlich.

Die nach § 198 Abs. 2 Satz 3 vorgeschriebene Anmeldung der Umwandlung soll nach *Absatz 3* auch durch die zur Vertretung der Personenhandelsgesellschaft ermächtigten Gesellschafter vorgenommen werden können, weil diese Eintragung nur das Register betrifft, in welchem die formwechselnde Gesellschaft bislang eingetragen war, und sie keine konstitutive Wirkung für den Formwechsel hat.

Der weitere Inhalt der Anmeldung richtet sich gemäß § 197 Satz 1 nach dem jeweiligen Gründungsrecht.

Zu § 223

(Vgl. § 364 Satz 2, § 390 Satz 2, § 392 AktG, § 41 Abs. 2 Satz 1, § 43 Abs. 3 Satz 2 und Abs. 4, § 47 Abs. 2, § 49 Abs. 1 Satz 2 und 3 UmwG).

In Ergänzung der anzuwendenden Gründungsvorschriften und des § 199 soll der Katalog der Anlagen vervollständigt werden, die der Anmeldung der neuen Rechtsform oder des Rechtsträgers neuer Rechtsform beizufügen sind.

Die Regelung folgt aus der Zulassung des Beitritts persönlich haftender Gesellschafter und entspricht den für die formwechselnde Umwandlung einer GmbH oder einer AG in eine KGaA schon bisher geltenden Vorschriften (vgl. § 364 Satz 2, § 390 Satz 2 AktG).

Zu § 224

(Vgl. § 44 Abs. 1 Satz 2, §§ 45, 49 Abs. 2 Satz 2 und Abs. 4 UmwG).

Absatz 1 enthält eine Klarstellung, die im Hinblick auf das besondere Umwandlungskonzept des Entwurfs zweckmäßig erscheint. Nach bisher geltendem Recht könnte die Fortdauer der Haftung persönlich haftender Gesellschafter für die im Zeitpunkt der errichtenden Umwandlung bereits begründeten Verbindlichkeiten der formwechselnden Gesellschaft auch daraus abgeleitet werden, daß die Personenhandelsgesellschaft durch die Eintragung der Kapitalgesellschaft aufgelöst wird (vgl. § 44 Abs. 1 Satz 3, § 49 Abs. 2 Satz 3 UmwG); denn es entspricht allgemeinen gesellschaftsrechtlichen Grundsätzen, daß die Auflösung einer Personenhandelsgesellschaft nicht zum Erlöschen der persönlichen Haftung ihrer persönlich haftenden Gesellschafter führt. Der Entwurf geht jedoch von der Kontinuität des Rechtsträgers bei Mitgliedschaft und Vermögen aus. Deshalb ist davon abzusehen, mit der Änderung der Rechtsform auch eine Auflösung des Rechtsträgers bisheriger Rechtsform zu verbinden. Infolge dieser Gleichstellung mit den bisher im Aktiengesetz geregelten Fällen der formwechselnden Umwandlung könnten Unklarheiten darüber bestehen, wie sich der Formwechsel auf die Haftung der Gesellschafter auswirkt. Der Zweck des Formwechsels besteht auch gerade darin, die Haftung der Gesellschafter auf ihre Kapitalbeteiligung an der Gesellschaft neuer Rechtsform zu beschränken. Damit dieser Vorgang hinsichtlich der alten Verbindlichkeiten nicht als ein besonderer Enthaftungstatbestand erscheinen kann, enthält der Entwurf eine ausdrückliche Regelung, die im übrigen auch mit den Vorschriften über die Umwandlung einer KGaA in eine GmbH oder in eine AG übereinstimmt (vgl. § 368 Satz 3, § 387 Abs. 2 Satz 2 AktG).

Mit den *Absätzen 2 bis 5* soll für die Ansprüche gegen die Gesellschafter aus Verbindlichkeiten der formwechselnden Gesellschaft die Haftungsbegrenzungsregelung des geltenden Rechts übernommen werden (vgl. §§ 45, 49 Abs. 4 UmwG). Jedoch soll der Lauf der Frist nach Absatz 3 wie auch andere Fristen nach dem Entwurf (vgl. § 205 Abs. 2 und § 209 Satz 1) erst mit dem Tage beginnen, an dem die Eintragung der neuen Rechtsform oder des Unternehmens neuer Rechtsform in das Register nach § 201 Satz 2 als bekanntgemacht gilt, weil die Gläubiger erst durch diese Bekanntmachung unterrichtet werden.

Zu § 225

Diese Parallelvorschrift zu § 44, auf dessen Begründung verwiesen wird, ist auch für das Barabfindungsangebot zweckmäßig, weil sie geeignet ist, spätere Streitigkeiten zu vermeiden.

Zum Zweiten Abschnitt — Formwechsel von Kapitalgesellschaften

Der Zweite Abschnitt enthält alle zusätzlichen Voraussetzungen und Rechtsfolgen für den Formwechsel einer Kapitalgesellschaft. Weil die Möglichkeiten des Formwechsels vielfältiger sind als im Ersten Abschnitt, wird im Anschluß an die Allgemeinen Vorschriften (Erster Unterabschnitt) danach unterschieden, ob der Rechtsträger neuer Rechtsform eine Personengesellschaft (Zweiter Unterabschnitt), eine Kapitalgesellschaft anderer Rechtsform (Dritter Unterabschnitt) oder eine eingetragene Genossenschaft (Vierter Unterabschnitt) ist.

Der Entwurf folgt auch hier der Terminologie in § 1 Abs. 1 UmwG und in § 3 Abs. 1 Nr. 2 des Entwurfs: Danach sind Kapitalgesellschaften die Gesellschaft mit beschränkter Haftung, die Aktiengesellschaft und die Kommanditgesellschaft auf Aktien.

Zum Ersten Unterabschnitt — Allgemeine Vorschriften

Der Erste Unterabschnitt legt fest, welche Möglichkeiten eines Formwechsels Kapitalgesellschaften offenstehen. Er regelt zudem eine bei jedem Formwechsel einer Kommanditgesellschaft auf Aktien geltende allgemeine Ausnahme von den §§ 207 bis 212 für deren persönlich haftende Gesellschafter.

Zu § 226

(Vgl. § 362 Abs. 1, § 366 Abs. 1, § 369 Abs. 1, § 376 Abs. 1, § 386 Abs. 1, § 389 Abs. 1 AktG, § 1 Abs. 1, § 16 Satz 1, § 19 Abs. 1, § 20 Satz 1, § 21 Abs. 1, § 22 Abs. 1, § 23 Satz 1, § 24 Abs. 1 Satz 1 UmwG).

Die Vorschrift konkretisiert § 191. Sie soll allgemein festlegen, welche neue Rechtsform in dem Umwandlungsbeschluß einer Kapitalgesellschaft nach § 194 Abs. 1 Nr. 1 bestimmt werden kann. Die Möglichkeit der Rechtsformbestimmung entscheidet darüber, ob der Rechtsträger die in der Gesellschafterversammlung oder in der Hauptversammlung beschlossene neue Rechtsform nach § 202 Abs. 1 Nr. 1 erlangen kann.

Die Möglichkeit des Formwechsels in eine Personengesellschaft (Gesellschaft des bürgerlichen Rechts oder Personenhandelsgesellschaft — Zweiter Unterabschnitt) oder in eine Kapitalgesellschaft anderer Rechtsform (Dritter Unterabschnitt) entspricht, mit Abweichungen im einzelnen, dem geltenden Recht. Neu ist dagegen die Möglichkeit, den Formwechsel auch zur Umwandlung in eine eingetragene Genossenschaft beschließen zu können (Vierter Unterabschnitt). Mit ihr soll einem von den betroffenen Wirtschaftskreisen geltend gemachten Bedürfnis Rechnung getragen werden. Auf die Allgemeine Begründung (insbesondere unter III. 2. a) wird verwiesen.

Zu § 227

Der Entwurf sieht in Anlehnung an das geltende Recht (vgl. § 368 Satz 2, § 387 Abs. 2 Satz 1 AktG; vgl. ferner § 23 Satz 1 UmwG in Verbindung mit § 16 Satz 1, § 19 Abs. 1, § 20 Satz 1, § 21 Abs. 1, § 22 Abs. 1 UmwG) vor, daß die persönlich haftenden Gesellschafter einer formwechselnden KGaA beim Formwechsel in eine Personengesellschaft auf ihren Wunsch, beim Formwechsel in eine Kapitalgesellschaft anderer Rechtsform kraft Gesetzes aus dem Rechtsträger ausscheiden (vgl. § 236 in Verbindung mit § 233 Abs. 3 Satz 3 sowie § 247 Abs. 3, § 255 Abs. 3). Für sie sollen deshalb nach § 227 keine besonderen umwandlungsrechtlichen Abfindungsregeln, sondern wie schon nach geltendem Recht die allgemeinen Grundsätze gelten. Das bedeutet, daß ihnen im Regelfall gemäß § 278 Abs. 2 AktG in Verbindung mit § 161 Abs. 2 und § 105 Abs. 2 HGB ein Anspruch auf Abfindung in Höhe ihres Auseinandersetzungsguthabens nach Maßgabe der §§ 738 bis 740 BGB zustehen soll.

Zum Zweiten Unterabschnitt — Formwechsel in eine Personengesellschaft

Der Zweite Unterabschnitt enthält besondere Vorschriften für den Formwechsel einer Kapitalgesellschaft in die Rechtsform einer Personengesellschaft, insbesondere einer Personenhandelsgesellschaft. Damit sollen zusammen mit den Allgemeinen Vorschriften des Ersten Teils die Fälle erfaßt werden, die im geltenden Umwandlungsgesetz zusammen mit der verschmelzenden Umwandlung als errichtende und damit übertragende Umwandlung geregelt sind.

Abweichend vom Umwandlungskonzept des geltenden Rechts soll bei der Ausgestaltung der Voraussetzungen und der Rechtsfolgen des Formwechsels jedoch nicht mehr darauf abgestellt werden, daß die formwechselnde Gesellschaft durch den Umwandlungsvorgang zur Gesamthandsgemeinschaft wird und ihren Charakter als juristische Person verliert. Diese Besonderheit verlangt keine zusätzliche Regelung.

Für den Inhalt des Umwandlungsbeschlusses reicht auch hier die Bestimmung der neuen Rechtsform aus, während darauf verzichtet werden kann, ausdrücklich eine Beschlußfassung über das rechtliche Schicksal des Unternehmensvermögens zu verlangen. Auf die Begründung zu § 194 wird Bezug genommen.

Im übrigen soll nach dem Entwurf abweichend vom geltenden Recht keine Umwandlung durch Mehrheitsbeschluß mehr in dem Sinne möglich sein, daß nur die zustimmenden Anteilsinhaber Gesellschafter der Personengesellschaft werden, während alle anderen Gesellschafter oder Aktionäre kraft Gesetzes ausscheiden (vgl. § 19 Abs. 1, § 20 Satz 1, § 22 Abs. 1, § 24 Abs. 1 Satz 1 UmwG). Die damit verbundene Erschwerung des Formwechsels einer Kapitalgesellschaft in eine Personengesellschaft soll im Interesse einer möglichst weitgehenden Vereinheitlichung des Umwandlungsrechts hingenommen werden. Auf die Begründung zu § 202 Abs. 1 Nr. 2 wird Bezug genommen.

Ferner soll wie bei der Verschmelzung die nach geltendem Recht auch auf die errichtende Umwandlung anzuwendende Regelung in § 1 Abs. 2 Satz 1 UmwG entfallen, nach der die Umwandlung in eine Personengesellschaft unzulässig ist, wenn an ihr eine Kapitalgesellschaft zu beteiligen wäre. Die Umwandlung in eine Kapitalgesellschaft & Co soll also möglich sein. Auf § 39 und dessen Begründung wird verwiesen.

Zu § 228

(Vgl. § 21 Abs. 1, § 22 Abs. 1, § 23 Satz 1, § 24 Abs. 1 Satz 1 UmwG).

Die Vorschrift grenzt die Möglichkeiten des Formwechsels in eine Personenhandelsgesellschaft einerseits *(Absatz 1)* oder in eine Gesellschaft des bürgerlichen Rechts andererseits *(Absatz 2)* wie das geltende Recht voneinander ab. Entscheidend ist jeweils der Unternehmensgegenstand im Zeitpunkt des Formwechsels.

Absatz 2 betrifft den auch jetzt schon geregelten Fall, daß der Umwandlungsbeschluß unmittelbar auf die Überführung des Rechtsträgers in eine Gesellschaft des bürgerlichen Rechts abzielt. Darüber hinaus soll ein Formwechsel aber auch möglich sein, wenn nach dem Umwandlungsbeschluß zwar in erster Linie die Umwandlung in eine Personenhandelsgesellschaft gewollt, nach dem Gegenstand des Unternehmens aber nur der Formwechsel in eine Gesellschaft des bürgerlichen Rechts möglich ist. Dies kann im Einzelfall in tatsächlicher Hinsicht zweifelhaft sein. Deshalb soll im Umwandlungsbeschluß der Formwechsel in eine Gesellschaft des bürgerlichen Rechts auch hilfsweise für den Fall vorgesehen werden können, daß die in erster Linie beabsichtigte Umwandlung in eine Personenhandelsgesellschaft fehlschlägt.

Allerdings soll dies nicht für den umgekehrten Fall gelten, daß die Anteilsinhaber den Rechtsträger in eine Gesellschaft des bürgerlichen Rechts umwandeln wollen, der Unternehmensgegenstand aber nur den Formwechsel in eine Personenhandelsgesellschaft zuläßt. Personenhandelsgesellschaften bedürfen der Eintragung in das Handelsregister. Diese Registereintragung soll, soweit es sich um einen Formwechsel handelt, nach dem Entwurf konstitutiv wirken (vgl. §§ 198, 202). Die Gesellschaft des bürgerlichen Rechts kann als solche aber nicht in das Handelsregister eingetragen werden, weshalb die Rechtswirkungen des Formwechsels hier ausnahmsweise nur durch die Eintragung der Umwandlung in das Register, in dem der Rechtsträger bisher eingetragen war, ausgelöst werden können. Wenn ein Formwechsel in eine Gesellschaft des bürgerlichen Rechts fehlschlägt, soll deshalb ein neues Umwandlungsverfahren stattfinden, bei dem die neue Rechtsform der Personenhandelsgesellschaft oder die Personenhandelsgesellschaft als solche in das Handelsregister eingetragen wird.

Zu § 229

(Vgl. § 362 Abs. 3 Satz 1 bis 4, § 366 Abs. 3 Satz 1 bis 3, § 386 Abs. 2 Satz 1 bis 3, § 389 Abs. 3 Satz 1 bis 4 AktG, § 11 Nr. 1, § 19 Abs. 3, § 20 Satz 1, § 22 Abs. 2, § 23 Satz 1, § 24 Abs. 2 Nr. 2 Buchstabe a UmwG; vgl. ferner § 362 Abs. 3 Satz 4, § 366 Abs. 3 Satz 3, § 386 Abs. 2 Satz 3, § 389 Abs. 3 Satz 4, jeweils in Verbindung mit § 175 Abs. 2 AktG).

Die Vermögensaufstellung nach § 192 Abs. 2 ersetzt als Informationsgrundlage die Umwandlungsbilanz.

Da die Aufstellung Teil des Umwandlungsberichts ist, wird durch dessen Vorlage nach § 230 Abs. 2 die Unterrichtung der Aktionäre sichergestellt. Das für die errichtende Umwandlung bisher vorgeschriebene Verfahren einer schriftlichen Mitteilung oder öffentlichen Bekanntmachung der Umwandlungsbilanz (vgl. § 11 Nr. 1, § 24 Abs. 2 Nr. 2 Buchstabe a UmwG) soll nicht beibehalten werden. Vielmehr soll das Verfahren den entsprechenden verschmelzungsrechtlichen Regelungen (vgl. § 49 Abs. 2, § 63 Abs. 1 Nr. 2 und 3) angeglichen und damit auch für den Formwechsel vereinheitlicht und vereinfacht werden.

Für die Vermögensaufstellung einer formwechselnden KGaA enthält § 229 eine von § 192 Abs. 2 abweichende Sonderregelung, die es im geltenden Recht in ähnlicher Form schon für die formwechselnde Umwandlung einer KGaA in eine GmbH (vgl. § 386 Abs. 2 Satz 2 AktG) oder in eine AG (vgl. § 366 Abs. 3 Satz 2 AktG) gibt.

Für die Bestimmung des zulässigen Stichtags soll es in erster Linie darauf ankommen, von welchem Zeitpunkt an die Vermögensaufstellung als Bestandteil des Umwandlungsberichts in dem Geschäftsraum der formwechselnden Gesellschaft auszulegen ist. Die Bezugnahme des geltenden Rechts auf den späteren Zeitpunkt der Beschlußfassung über die Umwandlung (vgl. § 366 Abs. 3 Satz 2, § 386 Abs. 2 Satz 2 AktG) erscheint nicht sinnvoll, da die Aufstellung schon von der Einberufung der Hauptversammlung an in dem Geschäftsraum zur Einsicht ausliegen muß (vgl. § 366 Abs. 3 Satz 3 und § 386 Abs. 2 Satz 3 AktG, jeweils in Verbindung mit § 175 Abs. 2 Satz 1 AktG).

Zu § 230

(Vgl. § 24 Abs. 2 Nr. 1 UmwG).

In dieser Vorschrift sollen die für eine rechtzeitige Unterrichtung der Anteilsinhaber erforderlichen Maßnahmen geregelt und dabei dem für die Verschmelzung vorgesehenen Verfahren angepaßt werden (vgl. die §§ 47, 49 Abs. 1, § 63).

Durch *Absatz 1* wird das allgemeine Auskunfts- und Einsichtsrecht der Gesellschafter einer formwechselnden GmbH (vgl. § 51 a GmbHG) konkretisiert. Da der Formwechsel für sie wegen der Einschränkung ihrer Rechte ein besonders bedeutsamer Vorgang ist, sollen sie rechtzeitig auf die bevorstehende Beschlußfassung hingewiesen werden und durch die Übersendung des Umwandlungsberichts, der nach § 192 Abs. 1 Satz 2 auch einen Entwurf des Umwandlungsbeschlusses enthalten muß, die für ihre Zustimmung zu dem Formwechsel entscheidenden Informationen erhalten. Abweichend von § 24 Abs. 2 Nr. 1 UmwG soll es für die vorherige Information der Gesellschafter jedoch ausreichen, die für die Einberufung der Gesellschafterversammlung in § 51 Abs. 1 Satz 2 GmbHG bestimmte Frist von mindestens einer Woche einzuhalten. Dies entspricht der in § 47 für die Verschmelzung vorgesehenen Regelung, deren Gründe auch auf den Formwechsel zutreffen.

Absatz 2 enthält entsprechende Bestimmungen für die rechtzeitige Unterrichtung der Anteilsinhaber einer formwechselnden AG oder KGaA. Entsprechend dem Charakter der formwechselnden Gesellschaft soll bestimmt werden, daß der Umwandlungsbericht lediglich in dem Geschäftsraum ausgelegt zu werden braucht, auf Verlangen aber jedem Anteilsinhaber kostenlos eine Abschrift zu erteilen ist.

Zu § 231

(Vgl. § 11 Nr. 2, § 19 Abs. 3, § 20 Satz 1, § 22 Abs. 2, § 23 Satz 1, § 24 Abs. 2 Nr. 2 Buchstabe b UmwG).

Für die Unterrichtung der Anteilsinhaber über das Abfindungsangebot beläßt es der Entwurf bei der bisher schon geltenden Regelung, daß ihnen das Angebot entweder individuell oder durch eine öffentliche Bekanntmachung mitgeteilt werden muß. Mit dieser Regelung soll für alle Anteilsinhaber ein unmittelbarer Zugang zu dem Abfindungsangebot sicher gestellt werden, zumal dieses Angebot nur innerhalb einer bestimmten Frist nach Durchführung des Formwechsels angenommen werden kann (vgl. § 209). Eine Auslegung des Angebots im Geschäftsraum der formwechselnden Gesellschaft wäre, auch wenn eine kostenlose Abschrift angefordert werden könnte, in diesem Fall nicht ausreichend.

Zu § 232

(Vgl. § 362 Abs. 3 Satz 1, § 366 Abs. 3 Satz 1, § 386 Abs. 2 Satz 1, § 389 Abs. 3 Satz 1 AktG).

Die Vorschrift ist neu, beruht aber auf Regelungsansätzen des geltenden Rechts.

Daß der Umwandlungsbericht — und mit ihm die Vermögensaufstellung — in der Versammlung der Anteilsinhaber auszulegen ist *(Absatz 1)*, entspricht der für die Umwandlungsbilanz bei der formwechselnden Umwandlung einer GmbH oder einer AG in eine KGaA sowie beim Formwechsel einer KGaA in eine GmbH oder in eine AG schon bisher vorgeschriebenen „Vorlage" in der Gesellschafterversammlung der GmbH (vgl. § 389 Abs. 3 Satz 1 AktG) oder in der Hauptversammlung der AG oder KGaA (vgl. § 362 Abs. 3 Satz 1, § 366 Abs. 3 Satz 1, § 386 Abs. 2 Satz 1 AktG). Der Entwurf übernimmt diese Verfahrensregel für die Vermögensaufstellung als Bestandteil des Umwandlungsberichts. Damit wird das Umwandlungsverfahren zugleich an die Grundsätze angeglichen, die nach § 64 Abs. 1 Satz 1 und § 78 Satz 1 und 2 auch für die Verschmelzung unter Beteiligung von Aktiengesellschaften oder Kommanditgesellschaften auf Aktien gelten sollen. Die Interessenlage ist in allen Fällen gleich.

Die in *Absatz 2* dem Vertretungsorgan einer formwechselnden AG oder KGaA auferlegte Pflicht zur mündlichen Erläuterung des Umwandlungsbeschlusses dient ebenfalls der Angleichung des Umwandlungsverfahrens an die für die Verschmelzung vorgesehenen Verfahrensregeln (vgl. § 64 Abs. 1 Satz 2 und § 78 Satz 1 und 2).

Zu § 233

(Vgl. § 366 Abs. 1, § 386 Abs. 1 AktG, § 17 Abs. 1, § 19 Abs. 1 und 2, § 20 Satz 1, § 21 Abs. 2, § 22 Abs. 2, §§ 23, 24 Abs. 1 Satz 1 UmwG).

Der Formwechsel in eine Gesellschaft des bürgerlichen Rechts oder in eine offene Handelsgesellschaft soll nach *Absatz 1* nur mit der Zustimmung aller Anteilsinhaber der formwechselnden Gesellschaft möglich sein, weil sie mit der Wirksamkeit des Formwechsels zu Gesellschaftern werden, die nach den für die neue Rechtsform geltenden Vorschriften persönlich unbeschränkt für deren Verbindlichkeiten einzustehen haben (vgl. für die offene Handelsgesellschaft §§ 128, 130 HGB). Die Übernahme einer so weitgehenden Haftung kann den Anteilsinhabern aber nicht ohne ihre Zustimmung aufgezwungen werden. Andererseits soll die im geltenden Recht aus diesem Grund vorgesehene Möglichkeit, eine Umwandlung mehrheitlich in der Weise beschließen zu können, daß die nicht zustimmenden Anteilsinhaber automatisch aus dem Rechtsträger ausscheiden, wie schon mehrfach erwähnt, im Interesse einer Vereinheitlichung des Umwandlungsrechts und des Minderheitenschutzes nicht in den Entwurf übernommen werden. Insoweit wird auf die Begründungen zu § 202 Abs. 1 Nr. 2 und vor § 228 Bezug genommen.

Beim Formwechsel in eine Kommanditgesellschaft soll dagegen nach *Absatz 2* in Anlehnung an das geltende Recht und in Übereinstimmung mit den für die Verschmelzung geltenden Grundsätzen (vgl. § 50 Abs. 1, § 65 Abs. 1) eine Umwandlung durch Mehrheitsbeschluß für den Fall möglich sein, daß sie die Zustimmung der künftigen Komplementäre dieser Gesellschaft findet (*Satz 3* des Absatzes 2). Dies entspricht im Ergebnis der für die Verschmelzung unter Beteiligung von Personenhandelsgesellschaften in § 40 Abs. 2 vorgesehenen Regelung.

Absatz 3 Satz 1 verlangt für den besonderen Fall des Formwechsels einer KGaA darüber hinaus in Übereinstimmung mit dem geltenden Recht (vgl. § 366 Abs. 1, § 386 Abs. 1 AktG, § 23 Satz 2 UmwG) auch die Zustimmung der Komplementäre der formwechselnden Gesellschaft.

Durch die Zulassung einer Mehrheitsentscheidung in *Satz 2* des Absatzes 3 soll die im Aktiengesetz für die formwechselnde Umwandlung bisher nicht klar geregelte Frage entschieden werden, in welchem Ausmaß das gesetzliche Zustimmungserfordernis in der Satzung der formwechselnden Gesellschaft abbedungen werden kann.

Nach *Satz 3* des Absatzes 3 sollen die persönlich haftenden Gesellschafter einer formwechselnden KGaA im Zeitpunkt des Formwechsels aus der Gesellschaft ausscheiden können. Abweichend vom geltenden Recht (vgl. § 23 Satz 1 in Verbindung mit § 16 Satz 1 UmwG) soll diese Rechtsfolge aber nicht kraft Gesetzes eintreten, weil es für die Komplementäre sinnvoll sein kann, der Gesellschaft auch weiterhin anzugehören.

Zu § 234

(Vgl. § 17 Abs. 2, § 19 Abs. 3, §§ 20, 21 Abs. 2, § 22 Abs. 2, § 23 Satz 1, § 24 Abs. 1 Satz 1 UmwG).

Die Vorschrift ergänzt die allgemeinen Regeln über den Mindestinhalt eines Umwandlungsbeschlusses (vgl. § 194). Da der Gesellschaftsvertrag einer Gesellschaft des bürgerlichen Rechts oder einer Personenhandelsgesellschaft nicht formbedürftig ist, sieht der Entwurf wie das geltende Recht davon ab, eine Einbeziehung dieses Vertrags in den Umwandlungsbeschluß zu verlangen. Der Beschluß braucht nur einige besonders wichtige Angaben zu enthalten, die den neuen Gesellschaftsvertrag entscheidend prägen.

Dazu gehört vor allem der Sitz des Rechtsträgers neuer Rechtsform *(Nummer 1)*, weil sich danach das in § 198 Abs. 1 und 2 vorgesehene Verfahren der Anmeldung zur Eintragung in das Register richtet. Die Angabe nach *Nummer 2* ist für offene Handelsgesellschaften und für Kommanditgesellschaften von wesentlicher Bedeutung.

Zu § 235

(Vgl. § 4 Abs. 1 Satz 1, § 16 Satz 2, § 19 Abs. 3, § 20 Satz 1, § 21 Abs. 2, § 22 Abs. 2, § 23 Satz 1, § 24 Abs. 1 Satz 1 UmwG).

Nach *Absatz 1* soll für den Fall des Formwechsels in eine Gesellschaft des bürgerlichen Rechts abweichend von § 198 nicht die neue Rechtsform des Rechtsträgers, sondern dessen Umwandlung zur Eintragung in das Register angemeldet werden. Diese Anmeldung tritt an die Stelle der nach geltendem Recht vorgeschriebenen Anmeldung des Umwandlungsbeschlusses (vgl. § 4 Abs. 1 Satz 1, § 21 Abs. 2, § 22 Abs. 2 UmwG). Die in § 198 für die anderen Arten des Formwechsels vorgesehene Eintragung der neuen Rechtsform oder des Rechtsträgers neuer Rechtsform in das Register ist bei Gesellschaften des bürgerlichen Rechts nicht möglich, weil solche Gesellschaften nicht in das Handelsregister eingetragen werden können (vgl. §§ 33, 106 Abs. 1, § 161 Abs. 2 HGB).

Nach *Absatz 2* soll die jeweils erforderliche Anmeldung zur Eintragung in das Register wie bisher durch das jeweilige Vertretungsorgan der formwechselnden Kapitalgesellschaft vorgenommen werden. Damit soll vor allem für den Fall des Formwechsels in eine Personenhandelsgesellschaft vermieden werden, daß die Anmeldung von sämtlichen Gesellschaftern vorgenommen werden muß (vgl. § 108 Abs. 1, § 161 Abs. 2 HGB).

Zu § 236

(Vgl. § 23 Satz 1 in Verbindung mit § 16 Satz 1, § 19 Abs. 1, § 20 Satz 1, § 21 Abs. 1, § 22 Abs. 1 UmwG).

Nach dieser Vorschrift sollen die persönlich haftenden Gesellschafter einer formwechselnden KGaA im Zeitpunkt des Formwechsels aus der Gesellschaft ausscheiden können. Da es aber auch sinnvoll sein kann, daß sie der Gesellschaft weiterhin als Komplementäre angehören, sollen sie aus dem Rechtsträger nur ausscheiden, wenn sie nach § 233 Abs. 3 Satz 3 eine entsprechende Erklärung abgegeben haben.

Zu § 237

Die Vorschrift enthält eine dem § 224 vergleichbare notwendige Klarstellung zur Fortdauer der persönlichen Haftung solcher Komplementäre einer formwechselnden Kommanditgesellschaft auf Aktien, die durch den Formwechsel zu Kommanditisten werden, für die im Zeitpunkt des Formwechsels bereits begründeten Verbindlichkeiten der Gesellschaft. Für die Komplementäre einer KGaA gelten ähnliche Erwägungen wie für die Haftung der Gesellschafter einer formwechselnden Personenhandelsgesellschaft. Auf die Begründung zu § 224 wird verwiesen.

Zum Dritten Unterabschnitt — Formwechsel in eine Kapitalgesellschaft anderer Rechtsform

Der Dritte Unterabschnitt faßt in enger Anlehnung an das geltende Recht die besonderen Vorschriften zusammen, die bei der Überführung einer Kapitalgesellschaft in eine andere Form der Kapitalgesellschaft zu beachten sind.

Der Unterabschnitt betrifft die im geltenden Aktiengesetz in sechs verschiedenen Abschnitten als formwechselnde Umwandlung geregelten Fälle des Formwechsels

— einer Gesellschaft mit beschränkter Haftung in eine Aktiengesellschaft (vgl. §§ 376ff. AktG) oder in eine Kommanditgesellschaft auf Aktien (vgl. §§ 389ff. AktG),

— einer Aktiengesellschaft in eine Gesellschaft mit beschränkter Haftung (vgl. §§ 369ff. AktG) oder in eine Kommanditgesellschaft auf Aktien (vgl. §§ 362ff. AktG) und

— einer Kommanditgesellschaft auf Aktien in eine Gesellschaft mit beschränkter Haftung (vgl. §§ 386ff. AktG) oder in eine Aktiengesellschaft (vgl. §§ 366ff. AktG).

Zu § 238

(Vgl. § 362 Abs. 3 Satz 1 bis 3, § 366 Abs. 3 Satz 1 und 2, § 369 Abs. 4, § 376 Abs. 2 Satz 1, § 386 Abs. 2 Satz 1 und 2, § 389 Abs. 3 Satz 1 bis 3 AktG, § 11 Nr. 2, § 24 Abs. 2 Nr. 2 Buchstabe b UmwG; vgl. ferner § 362 Abs. 3 Satz 4, § 366 Abs. 3 Satz 3, § 386 Abs. 2 Satz 3, § 389 Abs. 3 Satz 4, jeweils in Verbindung mit § 175 Abs. 2 AktG).

Nach *Satz 1* sollen für die Ankündigung des Formwechsels als Gegenstand der Beschlußfassung, für die Unterrichtung der Anteilsinhaber über den Umwandlungsbericht und für die Mitteilung des Abfindungsangebots und dessen Auslage im Geschäftsraum der formwechselnden Gesellschaft wegen der übereinstimmenden Interessenlage dieselben Grundsätze gelten wie beim Formwechsel einer Kapitalgesellschaft in eine Personengesellschaft.

Dabei wird auch die Vermögensaufstellung nach § 192 Abs. 2 erfaßt, die an die Stelle der Umwandlungsbilanz des bisherigen Rechts getreten ist.

Das geltende Recht schreibt zwar die Vorlage einer Umwandlungsbilanz nur für den Formwechsel einer Kommanditgesellschaft auf Aktien in eine Kapitalgesellschaft anderer Rechtsform und für die Umwandlung einer GmbH oder einer AG in eine KGaA vor. Nach dem Entwurf soll das Erfordernis der Vorlage der Vermögensaufstellung dagegen auch für die beiden anderen Fallgestaltungen des Formwechsels einer GmbH in eine AG oder einer AG in eine GmbH gelten, weil das Informationsbedürfnis gleich ist.

Durch die Verweisung auf § 229 übernimmt der Entwurf für den Formwechsel einer KGaA in eine Kapitalgesellschaft anderer Rechtsform das bisher schon geltende Recht (vgl. § 366 Abs. 3 Satz 2, § 386 Abs. 2 Satz 2 AktG) in abgewandelter Ausgestaltung. Auf die Begründung zu § 229 wird verwiesen.

Satz 2 stellt klar, daß die allgemeinen Regeln über die Entbehrlichkeit eines Umwandlungsberichts durch die speziellen Vorschriften über die Übersendung (vgl. § 238 Abs. 1 Satz 1 in Verbindung mit § 230 Abs. 1) oder die Auslage (vgl. § 238 Abs. 1 Satz 1 in Verbindung mit § 230 Abs. 2 Satz 1) eines solchen Berichts nicht verdrängt werden sollen.

Zu § 239

(Vgl. § 362 Abs. 3 Satz 1, § 366 Abs. 3 Satz 1, § 386 Abs. 2 Satz 1, § 389 Abs. 3 Satz 1 AktG).

Soweit für den Formwechsel schon nach geltendem Recht eine Umwandlungsbilanz vorgeschrieben ist, verlangt das Gesetz deren „Vorlage" in der Gesellschafterversammlung oder in der Hauptversammlung, die über die Umwandlung beschließen soll. *Absatz 1* übernimmt diese Regelung für den Umwandlungsbericht und die Vermögensaufstellung nach § 192 Abs. 2. Dies entspricht, ebenso wie beim Formwechsel einer AG oder einer KGaA das weitere Erfordernis einer mündlichen Erläuterung des Umwandlungsbeschlusses zu Beginn der Verhandlung *(Absatz 2)*, den Grundsätzen, die nach dem Entwurf für den Formwechsel einer Kapitalgesellschaft in eine Personengesellschaft (vgl. § 232) und für Verschmelzungen unter Beteiligung von Aktiengesellschaften und Kommanditgesellschaften auf Aktien gelten sollen (vgl. § 64 Abs. 1, § 78 Satz 1 und 2).

Zu § 240

(Vgl. § 362 Abs. 2 Satz 2, 3, 5 und 6, § 366 Abs. 1, § 369 Abs. 2 und 3, § 376 Abs. 2 Satz 1, § 386 Abs. 1, § 392 AktG).

Nach *Absatz 1* soll ein Umwandlungsbeschluß ebenso wie der Beschluß über die Zustimmung zu einer Verschmelzung (vgl. § 50 Abs. 1, § 65 Abs. 1) mit denselben Mehrheiten beschlossen werden können wie eine Abänderung des Gesellschaftsvertrags (vgl. § 53 Abs. 2 GmbHG) oder eine Satzungsänderung (vgl. § 179 Abs. 2 und 3 AktG).

Dies entspricht für Umwandlungsbeschlüsse, aufgrund derer die formwechselnde Gesellschaft die Rechtsform einer AG oder einer KGaA erlangen soll, dem geltenden Recht.

Beim Formwechsel einer AG oder einer KGaA in eine GmbH sollen die strengeren Mehrheitserfordernisse des geltenden Rechts, nämlich die für Publikumsgesellschaften vorgesehene Zustimmung aller Aktionäre (vgl. § 369 Abs. 2, § 388 AktG) und die für Gesellschaften mit weniger als fünfzig Aktionären geltende Mehrheit von neun Zehnteln des Grundkapitals (vgl. § 369 Abs. 3, § 388 AktG) zugunsten einer einheitlichen Regelung aufgegeben werden. Die für diese strengen Voraussetzungen früher angeführten Gründe treffen heute nicht mehr zu. Auf die Begründung zu § 65 wird verwiesen.

Für den Formwechsel einer KGaA in eine AG soll wie nach geltendem Recht auch zugelassen werden, daß die für den Formwechsel erforderliche Mehrheit in der Satzung herabgesetzt wird.

Für den Fall, daß beim Formwechsel einer GmbH oder einer AG in eine KGaA die persönliche unbeschränkte Haftung in der Gesellschaft neuer Rechtsform durch einen der formwechselnden Gesellschaft bereits angehörenden Anteilsinhaber übernommen werden soll, macht *Absatz 2 Satz 1* den Formwechsel von der Zustimmung dieses Gesellschafters abhängig. Einem Komplementär ist die Haftung nicht ohne sein Einverständnis zuzumuten. Auf die Begründung zu der parallelen Regelung des § 217 Abs. 3 wird Bezug genommen.

Das für den Fall des Beitritts eines neuen persönlich haftenden Gesellschafters in *Satz 2* vorgesehene Beurkundungs- und Genehmigungserfordernis entspricht dem geltenden Recht (vgl. § 362 Abs. 2 Satz 5 und 6, § 389 Abs. 2 Satz 2 und 3 AktG).

Dasselbe gilt für das in *Absatz 3 Satz 1* vorgesehene Erfordernis, daß alle Komplementäre einer formwechselnden KGaA dem Formwechsel zustimmen müssen (vgl. § 366 Abs. 1, § 386 Abs. 1 AktG). Durch die Zulassung einer Mehrheitsentscheidung in *Satz 2* des Absatzes 3 soll die bisher nicht klar geregelte Frage entschieden werden, in welchem Ausmaß das gesetzliche Zustimmungserfordernis in der Satzung der formwechselnden Gesellschaft abbedungen werden kann (vgl. auch § 233 Abs. 3 Satz 2).

Zu den §§ 241 und 242

(Vgl. § 369 Abs. 6 Satz 3 und 5, § 376 Abs. 2 Satz 3 und Abs. 4, §§ 388, 392 AktG).

Mit den für besondere Fälle vorgesehenen Zustimmungserfordernissen übernimmt der Entwurf das geltende Recht.

Neu ist allein das aus § 241 *Abs. 2* folgende Zustimmungserfordernis. Die verschmelzungsrechtliche Regelung, auf die in dieser Vorschrift verwiesen wird, enthält einen allgemeinen Rechtsgedanken, der auch beim Formwechsel zu beachten ist.

Zu § 243

(Vgl. § 362 Abs. 2 Satz 1 und 4, § 366 Abs. 2, § 369 Abs. 5 und Abs. 6 Satz 1 und 2, § 376 Abs. 2 Satz 1 und Abs. 3 Satz 1, §§ 388, 389 Abs. 2 Satz 1, § 392 AktG).

Nach *Absatz 1 Satz 1* soll der Umwandlungsbeschluß den vollständigen Text des Gesellschaftsvertrags oder der Satzung der Gesellschaft neuer Rechtsform und nicht nur die für den Formwechsel unerläßlichen Änderungen gegenüber dem bisherigen Gesellschaftsvertrag oder der bisherigen Satzung enthalten. Durch den Umwandlungsbeschluß soll klar dokumentiert werden, in welcher Fassung der Gesellschaftsvertrag oder die Satzung vom Zeitpunkt des Formwechsels an gilt. Diese Abweichung vom geltenden Recht, das die Aufnahme bloßer Textänderungen in den Umwandlungsbeschluß zuläßt, ist im Interesse einer Vereinheitlichung des Umwandlungsverfahrens geboten und wird auch dadurch gerechtfertigt, daß der Formwechsel auch in diesen Fällen über eine bloße Satzungsänderung hinausgeht. Überdies entspricht dies dem an anderer Stelle zum Ausdruck gekommenen Willen des Gesetzgebers, daß dem Handelsregister stets der vollständige Wortlaut des Gesellschaftsvertrags oder der Satzung zur Verfügung stehen muß (vgl. § 54 Abs. 1 Satz 2 GmbHG, § 181 Abs. 1 Satz 2 AktG).

Die durch die Verweisung auf § 218 Abs. 2 zugelassene Erweiterung des Personenkreises der Anteilsinhaber durch den Beitritt persönlich haftender Gesellschafter, die der formwechselnden Gesellschaft nicht angehört haben, entspricht dem geltenden Recht (vgl. § 362 Abs. 2 Satz 1, § 389 Abs. 2 Satz 1 AktG). Auf die Begründung zu § 218 Abs. 2 wird Bezug genommen.

Satz 2 des Absatzes 1 stellt in Übereinstimmung mit den verschmelzungsrechtlichen Parallelregelungen (vgl. §§ 57, 74) klar, daß die Anwendung gründungsrechtlicher Vorschriften die formwechselnde Gesellschaft nicht von der Notwendigkeit entbindet, vorhandene Festsetzungen über Sondervorteile, Gründungsaufwand, Sacheinlagen und Sachübernahmen in den Gesellschaftsvertrag oder in die Satzung der Gesellschaft neuer Rechtsform zu übernehmen.

Absatz 2 betrifft die formale Behandlung von Kapitaländerungsmaßnahmen, die im Zusammenhang mit einem Formwechsel vorgenommen und zur Anpassung an die neue Rechtsform im Einzelfall auch erforderlich sein können. In Fällen dieser Art soll wie bisher eine förmliche Kapitalerhöhung oder Kapitalherabsetzung stattfinden, damit die insoweit einschlägigen Schutzvorschriften nicht umgangen werden können. Da aber die in § 197 Satz 1 angeordnete Anwendung des Gründungsrechts als Ermächtigung zu einer freien Neufestsetzung des Nennkapitals in dem Gesellschaftsvertrag oder in der Satzung des Rechtsträgers neuer Rechtsform aufgefaßt werden könnte, sieht der Entwurf vor, daß Vorschriften anderer Gesetze über die Änderung des Stamm- oder des Grundkapitals unberührt bleiben.

Die in *Absatz 3* zugelassene Abweichung des Nennbetrags der neuen Anteile vom Nennbetrag der bisherigen Anteile entspricht dem geltenden Recht und ist vor allem für die Festsetzung des Nennbetrags von GmbH-Geschäftsanteilen von Bedeutung (vgl. § 369 Abs. 6 Satz 1 und 2 AktG).

Zu § 244

(Vgl. § 376 Abs. 3 Satz 2, § 392 AktG).

Absatz 1 übernimmt aus dem geltenden Recht den Grundsatz, daß die dem Formwechsel zustimmenden Gesellschafter in der Niederschrift des Umwandlungsbeschlusses namentlich aufzuführen sind, wenn sie bei der Anwendung der aktienrechtlichen Gründungsvorschriften als Gründer gelten. Über das geltende Recht hinaus soll dies auch für den Fall des Formwechsels einer KGaA in eine AG gelten, weil auch insoweit eine Anwendung der Vorschriften über die Gründungsprüfung und die Gründerhaftung vorgesehen ist (vgl. § 245 Abs. 3 und die Begründung zu dieser Vorschrift).

Der Formwechsel einer AG in eine KGaA fällt nicht unter diese Regelung, obwohl auch in diesem Fall aktienrechtliche Gründungsvorschriften gelten. Die Ausnahme beruht auf dem Umstand, daß bei einem solchen Formwechsel nur die künftigen Komplementäre den Gründern der Gesellschaft gleichstehen (vgl. § 245 Abs. 2).

Auch der Formwechsel einer AG oder einer KGaA in eine GmbH wird, weil die strengen aktienrechtlichen Gründungsvorschriften insoweit keine Rolle spielen, von dem Erfordernis einer Auflistung der dem Formwechsel zustimmenden Anteilsinhaber ausgenommen.

Absatz 2 enthält eine Klarstellung, die geboten ist, weil der Entwurf den Formwechsel nicht mehr als Satzungsänderung behandelt, sondern grundsätzlich das Gründungsrecht für anwendbar erklärt.

Zu § 245

(Vgl. § 362 Abs. 4 Satz 2, §§ 378, 389 Abs. 4, § 392 AktG; Artikel 13 der Zweiten Richtlinie).

Die Vorschrift konkretisiert die in § 197 Satz 1 bestimmte Anwendung des Gründungsrechts. Sie betrifft vor allem den Fall, daß es sich bei dem Rechtsträger neuer Rechtsform um eine AG oder um eine KGaA handelt.

Ist der Rechtsträger neuer Rechtsform eine GmbH, so spielen die Gründungsvorschriften nur eine untergeordnete Rolle, weil in diesem Fall der formwechselnde Rechtsträger ohnehin schärferen Kapitalschutzvorschriften unterliegt als die Gesellschaft neuer Rechtsform. Deshalb soll nach *Absatz 4* auch ein Sachgründungsbericht (vgl. § 5 Abs. 4 GmbHG) entbehrlich sein. Insoweit besteht Übereinstimmung mit dem geltenden Recht, das den Formwechsel einer AG oder einer KGaA in eine GmbH wie eine Satzungsänderung behandelt (vgl. §§ 369ff., 386ff. AktG).

Für den Formwechsel in die komplexere Rechtsform der AG oder der KGaA *(Absätze 1 bis 3)* sollen die Vorschriften des Aktiengesetzes über die Erstattung eines Gründungsberichts, über die Gründungsprüfung und über die Verantwortlichkeit der Gründer wie bisher anzuwenden sein (vgl. § 362 Abs. 4, § 378 Abs. 1, § 389 Abs. 4 AktG).

Abweichend vom geltenden Recht erstreckt der Entwurf im Interesse einer Vereinheitlichung des Umwandlungsverfahrens das aktienrechtliche Gründungsrecht auch auf den Fall des Formwechsels einer KGaA in eine AG *(Absatz 3)*. Damit wird zugleich der gemeinschaftsrechtlichen Verpflichtung aus Artikel 13 der Zweiten gesellschaftsrechtlichen Richtlinie entsprochen, wonach für die Umwandlung einer

Gesellschaft anderer Rechtsform in eine AG dieselben Garantien gelten müssen wie im Fall der Gesellschaftsgründung.

In der Frage, wer beim Formwechsel den Gründern der Gesellschaft neuer Rechtsform gleichstehen soll, folgt der Entwurf dem geltenden Recht (vgl. § 362 Abs. 4 Satz 2, § 378 Abs. 1 zweiter Halbsatz, § 389 Abs. 4 Satz 2 AktG). Gleiches gilt für den Inhalt und die Prüfung des Gründungsberichts (vgl. § 378 Abs. 2 und 3, § 392 AktG).

Zu § 246

(Vgl. § 364 Satz 1, § 367 Satz 1, § 371 Abs. 1 Satz 1, § 379 Satz 1, §§ 388, 390 Satz 1 AktG).

Absatz 1 übernimmt die bisher schon geltende Regel, daß die formwechselnde Umwandlung durch das bisherige Vertretungsorgan der Kapitalgesellschaft zur Eintragung in das Register anzumelden ist. Da sich dies anders als nach geltendem Recht nicht schon aus einer entsprechenden Anwendung der Vorschriften über Abänderungen des Gesellschaftsvertrags oder über Satzungsänderungen ergibt, enthält der Entwurf dazu eine ausdrückliche Vorschrift.

Absatz 2 soll sicherstellen, daß gleichzeitig mit der Anmeldung der neuen Rechtsform oder des Rechtsträgers neuer Rechtsform auch das neue Vertretungsorgan zur Eintragung in das Handelsregister angemeldet wird. Die schon im geltenden Recht vorgesehene Gleichzeitigkeit der Anmeldung ist geboten, weil der Formwechsel mit der Eintragung der neuen Rechtsform oder des Rechtsträgers neuer Rechtsform wirksam werden und deshalb in diesem Zeitpunkt auch Klarheit über die neuen Vertretungsverhältnisse in der Kapitalgesellschaft bestehen soll.

Die Ausnahmen von der Anwendung gründungsrechtlicher Vorschriften in *Absatz 3* sollen der im Hinblick auf die Kontinuität des Nennkapitals (vgl. § 247 Abs. 1) beibehaltenen Möglichkeit eines Formwechsels bei Unterbilanz Rechnung tragen. Da der Entwurf den Formwechsel nicht als bloße Satzungsänderung behandelt, ist über das geltende Aktiengesetz hinaus eine Klarstellung geboten.

Zu § 247

(Vgl. § 368 Satz 2, § 372 Satz 2, § 381 Satz 2, § 387 Abs. 1 Satz 2 und Abs. 2 Satz 1, § 391 Satz 2 AktG; vgl. ferner § 365 Satz 2, § 391 Satz 4 AktG).

Absatz 1 bestimmt in Übereinstimmung mit dem geltenden Recht (vgl. § 372 Satz 2, § 381 Satz 2, § 387 Abs. 1 Satz 2, § 391 Satz 2 AktG), daß beim Wechsel von der Rechtsform der GmbH zu einer anderen Form der Kapitalgesellschaft oder umgekehrt das bisherige Stamm- zum Grundkapital oder das bisherige Grund- zum Stammkapital wird. Diese Ergänzung der in § 202 für den Formwechsel allgemein bestimmten Rechtsfolgen ist eine Konsequenz aus der rechtlichen Kontinuität und Identität des Rechtsträgers beim Übergang von der einen in eine andere Form der Kapitalgesellschaft. Das Nennkapital der Gesellschaft neuer Rechtsform wird beim Formwechsel nicht neu geschaffen, sondern im Gesellschaftsvertrag oder in der Satzung dieser Gesellschaft lediglich fortgeschrieben und im Zeitpunkt des Formwechsels kraft Gesetzes vom Stamm- zum Grundkapital oder vom Grund zum Stammkapital. Da das Gründungsrecht insoweit verdrängt wird, wird ein Formwechsel bei Unterbilanz wie bisher nicht ausgeschlossen. Wohl aber bedarf es zur Veränderung des Nennkapitals einer förmlichen Kapitalerhöhung oder Kapitalherabsetzung nach den jeweils einschlägigen Kapitalveränderungsvorschriften. Auf § 243 Abs. 2 und dessen Begründung wird Bezug genommen.

Absatz 2 betrifft den Fall des Formwechsels einer GmbH in eine Kapitalgesellschaft anderer Rechtsform. Wird ein solcher Formwechsel durchgeführt, um anschließend nach den aktienrechtlichen Vorschriften eine vereinfachte Kapitalherabsetzung vornehmen zu können, so stellt sich für eine noch auf den Zeitraum vor dem Formwechsel bezogene Jahresbilanz die Frage, ob ihr bereits der herabgesetzte Betrag des Gesellschaftskapitals rückwirkend zugrunde gelegt werden darf. Der Entwurf läßt die bilanzielle Rückwirkung zu, um Sanierungen, die mit einem Formwechsel angestrebt werden, zu erleichtern.

Absatz 3 übernimmt geltendes Recht (vgl. § 368 Satz 2, § 387 Abs. 2 Satz 1 AktG).

Für den Fall des Formwechsels einer GmbH oder einer AG in eine KGaA verzichtet der Entwurf auf den im geltenden Aktiengesetz enthaltenen Hinweis, daß die Komplementäre den Gesellschaftsgläubigern auch für die bereits bestehenden Verbindlichkeiten der Gesellschaft persönlich unbeschränkt haften (vgl. § 365 Satz 2, § 391 Satz 4 AktG). Eine besondere Regelung ist entbehrlich, weil sich diese Rechtsfolge schon aus § 278 Abs. 2 AktG in Verbindung mit § 161 Abs. 2, §§ 128, 130 HGB ergibt. Auf die Begründung zu § 218 Abs. 2 wird Bezug genommen.

Zu § 248

(Vgl. §§ 373, 382, 388, 392 AktG).

Die Vorschrift übernimmt geltendes Recht.

Zu § 249

(Vgl. § 368 Satz 3, §§ 374, 387 Abs. 2 Satz 2, § 388 AktG).

Nach § 204 gilt für den Formwechsel einer AG oder einer KGaA in eine GmbH der im geltenden Aktiengesetz schon bisher vorgesehene Gläubigerschutz durch Sicherheitsleistung (vgl. §§ 374, 388 AktG), weil den Gläubigern auch nach dem Formwechsel nur das Gesellschaftsvermögen haftet, die Gesellschaft neuer Rechtsform aber als GmbH von nun an weniger strengen Kapitalschutzvorschriften unterliegt als die formwechselnde AG oder KGaA.

§ 249 übernimmt für die ausscheidenden Komplementäre einer formwechselnden KGaA die Haftungsgrundsätze des geltenden Rechts (vgl. § 368 Satz 3, § 387 Abs. 2 Satz 2 AktG).

Zu § 250

(Vgl. § 368 Satz 2, § 387 Abs. 2 Satz 1 AktG; vgl. ferner §§ 375, 383, 385 i, 385 m Abs. 5, §§ 388, 392 AktG).

Die Allgemeinen Vorschriften des Ersten Teils über die Abfindung widersprechender Anteilsinhaber sollen nicht für Aktionäre gelten, deren Gesellschaft von der Rechtsform einer AG in eine KGaA oder von der Rechtsform einer KGaA in eine AG überführt wird. Insoweit sieht auch schon das geltende Recht für widersprechende Aktionäre weder ein Abandon- oder Preisgaberecht (vgl. §§ 383, 385 i, 385 m Abs. 5, § 392 AktG) noch einen Übernahme- und Abfindungsanspruch (vgl. §§ 375, 388 AktG) vor. Diese Ausnahme von den Vorschriften, die zum Schutze der Anteilsinhaber bei anderen Umwandlungsfällen gelten, ist gerechtfertigt, weil die Rechtsstellung des einzelnen Aktionärs beim Formwechsel einer AG in eine KGaA und umgekehrt im wesentlichen unverändert bleibt, so daß ihm auch bei einer Umwandlung durch Mehrheitsbeschluß zugemutet werden kann, in der Gesellschaft zu verbleiben oder seinen Anteil selbst zu veräußern.

Mit dieser Regelung wird zugleich in beiden Fällen das Entstehen eigener Aktien vermieden, wie dies auch für Verschmelzungen von Unternehmen dieser Rechtsformen miteinander vorgesehen ist (vgl. § 78 Satz 4).

Zum Vierten Unterabschnitt — Formwechsel in eine eingetragene Genossenschaft

Dieser Unterabschnitt enthält die für den Formwechsel einer Kapitalgesellschaft in eine eingetragene Genossenschaft zusätzlich erforderlichen Vorschriften. Sie regeln in erster Linie das von der Kapitalgesellschaft einzuhaltende Verfahren, das sich eng an die auch sonst für den Formwechsel einer Kapitalgesellschaft geltenden Verfahrensregeln anlehnt. Auf der besonderen Struktur der Genossenschaft beruhen dagegen vor allem diejenigen Vorschriften, die den Wechsel von der Kapitalbeteiligung der einzelnen Anteilsinhaber zur Mitgliedschaft bei der Genossenschaft betreffen.

Zu § 251

Die Vorschrift schreibt für die Vorbereitung der Versammlung der Anteilsinhaber sowie für deren Unterrichtung dasselbe Verfahren vor, das auch in den anderen Fällen des Formwechsels einer Kapitalgesellschaft eingehalten werden soll. Auf die Begründung zu den §§ 229 bis 231 und zu § 239 wird deshalb Bezug genommen.

Zu § 252

Die Vorschrift stellt für den Umwandlungsbeschluß unterschiedliche Mehrheitserfordernisse auf.

Sieht das Statut der Genossenschaft für den Fall, daß die Gläubiger des Rechtsträgers in der Insolvenz nicht befriedigt werden, eine summenmäßig beschränkte oder gar unbeschränkte Nachschußpflicht der Genossen vor, so soll der Formwechsel nur mit der Zustimmung aller Anteilsinhaber der formwechselnden Gesellschaft möglich sein *(Absatz 1)*; denn die Verpflichtung, Nachschüsse zur Insolvenzmasse zu leisten, kann den bisher nur mit ihrer Einlage beschränkt haftenden Anteilsinhabern nicht gegen ihren Willen aufgezwungen werden. Der Fall ähnelt insoweit der Umwandlung einer Kapitalgesellschaft in eine Gesellschaft des bürgerlichen Rechts oder in eine oHG (vgl. § 233 Abs. 1). Der Entwurf unterwirft deshalb den Umwandlungsbeschluß denselben strengen Anforderungen.

Dagegen soll ein Beschluß zur Umwandlung in eine Genossenschaft ohne Nachschußpflicht nach *Absatz 2* mit derselben Mehrheit gefaßt werden können, die nach dem Gesetz für eine Abänderung des Gesellschaftsvertrags (vgl. § 53 Abs. 2 GmbHG) oder eine Satzungsänderung (vgl. § 179 Abs. 2 und 3 AktG) ausreicht, wie dies auch für die anderen Arten der Umwandlung vorgesehen ist. Es gilt insoweit dasselbe wie beim Formwechsel einer Kapitalgesellschaft in eine Kommanditgesellschaft (vgl. § 233 Abs. 2 Satz 1 und 2) oder in eine Kapitalgesellschaft anderer Rechtsform (vgl. § 240 Abs. 1).

Daß die Komplementäre einer formwechselnden Kommanditgesellschaft auf Aktien dem Formwechsel zustimmen müssen *(Absatz 3)*, entspricht ebenfalls den auch sonst geltenden Grundsätzen. Auf § 240 Abs. 3 und dessen Begründung wird verwiesen. Die Zulassung einer Mehrheitsentscheidung entspricht § 240 Abs. 3 Satz 2.

Zu § 253

Nach *Absatz 1* soll das Statut der Genossenschaft (ebenso wie beim Formwechsel in eine Kapitalgesellschaft deren Gesellschaftsvertrag oder Satzung) Teil des Umwandlungsbeschlusses sein. Auf die Begründung zu den §§ 218 und 243 Abs. 1 Satz 1 wird verwiesen.

Absatz 2 entspricht § 218 Abs. 3, auf dessen Begründung verwiesen wird.

Zu § 254

Absatz 1 überläßt die Anmeldung der Genossenschaft und ihres Statuts abweichend vom Gründungsrecht (vgl. § 11 Abs. 1 GenG) dem Vertretungsorgan der formwechselnden Kapitalgesellschaft. Diese Erleichterung des Verfahrens entspricht dem auch sonst für den Formwechsel einer Kapitalgesellschaft vorgesehenen Verfahren (vgl. § 235 Abs. 2, § 246 Abs. 1).

Absatz 2 will sicherstellen, daß die Genossenschaft und die Mitglieder ihres Vertretungsorgans gleichzeitig zur Eintragung in das Genossenschaftsregister angemeldet werden, damit sofort Klarheit über die Vertretungsverhältnisse herrscht (vgl. § 246 Abs. 2).

Zu § 255

Absatz 1 konkretisiert § 202 Abs. 2 in Verbindung mit Absatz 1 Nr. 2. Durch den Formwechsel soll jeder GmbH-Gesellschafter, Aktionär oder Kommanditaktionär der formwechselnden Gesellschaft mindestens einen Geschäftsanteil erlangen. Die Beteiligung mit mehr als einem Geschäftsanteil setzt voraus, daß durch den Umwandlungsbeschluß und das Statut die nötigen Voraussetzungen dafür geschaffen worden sind. Bleibt der Betrag des Geschäftsanteils oder der Geschäftsanteile eines Genossen hinter dem Wert seiner bisherigen Beteiligung an der formwechselnden Gesellschaft und dem danach zu berechnenden Geschäftsguthaben zurück, so ist die Differenz nach § 256 Abs. 2 auszugleichen. Insoweit wird auf die Begründung zu dieser Vorschrift verwiesen.

In *Satz 3* des Absatzes 1 wird die allgemeine Regel des § 202 Abs. 1 Nr. 2 Satz 2 über den Fortbestand von Rechten Dritter an den Anteilen in Anlehnung an das geltende Recht (vgl. § 385p Abs. 1 Satz 3 AktG) dahingehend ergänzt, daß die Rechte nicht am Geschäftsanteil des Genossen, sondern an dessen übertragbarem Geschäftsguthaben weiterbestehen.

Nach § 197 Satz 2 soll der Formwechsel nicht an Vorschriften scheitern, die für die Gründung des Rechtsträgers neuer Rechtsform eine Mindestzahl der Gründer vorschreiben. Der Entwurf will damit aber nur den Umwandlungsvorgang als solchen erleichtern. Deshalb bleiben Vorschriften unberührt, die auch den Fortbestand des Rechtsträgers davon abhängig machen, daß eine bestimmte Mitgliederzahl erreicht wird. Um dies für Genossenschaften eindeutig klarzustellen, enthält *Absatz 2* des § 255 eine Verweisung auf die insoweit einschlägige Regelung des Genossenschaftsgesetzes. Dabei soll jedoch die nach praktischen Erfahrungen zu kurze Frist von sechs Monaten auf ein Jahr verlängert werden.

Für den Fall des Formwechsels einer Kommanditgesellschaft auf Aktien sieht *Absatz 3* in Anlehnung an das geltende Recht (vgl. § 368 Satz 2, § 387 Abs. 2 Satz 1 AktG) das Ausscheiden der persönlich haftenden Gesellschafter aus dem Rechtsträger vor. Da es in der Genossenschaft keine Anteilsinhaber gibt, die den Gläubigern gegenüber persönlich unbeschränkt haften und da der Formwechsel zum Verlust bisheriger Geschäftsführungs- und Vertretungsbefugnisse führt, gleicht die Umwandlungssituation den Verhältnissen beim Formwechsel einer KGaA in eine Kapitalgesellschaft anderer Rechtsform. Das rechtfertigt eine übereinstimmende Regelung beider Fallgruppen in diesem Punkt.

Zu § 256

Um sicherzustellen, daß die Anteilsinhaber durch den Wechsel von der Kapitalbeteiligung zur Mitgliedschaft keine Vermögenseinbuße erleiden, sieht *Absatz 1* vor, daß jedem Genossen der Wert seiner bisherigen Beteiligung an der formwechselnden Gesellschaft als Geschäftsguthaben gutzuschreiben ist.

Der Betrag, um den ein nach Absatz 1 ermitteltes Geschäftsguthaben den Geschäftsanteil oder die Geschäftsanteile eines Genossen übersteigt, soll diesem Genossen nach *Absatz 2* in Anlehnung an eine für die Verschmelzung von Genossenschaften schon jetzt geltende Regelung (vgl. § 93h Abs. 3 GenG) bar ausgezahlt werden. Es handelt sich um einen auf der besonderen Struktur der Genossenschaft beruhenden Zahlungsausgleich. Die nähere Ausgestaltung des Anspruchs folgt der für die Verschmelzung unter Beteiligung von eingetragenen Genossenschaften vorgesehenen Regelung (vgl. § 87 Abs. 2).

Zur Unterrichtung der Genossen sieht *Absatz 3* eine Mitteilungspflicht der Genossenschaft vor, die einer schon nach geltendem Recht bestehenden Mitteilungspflicht bei der Verschmelzung von Genossenschaften (vgl. § 93i Abs. 2 GenG) nachgebildet ist. Die Besonderheiten der Beteiligung bei einer Genossenschaft sowie die Möglichkeit, daß der Formwechsel zu Zahlungsansprüchen der Genossenschaft gegen die Genossen oder der Genossen gegen die Genossenschaft führt, machen eine solche zusätzliche Information erforderlich.

Zu § 257

Für den Gläubigerschutz sollen die gleichen Grundsätze gelten wie beim Formwechsel einer AG oder einer KGaA in eine GmbH. Beim Formwechsel einer Kapitalgesellschaft in eine Genossenschaft ergibt sich die Schutzwürdigkeit der Gläubiger allein schon daraus, daß Ausgleichszahlungen nach § 256 Abs. 2 die Haftungsmasse verringern. Im übrigen wird auf § 249 und dessen Begründung Bezug genommen.

Zum Dritten Abschnitt — Formwechsel eingetragener Genossenschaften

Im Dritten Abschnitt, der die für den Formwechsel einer eingetragenen Genossenschaft zusätzlich erforderlichen Vorschriften enthält, folgt der Entwurf weitgehend den Vorschriften des geltenden Rechts über die formwechselnde Umwandlung einer eingetragenen Genossenschaft in eine AG (vgl. §§ 385m bis 385q AktG). Ergänzungen des geltenden Rechts ergeben sich, abgesehen von dem für alle Umwandlungsarten vorgesehenen Gesamtkonzept des Entwurfs, vor allem aus der Zulassung des Formwechsels in eine GmbH oder in eine KGaA.

Zu § 258

(Vgl. § 385m Abs. 1 AktG).

Absatz 1 läßt über das geltende Recht hinaus den Formwechsel zur Umwandlung in jede Art von Kapitalgesellschaft zu. Die Umwandlungsmöglichkeiten sollen damit der für Personenhandelsgesellschaften im Ersten Abschnitt (vgl. §§ 214ff.) und für Kapitalgesellschaften im Dritten Unterabschnitt des Zweiten Abschnitts (vgl. §§ 226, 227, 238ff.) vorgesehenen Möglichkeit des Formwechsels in eine Kapitalgesellschaft angeglichen werden.

Die besondere Voraussetzung in *Absatz 2* entspricht dem für den Formwechsel einer Genossenschaft in eine AG bereits geltenden Recht. Die Regelung bezieht sich nur auf die Beteiligung künftiger GmbH-Gesellschafter und Aktionäre, weil die Komplementäre einer KGaA nicht am Grundkapital der Gesellschaft zu beteiligen sind.

Für GmbH-Gesellschafter soll dabei die auch sonst vorgesehene Grenze von 50 DM übernommen werden (vgl. § 243 Abs. 3 Satz 2, § 276 Abs. 1). Der Mindestbetrag für ein Teilrecht soll von fünf auf zehn Deutsche Mark heraufgesetzt werden, um der wirtschaftlichen Entwicklung Rechnung zu tragen.

Zu § 259

(Vgl. § 385m Abs. 3 Satz 1 AktG).

Nach dieser Vorschrift soll der Prüfungsverband, dem die formwechselnde Genossenschaft angehört, wie schon nach geltendem Recht in die Vorbereitung des Formwechsels einbezogen werden. Die Regelung entspricht im wesentlichen § 81.

Zu § 260

(Vgl. § 385m Abs. 2 Satz 2 und 3 AktG).

Absatz 1 übernimmt für den Zeitpunkt und den Inhalt der Ankündigung des Formwechsels die Grundsätze des geltenden Rechts.

In *Absatz 2* enthält der Entwurf für die Vorbereitung der Generalversammlung im Interesse einer möglichst einheitlichen Handhabung des Umwandlungsverfahrens dieselben Erfordernisse wie für den Formwechsel einer AG oder einer KGaA in einen Rechtsträger anderer Rechtsform. Allerdings soll den Genossen das Abfindungsangebot in jedem Fall schriftlich mitgeteilt werden, weil es bei diesem Typ von Anteilsinhabern nicht angemessen wäre, es lediglich zu veröffentlichen oder im Geschäftsraum der Genossenschaft auszulegen. In Absatz 2 wird deshalb nicht auf § 231 Satz 2 verwiesen.

Nach *Absatz 3* soll im Interesse einer umfassenden Unterrichtung der Genossen auch das Gutachten des an der Vorbereitung des Formwechsels zu beteiligenden Prüfungsverbandes in dem Geschäftsraum der Genossenschaft zur Einsicht ausgelegt werden. Das Recht auf kostenlose Erteilung einer Abschrift in *Satz 2* des Absatzes 3 entspricht dem Recht auf eine kostenlose Abschrift des Umwandlungsberichts (Absatz 2 in Verbindung mit § 230 Abs. 2 Satz 2).

Zu § 261

(Vgl. § 385m Abs. 3 Satz 2 und 3 AktG).

Nach *Absatz 1* sollen für die Unterrichtung der Genossen in der Generalversammlung oder der Vertreter in der Vertreterversammlung dieselben Grundsätze gelten wie für die Durchführung der Gesellschafterversammlung oder der Hauptversammlung einer formwechselnden Kapitalgesellschaft. Hinzu kommt die Pflicht zur Auslegung des nach § 259 erstatteten Prüfungsgutachtens.

Die in *Absatz 2* vorgesehene Berechtigung des Prüfungsverbandes zur Teilnahme an der Generalversammlung und die dort ebenfalls vorgeschriebene Verlesung des Prüfungsgutachtens entsprechen dem geltenden Recht.

Zu § 262

(Vgl. § 385m Abs. 2 Satz 4, 5 und 7 AktG).

Absatz 1 übernimmt für die Beschlußfassung der Generalversammlung die Mehrheitserfordernisse des geltenden Rechts und erstreckt sie auf die neu hinzugekommene Möglichkeit des Formwechsels in eine GmbH oder in eine KGaA.

Durch die Verweisung in *Absatz 2* wird sichergestellt, daß in einer künftigen KGaA kein Genosse der formwechselnden Genossenschaft ohne sein Einverständnis die Stellung eines persönlich haftenden Gesellschafters erhält. Für den Beitritt neu hinzukommender persönlich haftender Gesellschafter sollen im übrigen dieselben Formvorschriften gelten wie auch sonst beim Formwechsel eines Rechtsträgers in eine KGaA.

Zu § 263

(Vgl. § 385m Abs. 4 Satz 1 und 3, Abs. 5, § 385n Satz 1 AktG, § 385m Abs. 5 in Verbindung mit § 385d Abs. 5 und 6 AktG).

Nach *Absatz 1* soll der Umwandlungsbeschluß auch hier zumindest als Anlage den vollständigen Text des Gesellschaftsvertrags oder der Satzung der Gesellschaft neuer Rechtsform und nicht nur die für den Formwechsel unerläßlichen Änderungen gegenüber dem Statut der formwechselnden Genossenschaft enthalten. Für diese Abweichung vom geltenden Recht wird auf die Begründung zu § 243 Abs. 1 Satz 1 verwiesen.

Über das geltende Recht hinaus soll wie schon bisher bei der formwechselnden Umwandlung einer GmbH oder einer AG in eine KGaA auch zugelassen werden, daß der Personenkreis der Anteilsinhaber im Rahmen des Formwechsels ausnahmsweise durch den Beitritt persönlich unbeschränkt haftender Gesellschafter erweitert wird (vgl. § 362 Abs. 2 Satz 1, § 389 Abs. 2 Satz 1 AktG). Dies entspricht auch der für den Formwechsel einer Personenhandelsgesellschaft in eine Kapitalgesellschaft vorgeschlagenen Regelung. Auf § 218 Abs. 2 und dessen Begründung wird Bezug genommen.

Die Verweisung auf § 244 Abs. 2 macht die Unterzeichnung des Gesellschaftsvertrags einer GmbH durch die Gesellschafter entbehrlich. Die Klarstellung ist geboten, weil der Entwurf den Formwechsel nicht als bloße Satzungsänderung behandelt, sondern grundsätzlich das Gründungsrecht für anwendbar erklärt.

Die *Absätze 2 und 3* konkretisieren § 194 Abs. 1 Nr. 4. Die Regelung gilt nur für die Beteiligung künftiger GmbH-Gesellschafter oder Aktionäre, weil Komplementäre einer KGaA nicht am Nennkapital der Gesellschaft beteiligt werden. Der für die Umwandlung der Mitgliedschaft bei der Genossenschaft in eine Kapitalbeteiligung an dem Rechtsträger neuer Rechtsform vorgesehene Maßstab und die sonst für das Nennkapital vorgesehenen Grundsätze entsprechen dem geltenden Recht.

Zu § 264

(Vgl. § 385m Abs. 4 Satz 2 und Abs. 5).

Absatz 1 bestimmt in Übereinstimmung mit dem geltenden Recht, daß der Nennbetrag des künftigen Stamm- oder Grundkapitals der Gesellschaft neuer Rechtsform durch das Reinvermögen der formwechselnden Genossenschaft gedeckt sein muß. Zum Schutz der Gläubiger ist eine solche Vorschrift ebenso wie beim Formwechsel einer Personenhandelsgesellschaft in eine Kapitalgesellschaft (vgl. § 220 Abs. 1) erforderlich, weil der formwechselnde Rechtsträger in beiden Fällen anders als eine Kapitalgesellschaft kein gebundenes Nennkapital hat.

Wie beim Formwechsel in eine Kapitalgesellschaft in anderen Fällen sollen auch hier Vorschriften über die Gründungsprüfung anzuwenden sein. Im Unterschied zu sonstigen Umwandlungsfällen werden jedoch die Genossen der formwechselnden Genossenschaft in Übereinstimmung mit dem geltenden Recht auch dann nicht den Gründern der Gesellschaft gleichgestellt, wenn sie dem Formwechsel zugestimmt haben. Da den Genossen eine Verantwortung als Gründer nicht zuzumuten ist, werden sie durch *Absatz 2 und 3* von der Verpflichtung zur Erstattung eines Sachgründungsberichts oder eines Gründungsberichts freigestellt. Diese Regelung widerspricht nicht den Verpflichtungen aus Artikel 13 der Zweiten gesellschaftsrechtlichen Richtlinie, wonach für die Umwandlung einer Gesellschaft anderer Rechtsform in eine AG dieselben Garantien gelten sollen wie im Fall der Gesellschaftsgründung; denn Artikel 10 dieser Richtlinie schreibt keine Berichterstattung durch die Gründer, sondern nur einen Sachverständigenbericht vor.

Zu § 265

(Vgl. § 385o in Verbindung mit §§ 379, 380 AktG).

Satz 1 sieht für die Anmeldung der Kapitalgesellschaft in teilweiser Übereinstimmung mit dem geltenden Recht ein Verfahren vor, das den Grundsätzen beim Formwechsel einer Personenhandelsgesellschaft in eine Kapitalgesellschaft entspricht (vgl. § 222 Abs. 1 Satz 1 und Abs. 3). Anders als bisher soll dabei nicht mehr der Umwandlungsbeschluß zur Eintragung in das Genossenschaftsregister, sondern nur noch die Kapitalgesellschaft zur Eintragung in das Handelsregister anzumelden sein. Damit wird die zum geltenden Recht bestehende Unsicherheit beseitigt, welche der Registereintragungen für den Formwechsel konstitutiv ist. Die Eintragung der Umwandlung in das Genossenschaftsregister nach § 198 Abs. 2 Satz 3 soll von Amts wegen vorgenommen werden.

Die nach § 198 Abs. 2 Satz 3 vorgeschriebene Anmeldung der Umwandlung soll auch durch den Vorstand der formwechselnden Genossenschaft vorgenommen werden können; auf die Begründung zu § 222 Abs. 3 wird Bezug genommen.

Der weitere Inhalt der Anmeldung richtet sich gemäß § 197 Satz 1 nach dem jeweiligen Gründungsrecht.

Satz 2 vervollständigt in Ergänzung der anzuwendenden Gründungsvorschriften und des § 199 den Katalog der Anlagen, die der Anmeldung der Kapitalgesellschaft zur Eintragung in das Register beizufügen sind. Die Einreichung des Prüfungsgutachtens dient der ergänzenden Unterrichtung des Registergerichts und macht dieses Gutachten darüber hinaus dem Publikum allgemein zugänglich (vgl. § 9 Abs. 1 HGB).

Zu § 266

(Vgl. § 385p Abs. 1 Satz 2 und 3 AktG, § 385n Satz 2 in Verbindung mit § 385k AktG).

Absatz 1 konkretisiert § 202 Abs. 2 in Verbindung mit Absatz 1 Nr. 2.

Durch *Satz 1* wird klargestellt, daß an die Stelle der bisherigen Beteiligung bei der Genossenschaft nicht nur volle Geschäftsanteile oder Aktien, sondern nach Maßgabe des Umwandlungsbeschlusses (vgl. § 263 Abs. 2) auch Teilrechte treten. Die nähere Ausgestaltung dieser Teilrechte in *Absatz 2 und 3* entspricht dem geltenden Recht.

Dasselbe gilt für die in *Satz 2* des Absatzes 1 vorgeschlagene Ergänzung des § 202 Abs. 1 Nr. 2 Satz 2 (vgl. § 385p Abs. 1 Satz 3 AktG).

Zu § 267

(Vgl. § 385n Satz 2 in Verbindung mit § 385l Abs. 1 Satz 1 und 3, Abs. 2 Satz 2 AktG).

Die Pflicht zur Unterrichtung der an der Gesellschaft neuer Rechtsform beteiligten Anteilsinhaber über die Höhe ihrer Beteiligung entspricht dem für die formwechselnde Umwandlung in eine AG bereits geltenden Recht. Sie soll auch zugunsten der Gesellschafter einer aus dem Formwechsel hervorgehenden GmbH bestehen.

Zu § 268

(Vgl. § 385n Satz 2 in Verbindung mit § 385l Abs. 1 Satz 1 und 2, Abs. 2 und 3 AktG).

Das in dieser Vorschrift für die Aufforderung zur Abholung von Aktien und für die Veräußerung nicht abgeholter Aktien vorgesehene Verfahren entspricht ebenfalls dem bereits geltenden Recht und soll auch beim Formwechsel in eine Kommanditgesellschaft auf Aktien beachtet werden.

Zu § 269

(Vgl. § 385n Satz 2 in Verbindung mit § 385l Abs. 4 Satz 1 und 2 AktG).

Die Vorschrift übernimmt geltendes Recht und erstreckt es auf den neu hinzugekommenen Fall des Formwechsels in eine KGaA.

Zu § 270

(Vgl. § 385m Abs. 5 in Verbindung mit § 385i AktG).

Die Vorschrift erleichtert für widersprechende Genossen in Anlehnung an das geltende Recht die Voraussetzungen für einen Abfindungsanspruch. Abweichend vom geltenden Recht knüpft die Regelung jedoch nicht an das bisherige Abandon- oder Preisgaberecht des § 383 AktG an, weil diese Art des Minderheitenschutzes auch sonst aufgegeben werden soll. Auf die allgemeine Begründung zu den §§ 207 bis 212 wird Bezug genommen.

Zu § 271

(Vgl. § 385q AktG).

Die Vorschrift übernimmt zum Schutz der Gläubiger der formwechselnden Genossenschaft eine im geltenden Recht für die formwechselnde Umwandlung einer eingetragenen Genossenschaft in eine AG bereits bestehende Regelung. Abweichend vom geltenden Recht soll die Nachschußpflicht jedoch auf die Befriedigung von Altverbindlichkeiten beschränkt werden, damit eine ungerechtfertigte Besserstellung der Neugläubiger vermieden wird.

Zum Vierten Abschnitt — Formwechsel rechtsfähiger Vereine

Der Vierte Abschnitt ergänzt die allgemeinen Regeln durch besondere Vorschriften für den Formwechsel eines rechtsfähigen Vereins. Innerhalb dieses Abschnitts soll nach den Allgemeinen Vorschriften (Erster Unterabschnitt) wie schon beim Formwechsel von Kapitalgesellschaften danach unterschieden werden, ob sich der Verein in eine Kapitalgesellschaft (Zweiter Unterabschnitt) oder in eine eingetragene Genossenschaft (Dritter Unterabschnitt) umwandeln will.

Beide Möglichkeiten des Formwechsels sind neu. Mit ihnen soll einem bei wirtschaftlichen Vereinen in der Praxis hervorgetretenen Bedürfnis Rechnung getragen werden. Der Entwurf beschränkt die Regelung aber nicht auf Vereine, deren Rechtsfähigkeit auf staatlicher Verleihung beruht (vgl. § 22 BGB), sondern erstreckt sie auf andere rechtsfähige Vereine, die im Vereinsregister eingetragen sind (vgl. § 21 BGB). Die Unterscheidung zwischen echten Idealvereinen und solchen, deren Zweck auf einen wirtschaftlichen Geschäftsbetrieb gerichtet ist, kann im Einzelfall erhebliche Schwierigkeiten bereiten. Deshalb soll jedem Verein, sofern er rechtsfähig ist, der Formwechsel in eine Kapitalgesellschaft oder in eine eingetragene Genossenschaft ermöglicht werden. Dies entspricht den Regelungen im Zweiten und Dritten Buch des Entwurfs.

Um einem die Interessen der Mitglieder gefährdenden Mißbrauch vorzubeugen, verlangt der Entwurf für einen Formwechsel, der auf eine Änderung des Vereinszwecks im Sinne des § 33 Abs. 1 Satz 2 BGB hinausläuft, die Zustimmung aller Vereinsmitglieder (vgl. § 275 Abs. 1, § 284 Satz 1). Dagegen sollen Umwandlungen durch Mehrheitsbeschluß möglich sein, wenn ein schon vor dem Formwechsel verfolgter wirtschaftlicher Unternehmenszweck beibehalten wird oder wenn ein ideeller Vereinszweck künftig durch eine Kapitalgesellschaft verwirklicht werden soll (vgl. § 275 Abs. 2, § 284 Satz 2). Die Verwirklichung eines ideellen Verbandszweckes durch eine Kapitalgesellschaft ist möglich, weil eine solche Gesellschaft zu jedem gesetzlichen Zweck errichtet werden kann (vgl. § 1 GmbHG, § 3 AktG).

Zum Ersten Unterabschnitt — Allgemeine Vorschriften

Der Erste Unterabschnitt bestimmt, inwieweit rechtsfähigen Vereinen die Möglichkeit eines Formwechsels offensteht.

Zu § 272

(Vgl. § 62 UmwG; vgl. ferner § 385d Abs. 7 Satz 2 AktG).

Absatz 1 ermöglicht den Formwechsel in eine Kapitalgesellschaft oder in eine eingetragene Genossenschaft, weil insoweit ein praktisches Bedürfnis hervorgetreten ist. Dagegen sieht der Entwurf ebenso wie bei eingetragenen Genossenschaften, aber anders als beim Formwechsel von Kapitalgesellschaften keine Möglichkeit des Formwechsels in eine Personengesellschaft vor. Zwar wird die Möglichkeit eines solchen Formwechsels nicht schon durch die genossenschaftsrechtliche oder vereinsrechtliche Struktur eines Verbandes ausgeschlossen. Sie kann aber praktisch vernachlässigt werden.

Für die Möglichkeit des Formwechsels in eine Kapitalgesellschaft oder in eine eingetragene Genossenschaft soll es abweichend von der für die Umwandlung wirtschaftlicher Altvereine bisher geltenden Regelung des § 62 Satz 1 UmwG weder auf den Zeitpunkt ankommen, in dem der formwechselnde Verein die Rechtsfähigkeit erlangt hat, noch darauf, ob sein Vermögen in übertragbare Anteile zerlegt ist.

Die in *Absatz 2* enthaltene besondere Voraussetzung entspricht der für die Verschmelzung unter Beteiligung rechtsfähiger Vereine vorgeschlagenen Regelung (vgl. § 99).

Die Satzung eines Vereins kann Bestimmungen enthalten, die einer grundlegenden Veränderung der Verbandsstruktur ausdrücklich oder sinngemäß entgegenstehen. Solche Satzungen werden vor allem bei Vereinen vorkommen, deren Zweck nicht auf einen wirtschaftlichen Geschäftsbetrieb gerichtet ist oder die als wirtschaftlicher Verein gleichwohl einem gemeinnützigen Zweck dienen. Für eine Änderung solcher Bestimmungen können in der Satzung besondere Erfordernisse vorgesehen sein. Deshalb sollen derartige Satzungsbestimmungen zunächst geändert werden, bevor der Formwechsel möglich ist.

Da für die staatliche Verleihung der Rechtsfähigkeit an wirtschaftliche Vereine und für die Genehmigung von Satzungsänderungen solcher Vereine regelmäßig die Bundesländer zuständig sind, können einem Formwechsel im Einzelfall auch landesrechtliche Vorschriften des Vereinsrechts entgegenstehen. Wegen des Vorrangs des Bundesrechts (vgl. Artikel 31 GG) macht Absatz 2 den Formwechsel — wie § 99 Abs. 1 bei der Verschmelzung deshalb davon abhängig, daß er auch mit den jeweiligen landesrechtlichen Regelungen des Vereinsrechts im Einklang steht. — Branchenspezifische Aufsichtsmöglichkeiten und Hindernisse werden auch hier nicht berührt.

Zum Zweiten Unterabschnitt — Formwechsel in eine Kapitalgesellschaft

Der Unterabschnitt enthält die für den Formwechsel in eine Kapitalgesellschaft zusätzlich erforderlichen Vorschriften. Die Regelung folgt in den Grundzügen dem Gesamtkonzept des Entwurfs. Die Einzelheiten entsprechen darüber hinaus weitgehend dem Vorbild der für die formwechselnde Umwandlung eines Versicherungsvereins auf Gegenseitigkeit oder einer eingetragenen Genossenschaft in eine AG bereits geltenden aktienrechtlichen Regelung.

Zu § 273

(Vgl. § 62 Satz 1 UmwG; vgl. ferner § 385d Abs. 1 Satz 2 AktG).

Die Vorschrift regelt in Anlehnung an das für die formwechselnde Umwandlung eines Versicherungsvereins auf Gegenseitigkeit in eine AG bereits geltende Recht das zulässige Verhältnis von Mitgliederbestand und Nennkapital der Gesellschaft neuer Rechtsform. Sie soll wie § 258 Abs. 2 die Entstehung kleinster Teilrechte verhindern.

Zu § 274

(Vgl. § 62 Satz 1 UmwG; vgl. ferner § 385d Abs. 2 Satz 2 und 3 AktG).

Für die Unterrichtung der Vereinsmitglieder durch Ankündigung des Formwechsels, durch einen Umwandlungsbericht und durch die schriftliche Mitteilung des Abfindungsangebots sollen dieselben Grundsätze gelten wie beim Formwechsel einer eingetragenen Genossenschaft *(Absatz 1)*. Bei der Ankündigung des Formwechsels ist deshalb anders als beim Formwechsel einer Kapitalgesellschaft auch auf die Mehrheitserfordernisse und die Möglichkeit zum Widerspruch einschließlich der sich daraus ergebenden Rechte hinzuweisen. Außerdem soll die Übersendung des Abfindungsangebots wie bei formwechselnden Genossenschaften nicht durch eine Bekanntmachung im Bundesanzeiger oder in anderen Blättern ersetzt werden können, weil auch Vereinsmitglieder insoweit schutzbedürftiger sind als die Anteilseigner von Kapitalgesellschaften.

In der Mitgliederversammlung, die den Formwechsel beschließt, soll dasselbe Verfahren eingehalten werden wie beim Formwechsel von Kapitalgesellschaften und eingetragenen Genossenschaften *(Absatz 2)*.

Zu § 275

(Vgl. § 62 Satz 1 UmwG; vgl. ferner § 385d Abs. 2 Satz 5, § 385m Abs. 2 Satz 5 AktG).

Die Vorschrift unterscheidet nach dem Vorbild des für die Änderung von Vereinssatzungen geltenden Rechts (vgl. § 33 Abs. 1 BGB) zwischen Umwandlungen mit und ohne Änderung des Verbandszwecks.

Wird der Formwechsel nicht darauf beschränkt, den bisherigen Vereinszweck durch einen Rechtsträger anderer Rechtsform zu verwirklichen, sondern ergibt sich darüber hinaus aus dem neuen Gesellschaftsvertrag oder der neuen Satzung auch eine Änderung des Unternehmenszwecks, so verlangt *Absatz 1* für den Umwandlungsbeschluß die Zustimmung aller Vereinsmitglieder. Eine Änderung des Vereinszwecks gegen den Willen einzelner Mitglieder kann aus grundsätzlichen Erwägungen nicht hingenommen werden. Einstimmigkeit bei der Beschlußfassung ist vor allem auch dann geboten, wenn der künftige Unternehmensgegenstand im Betrieb eines Handelsgewerbes bestehen soll, der formwechselnde Rechtsträger jedoch ein Idealverein ist, dessen Zweck bisher noch nicht auf einen wirtschaftlichen Geschäftsbetrieb gerichtet war. Ohne eine Regelung wie § 275 Abs. 1 könnte die grundlegende Vorschrift des § 33 Abs. 1 Satz 2 BGB umgangen werden.

Dient der Formwechsel dagegen der Verwirklichung des bisherigen Vereinszwecks mit anderen Mitteln, so soll er nach *Absatz 2* auch mehrheitlich beschlossen werden können. Dabei muß mindestens die Mehrheit erreicht werden, die nach § 33 Abs. 1 Satz 1 BGB für eine Satzungsänderung und nach § 41 Satz 2 BGB für eine Auflösung des Vereins erforderlich wäre (vgl. auch § 103).

Hat sich schon vor der Beschlußfassung eine qualifizierte Minderheit der Vereinsmitglieder gegen den Formwechsel ausgesprochen, so soll die für den Umwandlungsbeschluß erforderliche Mehrheit in Anlehnung an eine für die formwechselnde Umwandlung von Genossenschaften und Versicherungsvereinen auf Gegenseitigkeit bereits geltende Regelung (vgl. § 385d Abs. 2 Satz 5, § 385m Abs. 2 Satz 5 AktG) mindestens neun Zehntel der erschienenen Mitglieder betragen.

Für den Formwechsel in eine Kommanditgesellschaft auf Aktien folgt *Absatz 3* der auch für andere Fälle des Formwechsels in eine KGaA vorgeschlagenen Regelung (vgl. § 217 Abs. 3, §§ 221, 240 Abs. 2, § 262 Abs. 2).

Zu § 276

(Vgl. § 62 Satz 1 UmwG; vgl. ferner § 385d Abs. 3, § 385e Abs. 2, § 385g Satz 1 AktG).

Absatz 1 sieht für die Einbeziehung des Gesellschaftsvertrags oder der Satzung der Gesellschaft neuer Rechtsform in den Umwandlungsbeschluß dieselben Grundsätze vor, die auch beim Formwechsel von Kapitalgesellschaften in Kapitalgesellschaften anderer Rechtsform gelten sollen. Ergänzt werden diese Regeln durch eine Verweisung auf das Genossenschaftsrecht, mit der Vorschriften übernommen werden sollen, die schon nach geltendem Recht für die formwechselnde Umwandlung einer eingetragenen Genossenschaft (vgl. § 385m Abs. 4 Satz 3 und Abs. 5 in Verbindung mit § 385d Abs. 5 und 6 AktG) und eines Versicherungsvereins auf Gegenseitigkeit (vgl. § 385d Abs. 4 Satz 5 und Abs. 5 und 6 AktG) in eine AG gelten.

Absatz 2 legt die Maßstäbe fest, die der Umwandlung der Vereinsmitgliedschaft in eine Beteiligung am künftigen Stammkapital oder Grundkapital des Rechtsträgers zugrunde gelegt werden können. Die Festlegung solcher besonderen Kriterien ist erforderlich, weil den Mitgliedern eines Vereins allein durch ihre Mitgliedschaft im allgemeinen keine Beteiligung am Vereinsvermögen vermittelt wird. Die Aufzählung der zulässigen Verteilungsmaßstäbe folgt dem Vorbild des Rechts, das für die formwechselnde Umwandlung eines Versicherungsvereins auf Gegenseitigkeit in eine AG gilt (vgl. § 385e Abs. 2 AktG).

Nummer 1 trägt der Tatsache Rechnung, daß es Vereine gibt, deren Vermögen in übertragbare Anteile zerlegt ist (vgl. § 62 Satz 1 UmwG). Bei der Umwandlung in Anteile anderer Art bieten sich Nennbetrag und Wert der alten Anteile als Maßstab an.

Nummer 2 entspricht § 385e Abs. 2 Satz 1 Nr. 2 AktG.

Nummer 3 greift den in § 385e Abs. 2 Satz 1 Nr. 1 AktG enthaltenen Rechtsgedanken auf, daß auch die mit einem Leistungsaustausch verbundenen vertraglichen Beziehungen zwischen Verein und Vereinsmitglied ein angemessener Maßstab für die Teilhabe am Unternehmensvermögen sein können.

In den *Nummern 4 bis 6* werden die Verteilungsmaßstäbe des § 385e Abs. 2 Satz 1 Nr. 4 bis 6 AktG übernommen. Die geringfügige redaktionelle Abweichung von § 385e Abs. 2 Satz 1 Nr. 4 AktG in *Nummer 4* trägt dem Umstand Rechnung, daß die Satzung eines rechtsfähigen Vereins keine Verteilung der erwirtschafteten Überschüsse vorzusehen braucht.

Die Erhöhung des Mindestbetrages für ein Teilrecht entspricht der wirtschaftlichen Entwicklung.

Zu § 277

(Vgl. § 62 Satz 1 UmwG; vgl. ferner § 385d Abs. 4 Satz 1, § 385g Satz 1 AktG).

Da auch rechtsfähige Vereine ebenso wie eingetragene Genossenschaften kein festes Nennkapital haben, sieht der Entwurf für den Kapitalschutz beim Formwechsel in eine Kapitalgesellschaft dieselben Vorkehrungen vor wie beim Formwechsel einer eingetragenen Genossenschaft. Ferner sollen die Vereinsmitglieder von der Pflicht zur Erstattung eines Sachgründungs- oder Gründungsberichts ebenso entbunden werden wie die Genossen einer formwechselnden Genossenschaft, weil auch den Vereinsmitgliedern die Verantwortlichkeit als Gründer und insbesondere die Gründerhaftung nach § 46 AktG nicht zugemutet werden kann.

Zu § 278

(Vgl. § 62 Satz 1 UmwG; vgl. ferner § 385o Satz 2 und 3 AktG).

Absatz 1 entspricht der beim Formwechsel einer eingetragenen Genossenschaft vorgeschlagenen Regelung. Auf die Begründung zu § 222 Abs. 1 und 3 wird verwiesen.

Absatz 2 enthält eine notwendige Ergänzung für wirtschaftliche Vereine, die zu Recht oder zu Unrecht nicht in das Handelsregister eingetragen sind (vgl. § 33 Abs. 1 HGB).

Zu § 279

(Vgl. § 62 Satz 1 UmwG; vgl. ferner § 385g Satz 2 AktG).

Die Vorschrift ergänzt das Verfahren der Bekanntmachung des Formwechsels durch eine Sonderregelung, die nach geltendem Recht bereits für den Formwechsel eines Versicherungsvereins auf Gegenseitigkeit in eine AG gilt.

Zu § 280

(Vgl. § 62 Satz 1 UmwG; vgl. ferner § 385h Satz 2, §§ 385 k, 385 n Satz 2, § 385p Abs. 1 Satz 2 AktG).

Die Vorschrift enthält zur Ergänzung des § 202 Abs. 1 Nr. 2 Satz 1 besondere Bestimmungen für die Umwandlung der vereinsrechtlichen Mitgliedschaft in eine Kapitalbeteiligung. Die Regelung folgt dem Vorbild des für die formwechselnde Umwandlung einer eingetragenen Genossenschaft oder eines Versicherungsvereins auf Gegenseitigkeit bereits geltenden Rechts. Auch beim Formwechsel eines rechtsfähigen Vereins soll eine Beteiligung der Anteilsinhaber durch Teilrechte zugelassen werden (vgl. §§ 266, 298), weil dafür auch bei dieser Rechtsform des formwechselnden Rechtsträgers ein Bedürfnis auftreten kann.

Zu § 281

(Vgl. § 62 Satz 1 UmwG; vgl. ferner §§ 385 l, 385 n Satz 2 AktG).

Nach dem Formwechsel sollen die Anteilsinhaber wegen der Ähnlichkeit der Interessenlage in gleicher Weise wie beim Formwechsel einer eingetragenen Genossenschaft oder eines Versicherungsvereins auf Gegenseitigkeit über ihre Beteiligung an der Gesellschaft neuer Rechtsform unterrichtet und beim Formwechsel in eine AG oder in eine KGaA zur Abholung der ihnen zustehenden Aktien aufgefordert werden (vgl. die §§ 267, 268 und 299). Dasselbe gilt für die Androhung der Veräußerung und die Veräußerung nicht abgeholter Aktien, für die Einschränkung der Beschlußfähigkeit einer AG oder KGaA und für die Ausnutzung einer Ermächtigung zu einer Erhöhung des Grundkapitals durch das Vertretungsorgan der Gesellschaft neuer Rechtsform.

Zu § 282

(Vgl. § 62 Satz 1 UmwG; vgl. ferner §§ 385 i, 385 m Abs. 5 AktG).

Auch für das Abfindungsangebot nach § 207 Abs. 1 sollen wegen der Ähnlichkeit der Interessenlage dieselben Grundsätze gelten wie beim Formwechsel einer eingetragenen Genossenschaft oder eines Versicherungsvereins auf Gegenseitigkeit (vgl. die §§ 270 und 300).

Zum Dritten Unterabschnitt — Formwechsel in eine eingetragene Genossenschaft

Der Unterabschnitt faßt die besonderen Vorschriften zusammen, die für den Formwechsel eines Vereins in eine eingetragene Genossenschaft gelten sollen. Das für die Vorbereitung und Durchführung der Mitgliederversammlung und für den Umwandlungsbeschluß vorgesehene Verfahren entspricht weitgehend den Verfahrensgrundsätzen, die im Zweiten Unterabschnitt für den Formwechsel eines rechtsfähigen Vereins in eine Kapitalgesellschaft vorgeschlagen werden. Dagegen sind die Vorschriften über den Inhalt des Umwandlungsbeschlusses und über die Wirkungen des Formwechsels durch genossenschaftsrechtliche Besonderheiten geprägt. Sie entsprechen deshalb weitgehend der Regelung, die im Vierten Unterabschnitt des Zweiten Abschnitts für den Formwechsel einer Kapitalgesellschaft in eine eingetragene Genossenschaft vorgeschlagen wird.

Zu § 283

Für die Vorbereitung der Mitgliederversammlung, die den Formwechsel beschließen soll, wird in *Absatz 1* auf dieselben Vorschriften verwiesen wie in § 274. Auf die Begründung zu dieser Vorschrift wird deshalb Bezug genommen.

In der Mitgliederversammlung sollen die Vereinsmitglieder ebenso umfassend unterrichtet werden wie beim Formwechsel in eine Kapitalgesellschaft *(Absatz 2)*. Auf die Begründung der parallelen Regelung in § 274 Abs. 2 wird verwiesen.

Zu § 284

Die Vorschrift unterscheidet zwischen Beschlüssen, die der Zustimmung aller Vereinsmitglieder bedürfen, und einem Formwechsel, der von einer qualifizierten Mehrheit beschlossen werden kann.

Das in *Satz 1* vorgesehene Erfordernis der Zustimmung aller Vereinsmitglieder folgt dem Vorbild der Regelung, die in § 252 Abs. 1 für den Formwechsel einer Kapitalgesellschaft in eine eingetragene Genossenschaft sowie in § 275 Abs. 1 für den Formwechsel eines rechtsfähigen Vereins in eine Kapitalgesellschaft vorgeschlagen wird. Vereinsmitgliedern kann gegen ihren Willen weder eine Zweckänderung im Sinne des § 33 Abs. 1 Satz 2 BGB noch die Begründung einer bisher nicht bestehenden Nachschußpflicht zugemutet werden.

Sieht der Umwandlungsbeschluß dagegen weder eine Änderung des Vereinszwecks noch eine Nachschußpflicht der Genossen vor, so sollen nach *Satz 2* dieselben Mehrheiten ausreichen, die in einem solchen Fall für den Formwechsel eines rechtsfähigen Vereins in eine Kapitalgesellschaft vorgesehen sind. Auf die Begründung zu § 275 Abs. 2 wird Bezug genommen.

Zu § 285

Der Inhalt des Umwandlungsbeschlusses muß die Besonderheiten der Rechtsform berücksichtigen, die mit dem Formwechsel angestrebt wird. *Absatz 1* verweist deshalb auf die Parallelregelung beim Formwechsel einer Kapitalgesellschaft in eine eingetragene Genossenschaft. Auf die Begründung zu § 253 wird Bezug genommen.

Die in *Absatz 2* enthaltene Sonderregelung geht zunächst wie § 253 Abs. 2 Satz 2 von dem im Genossenschaftsrecht anerkannten Grundsatz aus, daß eine Beteiligung mit mehreren Geschäftsanteilen zulässig ist. Sie trägt ferner den Schwierigkeiten Rechnung, die bei der Umwandlung einer vereinsrechtlichen Mitgliedschaft in eine genossenschaftliche Beteiligung zu überwinden sind. Dazu verweist die Vorschrift auf die Parallelregelung beim Formwechsel in eine Kapitalgesellschaft, weil die dort aufgezählten Kriterien auch als Maßstab für die Zuteilung von Geschäftsanteilen und die Bestimmung der Geschäftsguthaben tauglich sind. Auf die Begründung zu § 276 Abs. 2 wird verwiesen.

Zu § 286

Für die erforderliche Eintragung der Genossenschaft in das Genossenschaftsregister ist wie beim Formwechsel einer Kapitalgesellschaft in eine eingetragene Genossenschaft die Anmeldung durch das bisherige Vertretungsorgan, in diesem Fall also durch den Vorstand des formwechselnden Vereins vorgesehen. Auf die Begründung zu § 254 wird verwiesen.

Die weitere Verweisung auf § 278 Abs. 2 ermöglicht die vorherige Ankündigung des Formwechsels auch in solchen Fällen, in denen der wirtschaftliche Verein nicht nach § 33 HGB im Handelsregister eingetragen ist.

Zu § 287

Die Vorschrift entspricht der Parallelregelung in § 279, auf dessen Begründung verwiesen wird.

Zu § 288

Absatz 1 verdeutlicht § 202 Abs. 1 Nr. 2 für die Umwandlung der vereinsrechtlichen Mitgliedschaft in eine genossenschaftliche Beteiligung. Ausschlaggebend für die Höhe dieser Beteiligung ist der Umwandlungsbeschluß, der wie auch sonst beim Formwechsel in eine eingetragene Genossenschaft die Beteiligung eines Genossen mit mehreren Geschäftsanteilen vorsehen kann. Die Verweisung in *Satz 3* auf § 255 Abs. 1 Satz 3 betrifft formwechselnde Vereine, deren Vermögen in Anteile zerlegt ist, die übertragbar sind und an denen Rechte Dritter bestehen können.

Absatz 2 stimmt mit § 255 Abs. 2 überein, auf dessen Begründung verwiesen wird.

Zu § 289

Die Begrenzung des Geschäftsguthabens durch den Nennbetrag der Geschäftsanteile in *Absatz 1* entspricht den allgemeinen Grundsätzen des Genossenschaftsrechts. Von ihnen braucht beim Formwechsel eines rechtsfähigen Vereins nicht abgewichen zu werden, weil es anders als beim Formwechsel einer Kapitalgesellschaft nicht erforderlich ist, eine bereits vorhandene Beteiligung an einem Vermögen der Substanz nach zu erhalten. Sieht der Umwandlungsbeschluß eine Beteiligung der Genossen am gesamten Unternehmensvermögen vor, so müssen die Zahl und der Betrag der ihnen zugeteilten Geschäftsanteile entsprechend hoch festgesetzt werden. Eine geringere Beteiligung am Unternehmensvermögen soll aber ebenfalls zulässig sein, weil durch die Mitgliedschaft in einem rechtsfähigen Verein im allgemeinen keine wertmäßige Beteiligung am Vermögen dieses Vereins vermittelt wird. Bleibt die Summe aller Geschäftsguthaben der Genossen hinter dem Wert des Unternehmensvermögens zurück, so ist die Differenz den Rücklagen der Genossenschaft zuzuführen.

Im Anschluß an den Formwechsel sollen die Genossen über ihre Beteiligung bei der Genossenschaft nach *Absatz 2* in derselben Weise unterrichtet werden wie beim Formwechsel einer Kapitalgesellschaft in eine eingetragene Genossenschaft. Auf die Begründung zu § 256 Abs. 3 wird deshalb Bezug genommen.

Zu § 290

Die Voraussetzungen für den Abfindungsanspruch widersprechender Vereinsmitglieder sollen durch die Verweisung auf die genossenschaftsrechtliche Regelung des § 270 in derselben Weise aufgelockert werden wie beim Formwechsel eines rechtsfähigen Vereins in eine Kapitalgesellschaft. Auf die Begründung zu der Parallelvorschrift des § 282 wird verwiesen.

Zum Fünften Abschnitt — Formwechsel von Versicherungsvereinen auf Gegenseitigkeit

Der Abschnitt enthält die besonderen Vorschriften für den Formwechsel eines Versicherungsvereins auf Gegenseitigkeit. Die Regelung entspricht in den Einzelheiten weitgehend dem geltenden Recht.

Zu § 291

(Vgl. § 385d Abs. 1 AktG).

Absatz 1 ermöglicht den Formwechsel wie das geltende Recht nur für größere Versicherungsvereine und nur zur Umwandlung in eine Aktiengesellschaft. Die Beschränkung auf den Formwechsel in eine AG ist erforderlich, weil Versicherungsunternehmen zum Geschäftsbetrieb der Erlaubnis der Aufsichtsbehörde bedürfen, die nach § 7 Abs. 1 VAG nur Aktiengesellschaften, Versicherungsvereinen auf Gegenseitigkeit sowie Körperschaften und Anstalten des öffentlichen Rechts erteilt werden darf.

Die weitere Einschränkung in *Absatz 2* entspricht ebenfalls dem geltenden Recht und stimmt mit der für formwechselnde Genossenschaften und rechtsfähige Vereine vorgesehenen Regelung überein (vgl. § 258 Abs. 2, § 273).

Das Genehmigungserfordernis (vgl. § 385d Abs. 7 AktG) findet sich auch hier in dem neuen § 14a VAG.

Zu § 292

(Vgl. § 385d Abs. 2 Satz 2 und 3 AktG).

Für die Vorbereitung der Versammlung der obersten Vertretung soll nach *Absatz 1* grundsätzlich dasselbe Verfahren vorgesehen werden wie für die Vorbereitung der Hauptversammlung einer formwechselnden AG oder KGaA. Jedoch soll die schriftliche Mitteilung des Abfindungsangebots ebenso wie bei formwechselnden Genossenschaften und rechtsfähigen Vereinen nicht durch eine Bekanntmachung im Bundesanzeiger oder in anderen Blättern ersetzt werden können (vgl. § 260 Abs. 2 Satz 1, § 274 Abs. 1 Satz 1 und § 283 Abs. 1 Satz 1, jeweils in Verbindung mit § 231 Satz 1), weil sich die Mitglieder eines Versicherungsvereins insoweit in einer ähnlichen Lage befinden wie Genossen einer formwechselnden Genossenschaft oder Mitglieder eines formwechselnden rechtsfähigen Vereins.

Aus demselben Grund ist in Übereinstimmung mit dem geltenden Recht vorgesehen, daß bei der Einberufung der Versammlung der obersten Vertretung ebenso wie beim Formwechsel einer Genossenschaft oder eines rechtsfähigen Vereins auch auf die Mehrheitserfordernisse sowie auf die Möglichkeit der Erhebung eines Widerspruchs und die sich daraus ergebenden Rechte hingewiesen werden muß.

Die in *Absatz 2* vorgesehenen besonderen Informationspflichten bei der Durchführung der Versammlung der obersten Vertretung sind neu. Hier soll dasselbe Verfahren eingehalten werden wie beim Formwechsel von Kapitalgesellschaften, eingetragenen Genossenschaften und rechtsfähigen Vereinen, weil die geringen Einflußmöglichkeiten der Mitglieder ihre Stellung derjenigen von Aktionären und Genossen auch hier ähnlich erscheinen lassen.

Zu § 293

(Vgl. § 385d Abs. 2 Satz 4 bis 6 AktG).

Für den Umwandlungsbeschluß sieht der Entwurf dieselben Mehrheitserfordernisse vor wie das geltende Recht.

Zu § 294

(Vgl. § 385d Abs. 3, Abs. 4 Satz 3 bis 5, § 385e AktG).

Daß der Umwandlungsbeschluß die Satzung der Aktiengesellschaft enthalten muß *(Absatz 1 Satz 1)*, entspricht dem Konzept des Entwurfs. In Übereinstimmung mit dem geltenden Recht ist darüber hinaus vorgesehen, daß Mitglieder, die dem Versicherungsverein noch keine drei Jahre angehören, von der Beteiligung an der Aktiengesellschaft ausgeschlossen werden können (*Satz 2* des Absatzes 1).

Die in den *Absätzen 2 und 3* vorgesehenen Kriterien, nach denen die Höhe des Grundkapitals der Aktiengesellschaft festzusetzen und die Beteiligung der Mitglieder des Versicherungsvereins an diesem Grundkapital zu bestimmen ist, sind aus dem geltenden Recht übernommen.

Zu § 295

(Vgl. § 385d Abs. 4 Satz 1, § 385g Satz 1 AktG).

Für den Kapitalschutz sind in Übereinstimmung mit dem geltenden Recht dieselben Vorkehrungen vorgesehen wie bei formwechselnden Genossenschaften und rechtsfähigen Vereinen. Dabei werden die Mitglieder des Versicherungsvereins ebenso wie Genossen und Mitglieder anderer rechtsfähiger Vereine von der Verantwortlichkeit als Gründer freigestellt; die Gründe hierfür sind die gleichen.

Zu § 296

(Vgl. § 385g Satz 1 AktG).

Die Anmeldung der Aktiengesellschaft soll wie beim Formwechsel einer Kapitalgesellschaft anderer Rechtsform durch das Vertretungsorgan des formwechselnden Rechtsträgers vorgenommen werden; dies entspricht dem geltenden Recht.

Zu § 297

(Vgl. § 385g Satz 2 AktG).

Die Vorschrift übernimmt geltendes Recht und stimmt mit der für den Formwechsel eines rechtsfähigen Vereins in eine Kapitalgesellschaft vorgesehenen Regelung überein (vgl. § 279).

Zu § 298

(Vgl. § 385h Satz 2, § 385k AktG).

§ 298 enthält ergänzende Bestimmungen zur Umwandlung der vereinsrechtlichen Mitgliedschaft in eine Beteiligung am Grundkapital der Aktiengesellschaft. Sie entspricht dem geltenden Recht und stimmt mit den für den Formwechsel einer eingetragenen Genossenschaft oder eines rechtsfähigen Vereins in eine Kapitalgesellschaft vorgeschlagenen Vorschriften überein (vgl. die §§ 266, 280).

Zu § 299

(Vgl. § 385l AktG).

Die Vorschrift übernimmt geltendes Recht und stimmt mit einer Ausnahme mit den Parallelregelungen beim Formwechsel einer eingetragenen Genossenschaft und eines rechtsfähigen Vereins überein (vgl. §§ 267 bis 269, § 281). Die aus dem geltenden Recht übernommene Abweichung besteht darin, daß die Aufsichtsbehörde bei der entsprechenden Anwendung des § 269 Satz 1 Ausnahmen zulassen kann *(Absatz 2 Satz 2)*.

Zu § 300

(Vgl. § 385i AktG).

§ 300 erstreckt den Abfindungsanspruch widersprechender Mitglieder in derselben Weise wie beim Formwechsel einer eingetragenen Genossenschaft und eines rechtsfähigen Vereins (vgl. die §§ 270, 282, 290). Auf die Begründung zu § 270 wird Bezug genommen.

Zum Sechsten Abschnitt — Formwechsel von Körperschaften und Anstalten des öffentlichen Rechts

Da die in diesem Abschnitt behandelten Körperschaften und Anstalten auf einer öffentlich-rechtlichen Rechtsgrundlage beruhen, bilden sie auch beim Formwechsel einen Sonderfall. Der Entwurf übernimmt in modifizierter Form die wenigen Vorschriften des geltenden Rechts.

Zu § 301

(Vgl. § 385a Abs. 1 und 2 AktG; § 59 Abs. 1 und 2 UmwG).

Die Vorschrift enthält für die Möglichkeit des Formwechsels dieselben Voraussetzungen wie das geltende Recht. Allerdings wird auch der Formwechsel in eine Kommanditgesellschaft auf Aktien zugelassen.

Zu § 302

(Vgl. § 385a Abs. 3 und 4 AktG, § 59 Abs. 3 und 4 UmwG).

Die Vorschrift betont in Übereinstimmung mit dem geltenden Recht die besondere Bedeutung, die den jeweiligen öffentlich-rechtlichen Vorschriften für den Formwechsel zukommt.

Zu § 303

(Vgl. § 385a Abs. 4, § 385b AktG, § 59 Abs. 4 UmwG).

Die Vorschrift übernimmt für den Kapitalschutz die Grundsätze des geltenden Rechts. Sie entsprechen denen bei der Umwandlung einer Personenhandelsgesellschaft in eine Kapitalgesellschaft. Auf die Begründung zu § 220 wird Bezug genommen.

Das Zustimmungserfordernis in *Absatz 2* und die Regelung über den Beitritt persönlich haftender Gesellschafter sind eine Folge der Zulassung des Formwechsels in eine KommanditAG.

Zu § 304

(Vgl. § 385c AktG, § 59 Abs. 5 UmwG).

Die Vorschrift legt in Übereinstimmung mit dem geltenden Recht fest, daß die Wirkungen des Formwechsels auch beim Formwechsel einer Körperschaft oder Anstalt des öffentlichen Rechts mit der Eintragung der Kapitalgesellschaft in das Handelsregister eintreten. Die Körperschaft oder Anstalt unterliegt nur bis zu diesem Zeitpunkt den Vorschriften des öffentlichen Rechts. Ist sie erst einmal als Aktiengesellschaft in das Handelsregister eingetragen, sollen nur noch privatrechtliche Grundsätze anzuwenden sein. Auch Mängel des Formwechsels sollen an dieser Wirkung der Eintragung in das Register nichts ändern *(Satz 2)*.

Zum Sechsten Buch — Spruchverfahren

Nach dem Vorbild des § 352c AktG, des § 31a KapErhG und der §§ 30 bis 37 UmwG sollen im Sechsten Buch die Vorschriften für das Verfahren zusammengefaßt werden, in dem die Anteilsinhaber eines Rechtsträgers die ihnen möglichen Anträge auf Verbesserung des Umtauschverhältnisses (vgl. die §§ 15, 196) und auf Gewährung oder Verbesserung einer Barabfindung (vgl. die §§ 34, 176 bis 181, 184, 186, 196, 212) geltend machen können. Dieses Spruchverfahren bietet den Ausgleich dafür, daß im Interesse des Bestandes einer Umwandlung deren Anfechtung wegen nicht ausreichender Entschädigung der Anteilsinhaber oder wegen Nichtgewährung von Abfindungen ausgeschlossen ist. Die Regelung soll auf alle Arten der Umwandlung ausgedehnt werden, bei denen es zu einem Tausch der Anteile oder zu einem Wechsel der Mitgliedschaft kommen kann, weil die Interessenlage in allen Fällen gleich ist.

Zu § 305

(Vgl. § 352c Abs. 2 Satz 2 AktG, § 31a Abs. 2 Satz 2 KapErhG, § 32 Abs. 1 Satz 2 UmwG).

§ 305 regelt die Antragsfrist in den genannten Fällen nach den Vorbildern des geltenden Rechts.

Zu § 306

(Vgl. § 352c Abs. 2 Satz 3 AktG und § 31a Abs. 2 Satz 3 KapErhG, jeweils in Verbindung mit § 306 Abs. 1, § 132 Abs. 1 Satz 2 bis 4 AktG; § 30 UmwG).

Für die sachliche und örtliche Zuständigkeit des Gerichts soll die bewährte bisherige Regelung übernommen werden.

Zu § 307

(Vgl. § 352c Abs. 2 Satz 3 AktG und § 31a Abs. 2 Satz 3 KapErhG in Verbindung mit § 306 Abs. 2, § 99 Abs. 1, § 306 Abs. 3, 4 Satz 1, § 99 Abs. 3 Satz 1, § 306 Abs. 5 AktG; §§ 31, 32 Abs. 2, 3, § 34 Satz 1 UmwG).

In dieser Vorschrift sind die Verfahrensregeln des ersten Rechtszuges zusammengefaßt. Durch die Auflösung der Verweisungen sollen bestehende Unklarheiten beseitigt werden.

Absatz 2 ist neu. Er soll klarstellen, wer Verfahrensgegner der Anteilsinhaber ist. Im Falle der Spaltung sind alle übernehmenden oder neuen Rechtsträger Antragsgegner. Der Fall des Formwechsels in eine Gesellschaft des bürgerlichen Rechts muß besonders berücksichtigt werden.

Die Bekanntmachung ist nach *Absatz 3 Satz 1* in den Blättern des jeweils betroffenen Rechtsträgers zu veröffentlichen, weil dessen übrige Anteilsinhaber so am sichersten über ein anhängiges Spruchverfahren unterrichtet werden, dem sie sich nach *Satz 2* anschließen können.

Satz 4 des Absatzes 3 ist neu. Nach Meinungen im Schrifttum sollte es bisher möglich sein, eine neue Frist von zwei Monaten jeweils durch die Bekanntmachung eines neuen Antrags wieder in Gang zu setzen. Es muß jedoch sichergestellt werden, daß der Rechtsträger nach einer Umwandlung nicht ständig mit weiteren Anträgen überzogen werden kann.

Zu § 308

(Vgl. § 306 Abs. 4 Satz 2 bis 9 AktG, § 33 UmwG).

Die Vorschrift übernimmt in *Absatz 1 und 2* die für Umwandlungen im Konzern nach früherem Umwandlungsrecht geltende Regelung über den gemeinsamen Vertreter der Anteilsinhaber, die nicht selbst das Spruchverfahren eingeleitet haben. Damit soll allgemein bei der Umwandlung möglichst die Gleichbehandlung aller außenstehenden Anteilsinhaber erreicht werden.

Absatz 3 ist neu. Die Praxis der konzernrechtlichen Spruchverfahren hat gezeigt, daß Unternehmen dazu neigen könnten, Antragsteller auszukaufen, um dadurch der Stellung des gemeinsamen Vertreters den Boden zu entziehen und so das Verfahren zu beenden. Dies würde gegen den Grundsatz der Gleichbehandlung der Anteilsinhaber verstoßen. Deshalb soll der gemeinsame Vertreter das Verfahren zugunsten aller betroffenen Anteilsinhaber weiterführen können *(Satz 1)*. Durch *Satz 2* soll sichergestellt werden, daß in diesem Falle der gemeinsame Vertreter vollständig in die verfahrensrechtliche Stellung des Antragstellers einrücken kann. Dies hat vor allem dann Bedeutung, wenn die Antragsrücknahme durch den Antragsteller auf einem zwischen ihm und dem betroffenen Rechtsträger abgeschlossenen Vergleich beruht und der Verschmelzungsvertrag oder die ihm entsprechenden Willenserklärungen in den anderen Umwandlungsarten eine Erstreckung der in diesem Vergleich gewährten Begünstigungen auf die übrigen Anteilsinhaber bereits vorsieht oder der betroffene Rechtsträger sich in dem mit dem Antragsteller getroffenen Vergleich zu einer solchen Erstreckung einseitig verbindlich verpflichtet oder mit dem gemeinsamen Vertreter, der hierzu kraft seiner materiellrechtlichen Stellung (vgl. Absatz 1 Satz 2) befugt ist, einen entsprechenden Vergleich abschließt. In diesen Fällen wäre die Fortführung des Spruchverfahrens ein bloßer Formalismus. Die Regelung des Satzes 2 soll daher ermöglichen, daß der gemeinsame Vertreter auch seinerseits nach Antragsrücknahme durch den Antragsteller das Verfahren durch eine entsprechende Verfahrenshandlung beenden kann. Durch Absatz 3 wird daher auch mittelbar gewährleistet, daß die einem Antragsteller in einem Vergleich gewährten Vergünstigungen auch den übrigen Anteilsinhabern zugute kommen.

Zu § 309

(Vgl. § 352c Abs. 2 Satz 3 AktG, § 31a Abs. 2 Satz 3 KapErhG in Verbindung mit § 306 Abs. 2 und § 99 Abs. 3 Satz 2, 4 bis 9 AktG, § 34 Satz 2 bis 8 UmwG).

In § 309 ist entsprechend dem geltenden Recht das Verfahren vor dem Oberlandesgericht und gegebenenfalls vor dem Bundesgerichtshof geregelt.

Zu § 310

(Vgl. § 353c Abs. 2 Satz 3, 4 AktG, § 31a Abs. 2 Satz 3 KapErhG in Verbindung mit § 306 Abs. 6 AktG, § 37 UmwG).

Die Bekanntmachung der Entscheidung über die Angemessenheit der Abfindung soll entsprechend der bisherigen Regelung vorgesehen werden.

Zu § 311

(Vgl. § 306 Abs. 2 in Verbindung mit § 99 Abs. 5 AktG, § 35 UmwG).

Auch hier wird die frühere Regelung des Umwandlungsgesetzes übernommen und auf alle Fälle der Umwandlung ausgedehnt. Sie verfolgt ebenfalls die Gleichbehandlung der Anteilsinhaber.

Zu § 312

(Vgl. § 352c Abs. 2 Satz 3 AktG, § 31a Abs. 2 Satz 3 KapErhG in Verbindung mit § 306 Abs. 7 AktG, § 39 UmwG).

Auch diese Vorschrift übernimmt weitgehend geltendes Recht. Allerdings soll die bislang in Anlehnung an § 99 Abs. 6 Satz 7 und § 306 Abs. 7 Satz 7 AktG bestehende Regelung, derzufolge Kostenvorschüsse nicht erhoben werden, entsprechend der Anregung der gerichtlichen Praxis entfallen. Die bisherige Regelung hat sich nicht bewährt. Sie führt dazu, daß bei den vor allem wegen der notwendigen Sachverständigengutachten kostenintensiven Spruchverfahren einseitig die Staatskasse mit dem Risiko der Beitreibung der Kosten belastet wird; dieses Risiko ist um so größer zu bewerten, wenn die Kosten nicht die beteiligten Rechtsträger, die im Regelfall alleinige Kostenschuldner sind (vgl. *Absatz 4 Satz 1)*, zu tragen haben, sondern sie aus Billigkeit anderen Beteiligten, insbesondere den antragstellenden Anteilsinhabern, auferlegt werden (vgl. *Absatz 4 Satz 2)*. Es erscheint daher sachgerecht, die bisherige starre Regelung zugunsten der flexibleren Bestimmungen des allgemeinen Kostenrechts (vgl. § 8 KostO) aufzugeben, um dem Gericht so zu ermöglichen, im Einzelfall entscheiden zu können, ob ein Kostenvorschuß erhoben werden soll. Aus denselben Gründen sollen auch die parallelen Bestimmungen in § 99 Abs. 6 Satz 7 und § 306 Abs. 7 Satz 7 AktG entfallen (vgl. Artikel 6 Nrn. 2 und 8).

Zum Siebenten Buch — Strafvorschriften und Zwangsgelder

Nach dem Vorbild des Aktiengesetzes (vgl. Dritter Teil, §§ 399ff. AktG) sollen im Siebenten Buch die Sanktionsvorschriften für Verstöße gegen Pflichten, die sich aus dem Umwandlungsrecht ergeben, zusammengefaßt werden. Dabei lehnt sich der Entwurf auch sachlich an die geltenden Regelungen an und erstreckt sie, soweit nötig und zweckmäßig, auf die Fälle, die durch die Neuregelung des Umwandlungsrechts in Zukunft möglich sein werden.

Zu § 313

(Vgl. § 400 Abs. 1 AktG, § 82 GmbHG, § 147 GenG, § 143 VAG).

In § 313 werden falsche Angaben unter Strafe gestellt, die bei einer Umwandlung gemacht werden, weil diese Angaben unmittelbar oder mittelbar Einfluß auf die Entscheidung der Anteilsinhaber, also auf den Beschluß über die Verschmelzung, Spaltung, Vermögensübertragung oder über den Formwechsel haben und auf diese Weise zu einer Schädigung der Anteilsinhaber führen können. Zwar haben die Anteilsinhaber bei einem solchen Verhalten auch Schadenersatzansprüche. Die Höhe eines Schadens ist jedoch bei Umwandlungen häufig nur sehr schwer festzustellen, die tatsächlichen Grundlagen des Anspruchs kaum von Privatleuten zu ermitteln. Deshalb soll nach dem Vorbild des geltenden Rechts die Lage bei einer Umwandlung durch eine Strafvorschrift erfaßt werden. Diese trägt den Besonderheiten Rechnung, die sich aus den Erfordernissen einer Umwandlung ergeben.

§ 313 *Abs. 1* erfaßt alle zur Vertretung berechtigten Personen ohne Rücksicht auf die Rechtsform des Unternehmens. Dies gilt auch für die Mitglieder eines etwa vorhandenen Aufsichtsrats. Wie im geltenden Recht müssen auch Abwickler (Liquidatoren) erwähnt werden, weil auch aufgelöste Unternehmen unter bestimmten Voraussetzungen an einer Umwandlung beteiligt sein können und diese alsdann durch ihre Abwickler vertreten werden.

Zu Absatz 1

Zu Nummer 1

Nummer 1 des Absatzes 1 bestraft unrichtige Angaben über die Verhältnisse des Unternehmens in Erklärungen der oben erwähnten Personen. Die Vorschrift entspricht § 400 Abs. 1 Nr. 1 AktG, § 82 Abs. 2 Nr. 2 GmbHG, § 147 Abs. 2 Nr. 1 GenG und § 143 Nr. 1 VAG. Neben den in diesen Vorschriften genannten Darstellungen und Übersichten sollen auch unrichtige Angaben in den verschiedenen Arten von Umwandlungsberichten (vgl. die §§ 8, 127, 176 Abs. 1 in Verbindung mit § 8, § 177 Abs. 1 in Verbindung mit § 127, § 178 Abs. 1 in Verbindung mit § 8, § 179 Abs. 1 in Verbindung mit § 127, § 180 Abs. 1 in Verbindung mit § 8, § 184 in Verbindung mit § 127, § 186 Abs. 1 in Verbindung mit § 8, § 188 in Verbindung mit § 8, § 189 in Verbindung mit § 127, § 192) unter Strafe gestellt werden, weil diese Berichte die entscheidende Informationsunterlage für die Anteilsinhaber sind und deshalb falsche Angaben gerade in ihnen das Vermögen der Anteilsinhaber besonders gefährden können. Dies gilt aber auch für die Erklärung des Vorstandes einer sich spaltenden Aktiengesellschaft nach § 143.

Der Grundtatbestand des § 331 Nr. 1 HGB soll wie im geltenden Aktienrecht dem Sondertatbestand des § 313 Abs. 1 Nr. 1 vorgehen.

Zu Nummer 2

Nummer 2 ergänzt die bestehenden allgemeinen Strafvorschriften (vgl. § 400 Abs. 1 Nr. 2 AktG, § 147 Abs. 2 Nr. 2 GenG, § 143 Nr. 2 VAG) für die besonderen Fälle von Prüfungen, die bei Umwandlungen vorkommen. Die Berichte der unabhängigen Prüfer von Verschmelzungen, Spaltungen und Vermögensübertragungen (vgl. die §§ 9 bis 12, 44, 48, 60, 81, 100 sowie die auf diese Bestimmungen verweisenden Vorschriften) sind, soweit erforderlich, die zweite Grundlage für die Entscheidung der Anteilsinhaber. Deshalb muß in besonderem Maße dafür Sorge getragen werden, daß die Prüfer zuverlässige tatsächliche Angaben für ihre Gutachten von den zur Vertretung berechtigten Personen erhalten.

Die für die verschiedenen Rechtsformen geltenden Strafvorschriften, die Angaben gegenüber anderen Prüfern, z. B. Gründungsprüfern, betreffen, werden durch die neue Regelung nicht berührt.

Zu Absatz 2

Absatz 2 des § 313 stellt zwei Spezialtatbestände unter Strafe.

Ist an einer Verschmelzung eine Gesellschaft mit beschränkter Haftung als übernehmender Rechtsträger beteiligt, so kann dieser Vorgang für die Anteilsinhaber des übertragenden Rechtsträgers mit besonderen Gefahren verbunden sein, wenn auf die Geschäftsanteile der übernehmenden Gesellschaft nicht alle zu leistenden Einlagen in voller Höhe bewirkt sind; denn in diesem Falle trifft auch die Anteilsinhaber des übertragenden Rechtsträgers nach Wirksamwerden der Verschmelzung die Verpflichtung, die restlichen Leistungen zu erbringen (vgl. § 24 GmbHG). Schon das geltende Recht schützt im Falle der Verschmelzung einer GmbH oder einer AG auf eine solche GmbH die Anteilsinhaber der übertragenden Rechtsträger dadurch, daß alle bei der Beschlußfassung anwesenden Anteilsinhaber und im Falle, daß der übertragende Rechtsträger eine GmbH ist, auch die nicht erschienenen Gesellschafter der Verschmelzung zustimmen müssen. Diese schon bestehende Regelung erweitert § 51 Abs. 1 auch auf andere Fälle der Mischverschmelzung; daneben soll der gleiche Schutz auch bestehen, wenn bei einer reinen GmbH-Verschmelzung die Einlageverpflichtungen gegenüber der übertragenden GmbH noch nicht erfüllt sind. Um die Beachtung dieser besonderen Zustimmungserfordernisse sicherzustellen und die erforderliche Prüfung durch das Registergericht zu erleichtern, sieht § 52 Abs. 1 vor, daß das Vertretungsorgan der an der Verschmelzung beteiligten Rechtsträger bei der Anmeldung der Verschmelzung zur Eintragung in das Register auch zu erklären hat, daß dieser Vorschrift Rechnung getragen wurde. Durch eine Strafsanktion soll gewährleistet werden, daß die Vertretungsorgane hierbei keine unrichtigen Angaben machen *(erste Alternative)*.

Spaltet eine Kapitalgesellschaft einen oder mehrere Teile nach dem Dritten Buch von ihrem Vermögen zur Aufnahme durch bestehende Rechtsträger oder zur Neugründung von Rechtsträgern ab oder gliedert sie diese aus ihrem Vermögen aus, so muß der verbleibende Teil gleichwohl das im Gesellschaftsvertrag oder in der Satzung vorgesehene Stammkapital oder Grundkapital der sich spaltenden Kapitalgesellschaft abdecken, damit die Gläubiger dieser Rumpfgesellschaft hinreichend gesichert bleiben. Deshalb haben die Vertretungsorgane gegenüber dem Registergericht zu erklären, daß die Voraussetzungen für die Gründung einer Kapitalgesellschaft auch noch nach der Abspaltung oder Ausgliederung vorliegen. Der entscheidende Teil dieser Erklärung ist die in ihr liegende Versicherung, daß das Kapital durch die Aktiva gedeckt ist. Nur diese Erklärung und ihre Richtigkeit ermöglichen es, von einer erneuten Vorlage eines Sachgründungsberichts bei Gesellschaften mit beschränkter Haftung oder von einer erneuten Gründungsprüfung bei Aktiengesellschaften und Kommanditgesellschaften auf Aktien abzusehen; dieser Verzicht ist zweckmäßig, weil eine solche Prüfung kostspielig wäre. Deshalb soll durch eine Strafsanktion sichergestellt werden, daß Geschäftsführer, Vorstandsmitglieder oder Komplementäre der Kapitalgesellschaft keine unrichtigen Angaben über das Vermögen der Rumpfgesellschaft machen *(zweite Alternative)*.

Zu § 314

(Vgl. § 403 AktG, § 150 GenG, § 137 VAG).

§ 314 dehnt die für Abschlußprüfer, Gründungsprüfer oder Sonderprüfer geltenden Regelungen in § 403 AktG, § 150 GenG und § 137 VAG durch eine Spezialvorschrift auf diejenigen Prüfer aus, denen bei Verschmelzungen, Spaltungen (in ihren drei Arten) und Vermögensübertragungen besondere Aufgaben zugewiesen sind. Damit soll eine Lücke geschlossen werden, die ohne eine ausdrückliche Regelung für diesen Personenkreis oder einen Teil desselben bestehen würde.

Zu § 315

(Vgl. § 404 AktG, § 85 GmbHG, § 151 GenG, § 138 VAG).

§ 315 übernimmt die strafrechtlichen Vorschriften gegen die Verletzung der Geheimhaltungspflicht aus dem geltenden Recht und weitet sie auf die Fälle aus, in denen an einer Umwandlung ein anderer Rechtsträger beteiligt ist, der bisher nicht von den geltenden Vorschriften erfaßt wurde. Das gilt insbesondere für Personenhandelsgesellschaften, Vereine und Stiftungen. Da bei einer Umwandlung, an der mehrere Rechtsträger beteiligt sind, bei der Bewertung der Vermögen Geheimnisse des einen Rechtsträgers auch den Organen der anderen Rechtsträger und deren Mitgliedern bekannt werden können, muß der Schutz des § 315 auch auf diese Möglichkeit ausgedehnt werden, damit er die erforderliche Wirkung ausüben kann *(Absatz 1)*.

Soweit es dabei gleichzeitig zu einem Verstoß gegen die oben angeführten Strafvorschriften kommt, gehen diese dem § 315 vor.

Die Antragsberechtigung wird in *Absatz 3* auf die dort genannten Organe und Personen aller beteiligten Rechtsträger ausgedehnt, weil alle im Interesse ihres Rechtsträgers die Möglichkeit haben müssen, ein Strafverfahren auch gegen Organmitglieder der anderen beteiligten Rechtsträger herbeizuführen.

Zu § 316

(Vgl. § 407 AktG, § 37 KapErhG).

§ 316 übernimmt sachlich unverändert aus dem geltenden Recht die Regelungen, welche die Festsetzung von Zwangsgeldern betreffen, und dehnt sie auf alle Fälle der Umwandlung aus.

Nach *Absatz 1* können Mitglieder von Vertretungsorganen, zur Vertretung berechtigte Gesellschafter oder Abwickler, die entgegen den dort genannten Vorschriften einem Anteilsinhaber auf Verlangen nicht eine Abschrift eines Verschmelzungsvertrags, eines Spaltungs- und Übernahmevertrags oder eines Spaltungsplans und des Umwandlungsbeschlusses erteilen, hierzu durch Zwangsgeld angehalten werden.

Dagegen schließt *Absatz 2* es aus, die Anmeldung einer Umwandlung zur Eintragung in das zuständige Register durch die Festsetzung von Zwangsgeld zu erzwingen. Eine solche Maßnahme ist nicht erforderlich, weil die Wirksamkeit der Umwandlung stets von ihrer Anmeldung und Eintragung im zuständigen Register abhängig ist, die Vertretungsorgane der beteiligten Rechtsträger also selbst ein Interesse daran haben, ihre Pflicht zur Anmeldung zu erfüllen.

Zum Achten Buch — Übergangs- und Schlußvorschriften

In den Übergangsvorschriften des Achten Buches sind einige Fragen geregelt, die sich aus dem Fortbestand von Rechtsträgern alten Rechts, aus der Überleitung bereits begonnener Umwandlungen sowie hinsichtlich der Haftung für Altverbindlichkeiten ergeben. Darüber hinaus sieht das Achte Buch arbeitsrechtliche Sonderregelungen vor, die aufgrund der Einführung der neuen Rechtsinstitute der Spaltung und der Teilübertragung nach dem Dritten und Vierten Buch notwendig sind. Im übrigen enthält das Achte Buch die üblichen Schlußvorschriften.

Für die Verschmelzung oder Umwandlung bergrechtlicher Gewerkschaften hatte der Referentenentwurf noch die weitere Anwendung der bisherigen Vorschriften (§§ 357, 358, 384, 393 AktG, §§ 1, 15, 25, 63 bis 65 UmwG) vorgesehen.

Durch § 163 des Bundesberggesetzes vom 13. August 1980 (BGBl. I S. 1310) sollten bergrechtliche Gewerkschaften mit Ablauf des 1. Januar 1986 kraft Gesetzes aufgelöst werden, soweit sie sich nicht bis zu diesem Tage umgewandelt oder durch Beschluß selbst aufgelöst hatten.

Diese Frist ist durch Artikel 8 Nr. 2 des Ersten Rechtsbereinigungsgesetzes vom 24. April 1986 (BGBl. I S. 560) für im Bergbau werbend tätige Unternehmen bis zum 1. Januar 1989 und durch Artikel 2 des Gesetzes zur Änderung des Gesetzes über den Sozialplan im Konkurs- und Vergleichsverfahren und des Bundesberggesetzes vom 20. Dezember 1988 (BGBl. I S. 2450) bis zum 1. Januar 1994 verlängert worden. Nach Ablauf dieser Frist besteht nunmehr kein Bedürfnis mehr für eine besondere Übergangsregelung.

Auch für Kolonialgesellschaften, denen in § 61 UmwG bisher eine Umwandlungsmöglichkeit offensteht, bedarf es keiner Regelung mehr. Sie sind durch das Gesetz über die Auflösung, Abwicklung und Löschung von Kolonialgesellschaften vom 20. August 1975 (BGBl. I S. 2253) mit Ablauf des 31. Dezember 1976 aufgelöst worden. Auch diese Unternehmensform kann daher aus dem geltenden Recht förmlich getilgt werden. Der Entwurf leistet damit einen weiteren Beitrag zur Rechtsbereinigung.

Zu § 317

(Vgl. § 62 UmwG).

Auch für juristische Personen, die nach altem Recht bereits vor dem Inkrafttreten des Bürgerlichen Gesetzbuchs bestanden, hat sich ein Bedürfnis für eine Umwandlung gezeigt. Deshalb sollen diese Möglichkeiten auch diesen Unternehmensträgern eröffnet werden, weil dies der Tendenz des Gesetzes entspricht, wirtschaftlich tätigen Rechtsträgern möglichst den Übergang in die Rechtsform einer Kapitalgesellschaft und damit unter bestimmten Voraussetzungen den Zugang zum Kapitalmarkt zu eröffnen.

§ 317 tut dies, indem er die Vorschriften über die Umwandlung wirtschaftlicher Vereine *(Satz 1)* und von Stiftungen *(Satz 2)*, jeweils nach der Struktur der alten juristischen Person, für anwendbar erklärt. Dies entspricht auch dem System des Artikels 163 EGBGB, der den Fortbestand dieser juristischen Einheiten den Vorschriften des Bürgerlichen Gesetzbuchs über Vereine oder über Stiftungen unterwirft.

§ 317 geht über § 62 UmwG hinaus, weil er wie das neue Umwandlungsrecht insgesamt mehr Möglichkeiten für die Umwandlung der alten juristischen Personen eröffnet.

Die Vorschrift hat lediglich klarstellende Bedeutung; sie soll dem Registergericht die Anwendung des Gesetzes erleichtern. Die Frage, ob eine juristische Person ein wirtschaftlicher Verein oder eine Stiftung ist, muß aufgrund der schon jetzt für ihre Struktur geltenden Vorschriften beantwortet werden.

Zu § 318

(Vgl. § 26d EGAktG, § 37a KapErhG, § 65a UmwG, § 158 VAG).

Die Vorschrift ist erforderlich, um bereits eingeleitete Umwandlungsvorgänge und die für sie maßgebenden bisher geltenden Vorschriften von neuen Umwandlungen, die dem neuen Recht unterliegen, abzugrenzen. Sie hat als Vorbilder die Vorschriften, die durch das Verschmelzungsrichtlinie-Gesetz in das geltende Recht eingefügt worden sind.

Zu § 319

Die Bestimmung enthält in *Satz 1 und 2* eine § 65a des Umwandlungsgesetzes 1969 in der Fassung des Nachhaftungsbegrenzungsgesetzes nachgebildete Übergangsvorschrift. Die sachliche Aufrechterhaltung dieser Regelung erscheint jedenfalls für solche Fälle angezeigt, in denen einerseits die allgemeine Übergangsvorschrift des § 318 nicht greifen kann (also die Umwandlung ausschließlich nach neuem Recht erfolgt), andererseits aber Altverbindlichkeiten betroffen sind, die sowohl vor Inkrafttreten des neuen Umwandlungsrechts als auch des Nachhaftungsbegrenzungsgesetzes begründet worden sind. Für Verbindlichkeiten, die zwischen Inkrafttreten des Nachhaftungsbegrenzungsgesetzes und des neuen Umwandlungsrechts begründet worden sind, kann das neue (Umwandlungs-)Recht uneingeschränkt angewandt werden, weil dieses die Regelungen des Nachhaftungsbegrenzungsgesetzes vollinhaltlich übernimmt.

Neben gewissen redaktionellen Anpassungen bezieht die Vorschrift auch einige Umwandlungsfälle ein, die im bisherigen Recht keine Entsprechung haben, für die aber ebenfalls eine besondere Regelung geboten erscheint, weil sich die Problematik einer Erfassung von Altverbindlichkeiten hier in gleicher Weise stellt. Soweit solche Verbindlichkeiten in diesen Fällen aus der Zeit vor Inkrafttreten des Nachhaftungsbegrenzungsgesetzes herrühren und erst später als vier Jahre nach der Umwandlung fällig werden (d. h. auch entsprechend der bisherigen Übergangsregelung in § 65 a UmwG nicht nach dem neuen, durch das Nachhaftungsbegrenzungsgesetz geschaffenen Recht zu beurteilen gewesen wären), statuiert *Satz 3* eine sinngemäße Anwendung der in Satz 2 in Bezug genommenen Vorschriften des §§ 45, 49 Abs. 4, §§ 56, 56f Abs. 2, § 57 Abs. 2 und § 58 Abs. 2 UmwG in der Fassung vor Inkrafttreten des Nachhaftungsbegrenzungsgesetzes.

Zu § 320

Da das Umwandlungsrecht in der konstitutiven Neufassung des Artikels 1 zusammengefaßt worden ist, muß das Umwandlungsgesetz 1969 aufgehoben werden.

Zu den §§ 321 bis 323

Die §§ 321 bis 323 sehen arbeitsrechtliche Sondervorschriften für den Fall der Spaltung oder Teilübertragung eines Rechtsträgers nach dem Dritten und Vierten Buch vor. Diese Vorschriften sind notwendig, um den Besonderheiten der neuen Rechtsinstitute der Spaltung und Teilübertragung auch arbeitsrechtlich Rechnung zu tragen.

Zu § 321

Die Vorschrift über das Übergangsmandat des Betriebsrates bei der realen Teilung (Spaltung) von Betrieben als Folge der Spaltung eines Unternehmensträgers oder der Teilübertragung seines Vermögens soll aus dem Gesetz über die Spaltung der von der Treuhandanstalt verwalteten Unternehmen (SpTrUG) vom 5. April 1991 (dort § 13) übernommen werden. Da bei einer Spaltung des Rechtsträgers die Gegenstände seines Vermögens den übernehmenden oder neuen Rechtsträgern nach Belieben zugewiesen werden können, ist die Spaltung eines Betriebes möglich. Dadurch können Betriebsräte wegfallen, so daß die Belegschaften gerade in der für sie besonders kritischen Übergangsphase nach der Spaltung ohne den Schutz der Beteiligungsrechte des Betriebsrats sind. Deshalb haben die gesetzgebenden Körperschaften das Institut des Übergangsmandats geschaffen. Es soll in der verabschiedeten Form übernommen werden, jedoch mit zwei Abweichungen.

Zunächst erfaßt es auch die Fälle der Spaltung zur Übernahme, in denen ein abgespaltener Betriebsteil in ein bereits bestehendes Unternehmen eingegliedert wird. Diese Fälle sind vom Wortlaut des *Absatzes 1 Satz 1* bereits erfaßt, obwohl sie nach dem SpTrUG nicht vorkommen können. Zum zweiten dehnt § 321 das Übergangsmandat des Betriebsrats auf alle Fälle der Spaltung von Rechtsträgern aus, ohne daß es auf deren Rechtsform ankommt. Dies ist sachgerecht, weil an den Betrieb als Einheit besonderer Art angeknüpft wird und weil das Schutzinteresse der Arbeitnehmer in allen Fällen gleich ist.

Zu § 322

Absatz 1 des § 322 knüpft an den Fall des § 321 Abs. 1 Satz 1 an. Durch die Spaltung des Rechtsträgers werden hierbei zwar die Betriebsabteilungen rechtlich verselbständigt, jedoch bleibt in der Praxis häufig die bisherige Betriebsorganisation trotz der durch die Spaltung bewirkten Betriebsspaltung unangetastet. Während die Spaltung des Rechtsträgers z. B. aus Gründen des Steuerrechts oder des Wettbewerbs erfolgt, wird die arbeitsorganisatorische Einheit „Betrieb" beibehalten, um auch weiterhin die arbeitstechnischen Vorteile eines langjährigen, eingespielten Betriebes nutzen zu können. Daß mehrere Unternehmen einen einheitlichen Betrieb gemeinsam führen können, ist nach ständiger Rechtsprechung des BAG möglich (vgl. statt vieler BAGE 52, 325). Die dabei vom Bundesarbeitsgericht grundsätzlich geforderte rechtliche Vereinbarung als Voraussetzung für die Annahme eines gemeinsam geführten Betriebes muß nicht ausdrücklich in einer vertraglichen Abmachung bestehen, sondern kann sich auch aus tatsächlichen Umständen ergeben. Hieran knüpft die vorgeschlagene Regelung an. Bleibt bei einer Spaltung eines Rechtsträgers die betriebsorganisatorische Einheit „Betrieb" unverändert, wird widerlegbar vermutet, daß die an der Spaltung beteiligten Rechtsträger den zuvor einheitlichen Betrieb nunmehr als gemeinsamen Betrieb weiterführen.

Absatz 2 dient der Klarstellung. Nach ständiger Rechtsprechung des Bundesarbeitsgerichts und nach herrschender Auffassung in der Literatur können mehrere selbständige Unternehmen einen einheitlichen Betrieb bilden. Dieser zunächst für das Betriebsverfassungsrecht anerkannte Grundsatz gilt ebenso für das Kündigungsschutzrecht (vgl. grundlegend BAG, Urteil vom 13. Juni 1985, AP Nr. 10 zu § 1 KSchG 1969; BAGE 55, 117).

Haben sich nach dem Wirksamwerden der Spaltung selbständige Rechtsträger zur gemeinsamen Führung eines Betriebes rechtlich verbunden, so ist im Falle einer betriebsbedingten Kündigung z. B. für die Prüfung einer anderweitigen Beschäftigungsmöglichkeit oder bei der Frage der Sozialauswahl auf die Verhältnisse des gemeinsamen Betriebes abzustellen.

Zu § 323

Für eine Übergangszeit von zwei Jahren nach dem Wirksamwerden der Spaltung oder Teilübertragung eines Rechtsträgers soll sich die kündigungsrechtliche Stellung eines Arbeitnehmers dieses Rechtsträgers auch dann nicht verschlechtern können, wenn in dem neuen, ihn beschäftigenden Rechtsträger die für die Anwendbarkeit kündigungsrechtlicher Regelungen notwendige Beschäftigtenzahl nicht erreicht wird; dies betrifft insbesondere § 23 Abs. 1 des KSchg.

Zu § 324

Das Gesetz soll entsprechend den wiederholt geäußerten Wünschen der gesetzgebenden Körperschaften zu Beginn eines Jahres in Kraft treten. Dies kommt auch der Praxis der Unternehmen entgegen, deren Geschäftsjahr in der Regel mit dem Kalenderjahr übereinstimmt.

Zu Artikel 2 — Änderung des Bürgerlichen Gesetzbuchs

Da § 613a BGB aufgrund zwingender EG-rechtlicher Vorgaben auf alle Fälle der übertragenden Umwandlung (Verschmelzung, Spaltung, Vermögensübertragung) anwendbar ist, bedarf es lediglich einer formalen Änderung des Absatzes 3. Diese ist teils redaktionell, teils eine Folge anderer sachlicher Änderungen. Da die Verschmelzung nach der neuen Terminologie des Artikels 1 § 1 UmwG ein Fall der Umwandlung ist, darf sie nicht mehr neben der Umwandlung im Gesetzestext des BGB angeführt werden. Auf der anderen Seite erfaßt § 613a Abs. 3 BGB durch die Änderung auch die übrigen Arten der Umwandlung, soweit diese mit einem Erlöschen des bisherigen Arbeitgebers verbunden sind; dies trifft neben der Verschmelzung auf die Aufspaltung und auf die Vermögensübertragung, nicht jedoch auf die Abspaltung, die Ausgliederung und den Rechtsformwechsel zu.

Die Neufassung des § 613a Abs. 3 BGB bezieht auch Personenhandelsgesellschaften, also offene Handelsgesellschaften und Kommanditgesellschaften, mit ein, weil auch Unternehmen dieser Rechtsformen, die nicht juristische Personen sind, als übertragende Rechtsträger an einer Umwandlung beteiligt sein können, dabei erlöschen und als Arbeitgeber rechtlich untergehen.

Der Wegfall des zweiten Halbsatzes in § 613a Abs. 3 BGB beruht darauf, daß die getrennte Vermögensverwaltung nach § 8 UmwG geltende Fassung als Mittel des Gläubigerschutzes nicht beibehalten wird, weil sie sich nicht bewährt hat.

Zu Artikel 3 — Änderung des Handelsgesetzbuchs

Die Änderung des § 267 Abs. 4 Satz 2 HGB ist eine Folge der terminologischen Neuordnung des Umwandlungsrechts. Unter den Oberbegriff der Umwandlung fällt auch die Verschmelzung, die deshalb nicht mehr neben der Umwandlung besonders erwähnt werden darf.

Zu Artikel 4 — Änderung des Gesetzes betreffend die Gesellschaften mit beschränkter Haftung

Zu Nummer 1

(Vgl. § 33 Abs. 3 KapErhG in Verbindung mit § 375 Abs. 1 Satz 5 AktG sowie § 375 Abs. 1 Satz 5, § 388 AktG).

Die durch *Nummer 1* vorgesehene Ergänzung des § 33 GmbHG um einen neuen Absatz 3 erweitert die Möglichkeiten, eigene Geschäftsanteile an einer GmbH zu erwerben, für die Fälle, in denen eine GmbH durch Verschmelzung, Aufspaltung oder Abspaltung einen Rechtsträger anderer Rechtsform oder Teile eines solchen aufnimmt oder in denen die GmbH aus einem Formwechsel hervorgeht. In diesen Fällen der Umwandlung haben Anteilsinhaber, die der Umwandlung widersprochen haben, nach den im neuen Absatz 3 angeführten Vorschriften einen Anspruch auf Barabfindung gegen Übertragung ihrer Anteile auf die übernehmende oder neue GmbH. Der Verwirklichung dieses Anspruchs und damit wirtschaftlich auch der Umwandlung können jedoch im Einzelfall die Einschränkungen entgegenstehen, die § 33 Abs. 1 und 2 GmbHG dem Erwerb eigener Geschäftsanteile entgegensetzt. Da dadurch den Umwandlungen von Rechtsträgern anderer Rechtsform in eine GmbH in zahlreichen Fällen unüberwindliche Hindernisse bereitet würden, soll das Verbot des Erwerbs eigener Geschäftsanteile wie bisher zugunsten der Möglichkeit einer Umwandlung zurücktreten, und zwar nicht nur für die schon jetzt möglichen Fälle, sondern immer dann, wenn ein Unternehmen oder Unternehmensteil in einer GmbH aufgeht oder ein Rechtsträger diese Rechtsform annimmt.

Das Zurücktreten des Kapitalschutzes kann jedoch nur für eine begrenzte Zeit nach dem Wirksamwerden der Umwandlung hingenommen werden. Deshalb wird eine Ausschlußfrist von sechs Monaten für den Erwerb eigener Geschäftsanteile vorgeschlagen, die an die beiden möglichen Fallgestaltungen anknüpft (vgl. Artikel 1 §§ 29 und 34 UmwG).

Da das Aktiengesetz in § 71 vergleichbare Ausnahmen vorsieht, wird vorgeschlagen, den Ausnahmekatalog in das GmbH-Gesetz als Absatz 3 des § 33 einzufügen. Dadurch werden zugleich im Entwurf des Umwandlungsgesetzes Vorschriften eingespart.

Zu Nummer 2

Das Gesetz über die Kapitalerhöhung aus Gesellschaftsmitteln und über die Verschmelzung von Gesellschaften mit beschränkter Haftung (KapErhG) hat drei Abschnitte: Kapitalerhöhung aus Gesellschaftsmitteln, Verschmelzung, Übergangs- und Schlußvorschriften. Der Zweite Abschnitt über die Verschmelzung soll in das Umwandlungsgesetz übernommen werden (vgl. dessen Zweites Buch, Zweiter Teil, Zweiter Abschnitt).

Der Erste Abschnitt über die Kapitalerhöhung aus Gesellschaftsmitteln soll durch *Nummer 2* an der geeigneten Stelle ohne sachliche Änderung in das GmbH-Gesetz eingestellt werden. Einige formale Änderungen dienen der Vereinfachung und Rechtsbereinigung. Insoweit ist auf folgendes hinzuweisen:

Zu § 57c GmbHG n. F.

Der neue Absatz 4 schließt die bisherige Verweisung in § 1 Abs. 2 KapErhG ein, so daß § 1 Abs. 2 KapErhG entfallen kann. Das GmbH-Gesetz regelt nach seiner Systematik die verschiedenen Arten von Kapitalveränderungen nicht abschließend je für sich, sondern nur ergänzend als besondere Fälle einer Änderung des Gesellschaftsvertrags. Auch für die Kapitalerhöhung aus Gesellschaftsmitteln sollen daher die allgemeinen Regeln über Änderungen des Gesellschaftsvertrags gelten. Wegen der Besonderheiten für diese Art einer Kapitalerhöhung ist zudem auf die §§ 57 d bis 57 g zu verweisen.

Zu den §§ 57 e, 57 f, 57 i GmbHG n. F.

Die Frist für das Alter der einer Kapitalerhöhung zugrunde gelegten Bilanz soll von sieben auf acht Monate verlängert werden, um eine einheitliche Regelung mit dem Aktienrecht herzustellen.

Zu § 57i GmbHG n. F.

Die Regelung darüber, daß die bei der Anmeldung der Kapitalerhöhung aus Gesellschaftsmitteln zur Eintragung in das Handelsregister eingereichten Schriftstücke beim Gericht in Urschrift, Ausfertigung oder öffentlich beglaubigter Abschrift aufzubewahren sind (§ 7 Abs. 5 KapErhG), übernimmt der Entwurf nicht, da sie im GmbH-Gesetz entbehrlich ist. Daß das Gericht nicht die Originale aufbewahren muß, sondern sich insoweit mit beglaubigten Abschriften begnügen kann, ist bereits allgemein in § 8 Abs. 3 der Handelsregisterverfügung geregelt.

Eine § 8 KapErhG entsprechende Regelung übernimmt der Entwurf nicht, ohne daß aber damit das geltende Recht geändert werden soll.

Die in § 8 Abs. 1 KapErhG enthaltene Regelung, daß das Stammkapital mit der Eintragung des Beschlusses in das Handelsregister erhöht ist, ergibt sich nach Einstellung der Vorschriften über die Kapitalerhöhung aus Gesellschaftsmitteln in das GmbH-Gesetz bereits aus § 54 Abs. 3 GmbHG, auf den in § 57c Abs. 4 verwiesen wird.

Die Fiktion des § 8 Abs. 2 KapErhG, daß mit der Eintragung die neuen Stammeinlagen als vollständig eingezahlt gelten, wird schon im geltenden Recht ganz überwiegend als systemwidrig und überflüssig angesehen. Der Entwurf übernimmt diese Fiktion nicht, da bei einer Kapitalerhöhung aus Gesellschaftsmitteln Einlagenleistungen aus der Natur dieser Art der Kapitalerhöhung ausgeschlossen sind und es daher auch keine ausstehenden Einlagen geben kann.

Zu § 57n f. GmbHG n. F.

Eine dem § 16 KapErhG entsprechende Regelung übernimmt der Entwurf ebenfalls nicht, ohne daß damit das geltende Recht geändert werden soll.

Die in § 16 KapErhG enthaltene Regelung darüber, daß vor der Eintragung des Beschlusses über die Kapitalerhöhung aus Gesellschaftsmitteln neue Geschäftsanteile nicht gebildet werden dürfen, wird schon zum geltenden Recht vielfach als überflüssig und mißverständlich angesehen. Neue Geschäftsanteile werden bei der GmbH nicht gebildet, sondern entstehen kraft Gesetzes mit der Eintragung der Kapitalerhöhung in das Handelsregister (§ 54 Abs. 3, § 57j GmbHG n. F.), so daß es daneben keiner dem § 16 KapErhG entsprechenden Regelung bedarf.

Zu Nummer 3

Die Ergänzung des § 78 GmbHG dient der Klarstellung. Daß die Anmeldung einer Kapitalerhöhung aus Gesellschaftsmitteln zur Eintragung in das Handelsregister durch sämtliche Geschäftsführer zu bewirken ist, wird weitgehend bereits zum geltenden Recht — in analoger Anwendung des § 78 GmbHG — angenommen. Nachdem der Entwurf die Vorschriften über diese Art der Kapitalerhöhung in das GmbH-Gesetz einstellen will, soll durch Ergänzung des § 78 klargestellt werden, daß wie bei den anderen Kapitalveränderungen (vgl. § 57 Abs. 1, § 58 Abs. 1 Nr. 3 GmbHG) sämtliche Geschäftsführer die Anmeldung zu bewirken haben.

Zu Nummer 4

Die im Dritten Abschnitt des Kapitalerhöhungsgesetzes enthaltenen beiden Sanktionsvorschriften der §§ 36, 37 KapErhG finden sich in der neuen *Nummer 4* des § 82 Abs. 1 GmbHG und in Artikel 1 §§ 313 und 316 UmwG wieder. Sachliche Änderungen sind damit nicht verbunden.

Da die Übergangs- und Schlußvorschriften des Kapitalerhöhungsgesetzes (vgl. die §§ 37a bis 39) keine sachliche Bedeutung behalten, kann das Gesetz insgesamt aufgehoben werden (vgl. Artikel 5).

Zu Artikel 5 — Aufhebung des Kapitalerhöhungsgesetzes

Auf die Begründung zu Artikel 4 wird verwiesen. Mit der Beseitigung des Kapitalerhöhungsgesetzes soll zur Rechtsbereinigung beigetragen werden.

Zu Artikel 6 — Änderung des Aktiengesetzes

Artikel 6 schlägt Änderungen des Aktiengesetzes vor, welche die Durchführung einer Umwandlung erleichtern oder ermöglichen (Nummer 1), sich aus Anlaß der Bereinigung des Umwandlungsrechts aufdrängen (Nummern 3 bis 6) oder aus anderen Gründen erforderlich oder zweckmäßig sind.

Zu Nummer 1

Nummer 1 erweitert die Möglichkeiten, eigene Aktien zu erwerben. Während der Erwerb durch die geltende Fassung der Nummer 3 des § 71 Abs. 1 AktG nur in zwei Fällen, nämlich zur Abfindung von Minderheitsaktionären beim Abschluß eines Beherrschungs- oder eines Gewinnabführungsvertrags (§ 305 Abs. 2 AktG) sowie bei der Eingliederung durch Mehrheitsbeschluß (§ 320 Abs. 5 AktG), also in Konzernfällen zugelassen war, soll dieser Erwerb jetzt auch in den Fällen gestattet werden, in denen bei Umwandlungen den Aktionären aufgrund gesetzlicher Vorschrift der Erwerb ihrer Aktien gegen eine Barabfindung angeboten werden muß.

Der Erwerb eigener Aktien soll nur in den wenigen Fällen zulässig sein, die in § 71 Abs. 1 Nr. 3 n. F. ausdrücklich genannt sind. Damit wird zwar die Ermächtigung in Artikel 20 Abs. 1 Buchstabe d der Zweiten gesellschaftsrechtlichen EG-Richtlinie (Richtlinie 77/91/EWG vom 13. Dezember 1976 — ABl. EG Nr. L 26 vom 31. Januar 1977, S. 1 ff.) nicht voll, jedoch in dem Maße ausgeschöpft, das der gebotenen Wirksamkeit des Kapital- und Gläubigerschutzes und dem System des deutschen Aktienrechts entspricht. Zugleich wird die erforderliche Parallele in den Abfindungsregelungen des Konzernrechts einerseits und des Umwandlungsrechts andererseits hergestellt.

Zu Nummer 2

Nummer 2 enthält eine Folgeänderung zu der in Artikel 1 § 312 UmwG vorgeschlagenen Verfahrensregelung, derzufolge der bisherige Verzicht auf Kostenvorschüsse zukünftig entfallen soll. Die Gründe für diese Neuregelung des Spruchverfahrens (vgl. zu Artikel 1 § 312 UmwG) sind auch für den Fall des gerichtlichen Verfahrens zur Entscheidung über die Zusammensetzung des Aufsichtsrats gegeben. Daher soll auch in diesem Verfahren künftig die allgemeine kostenrechtliche Vorschrift des § 8 KostO gelten.

Zu Nummer 3

(Vgl. § 361 AktG).

§ 361 AktG ist im Recht der Umwandlung ein Fremdkörper, weil er weder einen Vermögensübergang im Wege der Gesamtrechtsnachfolge oder Sonderrechtsnachfolge noch einen Wechsel der Rechtsform regelt, sondern nur die schuldrechtliche Verpflichtung zur Übertragung des gesamten Gesellschaftsvermögens betrifft. Sein wesentlicher Zweck ist, die Zuständigkeit der Hauptversammlung für den Fall zu begründen, daß sich die wirtschaftliche Struktur des Unternehmens der Aktiengesellschaft ändert, ohne daß die Zuständigkeit der Hauptversammlung schon aus anderen Gründen, etwa durch das Erfordernis einer Satzungsänderung infolge Veränderung des Unternehmensgegenstandes, gegeben ist.

Bei der Bereinigung des Umwandlungsrechts soll dieser Tatsache Rechnung getragen werden.

Die Übertragung des gesamten Gesellschaftsvermögens wird im Regelfall eine Änderung des Unternehmensgegenstandes zur Folge haben und damit eine Satzungsänderung erforderlich machen. In diesem Fall greifen die §§ 179 bis 181 AktG unmittelbar ein. Es kann jedoch vorkommen, daß die Satzung einen solchen Veräußerungsvorgang bereits abdeckt. Für diesen Fall muß Vorsorge getroffen werden, daß die Hauptversammlung die Entscheidung trifft, weil es sich um eine sogenannte faktische Satzungsänderung handeln kann. Deshalb sollen die Vorschriften des Aktiengesetzes über die Satzungsänderung ergänzt werden (§ 179a *Abs. 1 Satz 1*). Wie bei der Änderung des Unternehmensgegenstandes (vgl. § 179 Abs. 2 Satz 2) soll die Satzung für den Zustimmungsbeschluß nur eine über drei Viertel des Grundkapitals hinausgehende Mehrheit bestimmen können *(Absatz 1 Satz 2)*, wie dies der bisherigen Rechtslage entspricht (vgl. § 361 Abs. 1 Satz 3 AktG).

Das Erfordernis der notariellen Beurkundung (vgl. § 361 Abs. 1 Satz 4 AktG) folgt bereits aus § 311 BGB und braucht deshalb nicht besonders geregelt zu werden.

Absatz 2 des neuen § 179a soll wie § 361 Abs. 2 AktG die Information der Aktionäre sicherstellen.

Die Regelung des § 361 Abs. 3 Satz 1 AktG hat nur klarstellende Bedeutung. Sie kann deshalb entfallen. Dagegen soll in *Absatz 3* die bisherige Regelung des § 361 Abs. 3 Satz 2 AktG beibehalten werden.

Zu Nummer 4

Bei einer Kapitalerhöhung aus Gesellschaftsmitteln (vgl. die §§ 207 ff. AktG) kommt es nicht zu Einzahlungen auf Aktien, weil die Leistungen durch Umwandlung von Rücklagen in Grundkapital bewirkt werden. Die Regelung des § 211 Abs. 2 AktG wird deshalb wie § 8 Abs. 2 KapErhG überwiegend als systemwidrig und überflüssig angesehen. Da bei der Ergänzung des GmbH-Gesetzes durch die Vorschriften über die Kapitalerhöhung aus Gesellschaftsmitteln der § 8 Abs. 2 KapErhG nicht beibehalten werden soll (vgl. Artikel 4 Nr. 2 — Begründung zu § 57i GmbHG n.F. —, Artikel 5), muß auch die Parallelvorschrift des Aktiengesetzes beseitigt werden.

Dagegen muß Absatz 1 des § 211 AktG wegen der Systematik des Aktiengesetzes bei Kapitalveränderungsmaßnahmen, die von der des GmbH-Gesetzes abweicht, erhalten bleiben.

Zu den Nummern 5 und 6

Die Verschmelzung einer Aktiengesellschaft mit einem anderen Rechtsträger und der Abschluß eines Unternehmensvertrags mit einem anderen Rechtsträger führen im Regelfall für die übertragende oder abhängig werdende Aktiengesellschaft zu demselben wirtschaftlichen Ergebnis, nämlich der organisatorischen Eingliederung des Unternehmens der Gesellschaft in ein anderes Unternehmen und der Unterwerfung unter die Herrschaft einer anderen wirtschaftlichen und rechtlichen Einheit. Verschmelzung und Unternehmensvertrag sind daher im wesentlichen austauschbare rechtliche Instrumente, um dasselbe wirtschaftliche Ziel zu erreichen.

Auch die Folgen, die beide Vorgänge für die Aktionäre der übertragenden oder abhängig werdenden Aktiengesellschaft haben, ähneln einander jedenfalls im wirtschaftlichen Bereich: Umtausch der Anteile oder Ausscheiden gegen Abfindung bei der Verschmelzung, Ausgleichszahlung, Dividendengarantie oder Ausscheiden gegen Abfindung beim Abschluß von Gewinnabführungs- oder Beherrschungsverträgen, Einflußminderung durch geringere Beteiligungsquote bei der Verschmelzung, weitgehende Ausschaltung des Einflusses durch den Beherrschungsvertrag.

In der Wissenschaft ist deshalb bereits bald nach Verabschiedung des Aktiengesetzes 1965 Kritik daran geübt worden, daß die Regelung des Schutzes der Aktionäre einer übertragenden AG bei Verschmelzung, Vermögensübertragung und Umwandlung nicht dem neuen Konzernrecht angepaßt worden ist.

Der vorliegende Entwurf würde sich dem Vorwurf aussetzen, er habe die dargestellte wirtschaftliche und rechtliche Vergleichbarkeit der beiden Rechtsinstitute nicht berücksichtigt, wenn er die Schutzmaßnahmen, die im Falle einer Umwandlung für die Aktionäre bestehen, nicht auch im Recht des Vertragskonzerns vorsehen würde. Dies soll deshalb durch eine Ergänzung der Vorschriften des Aktiengesetzes über den Abschluß eines Unternehmensvertrags (§§ 293ff. AktG) geschehen.

Zu diesem Zweck soll die Information der Aktionäre vor und in den Hauptversammlungen, die über den Abschluß eines Unternehmensvertrags beschließen sollen, nach dem Vorbild des Verschmelzungsrechts (vgl. Artikel 1 §§ 9 bis 12 UmwG) verbessert werden. Gleichzeitig wird der Aufbau der Vorschriften des Aktiengesetzes demjenigen des Umwandlungsrechts angepaßt. Dessen Formulierungen, die ihrerseits schon jetzt zum Teil mit § 293 Abs. 3 und 4 AktG übereinstimmen, sollen übernommen werden.

Zu Nummer 5

Nummer 5 hat nur redaktionelle Bedeutung, da der Inhalt der aufgehobenen Vorschriften in § 293f Abs. 1 Nr. 1, Abs. 2, § 293g erhalten bleibt.

Zu Nummer 6

Zu § 293a n. F.

§ 293a übernimmt für den Abschluß eines Unternehmensvertrags die Regelung für den Verschmelzungsbericht (vgl. Artikel 1 § 8 UmwG) mit den erforderlichen Anpassungen. Der Bericht soll als Grundlage für die Unterrichtung der Aktionäre dienen und insbesondere die außenstehenden Aktionäre über ihre Rechte informieren. Anders als nach Artikel 1 § 8 Abs. 3 Satz 2 UmwG soll es ausreichen, wenn die Verzichtserklärungen der Aktionäre öffentlich beglaubigt sind, um das Verfahren hier nicht mit zu hohen Kosten zu belasten. Der Eingriff in die Rechte der Aktionäre wiegt hier auch nicht so schwer wie bei einer Verschmelzung.

Zu § 293b n. F.

§ 293b schreibt eine Prüfung des Unternehmensvertrags nach dem Vorbild des Artikels 1 § 9 UmwG vor, damit der angemessene Ausgleich oder die angemessene Abfindung schon vor der Beschlußfassung über den Unternehmensvertrag einer Prüfung durch unabhängige Sachverständige unterworfen wird. Mit dieser Regelung sollen spätere gerichtliche Überprüfungen im Spruchverfahren nach § 306 AktG möglichst überflüssig gemacht werden. Zu einem großen Teil verfahren die betroffenen Aktiengesellschaften schon heute so.

Zu § 293c n. F.

Diese neue Vorschrift über die Bestellung der Vertragsprüfer entspricht Artikel 1 § 10 UmwG.

Zu § 293d n. F.

Für Auswahl, Auskunftsrecht und Verantwortlichkeit der Vertragsprüfer sollen dieselben Regeln gelten wie für Verschmelzungsprüfer (vgl. Artikel 1 § 11 UmwG).

Zu § 293e n. F.

Auch die Regelung des Prüfungsberichts folgt dem Umwandlungsrecht (vgl. Artikel 1 § 12 UmwG).

Zu den §§ 293f und g n. F.

Schließlich entsprechen auch die Vorbereitung und die Durchführung der Hauptversammlung denjenigen bei einer Hauptversammlung, die über eine Verschmelzung entscheiden soll (vgl. Artikel 1 §§ 63 und 64 UmwG).

Zu Nummer 7

Die Vorschrift soll redaktionell an Artikel 1 § 30 Abs. 1 Satz 1 UmwG angepaßt werden. Wie dort soll auch für die Barabfindung im Konzernrecht eine Verzinsungspflicht vorgesehen werden.

Zu Nummer 8

Es handelt sich um eine Folgeänderung zu Nummer 2 und zu Artikel 1 § 312 UmwG, auf deren Begründungen verwiesen wird.

Zu den Nummern 9 bis 11

Die Überlegungen zur vertraglichen Konzernbildung gelten sinngemäß auch für die Eingliederung einer Aktiengesellschaft in eine andere Aktiengesellschaft nach den §§ 319ff. AktG. Die Eingliederung entspricht wirtschaftlich der Verschmelzung, jedoch mit dem rechtlichen Unterschied, daß die eingegliederte Gesellschaft bestehen bleibt und daß die Minderheitsaktionäre dieser Gesellschaft aus ihr ausscheiden müssen und statt dessen Aktionäre der Hauptgesellschaft werden oder eine Barabfindung erhalten.

Die Interessenlage der beteiligten Personengruppen ist deshalb bei einer Eingliederung derjenigen bei einer Verschmelzung vergleichbar. Dementsprechend sollen auch die Schutzvorschriften dem Verschmelzungsrecht angepaßt werden.

Zu Nummer 9

Für die Eingliederung einer 100 %igen Tochtergesellschaft soll zunächst durch die Ergänzung des § 319 eine Unterrichtung der Aktionäre bei der zukünftigen Hauptgesellschaft vorgesehen werden, die im wesentlichen derjenigen bei der Verschmelzung nach der Neufassung des Umwandlungsgesetzes entspricht. Dies betrifft auch die Vorlage der Bilanzen aus den letzten drei Jahren *(Nummer 9 Buchstabe b)* nach *Nummer 2* des neuen *Absatzes 3 Satz 1* und insbesondere eines Eingliederungsberichts (Absatz 3 *Nr.* 3), der allerdings kürzer sein kann als ein Verschmelzungsbericht, weil es in diesem Fall nicht zu einem Aktientausch kommt. Die Verbesserung der Aktionärsinformation ist erforderlich, weil durch die Haftung, die auf Grund der Eingliederung nach § 322 eintritt, der innere Wert der Beteiligung an der Hauptgesellschaft gefährdet werden kann.

Des weiteren sollen die Vorschriften für das Registerverfahren an die für den Fall einer Umwandlung vorgesehene Regelung in Artikel 1 § 16 Abs. 2 und 3 UmwG angepaßt werden. Damit soll vor allem die Eintragung und damit das Wirksamwerden der Eingliederung trotz einer anhängigen Klage gegen die Wirksamkeit eines Hauptversammlungsbeschlusses aufgrund einer Entscheidung des zuständigen Prozeßgerichts ermöglicht werden. Auf die Begründung zu Artikel 1 § 16 UmwG wird Bezug genommen. Nicht übernommen wird jedoch die Regelung in Artikel 1 § 16 Abs. 3 Satz 6 zweiter Halbsatz UmwG, da — anders als bei einer Umwandlung — einer Rückgängigmachung der Eingliederung wirtschaftlich und rechtlich nichts entgegensteht (vgl. § 327 AktG).

Zu Nummer 10

Die inhaltliche Ergänzung des § 320 über die Eingliederung durch Mehrheitsbeschluß folgt unter Aufteilung der Regelung in drei Vorschriften dem Modell bei Verschmelzung und Abschluß eines Unternehmensvertrages, weil es hier zu einer Abfindung der außenstehenden Aktionäre der Tochtergesellschaft kommt und weil das Schutzbedürfnis dieser Minderheitsaktionäre demjenigen bei der Verschmelzung entspricht. Dies gilt insbesondere für die neu eingeführte Eingliederungsprüfung, die auch einem Bedürfnis der Praxis nachkommt und die in seriösen Unternehmen offenbar schon jetzt freiwillig veranlaßt wird.

Zu Nummer 11

Die Aufteilung der Regelungen in den §§ 320a und 320b soll die jetzt in § 320 enthaltenen verschiedenartigen Regelungsgegenstände deutlicher voneinander abheben. Die Regelung für die Bestimmung der Barabfindung ist dabei Artikel 1 § 30 Abs. 1 UmwG angeglichen worden.

Zu Nummer 12

Die Vorschriften des Aktiengesetzes über die Verschmelzung (§§ 339 bis 358a), die Vermögensübertragung (§§ 359 bis 360) und die formwechselnde Umwandlung (§§ 362 bis 393) sollen in das Umwandlungsgesetz übernommen werden. § 361 wird als § 179a AktG fortgeführt. Die Bestimmungen müssen deshalb an dieser Stelle gestrichen werden.

Zu Nummer 13

Es handelt sich um eine redaktionelle Änderung.

Zu Nummer 14

Der Straftatbestand, der in § 399 Abs. 2 AktG beseitigt werden soll, betrifft einen Fall der formwechselnden Umwandlung und gehört deshalb nicht mehr in das Aktiengesetz.

Die Vorschriften des Aktiengesetzes, die dieser Strafvorschrift zugrunde liegen, werden jedoch nicht in das neue Umwandlungsrecht übernommen: Die Erklärung, die nach § 371 Abs. 2 Satz 1 und 2 sowie Abs. 3 Satz 1 in Verbindung mit § 369 Abs. 2 Satz 2 und 3 sowie Abs. 3 abzugeben sind und deren Unrichtigkeit in § 399 Abs. 2 strafrechtlich sanktioniert ist, werden durch die neue Konzeption des Formwechsels einer AG in eine GmbH überflüssig, weil dieser Fall der Umwandlung nicht mehr der Einstimmigkeit oder einer Neunzehntel-Mehrheit bedarf, sondern mit einer Dreiviertel-Mehrheit beschlossen werden kann (vgl. Artikel 1 § 240 Abs. 1 UmwG).

Soweit Einstimmigkeit in der Hauptversammlung einer formwechselnden Aktiengesellschaft verlangt wird, nämlich beim Formwechsel in eine Gesellschaft des bürgerlichen Rechts oder in eine offene Handelsgesellschaft (vgl. Artikel 1 § 233 Abs. 1 UmwG), können die Erleichterungen für die Beschlußfassung, die jetzt in § 369 Abs. 2 und 3 AktG vorgesehen sind, nicht in das neue Recht übernommen werden, weil in diesen Fällen der Formwechsel zu einer unbeschränkten gesamtschuldnerischen Haftung des Gesellschafters oder Aktionärs für die Verbindlichkeiten der Gesellschaft führt. Dem muß aber jeder betroffene Anteilsinhaber zustimmen.

Entfallen aber die Erklärungen, so wird auch die Strafvorschrift überflüssig.

Zu Nummer 15

(Vgl. § 407 AktG, § 37 KapErhG).

Durch die Neuordnung der Vorschriften über den Unternehmensvertrag (oben unter Nrn. 5 und 6) müssen zunächst die Zitate in § 407 Abs. 1 geändert werden. Ferner ist die Verpflichtung zur Auslage von Urkunden in der Hauptversammlung einer Aktiengesellschaft, die über eine Verschmelzung oder einen Vertrag, der zur Vermögensübertragung verpflichtet, beschließen soll, nunmehr im Umwandlungsgesetz neuer Fassung enthalten. Die entsprechende Vorschrift über die Verhängung eines Zwangsgeldes findet sich in Artikel 1 § 316 Abs. 1 UmwG.

Die Vorschrift, nach der Anmeldungen einer Umwandlung zur Eintragung in das Handelsregister nicht durch ein Zwangsgeld erzwungen werden können, ist jetzt Artikel 1 § 316 Abs. 2 UmwG. Die sie betreffenden Vorschriften müssen im Aktiengesetz gestrichen werden, wie dies für die GmbH-Verschmelzung durch die Aufhebung des § 37 Abs. 2 KapErhG geschehen ist.

Zu Artikel 7 — Änderung des Genossenschaftsgesetzes

Auch im Genossenschaftsgesetz müssen die Vorschriften über die Verschmelzung gestrichen werden *(Nummer 1)*, weil sie sachlich in das Umwandlungsgesetz übernommen werden sollen.

Die Änderung des § 156 Abs. 1 Satz 2 durch *Nummer 2* des Artikels 7 ist erforderlich, weil die Bekanntmachung von Eintragungen im Falle der Verschmelzung und der formwechselnden Umwandlung jetzt ebenfalls im Umwandlungsgesetz geregelt werden soll.

Zu Artikel 8 — Änderung des Versicherungsaufsichtsgesetzes

In dem neuen § 14a sind die schon bisher geltenden Genehmigungsvorbehalte für Verschmelzungen, Vermögensübertragungen und formwechselnde Umwandlungen (vgl. § 44a Abs. 2 Satz 4, § 44b Abs. 9, § 44c Abs. 3 Satz 1, § 53a Abs. 1 Satz 2 VAG, § 385d Abs. 7 AktG) zusammengefaßt. Für die neuen Möglichkeiten der Umwandlung soll dieses Erfordernis im Interesse der Versicherten ebenfalls gelten *(Nummer 1)*.

Auch im Versicherungsaufsichtsgesetz müssen die Vorschriften über Verschmelzung und Vermögensübertragung gestrichen werden *(Nummer 2)*.

Die *Nummer 3* enthält redaktionelle Folgeänderungen.

Zu Artikel 9 — Änderung des Publizitätsgesetzes

Es handelt sich auch hier um eine Anpassung der Terminologie.

Zu Artikel 10 — Änderung des Kreditwesengesetzes

Die Änderung des Kreditwesengesetzes soll es den sogenannten Freien Sparkassen ermöglichen, nach einer Umwandlung aus der Rechtsform des Vereins oder der Stiftung durch Ausgliederung des Kreditgeschäfts in eine Kapitalgesellschaft die Bezeichnung „Sparkasse" weiterzuführen. Damit soll ein weiterer Anreiz gegeben werden, die im Wirtschaftsleben sonst unüblichen Rechtsformen des Vereins oder der Stiftung aufzugeben. Gleichzeitig soll aber auch die Fortführung eines traditionsreichen Firmenbestandteils ermöglicht werden. Die Vorschrift geht als speziellere Regelung dem in Artikel 1 § 125 UmwG für Ausgliederungen allgemein vorgesehenen Ausschluß der Bestimmung in § 18 Abs. 1 Satz 1 UmwG über die Firmenfortführung vor.

Zu Artikel 11 — Änderung des Gesetzes gegen Wettbewerbsbeschränkungen

Auch in diesem Gesetz sind terminologische Anpassungen erforderlich. Da die Verschmelzung unter den Begriff der Umwandlung fallen soll, genügt es, den Oberbegriff zu verwenden.

Als Register kommt nunmehr zusätzlich das Vereinsregister in Betracht. Deshalb soll nur noch die Eintragung „in das zuständige Register" erwähnt werden.

Zu Artikel 12 — Änderung von Mitbestimmungsgesetzen

In § 15 Abs. 1 Satz 1 des Mitbestimmungsergänzungsgesetzes sowie in § 32 Abs. 1 Satz 1 des Mitbestimmungsgesetzes 1976 ist wiederum jeweils neben der Umwandlung die Verschmelzung erwähnt. Dies muß der neuen Terminologie angepaßt werden.

Damit ist auch eine materielle Änderung verbunden: Über die bisher schon existierenden und vom geltenden Recht damit erfaßten Arten der Umwandlung hinaus muß der Aufsichtsrat auch bei den neuen Arten der Umwandlung der Entscheidung des Vertretungsorgans zustimmen, also insbesondere auch bei den drei Formen der Spaltung, und zwar nach den Sätzen 2 des § 15 Abs. 1 des Mitbestimmungsergänzungsgesetzes und des § 32 Abs. 1 des Mitbestimmungsgesetzes 1976 nur mit den Stimmen der Anteilseigner.

Zu Artikel 13 — Änderung des Betriebsverfassungsgesetzes

Das neue Umwandlungsgesetz eröffnet in seinem Dritten und Vierten Buch die Möglichkeit, Rechtsträger durch Spaltung oder Teilübertragung real zu teilen. Eine solche Spaltung kann dazu führen, daß auch Betriebe im Sinne des Betriebsverfassungsrechts geteilt werden; denn im Vertrag über die Spaltung oder Teilübertragung oder im Spaltungsplan können die Gegenstände des Gesellschaftsvermögens den übernehmenden oder neuen Unternehmensträgern nach Belieben zugewiesen werden.

Daraus ergibt sich ein besonderes Informationsinteresse der Arbeitnehmer. Dem soll durch die vorgeschlagenen Ergänzungen des Betriebsverfassungsgesetzes Rechnung getragen werden, und zwar durch Unterrichtung sowohl des Wirtschaftsausschusses als auch des Betriebsrats.

Ein solches Informationsinteresse der Arbeitnehmervertretung ist schon bei der Verabschiedung des Gesetzes über die Spaltung der von der Treuhandanstalt verwalteten Unternehmen vom 5. April 1991 durch dessen § 2 Abs. 4 von den gesetzgebenden Körperschaften anerkannt worden.

Zu Artikel 14 — Änderung des Gerichtsverfassungsgesetzes

Das Gerichtsverfassungsgesetz ist zu ergänzen, um es an die neuen Bestimmungen des Umwandlungsgesetzes anzupassen.

Soweit Artikel 1 §§ 313 bis 315 UmwG bereits bestehende Strafvorschriften übernimmt, bestand schon nach geltendem Recht für solche Straftaten die Zuständigkeit der Wirtschaftsstrafkammer. Die Ergänzung des § 74 Abs. 1 Nr. 1 GVG in *Nummer 1* trägt dem Umstand Rechnung, daß die entsprechenden Strafsanktionen nunmehr im Umwandlungsgesetz zusammengefaßt sind. Darüber hinaus ist es sachgerecht, die Zuständigkeit der Wirtschaftsstrafkammer auch für die neuen Strafsanktionen in Artikel 1 §§ 313 bis 315 UmwG vorzusehen. Hiermit wird einer Anregung der Landesjustizverwaltungen entsprochen.

Das Spruchverfahren ist der Kammer für Handelssachen zugewiesen (vgl. Artikel 1 § 306 Abs. 2 UmwG). Deshalb muß § 95 Abs. 2 GVG ergänzt werden *(Nummer 2)*. Dasselbe gilt für die Bestellung von Prüfern bei den verschiedenen Umwandlungsarten für die Prüfung von Umtauschverhältnis und Abfindung (vgl. Artikel 1 §§ 10, 30 UmwG).

Zu Artikel 15 — Änderung des Rechtspflegergesetzes

Da Verschmelzung und Vermögensübertragung, die jetzt in § 17 Nr. 1 Buchstabe c RPflG nebeneinander genannt sind, nach dem neuen Umwandlungsrecht als Fälle der Umwandlung anzusehen sind, genügt es, den letzteren Begriff im Gesetzestext zu nennen. Damit sollen zugleich die neu zugelassenen Umwandlungsvorgänge, insbesondere also auch die drei Arten der Spaltung, erfaßt werden, weil diese wegen des Sachzusammenhangs und der gleichrangigen rechtlichen Bedeutung der Sachverhalte bei der Regelung der funktionellen Zuständigkeit für die Eintragung nicht anders behandelt werden können als die anderen Fälle der Umwandlung.

Zu Artikel 16 — Änderung des Gesetzes über die Angelegenheiten der freiwilligen Gerichtsbarkeit

Zu Nummer 1

Es handelt sich um eine Folgeänderung aus Artikel 5 und Artikel 1. Für alle Fälle der Umwandlung, in denen den Anteilsinhabern auf Verlangen die Abschrift eines Vertrages oder eines Planes und des Umwandlungsbeschlusses erteilt werden muß (vgl. Artikel 1 § 13 Abs. 3 Satz 3, § 125 Satz 1, § 176 Abs. 1, § 177 Abs. 1, § 178 Abs. 1, § 179 Abs. 1, § 180 Abs. 1, § 184 Abs. 1, § 186 Satz 1, § 18C Abs. 1, § 189 Abs. 1, § 193 Abs. 3 Satz 2 UmwG), ist vorgesehen, daß die Mitglieder des Vertretungsorgans oder gegebenenfalls die Abwickler hierzu durch Zwangsgeld angehalten werden können. Dieses Zwangsgeld muß jedoch vorher angedroht werden. Deshalb ist § 132 Abs. 1 Satz 1 FGG entsprechend zu ändern und zu ergänzen.

Zu Nummer 2

Die Zuständigkeit des Amtsgerichts, die bisher für die Bestellung eines Prüfers oder eines besonderen Vertreters oder für die Festsetzung der Vergütung des Prüfers oder dieses Vertreters bei Verschmelzungsvorgängen nach dem Aktiengesetz und dem Kapitalerhöhungsgesetz besteht, wird auf das Landgericht oder das Prozeßgericht übertragen (vgl. Artikel 1 § 10 Abs. 2 und § 26 Abs. 1 Satz 2 UmwG). Deshalb sind die Angaben über die Zuständigkeit des Amtsgerichts im FGG insoweit zu streichen. Entsprechendes gilt für das Zitat aus dem Kapitalerhöhungsgesetz.

Zu Artikel 17 — Änderung des Gerichtskostengesetzes

Die Änderungen regeln die gerichtskostenrechtlichen Folgen des in Artikel 1 § 16 Abs. 3 UmwG und den auf ihn verweisenden Vorschriften (vgl. Artikel 1 §§ 125, 176 Abs. 1, § 177 Abs. 1, § 178 Abs. 1, § 179 Abs. 1, § 180 Abs. 1, § 184 Abs. 1, § 186 Satz 1, § 188 Abs. 1, § 189 Abs. 1, § 198 Abs. 3) sowie in Artikel 6 Nr. 9 Buchstabe c (§ 319 Abs. 6 AktG) neu eingefügten besonderen Verfahrens.

Zu Nummer 1

In § 20 Abs. 4 Satz 1 GKG wird die Wertberechnung grundsätzlich in das Ermessen des Gerichts gestellt, jedoch sieht Satz 2 hierbei eine Obergrenze vor, die der Regelung in § 247 Abs. 1 Satz 2 AktG für Anfechtungsklagen gegen Hauptversammlungsbeschlüsse von Aktiengesellschaften vergleichbar ist.

Zu Nummer 2

Die neu eingefügte Nummer 1141 des Kostenverzeichnisses sieht eine volle Gebühr für das gesamte Verfahren vor. Eine Gebühr für die Entscheidung, die in ähnlichen Verfahren gesondert anfällt, soll von der Verfahrensgebühr mit abgegolten sein.

Zu Artikel 18 — Änderung der Bundesgebührenordnung für Rechtsanwälte

Auch diese Änderung ist durch den neuen Rechtsbehelf in Artikel 1 § 16 Abs. 3 UmwG sowie in Artikel 6 Nr. 9 Buchstabe c (§ 319 Abs. 6 AktG) veranlaßt (vgl. auch die Begründung zu Artikel 17). Für dieses besondere Verfahren sieht die Regelung grundsätzlich die Geltung von § 31 BRAGO vor, begrenzt jedoch die dort bestimmten Gebühren auf die Hälfte, um hierdurch der geringeren Bedeutung dieses Rechtsbehelfs gegenüber der vom Streitgegenstand her verwandten Klage gegen die Wirksamkeit des Verschmelzungs-, Spaltungs- oder Umwandlungsbeschlusses Rechnung zu tragen.

Zu Artikel 19 — Inkrafttreten

Auch das Bereinigungsgesetz soll wie das neue Umwandlungsgesetz selbst zu Beginn eines Kalenderjahres in Kraft treten.

II. Stellungnahme des Bundesrates (BT-Drucks. 12/7265 v. 14. 4. 1994)

1. **Zu dem Gesetzentwurf im ganzen**

Mit dem Gesetzentwurf sollen die bereits bestehenden gut 40 Möglichkeiten der Umwandlung von Unternehmen um mehr als 70 Varianten ergänzt werden. Schwerpunkt des Gesetzentwurfs bilden die verschiedenen Möglichkeiten der Unternehmensspaltung. Die vorgesehenen Regelungen würden es den Unternehmen in vielfältiger Weise ermöglichen, Mitbestimmungsregelungen auszuweichen bzw. die Mitbestimmungsrechte der Arbeitnehmer zu vermindern.

Zwar greift der Gesetzentwurf nicht unmittelbar in die für die Mitbestimmung auf Unternehmensebene geltenden Gesetze ein. Zu einer mittelbaren Beeinträchtigung der Mitbestimmungsrechte wird es jedoch bei den Arten der Umwandlung kommen, die bisher im Umwandlungsrecht nicht vorgesehen waren oder in denen die Umwandlung gegenüber dem geltenden Recht erleichtert wird. Bei den drei Arten der Spaltung können die für die Mitbestimmung entscheidenden Grenzen der Arbeitnehmerzahl von 500 für die Drittelparität bei der GmbH (Betriebsverfassungsgesetz 1952) und 2 000 bei der paritätischen Mitbestimmung in Großunternehmen (Mitbestimmungsgesetz 1976) unterschritten werden.

Bei Unterschreitung der Grenze von 500 Arbeitnehmern in der Gesellschaft mit beschränkter Haftung fällt die Mitbestimmung auf Unternehmensebene ersatzlos weg.

Bei der Unterschreitung der Grenze von 2 000 Arbeitnehmern wird die Konzernklausel in § 5 des Mitbestimmungsgesetzes 1976 den Wegfall der Mitbestimmung nicht in allen Fällen verhindern.

Der Bundesrat teilt nicht die Auffassung, daß eine Reduzierung der Mitbestimmung nur in Einzelfällen zu erwarten sei. Es ist vielmehr anzunehmen, daß von dem erheblich ausgeweiteten Spektrum an Umwandlungsmöglichkeiten auch Gebrauch gemacht wird. Der Entwurf fördert damit die Flucht aus der Unternehmensmitbestimmung.

Durch Beibehaltungsregelungen muß sichergestellt werden, daß sich der bestehende Mitbestimmungsstatus durch Unternehmensumwandlungen nicht verschlechtert. Für eine Mitbestimmungssicherung kommen mehrere Lösungsmöglichkeiten in Betracht. So bietet sich zunächst die Möglichkeit einer gesetzlichen Sicherung der Mitbestimmung an, wie sie auch von der Bundesregierung erwogen worden ist. Der Bundesrat weist aber auch auf den Vorschlag hin, die Fortgeltung bestehender Mitbestimmungsstrukturen durch eine Öffnungsklausel und den Abschluß entsprechender Tarifverträge zu ermöglichen.

Diese Beibehaltungsregelungen müßten mindestens für eine Übergangszeit gelten.

Auch die Mitbestimmungsrechte des Betriebsrats sind in mannigfacherweise von der Größe des Betriebes abhängig. Ab einer Beschäftigtenzahl von 20 Arbeitnehmern besteht Sozialplanpflicht, ab einer Mitarbeiterzahl von 100 Arbeitnehmern muß ein Wirtschaftsausschuß gebildet werden und ab einer Beschäftigtenzahl von 300 Arbeitnehmern wird ein Betriebsratsmitglied für die Betriebsratstätigkeit von seiner beruflichen Arbeit vollständig freigestellt. Diese Schwellenwerte für die Anwendung des Betriebsverfassungsgesetzes werden durch den Gesetzentwurf in erheblicher Weise tangiert und die Mitbestimmung auf betrieblicher Ebene gemindert und erschwert. Über die im Gesetzentwurf enthaltene Regelung zum Übergangsmandat hinaus sollten deshalb auch für den Bereich der Betriebsverfassung gesetzlich abgesicherte Beibehaltungsregelungen durch Betriebsvereinbarung, Gesamtbetriebsvereinbarung und Konzernbetriebsvereinbarung erwogen werden.

Für die einzelnen Arbeitnehmer birgt einer der häufigsten Formen der Umwandlung, die Aufspaltung in eine Besitz- und eine Betriebsgesellschaft, die Gefahr, das Vermögen der Besitzgesellschaft als Haftungsmasse zu verlieren. Die Nachhaftungsansprüche sind nicht befriedigend geregelt, wie auch die im einzelnen zu diskutierenden Änderungsvorschläge des Bundesministers für Arbeit und Sozialordnung belegen.

Der Bundesrat bittet, die erhobenen Bedenken im weiteren Gesetzgebungsverfahren zu berücksichtigen.

2. **Zu Artikel 1** (UmwG)

Die Bundesregierung wird gebeten zu prüfen, inwieweit eine Verbesserung der Umwandlungsmöglichkeiten für Einzelunternehmen ohne Handelsregistereintragung möglich ist.

Begründung

Nach dem Gesetzentwurf können bei den verschiedenen Formen der Umwandlung (Verschmelzung, Spaltung, Vermögensübertragung und Formwechsel) Einzelunternehmen ohne Handelsregistereintragung nur bei der Spaltung als Einzelkaufleute (vgl. § 124 Abs. 1 UmwBerG) beteiligte Rechtsträger sein. Eine Verbesserung des bisherigen Rechtszustandes, nachdem Einzelunternehmen ohne Handelsregistereintragung nicht umwandlungsfähig sind, ist somit weitgehend nicht erreicht worden. Im Interesse kleiner und mittlerer Unternehmen, die noch keine Handelsregistereintragung erlangt haben oder nicht erreichen können, wäre eine umfassende Eröffnung von Umwandlungsmöglichkeiten wünschenswert.

3. **Zu Artikel 1** (§ 10 Abs. 2 Satz 2 und Abs. 3 UmwG)

In Artikel 1 ist § 10 wie folgt zu ändern:

a) In Absatz 2 Satz 2 ist das Wort „diese" durch die Wörter „deren Vorsitzender" zu ersetzen.

b) Absatz 3 ist wie folgt zu fassen:

„(3) § 306 Abs. 3, § 307 Abs. 1 sowie § 309 gelten entsprechend."

Begründung

Die Bestellung der Verschmelzungsprüfer war bisher in § 340b AktG geregelt. Das Verfahren war gemäß § 145 Abs. 1 FGG dem Amtsgericht im Rahmen eines Verfahrens der freiwilligen Gerichtsbarkeit zugewiesen. Nunmehr soll das Landgericht erstinstanzlich für die Bestellung der Verschmelzungsprüfer zuständig sein. Nachdem im FGG-Verfahren eine dem § 349 ZPO entsprechende Vorschrift über die Entscheidungskompetenz des Vorsitzenden einer Kammer für Handelssachen fehlt, ist vorzusehen, daß dieser über die Bestellung der Verschmelzungsprüfer allein entscheiden kann. Eine solche Regelung dient der Verfahrensvereinfachung. Es ist nicht sachlich geboten, daß die Kammer für Handelssachen in ihrer vollen Besetzung über den Antrag entscheidet. Die bisherige Regelung, wonach der FGG-Richter des Amtsgerichts allein entschieden hat, gab keinen Anlaß zu Beanstandungen. Daher ist eine Entscheidung eines Kollegialgerichts auch nach neuer Rechtslage nicht erforderlich.

In § 10 fehlt die Angabe, nach welchem gerichtlichen Verfahren das Gericht zu entscheiden hat. Bisher war durch die Zuweisung in § 145 Abs. 1 FGG klargestellt, daß es sich um ein Verfahren der freiwilligen Gerichtsbarkeit handelt. Durch die Bezugnahme auf § 306 Abs. 3, § 307 Abs. 1 sowie auf § 309 wird die Konzentrationsermächtigung für die Landesregierungen vorgesehen, das gerichtliche Verfahren bestimmt und der Rechtsmittelzug geregelt.

4. **Zu Artikel 1** (§ 14 Abs. 2 UmwG)

In Artikel 1 sind in § 14 in Absatz 2 nach den Wörtern „zu niedrig bemessen" die Wörter „oder das Umtauschverhältnis nicht hinreichend erläutert worden" einzufügen.

Begründung

Der Ausschluß der Klagemöglichkeit nach § 14 Abs. 2 sollte auch auf den Fall erweitert werden, daß das Umtauschverhältnis nicht hinreichend erläutert worden ist. In der Sache stellt der Streit über die unzureichende Erläuterung des Umtauschverhältnisses in der Regel nichts anderes als den Auftakt zu Forderungen nach einem höher zu bewertenden Umtauschverhältnis dar.

Es gehört daher nicht in das Verfahren über die Wirksamkeit der Verschmelzung als solcher. Die Möglichkeit zur Anfechtung eines strukturverändernden Beschlusses sollte nur aus Gründen zugelassen werden, die sich gegen die Berechtigung der Strukturveränderung als solcher richten. In der bisherigen Praxis hat sich aber gezeigt, daß gerade die Behauptung der unzureichenden Erläuterung des Umtauschverhältnisses zum Anlaß einer Anfechtung der organisationsrechtlichen Entscheidung selbst genommen wird. Etwaigen Informationsmängeln der Aktionäre kann z. B. durch Auskunftsklage abgeholfen werden.

5. **Zu Artikel 1** (§ 26 Abs. 1 Satz 2 UmwG) und **Artikel 16 Nr. 2** (§ 145 Abs. 1 Satz 1 FGG)

a) In Artikel 1 ist in § 26 Abs. 1 Satz 2 das Wort „Prozeßgericht" durch das Wort „Gericht" zu ersetzen.

b) Artikel 16 Nr. 2 ist wie folgt zu fassen:

‚2. In § 145 Abs. 1 Satz 1 werden die Angaben „§ 340b Abs. 2, § 350 Abs. 1 und 4" und „die nach § 29 Abs. 1 und 4 des Gesetzes über die Kapitalerhöhung aus Gesellschaftsmitteln und über die Verschmelzung von Gesellschaften mit beschränkter Haftung," gestrichen und nach dem Wort „Aktiengesetzes" die Angabe „die nach § 26 Abs. 1 und 4, § 206 Satz 2 und 3 des Umwandlungsgesetzes," eingefügt.'

Begründung

Die Bestellung eines besonderen Vertreters nach § 350 Abs. 1 AktG und die Festsetzung seiner Vergütung nach Absatz 4 dieser Vorschrift war gemäß § 145 Abs. 1 FGG dem Amtsgericht im Rahmen eines Verfahrens der freiwilligen Gerichtsbarkeit zugewiesen. Für eine Änderung der Kompetenzzuweisung im neuen Umwandlungsgesetz gibt es keine sachliche Begründung. Für ein Tätigwerden des Prozeßgerichts besteht insofern kein Raum.

Nachdem in § 145 Abs. 1 FGG die Verweisung auf § 350 AktG gestrichen wird, bedarf es der ausdrücklichen Aufnahme von § 26 Abs. 1 und 4 sowie der sachlich vergleichbaren Regelung des § 206 Satz 2 und 3 UmwG in § 145 Abs. 1 FGG.

6. **Zu Artikel 1** (§§ 29, 207, 270 UmwG)

Der Bundesrat bittet, im weiteren Gesetzgebungsverfahren zu prüfen, ob nicht der Begriff „angemessene Barabfindung" durch eine konkretere Formulierung ersetzt werden kann.

Begründung

Die Erfahrungen bei der Umwandlung ehemaliger LPG'en haben gezeigt, daß der Begriff „angemessene Barabfindung" zu Auslegungsschwierigkeiten führt, so daß ein den wirklichen Vermögensverhältnissen Rechnung tragender, konkreterer Wert vorgeschrieben werden sollte.

7. **Zu Artikel 1** (§ 45 Abs. 4, § 157 Abs. 4 und § 224 Abs. 5 UmwG)

In Artikel 1 sind § 45 Abs. 4, § 157 Abs. 4 und § 224 Abs. 5 zu streichen.

Begründung

Der ausdrücklichen Erstreckung der Enthaftungsregelung auf den weiterhin geschäftsführend tätigen Gesellschafter oder Einzelkaufmann bedarf es nicht. Sofern keine weiteren Gesichtspunkte hinzutreten, ist auch dieser Personenkreis von der Enthaftungsregelung erfaßt. Es sollte jedoch der Rechtsprechung überlassen bleiben, ob im Einzelfall (z. B.: bei Vorliegen rechtsmißbräuchlicher Sachverhalte) eine Berufung auf die sehr weitgehende Enthaftungsmöglichkeit, die für alle Schuldverhältnisse Wirkung entfaltet, dem genannten Personenkreis verwehrt bleiben muß. Die möglichen Sachverhaltsgestaltungen sind zu breit gefächert, um für jeden Einzelfall die Aussage treffen zu können, daß die Enthaftungsregelung für die weiterhin geschäftsführend tätigen Gesellschafter oder Einzelkaufleute angemessen erscheint.

8. **Zu Artikel 1** (§ 162 UmwG)

In Artikel 1 ist § 162 wie folgt zu ändern:

a) Absatz 1 ist wie folgt zu fassen:

„(1) Ein Ausgliederungsbericht ist nur erforderlich, wenn die Ausgliederung nach § 164 Abs. 1 der staatlichen Genehmigung bedarf oder wenn sie bei Lebzeiten des Stifters von dessen Zustimmung abhängig ist."

b) In Absatz 2 Satz 1 sind die Wörter „Soweit nach Absatz 1" durch die Wörter „Soweit nach § 164 Abs. 1" zu ersetzen.

c) Absatz 2 Satz 2 ist zu streichen.

Begründung

Zu a)

Klarstellung des Gewollten. Auch nach der Begründung soll ein Ausgliederungsbericht nur erforderlich sein, wenn der Ausgliederungsbeschluß der staatlichen Genehmigung bedarf; diese Frage wird in § 164 Abs. 1 geregelt. Entsprechend der Regelung im Entwurf ist darüber hinaus ein Ausgliederungsbericht erforderlich, wenn die Ausgliederung bei Lebzeiten des Stifters von dessen Zustimmung abhängig ist.

Zu b)

Ob die Ausgliederung der staatlichen Genehmigung bedarf, regelt nicht Absatz 1, sondern § 164 Abs. 1.

Zu c)

Die Regelung greift in die Verfassung der Stiftungen ein, ohne daß ein Regelungsbedürfnis erkennbar wäre. Wenn nach § 163 Abs. 1 für den Ausgliederungsbeschluß die Vorschriften des Stiftungsrechts maßgebend sein sollen, muß dies erst recht für die Erstellung des Ausgliederungsberichtes gelten.

9. **Zu Artikel 1** (§ 163 Abs. 3 UmwG)

In Artikel 1 ist § 163 Abs. 3 wie folgt zu fassen:

„(3) Der Beschluß und die Zustimmungen nach Absatz 1 und 2 bedürfen nicht der notariellen Beurkundung."

Begründung

Ein Bedürfnis für diese Regelung ist nicht ersichtlich. Die Form der notariellen Beurkundung ist nicht einmal für die Errichtung einer Stiftung (vgl. § 81 BGB) oder für Beschlüsse über ihre Aufhebung sowie über die Änderung des Stiftungszwecks vorgeschrieben.

10. **Zu Artikel 1** (§ 164 Abs. 1 und 2 UmwG)

In Artikel 1 ist § 164 wie folgt zu ändern:

a) Absatz 1 ist wie folgt zu fassen:

„(1) Die Ausgliederung bedarf der staatlichen Genehmigung, sofern das Stiftungsrecht dies vorsieht."

b) Absatz 2 ist zu streichen.

Begründung

Zu a)

Die Vorschrift will nach ihrer Begründung die Beantwortung der Frage, ob die Ausgliederung der staatlichen Genehmigung bedarf, dem jeweiligen Stiftungsrecht überlassen. Das sollte im Gesetzestext eindeutig zum Ausdruck kommen. Nach der gegenwärtigen Formulierung würde stets eine Genehmigung erforderlich sein, da das Stiftungsrecht aller Länder die Genehmigungsbedürftigkeit von Satzungsänderungen und Zweckänderungen vorsieht. Für eine so weitgehende, in die Stiftungsautonomie und das Landesstiftungsrecht eingreifende Regelung besteht kein Bedürfnis. Das Landesrecht sieht im Rahmen der Rechtsaufsicht genügend Möglichkeiten der staatlichen Kontrolle einer Ausgliederung vor, denn ein Ausgliederungsbeschluß wird regelmäßig Fragen der Satzungsänderung oder der Erhaltung des Stiftungszwecks aufwerfen.

Zu b)

Wenn sich die Erforderlichkeit der staatlichen Genehmigung nach dem Landesstiftungsrecht beurteilt, so sind auch dessen Regeln für die Erteilung der Genehmigung anzuwenden. Einer zusätzlichen bundesrechtlichen Regelung bedarf es daher nicht. Wie die Begründung zu Recht an dem Beispiel Schleswig-Holsteins hervorhebt, sieht auch das Landesrecht vor, daß derartige Genehmigungen nur bei einer wesentlichen Änderung der Verhältnisse unter Beachtung des Stifterwillens, der die Begünstigung der Destinatäre einschließt, erteilt werden können.

Die Aufgaben des Registergerichtes nach Absatz 3 kann die Stiftungsaufsichtsbehörde ohnehin nicht übernehmen, weil sie auf eine reine Rechtsaufsicht beschränkt ist. Die vorgesehene Soll-Regelung und Begrenzung auf eine Änderung lediglich der wirtschaftlichen Verhältnisse würde die Stiftungsaufsicht zudem sehr einschränken.

11. **Zu Artikel 1** (§§ 258ff. UmwG)

Der Bundesrat bittet die Bundesregierung um Prüfung, ob eingetragenen Genossenschaften aufgrund des Umwandlungsbeschlusses nach diesem Gesetz auch die Möglichkeit zur Erlangung der Rechtsform einer Personengesellschaft eingeräumt werden kann.

Begründung

Besonders die landwirtschaftlichen Betriebe in den neuen Ländern, die sich von landwirtschaftlichen Produktionsgesellschaften in Genossenschaften umgewandelt haben, stellen in zunehmendem Maße fest, daß diese Rechtsform ihren Erwartungen nicht entspricht. Der vorgelegte Gesetzentwurf sieht nur die Umwandlung per Beschluß in die Rechtsform einer Kapitalgesellschaft vor. Erwünscht wäre eine weitergehende Umwandlungsmöglichkeit.

12. **Zu Artikel 1** (§ 301 Abs. 1 UmwG)

In Artikel 1 sind in § 301 Abs. 1 die Wörter „Eine Körperschaft oder Anstalt des öffentlichen Rechts kann" durch die Wörter „Soweit gesetzlich nichts anderes bestimmt ist, kann eine Körperschaft oder Anstalt des öffentlichen Rechts" zu ersetzen.

Begründung

In den Ländern besteht zum Teil das Bedürfnis, daß genossenschaftlich strukturierte Kreditinstitute, die kraft früherer Verleihung des Status einer Körperschaft oder Anstalt des öffentlichen Rechts besitzen, in eine eingetragene Genossenschaft umgewandelt werden. Die Rechtsform der Genossenschaft entspricht der sonst üblichen Struktur solcher Kreditinstitute und würde eine Kooperation unter mehreren Instituten erleichtern. Die Änderung schafft die Voraussetzung dafür, daß die Umwandlung in eine eingetragene Genossenschaft durch Landesrecht normiert werden kann.

13. **Zu Artikel 1** (§ 306 Abs. 2 Satz 2 und 3 — neu — UmwG)

In Artikel 1 sind in § 306 Abs. 2 folgende Sätze 2 und 3 anzufügen:

„Der Vorsitzende einer Kammer für Handelssachen entscheidet

1. über die Abgabe von Verfahren;
2. im Zusammenhang mit öffentlichen Bekanntmachungen;
3. über Fragen, welche die Zulässigkeit des Antrags betreffen;
4. über alle vorbereitenden Maßnahmen für die Beweisaufnahme;
5. in den Fällen des § 308;
6. über Geschäftswert, Kosten, Gebühren und Auslagen;
7. über die einstweilige Einstellung der Zwangsvollstreckung.

Im Einverständnis der Beteiligten kann der Vorsitzende auch im übrigen anstelle der Kammer entscheiden."

Begründung

Im Verfahren der freiwilligen Gerichtsbarkeit entscheidet eine Kammer für Handelssachen in aller Regel nur als Beschwerdegericht (§ 30 Abs. 1 Satz 2 FGG). Im Spruchverfahren wird sie jedoch erstinstanzlich tätig. Im FGG gibt es keine dem § 349 ZPO vergleichbare Vorschrift, die es dem Vorsitzenden erlaubt, in eigener Kompetenz zu entscheiden. Zur Verfahrensvereinfachung ist es notwendig, eine dem § 349 ZPO vergleichbare Vorschrift auch im Spruchverfahren vorzusehen. Der Vorsitzende soll die Möglichkeit erhalten, Entscheidungen, die vor oder nach der Entscheidung in der Hauptsache anfallen, in eigener Kompetenz zu treffen. Eine solche Vorschrift ist zugleich ein Beitrag für ein zügiges Verfahren und entlastet das Gericht.

14. **Zu Artikel 1** (§ 308 Abs. 3 UmwG)

In Artikel 1 ist § 308 Abs. 3 zu streichen.

Begründung

§ 308 Abs. 3 begründet eine erhebliche Abweichung zu grundlegenden verfahrensrechtlichen Grundsätzen. Nebenbeteiligte müssen das Verfahren in der Lage, in der es sich befindet, annehmen. Wird ein Antrag zurückgenommen, kann kein Raum dafür bestehen, daß Nebenbeteiligte die Befugnis erhalten, das Verfahren kraft eigenen Rechts weiterzubetreiben.

Die Regelung des § 308 Abs. 3 führt ferner dazu, daß die sinnvolle Befristung der Antragstellung in § 305 bzw. § 307 Abs. 3 ausgehöhlt würde.

Die Abkehr von bewährten verfahrensrechtlichen Prinzipien ist zum Schutz der Anteilsinhaber nicht erforderlich. Jedem Anteilsinhaber ist es möglich, sich als Antragsteller am gerichtlichen Verfahren zu beteiligen. Selbst wenn ein Berechtigter ursprünglich nicht die Absicht gehabt haben sollte, einen Antrag zu stellen, wird er nach § 307 Abs. 3 von einem anderweitig anhängig gemachten gerichtlichen Verfahren in Kenntnis gesetzt und auf seine verfahrensrechtlichen Möglichkeiten hingewiesen. Wer sich auch danach nicht an dem Verfahren beteiligt, ist nicht schutzwürdig.

15. **Zu Artikel 3** (Änderung des Handelsgesetzbuchs)

Der Bundesrat bittet, im weiteren Gesetzgebungsverfahren zu prüfen, ob im Hinblick auf die von ihm vorgeschlagenen Änderungen zu § 45, § 157 und § 224 UmwG auch § 28 Abs. 3 Satz 2 und § 160 Abs. 3 Satz 2 HGB gestrichen werden sollten.

Begründung

Die Enthaftungsregelungen im Umwandlungsgesetz und im Handelsgesetzbuch sollten wegen der Vergleichbarkeit der Sachverhalte gleichgelagert sein. Im übrigen wird in § 133 Abs. 1 UmwG auf § 28 HGB verwiesen. Eine abweichende Enthaftungsregelung innerhalb des Umwandlungsgesetzes sollte vermieden werden.

Der Bundesrat hat in seiner Entschließung vom 25. Februar 1994 zum Nachhaftungsbegrenzungsgesetz die Gewährung des Enthaftungsprivilegs an ehemalige Gesellschafter einer offenen Handelsgesellschaft, die in die Stellung eines Kommanditisten einrücken, aber nach wie vor geschäftsführend tätig sind, für rechtspolitisch verfehlt erachtet. Der Bundesrat hat den Deutschen Bundestag gebeten, im Rahmen der Neugestaltung des Umwandlungsrechts die beim Nachhaftungsbegrenzungsgesetz getroffene Entscheidung zur Haftung von geschäftsführend tätigen Gesellschaftern nach Änderung der Gesellschaftsform zu korrigieren.

Durch Streichung von § 28 Abs. 3 Satz 2 und § 160 Abs. 3 Satz 2 HGB wird sichergestellt, daß es der Rechtsprechung überlassen bleibt, ob im Einzelfall (z. B.: bei Vorliegen rechtsmißbräuchlicher Sachverhalte) eine Berufung auf die sehr weitgehende Enthaftungsmöglichkeit, die für alle Schuldverhältnisse Wirkung entfaltet, für den weiterhin geschäftsführend tätigen Gesellschafter angemessen erscheint.

16. **Zu Artikel 6 Nr. 8** (§ 306 Abs. 1 und 7 AktG)

Artikel 6 Nr. 8 ist wie folgt zu fassen:

,8. § 306 wird wie folgt geändert:

a) Absatz 1 Satz 2 wird wie folgt gefaßt:

„§ 132 Abs. 1 Satz 2 bis 4 und § 306 Abs. 2 Satz 2 und 3 des Umwandlungsgesetzes sind anzuwenden."

b) In Absatz 7 wird Satz 7 aufgehoben; die bisherigen Sätze 8 und 9 werden die Sätze 7 und 8.'

Begründung

In § 306 Abs. 2 UmwG soll dem Vorsitzenden einer Kammer für Handelssachen für Nebenentscheidungen die alleinige Kompetenz zugewiesen werden.

Das in § 306 AktG vorgesehene Verfahren zur Sicherung der außenstehenden Aktionäre bei Beherrschungs- und Gewinnabführungsverträgen ist dem Spruchstellenverfahren des Umwandlungsgesetzes vergleichbar. Daher sollten die beiden Verfahren auch inhaltlich gleich ausgestaltet sein. Deshalb wird die Entscheidungskompetenz des Vorsitzenden einer Kammer für Handelssachen auch in dem aktienrechtlichen Verfahren vorgesehen.

17. **Zu Artikel 10 Nr. 2** (§ 40 Abs. 1 Nr. 3 KWG)

In Artikel 10 Nr. 2 ist in § 40 Abs. 1 die Nummer 3 wie folgt zu fassen:

„3. Unternehmen, die durch Umwandlung der in Nummer 2 bezeichneten Unternehmen neu gegründet wurden, solange sie aufgrund ihrer Satzung im Umfange wie vor der Umwandlung sparkassenspezifische Merkmale — insbesondere eine am Gemeinwohl orientierte Aufgabenstellung und eine Beschränkung der wesentlichen Geschäftstätigkeit auf den Wirtschaftsraum, in dem das Unternehmen seinen Sitz hat — aufweisen, mit den Verbundunternehmen der Sparkassenorganisation zusammenarbeiten und Mitglied eines regionalen Sparkassen- und Giroverbandes sind, der Mitglied des Deutschen Sparkassen- und Giroverbandes ist."

Begründung

Nach dem Gesetzentwurf kann ein Kreditinstitut die Bezeichnung „Sparkasse" auch dann weiterführen, wenn die Umwandlung eine vollständige Abkehr von den Wesensmerkmalen einer Sparkasse mit sich bringt. Dies bedeutet, daß beispielsweise auch eine Aktiengesellschaft die Bezeichnung „Sparkasse" führen könnte. Aus Gründen der Rechtssicherheit sollte diese Bezeichnung jedoch nur dann Verwendung finden, wenn auch nach einer Umwandlung elementare sparkassentypische Merkmale wie die Regionalität der Aufgabenstellung, die Gemeinwohlorientierung, die

Zusammenarbeit mit den Verbundunternehmen der Sparkassenorganisation sowie die Mitgliedschaft in einem regionalen Sparkassen- und Giroverband gegeben sind. Andernfalls sollte der Namensbestandteil „Sparkasse" entfallen.

18. **Zum Gesetzentwurf insgesamt**

Der Bundesrat bittet die Bundesregierung, im weiteren Verlauf des Gesetzgebungsverfahrens zu prüfen, ob eine gesetzliche Regelung getroffen werden könnte, die sicherstellt, daß künftig die Umwandlung eines Unternehmens der Festsetzung einer Geldbuße gegen eine juristische Person oder eine Personenvereinigung nach § 30 OWiG nicht entgegensteht.

Nach § 30 Abs. 1 OWiG kann gegen eine juristische Person oder eine Personenvereinigung unter bestimmten Voraussetzungen im Rahmen eines Bußgeldverfahrens eine Geldbuße festgesetzt werden, sofern eines ihrer vertretungsberechtigten Organe bzw. ein Gesellschafter oder ein Vorstandsmitglied eine Straftat oder Ordnungswidrigkeit begangen hat, durch die entweder Pflichten, welche die juristische Person oder die Personenvereinigung treffen, verletzt worden sind, oder die juristische Person oder die Personenvereinigung bereichert worden ist oder werden sollte. Der Zweck dieser Regelung liegt in erster Linie darin, Vorteile abzuschöpfen, die einer juristischen Person, einem nichtrechtsfähigen Verein oder einer Personenhandelsgesellschaft durch eine in ihrem Interesse begangene Straftat oder Ordnungswidrigkeit zugeflossen sind. Gleichzeitig sollen deren Organe und Vertreter sowie die Aufsichtsgremien dazu angehalten werden, bestimmte Rechtsverstöße innerhalb des Unternehmens zu verhindern; die Regelung trägt dem Umstand Rechnung, daß juristische Personen und Personenvereinigungen nur durch ihre Organe zu handeln imstande sind und damit nicht den Sanktionsmöglichkeiten ausgesetzt wären, die als Folge von zu ihren Gunsten begangenen Zuwiderhandlungen eintreten könnten. Dies würde zu einer nicht gerechtfertigten Besserstellung juristischer Personen und Personenvereinigungen gegenüber natürlichen Personen führen. Der Regelung des § 30 OWiG kommt daher erhebliche Bedeutung insbesondere bei der Ahndung von Straftaten und Ordnungswidrigkeiten im Wirtschaftsbereich zu.

§ 30 OWiG enthält derzeit allerdings keine ausdrückliche Regelung, ob und in welchem Umfang Geldbußen auch gegen solche juristischen Personen und Personenvereinigungen festgesetzt werden können, die nach der Begehung der Tat durch eines ihrer Organe umgewandelt worden sind. Soweit ersichtlich, liegt zu dieser Frage bisher lediglich eine höchstrichterliche Entscheidung des Bundesgerichtshofs aus dem Jahre 1986 vor (Beschluß vom 11. März 1986 — KRB 8/85-WuW/E-BGH 2265). In dieser Entscheidung stellte der BGH fest, daß allein ein Wechsel der Rechtsform eines Unternehmens der Festsetzung einer Geldbuße grundsätzlich nicht entgegensteht, wenn das Unternehmen der Sache nach dasselbe geblieben ist. Danach könnte auch im Falle einer Verschmelzung gegen den übernehmenden Rechtsträger eine Geldbuße festgesetzt werden, sofern das „haftende Vermögen" im Zeitpunkt der Entscheidung in gleicher oder ähnlicher Weise wie bisher eingesetzt würde und in der neuen juristischen Person einen wesentlichen Teil des Gesamtvermögens ausmacht. Die Feststellung, ob das Vermögen des übertragenden Rechtsträgers von wesentlicher Bedeutung für das Gesamtvermögen des übernehmenden Rechtsträgers ist, stößt in der Praxis auf erhebliche Schwierigkeiten.

Die mit dem Gesetzentwurf beabsichtigte Erleichterung der Umwandlung von Unternehmen kann die dargestellten Schwierigkeiten bei der Festsetzung von Geldbußen nach § 30 OWiG erheblich ausweiten, weil zum einen die Zahl der Umwandlungsfälle steigt und zum anderen neue Umwandlungsformen hinzukommen.

In Fällen der Verschmelzung sowie der Vermögensübertragung in Form der Vollübertragung werden auch in Zukunft die beschriebenen Auslegungsprobleme bestehen bleiben. Bei der Umwandlung durch Aufspaltung oder entsprechende Vermögensteilübertragung wäre eine Anwendung des § 30 OWiG gänzlich ausgeschlossen.

Im Falle der Abspaltung und der Ausgliederung wäre andererseits zwar weiterhin die Festsetzung einer Geldbuße gegen den fortbestehenden übertragenden Rechtsträger möglich. Es widerspräche jedoch einem der Normzwecke des § 30 OWiG, eine Abschöpfung der Vorteile zu ermöglichen, die der juristischen Person oder Personenvereinigung durch die Straftat oder Ordnungswidrigkeit entstanden sind, wenn ganz überwiegende Vermögensteile infolge der Umwandlung nicht mehr dem übertragenden Rechtsträger gehören. Auch in diesen Fällen wäre es daher notwendig, eine dem Normzweck des § 30 OWiG entsprechende Sanktionsregelung zu treffen. Um die Durchsetzung der Regelungsziele des § 30 OWiG auch zukünftig zu ermöglichen und bereits jetzt bestehende Schwierigkeiten bei der Anwendung dieser Vorschrift zu beseitigen, ist eine entsprechende Ergänzung des Gesetzentwurfs im Sinne des § 30 OWiG erforderlich.

III. Gegenäußerung der Bundesregierung (BT-Drucks. 12/7265 v. 14. 4. 1994)

Zu Nummer 1

Die Bundesregierung hält eine Aufnahme mitbestimmungssichernder Vorschriften in den vorliegenden Gesetzentwurf nicht für veranlaßt. Die nach geltendem Recht möglichen Umwandlungen können bereits jetzt im Einzelfall Änderungen des Mitbestimmungsregimes bei den beteiligten Unternehmen zur Folge haben. Der Entwurf vereinheitlicht lediglich die geltenden Regelungen. Auch Spaltungsvorgänge waren schon bisher durch Einzelrechtsübertragungen möglich. Sie sollen künftig lediglich durch die Einführung der Gesamtrechtsnachfolge rechtstechnisch vereinfacht werden.

Im Laufe des weiteren Gesetzgebungsverfahrens soll noch geprüft werden, in welchem Umfang Ansprüche nach dem Betriebsrentenrecht in die Haftungsregelung des Artikels 1 § 134 einbezogen werden sollen, insbesondere inwieweit die Regelung auf Ansprüche zu erstrecken ist, die vor der Spaltung begründet worden sind.

Zu Nummer 2

Nach Auffassung der Bundesregierung besteht kein Bedürfnis, auch für Einzelunternehmen ohne Handelsregistereintragung Umwandlungsmöglichkeiten vorzusehen.

In aller Regel werden solche Unternehmen nicht über ein so umfangreiches Betriebsvermögen verfügen, daß Erleichterungen der Vermögensübertragung durch Gesamtrechtsnachfolge geboten erscheinen. Einzelunternehmern ist ohne weiteres die Gründung einer Einmann-GmbH im Wege der Sachgründung oder zusammen mit weiteren Gesellschaftern die Gründung einer Personenhandelsgesellschaft möglich.

Zur Klarstellung ist darauf hinzuweisen, daß nach dem Entwurf auch die Ausgliederung aus dem Vermögen eines Einzelkaufmanns nur zulässig ist, wenn dieser im Handelsregister eingetragen ist (vgl. Artikel 1 § 152 UmwG).

Zu Nummer 3

Die Bundesregierung stimmt dem Vorschlag zu.

Zu Nummer 4

Die Bundesregierung widerspricht der vorgeschlagenen Erweiterung des Ausschlusses der Anfechtungsklage in Artikel 1 § 14 Abs. 2 UmwG. Eine weitergehende Einschränkung des Anfechtungsrechts erscheint nur vertretbar, wenn der betreffende Anteilseigner auf andere Weise sein Anliegen verfolgen kann. Ob dazu eine besondere Auskunftsklage geeignet ist, erscheint zweifelhaft. Auch das Spruchverfahren bietet keine ausreichende Möglichkeit, da im konkreten Fall nicht sicher ist, daß dieses Verfahren im Ergebnis zu einer Verbesserung des Umtauschverhältnisses führt. Im übrigen sieht der Entwurf zur Überwindung einer etwaigen Blockade von Verschmelzungsvorhaben durch mißbräuchliche Anfechtungsklagen in Artikel 1 § 16 Abs. 3 UmwG einen besonderen neuen Rechtsbehelf vor.

Zu Nummer 5

Die Bundesregierung stimmt dem Vorschlag zu.

Zu Nummer 6

Die Bundesregierung hält an dem Begriff „angemessene Barabfindung" fest. Er bezieht sich in dem vorliegenden Gesetzentwurf auf alle Rechtsformen und ist im Gesellschaftsrecht ein seit langem eingeführter Terminus.

Die Feststellung, welche Barabfindung als angemessen anzusehen ist, kann nur im konkreten Einzelfall erfolgen. Ein wesentlicher Hinweis dazu ist der Vorschrift in Artikel 1 § 30 UmwG zu entnehmen (die in Verbindung mit Artikel 1 § 208 UmwG auch für den Formwechsel gilt). Danach muß die Barabfindung die Verhältnisse des übertragenden Rechtsträgers im Zeitpunkt der Beschlußfassung über die Umwandlung berücksichtigen.

Zu Nummer 7

Die Bundesregierung widerspricht der vorgeschlagenen Streichung.

Zwar war es für den Bereich des Umwandlungsrechts auch nach der Rechtsprechung bisher unstreitig, daß die Enthaftung auch einem vor der Umwandlung persönlich haftenden Gesellschafter zugute kommt, der in der umgewandelten Gesellschaft geschäftsführend tätig bleibt oder wird. Abweichend von der Rechtsprechung ist aber in § 160 Abs. 3 Satz 2 HGB durch das Nachhaftungsbegrenzungsgesetz nunmehr ausdrücklich die Enthaftung des geschäftsleitenden Kommanditisten geregelt worden. Durch die Regelung in Artikel 1 § 45 Abs. 4, § 157 Abs. 4 und § 224 Abs. 5 UmwG soll der Umkehrschluß vermieden werden, in Umwandlungsfällen gelte etwas anderes.

Ein Mißbrauch dieser Enthaftungsregelung ist bisher nicht bekannt geworden. Sollte die Rechtsprechung im Einzelfall Veranlassung dafür sehen, könnte eine Weiterhaftung gleichwohl auf anderer Grundlage (z. B. nach den Grundsätzen der Rechtsscheinhaftung) bejaht werden.

Zu Nummer 8

Die Bundesregierung stimmt dem Vorschlag zu.

Zu Nummer 9

Die Bundesregierung stimmt der Änderung nicht zu. Der Entwurf sieht aus Gründen der Rechtssicherheit für alle Umwandlungsformen und für alle Rechtsträger die notarielle Beurkundung des jeweiligen Umwandlungsbeschlusses vor (vgl. Begründung zu Artikel 1 § 13 Abs. 3 Satz 1 UmwG). Von dieser Regelung sollte auch bei der Ausgliederung durch eine Stiftung keine Ausnahme gemacht werden.

Zu Nummer 10

Die Bundesregierung stimmt dem Vorschlag zu.

Zu Nummer 11

Die Bundesregierung weist zunächst darauf hin, daß der Entwurf für eingetragene Genossenschaften Möglichkeiten der Umwandlung in Personenhandelsgesellschaften durch Verschmelzung oder Spaltung bereits vorsieht. Lediglich die Möglichkeit eines bloßen Formwechsels ist nicht geregelt. Dafür hat sich bislang auch kein allgemeines Bedürfnis gezeigt. Nach Auffassung der Bundesregierung könnte diese Möglichkeit — eventuell befristet — aber Genossenschaften in den neuen Bundesländern, die aus der Umwandlung einer früheren LPG hervorgegangen sind, durch eine Änderung des Landwirtschaftsanpassungsgesetzes eingeräumt werden, die in das Gesetz zur Bereinigung des Umwandlungsrechts als zusätzlicher Artikel aufgenommen werden könnte.

Zu Nummer 12

Die Bundesregierung stimmt dem Vorschlag zu.

Zu Nummer 13

Die Bundesregierung stimmt dem Vorschlag zu.

Zu Nummer 14

Die Bundesregierung stimmt der vorgeschlagenen Streichung nicht zu.

Für außenstehende Aktionäre, die nicht selbst Antragsteller sind und deren Rechte durch einen gemeinsamen Vertreter wahrgenommen werden, haben die für die Antragsteller vorgeschriebenen Fristen in Artikel 1 §§ 305 und 307 Abs. 3 UmwG ohnehin keine Bedeutung, so daß die Gefahr einer Aushöhlung dieser Regelungen nicht erkennbar ist. Aus den in der Begründung zu Artikel 1 § 308 Abs. 3 UmwG aufgeführten Erwägungen hält die Bundesregierung die Beibehaltung der Vorschrift im Hinblick auf den Grundsatz der Gleichbehandlung der Anteilseigner für zweckmäßig.

Zu Nummer 15

Die Bundesregierung widerspricht dem in der Prüfungsbitte zum Ausdruck gebrachten Streichungswunsch. Die Auffassung der Rechtsprechung, wonach einem zunächst persönlich haftenden Gesellschafter einer offenen Handelsgesellschaft, der im Rahmen einer Umstrukturierung der Gesellschaft in eine GmbH & Co. KG in die Kommanditistenstellung zurücktritt und in der Komplementär-GmbH Geschäftsführer wird oder sonst Einfluß auf die Gesellschaft behält, keine Enthaftung gewährt wird, wird im gesellschaftsrechtlichen Schrifttum zu Recht als Wertungswiderspruch zu den Umwandlungsfällen kritisiert. Dieser Wertungswiderspruch ist durch das Nachhaftungsbegrenzungsgesetz gerade erst beseitigt worden. Eine Rückgängigmachung dieser Regelung wäre ein rechtspolitisch verfehlter Zick-Zack-Kurs des Gesetzgebers. Auch in diesen Fällen ist die Rechtsprechung nicht gehindert, bei rechtsmißbräuchlichen Sachverhalten einem ehemaligen persönlich haftenden Gesellschafter die Enthaftung zu verwehren.

Zu Nummer 16

Die Bundesregierung stimmt dem Vorschlag zu.

Zu Nummer 17

Die Bundesregierung lehnt die vorgeschlagene Änderung ab.

Die vorgeschlagenen Kriterien sind in der Mehrzahl zu unbestimmt und daher auslegungsbedürftig. Sie erscheinen nicht zur Beurteilung geeignet, ob die Bezeichnung „Sparkasse" nach einer Umwandlung weitergeführt werden kann. Der Vorschlag läuft darauf hinaus, dies in der Regel zu verhindern. Damit würde der mit Artikel 10 verfolgte Zweck ins Gegenteil verkehrt. Im übrigen erscheint es ordnungspolitisch verfehlt, ausdrücklich nur die Mitglieder bestimmter Organisationen zu privilegieren.

Zur Berichtigung eines Redaktionsversehens weist die Bundesregierung darauf hin, daß in Artikel 10 Nr. 2 § 40 Abs. 1 Nr. 3 KWG das Wort „wurden" durch das Wort „werden" zu ersetzen ist.

Zu Nummer 18

Nach Auffassung der Bundesregierung handelt es sich um eine Problematik, die in der Praxis keine besondere Bedeutung hat. Auf Grund der in der Begründung für die Prüfungsbitte erwähnten BGH-Rechtsprechung ist grundsätzlich sichergestellt, daß die Möglichkeit der Festsetzung einer Geldbuße gegen ein Unternehmen durch den Wechsel seiner Rechtsform und in Fällen der Unternehmensübernahme nicht verhindert wird. Für sonstige Fälle — wie z. B. den der Abspaltung oder der Ausgliederung von Unternehmensteilen — eine dem Bestimmtheitsgrundsatz hinreichend entsprechende Regelung zu treffen, wäre außerordentlich schwierig. Eine solche Regelung erscheint aber auch nicht erforderlich, da Fälle, in denen fortbestehende übertragende Unternehmen in Folge der Abspaltung oder Ausgliederung von Unternehmensteilen vermögenslos werden und deshalb eine Geldbuße nicht bezahlen können, nur äußerst selten vorkommen und in der Praxis keine Bedeutung haben dürften.

Kosten

Für Bund, Länder und Gemeinden ergeben sich aus der Gegenäußerung keine Kostenbelastungen. Bei den Vorschlägen des Bundesrates, denen die Bundesregierung zustimmt, handelt es sich im wesentlichen um redaktionelle Anpassungen oder Änderungen, die sinnvoll erscheinen und sich eventuell sogar kostenentlastend auswirken können.

Insofern ergeben sich aufgrund der übernommenen Vorschläge des Bundesrates auch keine preislichen Auswirkungen.

IV. Beschlußempfehlung und Bericht des Rechtsausschusses (BT-Drucks. 12/7850 v. 13. 6. 1994)

A. Problem

Im geltenden Recht sind die Möglichkeiten für Unternehmen, sich in erleichterter Form umzustrukturieren, nur unzulänglich, unübersichtlich und unvollständig geregelt.

B. Lösung

Die Möglichkeiten der Umstrukturierung von Unternehmen werden in einem Gesetz zusammengefaßt, systematisiert und erweitert.

Die schon bestehenden gesetzlichen Möglichkeiten zur Umwandlung eines Unternehmens durch Übertragung seines Vermögens im Wege der Gesamtrechtsnachfolge oder durch Wechsel seiner Rechtsform werden mit dem Ziel der Rechtsbereinigung aus fünf verschiedenen Gesetzen (Umwandlungsgesetz 1969; Aktiengesetz; Kapitalerhöhungsgesetz; Genossenschaftsgesetz; Versicherungsaufsichtsgesetz) herausgelöst, für gleichgelagerte Sachverhalte einander angeglichen und in einem Gesetz zusammengefaßt. Die vorhandenen Lücken des gegenwärtigen Rechts werden durch Schaffung zahlreicher neuer Möglichkeiten der Umwandlung von Unternehmen geschlossen. Gleichzeitig wird sichergestellt, daß bei Umwandlungen die eigenverantwortliche Entscheidungsbefugnis der Anteilsinhaber der Unternehmen gestärkt und die Interessen der betroffenen Arbeitnehmer gewahrt werden.

Einstimmige Annahme des Gesetzentwurfs mit einigen Änderungen mit den Stimmen der Koalitionsfraktionen bei Stimmenthaltung der Fraktion der SPD.

C. Alternativen

Keine

D. Kosten

Auswirkungen auf das Verbraucherpreisniveau sind möglich, lassen sich derzeit aber noch nicht abschätzen.

Beschlußempfehlung

Der Bundestag wolle beschließen,

den Gesetzentwurf — Drucksachen 12/6699 und 12/7265 — in der aus der anliegenden Zusammenstellung ersichtlichen Fassung anzunehmen.

Berlin, den 25. Mai 1994

Der Rechtsausschuß

Horst Eylmann	**Joachim Gres**	**Detlef Kleinert (Hannover)**	
Vorsitzender	**Dr. Wolfgang Freiherr von Stetten**		**Ludwig Stiegler**
	Berichterstatter		

Zusammenstellung

des Entwurfs eines Gesetzes zur Bereinigung des Umwandlungsrechts (UmwBerG) — Drucksachen 12/6699 und 12/7265 — mit den Beschlüssen des Rechtsausschusses (6. Ausschuß)

Entwurf	Beschlüsse des 6. Ausschusses
Entwurf eines Gesetzes zur Bereinigung des Umwandlungsrechts (UmwBerG)	**Entwurf eines Gesetzes zur Bereinigung des Umwandlungsrechts (UmwBerG)**
Der Bundestag hat mit Zustimmung des Bundesrates das folgende Gesetz beschlossen:	Der Bundestag hat mit Zustimmung des Bundesrates das folgende Gesetz beschlossen:
Artikel 1 **Umwandlungsgesetz (UmwG)*)**	**Artikel 1** **Umwandlungsgesetz (UmwG)*)**
Inhaltsübersicht	Inhaltsübersicht
ERSTES BUCH **Möglichkeiten von Umwandlungen**	**ERSTES BUCH** unverändert
§ 1	
ZWEITES BUCH **Verschmelzung**	**ZWEITES BUCH** unverändert
§§ 2 bis 122	

*) *Artikel 1 dieses Gesetzes dient, soweit er Regelungen über Umwandlungen unter Beteiligung von Aktiengesellschaften enthält, der Umsetzung folgender Richtlinien der Europäischen Gemeinschaft:*

1. *Artikel 13 der Zweiten Richtlinie (77/91/EWG) des Rates vom 13. Dezember 1976 zur Koordinierung der Schutzbestimmungen, die in den Mitgliedstaaten den Gesellschaften im Sinne des Artikels 58 Absatz 2 des Vertrages im Interesse der Gesellschafter sowie Dritter für die Gründung der Aktiengesellschaft sowie für die Erhaltung und Änderung ihres Kapitals vorgeschrieben sind, um diese Bestimmungen gleichwertig zu gestalten (ABl. EG Nr. L 26 S. 1 vom 31. Januar 1977);*
2. *Dritte Richtlinie (78/855/EWG) des Rates vom 9. Oktober 1978 gemäß Artikel 54 Absatz 3 Buchstabe g) des Vertrages betreffend die Verschmelzung von Aktiengesellschaften (ABl. EG Nr. L 295 S. 36 vom 20. Oktober 1978);*
3. *Sechste Richtlinie (82/891/EWG) des Rates vom 17. Dezember 1982 gemäß Artikel 54 Absatz 3 Buchstabe g) des Vertrages betreffend die Spaltung von Aktiengesellschaften (ABl. EG Nr. L 378 S. 47 vom 31. Dezember 1982).*

Entwurf	Beschlüsse des 6. Ausschusses
ERSTER TEIL **Allgemeine Vorschriften**	**ERSTER TEIL** unverändert
§§ 2 bis 38	
ERSTER ABSCHNITT *Möglichkeit der Verschmelzung*	
§§ 2 und 3	
ZWEITER ABSCHNITT *Verschmelzung durch Aufnahme*	
§§ 4 bis 35	
DRITTER ABSCHNITT *Verschmelzung durch Neugründung*	
§§ 36 bis 38	
ZWEITER TEIL **Besondere Vorschriften**	**ZWEITER TEIL** unverändert
§§ 39 bis 122	
ERSTER ABSCHNITT *Verschmelzung unter Beteiligung von Personenhandelsgesellschaften*	*ERSTER ABSCHNITT* unverändert
§§ 39 bis 45	
ZWEITER ABSCHNITT *Verschmelzung unter Beteiligung von Gesellschaften mit beschränkter Haftung*	*ZWEITER ABSCHNITT* unverändert
§§ 46 bis 59	
ERSTER UNTERABSCHNITT Verschmelzung durch Aufnahme	ERSTER UNTERABSCHNITT unverändert
§§ 46 bis 55	
ZWEITER UNTERABSCHNITT Verschmelzung durch Neugründung	ZWEITER UNTERABSCHNITT unverändert
§§ 56 bis 59	
DRITTER ABSCHNITT *Verschmelzung unter Beteiligung von Aktiengesellschaften*	*DRITTER ABSCHNITT* unverändert
§§ 60 bis 77	
ERSTER UNTERABSCHNITT Verschmelzung durch Aufnahme	ERSTER UNTERABSCHNITT unverändert
§§ 60 bis 72	
ZWEITER UNTERABSCHNITT Verschmelzung durch Neugründung	ZWEITER UNTERABSCHNITT unverändert
§§ 73 bis 77	

Entwurf	Beschlüsse des 6. Ausschusses
VIERTER ABSCHNITT	*VIERTER ABSCHNITT*
Verschmelzung unter Beteiligung von Kommanditgesellschaften auf Aktien	unverändert
§ 78	
FÜNFTER ABSCHNITT	*FÜNFTER ABSCHNITT*
Verschmelzung unter Beteiligung eingetragener Genossenschaften	unverändert
§§ 79 bis 98	
ERSTER UNTERABSCHNITT	ERSTER UNTERABSCHNITT
Verschmelzung durch Aufnahme	unverändert
§§ 79 bis 95	
ZWEITER UNTERABSCHNITT	ZWEITER UNTERABSCHNITT
Verschmelzung durch Neugründung	unverändert
§§ 96 bis 98	
SECHSTER ABSCHNITT	*SECHSTER ABSCHNITT*
Verschmelzung unter Beteiligung rechtsfähiger Vereine	*Verschmelzung unter Beteiligung rechtsfähiger Vereine*
§§ 99 bis *104*	§§ 99 bis **104a**
SIEBENTER ABSCHNITT	*SIEBENTER ABSCHNITT*
Verschmelzung genossenschaftlicher Prüfungsverbände	unverändert
§§ 105 bis 108	
ACHTER ABSCHNITT	*ACHTER ABSCHNITT*
Verschmelzung von Versicherungsvereinen auf Gegenseitigkeit	unverändert
§§ 109 bis 119	
ERSTER UNTERABSCHNITT	ERSTER UNTERABSCHNITT
Möglichkeit der Verschmelzung	unverändert
§ 109	
ZWEITER UNTERABSCHNITT	ZWEITER UNTERABSCHNITT
Verschmelzung durch Aufnahme	unverändert
§§ 110 bis 113	
DRITTER UNTERABSCHNITT	DRITTER UNTERABSCHNITT
Verschmelzung durch Neugründung	unverändert
§§ 114 bis 117	
VIERTER UNTERABSCHNITT	VIERTER UNTERABSCHNITT
Verschmelzung kleinerer Vereine	unverändert
§§ 118 und 119	

Entwurf	Beschlüsse des 6. Ausschusses
NEUNTER ABSCHNITT	*NEUNTER ABSCHNITT*
Verschmelzung von Kapitalgesellschaften mit dem Vermögen eines Alleingesellschafters	unverändert
§§ 120 bis 122	
DRITTES BUCH	**DRITTES BUCH**
Spaltung	unverändert
§§ 123 bis 173	

ERSTER TEIL

Allgemeine Vorschriften

§§ 123 bis 137

ERSTER ABSCHNITT

Möglichkeit der Spaltung

§§ 123 bis 125

ZWEITER ABSCHNITT

Spaltung zur Aufnahme

§§ 126 bis 134

DRITTER ABSCHNITT

Spaltung zur Neugründung

§§ 135 bis 137

ZWEITER TEIL

Besondere Vorschriften

§§ 138 bis 173

ERSTER ABSCHNITT

Spaltung unter Beteiligung von Gesellschaften mit beschränkter Haftung

§§ 138 bis 140

ZWEITER ABSCHNITT

Spaltung unter Beteiligung von Aktiengesellschaften und Kommanditgesellschaften auf Aktien

§§ 141 bis 146

DRITTER ABSCHNITT

Spaltung unter Beteiligung eingetragener Genossenschaften

§§ 147 und 148

VIERTER ABSCHNITT

Spaltung unter Beteiligung rechtsfähiger Vereine

§ 149

Entwurf	Beschlüsse des 6. Ausschusses
FÜNFTER ABSCHNITT	
Spaltung unter Beteiligung genossenschaftlicher Prüfungsverbände	
§ 150	
SECHSTER ABSCHNITT	
Spaltung unter Beteiligung von Versicherungsvereinen auf Gegenseitigkeit	
§ 151	
SIEBENTER ABSCHNITT	
Ausgliederung aus dem Vermögen eines Einzelkaufmanns	
§§ 152 bis 160	
ERSTER UNTERABSCHNITT	
Möglichkeit der Ausgliederung	
§ 152	
ZWEITER UNTERABSCHNITT	
Ausgliederung zur Aufnahme	
§§ 153 bis 157	
DRITTER UNTERABSCHNITT	
Ausgliederung zur Neugründung	
§§ 158 bis 160	
ACHTER ABSCHNITT	
Ausgliederung aus dem Vermögen rechtsfähiger Stiftungen	
§§ 161 bis 167	
NEUNTER ABSCHNITT	
Ausgliederung aus dem Vermögen von Gebietskörperschaften oder Zusammenschlüssen von Gebietskörperschaften	
§§ 168 bis 173	
VIERTES BUCH	**VIERTES BUCH**
Vermögensübertragung	unverändert
§§ 174 bis 189	
ERSTER TEIL	
Möglichkeit der Vermögensübertragung	
§§ 174 und 175	
ZWEITER TEIL	
Übertragung des Vermögens oder von Vermögensteilen einer Kapitalgesellschaft auf die öffentliche Hand	
§§ 176 und 177	

Entwurf | Beschlüsse des 6. Ausschusses

ERSTER ABSCHNITT

Vollübertragung

§ 176

ZWEITER ABSCHNITT

Teilübertragung

§ 177

DRITTER TEIL

Vermögensübertragung unter Versicherungsunternehmen

§§ 178 bis 189

ERSTER ABSCHNITT

Übertragung des Vermögens einer Aktiengesellschaft auf Versicherungsvereine auf Gegenseitigkeit oder öffentlich-rechtliche Versicherungsunternehmen

§§ 178 und 179

ERSTER UNTERABSCHNITT

Vollübertragung

§ 178

ZWEITER UNTERABSCHNITT

Teilübertragung

§ 179

ZWEITER ABSCHNITT

Übertragung des Vermögens eines Versicherungsvereins auf Gegenseitigkeit auf Aktiengesellschaften oder öffentlich-rechtliche Versicherungsunternehmen

§§ 180 bis 184

ERSTER UNTERABSCHNITT

Vollübertragung

§§ 180 bis 183

ZWEITER UNTERABSCHNITT

Teilübertragung

§ 184

DRITTER ABSCHNITT

Übertragung des Vermögens eines kleineren Versicherungsvereins auf Gegenseitigkeit auf eine Aktiengesellschaft oder auf ein öffentlich-rechtliches Versicherungsunternehmen

§§ 185 bis 187

Entwurf	Beschlüsse des 6. Ausschusses

VIERTER ABSCHNITT

Übertragung des Vermögens eines öffentlich-rechtlichen Versicherungsunternehmens auf Aktiengesellschaften oder Versicherungsvereine auf Gegenseitigkeit

§§ 188 und 189

ERSTER UNTERABSCHNITT

Vollübertragung

§ 188

ZWEITER UNTERABSCHNITT

Teilübertragung

§ 189

FÜNFTES BUCH

Formwechsel

§§ 190 bis 304

FÜNFTES BUCH

unverändert

ERSTER TEIL

Allgemeine Vorschriften

§§ 190 bis 213

ZWEITER TEIL

Besondere Vorschriften

§§ 214 bis 304

ERSTER ABSCHNITT

Formwechsel von Personenhandelsgesellschaften

§§ 214 bis 225

ZWEITER ABSCHNITT

Formwechsel von Kapitalgesellschaften

§§ 226 bis 257

ERSTER UNTERABSCHNITT

Allgemeine Vorschriften

§§ 226 und 227

ZWEITER UNTERABSCHNITT

Formwechsel in eine Personengesellschaft

§§ 228 bis 237

DRITTER UNTERABSCHNITT

Formwechsel in eine Kapitalgesellschaft anderer Rechtsform

§§ 238 bis 250

Entwurf	Beschlüsse des 6. Ausschusses
VIERTER UNTERABSCHNITT Formwechsel in eine eingetragene Genossenschaft	
§§ 251 bis 257	
DRITTER ABSCHNITT *Formwechsel eingetragener Genossenschaften*	
§§ 258 bis 271	
VIERTER ABSCHNITT *Formwechsel rechtsfähiger Vereine*	
§§ 272 bis 290	
ERSTER UNTERABSCHNITT Allgemeine Vorschriften	
§ 272	
ZWEITER UNTERABSCHNITT Formwechsel in eine Kapitalgesellschaft	
§§ 273 bis 282	
DRITTER UNTERABSCHNITT Formwechsel in eine eingetragene Genossenschaft	
§§ 283 bis 290	
FÜNFTER ABSCHNITT *Formwechsel von Versicherungsvereinen auf Gegenseitigkeit*	
§§ 291 bis 300	
SECHSTER ABSCHNITT *Formwechsel von Körperschaften und Anstalten des öffentlichen Rechts*	
§§ 301 bis 304	
SECHSTES BUCH **Spruchverfahren**	**SECHSTES BUCH** unverändert
§§ 305 bis 312	
SIEBENTES BUCH **Strafvorschriften und Zwangsgelder**	**SIEBENTES BUCH** unverändert
§§ 313 bis 316	
ACHTES BUCH **Übergangs- und Schlußvorschriften**	**ACHTES BUCH** unverändert
§§ 317 bis 324	

Entwurf

ERSTES BUCH

Möglichkeiten von Umwandlungen

§ 1

Arten der Umwandlung; gesetzliche Beschränkungen

(1) Rechtsträger mit Sitz im Inland können umgewandelt werden

1. durch Verschmelzung;
2. durch Spaltung (Aufspaltung, Abspaltung, Ausgliederung);
3. durch Vermögensübertragung;
4. durch Formwechsel.

(2) Eine Umwandlung im Sinne des Absatzes 1 ist außer in den in diesem Gesetz geregelten Fällen nur möglich, wenn sie durch ein anderes Bundesgesetz oder ein Landesgesetz ausdrücklich vorgesehen ist.

(3) Von den Vorschriften dieses Gesetzes kann nur abgewichen werden, wenn dies ausdrücklich zugelassen ist. Ergänzende Bestimmungen in Verträgen, Satzungen, Statuten oder Willenserklärungen sind zulässig, es sei denn, daß dieses Gesetz eine abschließende Regelung enthält.

ZWEITES BUCH

Verschmelzung

ERSTER TEIL

Allgemeine Vorschriften

ERSTER ABSCHNITT

Möglichkeit der Verschmelzung

§ 2

Arten der Verschmelzung

Rechtsträger können unter Auflösung ohne Abwicklung verschmolzen werden

1. im Wege der Aufnahme durch Übertragung des Vermögens eines Rechtsträgers oder mehrerer Rechtsträger (übertragende Rechtsträger) als Ganzes auf einen anderen bestehenden Rechtsträger (übernehmender Rechtsträger) oder
2. im Wege der Neugründung durch Übertragung der Vermögen zweier oder mehrerer Rechtsträger (übertragende Rechtsträger) jeweils als Ganzes auf einen neuen, von ihnen dadurch gegründeten Rechtsträger

Beschlüsse des 6. Ausschusses

ERSTES BUCH

Möglichkeiten von Umwandlungen

§ 1

unverändert

ZWEITES BUCH

Verschmelzung

ERSTER TEIL

Allgemeine Vorschriften

ERSTER ABSCHNITT

Möglichkeit der Verschmelzung

§ 2

unverändert

Entwurf	Beschlüsse des 6. Ausschusses
gegen Gewährung von Anteilen oder Mitgliedschaften des übernehmenden oder neuen Rechtsträgers an die Anteilsinhaber (Gesellschafter, Aktionäre, Genossen oder Mitglieder) der übertragenden Rechtsträger.	
§ 3 **Verschmelzungsfähige Rechtsträger**	§ 3 unverändert
(1) An Verschmelzungen können als übertragende, übernehmende oder neue Rechtsträger beteiligt sein: 1. Personenhandelsgesellschaften (offene Handelsgesellschaften, Kommanditgesellschaften); 2. Kapitalgesellschaften (Gesellschaften mit beschränkter Haftung, Aktiengesellschaften, Kommanditgesellschaften auf Aktien); 3. eingetragene Genossenschaften; 4. eingetragene Vereine (§ 21 des Bürgerlichen Gesetzbuchs); 5. genossenschaftliche Prüfungsverbände; 6. Versicherungsvereine auf Gegenseitigkeit.	
(2) An einer Verschmelzung können ferner beteiligt sein: 1. wirtschaftliche Vereine (§ 22 des Bürgerlichen Gesetzbuchs), soweit sie übertragender Rechtsträger sind; 2. natürliche Personen, die als Alleingesellschafter einer Kapitalgesellschaft deren Vermögen übernehmen.	
(3) An der Verschmelzung können als übertragende Rechtsträger auch aufgelöste Rechtsträger beteiligt sein, wenn die Fortsetzung dieser Rechtsträger beschlossen werden könnte.	
(4) Die Verschmelzung kann sowohl unter gleichzeitiger Beteiligung von Rechtsträgern derselben Rechtsform als auch von Rechtsträgern unterschiedlicher Rechtsform erfolgen, soweit nicht etwas anderes bestimmt ist.	
ZWEITER ABSCHNITT *Verschmelzung durch Aufnahme*	*ZWEITER ABSCHNITT* *Verschmelzung durch Aufnahme*
§ 4 **Verschmelzungsvertrag**	§ 4 unverändert
(1) Die Vertretungsorgane der an der Verschmelzung beteiligten Rechtsträger schließen einen Verschmelzungsvertrag. § 310 des Bürgerlichen Gesetzbuchs gilt für ihn nicht.	
(2) Soll der Vertrag nach einem der nach § 13 erforderlichen Beschlüsse geschlossen werden, so ist vor diesem Beschluß ein schriftlicher Entwurf des Vertrags aufzustellen.	

Entwurf

§ 5

Inhalt des Verschmelzungsvertrags

(1) Der Vertrag oder sein Entwurf muß mindestens folgende Angaben enthalten:

1. den Namen oder die Firma und den Sitz der an der Verschmelzung beteiligten Rechtsträger;
2. die Vereinbarung über die Übertragung des Vermögens jedes übertragenden Rechtsträgers als Ganzes gegen Gewährung von Anteilen oder Mitgliedschaften an dem übernehmenden Rechtsträger;
3. das Umtauschverhältnis der Anteile und gegebenenfalls die Höhe der baren Zuzahlung oder Angaben über die Mitgliedschaft bei dem übernehmenden Rechtsträger;
4. die Einzelheiten für die Übertragung der Anteile des übernehmenden Rechtsträgers oder über den Erwerb der Mitgliedschaft bei dem übernehmenden Rechtsträger;
5. den Zeitpunkt, von dem an diese Anteile oder die Mitgliedschaften einen Anspruch auf einen Anteil am Bilanzgewinn gewähren, sowie alle Besonderheiten in bezug auf diesen Anspruch;
6. den Zeitpunkt, von dem an die Handlungen der übertragenden Rechtsträger als für Rechnung des übernehmenden Rechtsträgers vorgenommen gelten (Verschmelzungsstichtag);
7. die Rechte, die der übernehmende Rechtsträger einzelnen Anteilsinhabern sowie den Inhabern besonderer Rechte wie Anteile ohne Stimmrecht, Vorzugsaktien, Mehrstimmrechtsaktien, Schuldverschreibungen und Genußrechte gewährt, oder die für diese Personen vorgesehenen Maßnahmen;
8. jeden besonderen Vorteil, der einem Mitglied eines Vertretungsorgans oder eines Aufsichtsorgans der an der Verschmelzung beteiligten Rechtsträger, einem geschäftsführenden Gesellschafter, einem Abschlußprüfer oder einem Verschmelzungsprüfer gewährt wird;
9. die Folgen der Verschmelzung für die Arbeitnehmer und ihre Vertretungen sowie die insoweit vorgesehenen Maßnahmen.

(2) Befinden sich alle Anteile eines übertragenden Rechtsträgers in der Hand des übernehmenden Rechtsträgers, so entfallen die Angaben über den Umtausch der Anteile (Absatz 1 Nr. 2 bis 5), soweit sie die Aufnahme dieses Rechtsträgers betreffen.

(3) Der Vertrag oder sein Entwurf ist spätestens einen Monat vor dem Tage der Versammlung der Anteilsinhaber jedes beteiligten Rechtsträgers, die gemäß § 13 Abs. 1 über die Zustimmung zum Verschmelzungsvertrag beschließen soll, dem zuständigen Betriebsrat dieses Rechtsträgers zuzuleiten.

Beschlüsse des 6. Ausschusses

§ 5

unverändert

Entwurf	Beschlüsse des 6. Ausschusses
§ 6 **Form des Verschmelzungsvertrags**	§ 6 unverändert
Der Verschmelzungsvertrag muß notariell beurkundet werden.	
§ 7 **Kündigung des Verschmelzungsvertrags**	§ 7 unverändert
Ist der Verschmelzungsvertrag unter einer Bedingung geschlossen worden und ist diese binnen fünf Jahren nach Abschluß des Vertrags nicht eingetreten, so kann jeder Teil den Vertrag nach fünf Jahren mit halbjähriger Frist kündigen; im Verschmelzungsvertrag kann eine kürzere Zeit als fünf Jahre vereinbart werden. Die Kündigung kann stets nur für den Schluß des Geschäftsjahres des Rechtsträgers, demgegenüber sie erklärt wird, ausgesprochen werden.	
§ 8 **Verschmelzungsbericht**	§ 8 **Verschmelzungsbericht**
(1) Die Vertretungsorgane jedes der an der Verschmelzung beteiligten Rechtsträger haben einen ausführlichen schriftlichen Bericht zu erstatten, in dem die Verschmelzung, der Verschmelzungsvertrag oder sein Entwurf im einzelnen und insbesondere das Umtauschverhältnis der Anteile oder die Angaben über die Mitgliedschaft bei dem übernehmenden Rechtsträger sowie die Höhe einer anzubietenden Barabfindung rechtlich und wirtschaftlich erläutert und begründet werden (Verschmelzungsbericht); der Bericht kann von den Vertretungsorganen auch gemeinsam erstattet werden. Auf besondere Schwierigkeiten bei der Bewertung der Rechtsträger sowie auf die Folgen für die Beteiligung der Anteilsinhaber ist hinzuweisen. Ist ein an der Verschmelzung beteiligter Rechtsträger ein verbundenes Unternehmen im Sinne des § 15 des Aktiengesetzes, so sind in dem Bericht auch Angaben über alle für die Verschmelzung wesentlichen Angelegenheiten der anderen verbundenen Unternehmen zu machen. Auskunftspflichten der Vertretungsorgane erstrecken sich auch auf diese Angelegenheiten.	(1) unverändert
(2) In den Bericht brauchen Tatsachen nicht aufgenommen zu werden, deren Bekanntwerden geeignet ist, einem der beteiligten Rechtsträger oder einem verbundenen Unternehmen einen nicht unerheblichen Nachteil zuzufügen. In diesem Falle sind in dem Bericht die Gründe, aus denen die Tatsachen nicht aufgenommen worden sind, darzulegen.	(2) unverändert
(3) Der Bericht ist nicht erforderlich, wenn alle Anteilsinhaber aller beteiligten Rechtsträger auf seine Erstattung verzichten. Die Verzichtserklärungen sind notariell zu beurkunden.	(3) Der Bericht ist nicht erforderlich, wenn alle Anteilsinhaber aller beteiligten Rechtsträger auf seine Erstattung verzichten **oder sich alle Anteile des übertragenden Rechtsträgers in der Hand des übernehmenden Rechtsträgers befinden.** Die Verzichtserklärungen sind notariell zu beurkunden.

Entwurf

§ 9

Prüfung der Verschmelzung

(1) Soweit in diesem Gesetz vorgeschrieben, ist der Verschmelzungsvertrag oder sein Entwurf durch einen oder mehrere sachverständige Prüfer (Verschmelzungsprüfer) zu prüfen.

(2) Befinden sich alle Anteile eines übertragenden Rechtsträgers in der Hand des übernehmenden Rechtsträgers, so ist eine Verschmelzungsprüfung nach Absatz 1 nicht erforderlich, soweit sie die Aufnahme dieses Rechtsträgers betrifft.

(3) § 8 Abs. 3 ist entsprechend anzuwenden.

§ 10

Bestellung der Verschmelzungsprüfer

(1) Die Verschmelzungsprüfer werden von dem Vertretungsorgan oder auf dessen Antrag vom Gericht bestellt. Sie können für mehrere oder alle beteiligten Rechtsträger gemeinsam bestellt werden. Für den Ersatz von Auslagen und für die Vergütung der vom Gericht bestellten Prüfer gilt § 318 Abs. 5 des Handelsgesetzbuchs.

(2) Zuständig ist jedes Landgericht, in dessen Bezirk ein übertragender Rechtsträger seinen Sitz hat. Ist bei dem Landgericht eine Kammer für Handelssachen gebildet, so entscheidet *diese* an Stelle der Zivilkammer.

(3) *Die Landesregierung kann die Entscheidung durch Rechtsverordnung für die Bezirke mehrerer Landgerichte einem der Landgerichte übertragen, wenn dies der Sicherung einer einheitlichen Rechtsprechung dient. Die Landesregierung kann die Ermächtigung auf die Landesjustizverwaltung übertragen.*

§ 11

Stellung und Verantwortlichkeit der Verschmelzungsprüfer

(1) Für die Auswahl und das Auskunftsrecht der Verschmelzungsprüfer gelten § 319 Abs. 1 bis 3, § 320 Abs. 1 Satz 2 und Absatz 2 Satz 1 und 2 des Handelsgesetzbuchs entsprechend. Das Auskunftsrecht besteht gegenüber allen an der Verschmelzung beteiligten Rechtsträgern und gegenüber einem Konzernunternehmen sowie einem abhängigen und einem herrschenden Unternehmen.

(2) Für die Verantwortlichkeit der Verschmelzungsprüfer, ihrer Gehilfen und der bei der Prüfung mitwirkenden gesetzlichen Vertreter einer Prüfungsgesellschaft gilt § 323 des Handelsgesetzbuchs entsprechend. Die Verantwortlichkeit besteht gegenüber den an der Verschmelzung beteiligten Rechtsträgern und deren Anteilsinhabern.

Beschlüsse des 6. Ausschusses

§ 9

unverändert

§ 10

Bestellung der Verschmelzungsprüfer

(1) unverändert

(2) Zuständig ist jedes Landgericht, in dessen Bezirk ein übertragender Rechtsträger seinen Sitz hat. Ist bei dem Landgericht eine Kammer für Handelssachen gebildet, so entscheidet **deren Vorsitzender** an Stelle der Zivilkammer.

(3) **§ 306 Abs. 3, § 307 Abs. 1 sowie § 309 gelten entsprechend.**

§ 11

Stellung und Verantwortlichkeit der Verschmelzungsprüfer

(1) Für die Auswahl und das Auskunftsrecht der Verschmelzungsprüfer gelten § 319 Abs. 1 bis 3, § 320 Abs. 1 Satz 2 und Abs. 2 Satz 1 und 2 des Handelsgesetzbuchs entsprechend. **Soweit Rechtsträger betroffen sind, für die keine Pflicht zur Prüfung des Jahresabschlusses besteht, gilt Satz 1 entsprechend. Dabei findet § 267 Abs. 1 bis 3 des Handelsgesetzbuchs für die Umschreibung der Größenklassen entsprechende Anwendung.** Das Auskunftsrecht besteht gegenüber allen an der Verschmelzung beteiligten Rechtsträgern und gegenüber einem Konzernunternehmen sowie einem abhängigen und einem herrschenden Unternehmen.

(2) unverändert

Entwurf	Beschlüsse des 6. Ausschusses

§ 12

Prüfungsbericht

(1) Die Verschmelzungsprüfer haben über das Ergebnis der Prüfung schriftlich zu berichten. Der Prüfungsbericht kann auch gemeinsam erstattet werden.

(2) Der Prüfungsbericht ist mit einer Erklärung darüber abzuschließen, ob das vorgeschlagene Umtauschverhältnis der Anteile, gegebenenfalls die Höhe der baren Zuzahlung oder die Mitgliedschaft bei dem übernehmenden Rechtsträger als Gegenwert angemessen ist. Dabei ist anzugeben,

1. nach welchen Methoden das vorgeschlagene Umtauschverhältnis ermittelt worden ist;

2. aus welchen Gründen die Anwendung dieser Methoden angemessen ist;

3. welches Umtauschverhältnis oder welcher Gegenwert sich bei der Anwendung verschiedener Methoden, sofern mehrere angewandt worden sind, jeweils ergeben würde; zugleich ist darzulegen, welches Gewicht den verschiedenen Methoden bei der Bestimmung des vorgeschlagenen Umtauschverhältnisses oder des Gegenwerts und der ihnen zugrundeliegenden Werte beigemessen worden ist und welche besonderen Schwierigkeiten bei der Bewertung der Rechtsträger aufgetreten sind.

(3) § 8 Abs. 2 und 3 ist entsprechend anzuwenden.

Beschlüsse des 6. Ausschusses: § 12 unverändert

§ 13

Beschlüsse über den Verschmelzungsvertrag

(1) Der Verschmelzungsvertrag wird nur wirksam, wenn die Anteilsinhaber der beteiligten Rechtsträger ihm durch Beschluß (Verschmelzungsbeschluß) zustimmen. Der Beschluß kann nur in einer Versammlung der Anteilsinhaber gefaßt werden.

(2) Ist die Abtretung der Anteile eines übertragenden Rechtsträgers von der Genehmigung bestimmter einzelner Anteilsinhaber abhängig, so bedarf der Verschmelzungsbeschluß dieses Rechtsträgers zu seiner Wirksamkeit ihrer Zustimmung.

(3) Der Verschmelzungsbeschluß und die nach diesem Gesetz erforderlichen Zustimmungserklärungen einzelner Anteilsinhaber einschließlich der erforderlichen Zustimmungserklärungen nicht erschienener Anteilsinhaber müssen notariell beurkundet werden. Der Vertrag oder sein Entwurf ist dem Beschluß als Anlage beizufügen. Auf Verlangen hat der Rechtsträger jedem Anteilsinhaber auf dessen Kosten unverzüglich eine Abschrift des Vertrages oder seines Entwurfs und der Niederschrift des Beschlusses zu erteilen.

Beschlüsse des 6. Ausschusses: § 13 unverändert

Entwurf	Beschlüsse des 6. Ausschusses
§ 14 **Befristung und Ausschluß von Klagen gegen den Verschmelzungsbeschluß**	§ 14 unverändert
(1) Eine Klage gegen die Wirksamkeit eines Verschmelzungsbeschlusses muß binnen eines Monats nach der Beschlußfassung erhoben werden.	
(2) Eine Klage gegen die Wirksamkeit des Verschmelzungsbeschlusses eines übertragenden Rechtsträgers kann nicht darauf gestützt werden, daß das Umtauschverhältnis der Anteile zu niedrig bemessen ist oder daß die Mitgliedschaft bei dem übernehmenden Rechtsträger kein ausreichender Gegenwert für die Anteile oder die Mitgliedschaft bei dem übertragenden Rechtsträger ist.	
§ 15 **Verbesserung des Umtauschverhältnisses**	§ 15 unverändert
(1) Ist das Umtauschverhältnis der Anteile zu niedrig bemessen oder ist die Mitgliedschaft bei dem übernehmenden Rechtsträger kein ausreichender Gegenwert für den Anteil oder die Mitgliedschaft bei einem übertragenden Rechtsträger, so kann jeder Anteilsinhaber dieses übertragenden Rechtsträgers, dessen Recht, gegen die Wirksamkeit des Verschmelzungsbeschlusses Klage zu erheben, nach § 14 Abs. 2 ausgeschlossen ist, von dem übernehmenden Rechtsträger einen Ausgleich durch bare Zuzahlung verlangen; die Zuzahlungen können den zehnten Teil des Gesamtnennbetrags der gewährten Anteile übersteigen.	
(2) Die bare Zuzahlung ist nach Ablauf des Tages, an dem die Eintragung der Verschmelzung in das Register des Sitzes des übernehmenden Rechtsträgers nach § 19 Abs. 3 als bekanntgemacht gilt, mit jährlich zwei vom Hundert über dem jeweiligen Diskontsatz der Deutschen Bundesbank zu verzinsen. Die Geltendmachung eines weiteren Schadens ist nicht ausgeschlossen.	
§ 16 **Anmeldung der Verschmelzung**	§ 16 unverändert
(1) Die Vertretungsorgane jedes der an der Verschmelzung beteiligten Rechtsträger haben die Verschmelzung zur Eintragung in das Register (Handelsregister, Genossenschaftsregister oder Vereinsregister) des Sitzes ihres Rechtsträgers anzumelden. Das Vertretungsorgan des übernehmenden Rechtsträgers ist berechtigt, die Verschmelzung auch zur Eintragung in das Register des Sitzes jedes der übertragenden Rechtsträger anzumelden.	
(2) Bei der Anmeldung haben die Vertretungsorgane zu erklären, daß eine Klage gegen die Wirksamkeit eines Verschmelzungsbeschlusses nicht oder nicht fristgemäß erhoben oder eine solche Klage rechtskräftig abgewiesen oder zurückgenommen worden ist; hierüber haben die Vertretungsorgane dem Registergericht auch nach der Anmeldung Mitteilung zu machen. Liegt die Erklärung nicht vor, so darf die Verschmelzung nicht eingetragen werden, es	

Entwurf | Beschlüsse des 6. Ausschusses

sei denn, daß die klageberechtigten Anteilsinhaber durch notariell beurkundete Verzichtserklärung auf die Klage gegen die Wirksamkeit des Verschmelzungsbeschlusses verzichten.

(3) Der Erklärung nach Absatz 2 Satz 1 steht es gleich, wenn nach Erhebung einer Klage gegen die Wirksamkeit eines Verschmelzungsbeschlusses das für diese Klage zuständige Prozeßgericht auf Antrag des Rechtsträgers, gegen dessen Verschmelzungsbeschluß sich die Klage richtet, durch rechtskräftigen Beschluß festgestellt hat, daß die Erhebung der Klage der Eintragung nicht entgegensteht. Der Beschluß nach Satz 1 darf nur ergehen, wenn die Klage gegen die Wirksamkeit des Verschmelzungsbeschlusses unzulässig oder offensichtlich unbegründet ist oder wenn das alsbaldige Wirksamwerden der Verschmelzung nach freier Überzeugung des Gerichts unter Berücksichtigung der Schwere der mit der Klage geltend gemachten Rechtsverletzungen zur Abwendung der vom Antragsteller dargelegten wesentlichen Nachteile für die an der Verschmelzung beteiligten Rechtsträger und ihre Anteilsinhaber vorrangig erscheint. Der Beschluß kann in dringenden Fällen ohne mündliche Verhandlung ergehen. Die vorgebrachten Tatsachen, aufgrund derer der Beschluß nach Satz 2 ergehen kann, sind glaubhaft zu machen. Gegen den Beschluß findet die sofortige Beschwerde statt. Erweist sich die Klage als begründet, so ist der Rechtsträger, der den Beschluß erwirkt hat, verpflichtet, dem Antragsgegner den Schaden zu ersetzen, der ihm aus einer auf dem Beschluß beruhenden Eintragung der Verschmelzung entstanden ist; als Ersatz des Schadens kann nicht die Beseitigung der Wirkungen der Eintragung der Verschmelzung im Register des Sitzes des übernehmenden Rechtsträgers verlangt werden.

§ 17

Anlagen der Anmeldung

(1) Der Anmeldung sind in Ausfertigung oder öffentlich beglaubigter Abschrift oder, soweit sie nicht notariell zu beurkunden sind, in Urschrift oder Abschrift der Verschmelzungsvertrag, die Niederschriften der Verschmelzungsbeschlüsse, die nach diesem Gesetz erforderlichen Zustimmungserklärungen einzelner Anteilsinhaber einschließlich der Zustimmungserklärungen nicht erschienener Anteilsinhaber, der Verschmelzungsbericht, der Prüfungsbericht oder die Verzichtserklärungen nach § 8 Abs. 3, § 9 Abs. 3 oder § 12 Abs. 3, ein Nachweis über die rechtzeitige Zuleitung des Verschmelzungsvertrages oder seines Entwurfs an den zuständigen Betriebsrat sowie, wenn die Verschmelzung der staatlichen Genehmigung bedarf, die Genehmigungsurkunde beizufügen.

(2) Der Anmeldung zum Register des Sitzes jedes der übertragenden Rechtsträger ist ferner eine Bilanz dieses Rechtsträgers beizufügen (Schlußbilanz). Für diese Bilanz gelten die Vorschriften über die Jahresbilanz und deren Prüfung entsprechend. Sie braucht nicht bekanntgemacht zu werden. Das Registerge-

§ 17

unverändert

Entwurf	Beschlüsse des 6. Ausschusses
richt darf die Verschmelzung nur eintragen, wenn die Bilanz auf einen höchstens acht Monate vor der Anmeldung liegenden Stichtag aufgestellt worden ist.	
§ 18 **Firma des übernehmenden Rechtsträgers**	§ 18 unverändert
(1) Der übernehmende Rechtsträger darf die Firma eines der übertragenden Rechtsträger, dessen Handelsgeschäft er durch die Verschmelzung erwirbt, mit oder ohne Beifügung eines das Nachfolgeverhältnis andeutenden Zusatzes fortführen. Eine Personenhandelsgesellschaft darf eine solche Firma nur fortführen, wenn diese den Namen einer natürlichen Person enthält. Eine eingetragene Genossenschaft darf eine solche Firma nicht fortführen, soweit diese den Namen von Genossen oder anderen Personen enthält.	
(2) Das Registergericht kann auf Antrag genehmigen, daß eine Personenhandelsgesellschaft, die durch die Verschmelzung das Handelsgeschäft eines übertragenden Rechtsträgers erwirbt, bei der Bildung ihrer neuen Firma den in der Firma dieses Rechtsträgers enthaltenen Namen einer natürlichen Person verwendet und insoweit von § 19 des Handelsgesetzbuchs abweicht.	
(3) Ist an einem der übertragenden Rechtsträger eine natürliche Person beteiligt, die an dem übernehmenden Rechtsträger nicht beteiligt wird, so darf der übernehmende Rechtsträger den Namen dieses Anteilsinhabers nur dann in der nach Absatz 1 fortgeführten oder in der nach Absatz 2 gebildeten Firma verwenden, wenn der betroffene Anteilsinhaber oder dessen Erben ausdrücklich in die Verwendung einwilligen.	
§ 19 **Eintragung und Bekanntmachung der Verschmelzung**	§ 19 unverändert
(1) Die Verschmelzung darf in das Register des Sitzes des übernehmenden Rechtsträgers erst eingetragen werden, nachdem sie im Register des Sitzes jedes der übertragenden Rechtsträger eingetragen worden ist. Die Eintragung im Register des Sitzes jedes der übertragenden Rechtsträger ist mit dem Vermerk zu versehen, daß die Verschmelzung erst mit der Eintragung im Register des Sitzes des übernehmenden Rechtsträgers wirksam wird.	
(2) Das Gericht des Sitzes des übernehmenden Rechtsträgers hat von Amts wegen dem Gericht des Sitzes jedes der übertragenden Rechtsträger den Tag der Eintragung der Verschmelzung mitzuteilen. Nach Eingang der Mitteilung hat das Gericht des Sitzes jedes der übertragenden Rechtsträger von Amts wegen den Tag der Eintragung der Verschmelzung im Register des Sitzes des übernehmenden Rechtsträgers im Register des Sitzes des übertragenden Rechtsträgers zu vermerken und die bei ihm aufbewahrten Urkunden und anderen Schriftstücke dem Gericht des Sitzes des übernehmenden Rechtsträgers zur Aufbewahrung zu übersenden.	

Entwurf	Beschlüsse des 6. Ausschusses
(3) Das Gericht des Sitzes jedes der an der Verschmelzung beteiligten Rechtsträger hat jeweils die von ihm vorgenommene Eintragung der Verschmelzung von Amts wegen durch den Bundesanzeiger und durch mindestens ein anderes Blatt ihrem ganzen Inhalt nach bekanntzumachen. Mit dem Ablauf des Tages, an dem jeweils das letzte der die Bekanntmachung enthaltenden Blätter erschienen ist, gilt die Bekanntmachung für diesen Rechtsträger als erfolgt.	
§ 20 **Wirkungen der Eintragung**	§ 20 unverändert
(1) Die Eintragung der Verschmelzung in das Register des Sitzes des übernehmenden Rechtsträgers hat folgende Wirkungen: 1. Das Vermögen der übertragenden Rechtsträger geht einschließlich der Verbindlichkeiten auf den übernehmenden Rechtsträger über. 2. Die übertragenden Rechtsträger erlöschen. Einer besonderen Löschung bedarf es nicht. 3. Die Anteilsinhaber der übertragenden Rechtsträger werden Anteilsinhaber des übernehmenden Rechtsträgers; dies gilt nicht, soweit der übernehmende Rechtsträger oder ein Dritter, der im eigenen Namen, jedoch für Rechnung dieses Rechtsträgers handelt, Anteilsinhaber des übertragenden Rechtsträgers ist oder der übertragende Rechtsträger eigene Anteile innehat oder ein Dritter, der im eigenen Namen, jedoch für Rechnung dieses Rechtsträgers handelt, dessen Anteilsinhaber ist. Rechte Dritter an den Anteilen oder Mitgliedschaften der übertragenden Rechtsträger bestehen an den an ihre Stelle tretenden Anteilen oder Mitgliedschaften des übernehmenden Rechtsträgers weiter. 4. Der Mangel der notariellen Beurkundung des Verschmelzungsvertrags und gegebenenfalls erforderlicher Zustimmungs- oder Verzichtserklärungen einzelner Anteilsinhaber wird geheilt. (2) Mängel der Verschmelzung lassen die Wirkungen der Eintragung nach Absatz 1 unberührt.	
§ 21 **Wirkung auf gegenseitige Verträge**	§ 21 unverändert
Treffen bei einer Verschmelzung aus gegenseitigen Verträgen, die zur Zeit der Verschmelzung von keiner Seite vollständig erfüllt sind, Abnahme-, Lieferungs- oder ähnliche Verpflichtungen zusammen, die miteinander unvereinbar sind oder die beide zu erfüllen eine schwere Unbilligkeit für den übernehmenden Rechtsträger bedeuten würde, so bestimmt sich der Umfang der Verpflichtungen nach Billigkeit unter Würdigung der vertraglichen Rechte aller Beteiligten.	

Entwurf	Beschlüsse des 6. Ausschusses
§ 22 **Gläubigerschutz** (1) Den Gläubigern der an der Verschmelzung beteiligten Rechtsträger ist, wenn sie binnen sechs Monaten nach dem Tag, an dem die Eintragung der Verschmelzung in das Register des Sitzes desjenigen Rechtsträgers, dessen Gläubiger sie sind, nach § 19 Abs. 3 als bekanntgemacht gilt, ihren Anspruch nach Grund und Höhe schriftlich anmelden, Sicherheit zu leisten, soweit sie nicht Befriedigung verlangen können. Dieses Recht steht den Gläubigern jedoch nur zu, wenn sie glaubhaft machen, daß durch die Verschmelzung die Erfüllung ihrer Forderung gefährdet wird. Die Gläubiger sind in der Bekanntmachung der jeweiligen Eintragung auf dieses Recht hinzuweisen. (2) Das Recht, Sicherheitsleistung zu verlangen, steht Gläubigern nicht zu, die im Falle der Insolvenz ein Recht auf vorzugsweise Befriedigung aus einer Deckungsmasse haben, die nach gesetzlicher Vorschrift zu ihrem Schutz errichtet und staatlich überwacht ist.	§ 22 unverändert
§ 23 **Schutz der Inhaber von Sonderrechten** Den Inhabern von Rechten in einem übertragenden Rechtsträger, die kein Stimmrecht gewähren, insbesondere den Inhabern von Anteilen ohne Stimmrecht, von Wandelschuldverschreibungen, von Gewinnschuldverschreibungen und von Genußrechten, sind gleichwertige Rechte in dem übernehmenden Rechtsträger zu gewähren.	§ 23 unverändert
§ 24 **Wertansätze des übernehmenden Rechtsträgers** In den Jahresbilanzen des übernehmenden Rechtsträgers können als Anschaffungskosten im Sinne des § 253 Abs. 1 des Handelsgesetzbuchs auch die in der Schlußbilanz eines übertragenden Rechtsträgers angesetzten Werte angesetzt werden.	§ 24 unverändert
§ 25 **Schadenersatzpflicht der Verwaltungsträger der übertragenden Rechtsträger** (1) Die Mitglieder des Vertretungsorgans und, wenn ein Aufsichtsorgan vorhanden ist, des Aufsichtsorgans eines übertragenden Rechtsträgers sind als Gesamtschuldner zum Ersatz des Schadens verpflichtet, den dieser Rechtsträger, seine Anteilsinhaber oder seine Gläubiger durch die Verschmelzung erleiden. Mitglieder der Organe, die bei der Prüfung der Vermögenslage der Rechtsträger und beim Abschluß des Verschmelzungsvertrags ihre Sorgfaltspflicht beobachtet haben, sind von der Ersatzpflicht befreit. (2) Für diese Ansprüche sowie weitere Ansprüche, die sich für und gegen den übertragenden Rechtsträger nach den allgemeinen Vorschriften auf Grund der Verschmelzung ergeben, gilt dieser Rechtsträger als	§ 25 unverändert

Entwurf

fortbestehend. Forderungen und Verbindlichkeiten vereinigen sich insoweit durch die Verschmelzung nicht.

(3) Die Ansprüche aus Absatz 1 verjähren in fünf Jahren seit dem Tage, an dem die Eintragung der Verschmelzung in das Register des Sitzes des übernehmenden Rechtsträgers nach § 19 Abs. 3 als bekanntgemacht gilt.

§ 26

Geltendmachung des Schadenersatzanspruchs

(1) Die Ansprüche nach § 25 Abs. 1 und 2 können nur durch einen besonderen Vertreter geltend gemacht werden. Das *Prozeßgericht* des Sitzes eines übertragenden Rechtsträgers hat einen solchen Vertreter auf Antrag eines Anteilsinhabers oder eines Gläubigers dieses Rechtsträgers zu bestellen. Gläubiger sind nur antragsberechtigt, wenn sie von dem übernehmenden Rechtsträger keine Befriedigung erlangen können. Gegen die Entscheidung findet die sofortige Beschwerde statt.

(2) Der Vertreter hat unter Hinweis auf den Zweck seiner Bestellung die Anteilsinhaber und Gläubiger des betroffenen übertragenden Rechtsträgers aufzufordern, die Ansprüche nach § 25 Abs. 1 und 2 binnen einer angemessenen Frist, die mindestens einen Monat betragen soll, anzumelden. Die Aufforderung ist im Bundesanzeiger und, wenn der Gesellschaftsvertrag, die Satzung oder das Statut andere Blätter für die öffentlichen Bekanntmachungen des übertragenden Rechtsträgers bestimmt hatte, auch in diesen Blättern bekanntzumachen.

(3) Der Vertreter hat den Betrag, der aus der Geltendmachung der Ansprüche eines übertragenden Rechtsträgers erzielt wird, zur Befriedigung der Gläubiger dieses Rechtsträgers zu verwenden, soweit die Gläubiger nicht durch den übernehmenden Rechtsträger befriedigt oder sichergestellt sind. Für die Verteilung gelten die Vorschriften über die Verteilung, die im Falle der Abwicklung eines Rechtsträgers in der Rechtsform des übertragenden Rechtsträgers anzuwenden sind, entsprechend. Gläubiger und Anteilsinhaber, die sich nicht fristgemäß gemeldet haben, werden bei der Verteilung nicht berücksichtigt.

(4) Der Vertreter hat Anspruch auf Ersatz angemessener barer Auslagen und auf Vergütung für seine Tätigkeit. Die Auslagen und die Vergütung setzt das Gericht fest. Es bestimmt nach den gesamten Verhältnissen des einzelnen Falles nach freiem Ermessen, in welchem Umfange die Auslagen und die Vergütung von beteiligten Anteilsinhabern und Gläubigern zu tragen sind. Gegen die Entscheidung findet die sofortige Beschwerde statt; die weitere Beschwerde ist ausgeschlossen. Aus der rechtskräftigen Entscheidung findet die Zwangsvollstreckung nach der Zivilprozeßordnung statt.

Beschlüsse des 6. Ausschusses

§ 26

Geltendmachung des Schadenersatzanspruchs

(1) Die Ansprüche nach § 25 Abs. 1 und 2 können nur durch einen besonderen Vertreter geltend gemacht werden. Das **Gericht** des Sitzes eines übertragenden Rechtsträgers hat einen solchen Vertreter auf Antrag eines Anteilsinhabers oder eines Gläubigers dieses Rechtsträgers zu bestellen. Gläubiger sind nur antragsberechtigt, wenn sie von dem übernehmenden Rechtsträger keine Befriedigung erlangen können. Gegen die Entscheidung findet die sofortige Beschwerde statt.

(2) unverändert

(3) unverändert

(4) unverändert

Entwurf	Beschlüsse des 6. Ausschusses
§ 27 **Schadenersatzpflicht der Verwaltungsträger des übernehmenden Rechtsträgers** Ansprüche auf Schadenersatz, die sich auf Grund der Verschmelzung gegen ein Mitglied des Vertretungsorgans oder, wenn ein Aufsichtsorgan vorhanden ist, des Aufsichtsorgans des übernehmenden Rechtsträgers ergeben, verjähren in fünf Jahren seit dem Tage, an dem die Eintragung der Verschmelzung in das Register des Sitzes des übernehmenden Rechtsträgers nach § 19 Abs. 3 als bekanntgemacht gilt.	§ 27 unverändert
§ 28 **Unwirksamkeit des Verschmelzungsbeschlusses eines übertragenden Rechtsträgers** Nach Eintragung der Verschmelzung in das Register des Sitzes des übernehmenden Rechtsträgers ist eine Klage gegen die Wirksamkeit des Verschmelzungsbeschlusses eines übertragenden Rechtsträgers gegen den übernehmenden Rechtsträger zu richten.	§ 28 unverändert
§ 29 **Abfindungsangebot im Verschmelzungsvertrag** (1) Bei der Verschmelzung eines Rechtsträgers im Wege der Aufnahme durch einen Rechtsträger anderer Rechtsform hat der übernehmende Rechtsträger im Verschmelzungsvertrag oder in seinem Entwurf jedem Anteilsinhaber, der gegen den Verschmelzungsbeschluß des übertragenden Rechtsträgers Widerspruch zur Niederschrift erklärt, den Erwerb seiner Anteile oder Mitgliedschaften gegen eine angemessene Barabfindung anzubieten; § 71 Abs. 4 Satz 2 des Aktiengesetzes ist insoweit nicht anzuwenden. Das gleiche gilt, wenn durch die Verschmelzung von Rechtsträgern derselben Rechtsform Anteile an dem übertragenden Rechtsträger durch Anteile an dem übernehmenden Rechtsträger ersetzt werden, die in dem Gesellschaftsvertrag, der Satzung oder dem Statut des übernehmenden Rechtsträgers Verfügungsbeschränkungen unterworfen sind. Kann der übernehmende Rechtsträger auf Grund seiner Rechtsform eigene Anteile oder Mitgliedschaften nicht erwerben, so ist die Barabfindung für den Fall anzubieten, daß der Anteilsinhaber sein Ausscheiden aus dem Rechtsträger erklärt. Eine erforderliche Bekanntmachung des Verschmelzungsvertrags oder seines Entwurfs als Gegenstand der Beschlußfassung muß den Wortlaut dieses Angebots enthalten. Der übernehmende Rechtsträger hat die Kosten für eine Übertragung zu tragen. (2) Dem Widerspruch zur Niederschrift im Sinne des Absatzes 1 steht es gleich, wenn ein nicht erschienener Anteilsinhaber zu der Versammlung der Anteilsinhaber zu Unrecht nicht zugelassen worden ist oder die Versammlung nicht ordnungsgemäß einberufen oder der Gegenstand der Beschlußfassung nicht ordnungsgemäß bekanntgemacht worden ist.	§ 29 unverändert

Entwurf	Beschlüsse des 6. Ausschusses
§ 30	§ 30
Inhalt des Anspruchs auf Barabfindung und Prüfung der Barabfindung	unverändert
(1) Die Barabfindung muß die Verhältnisse des übertragenden Rechtsträgers im Zeitpunkt der Beschlußfassung über die Verschmelzung berücksichtigen. § 15 Abs. 2 ist auf die Barabfindung entsprechend anzuwenden.	
(2) Die Angemessenheit einer anzubietenden Barabfindung ist stets durch Verschmelzungsprüfer zu prüfen. Die §§ 10 bis 12 sind entsprechend anzuwenden. Die Berechtigten können auf die Prüfung oder den Prüfungsbericht verzichten; die Verzichtserklärungen sind notariell zu beurkunden.	
§ 31	§ 31
Annahme des Angebots	unverändert
Das Angebot nach § 29 kann nur binnen zwei Monaten nach dem Tage angenommen werden, an dem die Eintragung der Verschmelzung in das Register des Sitzes des übernehmenden Rechtsträgers nach § 19 Abs. 3 als bekanntgemacht gilt. Ist nach § 34 ein Antrag auf Bestimmung der Barabfindung durch das Gericht gestellt worden, so kann das Angebot binnen zwei Monaten nach dem Tage angenommen werden, an dem die Entscheidung im Bundesanzeiger bekanntgemacht worden ist.	
§ 32	§ 32
Ausschluß von Klagen gegen den Verschmelzungsbeschluß	unverändert
Eine Klage gegen die Wirksamkeit des Verschmelzungsbeschlusses eines übertragenden Rechtsträgers kann nicht darauf gestützt werden, daß das Angebot nach § 29 zu niedrig bemessen oder daß die Barabfindung im Verschmelzungsvertrag nicht oder nicht ordnungsgemäß angeboten worden ist.	
§ 33	§ 33
Anderweitige Veräußerung	unverändert
Einer anderweitigen Veräußerung des Anteils durch den Anteilsinhaber binnen der in § 31 bestimmten Frist stehen Verfügungsbeschränkungen in Gesellschaftsverträgen, Satzungen oder Statuten des übertragenden Rechtsträgers nicht entgegen.	
§ 34	§ 34
Gerichtliche Nachprüfung der Abfindung	unverändert
Macht ein Anteilsinhaber geltend, daß eine im Verschmelzungsvertrag oder in seinem Entwurf bestimmte Barabfindung, die ihm nach § 29 anzubieten war, zu niedrig bemessen sei, so hat auf seinen Antrag das Gericht die angemessene Barabfindung zu bestimmen. Das gleiche gilt, wenn die Barabfindung nicht oder nicht ordnungsgemäß angeboten worden ist.	

Entwurf	Beschlüsse des 6. Ausschusses
§ 35 **Bezeichnung unbekannter Aktionäre**	§ 35 unverändert
Unbekannte Aktionäre einer übertragenden Aktiengesellschaft oder Kommanditgesellschaft auf Aktien sind im Verschmelzungsvertrag, bei Anmeldungen zur Eintragung in ein Register oder bei der Eintragung in eine Liste von Anteilsinhabern durch die Angabe ihrer Aktienurkunden sowie erforderlichenfalls des auf die Aktie entfallenden Anteils zu bezeichnen, soweit eine Benennung der Anteilsinhaber für den übernehmenden Rechtsträger gesetzlich vorgeschrieben ist. Werden solche Anteilsinhaber später bekannt, so sind Register oder Listen von Amts wegen zu berichtigen.	
DRITTER ABSCHNITT *Verschmelzung durch Neugründung*	*DRITTER ABSCHNITT* *Verschmelzung durch Neugründung*
§ 36 **Anzuwendende Vorschriften**	§ 36 unverändert
(1) Auf die Verschmelzung durch Neugründung sind die Vorschriften des Zweiten Abschnitts mit Ausnahme des § 16 Abs. 1 und des § 27 entsprechend anzuwenden. An die Stelle des übernehmenden Rechtsträgers tritt der neue Rechtsträger, an die Stelle der Eintragung der Verschmelzung in das Register des Sitzes des übernehmenden Rechtsträgers tritt die Eintragung des neuen Rechtsträgers in das Register.	
(2) Auf die Gründung des neuen Rechtsträgers sind die für dessen Rechtsform geltenden Gründungsvorschriften anzuwenden, soweit sich aus diesem Buch nichts anderes ergibt. Den Gründern stehen die übertragenden Rechtsträger gleich. Vorschriften, die für die Gründung eine Mindestzahl der Gründer vorschreiben, sind nicht anzuwenden.	
§ 37 **Inhalt des Verschmelzungsvertrags**	§ 37 unverändert
In dem Verschmelzungsvertrag muß der Gesellschaftsvertrag, die Satzung oder das Statut des neuen Rechtsträgers enthalten sein oder festgestellt werden.	
§ 38 **Anmeldung der Verschmelzung und des neuen Rechtsträgers**	§ 38 unverändert
(1) Die Vertretungsorgane jedes der übertragenden Rechtsträger haben die Verschmelzung zur Eintragung in das Register des Sitzes ihres Rechtsträgers anzumelden.	
(2) Die Vertretungsorgane aller übertragenden Rechtsträger haben den neuen Rechtsträger bei dem Gericht, in dessen Bezirk er seinen Sitz haben soll, zur Eintragung in das Register anzumelden.	

Entwurf	Beschlüsse des 6. Ausschusses
ZWEITER TEIL	**ZWEITER TEIL**
Besondere Vorschriften	**Besondere Vorschriften**
ERSTER ABSCHNITT	*ERSTER ABSCHNITT*
Verschmelzung unter Beteiligung von Personenhandelsgesellschaften	*Verschmelzung unter Beteiligung von Personenhandelsgesellschaften*
§ 39 **Ausschluß der Verschmelzung**	§ 39 unverändert
Eine aufgelöste Personenhandelsgesellschaft kann sich nicht als übertragender Rechtsträger an einer Verschmelzung beteiligen, wenn die Gesellschafter nach § 145 des Handelsgesetzbuchs eine andere Art der Auseinandersetzung als die Abwicklung oder als die Verschmelzung vereinbart haben.	
§ 40 **Inhalt des Verschmelzungsvertrags**	§ 40 unverändert
(1) Der Verschmelzungsvertrag oder sein Entwurf hat zusätzlich für jeden Anteilsinhaber eines übertragenden Rechtsträgers zu bestimmen, ob ihm in der übernehmenden oder der neuen Personenhandelsgesellschaft die Stellung eines persönlich haftenden Gesellschafters oder eines Kommanditisten gewährt wird. Dabei ist der Betrag der Einlage jedes Gesellschafters festzusetzen.	
(2) Anteilsinhabern eines übertragenden Rechtsträgers, die für dessen Verbindlichkeiten nicht als Gesamtschuldner persönlich unbeschränkt haften, ist die Stellung eines Kommanditisten zu gewähren. Abweichende Bestimmungen sind nur wirksam, wenn die betroffenen Anteilsinhaber dem Verschmelzungsbeschluß des übertragenden Rechtsträgers zustimmen.	
§ 41 **Verschmelzungsbericht**	§ 41 unverändert
Ein Verschmelzungsbericht ist für eine an der Verschmelzung beteiligte Personenhandelsgesellschaft nicht erforderlich, wenn alle Gesellschafter dieser Gesellschaft zur Geschäftsführung berechtigt sind.	
§ 42 **Unterrichtung der Gesellschafter**	§ 42 unverändert
Der Verschmelzungsvertrag oder sein Entwurf und der Verschmelzungsbericht sind den Gesellschaftern, die von der Geschäftsführung ausgeschlossen sind, spätestens zusammen mit der Einberufung der Gesellschafterversammlung, die gemäß § 13 Abs. 1 über die Zustimmung zum Verschmelzungsvertrag beschließen soll, zu übersenden.	

Entwurf	Beschlüsse des 6. Ausschusses
§ 43 **Beschluß der Gesellschafterversammlung**	§ 43 unverändert
(1) Der Verschmelzungsbeschluß der Gesellschafterversammlung bedarf der Zustimmung aller anwesenden Gesellschafter; ihm müssen auch die nicht erschienenen Gesellschafter zustimmen.	
(2) Der Gesellschaftsvertrag kann eine Mehrheitsentscheidung der Gesellschafter vorsehen. Die Mehrheit muß mindestens drei Viertel der Stimmen der Gesellschafter betragen. Widerspricht ein Anteilsinhaber eines übertragenden Rechtsträgers, der für dessen Verbindlichkeiten persönlich unbeschränkt haftet, der Verschmelzung, so ist ihm in der übernehmenden oder der neuen Personenhandelsgesellschaft die Stellung eines Kommanditisten zu gewähren; das gleiche gilt für einen Anteilsinhaber der übernehmenden Personenhandelsgesellschaft, der für deren Verbindlichkeiten persönlich unbeschränkt haftet, wenn er der Verschmelzung widerspricht.	
§ 44 **Prüfung der Verschmelzung**	§ 44 unverändert
Im Falle des § 43 Abs. 2 ist der Verschmelzungsvertrag oder sein Entwurf für eine Personenhandelsgesellschaft auf Verlangen eines ihrer Gesellschafter nach den §§ 9 bis 12 zu prüfen. Die Kosten trägt die Gesellschaft.	
§ 45 **Zeitliche Begrenzung der Haftung**	§ 45 **Zeitliche Begrenzung der Haftung persönlich haftender Gesellschafter**
(1) Überträgt eine Personenhandelsgesellschaft ihr Vermögen durch Verschmelzung auf einen Rechtsträger anderer Rechtsform, dessen Anteilsinhaber für die Verbindlichkeiten dieses Rechtsträgers nicht unbeschränkt haften, so haftet ein Gesellschafter der Personenhandelsgesellschaft für ihre Verbindlichkeiten, wenn sie vor Ablauf von fünf Jahren nach der Verschmelzung fällig und daraus Ansprüche gegen ihn gerichtlich geltend gemacht sind; bei öffentlich-rechtlichen Verbindlichkeiten genügt zur Geltendmachung der Erlaß eines Verwaltungsakts.	(1) unverändert
(2) Die Frist beginnt mit dem Tage, an dem die Eintragung der Verschmelzung in das Register des Sitzes des übernehmenden Rechtsträgers nach § 19 Abs. 3 als bekanntgemacht gilt. Die für die Verjährung geltenden §§ 203, 206, 207, 210, 212 bis 216 und 220 des Bürgerlichen Gesetzbuchs sind entsprechend anzuwenden.	(2) unverändert
(3) Einer gerichtlichen Geltendmachung bedarf es nicht, soweit der Gesellschafter den Anspruch schriftlich anerkannt hat.	(3) unverändert
(4) Die Absätze 1 bis 3 sind auch anzuwenden, wenn der Gesellschafter in dem Rechtsträger anderer Rechtsform geschäftsführend tätig wird.	(4) unverändert

Entwurf

ZWEITER ABSCHNITT

Verschmelzung unter Beteiligung von Gesellschaften mit beschränkter Haftung

ERSTER UNTERABSCHNITT

Verschmelzung durch Aufnahme

§ 46

Inhalt des Verschmelzungsvertrags

(1) Der Verschmelzungsvertrag oder sein Entwurf hat zusätzlich für jeden Anteilsinhaber eines übertragenden Rechtsträgers den Nennbetrag des Geschäftsanteils zu bestimmen, den die übernehmende Gesellschaft mit beschränkter Haftung ihm zu gewähren hat. Der Nennbetrag kann abweichend von dem Nennbetrag der Aktien einer übertragenden Aktiengesellschaft oder Kommanditgesellschaft auf Aktien festgesetzt werden. Er muß mindestens fünfzig Deutsche Mark betragen und durch zehn teilbar sein.

(2) Sollen die zu gewährenden Geschäftsanteile im Wege der Kapitalerhöhung geschaffen und mit anderen Rechten und Pflichten als sonstige Geschäftsanteile der übernehmenden Gesellschaft mit beschränkter Haftung ausgestattet werden, so sind auch die Abweichungen im Verschmelzungsvertrag oder in seinem Entwurf festzusetzen.

(3) Sollen Anteilsinhaber eines übertragenden Rechtsträgers schon vorhandene Geschäftsanteile der übernehmenden Gesellschaft erhalten, so müssen die Gesellschafter und die Nennbeträge der Geschäftsanteile, die sie erhalten sollen, im Verschmelzungsvertrag oder in seinem Entwurf besonders bestimmt werden.

§ 47

Unterrichtung der Gesellschafter

Der Verschmelzungsvertrag oder sein Entwurf und der Verschmelzungsbericht sind den Gesellschaftern spätestens zusammen mit der Einberufung der Gesellschafterversammlung, die gemäß § 13 Abs. 1 über die Zustimmung beschließen soll, zu übersenden.

§ 48

Prüfung der Verschmelzung

Der Verschmelzungsvertrag oder sein Entwurf ist für eine Gesellschaft mit beschränkter Haftung auf Verlangen eines ihrer Gesellschafter nach den §§ 9 bis 12 zu prüfen. Die Kosten trägt die Gesellschaft.

§ 49

Vorbereitung der Gesellschafterversammlung

(1) Die Geschäftsführer haben in der Einberufung der Gesellschafterversammlung, die gemäß § 13 Abs. 1 über die Zustimmung zum Verschmelzungsvertrag beschließen soll, die Verschmelzung als Gegenstand der Beschlußfassung anzukündigen.

Beschlüsse des 6. Ausschusses

ZWEITER ABSCHNITT

Verschmelzung unter Beteiligung von Gesellschaften mit beschränkter Haftung

ERSTER UNTERABSCHNITT

Verschmelzung durch Aufnahme

§ 46

unverändert

§ 47

unverändert

§ 48

unverändert

§ 49

unverändert

Entwurf | Beschlüsse des 6. Ausschusses

(2) Von der Einberufung an sind in dem Geschäftsraum der Gesellschaft die Jahresabschlüsse und die Lageberichte der an der Verschmelzung beteiligten Rechtsträger für die letzten drei Geschäftsjahre zur Einsicht durch die Gesellschafter auszulegen.

(3) Die Geschäftsführer haben jedem Gesellschafter auf Verlangen jederzeit Auskunft auch über alle für die Verschmelzung wesentlichen Angelegenheiten der anderen beteiligten Rechtsträger zu geben.

§ 50

Beschluß der Gesellschafterversammlung

§ 50

unverändert

(1) Der Verschmelzungsbeschluß der Gesellschafterversammlung bedarf einer Mehrheit von mindestens drei Vierteln der abgegebenen Stimmen. Der Gesellschaftsvertrag kann eine größere Mehrheit und weitere Erfordernisse bestimmen.

(2) Werden durch die Verschmelzung auf dem Gesellschaftsvertrag beruhende Minderheitsrechte eines einzelnen Gesellschafters einer übertragenden Gesellschaft oder die einzelnen Gesellschaftern einer solchen Gesellschaft nach dem Gesellschaftsvertrag zustehenden besonderen Rechte in der Geschäftsführung der Gesellschaft, bei der Bestellung der Geschäftsführer oder hinsichtlich eines Vorschlagsrechts für die Geschäftsführung beeinträchtigt, so bedarf der Verschmelzungsbeschluß dieser übertragenden Gesellschaft der Zustimmung dieser Gesellschafter.

§ 51

Zustimmungserfordernisse in Sonderfällen

§ 51

unverändert

(1) Ist an der Verschmelzung eine Gesellschaft mit beschränkter Haftung, auf deren Geschäftsanteile nicht alle zu leistenden Einlagen in voller Höhe bewirkt sind, als übernehmender Rechtsträger beteiligt, so bedarf der Verschmelzungsbeschluß eines übertragenden Rechtsträgers der Zustimmung aller bei der Beschlußfassung anwesenden Anteilsinhaber dieses Rechtsträgers. Ist der übertragende Rechtsträger eine Personenhandelsgesellschaft oder eine Gesellschaft mit beschränkter Haftung, so bedarf der Verschmelzungsbeschluß auch der Zustimmung der nicht erschienenen Gesellschafter. Satz 1 und 2 gelten entsprechend, wenn eine Gesellschaft mit beschränkter Haftung, auf deren Geschäftsanteile nicht alle zu leistenden Einlagen in voller Höhe bewirkt sind, von einer Gesellschaft mit beschränkter Haftung durch Verschmelzung aufgenommen wird.

(2) Ist im Falle des § 46 Abs. 1 Satz 2 die abweichende Festsetzung des Nennbetrags nicht durch § 46 Abs. 1 Satz 3 bedingt, so bedarf sie der Zustimmung jedes Aktionärs, der sich nicht dem Gesamtnennbetrag seiner Aktien entsprechend beteiligen kann.

Entwurf	Beschlüsse des 6. Ausschusses
§ 52 **Anmeldung der Verschmelzung**	§ 52 unverändert
(1) Bei der Anmeldung der Verschmelzung zur Eintragung in das Register haben die Vertretungsorgane der an der Verschmelzung beteiligten Rechtsträger im Falle des § 51 Abs. 1 auch zu erklären, daß dem Verschmelzungsbeschluß jedes der übertragenden Rechtsträger alle bei der Beschlußfassung anwesenden Anteilsinhaber dieses Rechtsträgers und, sofern der übertragende Rechtsträger eine Personenhandelsgesellschaft oder eine Gesellschaft mit beschränkter Haftung ist, auch die nicht erschienenen Gesellschafter dieser Gesellschaft zugestimmt haben.	
(2) Der Anmeldung zum Register des Sitzes der übernehmenden Gesellschaft ist eine von den Geschäftsführern dieser Gesellschaft unterschriebene berichtigte Gesellschafterliste beizufügen.	
§ 53 **Eintragung bei Erhöhung des Stammkapitals**	§ 53 unverändert
Erhöht die übernehmende Gesellschaft zur Durchführung der Verschmelzung ihr Stammkapital, so darf die Verschmelzung erst eingetragen werden, nachdem die Erhöhung des Stammkapitals im Register eingetragen worden ist.	
§ 54 **Verschmelzung ohne Kapitalerhöhung**	§ 54 unverändert
(1) Die übernehmende Gesellschaft darf zur Durchführung der Verschmelzung ihr Stammkapital nicht erhöhen, soweit 1. sie Anteile eines übertragenden Rechtsträgers innehat; 2. ein übertragender Rechtsträger eigene Anteile innehat oder 3. ein übertragender Rechtsträger Geschäftsanteile dieser Gesellschaft innehat, auf welche die Einlagen nicht in voller Höhe bewirkt sind. Die übernehmende Gesellschaft braucht ihr Stammkapital nicht zu erhöhen, soweit 1. sie eigene Geschäftsanteile innehat oder 2. ein übertragender Rechtsträger Geschäftsanteile dieser Gesellschaft innehat, auf welche die Einlagen bereits in voller Höhe bewirkt sind.	
(2) Absatz 1 gilt entsprechend, wenn Inhaber der dort bezeichneten Anteile ein Dritter ist, der im eigenen Namen, jedoch in einem Fall des Absatzes 1 Satz 1 Nr. 1 oder des Absatzes 1 Satz 2 Nr. 1 für Rechnung der übernehmenden Gesellschaft oder in einem der anderen Fälle des Absatzes 1 für Rechnung des übertragenden Rechtsträgers handelt.	

Entwurf	Beschlüsse des 6. Ausschusses
(3) Soweit zur Durchführung der Verschmelzung Geschäftsanteile der übernehmenden Gesellschaft, die sie selbst oder ein übertragender Rechtsträger innehat, geteilt werden müssen, um sie den Anteilsinhabern eines übertragenden Rechtsträgers gewähren zu können, sind Bestimmungen des Gesellschaftsvertrags, welche die Teilung der Geschäftsanteile der übernehmenden Gesellschaft ausschließen oder erschweren, sowie § 5 Abs. 1 zweiter Halbsatz und Absatz 3 Satz 2 des Gesetzes betreffend die Gesellschaften mit beschränkter Haftung nicht anzuwenden; jedoch muß der Nennbetrag jedes Teils der Geschäftsanteile mindestens fünfzig Deutsche Mark betragen und durch zehn teilbar sein. Satz 1 gilt entsprechend, wenn Inhaber der Geschäftsanteile ein Dritter ist, der im eigenen Namen, jedoch für Rechnung der übernehmenden Gesellschaft oder eines übertragenden Rechtsträgers handelt.	
(4) Im Verschmelzungsvertrag festgesetzte bare Zuzahlungen dürfen nicht den zehnten Teil des Gesamtnennbetrags der gewährten Geschäftsanteile der übernehmenden Gesellschaft übersteigen.	
§ 55 **Verschmelzung mit Kapitalerhöhung**	§ 55 unverändert
(1) Erhöht die übernehmende Gesellschaft zur Durchführung der Verschmelzung ihr Stammkapital, so sind § 55 Abs. 1, §§ 56 a, 57 Abs. 2, Abs. 3 Nr. 1 des Gesetzes betreffend die Gesellschaften mit beschänkter Haftung nicht anzuwenden. Auf die neuen Geschäftsanteile ist § 5 Abs. 1 zweiter Halbsatz und Abs. 3 Satz 2 des Gesetzes betreffend die Gesellschaften mit beschränkter Haftung nicht anzuwenden; jedoch muß der Betrag jeder neuen Stammeinlage mindestens fünfzig Deutsche Mark betragen und durch zehn teilbar sein.	
(2) Der Anmeldung der Kapitalerhöhung zum Register sind außer den in § 57 Abs. 3 Nr. 2 und 3 des Gesetzes betreffend die Gesellschaften mit beschränkter Haftung bezeichneten Schriftstücken der Verschmelzungsvertrag und die Niederschriften der Verschmelzungsbeschlüsse in Ausfertigung oder öffentlich beglaubigter Abschrift beizufügen.	
ZWEITER UNTERABSCHNITT Verschmelzung durch Neugründung	ZWEITER UNTERABSCHNITT Verschmelzung durch Neugründung
§ 56 **Anzuwendende Vorschriften**	§ 56 unverändert
Auf die Verschmelzung durch Neugründung sind die Vorschriften des Ersten Unterabschnitts mit Ausnahme der §§ 51, 52 Abs. 1, §§ 53, 54 Abs. 1 bis 3 sowie des § 55 entsprechend anzuwenden.	

Entwurf

§ 57

Inhalt des Gesellschaftsvertrags

In den Gesellschaftsvertrag sind Festsetzungen über Sondervorteile, Gründungsaufwand, Sacheinlagen und Sachübernahmen, die in den Gesellschaftsverträgen, Satzungen oder Statuten übertragender Rechtsträger enthalten waren, zu übernehmen.

§ 58

Sachgründungsbericht

(1) In dem Sachgründungsbericht (§ 5 Abs. 4 des Gesetzes betreffend die Gesellschaften mit beschränkter Haftung) sind auch der Geschäftsverlauf und die Lage der übertragenden Rechtsträger darzulegen.

(2) Ein Sachgründungsbericht ist nicht erforderlich, soweit eine Kapitalgesellschaft oder eine eingetragene Genossenschaft übertragender Rechtsträger ist.

§ 59

Verschmelzungsbeschlüsse

Der Gesellschaftsvertrag der neuen Gesellschaft wird nur wirksam, wenn ihm die Anteilsinhaber jedes der übertragenden Rechtsträger durch Verschmelzungsbeschluß zustimmen. Dies gilt entsprechend für die Bestellung der Mitglieder des Aufsichtsrats der neuen Gesellschaft, soweit sie von den Anteilsinhabern der übertragenden Rechtsträger zu wählen sind.

DRITTER ABSCHNITT

Verschmelzung unter Beteiligung von Aktiengesellschaften

ERSTER UNTERABSCHNITT

Verschmelzung durch Aufnahme

§ 60

Prüfung der Verschmelzung; Bestellung der Verschmelzungsprüfer

(1) Der Verschmelzungsvertrag oder sein Entwurf ist für jede Aktiengesellschaft nach den §§ 9 bis 12 zu prüfen.

(2) Für jede Aktiengesellschaft muß mindestens ein Verschmelzungsprüfer bestellt werden. Die Prüfer werden jeweils vom Vorstand der Gesellschaft bestellt.

(3) Für die Verschmelzung unter Beteiligung mehrerer Aktiengesellschaften reicht die Prüfung durch einen oder mehrere Verschmelzungsprüfer für alle beteiligten Aktiengesellschaften nur aus, wenn diese Prüfer auf gemeinsamen Antrag der Vorstände durch

Beschlüsse des 6. Ausschusses

§ 57

unverändert

§ 58

unverändert

§ 59

unverändert

DRITTER ABSCHNITT

Verschmelzung unter Beteiligung von Aktiengesellschaften

ERSTER UNTERABSCHNITT

Verschmelzung durch Aufnahme

§ 60

unverändert

Entwurf

das Gericht bestellt werden. Gegen die Entscheidung findet die sofortige Beschwerde statt. Für den Ersatz von Auslagen und für die Vergütung der vom Gericht bestellten Prüfer gilt § 318 Abs. 5 des Handelsgesetzbuchs.

§ 61

Bekanntmachung des Verschmelzungsvertrags

Der Verschmelzungsvertrag oder sein Entwurf ist vor der Einberufung der Hauptversammlung, die gemäß § 13 Abs. 1 über die Zustimmung beschließen soll, zum Register einzureichen. Das Gericht hat in den für die Bekanntmachung seiner Eintragungen bestimmten Blättern (§ 10 des Handelsgesetzbuchs) einen Hinweis darauf bekanntzumachen, daß der Vertrag oder sein Entwurf beim Handelsregister eingereicht worden ist.

§ 62

Hauptversammlung in besonderen Fällen

(1) Befinden sich mindestens neun Zehntel des Stammkapitals oder des Grundkapitals einer übertragenden Kapitalgesellschaft in der Hand einer übernehmenden Aktiengesellschaft *und haftet die übernehmende Aktiengesellschaft als herrschendes Unternehmen (§ 17 des Aktiengesetzes) für alle Verbindlichkeiten der übertragenden Gesellschaft,* so ist ein Verschmelzungsbeschluß der übernehmenden Aktiengesellschaft zur Aufnahme dieser übertragenden Gesellschaft nicht erforderlich. Eigene Anteile der übertragenden Gesellschaft und Anteile, die einem anderen für Rechnung dieser Gesellschaft gehören, sind vom Stammkapital oder Grundkapital abzusetzen.

(2) Absatz 1 gilt nicht, wenn Aktionäre der übernehmenden Gesellschaft, deren Anteile zusammen den zwanzigsten Teil des Grundkapitals dieser Gesellschaft erreichen, die Einberufung einer Hauptversammlung verlangen, in der über die Zustimmung zu der Verschmelzung beschlossen wird. Die Satzung kann das Recht, die Einberufung der Hauptversammlung zu verlangen, an den Besitz eines geringeren Teils am Grundkapital der übernehmenden Gesellschaft knüpfen.

(3) Einen Monat vor dem Tage der Gesellschafterversammlung oder der Hauptversammlung der übertragenden Gesellschaft, die gemäß § 13 Abs. 1 über die Zustimmung zum Verschmelzungsvertrag beschließen soll, sind in dem Geschäftsraum der übernehmenden Gesellschaft zur Einsicht der Aktionäre die in § 63 Abs. 1 bezeichneten Unterlagen auszulegen. Gleichzeitig hat der Vorstand der übernehmenden Gesellschaft einen Hinweis auf die bevorstehende Verschmelzung in den Gesellschaftsblättern der übernehmenden Gesellschaft bekanntzumachen und den Verschmelzungsvertrag oder seinen Entwurf zum Register der übernehmenden Gesellschaft einzureichen; § 61 Satz 2 ist entsprechend anzuwenden. Die

Beschlüsse des 6. Ausschusses

§ 61

unverändert

§ 62

Hauptversammlung in besonderen Fällen

(1) Befinden sich mindestens neun Zehntel des Stammkapitals oder des Grundkapitals einer übertragenden Kapitalgesellschaft in der Hand einer übernehmenden Aktiengesellschaft, so ist ein Verschmelzungsbeschluß der übernehmenden Aktiengesellschaft zur Aufnahme dieser übertragenden Gesellschaft nicht erforderlich. Eigene Anteile der übertragenden Gesellschaft und Anteile, die einem anderen für Rechnung dieser Gesellschaft gehören, sind vom Stammkapital oder Grundkapital abzusetzen.

(2) unverändert

(3) unverändert

Entwurf	Beschlüsse des 6. Ausschusses
Aktionäre sind in der Bekanntmachung nach Satz 2 erster Halbsatz auf ihr Recht nach Absatz 2 hinzuweisen. Der Anmeldung der Verschmelzung zur Eintragung in das Handelsregister ist der Nachweis der Bekanntmachung beizufügen. Der Vorstand hat bei der Anmeldung zu erklären, ob ein Antrag nach Absatz 2 gestellt worden ist. Auf Verlangen ist jedem Aktionär der übernehmenden Gesellschaft unverzüglich und kostenlos eine Abschrift der in Satz 1 bezeichneten Unterlagen zu erteilen.	
§ 63 **Vorbereitung der Hauptversammlung**	§ 63 unverändert
(1) Von der Einberufung der Hauptversammlung an, die gemäß § 13 Abs. 1 über die Zustimmung zum Verschmelzungsvertrag beschließen soll, sind in dem Geschäftsraum der Gesellschaft zur Einsicht der Aktionäre auszulegen 1. der Verschmelzungsvertrag oder sein Entwurf; 2. die Jahresabschlüsse und die Lageberichte der an der Verschmelzung beteiligten Rechtsträger für die letzten drei Geschäftsjahre; 3. falls sich der letzte Jahresabschluß auf ein Geschäftsjahr bezieht, das mehr als sechs Monate vor dem Abschluß des Verschmelzungsvertrags oder der Aufstellung des Entwurfs abgelaufen ist, eine Bilanz auf einen Stichtag, der nicht vor dem ersten Tag des dritten Monats liegt, der dem Abschluß oder der Aufstellung vorausgeht (Zwischenbilanz); 4. die nach § 8 erstatteten Verschmelzungsberichte; 5. die nach § 60 in Verbindung mit § 12 erstatteten Prüfungsberichte.	
(2) Die Zwischenbilanz (Absatz 1 Nr. 3) ist nach den Vorschriften aufzustellen, die auf die letzte Jahresbilanz des Rechtsträgers angewendet worden sind. Eine körperliche Bestandsaufnahme ist nicht erforderlich. Die Wertansätze der letzten Jahresbilanz dürfen übernommen werden. Dabei sind jedoch Abschreibungen, Wertberichtigungen und Rückstellungen sowie wesentliche, aus den Büchern nicht ersichtliche Veränderungen der wirklichen Werte von Vermögensgegenständen bis zum Stichtag der Zwischenbilanz zu berücksichtigen.	
(3) Auf Verlangen ist jedem Aktionär unverzüglich und kostenlos eine Abschrift der in Absatz 1 bezeichneten Unterlagen zu erteilen.	
§ 64 **Durchführung der Hauptversammlung**	§ 64 unverändert
(1) In der Hauptversammlung sind die in § 63 Abs. 1 bezeichneten Unterlagen auszulegen. Der Vorstand hat den Verschmelzungsvertrag oder seinen Entwurf zu Beginn der Verhandlung mündlich zu erläutern.	

Entwurf

(2) Jedem Aktionär ist auf Verlangen in der Hauptversammlung Auskunft auch über alle für die Verschmelzung wesentlichen Angelegenheiten der anderen beteiligten Rechtsträger zu geben.

§ 65

Beschluß der Hauptversammlung

(1) Der Verschmelzungsbeschluß der Hauptversammlung bedarf einer Mehrheit, die mindestens drei Viertel des bei der Beschlußfassung vertretenen Grundkapitals umfaßt. Die Satzung kann eine größere Kapitalmehrheit und weitere Erfordernisse bestimmen.

(2) Sind mehrere Gattungen von Aktien vorhanden, so bedarf der Beschluß der Hauptversammlung zu seiner Wirksamkeit der Zustimmung der Aktionäre jeder Gattung. Über die Zustimmung haben die Aktionäre jeder Gattung einen Sonderbeschluß zu fassen. Für diesen gilt Absatz 1.

§ 66

Eintragung bei Erhöhung des Grundkapitals

Erhöht die übernehmende Gesellschaft zur Durchführung der Verschmelzung ihr Grundkapital, so darf die Verschmelzung erst eingetragen werden, nachdem die Durchführung der Erhöhung des Grundkapitals im Register eingetragen worden ist.

§ 67

Anwendung der Vorschriften über die Nachgründung

Wird der Verschmelzungsvertrag in den ersten zwei Jahren seit Eintragung der übernehmenden Gesellschaft in das Register geschlossen, so ist § 52 Abs. 3, 4, 7 bis 9 des Aktiengesetzes über die Nachgründung entsprechend anzuwenden. Dies gilt nicht, wenn der Gesamtnennbetrag der zu gewährenden Aktien den zehnten Teil des Grundkapitals dieser Gesellschaft nicht übersteigt. Wird zur Durchführung der Verschmelzung das Grundkapital erhöht, so ist der Berechnung das erhöhte Grundkapital zugrunde zu legen.

§ 68

Verschmelzung ohne Kapitalerhöhung

(1) Die übernehmende Gesellschaft darf zur Durchführung der Verschmelzung ihr Grundkapital nicht erhöhen, soweit

1. sie Anteile eines übertragenden Rechtsträgers innehat;
2. ein übertragender Rechtsträger eigene Anteile innehat oder
3. ein übertragender Rechtsträger Aktien dieser Gesellschaft besitzt, auf die der Nennbetrag oder der höhere Ausgabebetrag nicht voll geleistet ist.

Beschlüsse des 6. Ausschusses

§ 65

Beschluß der Hauptversammlung

(1) unverändert

(2) Sind mehrere Gattungen von Aktien vorhanden, so bedarf der Beschluß der Hauptversammlung zu seiner Wirksamkeit der Zustimmung der **stimmberechtigten** Aktionäre jeder Gattung. Über die Zustimmung haben die Aktionäre jeder Gattung einen Sonderbeschluß zu fassen. Für diesen gilt Absatz 1.

§ 66

unverändert

§ 67

unverändert

§ 68

unverändert

Entwurf	Beschlüsse des 6. Ausschusses
Die übernehmende Gesellschaft braucht ihr Grundkapital nicht zu erhöhen, soweit	
1. sie eigene Aktien besitzt oder	
2. ein übertragender Rechtsträger Aktien dieser Gesellschaft besitzt, auf die der Nennbetrag oder der höhere Ausgabebetrag bereits voll geleistet ist.	
(2) Absatz 1 gilt entsprechend, wenn Inhaber der dort bezeichneten Anteile ein Dritter ist, der im eigenen Namen, jedoch in einem Fall des Absatzes 1 Satz 1 Nr. 1 oder des Absatzes 1 Satz 2 Nr. 1 für Rechnung der übernehmenden Gesellschaft oder in einem der anderen Fälle des Absatzes 1 für Rechnung des übertragenden Rechtsträgers handelt.	
(3) Im Verschmelzungsvertrag festgesetzte bare Zuzahlungen dürfen nicht den zehnten Teil des Gesamtnennbetrags der gewährten Aktien der übernehmenden Gesellschaft übersteigen.	
§ 69	§ 69
Verschmelzung mit Kapitalerhöhung	unverändert
(1) Erhöht die übernehmende Gesellschaft zur Durchführung der Verschmelzung ihr Grundkapital, so sind § 182 Abs. 4, § 184 Abs. 2, §§ 185, 186, 187 Abs. 1, § 188 Abs. 2 und 3 Nr. 1 des Aktiengesetzes nicht anzuwenden; eine Prüfung der Sacheinlage nach § 183 Abs. 3 des Aktiengesetzes findet nur statt, soweit übertragende Rechtsträger die Rechtsform einer Personenhandelsgesellschaft oder eines rechtsfähigen Vereins haben, wenn Vermögensgegenstände in der Schlußbilanz eines übertragenden Rechtsträgers höher bewertet worden sind als in dessen letzter Jahresbilanz, wenn die in einer Schlußbilanz angesetzten Werte nicht als Anschaffungskosten in den Jahresbilanzen der übernehmenden Gesellschaft angesetzt werden oder wenn das Gericht Zweifel hat, ob der Wert der Sacheinlage den Nennbetrag der dafür zu gewährenden Aktien erreicht. Dies gilt auch dann, wenn das Grundkapital durch Ausgabe neuer Aktien auf Grund der Ermächtigung nach § 202 des Aktiengesetzes erhöht wird. In diesem Fall ist außerdem § 203 Abs. 3 des Aktiengesetzes nicht anzuwenden.	
(2) Der Anmeldung der Kapitalerhöhung zum Register sind außer den in § 188 Abs. 3 Nr. 2 bis 4 des Aktiengesetzes bezeichneten Schriftstücken der Verschmelzungsvertrag und die Niederschriften der Verschmelzungsbeschlüsse in Ausfertigung oder öffentlich beglaubigter Abschrift beizufügen.	
§ 70	§ 70
Geltendmachung eines Schadenersatzanspruchs	unverändert
Die Bestellung eines besonderen Vertreters nach § 26 Abs. 1 Satz 2 können nur solche Aktionäre einer übertragenden Gesellschaft beantragen, die ihre Aktien bereits gegen Anteile des übernehmenden Rechtsträgers umgetauscht haben.	

Entwurf	Beschlüsse des 6. Ausschusses
§ 71 **Bestellung eines Treuhänders**	§ 71 unverändert
(1) Jeder übertragende Rechtsträger hat für den Empfang der zu gewährenden Aktien und der baren Zuzahlungen einen Treuhänder zu bestellen. Die Verschmelzung darf erst eingetragen werden, wenn der Treuhänder dem Gericht angezeigt hat, daß er im Besitz der Aktien und der im Verschmelzungsvertrag festgesetzten baren Zuzahlungen ist.	
(2) § 26 Abs. 4 ist entsprechend anzuwenden.	
§ 72 **Umtausch von Aktien**	§ 72 unverändert
(1) Für den Umtausch der Aktien einer übertragenden Gesellschaft gilt § 73 Abs. 1 und 2 des Aktiengesetzes, bei Zusammenlegung von Aktien dieser Gesellschaft § 226 Abs. 1 und 2 des Aktiengesetzes über die Kraftloserklärung von Aktien entsprechend. Einer Genehmigung des Gerichts bedarf es nicht.	
(2) Ist der übernehmende Rechtsträger ebenfalls eine Aktiengesellschaft, so gelten ferner § 73 Abs. 3 des Aktiengesetzes sowie bei Zusammenlegung von Aktien § 73 Abs. 4 und § 226 Abs. 3 des Aktiengesetzes entsprechend.	
ZWEITER UNTERABSCHNITT Verschmelzung durch Neugründung	ZWEITER UNTERABSCHNITT Verschmelzung durch Neugründung
§ 73 **Anzuwendende Vorschriften**	§ 73 unverändert
Auf die Verschmelzung durch Neugründung sind die Vorschriften des Ersten Unterabschnitts mit Ausnahme der §§ 66, 67, 68 Abs. 1 und 2 und des § 69 entsprechend anzuwenden.	
§ 74 **Inhalt der Satzung**	§ 74 unverändert
In die Satzung sind Festsetzungen über Sondervorteile, Gründungsaufwand, Sacheinlagen und Sachübernahmen, die in den Gesellschaftsverträgen, Satzungen oder Statuten übertragender Rechtsträger enthalten waren, zu übernehmen. § 26 Abs. 4 und 5 des Aktiengesetzes bleibt unberührt.	
§ 75 **Gründungsbericht und Gründungsprüfung**	§ 75 unverändert
(1) In dem Gründungsbericht (§ 32 des Aktiengesetzes) sind auch der Geschäftsverlauf und die Lage der übertragenden Rechtsträger darzustellen.	

Entwurf	Beschlüsse des 6. Ausschusses
(2) Ein Gründungsbericht und eine Gründungsprüfung (§ 33 Abs. 2 des Aktiengesetzes) sind nicht erforderlich, soweit eine Kapitalgesellschaft oder eine eingetragene Genossenschaft übertragender Rechtsträger ist.	
§ 76 **Verschmelzungsbeschlüsse**	§ 76 unverändert
(1) Eine übertragende Aktiengesellschaft darf die Verschmelzung erst beschließen, wenn sie und jede andere übertragende Aktiengesellschaft bereits zwei Jahre im Register eingetragen sind.	
(2) Die Satzung der neuen Gesellschaft wird nur wirksam, wenn ihr die Anteilsinhaber jedes der übertragenden Rechtsträger durch Verschmelzungsbeschluß zustimmen. Dies gilt entsprechend für die Bestellung der Mitglieder des Aufsichtsrats der neuen Gesellschaft, soweit diese nach § 31 des Aktiengesetzes zu wählen sind. Auf eine übertragende Aktiengesellschaft ist § 124 Abs. 2 Satz 2, Abs. 3 Satz 1 und 3 des Aktiengesetzes entsprechend anzuwenden.	
§ 77 **Bekanntmachung der Eintragung der neuen Gesellschaft**	§ 77 unverändert
In die Bekanntmachung der Eintragung der neuen Gesellschaft sind außer den sonst erforderlichen Angaben die Bestimmungen des Verschmelzungsvertrags über die Zahl und, wenn mehrere Gattungen bestehen, die Gattung der Aktien, welche die neue Gesellschaft den Anteilsinhabern der übertragenden Rechtsträger gewährt, sowie über die Art und den Zeitpunkt der Zuteilung dieser Aktien aufzunehmen.	
VIERTER ABSCHNITT *Verschmelzung unter Beteiligung von Kommanditgesellschaften auf Aktien*	*VIERTER ABSCHNITT* *Verschmelzung unter Beteiligung von Kommanditgesellschaften auf Aktien*
§ 78 **Anzuwendende Vorschriften**	§ 78 unverändert
Auf Verschmelzungen unter Beteiligung von Kommanditgesellschaften auf Aktien sind die Vorschriften des Dritten Abschnitts entsprechend anzuwenden. An die Stelle der Aktiengesellschaft und ihres Vorstands treten die Kommanditgesellschaft auf Aktien und die zu ihrer Vertretung ermächtigten persönlich haftenden Gesellschafter. Der Verschmelzungsbeschluß bedarf auch der Zustimmung der persönlich haftenden Gesellschafter; die Satzung der Kommanditgesellschaft auf Aktien kann eine Mehrheitsentscheidung dieser Gesellschafter vorsehen. Im Verhältnis zueinander gelten Aktiengesellschaften und Kommanditgesellschaften auf Aktien nicht als Rechtsträger anderer Rechtsform im Sinne der §§ 29 und 34.	

Entwurf

FÜNFTER ABSCHNITT

Verschmelzung unter Beteiligung eingetragener Genossenschaften

ERSTER UNTERABSCHNITT

Verschmelzung durch Aufnahme

§ 79

Möglichkeit der Verschmelzung

Ein Rechtsträger anderer Rechtsform kann im Wege der Aufnahme mit einer eingetragenen Genossenschaft nur verschmolzen werden, wenn eine erforderliche Änderung des Statuts der übernehmenden Genossenschaft gleichzeitig mit der Verschmelzung beschlossen wird.

§ 80

Inhalt des Verschmelzungsvertrags bei Aufnahme durch eine Genossenschaft

(1) Der Verschmelzungsvertrag oder sein Entwurf hat bei Verschmelzungen im Wege der Aufnahme durch eine eingetragene Genossenschaft für die Festlegung des Umtauschverhältnisses der Anteile (§ 5 Abs. 1 Nr. 3) die Angabe zu enthalten,

1. daß jeder Genosse einer übertragenden Genossenschaft mit einem Geschäftsanteil bei der übernehmenden Genossenschaft beteiligt wird, sofern das Statut dieser Genossenschaft die Beteiligung mit mehr als einem Geschäftsanteil nicht zuläßt, oder

2. daß jeder Genosse einer übertragenden Genossenschaft mit mindestens einem und im übrigen mit so vielen Geschäftsanteilen bei der übernehmenden Genossenschaft beteiligt wird, wie durch Anrechnung seines Geschäftsguthabens bei der übertragenden Genossenschaft als voll eingezahlt anzusehen sind, sofern das Statut der übernehmenden Genossenschaft die Beteiligung eines Genossen mit mehreren Geschäftsanteilen zuläßt oder die Genossen zur Übernahme mehrerer Geschäftsanteile verpflichtet; der Verschmelzungsvertrag oder sein Entwurf kann zugunsten der Genossen einer übertragenden Genossenschaft eine andere Berechnung der Zahl der zu gewährenden Geschäftsanteile vorsehen.

Bei Verschmelzungen im Wege der Aufnahme eines Rechtsträgers anderer Rechtsform durch eine eingetragene Genossenschaft hat der Verschmelzungsvertrag oder sein Entwurf zusätzlich für jeden Anteilsinhaber eines solchen Rechtsträgers den Betrag des Geschäftsanteils und die Zahl der Geschäftsanteile anzugeben, mit denen er bei der *neuen* Genossenschaft beteiligt wird.

Beschlüsse des 6. Ausschusses

FÜNFTER ABSCHNITT

Verschmelzung unter Beteiligung eingetragener Genossenschaften

ERSTER UNTERABSCHNITT

Verschmelzung durch Aufnahme

§ 79

unverändert

§ 80

Inhalt des Verschmelzungsvertrags bei Aufnahme durch eine Genossenschaft

(1) Der Verschmelzungsvertrag oder sein Entwurf hat bei Verschmelzungen im Wege der Aufnahme durch eine eingetragene Genossenschaft für die Festlegung des Umtauschverhältnisses der Anteile (§ 5 Abs. 1 Nr. 3) die Angabe zu enthalten,

1. unverändert

2. unverändert

Bei Verschmelzungen im Wege der Aufnahme eines Rechtsträgers anderer Rechtsform durch eine eingetragene Genossenschaft hat der Verschmelzungsvertrag oder sein Entwurf zusätzlich für jeden Anteilsinhaber eines solchen Rechtsträgers den Betrag des Geschäftsanteils und die Zahl der Geschäftsanteile anzugeben, mit denen er bei der Genossenschaft beteiligt wird.

Entwurf	Beschlüsse des 6. Ausschusses
(2) Der Verschmelzungsvertrag oder sein Entwurf hat für jede übertragende Genossenschaft den Stichtag der Schlußbilanz anzugeben.	(2) unverändert
§ 81 **Gutachten des Prüfungsverbandes**	§ 81 unverändert
(1) Vor der Einberufung der Generalversammlung, die gemäß § 13 Abs. 1 über die Zustimmung zum Verschmelzungsvertrag beschließen soll, ist für jede beteiligte Genossenschaft eine gutachtliche Äußerung des Prüfungsverbandes einzuholen, ob die Verschmelzung mit den Belangen der Genossen und der Gläubiger der Genossenschaft vereinbar ist (Prüfungsgutachten). Das Prüfungsgutachten kann für mehrere beteiligte Genossenschaften auch gemeinsam erstattet werden.	
(2) Liegen die Voraussetzungen des Artikels 25 Abs. 1 des Einführungsgesetzes zum Handelsgesetzbuch in der Fassung des Artikels 21 § 5 Abs. 2 des Gesetzes vom 25. Juli 1988 (BGBl. I S. 1093) vor, so kann die Prüfung der Verschmelzung (§§ 9 bis 12) für die dort bezeichneten Rechtsträger auch von dem zuständigen Prüfungsverband durchgeführt werden.	
§ 82 **Vorbereitung der Generalversammlung**	§ 82 unverändert
(1) Von der Einberufung der Generalversammlung an, die gemäß § 13 Abs. 1 über die Zustimmung zum Verschmelzungsvertrag beschließen soll, sind auch in dem Geschäftsraum jeder beteiligten Genossenschaft die in § 63 Abs. 1 Nr. 1 bis 4 bezeichneten Unterlagen sowie die nach § 81 erstatteten Prüfungsgutachten zur Einsicht der Genossen auszulegen. Dazu erforderliche Zwischenbilanzen sind gemäß § 63 Abs. 2 aufzustellen.	
(2) Auf Verlangen ist jedem Genossen unverzüglich und kostenlos eine Abschrift der in Absatz 1 bezeichneten Unterlagen zu erteilen.	
§ 83 **Durchführung der Generalversammlung**	§ 83 unverändert
(1) In der Generalversammlung sind die in § 63 Abs. 1 Nr. 1 bis 4 bezeichneten Unterlagen sowie die nach § 81 erstatteten Prüfungsgutachten auszulegen. Der Vorstand hat den Verschmelzungsvertrag oder seinen Entwurf zu Beginn der Verhandlung mündlich zu erläutern. § 64 Abs. 2 ist entsprechend anzuwenden.	
(2) Das für die beschließende Genossenschaft erstattete Prüfungsgutachten ist in der Generalversammlung zu verlesen. Der Prüfungsverband ist berechtigt, an der Generalversammlung beratend teilzunehmen.	

Entwurf	Beschlüsse des 6. Ausschusses
§ 84 **Beschluß der Generalversammlung**	§ 84 unverändert
Der Verschmelzungsbeschluß der Generalversammlung bedarf einer Mehrheit von drei Vierteln der abgegebenen Stimmen. Das Statut kann eine größere Mehrheit und weitere Erfordernisse bestimmen.	
§ 85 **Verbesserung des Umtauschverhältnisses**	§ 85 unverändert
(1) Bei der Verschmelzung von Genossenschaften miteinander ist § 15 nur anzuwenden, wenn und soweit das Geschäftsguthaben eines Genossen in der übernehmenden Genossenschaft niedriger als das Geschäftsguthaben in der übertragenden Genossenschaft ist.	
(2) Der Anspruch nach § 15 kann auch durch Zuschreibung auf das Geschäftsguthaben erfüllt werden, soweit nicht der Gesamtbetrag der Geschäftsanteile des Genossen bei der übernehmenden Genossenschaft überschritten wird.	
§ 86 **Anlagen der Anmeldung**	§ 86 unverändert
(1) Der Anmeldung der Verschmelzung ist außer den sonst erforderlichen Unterlagen auch das für die anmeldende Genossenschaft erstattete Prüfungsgutachten in Urschrift oder in öffentlich beglaubigter Abschrift beizufügen.	
(2) Der Anmeldung zur Eintragung in das Register des Sitzes des übernehmenden Rechtsträgers ist ferner jedes andere für eine übertragende Genossenschaft erstattete Prüfungsgutachten in Urschrift oder in öffentlich beglaubigter Abschrift beizufügen.	
§ 87 **Anteilstausch**	§ 87 unverändert
(1) Auf Grund der Verschmelzung ist jeder Genosse einer übertragenden Genossenschaft entsprechend dem Verschmelzungsvertrag an dem übernehmenden Rechtsträger beteiligt. Eine Verpflichtung, bei einer übernehmenden Genossenschaft weitere Geschäftsanteile zu übernehmen, bleibt unberührt. Rechte Dritter an den Geschäftsguthaben bei einer übertragenden Genossenschaft bestehen an den Anteilen oder Mitgliedschaften des übernehmenden Rechtsträgers anderer Rechtsform weiter, die an die Stelle der Geschäftsanteile der übertragenden Genossenschaft treten. Rechte Dritter an den Anteilen oder Mitgliedschaften des übertragenden Rechtsträgers bestehen an den bei der übernehmenden Genossenschaft erlangten Geschäftsguthaben weiter.	
(2) Übersteigt das Geschäftsguthaben, das der Genosse bei einer übertragenden Genossenschaft hatte, den Gesamtbetrag der Geschäftsanteile, mit denen er nach Absatz 1 bei einer übernehmenden Genossenschaft beteiligt ist, so ist der übersteigende Betrag nach Ablauf von sechs Monaten seit dem Tage,	

Entwurf	Beschlüsse des 6. Ausschusses
an dem die Eintragung der Verschmelzung in das Register des Sitzes der übernehmenden Genossenschaft nach § 19 Abs. 3 als bekanntgemacht gilt, an den Genossen auszuzahlen; die Auszahlung darf jedoch nicht erfolgen, bevor die Gläubiger, die sich nach § 22 gemeldet haben, befriedigt oder sichergestellt sind. Im Verschmelzungsvertrag festgesetzte bare Zuzahlungen dürfen nicht den zehnten Teil des Gesamtnennbetrags der gewährten Geschäftsanteile der übernehmenden Genossenschaft übersteigen.	
(3) Für die Berechnung des Geschäftsguthabens, das dem Genossen bei einer übertragenden Genossenschaft zugestanden hat, ist deren Schlußbilanz maßgebend.	
§ 88 **Geschäftsguthaben bei der Aufnahme von Kapitalgesellschaften und rechtsfähigen Vereinen**	§ 88 unverändert
(1) Ist an der Verschmelzung eine Kapitalgesellschaft als übertragender Rechtsträger beteiligt, so ist jedem Anteilsinhaber dieser Gesellschaft als Geschäftsguthaben bei der übernehmenden Genossenschaft der Wert der Geschäftsanteile oder der Aktien gutzuschreiben, mit denen er an der übertragenden Gesellschaft beteiligt war. Für die Feststellung des Wertes dieser Beteiligung ist die Schlußbilanz der übertragenden Gesellschaft maßgebend. Übersteigt das durch die Verschmelzung erlangte Geschäftsguthaben eines Genossen den Gesamtbetrag der Geschäftsanteile, mit denen er bei der übernehmenden Genossenschaft beteiligt ist, so ist der übersteigende Betrag nach Ablauf von sechs Monaten seit dem Tage, an dem die Eintragung der Verschmelzung in das Register des Sitzes der übernehmenden Genossenschaft nach § 19 Abs. 3 als bekanntgemacht gilt, an den Genossen auszuzahlen; die Auszahlung darf jedoch nicht erfolgen, bevor die Gläubiger, die sich nach § 22 gemeldet haben, befriedigt oder sichergestellt sind.	
(2) Ist an der Verschmelzung ein rechtsfähiger Verein als übertragender Rechtsträger beteiligt, so kann jedem Mitglied dieses Vereins als Geschäftsguthaben bei der übernehmenden Genossenschaft höchstens der Nennbetrag der Geschäftsanteile gutgeschrieben werden, mit denen es an der übernehmenden Genossenschaft beteiligt ist.	
§ 89 **Eintragung der Genossen in die Mitgliederliste; Benachrichtigung**	§ 89 unverändert
(1) Die übernehmende Genossenschaft hat jeden neuen Genossen nach der Eintragung der Verschmelzung in das Register des Sitzes der übernehmenden Genossenschaft unverzüglich in die Mitgliederliste einzutragen und hiervon unverzüglich zu benachrichtigen. Sie hat ferner die Zahl der Geschäftsanteile des Genossen einzutragen, sofern der Genosse mit mehr als einem Geschäftsanteil beteiligt ist.	

Entwurf	Beschlüsse des 6. Ausschusses
(2) Die übernehmende Genossenschaft hat jedem Anteilsinhaber eines übertragenden Rechtsträgers, bei unbekannten Aktionären dem Treuhänder der übertragenden Gesellschaft, unverzüglich schriftlich mitzuteilen: 1. den Betrag des Geschäftsguthabens bei der übernehmenden Genossenschaft; 2. den Betrag des Geschäftsanteils bei der übernehmenden Genossenschaft; 3. die Zahl der Geschäftsanteile, mit denen der Anteilsinhaber bei der übernehmenden Genossenschaft beteiligt ist; 4. den Betrag der von dem Genossen nach Anrechnung seines Geschäftsguthabens noch zu leistenden Einzahlung oder den Betrag, der ihm nach § 87 Abs. 2 oder nach § 88 Abs. 1 auszuzahlen ist, sowie 5. den Betrag der Haftsumme der übernehmenden Genossenschaft, sofern deren Genossen Nachschüsse bis zu einer Haftsumme zu leisten haben.	
§ 90 **Ausschlagung durch einzelne Anteilsinhaber**	§ 90 unverändert
(1) Die §§ 29 bis 34 sind auf die Genossen einer übertragenden Genossenschaft nicht anzuwenden. (2) Auf der Verschmelzungswirkung beruhende Anteile und Mitgliedschaften an dem übernehmenden Rechtsträger gelten als nicht erworben, wenn sie ausgeschlagen werden. (3) Das Recht zur Ausschlagung hat jeder Genosse einer übertragenden Genossenschaft, wenn er in der Generalversammlung oder als Vertreter in der Vertreterversammlung, die gemäß § 13 Abs. 1 über die Zustimmung zum Verschmelzungsvertrag beschließen soll, 1. erscheint und gegen den Verschmelzungsbeschluß Widerspruch zur Niederschrift erklärt oder 2. nicht erscheint, sofern er zu der Versammlung zu Unrecht nicht zugelassen worden ist oder die Versammlung nicht ordnungsgemäß einberufen oder der Gegenstand der Beschlußfassung nicht ordnungsgemäß bekanntgemacht worden ist. Wird der Verschmelzungsbeschluß einer übertragenden Genossenschaft von einer Vertreterversammlung gefaßt, so steht das Recht zur Ausschlagung auch jedem anderen Genossen dieser Genossenschaft zu, der im Zeitpunkt der Beschlußfassung nicht Vertreter ist.	
§ 91 **Form und Frist der Ausschlagung**	§ 91 unverändert
(1) Die Ausschlagung ist gegenüber dem übernehmenden Rechtsträger schriftlich zu erklären.	

Entwurf	Beschlüsse des 6. Ausschusses
(2) Die Ausschlagung kann nur binnen sechs Monaten nach dem Tage erklärt werden, an dem die Eintragung der Verschmelzung in das Register des Sitzes des übernehmenden Rechtsträgers nach § 19 Abs. 3 als bekanntgemacht gilt.	
(3) Die Ausschlagung kann nicht unter einer Bedingung oder einer Zeitbestimmung erklärt werden.	
§ 92 **Eintragung der Ausschlagung in die Mitgliederliste**	§ 92 unverändert
(1) Die übernehmende Genossenschaft hat jede Ausschlagung unverzüglich in die Mitgliederliste einzutragen und den Genossen von der Eintragung unverzüglich zu benachrichtigen.	
(2) Die Ausschlagung wird in dem Zeitpunkt wirksam, in dem die Ausschlagungserklärung dem übernehmenden Rechtsträger zugeht.	
§ 93 **Auseinandersetzung**	§ 93 unverändert
(1) Mit einem früheren Genossen, dessen Beteiligung an dem übernehmenden Rechtsträger nach § 90 Abs. 2 als nicht erworben gilt, hat der übernehmende Rechtsträger sich auseinanderzusetzen. Maßgebend ist die Schlußbilanz der übertragenden Genossenschaft.	
(2) Dieser Genosse kann die Auszahlung des Geschäftsguthabens, das er bei der übertragenden Genossenschaft hatte, verlangen; an den Rücklagen und dem sonstigen Vermögen der übertragenden Genossenschaft hat er vorbehaltlich des § 73 Abs. 3 des Gesetzes betreffend die Erwerbs- und Wirtschaftsgenossenschaften keinen Anteil, auch wenn sie bei der Verschmelzung den Geschäftsguthaben anderer Genossen, die von dem Recht zur Ausschlagung keinen Gebrauch machen, zugerechnet werden.	
(3) Reichen die Geschäftsguthaben und die in der Schlußbilanz einer übertragenden Genossenschaft ausgewiesenen Rücklagen zur Deckung eines in dieser Bilanz ausgewiesenen Verlustes nicht aus, so kann der übernehmende Rechtsträger von dem früheren Genossen, dessen Beteiligung als nicht erworben gilt, die Zahlung des anteiligen Fehlbetrags verlangen, wenn und soweit dieser Genosse im Falle der Insolvenz Nachschüsse an die übertragende Genossenschaft zu leisten gehabt hätte. Der anteilige Fehlbetrag wird, falls das Statut der übertragenden Genossenschaft nichts anderes bestimmt, nach der Zahl ihrer Genossen berechnet.	
(4) Die Ansprüche verjähren in fünf Jahren. Die Verjährung beginnt mit dem Schluß des Kalenderjahres, in dem die Ansprüche fällig geworden sind.	

Entwurf | Beschlüsse des 6. Ausschusses

§ 94

Auszahlung des Auseinandersetzungsguthabens

Ansprüche auf Auszahlung des Geschäftsguthabens nach § 93 Abs. 2 sind binnen sechs Monaten seit der Ausschlagung zu befriedigen; die Auszahlung darf jedoch nicht erfolgen, bevor die Gläubiger, die sich nach § 22 gemeldet haben, befriedigt oder sichergestellt sind, und nicht vor Ablauf von sechs Monaten seit dem Tag, an dem die Eintragung der Verschmelzung in das Register des Sitzes des übernehmenden Rechtsträgers nach § 19 Abs. 3 als bekanntgemacht gilt.

§ 94

unverändert

§ 95

Fortdauer der Nachschußpflicht

(1) Ist die Haftsumme bei einer übernehmenden Genossenschaft geringer, als sie bei einer übertragenden Genossenschaft war, oder haften den Gläubigern eines übernehmenden Rechtsträgers nicht alle Anteilsinhaber dieses Rechtsträgers unbeschränkt, so haben zur Befriedigung der Gläubiger der übertragenden Genossenschaft diejenigen Anteilsinhaber, die Mitglieder der übertragenden Genossenschaft waren, weitere Nachschüsse bis zur Höhe der Haftsumme bei der übertragenden Genossenschaft zu leisten, sofern die Gläubiger, die sich nach § 22 gemeldet haben, wegen ihrer Forderung Befriedigung oder Sicherstellung auch nicht aus den von den Genossen eingezogenen Nachschüssen erlangen können. Für die Einziehung der Nachschüsse gelten die §§ 105 bis 115 a des Gesetzes betreffend die Erwerbs- und Wirtschaftsgenossenschaften entsprechend.

(2) Absatz 1 ist nur anzuwenden, wenn das Insolvenzverfahren über das Vermögen des übernehmenden Rechtsträgers binnen zwei Jahren nach dem Tage eröffnet wird, an dem die Eintragung der Verschmelzung in das Register des Sitzes dieses Rechtsträgers nach § 19 Abs. 3 als bekanntgemacht gilt.

§ 95

unverändert

ZWEITER UNTERABSCHNITT

Verschmelzung durch Neugründung

ZWEITER UNTERABSCHNITT

Verschmelzung durch Neugründung

§ 96

Anzuwendende Vorschriften

Auf die Verschmelzung durch Neugründung sind die Vorschriften des Ersten Unterabschnitts entsprechend anzuwenden.

§ 96

unverändert

§ 97

Pflichten der Vertretungsorgane der übertragenden Rechtsträger

(1) Das Statut der neuen Genossenschaft ist durch sämtliche Mitglieder des Vertretungsorgans jedes der übertragenden Rechtsträger aufzustellen und zu unterzeichnen.

§ 97

unverändert

Entwurf	Beschlüsse des 6. Ausschusses
(2) Die Vertretungsorgane aller übertragenden Rechtsträger haben den ersten Aufsichtsrat der neuen Genossenschaft zu bestellen. Das gleiche gilt für die Bestellung des ersten Vorstands, sofern nicht durch das Statut der neuen Genossenschaft anstelle der Wahl durch die Generalversammlung eine andere Art der Bestellung des Vorstands festgesetzt ist.	
§ 98 **Verschmelzungsbeschlüsse** Das Statut der neuen Genossenschaft wird nur wirksam, wenn ihm die Anteilsinhaber jedes der übertragenden Rechtsträger durch Verschmelzungsbeschluß zustimmen. Dies gilt entsprechend für die Bestellung der Mitglieder des Vorstands und des Aufsichtsrats der neuen Genossenschaft, für die Bestellung des Vorstands jedoch nur, wenn dieser von den Vertretungsorganen aller übertragenden Rechtsträger bestellt worden ist.	§ 98 unverändert
SECHSTER ABSCHNITT *Verschmelzung unter Beteiligung rechtsfähiger Vereine*	*SECHSTER ABSCHNITT* *Verschmelzung unter Beteiligung rechtsfähiger Vereine*
§ 99 **Möglichkeit der Verschmelzung** (1) Ein rechtsfähiger Verein kann sich an einer Verschmelzung nur beteiligen, wenn die Satzung des Vereins oder Vorschriften des Landesrechts nicht entgegenstehen. (2) Ein eingetragener Verein kann im Wege der Verschmelzung nur andere eingetragene Vereine aufnehmen oder mit ihnen einen eingetragenen Verein oder einen Rechtsträger anderer Rechtsform neu gründen.	§ 99 unverändert
§ 100 **Prüfung der Verschmelzung** Der Verschmelzungsvertrag oder sein Entwurf ist für einen wirtschaftlichen Verein nach den §§ 9 bis 12 zu prüfen. Bei einem eingetragenen Verein ist diese Prüfung nur erforderlich, wenn mindestens zehn vom Hundert der Mitglieder sie schriftlich verlangen.	§ 100 unverändert
§ 101 **Vorbereitung der Mitgliederversammlung** (1) Von der Einberufung der Mitgliederversammlung an, die gemäß § 13 Abs. 1 über die Zustimmung zum Verschmelzungsvertrag beschließen soll, sind in dem Geschäftsraum des Vereins die in § 63 Abs. 1 Nr. 1 bis 4 bezeichneten Unterlagen sowie ein nach § 100 erforderlicher Prüfungsbericht zur Einsicht der Mitglieder auszulegen. Dazu erforderliche Zwischenbilanzen sind gemäß § 63 Abs. 2 aufzustellen. (2) Auf Verlangen ist jedem Mitglied unverzüglich und kostenlos eine Abschrift der in Absatz 1 bezeichneten Unterlagen zu erteilen.	§ 101 unverändert

Entwurf	Beschlüsse des 6. Ausschusses
§ 102 **Durchführung der Mitgliederversammlung**	§ 102 unverändert
In der Mitgliederversammlung sind die in § 63 Abs. 1 Nr. 1 bis 4 bezeichneten Unterlagen sowie ein nach § 100 erforderlicher Prüfungsbericht auszulegen. § 64 Abs. 1 Satz 2 und Abs. 2 ist entsprechend anzuwenden.	
§ 103 **Beschluß der Mitgliederversammlung**	§ 103 unverändert
Der Verschmelzungsbeschluß der Mitgliederversammlung bedarf einer Mehrheit von drei Vierteln der erschienenen Mitglieder. Die Satzung kann eine größere Mehrheit und weitere Erfordernisse bestimmen.	
§ 104 **Bekanntmachung der Verschmelzung**	§ 104 unverändert
(1) Ist ein übertragender Verein nicht in ein Handelsregister eingetragen, so hat sein Vorstand die bevorstehende Verschmelzung durch den Bundesanzeiger und durch mindestens ein anderes Blatt bekanntzumachen. Die Bekanntmachung im Bundesanzeiger tritt an die Stelle der Eintragung im Register. Sie ist mit einem Vermerk zu versehen, daß die Verschmelzung erst mit der Eintragung im Register des Sitzes des übernehmenden Rechtsträgers wirksam wird. Die §§ 16, 17 Abs. 1, § 19 Abs. 1 Satz 2, Abs. 2 und Abs. 3 Satz 1 sind nicht anzuwenden, soweit sie sich auf die Anmeldung und Eintragung dieses übertragenden Vereins beziehen.	
(2) Die Schlußbilanz eines solchen übertragenden Vereins ist der Anmeldung zum Register des Sitzes des übernehmenden Rechtsträgers beizufügen.	
	§ 104 a **Ausschluß der Barabfindung in bestimmten Fällen**
	Die §§ 29 bis 34 sind auf die Verschmelzung eines eingetragenen Vereins, der nach § 5 Abs. 1 Nr. 9 des Körperschaftsteuergesetzes von der Körperschaftsteuer befreit ist, nicht anzuwenden.
SIEBENTER ABSCHNITT *Verschmelzung genossenschaftlicher Prüfungsverbände*	*SIEBENTER ABSCHNITT* *Verschmelzung genossenschaftlicher Prüfungsverbände*
§ 105 **Möglichkeit der Verschmelzung**	§ 105 unverändert
Genossenschaftliche Prüfungsverbände können nur im Wege der Aufnahme eines Verbandes (übertragender Verband) durch einen anderen Verband (übernehmender Verband) verschmolzen werden.	

Entwurf	Beschlüsse des 6. Ausschusses
§ 106 **Vorbereitung, Durchführung und Beschluß der Mitgliederversammlung**	§ 106 unverändert
Auf die Vorbereitung, die Durchführung und den Beschluß der Mitgliederversammlung sind die §§ 101 bis 103 entsprechend anzuwenden.	
§ 107 **Pflichten der Vorstände**	§ 107 unverändert
(1) Die Vorstände beider Verbände haben die Verschmelzung gemeinschaftlich unverzüglich zur Eintragung in die Register des Sitzes jedes Verbandes anzumelden, soweit der Verband eingetragen ist. Ist der übertragende Verband nicht eingetragen, so ist § 104 entsprechend anzuwenden.	
(2) Die Vorstände haben ferner gemeinschaftlich den für die Verleihung des Prüfungsrechts zuständigen obersten Landesbehörden (§ 63 des Gesetzes betreffend die Erwerbs- und Wirtschaftsgenossenschaften) die Eintragung unverzüglich mitzuteilen.	
(3) Der Vorstand des übernehmenden Verbandes hat die Mitglieder unverzüglich von der Eintragung zu benachrichtigen.	
§ 108 **Austritt von Mitgliedern des übertragenden Verbandes**	§ 108 unverändert
Tritt ein ehemaliges Mitglied des übertragenden Verbandes gemäß § 39 des Bürgerlichen Gesetzbuchs aus dem übernehmenden Verband aus, so sind Bestimmungen der Satzung des übernehmenden Verbandes, die gemäß § 39 Abs. 2 des Bürgerlichen Gesetzbuchs eine längere Kündigungsfrist als zum Schlusse des Geschäftsjahres vorsehen, nicht anzuwenden.	
ACHTER ABSCHNITT *Verschmelzung von Versicherungsvereinen auf Gegenseitigkeit*	*ACHTER ABSCHNITT* *Verschmelzung von Versicherungsvereinen auf Gegenseitigkeit*
ERSTER UNTERABSCHNITT Möglichkeit der Verschmelzung	ERSTER UNTERABSCHNITT Möglichkeit der Verschmelzung
§ 109 **Verschmelzungsfähige Rechtsträger**	§ 109 unverändert
Versicherungsvereine auf Gegenseitigkeit können nur miteinander verschmolzen werden. Sie können ferner im Wege der Verschmelzung durch eine Aktiengesellschaft, die den Betrieb von Versicherungsgeschäften zum Gegenstand hat (Versicherungs-Aktiengesellschaft), aufgenommen werden.	

Entwurf	Beschlüsse des 6. Ausschusses
ZWEITER UNTERABSCHNITT Verschmelzung durch Aufnahme	ZWEITER UNTERABSCHNITT Verschmelzung durch Aufnahme
§ 110 **Inhalt des Verschmelzungsvertrags**	§ 110 unverändert
Sind nur Versicherungsvereine auf Gegenseitigkeit an der Verschmelzung beteiligt, braucht der Verschmelzungsvertrag oder sein Entwurf die Angaben nach § 5 Abs. 1 Nr. 3 bis 5 und 7 nicht zu enthalten.	
§ 111 **Bekanntmachung des Verschmelzungsvertrags**	§ 111 unverändert
Der Verschmelzungsvertrag oder sein Entwurf ist vor der Einberufung der obersten Vertretung, die gemäß § 13 Abs. 1 über die Zustimmung zum Verschmelzungsvertrag beschließen soll, zum Register einzureichen. Das Gericht hat in den für die Bekanntmachung seiner Eintragungen bestimmten Blättern (§ 10 des Handelsgesetzbuchs) einen Hinweis darauf bekanntzumachen, daß der Vertrag oder sein Entwurf beim Handelsregister eingereicht worden ist.	
§ 112 **Vorbereitung, Durchführung und Beschluß der Versammlung der obersten Vertretung**	§ 112 unverändert
(1) Von der Einberufung der Versammlung der obersten Vertretung an, die gemäß § 13 Abs. 1 über die Zustimmung zum Verschmelzungsvertrag beschließen soll, sind in dem Geschäftsraum des Vereins die in § 63 Abs. 1 bezeichneten Unterlagen zur Einsicht der Mitglieder auszulegen. Dazu erforderliche Zwischenbilanzen sind gemäß § 63 Abs. 2 aufzustellen.	
(2) In der Versammlung der obersten Vertretung sind die in § 63 Abs. 1 bezeichneten Unterlagen auszulegen. § 64 Abs. 1 Satz 2 und Abs. 2 ist entsprechend anzuwenden.	
(3) Der Verschmelzungsbeschluß der obersten Vertretung bedarf einer Mehrheit von drei Vierteln der abgegebenen Stimmen. Die Satzung kann eine größere Mehrheit und weitere Erfordernisse bestimmen.	
§ 113 **Keine gerichtliche Nachprüfung**	§ 113 unverändert
Sind nur Versicherungsvereine auf Gegenseitigkeit an der Verschmelzung beteiligt, findet eine gerichtliche Nachprüfung des Umtauschverhältnisses der Mitgliedschaften nicht statt.	

Entwurf	Beschlüsse des 6. Ausschusses
DRITTER UNTERABSCHNITT Verschmelzung durch Neugründung	DRITTER UNTERABSCHNITT Verschmelzung durch Neugründung
§ 114 **Anzuwendende Vorschriften**	§ 114 unverändert
Auf die Verschmelzung durch Neugründung sind die Vorschriften des Zweiten Unterabschnitts entsprechend anzuwenden, soweit sich aus den folgenden Vorschriften nichts anderes ergibt.	
§ 115 **Bestellung der Vereinsorgane**	§ 115 unverändert
Die Vorstände der übertragenden Vereine haben den ersten Aufsichtsrat des neuen Rechtsträgers und den Abschlußprüfer für das erste Voll- oder Rumpfgeschäftsjahr zu bestellen. Die Bestellung bedarf notarieller Beurkundung. Der Aufsichtsrat bestellt den ersten Vorstand.	
§ 116 **Beschlüsse der obersten Vertretungen**	§ 116 unverändert
(1) Die Satzung des neuen Rechtsträgers und die Bestellung seiner Aufsichtsratsmitglieder bedürfen der Zustimmung der übertragenden Vereine durch Verschmelzungsbeschlüsse. § 76 Abs. 2 und § 112 Abs. 3 sind entsprechend anzuwenden.	
(2) In der Bekanntmachung der Tagesordnung eines Vereins ist der wesentliche Inhalt des Verschmelzungsvertrags bekanntzumachen. In der Bekanntmachung haben der Vorstand und der Aufsichtsrat, zur Wahl von Aufsichtsratsmitgliedern und Prüfern nur der Aufsichtsrat, Vorschläge zur Beschlußfassung zu machen. Hat der Aufsichtsrat auch aus Aufsichtsratsmitgliedern der Arbeitnehmer zu bestehen, so bedürfen Beschlüsse des Aufsichtsrats über Vorschläge zur Wahl von Aufsichtsratsmitgliedern nur der Mehrheit der Stimmen der Aufsichtsratsmitglieder der Mitglieder des Vereins.	
§ 117 **Entstehung und Bekanntmachung des neuen Vereins**	§ 117 unverändert
(1) Vor der Eintragung in das Register besteht ein neuer Verein als solcher nicht. Wer vor der Eintragung des Vereins in seinem Namen handelt, haftet persönlich; handeln mehrere, so haften sie als Gesamtschuldner.	
(2) In die Bekanntmachung der Eintragung eines neuen Vereins sind außer deren sonst erforderlichen Inhalt Name, Beruf und Wohnort der Mitglieder des ersten Aufsichtsrats aufzunehmen. Zugleich ist bekanntzumachen, daß die mit der Anmeldung eingereichten Schriftstücke bei dem Gericht eingesehen werden können.	

Entwurf	Beschlüsse des 6. Ausschusses
VIERTER UNTERABSCHNITT Verschmelzung kleinerer Vereine	VIERTER UNTERABSCHNITT Verschmelzung kleinerer Vereine
§ 118 **Anzuwendende Vorschriften**	§ 118 unverändert
Auf die Verschmelzung kleinerer Vereine im Sinne des § 53 des Versicherungsaufsichtsgesetzes sind die Vorschriften des Zweiten und des Dritten Unterabschnitts entsprechend anzuwenden. Dabei treten bei kleineren Vereinen an die Stelle der Anmeldung zur Eintragung in das Register der Antrag an die Aufsichtsbehörde auf Genehmigung, an die Stelle der Eintragung in das Register und ihrer Bekanntmachung die Bekanntmachung im Bundesanzeiger nach § 119.	
§ 119 **Bekanntmachung der Verschmelzung**	§ 119 unverändert
Sobald die Verschmelzung von allen beteiligten Aufsichtsbehörden genehmigt worden ist, macht die für den übernehmenden kleineren Verein zuständige Aufsichtsbehörde, bei einer Verschmelzung durch Neugründung eines kleineren Vereins die für den neuen Verein zuständige Aufsichtsbehörde die Verschmelzung und ihre Genehmigung im Bundesanzeiger sowie in den weiteren Blättern bekannt, die für die Bekanntmachungen der Amtsgerichte bestimmt sind, in deren Bezirken die beteiligten kleineren Vereine ihren Sitz haben.	
NEUNTER ABSCHNITT *Verschmelzung von Kapitalgesellschaften mit dem Vermögen eines Alleingesellschafters*	*NEUNTER ABSCHNITT* *Verschmelzung von Kapitalgesellschaften mit dem Vermögen eines Alleingesellschafters*
§ 120 **Möglichkeit der Verschmelzung**	§ 120 unverändert
(1) Ist eine Verschmelzung nach den Vorschriften des Ersten bis Achten Abschnittes nicht möglich, so kann eine Kapitalgesellschaft im Wege der Aufnahme mit dem Vermögen eines Gesellschafters oder eines Aktionärs verschmolzen werden, sofern sich alle Geschäftsanteile oder alle Aktien der Gesellschaft in der Hand des Gesellschafters oder Aktionärs befinden.	
(2) Befinden sich eigene Anteile in der Hand der Kapitalgesellschaft, so werden sie bei der Feststellung der Voraussetzungen der Verschmelzung dem Gesellschafter oder Aktionär zugerechnet.	
§ 121 **Anzuwendende Vorschriften**	§ 121 unverändert
Auf die Kapitalgesellschaft sind die für ihre Rechtsform geltenden Vorschriften des Ersten und Zweiten Teils anzuwenden.	

Entwurf

§ 122

Eintragung in das Handelsregister

Ein noch nicht in das Handelsregister eingetragener Alleingesellschafter oder Alleinaktionär ist nach den Vorschriften des Handelsgesetzbuchs in das Handelsregister einzutragen; an die Stelle des § 19 des Handelsgesetzbuchs tritt § 18.

Beschlüsse des 6. Ausschusses

§ 122

unverändert

DRITTES BUCH

Spaltung

ERSTER TEIL

Allgemeine Vorschriften

ERSTER ABSCHNITT

Möglichkeit der Spaltung

§ 123

Arten der Spaltung

(1) Ein Rechtsträger (übertragender Rechtsträger) kann unter Auflösung ohne Abwicklung sein Vermögen aufspalten

1. zur Aufnahme durch gleichzeitige Übertragung der Vermögensteile jeweils als Gesamtheit auf andere bestehende Rechtsträger (übernehmende Rechtsträger) oder

2. zur Neugründung durch gleichzeitige Übertragung der Vermögensteile jeweils als Gesamtheit auf andere, von ihm dadurch gegründete neue Rechtsträger

gegen Gewährung von Anteilen oder Mitgliedschaften dieser Rechtsträger an die Anteilsinhaber des übertragenden Rechtsträgers (Aufspaltung).

(2) Ein Rechtsträger (übertragender Rechtsträger) kann von seinem Vermögen einen Teil oder mehrere Teile abspalten

1. zur Aufnahme durch Übertragung dieses Teils oder dieser Teile jeweils als Gesamtheit auf einen bestehenden oder mehrere bestehende Rechtsträger (übernehmende Rechtsträger) oder

2. zur Neugründung durch Übertragung dieses Teils oder dieser Teile jeweils als Gesamtheit auf einen oder mehrere, von ihm dadurch gegründeten neuen oder gegründete neue Rechtsträger

gegen Gewährung von Anteilen oder Mitgliedschaften dieses Rechtsträgers oder dieser Rechtsträger an die Anteilsinhaber des übertragenden Rechtsträgers (Abspaltung).

(3) Ein Rechtsträger (übertragender Rechtsträger) kann aus seinem Vermögen einen Teil oder mehrere Teile ausgliedern

Beschlüsse des 6. Ausschusses:

DRITTES BUCH

Spaltung

ERSTER TEIL

Allgemeine Vorschriften

ERSTER ABSCHNITT

Möglichkeit der Spaltung

§ 123

unverändert

Entwurf	Beschlüsse des 6. Ausschusses
1. zur Aufnahme durch Übertragung dieses Teils oder dieser Teile jeweils als Gesamtheit auf einen bestehenden oder mehrere bestehende Rechtsträger (übernehmende Rechtsträger) oder	
2. zur Neugründung durch Übertragung dieses Teils oder dieser Teile jeweils als Gesamtheit auf einen oder mehrere, von ihm dadurch gegründeten neuen oder gegründete neue Rechtsträger	
gegen Gewährung von Anteilen oder Mitgliedschaften dieses Rechtsträgers oder dieser Rechtsträger an den übertragenden Rechtsträger (Ausgliederung).	
(4) Die Spaltung kann auch durch gleichzeitige Übertragung auf bestehende und neue Rechtsträger erfolgen.	
§ 124	§ 124
Spaltungsfähige Rechtsträger	unverändert
(1) An einer Aufspaltung oder einer Abspaltung können als übertragende, übernehmende oder neue Rechtsträger die in § 3 Abs. 1 genannten Rechtsträger sowie als übertragende Rechtsträger wirtschaftliche Vereine, an einer Ausgliederung können als übertragende, übernehmende oder neue Rechtsträger die in § 3 Abs. 1 genannten Rechtsträger sowie als übertragende Rechtsträger wirtschaftliche Vereine, Einzelkaufleute, Stiftungen sowie Gebietskörperschaften oder Zusammenschlüsse von Gebietskörperschaften, die nicht Gebietskörperschaften sind, beteiligt sein.	
(2) § 3 Abs. 3 und 4 ist auf die Spaltung entsprechend anzuwenden.	
§ 125	§ 125
Anzuwendende Vorschriften	unverändert
Auf die Spaltung sind die Vorschriften des Zweiten Buches mit Ausnahme des § 9 Abs. 2, bei Abspaltung und Ausgliederung mit Ausnahme des § 18 sowie bei Ausgliederung mit Ausnahme des § 14 Abs. 2 und der §§ 15, 29 bis 34, 54, 68 und 71 entsprechend anzuwenden, soweit sich aus diesem Buch nichts anderes ergibt. Eine Prüfung im Sinne der §§ 9 bis 12 findet bei Ausgliederung nicht statt. An die Stelle der übertragenden Rechtsträger tritt der übertragende Rechtsträger, an die Stelle des übernehmenden oder neuen Rechtsträgers treten gegebenenfalls die übernehmenden oder neuen Rechtsträger.	
ZWEITER ABSCHNITT	*ZWEITER ABSCHNITT*
Spaltung zur Aufnahme	*Spaltung zur Aufnahme*
§ 126	§ 126
Inhalt des Spaltungs- und Übernahmevertrags	unverändert
(1) Der Spaltungs- und Übernahmevertrag oder sein Entwurf muß mindestens folgende Angaben enthalten:	
1. den Namen oder die Firma und den Sitz der an der Spaltung beteiligten Rechtsträger;	

Entwurf	Beschlüsse des 6. Ausschusses

2. die Vereinbarung über die Übertragung der Teile des Vermögens des übertragenden Rechtsträgers jeweils als Gesamtheit gegen Gewährung von Anteilen oder Mitgliedschaften an den übernehmenden Rechtsträgern;

3. bei Aufspaltung und Abspaltung das Umtauschverhältnis der Anteile und gegebenenfalls die Höhe der baren Zuzahlung oder Angaben über die Mitgliedschaft bei den übernehmenden Rechtsträgern;

4. bei Aufspaltung und Abspaltung die Einzelheiten für die Übertragung der Anteile der übernehmenden Rechtsträger oder über den Erwerb der Mitgliedschaft bei den übernehmenden Rechtsträgern;

5. den Zeitpunkt, von dem an diese Anteile oder die Mitgliedschaft einen Anspruch auf einen Anteil am Bilanzgewinn gewähren, sowie alle Besonderheiten in bezug auf diesen Anspruch;

6. den Zeitpunkt, von dem an die Handlungen des übertragenden Rechtsträgers als für Rechnung jedes der übernehmenden Rechtsträger vorgenommen gelten (Spaltungsstichtag);

7. die Rechte, welche die übernehmenden Rechtsträger einzelnen Anteilsinhabern sowie den Inhabern besonderer Rechte wie Anteile ohne Stimmrecht, Vorzugsaktien, Mehrstimmrechtsaktien, Schuldverschreibungen und Genußrechte gewähren, oder die für diese Personen vorgesehenen Maßnahmen;

8. jeden besonderen Vorteil, der einem Mitglied eines Vertretungsorgans oder eines Aufsichtsorgans der an der Spaltung beteiligten Rechtsträger, einem geschäftsführenden Gesellschafter, einem Abschlußprüfer oder einem Spaltungsprüfer gewährt wird;

9. die genaue Bezeichnung und Aufteilung der Gegenstände des Aktiv- und Passivvermögens, die an jeden der übernehmenden Rechtsträger übertragen werden, sowie der übergehenden Betriebe und Betriebsteile unter Zuordnung zu den übernehmenden Rechtsträgern;

10. bei Aufspaltung und Abspaltung die Aufteilung der Anteile oder Mitgliedschaften jedes der übernehmenden Rechtsträger auf die Anteilsinhaber des übertragenden Rechtsträgers sowie den Maßstab für die Aufteilung;

11. die Folgen der Spaltung für die Arbeitnehmer und ihre Vertretungen sowie die insoweit vorgesehenen Maßnahmen.

(2) Soweit für die Übertragung von Gegenständen im Falle der Einzelrechtsnachfolge in den allgemeinen Vorschriften eine besondere Art der Bezeichnung bestimmt ist, sind diese Regelungen auch für die Bezeichnung der Gegenstände des Aktiv- und Passivvermögens (Absatz 1 Nr. 9) anzuwenden. § 28 der

Entwurf	Beschlüsse des 6. Ausschusses
Grundbuchordnung ist zu beachten. Im übrigen kann auf Urkunden wie Bilanzen und Inventare Bezug genommen werden, deren Inhalt eine Zuweisung des einzelnen Gegenstandes ermöglicht; die Urkunden sind dem Spaltungs- und Übernahmevertrag als Anlagen beizufügen.	
(3) Der Vertrag oder sein Entwurf ist spätestens einen Monat vor dem Tage der Versammlung der Anteilsinhaber jedes beteiligten Rechtsträgers, die gemäß § 125 in Verbindung mit § 13 Abs. 1 über die Zustimmung zum Spaltungs- und Übernahmevertrag beschließen soll, dem zuständigen Betriebsrat dieses Rechtsträgers zuzuleiten.	
§ 127 **Spaltungsbericht**	§ 127 unverändert
Die Vertretungsorgane jedes der an der Spaltung beteiligten Rechtsträger haben einen ausführlichen schriftlichen Bericht zu erstatten, in dem die Spaltung, der Vertrag oder sein Entwurf im einzelnen und bei Aufspaltung und Abspaltung insbesondere das Umtauschverhältnis der Anteile oder die Angaben über die Mitgliedschaften bei den übernehmenden Rechtsträgern, der Maßstab für ihre Aufteilung sowie die Höhe einer anzubietenden Barabfindung rechtlich und wirtschaftlich erläutert und begründet werden (Spaltungsbericht); der Bericht kann von den Vertretungsorganen auch gemeinsam erstattet werden. § 8 Abs. 1 Satz 2 bis 4, Abs. 2 und 3 ist entsprechend anzuwenden.	
§ 128 **Zustimmung zur Spaltung in Sonderfällen**	§ 128 unverändert
Werden bei Aufspaltung oder Abspaltung die Anteile oder Mitgliedschaften der übernehmenden Rechtsträger den Anteilsinhabern des übertragenden Rechtsträgers nicht in dem Verhältnis zugeteilt, das ihrer Beteiligung an dem übertragenden Rechtsträger entspricht, so wird der Spaltungs- und Übernahmevertrag nur wirksam, wenn ihm alle Anteilsinhaber des übertragenden Rechtsträgers zustimmen. Bei einer Spaltung zur Aufnahme ist der Berechnung des Beteiligungsverhältnisses der jeweils zu übertragende Teil des Vermögens zugrunde zu legen.	
§ 129 **Anmeldung der Spaltung**	§ 129 unverändert
Zur Anmeldung der Spaltung ist auch das Vertretungsorgan jedes der übernehmenden Rechtsträger berechtigt.	
§ 130 **Eintragung und Bekanntmachung der Spaltung**	§ 130 unverändert
(1) Die Spaltung darf in das Register des Sitzes des übertragenden Rechtsträgers erst eingetragen werden, nachdem sie im Register des Sitzes jedes der	

Entwurf

übernehmenden Rechtsträger eingetragen worden ist. Die Eintragung im Register des Sitzes jedes der übernehmenden Rechtsträger ist mit dem Vermerk zu versehen, daß die Spaltung erst mit der Eintragung im Register des Sitzes des übertragenden Rechtsträgers wirksam wird.

(2) Das Gericht des Sitzes des übertragenden Rechtsträgers hat von Amts wegen dem Gericht des Sitzes jedes der übernehmenden Rechtsträger den Tag der Eintragung der Spaltung mitzuteilen sowie einen Handelsregisterauszug und eine beglaubigte Abschrift des Gesellschaftsvertrages, der Satzung oder des Statuts des übertragenden Rechtsträgers zu übersenden. Nach Eingang der Mitteilung hat das Gericht des Sitzes jedes der übernehmenden Rechtsträger von Amts wegen den Tag der Eintragung der Spaltung im Register des Sitzes des übertragenden Rechtsträgers zu vermerken.

§ 131

Wirkungen der Eintragung

(1) Die Eintragung der Spaltung in das Register des Sitzes des übertragenden Rechtsträgers hat folgende Wirkungen:

1. Das Vermögen des übertragenden Rechtsträgers, bei Abspaltung und Ausgliederung der abgespaltene oder ausgegliederte Teil oder die abgespaltenen oder ausgegliederten Teile des Vermögens einschließlich der Verbindlichkeiten gehen entsprechend der im Spaltungs- und Übernahmevertrag vorgesehenen Aufteilung jeweils als Gesamtheit auf die übernehmenden Rechtsträger über. Gegenstände, die nicht durch Rechtsgeschäft übertragen werden können, verbleiben bei Abspaltung und Ausgliederung *in* Eigentum oder Inhaberschaft des übertragenden Rechtsträgers.
2. Bei der Aufspaltung erlischt der übertragende Rechtsträger. Einer besonderen Löschung bedarf es nicht.
3. Bei Aufspaltung und Abspaltung werden die Anteilsinhaber des übertragenden Rechtsträgers entsprechend der im Spaltungs- und Übernahmevertrag vorgesehenen Aufteilung Anteilsinhaber der übernehmenden Rechtsträger; dies gilt nicht, soweit der übernehmende Rechtsträger oder ein Dritter, der im eigenen Namen, jedoch für Rechnung dieses Rechtsträgers handelt, Anteilsinhaber des übertragenden Rechtsträgers ist oder der übertragende Rechtsträger eigene Anteile innehat oder ein Dritter, der im eigenen Namen, jedoch für Rechnung dieses Rechtsträgers handelt, dessen Anteilsinhaber ist. Rechte Dritter an den Anteilen oder Mitgliedschaften des übertragenden Rechtsträgers bestehen an den an ihre Stelle tretenden Anteilen oder Mitgliedschaften der übernehmenden Rechtsträger weiter. Bei Ausgliederung wird der übertragende Rechtsträger entsprechend dem Ausgliederungs- und Übernahmevertrag Anteilsinhaber der übernehmenden Rechtsträger.

Beschlüsse des 6. Ausschusses

§ 131

Wirkungen der Eintragung

(1) Die Eintragung der Spaltung in das Register des Sitzes des übertragenden Rechtsträgers hat folgende Wirkungen:

1. Das Vermögen des übertragenden Rechtsträgers, bei Abspaltung und Ausgliederung der abgespaltene oder ausgegliederte Teil oder die abgespaltenen oder ausgegliederten Teile des Vermögens einschließlich der Verbindlichkeiten gehen entsprechend der im Spaltungs- und Übernahmevertrag vorgesehenen Aufteilung jeweils als Gesamtheit auf die übernehmenden Rechtsträger über. Gegenstände, die nicht durch Rechtsgeschäft übertragen werden können, verbleiben bei Abspaltung und Ausgliederung **im** Eigentum oder **in** Inhaberschaft des übertragenden Rechtsträgers.
2. unverändert
3. unverändert

Entwurf	Beschlüsse des 6. Ausschusses
4. Der Mangel der notariellen Beurkundung des Spaltungs- und Übernahmevertrags und gegebenenfalls erforderlicher Zustimmungs- oder Verzichtserklärungen einzelner Anteilsinhaber wird geheilt.	4. unverändert
(2) Mängel der Spaltung lassen die Wirkungen der Eintragung nach Absatz 1 unberührt.	(2) unverändert
(3) Ist bei einer Aufspaltung ein Gegenstand im Vertrag keinem der übernehmenden Rechtsträger zugeteilt worden und läßt sich die Zuteilung auch nicht durch Auslegung des Vertrags ermitteln, so geht der Gegenstand auf alle übernehmenden Rechtsträger in dem Verhältnis über, das sich aus dem Vertrag für die Aufteilung des Überschusses der Aktivseite der Schlußbilanz über deren Passivseite ergibt; ist eine Zuteilung des Gegenstandes an mehrere Rechtsträger nicht möglich, so ist sein Gegenwert in dem bezeichneten Verhältnis zu verteilen.	(3) unverändert
§ 132	§ 132
Beachtung allgemeinen Rechts	**Beachtung allgemeinen Rechts**
Allgemeine Vorschriften, welche die Übertragbarkeit eines bestimmten Gegenstandes ausschließen oder an bestimmte Voraussetzungen knüpfen oder nach denen die Übertragung eines bestimmten Gegenstandes einer staatlichen Genehmigung bedarf, *sowie § 613a Abs. 1 Satz 1 des Bürgerlichen Gesetzbuchs* bleiben durch die Wirkungen der Eintragung nach § 131 unberührt. § 399 des Bürgerlichen Gesetzbuchs steht der Aufspaltung nicht entgegen.	Allgemeine Vorschriften, welche die Übertragbarkeit eines bestimmten Gegenstandes ausschließen oder an bestimmte Voraussetzungen knüpfen oder nach denen die Übertragung eines bestimmten Gegenstandes einer staatlichen Genehmigung bedarf, bleiben durch die Wirkungen der Eintragung nach § 131 unberührt. § 399 des Bürgerlichen Gesetzbuchs steht der Aufspaltung nicht entgegen.
§ 133	§ 133
Schutz der Gläubiger und der Inhaber von Sonderrechten	**Schutz der Gläubiger und der Inhaber von Sonderrechten**
(1) Für die Verbindlichkeiten des übertragenden Rechtsträgers, die vor dem Wirksamwerden der Spaltung begründet worden sind, haften die an der Spaltung beteiligten Rechtsträger als Gesamtschuldner. Die §§ 25, 26 und 28 des Handelsgesetzbuchs sowie § 125 in Verbindung mit § 22 bleiben unberührt; zur Sicherheitsleistung ist nur der an der Spaltung beteiligte Rechtsträger verpflichtet, gegen den sich der Anspruch richtet.	(1) unverändert
(2) Für die Erfüllung der Verpflichtung nach § 125 in Verbindung mit § 23 haften die an der Spaltung beteiligten Rechtsträger als Gesamtschuldner. Bei Abspaltung und Ausgliederung können die gleichwertigen Rechte im Sinne des § 125 in Verbindung mit § 23 *Satz 1* auch in dem übertragenden Rechtsträger gewährt werden.	(2) Für die Erfüllung der Verpflichtung nach § 125 in Verbindung mit § 23 haften die an der Spaltung beteiligten Rechtsträger als Gesamtschuldner. Bei Abspaltung und Ausgliederung können die gleichwertigen Rechte im Sinne des § 125 in Verbindung mit § 23 auch in dem übertragenden Rechtsträger gewährt werden.
(3) Diejenigen Rechtsträger, denen die Verbindlichkeiten nach Absatz 1 Satz 1 im Spaltungs- und Übernahmevertrag nicht zugewiesen worden sind, haften für diese Verbindlichkeiten, wenn sie vor Ablauf von fünf Jahren nach der Spaltung fällig und daraus Ansprüche gegen sie gerichtlich geltend gemacht sind; bei öffentlich-rechtlichen Verbindlichkeiten genügt zur Geltendmachung der Erlaß eines Verwaltungsakts.	(3) unverändert

Entwurf	Beschlüsse des 6. Ausschusses
(4) Die Frist beginnt mit dem Tage, an dem die Eintragung der Spaltung in das Register des Sitzes des übertragenden Rechtsträgers nach § 125 in Verbindung mit § 19 Abs. 3 als bekanntgemacht gilt. Die für die Verjährung geltenden §§ 203, 206, 207, 210, 212 bis 216 und 220 des Bürgerlichen Gesetzbuchs sind entsprechend anzuwenden.	(4) unverändert
(5) Einer gerichtlichen Geltendmachung bedarf es nicht, soweit die in Absatz 3 bezeichneten Rechtsträger den Anspruch schriftlich anerkannt haben.	(5) unverändert
(6) Die Ansprüche nach Absatz 2 verjähren in fünf Jahren. Für den Beginn der Verjährung gilt Absatz 4 Satz 1 entsprechend.	(6) unverändert
§ 134 **Schutz der Gläubiger in besonderen Fällen**	§ 134 **Schutz der Gläubiger in besonderen Fällen**
(1) Spaltet ein Rechtsträger sein Vermögen in der Weise, daß die zur Führung eines Betriebes notwendigen Vermögensteile im wesentlichen auf einen übernehmenden oder mehrere übernehmende oder auf einen neuen oder mehrere neue Rechtsträger übertragen werden und die Tätigkeit dieses Rechtsträgers oder dieser Rechtsträger sich im wesentlichen auf die Verwaltung dieser Vermögensteile beschränkt (Anlagegesellschaft), während dem übertragenden Rechtsträger diese Vermögensteile bei der Führung seines Betriebes zur Nutzung überlassen werden (Betriebsgesellschaft), und sind an den an der Spaltung beteiligten Rechtsträgern im wesentlichen dieselben Personen beteiligt, so haftet die Anlagegesellschaft auch für die Forderungen der Arbeitnehmer der Betriebsgesellschaft als Gesamtschuldner, die binnen fünf Jahren nach dem Wirksamwerden der Spaltung aufgrund der §§ 111 bis 113 des Betriebsverfassungsgesetzes *oder aufgrund des Gesetzes zur Verbesserung der betrieblichen Altersversorgung* begründet werden. Dies gilt auch dann, wenn die Vermögensteile bei dem übertragenden Rechtsträger verbleiben und dem übernehmenden oder neuen Rechtsträger oder den übernehmenden oder neuen Rechtsträgern zur Nutzung überlassen werden. *Die Haftung erstreckt sich nicht auf vertragliche Änderungen und Neubegründungen betrieblicher Versorgungszusagen, die erst nach dem Wirksamwerden der Spaltung erfolgt sind.*	(1) Spaltet ein Rechtsträger sein Vermögen in der Weise, daß die zur Führung eines Betriebes notwendigen Vermögensteile im wesentlichen auf einen übernehmenden oder mehrere übernehmende oder auf einen neuen oder mehrere neue Rechtsträger übertragen werden und die Tätigkeit dieses Rechtsträgers oder dieser Rechtsträger sich im wesentlichen auf die Verwaltung dieser Vermögensteile beschränkt (Anlagegesellschaft), während dem übertragenden Rechtsträger diese Vermögensteile bei der Führung seines Betriebes zur Nutzung überlassen werden (Betriebsgesellschaft), und sind an den an der Spaltung beteiligten Rechtsträgern im wesentlichen dieselben Personen beteiligt, so haftet die Anlagegesellschaft auch für die Forderungen der Arbeitnehmer der Betriebsgesellschaft als Gesamtschuldner, die binnen fünf Jahren nach dem Wirksamwerden der Spaltung auf Grund der §§ 111 bis 113 des Betriebsverfassungsgesetzes begründet werden. Dies gilt auch dann, wenn die Vermögensteile bei dem übertragenden Rechtsträger verbleiben und dem übernehmenden oder neuen Rechtsträger oder den übernehmenden oder neuen Rechtsträgern zur Nutzung überlassen werden.
(2) *Die Ansprüche nach Absatz 1 verjähren in fünf Jahren, falls die Verjährung nach allgemeinen Vorschriften nicht schon früher eintritt.*	(2) **Die gesamtschuldnerische Haftung nach Absatz 1 gilt auch für vor dem Wirksamwerden der Spaltung begründete Versorgungsverpflichtungen auf Grund des Gesetzes zur Verbesserung der betrieblichen Altersversorgung.**
	(3) Für die Ansprüche gegen die Anlagegesellschaft nach den Absätzen 1 und 2 gilt § 133 Abs. 3 bis 5 entsprechend mit der Maßgabe, daß die Frist fünf Jahre nach dem in § 133 Abs. 4 Satz 1 bezeichneten Tage beginnt.

Entwurf

DRITTER ABSCHNITT

Spaltung zur Neugründung

§ 135

Anzuwendende Vorschriften

(1) Auf die Spaltung eines Rechtsträgers zur Neugründung sind die Vorschriften des Zweiten Abschnitts entsprechend anzuwenden, jedoch mit Ausnahme der §§ 129, 130 Abs. 2 sowie der nach § 125 entsprechend anzuwendenden §§ 4, 7, 16 Abs. 1 und des § 27. An die Stelle der übernehmenden Rechtsträger treten die neuen Rechtsträger, an die Stelle der Eintragung der Spaltung im Register des Sitzes jeder der übernehmenden Rechtsträger tritt die Eintragung jedes der neuen Rechtsträger in das Register.

(2) Auf die Gründung der neuen Rechtsträger sind die für die jeweilige Rechtsform des neuen Rechtsträgers geltenden Gründungsvorschriften anzuwenden, soweit sich aus diesem Buch nichts anderes ergibt. Den Gründern steht der übertragende Rechtsträger gleich. Vorschriften, die für die Gründung eine Mindestzahl der Gründer vorschreiben, sind nicht anzuwenden.

§ 136

Spaltungsplan

Das Vertretungsorgan des übertragenden Rechtsträgers hat einen Spaltungsplan aufzustellen. Der Spaltungsplan tritt an die Stelle des Spaltungs- und Übernahmevertrags.

§ 137

Anmeldung und Eintragung der neuen Rechtsträger und der Spaltung

(1) Das Vertretungsorgan des übertragenden Rechtsträgers hat jeden der neuen Rechtsträger bei dem Gericht, in dessen Bezirk er seinen Sitz haben soll, zur Eintragung in das Register anzumelden.

(2) Das Vertretungsorgan des übertragenden Rechtsträgers hat die Spaltung zur Eintragung in das Register des Sitzes des übertragenden Rechtsträgers anzumelden.

(3) Das Gericht des Sitzes jedes der neuen Rechtsträger hat von Amts wegen dem Gericht des Sitzes des übertragenden Rechtsträgers den Tag der Eintragung des neuen Rechtsträgers mitzuteilen. Nach Eingang der Mitteilungen für alle neuen Rechtsträger hat das Gericht des Sitzes des übertragenden Rechtsträgers die Spaltung einzutragen sowie von Amts wegen den Zeitpunkt der Eintragung den Gerichten des Sitzes jedes der neuen Rechtsträger mitzuteilen sowie ihnen einen Handelsregisterauszug und eine beglaubigte Abschrift des Gesellschaftsvertrages, der Satzung oder des Statuts des übertragenden Rechtsträgers zu übersenden. Der Zeitpunkt der Eintragung der Spaltung ist in den Registern des Sitzes jedes der neuen Rechtsträger von Amts wegen einzutragen; gesetzlich vorgesehene Bekanntmachungen über die Eintragung der neuen Rechtsträger sind erst danach zulässig.

Beschlüsse des 6. Ausschusses

DRITTER ABSCHNITT

Spaltung zur Neugründung

§ 135

unverändert

§ 136

unverändert

§ 137

unverändert

Entwurf

ZWEITER TEIL

Besondere Vorschriften

ERSTER ABSCHNITT

Spaltung unter Beteiligung von Gesellschaften mit beschränkter Haftung

§ 138

Sachgründungsbericht

Ein Sachgründungsbericht (§ 5 Abs. 4 des Gesetzes betreffend die Gesellschaften mit beschränkter Haftung) ist stets erforderlich.

§ 139

Herabsetzung des Stammkapitals

Ist zur Durchführung der Abspaltung oder der Ausgliederung eine Herabsetzung des Stammkapitals einer übertragenden Gesellschaft mit beschränkter Haftung erforderlich, so kann diese auch in vereinfachter Form vorgenommen werden. Wird das Stammkapital herabgesetzt, so darf die Abspaltung oder die Ausgliederung erst eingetragen werden, nachdem die Herabsetzung des Stammkapitals im Register eingetragen worden ist.

§ 140

Anmeldung der Abspaltung oder der Ausgliederung

Bei der Anmeldung der Abspaltung oder der Ausgliederung zur Eintragung in das Register des Sitzes einer übertragenden Gesellschaft mit beschränkter Haftung haben deren Geschäftsführer auch zu erklären, daß die durch Gesetz und Gesellschaftsvertrag vorgesehenen Voraussetzungen für die Gründung dieser Gesellschaft unter Berücksichtigung der Abspaltung oder der Ausgliederung im Zeitpunkt der Anmeldung vorliegen.

ZWEITER ABSCHNITT

Spaltung unter Beteiligung von Aktiengesellschaften und Kommanditgesellschaften auf Aktien

§ 141

Ausschluß der Spaltung

Eine Aktiengesellschaft oder eine Kommanditgesellschaft auf Aktien, die noch nicht zwei Jahre im Register eingetragen ist, kann nicht gespalten werden.

§ 142

Spaltung mit Kapitalerhöhung; Spaltungsbericht

(1) § 69 ist mit der Maßgabe anzuwenden, daß eine Prüfung der Sacheinlage nach § 183 Abs. 3 des Aktiengesetzes stets stattzufinden hat.

Beschlüsse des 6. Ausschusses

ZWEITER TEIL

Besondere Vorschriften

ERSTER ABSCHNITT

Spaltung unter Beteiligung von Gesellschaften mit beschränkter Haftung

§ 138

unverändert

§ 139

unverändert

§ 140

unverändert

ZWEITER ABSCHNITT

Spaltung unter Beteiligung von Aktiengesellschaften und Kommanditgesellschaften auf Aktien

§ 141

unverändert

§ 142

unverändert

Entwurf | Beschlüsse des 6. Ausschusses

(2) In dem Spaltungsbericht ist gegebenenfalls auf den Bericht über die Prüfung von Sacheinlagen bei einer übernehmenden Aktiengesellschaft nach § 183 Abs. 3 des Aktiengesetzes sowie auf das Register, bei dem dieser Bericht zu hinterlegen ist, hinzuweisen.

§ 143

Besondere Unterrichtung über Vermögensveränderungen

Der Vorstand einer übertragenden Aktiengesellschaft oder Kommanditgesellschaft auf Aktien hat deren Aktionäre vor der Beschlußfassung über jede wesentliche Veränderung des Vermögens dieser Gesellschaft, die zwischen dem Abschluß des Vertrags oder der Aufstellung des Entwurfs und dem Zeitpunkt der Beschlußfassung eingetreten ist, zu unterrichten. Der Vorstand hat hierüber auch die Vertretungsorgane der übernehmenden Rechtsträger zu unterrichten; diese haben ihrerseits die Anteilsinhaber des von ihnen vertretenen Rechtsträgers vor der Beschlußfassung über die Spaltung zu unterrichten.

§ 143

unverändert

§ 144

Gründungsbericht und Gründungsprüfung

Ein Gründungsbericht (§ 32 des Aktiengesetzes) und eine Gründungsprüfung (§ 33 Abs. 2 des Aktiengesetzes) sind stets erforderlich.

§ 144

unverändert

§ 145

Herabsetzung des Grundkapitals

Ist zur Durchführung der Abspaltung oder der Ausgliederung eine Herabsetzung des Grundkapitals einer übertragenden Aktiengesellschaft oder Kommanditgesellschaft auf Aktien erforderlich, so kann diese auch in vereinfachter Form vorgenommen werden. Wird das Grundkapital herabgesetzt, so darf die Abspaltung oder die Ausgliederung erst eingetragen werden, nachdem die Durchführung der Herabsetzung des Grundkapitals im Register eingetragen worden ist.

§ 145

unverändert

§ 146

Anmeldung der Abspaltung oder der Ausgliederung

(1) Bei der Anmeldung der Abspaltung oder der Ausgliederung zur Eintragung in das Register des Sitzes einer übertragenden Aktiengesellschaft hat deren Vorstand oder einer Kommanditgesellschaft auf Aktien haben deren zu ihrer Vertretung ermächtigten persönlich haftenden Gesellschafter auch zu erklären, daß die durch Gesetz und Satzung vorgesehenen Voraussetzungen für die Gründung dieser Gesellschaft unter Berücksichtigung der Abspaltung oder der Ausgliederung im Zeitpunkt der Anmeldung vorliegen.

(2) Der Anmeldung der Abspaltung oder der Ausgliederung sind außer den sonst erforderlichen Unterlagen auch beizufügen:

§ 146

unverändert

Entwurf	Beschlüsse des 6. Ausschusses
1. der Spaltungsbericht nach § 127;	
2. bei Abspaltung der Prüfungsbericht nach § 125 in Verbindung mit § 12.	
DRITTER ABSCHNITT	*DRITTER ABSCHNITT*
Spaltung unter Beteiligung eingetragener Genossenschaften	*Spaltung unter Beteiligung eingetragener Genossenschaften*
§ 147 **Möglichkeit der Spaltung**	§ 147 unverändert
Die Spaltung eines Rechtsträgers anderer Rechtsform zur Aufnahme von Teilen seines Vermögens durch eine eingetragene Genossenschaft kann nur erfolgen, wenn eine erforderliche Änderung des Statuts der übernehmenden Genossenschaft gleichzeitig mit der Spaltung beschlossen wird.	
§ 148 **Anmeldung der Abspaltung oder der Ausgliederung**	§ 148 unverändert
(1) Bei der Anmeldung der Abspaltung oder der Ausgliederung zur Eintragung in das Register des Sitzes einer übertragenden Genossenschaft hat deren Vorstand auch zu erklären, daß die durch Gesetz und Statut vorgesehenen Voraussetzungen für die Gründung dieser Genossenschaft unter Berücksichtigung der Abspaltung oder der Ausgliederung im Zeitpunkt der Anmeldung vorliegen.	
(2) Der Anmeldung der Abspaltung oder der Ausgliederung sind außer den sonst erforderlichen Unterlagen auch beizufügen:	
1. der Spaltungsbericht nach § 127;	
2. das Prüfungsgutachten nach § 125 in Verbindung mit § 81.	
VIERTER ABSCHNITT	*VIERTER ABSCHNITT*
Spaltung unter Beteiligung rechtsfähiger Vereine	*Spaltung unter Beteiligung rechtsfähiger Vereine*
§ 149 **Möglichkeit der Spaltung**	§ 149 unverändert
(1) Ein rechtsfähiger Verein kann sich an einer Spaltung nur beteiligen, wenn die Satzung des Vereins oder Vorschriften des Landesrechts nicht entgegenstehen.	
(2) Ein eingetragener Verein kann als übernehmender Rechtsträger im Wege der Spaltung nur andere eingetragene Vereine aufnehmen oder mit ihnen einen eingetragenen Verein gründen.	

Entwurf	Beschlüsse des 6. Ausschusses
FÜNFTER ABSCHNITT	*FÜNFTER ABSCHNITT*
Spaltung unter Beteiligung genossenschaftlicher Prüfungsverbände	*Spaltung unter Beteiligung genossenschaftlicher Prüfungsverbände*
§ 150	§ 150
Möglichkeit der Spaltung	unverändert
Die Aufspaltung genossenschaftlicher Prüfungsverbände oder die Abspaltung oder Ausgliederung von Teilen eines solchen Verbandes kann nur zur Aufnahme der Teile eines Verbandes (übertragender Verband) durch einen anderen Verband (übernehmender Verband), die Ausgliederung auch zur Aufnahme von Teilen des Verbandes durch eine oder zur Neugründung einer Kapitalgesellschaft erfolgen.	
SECHSTER ABSCHNITT	*SECHSTER ABSCHNITT*
Spaltung unter Beteiligung von Versicherungsvereinen auf Gegenseitigkeit	*Spaltung unter Beteiligung von Versicherungsvereinen auf Gegenseitigkeit*
§ 151	§ 151
Möglichkeit der Spaltung	**Möglichkeit der Spaltung**
Die Spaltung unter Beteiligung von Versicherungsvereinen auf Gegenseitigkeit kann nur durch Aufspaltung oder Abspaltung und nur in der Weise erfolgen, daß die Teile eines übertragenden Vereins auf andere bestehende oder neue Versicherungsvereine auf Gegenseitigkeit oder auf Aktiengesellschaften, *die den Betrieb von Versicherungsgeschäften zum Gegenstand haben*, übergehen. Ein Versicherungsverein auf Gegenseitigkeit kann ferner im Wege der Ausgliederung einen Vermögensteil auf eine bestehende oder neue Gesellschaft mit beschränkter Haftung übertragen, sofern damit keine Übertragung von Versicherungsverträgen verbunden ist.	Die Spaltung unter Beteiligung von Versicherungsvereinen auf Gegenseitigkeit kann nur durch Aufspaltung oder Abspaltung und nur in der Weise erfolgen, daß die Teile eines übertragenden Vereins auf andere bestehende oder neue Versicherungsvereine auf Gegenseitigkeit oder auf **Versicherungs**-Aktiengesellschaften übergehen. Ein Versicherungsverein auf Gegenseitigkeit kann ferner im Wege der Ausgliederung einen Vermögensteil auf eine bestehende oder neue Gesellschaft mit beschränkter Haftung übertragen, sofern damit keine Übertragung von Versicherungsverträgen verbunden ist.
SIEBENTER ABSCHNITT	*SIEBENTER ABSCHNITT*
Ausgliederung aus dem Vermögen eines Einzelkaufmanns	*Ausgliederung aus dem Vermögen eines Einzelkaufmanns*
ERSTER UNTERABSCHNITT	ERSTER UNTERABSCHNITT
Möglichkeit der Ausgliederung	Möglichkeit der Ausgliederung
§ 152	§ 152
Übernehmende oder neue Rechtsträger	unverändert
Die Ausgliederung des von einem Einzelkaufmann betriebenen Unternehmens, dessen Firma im Handelsregister eingetragen ist, oder von Teilen desselben aus dem Vermögen dieses Kaufmanns kann nur zur Aufnahme dieses Unternehmens oder von Teilen dieses Unternehmens durch Personenhandelsgesellschaften, Kapitalgesellschaften oder eingetragene Genossenschaften oder zur Neugründung von Kapitalgesellschaften erfolgen. Sie kann nicht erfolgen, wenn die Verbindlichkeiten des Einzelkaufmanns sein Vermögen übersteigen.	

Entwurf | Beschlüsse des 6. Ausschusses

ZWEITER UNTERABSCHNITT

Ausgliederung zur Aufnahme

§ 153

Ausgliederungsbericht

Ein Ausgliederungsbericht ist für den Einzelkaufmann nicht erforderlich.

Beschlüsse des 6. Ausschusses: § 153 unverändert

§ 154

Eintragung der Ausgliederung

Das Gericht des Sitzes des Einzelkaufmanns hat die Eintragung der Ausgliederung auch dann abzulehnen, wenn offensichtlich ist, daß die Verbindlichkeiten des Einzelkaufmanns sein Vermögen übersteigen.

Beschlüsse des 6. Ausschusses: § 154 unverändert

§ 155

Wirkungen der Ausgliederung

Erfaßt die Ausgliederung das gesamte Unternehmen des Einzelkaufmanns, so bewirkt die Eintragung der Ausgliederung nach § 131 das Erlöschen der von dem Einzelkaufmann geführten Firma. Das Erlöschen der Firma ist von Amts wegen in das Register einzutragen.

Beschlüsse des 6. Ausschusses: § 155 unverändert

§ 156

Haftung des Einzelkaufmanns

Durch den Übergang der Verbindlichkeiten auf übernehmende oder neue Gesellschaften wird der Einzelkaufmann von der Haftung für die Verbindlichkeiten nicht befreit. § 418 des Bürgerlichen Gesetzbuchs ist nicht anzuwenden.

Beschlüsse des 6. Ausschusses: § 156 unverändert

§ 157

Zeitliche Begrenzung der Haftung für übertragene Verbindlichkeiten

(1) Der Einzelkaufmann haftet für die im Ausgliederungs- und Übernahmevertrag aufgeführten Verbindlichkeiten, wenn sie vor Ablauf von fünf Jahren nach der Ausgliederung fällig und daraus Ansprüche gegen ihn gerichtlich geltend gemacht sind; bei öffentlich-rechtlichen Verbindlichkeiten genügt zur Geltendmachung der Erlaß eines Verwaltungsaktes. Eine Haftung des Einzelkaufmanns als Gesellschafter des aufnehmenden Rechtsträgers nach § 128 des Handelsgesetzbuchs bleibt unberührt.

(2) Die Frist beginnt mit dem Tage, an dem die Eintragung der Ausgliederung in das Register des Sitzes des Einzelkaufmanns nach § 125 in Verbindung mit § 19 Abs. 3 als bekanntgemacht gilt. Die für die Verjährung geltenden §§ 203, 206, 207, 210, 212 bis 216 und 220 des Bürgerlichen Gesetzbuchs sind entsprechend anzuwenden.

Beschlüsse des 6. Ausschusses: § 157 unverändert

Entwurf	Beschlüsse des 6. Ausschusses
(3) Einer gerichtlichen Geltendmachung bedarf es nicht, soweit der Einzelkaufmann den Anspruch schriftlich anerkannt hat.	
(4) Die Absätze 1 bis 3 sind auch anzuwenden, wenn der Einzelkaufmann in dem Rechtsträger anderer Rechtsform geschäftsführend tätig wird.	
DRITTER UNTERABSCHNITT Ausgliederung zur Neugründung	DRITTER UNTERABSCHNITT Ausgliederung zur Neugründung
§ 158 **Anzuwendende Vorschriften**	§ 158 unverändert
Auf die Ausgliederung zur Neugründung sind die Vorschriften des Zweiten Unterabschnitts entsprechend anzuwenden, soweit sich aus diesem Unterabschnitt nichts anderes ergibt.	
§ 159 **Sachgründungsbericht, Gründungsbericht und Gründungsprüfung**	§ 159 unverändert
(1) Auf den Sachgründungsbericht (§ 5 Abs. 4 des Gesetzes betreffend die Gesellschaften mit beschränkter Haftung) ist § 58 Abs. 1, auf den Gründungsbericht (§ 32 des Aktiengesetzes) § 75 Abs. 1 entsprechend anzuwenden.	
(2) Im Falle der Gründung einer Aktiengesellschaft oder einer Kommanditgesellschaft auf Aktien haben die Prüfung durch die Mitglieder des Vorstands und des Aufsichtsrats (§ 33 Abs. 1 des Aktiengesetzes) sowie die Prüfung durch einen oder mehrere Prüfer (§ 33 Abs. 2 des Aktiengesetzes) sich auch darauf zu erstrecken, ob die Verbindlichkeiten des Einzelkaufmanns sein Vermögen übersteigen.	
(3) Zur Prüfung, ob die Verbindlichkeiten des Einzelkaufmanns sein Vermögen übersteigen, hat der Einzelkaufmann den Prüfern eine Aufstellung vorzulegen, in der sein Vermögen seinen Verbindlichkeiten gegenübergestellt ist. Die Aufstellung ist zu gliedern, soweit das für die Prüfung notwendig ist. § 320 Abs. 1 Satz 2 und Abs. 2 Satz 1 des Handelsgesetzbuchs gilt entsprechend, wenn Anlaß für die Annahme besteht, daß in der Aufstellung aufgeführte Vermögensgegenstände überbewertet oder Verbindlichkeiten nicht oder nicht vollständig aufgeführt worden sind.	
§ 160 **Anmeldung und Eintragung**	§ 160 unverändert
(1) Die Anmeldung nach § 137 Abs. 1 ist von dem Einzelkaufmann und den Geschäftsführern oder den Mitgliedern des Vorstands und des Aufsichtsrats einer neuen Gesellschaft vorzunehmen.	

Entwurf

(2) Die Eintragung der Gesellschaft ist abzulehnen, wenn die Verbindlichkeiten des Einzelkaufmanns sein Vermögen übersteigen.

ACHTER ABSCHNITT

Ausgliederung aus dem Vermögen rechtsfähiger Stiftungen

§ 161

Möglichkeit der Ausgliederung

Die Ausgliederung des von einer rechtsfähigen Stiftung (§ 80 des Bürgerlichen Gesetzbuchs) betriebenen Unternehmens oder von Teilen desselben aus dem Vermögen dieser Stiftung kann nur zur Aufnahme dieses Unternehmens oder von Teilen dieses Unternehmens durch Personenhandelsgesellschaften oder Kapitalgesellschaften oder zur Neugründung von Kapitalgesellschaften erfolgen.

§ 162

Ausgliederungsbericht

(1) Ein Ausgliederungsbericht ist nur erforderlich, wenn *das Stiftungsrecht die staatliche* Genehmigung *der Änderung der Satzung oder des Zweckes der Stiftung* oder bei Lebzeiten des Stifters dessen Zustimmung *hierzu vorsieht.*

(2) Soweit nach *Absatz 1* die Ausgliederung der staatlichen Genehmigung oder der Zustimmung des Stifters bedarf, ist der Ausgliederungsbericht der zuständigen Behörde und dem Stifter zu übermitteln. *Er muß von sämtlichen Mitgliedern des Vorstands und, wenn ein Aufsichtsrat, ein Beirat oder ein anderes Aufsichtsorgan vorhanden ist, von dem Vorsitzenden dieses Organs unterzeichnet sein.*

§ 163

Beschluß über den Vertrag

(1) Auf den Ausgliederungsbeschluß sind die Vorschriften des Stiftungsrechts für die Beschlußfassung über Satzungsänderungen entsprechend anzuwenden.

(2) Sofern das nach Absatz 1 anzuwendende Stiftungsrecht nicht etwas anderes bestimmt, muß der Ausgliederungsbeschluß von dem für die Beschlußfassung über Satzungsänderungen nach der Satzung zuständigen Organ oder, wenn ein solches Organ nicht bestimmt ist, vom Vorstand der Stiftung einstimmig gefaßt werden.

Beschlüsse des 6. Ausschusses

ACHTER ABSCHNITT

Ausgliederung aus dem Vermögen rechtsfähiger Stiftungen

§ 161

unverändert

§ 162

Ausgliederungsbericht

(1) Ein Ausgliederungsbericht ist nur erforderlich, wenn **die Ausgliederung nach § 164 Abs. 1 der staatlichen** Genehmigung **bedarf** oder **wenn sie** bei Lebzeiten des Stifters **von** dessen Zustimmung **abhängig ist.**

(2) Soweit nach **§ 164 Abs. 1** die Ausgliederung der staatlichen Genehmigung oder der Zustimmung des Stifters bedarf, ist der Ausgliederungsbericht der zuständigen Behörde und dem Stifter zu übermitteln.

§ 163

unverändert

Entwurf

(3) Der Beschluß und die Zustimmungen nach Absatz 1 und 2 müssen notariell beurkundet werden.

§ 164

Genehmigung der Ausgliederung

(1) Die Ausgliederung bedarf der staatlichen Genehmigung, sofern das Stiftungsrecht *die staatliche Genehmigung einer Änderung der Satzung oder des Zweckes der Stiftung* vorsieht.

(2) Im Falle des Absatzes 1 soll die zuständige Behörde die Ausgliederung nur genehmigen, wenn dies wegen einer wesentlichen Veränderung der wirtschaftlichen Verhältnisse gegenüber den im Zeitpunkt der Entstehung der Stiftung bestehenden Verhältnissen angebracht ist. § 87 Abs. 2 Satz 1 des Bürgerlichen Gesetzbuchs ist entsprechend anzuwenden.

(3) Soweit die Ausgliederung nach Absatz 1 der staatlichen Genehmigung nicht bedarf, hat das Gericht des Sitzes der Stiftung die Eintragung der Ausgliederung auch dann abzulehnen, wenn offensichtlich ist, daß die Verbindlichkeiten der Stiftung ihr Vermögen übersteigen.

§ 165

Sachgründungsbericht und Gründungsbericht

Auf den Sachgründungsbericht (§ 5 Abs. 4 des Gesetzes betreffend die Gesellschaften mit beschränkter Haftung) ist § 58 Abs. 1, auf den Gründungsbericht (§ 32 des Aktiengesetzes) § 75 Abs. 1 entsprechend anzuwenden.

§ 166

Haftung der Stiftung

Durch den Übergang der Verbindlichkeiten auf übernehmende oder neue Gesellschaften wird die Stiftung von der Haftung für die Verbindlichkeiten nicht befreit. § 418 des Bürgerlichen Gesetzbuchs ist nicht anzuwenden.

§ 167

Zeitliche Begrenzung der Haftung für übertragene Verbindlichkeiten

Auf die zeitliche Begrenzung der Haftung der Stiftung für die im Ausgliederungs- und Übernahmevertrag aufgeführten Verbindlichkeiten ist § 157 entsprechend anzuwenden.

Beschlüsse des 6. Ausschusses

§ 164

Genehmigung der Ausgliederung

(1) Die Ausgliederung bedarf der staatlichen Genehmigung, sofern das Stiftungsrecht **dies** vorsieht.

(2) entfällt

(2) unverändert

§ 165

unverändert

§ 166

unverändert

§ 167

unverändert

Entwurf	Beschlüsse des 6. Ausschusses
NEUNTER ABSCHNITT	*NEUNTER ABSCHNITT*
Ausgliederung aus dem Vermögen von Gebietskörperschaften oder Zusammenschlüssen von Gebietskörperschaften	*Ausgliederung aus dem Vermögen von Gebietskörperschaften oder Zusammenschlüssen von Gebietskörperschaften*
§ 168 **Möglichkeit der Ausgliederung**	§ 168 unverändert
Die Ausgliederung eines Unternehmens, das von einer Gebietskörperschaft oder von einem Zusammenschluß von Gebietskörperschaften, der nicht Gebietskörperschaft ist, betrieben wird, aus dem Vermögen dieser Körperschaft oder dieses Zusammenschlusses kann nur zur Aufnahme dieses Unternehmens durch eine Personenhandelsgesellschaft, eine Kapitalgesellschaft oder eine eingetragene Genossenschaft oder zur Neugründung einer Kapitalgesellschaft oder einer eingetragenen Genossenschaft sowie nur dann erfolgen, wenn das für die Körperschaft oder den Zusammenschluß maßgebende Bundes- oder Landesrecht einer Ausgliederung nicht entgegensteht.	
§ 169 **Ausgliederungsbericht; Ausgliederungsbeschluß**	§ 169 unverändert
Ein Ausgliederungsbericht ist für die Körperschaft oder den Zusammenschluß nicht erforderlich. Das Organisationsrecht der Körperschaft oder des Zusammenschlusses bestimmt, ob und unter welchen Voraussetzungen ein Ausgliederungsbeschluß erforderlich ist.	
§ 170 **Sachgründungsbericht und Gründungsbericht**	§ 170 unverändert
Auf den Sachgründungsbericht (§ 5 Abs. 4 des Gesetzes betreffend die Gesellschaften mit beschränkter Haftung) ist § 58 Abs. 1, auf den Gründungsbericht (§ 32 des Aktiengesetzes) § 75 Abs. 1 entsprechend anzuwenden.	
§ 171 **Wirksamwerden der Ausgliederung**	§ 171 unverändert
Die Wirkungen der Ausgliederung nach § 131 treten mit deren Eintragung in das Register des Sitzes des übernehmenden Rechtsträgers oder mit der Eintragung des neuen Rechtsträgers ein.	
§ 172 **Haftung der Körperschaft oder des Zusammenschlusses**	§ 172 unverändert
Durch den Übergang der Verbindlichkeiten auf den übernehmenden oder neuen Rechtsträger wird die Körperschaft oder der Zusammenschluß von der Haftung für die Verbindlichkeiten nicht befreit. § 418 des Bürgerlichen Gesetzbuchs ist nicht anzuwenden.	

Entwurf

§ 173

Zeitliche Begrenzung der Haftung für übertragene Verbindlichkeiten

Auf die zeitliche Begrenzung der Haftung für die im Ausgliederungs- und Übernahmevertrag aufgeführten Verbindlichkeiten ist § 157 entsprechend anzuwenden.

Beschlüsse des 6. Ausschusses

§ 173

unverändert

VIERTES BUCH

Vermögensübertragung

ERSTER TEIL

Möglichkeit der Vermögensübertragung

§ 174

Arten der Vermögensübertragung

(1) Ein Rechtsträger (übertragender Rechtsträger) kann unter Auflösung ohne Abwicklung sein Vermögen als Ganzes auf einen anderen bestehenden Rechtsträger (übernehmender Rechtsträger) gegen Gewährung einer Gegenleistung an die Anteilsinhaber des übertragenden Rechtsträgers, die nicht in Anteilen oder Mitgliedschaften besteht, übertragen (Vollübertragung).

(2) Ein Rechtsträger (übertragender Rechtsträger) kann

1. unter Auflösung ohne Abwicklung sein Vermögen aufspalten durch gleichzeitige Übertragung der Vermögensteile jeweils als Gesamtheit auf andere bestehende Rechtsträger,
2. von seinem Vermögen einen Teil oder mehrere Teile abspalten durch Übertragung dieses Teils oder dieser Teile jeweils als Gesamtheit auf einen oder mehrere bestehende Rechtsträger oder
3. aus seinem Vermögen einen Teil oder mehrere Teile ausgliedern durch Übertragung dieses Teils oder dieser Teile jeweils als Gesamtheit auf einen oder mehrere bestehende Rechtsträger

gegen Gewährung der in Absatz 1 bezeichneten Gegenleistung in den Fällen der Nummern 1 oder 2 an die Anteilsinhaber des übertragenden Rechtsträgers, im Falle der Nummer 3 an den übertragenden Rechtsträger (Teilübertragung).

VIERTES BUCH

Vermögensübertragung

ERSTER TEIL

Möglichkeit der Vermögensübertragung

§ 174

unverändert

§ 175

Beteiligte Rechtsträger

Eine Vollübertragung ist oder Teilübertragungen sind jeweils nur möglich

1. von einer Kapitalgesellschaft auf den Bund, ein Land, eine Gebietskörperschaft oder einen Zusammenschluß von Gebietskörperschaften;

§ 175

Beteiligte Rechtsträger

Eine Vollübertragung ist oder Teilübertragungen sind jeweils nur möglich

1. unverändert

Entwurf	Beschlüsse des 6. Ausschusses
2. a) von einer Aktiengesellschaft, ***die den Betrieb von Versicherungsgeschäften zum Gegenstand hat,*** auf Versicherungsvereine auf Gegenseitigkeit oder auf öffentlich-rechtliche Versicherungsunternehmen;	2. a) von einer **Versicherungs**-Aktiengesellschaft auf Versicherungsvereine auf Gegenseitigkeit oder auf öffentlich-rechtliche Versicherungsunternehmen;
b) von einem Versicherungsverein auf Gegenseitigkeit auf Aktiengesellschaften, ***die den Betrieb von Versicherungsgeschäften zum Gegenstand haben,*** oder auf öffentlich-rechtliche Versicherungsunternehmen;	b) von einem Versicherungsverein auf Gegenseitigkeit auf **Versicherungs**-Aktiengesellschaften oder auf öffentlich-rechtliche Versicherungsunternehmen;
c) von einem öffentlich-rechtlichen Versicherungsunternehmen auf Aktiengesellschaften ***im Sinne der Buchstaben a und b*** oder auf Versicherungsvereine auf Gegenseitigkeit.	c) von einem öffentlich-rechtlichen Versicherungsunternehmen auf **Versicherungs**-Aktiengesellschaften oder auf Versicherungsvereine auf Gegenseitigkeit.
ZWEITER TEIL	**ZWEITER TEIL**
Übertragung des Vermögens oder von Vermögensteilen einer Kapitalgesellschaft auf die öffentliche Hand	**Übertragung des Vermögens oder von Vermögensteilen einer Kapitalgesellschaft auf die öffentliche Hand**
ERSTER ABSCHNITT	*ERSTER ABSCHNITT*
Vollübertragung	*Vollübertragung*
§ 176	§ 176
Anwendung der Verschmelzungsvorschriften	unverändert
(1) Bei einer Vollübertragung nach § 175 Nr. 1 sind auf die übertragende Kapitalgesellschaft die für die Verschmelzung durch Aufnahme einer solchen übertragenden Gesellschaft jeweils geltenden Vorschriften des Zweiten Buches entsprechend anzuwenden, soweit sich aus den folgenden Vorschriften nichts anderes ergibt.	
(2) Die Angaben im Übertragungsvertrag nach § 5 Abs. 1 Nr. 4, 5 und 7 entfallen. An die Stelle des Registers des Sitzes des übernehmenden Rechtsträgers tritt das Register des Sitzes der übertragenden Gesellschaft. An die Stelle des Umtauschverhältnisses der Anteile treten Art und Höhe der Gegenleistung. An die Stelle des Anspruchs nach § 23 tritt ein Anspruch auf Barabfindung; auf diesen sind § 29 Abs. 1, § 30 und § 34 entsprechend anzuwenden.	
(3) Mit der Eintragung der Vermögensübertragung in das Handelsregister des Sitzes der übertragenden Gesellschaft geht deren Vermögen einschließlich der Verbindlichkeiten auf den übernehmenden Rechtsträger über. Die übertragende Gesellschaft erlischt; einer besonderen Löschung bedarf es nicht.	
(4) Die Beteiligung des übernehmenden Rechtsträgers an der Vermögensübertragung richtet sich nach den für ihn geltenden Vorschriften.	

Entwurf

ZWEITER ABSCHNITT

Teilübertragung

§ 177

Anwendung der Spaltungsvorschriften

(1) Bei einer Teilübertragung nach § 175 Nr. 1 sind auf die übertragende Kapitalgesellschaft die für die Aufspaltung, Abspaltung oder Ausgliederung zur Aufnahme von Teilen einer solchen übertragenden Gesellschaft geltenden Vorschriften des Dritten Buches sowie die dort für entsprechend anwendbar erklärten Vorschriften des Zweiten Buches auf den vergleichbaren Vorgang entsprechend anzuwenden, soweit sich aus den folgenden Vorschriften nichts anderes ergibt.

(2) § 176 Abs. 2 bis 4 ist entsprechend anzuwenden. An die Stelle des § 5 Abs. 1 Nr. 4, 5 und 7 tritt § 126 Abs. 1 Nr. 4, 5, 7 und 10.

Beschlüsse des 6. Ausschusses

ZWEITER ABSCHNITT

Teilübertragung

§ 177

unverändert

DRITTER TEIL

Vermögensübertragung unter Versicherungsunternehmen

ERSTER ABSCHNITT

Übertragung des Vermögens einer Aktiengesellschaft auf Versicherungsvereine auf Gegenseitigkeit oder öffentlich-rechtliche Versicherungsunternehmen

ERSTER UNTERABSCHNITT

Vollübertragung

§ 178

Anwendung der Verschmelzungsvorschriften

(1) Bei einer Vollübertragung nach § 175 Nr. 2 Buchstabe a sind auf die beteiligten Rechtsträger die für die Verschmelzung durch Aufnahme einer Aktiengesellschaft und die für einen übernehmenden Versicherungsverein im Falle der Verschmelzung jeweils geltenden Vorschriften des Zweiten Buches entsprechend anzuwenden, soweit sich aus den folgenden Vorschriften nichts anderes ergibt.

(2) § 176 Abs. 2 bis 4 ist entsprechend anzuwenden.

(3) Das für ein übernehmendes öffentlich-rechtliches Versicherungsunternehmen maßgebende Bundes- oder Landesrecht bestimmt, ob der Vertrag über die Vermögensübertragung zu seiner Wirksamkeit auch der Zustimmung eines anderen als des zur Vertretung befugten Organs des öffentlich-rechtlichen Versicherungsunternehmens oder einer anderen Stelle und welcher Erfordernisse die Zustimmung bedarf.

DRITTER TEIL

Vermögensübertragung unter Versicherungsunternehmen

ERSTER ABSCHNITT

Übertragung des Vermögens einer Aktiengesellschaft auf Versicherungsvereine auf Gegenseitigkeit oder öffentlich-rechtliche Versicherungsunternehmen

ERSTER UNTERABSCHNITT

Vollübertragung

§ 178

unverändert

Entwurf

ZWEITER UNTERABSCHNITT

Teilübertragung

§ 179

Anwendung der Spaltungsvorschriften

(1) Bei einer Teilübertragung nach § 175 Nr. 2 Buchstabe a sind auf die beteiligten Rechtsträger die für die Aufspaltung, Abspaltung oder Ausgliederung zur Aufnahme von Teilen einer Aktiengesellschaft und die für übernehmende Versicherungsvereine auf Gegenseitigkeit im Falle der Aufspaltung, Abspaltung oder Ausgliederung von Vermögensteilen geltenden Vorschriften des Dritten Buches und die dort für entsprechend anwendbar erklärten Vorschriften des Zweiten Buches auf den vergleichbaren Vorgang entsprechend anzuwenden, soweit sich aus den folgenden Vorschriften nichts anderes ergibt.

(2) § 176 Abs. 2 bis 4 sowie § 178 Abs. 3 sind entsprechend anzuwenden.

ZWEITER ABSCHNITT

Übertragung des Vermögens eines Versicherungsvereins auf Gegenseitigkeit auf Aktiengesellschaften oder öffentlich-rechtliche Versicherungsunternehmen

ERSTER UNTERABSCHNITT

Vollübertragung

§ 180

Anwendung der Verschmelzungsvorschriften

(1) Bei einer Vollübertragung nach § 175 Nr. 2 Buchstabe b sind auf die beteiligten Rechtsträger die für die Verschmelzung durch Aufnahme eines Versicherungsvereins und die für eine übernehmende Aktiengesellschaft im Falle der Verschmelzung jeweils geltenden Vorschriften des Zweiten Buches entsprechend anzuwenden, soweit sich aus den folgenden Vorschriften nichts anderes ergibt.

(2) § 176 Abs. 2 bis 4 sowie § 178 Abs. 3 sind entsprechend anzuwenden.

(3) Hat ein Mitglied oder ein Dritter nach der Satzung des Vereins ein unentziehbares Recht auf den Abwicklungsüberschuß oder einen Teil davon, so bedarf der Beschluß über die Vermögensübertragung der Zustimmung des Mitglieds oder des Dritten; die Zustimmung muß notariell beurkundet werden.

§ 181

Gewährung der Gegenleistung

(1) Der übernehmende Rechtsträger ist zur Gewährung einer angemessenen Gegenleistung verpflichtet, wenn dies unter Berücksichtigung der Vermögens-

Beschlüsse des 6. Ausschusses

ZWEITER UNTERABSCHNITT

Teilübertragung

§ 179

unverändert

ZWEITER ABSCHNITT

Übertragung des Vermögens eines Versicherungsvereins auf Gegenseitigkeit auf Aktiengesellschaften oder öffentlich-rechtliche Versicherungsunternehmen

ERSTER UNTERABSCHNITT

Vollübertragung

§ 180

unverändert

§ 181

unverändert

Entwurf	Beschlüsse des 6. Ausschusses
und Ertragslage des übertragenden Vereins im Zeitpunkt der Beschlußfassung der obersten Vertretung gerechtfertigt ist.	
(2) In dem Beschluß, durch den dem Übertragungsvertrag zugestimmt wird, ist zu bestimmen, daß bei der Verteilung der Gegenleistung jedes Mitglied zu berücksichtigen ist, das dem Verein seit mindestens drei Monaten vor dem Beschluß angehört hat. Ferner sind in dem Beschluß die Maßstäbe festzusetzen, nach denen die Gegenleistung auf die Mitglieder zu verteilen ist.	
(3) Jedes berechtigte Mitglied erhält eine Gegenleistung in gleicher Höhe. Eine andere Verteilung kann nur nach einem oder mehreren der folgenden Maßstäbe festgesetzt werden: 1. die Höhe der Versicherungssumme, 2. die Höhe der Beiträge, 3. die Höhe der Deckungsrückstellung in der Lebensversicherung, 4. der in der Satzung des Vereins bestimmte Maßstab für die Verteilung des Überschusses, 5. der in der Satzung des Vereins bestimmte Maßstab für die Verteilung des Vermögens, 6. die Dauer der Mitgliedschaft.	
(4) Ist eine Gegenleistung entgegen Absatz 1 nicht vereinbart worden, so ist sie auf Antrag vom Gericht zu bestimmen; § 30 Abs. 1 und § 34 sind ensprechend anzuwenden.	
§ 182 **Unterrichtung der Mitglieder**	§ 182 unverändert
Sobald die Vermögensübertragung wirksam geworden ist, hat das Vertretungsorgan des übernehmenden Rechtsträgers allen Mitgliedern, die dem Verein seit mindestens drei Monaten vor dem Beschluß der obersten Vertretung über die Vermögensübertragung angehört haben, den Wortlaut des Vertrags schriftlich mitzuteilen. In der Mitteilung ist auf die Möglichkeit hinzuweisen, die gerichtliche Bestimmung der angemessenen Gegenleistung zu verlangen.	
§ 183 **Bestellung eines Treuhänders**	§ 183 unverändert
(1) Ist für die Vermögensübertragung eine Gegenleistung vereinbart worden, so hat der übertragende Verein einen Treuhänder für deren Empfang zu bestellen. Die Vermögensübertragung darf erst eingetragen werden, wenn der Treuhänder dem Gericht angezeigt hat, daß er im Besitz der Gegenleistung ist.	
(2) Bestimmt das Gericht nach § 181 Abs. 4 die Gegenleistung, so hat es von Amts wegen einen Treuhänder für deren Empfang zu bestellen. Die Gegenleistung steht zu gleichen Teilen den Mitglie-	

Entwurf | Beschlüsse des 6. Ausschusses

dern zu, die dem Verein seit mindestens drei Monaten vor dem Beschluß der obersten Vertretung über die Vermögensübertragung angehört haben. § 26 Abs. 4 ist entsprechend anzuwenden.

ZWEITER UNTERABSCHNITT

Teilübertragung

§ 184

Anwendung der Spaltungsvorschriften

(1) Bei einer Teilübertragung nach § 175 Nr. 2 Buchstabe b sind auf die beteiligten Rechtsträger die für die Aufspaltung, Abspaltung oder Ausgliederung zur Aufnahme von Teilen eines Versicherungsvereins auf Gegenseitigkeit und die für übernehmende Aktiengesellschaften im Falle der Aufspaltung, Abspaltung oder Ausgliederung geltenden Vorschriften des Dritten Buches und die dort für entsprechend anwendbar erklärten Vorschriften des Zweiten Buches auf den vergleichbaren Vorgang entsprechend anzuwenden, soweit sich aus den folgenden Vorschriften nichts anderes ergibt.

(2) § 176 Abs. 2 bis 4 sowie § 178 Abs. 3 sind entsprechend anzuwenden.

Beschlüsse des 6. Ausschusses:

ZWEITER UNTERABSCHNITT

Teilübertragung

§ 184

unverändert

DRITTER ABSCHNITT

Übertragung des Vermögens eines kleineren Versicherungsvereins auf Gegenseitigkeit auf eine Aktiengesellschaft oder auf ein öffentlich-rechtliches Versicherungsunternehmen

§ 185

Möglichkeit der Vermögensübertragung

Ein kleinerer Versicherungsverein auf Gegenseitigkeit kann sein Vermögen nur im Wege der Vollübertragung auf eine Aktiengesellschaft, *die den Betrieb von Versicherungsgeschäften zum Gegenstand hat,* oder auf ein öffentlich-rechtliches Versicherungsunternehmen übertragen.

§ 186

Anzuwendende Vorschriften

Auf die Vermögensübertragung sind die Vorschriften des Zweiten Abschnitts entsprechend anzuwenden. Dabei treten bei kleineren Vereinen an die Stelle der Anmeldung zur Eintragung in das Register der Antrag an die Aufsichtsbehörde auf Genehmigung, an die Stelle der Eintragung in das Register und ihrer Bekanntmachung die Bekanntmachung im Bundesanzeiger nach § 187.

Beschlüsse des 6. Ausschusses:

DRITTER ABSCHNITT

Übertragung des Vermögens eines kleineren Versicherungsvereins auf Gegenseitigkeit auf eine Aktiengesellschaft oder auf ein öffentlich-rechtliches Versicherungsunternehmen

§ 185

Möglichkeit der Vermögensübertragung

Ein kleinerer Versicherungsverein auf Gegenseitigkeit kann sein Vermögen nur im Wege der Vollübertragung auf eine **Versicherungs**-Aktiengesellschaft oder auf ein öffentlich-rechtliches Versicherungsunternehmen übertragen.

§ 186

unverändert

Entwurf

§ 187

Bekanntmachung der Vermögensübertragung

Sobald die Vermögensübertragung von allen beteiligten Aufsichtsbehörden genehmigt worden ist, macht bei einer Vermögensübertragung auf ein öffentlich-rechtliches Versicherungsunternehmen die für den übertragenden kleineren Verein zuständige Aufsichtsbehörde die Vermögensübertragung und ihre Genehmigung im Bundesanzeiger sowie in den weiteren Blättern bekannt, die für die Bekanntmachungen des Amtsgerichts bestimmt sind, in dessen Bezirk der übertragende kleinere Verein seinen Sitz hat.

Beschlüsse des 6. Ausschusses

§ 187

unverändert

VIERTER ABSCHNITT

Übertragung des Vermögens eines öffentlich-rechtlichen Versicherungsunternehmens auf Aktiengesellschaften oder Versicherungsvereine auf Gegenseitigkeit

ERSTER UNTERABSCHNITT

Vollübertragung

Entwurf

§ 188

Anwendung der Verschmelzungsvorschriften

(1) Bei einer Vollübertragung nach § 175 Nr. 2 Buchstabe c sind auf die übernehmenden Rechtsträger die für die Verschmelzung durch Aufnahme geltenden Vorschriften des Zweiten Buches sowie auf das übertragende Versicherungsunternehmen § 176 Abs. 3 entsprechend anzuwenden, soweit sich aus den folgenden Vorschriften nichts anderes ergibt.

(2) § 176 Abs. 2 und 4 sowie § 178 Abs. 3 sind entsprechend anzuwenden.

(3) An die Stelle der Anmeldung zur Eintragung in das Register treten bei den öffentlich-rechtlichen Versicherungsunternehmen der Antrag an die Aufsichtsbehörde auf Genehmigung, an die Stelle der Eintragung in das Register und ihrer Bekanntmachung die Bekanntmachung nach Satz 2. Die für das öffentlich-rechtliche Versicherungsunternehmen zuständige Aufsichtsbehörde macht, sobald die Vermögensübertragung von allen beteiligten Aufsichtsbehörden genehmigt worden ist, die Übertragung und ihre Genehmigung im Bundesanzeiger sowie in den weiteren Blättern bekannt, die für die Bekanntmachungen des Amtsgerichts bestimmt sind, in dessen Bezirk das übertragende Versicherungsunternehmen seinen Sitz hat.

Beschlüsse des 6. Ausschusses

VIERTER ABSCHNITT

Übertragung des Vermögens eines öffentlich-rechtlichen Versicherungsunternehmens auf Aktiengesellschaften oder Versicherungsvereine auf Gegenseitigkeit

ERSTER UNTERABSCHNITT

Vollübertragung

§ 188

unverändert

Entwurf

ZWEITER UNTERABSCHNITT

Teilübertragung

§ 189

Anwendung der Spaltungsvorschriften

(1) Bei einer Teilübertragung nach § 175 Nr. 2 Buchstabe c sind auf die übernehmenden Rechtsträger die für die Aufspaltung, Abspaltung oder Ausgliederung zur Aufnahme geltenden Vorschriften des Dritten Buches und die dort für entsprechend anwendbar erklärten Vorschriften des Zweiten Buches auf den vergleichbaren Vorgang sowie auf das übertragende Versicherungsunternehmen § 176 Abs. 3 entsprechend anzuwenden, soweit sich aus den folgenden Vorschriften nichts anderes ergibt.

(2) § 176 Abs. 2 und 4, § 178 Abs. 3 sowie § 188 Abs. 3 sind entsprechend anzuwenden.

FÜNFTES BUCH

Formwechsel

ERSTER TEIL

Allgemeine Vorschriften

§ 190

Allgemeiner Anwendungsbereich

(1) Ein Rechtsträger kann durch Formwechsel eine andere Rechtsform erhalten.

(2) Soweit nicht in diesem Buch etwas anderes bestimmt ist, gelten die Vorschriften über den Formwechsel nicht für Änderungen der Rechtsform, die in anderen Gesetzen vorgesehen oder zugelassen sind.

§ 191

Einbezogene Rechtsträger

(1) Formwechselnde Rechtsträger können sein:

1. Personenhandelsgesellschaften (§ 3 Abs. 1 Nr. 1);
2. Kapitalgesellschaften (§ 3 Abs. 1 Nr. 2);
3. eingetragene Genossenschaften;
4. rechtsfähige Vereine;
5. Versicherungsvereine auf Gegenseitigkeit;
6. Körperschaften und Anstalten des öffentlichen Rechts.

(2) Rechtsträger neuer Rechtsform können sein:

1. Gesellschaften des bürgerlichen Rechts;
2. Personenhandelsgesellschaften;
3. Kapitalgesellschaften;
4. eingetragene Genossenschaften.

Beschlüsse des 6. Ausschusses

ZWEITER UNTERABSCHNITT

Teilübertragung

§ 189

unverändert

FÜNFTES BUCH

Formwechsel

ERSTER TEIL

Allgemeine Vorschriften

§ 190

unverändert

§ 191

unverändert

Entwurf	Beschlüsse des 6. Ausschusses
(3) Der Formwechsel ist auch bei aufgelösten Rechtsträgern möglich, wenn ihre Fortsetzung in der bisherigen Rechtsform beschlossen werden könnte.	
§ 192 **Umwandlungsbericht**	§ 192 unverändert
(1) Das Vertretungsorgan des formwechselnden Rechtsträgers hat einen ausführlichen schriftlichen Bericht zu erstatten, in dem der Formwechsel und insbesondere die künftige Beteiligung der Anteilsinhaber an dem Rechtsträger rechtlich und wirtschaftlich erläutert und begründet werden (Umwandlungsbericht). § 8 Abs. 1 Satz 2 bis 4 und Abs. 2 ist entsprechend anzuwenden. Der Umwandlungsbericht muß einen Entwurf des Umwandlungsbeschlusses enthalten.	
(2) Dem Bericht ist eine Vermögensaufstellung beizufügen, in der die Gegenstände und Verbindlichkeiten des formwechselnden Rechtsträgers mit dem wirklichen Wert anzusetzen sind, der ihnen am Tage der Erstellung des Berichts beizulegen ist. Die Aufstellung ist Bestandteil des Berichts.	
(3) Ein Umwandlungsbericht ist nicht erforderlich, wenn an dem formwechselnden Rechtsträger nur ein Anteilsinhaber beteiligt ist oder wenn alle Anteilsinhaber auf seine Erstattung verzichten. Die Verzichtserklärungen sind notariell zu beurkunden.	
§ 193 **Umwandlungsbeschluß**	§ 193 unverändert
(1) Für den Formwechsel ist ein Beschluß der Anteilsinhaber des formwechselnden Rechtsträgers (Umwandlungsbeschluß) erforderlich. Der Beschluß kann nur in einer Versammlung der Anteilsinhaber gefaßt werden.	
(2) Ist die Abtretung der Anteile des formwechselnden Rechtsträgers von der Genehmigung einzelner Anteilsinhaber abhängig, so bedarf der Umwandlungsbeschluß zu seiner Wirksamkeit ihrer Zustimmung.	
(3) Der Umwandlungsbeschluß und die nach diesem Gesetz erforderlichen Zustimmungserklärungen einzelner Anteilsinhaber einschließlich der erforderlichen Zustimmungserklärungen nicht erschienener Anteilsinhaber müssen notariell beurkundet werden. Auf Verlangen ist jedem Anteilsinhaber auf seine Kosten unverzüglich eine Abschrift der Niederschrift des Beschlusses zu erteilen.	
§ 194 **Inhalt des Umwandlungsbeschlusses**	§ 194 unverändert
(1) In dem Umwandlungsbeschluß müssen mindestens bestimmt werden:	
1. die Rechtsform, die der Rechtsträger durch den Formwechsel erlangen soll;	
2. der Name oder die Firma des Rechtsträgers neuer Rechtsform;	

Entwurf	Beschlüsse des 6. Ausschusses

3. eine Beteiligung der bisherigen Anteilsinhaber an dem Rechtsträger nach den für die neue Rechtsform geltenden Vorschriften, soweit ihre Beteiligung nicht nach diesem Buch entfällt;
4. Zahl, Art und Umfang der Anteile oder der Mitgliedschaften, welche die Anteilsinhaber durch den Formwechsel erlangen sollen oder die einem beitretenden persönlich haftenden Gesellschafter eingeräumt werden sollen;
5. die Rechte, die einzelnen Anteilsinhabern sowie den Inhabern besonderer Rechte wie Anteile ohne Stimmrecht, Vorzugsaktien, Mehrstimmrechtsaktien, Schuldverschreibungen und Genußrechte in dem Rechtsträger gewährt werden sollen, oder die Maßnahmen, die für diese Personen vorgesehen sind;
6. ein Abfindungsangebot nach § 207, sofern nicht der Umwandlungsbeschluß zu seiner Wirksamkeit der Zustimmung aller Anteilsinhaber bedarf oder an dem formwechselnden Rechtsträger nur ein Anteilsinhaber beteiligt ist;
7. die Folgen des Formwechsels für die Arbeitnehmer und ihre Vertretungen sowie die insoweit vorgesehenen Maßnahmen.

(2) Der Entwurf des Umwandlungsbeschlusses ist spätestens einen Monat vor dem Tage der Versammlung der Anteilsinhaber, die den Formwechsel beschließen soll, dem zuständigen Betriebsrat des formwechselnden Rechtsträgers zuzuleiten.

§ 195

Befristung und Ausschluß von Klagen gegen den Umwandlungsbeschluß

(1) Eine Klage gegen die Wirksamkeit des Umwandlungsbeschlusses muß binnen eines Monats nach der Beschlußfassung erhoben werden.

(2) Eine Klage gegen die Wirksamkeit des Umwandlungsbeschlusses kann nicht darauf gestützt werden, daß die in dem Beschluß bestimmten Anteile an dem Rechtsträger neuer Rechtsform zu niedrig bemessen sind oder daß die Mitgliedschaft kein ausreichender Gegenwert für die Anteile oder die Mitgliedschaft bei dem formwechselnden Rechtsträger ist.

Beschlüsse des 6. Ausschusses: § 195 unverändert

§ 196

Verbesserung des Beteiligungsverhältnisses

Sind die in dem Umwandlungsbeschluß bestimmten Anteile an dem Rechtsträger neuer Rechtsform zu niedrig bemessen oder ist die Mitgliedschaft bei diesem kein ausreichender Gegenwert für die Anteile oder die Mitgliedschaft bei dem formwechselnden Rechtsträger, so kann jeder Anteilsinhaber, dessen Recht, gegen die Wirksamkeit des Umwandlungsbeschlusses Klage zu erheben, nach § 195 Abs. 2 ausgeschlossen ist, von dem Rechtsträger einen Ausgleich durch bare Zuzahlung verlangen. § 15 Abs. 2 ist entsprechend anzuwenden.

Beschlüsse des 6. Ausschusses: § 196 unverändert

Entwurf

§ 197

Anzuwendende Gründungsvorschriften

Auf den Formwechsel sind die für die neue Rechtsform geltenden Gründungsvorschriften anzuwenden, soweit sich aus diesem Buch nichts anderes ergibt. Vorschriften, die für die Gründung eine Mindestzahl der Gründer vorschreiben, sowie die Vorschriften über die Bildung und Zusammensetzung des ersten Aufsichtsrats sind nicht anzuwenden.

§ 198

Anmeldung des Formwechsels

(1) Die neue Rechtsform des Rechtsträgers ist zur Eintragung in das Register, in dem der formwechselnde Rechtsträger eingetragen ist, anzumelden.

(2) Ist der formwechselnde Rechtsträger nicht in einem Register eingetragen, so ist der Rechtsträger neuer Rechtsform bei dem zuständigen Gericht zur Eintragung in das für die neue Rechtsform maßgebende Register anzumelden. Das gleiche gilt, wenn sich durch den Formwechsel die Art des für den Rechtsträger maßgebenden Registers ändert oder durch eine mit dem Formwechsel verbundene Sitzverlegung die Zuständigkeit eines anderen Registergerichts begründet wird. Im Falle des Satzes 2 ist die Umwandlung auch zur Eintragung in das Register anzumelden, in dem der formwechselnde Rechtsträger eingetragen ist. Diese Eintragung ist mit dem Vermerk zu versehen, daß die Umwandlung erst mit der Eintragung des Rechtsträgers neuer Rechtsform in das für diese maßgebende Register wirksam wird. Der Rechtsträger neuer Rechtsform darf erst eingetragen werden, nachdem die Umwandlung nach Satz 3 und 4 eingetragen worden ist.

(3) § 16 Abs. 2 und 3 ist entsprechend anzuwenden.

§ 199

Anlagen der Anmeldung

Der Anmeldung der neuen Rechtsform oder des Rechtsträgers neuer Rechtsform sind in Ausfertigung oder öffentlich beglaubigter Abschrift oder, soweit sie nicht notariell zu beurkunden sind, in Urschrift oder Abschrift außer den sonst erforderlichen Unterlagen auch die Niederschrift des Umwandlungsbeschlusses, die nach diesem Gesetz erforderlichen Zustimmungserklärungen einzelner Anteilsinhaber einschließlich der Zustimmungserklärungen nicht erschienener Anteilsinhaber, der Umwandlungsbericht oder die Erklärungen über den Verzicht auf seine Erstellung, ein Nachweis über die Zuleitung nach § 194 Abs. 2 sowie, wenn der Formwechsel der staatlichen Genehmigung bedarf, die Genehmigungsurkunde beizufügen.

Beschlüsse des 6. Ausschusses

§ 197

unverändert

§ 198

unverändert

§ 199

unverändert

Entwurf	Beschlüsse des 6. Ausschusses

§ 200

Firma des Rechtsträgers

§ 200
unverändert

(1) Der Rechtsträger neuer Rechtsform darf seine bisher geführte Firma beibehalten, soweit sich aus diesem Buch nichts anderes ergibt. § 18 Abs. 1 Satz 2 und 3 ist entsprechend anzuwenden. Zusätzliche Bezeichnungen, die auf die Rechtsform der formwechselnden Gesellschaft hinweisen, dürfen auch dann nicht verwendet werden, wenn der Rechtsträger die bisher geführte Firma beibehält.

(2) Auf eine nach dem Formwechsel beibehaltene Firma ist § 4 Abs. 2 des Gesetzes betreffend die Gesellschaften mit beschränkter Haftung, § 4 Abs. 2 oder § 279 Abs. 2 des Aktiengesetzes entsprechend anzuwenden. § 3 Abs. 2 Satz 1 des Gesetzes betreffend die Erwerbs- und Wirtschaftsgenossenschaften ist auf die Firma der Genossenschaft auch dann anzuwenden, wenn der Rechtsträger seine bisher geführte Firma beibehält.

(3) Das Registergericht kann auf Antrag genehmigen, daß eine Personenhandelsgesellschaft, die ein bisher betriebenes Handelsgeschäft weiterführt, bei der Bildung ihrer neuen Firma den in der bisher geführten Firma enthaltenen Namen einer natürlichen Person verwendet und insoweit von § 19 des Handelsgesetzbuchs abweicht.

(4) War an dem formwechselnden Rechtsträger eine natürliche Person beteiligt, deren Beteiligung an dem Rechtsträger neuer Rechtsform entfällt, so darf der Name dieses Anteilsinhabers nur dann in der beibehaltenen bisherigen oder in der neu gebildeten Firma verwendet werden, wenn der betroffene Anteilsinhaber oder dessen Erben ausdrücklich in die Verwendung des Namens einwilligen.

(5) Durch den Formwechsel in eine Gesellschaft des bürgerlichen Rechts erlischt die Firma der formwechselnden Gesellschaft.

§ 201

Bekanntmachung des Formwechsels

§ 201
unverändert

Das für die Anmeldung der neuen Rechtsform oder des Rechtsträgers neuer Rechtsform zuständige Gericht hat die Eintragung der neuen Rechtsform oder des Rechtsträgers neuer Rechtsform durch den Bundesanzeiger und durch mindestens ein anderes Blatt ihrem ganzen Inhalt nach bekanntzumachen. Mit dem Ablauf des Tages, an dem das letzte der die Bekanntmachung enthaltenden Blätter erschienen ist, gilt die Bekanntmachung als erfolgt.

§ 202

Wirkungen der Eintragung

§ 202
unverändert

(1) Die Eintragung der neuen Rechtsform in das Register hat folgende Wirkungen:

1. Der formwechselnde Rechtsträger besteht in der in dem Umwandlungsbeschluß bestimmten Rechtsform weiter.

Entwurf	Beschlüsse des 6. Ausschusses
2. Die Anteilsinhaber des formwechselnden Rechtsträgers sind an dem Rechtsträger nach den für die neue Rechtsform geltenden Vorschriften beteiligt, soweit ihre Beteiligung nicht nach diesem Buch entfällt. Rechte Dritter an den Anteilen oder Mitgliedschaften des formwechselnden Rechtsträgers bestehen an den an ihre Stelle tretenden Anteilen oder Mitgliedschaften des Rechtsträgers neuer Rechtsform weiter.	
3. Der Mangel der notariellen Beurkundung des Umwandlungsbeschlusses und gegebenenfalls erforderlicher Zustimmungs- oder Verzichtserklärungen einzelner Anteilsinhaber wird geheilt.	
(2) Die in Absatz 1 bestimmten Wirkungen treten in den Fällen des § 198 Abs. 2 mit der Eintragung des Rechtsträgers neuer Rechtsform in das Register ein.	
(3) Mängel des Formwechsels lassen die Wirkungen der Eintragung der neuen Rechtsform oder des Rechtsträgers neuer Rechtsform in das Register unberührt.	
§ 203 **Amtsdauer von Aufsichtsratsmitgliedern**	§ 203 unverändert
Wird bei einem Formwechsel bei dem Rechtsträger neuer Rechtsform in gleicher Weise wie bei dem formwechselnden Rechtsträger ein Aufsichtsrat gebildet und zusammengesetzt, so bleiben die Mitglieder des Aufsichtsrats für den Rest ihrer Wahlzeit als Mitglieder des Aufsichtsrats des Rechtsträgers neuer Rechtsform im Amt. Die Anteilsinhaber des formwechselnden Rechtsträgers können im Umwandlungsbeschluß für ihre Aufsichtsratsmitglieder die Beendigung des Amtes bestimmen.	
§ 204 **Schutz der Gläubiger und der Inhaber von Sonderrechten**	§ 204 unverändert
Auf den Schutz der Gläubiger ist § 22, auf den Schutz der Inhaber von Sonderrechten § 23 entsprechend anzuwenden.	
§ 205 **Schadenersatzpflicht der Verwaltungsträger des formwechselnden Rechtsträgers**	§ 205 unverändert
(1) Die Mitglieder des Vertretungsorgans und, wenn ein Aufsichtsorgan vorhanden ist, des Aufsichtsorgans des formwechselnden Rechtsträgers sind als Gesamtschuldner zum Ersatz des Schadens verpflichtet, den der Rechtsträger, seine Anteilsinhaber oder seine Gläubiger durch den Formwechsel erleiden. § 25 Abs. 1 Satz 2 ist entsprechend anzuwenden.	
(2) Die Ansprüche nach Absatz 1 verjähren in fünf Jahren seit dem Tage, an dem die anzumeldende Eintragung der neuen Rechtsform oder des Rechtsträgers neuer Rechtsform in das Register nach § 201 Satz 2 als bekanntgemacht gilt.	

Entwurf	Beschlüsse des 6. Ausschusses
§ 206 **Geltendmachung des Schadenersatzanspruchs** Die Ansprüche nach § 205 Abs. 1 können nur durch einen besonderen Vertreter geltend gemacht werden. Das Gericht des Sitzes des Rechtsträgers neuer Rechtsform hat einen solchen Vertreter auf Antrag eines Anteilsinhabers oder eines Gläubigers des formwechselnden Rechtsträgers zu bestellen. § 26 Abs. 1 Satz 3 und 4, Abs. 2, Abs. 3 Satz 2 und 3 und Abs. 4 ist entsprechend anzuwenden; an die Stelle der Blätter für die öffentlichen Bekanntmachungen des übertragenden Rechtsträgers treten die entsprechenden Blätter des Rechtsträgers neuer Rechtsform.	§ 206 unverändert
§ 207 **Angebot der Barabfindung** (1) Der formwechselnde Rechtsträger hat jedem Anteilsinhaber, der gegen den Umwandlungsbeschluß Widerspruch zur Niederschrift erklärt, den Erwerb seiner umgewandelten Anteile oder Mitgliedschaften gegen eine angemessene Barabfindung anzubieten; § 71 Abs. 4 Satz 2 des Aktiengesetzes ist insoweit nicht anzuwenden. Kann der Rechtsträger auf Grund seiner neuen Rechtsform eigene Anteile oder Mitgliedschaften nicht erwerben, so ist die Barabfindung für den Fall anzubieten, daß der Anteilsinhaber sein Ausscheiden aus dem Rechtsträger erklärt. Der Rechtsträger hat die Kosten für eine Übertragung zu tragen. (2) § 29 Abs. 2 ist entsprechend anzuwenden.	§ 207 unverändert
§ 208 **Inhalt des Anspruchs auf Barabfindung und Prüfung der Barabfindung** Auf den Anspruch auf Barabfindung ist § 30 entsprechend anzuwenden.	§ 208 unverändert
§ 209 **Annahme des Angebots** Das Angebot nach § 207 kann nur binnen zwei Monaten nach dem Tage angenommen werden, an dem die Eintragung der neuen Rechtsform oder des Rechtsträgers neuer Rechtsform in das Register nach § 201 Satz 2 als bekanntgemacht gilt. Ist nach § 212 ein Antrag auf Bestimmung der Barabfindung durch das Gericht gestellt worden, so kann das Angebot binnen zwei Monaten nach dem Tage angenommen werden, an dem die Entscheidung im Bundesanzeiger bekanntgemacht worden ist.	§ 209 unverändert
§ 210 **Ausschluß von Klagen gegen den Umwandlungsbeschluß** Eine Klage gegen die Wirksamkeit des Umwandlungsbeschlusses kann nicht darauf gestützt werden, daß das Angebot nach § 207 zu niedrig bemessen oder	§ 210 unverändert

Entwurf	Beschlüsse des 6. Ausschusses
daß die Barabfindung im Umwandlungsbeschluß nicht oder nicht ordnungsgemäß angeboten worden ist.	
§ 211 **Anderweitige Veräußerung**	§ 211 unverändert
Einer anderweitigen Veräußerung des Anteils durch den Anteilsinhaber innerhalb der in § 209 bestimmten Frist stehen Verfügungsbeschränkungen im Gesellschaftsvertrag, in der Satzung oder im Statut des Rechtsträgers neuer Rechtsform nicht entgegen.	
§ 212 **Gerichtliche Nachprüfung der Abfindung**	§ 212 unverändert
Macht ein Anteilsinhaber geltend, daß eine im Umwandlungsbeschluß bestimmte Barabfindung, die ihm nach § 207 Abs. 1 anzubieten war, zu niedrig bemessen sei, so hat auf seinen Antrag das Gericht die angemessene Barabfindung zu bestimmen. Das gleiche gilt, wenn die Barabfindung nicht oder nicht ordnungsgemäß angeboten worden ist.	
§ 213 **Bezeichnung unbekannter Aktionäre**	§ 213 unverändert
Auf die Bezeichnung unbekannter Aktionäre ist § 35 entsprechend anzuwenden.	
ZWEITER TEIL **Besondere Vorschriften**	**ZWEITER TEIL** **Besondere Vorschriften**
ERSTER ABSCHNITT *Formwechsel von Personenhandelsgesellschaften*	*ERSTER ABSCHNITT* *Formwechsel von Personenhandelsgesellschaften*
§ 214 **Möglichkeit des Formwechsels**	§ 214 unverändert
(1) Eine Personenhandelsgesellschaft kann auf Grund eines Umwandlungsbeschlusses nach diesem Gesetz nur die Rechtsform einer Kapitalgesellschaft oder einer eingetragenen Genossenschaft erlangen.	
(2) Eine aufgelöste Personenhandelsgesellschaft kann die Rechtsform nicht wechseln, wenn die Gesellschafter nach § 145 des Handelsgesetzbuchs eine andere Art der Auseinandersetzung als die Abwicklung oder als den Formwechsel vereinbart haben.	
§ 215 **Umwandlungsbericht**	§ 215 unverändert
Ein Umwandlungsbericht ist nicht erforderlich, wenn alle Gesellschafter der formwechselnden Gesellschaft zur Geschäftsführung berechtigt sind.	

Entwurf

§ 216

Unterrichtung der Gesellschafter

Das Vertretungsorgan der formwechselnden Gesellschaft hat allen von der Geschäftsführung ausgeschlossenen Gesellschaftern spätestens zusammen mit der Einberufung der Gesellschafterversammlung, die den Formwechsel beschließen soll, diesen Formwechsel als Gegenstand der Beschlußfassung schriftlich anzukündigen und einen nach diesem Buch erforderlichen Umwandlungsbericht sowie ein Abfindungsangebot nach § 207 zu übersenden.

§ 217

Beschluß der Gesellschafterversammlung

(1) Der Umwandlungsbeschluß der Gesellschafterversammlung bedarf der Zustimmung aller anwesenden Gesellschafter; ihm müssen auch die nicht erschienenen Gesellschafter zustimmen. Der Gesellschaftsvertrag der formwechselnden Gesellschaft kann eine Mehrheitsentscheidung der Gesellschafter vorsehen. Die Mehrheit muß mindestens drei Viertel der Stimmen der Gesellschafter betragen.

(2) Die Gesellschafter, die im Falle einer Mehrheitsentscheidung für den Formwechsel gestimmt haben, sind in der Niederschrift über den Umwandlungsbeschluß namentlich aufzuführen.

(3) Dem Formwechsel in eine Kommanditgesellschaft auf Aktien müssen alle Gesellschafter zustimmen, die in dieser Gesellschaft die Stellung eines persönlich haftenden Gesellschafters haben sollen.

§ 218

Inhalt des Umwandlungsbeschlusses

(1) In dem Umwandlungsbeschluß muß auch der Gesellschaftsvertrag der Gesellschaft mit beschränkter Haftung oder das Statut der Genossenschaft enthalten sein oder die Satzung der Aktiengesellschaft oder der Kommanditgesellschaft auf Aktien festgestellt werden. Eine Unterzeichnung des Statuts durch die Genossen ist nicht erforderlich.

(2) Der Beschluß zur Umwandlung in eine Kommanditgesellschaft auf Aktien muß vorsehen, daß sich an dieser Gesellschaft mindestens ein Gesellschafter der formwechselnden Gesellschaft als persönlich haftender Gesellschafter beteiligt oder daß der Gesellschaft mindestens ein persönlich haftender Gesellschafter beitritt.

(3) Der Beschluß zur Umwandlung in eine Genossenschaft muß die Beteiligung jedes Genossen mit mindestens einem Geschäftsanteil vorsehen. In dem Beschluß kann auch bestimmt werden, daß jeder Genosse bei der Genossenschaft mit mindestens einem und im übrigen mit so vielen Geschäftsanteilen, wie sie durch Anrechnung seines Geschäftsguthabens bei dieser Genossenschaft als voll eingezahlt anzusehen sind, beteiligt wird.

Beschlüsse des 6. Ausschusses

§ 216

unverändert

§ 217

unverändert

§ 218

unverändert

Entwurf	Beschlüsse des 6. Ausschusses
§ 219 **Rechtsstellung als Gründer** Bei der Anwendung der Gründungsvorschriften stehen den Gründern die Gesellschafter der formwechselnden Gesellschaft gleich. Im Falle einer Mehrheitsentscheidung treten an die Stelle der Gründer die Gesellschafter, die für den Formwechsel gestimmt haben, sowie beim Formwechsel in eine Kommanditgesellschaft auf Aktien auch beitretende persönlich haftende Gesellschafter.	§ 219 unverändert
§ 220 **Kapitalschutz** (1) Der Nennbetrag des Stammkapitals einer Gesellschaft mit beschränkter Haftung oder des Grundkapitals einer Aktiengesellschaft oder einer Kommanditgesellschaft auf Aktien darf das nach Abzug der Schulden verbleibende Vermögen der formwechselnden Gesellschaft nicht übersteigen. (2) In dem Sachgründungsbericht beim Formwechsel in eine Gesellschaft mit beschränkter Haftung oder in dem Gründungsbericht beim Formwechsel in eine Aktiengesellschaft oder in eine Kommanditgesellschaft auf Aktien sind auch der bisherige Geschäftsverlauf und die Lage der formwechselnden Gesellschaft darzulegen. (3) Beim Formwechsel in eine Aktiengesellschaft oder in eine Kommanditgesellschaft auf Aktien hat die Gründungsprüfung durch einen oder mehrere Prüfer (§ 33 Abs. 2 des Aktiengesetzes) in jedem Fall stattzufinden. Die für Nachgründungen in § 52 Abs. 1 des Aktiengesetzes bestimmte Frist von zwei Jahren beginnt mit dem Wirksamwerden des Formwechsels.	§ 220 unverändert
§ 221 **Beitritt persönlich haftender Gesellschafter** Der in einem Beschluß zur Umwandlung in eine Kommanditgesellschaft auf Aktien vorgesehene Beitritt eines Gesellschafters, welcher der formwechselnden Gesellschaft nicht angehört hat, muß notariell beurkundet werden. Die Satzung der Kommanditgesellschaft auf Aktien ist von jedem beitretenden persönlich haftenden Gesellschafter zu genehmigen.	§ 221 unverändert
§ 222 **Anmeldung des Formwechsels** (1) Die Anmeldung nach § 198 einschließlich der Anmeldung des Statuts der Genossenschaft ist durch alle Mitglieder des künftigen Vertretungsorgans sowie, wenn der Rechtsträger nach den für die neue Rechtsform geltenden Vorschriften einen Aufsichtsrat haben muß, auch durch alle Mitglieder dieses Aufsichtsrats vorzunehmen. Zugleich mit der Genossenschaft sind die Mitglieder ihres Vorstandes zur Eintragung in das Register anzumelden.	§ 222 unverändert

Entwurf	Beschlüsse des 6. Ausschusses
(2) Ist der Rechtsträger neuer Rechtsform eine Aktiengesellschaft oder eine Kommanditgesellschaft auf Aktien, so haben die Anmeldung nach Absatz 1 auch alle Gesellschafter vorzunehmen, die nach § 219 den Gründern dieser Gesellschaft gleichstehen.	
(3) Die Anmeldung der Umwandlung zur Eintragung in das Register nach § 198 Abs. 2 Satz 3 kann auch von den zur Vertretung der formwechselnden Gesellschaft ermächtigten Gesellschaftern vorgenommen werden.	
§ 223 **Anlagen der Anmeldung**	§ 223 unverändert
Der Anmeldung der neuen Rechtsform oder des Rechtsträgers neuer Rechtsform sind beim Formwechsel in eine Kommanditgesellschaft auf Aktien außer den sonst erforderlichen Unterlagen auch die Urkunden über den Beitritt aller beitretenden persönlich haftenden Gesellschafter in Ausfertigung oder öffentlich beglaubigter Abschrift beizufügen.	
§ 224 **Fortdauer und zeitliche Begrenzung der persönlichen Haftung**	§ 224 unverändert
(1) Der Formwechsel berührt nicht die Ansprüche der Gläubiger der Gesellschaft gegen einen ihrer Gesellschafter aus Verbindlichkeiten der formwechselnden Gesellschaft, für die dieser im Zeitpunkt des Formwechsels nach § 128 des Handelsgesetzbuchs persönlich haftet.	
(2) Der Gesellschafter haftet für diese Verbindlichkeiten, wenn sie vor Ablauf von fünf Jahren nach dem Formwechsel fällig und daraus Ansprüche gegen ihn gerichtlich geltend gemacht sind; bei öffentlich-rechtlichen Verbindlichkeiten genügt zur Geltendmachung der Erlaß eines Verwaltungsakts.	
(3) Die Frist beginnt mit dem Tage, an dem die Eintragung der neuen Rechtsform oder des Rechtsträgers neuer Rechtsform in das Register nach § 201 Satz 2 als bekanntgemacht gilt. Die für die Verjährung geltenden §§ 203, 206, 207, 210, 212 bis 216 und 220 des Bürgerlichen Gesetzbuchs sind entsprechend anzuwenden.	
(4) Einer gerichtlichen Geltendmachung bedarf es nicht, soweit der Gesellschafter den Anspruch schriftlich anerkannt hat.	
(5) Die Absätze 1 bis 4 sind auch anzuwenden, wenn der Gesellschafter in dem Rechtsträger anderer Rechtsform geschäftsführend tätig wird.	
§ 225 **Prüfung des Abfindungsangebots**	§ 225 unverändert
Im Falle des § 217 Abs. 1 Satz 2 ist die Angemessenheit der angebotenen Barabfindung nach § 208 in Verbindung mit § 30 Abs. 2 nur auf Verlangen eines Gesellschafters zu prüfen. Die Kosten trägt die Gesellschaft.	

Entwurf	Beschlüsse des 6. Ausschusses
ZWEITER ABSCHNITT *Formwechsel von Kapitalgesellschaften*	*ZWEITER ABSCHNITT* *Formwechsel von Kapitalgesellschaften*
ERSTER UNTERABSCHNITT Allgemeine Vorschriften	ERSTER UNTERABSCHNITT Allgemeine Vorschriften
§ 226 **Möglichkeit des Formwechsels**	§ 226 unverändert
Eine Kapitalgesellschaft kann auf Grund eines Umwandlungsbeschlusses nach diesem Gesetz nur die Rechtsform einer Gesellschaft des bürgerlichen Rechts, einer Personenhandelsgesellschaft, einer anderen Kapitalgesellschaft oder einer eingetragenen Genossenschaft erlangen.	
§ 227 **Nicht anzuwendende Vorschriften**	§ 227 unverändert
Die §§ 207 bis 212 sind beim Formwechsel einer Kommanditgesellschaft auf Aktien nicht auf deren persönlich haftende Gesellschafter anzuwenden.	
ZWEITER UNTERABSCHNITT Formwechsel in eine Personengesellschaft	ZWEITER UNTERABSCHNITT Formwechsel in eine Personengesellschaft
§ 228 **Maßgeblichkeit des Unternehmensgegenstandes**	§ 228 unverändert
(1) Durch den Formwechsel kann eine Kapitalgesellschaft die Rechtsform einer Personenhandelsgesellschaft nur erlangen, wenn der Unternehmensgegenstand im Zeitpunkt des Wirksamwerdens des Formwechsels den Vorschriften über die Gründung einer offenen Handelsgesellschaft (§ 105 Abs. 1 und § 4 Abs. 1 des Handelsgesetzbuchs) genügt.	
(2) Genügt der Gegenstand des Unternehmens diesen Vorschriften nicht, kann durch den Umwandlungsbeschluß bestimmt werden, daß die formwechselnde Gesellschaft die Rechtsform einer Gesellschaft des bürgerlichen Rechts erlangen soll.	
§ 229 **Vermögensaufstellung**	§ 229 unverändert
Beim Formwechsel einer Kommanditgesellschaft auf Aktien ist die Vermögensaufstellung nach § 192 Abs. 2, soweit erforderlich, nach den Grundsätzen aufzustellen, die für die Auseinandersetzung mit den persönlich haftenden Gesellschaftern vorgesehen sind. Soll für die Auseinandersetzung ein Stichtag maßgebend sein, der vor dem Tage der Einberufung der Hauptversammlung liegt, so kann die Vermögensaufstellung auf diesen Stichtag aufgestellt werden.	

Entwurf | Beschlüsse des 6. Ausschusses

§ 230

Vorbereitung der Versammlung der Anteilsinhaber

(1) Die Geschäftsführer einer formwechselnden Gesellschaft mit beschränkter Haftung haben allen Gesellschaftern spätestens zusammen mit der Einberufung der Gesellschafterversammlung, die den Formwechsel beschließen soll, diesen Formwechsel als Gegenstand der Beschlußfassung schriftlich anzukündigen und den Umwandlungsbericht zu übersenden.

(2) Der Umwandlungsbericht einer Aktiengesellschaft oder einer Kommanditgesellschaft auf Aktien ist von der Einberufung der Hauptversammlung an, die den Formwechsel beschließen soll, in dem Geschäftsraum der Gesellschaft zur Einsicht der Aktionäre auszulegen. Auf Verlangen ist jedem Aktionär und jedem von der Geschäftsführung ausgeschlossenen persönlich haftenden Gesellschafter unverzüglich und kostenlos eine Abschrift des Umwandlungsberichts zu erteilen.

§ 230
unverändert

§ 231

Mitteilung des Abfindungsangebots

Das Vertretungsorgan der formwechselnden Gesellschaft hat den Gesellschaftern oder Aktionären spätestens zusammen mit der Einberufung der Gesellschafterversammlung oder der Hauptversammlung, die den Formwechsel beschließen soll, das Abfindungsangebot nach § 207 zu übersenden. Der Übersendung steht es gleich, wenn das Abfindungsangebot im Bundesanzeiger und den sonst bestimmten Gesellschaftsblättern bekanntgemacht wird.

§ 231
unverändert

§ 232

Durchführung der Versammlung der Anteilsinhaber

(1) In der Gesellschafterversammlung oder in der Hauptversammlung, die den Formwechsel beschließen soll, ist der Umwandlungsbericht auszulegen.

(2) Der Entwurf des Umwandlungsbeschlusses einer Aktiengesellschaft oder einer Kommanditgesellschaft auf Aktien ist von deren Vertretungsorgan zu Beginn der Verhandlung mündlich zu erläutern.

§ 232
unverändert

§ 233

Beschluß der Versammlung der Anteilsinhaber

(1) Der Umwandlungsbeschluß der Gesellschafterversammlung oder der Hauptversammlung bedarf, wenn die formwechselnde Gesellschaft die Rechtsform einer Gesellschaft des bürgerlichen Rechts oder einer offenen Handelsgesellschaft erlangen soll, der Zustimmung aller anwesenden Gesellschafter oder Aktionäre; ihm müssen auch die nicht erschienenen Anteilsinhaber zustimmen.

§ 233
unverändert

Entwurf	Beschlüsse des 6. Ausschusses
(2) Soll die formwechselnde Gesellschaft in eine Kommanditgesellschaft umgewandelt werden, so bedarf der Umwandlungsbeschluß einer Mehrheit von mindestens drei Vierteln der bei der Gesellschafterversammlung einer Gesellschaft mit beschränkter Haftung abgegebenen Stimmen oder des bei der Beschlußfassung einer Aktiengesellschaft oder einer Kommanditgesellschaft auf Aktien vertretenen Grundkapitals; § 50 Abs. 2 und § 65 Abs. 2 sind entsprechend anzuwenden. Der Gesellschaftsvertrag oder die Satzung der formwechselnden Gesellschaft kann eine größere Mehrheit und weitere Erfordernisse bestimmen. Dem Formwechsel müssen alle Gesellschafter oder Aktionäre zustimmen, die in der Kommanditgesellschaft die Stellung eines persönlich haftenden Gesellschafters haben sollen.	
(3) Dem Formwechsel einer Kommanditgesellschaft auf Aktien müssen ferner deren persönlich haftende Gesellschafter zustimmen. Die Satzung der formwechselnden Gesellschaft kann für den Fall des Formwechsels in eine Kommanditgesellschaft eine Mehrheitsentscheidung dieser Gesellschafter vorsehen. Jeder dieser Gesellschafter kann sein Ausscheiden aus dem Rechtsträger für den Zeitpunkt erklären, in dem der Formwechsel wirksam wird.	
§ 234 **Inhalt des Umwandlungsbeschlusses**	§ 234 unverändert
In dem Umwandlungsbeschluß müssen auch enthalten sein: 1. die Bestimmung des Sitzes der Personengesellschaft; 2. beim Formwechsel in eine Kommanditgesellschaft die Angabe der Kommanditisten sowie des Betrages der Einlage eines jeden von ihnen.	
§ 235 **Anmeldung des Formwechsels**	§ 235 unverändert
(1) Beim Formwechsel in eine Gesellschaft des bürgerlichen Rechts ist statt der neuen Rechtsform die Umwandlung der Gesellschaft zur Eintragung in das Register, in dem die formwechselnde Gesellschaft eingetragen ist, anzumelden. § 198 Abs. 2 ist nicht anzuwenden.	
(2) Die Anmeldung nach Absatz 1 oder nach § 198 ist durch das Vertretungsorgan der formwechselnden Gesellschaft vorzunehmen.	
§ 236 **Wirkungen des Formwechsels**	§ 236 unverändert
Mit dem Wirksamwerden des Formwechsels einer Kommanditgesellschaft auf Aktien scheiden persönlich haftende Gesellschafter, die nach § 233 Abs. 3 Satz 3 ihr Ausscheiden aus dem Rechtsträger erklärt haben, aus der Gesellschaft aus.	

Entwurf	Beschlüsse des 6. Ausschusses
§ 237 **Fortdauer und zeitliche Begrenzung der persönlichen Haftung**	§ 237 unverändert
Erlangt ein persönlich haftender Gesellschafter einer formwechselnden Kommanditgesellschaft auf Aktien beim Formwechsel in eine Kommanditgesellschaft die Rechtsstellung eines Kommanditisten, so ist auf seine Haftung für die im Zeitpunkt des Formwechsels begründeten Verbindlichkeiten der formwechselnden Gesellschaft § 224 entsprechend anzuwenden.	
DRITTER UNTERABSCHNITT Formwechsel in eine Kapitalgesellschaft anderer Rechtsform	DRITTER UNTERABSCHNITT Formwechsel in eine Kapitalgesellschaft anderer Rechtsform
§ 238 **Vorbereitung der Versammlung der Anteilsinhaber**	§ 238 **Vorbereitung der Versammlung der Anteilsinhaber**
Auf die Vorbereitung der Gesellschafterversammlung oder der Hauptversammlung, die den Formwechsel beschließen soll, sind die §§ *229 bis* 231 entsprechend anzuwenden. § 192 Abs. 3 bleibt unberührt.	Auf die Vorbereitung der Gesellschafterversammlung oder der Hauptversammlung, die den Formwechsel beschließen soll, sind die §§ **230 und** 231 entsprechend anzuwenden. **§ 192 Abs. 2 ist nicht anzuwenden.** § 192 Abs. 3 bleibt unberührt.
§ 239 **Durchführung der Versammlung der Anteilsinhaber**	§ 239 unverändert
(1) In der Gesellschafterversammlung oder in der Hauptversammlung, die den Formwechsel beschließen soll, ist der Umwandlungsbericht auszulegen.	
(2) Der Entwurf des Umwandlungsbeschlusses einer Aktiengesellschaft oder einer Kommanditgesellschaft auf Aktien ist von deren Vertretungsorgan zu Beginn der Verhandlung mündlich zu erläutern.	
§ 240 **Beschluß der Versammlung der Anteilsinhaber**	§ 240 unverändert
(1) Der Umwandlungsbeschluß bedarf einer Mehrheit von mindestens drei Vierteln der bei der Gesellschafterversammlung einer Gesellschaft mit beschränkter Haftung abgegebenen Stimmen oder des bei der Beschlußfassung einer Aktiengesellschaft oder einer Kommanditgesellschaft auf Aktien vertretenen Grundkapitals; § 65 Abs. 2 ist entsprechend anzuwenden. Der Gesellschaftsvertrag oder die Satzung der formwechselnden Gesellschaft kann eine größere Mehrheit und weitere Erfordernisse, beim Formwechsel einer Kommanditgesellschaft auf Aktien in eine Aktiengesellschaft auch eine geringere Mehrheit bestimmen.	

Entwurf	Beschlüsse des 6. Ausschusses
(2) Dem Formwechsel einer Gesellschaft mit beschränkter Haftung oder einer Aktiengesellschaft in eine Kommanditgesellschaft auf Aktien müssen alle Gesellschafter oder Aktionäre zustimmen, die in der Gesellschaft neuer Rechtsform die Stellung eines persönlich haftenden Gesellschafters haben sollen. Auf den Beitritt persönlich haftender Gesellschafter ist § 221 entsprechend anzuwenden.	
(3) Dem Formwechsel einer Kommanditgesellschaft auf Aktien müssen ferner deren persönlich haftende Gesellschafter zustimmen. Die Satzung der formwechselnden Gesellschaft kann eine Mehrheitsentscheidung dieser Gesellschafter vorsehen.	
§ 241 **Zustimmungserfordernisse beim Formwechsel einer Gesellschaft mit beschränkter Haftung**	§ 241 unverändert
(1) Wird durch den Umwandlungsbeschluß einer formwechselnden Gesellschaft mit beschränkter Haftung der Nennbetrag der Aktien in der Satzung der Aktiengesellschaft oder der Kommanditgesellschaft auf Aktien auf einen höheren Betrag als fünfzig Deutsche Mark und abweichend vom Nennbetrag der Geschäftsanteile der formwechselnden Gesellschaft festgesetzt, so muß der Festsetzung jeder Gesellschafter zustimmen, der sich nicht dem Gesamtnennbetrag seiner Geschäftsanteile entsprechend beteiligen kann. § 17 Abs. 6 des Gesetzes betreffend die Gesellschaften mit beschränkter Haftung gilt insoweit nicht.	
(2) Auf das Erfordernis der Zustimmung einzelner Gesellschafter ist ferner § 50 Abs. 2 entsprechend anzuwenden.	
(3) Sind einzelnen Gesellschaftern außer der Leistung von Kapitaleinlagen noch andere Verpflichtungen gegenüber der Gesellschaft auferlegt und können diese wegen der einschränkenden Bestimmung des § 55 des Aktiengesetzes bei dem Formwechsel nicht aufrechterhalten werden, so bedarf der Formwechsel auch der Zustimmung dieser Gesellschafter.	
§ 242 **Zustimmungserfordernis beim Formwechsel einer Aktiengesellschaft oder einer Kommanditgesellschaft auf Aktien**	§ 242 unverändert
Wird durch den Umwandlungsbeschluß einer formwechselnden Aktiengesellschaft oder Kommanditgesellschaft auf Aktien der Nennbetrag der Geschäftsanteile in dem Gesellschaftsvertrag der Gesellschaft mit beschränkter Haftung abweichend vom Nennbetrag der Aktien festgesetzt und ist dies nicht durch § 243 Abs. 3 Satz 2 bedingt, so muß der Festsetzung jeder Aktionär zustimmen, der sich nicht dem Gesamtnennbetrag seiner Aktien entsprechend beteiligen kann.	

Entwurf

§ 243

Inhalt des Umwandlungsbeschlusses

(1) Auf den Umwandlungsbeschluß ist § 218 entsprechend anzuwenden. Festsetzungen über Sondervorteile, Gründungsaufwand, Sacheinlagen und Sachübernahmen, die in dem Gesellschaftsvertrag oder in der Satzung der formwechselnden Gesellschaft enthalten sind, sind in den Gesellschaftsvertrag oder in die Satzung der Gesellschaft neuer Rechtsform zu übernehmen. § 26 Abs. 4 und 5 des Aktiengesetzes bleibt unberührt.

(2) Vorschriften anderer Gesetze über die Änderung des Stammkapitals oder des Grundkapitals bleiben unberührt.

(3) In dem Gesellschaftsvertrag oder in der Satzung der Gesellschaft neuer Rechtsform kann der Nennbetrag der Anteile abweichend vom Nennbetrag der Anteile der formwechselnden Gesellschaft festgesetzt werden. Er muß in jedem Fall mindestens fünfzig Deutsche Mark betragen und durch zehn teilbar sein.

§ 244

Niederschrift über den Umwandlungsbeschluß; Gesellschaftsvertrag

(1) In der Niederschrift über den Umwandlungsbeschluß sind die Personen, die nach § 245 Abs. 1 bis 3 den Gründern der Gesellschaft gleichstehen, namentlich aufzuführen.

(2) Beim Formwechsel einer Aktiengesellschaft oder einer Kommanditgesellschaft auf Aktien in eine Gesellschaft mit beschränkter Haftung braucht der Gesellschaftsvertrag von den Gesellschaftern nicht unterzeichnet zu werden.

§ 245

Rechtsstellung als Gründer; Kapitalschutz

(1) Bei einem Formwechsel einer Gesellschaft mit beschänkter Haftung in eine Aktiengesellschaft oder in eine Kommanditgesellschaft auf Aktien treten bei der Anwendung der Gründungsvorschriften des Aktiengesetzes an die Stelle der Gründer die Gesellschafter, die für den Formwechsel gestimmt haben, sowie beim Formwechsel einer Gesellschaft mit beschränkter Haftung in eine Kommanditgesellschaft auf Aktien auch beitretende persönlich haftende Gesellschafter. § 220 ist entsprechend anzuwenden.

(2) Beim Formwechsel einer Aktiengesellschaft in eine Kommanditgesellschaft auf Aktien treten bei der Anwendung der Gründungsvorschriften des Aktiengesetzes an die Stelle der Gründer die persönlich haftenden Gesellschafter der Gesellschaft neuer Rechtsform. § 220 ist entsprechend anzuwenden.

Beschlüsse des 6. Ausschusses

§ 243
unverändert

§ 244
unverändert

§ 245
unverändert

Entwurf	Beschlüsse des 6. Ausschusses
(3) Beim Formwechsel einer Kommanditgesellschaft auf Aktien in eine Aktiengesellschaft treten bei der Anwendung der Gründungsvorschriften des Aktiengesetzes an die Stelle der Gründer die persönlich haftenden Gesellschafter der formwechselnden Gesellschaft. § 220 ist entsprechend anzuwenden.	
(4) Beim Formwechsel einer Aktiengesellschaft oder einer Kommanditgesellschaft auf Aktien in eine Gesellschaft mit beschränkter Haftung ist ein Sachgründungsbericht nicht erforderlich.	
§ 246 **Anmeldung des Formwechsels**	§ 246 unverändert
(1) Die Anmeldung nach § 198 ist durch das Vertretungsorgan der formwechselnden Gesellschaft vorzunehmen.	
(2) Zugleich mit der neuen Rechtsform oder mit dem Rechtsträger neuer Rechtsform sind die Geschäftsführer der Gesellschaft mit beschränkter Haftung, die Vorstandsmitglieder der Aktiengesellschaft oder die persönlich haftenden Gesellschafter der Kommanditgesellschaft auf Aktien zur Eintragung in das Register anzumelden.	
(3) § 8 Abs. 2 des Gesetzes betreffend die Gesellschaften mit beschränkter Haftung und § 37 Abs. 1 des Aktiengesetzes sind auf die Anmeldung nach § 198 nicht anzuwenden.	
§ 247 **Wirkungen des Formwechsels**	§ 247 unverändert
(1) Durch den Formwechsel wird das bisherige Stammkapital einer formwechselnden Gesellschaft mit beschränkter Haftung zum Grundkapital der Gesellschaft neuer Rechtsform oder das bisherige Grundkapital einer formwechselnden Aktiengesellschaft oder Kommanditgesellschaft auf Aktien zum Stammkapital der Gesellschaft neuer Rechtsform.	
(2) Eine vereinfachte Kapitalherabsetzung nach dem Formwechsel kann in der Jahresbilanz auch dann rückwirkend berücksichtigt werden, wenn diese Bilanz das letzte vor dem Formwechsel abgelaufene Geschäftsjahr einer formwechselnden Gesellschaft mit beschränkter Haftung betrifft.	
(3) Durch den Formwechsel einer Kommanditgesellschaft auf Aktien scheiden deren persönlich haftende Gesellschafter als solche aus der Gesellschaft aus.	
§ 248 **Umtausch der Anteile**	§ 248 unverändert
(1) Auf den Umtausch der Geschäftsanteile einer formwechselnden Gesellschaft mit beschränkter Haf-	

Entwurf	Beschlüsse des 6. Ausschusses
tung gegen Aktien ist § 73 des Aktiengesetzes, bei Zusammenlegung von Geschäftsanteilen § 226 des Aktiengesetzes über die Kraftloserklärung von Aktien entsprechend anzuwenden.	
(2) Auf den Umtausch der Aktien einer formwechselnden Aktiengesellschaft oder Kommanditgesellschaft auf Aktien gegen Geschäftsanteile einer Gesellschaft mit beschränkter Haftung ist § 73 Abs. 1 und 2 des Aktiengesetzes, bei Zusammenlegung von Aktien § 226 Abs. 1 und 2 des Aktiengesetzes über die Kraftloserklärung von Aktien entsprechend anzuwenden.	
(3) Einer Genehmigung des Gerichts bedarf es nicht.	
§ 249	§ 249
Gläubigerschutz	unverändert
Auf den Formwechsel einer Kommanditgesellschaft auf Aktien in eine Gesellschaft mit beschränkter Haftung oder in eine Aktiengesellschaft ist auch § 224 entsprechend anzuwenden.	
§ 250	§ 250
Nicht anzuwendende Vorschriften	unverändert
Die §§ 207 bis 212 sind auf den Formwechsel einer Aktiengesellschaft in eine Kommanditgesellschaft auf Aktien oder einer Kommanditgesellschaft auf Aktien in eine Aktiengesellschaft nicht anzuwenden.	
VIERTER UNTERABSCHNITT	VIERTER UNTERABSCHNITT
Formwechsel in eine eingetragene Genossenschaft	Formwechsel in eine eingetragene Genossenschaft
§ 251	§ 251
Vorbereitung und Durchführung der Versammlung der Anteilsinhaber	unverändert
(1) Auf die Vorbereitung der Gesellschafterversammlung oder der Hauptversammlung, die den Formwechsel beschließen soll, sind die §§ 229 bis 231 entsprechend anzuwenden. § 192 Abs. 3 bleibt unberührt.	
(2) Auf die Gesellschafterversammlung oder die Hauptversammlung, die den Formwechsel beschließen soll, ist § 239 Abs. 1, auf die Hauptversammlung auch § 239 Abs. 2 entsprechend anzuwenden.	
§ 252	§ 252
Beschluß der Versammlung der Anteilsinhaber	unverändert
(1) Der Umwandlungsbeschluß der Gesellschafterversammlung oder der Hauptversammlung bedarf, wenn das Statut der Genossenschaft eine Verpflich-	

Entwurf	Beschlüsse des 6. Ausschusses
tung der Genossen zur Leistung von Nachschüssen vorsieht, der Zustimmung aller anwesenden Gesellschafter oder Aktionäre; ihm müssen auch die nicht erschienenen Anteilsinhaber zustimmen.	
(2) Sollen die Genossen nicht zur Leistung von Nachschüssen verpflichtet werden, so bedarf der Umwandlungsbeschluß einer Mehrheit von mindestens drei Vierteln der bei der Gesellschafterversammlung einer Gesellschaft mit beschränkter Haftung abgegebenen Stimmen oder des bei der Beschlußfassung einer Aktiengesellschaft oder einer Kommanditgesellschaft auf Aktien vertretenen Grundkapitals; § 50 Abs. 2 und § 65 Abs. 2 sind entsprechend anzuwenden. Der Gesellschaftsvertrag oder die Satzung der formwechselnden Gesellschaft kann eine größere Mehrheit und weitere Erfordernisse bestimmen.	
(3) Auf den Formwechsel einer Kommanditgesellschaft auf Aktien ist § 240 Abs. 3 entsprechend anzuwenden.	
§ 253 **Inhalt des Umwandlungsbeschlusses**	§ 253 unverändert
(1) In dem Umwandlungsbeschluß muß auch das Statut der Genossenschaft enthalten sein. Eine Unterzeichnung des Statuts durch die Genossen ist nicht erforderlich.	
(2) Der Umwandlungsbeschluß muß die Beteiligung jedes Genossen mit mindestens einem Geschäftsanteil vorsehen. In dem Beschluß kann auch bestimmt werden, daß jeder Genosse bei der Genossenschaft mit mindestens einem und im übrigen mit so vielen Geschäftsanteilen, wie sie durch Anrechnung seines Geschäftsguthabens bei dieser Genossenschaft als voll eingezahlt anzusehen sind, beteiligt wird.	
§ 254 **Anmeldung des Formwechsels**	§ 254 unverändert
(1) Die Anmeldung nach § 198 einschließlich der Anmeldung des Statuts der Genossenschaft ist durch das Vertretungsorgan der formwechselnden Gesellschaft vorzunehmen.	
(2) Zugleich mit der Genossenschaft sind die Mitglieder ihres Vorstandes zur Eintragung in das Register anzumelden.	
§ 255 **Wirkungen des Formwechsels**	§ 255 unverändert
(1) Jeder Anteilsinhaber, der die Rechtsstellung eines Genossen erlangt, ist bei der Genossenschaft nach Maßgabe des Umwandlungsbeschlusses beteiligt. Eine Verpflichtung zur Übernahme weiterer Geschäftsanteile bleibt unberührt. § 202 Abs. 1 Nr. 2 Satz 2 ist mit der Maßgabe anzuwenden, daß die an	

Entwurf	Beschlüsse des 6. Ausschusses
den bisherigen Anteilen bestehenden Rechte Dritter an den durch den Formwechsel erlangten Geschäftsguthaben weiterbestehen.	
(2) Das Gericht darf eine Auflösung der Genossenschaft von Amts wegen nach § 80 des Gesetzes betreffend die Erwerbs- und Wirtschaftsgenossenschaften nicht vor Ablauf eines Jahres seit dem Wirksamwerden des Formwechsels aussprechen.	
(3) Durch den Formwechsel einer Kommanditgesellschaft auf Aktien scheiden deren persönlich haftende Gesellschafter als solche aus dem Rechtsträger aus.	
§ 256 **Geschäftsguthaben; Benachrichtigung der Genossen**	§ 256 unverändert
(1) Jedem Genossen ist als Geschäftsguthaben der Wert der Geschäftsanteile oder der Aktien gutzuschreiben, mit denen er an der formwechselnden Gesellschaft beteiligt war.	
(2) Übersteigt das durch den Formwechsel erlangte Geschäftsguthaben eines Genossen den Gesamtbetrag der Geschäftsanteile, mit denen er bei der Genossenschaft beteiligt ist, so ist der übersteigende Betrag nach Ablauf von sechs Monaten seit dem Tage, an dem die Eintragung der Genossenschaft in das Register nach § 201 Satz 2 als bekanntgemacht gilt, an den Genossen auszuzahlen. Die Auszahlung darf jedoch nicht erfolgen, bevor die Gläubiger, die sich nach § 204 in Verbindung mit § 22 gemeldet haben, befriedigt oder sichergestellt sind.	
(3) Die Genossenschaft hat jedem Genossen unverzüglich nach der Bekanntmachung der Eintragung der Genossenschaft in das Register schriftlich mitzuteilen:	
1. den Betrag seines Geschäftsguthabens;	
2. den Betrag und die Zahl der Geschäftsanteile, mit denen er bei der Genossenschaft beteiligt ist;	
3. den Betrag der von dem Genossen nach Anrechnung seines Geschäftsguthabens noch zu leistenden Einzahlung oder den Betrag, der nach Absatz 2 an ihn auszuzahlen ist;	
4. den Betrag der Haftsumme der Genossenschaft, sofern die Genossen Nachschüsse bis zu einer Haftsumme zu leisten haben.	
§ 257 **Gläubigerschutz**	§ 257 unverändert
Auf den Formwechsel einer Kommanditgesellschaft auf Aktien ist auch § 224 entsprechend anzuwenden.	

Entwurf	Beschlüsse des 6. Ausschusses
DRITTER ABSCHNITT	*DRITTER ABSCHNITT*
Formwechsel eingetragener Genossenschaften	*Formwechsel eingetragener Genossenschaften*
§ 258	§ 258
Möglichkeit des Formwechsels	unverändert
(1) Eine eingetragene Genossenschaft kann auf Grund eines Umwandlungsbeschlusses nach diesem Gesetz nur die Rechtsform einer Kapitalgesellschaft erlangen.	
(2) Der Formwechsel ist nur möglich, wenn auf jeden Genossen, der an der Gesellschaft neuer Rechtsform beteiligt wird, als beschränkt haftender Gesellschafter ein durch zehn teilbarer Geschäftsanteil von mindestens fünfzig Deutsche Mark oder als Aktionär mindestens ein Teilrecht im Nennbetrag von zehn Deutschen Mark entfällt.	
§ 259	§ 259
Gutachten des Prüfungsverbandes	unverändert
Vor der Einberufung der Generalversammlung, die den Formwechsel beschließen soll, ist eine gutachtliche Äußerung des Prüfungsverbandes einzuholen, ob der Formwechsel mit den Belangen der Genossen und der Gläubiger der Genossenschaft vereinbar ist, insbesondere ob bei der Festsetzung des Stammkapitals oder des Grundkapitals § 263 Abs. 2 Satz 2 und § 264 Abs. 1 beachtet sind (Prüfungsgutachten).	
§ 260	§ 260
Vorbereitung der Generalversammlung	**Vorbereitung der Generalversammlung**
(1) Der Vorstand der formwechselnden Genossenschaft hat allen Genossen spätestens zusammen mit der Einberufung der Generalversammlung, die den Formwechsel beschließen soll, diesen Formwechsel als Gegenstand der Beschlußfassung schriftlich anzukündigen. In der Ankündigung ist auf die für die Beschlußfassung nach § 262 Abs. 1 erforderlichen Mehrheiten sowie auf die Möglichkeit der Erhebung eines Widerspruchs und die sich daraus ergebenden Rechte hinzuweisen.	(1) unverändert
(2) Auf die Vorbereitung der Generalversammlung sind §§ 229, 230 Abs. 2 und § 231 Satz 1 entsprechend anzuwenden. § 192 Abs. 3 bleibt unberührt.	(2) Auf die Vorbereitung der Generalversammlung sind **die** §§ 229, 230 Abs. 2 und § 231 Satz 1 entsprechend anzuwenden. § 192 Abs. 3 bleibt unberührt.
(3) In dem Geschäftsraum der formwechselnden Genossenschaft ist außer den sonst erforderlichen Unterlagen auch das nach § 259 erstattete Prüfungsgutachten zur Einsicht der Genossen auszulegen. Auf Verlangen ist jedem Genossen unverzüglich und kostenlos eine Abschrift dieses Prüfungsgutachtens zu erteilen.	(3) unverändert
§ 261	§ 261
Durchführung der Generalversammlung	unverändert
(1) In der Generalversammlung, die den Formwechsel beschließen soll, ist der Umwandlungsbericht,	

Entwurf	Beschlüsse des 6. Ausschusses
sofern er nach diesem Buch erforderlich ist, und das nach § 259 erstattete Prüfungsgutachten auszulegen. Der Vorstand hat den Umwandlungsbeschluß zu Beginn der Verhandlung mündlich zu erläutern.	
(2) Das Prüfungsgutachten ist in der Generalversammlung zu verlesen. Der Prüfungsverband ist berechtigt, an der Generalversammlung beratend teilzunehmen.	
§ 262 **Beschluß der Generalversammlung**	§ 262 unverändert
(1) Der Umwandlungsbeschluß der Generalversammlung bedarf einer Mehrheit von mindestens drei Vierteln der abgegebenen Stimmen. Er bedarf einer Mehrheit von neun Zehnteln der abgegebenen Stimmen, wenn spätestens bis zum Ablauf des dritten Tages vor der Generalversammlung wenigstens hundert Genossen, bei Genossenschaften mit weniger als tausend Genossen ein Zehntel der Genossen, durch eingeschriebenen Brief Widerspruch gegen den Formwechsel erhoben haben. Das Statut kann größere Mehrheiten und weitere Erfordernisse bestimmen.	
(2) Auf den Formwechsel in eine Kommanditgesellschaft auf Aktien ist § 240 Abs. 2 entsprechend anzuwenden.	
§ 263 **Inhalt des Umwandlungsbeschlusses**	§ 263 unverändert
(1) Auf den Umwandlungsbeschluß sind auch die §§ 218, 243 Abs. 3 und § 244 Abs. 2 entsprechend anzuwenden.	
(2) In dem Beschluß ist bei der Festlegung von Zahl, Art und Umfang der Anteile (§ 194 Abs. 1 Nr. 4) zu bestimmen, daß an dem Stammkapital oder an dem Grundkapital der Gesellschaft neuer Rechtsform jeder Genosse, der die Rechtsstellung eines beschränkt haftenden Gesellschafters oder eines Aktionärs erlangt, in dem Verhältnis beteiligt wird, in dem am Ende des letzten vor der Beschlußfassung über den Formwechsel abgelaufenen Geschäftsjahres sein Geschäftsguthaben zur Summe der Geschäftsguthaben aller Genossen gestanden hat, die durch den Formwechsel Gesellschafter oder Aktionäre geworden sind. Der Nennbetrag des Stammkapitals oder des Grundkapitals ist so zu bemessen, daß auf jeden Genossen möglichst ein voller Geschäftsanteil oder eine volle Aktie oder ein möglichst hoher Teil eines Geschäftsanteils oder einer Aktie (Teilrecht) entfällt.	
(3) Die Geschäftsanteile einer Gesellschaft mit beschränkter Haftung sollen auf einen höheren Nennbetrag als fünfhundert Deutsche Mark nur gestellt werden, soweit auf die Genossen der formwechselnden Genossenschaft volle Geschäftsanteile mit dem höheren Nennbetrag entfallen. Aktien können auf	

Entwurf	Beschlüsse des 6. Ausschusses
einen höheren Nennbetrag als fünfzig Deutsche Mark nur gestellt werden, soweit volle Aktien mit dem höheren Nennbetrag auf die Genossen entfallen. Wird das Vertretungsorgan der Aktiengesellschaft oder der Kommanditgesellschaft auf Aktien in der Satzung ermächtigt, das Grundkapital bis zu einem bestimmten Nennbetrag durch Ausgabe neuer Aktien gegen Einlagen zu erhöhen, so darf die Ermächtigung nicht vorsehen, daß das Vertretungsorgan über den Ausschluß des Bezugsrechts entscheidet.	
§ 264 **Kapitalschutz**	§ 264 unverändert
(1) Der Nennbetrag des Stammkapitals einer Gesellschaft mit beschränkter Haftung oder des Grundkapitals einer Aktiengesellschaft oder einer Kommanditgesellschaft auf Aktien darf das nach Abzug der Schulden verbleibende Vermögen der formwechselnden Genossenschaft nicht übersteigen.	
(2) Beim Formwechsel in eine Gesellschaft mit beschränkter Haftung sind die Genossen der formwechselnden Genossenschaft nicht verpflichtet, einen Sachgründungsbericht zu erstatten.	
(3) Beim Formwechsel in eine Aktiengesellschaft oder in eine Kommanditgesellschaft auf Aktien hat die Gründungsprüfung durch einen oder mehrere Prüfer (§ 33 Abs. 2 des Aktiengesetzes) in jedem Fall stattzufinden. Jedoch sind die Genossen der formwechselnden Genossenschaft nicht verpflichtet, einen Gründungsbericht zu erstatten; die §§ 32, 35 Abs. 1 und 2 und § 46 des Aktiengesetzes sind nicht anzuwenden. Die für Nachgründungen in § 52 Abs. 1 des Aktiengesetzes bestimmte Frist von zwei Jahren beginnt mit dem Wirksamwerden des Formwechsels.	
§ 265 **Anmeldung des Formwechsels**	§ 265 unverändert
Auf die Anmeldung nach § 198 ist § 222 Abs. 1 Satz 1 und Abs. 3 entsprechend anzuwenden. Der Anmeldung ist das nach § 259 erstattete Prüfungsgutachten in Urschrift oder in öffentlich beglaubigter Abschrift beizufügen.	
§ 266 **Wirkungen des Formwechsels**	§ 266 unverändert
(1) Durch den Formwechsel werden die bisherigen Geschäftsanteile zu Anteilen an der Gesellschaft neuer Rechtsform und zu Teilrechten. § 202 Abs. 1 Nr. 2 Satz 2 ist mit der Maßgabe anzuwenden, daß die an den bisherigen Geschäftsguthaben bestehenden Rechte Dritter an den durch den Formwechsel erlangten Anteilen und Teilrechten weiterbestehen.	
(2) Teilrechte, die durch den Formwechsel entstehen, sind selbständig veräußerlich und vererblich.	

Entwurf	Beschlüsse des 6. Ausschusses
(3) Die Rechte aus einer Aktie einschließlich des Anspruchs auf Ausstellung einer Aktienurkunde können nur ausgeübt werden, wenn Teilrechte, die zusammen eine volle Aktie ergeben, in einer Hand vereinigt sind oder wenn mehrere Berechtigte, deren Teilrechte zusammen eine volle Aktie ergeben, sich zur Ausübung der Rechte zusammenschließen. Der Rechtsträger soll die Zusammenführung von Teilrechten zu vollen Aktien vermitteln.	
§ 267 **Benachrichtigung der Anteilsinhaber**	§ 267 unverändert
(1) Das Vertretungsorgan der Gesellschaft neuer Rechtsform hat jedem Anteilsinhaber unverzüglich nach der Bekanntmachung der Eintragung der Gesellschaft in das Register deren Inhalt sowie die Zahl und den Nennbetrag der Anteile und des Teilrechts, die auf ihn entfallen sind, schriftlich mitzuteilen. Dabei soll auf die Vorschriften über Teilrechte in § 266 hingewiesen werden.	
(2) Zugleich mit der schriftlichen Mitteilung ist deren wesentlicher Inhalt in den Gesellschaftsblättern bekanntzumachen. Der Hinweis nach Absatz 1 Satz 2 braucht in die Bekanntmachung nicht aufgenommen zu werden.	
§ 268 **Aufforderung an die Aktionäre; Veräußerung von Aktien**	§ 268 unverändert
(1) In der Mitteilung nach § 267 sind Aktionäre aufzufordern, die ihnen zustehenden Aktien abzuholen. Dabei ist darauf hinzuweisen, daß die Gesellschaft berechtigt ist, Aktien, die nicht binnen sechs Monaten seit der Bekanntmachung der Aufforderung in den Gesellschaftsblättern abgeholt werden, nach dreimaliger Androhung für Rechnung der Beteiligten zu veräußern. Dieser Hinweis braucht nicht in die Bekanntmachung der Aufforderung in den Gesellschaftsblättern aufgenommen zu werden.	
(2) Nach Ablauf von sechs Monaten seit der Bekanntmachung der Aufforderung in den Gesellschaftsblättern hat die Gesellschaft neuer Rechtsform die Veräußerung der nicht abgeholten Aktien anzudrohen. Die Androhung ist dreimal in Abständen von mindestens einem Monat in den Gesellschaftsblättern bekanntzumachen. Die letzte Bekanntmachung muß vor dem Ablauf von einem Jahr seit der Bekanntmachung der Aufforderung ergehen.	
(3) Nach Ablauf von sechs Monaten seit der letzten Bekanntmachung der Androhung hat die Gesellschaft die nicht abgeholten Aktien für Rechnung der Beteiligten zum amtlichen Börsenpreis durch Vermittlung eines Kursmaklers und beim Fehlen eines Börsenpreises durch öffentliche Versteigerung zu veräußern. § 226 Abs. 3 Satz 2 bis 6 des Aktiengesetzes ist entsprechend anzuwenden.	

Entwurf	Beschlüsse des 6. Ausschusses
§ 269 **Hauptversammlungsbeschlüsse; genehmigtes Kapital**	§ 269 unverändert
Solange beim Formwechsel in eine Aktiengesellschaft oder in eine Kommanditgesellschaft auf Aktien die Nennbeträge der abgeholten oder nach § 268 Abs. 3 veräußerten Aktien nicht insgesamt mindestens sechs Zehntel des Grundkapitals erreichen, kann die Hauptversammlung der Gesellschaft neuer Rechtsform keine Beschlüsse fassen, die nach Gesetz oder Satzung einer Kapitalmehrheit bedürfen. Das Vertretungsorgan der Gesellschaft darf während dieses Zeitraums von einer Ermächtigung zu einer Erhöhung des Grundkapitals keinen Gebrauch machen.	
§ 270 **Abfindungsangebot**	§ 270 unverändert
Das Abfindungsangebot nach § 207 Abs. 1 Satz 1 gilt auch für jeden Genossen, der dem Formwechsel bis zum Ablauf des dritten Tages vor dem Tage, an dem der Umwandlungsbeschluß gefaßt worden ist, durch eingeschriebenen Brief widersprochen hat.	
§ 271 **Fortdauer der Nachschußpflicht**	§ 271 unverändert
Wird über das Vermögen der Gesellschaft neuer Rechtsform binnen zwei Jahren nach dem Tage, an dem ihre Eintragung in das Register nach § 201 Satz 2 als bekanntgemacht gilt, das Insolvenzverfahren eröffnet, so ist jeder Genosse, der durch den Formwechsel die Rechtsstellung eines beschränkt haftenden Gesellschafters oder eines Aktionärs erlangt hat, im Rahmen des Statuts der formwechselnden Genossenschaft (§ 6 Nr. 3 des Gesetzes betreffend die Erwerbs- und Wirtschaftsgenossenschaften) zu Nachschüssen verpflichtet, auch wenn er seinen Geschäftsanteil oder seine Aktie veräußert hat. Die §§ 105 bis 115 a des Gesetzes betreffend die Erwerbs- und Wirtschaftsgenossenschaften sind mit der Maßgabe entsprechend anzuwenden, daß nur solche Verbindlichkeiten der Gesellschaft zu berücksichtigen sind, die bereits im Zeitpunkt des Formwechsels begründet waren.	
VIERTER ABSCHNITT *Formwechsel rechtsfähiger Vereine*	*VIERTER ABSCHNITT* *Formwechsel rechtsfähiger Vereine*
ERSTER UNTERABSCHNITT Allgemeine Vorschriften	ERSTER UNTERABSCHNITT Allgemeine Vorschriften
§ 272 **Möglichkeit des Formwechsels**	§ 272 unverändert
(1) Ein rechtsfähiger Verein kann auf Grund eines Umwandlungsbeschlusses nur die Rechtsform einer Kapitalgesellschaft oder einer eingetragenen Genossenschaft erlangen.	

Entwurf

(2) Ein Verein kann die Rechtsform nur wechseln, wenn seine Satzung oder Vorschriften des Landesrechts nicht entgegenstehen.

ZWEITER UNTERABSCHNITT

Formwechsel in eine Kapitalgesellschaft

§ 273

Möglichkeit des Formwechsels

Der Formwechsel ist nur möglich, wenn auf jedes Mitglied, das an der Gesellschaft neuer Rechtsform beteiligt wird, als beschränkt haftender Gesellschafter ein durch zehn teilbarer Geschäftsanteil von mindestens fünfzig Deutsche Mark oder als Aktionär mindestens ein Teilrecht im Nennbetrag von zehn Deutschen Mark entfällt.

§ 274

Vorbereitung und Durchführung der Mitgliederversammlung

(1) Auf die Vorbereitung der Mitgliederversammlung, die den Formwechsel beschließen soll, sind §§ 229, 230 Abs. 2, § 231 Satz 1 und § 260 Abs. 1 entsprechend anzuwenden. § 192 Abs. 3 bleibt unberührt.

(2) Auf die Mitgliederversammlung, die den Formwechsel beschließen soll, ist § 239 entsprechend anzuwenden.

§ 275

Beschluß der Mitgliederversammlung

(1) Der Umwandlungsbeschluß der Mitgliederversammlung bedarf, wenn der Zweck des Rechtsträgers geändert werden soll (§ 33 Abs. 1 Satz 2 des Bürgerlichen Gesetzbuchs), der Zustimmung aller anwesenden Mitglieder; ihm müssen auch die nicht erschienenen Mitglieder zustimmen.

(2) In anderen Fällen bedarf der Umwandlungsbeschluß einer Mehrheit von mindestens drei Vierteln der erschienenen Mitglieder. Er bedarf einer Mehrheit von mindestens neun Zehnteln der erschienenen Mitglieder, wenn spätestens bis zum Ablauf des dritten Tages vor der Mitgliederversammlung wenigstens hundert Mitglieder, bei Vereinen mit weniger als tausend Mitgliedern ein Zehntel der Mitglieder, durch eingeschriebenen Brief Widerspruch gegen den Formwechsel erhoben haben. Die Satzung kann größere Mehrheiten und weitere Erfordernisse bestimmen.

(3) Auf den Formwechsel in eine Kommanditgesellschaft auf Aktien ist § 240 Abs. 2 entsprechend anzuwenden.

Beschlüsse des 6. Ausschusses

ZWEITER UNTERABSCHNITT

Formwechsel in eine Kapitalgesellschaft

§ 273

unverändert

§ 274

Vorbereitung und Durchführung der Mitgliederversammlung

(1) Auf die Vorbereitung der Mitgliederversammlung, die den Formwechsel beschließen soll, sind **die** §§ 229, 230 Abs. 2, § 231 Satz 1 und § 260 Abs. 1 entsprechend anzuwenden. § 192 Abs. 3 bleibt unberührt.

(2) unverändert

§ 275

unverändert

Entwurf

§ 276

Inhalt des Umwandlungsbeschlusses

(1) Auf den Umwandlungsbeschluß sind auch die §§ 218, 243 Abs. 3, § 244 Abs. 2 und § 263 Abs. 2 Satz 2, Abs. 3 entsprechend anzuwenden.

(2) Die Beteiligung der Mitglieder am Stammkapital oder am Grundkapital der Gesellschaft neuer Rechtsform darf, wenn nicht alle Mitglieder einen gleich hohen Anteil erhalten sollen, nur nach einem oder mehreren der folgenden Maßstäbe festgesetzt werden:

1. bei Vereinen, deren Vermögen in übertragbare Anteile zerlegt ist, der Nennbetrag oder der Wert dieser Anteile;
2. die Höhe der Beiträge;
3. bei Vereinen, die zu ihren Mitgliedern oder einem Teil der Mitglieder in vertraglichen Geschäftsbeziehungen stehen, der Umfang der Inanspruchnahme von Leistungen des Vereins durch die Mitglieder oder der Umfang der *in Anspruchnahme* von Leistungen der Mitglieder durch den Verein;
4. ein in der Satzung bestimmter Maßstab für die Verteilung des Überschusses;
5. ein in der Satzung bestimmter Maßstab für die Verteilung des Vermögens;
6. die Dauer der Mitgliedschaft.

Soll die Beteiligung nur für einen Teil des Stammkapitals oder des Grundkapitals in gleich hohen Anteilen festgesetzt werden, so muß der gleich hohe Anteil ein Teilrecht im Nennbetrag von zehn Deutschen Mark sein.

§ 277

Kapitalschutz

Bei der Anwendung der für die neue Rechtsform maßgebenden Gründungsvorschriften ist auch § 264 entsprechend anzuwenden.

§ 278

Anmeldung des Formwechsels

(1) Auf die Anmeldung nach § 198 ist § 222 Abs. 1 und 3 entsprechend anzuwenden.

(2) Ist der formwechselnde Verein nicht in ein Handelsregister eingetragen, so hat sein Vorstand den bevorstehenden Formwechsel durch das in der Vereinssatzung für Veröffentlichungen bestimmte Blatt, in Ermangelung eines solchen durch dasjenige Blatt bekanntzumachen, das für Bekanntmachungen des Amtsgerichts bestimmt ist, in dessen Bezirk der formwechselnde Verein seinen Sitz hat. Die Bekanntmachung tritt an die Stelle der Eintragung der Umwandlung in das Register nach § 198 Abs. 2 Satz 3. § 50 Abs. 1 Satz 4 des Bürgerlichen Gesetzbuchs ist entsprechend anzuwenden.

Beschlüsse des 6. Ausschusses

§ 276

Inhalt des Umwandlungsbeschlusses

(1) unverändert

(2) Die Beteiligung der Mitglieder am Stammkapital oder am Grundkapital der Gesellschaft neuer Rechtsform darf, wenn nicht alle Mitglieder einen gleich hohen Anteil erhalten sollen, nur nach einem oder mehreren der folgenden Maßstäbe festgesetzt werden:

1. unverändert
2. unverändert
3. bei Vereinen, die zu ihren Mitgliedern oder einem Teil der Mitglieder in vertraglichen Geschäftsbeziehungen stehen, der Umfang der Inanspruchnahme von Leistungen des Vereins durch die Mitglieder oder der Umfang der **Inanspruchnahme** von Leistungen der Mitglieder durch den Verein;
4. unverändert
5. unverändert
6. unverändert

Soll die Beteiligung nur für einen Teil des Stammkapitals oder des Grundkapitals in gleich hohen Anteilen festgesetzt werden, so muß der gleich hohe Anteil ein Teilrecht im Nennbetrag von zehn Deutschen Mark sein.

§ 277

unverändert

§ 278

unverändert

Entwurf

§ 279

Bekanntmachung des Formwechsels

In der Bekanntmachung nach § 201 Satz 1 ist auch anzugeben, nach welchen Maßstäben die Mitglieder des formwechselnden Vereins an der Gesellschaft neuer Rechtsform beteiligt sind.

§ 280

Wirkungen des Formwechsels

Durch den Formwechsel werden die bisherigen Mitgliedschaften zu Anteilen an der Gesellschaft neuer Rechtsform und zu Teilrechten. § 266 Abs. 1 Satz 2, Abs. 2 und 3 ist entsprechend anzuwenden.

§ 281

Benachrichtigung der Anteilsinhaber; Veräußerung von Aktien; Hauptversammlungsbeschlüsse

(1) Auf die Benachrichtigung der Anteilsinhaber durch die Gesellschaft, auf die Aufforderung von Aktionären zur Abholung der ihnen zustehenden Aktien und auf die Veräußerung nicht abgeholter Aktien sind die §§ 267 und 268 entsprechend anzuwenden.

(2) Auf Beschlüsse der Hauptversammlung der Gesellschaft neuer Rechtsform sowie auf eine Ermächtigung des Vertretungsorgans zur Erhöhung des Grundkapitals ist § 269 entsprechend anzuwenden.

§ 282

Abfindungsangebot

Auf das Abfindungsangebot nach § 207 Abs. 1 Satz 1 ist § 270 entsprechend anzuwenden.

DRITTER UNTERABSCHNITT

Formwechsel
in eine eingetragene Genossenschaft

§ 283

Vorbereitung und Durchführung der Mitgliederversammlung

(1) Auf die Vorbereitung der Mitgliederversammlung, die den Formwechsel beschließen soll, sind §§ 229, 230 Abs. 2, § 231 Satz 1 und § 260 Abs. 1 entsprechend anzuwenden. § 192 Abs. 3 bleibt unberührt.

(2) Auf die Mitgliederversammlung, die den Formwechsel beschließen soll, ist § 239 entsprechend anzuwenden.

Beschlüsse des 6. Ausschusses

§ 279

unverändert

§ 280

unverändert

§ 281

unverändert

§ 282

Abfindungsangebot

(1) Auf das Abfindungsangebot nach § 207 Abs. 1 Satz 1 ist § 270 entsprechend anzuwenden.

(2) Absatz 1 und die §§ 207 bis 212 sind auf den Formwechsel eines eingetragenen Vereins, der nach § 5 Abs. 1 Nr. 9 des Körperschaftsteuergesetzes von der Körperschaftsteuer befreit ist, nicht anzuwenden.

DRITTER UNTERABSCHNITT

Formwechsel
in eine eingetragene Genossenschaft

§ 283

unverändert

Entwurf	Beschlüsse des 6. Ausschusses
§ 284 **Beschluß der Mitgliederversammlung**	§ 284 unverändert
Der Umwandlungsbeschluß der Mitgliederversammlung bedarf, wenn der Zweck des Rechtsträgers geändert werden soll (§ 33 Abs. 1 Satz 2 des Bürgerlichen Gesetzbuchs) oder wenn das Statut der Genossenschaft eine Verpflichtung der Genossen zur Leistung von Nachschüssen vorsieht, der Zustimmung aller anwesenden Mitglieder; ihm müssen auch die nicht erschienenen Mitglieder zustimmen. Im übrigen ist § 275 Abs. 2 entsprechend anzuwenden.	
§ 285 **Inhalt des Umwandlungsbeschlusses**	§ 285 unverändert
(1) Auf den Umwandlungsbeschluß ist auch § 253 Abs. 1, Abs. 2 Satz 1 entsprechend anzuwenden.	
(2) Sollen bei der Genossenschaft nicht alle Mitglieder mit der gleichen Zahl von Geschäftsanteilen beteiligt werden, so darf die unterschiedlich hohe Beteiligung nur nach einem oder mehreren der in § 276 Abs. 2 Satz 1 bezeichneten Maßstäbe festgesetzt werden.	
§ 286 **Anmeldung des Formwechsels**	§ 286 unverändert
Auf die Anmeldung nach § 198 sind die §§ 254, 278 Abs. 2 entsprechend anzuwenden.	
§ 287 **Bekanntmachung des Formwechsels**	§ 287 unverändert
In der Bekanntmachung nach § 201 Satz 1 ist auch anzugeben, nach welchen Maßstäben die Mitglieder des formwechselnden Vereins an der Genossenschaft beteiligt sind.	
§ 288 **Wirkungen des Formwechsels**	§ 288 unverändert
(1) Jedes Mitglied, das die Rechtsstellung eines Genossen erlangt, ist bei der Genossenschaft nach Maßgabe des Umwandlungsbeschlusses beteiligt. Eine Verpflichtung zur Übernahme weiterer Geschäftsanteile bleibt unberührt. § 255 Abs. 1 Satz 3 ist entsprechend anzuwenden.	
(2) Das Gericht darf eine Auflösung der Genossenschaft von Amts wegen nach § 80 des Gesetzes betreffend die Erwerbs- und Wirtschaftsgenossenschaften nicht vor Ablauf eines Jahres seit dem Wirksamwerden des Formwechsels aussprechen.	
§ 289 **Geschäftsguthaben; Benachrichtigung der Genossen**	§ 289 unverändert
(1) Jedem Genossen kann als Geschäftsguthaben auf Grund des Formwechsels höchstens der Nennbe-	

Entwurf	Beschlüsse des 6. Ausschusses
trag der Geschäftsanteile gutgeschrieben werden, mit denen er bei der Genossenschaft beteiligt ist.	
(2) § 256 Abs. 3 ist entsprechend anzuwenden.	
§ 290 **Abfindungsangebot**	§ 290 **Abfindungsangebot**
Auf das Abfindungsangebot nach § 207 Abs. 1 Satz 2 *ist* § 270 entsprechend anzuwenden.	Auf das Abfindungsangebot nach § 207 Abs. 1 Satz 2 **sind** § 270 **sowie § 282 Abs. 2** entsprechend anzuwenden.
FÜNFTER ABSCHNITT *Formwechsel von Versicherungsvereinen auf Gegenseitigkeit*	*FÜNFTER ABSCHNITT* *Formwechsel von Versicherungsvereinen auf Gegenseitigkeit*
§ 291 **Möglichkeit des Formwechsels**	§ 291 unverändert
(1) Ein Versicherungsverein auf Gegenseitigkeit, der kein kleinerer Verein im Sinne des § 53 des Versicherungsaufsichtsgesetzes ist, kann auf Grund eines Umwandlungsbeschlusses nur die Rechtsform einer Aktiengesellschaft erlangen.	
(2) Der Formwechsel ist nur möglich, wenn auf jedes Mitglied des Vereins, das an der Aktiengesellschaft beteiligt wird, mindestens ein Teilrecht im Nennbetrag von zehn Deutschen Mark entfällt.	
§ 292 **Vorbereitung und Durchführung der Versammlung der obersten Vertretung**	§ 292 **Vorbereitung und Durchführung der Versammlung der obersten Vertretung**
(1) Auf die Vorbereitung der Versammlung der obersten Vertretung, die den Formwechsel beschließen soll, sind §§ 229, 230 Abs. 2, § 231 Satz 1 und § 260 Abs. 1 entsprechend anzuwenden.	(1) Auf die Vorbereitung der Versammlung der obersten Vertretung, die den Formwechsel beschließen soll, sind **die** §§ 229, 230 Abs. 2, § 231 Satz 1 und § 260 Abs. 1 entsprechend anzuwenden.
(2) Auf die Durchführung der Versammlung der obersten Vertretung, die den Formwechsel beschließen soll, ist § 239 entsprechend anzuwenden.	(2) unverändert
§ 293 **Beschluß der obersten Vertretung**	§ 293 unverändert
Der Umwandlungsbeschluß der obersten Vertretung bedarf einer Mehrheit von mindestens drei Vierteln der abgegebenen Stimmen. Er bedarf einer Mehrheit von neun Zehnteln der abgegebenen Stimmen, wenn spätestens bis zum Ablauf des dritten Tages vor der Versammlung der obersten Vertretung wenigstens hundert Mitglieder des Vereins durch eingeschriebenen Brief Widerspruch gegen den Formwechsel erhoben haben. Die Satzung kann größere Mehrheiten und weitere Erfordernisse bestimmen.	

Entwurf

§ 294

Inhalt des Umwandlungsbeschlusses

(1) Auf den Umwandlungsbeschluß sind auch § 218 Abs. 1 und § 263 Abs. 3 Satz 2 und 3 entsprechend anzuwenden. In dem Umwandlungsbeschluß kann bestimmt werden, daß Mitglieder, die dem formwechselnden Verein weniger als drei Jahre vor der Beschlußfassung über den Formwechsel angehören, von der Beteiligung an der Aktiengesellschaft ausgeschlossen sind.

(2) Das Grundkapital der Aktiengesellschaft ist in der Höhe des Grundkapitals vergleichbarer Versicherungsunternehmen in der Rechtsform der Aktiengesellschaft festzusetzen. Würde die Aufsichtsbehörde einer neu zu gründenden Versicherungsaktiengesellschaft die Erlaubnis zum Geschäftsbetrieb nur bei Festsetzung eines höheren Grundkapitals erteilen, so ist das Grundkapital auf diesen Betrag festzusetzen, soweit dies nach den Vermögensverhältnissen des formwechselnden Vereins möglich ist. Ist eine solche Festsetzung nach den Vermögensverhältnissen des Vereins nicht möglich, so ist der Nennbetrag des Grundkapitals so zu bemessen, daß auf jedes Mitglied, das die Rechtsstellung eines Aktionärs erlangt, möglichst eine volle Aktie oder ein möglichst hohes Teilrecht entfällt.

(3) Die Beteiligung der Mitglieder am Grundkapital der Aktiengesellschaft darf, wenn nicht alle Mitglieder einen gleich hohen Anteil erhalten sollen, nur nach einem oder mehreren der folgenden Maßstäbe festgesetzt werden:

1. die Höhe der Versicherungssumme;
2. die Höhe der Beiträge;
3. die Höhe der Deckungsrückstellung in der Lebensversicherung;
4. der in der Satzung bestimmte Maßstab für die Verteilung des Überschusses;
5. ein in der Satzung bestimmter Maßstab für die Verteilung des Vermögens;
6. die Dauer der Mitgliedschaft.

§ 276 Abs. 2 Satz 2 ist entsprechend anzuwenden.

§ 295

Kapitalschutz

Bei der Anwendung der Gründungsvorschriften des Aktiengesetzes ist auch § 264 Abs. 1 und 3 entsprechend anzuwenden.

§ 296

Anmeldung des Formwechsels

Auf die Anmeldung nach § 198 ist § 246 Abs. 1 und 2 entsprechend anzuwenden.

Beschlüsse des 6. Ausschusses

§ 294

unverändert

§ 295

unverändert

§ 296

unverändert

Entwurf	Beschlüsse des 6. Ausschusses
§ 297 **Bekanntmachung des Formwechsels**	§ 297 unverändert
In der Bekanntmachung nach § 201 Satz 1 ist auch anzugeben, nach welchen Maßstäben die Mitglieder des formwechselnden Vereins an der Aktiengesellschaft beteiligt sind.	
§ 298 **Wirkungen des Formwechsels**	§ 298 unverändert
Durch den Formwechsel werden die bisherigen Mitgliedschaften zu Aktien und Teilrechten. § 266 Abs. 1 Satz 2, Abs. 2 und 3 ist entsprechend anzuwenden.	
§ 299 **Benachrichtigung der Aktionäre; Veräußerung von Aktien; Hauptversammlungsbeschlüsse**	§ 299 unverändert
(1) Auf die Benachrichtigung der Aktionäre durch die Gesellschaft ist § 267, auf die Aufforderung zur Abholung der ihnen zustehenden Aktien und auf die Veräußerung nicht abgeholter Aktien ist § 268 entsprechend anzuwenden.	
(2) Auf Beschlüsse der Hauptversammlung der Aktiengesellschaft sowie auf eine Ermächtigung des Vorstandes zur Erhöhung des Grundkapitals ist § 269 entsprechend anzuwenden. Die Aufsichtsbehörde kann Ausnahmen von der entsprechenden Anwendung des § 269 Satz 1 zulassen, wenn dies erforderlich ist, um zu verhindern, daß der Aktiengesellschaft erhebliche Nachteile entstehen.	
§ 300 **Abfindungsangebot**	§ 300 unverändert
Auf das Abfindungsangebot nach § 207 Abs. 1 Satz 1 ist § 270 entsprechend anzuwenden.	
SECHSTER ABSCHNITT *Formwechsel von Körperschaften und Anstalten des öffentlichen Rechts*	*SECHSTER ABSCHNITT* *Formwechsel von Körperschaften und Anstalten des öffentlichen Rechts*
§ 301 **Möglichkeit des Formwechsels**	§ 301 **Möglichkeit des Formwechsels**
(1) Eine Körperschaft oder Anstalt des öffentlichen Rechts kann durch Formwechsel nur die Rechtsform einer Kapitalgesellschaft erlangen.	(1) **Soweit gesetzlich nichts anderes bestimmt ist,** kann eine Körperschaft oder Anstalt des öffentlichen Rechts durch Formwechsel nur die Rechtsform einer Kapitalgesellschaft erlangen.
(2) Der Formwechsel ist nur möglich, wenn die Körperschaft oder Anstalt rechtsfähig ist und das für sie maßgebende Bundes- oder Landesrecht einen Formwechsel vorsieht oder zuläßt.	(2) unverändert

Entwurf	Beschlüsse des 6. Ausschusses
§ 302 **Anzuwendende Vorschriften**	§ 302 unverändert
Die Vorschriften des Ersten Teils sind auf den Formwechsel nur anzuwenden, soweit sich aus dem für die formwechselnde Körperschaft oder Anstalt maßgebenden Bundes- oder Landesrecht nichts anderes ergibt. Nach diesem Recht richtet es sich insbesondere, auf welche Weise der Gesellschaftsvertrag oder die Satzung der Gesellschaft neuer Rechtsform abgeschlossen oder festgestellt wird, wer an dieser Gesellschaft als Anteilsinhaber beteiligt wird und welche Person oder welche Personen den Gründern der Gesellschaft gleichstehen; die §§ 28 und 29 des Aktiengesetzes sind nicht anzuwenden.	
§ 303 **Kapitalschutz; Zustimmungserfordernisse**	§ 303 unverändert
(1) Außer den für die neue Rechtsform maßgebenden Gründungsvorschriften ist auch § 220 entsprechend anzuwenden.	
(2) Ein Formwechsel in eine Kommanditgesellschaft auf Aktien bedarf der Zustimmung aller Anteilsinhaber, die in dieser Gesellschaft die Stellung eines persönlich haftenden Gesellschafters haben sollen. Auf den Beitritt persönlich haftender Gesellschafter ist § 221 entsprechend anzuwenden.	
§ 304 **Wirksamwerden des Formwechsels**	§ 304 unverändert
Der Formwechsel wird mit der Eintragung der Kapitalgesellschaft in das Handelsregister wirksam. Mängel des Formwechsels lassen die Wirkungen der Eintragung unberührt.	
SECHSTES BUCH Spruchverfahren	SECHSTES BUCH Spruchverfahren
§ 305 **Antragsfrist**	§ 305 unverändert
Ein Antrag auf gerichtliche Entscheidung nach den §§ 15, 34, 176 bis 181, 184, 186, 196 oder 212 kann nur binnen zwei Monaten nach dem Tage gestellt werden, an dem die Eintragung der Umwandlung nach den Vorschriften dieses Gesetzes als bekanntgemacht gilt.	
§ 306 **Gerichtliche Zuständigkeit**	§ 306 **Gerichtliche Zuständigkeit**
(1) Zuständig ist das Landgericht, in dessen Bezirk der Rechtsträger, dessen Anteilsinhaber antragsberechtigt sind, seinen Sitz hat.	(1) unverändert

Entwurf

(2) Ist bei dem Landgericht eine Kammer für Handelssachen gebildet, so entscheidet diese an Stelle der Zivilkammer.

(3) Die Landesregierung kann die Entscheidung durch Rechtsverordnung für die Bezirke mehrerer Landgerichte einem der Landgerichte übertragen, wenn dies der Sicherung einer einheitlichen Rechtsprechung dient. Die Landesregierung kann die Ermächtigung auf die Landesjustizverwaltung übertragen.

§ 307

Gerichtliches Verfahren

(1) Auf das Verfahren ist das Gesetz über die Angelegenheiten der freiwilligen Gerichtsbarkeit anzuwenden, soweit in den folgenden Vorschriften nichts anderes bestimmt ist.

(2) Der Antrag ist gegen die übernehmenden oder neuen Rechtsträger oder gegen den Rechtsträger neuer Rechtsform, im Falle einer Gesellschaft des bürgerlichen Rechts gegen deren Gesellschafter zu richten.

(3) Das Landgericht hat den Antrag im Bundesanzeiger und, wenn der Gesellschaftsvertrag, die Satzung oder das Statut andere Blätter für die öffentlichen Bekanntmachungen eines übertragenden oder formwechselnden Rechtsträgers bestimmt hatte, auch in diesen Blättern bekanntzumachen. Andere Antragsberechtigte können noch binnen zwei Monaten nach dieser Bekanntmachung eigene Anträge stellen. Auf dieses Recht ist in der Bekanntmachung hinzuweisen. Nach Ablauf dieser Frist sind Anträge unzulässig.

(4) Das Landgericht hat jeden verpflichteten Rechtsträger zu hören.

(5) Das Landgericht entscheidet durch einen mit Gründen versehenen Beschluß. Es hat seine Entscheidung den Beteiligten zuzustellen.

Beschlüsse des 6. Ausschusses

(2) Ist bei dem Landgericht eine Kammer für Handelssachen gebildet, so entscheidet diese an Stelle der Zivilkammer. **Der Vorsitzende einer Kammer für Handelssachen entscheidet**

1. über die Abgabe von Verfahren;

2. im Zusammenhang mit öffentlichen Bekanntmachungen;

3. über Fragen, welche die Zulässigkeit des Antrags betreffen;

4. über alle vorbereitenden Maßnahmen für die Beweisaufnahme;

5. in den Fällen des § 308;

6. über Geschäftswert, Kosten, Gebühren und Auslagen;

7. über die einstweilige Einstellung der Zwangsvollstreckung.

Im Einverständnis der Beteiligten kann der Vorsitzende auch im übrigen an Stelle der Kammer entscheiden.

(3) unverändert

§ 307

unverändert

Entwurf

§ 308

Gemeinsamer Vertreter

(1) Das Landgericht hat den außenstehenden Anteilsinhabern, die nicht selbst Antragsteller sind, zur Wahrung ihrer Rechte einen gemeinsamen Vertreter zu bestellen. Dieser hat die Stellung eines gesetzlichen Vertreters. Werden die Festsetzung eines Ausgleichs durch bare Zuzahlung oder die Festsetzung der angemessenen Barabfindung beantragt, so ist für jeden Antrag ein gemeinsamer Vertreter zu bestellen. Die Bestellung kann unterbleiben, wenn die Wahrung der Rechte der Anteilsinhaber auf andere Weise sichergestellt ist. Die Bestellung des gemeinsamen Vertreters hat das Landgericht nach § 307 Abs. 3 Satz 1 bekanntzumachen.

(2) Der Vertreter kann von jedem Rechtsträger, der Antragsgegner ist, den Ersatz angemessener barer Auslagen und eine Vergütung für seine Tätigkeit verlangen; mehrere Rechtsträger haften als Gesamtschuldner. Die Auslagen und die Vergütung setzt das Gericht fest. Es kann den Rechtsträgern auf Verlangen des Vertreters die Zahlung von Vorschüssen aufgeben. Aus der Festsetzung findet die Zwangsvollstreckung nach der Zivilprozeßordnung statt.

(3) Der gemeinsame Vertreter kann das Verfahren auch nach Rücknahme eines Antrages weiterführen. Er steht in diesem Falle einem Antragsteller gleich.

§ 309

Rechtsmittel

(1) Gegen die Entscheidung nach § 307 Abs. 5 findet die sofortige Beschwerde statt. Sie kann nur durch Einreichung einer von einem Rechtsanwalt unterzeichneten Beschwerdeschrift eingelegt werden.

(2) Über die Beschwerde entscheidet das Oberlandesgericht. § 28 Abs. 2 und 3 des Gesetzes über die Angelegenheiten der freiwilligen Gerichtsbarkeit gilt entsprechend. Die weitere Beschwerde ist ausgeschlossen.

(3) Die Landesregierung kann die Entscheidung über die Beschwerde durch Rechtsverordnung für die Bezirke mehrerer Oberlandesgerichte einem der Oberlandesgerichte oder dem obersten Landesgericht übertragen, wenn dies der Sicherung einer einheitlichen Rechtsprechung dient. Die Landesregierung kann die Ermächtigung auf die Landesjustizverwaltung übertragen.

§ 310

Bekanntmachung der Entscheidung

Die gesetzlichen Vertreter jedes übernehmenden oder neuen Rechtsträgers oder des Rechtsträgers neuer Rechtsform haben die rechtskräftige Entscheidung ohne Gründe gemäß § 307 Abs. 3 Satz 1 bekanntzumachen.

Beschlüsse des 6. Ausschusses

§ 308

unverändert

§ 309

unverändert

§ 310

unverändert

Entwurf

§ 311

Wirkung der Entscheidung

Die Entscheidung wird erst mit der Rechtskraft wirksam. Sie wirkt für und gegen alle.

§ 312

Kosten des Verfahrens

(1) Für die Kosten des Verfahrens gilt die Kostenordnung.

(2) Für das Verfahren des ersten Rechtszugs wird das Doppelte der vollen Gebühr erhoben. Für den zweiten Rechtszug wird die gleiche Gebühr erhoben; dies gilt auch dann, wenn die Beschwerde Erfolg hat. Wird der Antrag oder die Beschwerde zurückgenommen, bevor es zu einer Entscheidung kommt, so ermäßigt sich die Gebühr auf die Hälfte.

(3) Der Geschäftswert ist von Amts wegen festzusetzen. Er bestimmt sich nach § 30 Abs. 1 der Kostenordnung.

(4) Schuldner der Kosten sind die übernehmenden oder neuen Rechtsträger oder der Rechtsträger neuer Rechtsform. Die Kosten können jedoch ganz oder zum Teil einem anderen Beteiligten auferlegt werden, wenn dies der Billigkeit entspricht.

SIEBENTES BUCH

Strafvorschriften und Zwangsgelder

§ 313

Unrichtige Darstellung

(1) Mit Freiheitsstrafe bis zu drei Jahren oder mit Geldstrafe wird bestraft, wer als Mitglied eines Vertretungsorgans, als vertretungsberechtigter Gesellschafter, als Mitglied eines Aufsichtsrats oder als Abwickler eines an einer Umwandlung beteiligten Rechtsträgers bei dieser Umwandlung

1. die Verhältnisse des Rechtsträgers einschließlich seiner Beziehungen zu verbundenen Unternehmen in einem in diesem Gesetz vorgesehenen Bericht (Verschmelzungsbericht, Spaltungsbericht, Übertragungsbericht, Umwandlungsbericht), in Darstellungen oder Übersichten über den Vermögensstand, in Vorträgen oder Auskünften in der Versammlung der Anteilsinhaber unrichtig wiedergibt oder verschleiert, wenn die Tat nicht in § 331 Nr. 1 des Handelsgesetzbuchs mit Strafe bedroht ist, oder

2. in Aufklärungen und Nachweisen, die nach den Vorschriften dieses Gesetzes einem Verschmelzungs-, Spaltungs- oder Übertragungsprüfer zu geben sind, unrichtige Angaben macht oder die Verhältnisse des Rechtsträgers einschließlich seiner Beziehungen zu verbundenen Unternehmen unrichtig wiedergibt oder verschleiert.

Beschlüsse des 6. Ausschusses

§ 311

unverändert

§ 312

unverändert

SIEBENTES BUCH

Strafvorschriften und Zwangsgelder

§ 313

unverändert

Entwurf	Beschlüsse des 6. Ausschusses
(2) Ebenso wird bestraft, wer als Geschäftsführer einer Gesellschaft mit beschränkter Haftung, als Mitglied des Vorstands einer Aktiengesellschaft, als zur Vertretung ermächtigter persönlich haftender Gesellschafter einer Kommanditgesellschaft auf Aktien oder als Abwickler einer solchen Gesellschaft in einer Erklärung nach § 52 Abs. 1 über die Zustimmung der Anteilsinhaber dieses Rechtsträgers oder in einer Erklärung nach § 140 oder § 146 Abs. 1 über die Deckung des Stammkapitals oder Grundkapitals der übertragenden Gesellschaft unrichtige Angaben macht oder seiner Erklärung zugrunde legt.	
§ 314 **Verletzung der Berichtspflicht**	§ 314 unverändert
(1) Mit Freiheitsstrafe bis zu drei Jahren oder mit Geldstrafe wird bestraft, wer als Verschmelzungs-, Spaltungs- oder Übertragungsprüfer oder als Gehilfe eines solchen Prüfers über das Ergebnis einer aus Anlaß einer Umwandlung erforderlichen Prüfung falsch berichtet oder erhebliche Umstände in dem Prüfungsbericht verschweigt.	
(2) Handelt der Täter gegen Entgelt oder in der Absicht, sich oder einen anderen zu bereichern oder einen anderen zu schädigen, so ist die Strafe Freiheitsstrafe bis zu fünf Jahren oder Geldstrafe.	
§ 315 **Verletzung der Geheimhaltungspflicht**	§ 315 unverändert
(1) Mit Freiheitsstrafe bis zu einem Jahr oder mit Geldstrafe wird bestraft, wer ein Geheimnis eines an einer Umwandlung beteiligten Rechtsträgers, namentlich ein Betriebs- oder Geschäftsgeheimnis, das ihm in seiner Eigenschaft als	
1. Mitglied des Vertretungsorgans, vertretungsberechtigter Gesellschafter, Mitglied eines Aufsichtsrats oder Abwickler dieses oder eines anderen an der Umwandlung beteiligten Rechtsträgers,	
2. Verschmelzungs-, Spaltungs- oder Übertragungsprüfer oder Gehilfe eines solchen Prüfers	
bekannt geworden ist, unbefugt offenbart, wenn die Tat im Falle der Nummer 1 nicht in § 85 des Gesetzes betreffend die Gesellschaften mit beschränkter Haftung, § 404 des Aktiengesetzes, § 151 des Gesetzes betreffend die Erwerbs- und Wirtschaftsgenossenschaften oder § 138 des Versicherungsaufsichtsgesetzes, im Falle der Nummer 2 nicht in § 333 des Handelsgesetzbuchs mit Strafe bedroht ist.	
(2) Handelt der Täter gegen Entgelt oder in der Absicht, sich oder einen anderen zu bereichern oder einen anderen zu schädigen, so ist die Strafe Freiheitsstrafe bis zu zwei Jahren oder Geldstrafe. Ebenso wird bestraft, wer ein Geheimnis der in Absatz 1 bezeichneten Art, namentlich ein Betriebs- oder Geschäftsgeheimnis, das ihm unter den Voraussetzungen des Absatzes 1 bekannt geworden ist, unbefugt verwertet.	

Entwurf

(3) Die Tat wird nur auf Antrag eines der an der Umwandlung beteiligten Rechtsträger verfolgt. Hat ein Mitglied eines Vertretungsorgans, ein vertretungsberechtigter Gesellschafter oder ein Abwickler die Tat begangen, so sind auch ein Aufsichtsrat oder ein nicht vertretungsberechtigter Gesellschafter antragsberechtigt. Hat ein Mitglied eines Aufsichtsrats die Tat begangen, sind auch die Mitglieder des Vorstands, die vertretungsberechtigten Gesellschafter oder die Abwickler antragsberechtigt.

§ 316

Zwangsgelder

(1) Mitglieder eines Vertretungsorgans, vertretungsberechtigte Gesellschafter oder Abwickler, die § 13 Abs. 3 Satz 3 sowie § 125 Satz 1, § 176 Abs. 1, § 177 Abs. 1, § 178 Abs. 1, § 179 Abs. 1, § 180 Abs. 1, § 184 Abs. 1, § 186 Satz 1, § 188 Abs. 1 und § 189 Abs. 1, jeweils in Verbindung mit § 13 Abs. 3 Satz 3, sowie § 193 Abs. 3 Satz 2 nicht befolgen, sind hierzu von dem zuständigen Registergericht durch Festsetzung von Zwangsgeld anzuhalten; § 14 des Handelsgesetzbuchs bleibt unberührt. Das einzelne Zwangsgeld darf den Betrag von zehntausend Deutsche Mark nicht übersteigen.

(2) Die Anmeldungen einer Umwandlung zu dem zuständigen Register nach § 16 Abs. 1, §§ 38, 129, 137 Abs. 1 und 2, § 176 Abs. 1, § 177 Abs. 1, § 178 Abs. 1, § 179 Abs. 1, § 180 Abs. 1, § 184 Abs. 1, §§ 186, 188 Abs. 1, § 189 Abs. 1, §§ 198, 222, 235, 246, 254, 265, 278 Abs. 1, §§ 286 und 296 werden durch Festsetzung von Zwangsgeld nicht erzwungen.

ACHTES BUCH

Übergangs- und Schlußvorschriften

§ 317

Umwandlung alter juristischer Personen

Eine juristische Person im Sinne des Artikels 163 des Einführungsgesetzes zum Bürgerlichen Gesetzbuch kann nach den für wirtschaftliche Vereine geltenden Vorschriften dieses Gesetzes umgewandelt werden. Hat eine solche juristische Person keine Mitglieder, so kann sie nach den für Stiftungen geltenden Vorschriften dieses Gesetzes umgewandelt werden.

§ 318

Eingeleitete Umwandlungen

Die Vorschriften dieses Gesetzes sind nicht auf solche Umwandlungen anzuwenden, zu deren Vorbereitung bereits vor dem *[einsetzen: Datum des Inkrafttretens dieses Gesetzes]* ein Vertrag oder eine Erklärung beurkundet oder notariell beglaubigt oder eine Versammlung der Anteilsinhaber einberufen worden ist. Für diese Umwandlungen bleibt es bei der Anwendung der bis zu diesem Tage geltenden Vorschriften.

Beschlüsse des 6. Ausschusses

§ 316

unverändert

ACHTES BUCH

Übergangs- und Schlußvorschriften

§ 317

unverändert

§ 318

Eingeleitete Umwandlungen

Die Vorschriften dieses Gesetzes sind nicht auf solche Umwandlungen anzuwenden, zu deren Vorbereitung bereits vor dem **1. Januar 1995** ein Vertrag oder eine Erklärung beurkundet oder notariell beglaubigt oder eine Versammlung der Anteilsinhaber einberufen worden ist. Für diese Umwandlungen bleibt es bei der Anwendung der bis zu diesem Tage geltenden Vorschriften.

Entwurf

§ 319

Enthaftung bei Altverbindlichkeiten

§§ 45, 133 Abs. 1, 3 bis 5, §§ 157, 167, 173, 224, 237, 249 und 257 sind auch auf vor dem *[einsetzen: Datum des Inkrafttretens des Gesetzes]* entstandene Verbindlichkeiten anzuwenden, wenn

1. die Umwandlung danach in das Register eingetragen wird und
2. die Verbindlichkeiten nicht später als vier Jahre nach dem Zeitpunkt, an dem die Eintragung der Umwandlung in das Register als bekanntgemacht gilt, fällig werden oder nach Inkrafttreten des Gesetzes zur zeitlichen Begrenzung der Nachhaftung von Gesellschaftern (BGBl. I ... S. ....) begründet worden sind.

Auf später fällig werdende und vor Inkrafttreten des Gesetzes zur zeitlichen Begrenzung der Nachhaftung von Gesellschaftern (BGBl. I .... S. ....) entstandene Verbindlichkeiten sind §§ 45, 49 Abs. 4, §§ 56, 56f Abs. 2, § 57 Abs. 2 und § 58 Abs. 2 des Umwandlungsgesetzes in der durch Artikel 10 Abs. 8 des Gesetzes vom 19. Dezember 1985 (BGBl. I S. 2355) geänderten Fassung der Bekanntmachung vom 6. November 1969 (BGBl. I S. 2081) mit der Maßgabe anwendbar, daß die Verjährungsfrist ein Jahr beträgt. In den Fällen, in denen das bisher geltende Recht eine Umwandlungsmöglichkeit nicht vorsah, verjähren die in Satz 2 genannten Verbindlichkeiten entsprechend den dort genannten Vorschriften.

Beschlüsse des 6. Ausschusses

§ 319

Enthaftung bei Altverbindlichkeiten

Die §§ 45, 133 Abs. 1, 3 bis 5, §§ 157, 167, 173, 224, 237, 249 und 257 sind auch auf vor dem **1. Januar 1995** entstandene Verbindlichkeiten anzuwenden, wenn

1. unverändert
2. die Verbindlichkeiten nicht später als vier Jahre nach dem Zeitpunkt, an dem die Eintragung der Umwandlung in das Register als bekanntgemacht gilt, fällig werden oder nach Inkrafttreten des Gesetzes zur zeitlichen Begrenzung der Nachhaftung von Gesellschaftern **vom 18. März 1994** (BGBl. I S. **560**) begründet worden sind.

Auf später fällig werdende und vor Inkrafttreten des Gesetzes zur zeitlichen Begrenzung der Nachhaftung von Gesellschaftern **vom 18. März 1994** (BGBl. I S. **560**) entstandene Verbindlichkeiten sind **die** §§ 45, 49 Abs. 4, §§ 56, 56f Abs. 2, § 57 Abs. 2 und § 58 Abs. 2 des Umwandlungsgesetzes in der durch Artikel 10 Abs. 8 des Gesetzes vom 19. Dezember 1985 (BGBl. I S. 2355) geänderten Fassung der Bekanntmachung vom 6. November 1969 (BGBl. I S. 2081) mit der Maßgabe anwendbar, daß die Verjährungsfrist ein Jahr beträgt. In den Fällen, in denen das bisher geltende Recht eine Umwandlungsmöglichkeit nicht vorsah, verjähren die in Satz 2 genannten Verbindlichkeiten entsprechend den dort genannten Vorschriften.

Entwurf:

§ 320

Aufhebung des Umwandlungsgesetzes 1969

Das Umwandlungsgesetz in der Fassung der Bekanntmachung vom 6. November 1969 (BGBl. I S. 2081), zuletzt geändert durch Artikel 10 Abs. 8 des Gesetzes vom 19. Dezember 1985 (BGBl. I S. 2355), wird aufgehoben.

Beschlüsse des 6. Ausschusses:

§ 320

unverändert

Entwurf:

§ 321

Übergangsmandat des Betriebsrats bei Betriebsspaltung

(1) Hat die Spaltung oder die Teilübertragung eines Rechtsträgers nach dem Dritten oder Vierten Buch die Spaltung eines Betriebs zur Folge, so bleibt dessen Betriebsrat im Amt und führt die Geschäfte für die ihm bislang zugeordneten Betriebsteile weiter, soweit sie über die in § 1 des Betriebsverfassungsgesetzes genannte Arbeitnehmerzahl verfügen und nicht in einen Betrieb eingegliedert werden, in dem ein Betriebsrat besteht. Das Übergangsmandat endet, sobald in den Betriebsteilen ein neuer Betriebsrat gewählt und das Wahlergebnis bekanntgegeben ist, spätestens jedoch drei Monate nach Wirksamwerden der Spaltung oder der Teilübertragung des Rechtsträgers.

Beschlüsse des 6. Ausschusses:

§ 321

Übergangsmandat des Betriebsrats bei Betriebsspaltung

(1) Hat die Spaltung oder die Teilübertragung eines Rechtsträgers nach dem Dritten oder Vierten Buch die Spaltung eines Betriebs zur Folge, so bleibt dessen Betriebsrat im Amt und führt die Geschäfte für die ihm bislang zugeordneten Betriebsteile weiter, soweit sie über die in § 1 des Betriebsverfassungsgesetzes genannte Arbeitnehmerzahl verfügen und nicht in einen Betrieb eingegliedert werden, in dem ein Betriebsrat besteht. **Der Betriebsrat hat insbesondere unverzüglich Wahlvorstände zu bestellen.** Das Übergangsmandat endet, sobald in den Betriebsteilen ein neuer Betriebsrat gewählt und das Wahlergebnis bekanntgegeben ist, spätestens jedoch drei Monate nach Wirksamwerden der Spaltung oder der Teilübertragung des Rechtsträgers.

Entwurf	Beschlüsse des 6. Ausschusses
(2) Werden Betriebsteile, die bislang verschiedenen Betrieben zugeordnet waren, zu einem Betrieb zusammengefaßt, so nimmt der Betriebsrat, dem der nach der Zahl der wahlberechtigten Arbeitnehmer größte Betriebsteil zugeordnet war, das Übergangsmandat wahr. Satz 1 gilt entsprechend, wenn Betriebe zu einem neuen Betrieb zusammengefaßt werden.	(2) unverändert
(3) Stehen die an der Spaltung oder an der Teilübertragung beteiligten Rechtsträger im Wettbewerb zueinander, so sind in den Fällen der Absätze 1 und 2 die Vorschriften über die Beteiligungsrechte des Betriebsrats nicht anzuwenden, soweit sie Angelegenheiten betreffen, die den Wettbewerb zwischen diesen Gesellschaften beeinflussen können.	(3) unverändert
§ 322 **Gemeinsamer Betrieb**	§ 322 unverändert
(1) Wird im Falle des § 321 Abs. 1 Satz 1 die Organisation des gespaltenen Betriebes nicht geändert, so wird für die Anwendung des Betriebsverfassungsgesetzes vermutet, daß dieser Betrieb von den an der Spaltung beteiligten Rechtsträgern gemeinsam geführt wird.	
(2) Führen an einer Spaltung oder an einer Teilübertragung nach dem Dritten oder Vierten Buch beteiligte Rechtsträger nach dem Wirksamwerden der Spaltung oder der Teilübertragung einen Betrieb gemeinsam, gilt dieser als Betrieb im Sinne des Kündigungsschutzrechts.	
§ 323 **Kündigungsrechtliche Stellung**	§ 323 **Kündigungsrechtliche Stellung**
Die kündigungsrechtliche Stellung eines Arbeitnehmers, der vor dem Wirksamwerden einer Spaltung oder Teilübertragung nach dem Dritten oder Vierten Buch zu dem übertragenden Rechtsträger in einem Arbeitsverhältnis steht, *darf sich* aufgrund der Spaltung oder Teilübertragung für die Dauer von *zwei Jahren* ab dem Zeitpunkt ihres Wirksamwerdens nicht *verschlechtern.*	**(1)** Die kündigungsrechtliche Stellung eines Arbeitnehmers, der vor dem Wirksamwerden einer Spaltung oder Teilübertragung nach dem Dritten oder Vierten Buch zu dem übertragenden Rechtsträger in einem Arbeitsverhältnis steht, **verschlechtert sich** auf Grund der Spaltung oder Teilübertragung für die Dauer von **einem Jahr** ab dem Zeitpunkt ihres Wirksamwerdens nicht.
	(2) Kommt bei einer Verschmelzung, Spaltung oder Vermögensübertragung ein Interessenausgleich zustande, in dem diejenigen Arbeitnehmer namentlich bezeichnet werden, die nach der Umwandlung einem bestimmten Betrieb oder Betriebsteil zugeordnet werden, so kann die Zuordnung der Arbeitnehmer durch das Arbeitsgericht nur auf grobe Fehlerhaftigkeit überprüft werden.
§ 324 ***Inkrafttreten***	§ 324 **Rechte und Pflichten bei Betriebsübergang**
Dieses Gesetz tritt am 1. Januar 19. . in Kraft.	**§ 613 a Abs. 1 und 4 des Bürgerlichen Gesetzbuchs bleibt durch die Wirkungen der Eintragung einer Verschmelzung, Spaltung oder Vermögensübertragung unberührt.**

Entwurf

Artikel 2

Änderung des Bürgerlichen Gesetzbuchs

§ 613a Abs. 3 des Bürgerlichen Gesetzbuchs in der im Bundesgesetzblatt Teil III, Gliederungsnummer 400-2, veröffentlichten bereinigten Fassung, das zuletzt durch Artikel 10 des Gesetzes vom 20. Dezember 1993 (BGBl. I S. 2182) geändert worden ist, wird wie folgt gefaßt:

„(3) Absatz 2 gilt nicht, wenn eine juristische Person oder eine Personenhandelsgesellschaft durch Umwandlung erlischt."

Artikel 3

Änderung des Handelsgesetzbuchs

In § 267 Abs. 4 Satz 2 des Handelsgesetzbuchs in der im Bundesgesetzblatt Teil III, Gliederungsnummer 4100-1, veröffentlichten bereinigten Fassung, das zuletzt durch Artikel 6 Abs. 42 des Gesetzes vom 27. Dezember 1993 (BGBl. I S. 2378) geändert worden ist, wird zu Beginn des Satzes sowie am Ende des Satzes jeweils die Angabe „Verschmelzung," gestrichen.

Artikel 4

Änderung des Gesetzes betreffend die Gesellschaften mit beschränkter Haftung

Das Gesetz betreffend die Gesellschaften mit beschränkter Haftung in der im Bundesgesetzblatt Teil III, Gliederungsnummer 4123-1, veröffentlichten bereinigten Fassung, das zuletzt durch Artikel 2 des Gesetzes vom 22. Juli 1993 (BGBl. I S. 1282) geändert worden ist, wird wie folgt geändert:

1. § 33 erhält folgenden neuen Absatz 3:

   „(3) Der Erwerb eigener Geschäftsanteile ist ferner zulässig zur Abfindung von Gesellschaftern nach § 29 Abs. 1, § 125 Satz 1 in Verbindung mit § 29 Abs. 1, § 207 Abs. 1 Satz 1 des Umwandlungsgesetzes, sofern der Erwerb binnen sechs Monaten nach dem Wirksamwerden der Umwandlung oder nach der Rechtskraft der gerichtlichen Entscheidung erfolgt und die Gesellschaft die nach § 272 Abs. 4 des Handelsgesetzbuchs vorgeschriebene Rücklage für eigene Anteile bilden kann, ohne das Stammkapital oder eine nach dem Gesellschaftsvertrag zu bildende Rücklage zu mindern, die nicht zu Zahlungen an die Gesellschafter verwandt werden darf."

Beschlüsse des 6. Ausschusses

Artikel 2

unverändert

Artikel 3

unverändert

Artikel 4

Änderung des Gesetzes betreffend die Gesellschaften mit beschränkter Haftung

Das Gesetz betreffend die Gesellschaften mit beschränkter Haftung in der im Bundesgesetzblatt Teil III, Gliederungsnummer 4123-1, veröffentlichten bereinigten Fassung, das zuletzt durch Artikel 2 des Gesetzes vom 22. Juli 1993 (BGBl. I S. 1282) geändert worden ist, wird wie folgt geändert:

1. unverändert

Entwurf	Beschlüsse des 6. Ausschusses
2. Nach § 57 b werden folgende §§ 57 c bis 57 o eingefügt:	2. unverändert

„§ 57 c

(1) Das Stammkapital kann durch Umwandlung von Rücklagen in Stammkapital erhöht werden (Kapitalerhöhung aus Gesellschaftsmitteln).

(2) Die Erhöhung des Stammkapitals kann erst beschlossen werden, nachdem der Jahresabschluß für das letzte vor der Beschlußfassung über die Kapitalerhöhung abgelaufene Geschäftsjahr (letzter Jahresabschluß) festgestellt und über die Ergebnisverwendung Beschluß gefaßt worden ist.

(3) Dem Beschluß über die Erhöhung des Stammkapitals ist eine Bilanz zugrunde zu legen.

(4) Neben den §§ 53 und 54 über die Abänderung des Gesellschaftvertrags gelten die §§ 57 d bis 57 o.

§ 57 d

(1) Die Kapital- und Gewinnrücklagen, die in Stammkapital umgewandelt werden sollen, müssen in der letzten Jahresbilanz und, wenn dem Beschluß eine andere Bilanz zugrunde gelegt wird, auch in dieser Bilanz unter „Kapitalrücklage" oder „Gewinnrücklagen" oder im letzten Beschluß über die Verwendung des Jahresergebnisses als Zuführung zu diesen Rücklagen ausgewiesen sein.

(2) Die Rücklagen können nicht umgewandelt werden, soweit in der zugrunde gelegten Bilanz ein Verlust, einschließlich eines Verlustvortrags, ausgewiesen ist.

(3) Andere Gewinnrücklagen, die einem bestimmten Zweck zu dienen bestimmt sind, dürfen nur umgewandelt werden, soweit dies mit ihrer Zweckbestimmung vereinbar ist.

§ 57 e

(1) Dem Beschluß kann die letzte Jahresbilanz zugrunde gelegt werden, wenn die Jahresbilanz geprüft und die festgestellte Jahresbilanz mit dem uneingeschränkten Bestätigungsvermerk der Abschlußprüfer versehen ist und wenn ihr Stichtag höchstens acht Monate vor der Anmeldung des Beschlusses zur Eintragung in das Handelsregister liegt.

(2) Bei Gesellschaften, die nicht große im Sinne des § 267 Abs. 3 des Handelsgesetzbuchs sind, kann die Prüfung auch durch vereidigte Buchprüfer erfolgen; die Abschlußprüfer müssen von der Versammlung der Gesellschafter gewählt sein.

§ 57 f

(1) Wird dem Beschluß nicht die letzte Jahresbilanz zugrunde gelegt, so muß die Bilanz den Vorschriften über die Gliederung der Jahresbilanz

Entwurf	Beschlüsse des 6. Ausschusses

und über die Wertansätze in der Jahresbilanz entsprechen. Der Stichtag der Bilanz darf höchstens acht Monate vor der Anmeldung des Beschlusses zur Eintragung in das Handelsregister liegen.

(2) Die Bilanz ist, bevor über die Erhöhung des Stammkapitals Beschluß gefaßt wird, durch einen oder mehrere Prüfer darauf zu prüfen, ob sie dem Absatz 1 entspricht. Sind nach dem abschließenden Ergebnis der Prüfung keine Einwendungen zu erheben, so haben die Prüfer dies durch einen Vermerk zu bestätigen. Die Erhöhung des Stammkapitals kann nicht ohne diese Bestätigung der Prüfer beschlossen werden.

(3) Die Prüfer werden von den Gesellschaftern gewählt; falls nicht andere Prüfer gewählt werden, gelten die Prüfer als gewählt, die für die Prüfung des letzten Jahresabschlusses von den Gesellschaftern gewählt oder vom Gericht bestellt worden sind. Im übrigen sind, soweit sich aus der Besonderheit des Prüfungsauftrags nichts anderes ergibt, § 318 Abs. 1 Satz 2, § 319 Abs. 1 bis 3, § 320 Abs. 1 Satz 2, §§ 321, 323 des Handelsgesetzbuchs anzuwenden. Bei Gesellschaften, die nicht große im Sinne des § 267 Abs. 3 des Handelsgesetzbuchs sind, können auch vereidigte Buchprüfer zu Prüfern bestellt werden.

§ 57g

Die Bestimmungen des Gesellschaftsvertrags über die vorherige Bekanntgabe des Jahresabschlusses an die Gesellschafter sind in den Fällen des § 57f entsprechend anzuwenden.

§ 57h

(1) Die Kapitalerhöhung kann vorbehaltlich des § 57l Abs. 2 durch Bildung neuer Geschäftsanteile oder durch Erhöhung des Nennbetrags der Geschäftsanteile ausgeführt werden. Die neuen Geschäftsanteile und die Geschäftsanteile, deren Nennbetrag erhöht wird, können auf jeden durch zehn teilbaren Betrag, müssen jedoch auf mindestens fünfzig Deutsche Mark gestellt werden.

(2) Der Beschluß über die Erhöhung des Stammkapitals muß die Art der Erhöhung angeben. Soweit die Kapitalerhöhung durch Erhöhung des Nennbetrags der Geschäftsanteile ausgeführt werden soll, ist sie so zu bemessen, daß durch sie auf keinen Geschäftsanteil, dessen Nennbetrag erhöht wird, Beträge entfallen, die durch die Erhöhung des Nennbetrags des Geschäftsanteils nicht gedeckt werden können.

§ 57i

(1) Der Anmeldung des Beschlusses über die Erhöhung des Stammkapitals zur Eintragung in das

Entwurf | Beschlüsse des 6. Ausschusses

Handelsregister ist die der Kapitalerhöhung zugrunde gelegte, mit dem Bestätigungsvermerk der Prüfer versehene Bilanz, in den Fällen des § 57f außerdem die letzte Jahresbilanz, sofern sie noch nicht eingereicht ist, beizufügen. Die Anmeldenden haben dem Registergericht gegenüber zu erklären, daß nach ihrer Kenntnis seit dem Stichtag der zugrunde gelegten Bilanz bis zum Tag der Anmeldung keine Vermögensminderung eingetreten ist, die der Kapitalerhöhung entgegenstünde, wenn sie am Tag der Anmeldung beschlossen worden wäre.

(2) Das Registergericht darf den Beschluß nur eintragen, wenn die der Kapitalerhöhung zugrunde gelegte Bilanz für einen höchstens acht Monate vor der Anmeldung liegenden Zeitpunkt aufgestellt und eine Erklärung nach Absatz 1 Satz 2 abgegeben worden ist.

(3) Zu der Prüfung, ob die Bilanzen den gesetzlichen Vorschriften entsprechen, ist das Gericht nicht verpflichtet.

(4) Bei der Eintragung des Beschlusses ist anzugeben, daß es sich um eine Kapitalerhöhung aus Gesellschaftsmitteln handelt.

§ 57j

Die neuen Geschäftsanteile stehen den Gesellschaftern im Verhältnis ihrer bisherigen Geschäftsanteile zu. Ein entgegenstehender Beschluß der Gesellschafter ist nichtig.

§ 57k

(1) Führt die Kapitalerhöhung dazu, daß auf einen Geschäftsanteil nur ein Teil eines neuen Geschäftsanteils entfällt, so ist dieses Teilrecht selbständig veräußerlich und vererblich.

(2) Die Rechte aus einem neuen Geschäftsanteil, einschließlich des Anspruchs auf Ausstellung einer Urkunde über den neuen Geschäftsanteil, können nur ausgeübt werden, wenn Teilrechte, die zusammen einen vollen Geschäftsanteil ergeben, in einer Hand vereinigt sind oder wenn sich mehrere Berechtigte, deren Teilrechte zusammen einen vollen Geschäftsanteil ergeben, zur Ausübung der Rechte (§ 18) zusammenschließen.

§ 57l

(1) Eigene Geschäftsanteile nehmen an der Erhöhung des Stammkapitals teil.

Entwurf

Beschlüsse des 6. Ausschusses

(2) Teileingezahlte Geschäftsanteile nehmen entsprechend ihrem Nennbetrag an der Erhöhung des Stammkapitals teil. Bei ihnen kann die Kapitalerhöhung nur durch Erhöhung des Nennbetrags der Geschäftsanteile ausgeführt werden. Sind neben teileingezahlten Geschäftsanteilen vollständig eingezahlte Geschäftsanteile vorhanden, so kann bei diesen die Kapitalerhöhung durch Erhöhung des Nennbetrags der Geschäftsanteile und durch Bildung neuer Geschäftsanteile ausgeführt werden. Die Geschäftsanteile, deren Nennbetrag erhöht wird, können auf jeden durch fünf teilbaren Betrag gestellt werden.

§ 57m

(1) Das Verhältnis der mit den Geschäftsanteilen verbundenen Rechte zueinander wird durch die Kapitalerhöhung nicht berührt.

(2) Soweit sich einzelne Rechte teileingezahlter Geschäftsanteile, insbesondere die Beteiligung am Gewinn oder das Stimmrecht, nach der je Geschäftsanteil geleisteten Einlage bestimmen, stehen diese Rechte den Gesellschaftern bis zur Leistung der noch ausstehenden Einlagen nur nach der Höhe der geleisteten Einlage, erhöht um den auf den Nennbetrag des Stammkapitals berechneten Hundertsatz der Erhöhung des Stammkapitals, zu. Werden weitere Einzahlungen geleistet, so erweitern sich diese Rechte entsprechend.

(3) Der wirtschaftliche Inhalt vertraglicher Beziehungen der Gesellschaft zu Dritten, die von der Gewinnausschüttung der Gesellschaft, dem Nennbetrag oder Wert ihrer Geschäftsanteile oder ihres Stammkapitals oder in sonstiger Weise von den bisherigen Kapital- oder Gewinnverhältnissen abhängen, wird durch die Kapitalerhöhung nicht berührt.

§ 57n

(1) Die neuen Geschäftsanteile nehmen, wenn nichts anderes bestimmt ist, am Gewinn des ganzen Geschäftsjahres teil, in dem die Erhöhung des Stammkapitals beschlossen worden ist.

(2) Im Beschluß über die Erhöhung des Stammkapitals kann bestimmt werden, daß die neuen Geschäftsanteile bereits am Gewinn des letzten vor der Beschlußfassung über die Kapitalerhöhung abgelaufenen Geschäftsjahrs teilnehmen. In diesem Fall ist die Erhöhung des Stammkapitals abweichend von § 57c Abs. 2 zu beschließen, bevor über die Ergebnisverwendung für das letzte vor der Beschlußfassung abgelaufene Geschäftsjahr Beschluß gefaßt worden ist. Der Beschluß über die Ergebnisverwendung für das letzte vor der Beschlußfassung über die Kapitalerhöhung abgelaufene Geschäftsjahr wird erst wirksam, wenn das Stammkapital erhöht worden ist. Der Beschluß

Entwurf

über die Erhöhung des Stammkapitals und der Beschluß über die Ergebnisverwendung für das letzte vor der Beschlußfassung über die Kapitalerhöhung abgelaufene Geschäftsjahr sind nichtig, wenn der Beschluß über die Kapitalerhöhung nicht binnen drei Monaten nach der Beschlußfassung in das Handelsregister eingetragen worden ist; der Lauf der Frist ist gehemmt, solange eine Anfechtungs- oder Nichtigkeitsklage rechtshängig ist oder eine zur Kapitalerhöhung beantragte staatliche Genehmigung noch nicht erteilt worden ist.

§ 57 o

Als Anschaffungskosten der vor der Erhöhung des Stammkapitals erworbenen Geschäftsanteile und der auf sie entfallenden neuen Geschäftsanteile gelten die Beträge, die sich für die einzelnen Geschäftsanteile ergeben, wenn die Anschaffungskosten der vor der Erhöhung des Stammkapitals erworbenen Geschäftsanteile auf diese und auf die auf sie entfallenden neuen Geschäftsanteile nach dem Verhältnis der Nennbeträge verteilt werden. Der Zuwachs an Geschäftsanteilen ist nicht als Zugang auszuweisen."

Beschlüsse des 6. Ausschusses

2a. Nach § 58 werden die folgenden §§ 58a bis 58f eingefügt:

„§ 58a

(1) Eine Herabsetzung des Stammkapitals, die dazu dienen soll, Wertminderungen auszugleichen oder sonstige Verluste zu decken, kann als vereinfachte Kapitalherabsetzung vorgenommen werden.

(2) Die vereinfachte Kapitalherabsetzung ist nur zulässig, nachdem der Teil der Kapital- und Gewinnrücklagen, der zusammen über zehn vom Hundert des nach der Herabsetzung verbleibenden Stammkapitals hinausgeht, vorweg aufgelöst ist. Sie ist nicht zulässig, solange ein Gewinnvortrag vorhanden ist.

(3) Im Beschluß über die vereinfachte Kapitalherabsetzung sind die Nennbeträge der Geschäftsanteile dem herabgesetzten Stammkapital anzupassen. Die Geschäftsanteile können auf jeden durch zehn teilbaren Betrag, müssen jedoch auf mindestens fünfzig Deutsche Mark gestellt werden. Geschäftsanteile, deren Nennbetrag durch die Herabsetzung unter fünfzig Deutsche Mark sinken würde, sind von den Geschäftsführern zu gemeinschaftlichen Geschäftsanteilen zu vereinigen, wenn die Einlagen auf die Geschäftsanteile voll geleistet, die Geschäftsanteile nicht mit einer Nachschußpflicht oder mit Rechten Dritter belastet und nach dem Gesellschaftsvertrag nicht mit verschiedenen Rechten und Pflichten ausgestattet sind. Die

Entwurf	Beschlüsse des 6. Ausschusses
	Erklärung über die Vereinigung der Geschäftsanteile bedarf der notariellen Beurkundung. Die Vereinigung wird mit der Eintragung des Beschlusses über die Kapitalherabsetzung in das Handelsregister wirksam.
	(4) Das Stammkapital kann unter den in § 5 Abs. 1 bestimmten Mindestnennbetrag herabgesetzt werden, wenn dieser durch eine Kapitalerhöhung wieder erreicht wird, die zugleich mit der Kapitalherabsetzung beschlossen ist und bei der Sacheinlagen nicht festgesetzt sind. Die Beschlüsse sind nichtig, wenn sie nicht binnen drei Monaten nach der Beschlußfassung in das Handelsregister eingetragen worden sind. Der Lauf der Frist ist gehemmt, solange eine Anfechtungs- oder Nichtigkeitsklage rechtshängig ist oder eine zur Kapitalherabsetzung oder Kapitalerhöhung beantragte staatliche Genehmigung noch nicht erteilt ist. Die Beschlüsse sollen nur zusammen in das Handelsregister eingetragen werden.
	(5) Neben den §§ 53 und 54 über die Abänderung des Gesellschaftsvertrags gelten die §§ 58b bis 58f.
	§ 58b
	(1) Die Beträge, die aus der Auflösung der Kapital- oder Gewinnrücklagen und aus der Kapitalherabsetzung gewonnen werden, dürfen nur verwandt werden, um Wertminderungen auszugleichen und sonstige Verluste zu decken.
	(2) Daneben dürfen die gewonnenen Beträge in die Kapitalrücklage eingestellt werden, soweit diese zehn vom Hundert des Stammkapitals nicht übersteigt. Als Stammkapital gilt dabei der Nennbetrag, der sich durch die Herabsetzung ergibt, mindestens aber der nach § 5 Abs. 1 zulässige Mindestnennbetrag.
	(3) Ein Betrag, der auf Grund des Absatzes 2 in die Kapitalrücklage eingestellt worden ist, darf vor Ablauf des fünften nach der Beschlußfassung über die Kapitalherabsetzung beginnenden Geschäftsjahres nur verwandt werden 1. zum Ausgleich eines Jahresfehlbetrags, soweit er nicht durch einen Gewinnvortrag aus dem Vorjahr gedeckt ist und nicht durch Auflösung von Gewinnrücklagen ausgeglichen werden kann; 2. zum Ausgleich eines Verlustvortrags aus dem Vorjahr, soweit er nicht durch einen Jahresüberschuß gedeckt ist und nicht durch Auflösung von Gewinnrücklagen ausgeglichen werden kann; 3. zur Kapitalerhöhung aus Gesellschaftsmitteln.

Entwurf	Beschlüsse des 6. Ausschusses

§ 58c

Ergibt sich bei der Aufstellung der Jahresbilanz für das Geschäftsjahr, in dem der Beschluß über die Kapitalherabsetzung gefaßt wurde, oder für eines der beiden folgenden Geschäftsjahre, daß Wertminderungen und sonstige Verluste in der bei der Beschlußfassung angenommenen Höhe tatsächlich nicht eingetreten oder ausgeglichen waren, so ist der Unterschiedsbetrag in die Kapitalrücklage einzustellen. Für einen nach Satz 1 in die Kapitalrücklage eingestellten Betrag gilt § 58b Abs. 3 sinngemäß.

§ 58d

(1) Gewinn darf vor Ablauf des fünften nach der Beschlußfassung über die Kapitalherabsetzung beginnenden Geschäftsjahrs nur ausgeschüttet werden, wenn die Kapital- und Gewinnrücklagen zusammen zehn vom Hundert des Stammkapitals erreichen. Als Stammkapital gilt dabei der Nennbetrag, der sich durch die Herabsetzung ergibt, mindestens aber der nach § 5 Abs. 1 zulässige Mindestnennbetrag.

(2) Die Zahlung eines Gewinnanteils von mehr als vier vom Hundert ist erst für ein Geschäftsjahr zulässig, das später als zwei Jahre nach der Beschlußfassung über die Kapitalherabsetzung beginnt. Dies gilt nicht, wenn die Gläubiger, deren Forderungen vor der Bekanntmachung der Eintragung des Beschlusses begründet worden waren, befriedigt oder sichergestellt sind, soweit sie sich binnen sechs Monaten nach der Bekanntmachung des Jahresabschlusses, auf Grund dessen die Gewinnverteilung beschlossen ist, zu diesem Zweck gemeldet haben. Einer Sicherstellung der Gläubiger bedarf es nicht, die im Fall des Insolvenzverfahrens ein Recht auf vorzugsweise Befriedigung aus einer Deckungsmasse haben, die nach gesetzlicher Vorschrift zu ihrem Schutz errichtet und staatlich überwacht ist. Die Gläubiger sind in der Bekanntmachung nach § 325 Abs. 1 Satz 2 oder § 325 Abs. 2 Satz 1 des Handelsgesetzbuchs auf die Befriedigung oder Sicherstellung hinzuweisen.

§ 58e

(1) Im Jahresabschluß für das letzte vor der Beschlußfassung über die Kapitalherabsetzung abgelaufene Geschäftsjahr können das Stammkapital sowie die Kapital- und Gewinnrücklagen in der Höhe ausgewiesen werden, in der sie nach der Kapitalherabsetzung bestehen sollen. Dies gilt nicht, wenn der Jahresabschluß anders als durch Beschluß der Gesellschafter festgestellt wird.

(2) Der Beschluß über die Feststellung des Jahresabschlusses soll zugleich mit dem Beschluß über die Kapitalherabsetzung gefaßt werden.

Entwurf	Beschlüsse des 6. Ausschusses
	(3) Die Beschlüsse sind nichtig, wenn der Beschluß über die Kapitalherabsetzung nicht binnen drei Monaten nach der Beschlußfassung in das Handelsregister eingetragen worden ist. Der Lauf der Frist ist gehemmt, solange eine Anfechtungs- oder Nichtigkeitsklage rechtshängig ist oder eine zur Kapitalherabsetzung beantragte staatliche Genehmigung noch nicht erteilt ist.
	(4) Der Jahresabschluß darf nach § 325 des Handelsgesetzbuchs erst nach Eintragung des Beschlusses über die Kapitalherabsetzung offengelegt werden.
	§ 58f
	(1) Wird im Fall des § 58e zugleich mit der Kapitalherabsetzung eine Erhöhung des Stammkapitals beschlossen, so kann auch die Kapitalerhöhung in dem Jahresabschluß als vollzogen berücksichtigt werden. Die Beschlußfassung ist nur zulässig, wenn die neuen Stammeinlagen übernommen, keine Sacheinlagen festgesetzt sind und wenn auf jede neue Stammeinlage die Einzahlung geleistet ist, die nach § 56a zur Zeit der Anmeldung der Kapitalerhöhung bewirkt sein muß. Die Übernahme und die Einzahlung sind dem Notar nachzuweisen, der den Beschluß über die Erhöhung des Stammkapitals beurkundet.
	(2) Sämtliche Beschlüsse sind nichtig, wenn die Beschlüsse über die Kapitalherabsetzung und die Kapitalerhöhung nicht binnen drei Monaten nach der Beschlußfassung in das Handelsregister eingetragen worden sind. Der Lauf der Frist ist gehemmt, solange eine Anfechtungs- oder Nichtigkeitsklage rechtshängig ist oder eine zur Kapitalherabsetzung oder Kapitalerhöhung beantragte staatliche Genehmigung noch nicht erteilt worden ist. Die Beschlüsse sollen nur zusammen in das Handelsregister eingetragen werden.
	(3) Der Jahresabschluß darf nach § 325 des Handelsgesetzbuchs erst offengelegt werden, nachdem die Beschlüsse über die Kapitalherabsetzung und Kapitalerhöhung eingetragen worden sind."
3. In § 78 wird nach der Verweisung auf „§ 57 Abs. 1," die Verweisung auf „§ 57i Abs. 1," eingefügt.	3. unverändert
4. § 82 Abs. 1 wird wie folgt geändert: a) In Nummer 3 wird am Ende das Wort „oder" durch ein Komma ersetzt. b) Folgende neue Nummer 4 wird eingefügt: „4. als Geschäftsführer in der in § 57i Abs. 1 Satz 2 vorgeschriebenen Erklärung oder". c) Die bisherige Nummer 4 wird Nummer 5.	4. unverändert

Entwurf

Artikel 5

Aufhebung des Kapitalerhöhungsgesetzes

Das Gesetz über die Kapitalerhöhung aus Gesellschaftsmitteln und über die Verschmelzung von Gesellschaften mit beschränkter Haftung in der im Bundesgesetzblatt Teil III, Gliederungsnummer 4120-2, veröffentlichten bereinigten Fassung, zuletzt geändert durch Artikel 10 Abs. 9 des Gesetzes vom 19. Dezember 1985 (BGBl. I S. 2355), wird aufgehoben.

Artikel 6

Änderung des Aktiengesetzes

Das Aktiengesetz vom 6. September 1965 (BGBl. I S. 1089), zuletzt geändert durch Artikel 3 des Gesetzes vom 22. Juli 1993 (BGBl. I S. 1282), wird wie folgt geändert:

1. § 71 Abs. 1 Nr. 3 wird wie folgt gefaßt:

   „3. wenn der Erwerb geschieht, um Aktionäre nach § 305 Abs. 2, § 320b oder nach § 29 Abs. 1, § 125 Satz 1 in Verbindung mit § 29 Abs. 1, § 207 Abs. 1 Satz 1 des Umwandlungsgesetzes abzufinden,".

2. § 99 Abs. 6 wird wie folgt geändert:

   a) Satz 7 wird aufgehoben.

   b) Die bisherigen Sätze 8 bis 10 werden die Sätze 7 bis 9.

3. Nach § 179 wird folgende neue Vorschrift eingefügt:

   „§ 179a

   Verpflichtung zur Übertragung des ganzen Gesellschaftsvermögens

   (1) Ein Vertrag, durch den sich eine Aktiengesellschaft zur Übertragung des ganzen Gesellschaftsvermögens verpflichtet, ohne daß die Übertragung unter die Vorschriften des Umwandlungsgesetzes fällt, bedarf auch dann eines Beschlusses der Hauptversammlung nach § 179, wenn damit nicht eine Änderung des Unternehmensgegenstandes verbunden ist. Die Satzung kann nur eine größere Kapitalmehrheit bestimmen.

   (2) Der Vertrag ist von der Einberufung der Hauptversammlung an, die über die Zustimmung beschließen soll, in dem Geschäftsraum der Gesellschaft zur Einsicht der Aktionäre auszulegen. Auf Verlangen ist jedem Aktionär unverzüglich eine Abschrift zu erteilen. In der Hauptversammlung ist der Vertrag auszulegen. Der Vor-

Beschlüsse des 6. Ausschusses

Artikel 5

unverändert

Artikel 6

Änderung des Aktiengesetzes

Das Aktiengesetz vom 6. September 1965 (BGBl. I S. 1089), zuletzt geändert durch Artikel 3 des Gesetzes vom 22. Juli 1993 (BGBl. I S. 1282), wird wie folgt geändert:

1. unverändert

2. unverändert

3. unverändert

Entwurf	Beschlüsse des 6. Ausschusses
stand hat ihn zu Beginn der Verhandlung zu erläutern. Der Niederschrift ist er als Anlage beizufügen.	
(3) Wird aus Anlaß der Übertragung des Gesellschaftsvermögens die Gesellschaft aufgelöst, so ist der Anmeldung der Auflösung der Vertrag in Ausfertigung oder öffentlich beglaubigter Abschrift beizufügen."	
4. § 211 Abs. 2 wird aufgehoben.	4. unverändert
5. § 293 Abs. 3 Satz 2 bis 5 und Abs. 4 werden aufgehoben.	5. unverändert
6. Nach § 293 werden folgende neue Vorschriften eingefügt:	6. Nach § 293 werden folgende neue Vorschriften eingefügt:
„§ 293 a Bericht über den Unternehmensvertrag	„§ 293 a unverändert
(1) Der Vorstand jeder an einem Unternehmensvertrag beteiligten Aktiengesellschaft oder Kommanditgesellschaft auf Aktien hat, soweit die Zustimmung der Hauptversammlung nach § 293 erforderlich ist, einen ausführlichen schriftlichen Bericht zu erstatten, in dem der Abschluß des Unternehmensvertrags, der Vertrag im einzelnen und insbesondere Art und Höhe des Ausgleichs nach § 304 und der Abfindung nach § 305 rechtlich und wirtschaftlich erläutert und begründet werden; der Bericht kann von den Vorständen auch gemeinsam erstattet werden. Auf besondere Schwierigkeiten bei der Bewertung der vertragschließenden Unternehmen sowie auf die Folgen für die Beteiligungen der Aktionäre ist hinzuweisen.	
(2) In den Bericht brauchen Tatsachen nicht aufgenommen zu werden, deren Bekanntwerden geeignet ist, einem der vertragschließenden Unternehmen oder einem verbundenen Unternehmen einen nicht unerheblichen Nachteil zuzufügen. In diesem Falle sind in dem Bericht die Gründe, aus denen die Tatsachen nicht aufgenommen worden sind, darzulegen.	
(3) Der Bericht ist nicht erforderlich, wenn alle Anteilsinhaber aller beteiligten Unternehmen auf seine Erstattung durch öffentlich beglaubigte Erklärung verzichten.	
§ 293 b Prüfung des Unternehmensvertrags	§ 293 b unverändert
(1) Der Unternehmensvertrag ist für jede vertragschließende Aktiengesellschaft oder Kommanditgesellschaft auf Aktien durch sachverständige Prüfer (Vertragsprüfer) zu prüfen, es sei denn, daß sich alle Aktien der abhängigen Gesellschaft in der Hand des herrschenden Unternehmens befinden.	
(2) § 293 a Abs. 3 ist entsprechend anzuwenden.	

Entwurf	Beschlüsse des 6. Ausschusses
§ 293c Bestellung der Vertragsprüfer	§ 293c unverändert
(1) Die Vertragsprüfer werden von dem Vorstand der abhängigen Gesellschaft oder auf dessen Antrag vom Gericht bestellt. Zuständig ist das Landgericht, in dessen Bezirk die abhängige Gesellschaft ihren Sitz hat. Ist bei dem Landgericht eine Kammer für Handelssachen gebildet, so entscheidet diese an Stelle der Zivilkammer. Für den Ersatz von Auslagen und für die Vergütung der vom Gericht bestellten Prüfer gilt § 318 Abs. 5 des Handelsgesetzbuchs.	
(2) Die Landesregierung kann die Entscheidung durch Rechtsverordnung für die Bezirke mehrerer Landgerichte einem der Landgerichte übertragen, wenn dies der Sicherung einer einheitlichen Rechtsprechung dient. Die Landesregierung kann die Ermächtigung auf die Landesjustizverwaltung übertragen.	
§ 293d Auswahl, Stellung und Verantwortlichkeit der Vertragsprüfer	§ 293d unverändert
(1) Für die Auswahl und das Auskunftsrecht der Vertragsprüfer gelten § 319 Abs. 1 bis 3, § 320 Abs. 1 Satz 2 und Abs. 2 Satz 1 und 2 des Handelsgesetzbuchs entsprechend. Das Auskunftsrecht besteht gegenüber den vertragschließenden Unternehmen und gegenüber einem Konzernunternehmen sowie einem abhängigen und einem herrschenden Unternehmen.	
(2) Für die Verantwortlichkeit der Vertragsprüfer, ihrer Gehilfen und der bei der Prüfung mitwirkenden gesetzlichen Vertreter einer Prüfungsgesellschaft gilt § 323 des Handelsgesetzbuchs entsprechend. Die Verantwortlichkeit besteht gegenüber den vertragschließenden Unternehmen und deren Anteilsinhabern.	
§ 293e Prüfungsbericht	§ 293c Prüfungsbericht
(1) Die Vertragsprüfer haben über das Ergebnis der Prüfung schriftlich zu berichten. Der Prüfungsbericht ist mit einer Erklärung darüber abzuschließen, ob der vorgeschlagene Ausgleich oder die vorgeschlagene Abfindung angemessen ist. Dabei ist anzugeben,	(1) unverändert
1. nach welchen Methoden Ausgleich und Abfindung ermittelt worden sind;	
2. aus welchen Gründen die Anwendung dieser Methoden angemessen ist;	

Entwurf

3. welcher Ausgleich oder welche Abfindung sich bei der Anwendung verschiedener Methoden, sofern mehrere angewandt worden sind, jeweils ergeben würde; zugleich ist darzulegen, welches Gewicht den verschiedenen Methoden bei der Bestimmung des vorgeschlagenen Ausgleichs oder der vorgeschlagenen Abfindung und der ihnen zugrunde liegenden Werte beigemessen worden ist und welche besonderen Schwierigkeiten bei der Bewertung der vertragschließenden Unternehmen aufgetreten sind.

(2) § 293a Abs. 2 ist entsprechend anzuwenden.

§ 293f

Vorbereitung der Hauptversammlung

(1) Von der Einberufung der Hauptversammlung an, die über die Zustimmung zu dem Unternehmensvertrag beschließen soll, sind in dem Geschäftsraum jeder der beteiligten Aktiengesellschaften oder Kommanditgesellschaften auf Aktien zur Einsicht der Aktionäre auszulegen

1. der Unternehmensvertrag;

2. die Jahresabschlüsse und die Lageberichte der vertragschließenden Unternehmen für die letzten drei Geschäftsjahre;

3. die nach § 293a erstatteten Berichte der Vorstände und die nach § 293e erstatteten Berichte der Vertragsprüfer.

(2) Auf Verlangen ist jedem Aktionär unverzüglich und kostenlos eine Abschrift der in Absatz 1 bezeichneten Unterlagen zu erteilen.

§ 293g

Durchführung der Hauptversammlung

(1) In der Hauptversammlung sind die in § 293f Abs. 1 bezeichneten Unterlagen auszulegen.

(2) Der Vorstand hat den Unternehmensvertrag zu Beginn der Verhandlung mündlich zu erläutern. Er ist der Niederschrift als Anlage beizufügen.

(3) Jedem Aktionär ist auf Verlangen in der Hauptversammlung Auskunft auch über alle für den Vertragschluß wesentlichen Angelegenheiten des anderen Vertragsteils zu geben."

7. § 305 Abs. 3 wird wie folgt geändert:

a) In Satz 2 werden die Worte „Vermögens- und Ertragslage" durch das Wort „Verhältnisse" ersetzt.

Beschlüsse des 6. Ausschusses

(2) § 293a Abs. 2 **und 3** ist entsprechend anzuwenden.

§ 293f

unverändert

§ 293g

unverändert

7. unverändert

Entwurf

b) Folgender Satz wird angefügt:

„Sie ist nach Ablauf des Tages, an dem der Beherrschungs- oder Gewinnabführungsvertrag wirksam geworden ist, mit jährlich zwei vom Hundert über dem jeweiligen Diskontsatz der Deutschen Bundesbank zu verzinsen; die Geltendmachung eines weiteren Schadens ist nicht ausgeschlossen."

8. § 306 *Abs.* 7 wird wie folgt geändert:

a) Satz 7 wird aufgehoben.

b) Die bisherigen Sätze 8 und 9 werden die Sätze 7 und 8.

9. § 319 wird wie folgt geändert:

a) Absatz 2 Satz 5 wird aufgehoben.

b) Absatz 3 wird wie folgt gefaßt:

„(3) Von der Einberufung der Hauptversammlung der zukünftigen Hauptgesellschaft an, die über die Zustimmung zur Eingliederung beschließen soll, sind in dem Geschäftsraum dieser Gesellschaft zur Einsicht der Aktionäre auszulegen

1. der Entwurf des Eingliederungsbeschlusses;

2. die Jahresabschlüsse und die Lageberichte der beteiligten Gesellschaften für die letzten drei Geschäftsjahre;

3. ein ausführlicher schriftlicher Bericht des Vorstands der zukünftigen Hauptgesellschaft, in dem die Eingliederung rechtlich und wirtschaftlich erläutert und begründet wird (Eingliederungsbericht).

Auf Verlangen ist jedem Aktionär der zukünftigen Hauptgesellschaft unverzüglich und kostenlos eine Abschrift der in Satz 1 bezeichneten Unterlagen zu erteilen. In der Hauptversammlung sind diese Unterlagen auszulegen. Jedem Aktionär ist in der Hauptversammlung auf Verlangen Auskunft auch über alle im Zusammenhang mit der Eingliederung wesentlichen Angelegenheiten der einzugliedernden Gesellschaft zu geben."

Beschlüsse des 6. Ausschusses

8. § 306 wird wie folgt geändert:

a) **Absatz 1 Satz 2 wird wie folgt gefaßt:**

„§ 132 Abs. 1 Satz 2 bis 4 sowie § 306 Abs. 2 Satz 2 und 3 des Umwandlungsgesetzes sind anzuwenden."

b) **In Absatz 4 wird folgender Satz angefügt:**

„§ 308 Abs. 3 des Umwandlungsgesetzes ist anzuwenden."

c) **In Absatz 7** wird Satz 7 aufgehoben; die bisherigen Sätze 8 und 9 werden die Sätze 7 und 8.

9. unverändert

Entwurf	Beschlüsse des 6. Ausschusses
c) Nach Absatz 3 werden die folgenden neuen Absätze 4 bis 6 eingefügt:	
„(4) Der Vorstand der einzugliedernden Gesellschaft hat die Eingliederung und die Firma der Hauptgesellschaft zur Eintragung in das Handelsregister anzumelden. Der Anmeldung sind die Niederschriften der Hauptversammlungsbeschlüsse und ihre Anlagen in Ausfertigung oder öffentlich beglaubigter Abschrift beizufügen.	
(5) Bei der Anmeldung nach Absatz 4 hat der Vorstand zu erklären, daß eine Klage gegen die Wirksamkeit eines Hauptversammlungsbeschlusses nicht oder nicht fristgemäß erhoben oder eine solche Klage rechtskräftig abgewiesen oder zurückgenommen worden ist; hierüber hat der Vorstand dem Registergericht auch nach der Anmeldung Mitteilung zu machen. Liegt die Erklärung nicht vor, so darf die Eingliederung nicht eingetragen werden, es sei denn, daß die klageberechtigen Aktionäre durch notariell beurkundete Verzichtserklärung auf die Klage gegen die Wirksamkeit des Hauptversammlungsbeschlusses verzichten.	
(6) Der Erklärung nach Absatz 5 Satz 1 steht es gleich, wenn nach Erhebung einer Klage gegen die Wirksamkeit eines Hauptversammlungsbeschlusses das für diese Klage zuständige Landgericht auf Antrag der Gesellschaft, gegen deren Hauptversammlungsbeschluß sich die Klage richtet, durch rechtskräftigen Beschluß festgestellt hat, daß die Erhebung der Klage der Eintragung nicht entgegensteht. Der Beschluß nach Satz 1 darf nur ergehen, wenn die Klage gegen die Wirksamkeit des Hauptversammlungsbeschlusses unzulässig oder offensichtlich unbegründet ist oder wenn das alsbaldige Wirksamwerden der Eingliederung nach freier Überzeugung des Gerichts unter Berücksichtigung der Schwere der mit der Klage geltend gemachten Rechtsverletzungen zur Abwendung der vom Antragsteller dargelegten wesentlichen Nachteile für die Gesellschaft und ihre Aktionäre vorrangig erscheint. Der Beschluß kann in dringenden Fällen ohne mündliche Verhandlung ergehen. Die vorgebrachten Tatsachen, aufgrund derer der Beschluß nach Satz 2 ergehen kann, sind glaubhaft zu machen. Gegen den Beschluß findet die sofortige Beschwerde statt. Erweist sich die Klage als begründet, so ist die Gesellschaft, die den Beschluß erwirkt hat, verpflichtet, dem Antragsgegner den Schaden zu ersetzen, der ihm aus einer auf dem Beschluß beruhenden Eintragung der Eingliederung entstanden ist."	
d) Der bisherige Absatz 4 wird Absatz 7.	
10. § 320 wird wie folgt geändert:	10. unverändert
a) In Absatz 1 Satz 3 wird die Angabe „4" durch die Angabe „7" ersetzt.	

Entwurf	Beschlüsse des 6. Ausschusses

b) Nach Absatz 2 werden folgende neue Absätze angefügt:

„(3) Die Eingliederung ist durch sachverständige Prüfer (Eingliederungsprüfer) zu prüfen. Diese werden von dem Vorstand der zukünftigen Hauptgesellschaft bestellt. § 293a Abs. 3, §§ 293c bis 293e sind sinngemäß anzuwenden.

(4) Die in § 319 Abs. 3 Satz 1 bezeichneten Unterlagen sowie der Prüfungsbericht nach Absatz 3 sind jeweils von der Einberufung der Hauptversammlung an, die über die Zustimmung zur Eingliederung beschließen soll, in dem Geschäftsraum der einzugliedernden Gesellschaft und der Hauptgesellschaft zur Einsicht der Aktionäre auszulegen. In dem Eingliederungsbericht sind auch Art und Höhe der Abfindung nach § 320b rechtlich und wirtschaftlich zu erläutern und zu begründen; auf besondere Schwierigkeiten bei der Bewertung der beteiligten Gesellschaften sowie auf die Folgen für die Beteiligungen der Aktionäre ist hinzuweisen. § 319 Abs. 3 Satz 2 bis 4 gilt sinngemäß für die Aktionäre beider Gesellschaften."

c) Die Absätze 3 bis 7 werden aufgehoben.

11. Nach § 320 werden die folgenden Vorschriften eingefügt:

11. unverändert

„§ 320a

Wirkungen der Eingliederung

Mit der Eintragung der Eingliederung in das Handelsregister gehen alle Aktien, die sich nicht in der Hand der Hauptgesellschaft befinden, auf diese über. Sind über diese Aktien Aktienurkunden ausgegeben, so verbriefen sie bis zu ihrer Aushändigung an die Hauptgesellschaft nur den Anspruch auf Abfindung.

§ 320b

Abfindung der ausgeschiedenen Aktionäre

(1) Die ausgeschiedenen Aktionäre der eingegliederten Gesellschaft haben Anspruch auf angemessene Abfindung. Als Abfindung sind ihnen eigene Aktien der Hauptgesellschaft zu gewähren. Ist die Hauptgesellschaft eine abhängige Gesellschaft, so sind den ausgeschiedenen Aktionären nach deren Wahl eigene Aktien der Hauptgesellschaft oder eine angemessene Barabfindung zu gewähren. Werden als Abfindung Aktien der Hauptgesellschaft gewährt, so ist die Abfindung als angemessen anzusehen, wenn die Aktien in dem Verhältnis gewährt werden, in dem bei einer Verschmelzung auf eine Aktie der Gesellschaft Aktien der Hauptgesellschaft zu gewähren wären, wobei Spitzenbeträge durch

Entwurf	Beschlüsse des 6. Ausschusses
bare Zuzahlungen ausgeglichen werden können. Die Barabfindung muß die Verhältnisse der Gesellschaft im Zeitpunkt der Beschlußfassung ihrer Hauptversammlung über die Eingliederung berücksichtigen. Die Barabfindung sowie bare Zuzahlungen sind von der Bekanntmachung der Eintragung der Eingliederung an mit jährlich zwei vom Hundert über dem jeweiligen Diskontsatz der Deutschen Bundesbank zu verzinsen; die Geltendmachung eines weiteren Schadens ist nicht ausgeschlossen.	
(2) Die Anfechtung des Beschlusses, durch den die Hauptversammlung der eingegliederten Gesellschaft die Eingliederung der Gesellschaft beschlossen hat, kann nicht auf § 243 Abs. 2 oder darauf gestützt werden, daß die von der Hauptgesellschaft nach § 320 Abs. 2 Nr. 2 angebotene Abfindung nicht angemessen ist. Ist die angebotene Abfindung nicht angemessen, so hat das in § 306 bestimmte Gericht auf Antrag die angemessene Abfindung zu bestimmen. Das gleiche gilt, wenn die Hauptgesellschaft eine Abfindung nicht oder nicht ordnungsgemäß angeboten hat und eine hierauf gestützte Anfechtungsklage innerhalb der Anfechtungsfrist nicht erhoben oder zurückgenommen oder rechtskräftig abgewiesen worden ist.	
(3) Antragsberechtigt ist jeder ausgeschiedene Aktionär. Der Antrag kann nur binnen zwei Monaten nach dem Tage gestellt werden, an dem die Eintragung der Eingliederung in das Handelsregister nach § 10 des Handelsgesetzbuchs als bekanntgemacht gilt. Für das Verfahren gilt § 306 sinngemäß."	
12. Das Vierte Buch wird aufgehoben.	12. unverändert
13. Das Fünfte Buch erhält die Überschrift „Viertes Buch".	13. unverändert
14. In § 399 Abs. 2 werden die Worte „oder als Mitglied des Vorstands zum Zweck der Eintragung einer Umwandlung der Gesellschaft in eine Gesellschaft mit beschränkter Haftung die in § 371 Abs. 2 Satz 1 oder 2 oder Abs. 3 Satz 1 vorgeschriebene Erklärung" gestrichen.	14. unverändert
15. § 407 wird wie folgt geändert:	15. unverändert
a) In Absatz 1 Satz 1 erster Halbsatz wird die Angabe „§ 293 Abs. 3 Satz 2 und 3" durch die Angabe „§§ 293 f, 293 g Abs. 1" ersetzt; die Angabe „, § 340d Abs. 2 und 4, § 361 Abs. 2 Satz 1 und 2" wird gestrichen.	
b) In Absatz 2 Satz 1 wird die Angabe „ , § 345 Abs. 1, § 353 Abs. 5, §§ 364, 367, 371, 379, 390" gestrichen.	

Entwurf

Artikel 7

Änderung des Genossenschaftsgesetzes

Das Gesetz betreffend die Erwerbs- und Wirtschaftsgenossenschaften in der im Bundesgesetzblatt Teil III, Gliederungsnummer 4125-1, veröffentlichten bereinigten Fassung, zuletzt geändert durch Artikel 7 des Gesetzes vom 20. Dezember 1993 (BGBl. I S. 2182), wird wie folgt geändert:

1. Die §§ 63e bis 63 i, 93 a bis 93 s werden aufgehoben.

2. In § 156 Abs. 1 Satz 2 wird nach der Angabe „§ 82 Abs. 1" das Komma durch das Wort „und" ersetzt; die Worte „und der Verschmelzung und Umwandlung von Genossenschaften" werden gestrichen.

Beschlüsse des 6. Ausschusses

Artikel 7

unverändert

Artikel 8

Änderung des Versicherungsaufsichtsgesetzes

Das Versicherungsaufsichtsgesetz in der Fassung der Bekanntmachung vom *13. Oktober 1983 (BGBl. I S. 1261)*, zuletzt geändert durch Artikel 6 Abs. 84 des Gesetzes vom 27. Dezember 1993 (BGBl. I S. 2378), wird wie folgt geändert:

1. Nach § 14 wird folgende Vorschrift eingefügt:

„§ 14a

Jede Umwandlung eines Versicherungsunternehmens nach § 1 des Umwandlungsgesetzes bedarf der Genehmigung der Aufsichtsbehörde. § 14 Abs. 1 Satz 2, 3 und 5 gilt entsprechend. Die Genehmigung kann auch versagt werden, wenn die Vorschriften über die Umwandlung nicht beachtet worden sind."

2. Die §§ 44a bis 44c, 53a werden aufgehoben.

3. § 157a Abs. 3 wird wie folgt geändert:

   a) Die Angabe „, der §§ 37 und 53a" wird durch die Angabe „und des § 37" ersetzt.

   b) Der Punkt wird durch einen Strichpunkt ersetzt.

   c) Folgender neuer Halbsatz wird angefügt:

      „eine Umwandlung nach dem Umwandlungsgesetz ist nicht zulässig."

Artikel 8

Änderung des Versicherungsaufsichtsgesetzes

Das Versicherungsaufsichtsgesetz in der Fassung der Bekanntmachung vom **17. Dezember 1992** (BGBl. **1993** I S. **2**), zuletzt geändert durch Artikel 6 Abs. 84 des Gesetzes vom 27. Dezember 1993 (BGBl. I S. 2378), wird wie folgt geändert:

1. unverändert

2. unverändert

3. unverändert

Entwurf

Artikel 9

Änderung des Publizitätsgesetzes

In § 2 Abs. 1 Satz 2 des Gesetzes über die Rechnungslegung von bestimmten Unternehmen und Konzernen vom 15. August 1969 (BGBl. I S. 1189, 1970 I S. 1113), das zuletzt durch Artikel 4 des Gesetzes vom 30. November 1990 (BGBl. I S. 2570) geändert worden ist, wird die Angabe „Verschmelzung," gestrichen.

Artikel 10

Änderung des Kreditwesengesetzes

§ 40 Abs. 1 des Gesetzes über das Kreditwesen in der Fassung der Bekanntmachung vom 30. Juni 1993 (BGBl. I S. 1082), das zuletzt durch *Artikel 4* des Gesetzes vom *25. Oktober 1993* (BGBl. I S. *1770*) geändert worden ist, wird wie folgt geändert:

1. Am Ende der Nummer 2 wird der Punkt durch einen Strichpunkt ersetzt.

2. Nach Nummer 2 wird folgende neue Nummer 3 angefügt:

„3. Unternehmen, die durch Umwandlung der in Nummer 2 bezeichneten Unternehmen neu gegründet *wurden.*"

Artikel 11

Änderung des Gesetzes gegen Wettbewerbsbeschränkungen

Das Gesetz gegen Wettbewerbsbeschränkungen in der Fassung der Bekanntmachung vom 20. Februar 1990 (BGBl. I S. 235), zuletzt geändert durch *Artikel 6 Abs. 64* des Gesetzes vom *27. Dezember 1993* (BGBl. I S. *2378)*, wird wie folgt geändert:

1. § 23 wird wie folgt geändert:

   a) In Absatz 2 Satz 1 Nr. 1 wird die Angabe „Verschmelzung," gestrichen.

   b) In Absatz 4 Nr. 1 werden die Worte „Verschmelzung oder" gestrichen; ferner wird das Wort „neugebildeten" durch das Wort „neugegründeten" ersetzt.

Beschlüsse des 6. Ausschusses

Artikel 9

unverändert

Artikel 10

Änderung des Kreditwesengesetzes

§ 40 Abs. 1 des Gesetzes über das Kreditwesen in der Fassung der Bekanntmachung vom 30. Juni 1993 (BGBl. I S. 1082), das zuletzt durch **§ 7 Abs. 1 Buchstabe c** des Gesetzes vom **26. April 1994** (BGBl. I S. **918**) geändert worden ist, wird wie folgt geändert:

1. unverändert

2. Nach Nummer 2 wird folgende neue Nummer 3 angefügt:

„3. Unternehmen, die durch Umwandlung der in Nummer 2 bezeichneten Unternehmen neu gegründet **werden, solange sie auf Grund ihrer Satzung besondere Merkmale, insbesondere eine am Gemeinwohl orientierte Aufgabenstellung und eine Beschränkung der wesentlichen Geschäftstätigkeit auf den Wirtschaftsraum, in dem das Unternehmen seinen Sitz hat, in dem Umfang wie vor der Umwandlung aufweisen.**"

Artikel 11

Änderung des Gesetzes gegen Wettbewerbsbeschränkungen

Das Gesetz gegen Wettbewerbsbeschränkungen in der Fassung der Bekanntmachung vom 20. Februar 1990 (BGBl. I S. 235), zuletzt geändert durch **§ 7 Abs. 1 Buchstabe a** des Gesetzes vom **26. April 1994** (BGBl. I S. **918)**, wird wie folgt geändert:

1. unverändert

Entwurf	Beschlüsse des 6. Ausschusses
2. In § 24 Abs. 2 Satz 4 dritter Halbsatz und in Absatz 7 Nr. 3 zweiter Halbsatz wird jeweils die Angabe „Verschmelzung," gestrichen; ferner werden jeweils die Worte „Handelsregister oder in das Genossenschaftsregister" durch die Worte „zuständige Register" ersetzt.	2. unverändert
3. § 24a wird wie folgt geändert:	3. unverändert
a) In Absatz 1 Satz 3 werden die Worte „Verschmelzung oder" gestrichen.	
b) In Absatz 4 Satz 1 dritter Halbsatz wird die Angabe „Verschmelzung," gestrichen; ferner werden die Worte „Handelsregister oder in das Genossenschaftsregister" durch die Worte „zuständige Register" ersetzt.	

Artikel 12

Änderung von Mitbestimmungsgesetzen

In § 15 Abs. 1 Satz 1 des Gesetzes zur Ergänzung des Gesetzes über die Mitbestimmung der Arbeitnehmer in den Aufsichtsräten und Vorständen der Unternehmen des Bergbaus und der Eisen und Stahl erzeugenden Industrie — Mitbestimmungsergänzungsgesetz — in der im Bundesgesetzblatt Teil III, Gliederungsnummer 801-3, veröffentlichten bereinigten Fassung, das zuletzt durch Artikel 3 des Gesetzes vom 20. Dezember 1988 (BGBl. I S. 2312) geändert worden ist, sowie in § 32 Abs. 1 Satz 1 des Gesetzes über die Mitbestimmung der Arbeitnehmer vom 4. Mai 1976 (BGBl. I S. 1153), das durch Artikel 5 des Gesetzes vom 26. Juni 1990 (BGBl. I S. 1206) geändert worden ist, wird jeweils die Angabe „ , Verschmelzung" gestrichen.

Artikel 12 (Beschlüsse des 6. Ausschusses)

unverändert

Artikel 13

Änderung des Betriebsverfassungsgesetzes

Das Betriebsverfassungsgesetz in der Fassung der Bekanntmachung vom 23. Dezember 1988 (BGBl. 1989 I S. 1, 902), zuletzt geändert durch Artikel 34 des Gesetzes vom 18. Dezember 1989 (BGBl. I S. 2261), wird wie folgt geändert:

1. § 106 Abs. 3 Nr. 8 wird wie folgt gefaßt:

   „8. der Zusammenschluß oder die Spaltung von Unternehmen oder Betrieben;".

2. § 111 Nr. 3 wird wie folgt gefaßt:

   „3. Zusammenschluß mit anderen Betrieben oder die Spaltung von Betrieben,".

Artikel 13 (Beschlüsse des 6. Ausschusses)

unverändert

Entwurf

Artikel 14

Änderung des Gerichtsverfassungsgesetzes

Das Gerichtsverfassungsgesetz in der Fassung der Bekanntmachung vom 9. Mai 1975 (BGBl. I S. 1077), zuletzt geändert durch Artikel 3 des Gesetzes vom 11. Januar 1993 (BGBl. I S. 50), wird wie folgt geändert:

1. In § 74c Abs. 1 Nr. 1 wird hinter der Angabe „dem Gesetz zur Ausführung der EWG-Verordnung über die Europäische wirtschaftliche Interessenvereinigung" das Wort „und" durch ein Komma ersetzt; ferner wird hinter dem Wort „Genossenschaftsgesetz" die Angabe „und dem Umwandlungsgesetz" eingefügt.

2. In § 95 Abs. 2 wird nach dem Wort „Aktiengesetzes" die Angabe „sowie nach § 10 und § 306 des Umwandlungsgesetzes" eingefügt.

Artikel 15

Änderung des Rechtspflegergesetzes

§ 17 Nr. 1 Buchstabe c des Rechtspflegergesetzes vom 5. November 1969 (BGBl. I S. 2065), das zuletzt durch Artikel 4 des Gesetzes vom 16. Dezember 1993 (BGBl. I S. 2054) geändert worden ist, erhält folgende Fassung:

„c) auf Eintragung der Eingliederung oder der Umwandlung,".

Artikel 16

Änderung des Gesetzes über die Angelegenheiten der freiwilligen Gerichtsbarkeit

Das Gesetz über die Angelegenheiten der freiwilligen Gerichtsbarkeit in der im Bundesgesetzblatt Teil III, Gliederungsnummer 315-1, veröffentlichten bereinigten Fassung, zuletzt geändert durch Artikel 6 des Gesetzes vom 20. Dezember 1993 (BGBl. I S. 2182), wird wie folgt geändert:

1. In § 132 Abs. 1 Satz 1 wird die Angabe „§ 37 Abs. 1 des Gesetzes über die Kapitalerhöhung aus Gesellschaftsmitteln und über die Verschmelzung von Gesellschaften mit beschränkter Haftung" durch die Angabe „§ 316 des Umwandlungsgesetzes" ersetzt.

Beschlüsse des 6. Ausschusses

Artikel 14

unverändert

Artikel 15

unverändert

Artikel 16

Änderung des Gesetzes über die Angelegenheiten der freiwilligen Gerichtsbarkeit

Das Gesetz über die Angelegenheiten der freiwilligen Gerichtsbarkeit in der im Bundesgesetzblatt Teil III, Gliederungsnummer 315-1, veröffentlichten bereinigten Fassung, zuletzt geändert durch Artikel 6 des Gesetzes vom 20. Dezember 1993 (BGBl. I S. 2182), wird wie folgt geändert:

1. unverändert

Entwurf	Beschlüsse des 6. Ausschusses
2. In § 145 Abs. 1 Satz 1 werden die Angaben „§ 340b Abs. 2, § 350 Abs. 1 und 4“ und „die nach § 29 Abs. 1 und 4 des Gesetzes über die Kapitalerhöhung aus Gesellschaftsmitteln und über die Verschmelzung von Gesellschaften mit beschränkter Haftung“ gestrichen.	2. In § 145 Abs. 1 Satz 1 werden die Angaben „§ 340b Abs. 2, § 350 Abs. 1 und 4“ und „die nach § 29 Abs. 1 und 4 des Gesetzes über die Kapitalerhöhung aus Gesellschaftsmitteln und über die Verschmelzung von Gesellschaften mit beschränkter Haftung“ gestrichen **und nach dem Wort „Aktiengesetzes“ die Angabe „die nach § 26 Abs. 1 und 4, § 206 Satz 2 und 3 des Umwandlungsgesetzes,“ eingefügt.**
Artikel 17	**Artikel 17**
Änderung des Gerichtskostengesetzes	**Änderung des Gerichtskostengesetzes**
Das Gerichtskostengesetz in der Fassung der Bekanntmachung vom 15. Dezember 1975 (BGBl. I S. 3047), zuletzt geändert durch Artikel 6 Abs. 39 des Gesetzes vom 27. Dezember 1993 (BGBl. I S. 2378), wird wie folgt geändert:	Das Gerichtskostengesetz in der Fassung der Bekanntmachung vom 15. Dezember 1975 (BGBl. I S. 3047), zuletzt geändert durch Artikel 6 Abs. 39 des Gesetzes vom 27. Dezember 1993 (BGBl. I S. 2378), wird wie folgt geändert:
1. § 20 wird wie folgt geändert:	1. unverändert
a) In der Überschrift wird der Punkt durch ein Komma ersetzt und die Worte „Verfahren nach § 319 Abs. 6 des Aktiengesetzes oder § 16 Abs. 3 des Umwandlungsgesetzes“ angefügt.	
b) Nach Absatz 3 wird folgender neuer Absatz 4 angefügt:	
„(4) In Verfahren nach § 319 Abs. 6 des Aktiengesetzes oder § 16 Abs. 3 des Umwandlungsgesetzes bestimmt sich der Wert nach § 3 der Zivilprozeßordnung. Er darf jedoch ein Zehntel des Grundkapitals oder Stammkapitals des übertragenden oder formwechselnden Rechtsträgers oder, falls der übertragende oder formwechselnde Rechtsträger ein Grundkapital oder Stammkapital nicht hat, ein Zehntel des Vermögens dieses Rechtsträgers, höchstens jedoch eine Million Deutsche Mark nur insoweit übersteigen, als die Bedeutung der Sache für die Parteien höher zu bewerten ist.“	
2. Nach Nummer *1140* des Kostenverzeichnisses wird folgende Nummer *1141* eingefügt:	2. Nach Nummer **1645** des Kostenverzeichnisses wird folgende Nummer **1650** eingefügt:
„*1141* Verfahren nach § 319 Abs. 6 AktG oder § 16 Abs. 3 UmwG . . . *1*.“	„**1650** Verfahren nach § 319 Abs. 6 AktG oder § 16 Abs. 3 UmwG . . . **1,0**.“
Artikel 18	**Artikel 18**
Änderung der Bundesgebührenordnung für Rechtsanwälte	unverändert
Nach § 41 der Bundesgebührenordnung für Rechtsanwälte in der im Bundesgesetzblatt Teil III, Gliederungsnummer 368-1, veröffentlichten bereinigten Fassung, zuletzt geändert durch Artikel 11 Nr. 2 des	

Entwurf

Gesetzes vom 11. Januar 1993 (BGBl. I S. 50), wird folgender § 42 eingefügt:

„§ 42

Verfahren nach § 319 Abs. 6 des Aktiengesetzes oder § 16 Abs. 3 des Umwandlungsgesetzes

In Verfahren nach § 319 Abs. 6 des Aktiengesetzes oder § 16 Abs. 3 des Umwandlungsgesetzes erhält der Rechtsanwalt die Hälfte der in § 31 bestimmten Gebühren."

Artikel 19

Inkrafttreten

Dieses Gesetz tritt am 1. Januar 19. . in Kraft.

Beschlüsse des 6. Ausschusses

Artikel 18a

Änderung des Landwirtschaftsanpassungsgesetzes

Nach § 38 des Landwirtschaftsanpassungsgesetzes in der Fassung der Bekanntmachung vom 3. Juli 1991 (BGBl. I S. 1418), das zuletzt durch Gesetz vom 31. März 1994 (BGBl. I S. 736) geändert worden ist, wird folgender § 38a eingefügt:

„§ 38a

Umwandlung eingetragener Genossenschaften

Eine eingetragene Genossenschaft, die durch formwechselnde Umwandlung einer Landwirtschaftlichen Produktionsgenossenschaft entstanden ist, kann durch erneuten Formwechsel in eine Personengesellschaft umgewandelt werden; für die Umwandlung gelten die Vorschriften dieses Abschnitts entsprechend."

Artikel 19

Inkrafttreten

Dieses Gesetz tritt am 1. Januar **1995** in Kraft.

Bericht der Abgeordneten Joachim Gres, Detlef Kleinert (Hannover), Dr. Wolfgang Freiherr von Stetten und Ludwig Stiegler

A. Zum Beratungsverfahren

Bei den beiden Gesetzentwürfen zur Bereinigung des Umwandlungsrechts (UmwBerG) — Drucksachen 12/6699 und 12/7265 — handelt es sich um identische Vorlagen, die von den Koalitionsfraktionen bzw. von der Bundesregierung eingebracht worden sind. Sie wurden vom Deutschen Bundestag in der 208. Sitzung vom 3. Februar 1994 bzw. in der 225. Sitzung vom 28. April 1994 zur federführenden Beratung an den Rechtsausschuß und zur Mitberatung an den Finanzausschuß, den Ausschuß für Wirtschaft sowie den Ausschuß für Arbeit und Sozialordnung überwiesen. Im folgenden werden die Vorlagen als ein einheitlicher Gesetzentwurf zum Umwandlungsbereinigungsrecht behandelt.

Der Ausschuß für Wirtschaft hat die Vorlagen in seiner 79. Sitzung am 18. Mai 1994 beraten und mehrheitlich mit den Stimmen der Mitglieder der Fraktionen der CDU/CSU und F.D.P. gegen die Stimmen der Mitglieder der Fraktion der SPD ihre Annahme empfohlen.

Der Ausschuß für Arbeit und Sozialordnung hat auf der Grundlage seiner Sitzung vom 25. Mai 1994 mit den Stimmen der Koalitionsfraktionen gegen die Stimmen der SPD bei Abwesenheit der Gruppenvertreter die Annahme des Gesetzentwurfs empfohlen.

Der Finanzausschuß hat die Vorlagen in seiner Sitzung vom 26. Mai 1994 beraten und mit den Stimmen der Koalitionsfraktionen bei Enthaltung der Fraktion der SPD sowie bei Abwesenheit der Vertreter der Gruppen beschlossen, die Annahme des Gesetzentwurfs zu empfehlen. Die Fraktion der SPD habe die Stimmenthaltung damit begründet, daß in den Vorlagen eine Mitbestimmungsregelung nicht enthalten sei.

Der Rechtsausschuß hat die Vorlagen — jeweils im Zusammenhang mit dem Entwurf eines Gesetzes für kleine Aktiengesellschaften und zur Deregulierung des Aktienrechts (Drucksache 12/6721) — am 9. März 1994, 20. April 1994 und 25. Mai 1994 (118., 123. und 130. Sitzung) beraten. In seiner Sitzung vom 20. April 1994 hat der Ausschuß zu den genannten Vorlagen eine Anhörung durchgeführt.

An ihr teilgenommen haben:

— Prof. Dr. Marcus Lutter, Universität Bonn

— Rechtsanwalt Dr. Michael Hoffmann-Becking, Düsseldorf

— Prof. Dr. Karsten Schmidt, Universität Hamburg

— Bundesverband der Deutschen Industrie e. V. — BDI, Köln

— Bundesvereinigung der Deutschen Arbeitgeberverbände, Köln

— Deutscher Gewerkschaftsbund — DGB, Düsseldorf

— Industriegewerkschaft Metall — IGM, Frankfurt a. M.

Die Ergebnisse der Anhörung sind in die weiteren Beratungen des Ausschusses und die diese vorbereitenden Gespräche der Berichterstatter mit den zuständigen Vertretern des Bundesministeriums der Justiz eingeflossen. Auf das Protokoll der 123. Rechtsausschußsitzung vom 20. April 1994 mit den anliegenden Stellungnahmen der Sachverständigen und Verbände wird verwiesen.

B. Zum Inhalt der Beschlußempfehlung

In die vom Rechtsausschuß beschlossene Fassung des Entwurfs des Gesetzes zur Bereinigung des Umwandlungsrechts sind alle wesentlichen Grundentscheidungen des Regierungsentwurfs übernommen worden. Besonders hervorzuheben sind:

— die Zusammenfassung der Umwandlungsvorschriften für alle betroffenen Rechtsformen in einem Gesetz;

— die Schließung von Lücken im geltenden Recht, insbesondere durch Ausdehnung der Umwandlungsmöglichkeiten auf bisher überhaupt nicht oder nur teilweise erfaßte Rechtsformen sowie die erstmalige generelle Einführung des Rechtsinstituts der Spaltung in das deutsche Recht;

— die Stärkung der Eigenverantwortlichkeit der Anteilseigner der an Umwandlungsvorgängen beteiligten Unternehmen;

— der Schutz der Arbeitnehmerinteressen insbesondere bei Spaltungsvorgängen.

Eingang in den Entwurf gefunden haben ferner eine Reihe von Änderungsvorschlägen des Bundesrates, die insbesondere Verfahrensfragen betreffen.

C. Zur Begründung der Beschlußempfehlung

I. Allgemeines

Die Koalitionsfraktionen und die Fraktion der SPD haben in gleicher Weise die Hauptziele des Regierungsentwurfs befürwortet, das Umwandlungsrecht aus bisher fünf verschiedenen Gesetzen herauszulösen, für gleichgelagerte Sachverhalte anzugleichen und in einem Gesetz zusammenzufassen sowie dabei vorhandene Lücken im geltenden Recht zu schließen. Keine Mehrheit im Rechtsausschuß fand die Forderung der Fraktion der SPD, die zuvor bereits auch vom

Bundesrat erhoben worden war, besondere mitbestimmungssichernde Bestimmungen in den Entwurf aufzunehmen. Für die ablehnende Haltung der Koalitionsfraktionen war insoweit entscheidend, daß auch die schon nach geltendem Recht möglichen Umwandlungen im Einzelfall Änderungen der Mitbestimmung bei den beteiligten Unternehmen zur Folge haben können. Auch Spaltungsvorgänge sind schon bisher durch bestimmte andere rechtliche Konstruktionen, insbesondere im Wege der Einzelrechtsübertragung, möglich. Der Entwurf vereinheitlicht lediglich die geltenden Regelungen und erleichtert Spaltungsvorgänge rechtstechnisch durch die Einführung der Gesamtrechtsnachfolge.

Wegen der nach ihrer Ansicht nicht hinreichend gelösten mitbestimmungsrechtlichen Fragen hat sich die Fraktion der SPD bei der Abstimmung über den Gesetzentwurf insgesamt der Stimme enthalten, obwohl sie den Artikeln 2 bis 19 sowie auch den einzelnen Vorschriften des Artikels 1 ganz überwiegend zugestimmt hat. Sie hat lediglich Artikel 1 §§ 321 und 322 sowie Artikel 1 insgesamt ihre Zustimmung versagt.

In der folgenden Einzelbegründung werden die vom Rechtsausschuß beschlossenen Änderungen des Regierungsentwurfs erläutert. Es wird auch zu einigen Vorschriften Stellung genommen, die erörtert wurden, aber im Ergebnis unverändert geblieben sind. Ergänzend wird auf die Begründung zum Regierungsentwurf in der Drucksache 12/6699 verwiesen.

II. Zu den einzelnen Vorschriften

Zu Artikel 1 — Umwandlungsgesetz (UmwG)

1. *Zu § 5*

Die Frage, welchem Betriebsrat der Verschmelzungsvertrag oder sein Entwurf gemäß Absatz 3 zugeleitet werden muß, beantwortet sich aus den Vorschriften des Betriebsverfassungsgesetzes. In der Regel wird dies ausschließlich der Gesamtbetriebsrat oder der Konzernbetriebsrat sein (vgl. §§ 50, 58 BetrVG). Nach Auffassung des Rechtsausschusses lösen unwesentliche Abänderungen des Verschmelzungsvertrages oder seines Entwurfs, die nach der erstmaligen Zuleitung an den Betriebsrat erfolgen, keine erneute Zuleitungsverpflichtung aus.

2. *Zu § 8*

Nach Artikel 24 der Dritten gesellschaftsrechtlichen EG-Richtlinie (Verschmelzungsrichtlinie) kann bei der Verschmelzung unter Beteiligung von Aktiengesellschaften auf die Erstellung eines Verschmelzungsberichts verzichtet werden, wenn es um die Aufnahme einer 100%igen Tochtergesellschaft geht. Diese vor allem für die sog. Konzernverschmelzung bedeutsame Erleichterung wird durch eine entsprechende Ergänzung in Absatz 3 für alle Rechtsträger eingeführt.

3. *Zu § 10*

Auf Anregung des Bundesrates sollen die Vorschriften des Regierungsentwurfs über die gerichtliche Bestellung der Verschmelzungsprüfer ergänzt werden. Wenn bei dem zuständigen Landgericht eine Kammer für Handelssachen gebildet ist, soll nach Absatz 2 Satz 2 deren Vorsitzender allein über die Bestellung der Verschmelzungsprüfer entscheiden können. Eine solche Regelung dient der Verfahrensvereinfachung. Die bisherige Regelung, wonach der FGG-Richter des Amtsgerichts allein entschieden hat, gab keinen Anlaß zu Beanstandungen. Es erscheint daher sachlich nicht geboten, daß die Kammer für Handelssachen in ihrer vollen Besetzung über den Antrag entscheidet.

Durch die Bezugnahme in Absatz 3 auf die Vorschriften des § 306 Abs. 3, § 307 Abs. 1 und § 309 wird die Konzentrationsermächtigung für die Landesregierungen vorgehen, das gerichtliche Verfahren bestimmt und der Rechtsmittelzug geregelt.

4. *Zu § 11*

Durch die in Absatz 1 neu eingefügten Sätze wird klargestellt, daß der in § 319 Abs. 1 HGB benannte Personenkreis auch für solche kleinen oder mittelgroßen Rechtsträger als Umwandlungsprüfer tätig sein kann, für die eine Jahresabschlußprüfung gesetzlich nicht vorgeschrieben ist (insbesondere kleine Kapitalgesellschaften, Personenhandelsgesellschaften und Vereine). Für die Größeneinteilung soll dabei auf die in § 267 HGB genannten Kriterien zurückgegriffen werden.

5. *Zu § 26*

Auf Anregung des Bundesrates soll es in Absatz 1 Satz 2 wie im geltenden Recht (vgl. § 350 Abs. 1 AktG i. V. m. § 145 Abs. 1 Satz 1 FGG) bei der Zuständigkeit des Amtsgerichts für die Bestellung des besonderen Vertreters bleiben.

6. *Zu § 45*

Um etwaige Mißverständnisse zu vermeiden, soll durch die Ergänzung der Überschrift klargestellt werden, daß die Vorschrift die Begrenzung der Haftung der persönlich haftenden Gesellschafter einer Personenhandelsgesellschaft betrifft.

7. *Zu § 62*

Wie schon § 8 soll auch diese Vorschrift abgeändert werden, um einem aus Wirtschaftskreisen geäußerten Wunsch nach zusätzlichen Erleichterungen für die Konzernverschmelzung Rechnung zu tragen. Wie nach geltendem Recht (vgl. § 352b AktG) soll ein Verschmelzungsbeschluß bei einer übernehmenden Aktiengesellschaft entbehrlich sein, wenn diese eine Tochtergesellschaft aufnimmt, von deren Stamm- oder Grundkapital sie mindestens neun Zehntel hält.

8. *Zu § 65*

Die Ergänzung in Absatz 2 dient der Klarstellung, daß Vorzugsaktionären ohne Stimmrecht auch bei der Beschlußfassung über eine Verschmelzung kein Stimmrecht zusteht.

9. *Zu § 80*

Es handelt sich um eine rein redaktionelle Anpassung.

10. *Zu § 104a*

Das in den §§ 29 bis 34 vorgesehene Recht, bei einer Verschmelzung durch Aufnahme eines Rechtsträgers durch einen Rechtsträger anderer Rechtsform gegen Barabfindung aus dem übertragenden Rechtsträger auszuscheiden, führt zu Schwierigkeiten, wenn es sich bei dem übertragenden Rechtsträger um einen Verein handelt, der ausschließlich und unmittelbar gemeinnützigen, mildtätigen oder kirchlichen Zwecken dient. Zum einen werden solche Vereine zu einem erheblichen Teil durch Zuwendungen der öffentlichen Hand oder von privater Seite finanziert. Der Gewährung einer Abfindung an ausscheidende Mitglieder stünde regelmäßig die bestehende Zweckbindung entgegen. Zum anderen könnte dadurch der steuerliche Gemeinnützigkeitsstatus gefährdet werden. Aus diesen Gründen sollen für die Mitglieder solcher Vereine die Vorschriften über das Ausscheiden gegen Abfindung keine Anwendung finden.

11. *Zu § 131*

Es handelt sich um eine rein redaktionelle Änderung.

12. *Zu § 132*

Die Geltung des § 613a Abs. 1 und 4 BGB in Umwandlungsfällen soll in § 324 klargestellt werden, so daß der Hinweis auf diese Vorschrift in § 132 entbehrlich ist.

13. *Zu § 133*

Bei der Streichung der Worte „Satz 1" in Absatz 2 handelt es sich um eine rein redaktionelle Anpassung.

14. *Zu § 134*

Die Vorschrift soll auch auf Anregung des Bundesrates gegenüber der Fassung des Regierungsentwurfs sachlich und redaktionell geändert werden.

Die redaktionelle Änderung besteht darin, daß die bisher ebenfalls von Absatz 1 erfaßte gesamtschuldnerische Mithaftung für Betriebsrentenansprüche jetzt gesondert in Absatz 2 geregelt wird. Sachlich soll die Haftung beschränkt werden auf solche Versorgungsverpflichtungen nach dem Gesetz zur Verbesserung der betrieblichen Altersversorgung, die vor der Spaltung begründet worden sind. Die bisher vorgesehene Einbeziehung von Ansprüchen, die erst fünf Jahre nach der Spaltung begründet werden, entfällt also.

In Absatz 3 soll die bisherige Verjährungsregelung nach Absatz 2 des Regierungsentwurfs in eine Enthaftungsregelung umgestaltet werden. Dies erfolgt durch Verweisung auf § 133 Abs. 3 bis 5. Für diese Vorschrift hatte bereits der Regierungsentwurf den gerade für Dauerschuldverhältnisse bedeutsamen Enthaftungsgrundsatz aus dem Nachhaftungsbegrenzungsgesetz übernommen. Um dem besonderen Schutzbedürfnis der Arbeitnehmer in Fällen der Betriebsaufspaltung Rechnung zu tragen, soll aber abweichend von § 133 Abs. 3 und 4 die Haftung zeitlich um fünf Jahre auf nunmehr zehn Jahre nach der Spaltung verdoppelt werden. Rechtstechnisch geschieht dies dadurch, daß die Fünfjahres-Frist nach § 133 Abs. 4 erst fünf Jahre nach dem Tag der Eintragung der Spaltung beginnen soll. Damit wird sichergestellt, daß die gesamtschuldnerische Mithaftung der Anlagegesellschaft spätestens zehn Jahre nach der Spaltung endet.

15. *Zu § 151*

Es handelt sich um eine redaktionelle Änderung. Der in § 109 bereits verwendete Begriff „Versicherungs-Aktiengesellschaft" soll auch hier gebraucht werden.

16. *Zu § 162*

Die auf Anregung des Bundesrates erfolgte Neuformulierung in Absatz 1 soll die gewollte Regelung deutlicher zum Ausdruck bringen.

Die Änderung in dem bisherigen Satz 1 des Absatzes 2 ist rein redaktioneller Art. Hinsichtlich des bisherigen Satzes 2 hatte der Bundesrat kritisiert, die Regelung greife in die Verfassung der Stiftungen ein, ohne daß ein Regelungsbedürfnis erkennbar wäre. Sie soll daher gestrichen werden.

17. *Zu § 164*

Die auf Veranlassung des Bundesrates erfolgte Neufassung des Absatzes 1 soll deutlicher zum

Ausdruck bringen, daß die Beantwortung der Frage, ob die Ausgliederung der staatlichen Genehmigung bedarf, dem jeweiligen Stiftungsrecht überlassen bleiben soll.

Wenn sich die Erforderlichkeit der staatlichen Genehmigung nach dem Landesstiftungsrecht beurteilt, so sind auch dessen Regeln für die Erteilung der Genehmigung anzuwenden. Einer zusätzlichen bundesrechtlichen Regelung bedarf es daher nicht. Absatz 2 in der Fassung des Regierungsentwurfs soll daher gestrichen werden. Als Folgeänderung wird der bisherige Absatz 3 zu Absatz 2.

18. *Zu § 175*

Wie bei § 151 handelt es sich auch hier um eine rein redaktionell bedingte Änderung.

19. *Zu § 185*

Wie im vorangegangenen Fall handelt es sich auch hier um eine rein redaktionelle Änderung.

20. *Zu § 238*

Zur Erleichterung des Formwechsels zwischen Kapitalgesellschaften soll darauf verzichtet werden, daß auch in diesen Fällen dem Umwandlungsbericht die grundsätzlich in § 192 Abs. 2 vorgesehene Vermögensaufstellung beigefügt werden muß. Nach Auffassung des Rechtsausschusses erscheint dies vertretbar, da sich die Rechtsstellung der einzelnen Anteilsinhaber, deren Unterrichtung die Vermögensaufstellung dienen soll, durch den Wechsel innerhalb der Kategorie Kapitalgesellschaft nicht grundlegend ändert. Anders zu beurteilen ist dies aber, wenn sich der Formwechsel zwischen verschiedenen Kategorien von Rechtsträgern vollzieht und beispielsweise einzelne oder alle Anteilsinhaber einer Kapitalgesellschaft zu persönlich haftenden Gesellschaftern einer Personengesellschaft oder Mitgliedern einer Genossenschaft mit Nachschußpflicht werden. Auch in solchen Fällen ist der Umwandlungsbericht und damit die Vermögensaufstellung aber entbehrlich, wenn alle Anteilsinhaber darauf verzichten (vgl. § 192 Abs. 3).

21. *Zu § 260*

Bei der Ergänzung in Absatz 2 handelt es sich um eine rein redaktionelle Änderung.

22. *Zu § 274*

Auch hier handelt es sich um eine rein redaktionelle Änderung.

23. *Zu § 276*

Auch hier handelt es sich um eine redaktionelle Änderung.

24. *Zu § 282*

Die Regelung in dem neuen Absatz 2 stellt eine Parallele zu § 104a dar. Auf die Begründung zu Nummer 10 wird verwiesen.

25. *Zu § 290*

Neben einer redaktionellen Änderung handelt es sich ebenfalls um einen Parallelfall zu § 104a und § 282 Abs. 2. Auf die dortige Begründung wird verwiesen.

26. *Zu § 292*

Es handelt sich um eine redaktionelle Änderung.

27. *Zu § 301*

Es handelt sich um eine auf Veranlassung des Bundesrates vorgenommene Änderung. In einzelnen Ländern besteht zum Teil das Bedürfnis, daß genossenschaftlich strukturierte Kreditinstitute, die kraft früherer Verleihung den Status einer Körperschaft oder Anstalt des öffentlichen Rechts besitzen, in eine eingetragene Genossenschaft umgewandelt werden können. Die Rechtsform der Genossenschaft entspricht der sonst üblichen Struktur solcher Kreditinstitute und würde eine Kooperation unter mehreren Instituten erleichtern. Die Änderung schafft die Voraussetzung dafür, daß die Umwandlung in eine eingetragene Genossenschaft durch Landesrecht normiert werden kann.

28. *Zu § 306*

Die Neuregelung in Absatz 2 beruht auf einer Anregung des Bundesrats. Im Verfahren der freiwilligen Gerichtsbarkeit entscheidet eine Kammer für Handelssachen in aller Regel nur als Beschwerdegericht (§ 30 Abs. 1 Satz 2 FGG). Im Spruchverfahren wird sie jedoch erstinstanzlich tätig. Im FGG gibt es aber keine dem § 349 ZPO vergleichbare Vorschrift, die es dem Vorsitzenden erlaubt, in eigener Kompetenz zu entscheiden. Es erscheint sinnvoll, eine derartige Bestimmung auch im Spruchverfahren vorzusehen. Der Vorsitzende soll die Möglichkeit erhalten, Entscheidungen, die vor oder nach der Entscheidung in der Hauptsache anstehen, in eigener Kompetenz zu treffen. Durch eine solche Regelung wird das Verfahren beschleunigt. Zugleich stellt sie einen Beitrag zur Entlastung der Gerichte dar.

29. *Zu § 318*

Es handelt sich um eine redaktionelle Änderung.

30. *Zu § 319*

Auch hier sollen lediglich redaktionelle Anpassungen vorgenommen werden.

31. *Zu § 321*

Durch die Einfügung des neuen Satzes 2 in Absatz 1 soll die Hauptaufgabe deutlich gemacht werden, die dem Betriebsrat, der das Übergangsmandat ausübt, obliegt.

Die Fraktion der SPD hat folgende Änderungsanträge gestellt:

— „In § 321 Abs. 1 Satz 3 wird nach dem ersten Halbsatz das Komma durch einen Punkt ersetzt. Der Rest des Satzes entfällt."

— „§ 321 Abs. 3 wird gestrichen."

Die Anträge sind mit den Stimmen der Koalitionsfraktionen unter Hinweis darauf, daß sich die betreffenden Regelungen bereits im Gesetz über die Spaltung der von der Treuhandanstalt verwalteten Unternehmen bewährt hätten, abgelehnt worden.

32. *Zu § 322*

Die Fraktion der SPD hat folgenden Änderungsantrag gestellt:

„§ 322 Abs. 1 erhält folgende Fassung:

Wird im Falle des § 321 Abs. 1 Satz 1 die Organisation des gespaltenen Betriebes insbesondere in den mitbestimmungspflichtigen Angelegenheiten nicht geändert, so wird für die Anwendung des Betriebsverfassungsgesetzes vermutet, daß dieser Betrieb von den an der Spaltung beteiligten Rechtsträgern gemeinsam geführt wird."

Der Antrag ist mit den Stimmen der Koalitionsfraktionen abgelehnt worden, weil man der Auffassung war, die Ergänzung im Text könnte als nicht gewollte Einschränkung der Regelung mißverstanden werden.

33. *Zu § 323*

Nach Auffassung des Rechtsausschusses ist es ausreichend, wenn das Verschlechterungsverbot in Absatz 1 lediglich für ein Jahr vorgesehen wird. Die in Absatz 2 für bestimmte Fälle vorgesehene Regelung der eingeschränkten gerichtlichen Nachprüfbarkeit lehnt sich an ähnliche Vorschriften in der Insolvenzordnung an.

34. *Zu § 324*

Anders als im Regierungsentwurf (vgl. dort § 132) soll die Anwendbarkeit des § 613a Abs. 1 und 4 BGB in Umwandlungsfällen in einer besonderen Vorschrift klargestellt werden.

35. *Zu § 325 neu*

Die Fraktion der SPD hat folgende Änderungsanträge gestellt:

„Es wird folgender § 325 neu eingefügt:

(1) Entfallen durch Umwandlung im Sinne dieses Gesetzes (§ 1) für einen der beteiligten und fortbestehenden Rechtsträger die gesetzlichen Voraussetzungen für die jeweilige Beteiligung der Arbeitnehmerinnen und Arbeitnehmer im Aufsichtsrat, so kann durch Tarifvertrag die Beibehaltung des zuletzt angewendeten Gesetzes vereinbart werden, wenn die Mitbestimmung wegen des Unterschreitens der maßgeblichen Arbeitnehmerzahl entfällt.

(2) Wenn die übrigen Voraussetzungen für einen Aufsichtsrat entfallen, kann durch Tarifvertrag ein Beirat für den oder die Rechtsträger vereinbart werden."

hilfsweise:

„Es wird folgender § 325 neu eingefügt:

(1) Entfallen durch Umwandlung im Sinne dieses Gesetzes (§ 1) für einen der beteiligten und fortbestehenden Rechtsträger die gesetzlichen Voraussetzungen für die jeweilige Beteiligung der Arbeitnehmerinnen und Arbeitnehmer im Aufsichtsrat, so kann durch Vereinbarung der Tarifpartner, die kein Tarifvertrag ist, die Beibehaltung des zuletzt angewendeten Gesetzes vereinbart werden, wenn die Mitbestimmung wegen des Unterschreitens der maßgeblichen Arbeitnehmerzahl entfällt.

(2) Wenn die übrigen Voraussetzungen für einen Aufsichtsrat entfallen, kann durch Vereinbarung der Tarifpartner, die kein Tarifvertrag ist, ein Beirat für den oder die Rechtsträger vereinbart werden."

Die Anträge sind mit den Stimmen der Koalitionsfraktionen aus den bereits unter C. I. aufgeführten Gründen abgelehnt worden.

Zu Artikel 4 — Änderung des Gesetzes betreffend die Gesellschaften mit beschränkter Haftung

36. Durch die vom Rechtsausschuß neu eingefügte Nummer 2a soll sichergestellt werden, daß die

vom Deutschen Bundestag bereits im Rahmen des Einführungsgesetzes zur Insolvenzordnung beschlossenen Vorschriften über die vereinfachte Kapitalherabsetzung unabhängig von dem Ausgang des Vermittlungsverfahrens betreffend die Insolvenzrechtsreform in Kraft treten können.

Zu Artikel 6 — Änderung des Aktiengesetzes

37. *Zu Nummer 6* (§ 293 e)

Durch die Ergänzung in Absatz 2 soll klargestellt werden, daß auch der Prüfungsbericht nach § 293 e entbehrlich ist, wenn alle Anteilsinhaber auf seine Erstattung verzichten.

38. *Zu Nummer 8* (§ 306)

Auf Anregung des Bundesrates soll die im Spruchstellenverfahren des Umwandlungsgesetzes vorgesehene Neuerung, für Nebenentscheidungen dem Vorsitzenden einer Kammer für Handelssachen die alleinige Kompetenz zuzuweisen, in die Vorschriften über das aktienrechtliche Spruchstellenverfahren übernommen werden.

Wegen der Vergleichbarkeit beider Verfahren soll auch die Regelung über die erweiterten Befugnisse des gemeinsamen Vertreters im aktienrechtlichen Verfahren Anwendung finden.

Im übrigen handelt es sich um redaktionelle Folgeänderungen.

Zu Artikel 8 — Änderung des Versicherungsaufsichtsgesetzes

39. Es handelt sich um eine redaktionelle Änderung des Einleitungssatzes.

Zu Artikel 10 — Änderung des Kreditwesengesetzes

40. *Zu Nummer 2*

Die Fortführung der Bezeichnung „Sparkasse" nach der Umwandlung von Unternehmen, die diese Bezeichnung bisher geführt haben, soll nicht ohne weiteres, sondern nur bei Vorliegen bestimmter Voraussetzungen möglich sein.

Zu Artikel 11 — Änderung des Gesetzes gegen Wettbewerbsbeschränkungen

41. Es handelt sich um eine redaktionelle Änderung des Einleitungssatzes.

Zu Artikel 16 — Änderung des Gesetzes über die Angelegenheiten der freiwilligen Gerichtsbarkeit

42. Es handelt sich um eine Folgeänderung zu der auf Anregung des Bundesrates erfolgten Änderung in Artikel 1 § 26 Abs. 1 Satz 2 UmwG (oben Nr. 5).

Zu Artikel 17 — Änderung des Gerichtskostengesetzes

43. Die geänderte Fassung berücksichtigt die Neugliederung des Kostenverzeichnisses durch das Kostenrechtsänderungsgesetz 1994.

Zu Artikel 18a — neu — Änderung des Landwirtschaftsanpassungsgesetzes

44. In den neuen Bundesländern hat sich ein Bedürfnis gezeigt, Genossenschaften, die aus der Umwandlung einer früheren LPG hervorgegangen sind, die Möglichkeit einzuräumen, durch eine erneute Änderung ihrer Rechtsform in eine Personengesellschaft umgewandelt zu werden. Um den gesetzlichen Regelungsaufwand möglichst gering zu halten, sollen für diesen Vorgang die Vorschriften des Landwirtschaftsanpassungsgesetzes über den Formwechsel einer LPG in eine Personengesellschaft entsprechend anwendbar sein.

Zu Artikel 19 — Inkrafttreten

45. Im Hinblick auf die Praxis vieler Unternehmen, deren Geschäftsjahr mit dem Kalenderjahr übereinstimmt, soll das neue Umwandlungsrecht zum 1. Januar 1995 in Kraft treten.

Berlin, den 25. Mai 1994

Joachim Gres **Detlef Kleinert (Hannover)** **Dr. Wolfgang Freiherr von Stetten** **Ludwig Stiegler**

Berichterstatter

V. Ablehnung durch den Bundesrat (BT-Drucks. 12/8275 v. 13. 7. 1994)

Unterrichtung

durch den Bundesrat

Gesetz zur Bereinigung des Umwandlungsrechts (UmwBerG)
— Drucksachen 12/6699, 12/7265, 12/7850 —

hier: Zustimmungsversagung gemäß Artikel 84 Abs. 1 Grundgesetz

Der Bundesrat hat in seiner 672. Sitzung am 8. Juli 1994 beschlossen, dem vom Deutschen Bundestag am 16. Juni 1994 verabschiedeten Gesetz gemäß Artikel 84 Abs. 1 des Grundgesetzes nicht zuzustimmen.

VI. Anrufung des Vermittlungsausschusses durch die Bundesregierung (BT-Drucks. 12/8318 v. 21. 7. 1994)

Bundesrepublik Deutschland
Der Bundeskanzler
021 (131) — 410 00 — Um 3/94

Bonn, den 20. Juli 1994

An den Vorsitzenden des Vermittlungsausschusses
des Deutschen Bundestages und des Bundesrates

Die Bundesregierung hat beschlossen, zu dem vom Deutschen Bundestag am 16. Juni 1994 verabschiedeten Gesetz zur Bereinigung des Umwandlungsrechts (UmwBerG) — BT-Drucksachen 12/6699, 12/7265 — zu verlangen, daß der Vermittlungsausschuß gemäß Artikel 77 Abs. 2 des Grundgesetzes einberufen wird.

Dr. Helmut Kohl

An die Präsidentin des Deutschen Bundestages

Hiermit übersende ich eine Ausfertigung meines heutigen Schreibens an den Vorsitzenden des Vermittlungsausschusses.

VII. Beschlußempfehlung des Vermittlungssausschusses (BT-Drucks. 12/8415 v. 2. 9. 1994)

zu dem Gesetz zur Bereinigung des Umwandlungsrechts (UmwBerG)
— Drucksachen 12/6699, 12/7265, 12/7850, 12/8275, 12/8318 —

Berichterstatter im Bundestag: **Abgeordneter Dr. Jürgen Warnke**
Berichterstatter im Bundesrat: **Staatsminister Prof. Dr. Georg Milbradt**

Der Bundestag wolle beschließen:

Das vom Deutschen Bundestag in seiner 233. Sitzung am 16. Juni 1994 beschlossene Gesetz zur Bereinigung des Umwandlungsrechts (UmwBerG) wird nach Maßgabe der in der Anlage zusammengefaßten Beschlüsse geändert.

Gemäß § 10 Abs. 3 Satz 1 seiner Geschäftsordnung hat der Vermittlungsausschuß beschlossen, daß im Deutschen Bundestag über die Änderungen gemeinsam abzustimmen ist.

Bonn, den 31. August 1994

Der Vermittlungsausschuß

Anlage

Gesetz zur Bereinigung des Umwandlungsrechts (UmwBerG)

1. **Zu Artikel 1** (§ 321 Abs. 1 Satz 3, Abs. 3 UmwG)

   In Artikel 1 wird § 321 wie folgt geändert:

   a) In Absatz 1 Satz 3 wird das Wort „drei" durch das Wort „sechs" ersetzt.

   b) Absatz 3 wird gestrichen.

2. **Zu Artikel 1** (§ 323 Abs. 1 UmwG)

   In Artikel 1 werden in § 323 Abs. 1 die Worte „von einem Jahr" durch die Worte „von zwei Jahren" ersetzt.

3. **Zu Artikel 1** (§ 325 — neu — UmwG)

   In Artikel 1 wird nach § 324 folgender § 325 angefügt:

   „§ 325

   Mitbestimmungsbeibehaltung

   (1) Entfallen durch Abspaltung oder Ausgliederung im Sinne des § 123 Abs. 2 und 3 bei einem übertragenden Rechtsträger die gesetzlichen Voraussetzungen für die Beteiligung der Arbeitnehmer im Aufsichtsrat, so finden die vor der Spaltung geltenden Vorschriften noch für einen Zeitraum von fünf Jahren nach dem Wirksamwerden der Abspaltung oder Ausgliederung Anwendung. Dies gilt nicht, wenn die betreffenden Vorschriften eine Mindestzahl von Arbeitnehmern voraussetzen und die danach berechnete Zahl der Arbeitnehmer des übertragenden Rechtsträgers auf weniger als in der Regel ein Viertel dieser Mindestzahl sinkt.

   (2) Hat die Spaltung oder Teilübertragung eines Rechtsträgers die Spaltung eines Betriebes zur Folge und entfallen für die aus der Spaltung hervorgegangenen Betriebe Rechte oder Beteiligungsrechte des Betriebsrats, so kann durch Betriebsvereinbarung oder Tarifvertrag die Fortgeltung dieser Rechte und Beteiligungsrechte vereinbart werden. Die §§ 9 und 27 des Betriebsverfassungsgesetzes bleiben unberührt."

Stichwortverzeichnis

Die Zahlen verweisen auf die Seiten.

Abfindung 17
Aktiengesellschaft, europäische 8
Aktiengesetz 5
- Änderung 372, 511 ff.
Aktienumtausch 43
Anteilseigner, Information 16
Arbeitnehmer, Unterrichtung 20
Arbeitnehmerschutz 13, 19 ff.
Aufsichtsratsmitglieder, Amtsdauer 19
Ausgliederungsbericht 16

Beschlußkontrolle 40
Beschlußmehrheiten 17
Betriebsaufspaltung, Haftung 20
Betriebsrat 35
- Übergangsmandat 19
Betriebsverfassungsgesetz, Änderung 376, 521
BRAGO, Änderung 377, 523
Bürgerliches Gesetzbuch, Änderung 370, 502
Bundesrat, Stellungnahme 378 ff.
Bundesregierung, Gegenäußerung 384 ff.

EG-Verschmelzungsrichtlinie 5
Einheitsunternehmen 3
Einmann-GmbH 5
Europäische Aktiengesellschaft, Statut 8

FGG-Gesetz, Änderung 376, 522
Formwechsel 61 ff., 330 ff., 461 ff.
- Ablauf 64
- Anmeldung 69
- Checkliste 64
- Umwandlungsbericht 64
Fusionsrichtlinie 7, 8

Genossenschaftsgesetz 5
- Änderung 375, 519
Gerichtskostengesetz, Änderung 377, 523
Gerichtsverfassungsgesetz, Änderung 376, 522
Gesamtrechtsnachfolge 197
- Bedeutung 62
- partielle 45, 47
Gesellschafterversammlung, Vorbereitung 38
Gesetzgebungsverfahren 9
Gläubigerschutz 13
GmbH-Gesetz, Änderung 370 ff., 502 ff.

Gründungsrecht 14
Grundbuch 81

Haftungsmasse, Erhaltung 15
Handelsgesetzbuch, Änderung 370, 382, 502
Handelsregisteranmeldung 42, 59
Hauptversammlung, Vorbereitung 38

Kapitalerhöhung 58
- Verschmelzung 40
Kapitalerhöhungsgesetz, Aufhebung 372, 511
Kapitalerhöhungsverbot 41
Kapitalherabsetzung 58
Kapitalschutzrichtlinie 7
Kreditwesengesetz, Änderung 375, 520

Landwirtschaftanpassungsgesetz, Änderung 524

Management-Holding 2
Minderheitenrechte 17
Minderheitenschutz 13, 15 ff.
Mitbestimmungsgesetze, Änderung 376, 521
Mutter-/Tochterrichtlinie 8

Negativerklärung 18

Obergesellschaft 3
Organe, Schadensersatzhaftung 14
Organisationsentwicklung 2

Publizitätsgesetz, Änderung 375, 520

Rechtsausschuß, Bericht 387 ff.
- Beschlußempfehlung 387 ff.
Rechtspflegergesetz, Änderung 376, 522
Rechtsträger, formwechselungsfähige 63 ff.
Referentenentwurf 9
Regierungsentwurf 9
- allgemeine Begründung 266 ff.
- Einzelbegründung 274 ff.
Registersperre 18

Sachgründung 56
Sachgründungsbericht 42, 58
Schlußvorschriften 368 ff., 499 f.
Sicherheitsleistung 15
Sonderrechtsinhaber 40
Spaltung 310 ff., 438 ff.

- Abspaltung 47
- Anmeldung, Vertragsmuster 85
- Aufspaltung 47
- Ausgliederung 47
- Bedeutung 44 ff.
- Formen 24, 47
- Gläubigerschutz 48
- Grundbuch 60
- Minderheitenschutz 49
- partielle Gesamtrechtsnachfolge 60
- spaltungsfähige Rechtsträger 49 f.
- Vertragsmuster 80 ff.
- Vorbereitung 50 f.
- Wirkungen 60 f.
- Zustimmungsbeschluß, Vertragsmuster 83

Spaltung zur Neugründung 55
Spaltungs- und Übernahmevertrag 25
Spaltungsbericht 16, 56
Spaltungsplan, Vertragsmuster 80 ff.
Spaltungsprüfung 56 f.
Spaltungsrecht, Parteiautonomie 47 f.
Spaltungsrichtlinie 7
Spaltungsverfahren, Ablauf 50 f.
- Checkliste 50 f.

Spaltungsvertrag 51 ff.
- Form 51
- Inhalt 52
- Vertretung 51
- Zeitpunkt 52

Spruchverfahren 17, 364 ff.
Stammhauskonzern 3
Strafvorschriften 366 ff., 497 f.

Übergangsvorschriften 368 ff., 499 f.
Übernahmevertrag 51 ff.
- Inhalt 52

Übertragungsbericht 16
Übertragungsvertrag 25
Umwandlung, Ablauf 25 ff.
- Anmeldung 27
- Dogmatik 11 ff.
- Eintragung 27
- formwechselnde 11
- Möglichkeiten 275, 397
- numerus clausus 23
- übertragende 11
- Vorbereitungsphase 25 f.

Umwandlungsbereinigungsgesetz 88 ff.
- gesetzgeberische Entwicklung 8 ff.
- Ziele 21

Umwandlungsbericht 16, 26
Umwandlungsbeschluß 27, 65, 66 ff.
- Anfechtung 18
- Inhalt 67

Umwandlungsbilanz 65
Umwandlungsformen, Überblick 24 f.
Umwandlungsgesetz 5
- Regelungsgegenstände 22
- Systematik 22
- Text 88 ff.

Umwandlungsmöglichkeiten 204
Umwandlungsprüfung 26
Umwandlungsrecht, Diskussionsentwurf 8
- europäische Vorgaben 6
- Funktion 4
- geschichtliche Entwicklung 5
- Grundfragen 10
- Referentenentwurf 9

Umwandlungsrecht, Regierungsentwurf, Text 197 ff.
- Schutzprobleme 13
- Zielsetzung 10

Universalsukzession 12
Unternehmenskauf 3
Unternehmensmitbestimmung 21
Unternehmensneuorganisation 3
Unternehmensorganisation 1
Unternehmensteilbereiche 3

Vermögensaufstellung 65
Vermögensübertragung 24, 328 ff., 455 ff.
Verschmelzung 27 ff., 275 f.
- Begriff 28
- Eintragung 43
- Gesamtrechtsnachfolge 43
- Handelsregisteranmeldung 77 ff.
- Kapitalerhöhung 40
- Möglichkeit 397
- Neugründung 35 f.
- Niederschrift über eine Gesellschafterversammlung, Muster 74 ff.
- Vertragsmuster 71 ff.
- Vorbereitung 30
- Wesenselemente 28
- Wirkung 43

Verschmelzung durch Neugründung 42
Verschmelzungsbericht 16, 36 f.
Verschmelzungsfähige Rechtsträger 29
Verschmelzungsprüfung 37 f.
Verschmelzungsrichtliniengesetz 7
Verschmelzungsverfahren, Ablauf 29
- Checkliste 29

Verschmelzungsvertrag 25, 30 ff., 71
- Form 31
- Inhalt 32 ff.
- Parteien 30
- Zeitpunkt 31
Versicherungsaufsichtsgesetz 5
- Änderung 375, 519
Vorzugsinhaber 40

Wettbewerbsbeschränkungen, Änderung 520
Wettbewerbsbeschränkungsgesetz, Änderung 376
Wiedervereinigungsrecht 6

Zustimmungsbeschlüsse 39, 57
Zwangsgelder 366 ff., 497 f.